FINANCES PUBLIQUES

COURS DALLOZ

Série Droit public

Sous la direction de Dominique Chagnollaud de Sabouret

Professeur à l'Université Panthéon-Assas (Paris II)

FINANCES PUBLIQUES

9e édition

2015

Jean-Luc Albert
Professeur à Aix Marseille Université
Doyen honoraire de la faculté de droit de l'Université Lumière (Lyon II)

Ouvrage créé par le Doyen Luc SAIDJ en 1995

DALLOZ

DALLOZ

31-35, rue Froidevaux – 75685 Paris Cedex 14

ISBN 978-2-247- 15182-0

Il faut rendre la matière des finances si simple qu'elle puisse être facilement entendue par toutes sortes de personnes.

COLBERT

Principales abréviations

C. comptes	Cour des comptes de la République française
C. douanes	Code des douanes
CDU	Code des douanes de l'Union
C. mon. fin.	Code monétaire et financier
C. pén.	Code pénal
C. rur.	Code rural et de la pêche maritime
C. urb.	Code de l'urbanisme
CASF	Code de l'action sociale et des familles
CCH	Code de la construction et de l'habitation
CDBF	Cour de discipline budgétaire et financière
CE	Conseil d'État
CEDH	Cour européenne des droits de l'homme
CGCT	Code général des collectivités territoriales
CGI	Code général des impôts
CGPPP	Code général de la propriété des personnes publiques
Civ.	Cour de cassation, chambre civile
CJA	Code de justice administrative
CJCE	Cour de justice des Communautés européennes
CJF	Code des juridictions financières
CJUE	Cour de justice de l'Union européenne
COJ	Code de l'organisation judiciaire

Com.	Cour de cassation, chambre commerciale
Cons. const.	Conseil constitutionnel
Const.	Constitution française du 4 octobre 1958
Conv. EDH	Convention européenne des droits de l'homme
CRC	Chambre régionale des comptes
Crim.	Cour de cassation, chambre criminelle
CSP	Code de la santé publique
CSS	Code de la Sécurité sociale
DDH	Déclaration des droits de l'homme et du citoyen du 26 août 1789
DGDDI	Direction générale des douanes et droits indirects
DGFiP	Direction générale des finances publiques
HCFP	Haut conseil des finances publiques
LFR	Loi de finances rectificative
LOLF	Loi organique du 1er août 2001 relative aux lois de finances
LOPGFP	Loi organique relative à la programmation et à la gouvernance des finances publiques
LPF	Livre des procédures fiscales
LPFP	Loi de programmation des finances publiques
MAP	Modernisation de l'action publique
MSU	Mécanisme de supervision unique
NRFG	Règlement n° 966/2012 du Parlement européen et du Conseil du 25 octobre 2012 relatif aux règles financières applicables au budget général de l'Union
RD	Règlement délégué du 29 octobre 2012 relatif aux règles d'application du règlement n° 966/2012 du Parlement européen et du Conseil relatif aux règles financières applicables au budget général de l'Union (décret du 7 novembre 2012)
RFAP	*Revue Française d'Administration Publique*
RGBCP	Décret n° 2012-1246 du 7 novembre 2012 relatif à la gestion budgétaire et comptable publique
RGPP	Révision générale des politiques publiques
Soc.	Cour de cassation, chambre sociale

TCE	Traité (modifié) instituant la Communauté européenne
TFUE	Traité sur le fonctionnement de l'Union européenne
TIMES	Traité instituant le Mécanisme européen de stabilité (MES)
TSCG	Traité sur la stabilité, la coordination et la gouvernance au sein de l'Union économique et monétaire
TUE	Traité sur l'Union européenne

INTRODUCTION

DÉFINITION DES FINANCES PUBLIQUES

1 Les finances publiques peuvent être définies de trois manières principales.

2 Il peut s'agir, en premier lieu, des **finances des personnes morales de droit public** : État, collectivités locales, établissements publics et autres organismes de droit public (et, sur le plan externe, organisations internationales et supranationales). C'est la définition la plus généralement retenue dans les programmes universitaires – avec une tendance traditionnelle à privilégier les finances de l'État, et même le seul budget de l'État, qui n'en constitue pourtant qu'une partie. Cette acception s'attache uniquement à la nature juridique des organismes concernés, sans prendre en compte la nature des activités exercées (ainsi, une activité commerciale sera nécessairement publique si elle est exercée par une personne morale de droit public). Cette notion, qui a l'avantage de la clarté, ne permet cependant pas de prendre en compte certains démembrements contemporains de la puissance publique.

3 Aussi recourt-on de plus en plus souvent à une deuxième définition : **les finances des administrations publiques.**

Cette notion est utilisée par les systèmes de comptabilité économique.

Il s'agit actuellement du système de comptabilité nationale (SCN 2008, adopté par la Commission statistiques des Nations unies, il a été préparé « sous les auspices » des Nations Unies, de la Commission européenne, de l'OCDE, du FMI et du Groupe de la Banque mondiale et est présenté comme devant être le standard statistique international pour les comptes nationaux), du Système européen de comptes nationaux et régionaux 2010 qui succède au SEC 95 (SEC 2010, adopté par un règlement du Conseil de l'Union européenne du 21 mai 2013), et du système français de comptabilité nationale – SCN – (qui est conforme au SEC 2010, la « base 2010 » succédant aux « bases » 1956, 1962, 1971, 1980, 1995 ; la base 2010 est désormais l'instrument servant à la production des comptes dans le cadre de la nomenclature d'activités française – NAF –, les comptes nationaux étant passés en 2014 en base 2010).

Sont considérées comme administrations publiques les « unités institutionnelles » dont l'activité économique principale consiste à effectuer des opérations de redistribution ou à produire des services non marchands (ceux dont la vente couvre moins de la moitié du prix de production) à partir de ressources provenant en majorité (directement ou indirectement) de prélèvements obligatoires.

Dans le « secteur institutionnel » administrations publiques (S.13) – qui prend, notamment, place à côté d'un secteur administrations privées, intitulé « institutions sans but lucratif au service des ménages » – le SEC 2010 distingue quatre sous-secteurs : l'**administration centrale** (S.1311), comprenant l'État et les organismes divers d'administration centrale (en France près de 700 entités notamment la plupart des établissements publics administratifs nationaux), les **administrations d'États fédérés** (S.1312), les **administrations locales** (S.1313), comprenant les collectivités locales et les organismes divers d'administration locale (notamment la plupart des établissements publics administratifs locaux) et les **administrations de Sécurité sociale** (S.1314) comprenant les régimes obligatoires d'assurance sociale et les organismes en dépendant (tout particulièrement, depuis 1987, en France, les hôpitaux publics ou assimilés, principalement financés par la Sécurité sociale).

Les classements opérés et l'implication d'Eurostat en ce domaine ont donné lieu à des contestations généralement écartées par le juge européen : Ord. TPI 5 sept. 2006, T-148/05, *Communidad autonoma de Madrid et Mintra c/ Commission* ; Ord. CJCE, 20 juin 2008, C-448/07-P, *Ayuntamiento de Madrid, Madrid Calle 30, SA c/ Commission des Communautés européennes.*

Cette deuxième définition, qui permet de meilleures comparaisons entre pays (elle est, en particulier, utilisée pour mesurer les déficits publics et les dettes publiques dans l'Union européenne), présente deux différences principales par rapport à la première : d'une part, elle inclut l'activité de certains organismes de droit privé (essentiellement, en France, les caisses locales et régionales de Sécurité sociale) qui participent aux activités de puissance publique ; d'autre part, et en sens inverse, elle exclut les services publics (même assurés par l'État ou les collectivités locales) et les établissements publics dont l'activité est principalement marchande (par exemple, en France, la RATP ou les offices publics de l'habitat).

C'est désormais à cette notion que se réfère le droit français avec le décret n° 2012-1246 du 7 novembre 2012 relatif à la gestion budgétaire et comptable publique (qui sera identifié dans cet ouvrage sous le sigle de **RGBCP**), lequel se substitue au décret du 29 décembre 1962 portant règlement général sur la comptabilité publique. L'article 1 du RGBCP précise le champ d'application de ce texte, à savoir les administrations publiques au sens du règlement (CE) du 25 juin 1996 précité, alors que le décret de 1962 se référait aux organismes publics.

4 On pourrait donc recourir à une troisième définition, encore plus extensive : **les finances du secteur public**. Elle consisterait, pour l'essentiel, à ajouter aux administrations publiques les entreprises publiques, c'est-à-dire les entreprises industrielles ou commerciales sous le contrôle de la puissance publique (à commencer par les entreprises nationalisées). Cet ensemble permettrait certainement de mieux mesurer le poids économique et financier de la puissance publique, car l'autonomie des entreprises publiques par rapport au pouvoir politique a toujours été très relative.

Mais la notion d'entreprise publique est difficile à cerner car (sans même évoquer le problème de la définition d'une « entreprise », qui se pose parfois), elle ne découle pas seulement d'un critère quantitatif (la détention par la puissance publique de la majorité du capital et/ou des voix dans les instances de décision) mais peut résulter d'éléments qu'il est plus délicat d'établir avec certitude.

Ainsi, le droit français fait parfois état d'« une participation au capital permettant d'exercer un pouvoir prépondérant de décision ou de gestion » (CJF, art. L. 133-2-d, relatif au contrôle de la Cour des comptes sur les entreprises publiques) et le droit de l'Union européenne considère comme entreprise publique « toute entreprise sur laquelle les pouvoirs publics peuvent exercer directement ou indirectement une influence dominante du fait de la propriété, de la participation financière ou des règles qui la régissent » (Dir. 80/723/CEE, 25 juin 1980, sur la transparence des relations financières entre les États et les entreprises publiques, art. 2, transposée par l'Ord. 2004-503, 7 juin 2004). Les lignes directrices de l'OCDE sur le gouvernement d'entreprise des entreprises publiques (2005) définissent celles-ci comme étant : « les entreprises sur lesquelles l'État exerce un contrôle significatif, qu'il soit l'actionnaire unique, qu'il détienne une participation majoritaire ou une participation minoritaire mais significative ». Pensons, par exemple, aux participations minoritaires qui permettent néanmoins de s'assurer le contrôle d'un organisme ou à l'« action d'or » (*golden share*) que certains États se réservent dans une entreprise et qui leur permet de s'opposer à certaines opérations financières, dispositif néanmoins soumis aux exigences du droit de l'Union et notamment au respect de la libre circulation des capitaux qui a conduit à une mise en cause de cette pratique (à propos d'Elf-Aquitaine, CJCE 4 juin 2002, C-483/99 ; CJCE 28 sept. 2006, C-282/04, *Commission c/ Pays-Bas*).

Aussi les statistiques ne peuvent-elles être que partielles ou relatives (la comptabilité nationale et la direction générale du Trésor en établissent, en France, quelques éléments). Par ailleurs, la notion de finances du secteur public se prête mal aux comparaisons internationales car la taille du secteur public varie beaucoup d'un pays à l'autre (mais on pourrait en dire autant des administrations de Sécurité sociale, pourtant incluses dans les administrations publiques : v. ss 3).

5 Dans un sens encore plus large, on pourrait s'attacher à dégager des **finances de l'économie publique**, en ajoutant aux finances du secteur public les opérations effectuées par les agents qui, sans être nécessairement placés sous le contrôle de la puissance publique, bénéficient d'une aide financière ou, de façon encore plus compréhensive, perçoivent des fonds du secteur public.

6 De même, on peut s'efforcer, comme le font les autorités de l'Union européenne, de délimiter un secteur des « **services d'intérêt économique général** » (TFUE, art. 14) comprenant des entreprises à participation publique (majoritaire ou minoritaire) et des entreprises sans participation publique mais placées sous régulation publique pour, à la fois, les contraindre au respect d'un minimum d'obligations de service public mais aussi permettre un certain financement public. La directive 2006/123/CE du 12 décembre 2006 relative aux services dans le marché intérieur ne traite pas du financement des services d'intérêt économique général.

Le traité de Lisbonne du 13 décembre 2007 a consacré un Protocole spécifique aux services d'intérêt général, d'une part en rappelant les valeurs communes de l'Union concernant les services d'intérêt économique général et, d'autre part, en précisant que les dispositions du Traité ne peuvent porter atteinte à la compétence des États membres pour fournir, faire exécuter et organiser des services non économiques d'intérêt général (Protocole n° 26, sur les services d'intérêt général).

7 Il résulte de ces différents éléments une forme de « globalisation » des Finances publiques dont la responsabilité générale incombe aux autorités de l'État. C'est le sens de l'article 126 du TFUE qui est explicité par le protocole n° 12 sur la procédure concernant les déficits excessifs. L'article 2 de ce protocole énonce que par « public » on entend ce qui est « relatif au gouvernement général, c'est-à-dire les administrations centrales, les autorités régionales ou locales et les fonds de sécurité sociale, à l'exclusion des opérations commerciales, telles que définies dans le système européen de comptes économiques intégrés ».

L'ouvrage est structuré en deux parties :

Une présentation générale des Finances Publiques (PREMIÈRE PARTIE),

Les Finances publiques françaises (SECONDE PARTIE).

Première partie

Présentation générale des finances publiques

8 Leur présentation peut s'opérer sous quatre aspects principaux.

Le premier aspect, l'aspect institutionnel, concerne le cadre qui les régit et se rattache, en fin de compte, à la notion de pouvoir financier public qui a de tout temps constitué une importante modalité d'exercice de la puissance publique et un élément essentiel du pouvoir politique (chapitre 1).

Le deuxième aspect, l'aspect matériel, concerne le contenu même des finances publiques et se rattache à la notion d'activité financière publique, qui a connu une amplification et une mutation considérables ; il convient ici d'analyser les politiques financières publiques (chapitre 2).

Le troisième aspect est caractérisé par l'affirmation d'une dimension européenne des finances publiques (chapitre 3), elle-même complétée ou renforcée, ce qui en fait un quatrième aspect, par un environnement international qui ne peut être négligé (chapitre 4).

Chapitre 1

Le pouvoir financier

9 Le concept de pouvoir financier public revêt une dimension particulièrement étendue et ne saurait se limiter à la seule compétence budgétaire ; il intègre aussi le pouvoir de consentir à l'impôt, de recourir à l'emprunt, de battre monnaie (pouvoir monétaire), d'intervenir financièrement dans l'économie... Pouvoir politique, pouvoir à dimension normative, tout pouvoir revêt en fait et sans doute d'abord une dimension institutionnelle et fonctionnelle. Il n'est pas et ne peut pas être étranger aux conceptions économiques, politiques, sociologiques, gestionnaires qui irriguent les sociétés, pas plus que l'action des autorités publiques en ce domaine ne peut se réaliser en ignorant le rôle des marchés financiers, des banques et autres institutions ou opérateurs financiers, ou de secteurs connexes ou encore les comportements des opérateurs économiques ; il existe aussi un pouvoir financier privé. La distinction entre finances publiques et finances privées est plus ténue qu'il n'y paraît de prime abord ; les deux peuvent d'ailleurs se compléter. De plus, les acteurs privés ne sont pas étrangers aux finances publiques, que cela concerne les prêts accordés aux collectivités publiques, la certification des comptes publics, la notation etc. En outre, il ne faut pas oublier que ce pouvoir s'inscrit dans une dimension historique que l'on néglige trop souvent et qui est un facteur important d'explication des différences

quasi culturelles et sociétales constatées dans les rapports nationaux à l'économie et aux finances. Il est aussi marqué par une évolution, certes inégale selon les pays, reposant sur un contrôle démocratique progressif des ressources publiques et de leur emploi, la question démocratique revenant au cœur des analyses face aux interventions des grandes organisations internationales, de l'Union européenne, face à une forme de « technocratie financière » qui tendrait à imposer une lecture uniforme, standardisée de la gestion financière publique.

10 Ce pouvoir n'est plus, désormais (et s'il ne l'a jamais été), circonscrit à la sphère nationale. Un phénomène relativement nouveau né au cours de la seconde moitié du XXe siècle repose sur l'émergence de pouvoirs supranationaux qui non seulement encadrent les pouvoirs financiers nationaux mais peuvent être conduits à les « discipliner » tout en disposant à leur tour d'une compétence financière, et pour certains d'entre eux budgétaire, comme l'Union européenne.

11 L'appropriation de ce pouvoir a donné lieu et donne lieu encore à une certaine concurrence entre autorités financières et en particulier entre l'Exécutif et le Législatif (SECTION 1), autorités financières dont les prérogatives ont été limitées par des autorités régionales (pour la France, européennes) et internationales qui disposent elles aussi d'un certain pouvoir financier (v. CHAPITRE 3 et CHAPITRE 4), les autorités financières publiques étant soumises ou se soumettant (à) ou encore imposant un ensemble de règles financières (SECTION 2) tout en s'appuyant sur un Trésor public (SECTION 3).

SECTION 1
LES AUTORITÉS FINANCIÈRES PUBLIQUES

12 Celles-ci relèvent de dimensions juridiques différenciées, constitutionnelles ou non. Longtemps, le Parlement fut l'autorité prépondérante (**§ 1**) ; progressivement, l'Exécutif d'abord, d'autres entités

publiques ensuite, ont marqué et marquent de leur emprise l'exercice du pouvoir financier, faisant apparaître une forme de pluralité au sein de ce pouvoir (**§ 2**).

§ 1. La prépondérance traditionnelle du Parlement

13 Elle trouve son origine lointaine dans le **principe du consentement à l'impôt** et est liée à l'histoire constitutionnelle. Ce principe remonte aux derniers siècles de la féodalité, époque à laquelle on considère que le monarque, qui devrait normalement se contenter des revenus de son domaine (« revenus ordinaires »), mais dont les besoins financiers deviennent de plus en plus pressants (essentiellement pour des raisons militaires), ne peut lever l'impôt, c'est-à-dire une ressource considérée comme un « revenu extraordinaire », sans le consentement d'instances représentant les populations ou catégories sociales intéressées.

Ce principe fondateur est affirmé en Angleterre dès le XIIIe siècle (« *Magna carta* », Grande charte de 1215) et il permet au Parlement britannique d'acquérir progressivement un droit de regard sur les dépenses et les comptes du roi, puis de faire prévaloir le principe de périodicité de ses autorisations. Réaffirmé en 1628 dans la Pétition des droits, il prévaut définitivement, après la guerre civile du milieu du XVIIe siècle, avec le Bill of Rights de 1689.

Les États-Unis d'Amérique se sont inscrits dans cette démarche, la Constitution de 1787 conférant le pouvoir financier, dont l'établissement de l'impôt, au seul Congrès.

14 En France aussi, le principe du consentement à l'impôt par les états généraux (clergé, noblesse, tiers état) fut périodiquement affirmé à partir du XIIe siècle, notamment sous Philippe le Bel puis pendant la guerre de Cent Ans (XIVe-XVe siècles). Mais le roi obtient, au milieu du XVe siècle, le droit de lever l'impôt de manière permanente (quitte à déléguer ce droit à certains états ou à certaines villes, comme il le fait assez souvent), puis il réussit à se défaire de tout contrôle des états généraux (qui ne sont plus

réunis de 1614 à 1789), seules subsistant certaines résistances, épisodiques, des « parlements » (instances judiciaires), essentiellement au XVIIIe siècle.

Si l'on s'en tenait aux écrits de Jean Bodin, l'impôt n'est sans doute pas condamnable dans son principe mais est une solution quelque peu ultime, après bien d'autres, « car il n'y a rien de plus juste que ce qui est nécessaire », mais il conteste la pratique de la création de nouveaux impôts soulignant que « la plupart des imposteurs et inventeurs de nouveaux impôts y ont perdu la vie » (Les six livres de la République, chap. VI, 1583) ; autres temps, autres mœurs !

Paul Leroy-Beaulieu citait dans son *Traité de la science des finances* (Tome second, 1879, p. 4), Philippe de Commines lequel écrivait « Il n'y a ni roi, ni seigneur en terre, qui ait pouvoir, outre son domaine, de mettre un denier sur ses sujets sans octroi et consentement de ceux qui doivent payer, sinon par tyrannie et violence » en notant que cette maxime était finalement une constante de l'ancien régime tout en mettant en avant un lit de justice du premier président du Parlement de Paris qui énonçait en 1787 à l'adresse de Louis XVI : « Le principe constitutionnel de la monarchie française est que les impositions soient consenties par ceux qui doivent les supporter. Il n'est pas, sire, dans le cœur d'un roi bienfaisant d'altérer ce principe qui tient aux lois primitives de votre État, à celles qui assurent l'autorité et garantissent l'obéissance. Si votre Parlement a cru, depuis plusieurs années, pouvoir répondre à Votre Majesté de l'obéissance des peuples en matière d'impôts, il a souvent plus consulté son zèle que son pouvoir. » Par un décret du 17 juin 1789, l'Assemblée nationale devait proclamer l'illégalité de toutes les contributions perçues dans le royaume car n'ayant pas été consenties par la nation (tout en les maintenant provisoirement), une Déclaration des intentions du Roi du 23 juin 1789 posant le principe (en son art. 1°) du libre vote de l'impôt par les représentants de la nation, La Constitution de 1791 va consacrer la compétence exclusive du corps législatif s'agissant de l'établissement des contributions publiques. L'annualité de l'autorisation alors posée est cependant restée discutée ; ainsi, trois Constitutions françaises (art. 49

Constitution de 1814, art. 41 Constitution de 1830, art. 17 Constitution de 1848) ont pu confirmer ou consacrer le consentement à « l'impôt foncier » pour une année, tandis que les impositions indirectes pouvaient donner lieu à un consentement pour plusieurs années.

15 Ce schéma constitutionnel faisant du Parlement l'acteur prépondérant en matière financière sera progressivement intégré par nombre d'États.

La Suède, dans sa Constitution de 1809, consacre ou rappelle « le droit immémorial du peuple suédois de s'imposer lui-même », droit qui est exercé par « les États exclusivement à une diète générale » (art. 57). Le Portugal, dans sa Constitution de 1822 verra les Cortès disposer « indépendamment de la sanction royale » du droit de fixer annuellement les impôts et les dépenses publiques. Il en ira de même pour le Brésil dans sa Constitution de 1824 au profit de l'Assemblée générale. Le nouvel État belge affirme, dans sa Constitution de 1831 qu'« aucun impôt au profit de l'État ne peut être établi que par une loi » adoptée par le pouvoir législatif ; ce n'est qu'au travers de leurs constitutions de 1848 que les Pays-Bas et le Luxembourg vont voir émerger non pas l'autorisation législative pour l'établissement d'un impôt mais une autorisation fruit du vote du Parlement (La Chambre des députés au Luxembourg, les États-Généraux au Pays-Bas) ; la Prusse elle-même, dans sa Constitution de 1850, consacrait une telle approche, au moins sur le plan textuel. Le Japon, dans sa mutation de la fin du XIXe siècle, a suivi la même voie au travers de sa Constitution de 1889 qui précisait que seule une loi adoptée par le Parlement impérial pourrait créer un impôt nouveau. La consécration parlementaire s'est largement répandue depuis, voire a été systématisée, sans pour autant que le modèle démocratique occidental soit à la base de ce processus (la Constitution chinoise actuelle prévoit aussi, en son article 62-10, que l'assemblée populaire nationale examine et approuve le budget de l'État et le rapport sur l'exercice budgétaire).

16 La **Déclaration de 1789** (qui est actuellement de droit positif) réaffirme les principes, notamment en son article 14 qui dispose que « tous les citoyens ont le droit de constater, par eux-mêmes

ou par leurs représentants, la nécessité de la contribution publique, de la consentir librement, d'en suivre l'emploi, et d'en déterminer la quotité, l'assiette, le recouvrement et la durée» (v. également art. 13 et 15). Mais, pendant une trentaine d'années, sa portée reste relative. D'une part, le principe du consentement à la recette n'est pas toujours respecté, notamment sous le Premier Empire. D'autre part et malgré certaines dispositions des Constitutions de 1791 et 1795, la prérogative parlementaire s'exerce encore assez peu sur la dépense, qui est largement considérée comme « domaine réservé » de l'exécutif (ce dernier reçoit, en particulier, une autorisation générale de dépense) et qui, de toute façon, n'est pas encadrée par des règles suffisamment strictes.

17 C'est donc sous **la Restauration et la monarchie de Juillet** que s'affirment véritablement les prérogatives financières des chambres, à l'occasion du développement du régime parlementaire (et de la nécessité de remédier au désordre financier hérité des décennies précédentes).

Sous l'impulsion principale du baron Louis, du comte de Villèle, du marquis d'Audiffret, sont alors développées deux séries de principes.

Les premiers sont les **principes budgétaires modernes** (annualité, unité, universalité, spécialité : v. ss 78 s.) qui concernent la préparation et l'adoption du budget et permettent un renforcement du contrôle parlementaire en imposant, du moins en théorie, une présentation annuelle (la règle date de la fin du XVIIIe siècle), unique, complète et détaillée des projets de recette et de dépense ; en particulier, le Parlement obtient de voter les crédits, non plus globalement (système dit de l'abonnement), mais par ministère (1817), puis section de ministère (1827), puis chapitre (1831).

La seconde série de principes concerne, elle, l'exécution du budget : d'une part, les modalités d'exécution sont strictement précisées par l'élaboration des règles modernes de **comptabilité publique** (notamment le règlement général résultant de l'ordonnance du 31 mai 1838) ; d'autre part, le contrôle de l'exécution est renforcé, en particulier par l'attribution au Parlement, en 1817-1818, du pouvoir de voter la **loi de règlement** (des comptes de l'État).

18 Le **Second Empire** continue d'améliorer les techniques de la comptabilité publique, en édictant, notamment, un nouveau règlement général (Décr. 31 mai 1862) mais il remet en cause certains principes budgétaires, notamment la règle de spécialité : tout en restant présenté de manière détaillée, le budget n'est plus voté que par ministère (1852), puis section de ministère (1861), le vote par chapitre n'étant à nouveau prévu qu'en 1869. Or, durant cette même période, le juge rappelle l'autorité de la loi en matière fiscale ; ainsi, la Cour de cassation rappelait-elle qu'« aucun impôt, soit direct, soit indirect, ne peut être augmenté, diminué ou modifié qu'en vertu d'une loi » (12 mai 1862, *L'Adm. de l'enreg. c/ Stéphens*) ; « les taxes postales, de même que les autres impôts, ne peuvent être augmentées, diminuées ou modifiées que par une loi formelle » (27 avr. 1863, *L'Adm. des postes c/ Lebigre-Duquesne*)

19 La **Troisième République** marque l'épanouissement du contrôle parlementaire. En premier lieu, les chambres utilisent l'arme financière pour établir leur pouvoir ; fin 1877, Mac Mahon doit s'incliner devant les Républicains car la Chambre refuse de voter les recettes pour 1878 ; en 1896, le Sénat renverse le ministère Léon Bourgeois en « coupant les crédits » de l'expédition militaire à Madagascar ; en 1906, le Parlement abolit la censure en supprimant les crédits des censeurs, etc. En deuxième lieu, le Parlement s'immisce très largement dans la préparation du budget, tout particulièrement par la « toute puissante » Commission des finances de la Chambre qui, non seulement fait trembler les ministères, mais encore devient parfois le véritable auteur du projet de budget. En troisième lieu, le Parlement affine son contrôle lors de l'adoption et de l'exécution du budget : le vote par chapitre est réaffirmé et renforcé à partir de 1871 et, à défaut d'arriver à adopter un texte établissant un vote, encore plus détaillé, par article, le Parlement parvient souvent à faire prévaloir sa volonté article par article (théorie dite de la spécialité parlementaire). Les décennies précédant la Première Guerre mondiale marquent alors l'apogée des pouvoirs financiers du Parlement.

§ 2. L'affirmation d'autres pouvoirs financiers

20 Cette affirmation est d'abord caractérisée par la prépondérance actuelle des gouvernements (**A**), prépondérance mais non exclusivité, d'autres autorités notamment « subordonnées », décentralisées, fédérées... occupant une place significative au sein des finances publiques (**B**), ce qui amène à s'interroger sur l'existence ou l'émergence d'une forme de fédéralisme financier (**C**).

A. La prépondérance actuelle du gouvernement

21 Celle-ci se manifeste en France à partir de la Première Guerre mondiale, qui marquera le début du déclin, d'abord masqué, puis ouvert, des pouvoirs financiers du Parlement. Elle provoque, à partir de l'entre-deux-guerres, un interventionnisme économique et social grandissant, qui engendre lui-même une amplification considérable (v. ss 212 s.) et un important désordre des finances publiques. Ces phénomènes finissent par entraîner des réformes successives des règles budgétaires (**1**) et une nouvelle répartition des pouvoirs entre autorités constitutionnelles (**2**), le ministre chargé des finances occupant une place particulière (**3**).

1. Les réformes des règles budgétaires

22 Elles s'expliquent par le fait que le cadre financier, conçu au XIXe siècle pour des finances publiques limitées et un État libéral, est devenu inadapté aux finances, importantes et complexes, de l'État interventionniste du XXe et du début du XXIe siècle. Elles interviennent en deux étapes principales.

23 **La première**, principalement opérée par une ordonnance organique du 2 janvier 1959, ultérieurement complétée par un décret du 29 décembre 1962 portant un nouveau règlement général de comptabilité publique, avait repris largement les dispositions d'un décret-loi organique du 19 juin 1956 (lui-même précédé de plusieurs tentatives) mais en en accentuant la sévérité et l'effectivité à la faveur des nouvelles règles posées par la Constitution de 1958 et de l'instauration d'un Conseil constitutionnel.

Il s'agit, d'une part, de prolonger (voire d'accentuer) dans le domaine financier les dispositions « orthopédiques » édictées dans la nouvelle Constitution pour rompre avec la toute-puissance (ou l'impuissance) du Parlement sous les deux Républiques précédentes et d'accorder de solides prérogatives à l'exécutif, notamment au ministère des Finances (principal auteur de la réforme).

Ceci s'est traduit notamment par la limitation du domaine d'intervention du Parlement et du droit d'initiative des parlementaires, ainsi que par des dispositions permettant au gouvernement d'obtenir un vote rapide du budget.

Il s'agit, d'autre part, de remettre en ordre le budget et les comptes en réintégrant dans ce budget de nombreuses opérations qui en avaient été distraites après la Grande Guerre, en introduisant plus de rigueur dans la présentation des documents budgétaires et en permettant un vote plus global (et plus cohérent) de la loi de finances.

En particulier le vote par chapitre est abandonné car le nombre de chapitres, qui était d'un peu plus de 150 en 1831, était passé à plus de 1 000 en 1900 et parfois plus de 4 000 dans les années 1950. Mais les chapitres, dont le nombre sera progressivement abaissé à moins de 1 000 sous la Ve République, resteront les unités de spécialisation des crédits jusqu'à leur suppression par la loi organique du 1er août 2001.

Mais, au fil des décennies, cette ordonnance subit elle-même des critiques croissantes, non seulement parce qu'elle paraît limiter à l'excès les prérogatives des chambres (malgré une jurisprudence constitutionnelle plutôt favorable à ces dernières), mais encore parce qu'en fin de compte, elle cherche plus à renouer avec l'orthodoxie financière du XIXe siècle, marquée par le souci de contrôler *a priori*, et en détail, les moyens accordés aux administrations et à faire prévaloir des considérations de régularité juridique (en somme une « logique de pouvoir ») qu'à satisfaire aux nécessités de la gestion publique du XXIe siècle, qui impose rationalité des choix, efficacité de l'action administrative et possibilité pour les citoyens (conformément à l'art. 14 de la Déclaration de 1789 : v. ss 16) de constater la nécessité et de suivre l'emploi de la contribution publique (en somme, une « logique de gestion »).

On a reproché en particulier à l'ordonnance de 1959 d'empêcher tout choix budgétaire véritable et toute responsabilité des gestionnaires en ouvrant, pour l'essentiel, les crédits par nature (« budget de moyens »), en les fractionnant à l'excès (entre chapitres, comptes et exercices annuels) et en les reconduisant, pour l'essentiel, l'année suivante (« services votés »), tous facteurs constitutifs d'une grande rigidité dans la gestion publique.

24 **Une seconde étape** est constituée par une **loi organique du 1er août 2001** qui, issue d'une proposition parlementaire (entrée progressivement en vigueur de 2002 à 2005), s'efforce de remédier aux défauts de l'ordonnance de 1959. Cette « loi organique relative aux lois de finances » a rapidement été désignée sous le sigle **LOLF** qui sera utilisé dans la suite de l'ouvrage (v. ss. 466 s.).

D'une part, elle pose le cadre financier d'une rénovation de la gestion publique étatique, notamment en globalisant les moyens mis à la disposition des administrations et en imposant à ces dernières une gestion par programme (en particulier, les chapitres sont supprimés, les crédits étant votés par grandes missions et ouverts par programmes).

D'autre part, elle affermit les pouvoirs du Parlement en augmentant son droit d'initiative, son domaine d'intervention et ses pouvoirs de contrôle – les prérogatives parlementaires ayant, par ailleurs, été étendues en 1996 avec l'instauration des lois de financement de la Sécurité sociale (v. ss 761).

Elle a été à son tour complétée par le décret du 7 novembre 2012 relatif à la gestion budgétaire et comptable publique (RGBCP) qui s'est substitué au décret du 29 décembre 1962 (v. notamment ss 543 s.).

2. Une nouvelle répartition des pouvoirs

25 Cette répartition est restée en France conforme au schéma mis en place par la Constitution de 1958 (précisé, notamment, par la jurisprudence du Conseil constitutionnel) et, plus généralement, à l'évolution de la plupart des pays industrialisés au cours du XXe siècle.

26 **Le gouvernement** est principalement investi d'un **pouvoir d'impulsion**, conformément à l'article 20 de la Constitution, qui dispose que c'est le gouvernement qui « détermine et conduit la politique de la Nation ». Cette situation, qui s'explique très large-

ment par la technicité et la complexité des problèmes et des services de l'État interventionniste (ainsi que par les faiblesses et abus des Républiques précédentes) conduit, en particulier, à réserver au gouvernement l'essentiel de l'initiative financière puisque l'exécutif peut, seul, établir le projet de budget et proposer des mesures qui aggravent la situation des finances publiques ou affectent certaines recettes. On soulignera ici le fait que la Chambre des communes britannique avait depuis bien longtemps montré la voie en s'interdisant toute initiative financière depuis... 1713.

Cette « exclusivité » n'est pas une spécificité française ; elle est générale et repose inévitablement et notamment sur la maîtrise technique, statistique de l'administration : « Le budget du Japon est préparé et soumis à la Diète par le cabinet » (art. 86 de la Constitution de 1946) ; « Les chambres approuvent chaque année la loi de finances (et de règlement) présentée par le gouvernement » (art. 81 de la Constitution italienne) ; « Il incombe au gouvernement d'élaborer le budget général de l'État et aux Cortès générales de l'examiner, de l'amender et de l'adopter » (art. 134 de la Constitution espagnole) ; « Le projet de loi de finances ainsi que les projets de loi de finances rectificative et les projets de rectification du budget sont déposés au Bundestag en même temps qu'ils sont transmis au Bundesrat » (art. 110 de la Constitution allemande) ; « Le Président devra présenter aux deux chambres du Parlement chaque année un état prévisionnel des recettes et dépenses du Gouvernement de l'Inde pour cette année-là... » (art. 112 de la Constitution indienne) ; « Des lois à l'initiative du Pouvoir exécutif établissent... les budgets annuels », « Les projets de lois... de budget annuel sont adressés par le président de la République au Congrès national... » (art. 165 et 166 de la Constitution du Brésil), etc.

27 Deux États pouvaient donner à penser qu'un système relativement différent pouvait exister : les États-Unis et la Suisse. S'agissant des États-Unis, la question ne fut en fait réglée que par le Congrès lui-même qui par une loi du 10 juin 1921 *Budget and Accounting Act* a prévu que le Président transmettrait au Congrès un projet de budget au premier jour de chaque session régulière. Du côté de la Confédération helvétique, il appartient au Conseil fédéral d'élaborer « le plan financier ainsi que le projet du budget » (et d'établir le compte d'État). (art. 183 de la Constitution).

Le gouvernement a, en France, en droit ou en fait, le pouvoir d'apporter de larges modifications aux autorisations budgétaires, à charge de les faire ratifier par les assemblées investies du pouvoir de contrôle.

28 **Le Parlement** dispose principalement d'un **pouvoir de contrôle** sur le gouvernement. Cette prérogative (qui n'exclut évidemment pas le pouvoir de dernier mot) a toujours été juridiquement étendue mais n'a pas toujours été exercée en raison de l'interprétation française du phénomène majoritaire apparu en 1962 (à tel point qu'il a fallu que ce soit le Conseil constitutionnel qui protège la compétence parlementaire). Et pourtant, la LOLF a paru redonner au Parlement français un certain renforcement de ses attributs en matière financière, non pas dans la procédure législative, mais sur le terrain de l'information des assemblées et sur celui du contrôle en imposant de nombreuses informations de nature financière à destination du parlement (art. 48 et s. LOLF – rapport sur l'évolution de l'économie nationale, sur les orientations des finances publiques, système des questionnaires adressés au gouvernement... –, v. ss 516), en renforçant aussi le rôle et les prérogatives des deux commissions des finances (et en particulier de leur Président et rapporteur, général, art. 57 et s. LOLF), tout en prévoyant que la Cour des comptes assurerait une mission d'assistance auprès du Parlement (art. 58 LOLF). Cet appui de et sur la Cour des comptes ne renforce pas en propre le Parlement français et ses capacités d'expertise. Il reste étroitement dépendant des informations financières, économiques, statistiques venant essentiellement de l'appareil administratif placé sous l'autorité du gouvernement. Si les deux assemblées disposent d'offices, ils ne sont pas à vocation financière. De fait, le Parlement français peut aller plus avant de façon ponctuelle dans ses recherches au travers des missions d'information et de contrôle mais il n'a pas en propre un appareil d'expertise en ce domaine. De la même façon, les lois de règlement du budget et d'approbation des comptes (v. ss 526, 568) auraient pu être un temps fort du débat politique au travers de l'étude des rapports annuels de performance (RAP) qui accompagnent le projet de loi. Tel n'est pas le cas. On remarquera que quelques parlements ont cherché à disposer d'une expertise en propre en matière budgétaire permettant de renforcer leur fonction de contrôle. Le Congrès des États-Unis a dès 1974 créé un Bureau du Budget ; c'est aussi le cas de la Chambre des communes britannique, qui a créé en 2002 un Service d'examen qui dépend du Bureau des Comités de la Chambre, etc. La démarche la plus intéressante est sans doute celle du Canada qui, au travers d'une Loi sur la responsabilité de 2006, s'est doté d'un Directeur parlementaire du budget dont la fonction est de « présenter au Parlement une analyse indépendante sur l'état des finances de la nation, le budget des dépenses du gouvernement, ainsi que les tendances de l'économie nationale ; et, à la demande de tout comité parlementaire ou de tout parlementaire, de faire une estimation des coûts de toute proposition concernant des questions qui relèvent de la compétence du Parlement ». Cette mission va donc au-delà du rôle actuel de la Cour des comptes française.

29 **Le couple Parlement/gouvernement**, qui représente **l'autorité politique centrale**, est lui-même investi d'une double mission.

D'une part, il dirige et **contrôle l'action financière de l'Administration** étatique ; c'est, en particulier, ce qui explique que les principes budgétaires, traditionnellement présentés comme un moyen pour le Parlement de contrôler le gouvernement (et, à l'origine, de contrebalancer le pouvoir monarchique) sont également, et depuis maintenant bien longtemps, un moyen pour les instances gouvernementales (notamment le ministre des Finances) de « tenir » les services administratifs (et de contrebalancer - sauf à lui succomber - le « pouvoir technocratique »).

D'autre part, il coordonne, ou devrait **coordonner**, les **finances publiques nationales**, dans lesquelles les finances de l'État sont devenues minoritaires avec le développement d'autres volets importants du secteur public (collectivités locales, Sécurité sociale, hôpitaux, entreprises publiques : v. ss 4 s.), qu'il convient, au surplus, d'articuler avec les finances européennes.

3. La place particulière du ministère des Finances

30 Au sein du gouvernement, le ministère des Finances, entendu ici au sens générique (car sa dénomination et son organisation changent fréquemment), a acquis un rôle déterminant, à l'issue d'une évolution qui a consacré à la fois l'importance du ministre et le poids du ministère ainsi que de ses alliés.

31 Ce ministère a été créé à la fin du XVIIIe siècle pour succéder aux administrations financières, notamment au Contrôle général des finances de l'Ancien Régime. Après plusieurs expériences (dont une suppression, deux scissions, une mention du ministre dans la Constitution de l'An VIII...), il a durablement trouvé son unité en 1814, tout en se développant progressivement (**a**), mais a été constamment marqué par des tentatives d'affaiblissement (**b**).

a. Un développement important

32 Ce développement a été très important, sous l'effet, notamment, de l'absence de véritable chef du gouvernement sous les IIIe et IVe Républiques (ainsi, la direction de la Fonction publique est, jusqu'en 1945, assumée, pour l'essentiel, par le ministère des Finances) et de l'interventionnisme croissant de la puissance publique, qui, en France, a conduit à confier l'essentiel des pouvoirs d'expertise et d'intervention économiques et financières à cette administration appelée ainsi à s'occuper à la fois de l'économie nationale et des finances publiques.

Par comparaison, on notera que dans plusieurs pays (États-Unis, Royaume-Uni, Suède, Espagne, Irlande, Pays-Bas, Canada) l'administration fiscale constitue une agence séparée du ministère des Finances. De même, dans de nombreux pays (et, à quelques rares occasions, en France), la responsabilité de l'économie (et, parfois, du budget d'investissement) est confiée à un ministère différent de celui chargé des Finances.

Ce ministère a acquis un poids considérable, moins d'ailleurs par ses effectifs (loin derrière l'Éducation nationale et la Défense) que par ses pouvoirs et sa place particulière : constituant une hiérarchie financière parallèle à la hiérarchie administrative générale, et exerçant, sur cette dernière, une tutelle souvent mal ressentie, l'administration des Finances a souvent été accusée de constituer « un État dans l'État », « une Bastille à Bercy ».

« Un des vices du système politico-administratif français, déclarait en 1995 le premier président de la Cour des comptes, était l'incapacité des services du ministère des Finances à accepter de perdre une bataille : ils revenaient sans cesse sur les décisions qui paraissaient acquises » (déclaration du 27 juin 1995 devant la Commission des finances de l'Assemblée nationale, rapportée dans le *Bulletin de l'Assemblée*, 1995, n° 58, p. 36).

b. Des tentatives d'affaiblissement

33 Celles-ci ont été périodiquement effectuées, principalement dans trois directions.

34 **La première** a consisté, à partir de la Constitution de 1958 (art. 21) et de l'ordonnance organique du 2 janvier 1959 (art. 37, repris LOLF 2001, art. 38), à affirmer **l'autorité du Premier ministre** sur le ministre des Finances ; généralement effective (à l'occasion, notamment, des « arbitrages budgétaires »), mais la plupart du temps limitée aux grandes options, à des questions de principe (révocation d'A. Madelin en août 1995 pour déclarations jugées inopportunes sur la condition des fonctionnaires) ou à des problèmes ponctuels, cette autorité s'est cependant avérée souvent insuffisante (ce qui explique que soit périodiquement proposé le rattachement au Premier ministre de la direction du Budget).

35 Aussi recourt-on périodiquement à **une deuxième solution**, celle du **cumul des fonctions** de chef du gouvernement et de ministre des Finances : ainsi sous les ministères R. Poincaré (1926-1928), A. Pinay (1952) ou R. Barre (1976-1978) ; mais la lourdeur des charges imposées à une seule personne (M. Barre a dû nommer un « ministre délégué ») n'a pu rendre cette situation qu'exceptionnelle.

36 **La troisième solution** principale a donc consisté dans la scission du ministère en deux (et parfois en trois, comme en 1951) : d'une part un ministère chargé de l'Économie et de la politique économique de l'État et lui-même conçu, ou bien comme un « superministère » chargé de faire prévaloir l'économie sur le budget (ex. : gouvernements Blum en 1936, Daladier en 1938, de Gaulle en 1944), ou bien comme un ministère ordinaire ayant simplement pour effet d'assurer un certain démembrement de l'administration des Finances (ex. : gouvernements Barre 1978-1981, Balladur 1993-1995), et, d'autre part, un ministre chargé strictement du

Budget. Mais, toujours temporaire (et parfois annihilé par des cumuls de fonctions), ce démembrement a été tout relatif et, peut-être source de complications plus que de réelles améliorations, il a davantage atténué l'importance du ministre que celle du ministère.

Tous les gouvernements successifs au cours de ces dernières années vont faire évoluer la structure et les périmètres ministériels sans arriver à organiser un ensemble cohérent et stable. En ce sens, la place ministérielle de la fonction publique fut des plus aléatoires. La démarche la plus originale et peut-être la plus subtile politiquement aura sans doute été la structuration du gouvernement Ayrault constitué en 2012 avec un seul ministre chargé de l'Économie et des Finances mais six ministres délégués dont un ministre chargé du Budget.

37 Une telle situation proprement française, pourrait être rapprochée d'une situation fondamentalement différente, à savoir celle du Canada qui a introduit un mécanisme dual particulièrement stable avec d'un côté un conseil du Trésor avec un Président à sa tête, qui gère notamment le budget, tandis que le ministre des Finances canadien a des fonctions plus politiques (politique économique, fiscale...) et intervient sur toutes les questions non attribuées de droit au Conseil du Trésor ou aux autres ministères et assure des fonctions de mise en œuvre sur le plan fédéral. Cette dualité fonctionnelle est organisée au travers de la Loi sur la gestion des finances publiques de 1985 et empêche de ce fait un nouveau Premier ministre de recomposer à son gré les fonctions financières autour de nouveaux périmètres ministériels.

En France, depuis plus d'une décennie, on peut noter une perte d'influence du ministère, les causes étant diverses.

Les unes, structurelles donc probablement appelées à s'amplifier, tiennent à la libéralisation économique, la décentralisation et la construction européenne qui dépouillent l'État central (et particulièrement centralisé), auquel le ministère des Finances a fini par être identifié, de pans entiers de ses prérogatives et de ses moyens traditionnels et régaliens (notamment la politique monétaire et une partie de la politique budgétaire, le secteur financier public, l'usage discrétionnaire du droit public économique, fiscal et douanier, la tutelle financière des collectivités publiques subordonnées et des marchés...), même si l'État, au travers du ministère de l'Économie, cherche ponctuellement à se redonner certaines prérogatives, au risque de subir les « foudres » européennes, comme ce fut le cas avec le décret du 30 décembre 2005 (2005-1739) relatif aux règles d'autorisation préalable en matière de contrôle des investissements étrangers (C. mon. fin., art. R. 153-2 s.).

Les autres, conjoncturelles ou symboliques, se rattachent à certains épisodes ou à certaines révélations qui ont sapé l'autorité morale du ministre.

Ainsi l'affaire du Crédit lyonnais, banque publique (privatisée en 1999) dont les dysfonctionnements, favorisés par les carences dans le contrôle qui incombait au Trésor, ont contraint au milieu des années 1990, à un sauvetage qui a, pour le contribuable, un coût net final de plus de 15 Mds €. De même, l'affaire dite de la cagnotte fiscale, dans laquelle le ministère s'est efforcé de dissimuler, fin 1999, une plus-value de recettes d'environ 7,5 Mds €. De même, encore, les pratiques (traditionnelles), révélées notamment par un rapport de décembre 1999 de la Cour des comptes sur la fonction publique de l'État, consistant à accorder à certains agents de ce ministère (et de quelques autres) des rémunérations discrètes et préférentielles, à partir de fonds hors budget, en marge des règles de la fonction et de la... comptabilité publique. On peut mentionner le comportement des agents du ministère qui, pour des raisons essentiellement corporatistes, avaient, en 2000, fait échouer (y compris par la grève de l'impôt sur le revenu) un projet de réforme tendant à rapprocher les directions générales des impôts et de la comptabilité publique pour simplifier les modalités, parfois fort complexes, de l'assiette et du recouvrement des impôts et en réduire le coût, particulièrement élevé en France. Mais que dire aussi de l'épisode plus récent de l'affaire Cahuzac...

38 Sur un plan plus général, on peut remarquer que depuis deux décennies, les ministres des Finances français, à la différence de leurs prédécesseurs de la Ve République et de leurs homologues étrangers, par exemple allemands, restent peu de temps à leur poste. La durée moyenne de fonction est désormais d'environ un an et demi avec parfois des « passages » de quelques mois, ce qui ne permet guère d'asseoir l'autorité d'un ministre sur cet important ministère. La situation n'est sans doute pas fondamentalement différente dans d'autres pays, même si la durée moyenne du mandat y est toutefois plus longue. Les Secrétaires du Trésor des États-Unis n'ont cependant quasiment jamais eu de durée de fonc-

tions identique à celle du Président des États-Unis (Donald Regan, avec quatre années sous la présidence de Ronald Reagan, entre 1981 et 1985, étant une exception). Côté britannique, les Chanceliers de l'Échiquier (fonction qui trouve ses origines au XVIe siècle), connaissent un sort similaire, avec quelques exceptions comme Neville Chamberlain (1931-1937), Gordon Brown (1997-2007) et actuellement George Osborne (depuis 2010).

A-t-on besoin d'un cadre juridique pour asseoir une stabilité ministérielle au-delà des épisodes particuliers précités et qui ne sont pas propres à la France ? Ce n'est pas certain mais on perçoit alors les importantes différences de culture et de pratique politique.

L'exemple allemand permet de constater ce type de différence. Il existe en Allemagne deux ministères : l'un de l'économie, l'autre des finances. Or, si ces dernières années les ministres de l'Économie allemands ont eux aussi une durée moyenne de fonction assez courte, à savoir, depuis 1993, un peu moins de trois années, tout en notant le record toute catégorie de Ludwig Erhard, ministre de 1949 à 1963, le ministre des Finances a une durée de fonction nettement plus conséquente et supérieure à quatre années, dont l'actuel, Wolfgang Schäuble, en fonction depuis octobre 2009 ; le record de Fritz Schäffer, ministre de 1949 à 1957, pourrait peut-être être battu.

Toutefois, l'organisation ministérielle allemande est foncièrement différente de celle rencontrée en France puisque le ministre des Finances actuel bénéficie de l'appui de deux Secrétaires d'État parlementaires (c'est-à-dire conservant leur mandat au Bundestag) et de trois Secrétaires d'État fonctionnaires qui assurent « la coordination des directions techniques du ministère ».

L'affaiblissement politique du ministre et du ministère français des finances a en tout cas certainement facilité le vote de la LOLF, qui écorne sur plusieurs points les pouvoirs que le ministère s'était, en grande partie, octroyés (ou avait fait octroyer à l'exécutif) dans l'ordonnance du 2 janvier 1959.

39 Certaines compétences ont été transférées au Premier ministre (ou sont désormais exercées conjointement avec les autres ministres), notamment en matière de transferts, d'annulations ou de reports de crédits. D'autres ont été transférées au Parlement ou placées

sous contrôle de ce dernier (en particulier, en matière de redevances, de garanties, de plafonds d'emprunt...), la disposition la plus symbolique étant probablement celle qui dépossède (au profit des chambres) le ministre des Finances de son pouvoir d'autoriser les collectivités locales à déposer leurs fonds hors des caisses du Trésor.

B. Les autorités locales « subordonnées »

40 Celles-ci ont marqué l'histoire française (**1**) et bénéficient à présent d'une autonomie mieux garantie (**2**), même si la question du pouvoir fiscal et dépensier local n'en demeure pas moins toujours posée (**3**).

1. Un rôle incertain

41 Certains siècles (XIIe au XVIe) ont été marqués par une forte autonomie des villes. La centralisation entreprise par l'autorité royale (notamment l'édit de Colbert du 12 avr. 1683) puis par les autorités républicaine et impériale à la jonction des XVIIIe et XIXe siècles a ensuite considérablement réduit cette autonomie, en particulier avec la suppression des octrois et la difficile recherche de nouvelles ressources locales. N'a-t-on pas parlé alors « des misères des finances locales » (G. Lepointe, *Histoire des institutions du droit public français*). Celle-ci a retrouvé une certaine vigueur à partir de la monarchie de Juillet puis de la IIIe République et elle a été garantie par la Constitution du 27 octobre 1946 (art. 87).

Proclamée en 1789, l'autonomie locale fut, au bout de quelques années, brisée par la centralisation jacobine (culminant dans la loi du 28 pluviôse an VIII) avant de renaître progressivement, en particulier avec les lois du 18 juillet 1837 (communes) et du 18 mai 1838 (départements) et, surtout, la loi du 10 août 1871 sur les départements et la loi du 5 avril 1884 sur les communes. À partir de 1837-1838, les budgets des collectivités locales, jusque-là réglés par les seules autorités étatiques, furent votés par les autorités locales mais demeurèrent repris, totalement (départements) ou partiellement (« centimes » communaux), dans le budget de l'État, où ils furent cependant isolés, à partir de 1862, dans un « budget sur ressources spéciales » (qui demeurait voté par le Parlement) ; ce budget ne fut supprimé, et le cordon ombilical ainsi coupé, qu'à partir d'une loi du 18 juillet 1892. L'autonomie fut ensuite accrue par plusieurs textes, notamment un décret-loi du 26 novembre 1926, une ordonnance du 5 janvier 1959 et une loi du 31 décembre 1970.

2. La permanence d'une garantie d'autonomie

42 Si la Constitution de la IVe République a consacré la libre administration des collectivités territoriales (art. 87), la garantie d'autonomie (financière) a été reprise en 1958 dans la Constitution de la Ve République (art. 72) et a été accentuée progressivement sans pour autant que cela conduise à une modification en profondeur du pouvoir financier local.

On peut sans doute rapprocher les éléments qui suivent du cadre constitutionnel espagnol dont la Constitution prévoit en son article 142 que « les finances locales doivent disposer de moyens suffisants pour remplir les missions que la loi attribue à chacune des collectivités » ou encore de la Constitution italienne dont l'article 119 énonce que « Les communes, les Provinces, les villes métropolitaines et les Régions ont une autonomie financière en matière de recettes et de dépenses, dans le respect de l'équilibre de leurs budgets... » ; mais c'est sans doute du côté britannique qu'il faut appréhender avec attention les effets (même si ce fut un échec) du référendum écossais sur l'indépendance qui a conduit à de nouveaux engagements en faveur du renforcement de la dimension financière de la Dévolution (au profit de l'Écosse, du pays de Galles et de l'Irlande du Nord) et ce dans le prolongement législatif donné au rapport de la Smith Commission rendu en novembre 2014 et préconisant des transferts de pouvoirs fiscaux aux autorités de ces trois territoires.

Depuis 1958, cette autonomie financière a été renforcée en France à la fois par une révision constitutionnelle, l'adhésion de la France à la Charte européenne de l'autonomie locale et la jurisprudence du Conseil constitutionnel.

43 La loi constitutionnelle du 28 mars 2003 introduit, notamment, un article 72-2 dans le texte constitutionnel, aux termes duquel : « les recettes fiscales et les autres ressources propres des collectivités territoriales représentent, pour chaque catégorie de collectivités, une part déterminante de l'ensemble de leurs ressources » (art. 72-2, C, al. 3), ce qui assure un minimum d'autonomie financière (qui paraissait menacée par l'augmentation de la part des dotations de l'État dans les budgets locaux) ; elle a été précisée par la loi organique du 29 juillet 2004 qui a fixé à la fois la notion

et le niveau des ressources propres (v. ss 522). Cette garantie est renforcée par l'article 72-4 qui impose que tout transfert de compétences entre l'État et les collectivités territoriales s'accompagne de l'attribution des ressources équivalentes à celles qui étaient consacrées à leur exercice. Il en va de même pour toute création ou extension de compétences.

44 L'adhésion de la France, en 2007, à la Charte européenne de l'autonomie locale (du 15 oct. 1985) a renforcé l'affirmation de cette autonomie sur le plan financier car l'article 9 du texte stipule que « les collectivités locales ont droit, dans le cadre de la politique économique nationale, à des ressources propres suffisantes dont elles peuvent disposer librement dans l'exercice de leurs compétences », tout en précisant qu'une partie au moins de ces ressources financières doit provenir de redevances et d'impôts locaux dont elles ont le pouvoir de fixer le taux (dans les limites de la loi).

Cependant, la France a émis deux réserves : l'une relative à une disposition devant permettre la compensation financière des frais occasionnés par l'exercice du mandat, des gains perdus ou une rémunération du travail accompli et une couverture sociale, et l'autre précisant que la charte n'est pas applicable aux établissements publics de coopération intercommunale « qui ne constituent pas des collectivités territoriales ».

45 Mais le Conseil s'est, jusqu'à présent, refusé à censurer des restrictions de ressources (v. notamment Cons. const. 29 mai 1990, 274 DC ; 25 juill. 1990, 277 DC ; 6 mai 1991, 291 DC ; 26 janv. 1995, 358 DC ; 25 juin 1998, 402 DC ; 29 déc. 1999, 405 DC ; 28 déc. 2000, 442 DC ; 29 déc. 2003, 489 DC ; 29 déc. 2009, 599 DC). Dans le prolongement de la réforme constitutionnelle de 2003, il a cependant rappelé dans sa décision du 29 décembre 2005 (530 DC) qu'il ne pourrait que censurer des actes législatifs ayant pour conséquence de porter atteinte au caractère déterminant de la part des ressources propres d'une catégorie de collectivités territoriales ;

Même si au cas d'espèce la mesure (plafonnement de la taxe professionnelle) ne menaçait pas de son seul fait – l'autonomie financière d'une collectivité territoriale. Il adressait cependant un avertissement en ce domaine pour le cas où des ressources transférées viendraient à baisser, l'État se devant de maintenir ces ressources au niveau équivalent à celui consacré aux compétences avant leur transfert (29 déc. 2005, 530 DC).

La réforme constitutionnelle du 23 juillet 2008 introduisant un article 61-1 dans la Constitution de 1958 avec l'apparition de la question prioritaire de constitutionnalité, aurait pu contribuer à renforcer les droits financiers des collectivités territoriales sur le fondement de l'atteinte à la libre administration garantie à l'article 34 de la Constitution. Cette disposition tend à permettre la mise en cause, à l'occasion d'un litige, de la constitutionnalité de toute disposition législative portant atteinte aux droits et libertés que la Constitution garantit.

Cependant, les décisions rendues en ce domaine furent pour l'essentiel négatives : 22 sept. 2010, 29/37 QPC ; 6 oct. 2010, 59 QPC ; 18 oct. 2010, 56 QPC ; 25 mars 2011, 109 QPC ; 30 juin 2011, 143, 144, 142/145 QPC ; 13 juill. 2011, 149 QPC... 29 juin 2012, 255/265 QPC ; 19 avr 2013, 305/306/307 QPC, à l'exception notable des décisions 323 QPC du 14 juin 2013, 397 QPC du 6 juin 2014. Le Conseil d'État, pour sa part, a estimé que le principe de péréquation financière entre collectivités territoriales n'était pas au nombre des droits et libertés garantis par la Constitution, au sens de l'article 61-1 (CE 23 déc. 2010, *Cne Lisses*), ce que le Conseil constitutionnel avait d'ailleurs semble-t-il énoncé dès septembre 2010 (22 sept. 2010, *Cne Besançon et a.*, 29/37 QPC, cons. 5).

Une décision du 8 juillet 2011 mérite toutefois d'être soulignée : elle censure une disposition législative sur le fondement de l'atteinte à la libre administration, disposition contestée dans le passé et qui interdisait aux collectivités territoriales de moduler les aides allouées aux communes et groupements compétents en matière d'eau et d'assainissement en fonction du mode de gestion retenu (« cette interdiction restreint la libre administration des départements au point de méconnaître les articles 72 et 72-2 de la Constitution », 8 juill. 2011, *Dpt Landes*, 146 QPC, cons. 5).

S'agissant des dépenses obligatoires, elles peuvent être décidées par le législateur mais les obligations doivent être définies avec précision quant à leur objet et à leur portée et ne sauraient méconnaître la compétence propre des collectivités locales ni entraver leur libre administration (18 juill. 2001, 447 DC). On rappellera par ailleurs que le législateur est seul compétent pour imposer directement ou indirectement aux collectivités locales des dépenses à la charge de l'État (CE 5 janv. 2005, *Cne Versailles*).

3. Une autonomie atténuée s'agissant du pouvoir fiscal et dépensier local

46 Cette autonomie est en effet inégale suivant qu'il s'agit du pouvoir fiscal (**a**) ou du pouvoir dépensier (**b**).

a. Une limitation du pouvoir fiscal local

47 Celle-ci est, en effet, traditionnelle et se retrouve dans l'actuel bloc de constitutionnalité qui confie à la loi le soin d'autoriser annuellement la perception des impositions locales (LO 2001, art. 34) et de fixer les règles concernant les « impositions de toutes natures » (Const., art. 34).

Il en découle d'abord que le système fiscal local ne peut résulter que de la loi nationale. Une collectivité territoriale ne peut créer un impôt mais peut, au plus, se voir reconnaître la possibilité de renoncer à certains impôts (dits « facultatifs ») ou, depuis la réforme constitutionnelle de 2003, de fixer, sur autorisation de la loi, et dans les limites que cette dernière détermine, le taux et l'assiette de certaines impositions (art. 72-2 C, al. 2). Ceci n'exclut pas d'éventuels particularismes (notamment dans les territoires d'outre-mer, devenus en 2003 collectivités de l'article 74-C, où ne s'applique pas la législation fiscale de droit commun), mais ces particularismes, même consacrés dans des conventions avec l'État, sont à la discrétion de la loi nationale (Cons. const. 19 juill. 1983, 160 DC), abstraction faite désormais des statuts très particuliers de la Nouvelle-Calédonie et de la Polynésie française.

Il en résulte ensuite que l'utilisation du système fiscal fixé par la loi nationale est cantonnée dans des limites parfois étroites. D'une part, la liberté de fixation des taux n'est, ni générale : elle n'existe que pour certains impôts, notamment les principaux impôts directs (depuis L. 10 janv. 1980), ni absolue : l'autorité locale est tenue de respecter certaines contraintes, notamment certains plafonds que doit lui assigner le législateur (Cons. const. 30 déc. 1987, 239 DC, et 25 juill. 1990, 277 DC). D'autre part, l'interventionnisme fiscal est limité aux cas d'exonérations fiscales (partielles ou totales) expressément prévus par la loi. Le Conseil a aussi admis que le législateur puisse fixer un tarif maximal dérogatoire motivé notamment par une volonté d'une évolution progressive des impositions, le dispositif n'ayant pas pour effet « de réduire les ressources propres de certaines communes dans des proportions telles que serait méconnue leur autonomie financière » (19 avr. 2013, *Cne Tourville-la-Rivière*, 305/306/307 QPC, à propos de la taxe locale sur la publicité extérieure).

Le Conseil constitutionnel a, enfin, tranché le débat entre autonomie financière et autonomie fiscale en consacrant la première mais non la seconde dans une décision rendue en 2009 : « *Il ne résulte ni de l'article 72-2 de la Constitution ni d'aucune autre disposition constitutionnelle que les collectivités territoriales bénéficient d'une autonomie fiscale* » (Cons. const. 29 déc. 2009, 599 DC).

b. Un pouvoir dépensier discuté

48 Le développement de ce pouvoir caractérise les collectivités locales depuis que leur budget, rattaché au budget de l'État et approuvé par le Parlement jusqu'en 1892, est devenu autonome et que leurs compétences ont été accrues. Certes, la Constitution (art. 34 et 72) précise que les collectivités locales s'administrent dans les conditions prévues par la loi. Mais, le législateur lui-même a accru sensiblement l'autonomie des collectivités locales. Sur le plan institutionnel, il a ainsi supprimé, par la loi du 2 mars 1982, la tutelle ministérielle ou préfectorale sur leurs actes budgétaires. Sur le plan matériel, il a aussi développé leurs compétences et leurs possibilités d'action.

Les transferts ou créations de compétences doivent cependant s'accompagner des ressources adéquates (Cons. const. 12 août 2004, 503 DC), dès lors qu'il s'agit d'un transfert ou d'une extension de compétences obligatoires (30 juin 2011, *Dpts Hérault et*

Côtes-d'Armor, 144 QPC, cons. 7), sans pour autant que le législateur soit tenu d'affecter une ressource particulière à ce financement ou de maintenir dans le temps une telle affectation (30 juin 2011, *Dpts Seine-Saint-Denis et Hérault*, 143 QPC, cons. 7). Un tel transfert « doit être accompagné de l'attribution des ressources équivalentes à celles qui étaient antérieurement consacrées à leur exercice » (30 juin 2011, *Dpts Seine-Saint-Denis et a.*, 142/145 QPC, cons. 24).

Le Conseil a tenu à préciser que le principe de libre administration « ne doit pas être dénaturé par la fixation réglementaire de certains seuils », l'augmentation de charges pouvant ou devant conduire les pouvoirs publics à prendre les mesures correctrices appropriées (30 juin 2011, 144 QPC, cons. 11).

Dans le même ordre d'idée, si une collectivité demande à ne plus assumer une charge facultative qu'elle avait elle-même sollicitée, il lui appartient, le cas échéant avec l'État, d'organiser la fin de la prestation en question (à propos des centres d'information et d'orientation, 13 juill. 2011, *Dpt Haute-Savoie*, 149 QPC, cons. 6).

Le développement des budgets aidant, les collectivités locales sont devenues de véritables centres de décision financière. Mais elles demeurent soumises à un contrôle de légalité et à un contrôle budgétaire exercés par le préfet et les juridictions administratives et financières, qui veillent au respect de principes qui demeurent imposés aux autorités locales, notamment l'équilibre des finances, le règlement des dépenses obligatoires (qui demeurent nombreuses), le dépôt des fonds au Trésor et l'interdiction de certaines dépenses (aides faussant la concurrence, certaines aides à l'enseignement privé, dépenses sans intérêt local...).

Par ailleurs, le développement de l'Union économique et monétaire européenne a pour conséquence de resserrer le contrôle du pouvoir central, seul responsable, au regard du droit européen, des règles, notamment financières, que doivent respecter l'ensemble des administrations publiques françaises (v. ss 289 s.).

Enfin, il convient de noter que les dépenses publiques locales sont régulièrement mises en cause (notamment sous l'angle confus des dépenses de fonctionnement) et l'on discerne bien (en intégrant l'effet européen) une volonté de l'État d'assurer la maîtrise de la croissance des dépenses publiques locales voire d'en orienter les principaux domaines.

C. Un fédéralisme financier ?

49 Le questionnement n'est pas nouveau et amène à s'interroger sur l'existence pour la France d'un fédéralisme financier ou encore d'un fédéralisme fiscal. L'expression est largement utilisée dans les milieux économiques (utilisée par l'OCDE dans ses travaux consacrés à l'autonomie financière locale) et a pu être dissociée de l'approche strictement juridique du fédéralisme. Le processus décentralisateur français a sans doute renforcé le pouvoir financier local (dépense, gestion des services publics, vote des taux...), qui toutefois avait une certaine réalité antérieurement à la période décentralisatrice des années 1980, mais il paraît difficile d'aller jusqu'à identifier un tel schéma juridico-financier qui serait fondé sur une répartition quasi constitutionnelle du pouvoir en particulier fiscal entre l'État et les entités locales ; certains auteurs comme Michel Bouvier mettent en avant le fait que la « double logique décentralisatrice et européenne » amenée à se développer devrait conduire à « une réorganisation générale du processus de décision fiscale » « les contours d'un réordonnancement des pouvoirs » pouvant se dessiner dans la perspective « d'un fédéralisme fiscal » (*Finances publiques*). Cette réflexion se retrouvait antérieurement dans les travaux notamment de Jean-Claude Martinez et Pierre di Malta, sous l'angle de l'existence d'un fédéralisme budgétaire (*Droit budgétaire*).

50 Il est vrai que l'expression est souvent utilisée même au-delà de l'État fédéral, par exemple s'agissant de la Catalogne.

La question des États fédéraux a toujours été plus délicate à appréhender sur le plan financier que pour ce qui est des États unitaires, non point s'agissant de la compétence « parlementaire » pour voter l'impôt mais parce que l'État fédéré a disposé et dispose du pouvoir d'imposer, parfois d'abord seul, parfois en concomitance avec l'État fédéral avec, progressivement, là aussi, une sorte de « conquête » de ce pouvoir d'imposer au niveau de l'État fédéral, construisant ainsi une forme de *fédéralisme fiscal.*

Ainsi, le Canada avec la Loi constitutionnelle de 1867 connaît une dualité financière ; les provinces ont la faculté de recouvrer des impôts par la voie de la taxation directe, tandis que l'État fédéral a pu le faire par « tous modes ou systèmes de taxation ». C'est sur la base d'une Loi de l'impôt de guerre sur le revenu de 1917 que l'État fédéral a pu initier à son tour une taxation directe au travers notamment de l'impôt sur le revenu, qui va se développer pour faire de l'État fédéral l'acteur prépondérant en ce domaine, et le collecteur de l'impôt sur le revenu pour le compte des provinces (à quelques exceptions près pour le Québec, l'Ontario et l'Alberta). Le débat canadien a de fait plus porté sur le pouvoir fédéral de dépenser. La Suisse aura connu un phénomène presque similaire, si l'on s'en tient à sa Constitution de 1848. Les dépenses de la Confédération étaient supportées par quelques produits financiers (droits de douane, poste...) et les contributions des cantons. C'est avec la Constitution de 1874 que l'on voit apparaître au profit de la Confédération une fraction de la recette fiscale d'une taxe prélevée par les cantons (taxe sur les exemptions du service militaire) ; ce n'est que de façon très fractionnée et progressive que la Fédération va « conquérir » un pouvoir d'imposition : à partir de 1887 sur les boissons distillées, puis en 1915 un impôt de guerre non renouvelable, en 1916 un impôt sur les bénéfices de guerre, en 1917 les droits de timbre, 1919 un impôt extraordinaire sur la fortune et le produit du travail, 1933 une contribution fédérale de crise, etc. (Cf. *Aperçu historique des impôts fédéraux*, Union des autorités fiscales suisses, état au 1er nov. 2014). Enfin, le nouvel empire germanique, au travers de sa Constitution de 1871, va pour sa part opérer une répartition de la compétence financière entre les États de la Confédération et l'Empire, le pouvoir impérial disposant alors de la compétence exclusive de légiférer en matière douanière et sur certains impôts.

L'Allemagne actuelle est marquée par un partage des compétences financières et fiscales mais traduit aussi ce phénomène général que l'on rencontre dans tous les États fédéraux, à savoir la nécessité d'une collaboration voire d'une coopération financière entre l'État fédéral et les États fédérés, le schéma étant relativement différent, d'ailleurs, selon l'État fédéral en question.

51 On peut sans doute écarter cette dimension au plan français, même si l'outre-mer amène inévitablement à une telle formulation lorsque l'on examine le statut fiscal de la Nouvelle-Calédonie ou encore celui de la Polynésie française. La Nouvelle-Calédonie a toujours bénéficié d'une fiscalité locale particulière, une LO du 19 mars 1999 consacrant la faculté pour le territoire, au travers de lois du pays, de fixer les règles relatives à l'assiette et au recouvrement des impôts, droits et taxes de toute nature (art. 99) pouvant s'appliquer à l'ensemble du territoire, comme la création fin 1999 d'une taxe générale sur les services (Cons. const., 2000-1 LP du 27 janv. 2000) ; or, la Polynésie française dispose aussi de la faculté d'instituer des impôts ou taxes (art. 53 LO du 27 février 2004). On sait ainsi assez peu qu'il existe, notamment, un code des impôts de Nouvelle-Calédonie, un code des impôts de Polynésie française, approches formelles autant identitaires, symboliques, que juridiques. On notera enfin avec intérêt les propositions de l'Assemblée de Corse relatives au projet de réforme fiscale territoriale en faveur de la Corse (Délib. 14/241 AC).

SECTION 2
LES RÈGLES FINANCIÈRES PUBLIQUES

52 Dans l'exercice de leur pouvoir financier, les autorités publiques doivent respecter certaines règles. Ces règles sont parfois rattachées à des principes plus généraux (ils débordent quelquefois le cadre financier) et plus transversaux (ils concernent à la fois les domaines budgétaire, comptable et fiscal), qui sont de plus en plus proclamés sous l'effet, à la fois, de la « bonne gouvernance » (**§ 1**) demandée aux États par les organisations internationales (v. ss 330 s.) et les milieux financiers internationaux, de la surveillance exercée en matière financière par l'Union européenne (v. ss 289) et de l'exigence accrue de démocratie et de bonne ges-

tion qui se manifeste dans de nombreux pays (dont la France : v. ss 338 s.).

Les règles en question sont traditionnellement les règles budgétaires (**§ 2**), qui concernent l'établissement du budget, les règles comptables relatives à l'exécution du budget et au patrimoine (**§ 3**) et les règles fiscales afférentes à la principale recette publique (**§ 4**).

§ 1. Une exigence de « bonne gouvernance »

53 Celle-ci revêt une dimension internationale qui s'est accrue avec le temps (**A**) et repose sur quelques principes généraux (**B**).

A. Une dimension internationale

54 Cette dimension internationale s'est accentuée au cours de ces trente dernières années. Elle est le fruit des attentes d'organisations comme le FMI, la Banque Mondiale, mais aussi des marchés financiers eux-mêmes, les États étant parmi les principaux emprunteurs. Or, cette sorte d'« emprise » internationale qui a marqué nombre d'États, se double d'une démarche de regroupement d'institutions compétentes dans le domaine des finances publiques, regroupement tendant à une homogénéité méthodologique, phénomène que l'on retrouve aussi dans le domaine de la comptabilité, et de facto à un processus de rapprochement, sinon de standardisation, des concepts, méthodes, techniques...

55 Les traditionnelles « institutions supérieures de contrôle des finances publiques » (ISC) sont ainsi regroupées au sein de l'Organisation internationale des institutions supérieures de **contrôle des finances publiques** (INTOSAI) créée en 1953 (avec des branches régionales dont une européenne, dont relève la Cour des comptes française).

Ces autorités, souvent à statut constitutionnel, relèvent (globalement) de deux systèmes : soit un système collégial fondé sur une Cour des comptes, comme en France, en Allemagne, au Portugal, en Espagne, en Belgique, en Russie… et donc essentiellement en Europe (mais non exclusivement comme en Algérie), soit sur un acteur unique, le Contrôleur général disposant de services en propre que l'on rencontre plus dans les pays anglo-saxons, mais bien au-delà (Suède, Argentine, Chine…), et qui paraît être une forme institutionnelle dominante : ex. le Vérificateur général au Canada, le Contrôleur et vérificateur général en Inde, le Vérificateur général en Australie, le Contrôleur général des États-Unis… Cette fonction de contrôle marquée du sceau de l'indépendance est généralement opérée en faveur ou en direction du Parlement (Congrès aux États-Unis, Chambre des communes en Australie, au Canada, au Royaume-Uni…) ; il convient ici de rappeler que, s'agissant de la Cour des comptes française, le Conseil constitutionnel, dans sa décision 448 DC du 25 juillet 2001, mit en avant le fait que « l'indépendance des juridictions est garantie ainsi que le caractère spécifique de leurs fonctions », que la Cour est une juridiction administrative, la Constitution garantissant « son indépendance par rapport au pouvoir législatif et au pouvoir exécutif » (cons. 104 et 105).

L'appartenance de ces différentes entités nationales à une même organisation qui s'est donnée comme objectif statutaire « d'encourager les échanges d'idées et d'expériences entre les institutions Supérieures de Contrôle des Finances Publiques dans le domaine du contrôle des Finances Publiques » conduit non seulement à un échange de savoirs et peut-être à une standardisation des savoirs mais aussi à une dimension qualitative nouvelle concernant l'adoption et la mise en œuvre de règles professionnelles voire la création de chartes éthiques (v. ss 65).

56 On notera qu'au sein d'INTOSAI (qui s'affirme organisation « autonome ») ont été élaborés un *Guide sur la Bonne Gouvernance* (destiné à « fournir des conseils aux services publics sur la bonne administration des fonds publics » !) mais aussi *Les Principes fondamentaux de contrôle* avec le développement de normes ISSAI (normes internationales des Institutions Supérieures de Contrôle des Finances Publiques) dont la vocation est, notamment, de « couvrir tous les types d'audit dans le secteur public », d'offrir une « base professionnelle commune, reconnue à l'échelle interna-

tionale », de préciser « l'autorité des ISSAI » conduisant à l'établissement de quatre normes (ISSAI 100 : Principes fondamentaux de l'audit du secteur public ; ISSAI 200 : Principes fondamentaux de l'audit financier ; ISSAI 300 : Principes fondamentaux de l'audit de performance ; ISSAI 400 : Principes fondamentaux de l'audit de conformité) (v. *Revue internationale de la vérification des comptes publics*).

57 L'affirmation de la nécessaire indépendance de ces institutions, proclamée au travers de la Déclaration de Lima de 1977 relative aux Directives sur les principes de contrôle s'appuyait sur l'affirmation suivante : « L'institution du contrôle est immanente à l'administration des finances publiques laquelle constitue une gestion fiduciaire. Le contrôler des finances publiques n'est pas une fin en soi mais il est un élément indispensable d'un système régulatoire qui a pour but de signaler en temps utile les écarts par rapport à la norme ou les atteintes aux principes de la conformité aux lois, de l'efficience, de l'efficacité et de l'économie de la gestion financière de manière à ce que l'on puisse, dans chaque cas, prendre des mesures correctives, préciser la responsabilité des parties en cause, obtenir réparation ou prendre des mesures pour empêcher, ou du moins pour rendre plus difficile, la perpétration d'actes de cette nature » !

58 Consécration quasiment suprême, l'Assemblée générale des Nations unies a adopté une résolution le 21 novembre 2014 affirmant la nécessaire indépendance de ces institutions, leur rôle dans « la promotion de l'**efficience, du sens des responsabilités, de l'efficacité et de la transparence des administrations publiques** » et encourageant les États membres « à poursuivre et à intensifier leur coopération avec l'Organisation internationale des institutions supérieures de contrôle des finances publiques, notamment pour le renforcement des capacités, en vue de promouvoir une bonne gouvernance à tous les niveaux en assurant l'efficience, le respect du principe de responsabilité, l'efficacité et la transparence grâce au raffermissement de ces institutions et, au besoin, à l'amélioration des systèmes de comptabilité publique ».

59 Or, à côté de ces institutions, les États ont été à l'origine ces dernières années du développement de ce que l'OCDE a dénommé

les Institutions Financières Indépendantes (IFI), phénomène d'une certaine ampleur mais qui, selon l'OCDE, ne serait pas la « panacée ».

On notera ainsi que nombre d'États se sont dotés, pour l'essentiel à l'occasion ou à cause de la crise économique et surtout financière de 2007-2008, d'institutions, d'organismes, aux vocations plus spécifiques comme au Royaume-Uni, avec le Bureau pour la responsabilité budgétaire (OBR créé en 2010), en France avec le Haut conseil des finances publiques (HCFP), en Allemagne, avec le Conseil de stabilité créé en 2009 à statut constitutionnel, art. 109 a), en Irlande avec le Conseil consultatif budgétaire (IFAC, créé en 2011), en Belgique avec le Conseil supérieur des Finances (institué dans sa forme actuelle un peu plus anciennement en 2006), au Portugal, le Conseil des Finances Publiques créé en 2011, en Suède avec le Conseil de la politique budgétaire créé en 2007, en Slovaquie avec le Conseil de responsabilité budgétaire de 2012, en Autriche, le Comité de la dette publique, en République Tchèque, le Bureau central d'audit, d'autres institutions relevant cependant d'une démarche plus ancienne comme l'Office budgétaire du Congrès aux États-Unis qui remonte, lui, à 1974, ou aux Pays-Bas avec le Bureau central du plan institué en 1947, ou encore d'une démarche plus particulière comme au Canada avec le Directeur parlementaire du Budget.

B. Des principes généraux

60 Les principes généraux en question sont au nombre de trois.

61 Le premier, le plus général, est celui de **transparence**, déclinée notamment dans les « codes » publiés par le FMI, l'OCDE ou encore INTOSAI et, à un degré moindre, dans les règlements financiers de l'Union européenne (v. ss 249 s.), mais qui, polymorphe, est plus un objectif ou un principe d'organisation d'un système (répartition des fonctions, accessibilité de l'information, clarté des comptes et des procédures...) qu'une règle juridique applicable à un document donné.

62 Le deuxième, celui de **sincérité**, est plus restreint et plus opérationnel, mais il possède deux volets au contenu différent : la sin-

cérité budgétaire, à caractère subjectif (v. ss 78, 485, 628, 761) et la sincérité comptable, à caractère objectif (v. ss 583, 672).

63 Le troisième, le plus récent, est celui de **bonne gestion financière** (pour reprendre l'expression consacrée dans les règlements financiers de l'Union européenne) qui impose de faire bon usage des fonds requis des contribuables (v. notamment DDHC, art. 14, ss 16).

Dans un premier temps, le principe de bonne gestion financière a été essentiellement conçu comme devant s'appliquer à l'exécution du budget, qui doit s'efforcer de respecter les principes d'économie (le moindre coût), d'efficience (le meilleur rapport coût/résultats) et d'efficacité (la conformité aux objectifs fixés).

Mais, de plus en plus, on s'efforce d'appliquer ce principe dès l'établissement du budget. Traditionnellement, en effet, ce dernier allouait (et alloue encore parfois) des moyens aux administrations en se fondant sur la nature administrative (personnel, fonctionnement, investissement...) des crédits demandés (« budget de moyens »), ce qui ne renseigne pas sur les actions à entreprendre et ce qui conduit parfois à des gaspillages. Le principe de bonne gestion financière (que l'on s'efforce, notamment, de mettre en œuvre dans le budget de l'État français depuis la loi organique du 1er août 2001 et dans le budget de l'Union européenne) exige, en revanche, que le budget présente d'emblée, de façon concrète et financièrement argumentée, les objectifs et les programmes d'action auxquels seront ouverts les crédits (« budget de performance », « budget de programmes », « budget par activités »...), ce qui permet de mieux apprécier *a priori* puis de contrôler *a posteriori* l'usage projeté puis fait des « deniers publics ». Car le « bon usage des deniers publics » est une exigence de valeur constitutionnelle (Cons. const. 29 déc. 2003, *Loi de finances pour 2004*, 489 DC, cons. 33). Mais la mise en œuvre de cette exigence n'est pas facile, à la fois parce qu'il n'est pas toujours aisé de déterminer et de quantifier à l'avance l'action publique et parce que le budget n'est pas seulement un instrument de gestion, permettant de mesurer des programmes ; il est aussi un instrument de pouvoir, permettant de contrôler des administrations et, en particulier, les moyens qui leur sont alloués.

64 Ces principes généraux sont habituellement accompagnés d'une exigence fondamentale, la soutenabilité des finances publiques.

On pourrait ainsi être amené à détecter un quatrième principe général, celui de « **santé** », proclamé par les règlements européens fixant aux États membres un objectif de « finances publiques saines » (v. ss 301). Mais ce principe se rapproche sensiblement du principe d'équilibre budgétaire. Il n'est, enfin, pas sans intérêt de faire le lien entre les trois principes précités et la double exigence de transparence et de responsabilisation dans la gestion des finances publiques contenue dans la convention des Nations unies du 31 octobre 2003 contre la corruption et à laquelle la France a adhéré. Cette convention pose cinq nécessités : des procédures d'adoption du budget national, la communication en temps utile des dépenses et des recettes, un système de normes de comptabilité et d'audit, et de contrôle au second degré, des systèmes efficaces de gestion des risques et de contrôle interne, la préservation de toute documentation financière et comptable relative aux dépenses et recettes publiques « pour en empêcher la falsification » (art. 9).

Au vu de ces différents éléments, il n'est pas surprenant de voir les États se doter de guides, de codes, de chartes, intéressant la gestion budgétaire et fondant un certain nombre de principes devant structurer les budgets.

65 C'est par exemple le cas de l'Australie, qui s'est dotée en 1998 d'une *Charter of Budget Honesty*, complétée en 2012 par des *Policy Costing Guidelines* ; c'est le Royaume-Uni qui dispose depuis 1998 d'un *Code for Fiscal Stability* et qui a établi en 2014 une *Charter for Budget Responsibility* ; on retrouve ce type de démarche en Inde avec *The Fiscal Responsibility and Budget Management Act* de 2003, en Nouvelle-Zélande avec *A Guide to the Public Finance Act* de 2005 lequel intègre les *Principles of Responsible Fiscal Management*, etc.

§ 2. les règles budgétaires (le budget)

66 Les règles budgétaires, qui n'étaient pas totalement inconnues de l'Ancien Régime, se sont principalement développées avec le parlementarisme (v. ss 17). Étendues aux autres collectivités publiques et réaménagées au XXe siècle (v. ss 41 s.), elles ont pour objet d'encadrer le pouvoir de décision des autorités financières publiques en le soumettant à un budget (**A**) dont elles fixent la périodicité (**B**), la présentation (**C**) et, parfois, l'équilibre (**D**).

Issu de l'anglais *budget*, lui-même inspiré de l'ancien français « bougette » (petite bourse), ou encore « boulge », « bouge », terme qui serait lui-même inspiré du celtique « boc » voire du bas-latin *bulga*, le terme de budget a, semble-t-il, été utilisé pour la première fois en France par un arrêté du 17 germinal an XI (7 avr. 1803) relatif aux finances communales et une loi du 24 avril 1806 « relative au budget de l'État pour l'an XIV et 1806 » ; certains travaux font référence à une utilisation, dans son sens actuel, plus récente dans un Rapport au Roi sur la situation des finances au 1er avril 1814.

Enfin, il ne faut pas considérer que les budgets, en particulier nationaux, relèvent de périmètres similaires. En ce sens, la question des finances sociales et donc de la protection sociale amène à des budgets très différenciés traduisant des choix politiques majeurs qui peuvent évoluer avec le temps. Ainsi, il est difficile de comparer l'approche française fondée actuellement sur deux lois financières, avec le budget du Royaume-Uni qui est un budget « global » et qui intègre la protection sociale et la santé dans un même document (732 Mds £ en 2014-2015 dont 222 pour la protection sociale et 140 pour le système national de santé), ou encore avec le budget de l'État fédéral américain qui comprend, depuis les années 1960, deux interventions importantes en matière de santé (Medicaid et Medicare), l'assurance privée étant l'élément dominant du système social de cet État.

A. La notion de budget

67 Le budget est présenté par Paul Leroy-Beaulieu comme un « état de prévoyance des recettes et des dépenses pendant une période déterminée » (*Traité de la science des finances*, tome 2, p. 2). Il est traditionnellement défini comme le document où l'ensemble de documents dans lequel sont prévues et autorisées les ressources et les charges des organismes publics. Il est, selon l'article 7 du RGBCP, « l'acte par lequel sont prévues et autorisées les recettes

et les dépenses. Le cas échéant, il prévoit et autorise les emplois et engagements de dépenses ».

Ce document (le budget au sens formel) comprend parfois, non seulement des prévisions et autorisations de recettes et de dépenses (le budget au sens matériel) mais également d'autres dispositions, qui relèvent de la « légalité ordinaire » et non de la « légalité budgétaire » (v. ci-dessous).

De plus, il n'englobe pas toujours toutes les ressources et toutes les charges de l'organisme public concerné ce qui amène parfois les textes à indiquer, de façon alors tautologique et peu signifiante, que le budget concerne « l'ensemble des recettes et des dépenses budgétaires »... (LO 2001, art. 6).

Il revêt donc deux caractères principaux. Il s'agit d'un acte de prévision (**1**) et d'un acte d'autorisation préalable (**2**).

1. Un acte de prévision

68 C'est en matière de recettes que, compte tenu des techniques actuellement retenues (il est désormais très rare que l'autorité publique décide de prélever un montant préfix de ressources), l'aspect « prévision » est le plus développé. S'agissant des dépenses, cet aspect n'est, certes, pas absent mais il s'efface au fur et à mesure que croît le nombre de services bénéficiaires pour lesquels le budget est essentiellement une autorisation de dépense (et, en conséquence, fréquemment assimilée par eux à une « ressource »).

2. Un acte d'autorisation préalable

69 Celui-ci est donné par l'autorité délibérante à l'autorité exécutive ou, plus généralement, par l'autorité politique à l'administration. C'est donc l'acte qui permet et traduit le mieux le pouvoir d'une autorité sur une autre et qui, historiquement, a constitué le prolongement logique du consentement à l'impôt (v. ss 13). C'est ce caractère éminemment politique de l'acte budgétaire qui entraîne les principales différences entre finances publiques et finances privées, et qui explique plusieurs originalités du droit financier public, notamment la notion de **crédit budgétaire** ; celui-ci est une autorisation de dépenser (notion juridique), qui ne doit pas être confondue avec les fonds en caisse (notion matérielle) : un crédit peut être ouvert sans fonds encore disponibles ou refusé alors même qu'existent des fonds ; cette autorisation est accordée à une administration déterminée (dont elle fixe ainsi les moyens),

pour un objet déterminé (retracé dans une subdivision budgétaire, traditionnellement le chapitre) et pour un montant maximum (les crédits sont, en principe, limitatifs, sauf cas particuliers, notamment les établissements publics industriels et commerciaux qui, pour leurs dépenses d'exploitation, n'ont qu'un « état de prévisions », simplement indicatif) ; l'autorisation n'est aussi accordée que pour une durée déterminée.

Ces caractères expliquent que la notion de budget soit consubstantiellement liée à un **principe d'antériorité** qui veut que le document budgétaire soit adopté avant l'exercice auquel il s'applique ou, surtout, qu'en tout cas aucune opération ne puisse être effectuée sans autorisation préalable.

Mais cette autorisation (qui procède de la « **légalité budgétaire** ») ne modifie pas l'ordonnancement juridique ; pour être licite, l'opération autorisée doit, par ailleurs, être permise par la « légalité ordinaire » ; par exemple, l'ouverture de crédits pour indemniser des victimes de catastrophes naturelles ne confère pas un droit à indemnisation (v. CE 28 mars 1924, *Jaurou) ;* ce droit doit trouver ailleurs sa « base légale », pour reprendre l'expression consacrée en droit européen, pour lequel, également, toute dépense nécessite, d'une part une base budgétaire (un crédit) permettant la dépense, d'autre part une base normative distincte, créant ou permettant la dette à payer.

B. La périodicité du budget

70 Cette périodicité repose sur un principe d'annualité (**1**) dont l'application peut être aménagée (**2**) et qui peut être parfois dépassé (**3**).

1. Le principe d'annualité

71 Principe traditionnel, il impose d'adopter un budget tous les ans. Ce principe s'explique d'abord par des raisons politiques car il permet un contrôle suffisamment fréquent de la part de l'autorité budgétaire ; en particulier, il a historiquement permis un progrès décisif du contrôle parlementaire sur l'autorité royale. Ce principe est également justifié par des considérations techniques, l'année ayant paru constituer une période raisonnable pour faire des prévisions sérieuses, des comparaisons rapprochées et des rectifications en temps utile ; en France, comme dans nombre de pays (États de l'Europe continentale et l'Irlande, la Chine, le Brésil, la Russie), cette année budgétaire coïncide actuellement avec l'année

civile, mais certains États la font débuter le 1er avril (Grande-Bretagne, Japon, Canada, Nouvelle-Zélande, Inde), le 1er juillet (Australie, Égypte) ou le 1er octobre (États-Unis) (la France a essayé le 1er avr. de 1929 à 1933) ; on pourrait, par ailleurs, concevoir un alignement sur l'année économique ou, au moins pour certains organismes, sur l'année... scolaire (1er sept. ou 1er oct.).

On notera que, à l'occasion d'une QPC, le Conseil d'État français a estimé que le principe d'annualité ne relevait pas des droits et libertés garantis par la Constitution au sens de l'article 61-1 de la Constitution (CE 25 juin 2010, *Région Lorraine*, n° 339842).

2. Une application aménagée du principe d'annualité

72 Il est en effet impossible de faire totalement coïncider l'activité financière et l'année civile.

En premier lieu, il arrive que le budget soit adopté après le début de l'exercice auquel il s'applique (non-respect du **principe d'antériorité budgétaire**) ; en France, le cas est devenu rare pour l'État mais il demeure la règle pour les collectivités locales et oblige à prévoir des régimes provisoires, qui varient selon les catégories de collectivité publique.

En deuxième lieu, le budget, qui est un acte de prévision, est généralement rectifié en cours d'année par des **actes modificatifs**, dont l'appellation varie selon les collectivités (lois rectificatives, décisions modificatives, budget supplémentaire...) mais qui partout introduisent une dimension *infra*-annuelle dans les dispositions budgétaires.

En troisième lieu, l'arrivée du 31 décembre ne coupe pas tout lien avec l'année suivante.

D'abord, il est de tradition que l'exécution du budget d'une année déborde sur l'année suivante. Pendant longtemps, c'était même le principe, puisque les comptes d'une année n'étaient clos qu'une fois terminées, même longtemps après, les opérations décidées au cours d'une année (système dit de l'exercice illimité) ou, en tout cas, une fois expirée une assez longue période après le 31 décembre (système dit de l'exercice limité). Actuellement, le principe est qu'on clôt les comptes le 31 décembre en ne prenant en considération que les opérations terminées pendant l'année (**système dit de la gestion ou de caisse**) mais certaines opérations en cours à la fin de l'année civile peuvent encore être rattachées à cette année à condition d'être achevées (ou parfois simplement constatées) pendant une **période complémentaire** (ou « journée complémentaire ») qui, limitée et variable suivant les organismes, tend à se réduire (voire à ne plus être utilisée).

Ensuite, il existe des liens entre les exercices budgétaires. D'une part, les résultats de l'exécution d'un budget (déficit ou excédent) doivent parfois être intégrés dans le budget suivant, en vertu du **principe de continuité des exercices**, qui s'applique à tous les organismes publics sauf l'État. D'autre part, les crédits inutilisés à la fin de l'exercice ne sont pas toujours annulés, comme le voudrait le principe d'annualité, mais peuvent parfois être ajoutés aux crédits de l'exercice suivant, par la technique des **reports de crédits**, en vigueur dans tous les organismes publics.

Enfin, il arrive que le budget d'une année soit la reprise pure et simple des chiffres de l'année précédente, soit sous la forme, devenue exceptionnelle, de la **reconduction de certains crédits**, soit par l'intermédiaire, plus rare, de la **reconduction de l'ensemble du budget** (facilité parfois employée sous les IIIe et IVe Républiques), les deux techniques conduisant, alors, à un dépassement de fait du principe d'annualité.

3. Le dépassement du principe d'annualité

73 Celui-ci est en effet de plus en plus souvent pratiqué ou proposé, en particulier au niveau des organisations internationales (budget biennal pour l'ONU, voire triennal pour certaines organisations).

À cela, trois raisons principales : la longueur de certaines opérations, essentiellement d'investissement, qui débordent très largement le cadre annuel ; l'ampleur et la complexité des budgets contemporains, qui rendent difficile à soutenir le rythme annuel de préparation et de vote ; plus généralement, la nécessité de permettre une gestion des deniers publics à la fois plus prospective et plus souple, en supprimant les rigidités et, parfois, les gaspillages dus au carcan annuel (car la surconsommation des crédits en fin d'année est une pratique répandue).

Pour ce faire, il existe trois moyens principaux.

74 Le premier consisterait à adopter un **budget pluriannuel**. Ce dernier pourrait s'étendre sur la durée d'un mandat politique et traduire un programme de gouvernement ; mais l'idée, parfois avancée, a paru techniquement trop ambitieuse (les incertitudes de la prévision risqueraient de conduire à des rectifications aussi importantes que les budgets annuels) et politiquement trop dangereuse (elle risquerait de diminuer le contrôle politique et d'asseoir certaines situations administratives). Aussi le budget a-t-il plus raisonnablement paru pouvoir être étalé sur deux ans, sous la forme d'un budget biennal, permis par certaines constitutions étrangères (dont celle de l'Allemagne) mais peu pratiqué, sinon dans l'Espagne franquiste et certaines organisations internationales (ONU et ses institutions spécialisées) (v. ss. 328)

75 Le deuxième moyen consiste à ne voter que certains **crédits pluriannuels**. C'est la formule actuellement la plus employée, selon la technique dite (en droit de l'Union européenne) des « crédits dissociés » qui, ainsi que l'implique l'expression, comprennent deux éléments : d'une part des « crédits d'engagement » ou « autorisations d'engagement » (ou « autorisations de programme » lorsqu'elles concernent des investissements) qui permettent d'engager, juridiquement et financièrement, l'administration pour plusieurs années ; d'autre part des « crédits de paiement », ouverts annuellement (conformément à un calendrier, ou « échéancier », généralement prévu dès l'origine) pour payer les sommes dues et qui peuvent être, si nécessaire, reportés d'une année sur l'autre en cas de non-utilisation. Cette technique, utilisée par l'État et l'Union européenne, est également permise aux collectivités locales et à certains établissements publics. Elle facilite l'action des administrations bénéficiaires et la réalisation de leurs programmes financiers mais, par les engagements qu'elle permet, crée une rigidité qui a parfois paru néfaste à l'action conjoncturelle et dangereuse pour l'équilibre financier.

Traditionnellement restreinte, en France, aux investissements, cette technique a été étendue (sur le modèle du droit de l'Union européenne) à d'autres opérations de l'État (« autorisation d'engagement », loi organique du 1er août 2001) et des collectivités locales (« autorisation de programme », Ord. 26 août 2005).

76 Aussi le troisième moyen de dépassement du principe d'annualité consiste-t-il en **l'insertion du budget annuel dans un cadre pluriannuel** purement indicatif. Ce cadre peut résulter de projets inscrits au titre d'une démarche contractuelle pluriannuelle (contrats de plan État-Régions), ou d'une programmation sectorielle (lois de programme ou de programmation de l'État, « délibérations de programme » des collectivités locales). On peut sans doute intégrer dans cette démarche la loi du 3 août 2009 dite « de programmation » relative à la mise en œuvre du Grenelle de l'environnement. Il peut aussi consister en des objectifs, fixés dans des lois d'orientation ou dans des programmes triennaux de stabilité (que doivent actuellement fournir les États membres de l'UEM : v. ss 303). Le « programme » au sens de l'article 7 de la LOLF s'inscrit lui aussi dans cette démarche en ce qu'il concourt à une politique publique « définie » et regroupe des crédits « destinés à mettre en œuvre une action ou un ensemble cohérent d'actions... ». Il peut, enfin, s'agir de simples prévisions, ou projections, pluriannuelles tendant à décrire, pour l'infléchir éventuellement, l'évolution des finances publiques au cours des années à venir (selon une technique de « programmation » ou de « planification » financière fréquemment mise en œuvre dans les pays étrangers).

En ce domaine, les finances publiques françaises ont connu une mutation importante en direction d'une confortation de la pluriannualité avec l'apparition des lois de programmation des finances publiques, fruit de la révision constitutionnelle du 23 juillet 2008 (art. 34 avant-dernier alinéa) ; la première loi de programmation des finances publiques fut celle pour 2009-2012 (L. 9 févr. 2009, n° 2009-135) qui offrit un cadre gestionnaire pluriannuel s'intégrant dans une méthodologie d'inspiration communautaire, le budget guidant la préparation des projets de loi de finances.

Pour sa part, l'Union européenne connaît un budget annuel mais établi dans un cadre pluriannuel (7 ans) défini par un accord interinstitutionnel.

C. La présentation et le contenu du budget

77 La présentation et le contenu du budget obéissent à une série de règles dont la combinaison a pour objectif de permettre un contrôle aisé à la fois de l'ensemble et du détail des opérations envisagées. Il faut ici distinguer les principes classiques des finances publiques d'unité et d'universalité (**1**) et de spécialité (**2**).

1. Les principes classiques d'unité budgétaire et d'universalité budgétaire

78 Ces principes d'unité (**a**) et d'universalité (**b**) (v. ss 17) doivent être combinés avec le principe, plus récemment affirmé, de **sincérité**, l'ensemble pouvant être inclus dans un principe plus large (et inusité), de **globalité**, comprenant deux volets d'inégale étendue.

a. Le principe d'unité

79 Compris dans une acception formelle, pourrait également être appelé principe d'**unicité** car il exige que le budget soit présenté en un seul document, faute de quoi le contrôle serait inefficace, car fragmentaire. Mais l'ampleur et la complexité des budgets contemporains ont souvent conduit à n'exiger qu'un seul ensemble de documents en admettant, à côté du budget central (budget principal ou général) des budgets annexes (et, pour l'État, des comptes spéciaux), le tout accompagné de documents de développement. Par ailleurs, la multiplication de budgets rectificatifs en cours d'année peut atténuer la portée de la règle d'unicité.

Dans un sens plus large, incluant une acception matérielle, le principe comprendrait également la règle de totalité qui, suivant les auteurs, est incluse dans le principe d'unité ou dans celui d'universalité.

b. Le principe d'universalité

80 Traditionnellement présenté comme englobant les principes de non-affectation et de non-compensation, ce principe est le corollaire du principe d'unité en ce qu'il exige que le document présenté soit sincère et global.

Le principe de **sincérité**, qui fait désormais partie du droit local, national et communautaire, comprend lui-même, lorsqu'il s'agit de la sincérité budgétaire (et non comptable), trois éléments.

81 Le premier (auquel fait essentiellement allusion le droit budgétaire) est la **sincérité des évaluations portées au budget** (pas de surestimation ou de sous-estimation des dépenses et des recettes). Mais le budget étant (notamment) un acte de prévision (v. ss 68), la sincérité ne peut être que relative (on ne peut exiger d'une prévision qu'elle soit réalisation) et doit, pour l'essentiel, être comprise (ainsi que le font notamment la loi organique du 1er août 2001 et le Conseil constitutionnel pour la loi de finances : v. ss 483) comme une sincérité subjective (celle d'un « bon père de famille », serait tenté d'ajouter le droit civil) marquée par l'absence d'intention de fausser les évaluations et l'absence d'erreur manifeste d'appréciation.

82 Le deuxième élément, qui conditionne en partie le premier, est la **sincérité du périmètre budgétaire** retenu. Correspondant, pour l'essentiel, à la règle de **totalité**, il exige que soient prévues dans le budget toutes les opérations de tous les services de la collectivité publique intéressée (au besoin « pour mémoire » si le montant n'en est pas encore connu). Mais ce principe, essentiel, connaît plusieurs vicissitudes. D'une part, les personnes publiques ne font pas toujours figurer dans leur budget l'intégralité de leurs opérations financières ; il en va notamment ainsi des **opérations de trésorerie**, qui sont censées n'être que de simples ajustements de caisse, normalement *infra*-annuels (par exemple une avance de fonds pour quelques mois), mais qui, pour l'État, sont conçues de manière particulièrement extensive (tous les emprunts...) et qui, partout, revêtent une importance croissante. D'autre part, les personnes publiques ne font pas figurer à leur budget les opérations financières de leurs satellites qui, dotés de la personnalité morale (de droit public ou de droit privé), ont, en conséquence, des **budgets autonomes** mais dont la dépendance vis-à-vis de la collectivité mère appellerait une « consolidation des comptes » (dont certains éléments ont commencé d'être imposés aux collectivités locales). Par ailleurs, les **budgétisations** et **débudgétisations** qui, d'une année sur l'autre, affectent le contenu des budgets publics rendent difficile la comparaison entre exercices et entre collectivités, ce qui, s'agissant de l'État, a amené le juge à censurer certaines débudgétisations et le législateur organique à prévoir, en

2001, une « charte de budgétisation », permettant de comparer les périmètres des exercices successifs (v. ss 486 et 574).

83 Le troisième élément consiste en la **sincérité de la présentation** des opérations, qui se traduit notamment par la règle essentielle et traditionnelle de **non-compensation** (ou de **non-contraction** ou encore du **produit brut**) : il est interdit de soustraire certaines dépenses de certaines recettes (par exemple les frais de recouvrement du montant des impôts perçus) ou certaines recettes de certaines dépenses (par exemple les recettes propres du montant total des dépenses) et de ne présenter qu'un solde, car un solde ne renseigne, ni sur le montant total, ni sur la nature (éventuellement prohibée) des opérations. Aussi cette règle, élémentaire, est-elle la plupart du temps respectée, seul l'État connaissant quelques dérogations notables (certains comptes spéciaux et certaines procédures comptables particulières).

84 Cette règle pourrait peut-être se rattacher à un principe, plus général, de **clarté** des comptes, traditionnellement mis en avant par la doctrine allemande et que semble parfois consacrer le Conseil constitutionnel à travers le principe d'intelligibilité des textes (il existe ainsi un objectif de valeur constitutionnelle d'accessibilité et d'intelligibilité de la loi, 16 déc. 1999, 421 DC) et la censure de dispositions qui ne sont pas énoncées de façon « claire et précise » (7 déc. 2000, 435 DC ; 29 déc. 2005, 530 DC, cons. 78).

Le Conseil d'État, à l'instar du principe d'annualité, a estimé, toujours à l'occasion d'une question prioritaire de constitutionnalité, que le principe de sincérité ne relevait pas des droits et libertés garantis par la Constitution au sens de l'article 61-1 de la Constitution (CE 15 juill. 2010, *Région Lorraine,* n° 340492).

85 La **règle de non-affectation** (élément traditionnellement rattaché au principe d'universalité) interdit, elle, d'affecter une recette à une dépense. Toutes les recettes doivent être versées dans une caisse unique et on décide des dépenses sans distinction d'origine des fonds, ce qui contribue à la globalité du budget.

Cette règle se justifie à la fois par des impératifs de solidarité (nul ne peut prétendre à un financement particulier), par des raisons financières (une recette affectée peut dépasser les besoins du bénéficiaire) et par le souci de préserver l'entier pouvoir de décision de l'autorité budgétaire (qui doit pouvoir fixer librement et précisément les dépenses d'un service, qui ne saurait prétendre à l'autonomie financière).

Mais cette règle ne concerne que de manière relative les collectivités publiques subordonnées, notamment les collectivités locales, qui, au contraire, doivent affecter certaines recettes (recettes d'investissement, recettes spécifiques) à certaines dépenses, car l'affectation constitue un moyen de tutelle, d'ailleurs en recul avec le développement de la décentralisation.

De plus, même au niveau de l'État, la règle connaît de nombreuses dérogations car l'affectation est indispensable pour calculer le coût et le rendement des services marchands ou même certaines opérations particulières ; elle a paru utile pour faire accepter des prélèvements nouveaux en les affectant (ou en promettant de les affecter) à des dépenses déterminées (servant en général de nobles causes) ; elle s'est avérée inéluctable lorsque les pouvoirs publics ont cédé aux demandes, fréquentes et pressantes, d'affectation de recettes.

86 Avec des mécanismes et des histoires différenciées, nombre d'États se sont tournés vers le système de la caisse unique. C'est en particulier le cas des États du Commonwealth et donc d'abord du Royaume-Uni.

À partir de 1786, avec la création d'un fonds consolidé, il n'y aura plus d'affectation d'une recette à une dépense, selon le système jusque-là en vigueur fondé sur une dualité fonctionnelle avec un comité des subsides examinant les recettes et un comité des voies et moyens destiné à en assurer la correspondance sur la base des demandes de la Couronne. Par la suite, avec l'*Exchequer and Audit Departments Act 1866* qui fusionna différents fonds fut créée une caisse unique. Ce fonds central fut dénommé Fonds consolidé du Revenu (*Consolidated Revenue Fund*). Ce système du fonds unique va être poursuivi et maintenu au sein des anciennes « colonies » britanniques. C'est le cas, par exemple, pour l'Australie dont la Constitution elle-même prévoit que toutes les ressources ou sommes perçues par le pouvoir exécutif de la Fédération composeront un fonds consolidé « qui sera approprié pour le service de la Fédération » (art. 81). De plus, « aucune somme ne pourrait être distraite du Trésor de la Fédération si l'emploi n'a pas été déterminé par la loi » (art. 83). C'est encore le cas pour l'Inde qui dispose d'un système similaire, là aussi intégré dans la Constitution de cet État, avec en outre un Fonds consolidé par État fédéré (art. 266 et s.), ou encore pour le Canada avec le Fonds consolidé de revenu du Canada (qui n'exclue pas non plus un tel système au niveau des provinces ; art. 102 et s. loi constitutionnelle de 1867, reprise dans la loi constitutionnelle de 1982). Ce fonds consolidé qui correspond au « total des fonds publics en dépôt au crédit du receveur général » y est dénommé « Trésor » (art. 2, Loi sur la gestion des finances publiques).

2. Le principe de spécialité budgétaire

87 Celui-ci revêt au moins deux significations.

La spécialité comptable impose d'indiquer avec précision le détail des opérations prévues, tout particulièrement des crédits demandés, ce qui exige une **nomenclature budgétaire** présentant au moins deux caractères.

Elle doit, d'une part, être suffisamment affinée, ce qui a conduit à l'élaboration de nomenclatures qui, suivant les cas, sont différentes (État, certaines grandes collectivités locales) ou semblables (la plupart des collectivités publiques subordonnées) aux nomenclatures employées en comptabilité générale ; elles sont souvent assez détaillées et entraînent, surtout pour l'État, un volume impressionnant de documents budgétaires ; mais l'amplification des budgets publics rend toujours relatif, dans les grandes collectivités, le degré de détail.

La nomenclature budgétaire doit, d'autre part, reposer sur des critères de classification suffisamment significatifs ; en ce domaine, le critère traditionnel entraîne une classification des crédits par nature (et, pour l'État, par ministère), mais on cherche, de plus en plus, à lui ajouter, voire à lui substituer, une classification par destination (grandes collectivités locales) ou par programme (État) permettant une vision plus opérationnelle des budgets ; mais la démarche se heurte à bien des difficultés tenant aux habitudes, au réalisme comptable (la comptabilité générale est établie par nature) et au fait, parfois oublié, que le budget est autant un moyen de contrôler des structures que de gérer des politiques.

La **spécialité juridique** implique, elle, que les crédits soient ouverts de manière relativement détaillée, suivant des subdivisions (programme pour l'État, chapitre ou article pour les collectivités locales) dont le bénéficiaire ne peut plus ensuite modifier le contenu, toute modification impliquant, en principe, une nouvelle décision de l'autorité budgétaire.

L'ouverture détaillée des crédits ne signifie pas nécessairement le vote détaillé de ces crédits : on peut voter globalement un ensemble de crédits ensuite ouverts en détail (c'est la règle pour l'État, c'est admis pour les collectivités locales).

Elle ne signifie pas plus que les crédits sont ouverts au plus bas niveau de la nomenclature comptable : on peut présenter les crédits de manière très détaillée mais ne les ouvrir que de manière plus globale, ce qui est d'ailleurs l'état du droit ; l'unité de spécialisation des crédits (programme, chapitre ou article) doit, en effet, permettre de concilier les nécessités du contrôle par l'autorité budgétaire, qui pousse à des subdivisions plutôt fines, et les besoins de souplesse dans la gestion des administrations, qui incite à une globalisation des crédits (ce que marque notamment l'abandon, pour l'État, de la spécialisation des crédits par chapitre : v. ss 23 et 24). L'équilibre a toujours été difficile à établir. D'une certaine manière, il est facilité par les possibilités, parfois importantes (État, certains établissements publics), données à l'exécutif de modifier lui-même, et dans certaines limites, les autorisations budgétaires.

D. L'équilibre du budget

88 À la différence des règles précédentes, le principe d'équilibre budgétaire ne concerne que certaines collectivités publiques dont est, notamment, exclu l'État qui, en France, n'a jamais été tenu d'équilibrer son budget ; c'est d'ailleurs une situation qui se retrouve dans la plupart des États étrangers. Par ailleurs, il est rare qu'un tel principe soit directement inscrit et explicité dans une Constitution. Le concept de **« règle d'or »** souvent mis en avant et qui ne signifie pas un équilibre strict entre ressources propres et ensemble des dépenses mais usuellement conduit à permettre de financer l'investissement par l'emprunt, n'apparaît quasiment jamais dans les constitutions. Le rapport à l'équilibre, au déficit et à la dette donne lieu à une relative hétérogénéité d'approche juridique mais aussi dans l'énoncé et la mise en œuvre des mesures de discipline budgétaire prenant en compte la question du solde et notamment du solde structurel. Il faut ici rappeler que le **Traité sur la stabilité, la coordination et la gouvernance au sein de l'Union économique et monétaire** (TSCG) (v. ss 305) énonce ainsi que « la situation budgétaire des administrations publiques d'une partie contractante est en équilibre ou en excédent », cette règle étant considérée comme respectée si leur solde structurel annuel correspond à l'objectif à moyen terme (OMT) spécifique de chaque pays avec une limite de déficit structurel de 0,5 % du produit intérieur brut aux prix du marché (art. 3 b).

89 En ce domaine les initiatives des États et notamment des États membres de l'Union européenne sont diverses et hétérogènes.

L'Allemagne, souvent montrée en exemple, a connu un cadre constitutionnel relativement limitatif en matière d'emprunt, hormis en matière d'investissement, l'article 115 de sa Constitution autorisant cependant un tel recours « pour lutter contre une perturbation de l'équilibre économique global ». La constitution allemande fut réformée de façon assez consensuelle en juillet 2009. Désormais, le déficit structurel fédéral est limité à 0,35 % du PIB et les budgets des Länder sont tenus à une obligation d'équilibre. Ceci étant, ce plafonnement ne s'applique pleinement qu'en 2016 et l'équilibre imposé aux Länder à partir de 2020. L'Allemagne s'est imposé une réduction rapide de son déficit ; cependant, la Constitution allemande conserve différents mécanismes dérogatoires tenant à des circonstances exceptionnelles (évolution normale de la conjoncture, évolution s'écartant de la situation normale, catastrophe naturelle, situations exceptionnelles d'urgence...). La Constitution de l'État libre de Bavière s'inscrit dans une telle démarche, puisque son article 92 énonce que « par principe, le budget (de cet État) doit être équilibré sans recours net à l'emprunt », sauf en cas d'évolution conjoncturelle sortant de l'ordinaire, de catastrophe naturelle, d'urgence extraordinaire... L'Espagne, pour sa part, a modifié sa Constitution en 2011 en s'inspirant de ce « modèle » constitutionnel allemand, en inscrivant dans sa Constitution (art. 135) un principe d'équilibre budgétaire imposé à toutes les administrations publiques, mais qui là aussi repose sur l'existence possible d'un plafond de déficit structurel défini par une loi organique (établi à 0,40 % du PIB et réparti ou partagé entre l'État, 0,26 %, et les communautés autonomes, 0,14 %) et avec un échéancier plus lointain pour atteindre cet objectif d'équilibre (2020) et la faculté d'y déroger par exemple en cas de récession économique. La Constitution polonaise est sans doute d'une rigueur plus apparente même si elle n'aborde pas directement cette question de l'équilibre puisqu'elle n'impose en fin de compte que le respect d'un plafond de dette publique de l'État s'agissant de l'émission des emprunts ou l'octroi de garanties ou cautionnements et ce sans dépasser les trois cinquièmes du PIB (art. 216-5). L'Autriche, de son côté, ne prévoit dans sa Constitution qu'un objectif : « la gestion budgétaire de la Fédération, des Länder et des communes doit viser l'équilibre global de l'économie » (art. 13-2), une situation de péril pouvant justifier un dépassement de crédits pour faire face à des besoins imprévisibles et urgents (art. 51 b.). L'Italie a une approche quelque peu différente puisque sa Constitution (art. 81) énonce que l'État assure l'équilibre entre les recettes et les dépenses de son budget « en tenant compte des phases favorables et des phases défavorables du cycle économique », l'endettement devant s'inscrire dans ce processus et renvoyant à une loi, notamment, les critères visant à assurer l'équilibre entre les recettes et les dépenses des budgets ainsi que la possibilité de faire face à la dette de l'ensemble des administrations publiques.

90 Plus particulière, inévitablement, est la situation du Royaume-Uni qui a adopté, à l'initiative de M. Gordon Brown, au travers du *Finance Act 1998* la mise en place d'un *Code for Fiscal Stability,* lequel n'organise pas non plus une règle d'équilibre budgétaire sur une base annuelle mais énonce un objectif de réduction de la dette, celle-ci s'inscrivant dans un cycle économique. Quant à la Suède, celle-ci a très tôt intégré la question de l'équilibre et

des soldes, dès 1996, en organisant un « modèle-cadre » destiné à permettre le retour à l'équilibre budgétaire et ce en s'imposant un plafond de dépenses triennal et un objectif de dégagement d'un excédent de 1 % du PIB sur l'ensemble d'un cycle.

91 Si l'on sort de l'Union européenne les « contours disciplinaires » autour de la notion d'équilibre budgétaire sont tout aussi inégaux.

Aux États-Unis, des propositions tendant à constitutionnaliser l'équilibre du budget fédéral ont, il est vrai, échoué de très peu (six voix en 1990, une voix en 1996) – ce qui n'a d'ailleurs pas empêché de faire disparaître, à l'occasion, le déficit (v. ss 245) ; toutefois, au cours des années 2000, la dette des États-Unis n'a cessé de s'accroître obligeant le Congrès à élever le plafond de celle-ci. En outre, l'adoption du *Budget Control Act of 2011* qui amendait un texte précédent, le *Balanced Budget and Emergency Deficit Control Act of 1985*, a constitué une tentative pour maîtriser la croissance des dépenses et du déficit et respecter ledit plafond au travers notamment d'un mécanisme de coupe automatique dans certaines dépenses comme en 2014 au travers d'un instrument la *Continuing Resolution* dès lors que le budget n'a pas été voté par le Congrès. Le *Budget Control Act* a prévu une réduction des dépenses de 1 200 Mds $ sur la période 2013-2021. Il prévoyait aussi que le Congrès vote fin 2011 un amendement constitutionnel sur l'équilibre du budget, vote de cet amendement qui échoua à deux reprises. Les États-Unis n'ont en fait connu de budget équilibré qu'à dix reprises depuis la fin de la seconde guerre mondiale. Le Canada ne dispose pas non plus de loi fédérale en ce domaine ; en revanche, nombre de provinces ont adopté des lois d'équilibre budgétaire comme la Colombie britannique, le Québec, l'Ontario, le Manitoba (sur des bases annuelles ou cycliques). La Suisse, pour sa part, a posé à l'article 126 de sa Constitution le principe selon lequel la Confédération équilibre à terme ses dépenses et ses recettes, le plafond des dépenses totales devant être approuvé dans le budget étant fixé en fonction des recettes estimées, compte tenu de la situation conjoncturelle, tout en admettant que des besoins financiers exceptionnels puissent justifier le relèvement de ce plafond. C'est une loi de 2005 sur les finances de la Confédération qui organise la Gestion des finances de la Confédération en reprenant le principe constitutionnel et en instituant un mécanisme dit de *frein à l'endettement* sur la base d'un dispositif de compensation pluriannuelle du découvert avec en cas de dépassement d'un seuil de 6 % des dépenses totales effectuées sur un exercice, avec une élimination de ce dépassement durant les trois exercices comptables suivants ; on notera que la rigueur gestionnaire helvétique a cependant prévu là aussi des circonstances permettant le relèvement du plafond comme « des événements extraordinaires échappant au contrôle de la Confédération... ». On notera aussi que les cantons suisses sont dans leur très grande majorité dotés de règles budgétaires plus ou moins contraignantes en ce domaine.

92 La France n'est pas étrangère à cette question. On soulignera la situation des collectivités publiques françaises subordonnées, notamment les collectivités locales, qui sont tenues de voter et d'exécuter leur budget en équilibre réel (en réalité sans déficit), en résorbant au besoin un éventuel déficit d'exécution, ce qui explique, notamment, que ces collectivités soient soumises au principe de continuité des exercices (v. ss 72). Mais l'application annuelle de la règle est atténuée par la possibilité d'équilibrer un budget grâce à l'emprunt, à charge de rembourser ensuite celui-ci par des ressources autres que l'emprunt. On rappellera enfin que nombre d'établissements publics nationaux se voient interdire de souscrire à des emprunts d'une durée supérieure à un an (Arr. du 8 sept. 2011).

De sorte que la collectivité publique soumise au régime le plus sévère est l'Union européenne qui, elle, doit équilibrer son budget (et résorber un éventuel déficit antérieur) sans recours à l'emprunt.

La France avait tenté en 2011 au travers d'un projet de loi constitutionnelle relatif à l'équilibre des finances publiques, adopté en Conseil des ministres début mars 2011, et adopté dans les mêmes termes par chacune des deux Assemblées en juillet 2011, de s'inscrire dans une telle démarche destinée à assurer une maîtrise des déficits publics en organisant au travers d'une loi-cadre d'équilibre des finances publiques qui aurait été insérée notamment à l'article 34 de la Constitution. Cette « loi-cadre », à vocation pluriannuelle (au moins trois ans) aurait déterminé « les orientations pluriannuelles, les normes d'évolution et les règles de gestion des finances publiques, en vue d'assurer l'équilibre des comptes des administrations publiques » ; elle aurait eu valeur de loi organique et s'imposerait tant aux lois de finances qu'aux lois de financement de la Sécurité sociale. Une loi organique en préciserait le contenu. Faute d'une majorité qualifiée favorable, le président de la République d'alors, Monsieur Sarkozy, renonça à convoquer le Parlement en congrès.

Cet échec constitutionnel de l'Exécutif qui a suivi un échec parlementaire concernant une proposition de loi constitutionnelle relative au retour à l'équilibre des finances publiques (texte déposé en 2008 à l'Assemblée nationale par des parlementaires centristes et en particulier MM. Sauvadet et de Courson) devait mener à une autre approche fondée sur un traité intergouvernemental et une loi organique, sans que l'on soit certain qu'une « règle d'or » de l'équilibre budgétaire ait été réellement imposée ! En effet, ne pas recourir à l'emprunt pour le financement d'un budget pourrait être une règle simple à l'instar du budget de l'Union européenne, faut-il que les États adhèrent pour eux-mêmes à une démarche qu'ils imposent à l'Union européenne.

93 On rappellera enfin qu'existe, dans le cadre de l'UEM européenne, un principe d'**équilibre des comptes de l'ensemble des administrations publiques**, qui oblige non seulement à éviter les déficits excessifs mais aussi à tendre vers l'équilibre, voire l'excédent (v. ss 300), ce qui confère à l'État central (souvent incapable d'équilibrer son propre budget) la responsabilité de faire respecter le principe (souvent par les seules collectivités subordonnées).

§ 3. Les comptes et les règles comptables

94 Le pouvoir financier peut lever l'impôt, disposer d'un budget, organiser ses finances, sans pour autant que la société n'ait connaissance de la gestion des finances publiques opérée par ce pouvoir. La publicité des comptes a donc été une étape majeure dans le processus général des contrôles des finances publiques (**A**), les règles comptables stricto sensu étant le fruit d'une construction historique relativement ancienne (**B**).

A. La publicité des comptes

95 L'absence de publicité des comptes et donc de transparence est sans doute l'un des reproches majeurs formulés à l'encontre de l'ancien régime. C'est Necker qui en 1781 prit une telle initiative (qui demeura sans lendemain) en publiant un compte général des recettes et dépenses et ce dans le prolongement d'une déclaration de Louis XVI du 17 octobre 1779 : « Nous ne nous dissimulons pas que cette méthode rendra bien moins secret l'état de nos finances ; mais ce sera une obligation de plus pour nous d'établir une constante harmonie entre nos dépenses et nos avances ».

96 Il revient aux États-Unis, dans leur Constitution de 1787, d'avoir posé le principe d'une telle publicité : « Aucune somme ne sera prélevée sur le Trésor, si ce n'est en vertu d'affectations de crédits stipulées par la loi ; un état et un compte réguliers de toutes les recettes et dépenses de deniers publics seront publiés périodiquement » (Section 9-7). La Constitution française de 1791 s'inscrit dans cette démarche de façon encore plus précise : « Les comptes détaillés de la dépense des départements ministériels, signés et

certifiés par les ministres ou ordonnateurs généraux, seront rendus publics par la voie de l'impression, au commencement des sessions de chaque législature. - Il en sera de même des états de recette des diverses contributions, et de tous les revenus publics. - Les états de ces dépenses et recettes seront distingués suivant leur nature, et exprimeront les sommes touchées et dépensées année par année dans chaque district. - Les dépenses particulières à chaque département, et relatives aux tribunaux, aux corps administratifs et autres établissements, seront également rendues publiques » (art. 3). Cette exigence constitutionnelle française ne sera en fait guère réaffirmée à ce niveau ; seule la Constitution de 1795, énoncera cette obligation de publicité.

B. Le développement des règles comptables

97 On peut être amené à souligner l'emphase de l'approche française de la comptabilité publique dans le long processus qui a abouti au XIXe siècle à une comptabilité publique unificatrice, centralisée et offrant un modèle de rationalité. La présentation de l'ordonnance du 31 mai 1838 portant règlement général sur la comptabilité publique en est la parfaite illustration : « Le code de la comptabilité publique française est le modèle adopté par la plupart des gouvernements de l'Europe » ; « Rien ne peut donner une idée plus juste de l'ordre admirable qui règne dans nos finances que ce règlement, qui embrasse toutes les branches de la comptabilité publique, depuis le vote de l'impôt par les Chambres jusqu'à sa perception directe par les plus humbles agents de l'administration ».

98 Cette comptabilité s'inscrit dans une démarche historique qui n'est pas spécifiquement française. La tenue d'une comptabilité est un facteur historique particulièrement ancien et qui remonte à l'antiquité. Chaque État a progressivement développé son propre système de comptabilité publique, sous l'influence, plus ou moins grande, des principaux États comme le Royaume-Uni, la France... Les États-Unis ont connu un processus plus particulier lié à leur extension territoriale au cours du XIXe siècle et à l'importance du phénomène local. Il en est résulté un système comptable dual avec

des règles et principes comptables applicables d'une part aux « États et gouvernements locaux », et d'autre part au niveau fédéral. Cela a conduit à partir de 1894 à la constitution du *Governmental Accounting Standards Board* (GASP) qui concerne les autorités locales et en 1921 au *Budget and Accounting Act* avec une instance gestionnaire le *Federal Accounting Standards Advisory Board* (FASAB). Ces deux « mécanismes » ont par la suite accepté la définition d'un ensemble de principes de comptabilité communs, les *Generally Accepted Accounting Principles* (GAAP), reconnus par l'*American Institute of Certified Public Accountants* (AICPA), puissante organisation professionnelle américaine, à vocation internationale (créée en 1887 avec à présent près de 360 000 membres dans plus de 120 pays). C'est à présent le *Financial Accounting Standard Board* (FASB) qui publie ces normes pour les États-Unis.

99 Les règles de comptabilité publique ont été ébauchées en France sous l'Ancien Régime, pour prévenir la fraude sur les deniers publics lorsque ces derniers sont apparus en se distinguant des deniers privés du roi. Elles ont été principalement développées à partir de la Restauration afin de remettre de l'ordre dans les finances publiques et de faire respecter la volonté de l'autorité budgétaire naissante (v. ss 17). Ce dernier souci est demeuré le trait essentiel de la comptabilité publique française, qui a pour objectif principal d'assurer la régularité des opérations financières, en premier lieu leur conformité aux autorisations données par le pouvoir politique, seule autorité légitime pour décider du montant et de l'emploi des prélèvements imposés aux administrés. La comptabilité publique diffère ainsi de la comptabilité privée, dont l'objectif est principalement technique (décrire fidèlement) et qui ignore, en conséquence, l'important droit comptable qui, au contraire, caractérise la comptabilité publique.

La comptabilité publique française est longtemps restée une comptabilité « de caisse » ou de « flux », principalement axée sur la dépense et la recette et peu centrée sur la description et la valorisation du patrimoine, au motif principal que la situation financière d'une personne publique ne repose pas sur son patrimoine, mais sur son pouvoir fiscal. Cette conception (qui connaissait dès l'origine une dérogation pour les services publics industriels et commerciaux) a, cependant, évolué parce que rien ne justifie, en réalité, que le patrimoine public soit négligé (ne serait-ce que pour obtenir une meilleure gestion publique) et parce qu'en tout état de cause il est nécessaire d'avoir une comptabilité commune à tous les agents économiques pour établir des statistiques nationales et internationales (v. ss 3). D'où les efforts actuels pour mettre sur pied, avec un succès inégal suivant les catégories de collectivités publiques, une « comptabilité patrimoniale » qui, selon les cas, diffère ou non de la comptabilité budgétaire (v. ss 582 et 664 s.).

L'introduction en France de la comptabilité en partie double remonte à un décret impérial du 4 janvier 1808 initié alors par Mollien qui fut ministre du Trésor public de 1806 à 1814, lequel avait aussi, deux ans auparavant, été à l'origine de la règle de l'unité de caisse (décret impérial du 16 juillet 1806).

Le développement des règles comptables renforce un processus unitaire et centralisé au profit du ministère du budget. L'ordonnance du 14 septembre 1822 va poser pour la première fois les principes généraux et les procédures uniformes d'une comptabilité publique descriptive avec la reconstitution d'un plan général et la soumission de toutes les comptabilités élémentaires chargées de constater l'exécution successive des services. Avec un journal et un grand livre apparaît une comptabilité générale des finances en tant qu'instrument central « d'ordre et de contrôle ». L'ordonnance précitée de 1838 constitue un récapitulatif méthodique des règles en cinq Titres dont un Titre IV sur les comptabilités spéciales (départements, communes). Le décret impérial des 31 mai-11 août 1862 portant règlement général sur la comptabilité publique (et qui perdurera jusqu'en 1962) ira plus loin encore, en « codifiant dans un seul acte » l'ensemble des textes pour adapter l'ordonnance de 1838 « à l'état actuel des institutions politiques et de la comptabilité publique ». Sont alors des deniers publics, les deniers « de l'État, des départements, des communes et des établissements publics ou de bienfaisance ».

100 Ce droit, principalement réglementaire, résulte à présent du décret du 7 novembre 2012 relatif à la gestion budgétaire et comptable publique (RGBCP) qui a été substitué au décret du 29 décembre 1962 portant règlement général sur la comptabilité publique (lequel avait lui-même remplacé le décret du 31 mai 1862, lui-même successeur de Ord. 31 mai 1838 : v. ss 17). Ce texte intègre certaines exigences de la LOLF (enveloppes limitatives, plafond d'emplois...), le périmètre du RGBCP étant élargi à un ensemble d'organismes assimilés à des administrations publiques au sens des textes de l'Union européenne (système SEC), c'est-à-dire à des personnes morales de droit privé (lorsque leurs statuts le prévoient) ou de droit public (liste établie par un arrêté interministériel du 1er juillet 2013) ou de droit public ne relevant pas de la catégorie des administrations publiques, sauf si leurs statuts en disposent autrement. Il s'applique à l'État (dans certaines conditions désormais fixées par la LOLF : v. ss 577), aux collectivités territoriales (pour ce qui est des principes fondamentaux) et à la plupart des établissements publics (locaux d'enseignement, de santé, groupements de coopération sanitaire). Mais les collectivités et établissements publics locaux relèvent aussi souvent de dispositions législatives (en vertu Const., art. 34 et 72), tandis que les établissements publics nationaux ont un statut différencié : les établissements administratifs sont (sauf exceptions) soumis aux règles habituelles de comptabilité publique ; certains établissements industriels et commerciaux (dotés d'un agent comptable public) sont soumis à des règles assouplies de comptabilité publique ; les autres établissements industriels et commerciaux, essentiellement ceux qui constituent des entreprises publiques (de même que certains établissements publics locaux) ne sont pas soumis à la comptabilité publique (ils ne sont pas dotés d'agent comptable public) mais obéissent aux règles de la comptabilité commerciale. On notera que la Sécurité sociale comprend à la fois des organes centraux (établissements publics administratifs nationaux soumis à la comptabilité publique) et des caisses locales et régionales (organismes de droit privé soumis à des règles spécifiques fortement inspirées de la comptabilité publique).

101 Au cours du XXe siècle et jusqu'à présent, on a assisté à un processus d'**internationalisation des normes et règles comptables.** Ce processus est d'abord le fruit d'acteurs privés et en particulier des professionnels de la comptabilité du monde anglo-saxon et notamment britannique. Ce développement est marqué par l'émergence dans les années 1970 d'un organisme privé, l'*International Accounting Standard Committee* (IASC) à l'origine des normes IAS, qui a progressivement étendu son influence, pour devenir par la suite *l'International Accounting Standard Board* (IASB) à l'origine des normes dites IFRS (*International Financial Reporting Standards*) devenues IAS-IFRS. L'Europe a abandonné toute tentative de construction de normes européennes au début des années 2000 (règlement du 19 juillet 2002), faisant des normes IFRS les normes applicables aux entreprises européennes. La Communauté européenne mettait en avant une démarche impliquant une « convergence renforcée des normes comptables actuellement appliquées sur le plan international, l'objectif étant, à terme, de créer un jeu unique de normes comptables mondiales », l'article 4 du règlement précité énonçant l'obligation pour les entreprises (à effet au 1er janvier 2005) régies par le droit national d'un État membre de préparer leurs comptes consolidés conformément aux normes comptables internationales (adoptées selon une procédure particulière) c'est-à-dire les normes comptables IAS et les normes internationales d'information financière, IFRS et les interprétations s'y rapportant (SIC/ IFRIC). Les États-Unis ont cependant conservé encore, pour leur part, leurs propres normes comptables, tandis que la France sur la base de l'article 5 du règlement de 2002 retenait la liberté laissée aux entreprises concernées d'opter pour l'utilisation des normes comptables internationales (Code de commerce, art. L.233-24).

102 Le lien entre la comptabilité privée, la comptabilité publique, les finances publiques et la fiscalité est, à présent, clairement dessiné, à tout le moins en France. Ainsi, la LOLF dispose en son article 30 que les règles applicables à la comptabilité générale de l'État ne se distinguent de celles applicables aux entreprises qu'en raison des spécificités de son action (faut-il encore identifier ces spécificités !), tandis que l'Annexe III du CGI, en son article 38 quater, énonce que les entreprises doivent respecter les définitions édictées par le plan comptable général (PCG) sous réserve que celles-ci ne soient pas incompatibles avec les règles applicables pour l'assiette de l'impôt. Depuis 2009, en France c'est l'**Autorité des normes comptables** qui permet d'établir, sous forme de règlements (homologués par le ministère du budget), les prescriptions comptables générales et sectorielles que doivent respecter les personnes physiques ou morales soumises à l'obligation légale d'établir des documents comptables conformes aux normes de la comptabilité privée (art. 1er)., et ce avec l'appui d'un **Conseil de normalisation des comptes publics** pour ce qui est « de la normalisation comptable de toutes les entités exerçant une activité non marchande et financées majoritairement par des ressources publiques, et notamment des prélèvements obligatoires ». Le recueil des normes comptables de l'État intègre ainsi le PCG (à présent 2014) et les référentiels comptables internationaux (sauf exception).

§ 4. Les règles fiscales

103 Le droit fiscal est un élément constitutif majeur des finances publiques. De plus, et pour reprendre la formulation d'auteurs bien connus, « ... la fiscalité est inconcevable sans juridisme » (Lambert - Bienvenu, *Droit fiscal*). Louis Trotabas put le présenter comme « la branche du droit public qui règle les droits du fisc et leurs prérogatives d'exercice » l'amenant à souligner l'existence d'un pouvoir fiscal qui « est, au point de vue juridique, l'élément primordial du régime fiscal » (*Précis de Science et Législation financière*, 1933). Les prélèvements obligatoires perçus par les autorités publiques font en effet une place toute particulière à l'impôt (**A**). À notre époque, l'établissement de cet impôt n'est pas totalement discrétionnaire mais doit obéir à certains principes fondamentaux (**B**), mis en œuvre par de multiples règles particulières qui régissent, notamment, la procédure fiscale (**C**) et le contentieux fiscal (**D**).

A. Le domaine fiscal

104 Il convient d'identifier l'impôt (**1**) et d'en présenter les classifications (**2**).

1. La notion d'impôt

105 Celle-ci n'est pas toujours clairement délimitée en raison d'une terminologie déficiente (il ne faut pas s'attacher à l'intitulé officiel des prélèvements) et de concepts parfois approximatifs.

L'impôt aurait été défini par Gaston Jèze, au début du XXe siècle, comme une « prestation (pécuniaire) requise des (particuliers) par voie d'autorité, à titre définitif et sans contrepartie (en vue de la couverture des charges publiques) ».

Trois éléments, mis entre parenthèses dans cette citation, sont discutables.

Le caractère pécuniaire de l'impôt correspond, à notre époque, à la grande majorité des cas mais il y a eu (journées de travail) et il y a encore parfois (remise d'œuvres d'art ou d'immeubles) des impôts payables « en nature ».

L'impôt n'est pas seulement payé par des particuliers, mais il l'est aussi par des personnes morales, de droit privé (sociétés, associations) ou de droit public (qui se doivent mutuellement des impôts).

L'impôt est le plus souvent perçu en vue de la couverture des charges publiques, ce qui le distinguerait en particulier des sanctions pécuniaires, établies dans un but répressif, mais il a parfois pour but de favoriser ou de pénaliser certaines activités, ce qui est devenu courant avec le développement de l'interventionnisme fiscal (v. ss 263).

Pour autant, Jèze a aussi défini l'impôt comme « un procédé de répartition, entre tous les individus formant la collectivité, des dépenses entraînées par le fonctionnement des services publics et non couvertes par les usagers ou les bénéficiaires » (*Cour de finances publiques*, 1932).

L'impôt est donc **un prélèvement obligatoire** qui, aux termes de la jurisprudence (CE 3 juill. 1998, *Syndicat des Médecins Aix et région* ; Cons. const. 29 déc. 1998, 98-405 DC) et de la loi organique du 1er août 2001 (art. 2, 34, 36 et 51), peut être effectué au profit, non seulement de toute personne morale de droit public (y compris un établissement public), mais encore d'une personne privée chargée d'une mission de service public, voire même, dans certains pays, d'une personne « privée » (songeons à l'impôt cultuel perçu, dans certains pays, notamment l'Allemagne, au profit des principales Églises).

106 Ce prélèvement obligatoire se distingue de **l'emprunt**, généralement provisoire (mais ont existé des « emprunts perpétuels » : v. ss 610), non obligatoire (mais ont existé des « emprunts forcés » : v. ss 191) et, en principe, rémunéré.

Le caractère définitif de l'impôt n'empêche évidemment pas que les pouvoirs publics puissent décider d'en restituer une partie (ainsi la prime pour l'emploi instituée en 2001).

107 Il se distingue aussi de la **redevance** qui, même lorsqu'elle est obligatoire, est la contrepartie directe d'un service rendu (rémunération pour service rendu, appelée prix dans les services industriels et commerciaux) ou la contrepartie d'un avantage particulier consenti par l'administration (redevance d'occupation du domaine public).

La **rémunération pour service rendu** fait, quant à son critère, l'objet de jurisprudences désormais concordantes (CE 21 nov. 1958, *Syndicat national des transporteurs aériens* ; T. confl. 28 juin 1965, *Dlle Ruban* ; CJCE 8 févr. 1968, *Van Leeuwen* ; Cons. const. 6 oct. 1976, 76-92 L) et inclut, notamment, les péages autoroutiers.

Les **redevances d'occupation du domaine public** ont été distinguées, non seulement des rémunérations pour service rendu (Cons. const. 25 juill. 2001, 448 DC ; CE 29 nov. 2002, *Cne Barcarès*, et, pour la redevance d'utilisation des ondes, 28 déc. 2000, 442 DC, et 27 déc. 2001, 456 DC), mais encore des impositions (jurisprudence administrative inaugurée en 1989 et qui peut, elle, être discutée car plusieurs redevances étaient auparavant considérées comme des contributions indirectes). On notera que le Code général de la propriété des personnes publiques pose en son article L. 2125-1 que toute occupation ou utilisation du domaine public mentionnée (à l'art. L. 1) donne lieu au paiement d'une redevance.

On a aussi parfois distingué l'impôt (perçu sans contrepartie identifiable) et la rémunération pour service rendu (contrepartie directe, car équivalente, du service rendu) de la **taxe fiscale** (par exemple la taxe d'enlèvement des ordures ménagères) qui est perçue à l'occasion d'un service rendu mais qui n'en est pas la contrepartie directe notamment parce qu'elle peut lui être supérieure (ce qui conduit, dans le régime applicable, à assimiler taxe fiscale et impôt).

Mais l'impôt n'est pas le seul prélèvement obligatoire puisque l'on a pu traditionnellement distinguer deux catégories de ressources.

108 Il s'agit, d'une part, des **cotisations sociales**, qui, à la différence de l'impôt, ouvrent droit à des prestations (Cons. const. 29 juill. 1992, 311 DC, et 13 août 1993, 325 DC) – mais qui, dans les statistiques officielles (notamment les comparaisons entre pays), **sont ajoutées aux impôts pour mesurer les prélèvements obligatoires** (v. ss 204).

On notera, par ailleurs, que les qualifications nationales des prélèvements obligatoires ne sauraient lier le juge européen ; ainsi, la CSG, considérée en droit français comme un impôt (tout comme la CRDS...), a été soumise par la CJCE au régime des cotisations sociales, parce que participant au financement de la protection sociale (CJCE 16 janv. 2007, aff. C-265/05, *Jose Perez Naranjo c/ CRAM Nord-Pas-de-Calais* ; v. ss 567 ; CJUE, 26 févr. 2015, aff. C-623/13, *Min. de l'économie et des fin. c/ Gérard de Ruyter*).

109 Il s'agissait, d'autre part, des taxes parafiscales qui, selon l'ordonnance du 2 janvier 1959 (art. 4), étaient des prélèvements perçus « dans un intérêt économique ou social au profit d'une personne morale de droit public ou privé autre que l'État, les collectivités territoriales et leurs établissements publics administratifs ». Leur institution et leur régime dépendaient du pouvoir réglementaire, le Parlement ne faisant qu'en autoriser la perception au-delà du 31 décembre (mais pouvant les remplacer par des impôts).

Leur nombre était en baisse (environ 150 sous la IVe République, une quarantaine au moment du vote de la loi organique de 2001). Généralement perçues au profit d'organismes professionnels ou techniques (et de certains établissements publics industriels et commerciaux), elles représentaient, en leur dernier état, environ 0,75 Md € (hors redevance de l'audiovisuel).

La « redevance » de l'audiovisuel avait, elle, un caractère parafiscal par détermination du Conseil constitutionnel (Décis. 11 août 1960, 8 DC, constamment réaffirmée, en dernier lieu dans la décision 27 juill. 2000, 433 DC) et obéissant à un régime spécial.

Aussi la LOLF (art. 63) avait prévu la suppression à compter du 1er janvier 2005 de ces taxes, dont la majorité fut remplacée, lorsque leurs bénéficiaires étaient chargés de missions de service public, par des « impositions ».

Aux termes de l'article 2, alinéa 2, de la LOLF, « les impositions de toutes natures ne peuvent être directement affectées à un tiers qu'à raison des missions de service public confiées à lui (...) », ce qui pose évidemment problème pour les organismes qui présentent un simple « intérêt économique et social », selon la condition antérieurement posée par l'article 4 de l'ordonnance de 1959.

Sur le plan juridique, l'abrogation de l'article 4 de l'ordonnance de 1959 a pris effet le 1er janvier 2005 mais, dès 2004, seule une disposition législative particulière pouvait permettre le maintien provisoire d'une ancienne taxe.

110 L'expression « impositions de toutes natures » est, en effet, employée par l'article 34 de la Constitution de 1958 pour désigner les prélèvements obligatoires dont le régime est réservé à la loi.

Le principe posé, à la suite du Conseil constitutionnel (Décis. 124, *L. 23 juin 1982*), par la jurisprudence administrative (CE 20 déc. 1985, *Syndicat national des industriels de l'alimentation animale* ; T. confl. 12 janv. 1987, *Compagnie des eaux et de l'ozone*), est que constituent des impositions de toutes natures, soumises à un régime législatif, tous les prélèvements obligatoires qui ne sont, ni des redevances (ni, jusqu'à leur suppression, des taxes parafiscales), ni des cotisations sociales, ce qui est discutable pour ces dernières.

En l'état actuel, ces impositions de toutes natures sont donc uniquement des impôts et taxes fiscales.

Mais l'exclusion de ces catégories de ressources a été parfois discutée, en particulier pour les cotisations sociales que les statistiques de l'OCDE classent dans les recettes fiscales et qui, en droit interne, sont d'ailleurs soumises à un régime partiellement législatif, seul leur taux relevant pleinement du pouvoir réglementaire (v. ss 749 s.).

S'agissant des rémunérations de services rendus par l'État, l'article 4 de la LOLF précise qu'elles sont perçues sur la base de décrets en Conseil d'État qui « deviennent caducs en l'absence d'une ratification dans la plus prochaine loi de finances afférente à l'année concernée ». Mais le Conseil constitutionnel a énoncé qu'une telle ratification ne concernait que le décret instituant la rémunération (à l'exclusion des actes pris sur la base de ce décret) et n'étant qu'une autorisation de continuation de perception, qui ne portait pas atteinte à la compétence réglementaire en la matière (ces redevances étant, par ailleurs, distinctes des revenus industriels et commerciaux et des produits du domaine) (Décis. 29 juill. 2001, 449 DC).

Par ailleurs, le droit positif continue de révéler des prélèvements obligatoires qui ressemblent à des impositions mais ont été exclus du régime législatif (parfois pour de simples considérations d'opportunité).

Ce sont des prélèvements que Paul Amselek appelle les « impositions quasi fiscales », en distinguant celles qui sont accessoires à des mesures de réglementation économique (par exemple les prélèvements agricoles européens jusqu'en 1995 ou les prélèvements de coresponsabilité sur le lait), celles qui sont présentées comme des « participations » ou « contributions » (notamment en matière d'urbanisme ou de voirie routière) et celles qui sont inclassables (par exemple prélèvements sur les produits des jeux dans les casinos ou du PMU, ou les droits de place et de voirie...).

2. La classification des impôts

111 Elle aboutit à deux distinctions principales. La première, traditionnelle, oppose l'**impôt direct**, pour lequel le redevable (celui qui doit verser l'impôt au fisc) est légalement la même personne que le contribuable (celui qui supporte l'impôt), ce qui permet d'établir directement l'impôt au nom des contribuables (dont on peut éventuellement fixer la liste dans un rôle), à l'**impôt indirect**, pour lequel le redevable (l'assujetti) ne fait que collecter l'impôt auprès des contribuables (généralement inconnus du fisc) et le verser à l'administration. La deuxième distinction, fondée sur la matière imposable, sépare l'**imposition du revenu** (acquisition de la richesse), l'**imposition du patrimoine** ou de la fortune ou du capital (possession de la richesse) et l'**imposition de la dépense** (utilisation de la richesse) Les autres classifications sont plus particulières. Certaines sont fondées sur la base imposable et opposent, d'une part l'impôt personnel (qui tient compte de la

situation du redevable) à l'impôt réel (qui frappe un élément économique sans considération de la personne), d'autre part l'impôt analytique (qui ne frappe qu'un élément d'une situation d'ensemble) à l'impôt synthétique (qui frappe une situation d'ensemble). D'autres sont fondées sur le tarif de l'impôt et opposent deux à deux impôt de répartition (on décide d'un produit, ensuite réparti) et impôt de quotité (on décide d'un taux, ensuite appliqué), impôt spécifique (un montant déterminé par unité, par exemple 15 € par quintal) et impôt *ad valorem* (un pourcentage de la base imposable), impôt proportionnel (le taux ne varie pas) et impôt progressif (le taux augmente avec la valeur imposable, en général par tranches successives).

B. Les principes fiscaux

112 La décision fiscale prise par les autorités financières publiques et mise en œuvre par l'administration fiscale doit, dans un État de droit, respecter les principes fondamentaux d'égalité (**1**) et de légalité (**2**), auxquels pourraient être ajoutés, mais avec beaucoup plus de nuances, ceux de nécessité (**3**) et de non-rétroactivité (**4**).

1. Le principe d'égalité en matière fiscale

113 Celui-ci est susceptible d'au moins trois acceptions.

L'**égalité devant la loi fiscale** concerne la mise en œuvre de la législation fiscale et signifie que cette dernière doit s'appliquer de la même façon à tous. Aspect du principe d'égalité devant la loi, elle est applicable par le juge mais elle est parfois faussée par la pratique (fraude, tolérances...) et ne préjuge pas du caractère équitable de la législation à appliquer (on peut appliquer également une législation inéquitable).

L'égalité devant l'impôt concerne l'élaboration de la loi fiscale et signifie, suivant l'article 13 de la Déclaration de 1789, que la « contribution commune... doit être également répartie entre tous les citoyens, en raison de leurs facultés ».

La conception de cette égalité a évolué. En particulier, on a longtemps estimé qu'un impôt équitable était un **impôt à taux proportionnel** (même taux, quelle que soit la base), « les citoyens profitent des avantages sociaux en proportion des revenus dont ils jouissent » (*Dictionnaire du droit français*, Impôt, 1896), théorie soutenue notamment par Smith, Turgot, Passy, L. Say..., avant de considérer, à partir du début du XXe siècle, que la notion de facultés contributives imposait un **impôt progressif** (le taux augmente avec la base), de façon à réaliser une égalité de sacrifices (payer 20 % de son revenu ou de sa fortune est un sacrifice plus grand pour un pauvre que pour un riche) ; il s'agit alors de considérer que « pour que le fardeau de l'impôt pèse d'un poids égal sur le riche et sur le pauvre il faut donc faire payer un tantième d'autant plus élevé que le revenu est plus considérable » (*Dictionnaire du droit français*), théorie défendue pour sa part, par Montesquieu, Rousseau, Condorcet, J.-B. Say, Bentham, Schäffle...

114 Toutefois, la réforme fiscale entreprise, à la suite des États-Unis, par de nombreux pays industrialisés à partir des années 1980 a sensiblement atténué cette progressivité. Des États ont ainsi adopté, encouragés en cela par certains milieux économiques, un système d'impôt sur le revenu à taux unique (relativement bas), autrement dénommé « **flat tax** », simple retour au schéma prédominant au XIXe siècle.

En France, le principe de la progressivité a cependant été posé, s'agissant de l'imposition du revenu, par le Conseil constitutionnel (v. par ex. 29 déc. 1989, 89-268 DC, 21 juin 1993, 93-320 DC).

Le Conseil constitutionnel apprécie cependant les capacités contributives par impôt ou catégorie d'impôts, admettant que certaines impositions soient proportionnelles et non personnalisées (29 déc. 1999, 424 DC) ; pour chaque impôt ou catégorie d'impôts, il valide les mesures qui permettent, à ses yeux, de mieux prendre en compte les facultés contributives (28 déc. 2000, 442 DC) mais censure celles qui ne prennent pas en compte l'ensemble des facultés contributives (19 déc. 2000, 437 DC : censure d'une réduction de la CSG sur les revenus d'activités qui ne tenait compte, ni des autres revenus du contribuable, ni des autres revenus du foyer, ni des personnes à charge). Plus originale est sa décision du 29 décembre 2014 (708 DC) qui l'a amené, à propos d'un régime particulier d'imposition des plus-values immobilières, à censurer le dispositif en question en raison de la charge fiscale excessive (et donc de son caractère confiscatoire) qui allait en résulter pour les contribuables concernés « au regard de leur capacité contributive » et est « contraire au principe d'égalité devant les charges publiques ». A contrario, ce caractère confiscatoire n'est pas apparu pour le Conseil dans des dispositions destinées à lutter contre les paradis fiscaux s'agissant de la forte inégalité de taxation introduite selon que l'opération est ou non avec un État ou territoire non coopératif (20 janv. 2015, 437 QPC, *Ass. française des entreprises privées et autres*).

115 Par ailleurs, le développement de l'**interventionnisme fiscal** à partir de l'entre-deux-guerres a de plus en plus conduit le législateur à favoriser ou pénaliser, pour des raisons assez diverses tenant à l'économie, la morale (cf. art. 235, 279 bis du CGI), la santé... certaines situations ou opérations économiques et sociales et, par là même, à rompre très largement avec le principe d'égalité. Le Conseil constitutionnel (en s'inspirant souvent de la jurisprudence du Conseil d'État) s'est efforcé d'encadrer ces pratiques en posant pour principe que le législateur doit fonder son appréciation sur des critères objectifs et rationnels mais peut traiter de manière différente des situations (présumées) différentes.

Le Conseil constitutionnel a, en revanche, censuré des mesures de faveur réservées aux agriculteurs corses alors qu'aucune différence de situation ne le justifiait (28 déc. 2000, 441 DC), ou des dispositions accordant de façon différenciée des allégements à des marins-pêcheurs placés dans la même situation (7 déc. 2000, 435 DC). Il a également censuré un projet de taxe communale sur les activités commerciales saisonnières (« ventes à emporter »...) qui ne tenait pas compte de la durée d'installation dans la commune (29 déc. 1999, 424 DC) – puis validé un nouveau texte qui, prenant en compte cette durée, était, cette fois, « fondé... sur des critères objectifs et rationnels en fonction du but... fixé » (28 déc. 2000, 442 DC). C'est aussi en raison de ce qu'il s'était fondé sur « un critère objectif et rationnel » que le législateur ne sera pas censuré pour avoir entendu favoriser la production et la vente de produits d'origine laitière entrant dans la composition des corps gras non végétaux (taux réduit de TVA) par rapport aux margarines et graisses végétales (taux normal) (29 avr. 2011, 121 QPC, cons. 4). Il a cependant censuré la « contribution carbone » en raison de l'importance des régimes d'exemption totale contraires à l'objectif de lutte contre le réchauffement climatique (29 déc. 2009, 599 DC, cons. 82), le régime de la cotisation foncière des entreprises applicables aux entreprises soumises à l'article 1467 du CGI parce que traitant différemment des contribuables se trouvant dans des situations identiques au regard de l'objet de la loi (29 déc. 2009, 599 DC, cons. 16), la contribution exceptionnelle de solidarité sur les très hauts revenus d'activité parce qu'il n'était pas fait référence à l'existence du foyer fiscal, méconnaissant ainsi l'exigence de prise en compte des facultés contributives (29 déc. 2012, 662 DC, cons. 73), les régimes particuliers de réduction d'impôt en faveur de l'investissement outre-mer et en matière d'œuvres cinématographiques et audiovisuelles car ils permettaient à certains contribuables de limiter la progressivité de l'impôt sur le revenu (29 déc.

2012, 662 DC, cons. 122), ou encore le maintien « sans motif légitime » de la dispense de paiement des droits de mutation dans les transmissions d'immeubles ou de droits immobiliers situés en Corse à l'occasion des successions (29 déc. 2012, 662 DC, cons. 133).

L'émergence de la question prioritaire de constitutionnalité (Const., art. 61-1) a redonné un nouveau « souffle » à ce type de contestation (censure d'une cotisation supplémentaire en matière d'impôt sur les sociétés, 14 oct. 2010, *Compagnie agricole de La Crau*, 52 QPC ; censure d'une différence de traitement au regard d'une taxe locale d'électricité, 4 févr. 2011, *Sté Laval Distribution*, 97 QPC...).

Il peut même, si l'intérêt général l'exige, prendre des « mesures incitatives » (avantage ou pénalisation) en traitant de manière différenciée des situations semblables mais il faut que la différence de traitement qui en résulte soit en rapport direct avec l'objet de la loi qui l'établit et n'entraîne pas de rupture caractérisée de l'égalité devant les charges publiques.

Le Conseil constitutionnel admet « des mesures d'incitation par l'octroi d'avantages fiscaux » (27 déc. 2001, 416 DC) ou des pénalisations sous forme de contributions versées (dans des limites jugées raisonnables) par les grandes entreprises qui licencient (12 janv. 2002, 445 DC). Il accepte « des impositions spécifiques ayant pour objet d'inciter les redevables à adopter des comportements conformes à des objectifs d'intérêt général » mais censure des modalités (de la taxe générale sur les activités polluantes) qui ne sont pas justifiées au regard de cet objectif (28 déc. 2000, 441 DC). De même, il accepte que « le législateur décide de favoriser par l'octroi d'avantages fiscaux la transmission de certains biens » mais censure des modalités réduisant les droits sur la transmission d'entreprises qui, par rapport à cet objectif, créent des discriminations injustifiées entre bénéficiaires et autres donataires et héritiers (28 déc. 1995, 396 DC). En revanche, il n'a pas admis le plafonnement de certains avantages fiscaux au titre de l'impôt sur le revenu en fonction de la composition du foyer fiscal ; « au regard du principe d'égalité devant l'impôt, la justification des dispositions fiscales incitatives est liée à la possibilité effective, pour le contribuable, d'évaluer avec un degré de prévisibilité raisonnable le montant de son impôt selon les diverses options qui lui sont ouvertes..., même si des motifs d'intérêt général suffisants peuvent justifier la complexité de la loi » (29 déc. 2005, 530 DC).

116 Enfin, l'égalité peut être conçue, non pas comme l'égalité devant tel ou tel impôt mais comme une **égalité devant le système fiscal**, en prenant en compte l'ensemble des impôts et, plus généralement, des prélèvements obligatoires supportés par chacun. Traditionnellement, le Conseil constitutionnel refusait d'en faire un principe juridique (sauf pour les batteries d'impositions qui, telles

les éléments de la CSG ou les contributions au redressement de la Sécurité sociale, ont une même finalité : 28 déc. 1990, 285 DC, et 18 déc. 1997, 393 DC), car il serait très difficile de l'appliquer de manière précise, mais les pouvoirs publics s'efforçaient parfois d'en apprécier les éléments ; ainsi, le Conseil des impôts, institué en 1971 et remplacé en 2005-2006 par le Conseil des prélèvements obligatoires composé de magistrats et de hauts fonctionnaires, avait pour mission de constater la répartition de la charge fiscale.

Cette égalité devant le système fiscal avait cependant pris une tournure nouvelle avec l'instauration par la loi de finances pour 2006 d'un « **bouclier fiscal** », limitant le total de certains impôts directs demandés au contribuable à un certain pourcentage de ses revenus (v. ss 211). Il s'agissait donc, cette fois, d'apprécier la pression fiscale individuelle par rapport à plusieurs impôts, c'est-à-dire au système fiscal. Le principe en fut admis par le Conseil constitutionnel sur le fondement de l'article 13 de la Déclaration des droits de l'homme et du citoyen exigeant une « contribution également répartie entre les citoyens en raison de leurs facultés » ; ce principe, estima le Conseil, ne serait pas respecté « si l'impôt revêtait un caractère confiscatoire en faisant peser sur une catégorie de contribuables une charge excessive au regard de leurs facultés contributives » (cons. 65) ; en ce sens, dans son principe, le bouclier fiscal « loin de méconnaître l'égalité devant l'impôt, tend à éviter une rupture caractérisée de l'égalité devant les charges publiques » (cons. 66). Cette « rupture caractérisée » ne s'apprécie donc pas seulement face à un impôt mais aussi, désormais, par rapport à plusieurs impôts.

Dans le même sens : v. Cons. const. 16 août 2007, 555 DC, *Loi en faveur du travail, de l'emploi et du pouvoir d'achat*, cons. 24 et 25.

Le Conseil a estimé que les modalités retenues en l'espèce « ne sont pas inappropriées à l'objectif que s'est fixé le législateur », le Conseil n'ayant pas le même pouvoir d'appréciation que le Parlement, ne peut rechercher « si cet objectif pourrait être atteint par d'autres mesures » (29 déc. 2005, 530 DC, cons. 67).

Discuté, le « bouclier fiscal » fut supprimé en 2011 par la même majorité qui l'avait institué. Cette suppression fut réalisée au travers de la loi de finances rectificative de juillet 2011.

Or, la décision 662 DC précitée paraît avoir prolongé cette approche en créant une sorte de « bouclier fiscal » tenant sans doute au poids excessif de l'impôt au regard d'un type de revenu mais aussi en appréhendant ce revenu par rapport à un ensemble d'impositions pouvant conduire à l'identification d'une « charge excessive au regard » de la faculté contributive du contribuable (cons. 81...).

Le Conseil constitutionnel français n'a pas hésité à reprendre l'expression « confiscatoire » dans ses décisions. Le rapport à l'impôt (pris au sens générique et donc de prélèvement obligatoire) a été et demeure un sujet d'une grande sensibilité non seulement sous l'angle de la fraude fiscale et de l'évasion fiscale mais aussi et tout simplement sous celui de la capacité individuelle et collective à en assurer la charge et de fait une « supportabilité » qui peut évoluer dans le temps, au-delà de laquelle le contribuable-redevable adoptera des stratégies d'évitement. La réaction face à l'instauration de l'écotaxe n'est en fait pas un phénomène exceptionnel. Mais qui se rappelle que, en 1984, la tranche supérieure de l'impôt sur le revenu (12 tranches à l'époque) était à 65 % et que l'impôt sur les sociétés connaissait un taux de 50 %, et alors que le taux majoré de TVA était de 33,33 % de 1970 à 1988 ?

117 **L'opposition à l'impôt** a toujours existé, ponctuellement ; elle fut même un fondement sous l'ancien régime de la lutte contre le « tyran ».

Cette contestation fiscale a existé en France, par exemple à l'occasion de la création de l'impôt sur le revenu, ou encore dans la mise en œuvre de la patente (mouvement « Poujadiste » en 1956, CDCAE des années 1980-1990... sans compter les nouvelles dénominations plus récentes et particulièrement imagées des « pigeons », « poussins » « moineaux »... et autres plumitifs à tendance volaillère, avec un curieux oubli dans l'utilisation, mais sans doute le terme était-il déjà trop utilisé et courant, à savoir celui de « dindon » !), pas nécessairement sensibles au discours sur le **civisme fiscal** (en Allemagne, cette question est plutôt appréhendée sous l'angle de la **discipline fiscale**).

Ce n'est en outre pas un phénomène spécifiquement français. L'histoire ancienne et récente est jalonnée de révoltes et contestations fiscales : ce fut la révolte fiscale au IVe siècle avant J.-C. des colonies athéniennes, en France à de nombreuses reprises par exemple avec les Jacqueries populaires aux XVe, XVIe, XVIIe siècles, celle des « Bonnets » bleus ou rouges en 1675 contre le papier timbré dans l'ouest de la France et notamment en Bretagne, les Frondes notamment au XVIIe siècle, ce sera aussi de façon plus partisane, politique, au Danemark en 1973 l'apparition d'un parti contre l'impôt, phénomène que l'on va retrouver en Norvège, le référendum « anti-fiscal » en Californie (« Proposition 13 », en 1978), et plus près de nous les phénomènes « Thatcher » au Royaume-Uni en 1979, « Reagan » aux États-Unis en 1985... Mais les États-Unis ne sont-ils pas nés d'une révolte fiscale ? Les réticences des contribuables grecs à l'égard de l'impôt peuvent aussi être examinées en fonction de leur rapport à l'État et de sa gouvernance.

Mais, si la collectivité des contribuables avait pu considérer en France que l'impôt était un instrument de redistribution et de solidarité, un récent sondage (*Opinion Way,* nov. 2014) a confirmé une forme de rejet de l'impôt en tant qu'instrument de solidarité, même si l'impôt demeure pour une majorité un devoir citoyen, forme de civisme fiscal qui est de plus en plus contestée, les contribuables étant très majoritaires à vouloir en outre pouvoir choisir eux-mêmes l'emploi de leurs impôts.

Cette contestation peut revêtir à présent une triple dimension tenant :

à l'objet de la dépense,

à la validité du consentement parlementaire,

à l'impôt lui-même (taux, croissance, caractère confiscatoire...).

118 **L'égalité par l'impôt** est, elle, un principe plus ambitieux, qui vise à réaliser « l'égalité réelle » par une fiscalité, au besoin discriminatoire, assurant une redistribution des fortunes. Préconisée par certains courants de pensée, elle a été peu appliquée car la pratique est restée en deçà, se contentant d'une redistribution des revenus, ou est allée au-delà, par la suppression de principe de la propriété individuelle, rendant marginal le rôle de l'impôt.

119 Cette question de la redistribution se marie avec celle de **l'équité fiscale**, qui transparaît mêlée à la notion de **justice fiscale**. Cette thématique est consacrée dans les constitutions de différents

États, comme l'Espagne qui met en avant l'existence d'un système fiscal juste « fondé sur des principes d'égalité et de progressivité qui n'aura, en aucun cas, l'effet d'une confiscation » tout en énonçant que les dépenses publiques assureront « une répartition équitable des ressources publiques » (art. 31-1 et 31-2). Les Pays-Bas ne proclament pas autre chose, lorsque leur Constitution énonce que « les pouvoirs publics veillent à la sécurité d'existence de la population et à la répartition de la prospérité » (art. 20), ce que ne désavouerait pas la Constitution colombienne, « La personne et le citoyen ont le devoir de contribuer au financement des dépenses et des investissements de l'État au travers des principes de justice et d'équité » (art. 95). Ce thème de l'équité fiscale n'est pas proprement européen ; la Cour suprême du Canada (CSC), la Cour canadienne de l'impôt, y ont consacré de nombreuses décisions avec des prises de position des juges dont l'intérêt réside dans leur publicité. L'équité fiscale fut ainsi présentée par un juge comme visant « la meilleure répartition du fardeau fiscal compte tenu des besoins du fisc, de la capacité de payer des contribuables et des politiques économiques et sociales de l'État » qu'il ne faut pas confondre avec « la notion de droit à l'égalité » (Juge Gonthier, CSC, *Thibaudeau c/ Canada*, 1995).

120 Le débat sur l'instauration de seuils d'imposition peut relever de cette même dimension. Demeure en effet débattue en matière d'imposition des revenus (la loi de finances pour 2015 réformant le barème de l'IR pouvant être une traduction de cette discussion) la question d'un non assujettissement à l'impôt d'une fraction du revenu, non-assujettissement permettant d'assurer à chacun un « **minimum d'existence** » c'est-à-dire en ne frappant pas par l'impôt ce qui peut être « considéré comme strictement nécessaire aux besoins de l'existence ». Ce débat qui n'est pas non plus nouveau rejoint celui concernant le développement d'un **impôt sur le revenu négatif** développé aux États-Unis et qui peut être considéré comme revêtant en France une double approche au travers de la prime pour l'emploi (PPE) et le Revenu de solidarité active (RSA), dont la fusion est envisagée pour un nouveau dispositif en 2016 ou au-delà.

121 On peut sans doute aussi mettre en parallèle ce questionnement français avec celui qui a accompagné en Allemagne l'identification du droit fondamental à « **un minimum vital conforme à la dignité humaine** » à propos duquel le Tribunal constitutionnel fédéral devait préciser, dans un arrêt célèbre du 9 février 2010 « Hartz IV », qu'il appartenait au législateur de définir objectivement le contenu (« les prestations nécessaires ») conformément « à la réalité et aux besoins qui ne peuvent être seulement physiques » en tenant compte de paramètres inhérents au type de personne concernée (ex. les besoins d'un enfant, d'un écolier...)

122 La portée de l'équité fiscale face au principe d'égalité doit cependant être relativisée. Il s'agit certes d'un instrument distorsif de ce dernier mais dans des limites de proportionnalité qui doivent empêcher une rupture caractérisée de l'égalité devant les charges publiques (Cons. const., 662 DC du 29 déc. 2012). En outre, le Conseil constitutionnel a pu écarter certaines tentatives de reconnaissance de principes constitutionnels d'équité comme, par exemple, l'équité entre les générations (388 DC, 20 mars 1997). L'équité fiscale peut, en tout état de cause, être le fondement de mesures dérogatoires, exonératoires, faut-il encore être en mesure d'en justifier au regard du droit de l'Union européenne (CJCE, 7 juin 2007, aff. C-178/05, *Commission c/ Rép. hellénique*).

2. Le principe de légalité

123 **Au sens étroit, et originel**, ce principe signifie que la matière fiscale dépend de la loi. Conséquence du principe traditionnel de consentement à l'impôt, rappelé notamment dans l'article 14 de la Déclaration de 1789 (v. ss 12), il trouve actuellement son expression dans l'article 34 de la Constitution de 1958, aux termes duquel la loi fixe les règles concernant « l'assiette, le taux et les modalités de recouvrement des impositions de toutes natures » (sur le contenu de cette notion d'impositions : v. ss 109). Tel qu'interprété par la jurisprudence, ce texte revêt une double signification.

D'une part, ce sont des dispositions législatives (ou assimilées) qui doivent fixer les éléments essentiels de la fiscalité (y compris de la fiscalité locale : v. ss 47) ; ces éléments essentiels ont été déterminés de manière généralement extensive par le juge ordinaire (qui veille à ce que le gouvernement n'outrepasse pas sa compétence) et le juge constitutionnel (qui s'assure, en particulier, que le législateur ne méconnaît pas sa compétence).

Par une circulaire relative à l'édiction de mesures fiscales et de mesures affectant les recettes de la Sécurité sociale, le Premier ministre François Fillon avait tenté en 2010 de maîtriser une « dérive » ministérielle tendant à insérer des dispositions notamment fiscales dans des projets de lois ordinaires (en particulier créant de nouvelles dépenses fiscales).

Mais, d'autre part, l'exécutif conserve, en tous domaines, le pouvoir de mettre en œuvre la loi par des règlements, dont l'importance est accrue par la technicité et le degré de détail des normes fiscales.

Le législateur n'a pas à fixer lui-même le taux de chaque impôt ; il doit seulement déterminer les limites à l'intérieur desquelles le pouvoir réglementaire peut fixer les taux (v. par ex. 28 déc. 2000, 442 DC).

On rappellera, par ailleurs, que les collectivités locales ont également un pouvoir réglementaire en matière fiscale et que le gouvernement peut être habilité à prendre, sur le fondement de l'article 38 de la Constitution, des ordonnances en matière fiscale.

De plus, il lui revient d'interpréter les textes, souvent compliqués, par des instructions et circulaires qui, dans la pratique, ont une influence parfois décisive (au point que le législateur admet parfois qu'elles puissent prévaloir sur la loi : l'administration ne peut, en principe, revenir sur sa doctrine, même illégale, pour rehausser l'imposition d'un contribuable de bonne foi).

V. LPF, art. L. 80-A et L. 80-B et, pour un exemple topique, CE 8 avr. 1998, *Sté de distribution de chaleur de Meudon et d'Orléans* (avis) et *Sté Gras Savoye* (arrêt). La doctrine administrative a fait l'objet d'une refonte et d'une consolidation depuis 2011 (*BOFiP-impôts*).

La légalité fiscale résulte d'un ensemble touffu et parfois surréaliste de dispositions législatives, réglementaires et pararéglementaires, éparpillées entre plusieurs codes dont, au surplus, l'agencement ne répond guère (c'est le moins que l'on puisse écrire) à l'objectif de valeur constitutionnelle d'accessibilité et d'intelligibilité de la loi auquel devrait répondre la codification

(Cons. const. 10 juill. 1985, 191 DC ; 16 déc. 1999, 421 DC). Aux yeux du Conseil constitutionnel, en matière fiscale, la loi « lorsqu'elle atteint un niveau de complexité tel qu'elle devient inintelligible pour le citoyen, méconnaît en outre l'article 14 de la Déclaration de 1789... » (29 déc. 2005, 530 DC, cons. 78).

Ces dispositions figurent, selon les cas, dans le Code général des impôts (CGI) institué en 1950 en remplacement de six codes, structuré en un code et 4 annexes..., le Livre des procédures fiscales (LPF), disjoint en 1982 du CGI, le Code des douanes (C. douanes), institué en 1791, refondu en 1998 et rassemblant désormais dispositions nationales et dispositions de l'Union (Code des douanes de l'Union), le Code général des collectivités territoriales (CGCT) (pour une partie des impôts locaux), le Code de l'environnement, le Code de la Sécurité sociale, les Codes des assurances, le Code de la santé publique, le Code rural et de la pêche maritime, auxquels s'ajoutent quelques dispositions... non codifiées, tout en se rappelant des spécificités fiscales de certaines collectivités d'outre-mer.

Dans son vingtième rapport (2002) relatif aux relations entre les contribuables et l'administration fiscale, le Conseil des impôts avait estimé que le CGI était « devenu largement inintelligible » et qui, peut-on ajouter, constitue une offense au principe en vertu duquel nul n'est censé ignorer la loi.

Le Conseil a cependant développé une jurisprudence fondée sur l'**exigence de clarté de la loi** qui découle de l'article 34 de la Constitution : une disposition législative incompréhensible et donc inapplicable est entachée d'incompétence négative ; en ce sens, une disposition fiscale susceptible de deux interprétations, entre lesquelles les travaux préparatoires ne permettaient pas de trancher, n'avait pas fixé les règles concernant l'assiette de l'impôt est entachée d'incompétence négative (décision n° 85-191 DC du 10 juillet 1985). Le Conseil constitutionnel recourt à la formulation suivante : « *considérant qu'il incombe au législateur d'exercer pleinement la compétence que lui confie la Constitution et, en particulier, son article 34 ; que l'objectif de valeur constitutionnelle d'intelligibilité et d'accessibilité de la loi, qui découle des articles 4, 5, 6 et 16 de la Déclaration de 1789, lui impose d'adopter des dispositions suffisamment précises et des formules non équivoques* » (n° 2009-599 DC du 29 décembre 2009). De la même façon, par sa décision n° 2005-530 DC, il a censuré l'intégralité de l'article 78 de la loi de finances pour 2006, notamment en raison de sa complexité excessive eu égard à sa finalité en fixant un plafonnement global des niches fiscales tout en obligeant les contribuables à calculer par avance le montant de leur impôt, afin d'évaluer les conséquences des nouvelles règles de plafonnement sur tel ou tel de leurs choix. Ces calculs, d'une très grande complexité, se traduisaient notamment par la longueur de l'article 78 (9 pages de la « petite loi » et 14 801 caractères), « par le caractère imperméable au profane (et parfois ambigu pour le spécialiste) de ses dispositions, ainsi que par les très nombreux renvois qu'il comportait à d'autres dispositions ».

124 En effet, **les sources de la légalité fiscale**, conçue **au sens large**, débordent largement le domaine de la loi ou subordonné à la loi, car celle-ci a perdu une large part de sa suprématie avec le développement des contrôles de constitutionnalité et de conventionnalité. Les sources législatives du droit fiscal sont donc subordonnées à (et, parfois, remplacées par) trois catégories de textes.

Il s'agit d'abord des dispositions constitutionnelles, notamment les principes financiers et fiscaux contenus dans la Déclaration de 1789 (art. 13 et 14) et l'article 66 de la Constitution, relatif au rôle de l'autorité judiciaire, souvent invoqué en matière de procédure fiscale.

Il s'agit ensuite du droit de l'Union européenne, tout particulièrement de certaines dispositions du traité sur le fonctionnement de l'Union européenne, des directives fiscales et des règlements douaniers, qui ont acquis une importance majeure.

Il s'agit enfin des sources internationales. Celles-ci peuvent être des stipulations à incidence fiscale, notamment celles contenues dans la Convention européenne des Droits de l'homme.

L'article 6-1 s'applique aux sanctions fiscales (v. ss 135) mais non au contentieux de l'imposition fiscale, qui n'est pas considéré comme mettant en cause une obligation de caractère civil (CEDH 12 juill. 2001, *Ferrazini*). Sont également applicables les articles 6-2 (présomption d'innocence) et 8 (protection de la vie privée), ainsi que l'article 1er du protocole additionnel (protection de la propriété).

Elles peuvent également émaner de conventions à objet fiscal, qui se sont beaucoup développées depuis la fin de la Seconde Guerre mondiale ; elles ont le plus souvent pour objet (en général sur des modèles élaborés par l'OCDE pour les pays industrialisés ou par l'ONU pour les pays en développement) d'éviter les doubles impositions dues à la souveraineté fiscale des États qui, pour les impôts personnels (impôt sur le revenu, droits sur les successions et donations) taxent souvent les revenus et biens en provenance d'autres États (où ils sont également imposés) ; les autres conventions ont, en général, pour objet la lutte contre la fraude et l'assistance au recouvrement (v. ss 129), thème d'une éminente et constante actualité si l'on fédère cette question à celle des paradis fiscaux, des territoires non coopératifs (la loi du 6 décembre 2013 relative à la lutte contre la fraude fiscale et la grande délinquance économique et financière s'inscrit dans un long processus législatif marqué par une abondance de textes en ce domaine, avec d'ailleurs la loi organique du même jour relative au Procureur de la République financier).

Les conventions fiscales obéissent à un principe de subsidiarité. Selon le Conseil d'État (CE ass. 28 juin 2002, *Ministère de l'Économie... c/ Sté Schneider Electric*), une convention contre les doubles impositions (la France en a signé plus d'une centaine) « peut, en vertu de l'article 55 de la Constitution, conduire à écarter, sur tel ou tel point, la loi fiscale nationale (mais) ne peut pas, par elle-même, servir directement de base légale à une décision relative à l'imposition ». Il incombe au juge de l'impôt de se placer d'abord au regard de la loi fiscale nationale pour « rechercher si... l'imposition contestée a été valablement établie et, dans l'affirmative, sur le fondement de quelle qualification. Il lui incombe ensuite, le cas échéant, en rapprochant cette qualification des stipulations de la convention, de déterminer... d'office si cette convention fait ou non obstacle à l'application de la loi fiscale » (CE, 11 avr. 2008, *Bernard A.*).

Pour la CEDH, « il appartient... aux autorités nationales de décider du type d'impôts ou de contributions qu'il convient de lever. Les décisions en ce domaine impliquent normalement une appréciation des problèmes politiques, économiques et sociaux que la Convention laisse à la compétence des États parties, car les autorités internes sont manifestement mieux placées que la Cour pour apprécier ces problèmes. Les États parties disposent donc en la matière d'un large pouvoir d'appréciation et la Cour respecte l'appréciation portée par le législateur en pareilles matières, sauf si elle est dépourvue de base raisonnable... » (sur la rétroactivité de la loi fiscale, CEDH, 15 janv. 2015, *Arnaud et a. c/ France*, n° 36918/11).

Par ailleurs, la coutume internationale ne peut prévaloir sur la loi fiscale nationale (CE ass. 6 juin 1997, *Aquarone*). Le Conseil constitutionnel a émis une réserve importante : l'objectif constitutionnel de lutte contre l'évasion fiscale « ne saurait conduire à ce que (ce) contribuable soit assujetti à une double imposition au titre d'un même impôt » (26 nov. 2010, *Pierre-Yves M.*, 2010-70 QPC, cons. 4).

Il faut enfin, intégrer le fait que la loi fiscale soulève par elle-même la question de son effectivité territoriale et donc de sa **territorialité**. Celle-ci relève en fait d'acceptions et de théories différentes dans l'appréhension de la souveraineté fiscale et de sa portée. Un lien avec la juridiction fiscale doit ainsi exister pour être soumis à un impôt (domicile, bénéfices, établissement, résidence, fait générateur, localisation de biens...), lien qui varie selon chaque législation nationale (sauf harmonisation, comme en matière de TVA au sein de l'Union européenne) et selon chaque impôt au regard de sa construction par le législateur. Il existe ainsi des territorialités fiscales tout comme il y a des territorialités douanières.

Il convient de rappeler que le droit de l'Union européenne limite le pouvoir d'imposition des États membres (non-discrimination, liberté d'établissement...) ; la CJUE met en avant le fait que la nécessité de préserver la cohérence d'un système fiscal « peut justifier une réglementation de nature à restreindre les libertés fondamentales » ; de plus, « la nécessité de sauvegarder la répartition équilibrée du pouvoir d'imposition entre les États membres peut être admise dès lors, notamment, que le régime en cause vise à prévenir des comportements de nature à compromettre le droit d'un État membre d'exercer sa compétence fiscale en relation avec les activités réalisées sur son territoire... » ; cependant, « la réduction de recettes fiscales ne saurait être regardée comme une raison impérieuse d'intérêt général pouvant être invoquée pour justifier une mesure en principe contraire à une liberté fondamentale » (CJUE, 10 avr. 2014, C-190/12, *Emerging Markets Series of DFA Investment Trust Company c/ Dyrektor Izby Skarbowej w Bydgoszczt*).

3. Le principe de nécessité de l'impôt

125 Il a été posé par les articles 13 et 14 de la Déclaration de 1789 ; ce principe est ambivalent. Il peut, d'une part, être opposé aux contribuables pour affirmer la constitutionnalité des lois qui répriment la fraude, voire l'évasion, fiscales : c'est ce qu'a fait le Conseil constitutionnel, en veillant cependant à maintenir un certain équilibre avec le respect des libertés individuelles (29 déc. 1983, 83-164 DC, et 29 déc. 1989, 89-268 DC). Mais il peut, d'autre part, être opposé au législateur pour contester l'institution d'une imposition (n'oublions pas que l'article 13 de la Déclaration de 1789 ne déclare la « contribution commune » « indispensable » que « pour l'entretien de la force publique et pour les dépenses d'administration »...) ; le Conseil constitutionnel est beaucoup plus circonspect mais laisse entendre que ne serait pas impossible la censure d'une imposition qui, en particulier, ne répondrait pas à un intérêt général (v. par ex. 29 déc. 1999, 99-424 DC).

4. Le principe de non-rétroactivité

126 En matière fiscale, il fait l'objet d'une attitude encore plus réservée de la part du Conseil constitutionnel. Aux yeux de ce dernier, seules les dispositions législatives répressives sont soumises à un principe constitutionnel de non-rétroactivité (30 déc. 1982, 82-155 DC). Pour le reste, le Conseil estime qu'aucun principe de valeur constitutionnelle n'interdit à la loi de prendre des dispositions rétroactives en matière fiscale (29 déc. 1984, 84-184 DC), à condition, cependant, que le législateur agisse « en considération d'un motif général suffisant » (ainsi, le seul intérêt financier de l'État ne suffirait pas : 28 déc. 1995, 95-369 DC, mais les risques d'un contentieux abondant, onéreux et largement formel suffisent : 3 févr. 2002, 458 DC) et sous réserve de ne pas priver de base légale des exigences constitutionnelles (18 déc. 1998, 98-404 DC). Ne serait-il pas plus simple et plus conforme aux exigences de sécurité juridique et de confiance légitime, qui paraissent être les fondements mêmes d'un État de droit (car la pratique, fréquente, de la rétroactivité mine la confiance dans les institutions) de poser (comme le font certaines propositions de révision constitutionnelle) un principe général de non-rétroactivité en ménageant des possibilités de dérogation ? La CEDH estime, elle, que la rétroactivité n'est permise que pour « un intérêt général impérieux » (23 oct. 1997, *National and Providential Building Society c/ Royaume-Uni*). Quant à la Cour de cassation française, elle était allée jusqu'à écarter l'application d'une disposition législative de... validation jugée contraire à l'article 6-1 de la Conv. EDH (20 nov. 2001, *SARL Civa*).

C. La procédure fiscale

127 Celle-ci implique plus directement la ou les administrations disposant de la compétence en ce domaine, la dimension organique, institutionnelle, fonctionnelle restant encore très nationale même si l'on perçoit le développement d'une coopération internationale en matière d'assistance administrative, d'échange d'informations, ou encore de recouvrement des créances publiques. Ainsi, certains États ont-ils institué des entités très autonomes sous la forme

d'agence, comme au Canada avec l'Agence du revenu du Canada (ARC) créée en 1999, aux États-Unis, l'*Internal Revenue Service* (IRS), agence créée en 1862, tandis que d'autres, comme la France, disposent d'entités administratives directement intégrées au sein du ministère des Finances (DGFiP, DGDDI). Certains États ont aussi créé des organismes plus particuliers et distincts fonctionnellement, comme la Garde des finances italienne (*Guardia di Finanza*), créée en 1896, qui fait partie des forces armées mais est aussi une police financière et douanière. Cette procédure fiscale s'inscrit dans un double mouvement général : une « modernisation » des relations administration-contribuable (télédéclaration, développement de formes de « dialogue » comme les rescrits, les relations « de confiance », le « tiers de confiance »...), une démarche confortée de lutte contre la fraude qui renforce les prérogatives administratives, soulevant inévitablement la question de l'affirmation des droits et garanties du contribuable. Trois dimensions doivent être appréhendées : la perception de l'impôt (**1**), l'apurement des créances fiscales (**2**) et le contrôle fiscal (**3**).

1. La perception de l'impôt

128 Décidé par les autorités financières publiques, l'impôt n'est pas laissé, dans sa perception, à la libre appréciation de l'administration fiscale. Celle-ci doit respecter une série de règles qui, issues du principe de légalité fiscale (v. ss 123), encadrent l'opération fiscale, l'apurement de la créance fiscale et le contrôle fiscal.

En France, une charte du contribuable, diffusée depuis 2005, en retrace les grandes lignes et les rapports entre administration et contribuable.

L'opération fiscale était effectuée en France par deux grandes catégories de services fiscaux, dualité que la fusion de 2008 au sein de la DGFiP a « gommée » progressivement.

Cette dualité correspondait, dans ses grandes lignes, au principe de séparation des ordonnateurs et des comptables, mais comprenait deux degrés. Le premier, reflet d'une conception maximaliste due à des considérations historiques (les abus de l'affermage sous l'Ancien Régime), conduisit à confier à des administrations différentes la phase d'assiette (direction générale des Impôts) et la phase de recouvrement (direction générale de la Comptabilité publique), de façon à ne pas faire dépendre la somme demandée à un contribuable d'une décision de l'instance chargée du recouvrement ; ce schéma, traditionnellement appliqué aux impôts directs, ne s'appliquait cependant plus, depuis 2004, qu'à l'impôt sur le revenu et aux quatre vieilles contributions directes locales (v. ss 354). Le second degré conduisit simplement à confier l'assiette et le recouvrement à des services différents au sein d'une même administration (DGFiP) ; il concernait la majorité des impôts, y compris, depuis 2004, l'impôt sur les sociétés et la taxe sur les salaires. La fusion de 2008 a effacé cette distinction ; l'unification finale dans les règles de procédure a été progressivement engagée notamment au travers de la loi de finances rectificative pour 2010 du 29 décembre 2010 (n° 2010-1658) menant à terme à la systématisation de l'interlocuteur fiscal unique pour chaque contribuable, capable de traiter un dossier de l'assiette au recouvrement. Pour l'heure, les deux activités d'assiette et de recouvrement peuvent encore être présentées comme suit.

Les services d'assiette sont chargés d'établir et de contrôler l'impôt dû ou versé par chaque contribuable ou redevable. Il s'agit d'abord de rechercher éventuellement la matière imposable et de déterminer le **fait générateur** c'est-à-dire l'événement, l'opération ou la situation qui fait naître la créance fiscale et détermine la législation applicable. Il s'agit ensuite d'évaluer la matière imposable : à notre époque, la principale méthode consiste à s'efforcer de déterminer la matière imposable réelle par l'intermédiaire d'une **déclaration contrôlée** effectuée par le redevable ou d'une évaluation faite unilatéralement par l'administration (impôts directs locaux, évaluation en l'absence de déclaration) ; mais, pour certains petits contribuables, l'évaluation est simplement approchée par des **forfaits** (de bénéfices...) fixés collectivement par la loi (bénéfices agricoles) ou individuellement négociés avec l'administration fiscale (activités industrielles et commerciales, professions libérales). Il s'agit enfin de liquider, c'est-à-dire de calculer, l'impôt.

Les services de recouvrement, dirigés par des comptables publics, sont chargés de percevoir l'impôt.

À noter que les procédures de recouvrement des produits (de toute nature) relevant de l'administration des douanes ont été réformées par la loi de finances rectificative du 30 décembre 2002 (art. 44), qui les a alors rapprochées des procédures utilisées par la direction générale des Impôts et aujourd'hui la DGFiP (v. C. douanes, art. 345 s.).

Le recouvrement amiable varie selon qu'il s'agit d'une perception en vertu du système des droits constatés ou d'une perception au comptant (ces systèmes sont exposés ss 463 s.).

Les paiements sont parfois accélérés par des acomptes (impôt sur le revenu, impôt sur les sociétés, éventuellement impôts directs locaux), des paiements mensuels ou trimestriels (TVA) ou des retenues à la source (certaines catégories de revenus, notamment les revenus des capitaux mobiliers).

(Pour la mensualisation, v. ss 156. Pour le problème de la retenue à la source, v. ss 600).

En sens inverse, le paiement est parfois différé en faveur du redevable, qui peut régler de manière fractionnée (droits de succession...) ou par obligations cautionnées, effets à court terme portant intérêt au profit du Trésor (impôts indirects). Des délais de paiement peuvent être accordés au contribuable, sur sa demande ; ce délai est de droit en cas de baisse de plus de 30 % de ses revenus (sur les délais de paiement, CGI, art. 357 H, Ann. III). Le redevable peut même parfois s'acquitter par « dation en paiement » d'œuvres d'art ou autres objets de valeur (droits de succession, impôt de solidarité sur la fortune).

Les dations en paiement (prévues dans CGI, art. 384-A, 1131 et 1716 bis) ont permis d'enrichir le patrimoine national au travers de la remise d'œuvres d'art, de livres de collection... mais aussi d'immeubles.

On notera que certaines créances fiscales ne sont pas mises en recouvrement lorsqu'elles sont inférieures à un certain seuil (v. CGI, art. 1657-1 *bis* et 1657-2, fixant, selon les cas, à 61 € avant imputation de tout crédit d'impôt ou 12 € par article de rôle en matière d'impôts directs si c'est le budget de l'État qui est concerné ; ces sommes sont allouées en non-valeurs si elles sont perçues au profit d'un autre budget).

Le recouvrement forcé est, lui, marqué par le caractère énergique de certaines procédures qui viennent s'ajouter aux procédures de droit commun (v. ss 600). Il s'agit, en particulier, de l'avis à tiers détenteur (ATD) qui oblige tout débiteur ou détenteur d'argent du redevable à verser les sommes au comptable.

Cette procédure, organisée par les articles L. 262, L. 263 et L. 263-A du LPF, ne concerne que les impôts garantis par le privilège du Trésor (la plupart des impôts). Elle ne vise que les sommes d'argent (pour leur partie saisissable) et connaît des limitations en cas de sursis de paiement (v. ss 145) et de redressement ou liquidation judiciaire. Lorsqu'ils ne peuvent utiliser l'ATD, les comptables recourent aux procédures civiles d'exécution de droit commun qui sont moins commodes (pas de notification par voie postale) et plus onéreuses pour le débiteur (frais) mais qui, depuis 1993, ont parfois le même effet d'attribution immédiate des sommes (procédure de saisie-attribution). Dans ce cadre, l'administration chargée du recouvrement pour recourir aux huissiers de justice ou à des personnels administratifs spécifiques, les huissiers des finances publiques. Notons que l'article L. 270 du LPF organise une procédure accélérée à l'égard de personnes qui, par exemple, changent fréquemment de lieu de séjour ou qui séjournent dans des locaux d'emprunt etc.

Largement utilisée, la DGFiP n'hésitant pas à qualifier cette procédure comme relevant des « Actions de masse », celle-ci donne lieu chaque année en moyenne à plusieurs millions d'avis (4,6 millions en 2011, 5,2 millions en 2013).

Il s'agit même parfois de la contrainte judiciaire qui a succédé en 2004 à la contrainte par corps (« prison pour dette »).

Abrogeant les dispositions des articles L. 240 et L. 271 du LPF, le législateur (L. 9 mars 2004, n° 2004-204, portant adaptation de la justice aux évolutions de la criminalité), a introduit dans le Code pénal et dans le Code de procédure pénale des dispositions relatives à la contrainte judiciaire qui se substituent au régime antérieur. Visée à l'article 131-25 du Code pénal et aux articles 749 à 762 du Code de procédure pénale, cette contrainte ne s'applique que dans des cas limités pour des crimes et délits punis de peines d'emprisonnement d'une certaine importance et plus particulièrement en cas d'inexécution volontaire de condamnations à des amendes fiscales ou douanières. Elle peut être ordonnée par le juge de l'application des peines. Cette procédure résulte d'une signification du commandement, d'une demande de la DGFiP et d'une saisine du procureur de la République. La mesure peut faire l'objet d'un appel, des délais de paiement pouvant être accordés avec un ajournement de la décision pour une durée ne pouvant excéder six mois. Le plafond de la mesure d'emprisonnement pouvant être prononcée obéit à quatre dispositifs : de vingt jours si l'amende est au moins égale à 2 000 € sans excéder 4 000 €, jusqu'à trois mois lorsqu'elle est supérieure à 15 000 €.

129 Par ailleurs, une assistance internationale au recouvrement est prévue pour les créances sur les personnes établies à l'étranger (et, symétriquement, les créances d'États étrangers sur des personnes établies en France). Cette assistance, traditionnellement prévue dans des conventions fiscales internationales, résulte, s'agissant des États de l'Union européenne, de directives traduites à la fin de 2002 en droit français.

Cette transposition, qui concerne notamment la TVA, l'impôt sur le revenu, sur les sociétés et sur la fortune, ainsi que les accises sur les tabacs et alcools, a été effectuée par l'article 42 de la loi de finances rectificative du 30 décembre 2002 (LPF, art. 282-A s., 285-3-A et B ; C. douanes, art. 381 *bis* si le montant de la créance est égal ou supérieur à 1 500 €). Les titres de recouvrement transmis par l'État requérant valent directement titre exécutoire dans l'État requis. Les comptables français saisis de tels titres les recouvrent comme les créances françaises correspondantes sous réserve, cependant, que le privilège du Trésor ne s'applique pas, que la prescription est appréciée selon la législation de l'État d'origine et que le recouvrement est suspendu, jusqu'à décision de l'instance étrangère, en cas de contestation de la créance dans l'État d'origine. Par ailleurs, les États doivent se communiquer mutuellement tous renseignements qui ne seraient pas interdits par leur législation nationale ou qui ne porteraient pas atteinte au secret, à la sécurité ou à l'ordre public. La Cour de cassation estime que, sauf convention internationale contraire, un acte public étranger n'est exécutoire en France que s'il a fait l'objet d'une décision de reconnaissance ou d'exequatur (Civ. 26 oct. 2006, 05-12861). Une cour doit constater que le titre servant de fondement à un commandement de payer est exécutoire en France (à propos d'une créance fiscale belge).

2. L'apurement de la créance fiscale

130 Celui-ci ne résulte pas toujours du paiement. Il faut noter la possibilité d'accorder des mesures de faveur (**a**) mais aussi le jeu de la prescription (**b**).

a. Des mesures de faveur

131 Elles peuvent parfois être prises (v. LPF, art. L. 247 et R. 247 s. ; C. douanes, art. 350 s.). En matière d'impôts directs, l'administration fiscale peut accorder des remises totales ou partielles d'impôt (et d'amendes ou pénalités) en cas de gêne ou d'indigence du débiteur (remise gracieuse, dite parfois « juridiction gracieuse », LPF, art. L. 247-A). Il est aussi possible de conclure une transaction pour en atténuer les effets (LPF, art. L. 247-3-e), sous réserve de l'accord de l'autorité judiciaire si l'action judiciaire est engagée (la chose demeure impossible après un jugement définitif) ; dans un tel cas, après accomplissement des obligations nées de la transaction, aucune procédure ne peut être engagée ou reprise pour remettre en cause les pénalités (LPF, art. L. 251).

Ainsi, en 1999, le Premier ministre a décidé d'« effacer » les dettes fiscales (directes) des personnes qui, affectées par une perte d'emploi, avaient fait l'objet d'une procédure de surendettement. De même, les victimes des intempéries de la fin de 1999 et les rapatriés (non salariés) en grande difficulté ont bénéficié de mesures spéciales en 2000.

En matière d'impôts indirects, l'impôt lui-même ne peut, en principe, être remis car il a été supporté par d'autres personnes que le redevable ; mais les amendes et pénalités dues par ce dernier peuvent faire l'objet d'une transaction (contrat) quand elles ne sont pas encore définitives ou d'une remise (acte unilatéral) quand elles sont définitives, la décision de l'administration fiscale devant, dans les cas les plus importants, être précédée de l'avis d'un comité du contentieux fiscal, douanier et des changes, composé de magistrats (il faut, au surplus, l'accord de l'autorité judiciaire si une procédure a été engagée par l'administration devant les tribunaux).

Pour les sommes les plus faibles (pas plus de 200 000 €), la mesure de faveur est prise par le responsable des services déconcentrés (directeur régional des douanes, directeur des finances publiques ou d'un service à compétence nationale ou spécialisé) avec appel possible devant le ministre (directement compétent pour les sommes dépassant le seuil ci-dessus). La décision du ministre (prise après avis du comité du contentieux) est susceptible d'un recours pour excès de pouvoir, mais avec contrôle restreint du juge administratif.

La DGFiP a reçu, en 2013, 1,3 million de demandes gracieuses (en majorité pour les impôts locaux, notamment la taxe d'habitation) et qu'en matière douanière plus de 95 % des infractions se terminent, en raison de l'importance des pénalités, par une transaction.

Dans le cadre de cette politique fiscale plus favorable au contribuable en difficulté, le législateur a admis que le comptable, sous sa responsabilité, puisse, face à des demandes de délais de paiement présentées par des entreprises, accorder un plan de règlement échelonné, ce qui entraîne la suppression des poursuites (gracieuse) et l'absence d'inscription du privilège (LFR 2008, art. 58, Décr. n° 2009-195 et 197 du 18 févr. 2009). Ce plan doit répondre à des difficultés passagères exceptionnelles et imprévisibles.

b. La prescription

132 Elle interdit à l'administration d'exiger le paiement, peut, de son côté, être acquise de deux manières.

En matière d'assiette, elle intervient à l'expiration d'un « **délai de reprise** » ou de « répétition » imparti à l'administration (à dater du fait générateur) pour mettre en recouvrement sa créance – le délai étant interrompu (c'est-à-dire repartant à zéro) lorsque l'administration ou le redevable effectue un acte de procédure relatif à la créance (début de redressement, paiement partiel ou correspondance du débiteur, action en justice, etc.) ou suspendu (le délai cesse de courir) en cas de sursis de paiement (ou de bénéfice d'un règlement amiable). Depuis la loi TEPA de 2007 le principe de la prescription décennale a été écarté. Désormais, le droit de reprise s'exerce jusqu'à l'expiration de la sixième année suivant celle du fait générateur de l'impôt, sauf prescription plus courte ce qui est le cas pour nombre d'impôts : 3 ans pour la TVA, l'impôt sur les sociétés, l'impôt sur le revenu, la contribution économique territoriale, 1 an pour les taxes foncières, la taxe d'habitation (LPF, art. L. 186).

À compter du jour de la mise en recouvrement du rôle ou de l'envoi de l'avis de mise en recouvrement, le comptable doit agir dans un délai de quatre ans à l'issue duquel la prescription est acquise au débiteur – sous réserve des cas habituels de suspension ou d'interruption du délai (par exemple un redressement judiciaire, un sursis de paiement ou une reconnaissance de dette) (v. LPF, art. L. 274 s. ; C. douanes, art. 355). Cette prescription est suspendue par le fait de demander le sursis de paiement sans constitution de garanties (offertes) (Cass. 31 janv. 2006, *Sté France Printemps et al.*).

3. Le contrôle fiscal

133 Il permet de mettre en œuvre l'« objectif de valeur constitutionnelle » que constitue la lutte contre la fraude fiscale (Cons. const. 27 déc. 2001, 457 DC).

On distingue traditionnellement la fraude fiscale, juridiquement illicite, de l'évasion fiscale qui, juridiquement licite, résulte d'une utilisation judicieuse (« optimisation ») du système fiscal, même si les États tentent confusément d'assimiler les deux.

Cette lutte contre la fraude fiscale dont l'actualité marque l'importance notamment en mettant en cause directement des banques (lutte renforcée en 2013-2014 avec la création en France du Procureur de la République financier) s'appuie sur un ensemble diversifié d'instruments ; l'administration fiscale française tente ici de disposer des dispositifs juridiques les plus « performants », voire de les faire évoluer en s'inspirant des législations de certains États comme les États-Unis, le Royaume-Uni.

Le Conseil constitutionnel a pu freiner la démarche du législateur en ce domaine, comme au travers de deux décisions : d'une part, la décision 2013-679 DC du 4 décembre 2013 par laquelle, sur le fondement de l'article 16 de la DDHC (droit au respect de la vie privée et droit de la défense), il limitait les procédures de contrôle et de preuve s'agissant des pièces et documents obtenus dans des conditions « déclarées ultérieurement illégales par le juge » et censurait la réforme de la visite domiciliaire en indiquant que celle-ci, même autorisée par le juge, privait le contribuable de garanties légales (droit au respect de la vie privée, inviolabilité du domicile) lorsque cette autorisation est fondée sur des documents, pièces et informations de quelque origine que ce soit, y compris illégales, et, d'autre part, la décision 685 DC du 29 décembre 2013 par laquelle il censurait trois évolutions qui auraient été notoires s'agissant des schémas d'optimisation fiscale, du prix de transfert, de l'abus de droit fiscal.

L'abus de droit fiscal existe cependant ; il permet de réprimer des actes ayant un caractère fictif, soit que, recherchant le bénéfice d'une application littérale des textes ou de décisions à l'encontre des objectifs poursuivis par leurs auteurs, ils n'ont pu être inspirés par aucun motif que celui d'éluder ou d'atténuer les charges fiscales que l'intéressé, si ces actes n'avaient pas été passés ou réalisés, aurait normalement supportées eu égard à sa situation ou à ses activités réelles (LPF, art. L. 64, LFR 2008, n° 2008-1443, 30 déc. 2008). Cette pratique, juridiquement illicite, peut entraîner une rectification (contradictoire) et d'importantes pénalités, après éventuelle consultation (à la demande du contribuable) d'un **comité de l'abus de droit fiscal**.

Les services financiers possèdent, à cet effet, une série de droits : droit d'information, permettant de demander au redevable des renseignements, éclaircissements et justifications (selon des modalités particulières pour les opérations réalisées avec l'étranger) ; droit de communication, habilitant à recevoir ou à se faire communiquer une liste (étendue) de documents, notamment auprès de tiers (publics ou privés) ; droit de vérification, entraînant un contrôle approfondi par une vérification de comptabilité, effectuée sur place et régie par une « charte du contribuable vérifié », ou, pour les personnes physiques soumises à l'impôt sur le revenu, un examen contradictoire de l'ensemble de la situation fiscale personnelle ; droit d'enquête fiscale, permettant de vérifier sur place les facturations ; droit de visite, habilitant, dans les cas graves et sous le contrôle de l'autorité judiciaire, à procéder à des perquisitions (reconnues compatibles avec la Conv. EDH : CEDH 8 janv. 2002, *Kerlassy*).

Ce contrôle est amplifié par l'obligation faite aux entreprises de procéder à des déclarations dématérialisées (TVA...) mais aussi de tenir une comptabilité incluant un Fichier des écritures comptables (FEC) qui sera demandé systématiquement en début de contrôle, ce fichier devant répondre aux exigences de l'administration.

En ce domaine s'est développée progressivement une coopération européenne concernant l'essentiel du domaine fiscal. L'un des derniers textes pouvant être mis en avant est la directive du 15 février 2011 (2011/16/UE du Conseil) destinée à favoriser l'échange d'informations (sur demande, spontanée ou automatique) entre autorités administratives, l'Union européenne et ses États membres, du moins leur grande majorité, s'inscrivant dans le processus développé dans le cadre du G 20 et des activités de l'OCDE pour développer et systématiser des procédures d'échange automatique d'informations (v. ss. 335)...

L'administration fiscale (à laquelle peuvent, sous plusieurs réserves, être opposés certains secrets, notamment le secret médical) est, en principe, et en contrepartie de ses prérogatives, tenue au secret fiscal, pénalement protégé (LPF, art. L. 103 ; C. pén., art. 226-13 et 14). Mais ce secret est tout relatif, puisque nombre d'autorités et organismes ne peuvent se voir opposer ce secret (LPF, art. L. 103 à L. 166), et qu'une liste des personnes assujetties à l'impôt sur le revenu (avec pour, chacune, indication des bases, du montant) et à l'impôt sur les sociétés (sans autre indication) est tenue, par chaque direction des Finances publiques, à la disposition des contribuables de son ressort (l'administration pouvant même l'afficher) (LPF, art. L. 111).

La publication par un autre moyen des données fiscales est punie pénalement (jusqu'à cinq ans d'emprisonnement et/ou amende de 4 500 € : CGI, art. 1772-1-5) mais la Cour européenne des Droits de l'homme a estimé, dans l'« affaire Le Canard enchaîné/Calvet », que l'application de ces sanctions, attentatoires à la liberté d'expression, ne pouvait être licite que si elle répondait à un impératif prépondérant (ce qui ne fut pas jugé comme établi en l'espèce : CEDH 21 janv. 1999, *Fressoz et Roire c/ France*).

134 Les contrôles peuvent déboucher sur une **rectification** (rehaussement d'impôts) qui doit suivre une procédure contradictoire sauf dans certains cas de comportement fautif (opposition au contrôle fiscal, absence de déclaration ou de réponse à une demande...) entraînant une taxation d'office par le fisc ; existent, par ailleurs, des cas particuliers permettant à l'administration de taxer un revenu à partir de signes extérieurs de richesse, « le train de vie d'un contribuable » (CGI, art. 168). Le législateur a créé de nouveaux dispositifs définis par la loi n° 2009-1674 du 30 déc. 2009 portant loi de finances rectificative pour 2009, art. 19 (Décr. 27 avr. 2010, n° 2010-421 ; Cons. const. 21 janv. 2011, *Danièle B.*, 2010-88 QPC).

L'administration pouvait même, jusqu'en 1987, taxer une personne effectuant des dépenses ostensibles ou notoires (CGI, art. 180 ancien) et, jusqu'en 1997, exercer un droit de préemption en matière de vente d'immeubles ou fonds de commerce (LPF art. L. 18 ancien).

Les procédures et garanties de rectification contradictoires prévues par le LPF ne s'appliquent pas aux quatre « vieilles » (si tant est que cette formulation puisse encore être utilisée aujourd'hui !) contributions directes locales, qui ne sont pas, en principe, des impôts déclaratifs (LPF, art. L. 56-1) mais le Conseil d'État a décidé que toute rectification de bases déclarées par le contribuable (ainsi pour la taxe professionnelle, à présent la contribution économique territoriale) devait, en vertu du principe des droits de la défense, être contradictoire (5 juin 2002, *Simoens*).

135 Les rectifications sont ou peuvent être elles-mêmes accompagnées de trois catégories de mesures.

Il s'agit, en premier lieu, d'un **intérêt de retard** qui, en l'état actuel du droit, n'est pas considéré comme une sanction (CGI, art. 1727, le déclare « dû indépendamment de toute sanction ») mais comme la réparation des « préjudices de toute nature » subis par l'administration du fait des manquements du redevable à ses obligations (CE ass. avis 12 avr. 2002, *Labeyrie* ; Com. 18 mai 1999, *Sté Vidace c/ DGI*).

Le taux en est, en principe, de 0,4 % par mois, soit 4,8 % par an ; le taux plus ancien de 9 % était devenu nettement supérieur au taux légal, et le demeure néanmoins, dont bénéficie notamment le contribuable auquel on rembourserait une imposition perçue à tort (LPF, art. L. 207 et 208). Dans son avis d'assemblée ci-dessus, le Conseil d'État avait cependant estimé que le taux de l'intérêt de retard n'était pas une sanction « dès lors que son niveau n'est pas devenu manifestement excessif » au regard du taux du marché.

Il s'agit, en deuxième lieu, de **sanctions fiscales**, qui, elles, ont pour objectif de punir financièrement le contrevenant. Prévues par plus de cent articles du CGI, elles varient à la fois selon l'administration fiscale intéressée, l'attitude du redevable et la nature de l'infraction. Une ordonnance du 7 décembre 2005 a « balayé » le champ des sanctions administratives dans un sens général d'atténuation des pénalités générales et des pénalités spécifiques.

Par exemple, la majoration pour retard de dépôt de déclaration est de 10 %, de 40 % en cas de non-dépôt de la déclaration dans un délai de 30 jours après mise en demeure, de 80 % en cas de découverte d'une activité occulte, de 40 % en cas de manquement délibéré (mauvaise foi) dans l'établissement d'une déclaration, de 80 % en cas de manœuvre frauduleuse ou d'abus de droit fiscal – ramené à 40 % lorsqu'il n'est pas établi que le contribuable a eu l'initiative principale du ou des actes constitutifs de l'abus de droit ou en a été le principal bénéficiaire –, 80 % en cas de manœuvres frauduleuses ou de dissimulations d'une partie du prix stipulé dans un contrat ou en cas d'application de l'article 792 *bis* du CGI.

Le juge de l'impôt n'est pas obligé, au regard des dispositions de l'article 6 § 1er de la Conv. EDH, de moduler le taux des pénalités (sur les pénalités en cas de mauvaise foi ou de manœuvres frauduleuses : CE 8 juill. 1998, *Fattell* ; sur la pénalité prévue par CGI, art. 1759 : CE 24 mars 2006, *SA Martell & Co*).

Le Conseil constitutionnel n'a pas remis en cause ces dispositifs, certes dans leur version antérieure au 1er janvier 2006 (qui a foncièrement peu évolué depuis), en estimant soit avoir déjà statué sur ce type de disposition soit encore que celles-ci obéissent au principe d'individualisation en ce que la loi a organisé la modulation des peines en fonction de la gravité des comportements réprimés sous le contrôle renforcé du juge puisque le Conseil constitutionnel a précisé que le juge se prononce « dans chaque cas » après avoir exercé son plein contrôle sur les faits invoqués et la qualification retenue par l'administration (à propos de : 17 mars 2011, 2010-103 QPC, CGI, art. 1728 et 1729 ; 17 mars 2011, 2010-104 QPC ; 17 mars 2011, 2010-105/106 QPC...). De la même façon, a-t-il admis l'amende de 50 % applicable aux sommes non déclarées à l'occasion du versement de commissions... à des tiers à l'occasion de l'exercice de sa profession, et ce en se fondant sur la poursuite de la lutte contre la fraude fiscale, objectif de valeur constitutionnelle, la sanction étant proportionnée à la gravité des manquements appréciée à raison de l'importance des sommes non déclarées (20 juill. 2012, *Irène L.*).

Il s'agit, en troisième lieu, de **sanctions pénales** (emprisonnement, amende, peines accessoires ou complémentaires) prononcées (sur le fondement d'une trentaine d'articles du CGI) par la juridiction répressive sur plainte de l'administration déposée après avis conforme d'une commission des infractions fiscales (CIF) composée de magistrats. La fraude fiscale est réprimée en tant que telle sur le fondement de l'article 1741 du Code général des impôts.

Cette commission, saisie par le ministre des Finances, statue selon une procédure contradictoire, écrite et non publique mais n'a pas à motiver ses avis et n'est pas, en tant que telle, soumise à la Conv. EDH (Crim. 16 mai 2001, *G...)* – mais la Conv. EDH est applicable à l'ensemble commission/juge pénal (CEDH 26 sept. 1996, *Mialhe c/ France*). Elle n'intervient pas en matière de contributions indirectes (pour lesquelles le juge doit être nécessairement saisi). Les infractions susceptibles d'être déférées au juge (correctionnel en premier ressort) ne sont pas seulement les délits de fraude fiscale (existent de nombreuses autres incriminations, par exemple l'opposition à contrôle fiscal ou le refus collectif de l'impôt) et le juge a la possibilité de prononcer certaines peines d'une grande importance pratique (par exemple la suspension du permis de conduire ou l'interdiction d'une activité professionnelle) ; il convient de ne pas négliger qu'existe une autre incrimination, plus fréquemment utilisée en matière de TVA, celle de l'escroquerie (C. pén., art. 313-1).

Le Conseil constitutionnel a censuré le quatrième alinéa de l'article 1741 du CGI qui prévoyait la publication obligatoire du jugement ou d'une partie du jugement de condamnation pour fraude fiscale, censure prononcée en raison du non-respect « des exigences qui découlent du principe d'individualisation des peines » (10 déc. 2010, *Alain D. et a.*, 2010-72/75/82 QPC, cons. 5).

136 Par ailleurs, un régime particulier, sévère, existe en matière douanière.

Le droit pénal douanier repose sur cinq classes de contraventions (dont certaines sont punies d'emprisonnement) et trois classes de délits, fondées sur des incriminations parfois particulières (par exemple l'intérêt à la fraude) et dans lesquels l'élément intentionnel est souvent absent (mais la notion de bonne foi, introduite dans le Code des douanes communautaire, est probablement appelée à s'étendre) ; on notera deux infractions particulières aux articles 416 et 416 bis de ce code qui sont destinés à réprimer les comportements hostiles au contrôle. Les sanctions pécuniaires, qui ont un caractère à la fois indemnitaire et répressif, peuvent atteindre des montants considérables (d'où l'importance des transactions : v. ss 131) et la proportionnalité qu'exige d'elles le droit de l'union, lorsqu'il est en cause, s'apprécie par rapport aux sanctions encourues quand le droit de l'Union européenne n'est pas en cause. La répression peut être effectuée de deux façons : l'action publique, engagée (quand une peine d'emprisonnement est encourue) par le ministère public (sauf si une transaction a été conclue par la DGDDI) ; l'action fiscale, engagée à titre principal (quand des sanctions fiscales sont seules encourues) par l'administration des douanes (agissant en qualité de ministère public spécialisé, comme l'administration des contributions directes ou celle des eaux et forêts), ou bien par citation directe devant le tribunal (de police ou correctionnel), ou bien par acte introductif d'instance (présenté au parquet).

Notons que le Conseil constitutionnel a mis en cause la retenue douanière (décis. 22 sept. 2010, *Samir M. et a.*, 2010-32 QPC).

137 Mais les juges, nationaux et européens, ont entrepris d'encadrer cette répression.

La sanction fiscale, de même que toute sanction ayant le caractère d'une punition, est, comme l'a rappelé le Conseil constitutionnel (30 déc. 1997, 97-395 DC), soumise aux exigences de l'article 8 de la Déclaration de 1789 : légalité des délits et des peines, non-rétroactivité de la loi plus sévère, respect des droits de la défense, nécessité des peines (les amendes ne pouvant être manifestement disproportionnées à la gravité des manquements : 29 déc. 1999, 99-424 DC) ; et si le cumul avec la sanction pénale demeure admis, le montant global des deux sanctions ne peut, en application du principe de proportionnalité, dépasser le montant le plus élevé de l'une des sanctions encourues (30 déc. 1997, 97-395 DC ; 20 juill. 2012, *Georges R.*, 2012-266 QPC). Par ailleurs, la Cour de cassation (Com., 27 avr. 1997, *Ferreira*) estime, contrairement au Conseil d'État (CE avis 5 avr. 1996, *Houdmond* ; 8 juill. 1998, *Fattell*, et J. ultérieure) et à la Cour européenne des droits de l'homme (23 sept. 1998, *Malige c/ France*), que le juge peut apprécier le principe et moduler le montant des sanctions prévues par la loi.

De son côté, l'administration fiscale elle-même a, depuis quelque temps, décidé de faire une « application mesurée » d'un dispositif de sanctions qui, selon le Conseil des impôts (20e rapport) « apparaît au mieux inadapté et au pire inéquitable ».

La notion d'« application mesurée de la loi fiscale », mise en œuvre depuis 1999, conduit en substance à faire preuve de bon sens et d'équité et à concentrer le dispositif répressif sur les cas (les plus) frauduleux.

On notera, enfin, que le législateur a créé, par une loi du 9 juillet 2010 (art. 4), un établissement public administratif, l'Agence de gestion et de recouvrement des avoirs saisis et confisqués (AGRASC). Cette réforme législative s'inscrit dans une démarche de coopération internationale et en particulier européenne de coopération judiciaire en matière de confiscation. Son rôle est à la fois global et spécialisé et s'adresse à l'ensemble des administrations en particulier financières (DGFiP, DGDDI). Sur mandat de justice, elle gère tous les biens meubles et immeubles saisis, confisqués ou faisant l'objet d'une mesure conservatoire au cours d'une procédure pénale, qui lui sont confiés, ainsi que toutes les sommes saisies. Elle peut aliéner (par le biais de l'administration chargée des domaines) ou détruire les biens concernés (le Cons. constitutionnel a cependant imposé que cette destruction ne puisse être réalisée qu'après information du propriétaire de la décision et qu'il ait été mis à même de la contester ou de demander la restitution du bien, 390 QPC, 11 avr. 2014, *M. Antoine H.*) et peut répondre à la demande prioritaire des personnes physiques partie civile (sous condition) par le versement de sommes payées sur les biens du débiteur si la confiscation est définitive. Cette agence peut aussi percevoir pour son fonctionnement une partie du produit des aliénations opérées. Elle peut aussi être amenée à restituer les biens en question aux personnes concernées. Elle est administrée par un conseil d'administration qui est présidé par un magistrat de l'ordre judiciaire. Le directeur général de l'agence est aussi un magistrat de l'ordre judiciaire.

D. Le contentieux fiscal

138 Les litiges fiscaux obéissent à des règles particulières qui, sans exclure totalement les règles du droit administratif général (responsabilité des services fiscaux, recours pour excès de pouvoir contre les actes réglementaires et, parfois, individuels), les remplacent la plupart du temps.

Il appartient au législateur de définir les modalités de recouvrement de l'impôt et donc les voies de recours (en ce sens, l'absence de détermination des modalités de recouvrement d'une imposition affecte le droit à un recours effectif, Cons. const. 28 mars 2013, *SARL Majestic Champagne*, 298 QPC – taxe additionnelle à la contribution sur la valeur ajoutée des entreprises).

Celles-ci sont extrêmement différenciées selon les systèmes fiscaux, tout comme l'organisation juridictionnelle compétente. Il est cependant rare de voir un Législateur organiser des juridictions spécialisées en matière fiscale. Citons, notamment, la Cour canadienne de l'impôt créée en 1983, la Cour fédérale des finances en Allemagne instituée en 1950.

Pour l'application du contentieux général aux actes fiscaux individuels, v. ss 145 et 146. On rappellera aussi que la responsabilité des services fiscaux en matière d'établissement et de recouvrement de l'impôt ne pouvait, en principe, être engagée que pour faute lourde, la faute simple ne s'appliquant que si l'appréciation de la situation du contribuable ne présentait pas de difficultés particulières (CE 27 juill. 1990, *Bourgeois*, et 29 déc. 1997, *Cne Arcueil*). Le Conseil d'État paraît renoncer à cette exigence au profit d'une faute simple, sauf si l'administration établit qu'il n'y a pas de cause directe et certaine entre sa faute et le préjudice invoqué, et démontre qu'elle aurait pris « la même décision d'imposition si elle avait respecté les formalités prescrites ou fait reposer son appréciation sur des éléments qu'elle avait omis de prendre en compte, soit qu'une autre base légale que celle initialement retenue justifie l'imposition » (CE 21 mars 2011, *Krupa* ; dans le même sens : CE 24 avr. 2012, *Cne Valdoie*).

La question de la compétence contentieuse est en France parfois délicate à appréhender. Il n'existe pas de juge unique de l'impôt ou de juge spécialisé de l'impôt (comme, par exemple, au

Canada avec la Cour canadienne de l'impôt ou encore en Allemagne avec la Cour fédérale des finances). Le juge administratif prédomine dans les contentieux relatifs à l'assiette de l'impôt tandis que le juge judiciaire est prédominant en matière de recouvrement.

Les règles actuelles distinguent le contentieux de l'assiette (**1**) et le contentieux du paiement (**2**).

1. Le contentieux de l'assiette

139 Il concerne le montant de l'impôt. Le législateur s'efforce de prévenir les litiges en prévoyant assez souvent l'intervention, dès l'établissement de l'impôt, de commissions associant l'administration fiscale à des représentants des contribuables ; ainsi, tout particulièrement, la Commission départementale des impôts directs et des taxes sur le chiffre d'affaires qui, présidée par un magistrat de l'ordre administratif, intervient en matière de fiscalité des entreprises pour fixer (directement ou sur saisine) les forfaits des petits contribuables (v. ss 128) et donner un avis, parfois déterminant, sur des questions de fait en cas de redressement contradictoire ; de même, une Commission départementale de conciliation donne un avis en matière de droits d'enregistrement (dont l'impôt de solidarité sur la fortune) et une Commission de conciliation et d'expertise douanière peut, dans certaines questions de fait complexes, être saisie pour fournir une expertise ou même, parfois, un arbitrage (sous réserve d'un recours au juge). Mais ces procédures de prévention ne sont pas prévues pour la fiscalité personnelle directe et, bien sûr, n'évitent pas toujours le contentieux.

140 **La réclamation préalable**, première étape de ce contentieux, constitue une phase essentielle, à la fois d'un point de vue pratique, car elle permet dans la très grande majorité des cas d'éviter le recours au juge (environ 22 000 recours par an pour 3,4 millions de réclamations concernant l'assiette devant la DGFiP en 2013), et d'un point de vue juridique, car l'absence de réclamation préalable empêche la saisine du juge (la requête serait **irrecevable**) ; le régime des réclamations contentieuses (et des demandes à titre gracieux) concernant tant les impôts relevant de la DGFiP que les contributions dont la DGFiP à la charge a été réorganisé par un décret du 30 mai 2013. Elle doit, sauf cas particuliers, être effectuée dans un délai d'un an (impôts directs locaux), de deux ans (la plupart des grands impôts) ou de trois ans (toutes les créances recouvrées par l'administration des douanes) après l'année de l'acte ou de l'événement qui motive la réclamation ; l'administration à laquelle est adressée la réclamation a un délai de six mois (éventuellement neuf) pour répondre ; son silence vaut refus, qui peut être attaqué, mais le requérant peut attendre une décision explicite, qui doit être attaquée dans les deux mois devant le juge.

La réclamation peut être fondée sur la non-conformité des textes français au droit de l'Union ou au droit international, le délai (soumis au droit commun) courant à partir de la mise en recouvrement (ou du versement) de l'impôt contesté ou, éventuellement, de la décision juridictionnelle révélant la non-conformité (l'action en restitution ne pouvant alors concerner, selon les impôts, que les trois ou quatre années précédentes, une solution de ce type s'appliquant, notamment, lorsque des droits ont été perçus en violation d'une directive de l'Union, même non transposée en droit interne). S'ajoute à ces procédures la possibilité d'une action en réparation du préjudice subi (v. ss 129).

141 **Le juge de l'impôt** varie selon les impositions en cause. Le juge administratif (tribunaux administratifs, cours administratives d'appel, Conseil d'État) est compétent pour les impôts directs et les taxes sur le chiffre d'affaires (essentiellement la TVA), ce qui représente plus des quatre cinquièmes des litiges. Les impôts indirects (autres que les TCA), notamment les droits d'enregistrement et impôts assimilés (impôt de solidarité sur la fortune), sont de la compétence du juge judiciaire (tribunaux de grande instance, cours d'appel depuis le 1er mars 1998, Cour de cassation).

Un régime particulier s'applique en matière de droits de douane (et produits assimilés), pour lesquels le juge répressif (tribunal de police ou tribunal correctionnel en première instance) intervient souvent ; à défaut, depuis 2013, c'est le tribunal de grande instance qui est compétent en premier ressort (C. douanes, art. 357 *bis*), les recours étant portés devant la cour d'appel puis la Cour de cassation.

142 **Le jugement fiscal** pallie en grande partie la dualité de juridiction par une large unité du droit applicable. D'une part, la procédure a été largement unifiée en 1963 ; inquisitoire et écrite (même

devant le juge judiciaire), elle a été libéralisée en 1986-1987 en ce qui concerne, notamment, l'administration et la charge de la preuve (qui incombe, sauf exceptions, au fisc), les parties étant, par ailleurs, dispensées d'avocat (sauf en cassation).

La charge de la preuve n'incombe au contribuable que si l'imposition a été établie conformément à sa déclaration ou en l'absence de désaccord de sa part sur une proposition de redressement (ou s'il entend prouver le caractère exagéré d'une taxation d'office). À d'autres égards, l'administration conserve cependant certains pouvoirs importants, notamment celui de demander au juge du fond (et même au juge de cassation si le moyen est d'ordre public) de modifier la base légale fondant l'imposition, à condition, cependant, que cette substitution de base légale ne prive pas le contribuable d'une garantie prévue par la loi (CE 13 oct. 1999, *Pujos*), ce qui peut obliger l'administration à reprendre la procédure d'imposition.

Sur le plan de la procédure, que c'est au ministre du Budget qu'il revient de représenter l'État (de façon déconcentrée aux directeurs des finances publiques et aux directeurs régionaux des douanes et droits indirects) devant le tribunal administratif et devant les juridictions judiciaires ; devant les deux ordres de juridictions, appels et pourvois en cassation n'ont pas, en principe, de caractère suspensif mais la juridiction saisie du pourvoi (sauf la Cour de cassation) peut décider le sursis à l'exécution de la décision juridictionnelle contestée (CE 14 nov. 2001, *SA Andritz*).

D'autre part, le juge fiscal a plénitude de juridiction ; il peut rectifier l'imposition, car, selon la jurisprudence (sinon toujours la doctrine), le litige relève « par nature du plein contentieux » (CE 29 juin 1962, *Sté des aciéries de Pompey*), et il peut, au besoin, apprécier la légalité de tous les actes administratifs (même individuels) en cause (ce qui supprime la plupart des questions préjudicielles). Il peut aussi, à présent, saisir le Conseil constitutionnel dans le cadre de la question prioritaire de constitutionnalité qui peut conduire à la censure d'une disposition législative qui n'aurait, jusque-là, pas été soumise au contrôle de constitutionnalité.

2. Le contentieux du paiement

143 Il concerne l'exécution de l'acte d'imposition. Il s'agit du contentieux du sursis de paiement (**a**) et du contentieux du recouvrement (**b**).

a. Le contentieux du sursis de paiement

144 Cette procédure permet de différer le paiement.

Le sursis de paiement est, en effet, un droit que peut faire valoir, à ses risques et périls (pénalisations financières en cas de perte du procès), le redevable (pendant le délai de réclamation). Pour les impositions supérieures à 4 500 €, le débiteur doit constituer des garanties portant sur le montant des droits constatés (Décr. 20 août 2009, n° 2009-986, art. 4 modifiant LPF, art. R. 277-7), garanties devant être constituées auprès du comptable chargé du recouvrement (espèces, valeurs, sûretés, etc.). Les litiges sur cette question sont tranchés par le juge du référé fiscal (membre du tribunal administratif ou du tribunal de grande instance – LPF, art. L.279 et L.279A-), sous réserve d'appel (devant le président de la Cour administrative d'appel ou le tribunal de grande instance) et de cassation (juridiction suprême).

Une procédure similaire existe dans le Code des douanes (art. 349) qui prévoit un sursis de paiement, moyennant constitution de garanties (qui peuvent ne pas être exigées si elles peuvent occasionner au redevable de graves difficultés économiques ou sociales) ; les décisions du comptable sur les garanties peuvent être contestées devant le président du TGI (statuant en référé) puis devant la cour d'appel (les mesures conservatoires éventuellement prises par le comptable relevant, elles, du juge de l'exécution – dans les conditions de droit commun).

Cette procédure fiscale de sursis de paiement peut, éventuellement, être complétée par la procédure administrative de droit commun du référé-suspension (CJA, art. L. 521-1) qui, telle qu'interprétée par la jurisprudence, permet au juge des référés d'ordonner le sursis à exécution de l'acte d'imposition s'il y a un doute sérieux sur la légalité de ce dernier et si le paiement risquerait d'entraîner à brève échéance de graves conséquences pour le contribuable. Ce dernier peut demander un tel sursis à exécution dès le dépôt d'une réclamation préalable (v. ss 140) devant l'administration fiscale (CE 6 nov. 2002, *SA Le Micocoulier*) puis dans le cas où, faute notamment de garanties financières suffisantes, il n'a pu obtenir (y compris du juge du référé fiscal...) de sursis de paiement (CE 13 juin 1984, *Masse*, et 25 avr. 2001, *Janfin*). Dans ce cas, les décisions rendues notamment sur le fondement de l'article L.521-1 sont rendues en dernier ressort.

b. Le contentieux du recouvrement

145 Le contentieux du recouvrement concerne les poursuites effectuées par le comptable. Il doit toujours commencer par une réclamation faite dans les deux mois au supérieur du comptable, qui a deux mois pour prendre une décision (le silence vaut refus) qui peut faire, dans les deux mois, l'objet d'un recours, en principe non suspensif (mais on peut demander le sursis).

En cas d'absence de réclamation préalable, le recours au juge est irrecevable sauf si le redevable n'a pas été informé des procédures imposées par les textes.

Les contestations portant sur le bien-fondé des poursuites (ex. le redevable a déjà payé) sont portées devant le juge de l'impôt (v. ss 141) – et, dans ce cas, le juge administratif du référé (CJA, art. L. 521-1) peut ordonner le sursis à exécution des poursuites s'il y a doute sérieux sur leur régularité et urgence (CE 10 avr. 2002, *Sté Import-Export du Velay*).

Les contestations relatives à la régularité formelle des poursuites (délais, formalités, etc.) sont portées devant le juge de l'exécution (président du tribunal de grande instance, qui doit statuer en urgence) – le contentieux de la contrainte judiciaire (v. ss 128) relevant, lui, du juge pénal (Com. 18 mars 1997). Des frais de poursuite peuvent être mis à la charge du redevable concerné par le comptable compétent de la DGFiP (CGI, Ann. II, art. 396-A, 396-B et 396-C).

Section 3
Le trésor public

146 Les termes « Trésor », « Trésorerie », « Trésor public » sont largement utilisés mais avec des sens souvent différents.

À l'étranger et notamment dans les pays anglo-saxons et en particulier au Royaume-Uni on retrouve le terme de Trésor sous une acception institutionnelle avec le *Her Majesty Treasury* (*HM Treasury*). Cette approche britannique est plus large et rapproche en fait le Trésor du « ministère des Finances » ; les États-Unis ont, pour leur part, créé dès 1789 un Département du Trésor qui relève de la même dimension ; en réalité, il existe une autre dimension qui se rapproche peut-être plus de l'acception française, à savoir celle du *Consolidated Fund*, qui assure une forme de centralisation et d'unité financière britannique dès le XVIIIe siècle et que l'on retrouve aujourd'hui dans de nombreux États du Commonwealth. L'approche française, pour sa part, va se construire à partir de la Révolution qui voit dès 1789 le Trésor royal devenir Trésor public. En tout état de cause, ces deux approches traduisent deux phénomènes : **l'unité et la centralisation.**

Elle est utilisée en France dans au moins deux sens.

147 Au sens administratif, le Trésor public désigne certains services de l'État (car le Trésor public n'a pas de personnalité juridique distincte de celle de l'État) : il s'agit d'une part de la direction générale du Trésor au ministère du Budget, qui, exclusivement centrale, est la plupart du temps chargée d'être le représentant financier de l'État, notamment dans ses fonctions de surveillance et de réglementation (ses attributions sont décrites ss 363) ; il s'agissait d'autre part des « services du Trésor », notamment des comptables publics du Trésor qui dépendaient de la direction générale de la Comptabilité publique au ministère des Finances. Ils étaient répartis sur tout le territoire et ont constitué l'épine dorsale de l'appareil financier public ; ces services sont désormais intégrés au sein de la direction générale des Finances publiques et relèvent des services déconcentrés de cette nouvelle direction (v. ss 356).

148 Au sens financier, seul utilisé ici, Trésor public est synonyme de trésorerie publique car il s'agit d'une caisse unique (**§ 1**) chargée d'effectuer, en plus des opérations budgétaires, des opérations de trésorerie (**§ 2**).

§ 1. L'unité de la trésorerie publique

149 L'unité de la trésorerie publique se manifeste à la fois par l'unité des caisses publiques (**A**) et l'obligation de déposer les fonds publics dans ces caisses (**B**).

A. L'unité des caisses publiques

150 L'unité des caisses publiques est, à une échelle historique, relativement récente puisque, jusqu'au XIXe siècle, l'appareil financier public était écartelé entre une multitude de caisses, ce qui privait l'État d'une vue d'ensemble et l'affaiblissait financièrement (il croyait parfois être déficitaire et empruntait alors aux receveurs généraux dont certains n'avaient que différé le versement des impôts dus à l'État...).

L'unification, entreprise sous le Premier Empire (création par Mollien d'une caisse de service), a été poursuivie sous la Restauration et le Second Empire, avec, notamment, la création d'un compte unique du Trésor à la Banque de France (1857) et l'institution des trésoriers-payeurs généraux (1865), permettant de faire du Trésor une caisse publique unique, centralisant les fonds encaissés (même par d'autres réseaux de comptables) et en assurant, en fonction des besoins, la distribution entre les différents postes comptables.

Ce mouvement général des fonds (appellation que revêtait d'ailleurs avant 1940 la direction du Trésor) est techniquement assuré par l'intermédiaire d'un compte (unique) du Trésor à la Banque de France, auquel les comptables publics ont accès (directement ou par l'intermédiaire du comptable supérieur) et qui, l'informatique aidant, permet (à l'Agence France Trésor : v. ss 363) de gérer « en temps réel » la trésorerie publique (et de rendre de plus en plus exceptionnel le transport matériel de fonds).

Le RGBCP énonce en son article 138 que seuls les comptables publics de l'État sont habilités à manier les fonds du Trésor (sous réserve de certaines opérations). Ils peuvent aussi, ainsi que les régisseurs de recettes, ouvrir un compte de disponibilités.

Enfin, un arrêté du 24 janvier 2013 encadrant les comptes de disponibilité et les dépôts de fonds au Trésor, précise, en son article 1, que l'État dispose dans les livres de la Banque de France d'un compte unique du Trésor tenu en euros et de comptes ouverts en devises.

Cet arrêté organise le régime des comptes de disponibilité (des comptables publics, régisseurs, trésoriers et sous-trésoriers militaires), des dépôts des correspondants du Trésor, et de certains types de comptes (à terme, de placement rémunéré).

Jusqu'à la fin de l'année 2001, les comptables et régisseurs publics utilisaient également le réseau des chèques postaux. Mais La Poste ayant acquis l'entière maîtrise de la gestion de ce réseau (v. ss 292), les CCP des comptables et régisseurs ont été clos. Ceci étant, sur la base d'un décret du 30 août 2005 des comptes des comptables de l'État ont pu être ouverts auprès de la Banque postale donnant lieu à une convention de compte conclue entre cette banque et l'État. Les fonds qui y sont déposés sont ensuite déposés par cette banque au Trésor.

Le « compte du Trésor » à la Banque de France (dont le fonctionnement fait l'objet d'une convention de tenue du compte unique du Trésor entre la Banque de France et l'État), comportait, fin 2013, 6 942 « comptes d'opérations » correspondant à quelque 5 000 comptables publics, par lesquels transitent, en moyenne, plusieurs milliards d'euros. par jour, centralisés « en temps réel » (la centralisation, devenue quotidienne en 1987, est réalisée au moins toutes les trente minutes), soit selon l'AFT des flux en moyenne journalière de 41,7 Mds €. (en 2013), ce qui permet, avec l'aide de la direction des services bancaires de la Banque de France (et de la DGFiP, annonçant les mouvements de fonds), d'effectuer immédiatement les « lissages » de trésorerie nécessaires, notamment les emprunts à court terme, car, depuis 1993, le compte ne peut plus être débiteur (v. ss 291) ; le Traité TFUE interdit aux États membres de recourir aux avances de la banque centrale, le solde du compte devant ainsi toujours être créditeur ; le solde moyen journalier du compte est passé de 2,6 Mds €. en 1999 à 105 M € en 2005 mais encore plus de 100 M €. en 2009, alors que l'objectif affiché par l'Agence France Trésor était de 100 M €. en 2007 ; les opérations réalisées dans le cadre de la convention sont relativement diverses : prélèvements de billets, encaissement de chèques, recouvrement d'avis de prélèvement, virements de masse, virements domestiques de « gros mandats », opérations avec l'étranger (de plus, le Trésor rémunère les services qui lui sont rendus mais, en contrepartie, les dépôts sont également rémunérés par la Banque, qui, par ailleurs, paie l'impôt sur les sociétés et verse un dividende à son actionnaire unique : le Trésor).

Les correspondants du Trésor sont tenus d'informer préalablement de leurs opérations financières affectant le compte de l'État sur 24 heures (si opération supérieure à 1 M €.).

Taux d'annonce préalable des opérations financières

	2005	2008	2010	2011	2012	2013	2014	2015*
Par les collectivités locales	92 %	93 %	97 %	95 %	98 %	95 %	95 %	96 %
Par les établissements publics nationaux	/	87 %	97 %	98 %	97 %	95 %	95 %	96 %

*Source : AFT et PLF 2015 ; * prévision.*

Les dépôts sont majoritairement ceux des collectivités locales et des établissements publics locaux, devant ceux des banques centrales de la zone franc et « autres entités externes » et enfin ceux des établissements publics nationaux.

En outre, la loi de finances rectificative pour 2010 a imposé (art. 4) le dépôt obligatoire chez un comptable public des sommes reçues par les opérateurs chargés de procéder aux investissements d'avenir.

Il existe aussi un système conventionnel de tenue de compte entre l'État et l'Institut d'émission d'outre-mer et l'Institution d'émission des DOM pour ce qui est des prestations assurées par ces instituts.

Le Trésor est ainsi conduit à être le caissier des collectivités publiques et au-delà (sauf les organismes de Sécurité sociale), à la différence de certains pays (notamment l'Italie et l'Espagne) dans lesquels c'est la banque centrale ou, plus généralement, le réseau bancaire qui assure tout ou partie des opérations financières publiques.

B. L'obligation de dépôt dans les caisses publiques

151 L'unification de l'appareil financier public a été accompagnée de l'obligation faite aux personnes publiques secondaires, notamment aux collectivités locales, de déposer leurs fonds au Trésor. Ce principe, posé en 1811 et plusieurs fois réaffirmé, a acquis, depuis 1959, valeur de loi organique mais avec un champ et des modalités d'application qui ont varié. En ce sens, il ne diffère guère de ce qui est imposé dans d'autres États, que ce soit dans le cadre des Trésors publics, ou des Fonds consolidés du revenu que l'on retrouve dans les pays anglo-saxons.

L'article 15 de l'ordonnance (organique) du 2 janvier 1959 disposait, que « sauf dérogation admise par le ministre des Finances, les collectivités territoriales de la République et les établissements publics sont tenus de déposer au Trésor toutes leurs disponibilités » (une formulation à peu près semblable figurant à l'article 43 du règlement général de comptabilité publique de 1962). La formulation était générale mais donnait au ministre des Finances un pouvoir, juridiquement mal délimité, de dérogation d'autant plus important que, s'agissant des collectivités locales, les facilités autorisées furent de faible ampleur et l'interprétation ministérielle stricte.

L'attitude du ministère des Finances, qui prenait notamment appui sur une circulaire Doumer (ministre de l'Intérieur) – Chautemps (ministre des Finances) du 5 mars 1926, a consisté à n'autoriser le placement (pas toujours libre) que de certains excédents (budgétaires ou de trésorerie) exceptionnels, ce qui ne représentait qu'une faible part (moins du dixième) de la trésorerie des collectivités locales (qui, jusqu'en 1993, pouvaient cependant déposer certains fonds à la Caisse d'équipement des collectivités locales, devenue en 1987 Crédit local de France puis ultérieurement DEXIA). Par ailleurs, le ministre estimait que le principe interdisait tout prêt ou avance (non autorisés) entre collectivités locales mais ce point de vue n'a pas été toujours partagé par la jurisprudence la plus récente (v. notamment CE 31 mai 2000, *Ville de Dunkerque*).

Les dérogations furent, en revanche, plus largement admises pour certains établissements publics, la plupart à caractère industriel et commercial, autorisés à utiliser librement leurs liquidités par le ministre des Finances, par un texte contresigné par lui ou même, parfois (cas de La Poste) par la loi (le législateur ordinaire s'accaparant alors un pouvoir dévolu par la loi organique au ministre).

152 L'article 26-3 de LOLF, dispose, lui, que « sauf disposition expresse d'une loi de finances, les collectivités territoriales et leurs établissements publics sont tenus de déposer toutes leurs disponibilités auprès de l'État », ce qui introduit une double modification.

D'une part, le pouvoir de dérogation est transféré au Parlement.

D'autre part, les établissements publics nationaux ont été (au cours des débats parlementaires) exclus du champ d'application de la loi organique (mais le dépôt de leurs fonds au Trésor peut être imposé, selon les cas, par une loi ordinaire ou un règlement). En revanche, l'obligation de principe faite aux collectivités locales a été maintenue (après débats et sans préjudice d'évolutions ultérieures) ce qui peut paraître paradoxal eu égard, à la fois, à la situation des établissements publics nationaux et au principe constitutionnel de libre administration des collectivités locales (mais le Conseil constitutionnel n'a pas soulevé d'objection à cette disposition – dont, par ailleurs, la conformité au droit communautaire sur la libre circulation des capitaux a parfois été discutée, semble-t-il à tort).

Le législateur a rapidement introduit (au travers de la loi de finances pour 2004, art. 116) un dispositif assoupli en ce domaine autorisant des dérogations à l'obligation de dépôt.

Ces dérogations, énoncées aux articles L. 1618-1 et suivants du CGCT (complétés par l'art. R. 1618-1 du même code), permettent pour certains types de fonds un placement en titres émis ou garantis par les États appartenant à l'espace économique européen, ou en parts ou actions d'organismes de placement collectif en valeurs mobilières gérant des titres émis ou garantis dans les mêmes conditions. Par ailleurs, il est aussi possible aux collectivités territoriales ou à leurs établissements publics, notamment, de déposer les fonds concernés sur un compte à terme auprès de l'État.

Dans ce cadre, on notera deux obligations formelles : le dépôt obligatoire des valeurs mobilières détenues exclusivement auprès de l'État et l'obligation faite à la collectivité ou à l'établissement public local qui opère ce choix d'en informer l'État avant toute opération (L. fin. 2004, art. 117 ; Décr. n° 2004-660, 5 juill. 2004).

On relèvera par ailleurs (mais la règle n'a pas alors valeur de loi organique ou ordinaire) que le dépôt des fonds au Trésor n'est pas rémunéré (sauf pour certains établissements publics locaux et les déposants facultatifs), ce qui a d'ailleurs conduit les collectivités qui le peuvent à rechercher une trésorerie minimum (« trésorerie zéro »). En contrepartie, le Trésor consent plusieurs avantages financiers, notamment des « avances » sur impôts locaux et des garanties de ressources (v. ss 155) qui compensent parfois largement la gratuité des dépôts.

§ 2. Les opérations de trésorerie

153 Grâce aux liquidités qu'il collecte, le Trésor assure à la fois l'ajustement de la trésorerie publique (**A**) et le financement des déficits du budget de l'État (**B**).

A. L'ajustement de la trésorerie publique

154 Rendu nécessaire par des besoins temporaires de liquidités, l'ajustement de trésorerie concerne aussi bien les collectivités publiques secondaires (**1**) que l'État (**2**).

1. Au profit des collectivités locales

155 Parmi les collectivités publiques secondaires, ce sont essentiellement les collectivités locales qui bénéficient de cet ajustement car, sauf cas exceptionnels (acompte de « contribution économique territoriale » pour les gros contribuables, paiement mensuel facultatif des impôts directs locaux), leurs quatre principaux impôts directs ne sont recouvrés, par le Trésor, qu'en fin d'année. Aussi le Trésor leur verse-t-il, par douzièmes mensuels (au besoin anticipés), et sans intérêts, le montant que leur Conseil a voté, les sommes non recouvrées restant à la charge du Trésor et des contribuables locaux, qui paient une cotisation supplémentaire à cet effet (v. ss 705 s.).

L'ensemble de ces opérations, qui sont retracées dans un compte spécial du Trésor d'avances, devenu compte de concours financiers, (v. ss 492), porte sur des sommes considérables (113 Mds € pour 2015), dont une partie croissante est longtemps restée à la charge du Trésor. Ces versements obéissent à une double approche : le versement à date fixe, un versement intégral des sommes revenant aux collectivités et ce dans un processus gestionnaire déconcentré dont le circuit de gestion a été réformé en intégrant le système CHORUS (v. Instr. n° 11-004-M0-B1-R, 20 janv. 2011, *BOCP* févr. 2011).

Elles sont complétées par différentes autres facilités de trésorerie, y compris certaines avances rémunérées (mais ces dernières sont de plus en plus l'affaire du secteur bancaire).

2. La situation de l'État

156 De son côté, **l'État** doit faire face (notamment en août et sept.) à des dépenses budgétaires nettement supérieures aux recettes budgétaires et il appartient donc au Trésor de trouver les sommes nécessaires à la soudure avec les mois de fortes rentrées fiscales. Pendant longtemps, cette mission était particulièrement difficile car l'essentiel des impôts n'était payé qu'en fin d'année (ce qui imposait de recourir aux avances des receveurs généraux puis, à partir de la Restauration, aux bons du Trésor). Actuellement, la tâche est, en principe, moins ardue en raison du développement

des techniques d'étalement des rentrées fiscales (deux acomptes d'impôt sur le revenu, quatre acomptes d'impôt sur les sociétés, paiement en principe mensuel de la TVA et de la taxe intérieure sur la consommation des produits énergétiques). Mais le problème est loin d'avoir complètement disparu et explique (pour partie) les efforts déployés pour généraliser le paiement mensuel (voire aussi la retenue à la source) de l'impôt sur le revenu (institué à titre facultatif en 1971 et choisi par 69,9 % des contribuables en 2013, ce qui est un recul notable car ce taux était de 70,7 % en 2012, et des impôts locaux (la mensualisation, élargie en 1997 à la taxe professionnelle, à présent la contribution économique territoriale – v. ss 525 –) a été choisie en 2013 par 36,5 % des contribuables pour la taxe d'habitation 36 % en 2012), et par 29,5 % pour les taxes foncières (28,9 % en 2012).

De fait, le prélèvement à la source de l'impôt sur le revenu ne présente pas, en raison de l'importance de la mensualisation, un intérêt majeur en soi en France.

On notera également l'intérêt que présente pour le Trésor le télérèglement des impôts ; ainsi, les entreprises y sont soumises pour leurs impôts avec un taux de 96,1 % en 2013 pour l'impôt sur les sociétés, et 95,1 % au titre de la TVA. On notera que le paiement en ligne commence à apparaître pour les impôts payés par les personnes physiques ; il est en 2013 de 5,8 % pour l'impôt sur le revenu (contre 2,8 % en 2008), 6 % pour la taxe d'habitation (contre 2,7 % en 2008), 5,3 % pour les taxes foncières (contre 2,3 % en 2008). Le développement des procédures dématérialisées présente un évident intérêt administratif et gestionnaire ; c'est ainsi le cas avec la mise en place du télépaiement des timbres fiscaux dématérialisés (Arr. du 21 janv. 2015) comme pour ce qui est du timbre dématérialisé pour la délivrance des passeports (Décr. n° 2015-158 du 11 févr. 2015).

Par ailleurs, l'équilibre de la trésorerie dépend aussi de l'aptitude dont peut faire preuve le Trésor à ramener rapidement dans ses caisses les sommes qu'il a dû débourser (notion de « circuit du Trésor »).

La solution dépend essentiellement du mode de règlement utilisé. Un paiement émanant du Trésor par virement à un compte de correspondant n'occasionne à l'État aucune charge de trésorerie car le Trésor dispose des fonds des correspondants (fermeture du circuit) ; en revanche, un règlement effectué par virement à un compte bancaire ou, *a fortiori*, par billets ou devises occasionne une charge de trésorerie car il entraîne un débit du compte du Trésor à la Banque de France (ouverture du circuit) ; mais, au moins dans le cas des virements bancaires, le Trésor peut espérer « refermer le circuit » en récupérant immédiatement tout ou partie des sommes par des emprunts sur les marchés financiers. En sens inverse, un paiement fait au Trésor par débit d'un compte de correspondant n'apporte aucune amélioration à la trésorerie publique, à la différence des règlements faits au Trésor par chèque ou virement bancaire, billets ou devises.

B. Le financement des déficits budgétaires

157 Le financement des déficits concerne, lui, des décalages **définitifs** entre recettes et dépenses budgétaires, qui, lorsqu'ils concernent le budget de l'État, amènent le Trésor à prendre en charge le découvert annuel (**1**) puis la dette qui en résulte (**2**).

1. Le financement du déficit annuel

158 Celui-ci revêt, à l'évidence, une grande importance économique et financière, à la fois par « l'effet d'éviction » que peuvent occasionner les emprunts publics (v. ss 219) et par la création monétaire, directe ou indirecte, que ce financement peut susciter (quand il est assuré par le système bancaire). Mais, du point de vue technique, la difficulté n'est pas forcément fonction de l'ampleur du déficit : un découvert important peut s'avérer facile à financer, un faible déficit peut (comme à la fin de 1968) entraîner des difficultés de trésorerie car le financement dépend beaucoup de l'état des économies (qui conditionne en partie le niveau des capitaux disponibles), de la rémunération accordée aux prêteurs (il a fallu consentir près de 17 % en sept. 1981...) et, peut-être surtout, de la confiance du public et des milieux financiers nationaux et internationaux qui, sauf mesure autoritaire (emprunts forcés) mais à courte vue, rend indispensable une « politique de communication » passant, notamment, par des signes d'orthodoxie financière.

Les crises irlandaise, grecque, espagnole, portugaise... qui ont marqué les finances d'États européennes, qui succèdent en réalité à bien d'autres crises (ex. Argentine) ont montré les difficultés de « l'exercice » à partir du moment où un État n'est plus en mesure de faire face à sa dette et en particulier au regard de la charge annuelle de celle-ci.

2. La prise en charge de la dette de l'État

159 Cette prise en charge est la suite logique du financement du déficit.

L'**amortissement (remboursement) de la dette** est, comme l'émission des emprunts, une opération de trésorerie qui relève de la responsabilité du Trésor (LO 1er août 2001, art. 25 succédant à Ord. Org. 2 janv. 1959, art. 15) et qui, en conséquence, n'a pas, à la différence du paiement des intérêts des emprunts, à figurer nécessairement dans la loi de finances (Cons. const. 3 juill. 1986, 209 DC, et 29 déc. 1993, 330 DC). Le Trésor ne peut donc l'assurer que par d'éventuels excédents d'exécution des lois de finances, qui lui seraient versés en fin d'exercice mais qui sont devenus bien rares (v. ss 245), et, surtout, par de... nouveaux emprunts (on emprunte pour rembourser des emprunts), ce qui, malgré l'érosion monétaire qui diminue le poids réel des dettes, paraît peu sain et, en tout cas, peu orthodoxe.

Ainsi, la loi de finances pour 2015 a prévu un déficit budgétaire de 74,4 Mds € et une émission nette à moyen et long termes de 187 Mds € (en obligations assimilables du Trésor et bons du Trésor) (v. ss 608 s.).

La France, à l'instar d'autres États comme l'Allemagne, bénéficie d'une situation très favorable avec la possibilité de se financer à des taux particulièrement bas, voire « historiquement » (et peut-être « anormalement ») bas.

160 Afin de réagir contre cette situation, les pouvoirs publics constituent périodiquement des **caisses d'amortissement** chargées de rembourser la dette à partir de ressources définitives. Il s'agit d'une technique ancienne (six caisses au XVIIIe siècle, une en l'an VIII, une en 1816), utilisée de 1926 à 1959 avec la Caisse autonome d'amortissement créée par Poincaré (et alimentée par le monopole des tabacs et allumettes et, jusqu'en 1945, par des droits de succession) puis de 1986 à 1988 avec la Caisse d'amortissement de la dette publique (CADEP), établissement public administratif (créé pour dix puis vingt ans) alimenté par une partie des recettes de privatisation ; mais l'action de cette dernière, largement consacrée au remboursement de l'emprunt Giscard d'Estaing, a été de courte durée et la CADEP a été « reconvertie », par la loi de finances pour 2003, vers la gestion active de la dette.

Cette **gestion active de la dette** consiste, après avoir lancé les emprunts sur le marché primaire (en somme : le marché du neuf), à intervenir ensuite sur le marché secondaire (en quelque sorte : le marché de l'occasion) afin d'y réduire, par des moyens qui sont devenus de plus en plus diversifiés (rachats, reventes, échanges, prises en pension...), le coût final (et la sécurité d'approvisionnement) des emprunts publics.

Cette gestion, largement inspirée du système des États-Unis, et retracée depuis la fin 2000 dans un compte spécial (compte de commerce « Gestion active de la dette et de la trésorerie de l'État »), a, en France, essentiellement été développée à l'occasion de la réforme des marchés financiers au milieu des années 1980.

Depuis 1991, l'article d'équilibre de la loi de finances, suivi d'un décret du Premier ministre, autorise le ministère des Finances à intervenir, par divers procédés, sur le marché secondaire (en ce sens, Décr. 22 déc. 2008 relatif à l'émission des valeurs du Trésor).

Elle a amené le Trésor à réactiver et rénover, à partir de 1986, le Fonds de soutien des rentes, mécanisme d'intervention (non doté de la personnalité juridique) créé en 1937 pour intervenir sur les marchés. Ce fonds a été supprimé par la loi de finances pour 2003 (art. 125) et ses activités transférées à la **Caisse de la dette publique** (CDP), établissement public chargé également de prendre la suite de la Caisse d'amortissement de la dette publique et appelée à assurer, en coordination (en concurrence ?), avec l'AFT la gestion de la dette – qui, dans certains pays, est confiée à un institut spécial souvent placé sous les labels « d'agence » ou de « Bureau » (Suède, Belgique, Autriche, Irlande, Malte, Pays-Bas, Slovaquie, République tchèque, Royaume-Uni depuis 1998...).

Elle a, notamment, conduit le Trésor à s'entourer, à partir de 1987, d'établissements financiers « **spécialistes en valeurs du Trésor** » chargés, moyennant certains avantages, de le conseiller et de l'aider dans l'émission puis la gestion des titres.

161 Il convient de rappeler que cette gestion de la dette conduite en France par l'AFT et la CDP ne concerne pas que l'État. Il existe un autre acteur qui est la Caisse d'amortissement de la dette de la Sécurité sociale (CADES) qui a en charge la gestion de cette dette particulière ; or, et alors que jusqu'à présent les collectivités locales étaient confrontées à une démarche très individuelle en ce domaine, à la suite de la crise qui a frappé nombre de collectivités, certaines d'entre elles se sont dotées d'une entité propre qui a en chargé l'émission d'emprunts et de prêts, à savoir l'Agence France Locale (AFL) qui a été agréée par l'Autorité de contrôle prudentiel et de résolution début 2015.

162 Une telle politique de gestion active de la dette, indispensable et efficace peut néanmoins trouver ses limites dès lors que la rémunération offerte est extrêmement basse (ex. La Finlande a, début février 2015, proposé sans difficulté un emprunt à taux négatif : -0,017 % pour un emprunt à 5 ans) mais aussi face à un autre phénomène observé aux États-Unis, au Royaume-Uni, au Japon, à savoir l'immixtion des banques centrales dans le rachat sur le marché secondaire d'emprunts d'État.

163 Un **triptyque d'acteurs financiers** est en place depuis un certain nombre d'années posant dans leurs comportements très clairement la question de la gestion de la dette publique et de la production monétaire dans un contexte marqué par un décrochage entre l'économie des biens et des services et l'économie financière, cette dernière paraissant, pour nombre d'observateurs, être dans une situation parfaitement artificielle ; ce triptyque est constitué des **trésors publics, des marchés financiers (dont les banques), des banques centrales.** Le développement considérable de la dette publique a conduit les trésors publics à émettre des produits financiers diversifiés avec un service de la dette qui s'est accru pour nombre d'États, privant sans doute certains acteurs (entreprises...) de l'accès aux financements et soulevant la question de la soutenabilité de cette dette publique. Le rôle du Trésor est de placer les emprunts au « moindre coût » et la baisse très importante des taux d'intérêt actuelle a largement contribué à atténuer l'impact du surcroît de dette pour des pays comme la France, le Royaume-Uni. Or, les banques centrales, y compris désormais la Banque centrale européenne (v. ss. 295), ont développé successivement des politiques de rachat de la dette publique et en particulier de la dette d'État. Les banques centrales ne relèvent plus d'un contrôle étatique direct et ont acquis (ou retrouvé) une indépendance statutaire (parfois à dimension constitutionnelle comme pour la Banque nationale suisse qui doit, originalité financière, verser les deux tiers de ses bénéfices aux cantons, art. 99). Cette indépendance des banques centrales s'est réalisée dès 1949 pour la Bundesbank, en 1978 pour la banque fédérale des États-Unis (Fed), en 1997 pour les banques du Japon, du Royaume-Uni, etc., les banques nationales de la zone euro relevant désormais d'un système monétaire dominé par une banque indépendante, la Banque centrale européenne, dont la première compétence est de veiller à la stabilité des prix.

Ces banques ont mis en œuvre des opérations de rachat de titres souverains dans le cadre d'opérations dites « non conventionnelles » dont l'objectif indirect a été à l'évidence de maintenir ou de conforter le niveau des liquidités monétaires, en espérant que les masses financières injectées contribueraient à une relance économique ; à tout le moins, cela a surtout contribué d'abord à entretenir chez les opérateurs financiers une forme d'état « second » avec une forte hausse des bourses sans forcément de corrélation avec les résultats économiques. La Banque centrale européenne s'est à son tour lancée dans ce processus début 2015. Les émissions monétaires sont ainsi considérables.

Il en résulte une situation très particulière concernant les bilans de ces banques : la Banque d'Angleterre détiendrait aujourd'hui près de 27 % de la dette publique britannique, devant la Banque du Japon avec près de 20 % pour la dette publique japonaise, devant la Fed, près de 13 % (qui a désormais arrêté cette politique), la BCE étant encore à des niveaux faibles avant 2015 à environ 5 %... Outre l'impact monétaire et sur les changes de cette politique (voir la baisse de l'euro et ses conséquences sur le franc suisse), différents observateurs s'interrogent sur les flux monétaires ainsi engendrés, sur le poids dans les bilans de ces banques de cette dette, mais aussi sur les stratégies des Trésors publics en matière d'émission de dette (Voir travaux de l'OFCE sur ce point) et l'interdépendance qui peut naître entre les politiques d'émission de la dette publique et les stratégies de rachat des banques centrales. Dès lors qu'il y a un acheteur final qui émet de la monnaie quel est désormais le risque, sauf à ne plus pouvoir maintenir de politique dynamique de la dette ? Il existerait ainsi un autre pouvoir financier public, les banques centrales.

Chapitre 2

Les politiques financières

164 Les politiques publiques prises en tant qu'ensembles cohérents d'actions répondant à des objectifs et initiées par des autorités publiques revêtent bien souvent (mais non systématiquement) une dimension financière (publique certes mais aussi souvent privée). Elles marquent l'évolution du rôle de l'État dans la société mais aussi de la société avec elle-même. Ces choix de politiques publiques demeurent encore relativement différenciés ; il suffit pour s'en convaincre de comparer le Plan d'action économique 2014 du Canada tourné d'abord vers le retour à l'équilibre budgétaire et le Pacte de responsabilité et de solidarité français pour la même période. Les Finances publiques constituent un important instrument qu'utilisent les gouvernants pour mener leur action. Les politiques publiques peuvent, en ce sens, avoir une dimension financière déterminante, celle-ci pouvant même être au cœur d'une politique. On peut ainsi identifier des politiques budgétaires, fiscales, traduisant le « volontarisme » des pouvoirs financiers publics.

165 Or, depuis qu'elles sont nées en se distinguant des deniers personnels du prince, les finances publiques ont sensiblement évolué (section 1) et ont été marquées par une amplification considérable des dépenses (section 2), des recettes (section 3) mais aussi des... déséquilibres financiers (section 4).

Section 1
Le développement des opérations financières publiques

166 Les opérations financières publiques sont généralement rapportées au produit intérieur brut (PIB) (richesse produite par les entreprises dans un pays, à l'exclusion de ce qu'elles produisent à l'étranger) ou du produit national brut (PNB) (richesse produite par les entreprises d'un pays en incluant la production à l'étranger).

Ceci permet d'effectuer d'utiles comparaisons dans le temps et entre pays, sous réserve, cependant, que soient comparables, d'une part le périmètre des finances publiques (qui peut varier beaucoup d'un pays à l'autre), d'autre part les modalités d'établissement du PIB ou du PNB (ainsi l'« économie souterraine », variable selon le pays, n'est pas prise en compte, et les méthodes de calcul peuvent varier : par exemple, les dépenses de logiciel sont, en Amérique, classées en formation brute de capital fixe, donc incluses, et, en Europe, classées en consommations intermédiaires, donc exclues du PIB/PNB). Ainsi, en 2013, les États-Unis, après d'autres États, adaptent le mode de calcul de leur PIB en y intégrant de façon nettement plus importante les dépenses relatives à la recherche-développement, ce qui a évidemment une incidence forte sur le PIB américain. Ce mode de calcul est aussi revu en Europe, et notamment en France, en 2014 en élargissant cette richesse nationale notamment en y intégrant certains types d'activités « illicites » ou « occultes ».

Par ailleurs, l'interprétation des comparaisons doit faire l'objet d'une attention particulière (par exemple, une récession conduit à une baisse sensible du PIB/PNB, ce qui, la plupart du temps, augmente mécaniquement la part des finances publiques – et vice versa...).

On relèvera que le PNB sert souvent à calculer la contribution financière de certains États aux organisations internationales (v. ss 315 s.), tandis que le Revenu National Brut (RNB) sert à l'Union européenne (le RNB étant constitué des revenus reçus par les unités résidentes, y compris du reste du monde, en déduisant, en contrepartie, les revenus versés au reste du monde).

Ceci explique que l'harmonisation des méthodes statistiques de calcul fasse l'objet d'une attention toute particulière (notamment de la part des autorités européennes).

On remarquera enfin une certaine volonté de construire des indicateurs alternatifs ou complémentaires au PIB – si ce n'est destinés à le remplacer ; ainsi, l'OCDE a établi un « indicateur du vivre mieux » ! La France a débattu de cette question des indicateurs alternatifs et s'est, par une loi du 13 avril 2015 visant à la prise en compte des nouveaux indicateurs de richesse dans la définition des politiques publiques, engagée dans une telle voie qui pourrait être fondée « sur de nouveaux indicateurs de richesse, tels que des indicateurs d'inégalités, de qualité de vie et de développement durable… ».

167 Les opérations financières publiques sont devenues très importantes et très diversifiées sous l'effet de l'évolution des conceptions sur les finances publiques (**§ 1**). Ces politiques revêtent une double dimension, à la fois (plutôt) structurelles (**§ 2**) et/ou (plutôt) conjoncturelles (**§ 3**).

§ 1. L'évolution des conceptions économiques des finances publiques et des politiques financières publiques

168 Quatre conceptions peuvent être mises en avant : la conception libérale (**A**), les conceptions interventionnistes (**B**), la conception néolibérale (**C**) et, enfin, la « *policy mix* » (**D**).

A. La conception libérale

169 Succédant aux conceptions corporatistes et dirigistes de l'Ancien Régime, la conception libérale, héritée des physiocrates et d'Adam Smith (XVIIIe siècle) et illustrée, notamment, par les idées de Jean-Baptiste Say, David Ricardo ou Frédéric Bastiat (XIXe siècle), a prévalu jusqu'à la Première Guerre mondiale. Elle prônait la neutralité de la puissance publique car l'intervention de cette dernière en matière économique et sociale aurait perturbé les lois naturelles du progrès résultant du libre jeu et de l'équilibre spontané des initiatives privées. L'État devait donc se contenter de garantir l'ordre économique et social libéral en gérant les seuls services publics régaliens, inévitables mais économiquement improductifs. Les finances publiques étaient donc considérées comme un mal nécessaire, qu'il convenait de maintenir au plus bas niveau pos-

sible et d'alimenter par des impôts qui, également répartis entre tous, ne devaient avoir pour objectif que d'alimenter les caisses publiques (v. notamment Décl. 1789, art. 13).

B. Les conceptions interventionnistes

170 À partir de l'entre-deux-guerres, celles-ci ont prévalu sous l'influence principale des doctrines socialistes et des théories du Britannique John Maynard Keynes (*Théorie générale de l'emploi, de l'intérêt et de la monnaie*, 1936). Le postulat en est que les pouvoirs publics peuvent techniquement et doivent politiquement utiliser les finances publiques pour assurer l'équilibre du pays : équilibre économique, en régularisant la conjoncture par la politique budgétaire et en développant les infrastructures par l'investissement, car les richesses prélevées par la puissance publique ne disparaissent pas dans un gouffre financier mais réapparaissent dans le circuit économique (idée d'État-filtre) et peuvent même mieux servir l'intérêt collectif que si elles étaient restées la propriété des personnes privées ; équilibre social, car fiscalité et dépenses de transfert permettent de lutter contre les inégalités et d'atténuer les effets du chômage. Cette conception était, en particulier, traduite dans l'ordonnance organique du 2 janvier 1959, qui indiquait que les lois de finances sont votées « compte tenu d'un équilibre économique et financier qu'elles définissent » (art. 1er) ; il convient de rapprocher ce texte de 1959 de celui retenu en 2001 : « les lois de finances déterminent, pour un exercice, la nature, le montant et l'affectation des ressources et des charges de l'État, ainsi que l'équilibre budgétaire et financier qui en résulte. Elles tiennent compte d'un équilibre économique défini, ainsi que des objectifs et des résultats des programmes qu'elles déterminent » (art. 1er).

C. Un regain de vigueur d'une conception néolibérale

171 Depuis la crise économique des années 1970, on assiste à un regain de vigueur très sensible d'une conception néolibérale, héritée notamment de la pensée de Friedrich von Hayek (1899-1992), et principalement illustrée, sur le plan doctrinal, par plusieurs

écoles de pensée (École de Chicago de Milton Friedman, École du *Public Choice* de James M. Buchanan, École *libertarienne* de Murray Rothbard, École de *l'offre* avec notamment Arthur Betz Laffer) et, sur le plan gouvernemental, par Margaret Thatcher en Grande-Bretagne (1979-1990) et Ronald Reagan aux États-Unis (1981-1989). Les tenants de cette conception constatent que la puissance publique, non seulement n'a pu réguler l'activité économique et sociale mais encore l'a perturbée par des interventions qui contrarient à la fois la solution des crises, le développement économique et les libertés. Ils préconisent donc une régulation de cette activité, non plus par l'État, mais par le marché, ce qui suppose une déréglementation des activités nationales, une privatisation des entreprises publiques (car le secteur marchand doit obéir aux seules lois du marché) et une réduction du rôle des finances publiques, notamment des prélèvements obligatoires (pour stimuler l'offre et l'activité des agents économiques), s'appuyant en cela sur la théorie, contestée, de la courbe de Laffer selon laquelle à partir d'un certain niveau de pression fiscale, les agents économiques adoptent un comportement conduisant à une diminution des recettes fiscales, et de la politique budgétaire (qu'il convient, dans toute la mesure du possible, de remplacer par la politique monétaire, plus globale et plus respectueuse des principes d'égalité et de propriété privée).

Ce sont ces conceptions qui inspirent actuellement la plupart des gouvernements mais avec bien des nuances, qui s'accentuent avec les crises ; en particulier, si la déréglementation et la privatisation ont connu des progrès sensibles, les finances publiques ont, elles, conservé un poids et un rôle (positif ou négatif) considérables.

D. La « *policy mix* »

172 La plupart des analyses doctrinales ou, en tout cas, des pratiques gouvernementales actuelles conduisent à un « *policy mix* », qui mêle, suivant des dosages parfois paradoxaux sur le plan idéologique, politique budgétaire et politique monétaire.

Ainsi, aux États-Unis, les politiques budgétaires de Ronald Reagan et George W. Bush ont été, ou sont, dans la réalité sinon toujours dans les proclamations, plus « keynésiennes » (déficit budgétaire, relance économique par le budget) que celles de Bill Clinton (sous la présidence duquel a été rétabli l'équilibre budgétaire), une telle « inversion des rôles » pouvant également être notée au Royaume-Uni (le conservateur John Mayor a été plus « keynésien » que Tony Blair) ou en France (Pierre Bérégovoy a été plus « libéral » qu'Édouard Balladur).

À cette exigence technique, s'ajoute, dans la zone euro, une nécessité structurelle puisque la politique monétaire est désormais fixée au niveau européen (v. ss 290 s.) et qu'en conséquence les seuls moyens d'ajustement nationaux sont désormais les politiques budgétaires (et structurelles) – qui nécessitent, du coup, une coordination au niveau supranational pour éviter d'importants dysfonctionnements dans l'Union.

Or, la remarque précédente relative à la coordination supranationale des politiques budgétaires (au sens large, ce qui inclut les éléments de comptabilité publique avec l'intégration des normes comptables internationales) conduit à mettre l'accent sur la profonde mutation que connaissent aujourd'hui les finances publiques au travers d'une double tendance générale observable notamment (mais non spécifiquement) en France.

Il s'agit, d'une part, d'une orientation vers les concepts, principes et pratiques du monde de l'entreprise, ce que d'aucuns pourraient présenter comme la « **libéralisation** » des finances publiques et, d'autre part, une tendance à leur « **globalisation** » marquée très clairement par leur **étatisation**, ce que l'on peut observer tant en ce qui concerne les finances sociales et leur gestion que les finances locales.

§ 2. Les politiques structurelles

173 L'utilisation des finances publiques pour moderniser le pays est fort ancienne puisqu'elle remonte en France loin sous l'Ancien Régime et que même l'État libéral du XIXe siècle acceptait de donner un coup de pouce au financement de certaines infrastructures, notamment de transports, et de protéger, par des droits de douane,

certains secteurs de l'économie. Avec le développement contemporain de l'interventionnisme public les domaines d'action (**A**) comme les moyens d'action (**B**) se sont encore multipliés.

A. Les domaines d'action

174 L'action financière des pouvoirs publics touche aussi bien les structures économiques (**1**) que les structures sociales (**2**).

1. L'action sur les structures économiques

175 Celle-ci est la moins controversée. Multiforme, et pratiquée dans tous les pays, elle suit au moins quatre directions principales : les investissements (**a**), les activités nationales (**b**), les entreprises (**c**) et, enfin, la protection des secteurs sensibles (**d**).

a. Les investissements

176 On pense traditionnellement aux investissements matériels, dont le domaine de prédilection est celui des **équipements collectifs** et du **logement** qui conditionnent largement le développement économique (et la cohésion sociale...) et qui, sans contribution publique, ne seraient pas réalisés ou le seraient à des conditions prohibitives pour les utilisateurs. S'agissant des premiers, le rôle essentiel revient, en France, aux collectivités locales (qui réalisent près de 70 % des investissements publics). Quant au second, il est principalement aidé par l'État.

L'investissement public (au sens d'investissement des administrations publiques) au sein de l'Union européenne a représenté, en 2013, selon les statistiques d'Eurostat, 2,9 % des PIB (des 28) ; la France se situait alors à 4 % du PIB ce qui est assez régulier sur ces dix dernières années et est donc nettement supérieur à la moyenne des pays de la zone euro (2,8 %). On notera que les États membres de l'Union européenne qui investissent le plus sont, en particulier, la Pologne (4,1 %), la Suède 4,5 %, Roumanie (4,6 %) et les États baltes (de 3,7 % à 5,5 %). L'Allemagne est l'un des pays avec le plus faible niveau d'investissement public et ce depuis le début des années 2000, en moyenne à 2 %. La tendance générale, si l'on fait abstraction de la Bulgarie et de la Hongrie est à la baisse de ce type d'investissement entre 2011 et 2013. L'État ayant le plus fort niveau d'investissement public en 2013 est l'Estonie, 5,5 %.

Au vu des statistiques de l'INSEE, l'investissement public représente en France près de 18 % de l'investissement national (20 % en incluant les grandes entreprises publiques) mais il est centré sur les besoins collectifs les plus importants. L'État est désormais un faible investisseur en propre ; son domaine d'intervention est ici clairement identifié, à savoir les équipements militaires. Ce chiffre est à rapprocher de celui des entreprises qui ont toujours maintenu un effort d'investissement et qui représente en 2013 près de 13 % du PIB, soit le même niveau qu'en 2007, l'ensemble public et privé (hors ménages) représentant tout de même près de 17 % du PIB.

Un domaine dont l'importance est nouvellement découverte (ou redécouverte) est celui des « **investissements intellectuels** » (ou « immatériels ») qui, pour l'essentiel, ne sont pas comptablement classés en investissement mais qui n'en constituent pas moins un apport essentiel au développement économique (et social).

L'investissement était, sur le plan de la comptabilité économique (formation brute de capital fixe – FBCF), traditionnellement présenté comme l'acquisition, la production ou la grosse réparation de biens corporels durables. Depuis la réforme des comptabilités économiques dans les années 1990 (v. ss 3), cet investissement inclut désormais certains actifs incorporels (logiciels, prospection minière et pétrolière, propriétés intellectuelles...) mais sans aller jusqu'à inclure, notamment, la recherche et le développement.

Il en va tout particulièrement ainsi des dépenses d'**éducation** (au sens large), dont certaines études (notamment de l'OCDE) ont montré le caractère particulièrement positif pour la compétitivité économique (et la promotion sociale) et de l'aide à la **recherche-développement** qui, en particulier dans les secteurs de pointe (construction aéronautique et spatiale, télécommunication), est devenue d'une importance décisive.

En France, la dépense intérieure en matière de recherche-développement serait en 2013 de 2,23 % contre 2,9 % en Allemagne mais aussi de 2,8 % aux États-Unis, 2,3 % au Japon, 3,3 % en Finlande, 3,3 % en Suède, 4,1 % en Corée, ou encore 4,2 % en Israël qui est sans doute l'État qui réalise l'effort le plus important et constant en ce domaine... La moyenne des 28 États membres de l'Union européenne est de 1,9 % et de 2,39 % pour les États de l'OCDE.

b. Les activités nationales

177 Celles-ci ont été marquées par un interventionnisme économique sans doute inégal mais avéré pour tous les États, y compris ceux « s'affichant » les plus libéraux. Que l'on songe, par exemple, à l'intervention du gouvernement fédéral américain pour sauver son secteur automobile.

Il existe en France une longue tradition d'interventionnisme public, déjà illustrée au XVe siècle par la politique industrielle et commerciale de Louis XI (« Roi des marchands »), à la fin du XVIe siècle par la politique fiscale, financière et... agricole de Sully (« labourage et pâturage sont les deux mamelles de la France »), au XVIIe siècle par le mercantilisme et le colbertisme (protectionnisme, manufactures royales, compagnies royales de colonisation...).

Cet interventionnisme a connu un net recul de la Révolution à la Première Guerre mondiale, sous l'effet du libéralisme qui s'est efforcé de cantonner la puissance publique dans un rôle d'État-gendarme, principalement chargé des tâches régaliennes (armée, police, justice, diplomatie), même s'il ne répugnait pas, à l'occasion, à intervenir (droits de douane, financement d'infrastructures ferroviaires).

Mais la parenthèse a été relativement courte puisque depuis la première puis la Seconde Guerre mondiale, les nécessités de l'effort de défense, de reconstruction et de lutte contre les crises ont suscité le renouveau d'un interventionnisme qui, pour être actuellement en recul, n'en reste pas moins considérable. Il s'est principalement manifesté de trois façons.

Il s'agit d'abord du développement de l'État-législateur, puisque le droit économique et social est devenu particulièrement touffu et fut longtemps doublé d'une planification (onze plans se sont succédé depuis le « Plan Monnet » de 1947) qui, pour n'être qu'indicative, manifestait la vocation que se reconnaissaient les pouvoirs publics à régir la vie économique et sociale. La puissance publique a progressivement étatisé la banque centrale, et a organisé sinon régulé le marché financier avec l'élaboration progressive d'un droit financier incluant le contrôle des marchés et la régulation bancaire (et l'émergence d'autorités administratives de contrôle comme actuellement l'Autorité des marchés financiers), tendance relativement générale que les crises de 1929, 2008 ont confortée (v. ss. 296 sur la dimension européenne de cette évolution). Or, les États, en situation de déficit permanent comme la France, ont fait le choix, depuis les années 1980, d'une politique d'emprunt d'abord tournée vers les institutions et marchés financiers (La situation est quelque peu différente pour le Japon ou même l'Italie). En ce sens, la démarche « gaulliste » des années 1960 fondée sur une souveraineté financière a quelque peu été malmenée depuis lors.

Il s'agit ensuite du développement de l'État-providence (*Welfare State*) chargé d'opérer ou de faire opérer une redistribution des richesses par la voie d'un système de Sécurité sociale créé en 1945 et, plus généralement, de prestations sociales (publiques ou privées), qui, ajoutées aux dépenses de Sécurité sociale, constituent des « comptes de la protection sociale » représentant en 2014, en France, 31,9 % du PIB, niveau record et qui place la France en tête de tous les États industrialisés devant la Finlande, 31 %, la Belgique 30,7 % et très loin devant le Royaume-Uni avec 21,7 %, les États-Unis, 19,2 %, mais aussi l'Allemagne, 25,8 %, le plus faible niveau étant celui de l'Estonie, 11,3 %. Ces écarts, considérables, sont sans doute l'un des problèmes majeurs que rencontre la France en raison du poids financier (le mode de financement reposant d'abord sur des cotisations sociales) de ces dépenses par rapport à nombre d'économies concurrentes.

Il s'agit enfin du développement de l'État-employeur puisque les effectifs en activité dans le secteur public sont de l'ordre de 6 millions d'agents (soit environ le quart de la population active).

Pour l'État et ses établissements publics : environ 2,3 millions (dont environ 1,2 pour l'Éducation nationale, 0,3 pour la Défense et 0,4 pour les établissements publics nationaux). Pour le secteur public local : environ 1,9 million (dont 1 pour les communes). Pour le secteur sanitaire et social : près de 1,1 million (dont 0,9 pour les hôpitaux). On doit noter la difficulté d'une réelle identification de l'emploi public surtout si l'on inclut dans le périmètre les organismes financés par les collectivités publiques, comme le secteur privé de l'éducation nationale financé par l'État. En outre, le calcul des effectifs peut s'opérer de différentes façons, effectifs physiques ou en équivalents temps plein. Enfin, il faut remarquer la place importante des agents publics non titulaires, présents dans les trois types d'administration et en particulier au niveau de l'État et au niveau local et qui représentaient en 2013 près de 20 % de l'ensemble.

Cette qualité d'employeur est parfois doublée de celle d'entrepreneur puisqu'avait été créé, notamment par les nationalisations de 1936, 1945 et 1982, un vaste secteur public industriel, commercial et financier (ce qui fut le cas aussi en Italie, Belgique...), qui, réduit de moitié par les privatisations des trente dernières années, a conservé cependant un poids non négligeable.

178 Cette tendance générale vers « moins d'État » a connu depuis 2008 une évolution inverse particulièrement notable directement liée à la crise financière puis économique qui a marqué et marque encore l'ensemble des États et des économies. La situation de crise grave, voire majeure, qui caractérise les années présentes s'est traduite par le **retour de la puissance publique** à la fois en tant que soutien financier d'abord au secteur bancaire puis à l'ensemble des économies et en tant qu'entité régulatrice des dysfonctionnements observés (sur les marchés financiers, les questions fiscales, etc.). On note ainsi, pour la première fois en 2010, l'interruption de la tendance à la régression du secteur public au niveau des effectifs salariés qui croissent à nouveau et des entreprises concernées (1 230 sociétés en 2010, 1 498 en 2011, avec 5,5 % de l'emploi salarié). Ce retour ne s'est pas limité à l'échelon national mais a trouvé une dimension supranationale au travers des instances de type G8 (avec des variantes d'ouverture aux nouvelles économies de type G20), tout comme il a permis à certaines instances internationales quelque peu décriées ou même contestées de revenir « sur le devant de la scène » comme le FMI. Jamais la puissance publique n'a été aussi interventionniste financièrement que durant la période présente ; les finances publiques sont amenées à soutenir massivement l'économie (sous des formes diverses, garanties d'emprunt, plans de relance, apports en fonds propres, etc.) en oubliant (ou en mettant de côté au moins de façon transitoire) les règles prudentielles, standardisées, qui avaient caractérisé leur encadrement depuis plus de dix années, quitte à accepter une très forte progression de l'endettement public ; c'est en particulier le cas aux États-Unis et au sein de l'Union européenne. Cet interventionnisme peut prendre des formes plus différenciées, comme en France avec une politique d'aménagement des territoires, relayée par la politique de l'Union européenne d'aménagement du territoire (européen) et financièrement abondée par les fonds structurels européens, des politiques environnementales... La préoccupation, plus récente, d'un « développement durable », c'est-à-dire non destructeur de son cadre, a,

en effet parallèlement, conduit les pouvoirs publics, nationaux et européens, à accorder une place croissante à la **protection de l'environnement** par le développement des services publics (essentiellement locaux) chargés de la gestion de l'eau, de l'assainissement et des déchets, l'octroi d'avantages financiers particuliers (au besoin dérogatoires au droit de l'Union des aides publiques) aux entreprises respectueuses de l'environnement et l'ébauche d'une « fiscalité écologique », en particulier par la taxe générale sur les activités polluantes (TGAP) instituée en 1999, mais dont la disparition est désormais envisagée ; l'échec en France d'une écotaxe, qui existe dans d'autres États, montre les limites de la démarche.

c. Les entreprises

179 La compétitivité des entreprises privées a, en effet, constitué pour les gouvernants une préoccupation et un thème de débat politique constant, en particulier sur le plan fiscal.

Le *Pacte pour la compétitivité de l'industrie française*, dit rapport « Gallois », présenté au Premier ministre en novembre 2012, suivi par l'adoption d'un Pacte pour la croissance, la compétitivité et l'emploi, illustre la constance, sans doute contradictoire au regard des mesures gouvernementales mises en œuvre ces dernières années, de cette préoccupation (mesure phare : le crédit d'impôt compétitivité emploi).

Celle-ci a suscité un véritable maquis d'aides publiques (directes et indirectes) dont la complexité (des centaines de régimes) a nui à l'efficacité et à la... concurrence, tout en notant qu'il n'y a guère d'État vertueux en ce domaine. Il existe cependant une originalité juridique (au moins une, est-ce la seule ?) au sein d'un État fédéré des États-Unis, à savoir le Colorado dont la Constitution interdit tout soutien public à des entreprises, sociétés, publiques ou privées (art. 11, sections 1 et 2).

Depuis une vingtaine d'années, l'aide publique aux entreprises a évolué sous l'effet, notamment, du droit économique de l'Union européenne mis en œuvre par la Commission européenne. Les restructurations sectorielles, les entreprises en difficulté ont marqué l'interventionnisme économique.

En premier lieu, le niveau des « aides d'État » (aides publiques) a été abaissé, en France comme dans les autres pays de l'Union européenne (parfois plus actifs que la France en ce domaine).

En deuxième lieu, et afin d'éviter des distorsions de concurrence, les aides publiques sont devenues plus globales (et/ou plus indirectes), prenant davantage la forme d'une diminution de la fiscalité pesant sur les entreprises (et d'une augmentation des services collectifs qui leur sont offerts) ainsi que de l'épargne destinée aux entreprises (assortie d'aides à l'exportation – hors Union européenne – avec garantie budgétaire de l'État).

Une fiscalité plus spécifiquement orientée vers les entreprises, et portant donc sur les actions, s'était pourtant développée au cours des dernières décennies, par l'intermédiaire, notamment, des plans d'épargne en actions (PEA), de certains contrats d'assurance-vie en actions et des régimes applicables (notamment après 2003) aux placements à risques et depuis 2006 au développement durable.

On notera, par ailleurs, un effort particulier en direction des PME, par l'intermédiaire de certains fonds publics pour l'aménagement du territoire (v. ss 257) et d'aides publiques aux créations d'entreprises mais, surtout par des institutions « parapubliques » ou privées (v. ss 53) encouragées par un « environnement » législatif et réglementaire favorable.

En troisième lieu, les régimes d'aides individuelles font l'objet d'une soumission croissante au droit de l'Union (en particulier les mécanismes fiscaux qualifiables d'aides étatiques à l'économie qui doivent être notifiés à la Commission européenne ; CE 21 déc. 2006, *Min. c/ SA Damart Serviposte France*), droit applicable aux aides des collectivités locales, notamment, en France ; or, l'Union européenne a aussi intégré dans son approche les engagements souscrits au niveau de l'OMC s'agissant de la réduction des aides étatiques à l'économie (y compris en matière agricole).

La crise économique et financière de 2008 a profondément bouleversé la démarche européenne qui, jusque-là, allait dans le sens d'une réduction des aides étatiques à l'économie. Les États sont intervenus massivement en particulier pour soutenir certains secteurs d'activité comme le secteur bancaire. La Commission européenne, face à cette situation, n'a pas pu « s'arc-bouter » sur des principes inadaptés aux circonstances du moment et a dû adopter un ensemble de communications destinées à encadrer les démarches quelque peu exceptionnelles des États membres de l'Union.

Elle soulignait en 2009, en introduction d'une analyse « consacrée aux aides d'État accordées dans le cadre de la crise économique et financière actuelle », que « l'économie mondiale traverse actuellement l'une de ses plus graves crises financières et économiques depuis près d'un siècle... ». Elle devait adopter plusieurs communications destinées à asseoir un cadre « prudentiel » pour des aides souvent qualifiées d'aides de sauvetage et qui, il y a peu, auraient été condamnées sans appel (pour le secteur bancaire, sur la recapitalisation, sur les aides d'État destinées à favoriser l'accès au financement dans le contexte de la crise économique et financière actuelle, sur les actifs dépréciés, sur les aides d'importance mineures, leur plafond étant alors porté à 500 000 €).

Les États-Unis n'ont pas eu d'hésitation à intervenir au niveau fédéral en faveur du secteur bancaire ou encore du secteur automobile.

Par ailleurs, l'aide aux entreprises publiques peut constituer, dans les pays à fort secteur public, un poste non négligeable du budget des administrations publiques. La tendance générale est cependant à une réduction, non seulement parce que le poids du secteur public a été restreint mais encore parce que le principe libéral d'auto-équilibre de ces entreprises (financement par l'emprunt et l'usager plutôt que par l'impôt) a conduit le droit national et, surtout, les instances européennes à prohiber les concours publics autres que ceux destinés à compenser les sujétions de service public imposées à ces entreprises (et aux entreprises privées exerçant des activités d'intérêt général : v. ss 6). Mais les administrations publiques étant également des actionnaires, elles sont admises, voire contraintes, à exercer (dans des limites n'excédant pas le comportement « normal » d'un actionnaire) leur devoir d'actionnaire, ce qui peut conduire à des « dotations en capital » non négligeables (surtout lorsqu'il s'agit de « recapitaliser » certaines entreprises déficitaires).

d. La protection de secteurs sensibles

180 Elle constitue un objectif courant des finances publiques.

Il s'agit, de façon devenue traditionnelle, de secteurs stratégiques, tels que les industries de défense ou contribuant de manière prépondérante à la défense, qui vivent exclusivement ou très largement de commandes publiques, ou du secteur agroalimentaire qui bénéficie (pour des raisons qui ne sont pas principalement corporatives) d'un important soutien public, devenu en grande partie européen avec la politique agricole commune et le

Fonds européen agricole de garanties agricoles – FEAGA –, successeur du Fonds européen d'orientation et de garanties agricoles depuis le 1er janvier 2007.

Pour les dépenses de défense, qui relèvent exclusivement de l'État, v. ss 595. Pour la politique agricole commune, v. ss 240.

Il s'agit, de façon également classique mais variable en fonction des époques et de la conjoncture, de secteurs plus particuliers, qui, pour des raisons diverses allant de l'utilité publique à l'habileté tactique, bénéficient d'aides financières publiques.

On pense, par exemple, au secteur forestier, dévasté par les tempêtes de la fin 1999, qui a bénéficié d'importantes faveurs financières et fiscales ou au secteur de l'artisanat qui bénéficie d'un régime financier et fiscal particulier, sans oublier l'aide accordée en 2001 au roquefort victime d'une surtaxation aux États-Unis...

2. L'action sur les structures sociales

181 Celle-ci a été plus limitée et plus controversée.

Pour l'essentiel, les pouvoirs publics ont écarté la **redistribution des fortunes** liée au principe d'égalité par l'impôt (v. ss 113). D'importants droits de succession ont, certes, été institués mais leur régime est tel qu'il n'entraîne pas un bouleversement des patrimoines ; typiques sont, à cet égard, les mesures adoptées en juillet 2007 par le Parlement français qui avait allégé de façon substantielle les droits de succession, mesures qui, au demeurant, sont de nature à accentuer la fixité des patrimoines. Quant aux impôts annuels sur le patrimoine, ils sont calculés sur la fortune (impôt sur les grandes fortunes institué en 1982 et devenu en 1989 impôt de solidarité sur la fortune) ou à partir de la fortune (taxes foncières locales, assises sur la valeur locative des immeubles) mais ils peuvent, en général, être payés avec les revenus de l'intéressé et sont, en réalité, une forme de taxation de ces revenus.

Ainsi, la disposition fiscale (CGI, art. 885-V *bis*) qui prévoyait que la somme de l'impôt sur le revenu (de l'année antérieure) et de l'impôt de solidarité sur la fortune (de l'année en cours) ne pouvait, pour un contribuable, excéder 85 % de ses revenus nets (en leur ajoutant les revenus exonérés). Ainsi que l'expliquait le Conseil constitutionnel dans sa décision censurant une disposition incluant dans l'assiette de l'ISF les nues-propriétés (dont le titulaire ne tire aucun revenu), l'ISF « a pour objet de frapper la capacité contributive que confère la détention d'un ensemble de biens et qui résulte des revenus en espèces ou en nature procurés par ces biens ; en effet, en raison de son taux et de son caractère annuel, l'ISF est appelé normalement à être acquitté sur les revenus des biens imposables » : 29 déc. 1998, 198-405 DC, à rapprocher de la décision du 22 juin 1995 du Tribunal constitutionnel fédéral allemand rappelant que l'impôt sur le patrimoine (*Vermögensteuer*) « est un impôt permanent (annuel) qui doit être payé avec le revenu tiré du patrimoine et ne doit pas conduire à une amputation du patrimoine » et censurant une charge d'impôt sur le revenu et d'impôt sur le patrimoine supérieure à 50 % du rendement du patrimoine net (ce qui a conduit à l'abandon du *Vermögensteuer*) idée qui a, on le sait, été reprise en France par le « bouclier fiscal ».

Le Conseil constitutionnel a rappelé que l'ISF ne figurait pas au nombre des impositions sur le revenu et que, en instituant un tel impôt, le législateur avait entendu frapper la capacité contributive que confère la détention d'un ensemble de biens et de droits, celle-ci n'impliquant pas « que seuls les biens productifs de revenus entrent dans l'assiette de » l'ISF (11 févr. 2011, *Laurence N.*, 2010-99 QPC, cons. 5).

De sorte que l'objectif généralement recherché est une **redistribution des revenus**, ajoutant aux instruments fiscaux ci-dessus un impôt progressif sur le revenu qui tient compte de la situation de famille (en France par le quotient familial) et ne frappe pas un minimum jugé vital, que s'efforce par ailleurs d'épargner l'impôt sur la dépense (notamment la TVA) dont les taux sont faibles (et parfois nuls) pour les produits de consommation courante. Ce moindre prélèvement fiscal (cependant contrecarré par des cotisations sociales – de moins en moins – dégressives) est complété par d'importantes dépenses sociales (v. ss 197) financées, selon les cas, par les organismes de Sécurité sociale, les collectivités locales ou l'État au titre, notamment, de l'aide sociale, du revenu minimum d'insertion (RMI), remplacé en 2009 par le revenu de solidarité active (RSA), et de la couverture maladie universelle (CMU) (v. ss 746), ainsi que de la « prime pour l'emploi » (PPE), crédit d'impôt accordé depuis 2001 aux personnes à revenus modestes, tous éléments qui concrétisent assez largement l'idée d'« impôt négatif » exposée dès les années 1960 par les milieux... libéraux (Par exemple, Lionel Stoléru, *Vaincre la pauvreté dans les pays riches*, 1974), PPE dont on a annoncé la fusion avec le RSA dans la perspective d'une nouvelle allocation en 2016.

L'idée, exposée dès 1962 par Milton Friedman (*Capitalism and Freedom*) et défendue par James Tobin (*Public Interest*, 1966), a été reprise dans presque tous les pays (la première personnalité fut en effet, en France, Lionel Stoleru) et dans (presque) tous les milieux politiques, mais à des périodes différentes car elle a longtemps été présentée comme un prétexte pour « démanteler » les systèmes de Sécurité sociale. Au-delà des querelles sur ses modalités, elle consiste, en substance, à dire qu'en deçà d'un certain niveau de revenu une personne, non seulement, ne paie pas d'impôt (en tout cas direct...) mais encore reçoit une allocation de la puissance publique (pour laquelle le produit de l'impôt devient alors négatif).

On peut, sur un plan plus sectoriel, noter l'action sur certaines formes d'organisation sociale. Ainsi, la vie associative en France (environ 1 million d'associations, 20 millions d'adhérents, 1,8 million de salariés (en baisse en 2013) et 7 millions de bénévoles) est traditionnellement encouragée par l'intermédiaire, notamment, d'un régime financier et fiscal favorable, précisé en 1998-1999 et réservé aux organismes sans but lucratif (gestion désintéressée, non-concurrence au secteur commercial, eu égard notamment au mode de gestion utilisé) ; ces organismes ne sont redevables que d'un impôt sur les sociétés à taux réduit (10 % ou 24 %) sur les seuls revenus de leur patrimoine, sont en partie exonérés de TVA, sont placés hors du champ d'application de la contribution économique territoriale et bénéficient d'un régime favorable de taxe sur les salaires.

Si le tissu associatif joue un rôle important dans la vie collective en France, on peut sans doute rapporter cette fonction à celles des églises dans d'autres États, comme en Allemagne, aux États-Unis... dont le rôle caritatif est relativement similaire (l'impôt sur la religion en Allemagne contribue à financer notamment ce type d'activité dans cet État).

B. Les moyens d'action

182 Pour mener leur politique, les pouvoirs publics disposent à la fois de l'arme financière (**1**) et de l'arme fiscale (**2**).

1. Les moyens financiers

183 Ceux-ci ont été sensiblement affinés au fur et à mesure que se développait l'interventionnisme.

La **diversification des dépenses** en a été une des principales manifestations. La puissance publique ne s'est pas, en effet, contentée d'employer les moyens d'action traditionnels que constituent **la prise en charge directe** et **la commande publique** (qui restent, évidemment, considérables : les marchés publics représentent ainsi plus de 10 % du PIB, en France comme dans la moyenne des pays de l'Union européenne). Elle a aussi porté loin l'État-providence en multipliant les **subventions**, dont une forme privilégiée a longtemps été (et demeure pour l'agriculture) la

bonification d'intérêt, consistant à payer une partie des intérêts d'un emprunt de façon à en abaisser le coût pour l'emprunteur (jusqu'au milieu des années 1980, plus de la moitié des prêts à l'économie étaient ainsi bonifiés). De même, ont beaucoup été développées, en tout cas jusqu'à la dernière décennie, les techniques d'un État-banquier chargé de consentir, parfois à partir de ressources à court terme ou à vue, des avances et des prêts, parfois à long terme, et de réaliser ainsi une « transformation des capitaux » indispensable à l'économie. En ce domaine, un rôle majeur a longtemps été joué en France par le Fonds de développement économique et social – FDES –, compte spécial du Trésor créé après la Seconde Guerre mondiale auprès du ministère des Finances qui demeure doté de près de 36 M € au titre de 2015 et intervient par des prêts aux entreprises via des organismes bancaires.

La décision prise en urgence, en 2008, d'assister différents secteurs économiques en difficulté, et en particulier le secteur bancaire, a soulevé une nouvelle fois la question du périmètre de la dette publique (Eurostat a écarté en juill. 2009 de ses règles de comptabilisation de la dette publique les émissions de la société de financement de l'économie française, « véhicule spécial » détenu en majorité par le secteur privé devant être enregistré « en dehors des entités publiques même s'il reçoit une garantie gouvernementale » ; comment le juridique vient au secours du financier !). Si la Société de prise de participation de l'État (SPPE) qui a pu aider les banques dans leur renforcement en fonds propres (au maximum 21 Mds €) relève du périmètre de la dette publique, la création de la société de financement de l'économie française (SFEF) destinée à assurer des prêts aux banques à hauteur de 265 Mds € (plafond autorisé par la Commission européenne, pour un plan initial de 320 Mds), avec la garantie par l'État, paraissait conduire à des interrogations, compte tenu du fait que le capital de cette société n'est détenu que minoritairement par l'État (34 %), le reste étant détenu par les banques, et en particulier le Crédit Agricole. Dès juin 2009, la question de la pérennité de cette société fut d'ailleurs soulevée tout comme celle du maintien de la participation de l'État, lequel se voyait alors, sans doute, amené à intégrer dans ses comptes près de 70 Mds € d'émission de cette société, ce qui ne sera finalement pas le cas à la suite de la décision d'Eurostat. Il est à remarquer que dès juin 2009, le coût de l'émission sur les marchés financiers d'emprunts par les banques se rapprochait de celui du refinancement par le biais de la SFEF.

Le **développement des garanties**, notamment des garanties d'emprunts, accordées par une administration-assureur a complété la panoplie des armes financières, d'autant plus facilement que cette technique est, au moins dans un premier temps, peu coûteuse puisque la puissance publique se contente de fournir sa caution financière à une opération (ce qui facilite considérablement cette dernière) et ne paye qu'en cas de défaillance des opérateurs principaux.

Ainsi, les garanties publiques d'emprunts importantes sont réparties en parts à peu près égales entre les collectivités locales, dont le rôle a sensiblement augmenté depuis une vingtaine d'années, et l'État, dont les garanties d'emprunts ont considérablement diminué (et qui pourraient cesser) mais qui prennent place à côté des garanties accordées au commerce extérieur par l'intermédiaire de la Compagnie française du commerce extérieur – COFACE – sur le fondement des articles L. 432-2 et L. 432-4 du Code des assurances (v. ss 53). Une convention financière lie l'État à la COFACE en ce domaine.

2. Les moyens fiscaux

184 Ceux-ci ont traditionnellement une **fonction financière** (alimenter les caisses publiques) et se sont, de leur côté, vu également assigner d'autres fonctions, qui ne sont d'ailleurs pas toujours pleinement compatibles avec la première. Les armes fiscales employées sont, selon les cas, d'ordre « stratégique » ou simplement « tactique ».

C'est le sens du concept de « politique fiscale » qui se définit comme un « ensemble de choix qui concourent à fixer les caractéristiques d'un système fiscal » (Castagnède, *La politique fiscale*)

L'**aménagement du système fiscal** vise généralement deux objectifs stratégiques.

Le premier consiste à conférer au système fiscal une **fonction sociale de redistribution**, ce qui explique, en particulier, l'instauration d'un impôt progressif sur le revenu ainsi que les discussions relatives aux impôts sur le patrimoine ou, plus généralement, à la justice fiscale (v. ss 119).

S'y ajoute la politique, devenue traditionnelle, en faveur de la famille : abattements pour charges de famille en matière de taxe d'habitation (v. ss 525), quotient familial en matière d'impôt sur le revenu, le tout complété par les prestations familiales (v. ss 737), par ailleurs non prises en compte dans le revenu imposable.

Le second objectif est d'assigner au système fiscal une **fonction économique de modernisation**, ce qui explique tout particulièrement le succès, en France puis dans la grande majorité des pays industrialisés, de la TVA car cet impôt, neutre vis-à-vis du processus de production et de distribution, conduit les entreprises à s'organiser sur la base de critères économiques et non fiscaux.

On peut également citer le cas de la taxe d'apprentissage qui, due, à défaut d'autre solution, au Trésor peut cependant être versée, directement ou par des organismes collecteurs (et sous réserve de quotas particuliers), à des formations technologiques ou professionnelles, ce qui a favorisé de façon sensible le développement de l'enseignement professionnel.

L'**interventionnisme fiscal** poursuit, lui, des objectifs plus ponctuels, qui peuvent être de sens opposés.

Il peut d'abord s'agir de « **dépenses fiscales** » (*tax expenditures*) c'est-à-dire, en réalité, de régimes fiscaux de faveur se traduisant par des dispositions dérogatoires au droit commun (si tant est qu'il en reste un...), dont le bénéfice n'est parfois accordé que sur **agrément fiscal** délivré par l'administration (dont, cependant, le pouvoir discrétionnaire est désormais limité par la jurisprudence du Conseil constitutionnel). En 1980, on en dénombrait déjà près de 450 ; en 2015, ce chiffre serait de 453 dont 420 à impact budgétaire pour un coût de près de 82 Mds € (dont près de 72 Mds hors Crédit d'impôt compétitivité emploi).

La Cour des comptes, dans son rapport annuel 2011, avait analysé les indications accompagnant la loi de finances pour 2011. Cette dernière chiffrait à 500 le nombre des dépenses fiscales pour un coût de 72,9 Mds € (divers dispositifs ayant en outre été retirés de la liste). La Cour, pour sa part, tout en rappelant qu'en 2010 elle avait noté le manque de cohérence de la liste présentée en annexe des projets de lois de finances, avait constaté l'accroissement global du coût de l'ensemble des dispositifs et noté que certains dispositifs importants ne figurent pas dans la liste établie. Souvent dénoncées, elles n'en sont pas moins pour la plupart maintenues avec des mesures générales de plafonnement ; c'est au regard de cette approche qu'elles ont pu être exceptionnellement remises en cause sur le fondement du principe d'égalité comme en 2012 en ce qui concerne des dispositifs intéressant l'outre-mer et le cinéma, non pas dans leur existence même mais dans l'avantage particulier octroyé par des dispositions plus avantageuses au regard du régime général de plafonnement, dispositions entraînant « une rupture caractérisée de l'égalité devant les charges publiques » (Cons. const. 29 déc. 2012, 662 DC, cons. 121 s.).

L'abondance de ces mesures et la difficulté parfois à les identifier à partir d'une définition unifiée sont contraires à la fois à la transparence financière souhaitée, notamment, par la Commission européenne (qui s'efforce de veiller à ce qu'elles ne dérogent pas aux règles de l'Union en matière de concurrence et soient de plus en plus « rationnelles ») et à une certaine conception du principe d'égalité en matière fiscale (v. ss 119). Parmi les principaux dispositifs visés par la Cour des comptes, celle-ci mit en avant le CICE, le crédit d'impôt-recherche, la Prime pour l'emploi ou encore le taux réduit de TVA pour les travaux d'entretien... sont d'abord concernés l'impôt sur le revenu et l'impôt sur les sociétés devant la TVA, amortissements exceptionnels ou accélérés... ces dispositifs bénéficiant au développement économique, aux entreprises, à l'agriculture, la culture... Il convient de noter qu'il ne s'agit nullement d'une particularité française ; ces mécanismes de fiscalité dérogatoire se retrouvent en Allemagne, aux États-Unis, au Royaume-Uni... les entreprises étant généralement les bénéficiaires de ces dispositifs.

Toutefois, cet interventionnisme peut se placer dans une démarche de **concurrence fiscale** en choisissant une politique de taux d'imposition bas pour les entreprises comme c'est le cas en Irlande ; c'est la démarche choisie par le gouvernement britannique qui a fait passer le taux d'imposition des entreprises de 28 % en 2010 à 20 % en 2015 : « *The government aims to have a tax sytem that supports business, is simple to understand and encourages growth* » (Budget 2015) avec comme objectif de se situer au plus bas niveau des États constitutifs du G20.

Il peut, en sens inverse, s'agir de **taxes de pénalisation** qui, à l'instar des droits de douane longtemps employés, ont pour objet de soumettre à une imposition accrue, voire confiscatoire, certaines opérations (implantation de bureaux en région parisienne, défrichement, construction en surdensité, pollution...) ou, le traditionnel « réalisme » du droit fiscal cédant alors la place au moralisme, certains comportements (alcool, tabac, pornographie et même... non-location de logement...) jugés indésirables (voire à présent environnementaux !) : objectif d'ailleurs bien équivoque, car le fruit défendu est aussi source de revenus publics, mais objectif qui, dans sa pureté originelle, assigne une nouvelle finalité à l'impôt : ne pas être perçu...

On peut d'ailleurs passer d'un système de pénalisation à un système de dépense fiscale. Ce fut en particulier le cas au travers de la politique fiscale de la famille. Celle-ci déjà ancienne, a commencé par reposer sous la IIIe République sur un système de pénalisation des célibataires et couples sans enfant (taxe de compensation familiale) pour basculer en 1945 sur un système de quotient familial avec la suppression de la taxe et le développement de la « péréquation familiale ».

Le Conseil constitutionnel avait à ce sujet estimé, en se référant à la législation de la IIIe République, que cette orientation répondait à une exigence impliquant la mise en œuvre d'une politique de solidarité nationale en faveur des familles, le législateur ayant le choix des modalités d'aide aux familles, ces aides comprenant notamment le mécanisme fiscal du quotient familial (Cons. const., 18 déc. 1997, 393 DC, cons. 33). L'introduction d'un plafonnement, à partir de 1982, des avantages tirés du quotient, puis la réduction progressive de ce plafond n'a pas été censurée par le Conseil constitutionnel qui de façon constante a pu rappeler que l'article 13 de la DDHC n'impose pas que la prise en compte des charges de famille pour apprécier les facultés contributives ne puisse résulter que d'un mécanisme de quotient familial (Cons. const. 662 DC, 685 DC). Cette jurisprudence est à rapprocher de la décision du Conseil qui admet la modulation des allocations familiales en fonction du nombre des enfants à charge et des ressources du ménage ou de la personne qui a la charge des enfants (Cons. const. 18 déc. 2014, 708 DC).

L'existence d'une fiscalité pénalisante a su résister aux assauts initiés au travers de QPC. Ce fut le cas s'agissant de la TGAP (Cons. const. 18 oct. 2010, *Soc. SITA et a.*, 57 QPC) ou encore de la fiscalité pénalisant le secteur des spectacles pornographiques ou d'incitation à la violence. Le Conseil d'État a ainsi considéré (à l'occasion d'une QPC) qu'il n'y avait pas lieu de saisir le Conseil constitutionnel en ce qui concerne celle-ci, estimant que « si la libre concurrence peut être une exigence, notamment pour garantir le respect du principe d'égalité ou de la liberté d'entreprendre, elle n'est pas, en elle-même, au nombre des droits et libertés garantis par la Constitution au sens des dispositions » de l'article 61-1 de la Constitution (CE 2 mars 2011, *Sté Manirys*).

Une des conséquences de cet interventionnisme fiscal est la complexité, parfois redoutable, des textes fiscaux.

Un exemple particulièrement édifiant de cette complexité est fourni par la fiscalité des revenus de l'épargne.

§ 3. Les politiques conjoncturelles

185 L'utilisation des budgets publics à des fins d'action conjoncturelle, généralement appelée politique budgétaire (*fiscal policy*), est, à la différence des politiques structurelles, relativement récente, qu'il s'agisse de la politique, globale, du solde budgétaire (**A**) ou de la modulation, plus ponctuelle, des moyens budgétaires (**B**).

A. La politique du solde budgétaire

186 Le solde des budgets publics (**1**) est, on le sait (v. ss 215 s.), devenu un élément central, non seulement des politiques budgétaires, mais encore, et de plus en plus, du « *policy mix* » (**2**), mis en œuvre, notamment, dans le cadre de la zone euro (v. ss 290 s.).

1. L'utilisation du solde

187 L'utilisation du solde du budget, essentiellement celui de l'État, pour une action conjoncturelle n'est admise que depuis Keynes et se trouve d'ailleurs contestée.

Dans la plupart des pays, dont la France, l'État se réserve l'essentiel de l'action conjoncturelle de façon à assurer la cohérence de la politique et éviter un interventionnisme intempestif des autres collectivités publiques, auxquelles est généralement imposé un équilibre, voire un suréquilibre pour compenser le déficit du budget de l'État.

La **conception libérale** qui prévalait jusqu'au début du XXe siècle (v. ss 218) faisait, en effet, de l'équilibre budgétaire une règle d'or de la gestion financière publique et prohibait, en conséquence, tout déséquilibre présenté comme illogique (« il y a des dépenses, il faut les couvrir ») et dangereux : un excédent, exposait-on, représenterait un prélèvement de richesses injustifié, qui risquerait au surplus d'aboutir à un gaspillage (car il suscite toujours des convoitises), tandis qu'un déficit risquerait d'entraîner l'inflation (impôt déguisé) ou une augmentation ultérieure des impôts (impôt différé).

Cependant, la difficulté de plus en plus grande à réaliser un équilibre annuel du budget (v. ss 216) conduisit, à partir de l'entre-deux-guerres, à accepter, sous l'influence de nouvelles conceptions, le déficit du budget pendant les périodes de récession, à condition de compenser les déficits par des excédents en période d'expansion et d'obtenir ainsi l'équilibre au bout d'un cycle économique : ce fut la théorie des budgets cycliques que tentèrent d'appliquer certains pays (notamment la Suède) mais qui fut assez vite abandonnée car elle restait attachée à deux éléments contestés : la notion de cycle économique régulier, la valeur de l'équilibre budgétaire.

La **conception keynésienne** qui prévalut à l'approche de la Seconde Guerre mondiale (v. ss 170) relégua, en effet, l'équilibre budgétaire au second plan et mit le solde budgétaire au service de l'équilibre économique. Le postulat technique en était la possibilité de rétablir cet équilibre économique en agissant sur la demande par le déséquilibre budgétaire. En particulier, expliquait-on, un déficit budgétaire permet de lutter contre la récession économique en relançant la demande par la consommation et, surtout, par l'investissement public qui a un effet multiplicateur sur le revenu national.

Mais cette **théorie, dite du déficit systématique** (*deficit spending*, selon l'expression attribuée à Sir William Beveridge), était mal nommée car, en sens inverse, la logique keynésienne impliquait aussi un excédent budgétaire en période de surchauffe économique, de façon à éponger la demande excessive. Cette logique inspira la plupart des politiques de freinage (plans de stabilisation) des gouvernements de l'après-guerre mais elle se heurta, la plupart du temps, à l'impossibilité de réaliser un excédent, de sorte que le déficit, qui devait être conjoncturel et voulu, devint structurel et subi, ce qui exerça un effet, non plus régulateur, mais perturbateur, sur l'économie (v. ss 218).

À ce défaut s'ajouta une inadaptation croissante aux données économiques nouvelles, notamment une coexistence d'inflation et de récession (« stagflation »), qui nécessiterait à la fois freinage et relance, et l'ouverture de l'économie sur l'extérieur, qui peut conduire, comme en 1975 et en 1981, à un déficit des comptes extérieurs si la politique de relance conduit à l'achat de produits étrangers (la demande extérieure, autant que la consommation intérieure, alimentant, en sens inverse, le développement des entreprises).

Des exemples ont été fournis, entre autres, par le Japon, qui a mis en œuvre, à partir de 1992, d'importants programmes de relance qui ont dégradé considérablement les comptes publics et par la Chine, qui a soutenu, en 1998-1999, sa croissance par les dépenses publiques (notamment de grands travaux) mais au prix d'un important déficit budgétaire. Et il n'est jusqu'aux États-Unis, au surplus sous des présidences républicaines (R. Reagan dans les années 1980, G. W. Bush depuis 2001), qui, en dépit de l'idéologie (et de l'importante dette publique), n'aient eu recours à un important déficit pour soutenir la croissance puis pour soutenir l'effort militaire en Irak.

Aussi la **conception néolibérale** qui tend à prévaloir, mais avec les nuances croissantes, depuis trois décennies (v. ss 220), prône-t-elle le retour à l'équilibre en se fondant principalement sur deux idées essentielles.

La première est celle de l'inefficacité économique des déséquilibres budgétaires. Certains économistes (à commencer par les Américains Milton Friedman et Robert Lucas) nient la possibilité d'une action par la demande (et, en particulier, l'effet multiplicateur de la dépense publique) ; ils prônent une action sur l'offre qui, seul fondement de la richesse nationale, postule, au contraire, une neutralisation de l'action budgétaire publique pour permettre un environnement économique et fiscal favorable (**théorie de l'offre**).

Le second principe de base est la nécessité économique de l'équilibre budgétaire, car les déficits budgétaires perturbent l'équilibre économique (v. ss 218), tout particulièrement son élément premier qui, explique-t-on, est l'équilibre de la monnaie (maîtrise des taux d'inflation, d'intérêt et de change). Il convient donc – marque essentielle du **monétarisme** – de subordonner largement la politique budgétaire à la politique monétaire, plus fondamentale et plus large – et menée, si possible, par des autorités indépendantes (sur le modèle germano-américain adopté par le traité de Maastricht) –, et, en particulier, d'en revenir au plus vite à un équilibre budgétaire.

Aussi ce dernier constitue-t-il, sinon la pratique courante, du moins l'objectif et le credo officiels de nombreux pays, qu'il s'agisse des pays de la zone euro ou d'autres États, qui, bien qu'en déficit, déclarent (comme la Chine et l'Inde) vouloir progressivement supprimer celui-ci.

Cette tendance est due, non seulement à des considérations économiques, mais encore à l'influence doctrinale de l'École du *Public Choice*, qui considère (à tort ?) que l'action des décideurs politiques n'est pas dictée par un intérêt général mais par des intérêts particuliers (électoralistes ?) conduisant à préférer le déficit (la dépense ?), ce qui rend souhaitable (pour qui ?) la formalisation (la juridicisation ?) de règles imposant un équilibre (minimum).

2. Sa place

188 Le solde budgétaire ne peut être (uniquement) envisagé en lui-même. Il est, en effet, nécessairement appelé à prendre place dans un « *policy mix* », combinaison de politique budgétaire et de politique monétaire, qui, en réalité, est pratiquée dans tous les pays et qui, dans la zone euro, revêt un tour institutionnel et fonctionnel particulier.

La **politique monétaire** est, dans cette zone, menée, on le sait, par la Banque centrale européenne, institution à la fois supranationale et indépendante des autorités politiques, qui est chargée de fixer les taux directeurs de la monnaie et qui s'est dotée d'instruments d'intervention pour réguler l'activité monétaire.

La BCE a institué un système de réserves obligatoires (dépôts rémunérés que doivent effectuer en banque centrale les établissements de crédit), un système d'*open market* (permettant à la banque centrale d'intervenir sur le marché pour fournir ou retirer des liquidités par des appels d'offres ou des transactions bilatérales) et un système de « facilités permanentes » (permettant aux opérateurs, et à leur initiative, d'obtenir ou de fournir des liquidités à des conditions prédéterminées par la banque).

Ses décisions ont donc un impact conjoncturel fondamental et peuvent, même si l'objectif premier assigné par le Traité à la BCE est la stabilité des prix (v. ss 71), permettre une politique économique conjoncturelle décisive, qui, en particulier, est susceptible de remplacer un instrument budgétaire déficient (mais peut engendrer des effets très diversifiés selon les États...).

Ainsi, l'OCDE rappelait en 2003 (mais s'en est-on souvenu en 2008 ?) que la nécessaire relance économique ne pouvait guère être obtenue dans des conditions saines par un creusement des déficits budgétaires, déjà (trop) importants mais pouvait être atteinte par une politique monétaire de baisse des taux (ce qui a été fait par la BCE) – à condition, faut-il bien remarquer, que la baisse demeure... possible, car dans certains pays le taux était devenu très faible (États-Unis), voire nul (Japon).

On a parfois reproché au système de ne pas être principalement centré sur les politiques économiques (il serait un « pacte de stabilité oubliant la croissance ») mais c'est peut-être oublier les leçons de l'histoire (notamment en Allemagne) et la difficulté à faire produire à un taux unique des effets conjoncturels semblables dans des États à situation économique différente...

La **politique budgétaire**, qui reste nationale avec coordination et sanction intergouvernementales (v. ss 301), se voit, elle, assigner par les instances européennes un rôle principalement « structurel » qui passe, en principe, par la suppression des déficits ou, plus exactement, d'une politique volontaire (« discrétionnaire ») des déficits, car les gouvernements sont invités, non pas à supprimer tout déficit, a fortiori tout déficit de l'État (puisque n'est visé ici que le déficit des administrations publiques), mais à ne pas contrecarrer le jeu des « stabilisateurs automatiques » : en période économique favorable, laisser se constituer des excédents (et non « dilapider » ces derniers), permettant notamment de lutter contre une éventuelle surchauffe et de diminuer la dette publique ; en période économique défavorable, tolérer un déficit « conjoncturel », permettant de soutenir l'activité économique : en somme, une version « revisitée » de la théorie des budgets cycliques (v. ss 187) mais qui, dans un espace plurinational à monnaie unique, constituerait la « variable nationale » d'ajustement conjoncturel.

Cette variable étant, en France, officiellement construite à partir de la dépense, dont la réduction, présentée comme une nécessité absolue, devrait donc être d'autant plus grande que les allégements fiscaux seraient importants.

B. La modulation des moyens budgétaires

189 Indépendamment même du problème du solde budgétaire, les pouvoirs publics cherchent à adapter les dépenses et les recettes à la conjoncture (**1**), ce qui est loin d'être toujours aisé (**2**).

1. La modulation conjoncturelle des dépenses

190 Elle pose, schématiquement, deux grands problèmes.

Le premier est celui du choix (lorsqu'il est possible...) entre catégories de dépenses car toutes les dépenses n'ont pas le même effet et ne sont pas également maniables. Les dépenses de fonctionnement peuvent être utilisées pour augmenter la consommation mais sont très difficilement compressibles. Les dépenses de transfert ont, lorsqu'il s'agit de dépenses sociales, un effet généralement immédiat sur la consommation (car la plupart des bénéficiaires n'ont pas les moyens de les thésauriser) mais elles ne sont politiquement compressibles (et encore...) que lorsqu'il s'agit de dépenses d'intervention économique (le service de la dette étant, lui, juridiquement obligatoire). Aussi sont-ce la plupart du temps les dépenses d'investissement qui, parfois en contradiction avec l'intérêt à long terme, servent de volant d'ajustement pour l'action conjoncturelle, en raison, à la fois, de leur important effet économique et de leur plasticité, d'ailleurs toute relative (ces charges pesant, par ailleurs, sur l'équilibre par les « dépenses induites » de fonctionnement qu'elles entraînent).

Cette classification peut être rapprochée de la classification, plus structurelle, faite par la Commission européenne pour déterminer la « qualité » (c'est-à-dire l'aptitude à soutenir la croissance et l'emploi) des dépenses publiques. La Commission distingue ainsi le paiement des intérêts de la dette (sans... intérêt économique), les dépenses de retraites et de fonctionnement des administrations (qui n'ont un impact positif que si elles restent modérées), les dépenses sociales et familiales (bénéfiques mais pas en deçà du seuil conduisant à se détourner du travail) et les dépenses d'investissement matériel et intellectuel (éducation, santé, recherche) qui ont un impact toujours positif.

Le second problème, qui concerne tout particulièrement les investissements, est celui du choix du moment et du montant de la dépense, qui est contrarié par de nombreuses rigidités, à commencer par les (légitimes) besoins des (nombreuses) administrations dépensières.

Aussi les pouvoirs publics tentent-ils périodiquement d'introduire un peu de souplesse en ce domaine ; ainsi, a été institué, de 1969 à 1981, un **Fonds d'action conjoncturelle** qui, inspiré du Fonds allemand de stabilisation de la conjoncture, était une réserve à laquelle étaient périodiquement ouverts des crédits optionnels qui ne pouvaient être débloqués que sur autorisation du ministre des Finances ; de même, dans les années 1980, a fonctionné un **Fonds de régulation budgétaire** dans lequel était bloquée puis, selon les cas, annulée ou débloquée, sur ordre du Premier ministre, une partie des crédits attribués aux ministres par la loi de finances ; cette pratique, qui s'est poursuivie par la suite de façon plus informelle, a suscité de vives critiques, à la fois par les ministères dépensiers, ainsi privés d'instruments de gestion fiables, et de la Cour des comptes, qui a contesté le bien-fondé juridique des annulations de crédits ainsi opérées (en proposant, notamment, une meilleure préparation budgétaire et la réapparition de crédits conditionnels).

Difficile à éviter lorsque la conjoncture se fait impérieuse, elle n'a pu disparaître totalement et a été avalisée, à la fois, par le Conseil constitutionnel et la LOLF, qui lui ont cependant assigné des limites (v. ss 505).

2. La difficile modulation conjoncturelle des recettes

191 Elle est, elle, plus connue des administrés puisqu'elle revêt la forme, fréquente, d'allégements temporaires de charges fiscales ou sociales sur lesquels il est d'ailleurs bien souvent difficile de revenir (« l'effet de cliquet » joue en matière de recettes autant qu'en matière de dépenses) et, encore plus, de prélèvements exceptionnels, qui tendent d'ailleurs souvent à se pérenniser ou à se répéter (les majorations, prélèvements et contributions spéciales de tous ordres ne se comptent plus) et qui revêtent parfois des formes juridiques curieuses (sinon toujours inédites) : ainsi peut-on noter des emprunts forcés (1948, 1976, 1983) ou un impôt provisoire avec le prélèvement conjoncturel qui, prévu par la loi du 30 décembre 1974, devait être perçu (ce qu'on renonça finalement à faire) sur certaines entreprises augmentant exagérément leur marge, puis leur être restitué en cas d'amélioration de la conjoncture économique.

Section 2
Les dépenses publiques

192 Les dépenses publiques ont connu une amplification (**§ 1**) et une socialisation (**§ 2**) considérables.

§ 1. L'amplification des dépenses publiques

193 Il convient de mettre en avant la théorie dite « loi de Wagner » (**A**), mais aussi l'inertie qui caractérise les masses budgétaires (**B**).

A. La « loi de Wagner »

194 Cette amplification est l'illustration de la « loi de Wagner », du nom de l'économiste allemand Adolphe Wagner (1835-1917) qui, à la fin du XIXe siècle, soulignait le phénomène d'extension croissante des besoins financiers de la puissance publique dans les pays industrialisés : sur une longue période, les budgets publics augmentent plus vite que la richesse nationale, « loi » que l'on pourrait plutôt présenter comme étant une loi « Tocqueville-Wagner », Alexis de Tocqueville ayant formulé antérieurement une analyse du même type (cf. M. Leroy, *Sociologie des finances publiques*, p. 8 et s.). Notons que l'analyse de cette croissance des dépenses publiques a connu différentes explications (sans doute complémentaires), notamment au travers de la théorie des économistes Alan Peacock et Jack Wiseman formulée en 1961 (*The Growth of Public Expenditure in the United Kingdom*) sous le concept de « théorie des effets de déplacement » ; selon cette théorie, la croissance de ces dépenses est marquée par des plages de stabilité séparées par des pics de dépense coïncidant avec des périodes de guerre et de préparation à la guerre, tout en soulignant qu'il est particulièrement difficile pour les gouvernements après ces périodes marquées par une forte fiscalité de revenir sur les dépenses publiques assurées durant ces périodes, la fin de celles-ci s'achevant par un déplacement par le haut de la dépense publique.

De fait, jusqu'à la Première Guerre mondiale, les dépenses publiques françaises dépassaient à peine 10 % du produit intérieur brut (PIB) et, en l'absence de Sécurité sociale (et de la plupart des établissements publics actuels), étaient essentiellement constituées des dépenses de l'État (généralement inférieures à 10 % du PIB) et, depuis le milieu du XIXe siècle, des collectivités locales (autour de 3 % du PIB).

Dès l'entre-deux-guerres, les dépenses publiques oscillaient autour de 30 % du PIB (environ 25 % pour l'État, environ 5 % pour les collectivités locales). À l'issue de la Seconde Guerre mondiale, elles étaient voisines de 40 % du PIB, en raison notamment de la création de la Sécurité sociale, dont les dépenses avoisinaient 10 % du PIB dès la fin des années 1940. Elles ont atteint, en 2014, 57,5 % du PIB (soit près de 1 226 Mds €, + 16 % par rapport à 2008) ; elles sont composées (selon la présentation des systèmes de comptabilité économique : v. ss 3) des dépenses des administrations centrales (près de 23 % du PIB, dont environ 21 % pour l'État), des dépenses des administrations de Sécurité sociale (environ 27 % du PIB) et des dépenses des administrations publiques locales (environ 12 % du PIB) (étant entendu qu'existent des transferts entre ces trois secteurs et que le montant consolidé des dépenses des administrations publiques est donc inférieur au total des sommes ci-dessus).

Cette augmentation spectaculaire n'est pas propre à la France puisque la moyenne des États membres de l'Union européenne en ce domaine est passée de 44,8 % en 2000 à 50,3 % en 2009 pour retomber à 48,5 % en 2011 et 48,1 % en 2014 (à partir du calcul opéré sur la base du SEC 2010). Elle est très variable selon les pays puisque la part des dépenses des administrations publiques dans le PIB oscillait en 2014, schématiquement, entre 34,9 % pour la Roumanie et 58,7 % pour la Finlande qui, en 2013, est devenu l'État le plus « dépensier », devant le Danemark et la France. En 2014, près de 50 % des États membres de l'Union européenne ont connu une baisse de cette part ; le Royaume-Uni s'inscrit dans cette tendance (passage de 44,4 %), tout comme l'Allemagne (43,9 %). Les différences sont principalement dues aux dépenses de protection sociale, dont le caractère public et le volume varient beaucoup selon les États (v. ss 209) (les autres causes sont, pour l'essentiel, les différences dans la maîtrise des dépenses publiques). Des disparités peuvent encore exister dans le calcul des PIB ; les tendances récentes précitées peuvent aussi être dues à l'évolution de la situation économique et à une croissance économique inégale.

B. Une grande inertie des masses budgétaires

195 Cette amplification est l'illustration de la très grande inertie des masses budgétaires : les dépenses publiques ont, depuis longtemps, tendance à croître spontanément, sous l'effet de deux

séries de facteurs. Il s'agit d'abord de causes internes aux budgets publics et aux administrations, notamment du poids, souvent considérable, d'engagements antérieurs (emprunts, investissements, promesses de tous ordres) et d'une tendance, spontanée, au développement des services : ce sont ces situations qui sont généralement incriminées dans les efforts (ou les promesses) d'économies budgétaires, devenues un thème récurrent du discours politique. Mais, dans l'ensemble, ces efforts se sont jusqu'à présent avérés vains car l'augmentation des dépenses publiques a, plus profondément, des causes « externes », tenant au développement même du rôle de la puissance publique pour faire face à certaines nécessités : nécessités des relations extérieures, en raison des impératifs de défense et d'aide à l'économie dans le cadre de la compétition internationale, nécessités des relations sociales, en réponse aux demandes des administrés en matière d'équipements et de services publics, ainsi que de redistribution sociale ; si on ajoute que, dans une société attachée au libéralisme, la voie financière est le moyen privilégié d'intervention de la puissance publique (car elle permet d'éviter des solutions plus autoritaires), on comprend mieux que le poids des finances publiques ne puisse être véritablement réduit sans deux efforts majeurs : en premier lieu une profonde réforme de la gestion publique traditionnelle (notamment de ses cadres juridiques, financiers et… culturels), permettant d'améliorer l'efficience de l'administration et l'efficacité de la dépense publique (problème d'autant plus important que la part du secteur public est grande), en second lieu une réflexion approfondie et générale sur ce que doivent être les missions mêmes de la puissance publique, permettant de déterminer, d'une part le champ d'application, d'autre part les modes de gestion et de financement des services publics (car la puissance publique peut être garante d'un service public et de missions de service public sans nécessairement les gérer et/ou les financer).

§ 2. La socialisation des dépenses publiques

196 Cette réduction du rôle des finances publiques paraît d'autant plus malaisée que ces dernières se sont considérablement socialisées. Deux analyses permettent d'illustrer cette dimension : l'analyse économique (**A**) et l'analyse fonctionnelle (**B**).

A. L'analyse économique

197 Telle qu'elle résulte de la comptabilité nationale, elle fait apparaître que, en 2013, près de 56 % des dépenses des administrations publiques sont des dépenses de redistribution, en raison notamment du poids des prestations sociales, auxquelles s'ajoutent différentes subventions ou autres dépenses de transfert (dont le décompte varie notamment selon que l'on y inclut ou non les intérêts versés). Les dépenses de fonctionnement qui, elles, occasionnent un prélèvement de biens et de services sur l'économie (rémunérations, achats et autres opérations de consommation) sont de l'ordre de 33 % (dont près de 23 % pour les salaires) tandis que celles d'investissement (formation brute de capital fixe, acquisitions...) se situent à environ 7 % (contre près de 10 % dans les années 1960). Selon les statistiques de l'INSEE près de 45 % des dépenses publiques en France sont consacrées aux prestations sociales et aux transferts sociaux en nature (contre 43,6 % en 2007). Selon Eurostat, les prestations sociales payées par les administrations publiques (autres que les transferts sociaux en nature) ont représenté 20 % du PIB en 2014, situant la France au deuxième rang au sein de l'Union européenne derrière l'Italie (20,3 %), tout en notant que l'Allemagne est à 15,6 %, la Formation brute de capital fixe des administrations publiques françaises étant établie à 3,7 % du PIB, ce qui situe la France au 14e rang des États membres de l'Union européenne (moyenne UE : 2,9 %).

B. L'analyse fonctionnelle

198 Telle qu'elle résulte également de la nomenclature des fonctions des administrations, elle est établie par la comptabilité nationale et elle montre aussi que les dépenses régaliennes (défense, administrations d'autorité), qui représentaient environ la moitié des dépenses publiques il y a un siècle, se situent seulement à environ 6 % de celles-ci actuellement. En revanche, les dépenses de l'Administration-Providence, notamment les interventions sociales (près de 43 %), la santé (près de 15 %) et l'enseignement (de l'ordre de 11 %) en représentent environ les deux tiers et sont, pour l'essentiel, complétées par des dépenses dans divers secteurs d'action économique (environ 6 %).

En ce sens, les dépenses sociales situent la France à un niveau particulièrement élevé (31,9 % du PIB en 2013, selon l'OCDE, chiffre qu'il faut rapprocher de celui de l'Allemagne, 25,8 %, du Royaume-Uni, 21,7 %, des États-Unis, 19,2 %... pour une moyenne OCDE à 21 %) ; les différences demeurent cependant parfois significatives entre États ; l'exemple le plus frappant concerne les dépenses (publiques et privées) de santé qui représentaient, en 2013, 11,2 % du PIB français contre 16,2 % aux États-Unis. Ce sont surtout les tendances sur le long terme qui traduisent le mieux l'effort d'une société. La France se caractérise ici par une baisse des dépenses d'éducation, de défense, d'investissement au profit d'une forte croissance de la couverture des risques sociaux (santé et protection sociale dont retraite, dépendance) et des postes culture-loisirs, environnement.

On notera que les dépenses relatives à la dette, qui représentaient environ le tiers des dépenses publiques il y a un siècle, n'en représentaient plus qu'environ 5 % en 2014 (elles sont fonctionnellement classées dans les dépenses non ventilées).

Section 3
Les recettes publiques

199 Les recettes publiques sont principalement constituées de prélèvements obligatoires (**§ 1**) qui comprennent les cotisations sociales (**§ 2**) et la fiscalité (**§ 3**).

§ 1. Les prélèvements obligatoires

200 Deux tendances doivent être soulignées : le poids grandissant de ces prélèvements (**A**) et leur poids économique accru (**B**).

A. Un poids grandissant

201 À l'aube des temps modernes, au moment où naissait le principe du consentement à l'impôt (v. ss 11), les prélèvements obligatoires, considérés comme des « recettes extraordinaires », ne tenaient qu'une place minime dans les ressources publiques, principalement constituées de « recettes ordinaires » (produits du domaine, revenus d'exploitation, redevances, etc.). À notre époque, ces « revenus ordinaires » sont devenus secondaires (du moins si on excepte les emprunts qui, eux, conservent une place notable), puisque les prélèvements obligatoires **représentent** désormais **environ 90 % des recettes des administrations publiques françaises.**

La part, corrélative, des recettes non fiscales (environ 10 % des recettes publiques) est légèrement supérieure à la moyenne des pays de l'OCDE (parmi lesquels les États fédéraux atteignent 14 %) mais avec des différences parfois sensibles entre pays puisque cette part avoisine 20 % dans des États tels que l'Australie, les États-Unis, la Norvège et la Suisse mais est inférieure à 5 % au Japon et au Royaume-Uni (elle est même nulle en Turquie).

B. Un poids économique accru

202 Le poids économique de ces prélèvements s'est considérablement accru pour faire face au développement des dépenses publiques. Les prélèvements obligatoires, qui représentaient en France moins

de 10 % du PIB avant la Première Guerre mondiale, sont passés à plus de 20 % entre les deux guerres puis, par suite de la création de la Sécurité sociale, à plus de 30 % à la fin de la Seconde Guerre mondiale. Représentant 31,4 % du PIB en 1959, puis 33,8 % en 1974, ils se sont accrus de dix points (principalement de cotisations sociales) au cours des dernières décennies. Ils représentaient, en 2014, selon l'INSEE, 44,9 % du PIB contre 43,8 % du PIB en 2011, ce qui place la France dans le groupe de tête des pays industrialisés. Selon Eurostat, les revenus « fiscaux » prenant en compte les contributions sociales situent la France en 2012 à 45,1 % du PIB juste derrière la Belgique (45,3 %) et le Danemark (48 %) mais au-dessus de la moyenne de l'OCDE (40 %) et de l'Union européenne (38,8 %) et devant la plupart des grands pays concurrents, notamment l'Italie (44,4 %), l'Allemagne (37,6 %), le Royaume-Uni (35,2 %), les États-Unis (24,3 %)...

Ceci explique que l'allégement du poids des prélèvements obligatoires soit, en France, un thème récurrent du discours des responsables politiques mais, jusqu'à présent, les statistiques (avec, il est vrai, tous les facteurs qui les rendent relatives) sont demeurées têtues puisqu'au cours des vingt dernières années la « pression fiscale », qui était de 42,5 % du PIB en 1985 et avait été abaissée à... 41,4 % en 1992 est passée à 44,9 % en 1999, 43,2 % en 2008, exceptionnellement 42,1 % en 2009, pour remonter depuis.

Ces prélèvements obligatoires (dont le taux est inférieur à celui des dépenses publiques, que financent aussi des prélèvements non obligatoires) sont constitués à raison de 38 % de cotisations sociales et de 62 % d'impôts.

Dans ce cadre, les travaux relatifs à l'analyse du « coin fiscal », c'est-à-dire du revenu net qui demeure après impôt en appréhendant ce concept globalement (impôts sur le revenu, cotisations sociales employeurs et salariés) sont révélateurs des tendances actuelles et de la stratégie des gouvernements en ce domaine, nonobstant l'évolution de la fiscalité indirecte (la TVA a vu ses taux être souvent augmentés ces dernières années dans de nombreux États).

L'OCDE montre ainsi que (pour un célibataire sans enfant) ce revenu net a baissé en Grèce en 2012 pour la troisième année consécutive, au Portugal pour la deuxième année consécutive, et pour la première fois en 2012 en Espagne, en Slovénie, mais aussi au Japon, l'Irlande n'ayant pas retrouvé en 2012 le niveau de 2008. Or, si l'on appréhende le **coin fiscal** en pourcentage des coûts de main-d'œuvre, on remarque que, en 2013, si la Belgique atteint les 55,8 %, ce qui la place en tête des États membres de l'OCDE, la France n'est qu'en 5e position avec 48,92 %, à présent derrière l'Allemagne (49,3 %) mais aussi l'Autriche (49,1 %), la Hongrie (49,03 %), le Royaume-Uni étant à 31,4 %, le Japon à 31,6 %, le Canada à 31 %, les États-Unis, 31,3 %... Globalement, les charges fiscales sur le revenu du travail continuent à croître dans une majorité d'États, la moyenne OCDE des prélèvements sur le revenu se situant à 35,6 % en 2012 et à 35,85 % en 2013.

§ 2. Les cotisations sociales

203 Les cotisations sociales conservent une place prépondérante (**A**) dont la structure (**B**) fait toujours apparaître une place dominante de la part des employeurs.

A. Le poids encore prépondérant des cotisations sociales

204 Les cotisations sociales (qui ne sont pas les seules sources de financement des administrations sociales et des prestations sociales) sont, pour l'essentiel, nées à la Libération et ont vu leur poids augmenter considérablement au fil des décennies puisqu'elles représentaient plus de 10 % du PIB en 1965 et près de 20 % en 1985 ; en 2014, elles **représentaient**, selon Eurostat, **13,5 % en moyenne des PIB des États membres de l'Union européenne**, avec une spécificité française : 19,1 % du PIB, ce qui place la France en tête des pays industrialisés ; la moyenne des pays au sein de la zone euro est de 15,5 % ; dans l'ordre décroissant : 16,6 %, pour l'Allemagne, 16,5 % pour la Belgique, 15,5 % pour les Pays-Bas, l'Autriche est à 15,4 %, l'Italie à 13,4 %, l'Espagne, 12,3 %... et que les différences sont parfois considérables avec les grands pays concurrents que sont les États-Unis (6,1 %), le Canada (4,8 %), le Japon (12,2 %), le Royaume-Uni (7,9 %), la Corée (6,4 %). On notera une particularité au sein de l'Union européenne avec le Danemark, à 1,1 %.

Cette situation entraîne des charges sociales plus importantes pour les entreprises françaises et des rémunérations directes moins fortes pour les salariés français mais les comparaisons internationales doivent être effectuées avec circonspection car, dans plusieurs pays, le financement de la protection sociale reste largement (États-Unis, Japon), voire totalement (Australie, Nouvelle-Zélande), privatisé tandis que dans d'autres (notamment le Danemark, le Royaume-Uni et l'Irlande) il est, au contraire, très largement fiscalisé, l'Italie, l'Espagne et l'Allemagne ayant également un taux de fiscalisation nettement supérieur à celui de la France. La France a connu une croissance certaine de cette fiscalisation (4,8 % du PIB en 2004, 7,7 % en 2013) au travers du développement de la CSG (la fiscalité représentant en 2013 plus de 31 % des recettes des administrations de Sécurité sociale), sans pour autant avoir une réduction corrélative du poids des cotisations sociales. C'est dire l'originalité de la fin du mandat présidentiel de Monsieur Sarkozy qui voyait pour la première fois une volonté politique de réduction sensible des charges sociales pesant sur les entreprises par la hausse de la TVA (et une réduction des cotisations liées à la branche familiale). Cette initiative fut remise en cause par la nouvelle majorité en 2012.

Peut-être conviendrait-il aussi d'ajouter aux prélèvements publics juridiquement obligatoires les prélèvements privés socialement obligatoires pour dégager une notion de « prélèvements obligés » (selon l'expression du journaliste Paul Fabra). Les comparaisons en seraient certainement facilitées.

B. Leur structure

205 La structure des cotisations sociales effectives est, schématiquement, constituée de cotisations des employeurs (près de 63 %), des salariés (environ 29 %) et des travailleurs indépendants (environ 7 %), étant évidemment entendu que, d'un point de vue économique, l'ensemble est à la charge de l'entreprise. Les cotisations sociales ont représenté en 2013 près de 65 % des recettes du régime général de la Sécurité sociale.

Le système français, dans lequel les employeurs supportent la plus grande partie de la charge, se retrouve dans le sud et l'est de l'Europe (notamment en Italie), tandis qu'en Allemagne, aux États-Unis et au Japon, la charge est supportée à quasi-égalité par les employeurs et les salariés, et que dans quelques pays la charge est majoritairement (Pays-Bas) ou quasi totalement (Danemark) supportée par les salariés. La moyenne OCDE donne un rapport 65/35, au niveau du G7 il s'agit de 63/37 et de l'Union européenne 65/35. La structure des financeurs de la

Sécurité sociale était constituée en 2013 comme suit : 44,9 % des recettes en provenance des ménages, 46,1 % des entreprises et 9 % des administrations publiques (source : Direction de la Sécurité sociale, *Les chiffres clés de la Sécurité sociale en 2013*).

§ 3. La fiscalité

206 Le poids de l'impôt s'est accru progressivement pour se stabiliser (**A**), au profit d'une certaine diversité de bénéficiaires (**B**) mais demeure marqué par une prépondérance traditionnelle de la fiscalité indirecte (**C**).

A. Un poids significatif

207 Le poids de la fiscalité a crû plus régulièrement puisqu'il dépassait 20 % du PIB dès les années 1960 et s'établissait en 2013 à **27,3 % du PIB**. Ce pourcentage est légèrement supérieur à la moyenne des pays de l'OCDE et à la moyenne de l'Union européenne (26,1 %) et à celui de pays comme l'Australie, le Royaume-Uni, le Canada et l'Italie (les pays nordiques ayant, eux, une pression beaucoup plus importante, avoisinant 40 % en Suède et dépassant 47 % au Danemark). Mais il est sensiblement supérieur à celui de grands pays concurrents tels l'Allemagne, l'Espagne, les États-Unis ou la Corée du Sud (moins de 25 %) et sans commune mesure avec celui du Japon (moins de 20 %) (le Mexique dépassant à peine 15 %).

B. Les collectivités bénéficiaires

208 En France, la fiscalité est inégalement répartie puisque, malgré une baisse à partir des années 1970, la fiscalité d'État est restée largement prépondérante (13,7 % du PIB en 2013 contre 14,2 % en 2008) et représente environ le double de la fiscalité locale (environ 6 % du PIB, en incluant les transferts fiscaux de l'État) et de la fiscalité affectée à la Sécurité sociale (7,7 % du PIB en 2013 avec le développement de la CSG dans les années 1990) (les établissements publics nationaux et l'Union européenne bénéficiant chacun de moins d'un point de PIB).

Si l'on raisonne par rapport à l'ensemble des prélèvements obligatoires, la configuration est quelque peu différente puisque, en France, l'administration centrale recueille 33 % des prélèvements (pourcentage inférieur à celui de la plupart des pays de l'OCDE) et les administrations de Sécurité sociale près de 54 % (ce qui est supérieur, parfois du double, à tous les pays de l'OCDE), tandis que les administrations locales en recueillent environ 13 % (la moyenne étant d'un peu plus de 12 % dans les États unitaires, marqués par une grande disparité des pourcentages, et d'environ 8 % dans les États fédéraux, où la part des États fédérés, distincte de celle des collectivités locales, avoisine, en moyenne, 20 %, soit 14,9 % du PIB en Belgique, 12,5 % en Allemagne...).

C. Une structure traditionnelle

209 La fiscalité française est marquée par la prépondérance, traditionnelle, de la fiscalité indirecte. Dès l'Ancien Régime, les impôts indirects (aides, traites, gabelle...) avaient un produit supérieur à celui des impôts directs (taille, capitation, dixièmes, vingtièmes...). Pour faire œuvre de justice et réagir contre les abus de la ferme générale qui les avait fait honnir par la population, la Révolution a tenté de les supprimer et de les remplacer par des impôts directs communs à l'État et aux collectivités locales : contribution foncière (dédoublée en 1890), patente (ancêtre de la taxe professionnelle devenue contribution économique territoriale), contribution mobilière (ancêtre de la taxe d'habitation) et, à partir de 1798, impôt sur les portes et fenêtres (supprimé après la Première Guerre mondiale). Mais la fiscalité indirecte, rétablie dès la fin du XVIIIe siècle en raison de pressants besoins financiers, a rapidement repris sa prépondérance, tant au XIXe siècle, avec le développement d'impôts particuliers sur la consommation et les transactions, qu'au XXe siècle, avec la création progressive, à partir de la Première Guerre mondiale, d'un impôt général sur la dépense, sous forme de taxes sur le chiffre d'affaires, essentiellement représentées, depuis 1954, par la taxe sur la valeur ajoutée (étendue en 1966-1968 à la plupart des opérations et choisie en 1967 comme modèle d'harmonisation fiscale par les autorités communautaires). La « réforme Caillaux », votée pendant la Première Guerre mondiale, a scindé la fiscalité directe en une fiscalité locale, qui reste fondée sur le schéma historique des « quatre vieilles » contributions directes, et une fiscalité d'État, marquée par l'instauration d'un impôt progressif sur le revenu (réformé

en 1948 et 1959) dont a été disjoint, en 1948, un impôt sur le bénéfice des sociétés. S'y ajoute, depuis 1991, la contribution sociale généralisée (CSG), affectée pour l'essentiel aux régimes sociaux (v. ss 753) et dont le développement a atténué la tendance et contraint à nuancer l'analyse traditionnelle.

En ce sens, elle est le fruit d'une sédimentation historique qu'il est difficile de réformer ; cette fiscalité présente inévitablement des points communs avec celle des autres États (impôt sur le revenu, sur les bénéfices des sociétés, TVA...) ; pour autant, elle reflète aussi une certaine approche sociétale des prélèvements fiscaux. Si, par exemple, elle n'ignore pas le fait religieux, elle ne comporte pas, à la différence de l'Allemagne, d'impôt sur la religion qui est versé dans ce pays aux églises des trois communautés religieuses (catholique, protestante, israélite) avec un prélèvement à la source de 8 ou 9 % de l'impôt sur le revenu et qui est un élément majeur d'une prise en charge par les églises allemandes non seulement de leur fonctionnement en propre mais aussi de services rendus à la population (crèches, orphelinats, organisations sociales caritatives...) ; or, l'impôt cultuel existe dans d'autres États comme la Suisse, l'Autriche etc.

L'imposition du revenu au sens de l'OCDE (essentiellement l'impôt sur le revenu, l'impôt sur les sociétés et la CSG), représente actuellement près de 10,5 % du PIB (environ 47 % de la fiscalité et plus de 20 % des prélèvements obligatoires), ce qui place encore la France en dessous de la moyenne de l'OCDE et de l'Union européenne (14-15 %) et loin de certains pays parfois présentés comme des « modèles » mais désormais au-dessus de certains grands pays concurrents.

L'imposition du revenu des personnes physiques demeure marquée, même au sein de l'Union européenne, par de fortes différenciations : 7,3 % du PIB en France, 9,5 % en Allemagne, 26,3 % au Danemark, 9,1 % au Royaume-Uni...

L'impôt progressif, représenté en France par l'impôt sur le revenu des personnes physiques, est (largement) minoritaire puisqu'il s'élève à 3 % du PIB en raison d'une assiette faible (près d'un foyer fiscal sur deux ne le paye pas même s'il y eut entre 2011 et 2013 une forte augmentation du nombre des foyers fiscaux redevables à raison du gel des tranches), ce qui conduit à le concentrer, à des taux généralement supérieurs à ceux des pays étrangers, sur les plus forts revenus (1 % des contribuables en payant près du tiers, 10 % près des deux tiers).

Les mesures adoptées pour 2014 et 2015 ont fait chuter de façon significative le monde des foyers fiscaux payant cet impôt (17,6 millions en 2014 contre 19,2 millions en 2013) pour un rendement en forte augmentation. En 2014, 47,5 % des foyers fiscaux payaient cet impôt contre 52,3 % en 2013.

L'**imposition de la dépense** au sens de l'OCDE (« impôts sur les biens et services »), notamment la TVA (près des deux tiers) et la taxe intérieure sur la consommation des produits énergétiques – TICPE – (ainsi que les autres accises sur le tabac et l'alcool et les impôts sur l'automobile), représentait en France 10,8 % du PIB – et environ 12 % si on lui ajoute, comme le fait la comptabilité nationale française, la taxe sur les salaires et la contribution économique territoriale, classées sous d'autres rubriques par l'OCDE, ce qui représente environ la moitié de la fiscalité et plus de 20 % des prélèvements obligatoires. Ce pourcentage de 10-13 % correspond, lui, à la moyenne de l'OCDE et de l'Union européenne ainsi qu'à la situation de la plupart des pays, mais reste parfois très supérieur à celui de quelques grands États concurrents.

Les impôts sur les biens et services sont de l'ordre de 4,3 % du PIB aux États-Unis et de 5,2 % au Japon et de 7,4 % du PIB au Canada, mais de 10,2 % en Allemagne, 10,8 % au Royaume-Uni, pour atteindre les 17,1 % en Hongrie, la moyenne OCDE étant quasiment toujours constante à environ 11 % du PIB.

Quant à l'**imposition du patrimoine**, elle représente environ 3,8 % du PIB si l'on s'en tient à la définition de l'OCDE (essentiellement les taxes foncières et la taxe d'habitation, l'impôt de solidarité sur la fortune et les droits de mutation, notamment les droits de succession).

Ce pourcentage qui est l'un des plus élevés des États de l'OCDE est très supérieur à la moyenne de l'Union européenne et de l'OCDE (1,8 %) et à celui de certains États, dont l'Allemagne (0,9 %), l'Italie, 2,7 %, les États-Unis (2,8 %), le Japon (2,7 %), proche de celui (en forte progression) de la Belgique, 3,5 %, du Canada, 3,2 %, et encore devancé par le Royaume-Uni (4 %).

Dans ces pays, l'importance est essentiellement due à la taxation de la propriété immobilière. La France utilise, elle, plusieurs types d'impôt, dont deux à barème progressif (droits sur les successions et les donations et impôt de solidarité sur la fortune, qui n'avait plus d'équivalent étranger qu'aux Pays-Bas jusqu'en 2007) ; l'ensemble est caractérisé par une assiette généralement étroite, des taux importants et une imposition marquée des transactions (droits sur les mutations à titre onéreux).

Mais, en ce domaine, les classifications varient. Ainsi, la comptabilité nationale française ne retient que les « impôts en capital » (essentiellement les droits de succession) qui constituent alors moins de 2 % du PIB.

Les autres éléments retenus par l'OCDE sont classés par la comptabilité nationale dans les impôts courants sur le revenu et le patrimoine, qui constituent environ 40 % de la fiscalité française (14,3 % du PIB en 2013), contre environ 60 % aux impôts liés à la production et à l'importation (TVA, Contribution économique territoriale, taxe intérieure sur la consommation des produits énergétiques, enregistrement et timbre, impôts sur les salaires et la production, etc.), 15,3 % du PIB français.

Cette structure peur être rapprochée de celle de l'Allemagne qui selon les statistiques de l'OCDE donne un rapport quelque peu différent avec un ratio de 45/55 et donc une plus forte imposition du revenu et du patrimoine.

210 Cette structure, qui alimente le débat, traditionnel en France, sur la « réforme fiscale », est marquée par deux traits essentiels : d'une part le caractère principalement proportionnel (voire « régressif », si l'on tient compte des cotisations sociales) du système fiscal, ce caractère s'étant accru avec le développement de la contribution sociale généralisée (prélèvement proportionnel dont le produit dépasse désormais celui de l'impôt sur le revenu) mais atténué par l'existence de nombreuses et importantes dépenses sociales ; d'autre part, la volonté de corriger ce système, non pas au moyen d'une imposition véritablement progressive qui, faisant contribuer tout le monde (assiette large) à des taux régulièrement progressifs et modérés (ce qui permettrait notamment d'alléger l'impôt sur la dépense, en particulier sur la consommation, qui pèse sur les plus démunis), mais par un système qui repose sur l'idée qu'il faut

« faire payer les riches » : exonération du plus grand nombre (et d'une multitude de situations jugées dignes d'intérêt) et, en contrepartie, soumission des catégories les plus aisées (ou les moins habiles) à une batterie d'impôts fortement progressifs (impôt sur le revenu, impôt de solidarité sur la fortune, droits sur les successions et donations), dont l'addition finit par être ou par paraître confiscatoire (même pour les 10 % de personnes les plus riches, qui détiennent plus de la moitié du patrimoine total des ménages), ce qui incite ou, plus grave, paraît légitimer inactivité, fraude ou évasion fiscale, « délocalisations » hors de France : situation politiquement et socialement malsaine, qui plonge ses racines plus dans l'histoire nationale que dans l'idée d'équité fiscale, situation économiquement dangereuse à l'heure de l'ouverture européenne et mondiale, situation intellectuellement curieuse au pays de Descartes.

211 L'émergence en France du concept de « **bouclier fiscal** » vint d'ailleurs en réponse à ce sentiment. La loi de finances pour 2006 avait posé un principe conduisant à l'émergence d'un nouvel article 1er du Code général des impôts (admis par le Conseil constitutionnel dans sa décision du 29 déc. 2005), selon lequel les impôts directs payés par un contribuable ne pouvaient être supérieurs à 60 % de ses revenus (liste établie dans CGI, art. 1649-0-A) et institué un droit à restitution (demande à déposer avant le 31 déc. de l'année suivant l'année d'imposition) pour la fraction des impositions excédant ce seuil. La référence fiscale ne portait pas sur l'ensemble des impôts payés par les personnes physiques et en particulier et elle n'intégrait que l'impôt sur le revenu, l'impôt de solidarité sur la fortune, les taxes foncières, la taxe d'habitation (dues à raison uniquement de l'habitation principale). Ce dispositif fut réformé, suite aux engagements du président de la République dans sa campagne présidentielle, et ce par la loi Travail Emploi Pouvoir d'achat (TEPA) du 21 août 2007 avec un abaissement de ce seuil à 50 % tout en intégrant les prélèvements sociaux et en particulier la Contribution sociale généralisée (CSG) dans le champ des impôts concernés. La suppression de ce « bouclier », annoncée avec la réforme de l'ISF fut concrétisée par la loi de finances rectificative de juillet 2011.

La structure fiscale avait fait depuis 1971 l'objet d'études régulières par le Conseil des impôts. On notera, parmi les rapports publiés ceux qui concernent la CSG (1995), la taxe professionnelle (1997), l'imposition du patrimoine (1998), la fiscalité des revenus de l'épargne (1999), l'imposition des revenus (2000), la TVA (2001), la concurrence fiscale (2004). Le Conseil des prélèvements obligatoires a poursuivi dans cette voie : par ex., comparaison du taux des prélèvements obligatoires entre pays développés (2008), La fiscalité affectée : constats, enjeux et réformes (2013), Fiscalité locale et entreprises (2014), Impôt sur le revenu, CSG, quelles réformes ? (2015). S'y ajoutent périodiquement des rapports émanant d'autres auteurs, dont le « rapport Ducamin » (1995), le « rapport de la Martinière » (1996), le « rapport (François) Bourguignon et (Dominique) Bureau » (sous l'égide du Conseil d'analyse économique) (1999), le « rapport (Philippe) Marini » (sur la concurrence fiscale en Europe) (1999), le « rapport (Philippe) Le Clezio » (sur les prélèvements obligatoires) (2005), dans le cadre du Conseil économique et social. La Cour des comptes a rendu en mars 2011, au président de la République, un rapport sur *Les prélèvements fiscaux et sociaux en France et en Allemagne.* L'article 52 de la LOLF impose au gouvernement de déposer au début de la session d'automne du Parlement un rapport sur les prélèvements obligatoires (qui occasionne lui-même une contribution des rapporteurs parlementaires intéressés).

SECTION 4
LES DÉSÉQUILIBRES FINANCIERS PUBLICS

212 La publication début 2015 d'un rapport du McKinsey Global Institute (*Debt and (not much) deleveraging*) faisant état d'une dette mondiale approchant les 200 000 Mds de dollars, soit 286 % du PIB mondial, n'a guère paru susciter d'émoi parmi les commentateurs et a fortiori dans les opinions. Dans le classement établi par cet institut, le Japon arrive très largement en tête avec une dette de près de 400 % du PIB devant l'Irlande, 390 %, Singapour, 382 %, le Portugal, 358 %... la France se situant au 11e rang de ce classement à 280 %.

Cette dette a crû de près de 57 000 Mds de dollars entre 2007 et 2014 et se retrouve être d'abord une dette publique, ce qui n'était pas le cas en 2007. L'ampleur de la dette publique estimée en 2014 à 58 000 Mds de dollars est souvent dénoncée et certains

États ont mené des politiques efficaces de réduction de cette dette au cours des dernières années.

213 En France, un état en est périodiquement dressé, à l'occasion, notamment, des changements de majorité politique, les nouveaux dirigeants éprouvant parfois le besoin de demander un rapport à des « sages » : rapport Renaud de la Genière (ancien directeur du budget) en 1986 sur l'état des finances publiques, rapport (Jean) Raynaud (procureur général près la Cour des comptes) en 1993, portant évaluation de la situation sociale, économique et financière de la France, rapport (Jacques) Bonnet et (Philippe) Nasse (magistrats à la Cour des comptes) en 1997 (à la demande du gouvernement Jospin) et 2002 (à la demande du gouvernement Raffarin) sur l'état des finances publiques (ces deux derniers magistrats ayant d'ailleurs fini par suggérer de normaliser l'exercice en le confiant, avec une périodicité régulière, aux instances habituelles de contrôle et de prévision en matière de finances publiques). En 2010, à l'initiative du président de la République, Nicolas Sarkozy, deux rapports, parmi d'autres, avaient été réalisés ; un Rapport de diagnostic sur la situation des finances publiques (établi par MM. Paul Champsaur et Jean-Philippe Cotis), et un Rapport du groupe de travail sur la mise en place d'une règle d'équilibre des finances publiques (piloté par M. Michel Camdessus). Enfin, en 2012, en reprenant la pratique antérieure, mais à l'initiative du Premier ministre, la Cour des comptes rendit un audit de la situation des finances publiques (et les risques afférents en 2012 et 2013), audit inséré dans le rapport annuel de la Cour sur la situation et les perspectives des finances publiques.

En effet, le débat d'orientation budgétaire qui précède le vote de la loi de finances s'accompagne désormais (LOLF, art. 58-1) de la remise préalable par la Cour des comptes (après délibéré en chambre du conseil) d'un « Rapport sur la situation et les perspectives des finances publiques ».

Les opérations financières publiques sont, en réalité, traditionnellement marquées par de fréquents et, parfois, importants déséquilibres financiers publics (**§ 1**) contre lesquels s'efforcent de lutter les autorités nationales et européennes (**§ 2**).

§ 1. L'ampleur des déséquilibres financiers publics

214 L'ampleur des déséquilibres financiers publics (accentuée par l'exceptionnelle crise actuelle) tient à la répétition de déficits annuels (**A**) dont le cumul a engendré une importante dette publique (**B**).

A. Un déficit permanent

215 À l'époque contemporaine, l'exécution de la majorité des budgets publics a été marquée par l'existence d'un **déficit**, c'est-à-dire, en substance, d'une insuffisance de ressources définitives par rapport aux dépenses, se traduisant par la nécessité d'emprunter (et, éventuellement, de créer de la monnaie).

En comptabilité budgétaire publique, le déficit (auquel on préfère parfois le terme « découvert » ou « impasse ») résulte d'une insuffisance des recettes du budget (qui, pour l'État, ne comprennent pas les emprunts) par rapport aux dépenses de ce budget (qui, pour l'État, ne comprennent pas le remboursement des emprunts), le résultat pour l'État variant, en outre, selon que l'on y inclut ou non le solde des opérations avec le Fonds monétaire international et des opérations du Fonds de stabilisation des changes.

En comptabilité économique (nationale, européenne et internationale), le « besoin de financement » (qui s'oppose à la « capacité de financement ») est la variation négative du patrimoine financier (le solde négatif des opérations financières, c'est-à-dire portant sur des créances et des dettes) qui apparaît lorsque, sur une période déterminée (ici annuelle), le flux net de dettes est supérieur au flux net de créances.

Ainsi une recette de privatisation réduit le déficit budgétaire mais non le besoin de financement (elle est considérée par la comptabilité économique comme une modalité de couverture du besoin de financement car elle remplace un actif financier – les actions dans l'entreprise publique – par un autre actif financier – les liquidités tirées de la vente), tandis qu'un prêt du Trésor ou une dotation en capital à une entreprise publique creuse le déficit budgétaire mais non le besoin de financement, ce qui explique, en particulier, la différence qui existe entre le déficit au sens de la loi de finances française et le « déficit » au sens de l'Union économique et monétaire européenne, qui s'attache, en réalité, au besoin de financement. Cette différence a été accrue par le passage au SEC 95 puis au SEC 2010 (v. ss 3) qui, en particulier, ajoute aux dépenses budgétaires de l'État les prélèvements sur recettes, les cotisations que l'État aurait à verser s'il devait assurer l'équilibre du régime des retraites de ses fonctionnaires (qui sont, en réalité, payées sur le budget de l'État) et divers ajustements (en particulier le remplacement de sommes effectivement versées par des sommes effectivement dues – « droits constatés »).

Toutefois, il convient d'avoir ici une démarche prudente en particulier lorsque l'on se situe sur le terrain comparatif. En effet, les États n'ont pas encore adopté des normes standardisées, harmonisées s'agissant des secteurs publics. Une directive du 8 novembre 2011 impose une couverture complète des sous-secteurs des administrations publiques pour pouvoir produire, en matière de comptabilité publique, des données fondées sur le mécanisme des droits constatés (par rapport à la comptabilité de caisse) pour la préparation des données qui sont établies sur la base des normes du SEC 95. Or, selon un rapport de la Commission européenne publié en mars 2013, les États membres de l'UE ne sont pas encore au même stade en ce domaine s'agissant en particulier de la dette et du déficit, notant qu'une « approche harmonisée fait encore défaut » constatant que pour l'heure la non-utilisation d'un tel type de comptabilité conduit à l'utilisation, pour ce qui est des transactions financières et les bilans, de sources diverses, ce qui « génère un écart statistique entre le déficit calculé à partir des comptes non financiers et celui calculé à partir des comptes financiers » (source : Commission européenne, *Vers l'application de normes comptables harmonisées pour le secteur public dans les États membres. L'adéquation des IPSAS pour les États membres*, 2013),

S'agissant de l'État, le déficit d'exécution caractérisait déjà, malgré la doctrine libérale, les budgets de l'époque classique (80 sur 126 de 1815 à 1940, 36 sur 63 de 1850 à 1913). Il est devenu la règle à partir de l'entre-deux-guerres puisque, depuis 1929, seuls quatre budgets (1970, 1972, 1973, 1974) ont été réalisés en excédent. Un phénomène semblable peut d'ailleurs être relevé dans de nombreux pays étrangers (ainsi, du début des années trente à 1998, année du premier excédent depuis... 1969, les États-Unis n'avaient connu que huit budgets fédéraux excédentaires).

L'ampleur de ce déficit a varié selon les périodes : généralement faible jusqu'à la Seconde Guerre mondiale, ce déficit s'est fortement creusé sous la IVe République (4 à 6 % du PIB) sous l'effet conjugué des conceptions keynésiennes et des nécessités de la reconstruction ; il a été réduit et parfois supprimé pendant les vingt premières années de la Ve République, à la faveur d'une politique néolibérale et d'une conjoncture économique globalement favorable ; la situation est plus incertaine depuis, avec des phases de croissance puis de réduction du déficit : réapparition d'un déficit sensible à partir des années 1970 avec plus de 3 % du PIB au milieu de la décennie 1980 ; momentanément maîtrisé (moins de 2 % du PIB) en fin de décennie, ce déficit s'est creusé pendant les années 1990, au point de dépasser 4 % du PIB de 1993 à 1995 ; décroissance progressive jusqu'en 2001, remontée brusque en 2002 et 2003, réduction entre 2003 et 2005, remontée depuis 2007. En 2008, ce déficit fut de 56,3 Mds €. Les années 2009 et 2010 furent pour le moins exceptionnelles avec un déficit de 138 Mds € en 2009 et 149 Mds € en 2010, pour se réduire ensuite.

S'agissant de l'ensemble des **administrations publiques**, le déséquilibre a été et demeure plus important puisqu'au besoin de financement des administrations centrales s'ajoute, à certaines périodes, celui des administrations locales (qui a parfois dépassé 1 % du PIB en raison de l'important effort d'équipement effectué depuis la Libération) et, depuis les années 1990, celui des administrations de Sécurité sociale (qui a atteint près de 1 % du PIB en 1995).

La situation était inverse dans la seconde moitié des années 1990.

Les comptes des administrations publiques locales (APUL) étaient devenus excédentaires à partir de 1996 (+ 0,25 % du PIB en 2002) et ceux des administrations sociales à partir de 1999 (sauf en 2002, marquée par un besoin de financement de 0,3 % du PIB). Le déficit persistant du budget de l'État était ainsi atténué.

À partir de 2004 la situation s'est globalement détériorée avec le retour, poursuivi en 2010, du déficit des comptes des APUL ; la situation s'est aggravée avec la crise actuelle.

De sorte que le besoin de financements pour la France qui fut longtemps un des plus faibles des pays industrialisés (moins de 2 % du PIB de 1991 à 1993), a considérablement augmenté dans la première moitié des années 1990 (jusqu'à 6 % du PIB en 1993) avant de redescendre à moins de 2 % du PIB à partir de 1999 (1,4 % du PIB en 2000 et 2001) pour remonter brusquement à 3,2 % en 2002, dépassant ainsi le plafond de 3 % fixé pour la convergence des économies européennes.

Le solde déficitaire public français s'est ainsi élevé à 84,8 Mds € en 2014. Les chiffres énoncés par l'INSEE s'inscrivent dans une tendance lente à la réduction du déficit public, réduction imputable cette fois aux APUL et aux administrations de sécurité sociale (ASS) mais non à l'État dont le déficit s'est fortement accru.

La France est ainsi devenue un « mauvais élève » de la classe dirigée par les « maîtres » de Bruxelles, la situation s'étant inévitablement aggravée avec un déficit public record de –7,2 % du PIB en 2009. L'espérance des gouvernements successifs de voir passer ce déficit à 3 % apparaît finalement hors de portée, les prévisions de la Commission européenne venant parfois « contredire » les constructions économiques de nombre d'États dont la France.

Le déficit moyen des États de la zone euro se situait ainsi à –2,4 % en 2014 contre –3,6 % en 2012, pour une moyenne de –2,9 % pour l'ensemble des États membres de l'Union européenne (source : Eurostat).

Mais en ce domaine la France n'est pas vraiment seule puisqu'elle côtoie d'anciens « bons élèves », voire d'anciens « maîtres », non seulement européens. La situation est de fait particulièrement hétérogène en ce domaine, avec cependant une situation plus délicate pour la zone euro puisque l'on peut distinguer deux types d'États, ceux à fort endettement et déficit non maîtrisé et d'autres États dont l'Allemagne, le Luxembourg qui se trouvent dans une bien meilleure situation.

La situation est la même sur le plan international avec deux particularités, le Japon pays à très fort endettement et les États-Unis qui sont revenus à une situation difficile alors qu'ils avaient rétabli l'équilibre dans les années 1990.

Les États-Unis, qui enregistraient des déficits record au milieu des années 1980 (6 % du PNB pour le budget fédéral en 1986) étaient parvenus, après plusieurs avatars, à concrétiser, à partir de 1998, un programme de suppression du déficit (+ 1,6 % du PIB en 2000). L'excédent du budget fédéral en 2000 fut remplacé par un déficit depuis 2002 aggravé par la suite d'abord en raison de l'effort sécuritaire et militaire puis par la crise économique et financière née aux États-Unis en 2008, avec un déficit fédéral à –10,6 % en 2010, et une estimation à –9,8 % du PIB en 2011 et qui s'est sensiblement réduit depuis pour se situer à –2,6 % en 2015.

Le Japon présente l'originalité d'un très fort déficit, d'un très fort endettement public avec comme aux États-Unis des difficultés importantes de certaines collectivités locales proches (sinon en état de banqueroute). Pour 2015-2016 le budget national japonais fait état d'un service national de la dette représentant plus de 24 % des dépenses, les recettes tirées des emprunts près 38 % des ressources. Cette situation, caractérise un État qui emprunte beaucoup pour dépenser beaucoup, en tout hors de proportion au regard de ses ressources propres.

Dans cette lecture, la situation nouvelle des puissances émergentes constitutives des BRICS (Brésil, Russie, Inde, Chine, Afrique du Sud) qui ont connu une forte et longue période de croissance économique est elle-même plus problématique sur le plan des finances publiques, comme c'est le cas pour la Russie et surtout le Brésil ; ce dernier est ainsi marqué en 2014 par une forte aggravation de ses comptes publics avec un déficit de 6,7 % du PIB contre 3,25 % en 2013, la dette publique brute passant de 56,8 % du PIB en 2013 à 63,4 % en 2014.

De façon plus générale, les difficultés économiques et financières de ces dernières années ont conduit à une dégradation générale des comptes publics, y compris pour des États comme le Royaume-Uni, qui avait redressé de façon spectaculaire ses comptes publics (–4,4 % en 1996, +4,4 % en 2000), est revenu à un fort besoin de financement (–7,8 % en 2011, mais encore –5,7 % en 2014). Le Canada, souvent montré en exemple, se situait à +2,9 % en 2000 puis est passé à +1,5 % en 2006, mais –0,4 % en 2008, puis –4,9 % en 2009 et –5,1 % en 2010. Or, nombre d'États ont connu une détérioration de leur situation en 2013 et 2014, alors même que certains d'entre eux avaient mis en œuvre les plans de rigueur imposés par les autorités internationales et européennes, ce qui n'est pas le cas de la Grèce en 2014 ; la situation chypriote s'est ainsi particulièrement aggravée en 2014. Huit États de l'Union européenne ont vu leur situation s'améliorer sur le terrain de l'endettement public (à noter la spectaculaire évolution de l'Irlande). On doit enfin noter que certains des États nordiques ont aussi vu leurs comptes se dégrader en 2013 et 2014. Les situations de la Grèce, du Portugal et de Chypre (ou même de l'Italie) sont les plus dégradées.

Les déficits publics au sein de l'Union européenne (% du PIB)

	2004	2006	2008	2010	2011	2012	2013	2014
Allemagne	-3,7	-1,5	0	-4,1	-0,9	0,1	0,1	0,7
France	-3,5	-2,3	-3,2	-6,8	-5,1	-4,9	-4,1	-4
Royaume-Uni	-3,6	-2,9	-5,1	-9,7	-7,6	-8,3	-5,7	-5,7
Italie	-3,6	-3,6	-2,7	-4,2	-3,5	-3	-2,9	-3
Espagne	0	2,2	-4,4	-9,4	-9,4	-10,3	-6,8	-5,8
Pologne	-5,2	-3,6	-3,6	-7,6	-4,9	-3,7	-4	-3,2
Irlande	1,4	2,8	-7	-32,5	-12,7	-8,1	-5,8	-4,1
Belgique	-0,2	0,2	-1,1	-4	-4,1	-4,1	-2,9	-3,2
Rép. Tchèque	-2,7	-2,3	-2,1	-4,4	-2,7	-3,9	-1,2	-2
Bulgarie	1,8	1,8	1,6	-3,2	2	-0,7	-0,9	-2,8
Estonie	2,4	2,9	-2,7	0,2	1,2	-0,2	-0,2	0,6
Danemark	2,1	5	3,2	-2,7	-2,1	-3,7	-1,1	1,2
Grèce	-7,5	-6,1	-9,9	-11,1	-10,2	-8,7	-12,3	-3,5
Chypre	-3,7	-1	0,9	-4,8	-5,8	-5,8	-4,9	-8,8
Lettonie	-1	-0,6	-4	-8,1	-3,3	-0,8	-0,7	-1,4
Lituanie	-1,4	-0,3	-3,1	-6,9	-8,9	-3,1	-2,6	-0,7
Roumanie	-1,2	-2,2	-5,6	-6,6	-5,3	-2,9	-2,2	-1,5

Suède	0,3	2,2	2	0	-0,1	-0,9	-1,4	-1,9
Slovaquie	-2,3	-3,6	-2,4	-7,5	-4,1	-4,2	-2,6	-2,9
Finlande	2,2	3,9	4,2	-2,6	-1	-2,1	-2,5	-3,7
Luxembourg	-1,1	1,4	3,3	-0,5	0,4	0,1	0,9	0,6
Autriche	-4,8	-2,5	-1,4	-4,5	-2,6	-2,2	-1,3	-2,4
Hongrie	-6,4	-9,4	-3,7	-4,5	-5,5	-2,3	-2,5	-2,6
Malte	-4,4	-2,6	-4,2	-3,3	-2,6	-3,6	-2,6	-2,1
Pays-Bas	-1,8	0,2	0,2	-5	-4,3	-4	-2,3	-2,3
Slovénie	-2	-1,2	-1,4	-5,6	-6,6	-4	-14,9	-4,9
Portugal	-6,2	-4,3	-3,8	-11,2	-7,4	-5,6	-4,8	-4,5
Croatie	-5,1	-3,3	-2,7	-6	-7,5	-5,3	-5,4	-5,7

Source : Eurostat et INSEE.

B. Une dette publique importante

216 La fréquence et l'ampleur des déficits publics annuels ont, depuis longtemps, entraîné une importante dette publique.

Cette dette est ici entendue au sens d'endettement, comprenant, d'une part la dette *stricto sensu*, contrepartie d'emprunts antérieurs, d'autre part la « dette à vue », résultant du dépôt, dans les caisses de l'État, de fonds que les déposants – « correspondants du Trésor » – peuvent retirer à tout moment.

La **dette de l'État** en constitue la partie la plus importante. Cette **dette** est, à vrai dire, une tradition bien ancrée puisque depuis la création, en 1522 par François Ier, du premier emprunt public moderne (la rente sur l'Hôtel de Ville de Paris), l'histoire financière française a été marquée par l'alternance, inégale, de gonflements, parfois spectaculaires, de la dette (notamment au début et à la fin du XVIIIe siècle) et de tentatives, souvent éphémères, de remise en ordre (par Sully, Mazarin, Colbert, Turgot...), dont un des épisodes les plus notables fut la création en 1793 par Cambon du *Grand Livre de la dette publique* destiné, notamment, à restaurer un crédit vite atteint par la fameuse banqueroute des deux tiers décrétée par le Directoire en 1797.

Les États-Unis avaient, pour leur part, assuré une telle garantie dans leur Constitution de 1787, les dettes contractées avant son adoption (sous la Confédération) étant valides à l'encontre des États-Unis. On notera que cet État refusa par la suite d'honorer une dette publique liée à la guerre de sécession : « ni les États-Unis, ni aucun État ne seront liés par des obligations ou redevables de dettes résultant d'une aide accordée à l'insurrection ou à la rébellion contre les États-Unis... » (Amendement XVI de 1868). On peut bien sûr faire le lien ici avec différentes questions appréhendées en droit international public comme le traitement des dettes dites « odieuses », des dettes publiques dans le cadre de la succession d'États ou encore dans le cadre de la décolonisation...

Jusqu'à la Première Guerre mondiale, le poids de cet endettement se mesurait surtout par les intérêts à servir car l'essentiel de la dette était constitué d'emprunts perpétuels que l'État n'était pas tenu de rembourser. Ainsi, au XIXe siècle, ces intérêts constituaient le premier poste du budget (entre 20 % et 30 %), allant parfois (1892) jusqu'à atteindre 40 % des recettes annuelles (soit autant que sous Louis XVI mais moins qu'en 1720, après l'expérience de Law).

Depuis que la dette est devenue amortissable (remboursable), le critère principal est devenu celui de l'encours (montant des sommes dues). Le poids de cet encours, qui avait considérablement augmenté entre les deux guerres mondiales (passant de plus de 60 % à plus de 120 % du revenu national), a connu une diminution constante, sous la IVe République (moins de 50 % du revenu national à la fin des années cinquante) et, encore plus, pendant les vingt premières années de la Ve République, marquées par un très fort désendettement (la dette passant d'environ 40 % du PIB en 1958 à moins de 15 % en 1978). Mais la réapparition, à partir des années 1970, d'importants déficits (v. ss. 215), a entraîné un très vif accroissement de la dette de l'État.

Celle-ci était de 1 610,1 Mds € fin 2014 représentant avec les organismes divers d'administration centrale 1 632,8 Mds € soit 76,1 % du PIB (25 % en 1985, moins de 30 % en 1990). On notera que l'État fut obligé au paiement de 42,3 Mds € d'intérêts en 2013 (5 Mds F en 1974), soit 12,4 % du budget général (moins de 5 % en 1974) et environ 2 % du PIB.

Aux États-Unis, il existe un plafond de la dette fédérale (fixé par le Congrès) qui s'établissait en 2006 à 6 500 Mds de dollars, en 2010 à 14 300 Mds ; la question de sa gestion est au cœur des débats politiques américains, la menace de « *shutdown* » (pour la première fois depuis déc. 1995), c'est-à-dire de cessation des activités des administrations fédérales américaines étant brandie en avril 2011 par le président Obama dans le cadre de l'adoption d'une loi de finances temporaire (*continuing resolution*), menace renouvelée à l'été 2011 et qui a conduit au relèvement de ce plafond à 16 400 Mds de dollars à l'issue du vote du Congrès. Ce plafond ayant été atteint et dépassé fin 2012, les États-Unis, faute d'accord au Congrès, ont alors mis en œuvre des mesures de coupes budgétaires automatiques dans différents secteurs administratifs et services aux populations. Par la suite un nouveau plafond fut fixé à 17 211 Mds de dollars, pour être abandonné, le plafond de référence étant alors celui atteint en mars 2015

La **dette des administrations publiques** est encore plus importante puisqu'il convient d'ajouter à l'endettement des administrations centrales (État et organismes divers d'administration centrale – ODAC), celui des administrations de Sécurité sociale (qui demeure faible compte tenu, notamment, de son transfert à d'autres organismes) et, surtout, des administrations publiques locales qui, lui aussi, est ancien lequel, au XXe siècle, s'est essentiellement développé après la Seconde Guerre mondiale : elle représente près de 10 % du PIB (pourcentage de référence depuis plusieurs décennies).

En 1980, l'encours de la dette publique représentait près de 20,7 % du PIB. Selon la présentation découlant du traité de Maastricht, cet encours de la dette publique française était à la fin 2014 de 2 037,8 Mds €, d'après l'INSEE, soit 95 % du PIB.

On notera, car cela a son importance, que le mode de calcul de la dette des administrations publiques n'est pas le même en comptabilité nationale française (qui, suivant le modèle de l'OCDE, retient notamment le cours des titres, les crédits commerciaux et les dettes entre administrations publiques) et ceux utilisés pour l'application du traité de Maastricht (qui, en particulier, ne retiennent que la valeur nominale, négligent les crédits commerciaux et consolident les comptes en excluant les dettes entre administrations publiques).

La dette des administrations publiques françaises a ainsi très largement dépassé, selon les normes européennes, le plafond de 60 % du PIB fixé dans le cadre de l'Union économique et monétaire, se situant à un niveau supérieur à la moyenne de l'Union européenne et à certains pays concurrents, comme le Japon ; la France n'est plus dans la position privilégiée (le plus faible des endettements publics) qu'elle possédait jusqu'au début des années 1990 (moins de 30 % du PIB) mais dans un contexte marqué par une aggravation générale des dettes nationales puisque plusieurs pays concurrents ont un endettement assez proche, la plupart des pays ayant un niveau de prélèvements obligatoires inférieur à celui de la France, qui a ainsi tendance à cumuler désormais les charges publiques.

On a fait valoir que les comparaisons entre pays sont relatives, dans la mesure, notamment, où certaines charges, « publiques » en France, sont « privées » (ou négligées) dans d'autres États (notamment en matière de retraite et de Sécurité sociale) mais on ne voit pas en quoi le caractère public d'une charge devrait entraîner *ipso facto* déficit et endettement : il s'agit ici de comparer, non pas l'ampleur du secteur public, mais le solde (cumulé) de ses opérations financières.

217 Le poids de ces charges est d'autant plus important qu'il conviendrait, au moins à usage interne et prospectif, d'ajouter l'endettement, sensible, des entreprises publiques (et de certains organismes exclus, probablement à tort, des « administrations publiques ») ainsi que l'impact, considérable, de la « dette invisible » (ou « implicite ») représentée par les engagements (« hors bilan ») des administrations publiques pour les années ou décennies à venir (à commencer par les retraites).

En 2001-2002, la dette des entreprises publiques était de l'ordre de 10 % du PIB et s'élevait à environ 150 Mds €, dont près de la moitié pour France Télécom (« véritable » entreprise publique) et un cinquième pour Charbonnages de France et Réseau ferré de France (qui étaient, en réalité, des « administrations » chargées, l'une d'acheminer vers la fermeture totale des mines, l'autre de porter la dette du réseau ferré – un tel raisonnement pouvant, d'ailleurs, être tenu pour les organismes de droit privé « satellites » ou « relais » de l'administration). Le secteur public s'est sensiblement réduit depuis en passant de 25 % de la valeur ajoutée nationale à moins de 10 % et en se recentrant sur quelques grandes entreprises. La dette des entreprises publiques actuelles n'en demeure pas moins significative avec un périmètre de la dette publique relativement discuté en ce domaine.

Quant à la « dette (publique) invisible », elle est principalement constituée par les retraites (du secteur public), dont le versement (principalement à partir de 2010) coûtera à l'horizon 2 040 entre 5 et 6 points de PIB (de 4 à 8 points dans les autres pays européens) ; à cet égard, les comptes de l'État (engagements hors bilan) font apparaître (au 31 décembre 2013) des engagements de retraite des fonctionnaires « dans une fourchette de 1 204 à 1 457 Mds € », selon le taux d'actualisation retenu conduisant à une estimation à 1 302 Mds € – au taux de 1,08 % – (*Rapport sur les pensions de retraite de la fonction publique*, PLF 2015), chiffre présenté comme en baisse légère par rapport à 2012 et ce nonobstant la question des fonctionnaires de La Poste (un calcul distinct fait apparaître « un niveau d'engagement à hauteur de 110 Mds € »), les besoins de financement du régime de retraite des fonctionnaires d'État ont fortement baissé en raison de l'augmentation des cotisations et des contributions conduisant à un « excédent de financement » (il faut cependant y ajouter ceux de certains régimes comme celui des ouvriers d'État, estimés à 34,7 Mds €)... On notera que le nombre de pensionnés de l'État était en 2013 d'environ 2,3 millions (en y incluant les militaires) pour un ensemble de plus de 5 millions (le nombre de cotisants dans la branche vieillesse est alors évalué à 25,8 millions pour 23,93 millions de retraites servies, sachant qu'il existe des personnes polypensionnées et donc plusieurs fois comptabilisées). Le rapport précité note en outre une décroissance des dépenses de pension au niveau de l'État et une croissance forte au niveau des fonctionnaires territoriaux et hospitaliers ; de plus, il apparaît que les dépenses de pension des régimes de base des agents publics augmentent moins vite que celles du régime général notamment en raison de l'alignement de leur revalorisation sur le régime général. Les autres « dettes » notables sont celles résultant des engagements pris en matière d'épargne - logement et de garantie ou de la nécessité de démanteler, au cours des prochaines décennies, les centrales nucléaires arrivées en bout de cycle (V. Cour des comptes, *Les coûts de la filière électronucléaire*, janv. 2012, le coût du démantèlement a alors été estimé à près de 32 Mds €).

Dans certains pays, il conviendrait, par ailleurs, de prendre en compte, sur le plan des finances nationales (et plus seulement publiques) le poids, considérable, de la dette extérieure qui, pour les pays en voie de développement (380 Mds $ US en 2009 pour la Chine contre 159 en 2000 - dont la dette globale aurait quadruplé entre 2007 et 2014 et dont la dette publique en particulier sur le plan local s'est elle aussi fortement accrue -, 484 pour la Russie contre 149 en 2002), a été multiplié par 40 au cours des trois dernières décennies le pays le plus endetté étant cependant constitué par les États-Unis avec une dette fédérale de près de 18 000 Mds $ début 2015, dette détenue notamment par, et curieusement, la Réserve fédérale (politique de rachat de dette publique sur le marché secondaire, devant la Chine, le Japon, des centres bancaires des Caraïbes, le Brésil...)

La dette publique américaine serait de 101,5 % du PIB en 2014 et marquée par une situation difficile sur le plan local tant en ce qui concerne les villes dont nombre d'entre elles sont surendettées que certains États fédérés comme la Californie, l'Arizona... ; la dette cumulée atteint les 81 348 Mds $ US fin 2014 ; il s'agit d'abord d'une dette des administrations publiques, devant la dette privée des particuliers - les États-Unis sont caractérisés par un très faible taux d'épargne des ménages - (V. *Financial Accounts of the United States, US Federal Reserve, statistical release*, déc. 2014).

La dette publique brute au sein de l'Union européenne (% du PIB)

	2004	2006	2008	2010	2011	2012	2013	2014
Allemagne	64,9	66,5	65,1	80,5	77,9	79,3	77,1	74,7
France	65,7	64,4	68,1	81,7	85,2	89,6	92,3	95
Royaume-Uni	40,2	42,5	51,8	76,4	81,8	85,8	87,3	89,4
Italie	100	102,5	102,3	115,3	116,4	123,1	128,5	132,1
Espagne	45,3	38,9	39,4	60,1	69,2	84,4	92,1	97,7
Pologne	45,3	47,1	46,6	53,6	54,8	54,4	55,7	50,1
Irlande	28,3	23,8	42,6	87,4	111,2	121,7	123,2	109,7
Belgique	96,6	90,7	92,2	99,5	102	103,8	104,4	106,5
Rép. Tchèque	28,5	27,9	28,7	38,2	39,9	44,6	45	42,6
Bulgarie	36,1	21,3	13,3	15,9	15,7	18	18,3	27,6
Estonie	5	4,4	4,5	6,5	6	9,7	10,1	10,5
Danemark	44,2	31,5	33,4	42,9	46,4	45,6	45	45,2
Grèce	98,6	103,4	109,3	146	171,3	156,9	175	177,1
Chypre	64,7	59,3	45,3	56,5	66	79,5	102,2	107,5
Lettonie	14,2	9,9	18,6	46,8	42,7	40,9	38,2	40
Lituanie	18,7	17,2	14,6	36,2	37,2	39,8	38,8	40,9
Roumanie	18,6	12,3	13,2	29,9	34,2	37,3	38	39,8
Suède	47,9	43,1	36,8	36,8	36,2	36,6	38,7	43,9
Slovaquie	40,6	30,7	28,2	40,9	43,4	52,1	54,6	53,6
Finlande	42,7	38,2	32,7	47,1	48,5	52,9	55,8	59,3
Luxembourg	6,5	7	14,4	19,6	19,1	21,9	24	23,6
Autriche	64,8	67	68,5	82,4	82,1	81,5	80,9	84,5
Hongrie	58,8	65	71,9	80,9	81	78,5	77,3	76,9
Malte	72	64,6	62,7	67,6	69,7	67,4	69,2	71,9
Pays-Bas	50	44,9	54,8	59	61,3	66,5	68,6	68,8
Slovénie	26,8	26	21,6	38,2	46,5	53,7	70,3	80,9
Portugal	62	69,2	71,7	96,2	111,1	125,8	129,7	130,2
Croatie	38,3	36,1	36	52,8	63,7	69,2	80,6	85

Source : Eurostat et INSEE.

La dette publique brute, approche comparative (% du PIB)

	2005	2006	2007	2008	2009	2010	2011	2012	2013	2014
Japon	169,5	166,8	162,4	171,1	188,7	193,3	210,6	218,8	227,2	231,9
États-Unis	64,6	63,4	63,8	72,6	85,8	94,6	98,8	102,1	104,1	106,3
Canada	75,8	74,9	70,4	74,7	87,4	89,5	93,6	96,1	97	97,1
Allemagne	71,8	69,8	65,6	69,9	77,5	86,3	85,8	88,3	86,1	83,4
France	76,1	71,2	73	79,3	91,4	95,7	99,3	109,3	113	115,8
Royaume-Uni	45,5	45,3	46,4	56,7	71,3	84,5	99	102,4	107	110

Source : Japan's Fiscal Condition, ministère des Finances du Japon, janv. 2013 ; statistiques OCDE, prévision 2014.

§ 2. La lutte contre les déséquilibres financiers publics

218 Les déficits publics donnent lieu depuis de nombreuses années à des critiques régulières et constantes (**A**) et à une réaction des pouvoirs publics (**B**) au travers de deux grandes séries de critiques (**C**), conduisant à mettre en œuvre, le cas échéant, une restructuration de la dette publique (**D**)

A. La critique des déficits publics

219 En effet, ceux-ci sont de plus en plus critiqués. Certes, ils ont pu ou peuvent encore constituer un instrument de politique conjoncturelle et fournir aux pouvoirs publics un moyen d'assurer des missions économiques et sociales considérables en atténuant le recours aux prélèvements obligatoires ; en particulier, la conception classique elle-même admet, voire exige, que les équipements soient financés par l'emprunt car, expose-t-elle, ils bénéficient aux générations futures qui doivent donc logiquement supporter le poids du remboursement – on notera ainsi que, dans le cadre de la surveillance des finances publiques des États, la Commission européenne doit examiner « si le déficit public excède les dépenses publiques d'investissement » (TFUE, art. 126-3). Mais le caractère quasiment permanent et l'ampleur de ces déficits ont fini par entraîner des effets économiques néfastes : d'une part, il faut les financer, ce qui conduit à d'importants emprunts publics qui ont un « effet d'éviction » sur les entreprises puisqu'ils privent ces dernières de capitaux nécessaires à l'investissement et contribuent à une hausse des taux d'intérêt (même quand ils ne sont pas financés par création monétaire) ; d'autre part, ces déficits ont fini par entraîner un important endettement public qui pèse de plus en plus lourdement sur les budgets publics, à commencer par les intérêts à servir qui, surtout en période de récession économique, contribuent de plus en plus au... déficit (phénomène d'autoalimentation de la dette).

B. Une réaction des pouvoirs publics

220 Les pouvoirs publics ont cherché à réagir contre ce processus cumulatif.

En particulier, les autorités européennes ont inclus dans les critères de convergence des économies nationales un plafond en matière de déficit (3 % du PIB) et de dette (60 % du PIB) des administrations publiques (v. ss 291) avant de fixer aux États membres de la zone euro un objectif d'équilibre ou d'excédent des finances publiques, à atteindre sous le contrôle de la Commission et du Conseil (v. ss 301).

Ces mécanismes ont incité les États membres à mener une politique de réduction des déséquilibres, qui a porté assez largement ses fruits pendant la fin des années 1990 puisque, en moyenne européenne, le solde annuel des administrations publiques est passé d'un déficit sensible en 1996 (plus de 4 % du PIB) à un excédent (de l'ordre d'un point de PIB) en 2000 (date à laquelle la majorité des administrations publiques nationales enregistraient un excédent), entraînant une baisse de l'endettement public (environ les trois quarts du PIB en 1996 et les deux tiers du PIB en 2000), qui restait cependant supérieur au plafond de 60 %, du moins en moyenne (une majorité d'États étant à cette date sous cette barre des 60 %).

Mais ce mouvement fut contrarié par le ralentissement de l'activité économique qui s'est manifesté à partir de 2001 et qui, engendrant une dégradation quasi générale des comptes publics, avait amené la Commission européenne à déclencher les procédures d'alerte rapide ou de déficit excessif contre plusieurs pays et non des moindres (l'Allemagne, la France et l'Italie représentaient plus de la moitié du PIB de l'Europe des Quinze et les trois quarts de celui de la zone euro).

Le Conseil a adopté à de nombreuses reprises des décisions constatant des déficits excessifs contre une grande majorité d'États et non des moindres : l'Allemagne (21 janv. 2003), la France (3 juin 2003), le Royaume-Uni (24 janv. 2006)... ; une procédure d'alerte rapide (v. ss 301) fut déclenchée en 2003 contre l'Italie, en 2006 contre l'Allemagne et le Royaume-Uni... mais aussi dès 2004 contre Chypre, autant de procédures quelque peu vaines, la crise apparue en 2008 ayant finalement montré l'inanité de ces dispositifs jusqu'à ce que l'épisode grec, sans doute inachevé, suivi de celui Irlandais... ne remettent en avant l'emprise de l'Union sur les États membres dans le cadre d'une démarche collective de soutien conditionnée par des mesures rigoureuses de restructuration financière (supportables ?).

Initialement fixée à 2004 par le Conseil européen de Barcelone (2002), l'échéance de rétablissement de l'équilibre des comptes publics reportée à 2006 n'avait, il est vrai, pas été respectée.

La crise financière qui a marqué une majorité d'États membres, a quelque peu « balayé » conjoncturellement ce mouvement.

C. Deux grandes catégories de critiques

221 Ce système a soulevé, en substance, deux grandes catégories de critiques (dont l'origine est parfois surprenante puisqu'en 2002, le pacte de stabilité a été qualifié de « stupide » mais indispensable par le président de la... Commission européenne, R. Prodi), ce qui explique qu'il ait été partiellement réformé.

Les premières critiques concernent la validité des critères adoptés en matière de déficit et de dette.

D'une part, les plafonds retenus (3 % et 60 % du PIB) seraient très largement artificiels, à la fois parce qu'ils ne reposent sur aucune base scientifique (mais, à défaut de base scientifique, ne faut-il pas, à un moment ou à un autre, fixer au moins une limite conventionnelle ?) et parce que certaines statistiques nationales peuvent prêter à discussion (mais, en ce domaine, les instances européennes font preuve d'une vigilance croissante).

Les textes fixant les règles et principes relatifs à la dette sont l'article 126 du TFUE complété par le Protocole n° 12 « Sur la procédure concernant les déficits excessifs » et le Protocole n° 13 « Sur les critères de convergence ». Un règlement du Conseil du 22 novembre 1993 appliquait déjà un protocole sur les déficits excessifs annexé au traité CE ; ce règlement fut modifié par un règlement du Conseil du 28 février 2000 (précisant les notions de déficit, de dette et d'investissement publics) et un règlement du Conseil du 25 février 2002 (relatif à l'incidence des contrats d'échange de taux d'intérêt sur le calcul du déficit).

Les soldes et encours (ainsi que les autres critères de convergence), calculés à présent selon le SEC2010 (v. ss 3), sont établis, conformément aux normes européennes, par les administrations nationales (en France, l'INSEE coordonne le travail d'une vingtaine d'experts utilisant les comptes publics centralisés par la direction générale de la Comptabilité publique), puis notifiés deux fois par an (1er mars, 1er sept.) à l'Office statistique des communautés européennes ou

Eurostat (dépendant de la Commission européenne), qui doit certifier les chiffres (ce qu'il s'est parfois refusé à faire).

Eurostat a la responsabilité d'un (important) travail d'harmonisation des modes de calcul du déficit et de la dette accompli au sein de groupes de travail de la Commission (en collaboration avec les experts nationaux et la BCE), qui a notamment abouti à un « manuel SEC » sur les comptes publics. Il accomplit, par ailleurs, des missions de vérification dans les États membres et prend (ou fait prendre) des « décisions d'interprétation » fixant, dans les cas délicats, les éléments à prendre en compte (il a, par exemple, admis que le produit des licences UMTS vienne réduire le déficit de l'État mais refusé une telle solution pour les gains résultant de billets de banque non retournés à l'État).

D'autre part, le critère retenu en matière de déficit serait peu réaliste dans la mesure où il s'agit du déficit effectif alors qu'il conviendrait de s'attacher au solde public « structurel », en corrigeant le déficit effectif des conséquences financières (positives ou négatives) qui ne découlent que de la conjoncture. Mais, en ce domaine, les textes européens eux-mêmes imposent de prendre en compte les circonstances exceptionnelles et la Commission européenne en est venue à considérer à la fois le solde effectif et le solde structurel.

Le calcul d'un « solde structurel » (dépendant d'un PIB « tendanciel » ou « potentiel » et de la « sensibilité » ou « élasticité » des recettes et dépenses par rapport à la conjoncture) est effectué par l'OCDE, le FMI et, depuis 1999, la Commission européenne, des méthodes et résultats variables (en 1997, il concluait, pour un déficit effectif de 3 % du PIB en France, à un déficit structurel variant de 1 à 1,8 % du PIB selon les sources ; en 2001, à un déficit effectif de 1,41 % du PIB correspondait un déficit structurel variant de 1,3 à 1,7 % du PIB).

Depuis 2002, la Commission européenne prend officiellement en compte ce solde structurel (à côté du solde effectif, dont la prise en compte est imposée par les textes), en lui ajoutant la « qualité » (finances favorables à l'emploi et à l'enrichissement collectif) et la « soutenabilité » (en substance : ne pas déboucher sur une... impasse).

Dans le rapport adopté le 2 avril 2003 sur la situation française, la Commission relevait que le dépassement par la France du seuil de 3 % du PIB en 2002, non seulement n'était pas dû à des circonstances exceptionnelles (critère inscrit dans les textes : v. ss 301) mais n'était dû que pour un tiers environ à la conjoncture économique plutôt défavorable (le reste étant dû, pour l'essentiel, à un manque de maîtrise de la dépense – amorcé en 1999) et aux réductions d'impôts (appliquées en 2002 et estimées à 0,5 point de PIB). Les cadres juridiques adoptés successivement en 2005 et 2011 ont renforcé l'emprise de l'Union européenne sur les finances publiques nationales, leur surveillance et amélioré leur lisibilité, même si le processus de « standardisation » et de transparence n'a pas encore été pleinement mené à son terme.

La seconde série de critiques a trait à l'objectif même d'équilibre et d'excédent assigné par les textes aux finances publiques de la zone euro.

D'une part, il méconnaîtrait les vertus conjoncturelles que peut revêtir un déficit budgétaire, encore que la prise en compte croissante d'un « solde structurel » n'exclue plus totalement la possibilité d'un déficit « conjoncturel », atténuant, notamment, le coût économique et social d'un équilibre.

Car le rétablissement de l'équilibre a nécessairement un coût économique et social (hausse des prélèvements et/ou baisse des dépenses), mais on remarquera que ce coût est d'autant plus élevé que l'endettement est (devenu) important car, le service de la dette étant obligatoire, les économies ne peuvent être effectuées que dans d'autres secteurs (sauf à renoncer aux économies par une hausse du niveau, déjà élevé, des prélèvements obligatoires).

Il convient cependant de bien garder à l'esprit la situation, nouvelle et fondamentale, qui fait que, dans le système mis en place pour la zone euro (et sauf, bien sûr, à contester ce système) le déficit budgétaire ne peut plus être envisagé du seul point de vue national car il a nécessairement des conséquences sur l'ensemble de la zone.

Les conséquences strictement économiques restent incertaines car le déficit public d'un pays peut peser (à la hausse) sur les taux d'intérêt (et contrarier à la fois la politique monétaire de la BCE et les intérêts économiques d'autres pays) mais, en sens inverse, relancer l'activité économique de ce pays et soutenir ainsi la croissance des partenaires. Mais les conséquences psychologiques peuvent être sensibles, à la fois vis-à-vis des partenaires de la zone euro (sentiment d'inégalité de sacrifices) et des pays extérieurs (voire hostiles) à cette zone (impression de laxisme et d'hétérogénéité), ce qui ne peut manquer d'avoir des conséquences à la fois financières (en particulier sur la tenue de l'euro) et politiques (en particulier sur la solidarité européenne). De sorte que, sans être nécessairement prohibé, le déficit ne peut, en l'état, reposer que sur la pierre angulaire de la coordination européenne (la compétence « intergouvernementale » du Conseil paraissant, ici, préférable à la compétence « supranationale » de la Commission).

De plus, les effets conjoncturels recherchés par le déficit budgétaire peuvent parfois être (mieux) atteints par la politique monétaire.

D'autre part, il privilégierait de façon excessive et injustifiée l'indicateur annuel (le déficit) par rapport à l'indicateur permanent (la dette) car c'est l'importance de la dette, et non du déficit, qui doit permettre de mesurer, en priorité, le caractère « sain » des finances publiques, également posé par le Pacte de stabilité (v. ss 301).

Mais l'endettement public a atteint une telle ampleur qu'on peut encore se demander s'il y a raisonnablement lieu d'admettre des déficits annuels – d'autant que ces déficits ne font souvent que refléter le refus d'accomplir des efforts indispensables ou même, parfois, le choix délibéré de la facilité, consistant à affecter un surplus de recettes, non pas à un désendettement (ou à une réduction du déficit), mais à de nouvelles dépenses.

Typique est, à cet égard, le cas de la « cagnotte fiscale » représentée par la sous-évaluation, fin 1999, des recettes pour 1999 et 2000 et qui, portant sur une cinquantaine de milliards de francs, a permis, non pas de réduire le déficit mais de le... maintenir à son niveau par une loi de finances rectificative (du 13 juill. 2000) opérant un allégement d'impôts (pour une quarantaine de milliards) et des dépenses nouvelles (pour une dizaine de milliards). On pourrait, en particulier, relever des cas semblables à la fin des années 1980.

Le législateur organique avait introduit en 2005 une disposition particulière, liée à la question (surprenante pour un budget structurellement déficitaire) de la redistribution des excédents (par rapport aux prévisions de la loi de finances) fiscaux qui seraient dégagés par l'État en cours d'année. Sur ce point, la loi organique du 12 juillet 2005 a modifié la LOLF en disposant que la loi de finances arrêterait désormais « les modalités selon lesquelles les éventuels surplus, par rapport aux évaluations de la loi de finances de l'année, du produit des impositions de toute nature établies au profit de l'État ». Le Conseil constitutionnel, rappela les termes mêmes de la réforme, en censurant une disposition relative à la répartition d'« excédents » de la TIPP (29 déc. 2005, 530 DC). La loi de finances pour 2007 avait précisé que les surplus fiscaux devaient être utilisés dans leur totalité pour réduire le déficit budgétaire (art. 52 IV).

Ainsi, le lancement en 2010 des Investissements d'avenir, à la suite des travaux de la *Commission sur le grand emprunt* créée en 2009 et présidée par deux anciens Premiers ministres, MM. Juppé et Rocard, puis des décisions prises en 2010 par le président de la République au vu du rapport rendu, fut présenté comme une importante contribution au développement de l'économie et en particulier de la recherche (35 Mds € dont 22 levés sur les marchés) ; la dette de la France n'en a pas moins été aggravée. Le montage financier, intégré dans le système des missions et programmes centrés notamment sur la recherche, les universités, ressemble à un budget spécial géré de façon autonome par un Commissaire général à l'investissement.

Dans un domaine où est en jeu le sort des générations futures, des dispositions orthopédiques, fussent-elles « technocratiques » ou « simplistes », sont peut-être nécessaires pour tenter de prévenir des pratiques certes démocratiquement décidées et souhaitées (voire politiquement profitables à leurs auteurs), mais qui s'apparentent parfois à des actes de suicide collectif.

« Nous voulons gérer les finances publiques en bons pères de famille. Il est hors de question de renvoyer sur les générations futures des dépenses engagées à notre bénéfice » : cette déclaration, faite en 2002 par M. A. Lambert, ministre délégué au Budget, rejoint le thème, périodiquement utilisé dans l'histoire financière française (notamment par R. Poincaré et A. Pinay), selon lequel l'État, comme la ménagère qui va au marché, ne peut dépenser plus que ce qu'il possède – ce qui, au demeurant, rend bien vertueux ménagère et bon père de famille qui, en réalité, connaissent souvent l'achat à crédit. L'image a été raillée, parfois à juste titre, car finances publiques et finances privées n'ont, ni les mêmes moyens, ni les mêmes objectifs (le déséquilibre des premières pouvant, notamment, s'avérer souhaitable dans certaines circonstances pour assurer l'équilibre des secondes). Mais elle traduit aussi la nécessité de ne pas s'écarter de certaines règles de bon sens, qui ont permis, en leur temps, d'assurer le rétablissement des comptes publics (et le succès politique de leurs promoteurs...).

D. De la soutenabilité à la restructuration de la dette publique

222 Le débat sur la dette publique demeure avec en permanence l'idée que la puissance publique pourrait ne pas honorer cette (sa) dette et faire défaut ou obtenir sa restructuration (refinancement, réduction...). Ces solutions, à nouveau évoquées à propos de la Grèce (mais aussi de l'Ukraine...), qui ont déjà été mises en œuvre pour différents États, sont à l'évidence le choix de la facilité qui néglige le fait qu'il y a toujours un perdant, celui qui a prêté (qu'il

s'agisse de l'épargnant ou du contribuable), et ce nonobstant tout débat sur la « légitimité » de cette dette. L'incapacité d'une collectivité publique à faire face à sa dette (service de la dette, capital) n'est pas une chose nouvelle (v. sur ce point la question des emprunts « toxiques » des collectivités locales françaises). La surveillance de la dette publique et en particulier des États est donc une constante internationale. À cet égard, le FMI et la Banque mondiale ont adopté en 2005 le **« cadre de viabilité de la dette »** dont l'objectif était et est de « guider les décisions des pays à faible revenu de manière à aligner leurs besoins de financement sur leur capacité de remboursement actuelle et éventuelle, en tenant compte de la situation particulière de chaque pays » (FMI). La question du risque est au cœur de cette problématique et coïncide avec le problème de la **soutenabilité de la dette publique** qui intéresse toutes les entités publiques. Le ministère français de l'économie et des finances indique, au travers du Forum de la performance, que la soutenabilité « est une notion peu aisée à définir » ! tout en précisant cependant qu'« en théorie une dette publique est insoutenable quand l'État devient incapable de financer sa dette publique y compris en levant des impôts nouveaux » mais en complétant cette approche en énonçant que l'on peut « parler d'insoutenabilité de manière moins stricte lorsque le coût de financement de la dette publique croît significativement avec l'élévation de la dette », mais il serait impossible « de fixer un seuil à partir duquel une telle insoutenabilité se manifeste » ! Les économistes, financiers, mettent en fait aussi l'accent sur la solvabilité de l'État et sa capacité budgétaire à moyen et long terme à faire face à sa dette tant s'agissant de sa charge que du remboursement du capital lui-même, approche que l'on applique à l'ensemble des personnes publiques ou privées. Les alternatives sont bien connues et ont été pratiquées : le défaut, le surcroît d'imposition, la réduction de la dépense publique, l'inflation. L'abandon d'une partie de celle-ci par les créanciers publics (mais aussi privés) est aussi une pratique fréquente.

Le **Club de Paris**, créé en 1956 à propos d'un litige qui opposait (déjà !) l'Argentine à ses créanciers, fait état de 430 accords concernant 90 pays endettés pour un volume de dette traité de

583 Mds $ US (fin 2014). Au cours de l'année 2013 deux accords furent conclus avec une annulation de dette atteignant les 5,5 Mds $ et un rééchelonnement pour plus de 4 Mds. Il est vrai cependant que les sommes en jeu dans le cas grec (voire espagnol, portugais... le cas échéant) sont bien supérieures aux montants traités habituellement au sein du club de Paris et qu'il paraît difficile d'imaginer que cet État puisse faire face au remboursement de sa dette.

223 La restructuration de la dette publique soulève cependant d'autres problèmes lorsque les détenteurs sont des créanciers privés. Il faut ici rappeler les contentieux qui opposent certains *fonds* (souvent anglo-saxons) qualifiés de « *vautours* » à des États et qui refusent la restructuration de la dette que d'autres créanciers ont pu accepter (comme les banques). Rachetant cette dette sur le marché secondaire en dessous de sa valeur nominale, ils attendent le remboursement intégral de cette dette. Devant le refus des États concernés, ils n'hésitent pas à engager un contentieux devant les juridictions en vue du recouvrement de celle-ci avec les intérêts et arriérés. Cette stratégie financière qui a concerné plusieurs États est à présent mise en cause par le FMI ou même l'ONU. Il est vrai que juridiquement cette situation est facteur d'une profonde inégalité entre ceux qui acceptent une restructuration et ceux qui la refusent. Pour autant, les juridictions ont généralement donné raison à ces fonds, comme ce fut le cas au travers, notamment, d'une décision de la Cour suprême des États-Unis du 16 juin 2014 (*Rép. of Argentina v. NML Capital LTD*) qui consacre le contrat et ses termes face à un accord conclu avec une majorité de créanciers. Cela explique une démarche nouvelle tendant à établir au plan international un nouveau cadre juridique destiné à régir ce type de contrat de prêt. L'Assemblée générale des Nations Unies a ainsi adopté le 9 septembre 2014 une Résolution relative à l'établissement d'un cadre juridique multilatéral applicable aux opérations de restructuration de la dette souveraine.

CHAPITRE 3

L'environnement européen

224 L'espace européen est sans doute celui qui a connu et connaît un nombre important d'organisations régionales créées pour l'essentiel depuis la fin de la seconde guerre mondiale. Organisation européenne de coopération économique (OECE), Association européenne de libre-échange (AELE), Conseil de l'Europe, Conseil des États nordiques... ont marqué l'histoire de cette construction régionale à vocation plus ou moins spécialisée et intégrée.

225 Parmi ces organisations, l'actuelle Union européenne est le fruit de la création de la Communauté européenne du charbon et de l'acier (CECA) par le traité de Paris (18 avr. 1951), puis de la Communauté européenne de l'énergie atomique (Euratom – CEEA) et de la Communauté économique européenne (CEE) (devenue Communauté européenne en 1993) par les traités de Rome (25 mars 1957). Ces communautés (desquelles a disparu, en 2002, la CECA) ont été élargies à de nouveaux membres à partir de 1972 et englobées dans l'Union européenne par le traité de Maastricht (7 févr. 1992) ; le traité de Lisbonne (13 décembre 2007) fait reposer l'Union sur deux traités : le traité sur l'Union européenne (TUE) et le traité sur le fonctionnement de l'Union européenne (TFUE). L'Union se retrouve à vingt-huit États membres depuis le 1er juillet 2013 avec l'intégration de la Croatie.

226 Les autorités de l'Union européenne sont actuellement constituées par un Conseil (à caractère intergouvernemental), une Commission (à caractère supranational) et un Parlement (qui partage le pouvoir législatif avec le Conseil), contrôlés par une Cour de justice et une Cour des comptes. Leur institution a entraîné le développement d'une supranationalité financière consacrée par les finances de l'Union européenne (SECTION 1) et, ce qui n'était pas prévu à l'origine à un encadrement progressif des finances publiques nationales par des voies d'ailleurs diverses (SECTION 2).

SECTION 1
LES FINANCES DE L'UNION EUROPÉENNE

227 Celles-ci relèvent d'une dimension supranationale (**§ 1**) et sont soumises à un système financier spécifique (**§ 2**).

§ 1. Une supranationalité financière

228 Il convient d'identifier les principaux domaines de matérialisation de cette supranationalité (**A**) et les principales activités financières de l'Union (**B**).

A. Les principaux domaines d'intervention

229 La supranationalité financière s'est traduite dans trois domaines principaux, à savoir l'interventionnisme économique (**1**), la fiscalité (**2**) et enfin le pouvoir budgétaire (**3**).

1. L'interventionnisme économique

230 Celui-ci est identifiable dans différents domaines.

D'une part, dans les secteurs les plus intégrés, principalement le domaine agricole, le pouvoir de réglementation (ainsi que le pouvoir de prendre certains engagements) a été, pour l'essentiel, transféré aux autorités de l'Union européenne ; il en est résulté des dépenses obligatoires, non seulement pour le budget de l'Union, mais encore pour les budgets nationaux : typique – et, par ailleurs, logique – est, à cet égard, la jurisprudence de la Cour de justice estimant qu'un gouvernement ne peut justifier son inaction par le refus du Parlement national d'ouvrir les crédits imposés par la législation communautaire (CJCE 17 mai 1972, *Leonesio*, aff. 93/71).

D'autre part, le droit l'Union a posé d'importantes limites à l'interventionnisme économique des administrations publiques nationales. Cette limitation s'est manifestée dès l'origine par certaines dispositions des traités constitutifs (essentiellement du traité CEE) qui prohibent ou restreignent certaines pratiques nationales contraires à la libre concurrence et à la non-discrimination entre pays de l'Union (mesures financières ou techniques protectrices, telles que droits de douane, restrictions quantitatives ou contrôle des changes, impositions ou aides publiques discriminatoires, monopoles publics injustifiés). Ces dispositions, dont le respect est placé sous la surveillance de la Commission, ont plus d'une fois entraîné la condamnation des États, dont la France, devant la Cour de justice.

L'exemple probablement le plus connu de l'interdiction des impositions discriminatoires (résultant actuellement de l'article 110 du TFUE) est celui de la « super-vignette » qui frappait en France les véhicules de plus de 16 CV et qui fut condamnée, à partir de 1985, par la Cour de justice des communautés parce qu'elle ne concernait, en réalité, que des véhicules non français.

Quant au régime des aides publiques nationales aux entreprises, il résulte principalement des actuels articles 107 et 108 du TFUE ; l'article 107 prohibe, en principe, les «... aides accordées par les États (lire : les administrations publiques nationales) ou au moyen de ressources d'État sous quelque forme que ce soit qui faussent ou qui menacent de fausser la concurrence en favorisant certaines entreprises ou certaines productions », ce qui revêt une particulière importance dans les pays interventionnistes, notamment ceux qui, tels la France, connaissent un vaste secteur public industriel et commercial, car, la jurisprudence de la Cour de justice aidant, ceci revient à restreindre sensiblement les possibilités d'aides aux entreprises publiques. On notera, d'ailleurs, que le régime se justifie, en réalité, autant par la volonté d'instaurer un interventionnisme économique européen que par les nécessités de la libre concurrence dès lors que la Commission européenne (qui doit préalablement approuver les régimes d'aides) peut autoriser certaines aides nationales, ce qu'elle fait généralement mais en imposant plus de rationalité et d'uniformité dans les aides nationales ; par ailleurs, existent des aides de l'Union (v. ss 237 s.). Cet interventionnisme étatique demeure dans tous les États membres de l'Union voire même a connu un très fort accroissement à partir de la crise économique et financière de 2007-2008.

2. La fiscalité

231 Dès l'origine les Communautés avaient été dotées, pour la CECA (alors bénéficiaire d'un prélèvement spécial) et à partir de 1970 pour les autres communautés, d'un système de ressources propres. Certes, le pouvoir de l'Union est limité en ce domaine car les ressources propres ainsi attribuées sont plafonnées (à un niveau relativement bas) et ne sont, pour certaines d'entre elles, que des contributions étatiques ; par ailleurs, aucune nouvelle recette (à commencer par l'« impôt européen » périodiquement évoqué) ne peut être décidée sans l'accord de tous les États membres. Mais certaines de ces ressources (droits de douane, en particulier) n'en relèvent pas moins de la seule compétence de l'Union et réalisent un transfert de pouvoir fiscal qui constitue une dérogation au pouvoir traditionnel des parlements nationaux de consentir l'impôt et de fixer la législation fiscale (le Conseil constitutionnel français l'a constaté dans ses décis. 30 déc. 1977, 89 et 90 DC).

On rappellera que les droits de douane entre États de l'Union n'existent plus depuis le 1er juillet 1968 et que les droits vis-à-vis des États non membres sont fixés dans un tarif extérieur commun déterminé par les autorités de l'Union ; l'essentiel des règles est désormais fixé par le Code des douanes de l'Union qui a pris pleinement en compte les effets du Traité de Lisbonne, et remplace progressivement les textes antérieurs à compter du 30 octobre 2013 jusqu'au 1er mai 2016 (règlement 952/2013 du 9 oct. 2013). Le Code des douanes français n'est plus, sauf exceptions (matières non douanières soumises au régime douanier, matières « sensibles » énumérées aux articles 38-4 et 215 dudit Code), qu'un code fixant les procédures.

On rappellera qu'aux États-Unis, dès 1789 était créée un système douanier fédéral, alors qu'il a fallu attendre 1913 (16e amendement) pour que l'État fédéral puisse taxer les revenus.

Par ailleurs, les autorités de l'Union européenne ont le pouvoir (TFUE, art. 113 et 115) d'harmoniser, essentiellement par voie de directives, les législations fiscales nationales, principalement dans le domaine des impôts indirects. Certes, ce n'est pas dans ce domaine que la supranationalité est la plus développée, car les États demeurent très attachés au principe de souveraineté fiscale (réaffirmé, par exemple, par le Conseil constitutionnel français dans sa décis. 29 déc. 1999, 424 DC), ce qui se traduit notamment, même après les traités de Maastricht, d'Amsterdam et de Lisbonne, par la nécessité de l'unanimité pour que le Conseil puisse statuer en ce domaine. Mais une fois adoptées, les directives s'imposent aux États, qui doivent les transposer dans leur droit interne (avec peu de marge d'appréciation, car ces actes sont souvent bien détaillés).

On notera qu'aux États-Unis les compétences fiscales des États fédérés restent très étendues (seule étant véritablement limitée la compétence en matière de commerce entre États), ce qui conduit à d'importantes disparités (dans les situations financières et la structuration des recettes publiques).

Ces directives concernent principalement la fiscalité indirecte (TFUE, art. 113), pour laquelle le texte d'harmonisation le plus notable fut la sixième directive du 17 mai 1977 sur l'assiette uniforme de la TVA, l'ensemble étant repris par une directive du 28 novembre 2006. Mais la fiscalité directe n'est pas totalement exclue de l'entreprise puisque le traité (TFUE, art. 115) permet d'y harmoniser les législations (ce qui a été fait en matière de fusion et de filiales de sociétés et pour la fiscalité des revenus de l'épargne) et que la Cour de justice impose de respecter les grands principes du droit de l'Union, notamment l'égalité de traitement et la libre circulation (ce qui peut priver d'effet certaines décisions nationales).

De plus, même en l'absence de directive formelle, les autorités de l'Union contribuent à un rapprochement progressif des pratiques nationales, de façon à éviter une concurrence fiscale excessive (dite dommageable ou encore déloyale) qui finirait par annihiler en fait toute souveraineté nationale.

Le Conseil avait adopté, le 1er décembre 1997 (et renouvelé en 2000), un code de conduite en matière de fiscalité des entreprises, instrument juridique non contraignant mais par lequel les États s'engageaient politiquement à ne plus adopter ou à démanteler en cinq ans les régimes (66) dits de compétition fiscale dommageable, c'est-à-dire ceux qui ont une incidence sensible sur la localisation des activités économiques. L'accord concernant les 15 a pour l'essentiel été mené à bon terme mais l'adhésion de nouveaux États conduisit à remettre sur le « chantier » cette question

3. Le pouvoir budgétaire

232 Ce dernier est, ici aussi, limité lorsqu'il s'agit du budget de l'Union européenne, assez largement bridé par le plafonnement et la structure des ressources propres ainsi que par des règles finan-

cières strictes, notamment le principe d'équilibre budgétaire sans recours à l'emprunt – ce qui n'empêche d'ailleurs pas un rôle sensible dans certains secteurs de dépenses (dépenses agricoles, fonds structurels : v. ss 237 s.).

233 Les recettes de l'Union ont été marquées par le passage en 1970 à un système dit de « ressources propres » (**a**) dont l'évolution a cependant assez largement ramené l'Union à un système de contributions nationales (**b**), dont la réforme est périodiquement évoquée, dans l'attente peut-être d'un impôt européen, lui aussi souvent évoqué (**c**).

a. Les ressources propres

234 Telles qu'elles ont été officiellement déterminées par les décisions successives du Conseil (du 24 juin 1988, 31 oct. 1994, 29 sept. 2000, 7 juin 2007, 26 mai 2014, accompagnée du règlement 609/2014 du 26 mai 2014) elles pourraient être classées en deux catégories (auxquelles s'ajoutent quelques produits mineurs (de l'ordre de 1 % du budget) tels que l'impôt sur le revenu des fonctionnaires de l'Union, les rémunérations de prêts et de services rendus, ou, jusqu'en 2002, le « prélèvement CECA »). La décision de 2014 fixe un montant total de ressources propres à un maximum en crédits de paiement de 1,23 % et de 1,29 % en crédits d'engagement « de la somme RNB de tous les États membres ».

La première catégorie (les « ressources propres traditionnelles ») est constituée de recettes exclusivement affectées à l'Union (après retenue par les États de frais de perception de 20 % : v. ss 640) mais qui, prépondérantes à l'origine (environ les trois quarts du budget dans les années 1970), ont fondu sous l'effet de l'évolution du commerce international (12 % en 2015).

Il s'agit d'abord des **droits de douane** perçus sur les produits (non agricoles) en provenance de pays extérieurs à l'Union, en application du tarif douanier commun fixé depuis 1968 par les autorités communautaires. Le désarmement douanier (Espace économique européen, accords de Marrakech en 1994) a cependant ramené leur part dans le budget de près de la moitié pendant les années 1970 à une part plus limitée (près de 10 % en 2015).

Il s'agit ensuite dans une approche assez générale de prélèvements, primes, montant supplémentaires ou compensatoires et des

cotisations sur le sucre et produits assimilés (isoglucose), versées par les producteurs de façon à associer ces derniers aux dépenses de soutien des marchés.

La seconde catégorie, qui représente désormais plus de 85 % de l'ensemble, est constituée de deux ressources qui ne sont pas spécifiques à l'Union.

L'une est formée par **une partie de la TVA** perçue dans les États : pour déterminer la part due par chaque pays, on applique à une « assiette uniforme », c'est-à-dire calculée de la même manière pour tous les États, un taux fixé annuellement par les autorités communautaires dans la limite d'un plafond initialement fixé à 1 %, porté à 1,4 % en 1986 et progressivement ramené à 0,5 % en 2004 ; ce plafond est remplacé par un taux d'appel fixe définitif établi à 0,30 % pour la période 2014-2020. Cette ressource pénalisait, en effet, les pays à forte consommation, qui ne sont pas forcément les États les plus riches, ce qui explique qu'au surplus l'assiette prise en compte pour chaque pays soit plafonnée à la moitié de son PNB (55 % de 1986 à 1994).

Cette ressource, qui dépassait la moitié du budget au début des années 1980, n'en représentait plus qu'environ 25 % en 2003 et 13 % en 2015. En outre, quatre États ont, sur la période 2014-2020, un taux d'appel réduit pour la TVA « afin que leurs charges budgétaires respectives soient allégées », à savoir : Autriche : 0,225 %, Allemagne, Pays-Bas et Suède : 0,15 %.

Une place croissante a donc été tenue par la **« quatrième ressource PNB »** qui, au moment de sa création en 1988, représentait environ 10 % du budget, atteignait en 2003 les 60 % et se situe en 2015 à près de 74 %.

Il s'agit d'une ressource complémentaire en ce sens qu'elle est appelée, à titre résiduel, pour couvrir les besoins qui ne peuvent être financés par les autres ressources. Il s'agit, encore moins que la ressource TVA, d'une véritable ressource propre puisque, répartie au prorata de leur produit national brut (celui de la valeur ajoutée produite) puis de leur revenu national brut (celui de la valeur ajoutée reçue) entre les États, elle est financée globalement par ces derniers. Pour la période 2014-2020, l'accord de 2013 a prévu un traitement adapté pour différents États, à savoir : Pays-Bas : réduction de la contribution brute annuelle de 695 M €, Suède : réduction de 185 M €, Danemark, réduction de 130 M €, Autriche, réduction de 30 M € en 2014, 20 en 2015, 10 en 2016. Ce mécanisme financier rapproche ainsi l'Union européenne de la forme principale et traditionnelle de financement des organisations internationales.

La réforme des ressources propres est un des axes importants du règlement CFP. À cet effet, un groupe de travail de haut niveau présidé par M. Monti a été constitué en janvier 2014 ; ses recommandations devraient être prises en compte dans le cadre de la révision à mi-parcours du CFP, c'est-à-dire avant la fin 2016.

b. Des mécanismes correcteurs

235 Les caractères précités de **contributions d'État** sont accentués par des **mécanismes correcteurs** introduits à partir des années 1970 à l'initiative du Royaume-Uni, soucieux de proportionner ses versements, non seulement à sa richesse, mais encore aux versements reçus de l'Union (« loi du juste retour », symbolisée par la phrase du Premier ministre britannique M. Thatcher : « *I want my money back* ») ; aussi ce pays (de même que l'Espagne et le Portugal pendant un temps) a-t-il obtenu, sous des formes qui ont varié, des compensations qui, depuis 1988, se traduisent par une réduction de sa contribution, prise en charge (mais dans des proportions variables), par les autres pays.

Le principe est qu'une partie (66 %) de la différence entre les ressources versées par le Royaume-Uni (au titre de la TVA et de la « ressource PNB ») et les sommes versées au Royaume-Uni est (après neutralisation de gains exceptionnels procurés au Royaume-Uni par l'augmentation de la retenue pour frais de perception et la réduction de l'assiette de TVA) déduite de la contribution due par le Royaume-Uni (au titre de la ressource PNB) et répartie entre les autres États, en principe au prorata de leur PNB mais en tenant compte du fait que certains pays ne doivent supporter qu'une partie de la contribution normalement due ; la Décision de 2014 précise, en son article 5,1 que « que la charge financière de la correction... est assumée par les États membres autres que le Royaume-Uni » mais en tenant compte des réductions et limites fixées pour certains États.

Les contributions nationales au budget de l'Union résultant de ces mécanismes font apparaître sur 2014 une prédominance de l'Allemagne ; l'Allemagne contribue au budget général à hauteur de 21,3 % (mais contre plus de 30 % en 1995), devant la France (16,3 %) l'Italie avec 12,2 %, le Royaume-Uni (10,9 %), l'Espagne (8,1 %), puis les Pays-Bas (5,6 %), la Belgique (4 %), la Suède (3,4 %), la Pologne (3,1 %), etc.

La Commission européenne s'essaie, avec beaucoup de prudence et tout en gommant quelques différences statistiques avec la Cour des comptes européenne, à présenter chaque année (mais avec un certain décalage dans le temps, pour ne pas dire un décalage certain !) un rapport sur la Répartition des dépenses de l'Union européenne par État membre.

L'Allemagne est historiquement le premier « contributeur » au budget de l'Union ; sur la base des statistiques 2013, cet État maintient son effort financier avec un solde budgétaire opérationnel net négatif (rapport « contribution » nette / « retour » financier – solde budgets opérationnels) le plus important avec –15,2 Mds € (soit 0,54 % du RNB). Elle se situe en contribution nette non pas devant la France mais le Royaume-Uni qui était à –9,8 Mds € (0,52 % du RNB), la France étant à –9,4 Mds € (0,45 % du RNB) et l'Italie avec –4,4 Mds (0,29 % RNB). Le principal bénéficiaire n'est plus l'Espagne (passant ainsi de 0,63 % du PNB en 2005 à 0,25 %), mais la Pologne : 12 Mds € (3,24 % du RNB). Si l'on s'en tient au seul impact sur le RNB de chaque État, la Hongrie (5,24 %), la Lettonie (4,51 %), qui sont les principaux bénéficiaires de l'effort financier européen, devant l'Estonie, le Luxembourg (paradoxal !)... Si l'on cherche à appréhender cet effort par « politique », le « retour » financier est quelque peu différencié selon les politiques en cause. La France demeure le principal bénéficiaire des dépenses agricoles devant l'Allemagne mais au niveau des politiques structurelles l'Espagne qui fut longtemps le principal bénéficiaire des fonds européens cède la place devant les nouveaux États adhérents fruit de l'élargissement de l'Union.

Le sort particulier du Royaume-Uni, souvent critiqué au travers des mécanismes de correction budgétaire, mérite ici d'être souligné. Cet État se trouve en effet, depuis 1992, dans une situation financière nettement « négative ». Il constitue un « contributeur net » de façon permanente depuis 2001, ce qui doit relativiser les critiques qui lui sont régulièrement adressées.

Globalement, la France n'est plus le principal État bénéficiaire des fonds européens ; la Pologne arrive désormais en tête en 2013 (16,1 Mds €) devant la France (14,2) l'Espagne (13,7 Mds), l'Allemagne (13 Mds), l'Italie (12,5 Mds), la Grèce, la Belgique, le Royaume-Uni, le Portugal, la Hongrie...

c. L'impôt européen

236 Il a souvent été évoqué comme un remède à cette absence de fait de ressources propres.

Ont été évoquées plusieurs solutions fiscales : un impôt européen sur les bénéfices des entreprises, une écotaxe... La création par plusieurs États membres d'une taxe de solidarité sur les billets d'avions ne relève pas de l'objectif d'alimenter financièrement le budget de l'Union et une agence européenne mais un fonds fiduciaire (technique amplifiée par le NRFG) international « adossé » sur l'Organisation Mondiale de la Santé et animé par les représentants des États concernés (France, Royaume-Uni...). Indépendamment même du problème de ses modalités techniques, cet impôt (ou ces impôts) supposerait que soient tranchés certains points majeurs touchant, d'une part au pouvoir fiscal (entre l'Union et les États ainsi qu'entre institutions de l'Union), d'autre part à la pression fiscale, car l'expérience a prouvé que (ne serait-ce que pour éviter les conflits entre institutions) les impôts s'additionnent sans (guère) se remplacer. Au sein des ressources propres, la proposition de Décision présentée par la Commission n'interdit pas la création de nouvelles taxes « dans le cadre d'une politique commune ». Le projet de création d'une taxe sur les transactions financières à laquelle onze États membres ont adhéré n'a pas clarifié la question de la destination même des sommes récoltées ; budget de l'Union, budget spécial européen pour une zone spécifique ou budgets des États membres ? En tout état de cause, la CJUE a admis, par sa décision du 30 avril 2014 (C-209/13, *Royaume-Uni c/ Conseil de l'Union*), que des États membres puissent créer une telle imposition dans le cadre d'une coopération renforcée, même si les principes d'imposition au titre de cette taxe n'avaient pas encore été définitivement établis.

B. Les principales activités financières de l'Union

237 L'Union européenne se caractérise depuis de nombreuses années par des domaines importants d'intervention constituant de réelles politiques européennes et qui influent directement ou indirectement sur les politiques nationales et sans doute aussi quelque peu sur l'organisation et la gestion administrative, technique, des politiques publiques. Elles sont généralement financées par le budget de l'Union (1), ce qui n'exclue pas différentes interventions hors budget (**2**).

1. Les politiques sur budget

238 Les dépenses budgétaires, qui n'avaient jamais atteint les plafonds fixés par les textes ont cependant connu en 2012-2013 une difficulté qui s'est reportée perceptible compte tenu des projections financières de la Commission européenne en 2011 pour le budget 2012 qui faisaient état d'un besoin financier de 132,7 Mds €, montant supérieur à la norme et imputable essentiellement à l'impact des deux principales politiques de l'Union, difficulté résolue dans la phase 2013-2014. Les politiques sur budget s'inscrivent à présent dans une double démarche : une réduction globale de l'effort financier de l'Union avec une baisse en volume des crédits d'engagement et de paiement par rapport à la période 2007-2013 (-3,4 % en CE et – 3,7 % en CP) et une réduction en volume de l'effort fait en faveur de certaines politiques (cohésion économique, sociale et territoriale, croissance durable : ressources naturelles) et a contrario un accroissement des affectations financières en direction surtout de la politique dite compétitivité pour la croissance et l'emploi (+37 %) et sécurité – citoyenneté (+26,8 %).

239 Celles-ci sont actuellement classées en six rubriques (5 effectives à partir de 2015) depuis l'Accord interinstitutionnel du 2 décembre 2013 sur la discipline budgétaire, la coopération en matière budgétaire et la bonne gestion financière (Le cadre financier pluriannuel – CFP – étant défini, par le règlement 1311/2013 du 2 décembre 2013), à savoir, pour la période 2014-2020 :

1 : Croissance intelligente et inclusive (total : 450,76 Mds €), avec deux volets : 1a Compétitivité pour la croissance et l'emploi (125,6 Mds €), 1b Cohésion économique, sociale et territoriale (325,14 Mds €),

2 : Croissance durable : ressources naturelles (total : 373,17 Mds €),

3 : Sécurité et citoyenneté (15,68 Mds €),

4 : L'Europe dans le monde (58,7 Mds €),

5 : Administration (61,62 Mds €),

6 : Compensations (27 M € en 2014).

Ces dépenses relèvent encore de deux grands domaines : l'agriculture (dont la PAC) (**a**) et les politiques « de cohésion » (**b**). En 2015, le budget de l'Union s'élève à 145,3 Mds € (en crédits d'engagement) et 141,2 Mds € en crédits de paiement, (soit près de 1 % du RNB de l'UE) et connaît deux axes prédominants de dépense budgétaire qui ont représenté 86 % des crédits en 2015. Ces dépenses ne sont pas exclusives d'autres politiques dites internes (**c**), externes (**d**) et impliquent aussi un ensemble de dépenses administratives (**e**).

a. La fin d'une prédominance historique de la politique agricole

240 Durant de nombreuses années, l'essentiel des dépenses budgétaires était consacré à la **politique agricole** qui, longtemps seule politique véritablement commune, absorba jusqu'aux années 1970 plus des trois quarts du budget, principalement par l'intermédiaire de la section « garantie » du Fonds européen d'orientation et de garantie agricole (FEOGA) mécanisme budgétaire de soutien aux marchés (devenu au 1er janv. 2007 le **Fonds européen agricole de garantie** – FEAGA – et régi à présent par le règlement 1307/2013 du 17 déc. 2013). L'élargissement des Communautés et la réforme de la politique agricole commune entraînée par les surproductions et les négociations commerciales mondiales (OMC) ont conduit à

une baisse sensible de la part de ces dépenses, qui, désormais programmées dans la rubrique « Croissance durable : ressources naturelles » ne représentent plus en 2015 au titre des marchés agricoles que 30,3 % du budget général ; si l'on y associe le volet développement rural (Agriculture et développement rural), la part du budget consacrée au monde agricole et rural européen se situe à 40,7 % du dit budget.

Longtemps traduite par une aide aux produits (garantie de prix, aides à l'exportation, achats, stockage, destruction d'excédents...), la politique agricole commune (PAC) a été réformée à partir de 1992 et s'est orientée, à partir de 2004-2005, vers un soutien largement indépendant de la production (« paiement unique par exploitation »), ce qui a facilité la mise en œuvre des accords de l'été 2003 passés, dans le cadre de l'OMC, avec les États-Unis en vue de réduire les subventions agricoles. Davantage subordonnée au respect de normes de qualité et de respect de l'environnement, cette PAC est plus axée sur le développement rural avec une identification financière : le Fonds européen agricole pour le développement rural (FEADER) ; les actions de développement rural doivent respecter l'environnement et ont pris, en France, la forme de contrats territoriaux d'exploitation conclus avec les exploitants. En juin 2007, les ministres de l'Agriculture ont décidé de la mise en place d'une organisation commune de marché unique destinée à l'ensemble des produits agricoles qui s'est substituée aux 21 organisations communes de marché qui existaient alors, cette création conduisant à la fois à l'harmonisation des régimes d'intervention ou encore du régime des aides d'État au travers d'un règlement unique avec la constitution d'un organisme commun de marché. La France est très traditionnellement le premier État bénéficiaire des aides relevant de la PAC devant l'Espagne, l'Allemagne et l'Italie, la Royaume-Uni suivant, ce qui est plus mal connu, dans cette liste des principaux bénéficiaires. Cette politique est marquée par la disparition au 1er avril 2015 des quotas laitiers, contrainte de production introduite en 1984 pour faire face au développement des excédents laitiers.

Le Fonds européen pour les affaires maritimes et la pêche (FEAMP) demeure particulièrement limité (1,7 % des crédits de cette politique) et que dire des actions sur le climat et l'environnement (programme Life) : 0,7 %.

b. L'affirmation d'une politique de « cohésion »

241 Parallèlement à la politique agricole, a été développée, surtout à partir de 1988, une « politique structurelle » ou encore de « cohésion » visant au développement de certaines zones du territoire ainsi qu'à l'accroissement de la solidarité entre pays de l'Union. Les crédits correspondants se sont accrus au fil des années passant de moins du dixième puis à environ un tiers du budget et se pré-

sentant désormais sous une dénomination budgétaire à la mode dont on cherche sans doute un peu le sens et la portée : « croissance intelligente et inclusive ». Celle-ci représente près de 46 % du budget 2015.

Cette action a été menée par l'intermédiaire des « fonds structurels » : Fonds social européen (FSE, institué en 1957), section « orientation » du Fonds européen d'orientation et de garantie agricole (FEOGA, institué en 1962), Fonds européen de développement régional (FEDER, institué en 1975) et Instrument financier d'orientation de la pêche (institué en 1993), auxquels s'ajoutèrent le **Fonds européen de cohésion**, institué, en application du traité de Maastricht (TCE, art. 161), à l'intention spécifique des pays les moins riches, et le Fonds de solidarité de l'Union, institué (par le Conseil) en 2002 pour venir en aide aux régions sinistrées.

Ces fonds ont été placés sous la dénomination commune de « **Fonds structurels et d'investissement européens** » (Fonds ESI) dont des dispositions communes et la coordination ont été définies par un règlement 1303/2013 du 17 décembre 2013 (imposant à chaque État l'établissement au niveau national et régional des principes stratégiques et un Cadre Stratégique Commun (CSC), et une approche partenariale au travers de l'élaboration par chaque État membre d'un accord de partenariat définissant « les modalités qui garantissent la concordance avec la stratégie de l'Union pour une croissance intelligente, durable et inclusive ainsi qu'avec les missions spécifiques des fonds... »).

Pour la période 2014-2020 de nouveaux règlements, ayant pris effet au 1er janvier 2014, régissent ces politiques de l'Union avec, en particulier : le Fonds européen agricole pour le développement rural – FEADER – (règlement 1305/2013 du 17 déc. 2013) ; Le Fonds européen pour les affaires maritimes et la pêche – FEAMP – (Règlt 508/2014 du 15 mai 2014) qui a succédé au Fonds européen pour la pêche, lui-même héritier de l'Instrument financier d'orientation de la pêche (IFOP), le Fonds européen de développement régional (Règlt 1299/2013 du 17 déc. 2013), le Fonds social européen (Règl. 1304/2013 du 17 déc. 2013), le Fonds de cohésion (Règl. 1300/2013 du 17 déc. 2013), la coordination de ces fonds étant opérée par un règlement 1303/2013 du 17 déc. 2013 portant dispositions communes.

Pour la période 2014-2020, le dispositif repose désormais sur deux objectifs : Compétitivité pour la croissance et l'emploi (13 % des crédits d'engagement), Cohésion économique, sociale et territoriale (33,8 % des crédits d'engagement).

Ces dispositifs sont affectés à la fois d'une réserve de performance de 6 % pour l'objectif « Investissement pour la croissance et l'emploi » et le FEADER et diverses mesures et de la possibilité du financement de l'assistance technique (à hauteur de 0,25 % et attribué à l'initiative et/ou pour le compte de la Commission).

L'Objectif *Compétitivité pour la croissance et l'emploi* intègre des démarches assez différenciées comme le Cadre stratégique commun précité pour la recherche et l'innovation qui représente 56,6 % du total mais aussi des actions comme l'éducation, Erasmus... ou encore le Mécanisme pour l'interconnexion en Europe...

L'objectif *Cohésion économique, sociale et territoriale* intéresse les régions « les moins développées », cet axe d'intervention dénommé « Convergence régionale » représentant à lui seul 49 % des crédits, suivi du fonds de cohésion, de la compétitivité, de l'aide aux régions en transition (cet objectif intègre le soutien aux régions ultrapériphériques et à faible densité de population, la coopération territoriale européenne).

En France, les règles d'éligibilité des dépenses des programmes cofinancés par les fonds structurels sur cette période ont été fixées par le décret n° 2007-1303 du 3 septembre 2007 modifié notamment par le décret n° 2011-92 du 21 janvier 2011, dans le sens d'ailleurs d'un relatif assouplissement des mécanismes d'éligibilité (ex. possibilité de prendre en charge une part des dépenses assurées dans un État tiers, éligibilité des contrats de sous-traitance, éligibilité des charges fiscales et sociales sur les salaires et traitements...). Dans le prolongement de la loi du 27 janvier 2014 de modernisation de l'action publique territoriale et d'affirmation des métropoles, il a été prévu (ce qui n'est pas fondamentalement nouveau) que des collectivités territoriales puissent se voir confier la gestion de tout ou partie des programmes des fonds structurels et d'investissement européens soit en qualité d'autorité de gestion soit en vertu d'une délégation de gestion. Le décret 2014-580 du 3 juin 2014 relatif à la gestion de tout ou partie des fonds européens pour la période 2014-2020 en a organisé le cadre juridique, la mise à disposition des services de l'État à cet effet reposant sur des conventions type (décret 2014-1188 du 14 oct. 2014). Une coordination est assurée avec la création d'un Comité national État-régions et de la même façon au niveau de chaque région (Décr. 2015-229 du 27 févr. 2015).

c. Les politiques internes

242 Représentant près de 14 % des crédits, elles concernent un ensemble très diversifié d'interventions, pour plus de la moitié, la recherche (désormais placée parmi les priorités), devant les « réseaux durables » en matière de transport et d'énergie, l'éducation et la formation, ainsi que diverses mesures facilitant l'intégration européenne (espace Schengen, santé et sécurité, justice et affaires intérieures, culture, l'alimentation humaine et animale, la protection civile...), une partie de ces interventions se retrouvant

au titre de la rubrique Sécurité et citoyenneté, d'autres de la rubrique 1b « Compétitivité pour la croissance et l'emploi »...

L'émergence de nouvelles préoccupations comme la santé et la protection des consommateurs, l'information et les médias, la gestion des flux migratoires, la sécurité... a conduit à « multiplier » les interventions. Ces politiques se sont diversifiées ces dernières années et ont été complétées par des instruments financiers qui ne sont pas nécessairement intégrés au cadre financier pluriannuel ; ainsi, pour 2014-2020, on peut mettre en avant le Fonds européen d'ajustement à la mondialisation, le Fonds de solidarité, la Réserve d'aide d'urgence ou encore l'Instrument de flexibilité (pour des dépenses « précisément identifiées et non prévues »).

La création en 2002 du Fonds de solidarité de l'Union européenne était destinée à aider les territoires d'États membres ou d'un pays candidat confrontés à une catastrophe majeure (Accord interinstitutionnel du 7 nov. 2002) ; ce fonds, à fin 2014, avait aidé la très grande majorité des États membres (et notamment la France à six reprises). D'autres instruments tout aussi particuliers relèvent, eux, du cadre pluriannuel, comme le Fonds européen d'aide aux plus démunis, le Fonds pour les migrations et l'asile (en forte baisse !), le Fonds pour la sécurité intérieure...

d. Les politiques externes

243 La Commission les présente désormais sous l'intitulé suivant « L'Europe dans le monde » et non plus « L'UE en tant qu'acteur mondial » comme pour la période 2007-2013 (coopération avec des pays tiers, aide humanitaire, programmes méditerranéens...). Elles ne représentent en fait qu'une faible part des dépenses budgétaires, 6 % du budget en 2015, mais sont parfois financées hors budget (v. ss 245). Le volet financier de la Politique étrangère et de sécurité commune (PESC) ne représente que 3,8 % des crédits de cette rubrique.

Elles comprennent, en particulier, les aides de pré-adhésion destinées notamment à la Turquie. Celles-ci bénéficient avec le règlement du Parlement européen et du Conseil du 11 mars 2014, aux États suivants : Turquie, Ancienne République yougoslave de Macédoine, Albanie, Islande, Bosnie-Herzégovine, Monténégro, Serbie, et au Kosovo Ces politiques reposent pour l'essentiel sur des Instruments financiers : Instrument de pré-adhésion (IAP II, règlt. 231/2014 du 11 mars 2014), Instrument européen de voisinage (IEV, règlt 232/2014 du 11 mars 2014), Instrument de partenariat pour la coopération avec les pays tiers (IPCT, règlt 234/2014 du 11 mars 2014), Instrument de financement de la coopération au développement pour la période 2014-2020 (ICD, règlt. 233/2014 du 11 mars 2014), dans le cadre du règlement 236/2014 du 11 mars 2014 énonçant des règles et des modalités communes pour la mise en œuvre des instruments de l'Union pour le financement de l'action extérieure, On notera la perpétuation de la coopération pour la démocratie et les droits de l'homme (IEDDH, règlement 235/2014 du 11 mars 2014), la Commission européenne étant assistée en ce domaine par un Comité des droits de l'homme et de la démocratie.

On notera enfin une sorte de perpétuation d'Euratom avec l'instrument relatif à la coopération en matière de sûreté nucléaire (règlement 237/2014 du 13 déc. 2013) qui est destiné aux pays tiers dont la vocation est double : promouvoir un niveau élevé de sûreté nucléaire et de radio protection et favoriser des contrôles de sécurité efficaces ; institué en 2007 il s'inscrit dans le cadre et le prolongement des accidents de Tchernobyl et de Fukushima et peut bénéficier « à l'ensemble des pays tiers dans le monde ».

Elles sont, le cas échéant, mises en œuvre avec l'appui d'Agences décentralisées.

Enfin, sont maintenues des lignes d'intervention particulières : l'Aide humanitaire et une Réserve d'aide d'urgence.

e. Les dépenses administratives

244 Les dépenses des institutions de l'Union se situent en 2015 à 6,2 % du budget dont une partie est affectée aux dépenses de traduction (le coût des services linguistiques s'est inévitablement accru avec les élargissements successifs et le nombre de langues de travail).

Le premier poste en engagements au titre de « l'administration » européenne est celui des pensions devant celui de l'administration de la Commission.

2. Les politiques hors budget

245 Certaines activités financières intéressant directement l'Union européenne sont effectuées en dehors de son budget général. Elles relèvent de deux orientations majeures et s'appuient sur la Banque européenne d'investissement.

Deux orientations majeures doivent être mises en avant.

a. L'aide au développement

246 Il s'agit, ici des **Fonds européens de développement** (institués en 1959 et permis par TFUE, art. 199-3 actuel), financés par des contributions des États, lesquels ont souhaité conserver un contrôle direct des financements, dont, en conséquence, ils fixent (par accords internes au Conseil) le niveau et la répartition dans le cadre des accords successifs passés avec les pays en voie de développement (conventions de Yaoundé, de Lomé, puis de Cotonou du 23 juin 2000 lui-même révisé en 2005 par l'accord de Luxembourg du 25 juin 2005 puis en 2010 par l'accord de Ouagadougou du 22 juin 2010).

Celui-ci est à présent traduit dans un accord interne du COREPER du 24 juin 2013 concernant le cadre financier pluriannuel 2014-2020 ; l'ensemble est régi par un règlement financier du 18 février 2008, tandis que c'est un règlement du Conseil du 14 mai 2007 qui a organisé la mise en œuvre du 10e Fonds. Celui-ci a été modifié par un règlement du 11 avril 2011 pour tenir compte de la création par le traité de Lisbonne du service européen pour l'action extérieure (SEAE). Un règlement 566/2014 du 26 mai 2014 organise la phase transitoire entre le 10e et le 11e FED.

Au titre du onzième FED, pour la période 2014-2020, et avec une enveloppe financière de près de 30,5 Mds €, le FED est réparti comme suit : 29 Mds pour les pays ACP, 0,36 pour les PTOM, et enfin 1 Md à la Commission pour des dépenses de programmation.

La contribution de la France devrait s'élever à près de 5,4 Mds € soit 17,8 % (20,5 % pour l'Allemagne).

Le règlement précité du 11 avril 2011 organise l'activité et le contrôle des chefs de délégation de l'Union européenne (en particulier lorsqu'ils agissent en qualité d'ordonnateurs subdélégués) et des délégations de la Commission qui sont amenées à appartenir, sur le fondement du TFUE, au Service européen pour l'action extérieure (SEAE).

Ces crédits sont gérés, en fonction des orientations décidées par le Conseil des ministres et le comité des ambassadeurs institué dans l'Accord de Cotonou, par la Commission (assistée d'un comité spécial) et soumis, en principe, aux contrôles européens y compris, et bien paradoxalement, au pouvoir de décharge par le Parlement européen qui réclame avec insistance leur budgétisation (allant jusqu'à refuser en 1996 la décharge pour 1994). Une estimation des résultats de cette politique a été prévue à mi-terme de cette période par les parties sur la base d'une proposition de la Commission.

En 1993, le Parlement européen et la Commission ont introduit dans le budget général de l'Union une subdivision (titre B7-1) destinée à retracer (et à faire autoriser par l'autorité budgétaire communautaire) les opérations de ces Fonds, mais la budgétisation effective n'a pu avoir lieu (les rubriques sont dotées « pour mémoire ») en raison de l'opposition des États (et du Conseil), confortée par la Cour de justice (20 mars 1994, *Parlement c/ Conseil*).

Il s'agit, d'autre part, **des activités d'emprunt et de prêt.** L'Union européenne (à la différence, d'ailleurs, dc l'ancienne CECA ou de la CEEA) ne peut emprunter pour financer son propre budget (v. ss 259). Mais, antérieurement, avaient été institués des mécanismes (non prévus aux traités) permettant, sur décision du Conseil, d'emprunter pour prêter aux États membres dont la balance des paiements est menacée (le système, institué en 1975 et géré par l'autorité monétaire européenne, a, notamment, profité à la France en 1983), pour financer des projets industriels (« Nouvel instrument communautaire » institué en 1979 et géré par la Banque européenne d'investissement) ou pour assister des pays tiers (notamment d'Europe centrale), l'ensemble étant étayé par un système de bonifications d'intérêt et de garanties d'emprunt, financé par une réserve du budget général alimentant un fonds de garantie (le tout récapitulé dans un état indicatif annexé au budget de la Commission et faisant, en conséquence, l'objet d'un contrôle par le Parlement).

On doit noter à cet effet que la Communauté européenne avait créé en 1994 un Fonds de garantie relatif aux actions extérieures « dont les ressources sont destinées à rembourser les créanciers de la Communauté, en cas de défaillance du bénéficiaire d'un prêt accordé ou garanti par les Communautés, ou d'une garantie de prêt accordée par la Banque européenne d'investissement pour laquelle les Communautés se portent garantes » (Règl. n° 480/2009 du Conseil du 25 mai 2009, art. 1er). Sont ici visées les opérations bénéficiant à des pays tiers ou à des projets situés dans des pays tiers. On notera que les crédits afférents proviennent du budget européen, d'intérêts produits par le placement financier des disponibilités de ce fonds mais aussi des recouvrements obtenus auprès des débiteurs défaillants.

b. Les interventions de la Banque européenne d'investissement

247 Parmi les activités exercées par des services personnalisés, celles de la **Banque européenne d'investissement** (BEI) doivent être soulignées. Cette institution financière à but non lucratif, créée en 1958 en application du traité CEE (TFUE, art. 308-309), relève des États membres, qui en détiennent le capital et désignent ses organes dirigeants (conseil des gouverneurs, conseil d'administration, comité de direction, comité de vérification). Véritable « bras

financier» de l'Union, elle accorde (à partir de ses ressources propres ou, surtout, d'emprunts) des prêts et garanties dans et hors de l'Union et gère, pour le compte de l'Union (qui, en contrepartie, garantit les prêts accordés sur ressources propres), de nombreuses opérations financières, notamment les prêts européens aux projets industriels, le Mécanisme de financement avec partage des risques (MFPR) en faveur des projets de RDI et le Fonds européen d'investissement, institué en application de l'Initiative européenne de croissance décidée en 1992 au Conseil européen d'Édimbourg (il gère, depuis 2000, l'ensemble des instruments de capital-risque de l'Union – près d'une quarantaine de fonds –) ; on notera aussi la création, en 2007, du Fonds fiduciaire UE-Afrique pour les infrastructures, en 2014 celle du Fonds fiduciaire de l'Union européenne pour la République centrafricaine « Fonds UE Bêkou », gérés eux aussi par la BEI.

Toutefois, la BEI se voit imposer une double fonction :

- d'accompagnement du pacte de stabilité et de croissance par la mobilisation de ses moyens financiers additionnés à des crédits non utilisés du Budget de l'Union pour relancer l'activité économique européenne ;

- de mise en œuvre, dans le cadre du traité de Lisbonne, ce qui est particulièrement nouveau, de dispositifs « répressifs » destinés à pénaliser des États n'ayant pas respecté une certaine discipline budgétaire, la BEI étant amenée à revoir « sa politique de prêts à l'égard de l'État » concerné,

La BEI a prêté en 2013 environ 75 Mds € répartis comme chaque année pour près de 90 % au sein de l'Union et le solde auprès de pays partenaires ; sont concernées en premier lieu les actions relevant de la cohésion économique et sociale de la compétitivité et de l'innovation. Son capital a été augmenté en faveur de sa politique (243 Mds € au 1er juil. 2013). Il est, actuellement, principalement fourni (à hauteur de 16,17 % chacun) par l'Allemagne, la France, l'Italie et le Royaume-Uni. Les prêts qu'elle accorde (encours maximum de deux fois et demi le capital) se font en principe en cofinancement ; l'encours se situait fin 2013 à près de 428 Mds € (prêts versés et à verser, essentiellement sous la forme d'emprunts à long, moyen et court terme) ; ils concernent environ 160 pays et, à l'intérieur de l'Union (qui absorbe la majorité des prêts), ont pour objectifs principaux la cohésion économique et sociale (aménagement du territoire, grands réseaux), la compétitivité industrielle, la protection de l'environnement (lutte contre le changement climatique), la croissance et l'emploi. La BEI affiche en fait trois priorités dans l'emploi de ses prêts : le soutien aux PME, l'aide dans les régions de la convergence, la lutte contre les changements climatiques.

La volonté de voir la BEI jouer un rôle encore plus dynamique dans le soutien aux économies en particulier européennes apparaît dans le *Plan d'activité 2013-2015* du Groupe BEI lequel s'est fixé comme objectif, sur trois années, un volume de prêts de 200 Mds € et de ce fait une capacité supplémentaire de prêt de 60 Mds €, en s'inscrivant dans le prolongement du Pacte pour la croissance et l'emploi et orientant sa politique de prêts en faveur de l'innovation, des PME, de l'efficacité des ressources et des infrastructures dites stratégiques. Ce Plan apparaît en outre clairement comme une sorte de contre-feu financier en faveur du secteur privé qui serait touché par la réduction des investissements et soutiens publics.

Cette volonté rencontre celle des États et de la Commission européenne. C'est dans cette approche commune qu'il faut intégrer l'initiative prise fin 2014 sous l'impulsion de la nouvelle Commission européenne présidée par Monsieur Juncker en faveur d'une « offensive pour l'investissement » qui doit reposer sur un Fonds européen pour les investissements stratégiques (FEIS) créé dans le cadre du groupe BEI et qui doit jouer un « effet de levier » en permettant de « mobiliser 315 Mds €de nouveaux investissements entre 2015 et 2017 ».

On rappellera que la BEI n'est cependant pas la seule institution de ce type sur l'espace européen. Il faut noter l'existence depuis 1991 de la Banque européenne pour la reconstruction et le développement (BERD) dont l'UE est l'un des principaux financiers mais qui ne relève pas des institutions de l'UE. Il faut aussi mettre en avant une banque moins connue mais relativement ancienne, la Banque de développement du Conseil de l'Europe (CEB), créée en 1956.

§ 2. Le système financier de l'Union

248 À l'instar du pouvoir financier (v. ss 226 s.), le système financier de l'Union européenne (depuis 1992) a connu une évolution sensible. À l'origine, en effet, il était marqué par la faiblesse des opérations financières (d'autant qu'il n'y avait que six États fondateurs) et par l'absence d'autonomie financière des communautés créées en 1957 (CEE, Euratom) : à la différence de la Communauté européenne du charbon et de l'acier (CECA) créée en 1951 et financée par un prélèvement directement perçu sur les entreprises, ces communautés étaient tributaires de contributions versées par les États (selon une clef de répartition fixée par les traités de Rome). Ce système, qui paraissait justifier l'attribution du pouvoir budgétaire au seul Conseil, fut cependant réformé par une décision du Conseil du 21 avril 1970 instituant un système de ressources propres (appelé à entrer progressivement en vigueur) et le traité de Luxembourg du 22 avril 1970 associant le Parlement européen au pouvoir budgétaire (complété par le traité de Bruxelles du 22 juill. 1975 renforçant les pouvoirs du Parlement et instituant une Cour des comptes). En raison du développement considérable des opérations financières, dû, notamment, aux divers élargissements, les ressources propres s'avérèrent vite insuffisantes (malgré une décision du 7 mai 1985), tandis que l'élection du Parlement européen au suffrage universel direct à partir de 1979 entraînait, au cours des années 1980, d'incessants conflits entre Parlement et Conseil.

Cette « guerre de dix ans » entre les deux branches de l'autorité budgétaire, ainsi que les querelles entre États sur le contenu du budget, s'achevèrent cependant (à la suite, notamment, de la signature de l'Acte unique en 1986) par un compromis d'ensemble sur les règles du jeu institutionnel et les perspectives financières à respecter par les acteurs. Ce « traité de paix », conclu en 1988 pour la période 1988-1992, fut renouvelé pour les périodes 1993-1999, 2000-2006, 2007-2013, enfin 2014-2020 par un accord interinstitutionnel du 2 décembre 2013 et une décision du 26 mai 2014 sur les ressources propres.

Ce sont les dispositions de ces « normes conventionnelles » (*soft law*) qui, avec les articles 285 à 287 (Cour des comptes) et 310 s. du traité sur le fonctionnement de l'Union européenne, fruit du traité de Lisbonne, fixent le cadre « constitutionnel » du droit financier.

Le Titre II de ce traité organise désormais en six chapitres ce droit financier, lequel ne constitue pas seulement une prise en compte du droit financier antérieur mais modifie sensiblement certains aspects de la gestion budgétaire de l'Union européenne.

Au regard de l'article 312 du TFUE, le cadre financier pluriannuel de l'Union suppose l'adoption d'un règlement. Celui-ci doit permettre la mise en concordance du droit budgétaire de l'Union avec le traité de Lisbonne (fin des dépenses obligatoires et non obligatoires, évolution de la procédure budgétaire). Dans cette perspective, la Commission européenne, estimant que diverses dispositions en vigueur ont été rendues caduques par le traité de Lisbonne, avait proposé en 2010, l'adoption de trois textes : un règlement fixant le cadre financier pluriannuel (CFP) pour la période 2007-2013, un règlement financier et un nouvel accord interinstitutionnel.

Le nouveau règlement financier général sera le règlement (UE, Euratom) n° 966/2012 du Parlement européen et du Conseil du 25 octobre 2012 relatif aux règles financières applicables au budget général de l'Union et abrogeant le règlement (CE, Euratom) n° 1605/2002 du Conseil ; il est complété par un règlement délégué de la Commission (UE) n° 1268/2012 du 29 octobre 2012 relatif aux règles d'application du règlement précité.

L'accord finalement trouvé et approuvé par le Parlement européen début juillet 2013, a prévu pour 2014-2020, une « enveloppe » de 960 Mds € (985 sur 2007-2013) en crédits d'engagement et 908 en crédits de paiement, les États s'engageant en 2013 à faire face aux retards de paiement, et admettant des engagements particuliers en faveur de la jeunesse et des plus démunis.

Ce système financier peut être appréhendé sous deux angles : le régime financier (**A**), les techniques financières (**B**).

A. Le régime financier

249 S'agissant du régime financier de l'Union européenne, le « cadre constitutionnel » ci-dessus évoqué (TUE, TFUE, accord interinstitutionnel) est relayé par des règlements financiers permettant sa mise en œuvre budgétaire, financière.

Jusqu'en 2012, deux règlements financiers relatifs au budget général des Communautés européennes (CE, Euratom) : un règlement général (187 articles) du 25 juin 2002, émanant du Conseil et un règlement d'exécution (273 articles) du 23 décembre 2002, émanant de la Commission (et ci-après désigné par les lettres RFE) complétaient ce cadre.

Le règlement du 25 juin 2002 a été abrogé par un nouveau règlement n° 966/2012 du Parlement européen et du Conseil du 25 octobre 2012 relatif aux règles financières applicables au budget général de l'Union (NRFG). Ce texte (214 articles) est pour l'essentiel entré en vigueur au 1er janvier 2013, la suite au 1er janvier 2014. Il a donné lieu à un règlement délégué (RD) de la Commission européenne n° 1268/2012 du 29 octobre 2012 (290 articles pour partie applicables dès le 1er janvier 2013 et pour une autre partie au 1er janvier 2014).

Les principes financiers sont à peu près alignés sur ceux de l'organisation étatique (**1**), la procédure budgétaire se rapproche davantage, pour l'instant, du compromis diplomatique (**2**), tandis que l'exécution (**3**) et le contrôle du budget (**4**) doivent tenir compte du caractère à la fois supranational et multinational de l'Union européenne.

1. Les principes financiers

250 À la différence de la CECA, qui s'inspirait très largement de la gestion privée, la Communauté européenne avait dû élaborer un véritable budget qui a été progressivement soumis, d'une part à certains principes généraux de l'action financière publique (**a**), d'autre part aux principes spécifiques classiquement appliqués aux budgets publics (**b**).

Aux termes du règlement général du 25 octobre 2012 (point 2 de l'exposé des motifs), « Le règlement (CE, Euratom) n° 1605/2002 énonçait les principes budgétaires et les règles financières qui régissent l'établissement et l'exécution du budget général de l'Union (ci-après dénommé « budget »), garantissent la rigueur et l'efficacité de la gestion, du contrôle et de la protection des intérêts financiers de l'Union, et accroissent la transparence, et qui doivent être respectés dans tous les actes juridiques et par toutes les institutions. Il est nécessaire que les principes fondamentaux, le concept et la structure de ce règlement ainsi que les règles de base de la gestion budgétaire et financière soient maintenus. Les dérogations à ces principes fondamentaux devraient être réexaminées et simplifiées autant que possible, compte tenu de leur pertinence, de leur valeur ajoutée pour le budget et de la charge imposée aux parties concernées. Il convient de maintenir et de renforcer les éléments essentiels des règles financières : le rôle des acteurs financiers, l'intégration des contrôles au niveau des services opérationnels, les auditeurs internes, l'établissement du budget par activité, la modernisation des règles et principes comptables ainsi que les principes de base applicables aux subventions ». S'agissant d'une institution aussi fortement soumise au principe d'équilibre, on saisissait mal pourquoi ce dernier n'était pas mis au rang des principes fondamentaux car, parmi ces derniers, il semblait le plus important, tant par les contraintes techniques et financières qu'il impose que par les conséquences politiques qu'il entraîne – ou plutôt empêche d'entraîner ; la nouvelle écriture du règlement financier général permet de placer le principe d'équilibre parmi les principes budgétaires, sans revenir sur ce qualificatif.

On notera que c'est un règlement du 13 décembre 2006 qui avait introduit le principe de bonne gestion financière, « qui suppose un contrôle interne efficace et efficient ».

Par ailleurs, l'article 2 du règlement du 25 octobre 2012 définit par « institution » : le Parlement européen, le Conseil, la Commission européenne, la Cour de justice de l'Union européenne, la Cour des comptes, le Comité économique et social européen, le Comité des régions, le Médiateur européen, le Contrôleur européen de la protection des données et le Service européen pour l'action extérieure (SEAE). Tel n'est pas le cas de la Banque centrale européenne.

a. Les principes généraux

251 Les règlements financiers de 2012 soumettent le budget à trois principes généraux ; celui de la transparence, celui de bonne gestion financière, et celui d'unité de compte.

1) Un principe de transparence (NRFG, art. 34 et 35 ; RD, art. 20)

252 Celui-ci impose, en application d'une acception généralement plus large (v. ss 52), aux institutions de l'Union « d'œuvrer aussi ouvertement que possible » (point 16 de l'exposé du NRFG), ce qui implique que « les citoyens aient la possibilité de savoir où et dans quel but l'Union dépense des fonds », ce qui suppose une clarté du budget et des comptes (auxquels on pourrait rattacher la non-compensation entre recettes et dépenses, v. ss 257), une information sur certaines opérations n'apparaissant pas directement au budget (Fonds de garantie aux actions extérieures, opérations d'emprunts-prêts). Est aussi imposée à la Commission la communication d'informations sur les bénéficiaires de fonds en provenance du budget (dans le respect de leur vie privée et de leurs intérêts légitimes) lorsque le budget est exécuté de manière centralisée et directe dans ses services et sur les bénéficiaires de fonds fournies par les entités auxquelles les tâches de gestion ont été confiées ; le budget et les comptes doivent faire l'objet d'une publicité rapide et adéquate. Le RD, reprenant en cela un règlement du 23 avril 2007, pose une obligation de publication « dans toutes les langues [...] dès que possible et au plus tard dans un délai de quatre semaines à compter de l'adoption définitive du budget ».

2) Un principe de bonne gestion financière (NRFG, art. 30 s. ; RD, art. 18 et 19)

253 Celui-ci est inspiré de la philosophie exposée en première partie, et implique une démarche financière fondée, en substance, sur trois éléments :

La nécessité d'une **évaluation** : tout acte soumis à l'autorité législative et susceptible d'avoir une incidence budgétaire (y compris le nombre d'emplois) (il doit être accompagné d'une fiche financière permettant d'en apprécier l'environnement, la pertinence et les conséquences financières, notamment pluriannuelles) ; toute proposition ou initiative susceptible d'avoir une incidence budgétaire, doit être évaluée avant, pendant et après l'exécution.

L'établissement d'un « **budget de performance** » fondé, un peu à l'instar du budget de l'État français sous le régime de la LOLF, sur « des objectifs spécifiques, mesurables, réalisables, pertinents et datés » (NRFG, art. 30-3) et dont la réalisation est mesurée par des indicateurs de performance.

L'exécution du budget selon les **principes d'économie, d'efficience et d'efficacité** (v. ss 52).

L'article 30-2 du NRFG, « le principe d'économie prescrit que les moyens mis en œuvre par l'institution en vue de la réalisation de ses activités sont rendus disponibles en temps utile, dans les quantités et qualités appropriées et au meilleur prix. Le principe d'efficience vise le meilleur rapport entre les moyens mis en œuvre et les résultats obtenus. Le principe d'efficacité vise l'atteinte des objectifs spécifiques fixés et l'obtention des résultats escomptés ».

3) Un principe d'« unité de compte » (NRFG, art. 19 ; RD, art. 5 et 6)

254 Le cadre financier pluriannuel et le budget doivent être libellés en une seule unité de compte (TFUE, art. 320) qui, depuis 1999, est l'euro – les Communautés avaient successivement connu le dollar américain (1951 à 1958 pour la CECA), le franc belge (1958 à 1960 pour la CEE et la CEEA), l'unité de compte parité or (1958 à 1960 pour la CECA et à partir de 1961 pour toutes les Communautés), l'unité de compte européenne UCE (de 1977 à 1980) et l'ECU (*European Currency Unit*) de 1991 à 1998.

Cependant, il est reconnu aux comptables, régisseurs et ordonnateurs la possibilité d'effectuer des opérations libellées dans d'autres monnaies « pour les besoins de la trésorerie ». Le règlement délégué définit les modalités de conversion entre l'euro et d'autres monnaies.

b. Les principes spécifiques

255 À côté des principes généraux, à caractère « transversal », les textes réaffirment, et, parfois, affermissent les principes classiques du droit financier qui, eux, sont spécifiques au budget (v. ss 84 s.), à savoir d'annualité, de globalité, de spécialité et d'équilibre.

1) Le principe d'annualité

256 Ce principe (v. ss 71) a conduit à retenir l'année civile pour l'exercice budgétaire (TFUE, art. 313 et NRFG, art. 9)

L'application du principe est cependant effectuée de manière souple. D'abord parce que l'ouverture annuelle des crédits (éventuellement précédée de douzièmes provisoires ; v. ss 261) est, la plupart du temps, complétée en cours d'année par un ou des budgets rectificatifs.

D'abord parce que l'ouverture annuelle des crédits (éventuellement précédée de douzièmes provisoires : v. ss 261) est, la plupart du temps, complétée en cours d'année par un ou des **budgets rectificatifs.**

Sous réserve d'un examen préalable de la possibilité d'une réaffectation des crédits concernés en tenant compte de toute sous-exécution prévisible des crédits (NRFG, art. 41-2 ; RD, art. 24). Le RFG de 2002 avait supprimé la distinction entre budget rectificatif (sans dépenses nouvelles) et budget supplémentaire (comportant des dépenses nouvelles).

Ensuite parce que l'utilisation en principe annuelle des autorisations n'exclut, ni une **période complémentaire** (un mois) pour terminer certaines opérations (celles du Fonds européen agricole de garantie, FEAGA) en cours au 31 décembre (NRFG, art. 11 et 172), ni le **report** de certains **crédits** inutilisés en fin d'exercice, cette dernière possibilité ayant cependant été restreinte depuis 1988.

Ces **reports de crédits** sont devenus exceptionnels. Opérés, selon les cas, de droit ou par décision de l'institution concernée, ils ne peuvent généralement correspondre qu'à des engagements déjà réalisés ou en cours de réalisation ; leur régime est plus sévère pour les « crédits non dissociés » que pour les « crédits dissociés » (v. TFUE, art. 316 ; NRFG, art. 169 ; et RD, art. 4).

Existent, en sens inverse, des possibilités d'engagements anticipés (à partir du 15 nov.) pour les crédits administratifs et ceux du FEAGA (NRFG, art. 170 et 202).

Enfin parce que le **principe de continuité des exercices**, imposé par la règle d'équilibre budgétaire (v. ss 72), oblige à intégrer les résultats d'exécution d'un budget dans le budget suivant (report des résultats) (v. NRFG, art. 18 et ss 259).

Un dépassement du principe d'annualité est, au surplus, réalisé de deux manières.

D'une part, existent certains **crédits pluriannuels** (NRFG, art. 10) : pour de nombreuses opérations (« **crédits dissociés** »), on distingue des **crédits d'engagement**, qui permettent de s'engager pour plusieurs années, et des **crédits de paiement**, qui restent annuels (c'est de cette technique que s'inspirent les crédits pluriannuels prévus pour les lois de finances françaises par la LOLF : v. ss 476 s.).

L'engagement de la dépense doit, en principe, intervenir dans l'année, faute de quoi le crédit serait annulé (mais pourrait parfois être, à titre exceptionnel, reconstitué au cours des exercices suivants). Par ailleurs, l'engagement doit, depuis une réforme de 1998, indiquer, sauf exceptions (fonds structurels, fonds de cohésion) une date limite d'exécution, à l'issue de laquelle l'engagement et le crédit seraient annulés en cas d'inexécution.

Les **crédits non dissociés** concernent, eux, principalement les dépenses administratives, les dépenses de garantie agricole, les remboursements aux États et les paiements de garanties d'emprunts. Ajoutés aux crédits d'engagement des crédits dissociés, ils forment les « **crédits pour engagements** ». Ajoutés aux crédits de paiement des crédits dissociés, ils forment les « **crédits pour paiements** » (qui entrent seuls en ligne de compte pour l'équilibre budgétaire).

D'autre part, le budget annuel est parfois encadré par des programmes pluriannuels adoptés par le législateur européen et qui constituent parfois « la référence privilégiée au cours de la procédure budgétaire annuelle » (point 33 de l'accord interinstitutionnel du 17 mai 2006) ; de plus il se trouve, depuis 1988, replacé dans des **perspectives financières pluriannuelles** (v. ss 340) que les autorités européennes se sont engagées à respecter.

2) Un principe de globalité (unité, universalité, sincérité)

257 Les règlements financiers (NRFG, art. 7 s. ; RD, art. 2) traitent, en effet, simultanément les « principes d'unité et de vérité budgétaire » (qui découlent, notamment, du TFUE, art. 310 actuel, et de la décis. 31 oct. 1994, art. 6, sur les ressources propres).

Le **principe d'unité budgétaire** postule, dans son acception formelle, l'unicité du document budgétaire. Celle-ci ne s'est imposée que progressivement puisque les communautés comportaient initialement cinq budgets, réduits à deux puis à un depuis la disparition de la CECA en 2002.

La pluralité de communautés, jointe à une conception très pragmatique de leur action, avait initialement conduit à instituer pas moins de cinq budgets (deux pour la CECA, deux pour la CEEA, mais, il est vrai, un seul pour la CEE) ; le traité de fusion des exécutifs du 8 avril 1965 et celui, précité, du 22 avril 1970 avaient ramené le nombre à deux : le budget opérationnel de la CECA (financé sur ressources propres affectées mais disparu en 2002) et le budget général de la Communauté puis (à partir de 1994) de l'Union européenne.

Le **principe de vérité budgétaire** correspond, lui, au principe français de sincérité budgétaire, en ses aspects concernant le contenu du budget (v. ss 95), à savoir :

- la sincérité des évaluations, manifestée, notamment, par la règle selon laquelle « un crédit ne peut être inscrit au budget que s'il ne correspond pas à une dépense estimée nécessaire » (NRFG, art. 8-3).

- et, surtout, de la sincérité du périmètre, imposant, en application de la règle de totalité (que le droit de l'Union rattache autant à l'unité qu'à la vérité), le budget comprenant « les recettes et les dépenses de l'Union, y compris les dépenses administratives estimées nécessaires... » à l'Union (NRFG, art. 7) – y compris, problème spécifique entraîné par la structure hybride de l'Union, celles qui, en application du traité d'Union européenne, relèvent de l'Union au titre de la politique étrangère et de sécurité commune (PESC), les dépenses opérationnelles, les recettes et les dépenses de la CEEA, les garanties des opérations d'emprunts et de prêts contractés par l'Union y compris les opérations du mécanisme européen de stabilité financière et du mécanisme de soutien à la balance des paiements.

Pour la Politique étrangère et de sécurité commune (PESC), conduite par un Haut représentant, les dépenses opérationnelles figurent au budget de l'Union, à l'exception de celles qui concernent des domaines sensibles (ayant des implications militaires ou dans le domaine de la défense, et autres domaines déterminés par le Conseil), qui sont alors à la charge des États (sauf ceux qui ne participeraient pas), en principe en proportion du PNB (TUE, art. 41).

Mais ce principe n'est que partiellement respecté car, à l'instar des organismes nationaux (v. ss 80), l'Union connaît des **opérations hors budget** (dont les plus importantes sont exposées ss 245 s.).

Certaines sont effectuées par l'Union elle-même, et concernent essentiellement les Fonds européens de développement, dont la débudgétisation a soulevé un important contentieux (v. ss 246) et les mécanismes d'emprunts/prêts, davantage admis car ils sont effectués au profit de tiers (v. ss 246) (leurs fonds de garantie étant, par ailleurs, budgétisés : NRFG, art. 7-3).

D'autres sont effectuées par des organismes dotés de la personnalité morale mais dont l'autonomie financière est variable.

Certains n'ont qu'une autonomie restreinte dans la mesure où ils sont exclusivement ou principalement financés par des crédits du budget de l'Union. Ainsi les « agences exécutives » chargées de mettre en œuvre, sur décision, sur délégation et sous contrôle de la Commission, la totalité ou partie de certains programmes ou projets européens (v. art. 55 RFG).

Le statut de ces agences exécutives a été fixé par un règlement du Conseil du 19 décembre 2002, qui veille notamment (exposé des motifs, pts 14 et 15) à ce que leurs recettes de fonctionnement « soient constituées principalement par une subvention inscrite au budget général », au fait que les crédits opérationnels « doivent rester inscrits au budget général » et que leurs opérations financières obéissent aux règles posées par les règlements financiers.

De même, les agences à objet plus large qui, créées par les Communautés et aujourd'hui l'Union, « reçoivent effectivement des subventions à la charge du budget » (NRFG, art. 208) et qui, un peu à l'instar du « budget sur ressources spéciales » existant jusqu'à la fin du XIXe siècle pour les collectivités locales françaises (v. ss 41), sont, depuis 2002, largement intégrées dans le périmètre d'examen budgétaire.

Le NRFG impose à tous les organismes personnalisés « qui reçoivent des contributions à la charge du budget » (art. 208) un règlement financier adopté par la Commission ; jusqu'alors, la réglementation financière de 2002 a imposé à ces organismes de transmettre chaque année, à titre d'information, un état prévisionnel de ses dépenses et de ses recettes, accompagné d'un état des effectifs et du programme de travail (art. 37) ; ils sont soumis aux mêmes procédures d'audit interne et de décharge que le budget général (art. 208).

D'autres bénéficient d'une autonomie de ressources (notamment sur la base de redevances) qui, sans exclure le contrôle entraîné par le bénéfice de subventions (v. ss 257), permet un pouvoir de décision plus accentué.

Parmi la quarantaine d'agences de l'UE existantes début 2015 (aux dénominations les plus variées, agence, centre, autorité, office, unité...), on distingue quatre grands types d'agences :

1° : celles (les plus nombreuses) ayant une vocation technique, scientifique ou de gestion des politiques de l'Union comme l'Agence européenne pour l'environnement (EEA), l'Agence européenne du médicament (EMA) ou encore l'Agence européenne de contrôle des pêches (EFCA), mais aussi l'Autorité bancaire européenne (ABE) ;

2° : les agences relevant de la politique étrangère et de sécurité commune destinées à remplir des tâches spécifiques de nature technique, scientifique ou de gestion. comme l'Agence européenne de défense (EDA) ;

3° : les agences de coopération policière et judiciaire en matière pénale destinées à favoriser la coopération entre États de l'Union dans la lutte contre la criminalité internationale organisée, par exemple l'Office européen de police (Europol) ou encore l'Unité de coopération judiciaire de l'Union européenne (Eurojust) ou encore l'Agence européenne pour la gestion de la coopération opérationnelle aux frontières extérieures (Frontex) ;

4° : les agences exécutives, à caractère temporaire, qui exécutent des tâches relatives à la gestion d'un ou plusieurs programmes européens, comme l'Agence exécutive « Éducation, audiovisuel et culture », ou encore l'Agence exécutive pour la recherche, etc.

Il convient de ne pas négliger l'existence d'agences et organes Euratom.

Ces agences sont généralement sous dépendance (quasi) totale de contributions européennes. Bénéficient, en revanche, de ressources propres, provenant pour l'essentiel de rémunérations pour services rendus les agences suivantes : Agence européenne des médicaments/Office de l'harmonisation dans le marché intérieur/Centre de traduction des organes de l'Union européenne/Office communautaire des variétés végétales/Agence européenne de la sécurité aérienne.

Ainsi, l'Agence européenne de la sécurité aérienne peut-elle faire payer des honoraires pour les services rendus dont la fourniture de marchandises mais aussi des redevances qui « assurent une recette globale suffisante pour couvrir l'ensemble des coûts, directs, indirects, et spécifiques, engendrés par les opérations de certification, y compris les coûts engendrés par le contrôle continu y afférent » (Règl. n° 488/2005 de la Commission du 21 mars 2005 relatif aux honoraires et redevances perçus par l'Agence européenne de la sécurité aérienne, art. 6). À l'inverse, l'Agence des droits fondamentaux de l'Union européenne créée par un règlement du Conseil du 15 février 2007 et qui s'est substituée à l'Observatoire européen des phénomènes racistes et xénophobes, dispose d'abord comme recette d'« une subvention de l'Union, inscrite au Budget général de l'Union européenne (section « Commission ») ».

Face à cette profusion d'organismes divers, enjeux de rivalités entre États, s'agissant en particulier des agences dites décentralisées, le Parlement, la Commission et le Conseil ont adopté en juin 2012 une déclaration conjointe et une approche commune relatives essentiellement aux agences décentralisées (dont il était indiqué qu'elles employaient en 2011 près de 5 000 personnes pour 737 M € d'enveloppe budgétaire). Dans un souci évident de rationalité, et tout en reconnaissant le caractère non contraignant juridiquement de ces documents, ces trois institutions convenaient d'une démarche de standardisation des noms des structures concernées pour leur donner plus de lisibilité européenne (systématisation du concept d'agence), d'un effort de rationalité dans le cadre des créations et suppressions d'agence par des critères communs d'évaluation, des études d'impact dites « objectives » lorsqu'une création est envisagée, un contrôle, reposant sur des mécanismes d'audit, interne et externe, des systèmes d'alerte financière, des clauses de réexamen voire de limitation dans le temps de ces agences, une structuration interne similaire, des programmes de travail fondés sur le même modèle, la définition d'orientations pluriannuelles en liaison avec la gestion pluriannuelle des ressources, l'approche commune précisant en outre un cadre général relatif à leur planification financière tout en proposant que les agences appliquent un système d'établissement du budget et de gestion par activités (EBA/GPA) avec une obligation de motivation des demandes budgétaires, la Commission établissant des fiches financières pour préciser les besoins en ressources financières.

L'autonomie est, enfin, quasi totale lorsqu'est en cause une institution financière reconnue par les traités : la Banque européenne d'investissement (v. ss 685).

Les règlements financiers (NRFG, art. 17 s. ; RD, art. 7 s.) proclament aussi le **principe d'universalité** qui, découlant également de l'article 310 du TFUE, concerne, ici, uniquement la présentation des opérations budgétaires.

Il s'agit, en premier lieu, de la **règle de non-affectation** de recettes particulières à des dépenses particulières (v. ss 80) : « l'ensemble des recettes couvre l'ensemble des crédits de paiement », prescrit le NRFG (art. 20). Ce principe connaît cependant deux séries de dérogations.

La première concerne les **« offices européens »** (dont l'Office européen de lutte anti-fraude), dont les opérations sont isolées dans des **budgets annexés** au budget de la Commission (NRFG, art. 195 à 200).

L'article 195-1 du NRFG considère comme offices européens « les structures administratives créées par une ou plusieurs institutions dans le but d'exécuter des tâches horizontales spécifiques ». Ainsi, l'Office des publications, l'Office de sélection du personnel, l'Office de gestion et de liquidation des droits individuels, les Offices pour les infrastructures et la logistique à Bruxelles et à Luxembourg.

La seconde consiste, à l'intérieur du budget principal, en une série d'affectations de recettes à certaines dépenses (notamment de coopération européenne et de recherche).

La liste en est donnée dans l'article 21 du NRFG, appliqué, sur certains points, par les articles 10 à 13 du RD. Réduites en 1971, ces affectations de recettes concernent principalement les programmes complémentaires de recherche (alimentés par les contributions des États membres), les participations versées à titre de fonds de concours (notamment par les États AELE) ou encore, certains projets ou programmes d'aide extérieure financés et gérés par l'Union bénéficiant des contributions d'État membres et d'autres pays donateurs, y compris de leurs agences publiques et parapubliques, ou des organisations internationales (Règl. 13 déc. 2006)...

Il s'agit, en second lieu, de la **règle de non-compensation** entre recettes et dépenses (v. ss 83) : « les recettes et les dépenses sont inscrites sans contraction entre elles », rappelle le règlement général (art. 20), la règle étant d'autant plus nécessaire que sa méconnaissance annihilerait, non seulement le contrôle de l'autorité budgétaire, mais encore la portée des perspectives financières pluriannuelles (v. ss 239), dans lesquelles apparaîtraient des dépenses sous-évaluées. Existent cependant certaines dérogations, à caractère essentiellement technique (v. NRFG, art. 20 et RD, art. 14) – auxquelles s'ajoute, sur un plan différent, la « recette négative » que constitue la retenue (de 25 %) pour frais de recouvrement effectuée par les États sur certaines ressources propres dues à l'Union (v. ss 235 et NRFG, art. 45, qui prohibe les autres recettes négatives).

Dans un but de commodité, les règlements financiers permettent, par exemple, de ne faire apparaître que le solde de certaines opérations en déduisant certaines recettes de certaines dépenses (ainsi la reprise d'un bien d'occasion ou les rabais, déduits du prix d'achat d'un bien neuf, ou les taxes remboursées à l'Union, permettant de ne prendre alors en compte que le prix d'achat hors taxe, ou encore les pénalités infligées aux titulaires de marchés, déduites des sommes dues) ou en déduisant des sommes théoriquement dues le montant de sommes antérieurement payées par erreur (seul le net étant alors ordonnancé).

En revanche, les règlements financiers de 2002 avaient supprimé certaines procédures antérieures de compensation touchant la comptabilisation de certains acomptes (cependant maintenue dans les Fonds structurels), le réemploi immédiat par l'administration communautaire du produit de certains biens ou services (désormais remplacé par une affectation de ces produits à l'administration intéressée) ou les « dépenses négatives » conduisant, pour les prélèvements de coresponsabilité agricole à déduire leurs produits des dépenses de garantie agricole (les produits étant, ici aussi, transformés en recettes affectées).

3) Un principe de spécialité

258 Ce principe (v. ss 96) consiste à présenter les recettes et les crédits par titres, chapitres, articles et postes (spécialité comptable) et à spécialiser les crédits par titre et chapitre (spécialité juridique) (NRFG, art. 24 et 44). Pour toutes les recettes et pour les dépenses des institutions autres que la Commission, les opérations sont classées « **suivant leur nature ou leur destination** » (critères classiques, bien qu'assez peu compatibles). Pour les dépenses de la Commission, en revanche, le NRFG, confirmant en cela les termes du règlement financier général de 2002 (abandon de la possibilité de classement par nature) a prévu une classification **par destination.** « Chaque titre correspond à un domaine politique et un chapitre correspond, en règle générale, à une activité » (art. 44), chaque titre peut comporter des crédits opérationnels et des crédits administratifs (pour le détail, v. ss 284).

Cette « élaboration du budget par activité » (EBA), qui n'est d'ailleurs que le volet budgétaire d'une démarche plus générale de gestion par activité (GPA) consacre ainsi l'idée de « **budget fonctionnel** », dont le caractère souvent irréaliste (v. ss 87 et 525) est, ici, sérieusement atténué par le fait que, dans la pratique, les activités (environ deux cents) sont regroupées en une trentaine de domaines politiques (titres) correspondant aux directions générales de la Commission, ce qui devrait permettre, ici, de combiner gestion (« stratégie politique annuelle » : SPA) et contrôle en faisant coïncider fonctions et organisation administrative (il est vrai beaucoup moins développée que dans les États).

Quant à la portée juridique de cette spécialisation, les crédits sont, en principe, limitatifs (TFUE, art. 317 ; NRFG, art. 8) mais le caractère fréquemment mouvant des besoins (en matière, notamment, de dépenses agricoles) a conduit à doter chaque section de budget d'un titre de « crédits provisionnels » (pour dépenses incertaines ou imprévues) et la Commission de deux « réserves » (auxquelles s'ajoute une réserve négative, « trou » que devront combler les chapitres excédentaires, soumis ainsi à économies et régulation budgétaires).

Les crédits provisionnels sont constitués lorsque n'existe pas encore d'acte de base permettant une dépense (v. ss 266) ou lorsqu'existe une incertitude, « fondée sur des motifs sérieux » quant au montant des crédits ou à la possibilité de les utiliser ; les crédits « ne peuvent être utilisés qu'après virement » au poste budgétaire insuffisamment doté (NRFG, art. 46).

Les réserves ouvertes à la Commission concernent, d'une part l'aide d'urgence en faveur des pays tiers, d'autre part les prêts et garanties de prêts aux pays tiers (NRFG, art. 48) ; quant à la « réserve négative », instituée depuis le budget pour 1986, elle ne peut excéder 200 M €.

De plus, afin de maintenir un minimum de flexibilité, le NRFG permet à chaque institution de proposer à l'autorité budgétaire (qui est censée acquiescer en cas de silence pendant un certain délai) certains **virements de crédits** entre ou à l'intérieur des titres.

La Commission peut proposer, pour les dépenses administratives (personnel et fonctionnement) des virements de titre à titre (dans la limite de 10 % des crédits de l'exercice et dans une limite de 30 % des crédits de l'exercice), pour les dépenses opérationnelles, des virements entre chapitres d'un même titre (dans la limite de 10 % des crédits de l'exercice) et, pour tous les crédits, des virements d'article à article d'un même chapitre et des virements à l'intérieur des articles (NRFG, art. 26). Les autres institutions (qui ne sont dotées que de crédits administratifs) peuvent proposer des virements de titre à titre (dans la limite de 10 % des crédits de l'exercice) et des virements de chapitre à chapitre et d'article à article sans limitation (NRFG, art. 25).

Chaque institution informe à l'avance (trois semaines) le Parlement européen et le Conseil de son intention et en cas de raisons

« dûment justifiées » soulevées par une des branches de l'autorité budgétaire, ces autorités doivent statuer dans les six semaines, faute de quoi les propositions de virements sont réputées acceptées (NRFG, art. 25 à 27), c'est aussi le cas si l'une des deux s'abstient de se prononcer dans ce délai. En cas de modification du montant du virement par les deux ou l'une des deux autorités, c'est le montant le plus petit qui est réputé approuvé, sauf retrait de la proposition de virement par l'institution concernée.

4) Le principe d'équilibre budgétaire

259 Affirmé par l'article 310 du TFUE, et consacré aux articles 17 et suivant du NRFG, il implique que le « budget doit être équilibré en recettes et en crédits de paiement » (NRFG, art. 17-1). Ainsi qu'indiqué en première partie, il est le principe le plus strictement conçu et appliqué, ce qui se manifeste de trois manières.

Il s'agit d'abord d'un équilibre **annuel** et non pluriannuel comme le connaissait la CECA (dont le budget opérationnel n'était équilibré que dans une perspective pluriannuelle) et le connaissent, d'une certaine manière, les collectivités locales françaises (v. ss 635).

Seules sont donc prises en compte les recettes annuelles et les crédits de paiement (NRFG, art. 17).

Il s'agit ensuite (et à la différence, notamment, des collectivités locales françaises : v. ss 636) d'un équilibre **sans emprunt** : l'article 311 du TFUE prévoit que le budget est « sans préjudice des autres recettes, intégralement financé par des ressources propres » (dont l'insuffisance a parfois conduit à recourir à des contributions exceptionnelles des États), et l'article 17-2 du NRFG indique que « l'Union et les organismes visés à l'article 208 ne peuvent souscrire des emprunts dans le cadre du budget », ce qui permet d'éviter d'éventuels détournements de procédure par le recours aux organismes satellites recevant des contributions du budget (v. ss 257) – les autres démembrements n'étant cependant pas expressément visés. Ceci n'empêche toutefois pas des opérations d'emprunts/prêts pour le compte d'autres entités (v. ss 246) et les garanties d'emprunts (dont la mise en œuvre serait payée sur le budget général).

La seule tolérance consiste en la possibilité d'une « réserve négative » à laquelle doivent être versés pour annulation certains crédits (v. ss 257) qui, avant annulation, portent en réalité les prévisions de dépenses à un niveau supérieur à celui des recettes.

Il s'agit enfin d'un équilibre **sans excédent** : contrairement au régime généralement appliqué dans les organismes de droit public soumis au principe, équilibre ne signifie pas seulement absence de déficit. Malgré les souhaits répétés du Parlement et de la Commission, la mise en réserve d'excédents est prohibée (CJCE 31 mars 1992, *Conseil c/ Parlement*) ; un excédent (fréquent au cours de la dernière décennie) doit être réimputé au budget de l'année suivante et diminuer d'autant les versements alors demandés aux États membres.

Le solde d'exécution d'un budget est, en vertu de la règle de continuité des exercices, repris au budget suivant (dans un budget rectificatif) où il est porté, selon les cas, en recette (pour un excédent) ou en crédit de paiement (pour un déficit) (NRFG, art. 18).

Toutefois, et tout en ayant bien précisé que « les dispositions spécifiques [...] revêtent un caractère exceptionnel et ne constituent pas un précédent » (point 5 introductif), on notera que le règlement 1525/2007 du Conseil du 17 décembre 2007 et modificatif du règlement général de 2002 a permis aux partis politiques au niveau européen de constituer des réserves financières à partir de leurs ressources propres (en cas d'excédent de recettes par rapport aux dépenses) et ce par dérogation à l'article 109 du règlement 1605 dans une limite précise, à savoir 25 % des recettes totales, ces réserves pouvant être reportées sur l'exercice suivant si elles sont utilisées avant la fin du premier trimestre de cet exercice suivant (art. 1er), par « dérogation à la règle de non-profit ».

On mesure donc mieux l'importance majeure de ce principe qui, joint au plafonnement des opérations financières de l'Union (v. ss 238 s.), « verrouille » (sous réserve de certaines échappatoires permises par les opérations hors budget : v. ss 245 s.) le système et le pouvoir financiers de l'Union européenne dont les dépenses sont globalement limitées et qui ne peuvent, en particulier, mener l'action que permettrait le déficit budgétaire (v. ss 187 et 188).

On avait parfois proposé d'instituer dans le budget un fonds d'action « conjoncturelle » permettant aux autorités européennes (dont les possibilités sont actuellement limitées) d'effectuer les dépenses que paraîtrait requérir l'état de l'économie et de mener ainsi une véritable « politique budgétaire » européenne (que ne permet que très imparfaitement l'actuelle coordination des politiques nationales : v. ss 75 et 267). Ce fonds serait alimenté par les excédents des budgets des années antérieures, qui ont toujours été réalisés depuis 1990 (en Mds € : 4,4 en 1990 / 2,8 en 1991 / 2,8 en 1992 / 1 en 1993 / 1 en 1994 / 6,5 en 1995 / 9,2 en 1996 / 4,4 en 1997 / 1 en 1998 / 3 en 1999 / 3,2 en 2000 / 11,7 en 2001...)

La création, demandée et obtenue par le Parlement européen, du Fonds européen d'ajustement à la mondialisation, a-t-elle répondu à cette attente ? Ce fonds avait été créé à la suite des débats suscités par la restructuration en Europe de l'entreprise américaine Hewlett-Packard. Son objectif, énoncé à l'article premier paragraphe 1 du règlement du 20 décembre 2006 portant création du fonds, est de « stimuler la croissance économique et de générer davantage d'emplois dans l'Union européenne... » mais aussi d'apporter « une aide aux travailleurs qui perdent leur emploi en raison des modifications majeures de la structure du commerce mondial [...] dans les cas où ces licenciements ont des incidences négatives importantes sur l'économie régionale ou locale ». Or, le critère d'intervention de ce fonds est fondé sur « des modifications majeures de la structure du commerce mondial conduisant à une perturbation économique grave [...] dans un secteur donné ou une délocalisation vers des pays tiers... » (art. 2). La France fut en 2007 le premier État à demander à en bénéficier au profit des salariés devant être touchés par « des restructurations liées à la mondialisation » et ce pour le secteur de l'automobile ; d'autres, nombreux, ont suivi depuis.

Mais, au fond, il s'agit ici d'un autre principe d'équilibre (ou de subsidiarité...) : celui qui reste à trouver entre un pouvoir « fédéral » (dont l'histoire financière montre souvent les aléas) et des pouvoirs nationaux (que seuls le temps, la nécessité technique et, surtout, la légitimité politique et sociale peuvent, à notre époque, durablement réduire).

2. L'élaboration du budget

260 L'élaboration du budget de l'Union diffère sensiblement de celle des budgets nationaux car elle reste profondément marquée par la lutte, probablement inachevée, pour le pouvoir budgétaire. Il convient d'examiner les textes applicables (**a**) et la procédure budgétaire (**b**).

a. Les textes applicables

261 Les traités (ex. TCE, art. 272 ; TFUE, art. 310 s., développés par le règlement financier) faisaient, depuis leur modification en 1970 et 1975, reposer en très grande partie le partage du pouvoir bud-

gétaire sur la distinction entre dépenses non obligatoires (DNO), pour lesquelles le pouvoir décisif fut attribué au Parlement, et les dépenses obligatoires (DO) qui, « découlant obligatoirement du traité ou des actes arrêtés en vertu de celui-ci » (ex. art. 272-4 TCE), ont paru justifier le maintien du pouvoir au Conseil (sous réserve du droit, ouvert en 1975 au Parlement, de rejeter en bloc le budget) ; c'est, en effet, le Conseil qui est (ou était) alors le principal législateur communautaire (y compris en matière de ressources propres), de sorte que permettre au Parlement de s'opposer, par le biais financier, à la législation européenne aurait profondément bouleversé l'équilibre institutionnel voulu par les auteurs des traités. C'est dire aussi que la distinction entre DO et DNO, fut source de nombreux conflits, d'autant qu'elle n'était pas toujours très claire, et que les trois principales institutions communautaires s'efforcèrent de clarifier, notamment par une déclaration commune du 30 juin 1982, remplacée par l'accord interinstitutionnel du 6 mai 1999, puis par l'Accord du 17 mai 2006. Le traité de Lisbonne, reprenant en cela l'héritage du traité portant Constitution pour l'Europe, a mis fin à cette distinction.

Les **décisions du Conseil et les accords interinstitutionnels intervenus depuis 1988** (v. ss 248) ont gelé les principales querelles institutionnelles en ce domaine en amenant le Parlement, le Conseil et la Commission à s'engager (selon des formules dont la portée juridique est d'ailleurs équivoque) sur un contenu budgétaire précis et, corrélativement, à renoncer, moyennant certaines procédures d'ajustement, à l'exercice de certaines de leurs prérogatives ou à l'expression de certaines de leurs revendications.

b. La procédure budgétaire

262 Celle-ci a été réformée à plusieurs reprises, le traité de Lisbonne constituant une nouvelle étape dans son adaptation.

Depuis le budget pour 2002, marqué par de nouvelles méthodes d'élaboration par activités (v. ss 257), la procédure officielle est précédée d'un débat d'orientation politique (équivalent du débat d'orientation budgétaire français) qui se déroule, d'abord au sein de la Commission (à la fin de l'année précédant celle de la préparation du budget), puis (en févr.-mars) au sein du Conseil et du Parlement, de façon à dégager la « stratégie politique annuelle », dont la traduction concrète fait ensuite l'objet d'auditions budgétaires (équivalent des conférences budgétaires françaises) réunissant la direction générale du Budget de la Commission et les services (dits) dépensiers. Désormais, au regard des dispositions de l'article 314 du TFUE, il n'existe plus de seconde lecture devant le Parlement et le Traité a institué une Commission de conciliation.

Trois solutions se présentent : l'approbation par le Parlement de la position du Conseil et le budget est adopté ; ne pas statuer dans le délai précité et le budget est aussi adopté ; enfin, amender le projet, ce qui conduit à la transmission du texte amendé à la Commission et au Conseil et amène le président du Conseil à convoquer le comité de conciliation, lequel se réunira, sauf si dans les dix jours de la transmission le Conseil approuve le projet amendé.

Le comité de conciliation rassemble les représentants du Conseil et du Parlement. Il a pour mission de trouver un compromis au travers d'un projet commun devant être approuvé à la majorité qualifiée des membres du Conseil et à la majorité des membres représentant le Parlement, et ce dans un délai de vingt-et-un jours à compter de sa convocation.

Deux solutions s'offrent alors aux institutions européennes.

Si un tel accord est intervenu, Parlement et Conseil ont quatorze jours pour approuver cet accord et auquel cas on peut se retrouver à nouveau devant plusieurs situations :

– l'adoption du budget par les deux institutions ou par l'une des deux, alors que l'autre ne s'est pas prononcée dans le délai, ou si elles ne parviennent ni l'une ni l'autre à statuer ;

– le rejet par les deux ou par l'une des deux l'autre ne statuant pas, la Commission se devant de présenter un nouveau projet,

– le rejet par le Parlement alors que le Conseil l'approuverait, la Commission se doit là aussi d'établir un nouveau projet de budget,

– l'approbation par le Parlement alors que le Conseil rejetterait le projet, alors le projet serait adopté définitivement si le Parlement, dans un délai de quatorze jours à compter de la date du rejet par le Conseil, à la majorité qualifiée confirme le projet et des amendements, ou si l'un des amendements n'est pas confirmé c'est alors la position du comité relative à la ligne budgétaire faisant l'objet de l'amendement qui est retenue.

Si un accord n'est pas intervenu au sein du Comité, la Commission doit présenter un nouveau projet.

Il appartient au président du Parlement au terme de l'achèvement de cette procédure de constater que le budget est définitivement adopté.

En l'absence de budget au 1er janvier (par suite de retards, rejets, annulations...), et jusqu'à l'adoption dudit budget, on applique (comme en 1985, 1986 et 1988) le système des **douzièmes provisoires**, consistant à autoriser mensuellement le douzième des crédits (modifiés) ouverts au chapitre en question du budget de l'exercice précédent sans pouvoir excéder le douzième des crédits prévus au même chapitre dans le projet de budget le Conseil pouvant, sur proposition de la Commission, en cas de nécessité, autoriser un montant supérieur (TFUE, art. 315, et NRFG, art. 13).

3. L'exécution du budget

263 La structure supranationale de l'Union européenne conduit à confier l'exécution des opérations financières à la fois à l'autorité de l'Union (« manière centralisée ») (**a**) et aux États membres (ou pays tiers) (« gestion partagée ou décentralisée ») (**b**).

Les articles 58 s. du NRFG prévoient aussi un ensemble de mécanismes de gestion indirecte avec des pays tiers, la BEI, des organismes de droit public ou privé [...] mais aussi en confiant des tâches d'exécution budgétaire « à des organisations internationales et à leurs agences ».

a. L'exécution par l'autorité de l'Union

264 **L'exécution par l'autorité de l'Union** est confiée à chaque institution pour ses dépenses de fonctionnement et, pour le reste, c'est-à-dire 95 % environ du budget, à la Commission.

Les pouvoirs exacts de cette dernière ont fait l'objet d'assez longues controverses. Il a fallu, en particulier, répartir (dans un sens favorable à la Commission depuis 1986-1987) la compétence d'exécution entre la Commission et les nombreux comités institués, notamment par le Conseil.

La « gestion centralisée » que ces instances réalisent est elle-même opérée, soit directement par les services de la Commission et autres institutions de l'Union (« gestion centralisée directe »), soit par d'autres personnes morales (agences exécutives) et autres agences créées par les Communautés (l'Union) (v. ss. 257), organisme de droit public national, entités de droit privé investies d'une mission de service public... ayant reçu délégation de tâches d'exécution budgétaire par la Commission (« gestion centralisée indirecte »).

Les articles 58 s. du NRFG et 35 du RD réglementent de façon précise ces possibilités de délégation, en exigeant notamment une série de garanties financières de statut, de procédures, de structure technique et de fond, permettant d'assurer, non seulement la fiabilité des organismes, mais aussi l'autorité fonctionnelle de la Commission et l'application des règles budgétaires et comptables de l'Union.

Dans les deux cas, cependant, c'est (à quelques inévitables exceptions près) le même corps de règles qui s'applique, tant concernant les agents d'exécution que les opérations d'exécution.

1) Les agents d'exécution

265 Il s'agit, selon un principe de séparation considérablement modernisé en 2002, des ordonnateurs et des comptables.

Les **ordonnateurs** sont, juridiquement, des institutions concernées (NRFG, art. 65 : « Chaque institution exerce les fonctions d'ordonnateur ») et, pratiquement, « les agents de niveau approprié » (commissaire européen, hauts fonctionnaires, directeurs d'agence...) que chaque institution détermine dans ses règles administratives internes (ordonnateurs délégués ou subdélégués, qui peuvent, eux-mêmes, être assistés d'agents financiers subordonnés). L'ordonnateur est chargé dans chaque institution « d'exécuter les recettes et les dépenses conformément au principe de bonne gestion financière et d'en assurer la légalité et la régularité » (NRFG, art. 66-1), chaque ordonnateur délégué devant, en particulier, rendre à son institution un rapport annuel d'activités, contenant des informations financières et de gestion, évaluant notamment ses résultats et les risques associés (NRFG, art. 60-9). C'est donc à eux que reviennent la gestion des crédits et les décisions conduisant aux ordres de paiement ou de recouvrement adressés aux comptables (« phase administrative » de la dépense et de la recette).

Dans le souci du respect du principe de bonne gestion financière, la Commission avait institué un Système d'alerte précoce (SAP) à l'usage des ordonnateurs de la Commission et des agences exécutives, dans le cadre de l'exécution du budget de l'Union et des fonds gérés par l'Union (comme le FED). Ce système est géré par le comptable de la Commission et ses agents (système comptable ABAC de la Commission) ; v. Décision de la Commission du 16 décembre 2008 (2008/969/CE Euratom).

Les **comptables** sont des agents nommés par chaque institution (NRFG, art. 68), parmi les fonctionnaires européens et « obligatoirement choisis en raison de leur compétence particulière » manifestée par des titres ou une expérience professionnelle (NRFG, art. 55). Chaque comptable est chargé de la tenue de la comptabilité (et de la vérification de la validité du système comptable), « de la bonne exécution des paiements, de l'encaissement des recettes et du recouvrement des créances constatées » (exécution des ordres de dépenses et de recettes de l'ordonnateur) (NRFG, art. 68-1-a) et « de la gestion de la trésorerie » (NRFG, art. 68-1-f). Il est, en effet, en principe, « seul habilité pour la gestion de la trésorerie et des équivalents de trésorerie. Le comptable est responsable de leur conservation » (NRFG, art. 68-6). Peuvent cependant être créées des « régies d'avances » avec la désignation d'un **régisseur** « en vue du paiement des dépenses de faible montant » (NRFG, art. 70-1) avec toutefois la faculté de déroger à ce principe pour certains types d'opérations, et ce sans limite (aides pour des situations de crise, opérations d'aide humanitaire, NRFG, art. 70-1, al. 2). Le NRFG (art. 70-2) précise que les régies « sont alimentées par le comptable de l'institution » mais « sont sous la responsabilité de régisseurs d'avances qu'il désigne ».

La **séparation des ordonnateurs et des comptables** est considérée comme un principe essentiel par le nouveau règlement financier général de 2012 qui, non seulement proclame que « les fonctions de l'ordonnateur et du comptable sont séparées et incompatibles entre elles » (art. 64-1), mais encore exige que les fonds fiduciaires de l'Union connaissent une telle séparation à laquelle la Commission doit veiller (art. 187-6, al. 6). Mais, différence fondamentale par rapport au système de type français, le rôle du comptable est uniquement un rôle de « caissier », de « trésorier » et de teneur de comptes (v. ss 266) : le rôle de « payeur », consistant à apposer un visa sous condition de régularité des opérations n'a jamais été pleinement confié au comptable mais à un contrôleur financier, qui a lui-même été supprimé (et remplacé par un auditeur interne : v. ss 272) à l'occasion du règlement financier général de 2002, repris par celui de 2012, qui, instaurant une « responsabilisation totale » des ordonnateurs (v. ss 277), a supprimé les contrôles préalables centralisés (en particulier le visa préalable du contrôleur financier et la vérification de l'acquit libératoire par le comptable). Exemple à méditer (très) sérieusement, tout particulièrement en France.

2) Les opérations d'exécution

266 Elles sont, évidemment, conformes à ce schéma simplifié et modernisé.

La **dépense** (NRFG, art. 84 s.) fait intervenir successivement les deux agents.

Responsable de la « phase administrative », l'ordonnateur est habilité, « dans la limite des crédits alloués » et « conformément au principe de la bonne gestion financière » (TFUE, art. 317), à décider des dépenses, mais à condition qu'existe (sauf dans certains cas de faible portée) un **« acte de base » préalable**, c'est-à-dire un acte juridique distinct des crédits, permettant (ou imposant) la dépense, car, traduction d'un particularisme de la légalité budgétaire bien connu en France, un crédit ne peut, à lui seul, fonder juridiquement une dépense (faute de quoi le pouvoir budgétaire ferait disparaître le pouvoir normatif, parfois attribué à d'autres institutions).

L'acte juridique de base est arrêté par l'autorité législative et peut prendre la forme d'un règlement, d'une directive, d'une décision (TFUE, art. 288) et d'une décision sui generis. Ce principe, rappelé, particulièrement, par la Cour de justice (12 mai 1998, *Royaume-Uni c/ Commission*) et dans l'accord interinstitutionnel du 17 mai 2006 (point 36), est, notamment, posé par l'article 54-2 du NRFG, qui, conformément aux textes antérieurs, dispense d'acte de base préalable les « projets pilotes de nature expérimentale » (maximum de 40 M € par exercice), les « actions préparatoires à des actions futures » (maximum de 50 M € par exercice avec une limite de 100 M €), les « actions de nature ponctuelle » et les « crédits destinés au fonctionnement de chaque institution, au titre de son autonomie administrative ».

Sous cette réserve, et conformément à un schéma très proche du schéma de type français, l'ordonnateur procède successivement à l'engagement (« budgétaire » puis juridique), à la liquidation et à l'ordonnancement de la dépense.

Responsable du paiement (mais non du contrôle de régularité budgétaire : v. ss 266), le comptable effectue alors, « dans la limite des fonds disponibles » (NRFG, art. 91), les opérations de décaissement.

L'article 90-1 NRFG indique cependant que « le paiement doit s'appuyer sur la preuve que l'action correspondante est conforme aux dispositions de l'acte de base ou du contrat », mais la responsabilité semble, ici, incomber à l'ordonnateur.

À noter que le RFG de 2002 avait supprimé les notions d'avance et d'acompte, jugées peu précises, et leur a substitué les notions de préfinancement, de paiement intermédiaire et de paiement du solde final.

On relèvera, à ce propos, que l'Union ne peut être contrainte au paiement (par voie de saisie ou autres voies d'exécution) sans l'autorisation de la Cour de justice (qui l'a jusqu'à présent refusée : ord. 29 mai 2001, *Cotecna-Inspection SA*).

La **recette** (NRFG, art. 76 s. ; RD, art. 78 s.) obéit, avec des modalités particulières pour les ressources propres dues par les États (v. ss 234), au même schéma binaire.

L'ordonnateur effectue successivement une prévision de créance (créance probable), une constatation de créance (créance certaine, chiffrable et exigible) puis, sauf si l'ordonnateur a renoncé à recouvrer sa créance par décision motivée, régulière et « conforme au principe de bonne gestion financière et de proportionnalité » : NRFG, art. 83, un « ordonnancement des recouvrements » (ordre de recouvrer adressé au comptable).

L'ordonnateur peut, si nécessaire, formaliser sa créance par un titre exécutoire à l'encontre de personnes autres que les États (NRFG, art. 79).

L'ordre de recouvrement est suivi d'une note de débit adressée au... débiteur.

Les ressources propres à verser par les États ne font pas l'objet d'une prévision préalable de créance mais font l'objet d'un ordre de recouvrement adressé au comptable (qui vaut constatation de créance) suivi d'une note de débit.

Le comptable, investi, comme en France (v. ss 439), d'une obligation de vigilance (pour les créances) et de diligences (pour les recouvrements), prend en charge les ordres de recouvrement, en procédant, si nécessaire, à une compensation, expressément permise par le nouveau règlement général de 2012 (art. 80-1).

NRFG, art. 80-1, al. 2 : « Le comptable procède au recouvrement par compensation et à due concurrence des créances de l'Union à l'égard de tout débiteur lui-même titulaire d'une créance à l'égard de l'Union. Ces créances à compenser sont certaines, liquides et exigibles » – cette disposition annihile une jurisprudence contraire de la Cour de justice (14 déc. 2000, *Conseil des cnes et régions d'Europe (CCRE c/ Commission)*).

La **trésorerie**, qui relève, elle, du seul comptable (RD, art. 57 s.), est assurée par l'intermédiaire de comptes détenus auprès d'établissements bancaires et des Trésors publics.

En France, la Commission dispose, notamment, d'un compte de dépôts auprès d'un comptable public de la DGFiP et, pour certaines opérations de moindre ampleur, d'un compte à la Banque de France. C'est un contrôleur budgétaire et comptable ministériel placé auprès du ministre des Finances qui, désormais, exécute et contrôle les opérations relatives à la trésorerie de certaines institutions internationales comme l'Union européenne (« comptes enregistrant des flux en provenance ou à destination des Communautés européennes »). Une première réforme engagée en 2006 avait conduit à créer l'Agence unique de Paiement (AUP) qui avait remplacé l'Agence centrale des organismes d'intervention dans le secteur agricole (ACOFA). Elle a, à son tour, disparu en 2009 dans le cadre d'une fusion avec le CNASEA pour donner naissance à l'Agence de services et de paiement (Ord. 2009-325 du 25 mars 2009 et Décr. 27 mars 2009) au statut d'établissement public à caractère administratif et qui assure la fonction de paiement des aides de la PAC.

b. L'exécution par les États

267 L'exécution par les États (« gestion partagée » ou, pour les pays tiers, « gestion décentralisée ») est la conséquence obligée du fait que l'Union ne possède pas d'administration territoriale et doit donc, sous la responsabilité finale de la Commission (TFUE, art. 317), confier l'essentiel des opérations matérielles aux administrations nationales en ce qui concerne la dépense que la recette.

1) La dépense

268 Elle est, sauf exceptions (concernant notamment le fonctionnement des institutions européennes et les aides extérieures) effectuée sous la responsabilité de la Commission par l'intermédiaire des Trésors publics nationaux (ainsi en France) ou des systèmes bancaires nationaux agissant le plus souvent en qualité de délégués des États.

Cette procédure concerne plus de 80 % des dépenses de l'Union. En France, la dépense avait été assurée depuis 2006 par l'Agence Unique de Paiement pour les aides directes agricoles relevant de deux offices, l'ONIC (Office national interprofessionnel des Céréales) et de l'ONIOL (Office national interprofessionnel des Oléagineux, des protéagineux et cultures textiles). Elle intervenait de même pour l'OFIVAL (Viandes, Élevages et Aviculture). La loi du 5 janvier 2006 d'orientation agricole a créé l'Office national interprofessionnel des grandes cultures (ONIGC) en lieu et place, notamment, de l'ONIC ; en 2006 furent créés trois « pôles » regroupant différents offices : pôle « élevage » autour de l'Office national interprofessionnel de l'élevage et de ses productions (ONIEP), pôle « cultures spécialisées » avec VINIFLHOR, pôles « grandes cultures » avec l'ONIGC. Les offices « historiques » demeuraient à l'intérieur de ces pôles et conservaient leur fonction d'organisme payeur pour ce qui est des « mesures de marché » ; cependant, la loi de 2006 avait prévu qu'« au plus tard le 1er janvier 2013, la gestion et le paiement des mesures de soutien direct en faveur des agriculteurs et de soutien au développement rural mises en œuvre au titre de la politique agricole commune sont assurés par un seul organisme ». C'est à présent le cas avec la création (ord. du 25 mars 2009) de l'Agence de services et de paiement qui est devenue l'institution unique destinée à assurer cette mission. Par ailleurs, les filières organisées autour de différents offices agricoles sont désormais intégrées au sein d'une institution unique, l'Établissement national des produits de l'agriculture et de la mer dénommé FranceAgriMer (sauf pour l'outre-mer au travers de l'ODEADOM), institution fruit, elle aussi, de l'ordonnance de 2009.

2) La recette

269 Sauf exceptions (notamment l'ancien prélèvement CECA), elle est recouvrée par les États conformément à leur législation et doit (sous peine d'intérêts de retard) être mise à disposition de la Commission tous les mois, par douzièmes de la contribution prévue au budget de l'Union (ressources TVA et PNB) ou en fonction des créances constatées deux (exceptionnellement un) mois auparavant (droits de douane et ressources agricoles, déduction faite de 25 % – 10 % jusqu'en 2000 – à titre de frais de recouvrement). Le règlement 609/2014 du 26 mai 2014 a défini les modalités et la procédure de mise à disposition des différentes ressources propres de l'UE et les mesures « visant à faire face aux besoins de trésore-

rie ». L'article 6 du règlement impose notamment qu'une comptabilité des ressources propres est tenue auprès du trésor de chaque État membre ou de l'organisme désigné par chaque État membre et ventilée par nature de ressources (en France, un comptable public de la DGFiP les centralise, les notifie et les met à disposition de la direction générale du Budget de la Commission européenne). L'article 12 prévoit un régime d'intérêts de retard à la charge de l'État concerné, en cas de retard d'inscription au compte (Il s'agit d'un manquement d'État, CJUE, 17 juin 2010, aff. C-423/08, *Commission c/ Rép. Italienne*).

En France, ces ressources propres font l'objet d'un « prélèvement sur recettes » évalué dans la loi de finances (v. ss 486). Toutefois, ne relèvent pas de ce domaine des PSR-UE les ressources propres qui sont habituellement encaissées par la Direction générale des douanes et droits indirects, à savoir les recettes douanières et les cotisations sur le sucre qui sont considérées depuis 2010 comme des ressources directes de l'Union recouvrées par l'État pour le compte de l'Union.

4. Le contrôle des opérations financières

270 Le contrôle des opérations financières est effectué, sur des modes différents, par les administrations (**a**), la Cour des comptes de l'Union européenne (**b**) et le Parlement de l'Union européenne (**c**) (eux-mêmes placés sous le « contrôle éminent », mais réduit aux points de droit, de la Cour de justice de l'Union européenne).

a. Le contrôle par les administrations

271 Le contrôle par les administrations émane aussi bien de l'administration de l'Union européenne que des administrations nationales.

272 - Le contrôle par l'administration de l'Union européenne

Placé sous la coordination générale de la Commission (qui, en particulier, examine la validité des systèmes de contrôle des partenaires : v. art. 35 RFE), il est lui-même multiforme, au travers d'un pouvoir de réexamen, le cas échéant, des dispositions appropriées pour assurer la transparence des opérations effectuées.

Les **contrôles internes** émanent, pour l'essentiel, de deux sources.

Il s'agit d'abord de... l'ordonnateur lui-même, qui a la pleine responsabilité de ses actes (v. ss 266) et qui doit donc veiller à la pertinence financière et à la régularité de ses actes (v. RD, art. 49), en signalant, au besoin (et par écrit), les difficultés à l'institution dont il relève, seule une instruction écrite et motivée dégageant alors sa responsabilité (NRFG, art. 73).

Il s'agit ensuite de l'**auditeur interne** que doit, depuis le règlement financier général de 2002 (qui a supprimé le contrôleur financier : v. ss 266), désigner chaque institution en établissant l'« indépendance totale » de sa fonction (NRFG, art. 100.1). Cet auditeur, qui ne peut être ni ordonnateur ni comptable, est chargé, sous sa responsabilité envers l'institution, de vérifier « le bon fonctionnement des systèmes et des procédures d'exécution du budget » (en ayant un « accès complet et illimité à toute information requise » par sa fonction) et de faire rapport et recommandations à l'institution (NRFG, art. 99).

Les contrôles **externes** concernent principalement les opérations dans les États membres, à l'égard desquelles l'administration européenne a reçu le pouvoir de pratiquer des contrôles, non seulement sur pièces (à l'occasion, notamment, des dépenses européennes : v. ss 273), mais encore sur place. Ce pouvoir, longtemps réduit à des domaines particuliers (ressources propres spécifiques, fonds structurels, FEOGA-garantie), a reçu un fondement plus général avec un règlement communautaire du 18 décembre 1995, établissant un régime de sanctions administratives des irrégularités commises par les opérateurs économiques, et un règlement d'application du 11 novembre 1996, relatif aux contrôles sur place effectués par la Commission européenne (complété, notamment, par Règl. 15 oct. 1997 sur les fonds structurels et Règl. 10 mai 1999 sur les ressources propres) ; ce texte prévoit, notamment, moyennant plusieurs précautions (et la participation des autorités nationales, si elles le souhaitent), que les contrôleurs de la Commission ont, auprès des opérateurs économiques, les mêmes pouvoirs que ceux reconnus aux contrôleurs nationaux, afin de déceler les irrégularités.

Aux termes du règlement du 18 décembre 1995 (art. 1er), constitue, en substance, une irrégularité toute violation, par un opérateur économique, du droit communautaire, ayant pour effet de porter préjudice aux budgets communautaires.

L'Office européen de lutte anti-fraude (OLAF) est, lui, un organisme institué en 1999 pour prendre la suite, avec un statut et des pouvoirs renforcés, de l'Unité de coordination de la lutte contre la fraude (UCLAF) créée en 1988 pour combattre les irrégularités commises dans (ou, parfois, par) les États membres, et qui, souvent organisées, prenaient une importance croissante.

Cette fraude plutôt présentée sous l'angle « d'irrégularités » est chiffrée pour 2013 à 1,34 % des paiements en dépenses et 1,86 % du montant brut des ressources propres. La Commission note que par rapport à 2012 elles auraient augmenté en nombre (+17 %) mais diminué en valeur (-36 %). Pour autant, la France doit ainsi restituer plus de 1 Md € pour des aides « anormalement » attribuées en particulier en faveur du monde agricole, le gouvernement français annonçant, une fois de plus, que les agriculteurs concernés n'auraient pas à restituer les sommes indûment versées

Elle porte ainsi aussi bien sur les recettes (importations clandestines, faux transits...) que sur les dépenses (fonds social, FEDER, aides agricoles). L'énergie mise par les États à la combattre varie parfois selon qu'elle lèse ou non les intérêts nationaux.

Cet Office, qui demeure rattaché à la Commission (par l'intermédiaire, notamment, d'un budget annexé : v. ss 257) et qui exerce, lui, un « contrôle d'honnêteté », a une compétence englobant désormais les fraudes commises par les... institutions (et offices) européens (qui gardait les gardiens ?) – sans que, d'ailleurs, (qui garderait les gardiens des gardiens ?), les résultats aient été toujours probants.

Institué par une décision du 28 avril 1999 (qu'a dû se résoudre à prendre la Commission), l'OLAF a vu ses compétences reconnues et organisées par les institutions communautaires (règlement Parlement/Conseil du 25 mai 1999, accord interinstitutionnel du 25 mai 1999). Son statut budgétaire est fixé par les articles 196 s. du NRFG. Son champ de compétences appliqué aux institutions européennes a été confirmé lors de différents contentieux relatifs aux institutions concernées ; cela fut affirmé d'une part à l'attention de la Banque européenne d'investissement – BEI – et de la Banque centrale européenne – BCE (CJCE 10 juill. 2003, C-11/00, C-15/00, *Commission CE c/ BCE et Commission CE c/ Banque européenne d'investissement*, et, d'autre part, à l'égard du Parlement européen : CJCE 30 mars 2004, C-167/02-P, *P. Willi Rothley e.a. c/ Parlement européen*).

273 - Le rôle des administrations nationales

Celles-ci ont, de leur côté (notamment depuis le traité sur l'Union européenne), l'obligation de **protéger les intérêts finan-**

ciers de l'Union européenne de la même façon que leurs propres intérêts financiers (TFUE, art. 325).

... et, en particulier, de poursuivre pénalement les fraudes déterminées par une convention du 26 juillet 1995 – et quatre instruments complémentaires. La Commission européenne a proposé que soit institué un procureur européen en ce domaine.

Elles ont donc l'obligation de contrôler, à leur initiative ou à celle de la Commission européenne, les opérations intéressant les finances de l'Union (v. ss 386) et de mettre à la disposition des autorités européennes les moyens et informations nécessaires. Ceci explique notamment, s'agissant de la France, l'octroi aux instances nationales de contrôle du pouvoir d'une part, de vérifier l'utilisation des fonds d'origine européenne (L. 96-314, 12 avr. 1996, art. 43). Désormais, deux entités bien distinctes assurent des fonctions en ce domaine : d'une part, une commission interministérielle de coordination des contrôles et d'audit, d'autre part, une commission de certification des comptes des organismes payeurs des dépenses financées par les fonds européens agricoles.

La première commission, créée en 1993 et remaniée à différentes reprises notamment par un décret du 11 juin 2008 lui-même modifié en 2014 (décret 2014-1460 du 8 déc. 2014). Il s'agit de la **commission interministérielle de coordination des contrôles-autorité d'audit pour les fonds européens en France.** Elle est composée de neuf membres nommés par arrêté du Premier ministre pour trois ans (renouvelables) dont quatre inspecteurs généraux représentant les inspections générales qui participent à son action (finances/administration/affaires sociales/agriculture), d'un membre du service de contrôle général économique et financier et quatre personnalités qualifiées dont deux nommées sur proposition de l'Association des régions de France. Elle est la clef de voûte du système national de contrôle (le « contrôleur financier national » au sens du droit communautaire) puisqu'elle veille au respect des obligations contractées par la France, par les autorités de gestion, de paiement et de certification. Elle est, en particulier, chargée de définir l'organisation et l'orientation de l'ensemble des contrôles et de veiller à l'établissement et à l'exécution des programmes de vérification (art. 2). Elle peut de ce fait adresser toute recommandation aux collectivités territoriales et aux ministères concernés Elle est aussi autorité d'audit, en qualité « d'organisme d'audit indépendant » (art. 3). Elle est aussi un acteur dynamique et centralisateur des rapports, avis, recommandations qu'elle va pouvoir adresser aux autorités de l'Union par le biais du secrétariat général aux affaires européennes (tout comme les documents à destination de la Cour des comptes européenne) et sur le plan interne communique les mêmes documents qui pourraient être adoptés par la Commission.

La seconde commission est la **Commission de certification des comptes des organismes payeurs des dépenses financées par les fonds européens agricoles** ; instituée par un décret du 12 octobre 2005 dans le cadre de la mise en œuvre du FEOGA-Garanties, elle a été réorganisée par un décret du 11 mai 2007 pour tenir compte de l'avènement du FEAGA et du FEADER. Composée de cinq membres nommés par le Premier ministre, sur proposition conjointe des ministres chargés de l'Agriculture et de l'Économie, elle comprend des membres du corps d'inspection et de contrôle de chacun de ces ministères. Cette commission a pour fonction d'établir le certificat des comptes et de procéder aux contrôles et audits adéquats au sein des organismes payeurs. Les certificats et rapports sont communiqués par le Secrétariat général aux affaires européennes à la Commission européenne. Elle peut faire appel à des cabinets d'expertise comptable ou d'audits spécialisés pour ses activités de certification.

Les corrections financières (suite aux audits de la Commission mais aussi de la Cour des comptes) sont d'un montant souvent significatif ; ces corrections ont d'abord concerné la politique de cohésion puis l'agriculture (en particulier le FEAGA). Elles portent à la fois sur des erreurs et des irrégularités, les principaux États concernés à propos du FEAGA étant (en volume financier) la Grèce, l'Espagne, Pays-Bas, l'Italie, la France, la Roumanie ; sur l'ensemble des corrections, il y a peu de différences dans le classement en matière de politique de cohésion, la Grèce arrivant largement « en tête » devant la Pologne. Pour la Cour des comptes française, l'apurement conduit à des corrections portant en moyenne sur 1 % des crédits relevant du FEAGA.

b. Le contrôle par la Cour des comptes

274 La Cour des comptes (TFUE, art. 285 s., et NRFG, art. 159 à 163) a été instituée en 1975 pour succéder à une commission de contrôle désignée par le Conseil. Devenue « institution » en vertu du traité de Maastricht, elle est composée de personnalités indépendantes (une par État membre) désignées (pour un mandat, renouvelable, de six ans) par le Conseil (mais à l'unanimité et après consultation du Parlement) (TFUE, art. 286) et qui désignent, à leur tour, un président (pour trois ans). Elle est, depuis 2010, structurée en cinq chambres spécialisées.

Aux termes de l'article 286.3 du TFUE : « Dans l'accomplissement de leurs devoirs, les membres de la Cour des comptes ne sollicitent ni n'acceptent d'instructions d'aucun gouvernement ni d'aucun organisme. Ils s'abstiennent de tout acte incompatible avec le caractère de leurs fonctions ».

Par ailleurs, l'article 284.4 du TFUE énonce que « Les membres de la Cour des comptes ne peuvent, pendant la durée de leurs fonctions, exercer aucune activité professionnelle, rémunérée ou non. Ils prennent, lors de leur installation, l'engagement solennel de respecter, pendant la durée de leurs fonctions et après la cessation de celles-ci, les obligations découlant de leur charge, notamment les devoirs d'honnêteté et de délicatesse quant à l'acceptation, après cessation, de certaines fonctions ou de certains avantages ».

Inspirée du modèle germanique, elle exerce deux fonctions complémentaires : un contrôle de gestion *a posteriori* et une assistance aux pouvoirs publics mais n'a pas d'activité juridictionnelle.

275 - Un contrôle de gestion *a posteriori*

Il est très largement analogue à celui exercé en France par les juridictions financières (v. ss 391 s.). Elle contrôle sur pièces et, éventuellement, sur place (en collaboration avec ses homologues nationaux) la régularité des opérations et la bonne gestion financière des instances européennes et des organismes créés ou subventionnés par ces dernières.

Le contrôle peut être exercé dans les États membres, « y compris dans les locaux de toute personne physique ou morale bénéficiaire de versements provenant du budget », étant entendu que la Cour et les institutions nationales de contrôle pratiquent alors « une coopération empreinte de confiance et respectueuse de leur indépendance » (TFUE, art. 287.3, et NRFG, art. 159.2).

La Cour de justice de l'Union européenne a conforté, sur la base du traité CE, ce pouvoir de contrôle de la Cour des comptes en estimant qu'il devait « être admis que la Cour des comptes était compétente pour effectuer le contrôle litigieux envisagé (l'Allemagne s'était opposée à ce contrôle) dans la mesure où ce dernier, en ce qu'il devait porter sur la coopération administrative au titre du règlement n° 17987/2003, avait bien trait aux recettes de la Communauté envisagées sous l'angle de leur légalité et de la bonne gestion financière y afférente et présentait ainsi un lien direct avec les attributions conférées à ladite institution par l'article 248 CE » (CJUE, 15 nov. 2011, *Commission européenne c/ RFA*).

276 - Une assistance aux pouvoirs publics (TFUE, art. 287.4)

La Cour apporte d'abord, comme le fait à son niveau la Cour des comptes française, cette assistance : « Elle assiste le Parlement européen et le Conseil dans l'exercice de leur fonction de contrôle de l'exécution du budget ». Elle établit annuellement un rapport général (et des rapports spécifiques à certaines institutions) sur la gestion (accompagnés des réponses des organismes mis en cause) et, depuis 1996 (en application du traité de Maastricht), « une déclaration d'assurance (DAS) concernant la fiabilité des comptes ainsi que la légalité et la régularité des opérations sous-jacentes », ce qui, compte tenu de l'existence de plusieurs millions d'« opérations sous-jacentes », ne manque d'ailleurs pas de soulever d'importantes difficultés (la Cour a, notamment, refusé de certifier toutes les opérations de 1995). Elle peut aussi publier des observations ou rapports particuliers et rendre des avis (à la demande d'une institution ou à titre obligatoire pour certains projets de textes financiers).

En plus des rapports généraux annuels comprenant, depuis le rapport sur l'exercice 1997, les DAS relatives d'une part au budget général, d'autre part au Fonds européen de développement, la Cour a rendu de nombreux rapports spéciaux, rapports annuels spécifiques (CECA, Agence d'approvisionnement d'Euratom, Eurojust, Banque centrale européenne, Agences dépendant de l'Union, etc.) et avis. Son analyse est souvent critique. Ainsi, si la Cour a émis une opinion « sans réserve sur la fiabilité des comptes de l'Union européenne » pour 2012, elle n'a pas établi de DAS positive sur les comptes en regard notamment du nombre élevé d'erreurs en matière de paiement des dépenses.

On peut en tirer un certain nombre d'enseignements.

Le rapport d'activité 2013 fait état de 77 rapports et avis mais aussi d'une nouvelle stratégie pour 2013-2017. On note que le temps de contrôle a été centré sur quelques grands États : Italie, Espagne, Pologne, France, Allemagne mais aussi la Grèce devant le Royaume-Uni Il est enfin important de noter les effets liés à la forte différence entre crédits d'engagement et crédits de paiement, et une certaine sous-utilisation des crédits en début de programmation, qui ont entraîné « une accumulation (des crédits) représentant l'équivalent de deux années et trois mois d'engagements restant à liquider (217 Mds € fin 2012) ».

Le volet spécifique aux audits de l'UE réalisés par la Cour est lui-même marqué d'interrogations majeures tenant à l'efficacité budgétaire européenne. Selon la Cour, le taux d'erreur estimatif (niveau d'irrégularité) pour les paiements aurait été de 4,7 % en 2013. Elle note aussi que « les autorités des États membres disposaient de suffisamment d'informations pour détecter et corriger les erreurs avant de demander un remboursement à la Commission ». Enfin, et c'est sans doute le plus inquiétant, elle souligne que sur la période 2007-2013, « l'accent a davantage été mis sur l'absorption des fonds de l'UE (« tout ce qui n'est pas utilisé est perdu ») et sur la conformité de leur utilisation que sur la performance. Ce manque de prise en considération de la performance est un défaut majeur dans la conception d'une grande partie du budget de l'UE » !

Or, la Cour, dans le cadre de la DAS 2013 constatant le nombre significatif d'erreurs dans les paiements a émis « une opinion défavorable sur leur légalité et leur régularité ».

277 - Une absence d'activité juridictionnelle

La Cour ne juge, ni les comptes des comptables (comme en France : v. ss 391 s.) ni ceux des ordonnateurs (qui ont désormais la responsabilité principale des opérations : v. ss 266). On estime, en effet, que la **responsabilité des acteurs financiers** (ordonnateurs, comptables, régisseurs) « n'est pas de nature différente de celle pesant sur les autres fonctionnaires et agents et doit donc être soumise [...] à l'application des **sanctions disciplinaires et pécuniaires » de droit commun** (NRFG, exposé des motifs, point 20).

Chaque institution doit, conformément aux statuts applicables, mettre en place une instance spécialisée (NRFG, art. 66 et 72 ; RD, art. 74), chargée de donner un avis sur l'existence d'irrégularités financières. Sur ce fondement, l'institution peut engager (sous le contrôle final de la Cour de Justice), dans les conditions et selon les procédures habituelles (NRFG, art. 73 à 75), la responsabilité disciplinaire, fondée sur la notion de négligence, ou la responsabilité pécuniaire, fondée sur la notion de faute personnelle (ou, pour les ordonnateurs, de faute personnelle grave).

Art. 73 : « 1. L'**ordonnateur** compétent engage sa responsabilité pécuniaire dans les conditions prévues au statut ; 2. La responsabilité pécuniaire de l'ordonnateur est engagée notamment si l'ordonnateur compétent, intentionnellement ou par négligence grave, a) constate les droits à recouvrer ou émet les ordres de recouvrement, engage une dépense ou signe un ordre de paiement, sans se conformer au présent règlement ou aux actes délégués adoptés en application du présent règlement ; b) omet d'établir un acte engendrant une créance, omet ou retarde l'émission d'un ordre de recouvrement, ou retarde l'émission d'un ordre de paiement, engageant ainsi la responsabilité civile de l'institution à l'égard de tiers. »

Art. 74 : « Le **comptable** engage, dans les conditions et selon les procédures prévues par le statut, sa responsabilité disciplinaire ou pécuniaire. Constitue en particulier une faute susceptible d'engager la responsabilité du régisseur d'avances le fait : a) de perdre ou détériorer des fonds, des valeurs ou des documents dont il a la garde ; b) de modifier indûment des comptes bancaires ou des comptes courants postaux ; c) d'effectuer des recouvrements ou des paiements non conformes aux ordres de recouvrement ou de paiement correspondants ; d) d'omettre d'encaisser des recettes dues. »

Art. 75 : « 1. Le **régisseur** d'avances engage, dans les conditions et selon les procédures prévues par le statut, sa responsabilité disciplinaire ou pécuniaire. Constitue en particulier une faute susceptible d'engager sa responsabilité le fait : a) de perdre ou détériorer des fonds, des valeurs et des documents dont il a la garde ; b) de ne pouvoir justifier par des pièces régulières des paiements qu'il effectue ; c) de payer à d'autres que les ayants droit ; d) d'omettre d'encaisser des recettes dues. »

En cas de fraude, s'applique, par ailleurs, la législation répressive prévue contre la corruption et la protection financière de l'Union (NRFG, art. 72). S'il n'y a pas irrégularité mais « problèmes systémiques » (dysfonctionnements), l'instance spécialisée fait rapport aux ordonnateurs et auditeurs (NRFG, art. 73).

c. Le contrôle par le Parlement européen

278 Le Parlement européen exerce, de son côté, deux types de contrôle, l'un en cours d'exécution, l'autre après l'exécution, dont la cheville ouvrière est constituée par sa commission de contrôle budgétaire.

279 - En cours d'exécution

Le Parlement doit recevoir du comptable de la Commission des données mensuelles sur l'exécution du budget et, trois fois par an, un rapport sur l'exécution du budget (NRFG, art. 150) ; il organise, à l'automne, un débat sur le budget en fin d'exécution (« *procédure Nottenböm* », du nom de son instigateur en 1976).

De façon plus ponctuelle, il peut également (sauf si la justice est saisie) constituer (comme il l'a fait la première fois en 1996) une commission temporaire d'enquête « pour examiner les allégations d'infraction ou de mauvaise administration dans l'application du droit de l'Union » (TFUE, art. 226).

280 - Après l'exécution

Le Parlement a, depuis 1975, le pouvoir de donner **décharge à la Commission européenne** de sa gestion (TFUE, art. 319), mais aussi au président du Parlement et au Conseil à raison de leur gestion spécifique, arme dont il a parfois usé pour tenter, jusqu'à présent sans succès probant, de se subordonner davantage la Commission. Il ne faut de ce fait, nullement être surpris de le voir adopter de façon complémentaire des observations relativement critiques au travers d'une résolution annexée.

Le Conseil et le Parlement doivent recevoir un compte de gestion et un bilan financier établis par le comptable de la Commission avant le 1er juin (de l'année *n* + 1) (sur la base d'éléments qu'elle doit elle-même recevoir de chaque institution avant le 1er mars) puis les documents établis par la Cour des comptes avant le 15 novembre (de l'année *n* + 1), toutes pièces qui doivent être examinées avant le 15 mai (de l'année *n* + 2). Le Conseil (statuant à la majorité qualifiée) recommande alors de donner décharge ; après audition éventuelle de la Commission européenne et sur rapport de sa commission de contrôle budgétaire, le Parlement statue alors.

Il lui est arrivé d'ajourner (en 1987 pour l'exercice 1985, en mars 1998 pour l'exercice 1996, en 2000 pour l'exercice 1998, en 2001 pour l'exercice 1999 du Fonds européen de Développement) et même de refuser (en 1984 pour l'exercice 1982, en déc. 1998 pour l'exercice 1996) la décharge (un refus, particulier, de décharge ayant également été décidé en 1996 pour le FED). Mais ce refus n'a pas provoqué, comme certains le réclamaient, la démission, en tout cas immédiate, de la Commission qui, aux termes de traité (art. 319-3), donc du NRFG (art. 166.1), est simplement tenue de mettre « tout en œuvre » pour donner suite aux observations et aux recommandations du Parlement et du Conseil formulées à l'occasion de la décharge. Le Parlement européen a poursuivi dans sa lecture particulière de la décharge, en 2014 à propos de l'exercice 2012, et ce en désaccord avec le Conseil sur ce point, en mettant en œuvre des décharges individualisées, c'est-à-dire par institution.

Le refus de décharge de décembre 1998 a été un des éléments qui ont conduit à la démission de la Commission le 15 mars 1999 à la suite du rapport d'experts dénonçant en son sein la fraude, le népotisme et la mauvaise gestion.

L'article 164.2 du NRFG prévoit, par ailleurs, qu'en cas de retard dans la décharge « le Parlement européen ou le Conseil informe la Commission des motifs pour lesquels la décision a dû être différée » et qu'en cas d'ajournement de la décharge par le Parlement « la Commission s'efforce de prendre, dans les meilleurs délais, les mesures de nature à permettre et à faciliter la levée des obstacles à » la décharge.

La résolution du Parlement européen adoptée en avril 2006 et relative à l'exercice 2004 fut assez significative des attentes et critiques de cette assemblée ; parmi les principales remarques formulées on pouvait noter le souhait de voir le comptable être promu au rang de directeur financier afin d'assurer un contrepoids institutionnel à la direction de la Commission, manifesté la volonté de voir inscrit dans le règlement financier au rang de principe budgétaire « un contrôle interne (légalité et régularité) effectif et efficace », en remarquant le poids de la « machinerie » financière communautaire de l'époque : 606 programmes au titre des fonds structurels, 1 163 projets présentés au titre du Fonds de cohésion, 72 Instruments structurels de pré-adhésion mais aussi 91 organismes payeurs dans le cadre de la PAC.

Cette « guérilla » n'a pas seulement opposé le Parlement à la Commission mais aussi au Conseil. Tel fut le cas en 2009 avec l'ajournement en mars 2009 de l'approbation des dépenses du Conseil pour l'exercice 2007, le Parlement reprochant à ce dernier une approche de plus en plus « opérationnelle » de ses dépenses administratives induisant de ce fait un droit de regard du Parlement sur ce budget, ce à quoi le Conseil s'est refusé en ne communiquant pas « les données correspondantes aux députés ». Le reproche n'est, en fait, pas réellement nouveau. Par une résolution adoptée le 23 avril 2009 à une très large majorité, l'octroi de la décharge au Secrétaire général du Conseil sur l'exécution de son budget pour l'exercice 2007 fut à nouveau ajourné notamment en raison du manque total de transparence de l'exécution budgétaire du Conseil, ce dernier expliquant l'absence de rapport d'exécution par le « *Gentlemen's Agreement* » de 1970. De la même façon, le Parlement européen se heurte, comme en 2013-2014, aux autres institutions en raison de l'insuffisance des crédits de paiement nécessaires à l'exécution des engagements.

B. Les techniques financières de l'Union européenne

281 Parmi les techniques financières de l'Union européenne, seules les techniques budgétaires font ici l'objet de quelques explications (**1**), les techniques comptables étant simplement évoquées (**2**).

1. Les techniques budgétaires

282 Les principes d'unité, d'universalité, de vérité et de spécialité (v. ss 257 à 258) ont conduit à établir, pour le budget général de l'Union européenne, un **document unique** de plus de mille huit cents pages, dont chaque rubrique fait l'objet de **« commentaires appropriés »** (NRFG, art. 49.1), parfois substantiels, fournissant les justifications et autres indications utiles, et dont les opérations, récapitulées dans de nombreux tableaux, sont la plupart du temps replacées dans un **cadre pluriannuel** (prévisions ou réalisations des deux exercices précédents, échéancier des crédits pluriannuels).

Certains postes, inscrits « pour mémoire » (p.m.) sont appelés à être dotés ultérieurement, alors que d'autres dotés d'un tiret (–) correspondent à des actions désormais éteintes.

Ce document comporte deux « états » (dont la structure est décrite à l'article 49 du NRFG) : un état général des recettes et des dépenses (**a**) et un état des recettes et dépenses par section (**b**).

a. L'« état général des recettes et des dépenses »

283 L'article 43 du NRFG appelle celui-ci « état général des recettes et des dépenses ». Il ne se contente pas, en réalité, de donner le détail complet des ressources (classées par titres, chapitres, articles et postes, le titre 1 étant consacré aux ressources propres) ; il fournit également un **tableau général de financement du budget** qui récapitule les grandes catégories de dépense et leur financement par les ressources propres apportées par chaque État (est également fourni un tableau des effectifs et du patrimoine immobilier).

b. L'« état des recettes et des dépenses par section »

284 Celui-ci fournit le budget de chaque institution.

Existent, en 2015, dix sections : 1 : Parlement – 2 : Conseil – 3 : Commission – 4 : Cour de justice – 5 : Cour des comptes – 6 : Comité économique et social – 7 : Comité des régions – 8 : Médiateur européen – 9 : Contrôleur européen de la protection des données – 10 : Service européen pour l'action extérieure.

Il comprend, pour chacune d'elles, un état des recettes, un état des dépenses et, dans la section de la Commission, différents budgets annexés (v. ss 257), concernant plusieurs offices européens comme l'office des publications, celui de la lutte anti-fraude, l'office européen de sélection du personnel...

Pour toutes les institutions, sauf la Commission, cet état des dépenses ne concerne, cependant, que les crédits de fonctionnement (présentés, par nature, en six titres, subdivisés en chapitres, articles et postes).

En revanche, le budget de la Commission, comprend également les crédits opérationnels, lesquels font l'objet d'une présentation séparée (et développée) selon une nomenclature spécifique, établie par le Parlement et le Conseil, à caractère partiellement fonctionnel, qui, à partir du budget pour 2004, fut remplacée par une nomenclature (totalement) fonctionnelle par domaine politique (titre) et, en règle générale, activité (chapitre) (v. ss 258).

Cette nomenclature fonctionnelle comporte 35 domaines structurés en titres : 01. Affaires économiques et financières / 02. Entreprises et industrie / 03. Concurrence / 04. Emploi, affaires sociales et inclusion / 05. Agriculture et développement rural / 06. Mobilité et transports / 07. Environnement / 08. Recherche et innovation / 09. Société de l'information et des médias (Communication networks, content and technology) / 10. Recherche directe / 11. Affaires maritimes et pêche / 12. Marché intérieur et services / 13. Politique de la ville et régionale / 14. Fiscalité et union douanière / 15. Éducation et culture / 16. Communication / 17. Santé et protection des consommateurs / 18. Affaires intérieures / 19. Relations extérieures / 20. Commerce / 21. Développement et coopération / 22. Élargissement / 23. Aide humanitaire et protection civile / 24. Lutte contre la fraude / 25. Coordination des politiques de la Commission et conseil juridique / 26. Administration de la Commission / 27. Budget / 28. Audit / 29. Statistiques / 30. Pensions et dépenses connexes / 31. Services linguistiques / 32. Énergie / 33. Justice / 34. Action sur le climat / 35. Réserves.

L'ensemble est complété d'annexes développant les programmes, particulièrement denses, de recherche et de développement technologique (notamment l'ancien budget de recherche et d'investissement d'Euratom, doté d'une structure budgétaire spécifique) et d'annexes retraçant les emprunts et prêts garantis, les liens avec l'Espace économique européen et les liens avec les pays associés.

2. Les techniques comptables

285 L'exécution des opérations financières de l'Union européenne est, schématiquement, articulée autour de trois types de comptes qui « doivent être réguliers, sincères et complets et présenter une image fidèle » (NRFG, art. 143), à savoir une comptabilité budgétaire (**a**), une comptabilité générale (**b**) et une comptabilité de caisse (**c**).

a. Une comptabilité budgétaire

286 Elle est retracée dans des « **états sur l'exécution du budget** » qui concernent chaque institution et organisme satellite (accompagnés chacun d'un rapport sur la gestion financière et budgétaire de l'exercice) et des « **états sur l'exécution du budget** » qui présentent de manière agrégée les opérations (NRFG, art. 141-142). Cette comptabilité budgétaire, après rappel des prévisions et crédits ouverts, retrace, pour chaque exercice, les engagements et les paiements (dépenses), les droits constatés et les recouvrements (recettes) et fait apparaître le compte de résultat (présenté suivant

la même structure que le budget lui-même) et une annexe qui complète et commente le compte de résultat (NRFG, art. 146 et RD, art. 245). Elle « peut être organisée de manière à développer une comptabilité analytique » (RD, art. 245).

b. Une comptabilité générale

287 Retracée dans des « états financiers », elle fait apparaître le bilan (retraçant la situation patrimoniale et financière) et le résultat économique, le tableau des flux de trésorerie (encaissements, décaissements et situation finale et l'état de variation des capitaux propres), l'ensemble accompagné d'une annexe qui complète et commente les informations (NRFG, art. 145). Sauf pour les flux de trésorerie, elle est tenue « sur la base des principes comptables généralement admis » (en comptabilité privée), notamment celui d'une comptabilité d'exercice (« droits constatés, sans tenir compte de la date du paiement ou de l'encaissement » : NRFG, art. 144).

c. Une comptabilité de caisse (ou bancaire)

288 Elle retrace les mouvements et l'état de la trésorerie (v. ss 287), dispersée dans de nombreux comptes ouverts dans les États de l'Union (v. ss 266).

Les activités financières de l'Union européenne se sont beaucoup développées puisque les opérations budgétaires, qui représentaient quelques milliards d'euros dans les années 1960, ont dépassé, dans l'Europe à 27, près de 132 Mds € (en crédits de paiement) dans le budget général 2015, soit plus du tiers du budget de l'État en France, plus que le budget de l'État danois ou que le budget des États grec et irlandais réunis. Il est vrai, et c'est une de ses caractéristiques fondamentales, que **le budget de l'Union est plafonné** puisque les ressources propres et les crédits de paiement qu'elles alimentent ne peuvent dépasser un pourcentage du PNB communautaire qui, fixé à 1,15 % en 1988, a été progressivement augmenté pour atteindre, à partir 1999, 1,27 % – soit, depuis 2002, 1,24 % du Revenu national brut (RNB) découlant du SEC 95 (v. ss 3), mais a été réduit à près de 1 % du PIB de l'Union sur 2014-2020 (désormais en SEC 2010).

Section 2
L'encadrement européen des finances publiques nationales

289 Le traité instituant la Communauté économique européenne (CEE, 1957) mettait en avant les questions douanières, fiscales, d'émission des emprunts publics, de stabilité des prix, et faisait de l'équilibre de la balance des paiements de chaque État membre un élément essentiel de la vie commune, les États s'engageant à coordonner leurs politiques économiques pour assurer cet équilibre mais aussi pour maintenir la confiance dans leur monnaie (art. 104 et 105 TCEE). La question des finances publiques nationales et des déficits « excessifs » est apparue ultérieurement dans les traités avec l'article 104 C du Traité CE : « les États membres doivent éviter les déficits excessifs », le traité de Maastricht organisant une procédure pour déficit excessif et fixant les seuils afférents (Protocole). Cette démarche nouvelle s'inscrivait dans le cadre de la construction de l'Union économique et monétaire (UEM), ce qui peut expliquer que dès l'origine certains États ont pu être concernés par une compétence européenne pour l'examen des déficits excessifs mais pas nécessairement par les procédures pouvant être mises en œuvre pour « sanctionner » un tel comportement. C'est le cas en particulier du Royaume-Uni qui n'a pas adhéré à ce processus, par plus qu'il n'a adhéré ultérieurement au Traité du 2 mars 2012 sur la stabilité, la coordination et la gouvernance au sein de l'Union économique et monétaire (TSCG). Vis-à-vis du budget des États, l'encadrement européen a été appelé à jouer un rôle majeur avec la mise en place de l'Union économique et monétaire et le développement d'une discipline économique et budgétaire (**§ 1**) ; or, cette approche plus spécifique à l'UEM n'est pas apparue suffisante, une grande majorité d'États membres s'engageant dans une nouvelle voie définie par un traité spécifique, le TSCG précité (**§ 2**) ; en outre, la crise née dans les années 2007-2008 ayant conduit les États européens à mettre en

place des mécanismes particuliers de soutien financier aux États membres en difficultés, instaurant une forme de solidarité que l'on pourrait qualifier de « fédérale » au sein de la zone euro (**§ 3**).

§ 1. L'Union économique et monétaire et ses prolongements

290 La construction d'une union monétaire n'est pas une originalité ou spécificité européenne. La grande difficulté est de réussir à lui assurer une pérennité. L'Europe a connu ce type de démarche, non seulement à l'époque napoléonienne (système de la décimalisation) mais aussi de façon plus concrète en 1865 avec l'Union latine (dissoute en 1927) qui fédérait 5 États (France, Suisse, Italie, Belgique, Grèce), avec 11 pays associés et une dizaine d'États alignés (dont des non-européens), et reposait sur un principe d'uniformisation monétaire et l'intercirculation des monnaies au sein de l'Union, chaque monnaie nationale ayant cours légal dans l'Union. La domination du franc germinal s'achèvera avec la première guerre mondiale et d'autres monnaies prendront le relais : le sterling, le dollar (certains États ayant même abandonné toute production monétaire en propre et donnant cours légal à ce type de monnaie comme le dollar US)....

On mettra aussi en avant l'échec du congrès international de 1867 qui avait retenu le principe d'une monnaie internationale reposant sur les pièces de 5 francs or et adoptant le principe de l'étalon-or. Ce congrès unissait l'Europe, la Russie, les États-Unis et l'Empire ottoman mais pas le Royaume-Uni et la Prusse.

La démarche en faveur de l'unité monétaire n'est donc pas nouvelle et n'est même pas européenne ; ainsi en novembre 2014, cinq États d'Afrique de l'Est ont initié une union monétaire (Communauté d'Afrique de l'Est) qui serait fondée sur le modèle de l'Union européenne avec une Banque centrale est-africaine. Certaines initiatives paraissent parfois pouvoir durer comme le dollar est-caribéen ou encore dollar des Caraïbes orientales qui existe depuis 1965 (avec une Banque centrale de la Caraïbe orientale), monnaie commune à huit États ou territoires.

291 L'Union économique et monétaire (UEM), pour sa part, trouve son origine dans le désordre monétaire du début des années 1970 (fin de la convertibilité du dollar en or), qui conduisit une partie des États de la Communauté à organiser un flottement concerté de leurs monnaies à partir d'une unité de compte commune.

Entreprise sur le fondement du « rapport Werner » (Premier ministre luxembourgeois) d'octobre 1970, la tentative d'harmonisation se manifesta d'abord dans le « Serpent monétaire » (1972-1979), mécanisme visant à limiter, avec l'aide éventuelle d'un Fonds européen de coopération monétaire, les marges de fluctuation (± 2,25 %) ; mais le système se réduisit vite à la « zone mark » (Allemagne, Benelux, Danemark) (la France quitta le serpent en 1974 puis en 1976). Le mécanisme fut remplacé en 1979 par un système monétaire européen (SME), élargissant les possibilités d'aides mutuelles puis les marges de fluctuation (portées en 1993 à ± 15 %) et instituant un instrument de mesure commune : l'ECU (*European Currency Unit*) ; le Royaume-Uni n'y participera qu'en 1991-1992 et l'Italie s'en retirera de 1992 à 1996.

Officiellement entreprise en 1990 (en application de l'Acte unique de 1986) puis fortement accentuée par le traité de Maastricht (dont la ratification nécessita, en France, une révision constitutionnelle permettant les transferts de compétences nécessaires à son établissement), elle a connu deux phases préparatoires. La première (1990-1993) consistait essentiellement en une libération des mouvements de capitaux ; la seconde (1994-1998) permettait à un Institut monétaire européen (composé des gouverneurs des banques centrales des États) de préparer (par voie non contraignante) l'Union monétaire et aux États membres de se préparer à l'Union en assurant, si nécessaire, l'indépendance de leur banque centrale et en s'efforçant d'atteindre, sur recommandations du Conseil et sous surveillance de la Commission, certains **critères de convergence** en matière de prix, de taux d'intérêt, de taux de change et de déficits publics.

Le taux d'inflation ne devait pas excéder de plus de 1,5 % la moyenne des trois meilleurs États en ce domaine. Le taux d'intérêt à long terme ne devait pas excéder de plus de 2 % la moyenne des trois pays les plus efficaces dans la lutte contre l'inflation. L'État devait respecter pendant au moins deux ans, et sans dévaluation interne à l'Union, les marges de fluctuation du SME. Quant aux déficits publics, les plafonds étaient fixés à 3 % du PIB pour le solde annuel et 60 % du PIB pour la dette (v. ss 275).

La troisième phase avait débuté le 1er janvier 1999 pour onze États (douze depuis 2001, treize depuis 2007, quinze en 2008, seize en 2009, dix-sept en 2011, dix-neuf au 1er janvier 2015) considérés par le Conseil européen comme répondant aux critères requis.

La liste arrêtée par décision du 3 mai 1998, était la suivante : Allemagne, Autriche, Belgique, Espagne, Finlande, France, Irlande, Italie, Luxembourg, Pays-Bas, Portugal. Une décision du 19 juin 2000 lui a ajouté la Grèce ; puis ce fut le tour de la Slovénie en 2007. Trois pays (Danemark, Royaume-Uni et Suède) ont choisi de rester en dehors de la zone euro. Quant aux pays appelés à adhérer à partir de 2004 (dont la Slovénie), ils ont dû satisfaire aux « critères de Maastricht » avant de pouvoir être admis dans la zone. Chypre et Malte ont adopté l'euro en 2008, la Slovaquie en 2009, l'Estonie en 2011, la Lettonie en 2014, la Lituanie en 2015. L'euro a cours à Monaco, au Vatican et à Saint-Marin, mais non dans les anciens territoires d'outre-mer français (v. ss 73). La situation d'Andorre est clarifiée en 2013.

Pour autant, si l'on connaît les conditions d'entrées dans la zone euro, la sortie d'un État ne paraît pas avoir été prévue avec une grande précision.

292 Elle réalise une construction reposant, en substance, sur deux piliers : un système européen de banques centrales (**A**), une discipline économique et budgétaire (**B**).

A. Le système européen de banques centrales (SEBC)

293 Celui-ci comporte, pour l'essentiel, trois éléments.

294 **Une monnaie unique,** l'euro, instituée dans dix-neuf pays de la zone (« euroland ») avec l'intégration de la Lituanie au 1er janvier 2015, et qui circule à titre exclusif depuis 2002. Andorre, qui ne disposait pas de monnaie nationale, a adopté l'euro au 1er juillet 2013 (sans pour autant être un État membre de l'Union européenne) sur la base d'un accord particulier conclu avec l'Union européenne le 30 juin 2011, ce qui lui permet de disposer d'une « identité faciale » que cette entité n'avait pas jusque-là.

Depuis le 1er janvier 1999, l'euro est utilisé par les marchés financiers et pour le libellé des dettes publiques. Les monnaies nationales ont été provisoirement maintenues comme subdivisions (non décimales) de l'euro : 1 euro = 1,95583 mark allemand / 6,55957 francs français / 13,7603 schillings autrichiens / 40,3399 francs belges / 40,3399 francs luxembourgeois / 10,585274 livres chypriotes / 0,429300 livre maltaise / 166,386 pesetas espagnoles / 5,94573 marks finlandais / 0,787564 punt irlandaise / 1936,27 lires italiennes / 2,20371 florins néerlandais / 200,482 escudos portugais / 340,75 drachmes grecques / 239,64 tolars slovènes / 130,1260 couronnes slovaques / 15,6466 couronnes estoniennes / 0,702804 lats letton / 3,4528 litas lituanien.

Elles ont été remplacées en 2002 par des billets et des pièces en euros.

En France, les budgets et les comptabilités publiques ont été libellés en euros à partir du 1er janvier 2002.

Un nouveau mécanisme de change européen (MCE2), géré par le Conseil général de la Banque centrale européenne, relie l'euro aux autres monnaies de l'Union selon des principes semblables à ceux en vigueur dans le SME de 1994 à 1998 (emportant notamment, sauf intégration plus grande, des marges de fluctuation de 15 % autour du taux central, en l'occurrence celui de l'euro).

Phase ultime du passage à la monnaie unique, le SEPA (*Single Euro Payments Area*-Espace unique du paiement en euros) fondé notamment sur la direction du 13 novembre 2007 sur les services de paiement, a été instauré et s'adresse à l'ensemble des acteurs privés et publics.

295 **Une Banque centrale européenne** (BCE) est placée à la tête du SEBC (qui comprend également les banques centrales nationales). Ce SEBC (régi par TFUE, art. 127 s.) a pour objectif principal de maintenir la stabilité des prix (et pour objectif second d'apporter son soutien aux politiques économiques), ce qui a conduit à lui confier le soin de **définir et mettre en œuvre la politique monétaire de la Communauté** (les autres missions fondamentales étant de promouvoir le bon fonctionnement des systèmes de paiement, de définir et gérer les réserves officielles de change des États membres et, en application d'une politique qui reste fixée par le Conseil, de conduire les opérations de change).

Dans ce cadre, la BCE qui, en particulier, est seule habilitée à autoriser l'émission de billets de banque dans l'Union (et à fixer le volume de pièces que les États peuvent fabriquer), est dotée de pouvoirs importants qui, se manifestant au besoin par des règlements et des décisions (ainsi que par des recommandations et des avis), lui permettent, notamment, d'agir sur le volume et le coût de la monnaie (v. ss 188), de sanctionner (par des amendes et astreintes) les entreprises ne respectant pas la réglementation qu'elle édicte et d'exiger les statistiques nécessaires à l'exercice de sa mission.

Ses interventions successives au cours de la crise financière et économique actuelle sont particulièrement suivies et mises en parallèle avec les décisions de la Banque fédérale américaine (mais aussi du Japon, d'Angleterre… sans pour autant que l'on puisse établir une équivalence des statuts et des compétences entre ces différentes banques centrales), en particulier sur le terrain des politiques monétaires dites non conventionnelles relevant du concept anglo-saxon du « *quantitative easing* » (QE), c'est-à-dire de facilités financières largement ouvertes (voire illimitées) accordées aux banques (en contrepartie de titres comme des bons du Trésor), ce qui conduit à un fort accroissement des liquidités, politique qui paraît actuellement primer sur les politiques conventionnelles et pose à terme la question du retour à ces dernières avec l'arrêt de telles facilités.

Le programme d'opérations monétaires sur titres répondant à la dénomination de *Outright Monetary Transactions* initié par la BCE à l'été 2012 est le parfait exemple de cette implication de la BCE dans la crise économique et financière que traverse une partie de l'Europe.

Mais plus exceptionnelle est l'opération lancée en janvier 2015 sous une nouvelle forme de QE reposant (à l'image de ce qui avait déjà été fait par les Banques d'Angleterre, du Japon, de la Banque fédérale américaine), sur le rachat d'actifs publics (dont des emprunts d'État) et privés pour 60 Mds € par mois jusqu'à septembre 2016, soit un montant théorique de 1 140 Mds €, 12 % du PIB de la zone euro, le risque financier étant réparti à hauteur de 20 % pour les États membres de la zone (BCE), les 80 % restants étant « portés » par chaque pays (Banques nationales), ce qui favorise d'abord l'Allemagne puis la France, la Grèce étant marginale dans ce processus.

Sur le plan juridique, la CJUE a estimé compatible avec le droit de l'Union européenne cette politique menée par la BCE (CJUE 16 juin 2015, *Gauweiler e.a.*, C. 62/14), dans le cadre d'une demande préjudicielle formulée par la Cour constitutionnelle allemande.

Nombre d'analystes s'interrogent sur ce choix de la BCE, s'agissant des bénéficiaires premiers (encore et d'abord le marché financier), sur son impact en termes de liquidité notamment pour les entreprises et les capacités d'emprunter, sur les taux… tout en soulignant que les États comme la France sont eux-mêmes bénéficiaires de ce dispositif qui conduit encore à réduire les taux d'intérêt et donc la charge de leur dette, ce qui pourrait susciter un ralentissement des réformes dites structurelles attendues de certains d'entre eux. La question majeure est double : cette politique (au-delà de la question juridique de la compétence de la BCE) aurait-elle un impact sur la croissance économique en zone européen et si non, quelles autres solutions pourraient s'offrir à la BCE, comment et quand sortir de ce processus ?

Conformément au modèle germano-américain, cette BCE est, comme doivent l'être les banques centrales nationales, **indépendante des autorités gouvernementales.** Dotée de la personnalité juridique (et d'un capital passé de 5 Mds € à 10,76 Mds à compter du 29 décembre 2010, détenus à l'origine par les banques centrales nationales au prorata de l'importance démographique et économique de chaque État et ayant évolué vers une prépondérance des États de la zone euro), elle est dirigée par un Directoire de six membres (nommés, pour un mandat non renouvelable de huit ans, et après consultation du Parlement européen, à l'unanimité des gouvernements des États membres de l'UEM), qui met en œuvre la politique fixée par un Conseil des gouverneurs comprenant les membres du Directoire et les gouverneurs des banques centrales des États membres de l'UEM.

Le Directoire comprend un président (l'italien Mario Draghi qui a succédé en 2011 au français Jean-Claude Trichet lequel avait lui-même succédé en 2003 au néerlandais Wim Duisemberg), un vice-président et quatre autres membres.

La composition du Conseil des gouverneurs peut être modifiée par le Conseil européen statuant à l'unanimité sur recommandation du Conseil des gouverneurs (statuant à l'unanimité) ou de la Commission, une ratification par tous les États étant ensuite nécessaire.

Le Conseil des gouverneurs est assisté d'un comité économique et financier (principalement désigné par les États) et, lorsqu'il traite de questions concernant l'ensemble des pays de la Communauté, il siège en qualité de conseil général, incluant les gouverneurs des banques centrales des États non membres de la zone euro.

Ces instances, comme celles des banques centrales nationales, se voient interdire, d'une part de solliciter ou d'accepter des instructions des autres autorités (TFUE, art. 130), d'autre part d'accorder des aides financières aux organismes publics et entreprises publiques (sauf les établissements de crédit) (TFUE, art. 123). Ceci constitue un changement considérable pour les pays qui, en droit ou en fait, concentraient traditionnellement (comme la France jusqu'en 1993) le pouvoir monétaire et le pouvoir budgétaire entre les mains des autorités politiques, ainsi investies des pouvoirs les plus étendus mais aussi guettées, l'expérience le prouve, par la facilité, ne serait-ce que pour l'alimentation des caisses publiques ; désormais, le pouvoir monétaire, non seulement est très largement transféré à un niveau supranational, mais encore est confié à une autorité indépendante, ce qui a été parfois critiqué au nom de la démocratie, les membres de la BCE n'étant pas élus, ou de l'efficacité économique, car on a parfois reproché au système un manque de coordination entre politique monétaire et autres politiques, notamment budgétaire ; mais, en ce dernier domaine, existent des mécanismes, officiels et officieux, de coordination.

En vertu des textes, le président du Conseil (avec pouvoir de proposition) et un membre de la Commission peuvent participer, avec voix consultative, aux réunions du Conseil des gouverneurs de la BCE ; en sens inverse le président de la BCE est invité aux réunions du Conseil lorsque ce dernier délibère de questions touchant le SEBC (tout acte communautaire en ce domaine devant, par ailleurs, donner lieu à consultation de la BCE), la BCE adresse au Parlement (qui peut en débattre), au Conseil et la Commission un rapport annuel, présenté au Conseil et au Parlement par le président de la BCE, et les membres du Directoire de la BCE peuvent, à leur demande ou à celle du Parlement européen, être entendus par les commissions dudit Parlement.

Par ailleurs, ont été instituées, en marge des textes, certaines instances de concertation. Ainsi, l'Eurogroupe réunit les ministres des Finances des États membres de la zone euro et, sur invitation, le commissaire européen compétent et le président de la BCE, ce qui fournit une occasion privilégiée de concertation (avant que le Conseil Ecofin, réunissant les représentants de tous les États membres de l'Union, et la BCE, ne statuent officiellement) ; des instances parallèles, dans lesquelles des hauts fonctionnaires ou des collaborateurs représentent les « politiques », existent au niveau technique (comité économique et financier, comité de politique économique) ; en outre, plusieurs groupes mixtes, à périmètre plus large (et à géométrie variable), ont été développés par les instances de l'Union européenne.

296 On soulignera enfin que, parallèlement à cette politique, l'émergence d'une Union bancaire européenne avec la création d'un **Système européen de surveillance financière** (SESF) qui s'appuie sur un Comité européen du risque systémique avec trois agences européennes décentralisées et dont les principes ont été approuvés en mars 2013 et qui a renforcé le rôle et la place de la BCE en faisant de celle-ci le superviseur unique des « grandes » banques de la zone euro (plus de 30 Mds € d'actifs) et de celles qui seront soutenues financièrement (cadre FESF et MES), en coopération avec les autorités nationales de surveillance, l'*Autorité bancaire européenne* continuant à assurer au niveau des 28 ses fonctions dans le cadre d'un système européen de surveillance financière en vue de l'élaboration d'une réglementation uniforme, la conduite des tests de « résistance » des banques, la surveillance du marché... (règlement (UE) n° 193/2010 du Parlement européen et du Conseil

du 24 nov. 2010 instituant une autorité européenne de surveillance, règlement 575/2013 du 26 juin 2013 concernant les exigences prudentielles applicables aux établissements de crédit et aux entreprises d'investissement).

On notera la conclusion du 21 mai 2014 d'un accord entre 26 États membres et donc intergouvernemental sur le transfert et la mutualisation des contributions au fonds de résolution unique (FRU) dans le cadre de l'Union bancaire (objectif : 55 Mds € en 8 ans).

Le mécanisme de résolution unique (Règlement du Parlement européen et du Conseil du 15 juill. 2014) définit les règles générales d'intervention.

297 **Les banques centrales nationales**, auxquelles les États participants ont dû assurer l'indépendance pendant la deuxième phase de l'UEM (TFUE, art. 131), ne sont donc plus que les relais de la BCE, du moins en matière de politique monétaire.

Il en va notamment ainsi de la **Banque de France**. Celle-ci, fut créée en 1800 sous la forme d'une société de droit privé (30 000 actions pouvant être acquises par des étrangers). Administrée par 15 régents, elle a la qualité de banque publique et est présentée comme un instrument de liberté pour la Nation française en prenant comme modèle d'autres pays : « plusieurs Nations ont conjuré les mêmes maux et trouvé de grandes ressources dans des établissements de Banque » ; elle a d'abord été un simple institut d'émission qui a reçu en 1803 (pour Paris) et en 1848 (pour la France) le monopole d'émission des billets ayant cours légal. Ses autres fonctions se sont ensuite considérablement développées mais la Banque n'a été nationalisée qu'en 1936 (organismes dirigeants) et 1945 (capital, « Les actions de la Banque de France sont transférées à l'État, qui les détient en propriété », art. 1, loi du 2 déc. 1945), devenant en 1973 une « institution » (terme utilisé par le législateur en 1973 et 1993), qualifiée par le juge de « personne publique » (T. confl. 16 juin 1997, *Sté La Fontaine de Mars, M. et Mme Muet*).

La Cour de cassation estime qu'il s'agit d'un établissement public (Civ. 1re, 5 févr. 2002), le Conseil d'État qu'il s'agit d'une personne *sui generis* (22 mars 2000, *SNAP Banque de France* ; 2 oct. 2002, *Banque de France* ; et 20 déc. 2006, *CCE Banque de France*).

On notera que certains États ont pu « vivre » sans banque centrale, du moins un temps, comme les États-Unis qui n'en ont pas eu entre 1836 et 1913.

Alliée traditionnelle du gouvernement, elle a connu, en ce domaine, sa première novation avec les lois des 4 août et 31 décembre 1993 qui, pour satisfaire aux exigences du traité de Maastricht en matière d'indépendance des banques centrales, ont confié à son nouveau Conseil de la politique monétaire le soin de définir et mettre en œuvre la politique monétaire, mission jusque-là assurée par le gouvernement (Const., art. 20, et Cons. const. 3 août 1993, 324 DC).

La seconde révolution (silencieuse) a été concrétisée par la loi du 12 mai 1998 qui a tiré les conséquences de l'entrée de la France dans l'UEM. Depuis le 1er janvier 1999, la Banque de France (actuellement régie par C. mon. fin., art. L. 141-1 s.) fait partie du SEBC. Son gouverneur (nommé, comme les deux sous-gouverneurs, par décret en Conseil des ministres pour un mandat, irrévocable mais renouvelable une fois, de six ans) fait partie du Conseil des gouverneurs de la BCE ; appuyé par un comité monétaire, il a pour fonction principale la mise en œuvre des décisions de la BCE en matière de politique monétaire (la Banque de France conserve le monopole d'émission de billets de banque) et de gestion des réserves de change (dont une partie – actuellement fixée à 20 % – est déposée à la BCE et l'autre gérée par la Banque de France selon des modalités fixées par une convention du 20 déc. 2010 avec l'État).

De la même façon sont en tant que de besoin, intégrées dans ce cadre les instances de contrôle de l'activité bancaire : le Comité de la réglementation bancaire et financière, présidé par le ministre des Finances qui homologue ses règlements et nomme ses membres (sauf le gouverneur de la Banque de France), le Comité des établissements de crédit et des entreprises d'investissement, la Commission bancaire, présidés par le gouverneur de la Banque de France mais comprenant le directeur du Trésor et des membres nommés par le ministre des Finances.

Pour les affaires qui ne relèvent pas du SEBC (à commencer par le budget, les comptes et le personnel), la Banque est, en revanche, « dirigée » par le gouverneur et les deux sous-gouverneurs et « administrée » par un conseil général (dont les contours ont été remodelés par L. 20 févr. 2007, C. mon. fin., art. L. 142-2 s.). Le conseil général comprend les membres du Comité monétaire du conseil général (7), deux personnalités qualifiées, un représentant élu des salariés de la Banque de France (mandat de six ans). En outre, un censeur nommé par le ministre chargé de l'Économie assiste aux réunions du conseil général et peut faire opposition aux décisions dudit conseil.

298 À la différence des banques centrales de type anglo-saxon (Danemark, Pays-Bas, Scandinavie...), la Banque de France, encore plus que les autres banques qui appliquent le modèle continental (Allemagne, Autriche, Belgique, Espagne, Grèce, Italie, Luxembourg, Portugal), exerce de nombreuses activités (notamment par l'intermédiaire de succursales). Si certaines peuvent se rattacher directement au SEBC (opérations monétaires décidées par la BCE, gestion des réserves, tenue des comptes des banques, sécurité des systèmes de paiement et fichiers y afférant), d'autres ont des finalités beaucoup plus générales ou différentes : ainsi l'observation et l'analyse des activités économiques et financières, permettant notamment certaines aides aux banques et entreprises (analyses financières, incidents de paiement, recensement des crédits accordés), la participation à certaines missions fixées par le législateur (commission de surendettement, droit au compte...), établissement de la balance des paiements... et certaines aides matérielles au Trésor, à commencer par la tenue de son compte (v. ss 155).

Par ailleurs, la Banque de France participe au **mécanisme de surveillance unique** des banques institué en 2013 (règlt 1024/2013 du Conseil du 15 oct. 2013) en ayant la possibilité d'alerter, notamment, l'Autorité de contrôle prudentiel et de résolution ou encore l'Autorité bancaire européenne, lorsque, dans l'exercice de ses missions, elle détecte des situations d'urgence (Ord. 2014-158 du 20 février 2014, art. 1).

299 On rappellera, en outre, qu'un régime particulier s'applique aux anciens territoires d'outre-mer, à savoir la Nouvelle-Calédonie, la Polynésie française et Wallis et Futuna, le protocole n° 18 annexé au TFUE conservant à la France le privilège d'émettre, selon des modalités établies par sa législation nationale, des monnaies dans ces trois territoires (du Pacifique) qui ne font pas partie de la zone euro, et de fixer la parité du franc CFP (Communauté française du Pacifique).

Depuis le 1er janvier 1999, 1 000 francs CFP (XPF) valent 8,38 € (auparavant, 1 franc CFP valait 0,055 franc français). Dans les anciens territoires d'outre-mer les signes monétaires sont émis par l'Institut d'émission d'outre-mer (IEOM). Dans les départements d'outre-mer, à Saint-Pierre et Miquelon et, depuis une loi du 2 juillet 1998, à Mayotte, devenu département en 2011, (qui font, eux, partie de la zone euro), les signes monétaires, qui sont les mêmes que ce ceux qui existent en France métropolitaine, sont mis en circulation par l'Institut d'émission des départements d'outre-mer (IEDOM) agissant au nom, pour le compte et sous l'autorité de la Banque de France en ce qui concerne les billets (et pour le compte du Trésor en ce qui concerne les monnaies métalliques) (v. C. mon. fin., art. L. 711-1 s.).

300 Par ailleurs, la constitution de l'UEM n'affecte pas, en tout cas juridiquement, la **zone franc**, qui unit la France à quinze États africains (regroupés en trois zones monétaires) et dont le Trésor français (et non la Banque de France) constitue l'institution centrale (par l'intermédiaire, en particulier, d'un compte d'opérations retraçant les dépôts, notamment les deux tiers des réserves en devises, et les retraits des trois banques centrales regroupant les pays africains intéressés ; v. ss 335).

Officiellement constituée en 1939 (à la suite des désordres issus de la crise de 1929) puis adaptée en fonction des circonstances politiques, la zone rassemble actuellement, outre la France et les Comores, les huit États de l'Union monétaire ouest africaine (Banque centrale des États de l'Afrique de l'Ouest - BCEAO) et les six États membres de la Communauté économique et monétaire de l'Afrique centrale (Banque des États de l'Afrique centrale - BEAC), qui ont pour monnaie commune le franc CFA (de 1994 à 1998, 1 franc français valait 100 francs CFA et 75 francs comoriens ; depuis 1999, 1 euro vaut 655,95 francs CFA et 491,96 francs comoriens). En contrepartie de la centralisation des réserves de change au Trésor français, ce dernier garantit de manière illimitée la convertibilité des monnaies émises par les instituts d'émission ci-dessus, les monnaies de la zone étant échangeables à parités fixes et librement transférables. Sous l'empire de l'ordonnance organique du 2 janvier 1959 (art. 15), les comptes d'opérations au Trésor pouvaient être débiteurs. Depuis la LOLF, le découvert n'est plus permis (art. 26-2) mais, en contrepartie, le Trésor peut accorder des avances par l'intermédiaire d'un compte de concours financier (budgétisé) qui, par exception au principe, est doté de crédits évaluatifs (art. 24, al. 2) c'est-à-dire ouverts sans limite (mais un déficit durable doit provoquer des mesures de redressement par les États intéressés).

B. Une discipline économique et budgétaire

301 Elle est imposée par le traité (TFUE, art. 126) et renforcée par un pacte de stabilité et de croissance (concrétisé, en application d'une résolution du Conseil européen du 17 juin 1997, par deux règle-

ments du Conseil du 7 juill. 1997), et constitue le second volet de l'UEM, car une monnaie et une politique monétaire uniques ne sont guère concevables sans un minimum de politique budgétaire commune. Elle a été confortée par un ensemble de « paquets législatifs » reposant notamment sur des règlements et en particulier le règlement n° 1173/2011 du Parlement européen et du Conseil du 16 novembre 2011 sur la mise en œuvre efficace de la surveillance budgétaire dans la zone euro, et la directive 2011/85/UE du Conseil du 8 novembre 2011 sur les exigences applicables aux cadres budgétaires des États membres.

Aussi les États participants considèrent-ils « que le pacte de stabilité et de croissance est fondé sur l'objectif de **finances publiques saines** » (exposés des motifs des règlements du 7 juill. 1997) et s'engagent-ils, non seulement à éviter, comme dans la deuxième phase de l'UEM, les déficits publics excessifs – ce qui continue de représenter le minimum requis –, mais encore à retenir « comme objectif à moyen terme [...] **une position budgétaire proche de l'équilibre ou excédentaire** » (Régl. 1466/97, 7 juill. 1997, art. 3-2-a), ce qui constitue un degré supplémentaire (souhaité notamment par l'Allemagne) dans la discipline.

302 Ont été instituées des **procédures de surveillance, de coordination et de sanction par le Conseil** (Ecofin, réunissant les ministres des Finances), avec le concours de la Commission (et de comités techniques comprenant principalement des représentants des États membres, notamment le Comité économique et financier).

Le Conseil fixe (par recommandation adoptée à la majorité qualifiée après intervention du Conseil européen) les grandes orientations des politiques économiques des États et de l'Union (TFUE, art. 121) (la fixation de ces GOPE intervenant en principe au printemps).

303 Chaque État participant doit fournir annuellement un « **programme (triennal) de stabilité** » (parfois appelé programme de stabilité et de croissance – PSC – ou, pour les États non membres de la zone euro, programme de convergence). Ce programme, rendu public, expose les principales données économiques et les mesures financières envisagées pour atteindre l'objectif d'équilibre. Le Conseil émet un avis (et, éventuellement, des recomman-

dations) sur la conformité de ce programme au dit objectif, aux grandes lignes de la politique économique recommandée et à la convergence des politiques économiques (le contenu en a été fixé par le Conseil dans un « code de conduite » établi en 1998 et révisé depuis).

Une procédure semblable a permis, depuis le Traité d'Amsterdam, au Conseil de fixer annuellement (après intervention du Conseil européen, de la Commission et du Parlement européen) des grandes lignes pour l'emploi (GLE), que doit respecter chaque État dans un plan d'action national (PAN), avec rapport annuel au Conseil qui peut formuler des recommandations (TFUE, art. 148). La Commission européenne s'efforce de coordonner les deux procédures.

Tel est le cas pour la France au travers de la recommandation de juin 2014 adoptée par le Conseil concernant le programme national de réforme de la France pour 2014 et portant avis sur le programme de stabilité de la France pour 2014, recommandation qui va bien au-delà des questions purement budgétaires mais constitue un ensemble d'axes économico-sociaux majeurs (retraites, fusions des collectivités, plafond pour l'augmentation annuelle de recettes fiscales des collectivités locales, réduction des coûts du travail, simplification des règles administratives, fiscales et comptables, suppression des restrictions « injustifiées » aux professions réglementées et à l'exercice de ces professions, réduction de la charge fiscale sur le travail, lutte contre la rigidité du marché du travail...). Cet « encadrement » européen n'est pas exclusif d'autres d'expertises opérées par d'autres institutions ; c'est en particulier le cas du FMI et de l'OCDE, le tout pouvant aboutir à quelques contradictions qui peuvent bénéficier aux États.

Or, si l'exécution du programme triennal en matière de stabilité fait apparaître un « dérapage significatif » par rapport aux lignes fixées, notamment un risque de déficit excessif, une procédure d'alerte rapide (*early warning*) permet au Conseil d'émettre des recommandations, éventuellement rendues publiques (TFUE, art. 121). Si les administrations publiques de l'État concerné sont en situation de déficit excessif, les pouvoirs du Conseil sont plus étendus puisque ce dernier peut successivement constater ce déficit (sur initiative de la Commission), émettre des recommandations (éventuellement rendues publiques) pour sa disparition, mettre en demeure l'État de prendre les mesures nécessaires puis, sauf déficit « exceptionnel et temporaire » (grave récession économique, circonstances exceptionnelles indépendantes de la volonté de l'État), prendre (dans un délai maximal de dix mois après le début de la procédure) des sanctions, notamment un dépôt de fonds (auprès de la Commission) non rémunéré (plafonné à 0,5 % du PIB) appelé à être restitué à l'État ayant redressé la situation ou transformé (au bout de deux ans) en amende (non restituée et répartie entre « États vertueux » au prorata de leur produit national brut) (TFUE, art. 126, et Régl. 1467/97, 7 juill. 1997).

Il faut rappeler que l'engagement des procédures pour déficit excessif contre la France et l'Allemagne a donné lieu à un « affrontement » juridique entre le Conseil et la Commission.

En novembre 2003, la Commission a adressé au Conseil ses recommandations à ce sujet. Le Conseil, non seulement ne les a pas retenues, mais dans ses conclusions du 25 novembre 2003 a suspendu la procédure pour les deux États. La Commission a saisi la Cour de justice sur ce point et obtenu de la Cour l'annulation, le 13 juillet 2004 (C.27/04) des dites conclusions au motif que le Conseil s'était écarté des règles établies en ce domaine par le traité et le règlement 1467/97. À la suite de cette décision les États ont recherché un nouveau compromis débouchant sur deux règlements du 27 juin 2005 (1055 et 1056/2005) redéfinissant le concept de déficit excessif en prenant notamment en compte la notion de déficit structurel (sur la pratique, v. ss 220).

304 Pour tous les États participants, ces mécanismes limitent le pouvoir budgétaire national qui, déjà privé de l'appui automatique du pouvoir monétaire (v. ss 295), est placé, matériellement et organiquement, sous tutelle européenne (mais se trouve renforcé vis-à-vis des pouvoirs décentralisés, dont il est tenu pour responsable). Pour certains pays, dont, au moins en partie, la France, ces mécanismes introduisent en plus une nouvelle « culture budgétaire » fondée sur une rigueur financière jusqu'alors inconnue ou méconnue, et qui impose de respecter, notamment, l'objectif d'équilibre et de performance (des comptes des administrations publiques), la perspective pluriannuelle, la transparence et la sincérité – toutes exigences qui, en particulier, ne sont pas sans lien avec la réforme budgétaire française opérée par la LOLF (v. ss 485 s.) et qui facilitent le contrôle, à la fois, des autorités de l'Union, des parlements nationaux et des administrés.

Les réformes de 2005 n'ont cependant pas empêché la Commission européenne de poursuivre son travail d'analyse et de mise en cause des stratégies et situations financières des États en dépit de la crise financière puis économique apparue en 2008.

Dans un tel contexte, à la suite du traité de Lisbonne, de nouveaux dispositifs ont été progressivement élaborés, présentés sous des dénominations « anglo-saxonnes », le « *six-pack* », le « *two-pack* », dispositifs destinés à accentuer le contrôle européen sur les budgets des États membres et à définir des obligations supplémentaires en ce domaine.

Ainsi, la directive 2011/85/UE précitée a mis l'accent sur un ensemble d'obligations s'imposant aux États membres en matière de comptabilité publique, de règles budgétaires, de statistiques... mais aussi d'impact de leurs dépenses fiscales sur leurs recettes.

La loi organique du 17 décembre 2012 relative à la programmation et à la gouvernance des finances publiques, applicable au 1er mars 2013, se réfère à cette directive, tout en s'inscrivant dans le prolongement du Traité du 2 mars 2012 sur la stabilité, la coordination et la gouvernance au sein de l'Union économique et monétaire (TSCG).

§ 2. L'apport du Traité du 2 mars 2012 sur la stabilité, la coordination et la gouvernance au sein de l'Union économique et monétaire (TSCG)

305 Ce traité, conclu alors seulement à 25 (hors le Royaume-Uni et la République tchèque) et donc relevant d'une démarche intergouvernementale, fut présenté comme introduisant une sorte de « règle d'or », norme qui imposerait un strict équilibre budgétaire entre ressources propres et dépenses (v. ss 88), à tout le moins dépenses courantes, sans recours à l'emprunt pour équilibrer le budget, ce qui n'est pas si sûr. En effet, l'article 3-1-a du TSCG

met en avant une règle relative à la situation budgétaire des administrations publiques « qui doit être en équilibre ou en excédent ». Cependant, l'article 3-1-b énonce que cette condition est satisfaite dès lors que le solde structurel annuel de ces administrations correspond à un objectif à moyen terme (OMT) spécifique à chaque pays « avec une limite inférieure de déficit structurel de 0,50 % du produit intérieur brut aux prix du marché », un mécanisme de correction automatique se mettant en œuvre en cas d'écart important par rapport à cet objectif ou la trajectoire dite « d'ajustement » permettant d'atteindre cet objectif.

306 Le TSCG offrait, en son article 3, deux pistes juridiques s'agissant de la mise en œuvre de dispositions contraignantes et permanentes en droit national, ce qui a le plus souvent manqué jusqu'à présent, soit constitutionnelle, avec ce qualificatif « de préférence », soit par une autre voie « garantie ». La voie constitutionnelle, retenue par quelques États, fut écartée en France en raison d'un refus explicite d'intégrer une norme contraignante dans la Constitution. La seconde solution offrait une alternative introduisant une dualité de situations juridiques entre l'observance de la norme constitutionnelle et des traités avec leur propre procédure.

Le Conseil constitutionnel français, par sa décision du 9 août 2012 (653 DC) a écarté toute obligation d'une révision constitutionnelle et noté l'existence de ces deux voies offrant au gouvernement une démarche méthodologique s'il choisissait la seconde voie, ce que ce dernier fera au travers de la loi organique du 7 décembre 2012 précitée.

On ne peut, enfin, manquer de rapprocher cette « nouvelle culture financière » de la « nouvelle culture procédurale » imposée, notamment en matière fiscale et financière, par la Convention européenne des droits de l'homme (v. ss 124 et 135).

La majorité des États membres de l'Union est régulièrement mise en cause par la Commission européenne. Le premier État particulièrement marqué par ce type de procédure fut la Grèce qui fut mise en demeure sur décision du Conseil du 10 mai 2010 de prendre des mesures pour procéder à la réduction de son déficit, cette procédure s'accompagnant d'une politique de soutien à cet État au niveau de sa dette.

La liste (et le contenu) des notifications de procédure pour déficit excessif (PDE) peut être consultée sur le site d'Eurostat.

Dans ce cadre, le gouvernement français établit au printemps 2013 un projet de programme de stabilité pour les années 2013 à 2017 qui fut, pour la première fois, soumis à l'avis du Haut conseil des finances publiques créé par la loi organique du 17 décembre 2012 relative à la programmation et à la gouvernance des finances publiques (LOPGFP) (v. ss 59, 340 et 403).

Cet avis (rendu conformément à l'art. 17 de la LOPGFP) fut en discordance avec les prévisions macroéconomiques gouvernementales, le Haut conseil notant que « l'hypothèse de redressement de la croissance potentielle, sans être exagérément optimiste, est entourée d'un certain nombre de risques baissiers » et que, tout en s'interrogeant sur certaines limites méthodologiques, « la prévision d'une croissance effective de 2 % par an dès l'année 2015 est incertaine » ; à l'évidence, le ministère de L'Économie et des Finances français, et donc le gouvernement, n'ont pas tenu compte de cet avis et ont maintenu leurs prévisions (Avis du 15 avr. 2013).

La France a obtenu de façon répétitive des « indulgences » de la part des institutions européennes en voyant ses objectifs triennaux de réduction du déficit public et de retour en dessous du seuil des 3 %, affichés pourtant comme intangibles, être repoussés de deux années, comme une fois encore en février 2015 ; cette discipline attendue relève en fait de la gouvernance négociée voire d'un certain rapport de force diplomatique qui autorise un « passer outre » implicite.

§ 3. Les voies d'un soutien collectif

307 Est-ce à-dire que ce cadre juridique européen a parfaitement fonctionné devant les crises financières connues par différents États membres de l'Union ?

Les interdits précités (v. ss 295) se sont en fait révélés être de réels obstacles aux volontés politiques, institutionnelles, de soutien aux États en difficulté. Le choix de leur apporter un soutien financier massif en complément de la mise en œuvre d'une procédure de réduction du déficit (pour déficit excessif, TFUE, art. 126) s'est opéré sur des bases juridiques dérogatoires et incertaines, ne reposant pas sur des instruments juridiques et institutionnels pérennes et stables.

De fait, les quatre processus successifs de soutien mis en œuvre, d'abord concernant certains États, puis destinés à organiser un mécanisme financier plus général, ont reposé, notamment, sur l'article 122-2 du TFUE (événements exceptionnels échappant au contrôle d'un État) permettant d'accorder sous certaines conditions une assistance financière de l'Union à l'État membre concerné, ou encore sur l'article 125-2 du TFUE autorisant un soutien en cas de menace grave de difficultés dans la balance des paiements d'un État membre, ou même au regard de l'article 136 du TFUE dispositif propre aux États membres dont la monnaie est l'euro.

Trois États membres furent aidés au titre du soutien à la balance des paiements (Lettonie, Hongrie, Roumanie) géré par la Commission et garanti par le budget de l'Union européenne, puis il y eut le plan de soutien à la Grèce, le Fonds d'assistance financière bénéficiant à tous les États membres de l'Union et, enfin, le *Fonds européen de stabilité financière* créé en juin 2010 pour trois ans, à la suite du Conseil Ecofin du 9 mai 2010. Ces différents fonds, souvent initiés en partenariat avec le FMI, constituent des systèmes de garantie pour les emprunts émis par les États concernés. Le plus imposant est évidemment le Fonds européen de stabilité financière, « *European Financial Stability Facility* » - EFSF –, (annoncé à hauteur de 750 Mds €) qui a bénéficié aux États de la zone euro.

(Près de 1 000 Mds € de garanties en 2010, suscitant déjà quelques inquiétudes devant l'ampleur financière cumulée de ces garanties, et ce nonobstant les interventions complémentaires de la BCE procédant à de massifs rachats de dette souveraine d'États européens, opérations dont on peut se demander si elles sont pleinement conformes au TFUE, même si l'article 282 de ce Traité précise que la Banque centrale européenne adopte les mesures nécessaires à l'accomplissement de ses missions).

En mars 2011 les États concernés s'accordaient pour élargir la base financière de garantie du Fonds induisant pour la France une quote-part garantie passant de 111 Mds € à 159 Mds.

L'originalité du Fonds de stabilité résidait dans le fait que ce fonds était calqué sur les « outils » des marchés financiers. Qualifié de *Special Vehicle Purpose*, ce « véhicule financier » est juridiquement une société de droit privé luxembourgeois (SA). Il peut lui-même recourir à l'emprunt sur les marchés financiers pour accomplir ses missions (le fonds est garanti par les États membres de la zone euro), son premier emprunt ayant été émis avec quelque succès en janvier 2011, avec comme objectif d'appuyer le plan de soutien à l'Irlande.

Les tâtonnements juridiques, financiers, organisationnels, constatés durant cette période sont inévitablement imputables à la philosophie générale prohibant l'interventionnisme financier qui sous-tendait le traité de Lisbonne.

Les situations difficiles de la Grèce, de l'Irlande, du Portugal, de Chypre... ont conduit à une interrogation majeure quant à la soutenabilité des plans de rigueur, des emprunts souscrits au regard des taux d'intérêt pratiqués à l'égard de ces États et de la réduction de la dépense publique imposés aux États concernés.

308 Pris à « contre-pieds » (juridiquement et politiquement) par cette crise économique et financière majeure, les États membres de l'Union ont modifié, le 25 mars 2011, le TFUE (selon une procédure dite simplifiée), et intégré à l'article 136 du TFUE un mécanisme nouveau et pérenne en incluant au traité le paragraphe suivant : « *Les États membres dont la monnaie est l'euro peuvent instituer un mécanisme de stabilité qui sera activé si cela est indispensable pour préserver la stabilité de la zone euro dans son ensemble. L'octroi, au titre du mécanisme, de toute assistance financière nécessaire, sera subordonné à une stricte conditionnalité* ». Restait à définir les dites conditionnalités et les dispositifs nouveaux de sanction.

309 **Le Traité instituant le Mécanisme de stabilité européen (TIMES),** ***European Stability Mechanism*** **– ESM –**, conclu à Bruxelles le 2 février 2012 entre 17 États membres est le nouveau fondement de cette solidarité. Il succède au FESF, s'inscrit dans les exigences de gouvernance économique et financière posées par le Traité sur la stabilité, la coordination et la gouvernance dans l'Union économique et monétaire (TSCG) avec une capacité de prêt maximale initiale de 500 Mds €. Ce traité est fondé sur plusieurs implications « originales » : l'affirmation de la collaboration du MES avec le Fonds Monétaire International, une vocation à l'élargissement et à la coopération, y compris avec les États membres ne relevant pas de la zone euro, l'obligation faite à tout État bénéficiaire d'adopter un programme d'ajustement macroéconomique, mais aussi la mise en place d'une organisation spécifique avec un conseil des gouverneurs, un conseil d'administration et la possibilité pour quelques États, dont la France, d'opposer un « veto » à des décisions prises en urgence et devant être adoptées par une majorité qualifiée (85 % des voix exprimées, la France disposant de près de 20 % des suffrages).

Ce dispositif implique un apport en capital de la part des États de la zone euro et donc de la France (souscription à hauteur de 142,7 Mds €. pour un total de 700 Mds), avec un impact sur la dette des États dès lors que le MES est activé.

Cet impact est plafonné par État. La loi de finances rectificative de juillet 2011 a plafonné, pour la France, à 159 Mds € la garantie de cet État au titre de tous les financements obtenus par le Fonds européen de stabilité financière.

L'accord relatif à Chypre conclu en 2013 est en lui-même original, au-delà du soutien financier apporté à cet État, les observateurs ayant pu noter à la fois une augmentation du taux d'imposition des sociétés (passant de 10 à 12,5 %) et, sans doute surtout, une contribution exceptionnelle des déposants bancaires avec une « ponction » fiscale sur leurs dépôts, ce qui est foncièrement novateur et pourrait inévitablement susciter quelques « envies » dans d'autres États mais aussi amener à s'interroger sur le maintien en zone euro ou même au sein de l'Union de tels dépôts.

Mais n'est-ce pas l'ensemble du processus de surveillance et de sanction consécutif au traité de Maastricht institué au travers du pacte de stabilité qui a révélé son inefficacité technique et politique ou son inadaptation aux exigences financières nouvelles avec une mutation du système européen en faveur d'une dualité de dispositifs comprenant à la fois un système de soutien et le renforcement du système disciplinaire ? L'affaire grecque révèle bien en 2015 les limites de « l'exercice ».

Au-delà, n'est-ce pas aussi un nouveau lien fédéral qui est institué entre les États membres de l'Union au travers de ces mécanismes de solidarité interne ? Mais ce mécanisme et la zone euro pourront-ils résister aux contradictions économiques et financières inhérentes à l'Union européenne qui induisent inévitablement une gouvernance économique et budgétaire européenne, encore peu lisible à ce jour ?

En tout état de cause, la CJUE n'a pas remis en cause le MES, notant en outre que le droit de l'Union n'est pas mis en œuvre lorsque les États membres instituent un tel mécanisme pour lequel les traités UE et TFUE « n'attribuent aucune compétence spécifique à l'Union » (CJUE 27 nov. 2012, C-370/12, cons. 180, *Thomas Pringle c/ Government of Ireland, Ireland, The Attorney General*). Par ailleurs, rien ne paraît interdire que certains États de l'Union soient soutenus par des États non membres, ce qui est un facteur de remise en cause, au moins partielle, de cette démarche « disciplinaire ».

CHAPITRE 4

L'environnement international

310 Les organisations internationales sont apparues au XIXe siècle et se sont développées de façon spectaculaire par la suite, sous des formes multiples. Il s'agit d'organisations internationales gouvernementales, c'est-à-dire de « collectivités composées d'États différents établies par voie conventionnelles et poursuivant des fins communes au moyen d'organes propres et développant une volonté juridiquement distincte de celle des États membres et supérieure à celle-ci » (Charles Rousseau). Ce phénomène à la fois universel, régional, à vocation générale, spécialisée (défense, assistance, travail, culture, santé, transports, paix internationale, télécommunications, espace, finances...) s'est accompagné corrélativement d'un autre phénomène à savoir l'émergence de nombreux opérateurs privés (types Organisations non gouvernementales – ONG –, organisations professionnelles sectorielles...) dont le rôle est loin d'être négligeable, y compris sur le plan des finances publiques, de la comptabilité, de la fiscalité...

311 Ces organisations disposent toutes d'un budget (et donc d'un certain pouvoir financier) inhérent à leurs spécificités de fonctionnement et qui est le plus souvent étroitement dépendant des contributions des États membres (SECTION 1) ; parmi ces organisations, certaines assurent des fonctions plus particulières de surveillance, de contrôle voire d'encadrement des finances publiques nationales (SECTION 2).

SECTION 1

LES FINANCES DES ORGANISATIONS INTERNATIONALES

312 Les organisations internationales et en particulier celles à vocation générale sont caractérisées par leur faible autonomie financière car, sauf exceptions très limitées (Commissions fluviales créées en 1831 pour le Rhin et en 1856 pour le Danube), elles ne sont pas dotées de ressources propres mais dépendent, pour l'essentiel de leurs recettes, de contributions des États, ce qui les met très largement à la merci du bon vouloir des contributeurs les plus importants. Il en résulte une relative diversification des sources de financement de ces organisations, une partie de leurs fonds pouvant être d'origine privée (**§ 1**). Dans ce cadre, le système onusien est sans doute celui qui depuis de nombreuses connaît des contraintes budgétaires particulières (**§ 2**).

§ 1. Le régime général des finances des organisations internationales

313 Le financement des organisations internationales est souvent présenté comme en crise ; en tout état de cause, les budgets de ces organisations sont étroitement dépendants des contributeurs statutaires, leur conférant de facto une autonomie limitée (**A**), leurs budgets obéissant à des modalités relativement différenciées (**B**).

A. Une autonomie financière limitée

314 Si l'on doit constater le développement des activités de ces organisations, il faut aussi remarquer que nombre d'entre elles restent étroitement dépendantes financièrement des États (**1**), même si certaines organisations peuvent bénéficier, notamment en raison

de leurs spécificités, de ressources complémentaires, parfois significatives (**2**), nombre d'organisations connaissant des difficultés tenant au comportement financier de leurs membres (**3**).

1. La prédominance des contributions étatiques

315 Le budget général des organisations internationales repose d'abord sur la contribution des États membres, contribution fondée sur des critères prédéfinis et obéissant à une clé de répartition. Cela peut expliquer la stagnation générale des budgets généraux de ces organisations depuis un certain nombre d'années.

Cette contribution est une prestation patrimoniale obligatoire « expression d'une obligation juridique internationale » c'est-à-dire consécutive à l'appartenance à une organisation et au respect inhérent à ses règles en particulier financières.

Plus particulièrement à la contribution française au budget des Communautés donnant lieu à un prélèvement sur recettes, le Conseil constitutionnel devait rendre deux décisions importantes : d'une part en 1977, en énonçant que « la force obligatoire qui s'attache aux dispositions (des règlements) qu'ils comportent n'est pas subordonnée à une intervention des autorités des États membres et, notamment, du Parlement français » (cons. 3, Cons. const. 90 DC du 30 déc. 1977), et, d'autre part, en considérant que ce mécanisme ne comporte pas « comme l'impliquerait un système d'affectation, l'établissement d'une corrélation entre une recette de l'État et une dépense incombant à celui-ci ; qu'il s'analyse en une rétrocession directe d'un montant déterminé de recettes de l'État au profit... des Communautés européennes en vue de couvrir des charges qui incombent à ces bénéficiaires et non à l'État et qu'il ne saurait donner lieu à une ouverture de crédits dans les comptes des dépenses du budget de l'État » (cons. 22, Cons. const., 154 DC du 29 déc. 1982).

Ce lien de dépendance a marqué des rapports parfois difficiles entre certains États et telle ou telle organisation, les assemblées parlementaires nationales étant parfois tentées de remettre en cause cette obligation ; en ce sens, les rapports des États-Unis avec l'ONU, l'Unesco ont conduit à revoir la clé de répartition voire même à un départ de l'État de l'organisation comme ce fut le cas pour les États-Unis vis-à-vis de l'Unesco qui en sont partis, sont revenus et à présent ont suspendu leur contribution en raison d'une loi votée par le congrès américain à l'encontre des organes de l'ONU qui intégreraient les autorités palestiniennes ; or, l'Unesco a admis en son sein l'autorité palestinienne.

Cette attitude pose inévitablement la question du droit d'un État de mettre en cause, par des mesures financières unilatérales, des décisions adoptées par une organisation internationale conformément aux règles de la dite organisation.

Par ailleurs, le poids des contributions a conduit certains États à remettre en cause l'application des normes brutes relatives aux contributions pour obtenir leur réduction ou un plafonnement, ce qui a contrario évite aussi une trop grande dépendance vis-à-vis d'un État.

316 Cette contribution est déterminée par l'acte constitutif qui a créé l'organisation (ex. art. 17 de la Charte des Nations unies), soit par un organe de l'organisation.

Les contributions étatiques sont généralement inégales et déterminées d'après un barème variant suivant chaque organisation, établi en fonction de critères plus ou moins spécifiques : capacité contributive au regard du revenu national, population, richesse économique (PIB)... Les organisations les plus spécialisées intègrent leur spécificité fonctionnelle pour asseoir leurs recettes sur des bases particulières. Ainsi, l'Union Postale Universelle (UPU) voit les contributions étatiques reposer sur la densité du réseau postal, l'OTAN organise deux clés de répartition en fonction de la nature du budget, civil et militaire, en prenant en compte le revenu national brut, pour l'Organisation Maritime Internationale (OMI) le critère est celui de l'importance de la flotte marchande, tandis que pour l'Organisation de l'Aviation Civile Internationale (OACI) il s'agit de l'importance de la flotte aérienne, pour l'OMC il s'agit de la part de chaque État membre dans le commerce international (des marchandises, des services et des droits de propriété intellectuelle), pour le Conseil de l'Europe le critère est celui de la population et de la richesse ; pour l'OCDE, il s'agit d'une « formule qui tient compte du poids de l'économie » du membre. Pour les organisations relevant du système onusien il arrive en fait assez souvent qu'il s'agisse de la reprise du système de quotes-parts prévu pour le budget général de l'organisation (ex. OMS).

317 Les bailleurs de fonds étatiques les plus importants sont traditionnellement les principaux États occidentaux et en particulier au titre de l'ONU, les États-Unis, l'Allemagne, la France, le Royaume-Uni, l'Italie, le Canada, etc. Toutefois, cette hiérarchie est progressivement adaptée ; ainsi, le Japon est-il devenu un acteur majeur de ces financements derrière les États-Unis,

Cette hiérarchie est, en revanche, totalement bouleversée pour ce qui est des organisations les plus techniques comme l'OMI dont le premier contributeur est Panama, devant le Liberia, et les Îles Marshall avant de retrouver un État plus habituel, le Royaume-Uni. Elle est autre en ce qui concerne l'OMC car si les États-Unis y occupent la première place, c'est l'Allemagne qui occupe la deuxième place devant la Chine et le Japon.

Les contributions étatiques sont complétées par des contributions volontaires des États (parfois plus faciles à obtenir), qui alimentent des fonds, des budgets spéciaux, système initié du temps de la SDN et développé par les Nations Unies pour certains programmes spéciaux comme le PNUD. Ainsi, pour l'OTAN, les interventions militaires sont financées directement par les États membres. Au niveau de l'ONU, le budget des forces d'urgence est déterminé par l'AG. Le paradoxe de la situation est de constater que certaines organisations comptent plus sur les contributions volontaires que sur les contributions statutaires. C'est le cas de l'Organisation Mondiale de la Santé (OMS) dont le budget de programme 2014-2015 repose à hauteur de 77 % sur des contributions volontaires (étatiques et non étatiques) qui sont un « élément important du modèle de financement de l'OMS », et peuvent être sous une forme financière (subvention) ou en nature (expertises...). C'est en ce sens, que la France a conclu un accord-cadre avec l'OMS en décembre 2013 destiné à préciser le régime de ses contributions volontaires à cette institution.

2. Des ressources complémentaires

318 Les organisations disposent rarement de ressources propres tout au moins significatives. Elles bénéficient néanmoins de ressources tirées de prestations diverses (rapports, études, documentation, publications, timbres, spectacles, cartes de vœux...), de contributions des agents, le cas échéant sous la forme d'impositions sur les revenus comme au sein de l'Union européenne ; il peut aussi s'agir de contributions volontaires des membres (cas fréquent des pays scandinaves) en vue de conforter des programmes particuliers, de dons de particuliers.

De fait, une organisation ne dispose pas habituellement du pouvoir fiscal. La question de l'impôt mondial (type taxe Tobin) n'a guère avancé.

Plus originale est la situation de certaines organisations qui développent des ressources propres tenant à des prestations spécifiques. C'est en particulier le cas de l'Organisation Mondiale de la Propriété Intellectuelle (OMPI) qui a développé un système de taxes tenant à ses prestations de services qui représente à présent 94 % des recettes totales de l'organisation, ce qui marginalise les contributions « statutaires » des États membres

Il peut enfin arriver que certaines d'entre elles aient recours à l'emprunt (interdit pour le budget général de l'UE).

3. Les difficultés de versement

319 Si la contribution étatique au budget d'une organisation à laquelle il appartient est une obligation, il faut néanmoins noter que celle-ci n'est pas toujours respectée pour des raisons d'ailleurs différentes : refus de payer, retard de paiement, voire impossibilité d'assurer le règlement de sa contribution, mais aussi dépréciations monétaires (ou les appréciations). C'est essentiellement dans le cadre du système onusien que l'on rencontre de telles difficultés (les arriérés de paiement atteignaient les 461 M $ au titre du budget ordinaire au 30 avril 2014 mais surtout 2,36 Mds $ au titre des opérations de maintien de la paix), alors même que l'ONU dispose d'un système de sanction prévu à l'article 19 de la Charte (perte du droit de voter) qui est apparu tomber en désuétude.

À cet égard, on notera que si l'article 19 de la charte des Nations unies expose en effet les États en retard de paiement à une sanction consistant à ne plus pouvoir participer aux votes de l'assemblée générale sauf circonstances indépendantes de leur volonté, l'assemblée générale des Nations unies peut autoriser, dérogatoirement, des États à continuer à participer au vote.

À l'inverse, l'attitude des États-Unis vis-à-vis de l'Unesco a conduit cette entité à inévitablement priver ce pays de son droit de vote au sein de l'organisation.

B. Le budget des organisations internationales

320 Les budgets de ces organisations reposent sur des modalités relativement différentes (**1**) et sont marqués habituellement par un budget général mais aussi par différentes formes de financements hors budget (**2**), l'ensemble étant soumis à différentes formes de contrôle (**3**), avec en marge de l'action ou de façon complémentaire l'action de banques régionales de développement (**4**).

1. Le cadre budgétaire général

321 Le budget d'une organisation internationale est construit sur la base des principes régissant les budgets étatiques et sur le modèle d'un budget national divisé en parties, chapitres, sections, articles… établi pour un an voire de façon biannuelle (ONU) ou parfois triannuelle.

S'il s'agit d'un « acte juridique par lequel sont autorisées la perception des recettes et le mandatement ou l'ordonnancement des dépenses de l'organisation pour une période donnée » (Bettati, *Le Droit des organisations internationales*), son vote relève d'instances différentes selon les statuts de l'organisation ; au niveau de l'ONU, il s'agit de l'assemblée générale, tout comme pour l'Unesco ; pour l'AIEA, c'est la conférence générale, pour l'OMI, c'est l'assemblée, mais pour le Conseil de l'Europe, il s'agit non de l'assemblée parlementaire mais du comité des ministres.

Le budget peut obéir à des spécificités : l'OTAN connaît ainsi deux budgets : un budget civil et un budget militaire ; l'OIT a un budget en deux parties : dépenses courantes, dépenses imprévues ; l'Unesco a un budget structuré en programmes avec un programme ordinaire comprenant cinq Titres. Les normes comptables appliquées par ces organisations sont généralement celles reconnues au plan international (normes comptables internationales pour le secteur public – IPSAS-) (v. ss. 101).

Les différences budgétaires ne sont pas considérables entre organisations si l'on fait abstraction du budget de l'Union européenne qui est réellement disproportionné par rapport à toutes les autres organisations.

Le budget de certaines organisations

Organisation/ Budget	2012	2013	2014	2015
Organisation des États d'Amérique (OEA)	0,158 Md $ US.	0,161 Md $ US.	0,167 Md $ US.	0,148 Md $ US.
Union européenne	129,1 Mds €	132,8 Mds €	142,6 Mds €	141,2 Mds €
Conseil de l'Europe	0,383 Md €	0,384 Md €	0,402 Md €	0,4 Md €
OMC	0,192 Md CHF	0,1972 Md CHF	0,197 Md CHF	0,197 Md CHF
AIEA	0,33 Md €	0,337 Md €	0,344 Md €	0,349 Md €

2. Le développement de budgets spéciaux et de fonds particuliers

322 C'est sans doute la méthode la plus « dynamique » pour financer certaines interventions, sous des dénominations relativement diverses, le cas échéant sur la base d'impositions affectées. Toutefois, elle représente pour les organisations internationales un risque de voir se développer en marge de leurs actions des institutions à dominante financière pouvant jouer un rôle peut-être complémentaire si ce n'est concurrent de leur action. Les initiatives publiques se sont en effet multipliées sur le plan international pour soutenir tel ou tel pays, telle ou telle assistance, telle ou telle région, un tel ou tel domaine précis d'intervention.

Les formes juridico-financières mises en œuvre sont souvent présentées comme étant des *trust funds*, fonds multilatéraux, fonds de dotation ; ces formules présentent le double avantage de fédérer des acteurs différents (États, organisations) avec d'une part une mise en commun sur la base du volontariat de moyens financiers autour d'une action précise, et, d'autre part, de s'appuyer sur une gouvernance propre issue des contributeurs tout en bénéficiant d'une expertise en propre. Ces instruments peuvent conduire à de véritables institutions dotées de la personnalité juridique ou à des instruments financiers qui seront le cas échéant hébergés au sein d'une institution comme c'est le cas pour une grande majorité d'entre elles au sein de la Banque mondiale.

Les domaines concernés sont extrêmement divers et concernent essentiellement des questions de développement économique, social, environnemental voire financier et juridique.

Les dénominations les plus fréquemment utilisées sont celles de fonds fiduciaire, de Facilité internationale...

Ces fonds sont aussi des instruments particuliers d'intervention et d'assistance technique destinés à renforcer les missions des banques de développement (*Consultant Trust Funds*, ou CTF).

323 Concernant la France, l'initiative sans doute la mieux connue repose sur une majoration de la taxe d'aviation civile sous la forme d'une contribution de solidarité sur les billets d'avion (environ 110 M € par an) destinée à financer la Facilité internationale d'achat de médicaments (Unitaid).

324 L'actualité permet sans doute de mettre l'accent sur une démarche plus particulière à laquelle la France a aussi adhéré en 2014, à savoir la *Facilité africaine de soutien juridique* (FASJ), institution internationale qui associe une soixantaine d'États, six organisations, dont la durée de vie est de 14 ans et dont le rôle est de « mettre à disposition des pays africains des services et conseils juridiques dans leurs litiges avec les créanciers, ainsi qu'une assistance technique en matière juridique afin de renforcer leur expertise juridique et leur capacité à négocier dans les domaines liés à la gestion de la dette, aux contrats relatifs aux ressources naturelles et aux activités extractives, aux accords d'investissement ainsi qu'aux transactions touchant aux commerces et aux affaires » (art. 2 de l'Accord). On notera que le FMI lui-même a pu être à l'origine d'un fonds centré sur les questions de l'allégement de la dette !

325 Quelques autres exemples peuvent être mis en avant comme le *Fonds fiduciaire pour les droits de l'homme* (à l'initiative de la Norvège, du Conseil de l'Europe, de la Banque de développement du Conseil de l'Europe, complété par Allemagne, PB, Suisse, Royaume-Uni) ou encore le *Fonds fiduciaire mondial pour la*

diversité des cultures (FAO) (v. ss BEI), ou enfin le *Fonds fiduciaire de l'Union européenne pour la République centrafricaine « Fonds UE Bêkou »* créé par l'accord de Florence du 15 juillet 2014. Il y aurait actuellement plus d'un millier de fonds fiduciaires.

3. Le contrôle de l'exécution budgétaire

326 Celui-ci est habituellement mis en œuvre au travers de deux formes de contrôle : un contrôle interne et un contrôle externe.

Sur le plan interne, chaque organisation définit une structuration qui lui est propre au travers d'un ou de plusieurs organe(s) subsidiaire(s) : l'ONU connaît ainsi trois entités internes aux fonctions distinctes avec le Bureau des services financiers, la Commission des commissaires aux comptes, le Comité des placements. L'OTAN connaît un système de contrôleur des finances, un Bureau de la planification et de la politique générale des ressources, un Comité des budgets et un Comité des investissements

Les commissaires aux comptes sont des entités extérieures à l'organisation et sont issus d'horizons financiers relativement différents. Ainsi, s'agissant de l'Organisation de l'aviation civile internationale (OACI), ce fut le premier président de la Cour des comptes française qui en fut le Commissaire aux comptes de 2008 à 2013 (celui-ci met en avant une telle fonction pour une dizaine d'organisations dont l'OCDE, l'OMC, le Conseil de l'Europe...) ; il est désormais remplacé à cette fonction par le Président de la Chambre d'audits pour les affaires communautaires et internationales de la Cour des comptes italienne. Pour l'OMI, il s'agit du Vérificateur général du Ghana ; pour l'OTAN, il est recouru à un Collège international des commissaires aux comptes, « organe indépendant » qui proviennent des organismes nationaux de contrôle financier des États membres...

4. Les banques de développement

327 Le phénomène n'est pas nouveau. L'ONU a créé la première banque en ce domaine en 1945, à savoir la Banque internationale pour la reconstruction et le développement (BIRD) ; mais il constitue, à côté des marchés financiers traditionnels, des financements des organisations internationales, des divers mécanismes de fonds spéciaux, un instrument de soutien au développement écono-

mique, social de différentes régions. Ces banques peuvent aussi héberger des fonds fiduciaires. Elles sont créées par des États, le cas échéant en association avec des organisations régionales, et disposent d'une personnalité juridique en propre. Leur périmètre géographique de compétence est de fait extrêmement variable, tout comme le nombre de leurs membres ; enfin, elles se financent sur les marchés financiers.

La plus ancienne existant à ce jour est sans doute la Banque de développement du Conseil de l'Europe (CEB) créée en 1956 (41 États membres) dont la vocation première était d'aider les réfugiés et qui est devenue un instrument de « solidarité européenne » en finançant des opérations touchant les secteurs social, environnemental, les PME, au travers de politiques de prêts ; elle fut suivie par la Banque européenne d'investissement (BEI) créée en 1958 dont le capital est détenu par les 28 États membres de l'UE et qui se présente comme la banque de l'Union européenne ; d'autres espaces continentaux connaissent une même situation : la Banque interaméricaine de développement (BID) créée en 1959 (48 États actionnaires), destinée à l'Amérique latine et aux Caraïbes ; la Banque africaine de développement (BAFD) créée en 1964 (la plus importante en nombre d'actionnaires : 80 États dont 54 États africains) ; la Banque asiatique de développement (BASD) créée en 1966 (67 États actionnaires dont la France depuis 1970) et qui est à présent concurrencée par la Banque asiatique d'investissement dans les infrastructures (AIIB) initiée par la Chine en 2014 et qui a obtenu le soutien du Royaume-Uni en 2015 ; les années « 1970 » sont marquées par une deuxième vague de création avec la Banque Ouest-africaine de développement (BOAD), créée en 1973 (8 États membres) ; la Banque islamique de développement (BIS) créée en 1975 (56 États membres) ; la Banque d'investissement et de développement liée à la CEDEAO (BIDC), créée en 1975, d'abord sous la forme d'un fonds devenu une banque en 1994 (15 États membres) ; à cette liste, il faut ajouter une banque plus particulière liée aux évolutions de l'Europe et notamment de l'Europe centrale, à savoir la Banque européenne pour la reconstruction et le développement (BERD) créée en 1991, organisation indépendante qui ne relève pas de l'UE même si elle a été créée à l'origine par les 12 États membres de la Communauté, la BEI et la Communauté. Elle comprend à ce jour 66 actionnaires et son périmètre d'intervention a largement dépassé la seule Europe centrale. Ces banques ont des vocations relativement similaires : appui et expertise technique, aide au développement notamment des PME, énergie, prise en compte des phénomènes de développement comme le développement urbain, les infrastructures, l'eau, l'assainissemernt et donc en grande partie des projets locaux. Leur action est renforcée par les fonds fiduciaires qui sur la base du volontariat viennent souvent en appui pour conforter leur action (fonds d'appui technique). En tout état de cause, elles n'ont pas vocation à financer les États eux-mêmes.

§ 2. Le système onusien

328 L'ONU est un ensemble relativement complexe d'organisations, au-delà des six organes principaux qui la constituent. L'organigramme de l'ONU « affiche » 13 programmes et fonds, 4 instituts de recherche, 12 organes subsidiaires, 2 fonds d'affectation, etc., nonobstant aussi 15 institutions spécialisées (dont le FMI, l'OIT, la Banque mondiale, la BIRD...).

Le budget (biennal) de l'**Organisation des Nations unies** (ONU), stable ces dernières années, est, en principe, financé par deux catégories principales de ressources (qui s'ajoutent à quelques recettes accessoires) : d'une part des contributions des États (membres et, parfois, non membres) au « **budget ordinaire** », à savoir le « budget-programme » qui repose sur un exercice biennal (5,5 Mds de dollars US sur 2014-2015) qui, juridiquement obligatoires, sont fixées par l'Assemblée générale (après avis d'un Comité des contributions), en prenant en compte, notamment, le revenu par tête des pays contributeurs ; les quotes-parts ont, en ce domaine, beaucoup varié, et s'étagent actuellement entre un minimum de 0,001 % (Belize, Cap-Vert, Burundi...) et un maximum de 22 % (États-Unis, qui ont parfois fourni jusqu'à 40 %), les trois quarts des ressources étant fournis par une dizaine de contributeurs (le Japon fournissant 10,85 % de ce budget, l'Allemagne, la France, le Royaume-Uni et la Chine entre 5 % et 10 % chacun, les autres principaux contributeurs étant l'Italie, le Canada, l'Espagne et le Mexique) ; on notera que les États de l'Union européenne représentent par leurs contributions additionnées près de 35 % des recettes du budget ordinaire ; d'autre part, des contributions des États au **budget spécial de maintien de la paix** (de l'ordre de 7 Mds $ sur l'exercice 2014-2015, avec un arriéré au 31/10/2014 de 2,3 Mds de dollars) déclarées obligatoires par la Cour internationale de justice (avis consultatif du 20 juill. 1962) et réparties entre États par l'Assemblée générale selon un barème (« paix et sécurité ») spécifique (qui, selon les cas, minore, maintient ou majore – pour les membres permanents du Conseil de sécurité – le barème ordinaire). Les États-Unis sont là aussi le premier contributeur (27 %) devant le Japon (12,5 %), le Royaume-Uni (8,15 %), l'Allemagne (8 %), la France (7,55 %)...

Ces opérations de maintien de la paix sont au nombre de 16 et engagent plus de 100 000 personnes (avec comme principaux contributeurs en hommes des États comme le Pakistan, le Bangladesh, l'Inde, le Nigeria mais aussi le Brésil, la Chine, ou même la France), certaines étant parfois anciennes et n'ayant plus guère de sens (la plus ancienne est l'ONUST de mai 1948 relative à la trêve en Palestine, la plus récente Minusca, avril 2014, étant relative à la République centrafricaine).

La mauvaise volonté de certains pays (au premier rang desquels les États-Unis) à s'acquitter de leurs dettes conduisit à une réforme décidée en décembre 2001 de la contribution américaine qui passa de 25 % à 22 % du budget ordinaire, les États-Unis s'engageant alors à régler leurs arriérés. Le Japon a bénéficié d'une baisse de sa contribution (de 20,5 % à 12,5 %) ; ces baisses de contributions furent compensées par celles d'États comme Singapour, la Thaïlande, la Corée du Sud, le Brésil... ; en outre, le développement de contributions obligatoires a conduit à un développement considérable de fonds extrabudgétaires (une centaine), alimentés, « à la carte », par des **contributions volontaires** : celles-ci équivalent environ au total des budgets ordinaires et « paix/sécurité » et alimentent à la fois certaines dépenses ordinaires et des fonds majeurs, en particulier, le Programme des Nations unies pour le développement (PNUD/UNDP), le Programme pour l'Alimentation mondiale (PAM/UNFG), le Haut Commissariat pour les Réfugiés (HCR), la Conférence des Nations unies pour le commerce et de développement (CNUCED), le programme des Nations unies pour l'environnement (PNUE), avec dans ce cadre le Fonds vert pour le climat (FVC) lancé en 2009 et qui tend à réunir fin 2014 près de 10 Mds de dollars (près d'une vingtaine d'États contributeurs), le Fonds des Nations unies pour les activités en matière de population (FNUAP) ou le Fonds pour l'enfance (FISE/Unicef) – les institutions spécialisées (FAO, Unesco, OIT/ILO, OMS/WHO) étant, de leur côté, également confrontées aux difficultés financières et aux pressions des principaux contributeurs (les États-Unis ont, ainsi, momentanément, quitté la FAO et l'OIT). La question des arriérés demeure un problème important pour l'ONU.

La Cour internationale de Justice (CIJ) a estimé, en 1962, que les dépenses relatives aux opérations de la Force d'urgence des Nations unies entreprises en exécution des résolutions de l'Assemblée générale constituaient des « dépenses de l'Organisation » au sens du paragraphe 2 de l'article 17 de la Charte des Nations Unies (CIJ, Avis consultatif du 20 juil. 1962) ; sur les avis consultatifs que peut rendre la CIJ sur toute question juridique : CIJ, avis consultatif du 1er févr. 2012, Fonds international de développement agricole (FIDA) c. TA OIT.

De plus, elles ont une activité financière généralement limitée.

329 Il n'est qu'à comparer le budget annuel de l'Union européenne au budget ordinaire annuel du Conseil de l'Europe ou même aux budgets de la famille des Nations unies, de la FAO, de l'OMS, de l'OMC. L'ONU a créé en son sein en 2005 un Fonds central d'intervention pour les urgences humanitaires, devenu Fonds central pour les interventions d'urgence, alimenté financièrement par les contributions de gouvernements et de groupes privés. Ce fonds destiné à intervenir dans le cadre des « crises oubliées » est intervenu au profit de nombreux États en particulier mais non exclusivement en Afrique (pour faire face à des crises alimentaires, des désastres naturels, des situations d'urgence diverses). On notera que les programmes notamment humanitaires de l'ONU auront bénéficié d'un élément nouveau, à savoir les fonds de personnes privées comblant ainsi quelque peu les effets du recul, en particulier, de la contribution américaine. La France n'est guère, ici, le *leader* financier des contributeurs qui demeurent dominés par les États du nord de l'Europe. Elle s'est, après d'autres États, retirée pour des raisons financières de l'Organisation des Nations unies pour le développement industriel (ONUDI) !

Le système onusien

Organisation	2012-2013	2014-2015
ONU	5,15 Mds $ US	5,5 Mds $ US
FAO	1,005 Md $ US	1,028 Md $ US
Unesco	0,653 Md $ US	0,653 Md $ US
OACI	0,2806 Md $ CAD (2011-2013)	0,285 Md $ CAD (2014-2016)
OMPI	0,682 Md CHF (2012-2013)	0,713 Md CHF (2014-2015)
FMI	2013 : 1,1 Md $ US	2014 : 1,1 Md $ US
Banque mondiale	1,2 Md $ US	2014 : 2,566 Mds $ US
UPU	37 Mds CHF	37 Mds CHF
OMS	3,959 Mds $ US	3,977 Mds $ US
FAO	0,83 Md $ US	0,0815 Md $ US

Section 2

L'ENCADREMENT INTERNATIONAL DES FINANCES PUBLIQUES NATIONALES

330 Cet encadrement est assuré par des organisations financières internationales. Celles-ci se présentent sous un jour bien différent car les ressources dont elles disposent n'alimentent pas, pour l'essentiel, un budget interne mais leur servent à jouer un rôle de bailleur de fonds. Les droits des États membres sont donc, d'une manière ou d'une autre, proportionnels à leur contribution financière, ce qui fait très largement disparaître, chez les contributeurs, les préventions et mauvaises volontés que l'on trouve dans les organisations générales, où le principe de l'égalité introduit un important hiatus entre ceux qui décident et ceux qui financent. De plus, les organisations financières ainsi constituées, et ainsi dominées par les pays les plus riches, sont amenées à exercer un pouvoir financier parfois redoutable à l'égard des pays contraints de recourir à leur aide ; il en va tout particulièrement ainsi de deux institutions spécialisées de l'ONU créées par les accords de Bretton-Woods (1944), mais dominées par les États-Unis et qui ont parfois imposé, au nom de l'orthodoxie financière libérale, des contraintes fondamentales (et plus d'une fois critiquées) aux pays en voie de développement.

Aux fonctions financières et techniques de ces deux institutions spécialisées, s'ajoute, depuis près d'une vingtaine d'années, une lutte contre les abus financiers internationaux (blanchiment, corruption), animée, notamment, par le Groupe d'action financière sur le blanchiment des capitaux (GAFI), enceinte internationale instituée en 1989.

331 Au fur et à mesure que se développe la mondialisation, l'action de ces organisations économiques et monétaires, de même que celle des organisations financières, donne une importance grandissante à deux types de fonctions, qui concernent très largement les finances publiques.

La première est une fonction de **surveillance** multilatérale qui, de plus en plus imposée par l'interdépendance des économies, est exercée au niveau mondial (FMI, BIRD, OCDE...) ou régional (Union européenne, UEMOA) et oblige les États à fournir statistiques, programmes et prévisions, en particulier sur leur politique financière et leurs comptes publics.

La seconde, qui conditionne d'ailleurs largement l'efficacité de la première, est une fonction de **normalisation**, qui se traduit notamment par des normes standards, permettant de véritables comparaisons, et des « codes de conduite », permettant d'établir sincérité et transparence des comptes (ainsi le « code de conduite en matière de transparence des finances publiques », publié par le FMI, ou les « lignes directrices pour la transparence budgétaire », publiées par l'OCDE).

Reste, évidemment, à savoir si cette discipline accrue de la puissance et des finances publiques est suffisante pour contrebalancer l'emprise des puissances et finances privées que constituent les grandes entreprises multinationales. Or, la crise financière de ces dernières années a montré l'intérêt de telles institutions internationales dans une démarche de « régulation » économique et financière mondiale.

332 Il s'agit de mettre en avant d'abord le rôle du Fonds monétaire international (FMI) (**§ 1**), puis celui de la Banque mondiale (**§ 2**), tout en ne négligeant pas l'existence d'autres acteurs relevant d'une typologie intermédiaire (**§ 3**).

§ 1. Le Fonds monétaire international

333 Créé en 1945 pour réguler le système monétaire international né des accords de Bretton-Woods, le **Fonds monétaire international** (FMI), a, depuis, vu son rôle profondément modifié, d'abord par l'abandon du système des taux de change fixes (à la suite de la décision américaine de suspendre, en 1971, la convertibilité du dollar en or), puis avec l'amplification de la dette des pays pauvres, qui a conduit le Fonds à ajouter à sa fonction initiale d'aide à l'équilibre de la balance des paiements un rôle d'aide,

financière et technique, au développement (parfois controversé car en concurrence avec la mission de la Banque mondiale : v. ss 334).

Souvent critiqué pour ses interventions de soutien aux États, en particulier du tiers-monde, le FMI a retrouvé une autorité nouvelle avec la crise économique et financière qui marque les États et les économies, lui conférant un rôle pilote essentiel sur le plan international. Nombre d'États en difficulté pour accéder directement aux marchés financiers réticents devant les emprunts publics, sauf à imposer une rémunération difficilement supportable à terme pour les emprunteurs, ont ainsi eu besoin de l'appui et de l'assistance du FMI, y compris des États européens depuis quelques années.

Le FMI intervient de plusieurs façons.

En premier lieu, le FMI assure une surveillance de la situation économique et financière des États membres (une quarantaine à l'origine, 188 en 2015) et s'efforce d'en détecter et prévenir les faiblesses.

À ce titre, le FMI émet, sur le fondement de l'article IV de ses statuts, des consultations et conclusions souvent annuelles relatives aux orientations économiques et budgétaires des États (Ex. France, mai 2014) qui peuvent, pour les États membres de l'Union européenne par exemple, venir concurrencer ou même contredire les expertises d'autres institutions.

En deuxième lieu, le Fonds accorde une aide financière à partir de ressources constituées, pour les plus importantes d'entre elles, par des « quotes-parts » versées par les États membres, principalement (environ les deux tiers) les États-Unis et les principaux pays industrialisés. Les dispositifs de financement ont été réformés à plusieurs reprises, tout en notant en 2014 que des contributions bilatérales au compte de bonification avaient joué un rôle « crucial » lors des précédentes levées de fonds.

Le FMI a ainsi organisé, depuis 2010, trois mécanismes d'intervention sous la forme de prêts concessionnels : la facilité élargie de crédit (FEC), la facilité de crédit de confirmation (FCC), la facilité de crédit rapide (FCR)

Le conseil d'administration du FMI a adopté le 5 novembre 2010 (approbation par résolution des gouverneurs du 15 déc. 2010) une réforme à la fois de ces quotas et des droits de vote (avec effet pour 2011), réforme traduisant d'abord le recul de certains États européens (France, Allemagne, Italie, Royaume-Uni, Russie...) et la place croissante d'États asiatiques (Chine, Japon, Inde) et du Brésil. Ces quotes-parts, révisées tous les cinq ans, tiennent en principe compte du poids de chaque membre dans l'économie mondiale. Elles dépassent les 17 % pour les États-Unis (près d'un tiers à l'origine), plus de 6 % pour le Japon et la Chine, 5,5 % pour l'Allemagne et un peu plus de 4 % pour la France et le Royaume-Uni. C'est en fonction de ces quotes-parts qu'est organisé le droit de vote des États membres ; le plus petit État membre, Tuvalu, disposa de 1,8 million de DTS, soit 0,01 % pour 268 voix, alors que la France se situait à 4,94 % pour 107 635 voix, l'État le plus important, les États-Unis d'Amérique détenant 17,09 % de ces quotes-parts pour 371 743 voix, soit 16,74 % des voix. La réforme engagée ne paraît avoir encore été menée à son terme faute d'une adhésion de suffisamment d'États.

Elles sont, depuis 1967, libellées en droits de tirage spéciaux (DTS, dont la valeur est déterminée quotidiennement à partie d'un « panier » de monnaies), les États s'engageant à verser 25 % de cette quote-part en avoirs de réserve internationaux (DTS ou devises de référence : dollar, euro, yen, livre sterling) et le reste en monnaie nationale (espèces ou titres transformables à vue en espèces).

Le produit de ces quotes-parts (238 Mds de DTS, 362 Mds de dollars en 2013), auquel s'ajoutent les recettes d'exploitation, peut être complété par des emprunts effectués par le FMI. Le FMI est, de plus, détenteur d'importantes réserves d'or cédées partiellement pour soutenir financièrement certaines économies de pays pauvres en 2009.

La loi de finances rectificative de juillet 2011 a concrétisé, pour la France, les conséquences de la décision précitée. La quote-part de la France dans le FMI fut portée de 10 738,5 millions de droits de tirage spéciaux à 20 155,1 millions.

Cette assistance financière est accordée aux États qui connaissent des difficultés dans leur balance des paiements et qui, en contrepartie de l'aide, s'engagent à mettre en œuvre des politiques de redressement, ce qui donne au Fonds un « droit de regard », pour ne pas dire plus, sur la politique économique et financière des bénéficiaires et ce qui, les crises aidant, a fait du FMI un créancier particulièrement important et le principal gestionnaire de la dette du tiers-monde.

L'encours des prêts du FMI, qui a pour objectif d'être le seul canal en matière de prêts publics s'élevait au 28 août 2014 à 185 Mds de dollars. La crise financière de 2008 a conduit au « retour » du FMI dans le cadre de cette compétence de soutien à des États en difficulté financière, notamment européens ce qui fut relativement nouveau (Roumanie, Ukraine, Hongrie, Islande), signe de l'ampleur de cette crise mondiale qui frappe un grand nombre d'États. Les principaux emprunteurs se retrouvent alors être la Grèce, le Portugal et l'Irlande.

Les conditions qu'il pose pour accorder son aide ont parfois été jugées simplistes, brutales et peu adaptées aux réalités des pays bénéficiaires, ce qui a amené le Fonds à affiner les politiques d'ajustement recommandées en insistant davantage sur les politiques structurelles, le volet social et la transparence de l'utilisation des fonds (thème de la « bonne gouvernance »)

Ceci s'est, en particulier, traduit par la création, en 1999, d'une « Facilité pour la réduction de la pauvreté et de la croissance » (FRPC) qui, remplaçant la « Facilité d'ajustement structurel renforcée » (souvent critiquée), permet, à partir d'un mécanisme spécial (gestion séparée, financement prépondérant par contributions bilatérales), d'accorder, à des conditions préférentielles (et en collaboration avec la Banque mondiale et les États), des prêts aux pays à faible revenu qui s'engagent à mettre en œuvre un cadre stratégique d'action contre la pauvreté. Ce qui était un compte fiducie est devenu en 2010 un fonds fiduciaire pour la réduction de la pauvreté et la croissance (Fonds fiduciaire RPC).

Les autres concours, traditionnels mais plusieurs fois modifiés, consistent à accorder, par tranches, des aides, inconditionnelles (tranche de réserve) puis conditionnelles (crédit élargi, aide d'urgence, diverses lignes de crédit préventives ou conditionnelles) aux États (qui ont alors le droit de tirer auprès du FMI les devises dont ils ont besoin en les achetant avec leur propre monnaie, l'opération inverse étant effectuée au moment du remboursement). On notera là aussi que le FMI est présent sur le terrain des fonds fiduciaires ; il a ainsi créé en 2010 un Fonds fiduciaire pour l'allégement de la dette après une catastrophe (ADAC) à, la suite du tremblement de terre qui avait frappé Haïti.

Cette aide financière est, en troisième lieu, prolongée par une assistance technique qui s'est beaucoup développée au cours des trois dernières décennies, principalement à l'intention des pays nouvellement indépendants ou en période de transition économique mais aussi désormais en faveur d'États européens comme la Grèce et l'Irlande en partenariat avec la Commission européenne et la Banque centrale européenne, constituant ainsi une « troïka » redoutée et contestée. Cette aide concerne, par exemple, l'établissement de statistiques, l'expertise, la mise sur pied d'institutions et de politiques économiques et financières.

Les instances de décision du FMI (qui siège à Washington) sont constituées d'un conseil des gouverneurs, instance suprême, et d'un conseil d'administration, instance de gestion courante présidée par un directeur général qu'elle désigne (par tradition dans un pays européen), ces deux conseils (dans lesquels les voix sont pondérées en proportion des quotes-parts souscrites) étant assistés d'un comité monétaire et financier international (qui a succédé en 1999 à un « comité intérimaire ») et d'un comité de développement.

Le conseil des gouverneurs comprend un gouverneur (ministre des Finances ou gouverneur de banque centrale) par État et se réunit une fois par an.

Le conseil d'administration comprend vingt-quatre administrateurs (un jusqu'en 2010 pour les États-Unis, le Japon, l'Allemagne, la France, le Royaume-Uni, la Russie, la Chine, l'Arabie saoudite, les autres États étant regroupés par « circonscriptions ») ; il siège en permanence ; il élit, pour cinq ans, le directeur général qui, par accord tacite, est un Européen (le Français Michel Camdessus de 1987 à 2000, l'Espagnol de Rato de 2004 à 2007, le Français Dominique Strauss-Kahn de 2007 à 2011, et, depuis juin 2011, Mme Christine Lagarde).

Les décisions des conseils sont prises, selon les cas, à la majorité simple, à la majorité qualifiée (70 %) ou à la majorité renforcée (85 %) des votes (pondérés).

Le comité monétaire et financier est une instance permanente de préparation composée de hauts fonctionnaires ; il se réunit, en principe, deux fois par an, en même temps que le comité de développement (composé de vingt-quatre membres, ministres ou gouverneurs).

Les instances du FMI, qui prêchent beaucoup la transparence aux États (notamment par l'élaboration de « codes »), ont introduit depuis quelques années une dose de transparence à leur propre intention et publient, en conséquence, un nombre croissant de données sur leur propre fonctionnement (notamment des « notes d'information au public » sur les délibérations du conseil d'administration).

§ 2. Le groupe Banque mondiale

334 La **Banque mondiale**, quant à elle, constitue, en réalité, un groupe qui rassemble 188 États en 2015 (une quarantaine à l'origine), s'est constituée par étapes depuis 1945 pour devenir une instance majeure d'aide au développement.

La « maison-mère » est constituée de la **Banque internationale pour la reconstruction et le développement** (BIRD), instituée dès 1945 pour accorder aux pays en développement des « prêts » à partir de ressources constituées de quotes-parts mises à disposition (en fonction d'une clef périodiquement réajustée) par les États membres (qui font nécessairement partie du FMI) et, surtout, d'emprunts sur les marchés, ce qui réserve l'essentiel de ces prêts (pour investissement, pour ajustement) aux pays dits à revenu intermédiaire. Les instances de décision (dans lesquelles le droit de vote est pondéré en proportion des quotes-parts souscrites) sont constituées d'un conseil des gouverneurs (instance suprême) et d'un conseil d'administration dont le président (juridiquement désigné par le conseil d'administration) est, par tradition, un ressortissant du principal actionnaire (les États-Unis), comme ce fut le cas avec Paul Wolfowitz puis, de 2007 à 2012, Robert Zoellick et depuis le 1er juillet 2012, Jim Yong Kim.

Le conseil des gouverneurs comprend un titulaire (en général le ministre des Finances ou du Plan) et un suppléant (souvent un haut fonctionnaire) par État membre ; il se réunit habituellement une fois par an.

Le conseil des administrateurs, qui se réunit plusieurs fois par semaine, comprend le président du Groupe et vingt-cinq membres avec des élections sur la base de groupes tenant compte du poids des États en tant qu'actionnaires : les États-Unis, le Japon, l'Allemagne, la France, le Royaume-Uni, désignent 5 administrateurs ; la Chine, la Russie et l'Arabie saoudite désignent leur propre administrateur ; l'élection ne porte en fait que sur les 17 autres administrateurs.

Le président du conseil d'administration, traditionnellement un américain dès lors que l'Europe désigne le directeur général du FMI, est élu pour cinq ans et joue un rôle, en fait, prépondérant.

La BIRD contrôle trois filiales, administrées sur le même modèle qu'elle et qui ont pour président celui de la BIRD (les membres devant nécessairement faire partie de la Banque).

L'**Association internationale de développement** (AID/IDA), créée en 1960, accorde aux pays les moins avancés des « crédits » (sans intérêt et à très long terme) à partir de contributions des États et de dons de la BIRD.

La **Société financière internationale** (SFI ou IFC), créée en 1956, aide au financement du secteur privé par des prêts (non garantis par les gouvernements) accordés à partir d'un capital propre et d'emprunts sur le marché.

Quant à l'**Agence multilatérale de garantie des investissements** (AMGI/MIGA), elle a été créée à partir de 1988 pour encourager les investissements privés dans les pays en développement en assurant les investisseurs contre certains risques politiques.

Le groupe est, enfin, complété par un **Centre international pour le règlement des différends relatifs aux investissements** - CIRDI -, qui, depuis 1966, met en œuvre des mécanismes d'arbitrage et de conciliation entre investisseurs et États d'accueil.

En 2013, le montant des prêts ou assimilés accordés par la Banque était de l'ordre de 65,6 Mds $, dont 18,6 pour la BIRD, 22,2 pour l'AID, 22 pour l'IFC, 3,2 au titre de la MIGA (source : *Rapport annuel 2013 Banque mondiale*).

Globalement, le premier emprunteur auprès de ce groupe est l'Inde, devant le Pakistan, le Brésil, le Bangladesh, le Nigeria, l'Éthiopie, la Chine. Son effort est complété, de façon parfois sensible, par les banques multilatérales mais régionales de développement.

§ 3. Les autres organisations internationales économiques et/ou monétaires

335 Elles constituent une catégorie intermédiaire. Leur objectif peut être varié.

Certaines se proposent d'acheminer leurs membres vers une intégration économique et monétaire en encadrant les politiques nationales et en unifiant les législations sur un modèle largement semblable à celui utilisé dans l'Union européenne, ce qui implique, au moins à terme, un pouvoir de type supranational. Il en va particulièrement ainsi de l'Union économique et monétaire Ouest africaine (UEMOA) et (à un degré moindre) de la Communauté économique et monétaire de l'Afrique centrale (CEMAC).

L'UEMOA comprend actuellement huit États membres, et s'efforce de mettre en œuvre, par des institutions de type « européen », une surveillance multilatérale visant à une convergence des politiques économiques et monétaires et une harmonisation des normes par voie de directives

La CEMAC, créée en 1994, comprend six pays et s'est fixé notamment pour objectif la constitution d'un marché commun, la gestion d'une monnaie commune, l'harmonisation des réglementations de politique sectorielle nationale.

Ces deux organisations ont une dimension originale, à savoir celle d'avoir adopté des directives tendant à une harmonisation des cadres juridiques, comptables, en matière de finances publiques, de leurs États membres. C'est ainsi le cas avec la directive de 2009 portant lois de finances au sein de l'UEMOA, des directives de 2008 et de 2011 de la CEMAC relatives aux lois de finances, celle de 2011 ayant pour objet d'adapter les directives communautaires aux standards internationaux et aux bonnes pratiques en matière de gestion des finances publiques. Ce travail d'harmonisation est étendu à la comptabilité publique, aux nomenclatures budgétaires, aux plans comptables... mais souffre d'une évidente difficulté générale de mise en œuvre dans les États membres de ces organisations, même si elles bénéficient de l'appui technique en ces domaines du FMI, de la Banque Mondiale, etc. Ces deux Unions possèdent une monnaie commune : le franc CFA, géré par leurs deux banques centrales (v. ss 300).

On notera la création en 2008 de l'Organisation pour l'Harmonisation en Afrique du Droit des Affaires (OHADA) qui comprend 17 États membres, et la Déclaration spéciale de N'Djamena d'avril 2007 relative à l'édification des États-Unis d'Afrique.

Par ailleurs, le rapprochement de l'UEMOA et de la Communauté économique des États de l'Afrique de l'Ouest (CEDEAO) comprenant 15 États dont des États anglophones avec en perspective la création d'un marché unique et d'une monnaie unique rattachée à un panier de monnaies envisagée dès 2014 remettrait en cause le lien avec la FCF, la France et la BCE.

D'autres s'inscrivent dans une volonté de coopération économique, principalement réalisée dans l'**Organisation de coopération et de développement économiques** (OCDE), dont la magistrature, importante, mérite d'être mise en avant à la fois sur le terrain de l'élaboration de la norme fiscale internationale, sur celui de la lutte contre la fraude fiscale, les territoires non coopératifs, la concurrence fiscale dommageable (à l'instar de l'Union européenne), l'assistance mutuelle et réciproque entre administrations et sur un ensemble de questions plus spécifiques (prix de transfert, fiscalité environnementale...). L'OCDE, propose un modèle de convention bi-latérale, en matière d'élimination de la double imposition (revenu, fortune) ; elle œuvre en matière d'échange d'information et d'assistance administrative ; elle est aussi à l'origine d'une convention multilatérale en matière de lutte contre la corruption, et a élaboré avec le Conseil de l'Europe une convention relative à l'assistance mutuelle. L'actualité récente permet de mettre l'accent sur deux démarches qui s'inscrivent dans le prolongement des travaux du G20, concernant la lutte contre la fraude fiscale avec d'une part la mise au point et l'adoption d'une convention multilatérale pour l'échange automatique de renseignements complétée par une norme mondiale d'échange automatique de renseignements en matière fiscale (2014) et qui devrait entrer en vigueur d'ici 2017, et, d'autre part, depuis 2014-2015 les premières avancées relatives à la lutte contre l'évasion fiscale des entreprises multinationales (lutte contre les pratiques d'érosion de la base d'imposition et de transfert de bénéfices, la BEPS) démarche impulsée d'abord par les États-Unis, le Royaume-Uni et qui devrait, selon l'OCDE, conduire à modifier près de 3 000 conventions fiscales bilatérales.

336 Cet « activisme » de l'OCDE en matière fiscale qui en fait l'instance la plus « dynamique » en ce domaine au plan international, et cela même si l'ONU œuvre aussi en ce domaine avec son propre modèle de convention fiscale destiné aux relations avec des pays en développement (Conseil économique et sociale de l'ONU, Comité d'experts de la coopération internationale en matière fiscale), est complété par une démarche d'expertise, similaire à celle de l'Union européenne pour ses États membres ou encore du FMI, dans l'examen des stratégies économico-budgétaires des États (ex. France, oct. 2014, *Les réformes structurelles en France : impact sur la croissance et options pour l'avenir*).

L'absence d'une organisation mondiale des impôts est sans doute une « carence » soulignée par nombre d'observateurs. Celle-ci n'est cependant pas absolue car, encore sous l'égide de l'OCDE, ont été développées des formules de forum international. On doit ici mettre en avant le *Forum mondial sur la transparence et l'échange de renseignements à des fins fiscales* dont les travaux ont conduit, notamment, en 2014 à l'élaboration d'une norme sur l'échange automatique d'information (AEOI). On notera à cette occasion que les États-Unis sont à l'origine d'une législation qui tend à avoir une vocation universelle dans le même domaine dès lors que des citoyens américains sont concernés, à savoir le *Foreign Account Tax Compliance Act* de 2010 applicable depuis le 1er janvier 2013. En outre, il ne faut pas négliger l'existence du *Dialogue fiscal international* (ITD), qui regroupe la Banque interaméricaine de développement (BID), la Commission européenne, le FMI, l'OCDE, la Banque mondiale mais aussi (et curieusement) le

Département britannique pour le développement international (DFID), « afin de mieux tirer parti du mandat attribué à chaque institution, en facilitant une plus grande coopération en matière fiscale entre les gouvernements, les organisations internationales et les autres acteurs clés » (source OCDE), approche un peu moins claire s'agissant de ces acteurs clés (publics ou privés ?) ; on ne peut ici appréhender cette question sans faire référence aux entreprises transnationales, aux grands cabinets d'avocats, comptables, aux structures professionnelles internationales qui sont des acteurs désormais incontournables des questions fiscales.

D'autres, enfin, ont un rôle de police et d'arbitrage économiques, qui peut déboucher sur des pouvoirs non négligeables.
337 On pense, en particulier, à l'**Organisation mondiale du commerce** (OMC), née en 1994 et chargée de faire respecter les règles du libéralisme posées (imposées ?), avec un champ progressivement accru, depuis 1947.

À défaut de pouvoir fonder, à côté du FMI et de la Banque mondiale, une troisième institution spécialisée de l'ONU (envisagée en 1944-1945), les États libéraux mirent sur pied (en 1947) l'Accord général sur les tarifs douaniers et le commerce (GATT), dont le contenu fut, notamment, élargi par les accords de Marrakech (1994) créant l'OMC, et quelque peu « assagi » (dans un sens plus « régulateur ») par les accords de Doha (2001). Regroupant, en 2015, 160 États (la plupart des autres étant des observateurs, appelés à intégrer l'Organisation), l'OMC est dirigée par une conférence ministérielle biennale (qui nomme le directeur général, le Français Pascal Lamy, de 2005 à 2013, auquel a succédé le Brésilien Roberto Azevedo à compter du 1er septembre 2013) et, à titre permanent, un conseil général (réunissant tous les membres) et trois comités sectoriels. Le principe est celui de l'égalité des voix mais existe un organe d'examen des politiques commerciales (OEPC) et, surtout, une procédure particulière de règlement des différends qui, après une phase amiable (confiée au directeur général), fait intervenir un organe de règlement des différends (ORD) (groupe spécial mandaté par l'ensemble des membres) puis un organe d'appel (sept membres), dont les décisions peuvent avoir des conséquences commerciales sensibles pour les parties perdantes (au premier rang desquelles, selon les cas, les États-Unis, le Japon et l'Union européenne). Or, s'il n'existe pas sur le plan des finances publiques prises globalement, ou encore en matière fiscale (mais il existe des acteurs privés importants en ce domaine) d'organisation internationale, il faut souligner ici que l'OMC peut s'appuyer en matière douanière sur une organisation déjà ancienne, à savoir l'**Organisation Mondiale des Douanes** – l'OMD – (179 membres) qui joue un rôle technique majeur dans une forme de « standardisation » douanière du commerce international.

SECONDE PARTIE

LES FINANCES PUBLIQUES FRANÇAISES

338 Les règles européennes, les normes internationales... conduisent à une approche « globalisée » des finances publiques qui ne peuvent se limiter aux seules finances de l'État. Cette dimension qui n'est pas foncièrement totalement novatrice a pris une importance grandissante en raison du développement considérable dans nombre de pays, et notamment en France, des Finances sociales et en particulier des finances de la Sécurité sociale dont le poids financier est à présent supérieur à celui de l'État, mais aussi du développement significatif des Finances locales, les collectivités locales étant les principaux acteurs de l'investissement public en France. Le phénomène de « globalisation » des finances des administrations publiques (et de responsabilisation de l'État pour l'ensemble de la gestion financière publique d'un pays telle qu'elle est formulée par le TFUE) (v. ss. 7 et 301 s.) amène à une démarche de plus en plus coordonnée de ces différents niveaux de gestion soulevant inévitablement la question d'une discipline budgétaire et financière accentuée et unifiée, sans pour autant qu'existe en France une dimension budgétaire unifiée au niveau national (à la différence de nombre d'États comme le Royaume-Uni, les États-Unis, le Japon...), même si ces trois espaces financiers sont mar-

qués par une certaine « porosité » entre eux, voire par une certaine interdépendance et une sorte de responsabilité générale imputable à l'État.

339 La France offre une image particulière en matière de finances publiques, image critiquée, ou justifiée selon les considérations des uns et des autres. En ce sens, il existe une sorte de « carte d'identité financière » de ce pays marqué par l'importance constante des prélèvements obligatoires (44,9 % du PIB en 2014 et 57,5 % du PIB en termes de dépenses publiques) et un fort niveau de protection sociale, celle-ci étant de très loin le premier poste de dépense auquel les Français ne paraissent pas vouloir renoncer.

La carte d'identité financière de la France

La dette publique

	2006	2010	2011*	2012*	2013*	2014
État et ODAC	989	1 259	1 365	1 481,3	1 558,4	1 632,8
Ad. SS	39	175,2	204	211	211,7	216,8
APUL	127	163,9	169,6	176,8	183,3	188,2
Total	1 149	1 632,5	1 754,4	1 869,2	1 953,4	2 037,8
Total % PIB	63,2	81,7	85,2	89,6	92,3	95

*Unité : Md € ; source : INSEE ; * base 2010.*

Les prélèvements obligatoires effectifs

	2006	2010	2011	2012	2013
État et ODAC	15,4	14,3	13,6	14,2	14,8
Ad. SS	21,9	22,6	23,1	23,6	24
APUL	5,4	4,5	5,8	5,9	5,9
UE	0,1	0,1	0,1	0,1	0,1
Total	42,8	41,3	42,6	43,8	44,7

Unité : % du PIB ; chiffres après transfert. : source : INSEE.

La structure des prélèvements obligatoires

Nature	2006	2008	2010	2012	2013
Impôts	26,7	27,3	25,4	27,4	28,1
Cot. sociales	15,9	15,6	16,1	16,4	16,7
Rapport I/PO	62,4 %	65,1 %	61,5 %	62,7 %	62,8 %

Unité : % du PIB ; source : INSEE.

La dépense publique

Postes essentiels	2007	2009	2011	2013	% en 2014
Prot. Sociale	419,8	459	487,8	518,4	42,9
Défense	33,1	36,5	36,6	37,1	3,1
Enseignt	100,1	109,8	113,3	117	9,7
Logt	22,5	28,4	28,8	29,4	2,4
Ordre P.	28,1	32,2	33,7	34,5	2,9
Aff. éco	80,5	95,6	98,1	104,5	8,7
Loisirs, et a.	27,6	27,5	29,1	31	2,6
Total dép.	1 016,2	1 100,6	1 151,5	1 207,5	
En % PIB	52,2	56,8	55,9	57	57,2
Total transferts*	28	31,2	30,9	32	

*Unité : Md € ; source : INSEE ; * % PIB.*

340 Cette gouvernance générale est au cœur des approches internationales, européennes et nationales des finances publiques, exigence que l'on retrouve au sein du Traité sur la stabilité, la coordination et la gouvernance au sein de l'union économique et monétaire (TSCG) et de la loi organique du 17 décembre 2012 relative à la programmation et à la gouvernance des finances publiques (LOPGFP). Elle s'opère dans un contexte et un cadre « mondialisés » marqués par la concurrence des économies (et des systèmes fiscaux, monétaires) et par une forme de surveillance multilatérale des choix et stratégies budgétaires, fiscales, économiques, sociales des États, surveillance opérée certes par les milieux financiers et économiques mais aussi par différentes organisations internationales comme l'OCDE et le FMI, ou encore l'Union européenne. Elle s'exerce dans un processus tendant à faire de la gestion privée le modèle référentiel qui conduit à remettre en cause les principes fondamentaux fondant la gestion publique (domanialité publique, service public, fonction publique...), pouvant même amener à s'interroger sur le rôle et la place de l'État. Si l'on peut percevoir désormais en France une forme de « gouvernement général » des finances publiques que traduisent à la fois les plans de relance (2009), le Pacte de responsabilité et de solidarité (2014) mais aussi les lois de programmation des finances publiques, et ce sous l'autorité des institutions centrales nationales (CHAPITRE 1), les trois espaces financiers précités conservent une histoire propre, des règles spécifiques qui impliquent l'analyse successive, d'abord des finances qui ont une dimension réellement « budgétaire », à savoir les Finances de l'État (CHAPITRE 2) et les Finances locales (CHAPITRE 3), puis de fondamentaux plus particuliers et autonomes, des Finances de la Sécurité sociale (CHAPITRE 4).

CHAPITRE 1

Le « gouvernement général » des finances publiques

341 En France, et sous la réserve des encadrements européen (v. ss. 289) et international (v. ss. 330), la responsabilité générale des Finances publiques repose sur un ensemble d'institutions communes (SECTION 1), des normes générales tendant à s'imposer, de façon inégale, aux différents espaces financiers (SECTION 2).

SECTION 1

LES INSTITUTIONS COMMUNES

342 Même si le président de la République est en pratique l'autorité qui impulse les grands choix financiers nationaux (et opère souvent des arbitrages budgétaires entre ministres), le gouvernement, sous l'autorité du Premier ministre, est l'acteur central de la gestion des finances publiques en France.

On peut estimer qu'il existe une certaine unité de gouvernance en matière de Finances publiques (**§ 1**), leur contrôle relevant d'un ensemble diversifié d'entités (**§ 2**), leur protection étant assurée par un ensemble non moins diversifié d'instruments juridiques (**§ 3**).

§ 1. Une unité de gouvernance

343 Cette unité de gouvernance est caractérisée par la prépondérance du gouvernement (**A**), la dimension normative reposant sur le Parlement (**B**) mais aussi par une recherche, plus hésitante, de coordination des finances publiques dans leur ensemble (**C**), le ministère des Finances jouant un rôle majeur en ce domaine (**D**).

A. La prépondérance du gouvernement

344 Le Conseil d'État, à l'occasion de son avis du 21 décembre 2000 (n° 365546) relatif à la réforme de la loi organique relative aux lois de finances, eut à répondre à la question suivante : « Peut-on au regard notamment du principe de séparation des pouvoirs et de la définition des compétences respectives du gouvernement et du Parlement qui figure dans la Constitution, inscrire dans la loi organique relative aux lois de finances des dispositions [...] prévoyant que les commissions des finances du Parlement suivent l'élaboration des projets de lois de finances ? » Sa réponse fut particulièrement claire : « Il résulte de l'article 47 de la Constitution que la loi de finances est issue d'un projet de loi dont l'initiative revient, en application de l'article 39, au Premier ministre. La possibilité pour le Premier ministre d'exercer la plénitude de ses compétences, qui est un des éléments essentiels de la séparation des pouvoirs, interdit de le contraindre à associer les commissions des finances du Parlement à l'élaboration des projets de loi de finances ».

Cette lecture très littérale de la Constitution peut à l'évidence être étendue aux lois de financement de la sécurité sociale.

345 Il en résulte un processus relativement homogène s'agissant de l'élaboration de ces deux textes financiers mais aussi, au regard de la révision constitutionnelle du 23 juillet 2008, un statut similaire qui dissocie les lois financières des autres lois, leur conférant, et donc conférant au projet gouvernemental, une protection spécifique.

On notera avec intérêt que la Cour des comptes a suggéré, reprenant en cela une idée déjà formulée par nombre d'auteurs, dans son deuxième rapport consacré aux finances publiques locales et publié en 2014, que soit votée chaque année une loi de financement des collectivités territoriales et ce en s'appuyant sur la loi organique de 2012 (LOPGFP) « ouvrant la possibilité de fixer dans la loi des règles plus contraignantes en matière d'évolution des recettes et dépenses des APUL », la Cour mêlant sans distinction collectivités territoriales et APUL.

346 La réforme fruit de la LOLF a clarifié les rôles en matière de lois de finances en précisant que la préparation du projet de loi de finances est opérée par le ministre des Finances sous « l'autorité du Premier ministre », ce qui conduit en cas de difficulté à ce que ce soit clairement ce dernier qui assure (normalement) les **arbitrages budgétaires** en cas de différends entre ministres. Par ailleurs, le projet de loi est « délibéré » « en Conseil des ministres », placé sous la présidence du président de la République, dont le rôle a souvent été essentiel mais dépend des rapports avec le gouvernement, dont la collégialité varie elle-même selon les circonstances.

Comme la loi de finances, la loi de financement de la sécurité sociale est d'initiative exclusivement gouvernementale puisqu'elle ne fait l'objet que de « projets » (art. 39 et 47-1 C) et jamais de « propositions ».

Le schéma initial pour la préparation des projets de loi de financement de la sécurité sociale était à l'origine quelque peu différent puisque l'autorité responsable de la préparation était le ministre chargé des **Affaires sociales**, lui aussi sous l'autorité du Premier ministre, ce qui imposait, comme l'a rappelé le Conseil constitutionnel (30 déc. 1997, 395 DC), une bonne coordination avec le ministre des Finances et la direction du Budget en raison des interférences avec la loi de finances. Le projet était ensuite délibéré en conseil des ministres. En pratique les textes ont confié cette fonction de préparation au ministre chargé des Finances.

B. La permanence parlementaire

347 Le Parlement français conserve un rôle essentiel et historique s'agissant de l'adoption notamment des lois financières qui fondent et organisent le droit public financier. À la différence

des constitutions d'autres États (Allemagne, Brésil, Inde, Espagne, Belgique, Portugal...), les Finances publiques ne bénéficient pas dans la Constitution de la Ve République d'un « Titre » spécifique. La place, très limitée, faite en 1958 dans la nouvelle Constitution aux questions financières conduisait à cantonner celles-ci pour l'essentiel à la compétence fiscale sur le fondement de l'article 34, à la compétence financière en tant que telle au travers des lois de finances (art. 34 et 47) et concernant les traités engageant les finances de l'État (art. 53), l'article 40 permettant d'éviter ou d'écarter tout « débordement financier » parlementaire au travers de propositions de lois et d'amendements financiers, l'article 49 alinéa 3 permettant pour sa part de faire adopter sans vote par l'Assemblée nationale un projet de loi de finances face à une assemblée qui « regimberait », le Conseil constitutionnel pouvant in fine remettre en cause quelques errements parlementaires. Le champ du domaine législatif s'est élargi en 1996 avec l'institution des lois de financement de la Sécurité sociale (art.47-1), puis en 2008 avec les lois de programmation définissant les orientations pluriannuelles des finances publiques (art.34), ou a été consolidé avec la fin des taxes parafiscales (conséquence de la LOLF) ; les dispositions intéressant les finances publiques ont pris une place constitutionnelle nettement plus affirmée au travers du renforcement majeur du rôle de la Cour des comptes (art.47-2), de l'affirmation des principes de régularité et de sincérité des comptes des administrations publiques (art. 47-2), le Parlement votant les projets de lois de finances et de financement dans les conditions prévues par des lois organiques (art. 47 et 47-1). Toutefois, le Parlement est demeuré sous l'emprise du gouvernement, ce dernier conservant les spécificités « coercitives » instituées en 1958, la révision constitutionnelle de juillet 2008 préservant cette dimension toute particulière fondée sur les articles 40, 49 al. 3 ou même 44 de la Constitution, même si l'on peut voir certains dispositifs législatifs être remis en cause ultérieurement au travers de la question prioritaire de constitutionnalité (art.61-1) fruit de cette révision de 2008.

C. La recherche d'une coordination des finances publiques

348 La coordination des finances publiques nationales est clairement imposée par la responsabilisation globale précitée (v. ss. 338). Elle se caractérise par une démarche centralisée en particulier sur les plans institutionnel, textuel, méthodologique... Elle transparaît assez clairement au sein des lois de finances et des lois de financement de la sécurité sociale qui se caractérisent de plus en plus par des « passerelles » financières, une adaptation régulière, une forme d'interdépendance financière voire une réelle porosité entre ces deux domaines financiers. Cette démarche a été et demeure cependant hésitante sur le plan institutionnel. En effet, la création en janvier 2006 d'une Conférence annuelle des finances publiques placée sous la présidence du Premier ministre s'inscrivait dans un tel processus. Elle s'était accompagnée, en 2007, de la création de la Conférence nationale des exécutifs placée sous l'autorité du Premier ministre destinée à être « un lieu de concertation entre le gouvernement et les exécutifs territoriaux » et en 2010 d'une Conférence nationale des déficits. Enfin, en 2009, dans le prolongement d'une ordonnance du 22 janvier 2009 créant l'**Autorité des normes comptables**, fut institué le **Conseil de normalisation des comptes publics** (Arr. 29 avr. 2009) qui a conduit à la suppression à la fois du comité des normes de comptabilité publique et du comité d'interprétation des normes de comptabilité publique. On notera aussi la création en 2008 de l'Autorité de la statistique publique (Décr. 3 mars 2009).

Le Premier ministre était assisté d'un Conseil d'orientation des finances publiques placé sous sa présidence, ce Conseil rendant un rapport annuel public au Premier ministre, permettant de préparer les travaux de la conférence, et disposant d'un vaste champ d'analyse et de proposition sur les finances publiques, y compris les règles de « gouvernance ». Les administrations de l'État et les établissements publics de l'État devaient lui communiquer les éléments d'information et les études réalisées nécessaires au Conseil pour l'exercice de ses missions (art. 9).

Il s'agissait d'assurer la coordination des réformes avec le Conseil de modernisation des politiques publiques, placé sous la présidence du président de la République, et qui décidait des réformes à engager au vu de rapports d'audit dans le cadre de la révision générale des politiques publiques (RGPP) engagée de 2007 à 2012.

Par ailleurs, avait été créé en 2006 le Centre d'analyse stratégique qui remplaçait le Commissariat général du Plan, et était placé sous l'autorité du Premier ministre avec comme fonction d'exercer « des missions de veille, d'expertise et d'aide à la décision pour la conduite des politiques publiques ». Or, cette institution fut supprimée par un décret du 22 avril 2013 et remplacée par un Commissariat général à la stratégie et à la prospective, toujours placé auprès du Premier ministre et dont l'une des fonctions est de « participer à l'évaluation des politiques publiques ».

Si le remplacement en 2012 de la RGPP par la **Modernisation de l'action publique** (MAP) n'a pas bouleversé la logique « évaluatrice » qui paraît s'imposer en matière de finances publiques avec un Comité interministériel pour la modernisation de l'action publique présidé par le Premier ministre (Décr. 30 oct. 2012, art. 2), la disparition du Conseil d'orientation des finances publiques et de la Conférence nationale des finances publiques est plus problématique puisqu'il n'existe plus d'instance nationale fédérant les représentants des trois espaces financiers (État, collectivités locales, sécurité sociale). Cette disparition serait la conséquence de la création du Haut conseil des finances publiques par un décret du 18 février 2013 dont le préambule introductif énonçait que la création de ce Haut conseil faisait perdre « son objet » à la conférence nationale des finances publiques, argument éminemment discutable.

Cette « valse-hésitation » autour des institutions centrales et coordinatrices des finances publiques de la France est apparue évidente avec la création par un décret du 22 janvier 2014 du **Conseil stratégique de la dépense publique**, présidé par le président de la République, et comprenant en particulier le Premier ministre et le ministre de l'Économie et des Finances. Il n'est composé d'aucun représentant des collectivités locales ou des organismes de sécurité sociale. Toutefois, le président de la République peut « inviter » à participer à ce conseil « les représentants des organismes ayant à connaître de la dépense publique ainsi que toute personnalité qualifiée ». Son rôle est de « proposer et suivre le programme de réalisation des économies structurelles qui sont présentées dans le cadre du programme de stabilité de la France » et d'« assurer le redressement des comptes de la Nation tout en veillant à favoriser la croissance et l'emploi » (art. 1 du décret). Le CSDP a une fonction décisionnelle qui est assurée par le gouvernement. Il joue un rôle intermédiaire entre les exigences européennes et les axes programmatiques nationaux, loi de programmation, budget triennal.

Il en est résulté en avril 2014 un programme de maîtrise des dépenses publiques faisant état d'un plan d'économie de 50 Mds € (18 Mds pour l'État, 11 Mds pour les collectivités locales, 10 Mds pour l'assurance maladie, 11 Mds pour la protection sociale), un programme national de réforme étant présenté en mai 2014 (avec un plan détaillé de réformes structurelles), orientation que vont traduire les lois de finances ultérieures, rectificatives et initiales, tout en notant que le Haut conseil des finances publiques dans un avis du 6 novembre 2014 devait à nouveau souligner que « le gouvernement, contrairement aux engagements pris en LFI 2014 et dans le dernier programme de stabilité, n'amorce pas en 2014 la correction de l'écart « important » de 1,5 point de PIB en 2013 par rapport à la trajectoire de solde structurel de la loi de programmation des finances publiques 2012-2017 » (Avis n° HCFP-2014-06).

On notera qu'il existe d'autres formes de coordination : comité national État-régions pour les fonds européens structurels et d'investissement et comités État-régions ; conférences territoriales de l'action publique destinées à « favoriser un exercice concerté des compétences des collectivités territoriales, de leurs groupements et de leurs établissements publics dont le président est le président du conseil régional. »

Cette volonté de coordination passe aussi, et c'est d'ailleurs à présent un élément majeur de la réponse française aux autorités européennes en matière de lutte contre les déséquilibres financiers par une recherche d'unification de **la politique de lutte contre les fraudes** financières, fiscales, sociales, lutte coordonnée qui s'est concrétisée en 2008 par la création (Décr. 18 avr. 2008) d'un système unifié au travers d'une **Délégation nationale à la lutte contre la fraude** placée auprès du Premier ministre et qui a notamment pour fonction de coordonner (plan national) les actions en ce domaine entre les services de l'État et les organismes sociaux (délégation assistée d'un comité national de lutte contre la fraude). Fut créée en 2010 la Brigade nationale de répression de la délinquance fiscale (BNRDF) qui relève de la Direction centrale de la police judiciaire. Sur le plan départemental ont été organisés des comités opérationnels départementaux anti-fraude (CODAF) coprésidés par les préfets et les procureurs de la République. Il existe ainsi à la fois un Plan national de coordination de la lutte contre la fraude aux finances publiques mais aussi un Plan national de la lutte contre le travail illégal. Cette lutte contre les fraudes a été renforcée par la loi du 6 décembre 2013 relative à la lutte contre la fraude fiscale et la grande délinquance économique et la création d'un Procureur de la République financier (cf. Circ. du 31 janv. 2014 de politique pénale relative au procureur de la République financier) et doit s'inscrire dans une démarche au moins européenne s'appuyant notamment sur Eurofisc créé en 2010 (fraude à la TVA) et sur l'OLAF (1999).

Le bilan de la lutte contre les fraudes fait apparaître au titre de la douane près de 323 M € de droits et taxes redressés en 2013, s'agissant de fraudes en matière de dédouanement, d'escroquerie à la TVA, de blanchiment... le chiffre est évidemment plus impressionnant pour la DGFiP avec en 2012 près de 18,1 Mds € de droits et pénalités (manœuvres frauduleuses, abus de droit, dissimulation de prix...), les Urssaf ayant procédé en 2012 à 260 M € de redressement au titre du travail dissimulé, tandis que les fraudes aux prestations sociales atteignaient cette même année les 291 M € (de façon prédominante en matière de prestations maladie et familiales).

La lutte contre la fraude fiscale doit cependant s'inscrire dans les limites fixées notamment par le Conseil constitutionnel plus globalement la jurisprudence s'agissant des procédures et contrôles initiés par l'administration (loyauté, origine des preuves, respect de la vie privée et du domicile...).

D. Le poids important du ministère des Finances

349 Qu'il s'agisse du Chancelier de l'Échiquier britannique, du Secrétaire du Trésor des États-Unis, du ministre des Finances du Japon... ce « personnage » occupe toujours une place particulière

au sein de l'Exécutif. Celle-ci tient moins à son rang qu'à ses pouvoirs. Le **rang du ministre** dans la hiérarchie gouvernementale française n'est pas nécessairement le plus élevé car aucun texte, sinon le décret de constitution du gouvernement, ne le détermine ; en particulier, le ministre français, à la différence du Chancelier de l'Échiquier britannique (en matière civile), n'a pas de prééminence de droit sur ses collègues. Mais, en période d'unité du ministère, il se voit souvent attribuer, en droit, un rang important, notamment celui de ministre d'État (E. Balladur, de 1986 à 1988, et P. Bérégovoy, de 1988 à 1992, ont, ainsi, parfois été considérés comme des vice-premiers ministres, rôle qu'ils se sont d'ailleurs bien gardés de permettre à leurs successeurs lorsqu'ils sont eux-mêmes devenus premiers ministres). De plus, l'importance des fonctions occupées conduit à lui conférer, en fait, un rôle de premier plan (le sommet ayant été atteint avec la constitution, en juin 1997, d'un ministère – Strauss-Kahn – chargé à la fois, à l'image du MITI japonais, de l'économie, des finances et de l'industrie – MINEFI –, formule reprise en 2005 avec le ministère Thierry Breton), manifesté notamment par la circonstance qu'il est la plupart du temps secondé (ou surveillé) par des secrétaires d'État ou ministres délégués (le gouvernement Balladur de 1993 constituant une rare exception).

350 Les **pouvoirs du ministre** sont, en effet, particulièrement nombreux, même si certains d'entre eux sont en déclin.

Dans le domaine des relations entre l'État et l'économie, le ministre a une responsabilité essentielle en matière de politique budgétaire et a longtemps joué le rôle majeur en matière de politique monétaire et de réglementation économique (notamment la politique des prix). Ceci explique que la fonction ait généralement été exercée par des personnalités de renom, à commencer par certains Premiers ministres, ou ait servi de tremplin à la renommée (R. Poincaré, A. Pinay, V. Giscard d'Estaing, M. Debré, R. Barre, J. Delors, E. Balladur, P. Bérégovoy, N. Sarkozy, Ch. Lagarde...). (v. aussi ss. 30 s.).

Dans les relations avec les ministres et les administrations, le ministre des Finances se prévaut d'une légitimité particulière car, seul chargé des recettes de l'État, il se présente comme le défenseur d'un équilibre global face aux demandes, sectorielles, des « ministères dépensiers ». Ceci permet de justifier une place centrale, manifestée par l'intervention dans les affaires des autres ministères, en particulier au travers du contrôle général économique et financier, de préparer la plupart des décrets financiers (dont il a parfois seul l'initiative), de proposer ou fixer les règles de comptabilité applicables aux organismes publics, collectivités locales comprises.

Les ministres chargés de l'économie et des finances s'appuient sur la **Commission économique de la nation**. Réformée début 2015 (Décr. 2015-7 du 6 janv. 2015), elle comprend 14 membres (ainsi que trois membres de droit dont le gouverneur de la Banque de France) désignés pour deux ans par les ministres. Elle débat de thèmes de politique économique et examine les prévisions macroéconomiques. Son secrétariat est assuré par la Direction générale du trésor.

Sans compter qu'il possède lui-même des pouvoirs de décision en matière budgétaire, notamment pour certaines modifications des crédits. L'ensemble est appuyé sur une administration au poids considérable (**1**) avec des institutions autonomes jouant des fonctions essentielles et complémentaires (**2**).

1. Le poids du ministère chargé des Finances

351 Il se fait sentir à la fois dans l'Administration (**a**) et dans la Nation (**b**) tout en devant cependant être nuancé en raison de l'émergence et du développement de différentes autorités administratives créées par le législateur (comme d'ailleurs dans de nombreux autres États), autorités qui se sont vu attribuer des compétences qui pouvaient relever ou relevaient traditionnellement de ce ministère (c).

Le ministère, dont l'architecture actuelle remonte, pour l'essentiel, à une réorganisation effectuée en 1998 puis approfondie en 2008, compte en 2015 une dizaine de directions générales ou directions, dont la coordination fut parfois difficile, les grandes directions traditionnelles (Budget, Comptabilité publique, Douanes, Impôts, Trésor) ayant eu tendance à se comporter en sous-ministères. La mise en œuvre de la LOLF et le souci d'une certaine rationalité administrative ont conduit à une restructuration de l'appareil administratif central avec un regroupement d'un ensemble de directions, dans le cadre d'une tendance à la réduction des effectifs du ministère.

a. Le poids dans la vie administrative

352 Celui-ci se manifeste de deux façons principales.

Il s'agit d'abord d'**une prépondérance budgétaire**. D'une part, c'est le ministre des Finances, tout particulièrement la **direction du Budget** (250 agents fin 2012) qui assure la préparation des lois de finances et, à cette occasion, la négociation des crédits avec les ministères (v. ss 515 s.) ; depuis 2007 il est aussi responsable, en liaison avec le ministre chargé des Affaires sociales, de la préparation des lois de financement de la Sécurité sociale. D'autre part, le ministère assure l'exécution de son propre budget et d'un grand nombre de missions et de programmes.

La direction du Budget réorganisée en 2009 a perdu, notamment, la mission des normes comptables qui a été transférée au secrétariat général du conseil de normalisation des comptes publics créé en avril 2009 (v. ss 99). Elle se présente elle-même comme une direction « d'état-major » avec, en 2012, 42 % de ses agents relevant de la catégorie A+ et au total 79 % d'agents relevant des catégories A et A+.

Il s'agit ensuite du contrôle de l'Administration française car le ministère des Finances est, avec la Cour et les chambres régionales des comptes, la principale institution de contrôle des finances publiques.

Il contrôle ainsi :

– les administrations centrales, par le service du contrôle budgétaire et comptable installé dans chaque ministère et exerçant le contrôle budgétaire et comptable (v. ss 379 s.) ;

– les administrations déconcentrées, par les services des directeurs régionaux des finances publiques (dont un contrôleur économique et financier) et de département, sous la surveillance et avec l'aide éventuelle de l'Inspection générale des finances, corps à vocation interministérielle (sauf la Défense) directement rattaché au ministre des Finances (v. ss 380) ;

– les collectivités territoriales et établissements publics locaux, dont les comptables, chargés de veiller à la régularité des opérations, sont, sauf rares exceptions, nécessairement des comptables publics (v. ss 381) ;

– la plupart des établissements publics administratifs nationaux, par une tutelle sur les actes financiers et un contrôle financier exercé par un agent spécial ou le directeur des finances publiques ;

– les établissements publics industriels et commerciaux nationaux et les entreprises publiques nationales, par une tutelle sur les actes financiers et des contrôleurs généraux économiques et financiers dépendant du ministère des Finances ;

– les comptes des organismes de Sécurité sociale par l'intermédiaire d'un comité régional qui, agissant pour la Cour des comptes, est cependant présidé par le directeur régional des finances publiques (ou son délégué).

b. Le poids important dans la vie nationale

353 Il est important et provient principalement de trois catégories de services, à savoir les administrations fiscales et financières, les administrations économiques tout en notant les rôles plus particuliers des directions du Trésor et de la modernisation de l'action publique.

1) Les administrations fiscales et financières

354 Celles-ci recouvrent les recettes, effectuent les dépenses et mettent en œuvre la politique fiscale. Elles fournissent le gros des effectifs et des services déconcentrés, que l'on s'efforce de rapprocher.

L'administration fiscale qui, sous l'Ancien Régime, était, pour les impôts indirects, une administration privée bénéficiaire d'un affermage (la ferme), a été totalement « nationalisée » à l'époque révolutionnaire (création de quatre régies) et réformée en 1948. Elle dépendait, depuis cette date, de deux directions : la Direction générale des douanes et droits indirects et la direction générale des Impôts. Cette dernière a fusionné en 2008 avec la direction générale de la Comptabilité publique pour donner naissance à la direction générale des Finances publiques (DGFiP).

355 **La Direction générale des douanes et droits indirects** (DGDDI) créée en 1948 a, d'une part, des fonctions de surveillance et de lutte contre la fraude économique et commerciale, d'autre part des missions fiscales en vertu desquelles elle assoit et recouvre les produits douaniers (au profit du budget de l'Union), la TVA sur les produits en provenance de l'extérieur de l'Union européenne, la fiscalité « énergétique » (taxe intérieure sur la consommation des produits énergétiques – TICPE –, TVA pétrolière...) et les autres accises (droits indirects sur certains biens de consommation, dont les tabacs et alcools), la fiscalité « environnementale », ainsi que diverses contributions (telles que l'octroi de mer dans les départements d'outre-mer).

La DGDDI s'appuie sur ses propres écoles et emploie près de 17 000 agents dont certains sont affectés aux opérations commerciales, d'autres (la douane en tenue) aux opérations de surveillance (une loi du 23 juin 1999 a conféré à certains la qualité d'officier de douane judiciaire, doté de pouvoirs d'enquête comparables à ceux d'un officier de police judiciaire), d'autres, enfin, à l'administration générale. Ses fonctions particulièrement diversifiées et les spécificités du Code des douanes en font aussi un acteur important de la lutte contre les fraudes (cf. C. comptes, *L'action de la douane dans la lutte contre les fraudes et trafics*, 2015).

Elle comporte actuellement sept services à compétence nationale (dont la Direction nationale du renseignement et des enquêtes douanières, le Service national de douane judiciaire...), 12 directions à caractère interrégional regroupant 42 directions régionales, près de 200 bureaux de douane (avec une cinquantaine d'antennes), près de 300 unités de surveillance.

356 **La Direction générale des Finances publiques (DGFiP)** est le fruit de la fusion de la direction générale des Impôts et de la direction générale de la Comptabilité publique. Cette fusion (Décr. 3 avr. 2008) qui conduit à un ensemble de près de 113 000 agents (dont près de 80 % à temps plein en 2013) s'est réalisée progressivement entre 2008 et 2015 dans le cadre d'une démarche systématisant sur le plan fiscal le dispositif de l'Interlocuteur fiscal unique (IFU) avec une « réécriture » progressive du Code général des impôts, du Livre des procédures fiscales et de divers codes comme le Code de commerce, le Code de la défense, le Code forestier, le Code de la route... afin d'unifier les terminologies fonctionnelles. Ainsi, par exemple, « le comptable du Trésor » devient le « comptable public », l'« agent judiciaire du Trésor » est devenu l'« agent judiciaire de l'État », les autorités financières acquièrent un certain anonymat en devenant « l'autorité compétente », le TPG, le directeur des services fiscaux sont unifiés au sein de la fonction de « directeur des finances publiques », le conservateur des hypothèques a disparu, etc.

L'organisation centrale actuelle conserve de façon distincte la Direction de la législation fiscale (DLF) qui a en charge l'élaboration des textes et la représentation du ministère dans les négociations internationales en matière fiscale.

La DGFiP est désormais organisée en une direction, neuf services relevant du directeur de la DGFiP mais aussi avec un ensemble de missions et délégations sensiblement renouvelées dont une délégation aux simplifications et une mission de coopération internationale.

Sur le strict plan fiscal trois services ont été organisés : contrôle fiscal, service juridique de la fiscalité, service de la gestion fiscale. La DGFiP est aussi compétente pour le recouvrement des impôts, droits et cotisations et taxes de toute nature et le recouvrement des autres recettes publiques. S'agissant de la gestion publique, il existe deux services avec le service des collectivités locales et le service comptable de l'État.

Sur le plan fonctionnel et territorial, la réforme de 2008 préserve pour la DGFiP et ses services les compétences jusque-là dévolues à la DGI mais elle a conduit à une simplification nouvelle pour les contribuables avec l'émergence des services des impôts aux particuliers (SIP) et des services des impôts aux entreprises (SIE), voire parfois un service unique pour ces deux types de contribuables (SIPE). Leur sont dévolues les missions d'assiette, de recouvrement, de contrôle et de contentieux. Les SIP ont en charge les missions relatives aux impôts directs relevant du Trésor public (outre la réception des déclarations d'ISF et les paiements). Cette réorganisation progressive des services des impôts doit conduire à terme à un peu plus de 700 agences. Cette réforme en profondeur, si l'on considère que demeure la DGDDI, conduit à une autre réforme territoriale marquée par la refonte complète du « paysage directorial ». Sur le fondement d'un décret du 20 février 2009 relatif au statut particulier des administrateurs des finances publiques, ont disparu des personnages administratifs « historiques » comme le trésorier-payeur général, le directeur départemental des impôts, du Trésor, le chef des services fiscaux, le receveur des finances, le conservateur des hypothèques dont les corps ont été mis en extinction pour une intégration au sein d'un corps unique, celui d'administrateur des finances publiques – retour à une ancienne dénomination abandonnée en 1962. Les membres de ce corps ont vocation à la direction des services déconcentrés mais aussi des services à compétence nationale et des directions spécialisées. Selon leurs fonctions, ils peuvent être assimilés à des comptables publics ou à des ordonnateurs secondaires (de droit).

Cette réforme a conduit à l'adaptation de l'appareil de formation de l'État avec la création en 2010 de l'École nationale des finances publiques (ENFiP) mettant fin aux Écoles nationales des impôts et du Trésor public (Arr. 4 août 2010 portant création d'un service à compétence nationale). La conséquence finale de ce processus est l'unification des métiers au travers des corps d'inspecteur des finances publiques (agent de catégorie A des finances publiques) et de contrôleur des finances publiques.

L'organisation des services déconcentrés de la DGFiP, tant au niveau régional que départemental, a été précisée par un décret du 16 juin 2009. Fondée sur des directions locales unifiées (avec une même structuration organique et fonctionnelle qu'au niveau central), elle traduit la fusion territoriale des deux administrations précitées avec le cumul des missions : assiette, contrôle, recouvrement, paiement des dépenses publiques, gestion financière et comptable des collectivités territoriales et de leurs établissements, opérations de trésorerie de l'État, gestion des fonds déposés, acquisitions domaniales... pour ce qui est des directions départementales ; les directions régionales assurent les mêmes missions dans le département chef-lieu de la région et sont chargées en particulier du contrôle financier déconcentré des administrations de l'État ; des directions spécialisées peuvent en outre être créées pour des missions particulières notamment en matière de contrôle fiscal, comptable ; ainsi, les directions de contrôle fiscal – DIRCOFI – tout comme les trésoreries générales spécialisées sont des directions spécialisées. Les administrateurs des finances qui dirigent ces services exercent les compétences assumées jusque-là par les trésoriers-payeurs généraux et les directeurs des services fiscaux (art. 8).

Les directions régionales et départementales de la DGFiP ont été progressivement créées par fusion des trésoreries générales et des directions des services fiscaux.

Ont disparu : la recette générale des finances de Paris, les trésoreries générales spécialisées comme celle de l'Assistance publique-Hôpitaux de Paris, la Trésorerie générale pour l'étranger..., l'agence comptable des impôts de Paris et différents services spécialisés sur le territoire français, le conservateur des hypothèques (les conservations des hypothèques étant remplacées par les services chargés de la publicité foncière).

On notera que, quelques années après la douane (SNDJ), des agents de la DGFiP sont habilités à effectuer des enquêtes judiciaires sur réquisition, les officiers fiscaux judiciaires (OFJ).

Sur le plan international, la DGFiP maintient un « réseau » d'attachés fiscaux (Berlin, Bruxelles, Londres, Madrid, Rome, Washington) à vocation de coopération avec les administrations correspondantes et de réaliser des études comparatives dans des domaines relevant de la DGFiP ou d'autres administrations concernées.

357 La DGFiP dispose aussi des fonctions de l'ancienne Direction générale de la comptabilité publique (« services du Trésor ») aux origines anciennes et qui avait été instituée sous sa forme historique sous la Restauration. Elle demeure chargée de recouvrer toutes les recettes publiques dont la perception n'est pas confiée à une autre administration, la plupart des recettes non fiscales et, sous une forme particulière, la redevance de l'audiovisuel ainsi que les produits du domaine.

Une direction des créances spécialisées du Trésor assure le recouvrement de créances plus particulières comme les arrêtés de débet et amendes prononcées les juridictions financières, les sanctions prononcées par la CDBF... y compris les créances fiscales et autres créances publiques dans le cadre de l'assistance internationale, etc. (arr. du 24 déc. 2014).

Elle conserve aussi le contrôle et effectue la plus grande part des dépenses publiques (notamment celles de l'État, des collectivités locales, des établissements publics de santé et des établissements sanitaires et médico-sociaux), gère la trésorerie publique (y compris celle de la plupart des collectivités publiques subordonnées) et tient les comptes publics.

358 La dualité traditionnelle entre services fiscaux et services du Trésor présentait deux inconvénients – mis notamment en évidence par les rapports J.-L. Lépine (1999) et P. Champsaur/Th. Bert (2000), hauts fonctionnaires du ministère des Finances, et par le vingtième rapport du Conseil des impôts, relatif aux relations entre les contribuables et l'administration fiscale (2002). D'une part, elle compliquait la tâche des contribuables (qui pouvaient avoir affaire à six interlocuteurs différents). D'autre part, elle majore (aux frais desdits contribuables) le coût de gestion de l'impôt qui, en France, dépasse (parfois de plus de 50 %) celui de la plupart des pays industrialisés (à l'exception de l'Allemagne) – un reproche particulier ayant, par ailleurs, été adressé en ce domaine à la gestion de la redevance audiovisuelle. Aussi, les pouvoirs publics se sont-ils efforcés de rapprocher et/ou de ratio-

naliser les deux réseaux en fournissant, notamment aux entreprises, en tout cas pour la fiscalité d'État, un interlocuteur fiscal unique, qui n'existait, en 2003, que pour les grandes firmes et fut étendu par la suite pour les PME avec à terme, un compte fiscal unique (programme COPERNIC).

En ce domaine, les résistances furent vives comme en 2000 avec le projet Sauter, ministre des Finances, en raison de l'opposition des syndicats du ministère et de nombreux élus ruraux. Un incontestable processus de rapprochement et de simplification avait été engagé par les ministres successifs, pour rendre complémentaires ou communes les compétences.

Il ne semble pas que cette fusion ait été en elle-même réductrice des coûts, car si, selon les analyses de la Cour des comptes, le nombre d'agents de la DGFiP est en baisse, la masse salariale n'a pas régressé et les dépenses d'investissement se sont accrues alors que cette réforme devait mener à une rationalisation du parc immobilier, selon les prévisions de la DGFiP.

2) Les administrations économiques

359 Elles ont un périmètre qui varie selon les compétences dévolues au ministère. Le « noyau dur » est constitué de deux catégories de services.

360 Il s'agit d'une part, d'un service de surveillance : la **Direction générale de la concurrence, de la consommation et de la répression des fraudes**, chargée de veiller au respect des règles du marché, en particulier du droit de la concurrence, et à la sécurité des produits.

Elle emploie près de 3 000 agents répartis territorialement notamment au sein de directions départementales interministérielles, et des structures nationales, interrégionales ou spéciales d'enquête. L'actualité (affaires de la « vache folle », de la « viande de cheval », problème des OGM...) a mis quotidiennement en évidence l'importance de ces services (dont l'action rejoint en partie celle des Douanes avec désormais un réseau de laboratoires unifié). À la suite de la loi de modernisation de l'économie du 4 août 2008, une partie des services de la DGCCRF (les enquêteurs nationaux) a été transférée à l'Autorité de la concurrence et au Service national des enquêtes.

361 Il s'agit, d'autre part, d'un service d'études, la **Direction générale de l'Institut national de la statistique et des études économiques** (INSEE), chargée, notamment, de la comptabilité économique (rétrospective) (v. ss 3), dont les résultats sont publiés annuellement dans les comptes de la nation (v. ss 519), du recensement

démographique et du traitement des principales données économiques.

La réforme de l'appareil statistique national a soulevé certaines craintes quant à l'indépendance des activités de l'INSEE. L'État fut conduit à créer en 2009 une instance particulière, qualifiable d'autorité administrative indépendance au regard de ses modalités d'organisation et de fonctionnement, **l'Autorité de la statistique publique** à la vocation relativement diversifiée. Cette instance a pour vocation première « d'émettre tout avis qu'elle estime utile pour garantir le respect du principe d'indépendance professionnelle dans la conception, la production et la diffusion de statistiques publiques, ainsi que des principes d'objectivité, d'impartialité, de pertinence et de qualité des données produites, en référence aux recommandations européennes en matière de bonnes pratiques statistiques », ce qui peut expliquer le libellé suivant qui figure sur son site « Indépendance, qualité et pertinence de la statistique publique ». Son rôle dépasse ce seul cadre lié à l'indépendance professionnelle pour, par exemple, établir un rapport sur les programmes de travail des organismes producteurs de statistiques ou encore auditionner au moins une fois par an le président du Conseil national de l'information statistique et le directeur général de l'INSEE. C'est l'INSEE qui assure le secrétariat de cette Autorité. Le premier président de cette Autorité, nommé par décret en Conseil des ministres, est, depuis 2009, M. Paul Champsaur, ancien directeur général de l'INSEE. Le directeur général de l'INSEE est membre du Haut conseil des finances publiques.

362 Par ailleurs, par un décret du 31 décembre 2008, l'Agence française pour le développement international des entreprises, dénommée Ubifrance, au statut d'EPIC, s'était vue confier à la fois l'assistance aux pouvoirs publics pour l'élaboration des priorités géographiques, sectorielles... et l'appui aux entreprises françaises à l'étranger. La coordination avec le ministère de l'Économie repose sur une convention pour assurer une coordination des actions avec les services à l'étranger de ce ministère, qui ne sont plus des « missions économiques » mais des services économiques, les implantations d'Ubifrance étant dénommées « missions économiques-Ubifrance » et faisant partie des missions diplomatiques. Ce dernier aspect explique sans doute que ce soit le ministre des Affaires étrangères, M. Laurent Fabius, qui a, fin 2014, annoncé la fusion de UBIFRANCE avec l'Agence française des investissements internationaux (AFii) à effet au 1er janvier 2015 avec la création d'une nouvelle entité, « **Business France** », au statut d'EPIC et qui absorbe les compétences de ces deux agences.

On peut cependant se demander si cette apparente rationalisation des services de l'État à l'étranger n'est pas contredite par d'autres initiatives. Ainsi, la création en 2011 d'un autre EPIC, à savoir France expertise internationale (L. 27 juill. 2010 relative à l'action extérieure de l'État, art. 12) a soulevé des risques concurrentiels administratifs car sa mission est de concourir « à la promotion de l'assistance technique et de l'expertise internationale françaises à l'étranger... et... notamment de contribuer à l'expertise... de projets sur financements bilatéraux et multilatéraux dans le cadre des orientations stratégiques définies par l'État ». Or, cette dernière agence est aussi marquée par le phénomène de mutualisation et de regroupement d'agences publiques puisqu'elle a fusionné, là aussi à effet au 1er janvier 2015, avec cinq autres organismes (GIP, association) pour créer **l'Agence Française d'Expertise Technique Internationale** (AFETI) sous l'autorité du MAE et du Ministère de l'économie.

Un troisième volet est parfois constitué de services relevant de secteurs économiques particuliers, tels que le commerce et l'artisanat, l'industrie (Directions générales de la recherche et de l'innovation, de l'énergie et du climat, de la compétitivité, de l'industrie et des services, de la sûreté des installations nucléaires...).

3) La direction générale du Trésor

363 Elle joue un rôle essentiel, puisque c'est elle qui élabore, notamment, les prévisions économiques pour la France et « son environnement international », assiste la conduite des politiques publiques en France en matière de finances publiques (politiques monétaires et budgétaires, pacte de stabilité et de croissance, programme de stabilité français), mais aussi en matière sociale, d'emploi et de politiques sectorielles ; elle dispose d'un réseau international et est aussi présente dans les régions ; en outre, elle inspire voire détermine la politique de l'État en matière de circuits financiers (internes, européens et internationaux), de régulation de l'économie et de secteur public et enfin, mais ce n'est pas le moindre aspect, gère la trésorerie et la dette de l'État, au travers en particulier de l'Agence France Trésor qui lui est rattachée. Elle est le fruit de la fusion opérée en 2004 entre la direction du Trésor et celle de la prévision en cumulant de ce fait les fonctions antérieures de ces deux entités, ce qui explique son intitulé initial de *direction générale du Trésor et de la politique économique*, dénomination abandonnée en 2010 pour s'en tenir à direction générale du Trésor. Elle tient une place particulière, encore remarquée avec

la crise économique et financière actuelle, malgré la faiblesse de ses effectifs (1 501 personnes selon le rapport d'activité 2013 dont 31,7 % classés en A+) et la quasi-absence de services déconcentrés (sinon des agents dans les services économiques des ambassades). « Noyau dur » historique de l'État interventionniste à la française, elle a subi les avatars du déclin (mais non la disparition) de cet interventionnisme au cours de ces trente dernières années et a vu son influence décroître au fur et à mesure que s'est affaibli le rôle de cet État, ce qui s'est, notamment, traduit par le rétrécissement, considérable, du secteur des alliés du Trésor (v. ss 368) et par le transfert de prérogatives de la direction du Trésor à des autorités administratives indépendantes ou à des services autonomes, tels que l'Agence de la dette précitée, service à compétence nationale chargé de gérer, en liaison avec la Caisse de la dette publique, établissement public, la dette et la trésorerie de l'État (v. ss 608), l'Agence des participations de l'État, service à compétence nationale appelé à mettre en œuvre la politique de l'État actionnaire, ou encore l'Agence du patrimoine immatériel de l'État, service à compétence nationale chargé d'animer et de piloter la politique de l'État dans le domaine de l'immatériel.

En 2011, elle s'est vue rattacher la Mission d'appui aux partenariats public-privé (MAPPP), elle aussi à statut de service à compétence nationale.

Issue d'un ancien bureau de la direction (A1 – Trésorerie et gestion de la dette), l'**Agence France Trésor**, instituée en 2001 sous le titre d'agence de la dette, est conseillée par un comité stratégique comprenant des personnalités extérieures (et par des spécialistes en valeurs du Trésor : v. ss 608) ; elle comprend un président (le directeur du Trésor), un directeur général (et un adjoint), un secrétaire général et six « cellules » employant une trentaine d'agents ; l'action de ses collaborateurs est régie par une charte de déontologie et un cahier des procédures.

L'**Agence des participations de l'État**, créée en 2004 a absorbé le service des participations de la direction du Trésor, qui a longtemps géré les liens avec les entreprises publiques et accordé une bonne part de l'aide de l'État à l'économie, par l'intermédiaire, notamment, du Fonds de développement économique et social (FDES) ; l'Agence est dotée d'un conseil d'orientation et se trouve placée sous l'autorité directe du ministre chargé de l'Économie.

L'**Agence du patrimoine immatériel de l'État**, créée en 2007 au sein du ministère de l'Économie, des Finances et de l'Industrie, est rattachée à la fois à la direction générale du Trésor et à la DGFiP. Ses fonctions sont relativement diversifiées ; il s'agit notamment de recenser l'ensemble des actifs immatériels des administrations et établissements publics de l'État et de mettre en place un système d'information spécifique.

Le service des affaires européennes et internationales de la direction du Trésor, reste chargé des questions monétaires et financières dans l'Union européenne, des affaires monétaires internationales et de la coopération monétaire et financière avec les pays en voie de développement, notamment de la zone franc (v. ss 335).

4) La Direction interministérielle pour la modernisation de l'action publique (DIMAP)

364 Créée par un décret du 30 décembre 2005, la Direction générale de la modernisation de l'État (DGME) devait suivre la mise en œuvre de la LOLF ; elle reprenait les missions de certains organismes dans un sens interministériel avec, notamment, pour objectif de « contribuer à une utilisation plus performante des deniers publics » au travers de l'analyse des coûts, de la coordination des audits de modernisation dans les administrations de l'État, dans la mise en œuvre des contrats pluriannuels de performance ou encore en participant à l'élaboration et au suivi des normes de la comptabilité publique. La DIMAP lui succède en 2012 à la suite du changement de majorité.

La DGME était le fruit de la fusion de quatre entités : la Direction de la réforme budgétaire (créée en 2003 pour accompagner la mise en place de la LOLF), la Délégation aux usagers et aux simplifications administratives, la Délégation à la modernisation de la gestion publique et des structures de l'État, et, enfin, l'Agence pour le développement de l'administration électronique.

La Direction interministérielle (140 agents en 2013), créée en 2012, assiste un Secrétariat général pour la modernisation de l'action publique placé sous l'autorité du Premier ministre et succède à la DGME.

Cette organisation administrative s'adapte aux mutations des politiques dites d'évaluation et de modernisation engagées par différents gouvernements depuis 2005 et qui ont reposé essentiellement sur des mécanismes d'évaluation internes ou externes de cette action et des politiques menées en prenant souvent (mais non exclusivement) appui sur des inspections générales comme l'Inspection générale des finances.

On peut ainsi identifier trois temps marqués par trois « dénominations » :

– les **audits de modernisation** engagés à partir de 2005 au niveau de l'administration de l'État par le Premier ministre Dominique de Villepin ;

– la **révision générale des politiques publiques** (RGPP), placée de 2007 à 2012 sous l'autorité du président de la République, Monsieur Sarkozy ;

– la **modernisation de l'action publique** (MAP), qui se substitue depuis 2012 à la RGPP, placée sous l'autorité du Premier ministre qui bénéficie de l'appui d'un Secrétariat général. Cette « démarche », explicitée par le rapport annexe à la loi de programmation des finances publiques pour les années 2012 à 2017, repose sur une impulsion venant des ministères et doit permettre « *de préciser la programmation des finances publiques pour éclairer les réformes et concourir au redressement des comptes publics dans la justice* », tout en affichant la poursuite d'une revue « *en profondeur des politiques publiques* » et ce en s'appuyant « *sur un bilan objectif de la révision générale des politiques publiques* » !

c. Le développement d'autorités régulatrices indépendantes

365 La création, comme dans de nombreux États, d'autorités disposant de prérogatives, de compétences, ne relevant plus de l'autorité gouvernementale est un phénomène bien connu. La France a été marquée par un tel processus au cours de ces trente dernières années, dans quasiment tous les secteurs de l'action administrative et en particulier en matière économique, financière. Il suffit de citer l'ancien Conseil de la concurrence devenu Autorité de la concurrence, ou encore différentes autorités régulatrices, en matière de télécommunications, ferroviaire, de diffusion, d'énergie, de jeux... Certaines d'entre elles ont un rôle complémentaire important en matière financière, y compris s'agissant des finances privées, dans un cadre juridique marqué par une intégration européenne croissante (v. ss. 296).

366 **L'Autorité des marchés financiers (AMF).** Instituée en 2003 (L. 1er août 2003), elle est le fruit de la fusion de la Commission des opérations de bourse, le Conseil des marchés financiers et du Conseil de discipline de la gestion financière, au sein d'une institution personnalisée de seize membres (hauts magistrats et fonctionnaires, personnalités qualifiées) dotée d'un pouvoir de réglementation (avec homologation par le ministre de l'Économie, des Finances et de l'Industrie), de contrôle et de sanction (mais,

dans ce dernier cas, par l'intermédiaire d'une commission distincte qui, composée d'autres membres, est saisie pour décision). Elle intervient en coordination avec l'Autorité européenne de sécurité et des marchés (ESMA) en activité depuis le 1er janvier 2011.

367 **L'Autorité de contrôle prudentiel et de résolution (ACPR).** Elle a été créée par l'ordonnance du 21 janvier 2010 portant fusion des autorités d'agrément et de contrôle de la banque et de l'assurance. Autorité administrative indépendante, celle-ci a en charge de veiller « à la préservation de la stabilité du système financier et à la protection des clients, assurés, adhérents et bénéficiaires des personnes soumises à son contrôle ». Cette autorité dispose de l'autonomie financière, et est amenée à coopérer avec l'AMF, et s'est substituée à un ensemble d'institutions comme le comité des établissements de crédit et des entreprises d'investissement, le comité des entreprises d'assurances, la Commission bancaire, l'Autorité de contrôle des assurances et des mutuelles... Elle assure un rôle de coordination avec l'Autorité bancaire européenne mais aussi avec l'Autorité européenne des assurances et des pensions professionnelles (AEAPP) (v. ss. 296).

2. Les alliés du Trésor

368 Il s'agit des organismes agissant en collaboration et parfois pour le compte du Trésor, qui coordonne et quelquefois finance certaines de leurs activités et dont ils prolongent ainsi l'action. Au premier rang d'entre eux il y a la Caisse des dépôts et consignations (**a**) qui n'est cependant pas le seul acteur de cette collaboration (**b**).

a. La Caisse des dépôts et consignations (CDC)

369 Elle occupe une place toute particulière dont on a perçu encore l'intérêt depuis 2008. Il s'agit d'un établissement public administratif créé en 1816 et doté d'un statut législatif spécial destiné à le soustraire à l'influence de l'exécutif en le plaçant sous la surveillance du Parlement. Le Code monétaire et financier la présente comme un établissement spécial.

Cette particularité s'explique par la volonté de redonner confiance et garantie après la période des assignats puis le pillage, pendant les Cent Jours, des fonds privés déposés au Trésor. Le statut, initialement fixé par la loi de finances du

28 avril 1816 et une ordonnance du 22 mai 1816, est actuellement codifié aux articles L. 518-1 s. du Code monétaire et financier. La Caisse est administrée par un directeur général nommé (pour cinq ans depuis 1994) par décret du président de la République pris en Conseil des ministres et qui est responsable de la gestion des fonds et valeurs de la caisse. La CDC est placée sous le contrôle d'une Commission de surveillance de 13 membres ; elle est présidée par un parlementaire élu parmi les 3 députés et 2 sénateurs qui en sont membres soit 5 membres sur 13 (dont les activités donnent lieu à un rapport annuel au Parlement). Par ailleurs, elle est soumise désormais au contrôle de l'Autorité de contrôle prudentiel. Son caissier général (duquel est exigé un cautionnement de près de 700 000 €) est responsable du (seul) mouvement de fonds et valeurs (sur le contrôle, art. L. 131-3 et R. 131-14 à R. 131-25 du Code des juridictions financières). La Caisse verse annuellement des sommes importantes à l'État (rémunération de la garantie accordée par l'État aux fonds des caisses d'épargne et des services rendus par le Trésor, contribution représentative de l'impôt sur les sociétés...). La Caisse assure de significatifs dividendes à l'État (sur la base d'un versement égal à 50 % du résultat consolidé, plafonné à 75 % du résultat social, soit, selon la CDC, « un taux de distribution de 39 % du résultat consolidé »). Son apport au budget de l'État 2014 a été de près de 1,8 Mds €.

Aux termes de l'article L. 518-2 du Code monétaire et financier, la CDC et ses filiales « constituent un groupe public au service de l'intérêt général et du développement économique du pays. Ce groupe remplit des missions d'intérêt général en appui des politiques publiques conduites par l'État et les collectivités locales et peut exercer des activités concurrentielles ». Cette conception large des activités de la CDC présente certains risques, y compris juridiques (du moins sur le plan européen) quant aux domaines et formes d'intervention ; le Groupe structure ces différentes orientations au travers d'une volonté partenariale fondée sur la conclusion d'accords conventionnels avec un ensemble d'acteurs institutionnels (comme la DGFiP) et professionnels (notaires...) mais aussi au travers de la mise en place d'une démarche prudentielle clairement énoncée.

Au fur et à mesure que se développaient ses ressources et l'interventionnisme public, la Caisse est devenue un véritable **Trésor public *bis***, par sa subordination de fait à la direction du Trésor (dont on l'a accusée d'être la « caisse à outils »), par l'ampleur ainsi que par la diversité de ses activités, qui en ont fait un groupe public particulièrement puissant qui revendique en 2014 près de 127 000 « collaborateurs » avec des participations dans plus de 1 000 sociétés et en particulier des sociétés d'économie mixte. L'hétérogénéité de ce groupe et le caractère parfois controversé de certaines participations ou opérations ont amené les pouvoirs publics à assurer une meilleure séparation entre ses deux types d'activités.

La crise financière puis économique de 2008 a conduit l'exécutif à solliciter de façon encore plus dynamique cette institution en en faisant presque un « budget *bis* » de l'État et en l'amenant (obligeant ?) à s'impliquer dans des opérations exceptionnelles (logement, financement PME, recapitalisation de Dexia, financement de grands projets d'infrastructure, investissement des collectivités locales, soutien aux entreprises...). Les résultats parfois négatifs de ces dernières années, ce qui est quasi historique, ont été présentés comme la conséquence d'une forte dépréciation d'actifs sur les portefeuilles actions de la Caisse (mais aussi FSI...) ou inhérents notamment à la situation de Dexia. En 2014, le résultat net du groupe CDC a été de 1,79 Mds €.

Elle assure à la fois des activités d'intérêt général et des activités concurrentielles.

1) Les activités d'intérêt général de la Caisse

370 **Exercées directement par la « maison mère », elles comprennent trois volets principaux.**

Le premier, qui correspond à la vocation originelle de la Caisse, est la **gestion des fonds réglementés**, notamment des cautionnements et consignations, ainsi que les fonds des notaires, huissiers... pour lesquels les agents du Trésor public sont les préposés de la Caisse.

Depuis un décret et un arrêté du 30 novembre 2000, les notaires ne peuvent plus déposer des liquidités au Crédit Agricole mais doivent déposer leurs fonds à des comptes de disponibilités courantes (puis, éventuellement, de dépôts de plus de trois mois) ouverts à la CDC, par l'intermédiaire des comptables publics agissant en qualité de préposés de la Caisse (le Trésor percevant une rémunération pour les frais et le service rendu). À ces dépôts des notaires s'ajoutent, toujours par le biais des préposés du Trésor, les dépôts des administrations et mandataires judiciaires, d'autres professions juridiques, mais aussi d'organismes sociaux... Les sommes consignées à la Caisse portent intérêt généralement au taux de 1 % (servi par la CDC), rémunération à présent critiquée par la Cour des comptes.

Le deuxième, qui a pris une ampleur considérable à partir du XIXe siècle avec le développement des caisses d'épargne, est la **gestion de l'épargne d'intérêt général** représentée par les fonds (défiscalisés) des Livrets A des Caisses d'épargne (et autres livrets ou comptes défiscalisés), qui sont (depuis 1837) collectés par la Caisse des dépôts et utilisés pour financer, à des conditions exceptionnelles (de taux et durée), des secteurs jugés prioritaires par les pouvoirs publics (actuellement, il s'agit principalement du logement social), opérant ainsi, avec la garantie de l'État, une « transformation » de l'épargne liquide en immobilisations à (parfois très) long terme, qui n'est évidemment pas à la portée de toute banque commerciale.

La CDC avait, jusqu'aux années 1980, constitué le principal prêteur aux collectivités locales (par l'intermédiaire de la CAECL puis du Crédit local France devenu Dexia-Crédit local de France). La crise qui a touché DEXIA a conduit à un retour à titre « supplétif » de la CDC au travers d'enveloppes de prêts aux collectivités locales et au démantèlement progressif de DEXIA avec l'accord de la Commission européenne. Début 2013, DEXIA cédait la Société de financement local (SFIL), holding qui contrôlait *Dexia Municipal Agency* (DexMA). Cette cession amène la CDC à retrouver une place indirecte dans ce type de financement, cette holding devenant la Caisse française de financement local dont la CDC est l'un des actionnaires aux côtés de l'État (majoritaire) et de la Banque Postale.

L'activité de la CDC est principalement partagée entre le logement social, la politique de la ville et les investissements d'intérêt général.

Les fonds d'épargne centralisés à la CDC relèvent des Livrets A, livrets bleus, livrets d'épargne populaire, épargne logement, livret de développement durable... Les Livrets A étaient offerts par deux réseaux : celui de La Poste (Caisse nationale d'épargne, créée en 1881) et celui des caisses d'épargne, créées en 1818 et dirigées, à partir de 1837, par la Caisse des dépôts, avant de s'en émanciper à partir de 1983 ; depuis une loi du 25 juin 1999, ces caisses qui ont le statut de banques coopératives, ont fusionné avec la caisse centrale pour créer une SA, la Caisse nationale des caisses d'épargne et de prévoyance, chef de réseau et banque centrale.

Par une décision du 10 mai 2007, la Commission européenne mit en cause, au nom de la liberté d'établissement et de la libre prestation de services, l'exclusivité du Livret A qui bénéficiait à La Banque Postale et aux Caisses d'épargne et du Livret bleu réservé au Crédit Mutuel, mais elle n'a pas contesté la destination du Livret A au logement social et le principe de la centralisation de la collecte auprès de la CDC (moyennant une commission d'intermédiation). Depuis le 1er janvier 2009, le Livret peut être proposé par l'ensemble des banques dans le cadre d'une convention conclue par chaque banque avec l'État. Cette centralisation et ses modalités ont conduit le Conseil d'État à émettre des réserves en mars 2011 au regard des règles européennes de la concurrence. Un décret du 16 mars 2011 a précisé notamment les nouvelles conditions de cette centralisation (taux de 65 %) et de rémunération (environ 0,5 %) des établissements de crédit, mais non d'emploi quant à la partie non centralisée.

Le troisième volet consiste dans la **gestion** de près d'une cinquantaine de **fonds publics** ou semi-publics, notamment une vingtaine de caisses de retraite (dont celles des collectivités locales et hôpitaux et des agents publics non titulaires) ou encore le Fonds de réserve pour les retraites (v. ss 759), le dispositif du logement d'urgence à l'accession sociale à la propriété, le Fonds de cohésion sociale, la Retraite additionnelle des fonctionnaires (RAFP), le Fonds pour l'insertion des personnes handicapées dans la fonction publique (FIPHFP), ou même les disponibilités de la Caisse d'amortissement de la dette sociale...

Les interventions de la CDC sont très diversifiées tant au niveau du financement des infrastructures avec des prêts à long terme (TGV, transports, ferroutage...) que dans des démarches dites de partenariat public-privé (hôpitaux, équipements d'environnement, équipements culturels, touristiques et sportifs), ou encore, au travers du programme *d'Investissements d'Avenir*, la gestion de 19 conventions de Programme conclues avec l'État...

2) Les activités concurrentielles

371 Susceptibles en particulier d'être privatisées à tout moment, elles ont été progressivement filialisées autour de quatre pôles.

Le premier pôle d'activités est celui de l'assurance, au travers de la Caisse nationale de prévoyance Assurances.

Créée en 1959 sous forme d'établissement public administratif, la Caisse nationale de prévoyance est devenue, en 1987, établissement public industriel et commercial puis, en 1992, société anonyme (dont, actuellement, 40 % des actions sont détenues par la CDC, 18 % par la Banque postale et 18 % par les Caisses d'épargne) ; un pacte d'actionnaire lie ces entités jusqu'à la fin 2015. Malgré ce changement de statut, le Trésor a continué de distribuer ses produits (moyennant rémunération), ce que le Conseil d'État a admis mais à condition qu'un tel service soit également ouvert à d'autres demandeurs (CE 28 mars 2001, *Féd. nat. des syndicats d'agents généraux d'assurances*). S'affirmant leader sur le marché français, CNP Assurance s'est largement développée à l'international et affiche un encours de 299 Mds €.

Le deuxième pôle d'activités est celui de l'immobilier au travers de deux filiales : ICADE et le groupe Société Nationale Immobilière (SNI) qui contrôle plusieurs sociétés dont la Société Nationale Immobilière elle-même et la Société Centrale d'Équipement du Territoire (SCET). La SNI gère un parc important de logements, tandis que la SCET anime par son réseau SCET 240 sociétés (SEM, SPL).

Le troisième pôle est celui de l'ingénierie et des services qui repose ou reposait sur quatre filiales :

– Transdev, au titre de l'exploitation de réseaux de transports collectifs de voyageurs et dont la fusion avec Véolia transport, a donné naissance en 2011 à Véolia Transdev groupe à taille mondiale.

– EGIS, au titre de l'ingénierie, montage de projets et avec trois pôles d'exploitation d'infrastructures ;

– la Compagnie des Alpes, qui gère des sites de loisir familial (mais dont les statuts se réfèrent à toutes dépenses française ou étrangère et notamment celles ayant des activités dans le tourisme de montagne, acquisition, détention, gestion) ;

– VVF Vacances, devenu Belambra VVF, qui est spécialisé dans l'hébergement de loisirs et qui est aussi tour-opérateur.

Le quatrième pôle est celui, plus spécifique, de l'investissement financier qui repose notamment sur Qualium Investissement.

Sont utilisés des « véhicules d'investissement », impliqués dans le soutien à la politique nationale engagée dans le cadre du programme PME Innovation (financement de sociétés à « potentiel de croissance ») comme elle est associée au programme France Initiative lancé par le gouvernement en 2006, destiné à lever des fonds propres pour les PME. La seconde s'implique dans le développement d'activités concurrentielles (LBO et opérations importantes de capital développement).

La crise financière de 2008 a conduit l'État, en partenariat avec la CDC, à créer d'autres entités destinées à assurer, sous l'impulsion et avec l'expertise de la CDC, des missions de soutien aux entreprises. Tel fut le cas en particulier du **Fonds Stratégique d'Investissement** (FSI) en 2008, créé sous le statut de société anonyme (détenue à 51 % par la Caisse et 49 % par l'État) et qui a ou avait pour objet de soutenir « les entreprises porteuses de projets industriels créateurs de valeur et de compétitivité pour l'économie ».

En marge de ces formes filialisées d'intervention, la CDC a développé d'autres formes d'intervention : elle fut conduite à s'associer à l'État en faveur de l'innovation au travers de l'établissement public **OSEO**, créé par l'État et disposant de dotations publiques et dont le rôle fut renforcé en 2008 pour venir en aide à des entreprises en difficulté, la CDC s'impliquant dans ce processus au travers de filiales OSEO Innovation, OSEO Garantie, le financement étant assuré en outre par les fonds du CODEVI ou encore les prêts de la Banque Européenne d'Investissement mais aussi par des partenariats régionaux (subventions, avances remboursables) et qui en 2012 a intégré (ou est devenue) la Banque publique d'investissement. Fin 2011, une filiale « commune » à OSEO et CDC Entreprises-

Avenir Entreprises était devenue FSI régions. La CDC s'est aussi orientée vers la recherche-développement et les pôles de compétitivité en soutenant les opérations relevant de deux secteurs : les sciences de la vie, les technologies de l'information. Elle s'est vue confier la gestion et l'accompagnement des plans de développement de la recherche et des grands « pôles » universitaires. On a noté son implication sur le marché des quotas d'émission de gaz à effet de serre par l'élaboration d'un registre national mais aussi en développant un fonds d'investissement, le Fonds carbone européen (FCE) destiné à financer les projets de réduction de ces émissions. Les questions touchant au développement durable et à l'environnement sont devenues l'un des axes majeurs de son action avec des prises de participation dans des sociétés œuvrant dans le domaine des énergies renouvelables. Il en résulte un paysage (à 100 % CDC ou partenarial) complexe de structures, parfois déficitaires, portant le label CDC : CDC Climat, CDC Biodiversité, CDC Fast, Informatique CDC, CDC Arkhineo, mais aussi France Brevets, Novethic ou encore, de façon plus originale la Société Forestière (qui est présentée comme « le premier gestionnaire français d'actifs forestiers privés »), paysage réformé épisodiquement en vue de regroupements plus rationnels.

On notera que la Cour des comptes a pu souligner certaines « anomalies » de gestion, s'agissant de CDC Entreprises et d'attributions gratuites d'actions à des salariés de cette société (v. *Rapport public annuel 2015*).

Dans ses rapports d'activité, la CDC met en avant son ambition d'être un investisseur de long terme (et surtout un investisseur « avisé »), tout en proposant « une offre du Groupe innovante et lisible en faveur des entreprises, du logement, des universités et du développement durable au service du développement des territoires » !

b. Les autres alliés

372 La liste et l'importance des autres alliés du Trésor sont en déclin depuis le milieu des années 1980. Les principaux « fleurons » publics ou semi-publics de cet interventionnisme financier (aides budgétaires, fiscales, etc.) ont été progressivement privatisés.

Ce fut le cas du Crédit foncier, institué en 1852, principal acteur dans l'aide à l'équipement des collectivités locales puis, à partir de 1950, au logement (en collaboration avec le Comptoir des entrepreneurs), qui a vu son rôle privilégié supprimé à partir de 1995 et qui a été repris en 1999 par les Caisses d'épargne ; le Crédit national, créé en 1919, spécialisé dans les rapports avec les grandes entreprises avant d'être absorbé, avec la Banque française du commerce extérieur, ancien établissement à statut légal spécial fondé en 1946, dans le groupe Natixis, constitué en 1997 et repris, en 1999, par les Banques populaires ; l'octroi des prêts privilégiés à l'agriculture fut confié au réseau du Crédit Agricole. On alla jusqu'à créer, en 1969, un Institut de développement industriel (IDI), placé sous contrôle public jusqu'en 1987 et chargé de prendre des participations dans certaines entreprises et qui a été ensuite privatisé. Quant à la Banque de France, alliée particulière du Trésor, elle a perdu ses principaux pouvoirs régaliens (v. ss 297).

Ne subsistent plus actuellement que quelques « confettis de l'Empire », dans le domaine des financements extérieurs, qu'il s'agisse de l'aide au développement ou de certains soutiens à l'exportation et dans le domaine du financement de l'économie française par l'accueil d'investisseurs étrangers ou l'aide à certains secteurs ; s'y ajoute la Caisse de la dette publique (v. ss 608).

C'est sur ce dernier point que les gouvernements successifs vont chercher à créer de nouvelles formes d'organisation généralement en direction de l'innovation, des petites et moyennes entreprises. Le paysage institutionnel est donc instable, évolutif et s'appuie sur une démarche co-gérée entre l'État et la CDC.

La Caisse centrale de la France libre (1941) a laissé place à la Caisse centrale de la France d'outre-mer (1944), puis à la Caisse centrale de coopération économique (1958), puis à la Caisse française de développement (1992) qui s'est transformée, en 1998, en **Agence française de développement** (EPIC), institution financière spécialisée placée à la tête d'un groupe qui intervient dans une centaine de pays pour l'aide aux États et aux entreprises publiques (Agence elle-même), l'aide aux entreprises privées ou la formation des cadres. Elle intervient, selon les cas, pour son propre compte, pour le compte de l'État ou pour le compte d'autres organisations, gouvernementales ou non gouvernementales, européennes ou internationales.

Le soutien public à l'exportation a longtemps reposé sur la Banque française de commerce extérieur, qui a perdu en 1989 le monopole du financement aidé par l'État (toutes les banques peuvent désormais y prétendre et la BFCE – Natixis continue d'y participer) et la **Compagnie française d'assurance pour le commerce extérieur (COFACE)**, société publique crée en 1946, privatisée en 1994 (contrôlée depuis 2002 par Natixis), qui a perdu depuis 1993 le monopole de l'assurance-crédit à l'exportation mais continue d'agir pour le compte de l'État dans certains grands contrats permettant d'assurer les entreprises contre certains risques spéciaux (dont le risque politique), les autres risques étant assurés par la COFACE pour son propre compte.

La **Banque publique d'investissement (BPI)** est le dernier « avatar » de « banques publiques » à destination essentiellement des PME. Créée par une loi du 31 décembre 2012, elle est présentée comme un « groupe public » « *au service du développement des entreprises, agissant en appui des politiques publiques conduites par l'État et conduites par les régions* », sans que l'on puisse savoir clairement si elle se situe dans le « périmètre » de la DG Trésor.

Sa structuration repose sur la transformation de l'établissement public OSEO (l'entité OSEO, créée en 2005, ayant absorbé les missions du Crédit d'équipement des PME – créé en 1980 – pour devenir OSEO BDPME) en BPI-Groupe, lequel « chapeaute » des sociétés anonymes comme la SA OSEO qui devient la société anonyme BPI-Groupe (qui pourrait à terme être privatisée si l'on s'en tient à l'article 9 de la loi) dont le capital est détenu par l'État et la CDC et s'appuie pour son action sur une filiale agréée en qualité d'établissement de crédit, ses statuts ayant été approuvés en 2013. Le lien avec la CDC induit un rapprochement avec l'autre société de financement qu'est le FSI contrôlée par ces deux mêmes acteurs. L'originalité de la « BPI » est de reposer, à titre consultatif, sur une double dimension « stratégique », nationale avec un comité national d'orientation de la société, mais aussi régionale avec un comité d'orientation par région, approche plus « curieuse » puisque les régions ne participent pas au capital de la société. Le volume de ses prêts réalisés en 2014 en fait désormais un acteur significatif du secteur bancaire (12,5 Mds € de prêts, mais aussi un résultat net de 1,2 Md € et un résultat net d'exploitation de 388 M € (source : BPI France)).

§ 2. Le contrôle des finances publiques

373 Le principe d'un contrôle sur l'exécution des budgets publics et l'utilisation des deniers publics est posé par les articles 14 et 15 de la Déclaration de 1789 qui donnent le droit aux citoyens de « suivre l'emploi » de la contribution publique et à la société de « demander compte à tout agent public de son administration ».

En France, comme dans la plupart des pays de tradition romano-germanique (et des pays en voie de développement), le contrôle porte ou portait traditionnellement et prioritairement sur la **régularité** des opérations financières, pour déceler les fraudes et s'assurer de la conformité aux autorisations budgétaires (v. ss 99) ; d'où la tendance fréquente à s'appuyer, d'une part sur un contrôle *a priori* relevant d'un « principe de méfiance » à l'égard des gestionnaires publics et le plus souvent exercé sous l'égide du ministère des Finances, d'autre part sur un contrôle juridictionnel permettant de juger et de sanctionner les gardiens de la régularité qui auraient failli à leurs obligations.

Mais, de plus en plus, se développe le contrôle de la « **bonne gestion financière** », pour reprendre l'expression du droit de l'Union (ou du « bon emploi des crédits » pour reprendre l'expression du droit français), qui permet de vérifier la « nécessité de la contribution publique », que les citoyens ont, aux termes de l'article 14 de la Déclaration de 1789, le droit de constater (surtout à une époque de haute pression fiscale), préoccupation que l'on retrouve au niveau des règles financières européennes sous le triptyque bien connu d'efficience, économie, efficacité.

Ce contrôle de gestion, traditionnellement organisé dans les pays anglo-saxons, se développe dans de nombreux pays industrialisés, en particulier la France avec la mise en œuvre de la LOLF (v. ss 24).

Il conduit à accroître la responsabilité (et l'autocontrôle) des gestionnaires publics et, corrélativement, à s'appuyer sur une appréciation (évaluation, audit) de la validité des systèmes utilisés (plus que des actes) et des résultats obtenus par les responsables – ce qui appelle logiquement un contrôle *a posteriori* principalement exercé par des instances supérieures (dont des cours de contrôle indépendantes statuant de façon non juridictionnelle).

Techniquement, l'audit se réfère essentiellement aux normes internes au système analysé alors que l'évaluation essaie d'appréhender le système de façon principalement externe.

La combinaison (qui n'est pas toujours facile...) de ces deux grands types de contrôle est effectuée de façon très variable au sein de l'Union européenne – encore que les systèmes nationaux soient certainement appelés à un minimum d'unification pour que puissent être contrôlés les « cofinancements » par les États et par l'Union européenne (v. ss 241).

En France, l'exercice des contrôles est, de façon inégale, réparti entre l'autorité délibérante (**A**), l'autorité administrative (**B**) ou la juridiction financière (**C**).

A. Le contrôle par l'autorité délibérante

374 L'autorité délibérante de chaque collectivité publique possède, sur le plan juridique, d'importants pouvoirs pour contrôler l'exécution du budget et arrêter les comptes qui lui sont présentés, en fin d'exercice, par l'exécutif ; par ailleurs, le Parlement national a

compétence pour contrôler, non seulement les opérations financières de l'État, mais encore l'ensemble des finances publiques.

En toute logique, ce contrôle devrait être le plus important car l'autorité délibérante serait la première intéressée à l'exécution du budget qu'elle a voté et son contrôle, émanant d'une autorité politique, peut porter sur tous les aspects, y compris l'opportunité, de la gestion, ainsi que sur toute personne participant aux opérations financières.

Mais, dans la pratique, ce contrôle est la plupart du temps faible en raison de la solidarité majoritaire qui unit souvent l'exécutif à l'autorité délibérante, de la fréquente faiblesse des moyens dont se dotent ou sont dotées les assemblées (qui manquent, par ailleurs, de permanence) et du peu d'intérêt généralement manifesté par les élus pour le contrôle purement financier, qui leur paraît peu adapté aux exigences de rapports politiques ; aussi les assemblées préfèrent-elles la plupart du temps s'en remettre à d'autres organismes (notamment à la juridiction financière ou, dans d'autres pays, à un contrôle général) pour exercer un contrôle réputé technique, dont seuls les aspects proprement politiques les intéressent à l'occasion, notamment quand ils leur permettent d'affirmer leur pouvoir : ainsi, le Parlement français a utilisé la loi de règlement pour développer ses prérogatives sous la Restauration et la monarchie de Juillet, de même que le Parlement européen use, depuis les années 1970, de son pouvoir de décharger la Commission européenne de l'exécution du budget pour tenter d'accroître son influence dans les institutions de l'Union.

Cette faiblesse dans l'exercice de ce contrôle apparaît dans les moyens dont dispose le parlement français mais la réflexion pourrait être généralisée à tous les organes délibérants. Si le Congrès américain dispose du *General Accouting Office* (GAO), si le Parlement britannique a développé les moyens d'une commission parlementaire de contrôle, le *Public Accounts Commitee*, si le Parlement canadien a lui-même créé la fonction de Directeur parlementaire du budget, le Parlement français, même si les commissions, et notamment les commissions des finances, disposent de prérogatives particulières, il ne dispose pas d'une expertise en propre et ne peut que solliciter différentes instances pour mener à bien certaines études, comme la Cour des comptes qui est devenue, avec le temps, l'acteur central de ce contrôle et d'une forme de contre-expertise.

Les modalités de ce contrôle de l'autorité délibérante sont étudiées avec chaque catégorie de collectivité publique.

B. Le contrôle par l'autorité administrative

375 Malgré les apparences qui pourraient conduire à douter du sérieux d'un contrôle de l'administration sur elle-même, le contrôle des finances publiques par l'autorité administrative revêt une grande importance pratique. En effet, aucune administration de quelque ampleur ne peut fonctionner sans véritable autocontrôle ; de plus, la notion même d'autocontrôle est très relative dès lors que chaque service est également soumis à des contrôles provenant d'autres instances administratives : administration des Finances (**1**), administrations dépensières (**2**), administration européenne (v. ss 270 s.).

1. Le contrôle par l'administration des Finances

376 L'administration des Finances constitue la principale autorité administrative de contrôle des finances publiques, par l'intermédiaire de l'Inspection générale des finances (**a**), de contrôleurs et de comptables (**b**).

a. L'Inspection générale des finances

377 Grand corps de l'État elle est issue, en 1831, de l'inspection du Trésor (créée en 1801). Longtemps recrutée essentiellement par la voie de l'École nationale d'administration (mais seulement la moitié des effectifs par cette voie avec un recrutement de plus en plus extérieur) et organisée en deux grades (inspecteurs, inspecteurs généraux), elle dépend directement du ministre par l'intermédiaire d'un inspecteur général Chef du service. Elle comprend moins de trois cents membres dont un nombre significatif ne sont pas en poste dans le corps, détachés à de hauts postes, administratifs ou politiques (cabinet ministériel) de responsabilité dans le secteur public ou parapublic (Le rapport d'activité 2013 de l'IGF faisait état d'une centaine d'agents dits « au service » dont 44 inspecteurs généraux, le corps de l'IGF comprenant 210 membres).

Ainsi des personnalités telles que J. Caillaux, J. Chaban-Delmas, M. Couve de Murville, V. Giscard d'Estaing, M. Rocard ou A. Juppé sont ou étaient issus de l'Inspection des finances. Ce corps donne par ailleurs lieu à un « pantouflage » particulièrement important puisque nombre de ses membres passent (parfois très rapidement...) au secteur privé.

Principal corps d'inspection à vocation interministérielle et même extra-ministérielle, l'IGF voit ses activités se diversifier. Elle a une compétence de principe à l'égard des administrations publiques et des organismes privés recevant une aide financière publique (nationale ou de l'Union) ou placés sous surveillance publique, à l'exception notable des services de la Défense (sauf cas particuliers). Sa fonction traditionnelle, actuellement confiée aux membres les plus jeunes (une trentaine d'inspecteurs « de la tournée », renforcés par des fonctionnaires en mobilité, soit plus d'une quarantaine de personnes), consiste à contrôler certains postes comptables par des brigades de vérification (d'une douzaine de membres chacune) agissant à l'improviste, qui peuvent éventuellement prononcer la suspension du comptable intéressé mais qui, surtout, établissent un rapport (contradictoire) au ministre. Mais la fréquence de ces contrôles est faible en raison du nombre restreint d'inspecteurs en exercice et ce type de contrôle était de plus en plus exercé par les inspections dépendant des comptables supérieurs de l'État. La fonction, plus générale, qui se développe actuellement, se rattache à la mise en œuvre d'une « bonne gestion financière » publique (v. ss 52 s.), par des enquêtes ou études et par une évaluation des politiques publiques et de l'activité des services.

Citons des études sur *Le crédit d'impôt recherche, Les effets de la réforme de la taxe professionnelle sur la fiscalité des collectivités locales et sur les entreprises*, sur *la réforme de l'administration territoriale de l'État : Optimisation des modalités de gestion budgétaire et de gestion des ressources humaines, sur la tarification des soins hospitaliers et des actes médicaux, sur le bilan de la RGPP et les conditions de réussite d'une nouvelle politique de réforme de l'État, sur l'État et ses agences...*

L'IGF est le principal acteur des audits de modernisation de l'État puis de la révision générale des politiques publiques et à présent de la Modernisation de l'action publique.

Elle exerce une mission de contrôle, d'audit, d'étude, de conseil et d'évaluation en matière administrative, économique et financière. Cette fonction est assurée par les inspecteurs généraux (une quarantaine) chargés, selon les cas, d'une division territoriale (en principe régionale) permettant d'évaluer l'action des services déconcentrés de l'État, ou d'une division spéciale correspondant, la plupart du temps, à une administration centrale (en collaboration avec le ministère intéressé si elle n'appartient pas au ministère des Finances). L'IGF tend à devenir un prestataire de services sur commande, puisqu'elle peut assurer, sur autorisation ministérielle, des missions pour le compte « d'autres autorités nationales, d'organismes publics, de collectivités territoriales ou de leurs groupements, de fondations ou d'associations, d'États étrangers, d'organisations internationales ou de l'Union européenne » (Décr. 4 oct. 2006, art. 1). L'action des inspecteurs généraux est animée et coordonnée par un comité réunissant les inspecteurs généraux, présidé par le ministre (ou son délégué) et siégeant, ou bien en commissions, ou bien en séance plénière.

L'IGF, réalise un nombre conséquent de missions d'abord centrées sur des questions d'évaluation et de conseil, essentiellement tournées vers le social, l'économie, l'administration et la réforme de l'État...

V. aussi Décret-loi du 30 oct. 1935 organisant le contrôle de l'État sur les sociétés, syndicats et associations ou entreprises de toute nature ayant fait appel au concours financier de l'État.

b. Les contrôleurs

378 Ils dépendent du ministère des Finances et sont actuellement, et schématiquement, constitués, d'une part des services de la DGFiP et des comptables publics chargés du contrôle de la dépense (v. ss 356 s.), d'autre part du **Contrôle budgétaire et comptable ministériel.** Ce contrôle budgétaire et comptable peut faire l'objet d'une politique d'audit interne au niveau ministériel.

Les contrôles exercés se situent, schématiquement à quatre niveaux, à savoir au niveau central, déconcentré, sur différents organismes et au niveau des entreprises publiques nationales.

1) Au niveau des administrations centrales

379 Institué en 2005, au travers d'un **service du contrôle budgétaire et comptable ministériel** (RGBCP, art. 87 s.), placé auprès de chaque ministère (plus exactement auprès d'un ou plusieurs

ordonnateurs principaux de l'État) il est dirigé par un contrôleur budgétaire et comptable ministériel, qui est exclusivement soumis à l'autorité du ministre chargé du Budget.

Ce contrôleur est nommé (pour trois ans, renouvelables une fois) parmi les anciens trésoriers-payeurs généraux, les administrateurs généraux des finances publiques, les membres du Contrôle général économique et financier ou certains autres hauts fonctionnaires.

Le contrôleur est à la fois contrôleur financier, auprès de l'ordonnateur principal, et comptable (alors que, traditionnellement, les deux qualités étaient séparées) et dirige donc deux départements. Il est assisté par un membre du contrôle général économique et financier et un expert dit de « haut niveau » placé sous son autorité.

Ce cumul explique, notamment, que les contrôleurs budgétaires et comptables, tout comme les comptables publics, soient astreints à un cautionnement (fixé désormais par Arr. min. 23 nov. 2012, à savoir un coefficient 11 par rapport au montant du traitement annuel attaché à l'indice le plus élevé afférent à la catégorie des comptables).

Le département de **contrôle budgétaire** est chargé d'exercer le contrôle financier sur l'ordonnateur principal. Ce contrôle était auparavant exercé par les « contrôleurs financiers » (centraux), qui avaient été institués en 1890 (sous l'appellation de contrôleurs des dépenses engagées) et dont les fonctions avaient été durablement fixées par une loi du 10 août 1922.

C'est une loi du 26 décembre 1890 qui a institué un contrôle des dépenses engagées exercé par un contrôleur des dépenses engagées qui, à partir de la loi du 10 août 1922, allait dépendre exclusivement du ministère des Finances et prendre (sauf dans ce dernier ministère) le nom de contrôleur financier à partir d'un décret du 23 janvier 1956. Un contrôle financier a également été institué, avec des modalités variables, auprès des principaux établissements publics administratifs nationaux (depuis 1935) et de la ville de Paris et établissements en dépendant (depuis 1939).

La fonction principale de ces contrôleurs était d'examiner la régularité (et les incidences financières) des projets d'engagement de dépense et d'apposer sur ces dernières un visa, dont l'absence empêchait la plupart du temps l'engagement et toujours le paiement. Ce contrôle avait été critiqué car, exercé *a priori*, il était source de lenteur et rigidité et accroissait la tutelle du ministère des Finances (qui avait parfois tendance à la transformer en contrôle d'opportunité).

Les perspectives et exigences apportées par la LOLF ont conduit, à partir de 2003, à rendre à la fois plus vaste et plus souple le contrôle (qui est amplifié par le fait que le contrôleur budgétaire ministériel central coordonne l'action des contrôleurs financiers auprès des services déconcentrés du ministère).

L'article 87 du RGBCP énonce la mission générale de ce contrôle, à savoir « apprécier le caractère soutenable de la programmation, effectuée en application de l'article 66 (mise en adéquation de l'activité prévisionnelle des services avec les crédits et les emplois notifiés et attendus, des principaux actes de gestion), et de la gestion en cours, au regard des autorisations budgétaires, ainsi que la qualité de la comptabilité budgétaire. Il concourt, à ce titre, à l'identification et à la prévention des risques encourus, ainsi qu'à l'analyse des facteurs explicatifs de la dépense et du coût des politiques publiques ».

Le RGBCP reprend le schéma antérieur quant aux modalités d'intervention de ce contrôle.

Le contrôleur vise (avant le 10 janvier) les programmes budgétaires avant leur mise en œuvre (crédits, répartition des emplois entre les BOP... dans le cadre d'un visa que l'on pourrait qualifier de « cohérence et de soutenabilité »).

Il examine (fongibilité oblige : v. ss 503) les redéploiements de crédits en cours d'année (ainsi que les demandes de nouveaux crédits).

Il assure la mise en réserve des crédits prévus au titre de l'article 51-4° *bis* de la LOLF et bloque les crédits nécessaires à la mise en œuvre par anticipation lorsqu'il a connaissance des projets d'annulation ou de mouvements de crédits ayant des conséquences sur son ministère.

Il dispose d'un large pouvoir d'accès à tout document ou renseignement nécessaire et peut contrôler et analyser les procédures et mécanismes de gestion et de décision de l'ordonnateur (RGBCP, art. 101), ainsi que la qualité de la comptabilité budgétaire en relevant (RGBCP, art. 102).

Il contrôle certains actes d'exécution de la dépense (notamment l'engagement et l'ordonnancement...) mais selon des modalités plus souples que celles en vigueur dans le système antérieur. D'une part, seuls certains actes nécessitent un visa préalable (dont le refus ne peut être surmonté que sur autorisation du ministre du Budget au travers d'un passer-outre obtenu sur saisine du ministre concerné), les autres actes ne nécessitant qu'un avis préalable (non contraignant).

D'autre part, le contrôle est « à géométrie variable » puisque les modalités (notamment la répartition entre visa et avis) sont modulées, pour chaque ordonnateur concerné, par arrêté du ministre chargé du Budget en fonction des risques, des montants en jeu et du comportement de l'ordonnateur.

Sur le visa du contrôleur financier et la responsabilité du comptable : « si l'obligation du visa du contrôleur financier..., sur les parcs nationaux, ne fait aucun doute, la responsabilité du comptable ne peut être engagée qu'à compter de la désignation de l'autorité chargée du contrôle financier... » (C. comptes, 12 mai 2010, *Parcs nationaux de France*). Le refus est insusceptible de recours contentieux (CE 24 mai 1927, *Level*, et 16 mars 1956, *Lagraulet*).

Le **département comptable** est, lui, chargé de permettre au contrôleur d'exercer son rôle de comptable assignataire chargé de contrôler la régularité des ordres de paiement émanant de l'ordonnateur principal, chaque ministère ayant désormais, du moins dans la plupart des cas, un comptable qui lui est propre. La DGFiP a développé, dans le prolongement du RGBCP (art.170) un dispositif de contrôle interne comptable pour l'État et ses établissements publics (v. ss. 563).

Le contrôleur n'est comptable assignataire qu'en l'absence d'un comptable spécial et pour les opérations nécessitant un ordonnancement. Il coordonne l'action des comptables assignataires des services déconcentrés du ministère.

2) Au niveau des administrations déconcentrées

380 Le rôle essentiel est tenu à présent (RGBCP, art.88) par les directeurs régionaux des finances publiques et leurs services qui dépendent de la DGFiP. Ceux-ci exercent également deux fonctions (en ce domaine).

Le **contrôle budgétaire** a pris la suite, en 2005, du « contrôle financier déconcentré » mis en place en 1996, lui-même successeur du « contrôle financier local » institué en 1970.

Après une tentative pendant les années 1930, le contrôle a été organisé par un décret du 13 novembre 1970, sous l'appellation, fréquemment employée, de « contrôle financier local » (expression équivoque car, à l'exception des établissements publics régionaux de 1973 à 1983, il ne concernait pas les collectivités locales) puis par un décret (et un arrêté) du 16 juillet 1996 sous l'appellation de « contrôle financier déconcentré ».

Il est, sauf exceptions, exercé par le directeur régional des finances publiques, principalement assisté des directeurs départementaux des finances publiques.

Ces directeurs départementaux agissent ici (avec délégation de signature) sous l'autorité du directeur régional, qui est également assisté d'un membre du corps de contrôle général économique et financier et d'un expert de « haut niveau » placé sous son autorité auxquels il peut donner délégation de signature « à l'exception des refus de visa qui posent une question de principe ». Le contrôle budgétaire a été parfois confié à des autorités différentes (agent comptable des services industriels de l'armement, TPG pour l'étranger assisté de comptables des ambassades, directeur des finances publiques de Saint-Pierre-et-Miquelon, contrôleur spécial éventuellement nommé pour les budgets annexes et services à compétence nationale...).

Il porte, sauf exceptions, sur les ordonnateurs secondaires de l'État (notamment les préfets) et il est, en principe, effectué selon les mêmes modalités qu'au niveau central (v. ss 379).

Le **contrôle comptable** sur les services déconcentrés de l'État demeure, lui, classiquement opéré par les anciens « services du Trésor » placés sous l'autorité du directeur départemental des finances publiques (qui, dans le département chef-lieu de région, est également directeur régional des finances publiques) et qui est, en principe, assignataire des dépenses mandatées par les ordonnateurs secondaires de l'État (notamment les préfets, dont ceux de région) ou leurs délégués.

3) Le contrôle sur les autres organismes publics

381 Ce sont les services précités qui jouent un rôle prépondérant dans le contrôle des autres organismes publics.

D'une part, les comptables des collectivités locales (sauf quelques établissements publics locaux) et de la plupart des établissements publics nationaux (et groupements d'intérêt public) sont des agents de la DGFiP.

D'autre part, les directeurs des finances publiques ont, par ailleurs, une mission générale de contrôle sur les détenteurs de deniers publics, notamment les régisseurs (v. ss 454) et les comptables subordonnés publics, ainsi que sur les organismes recevant une aide financière publique ou placés sous la surveillance des pouvoirs publics (organismes subventionnés, établissements pénitentiaires, casinos, sociétés de courses, établissements d'enseignement privé, etc.). Quelque trente mille postes ou organismes sont ainsi surveillés, par l'intermédiaire de contrôles sur pièces et sur place.

4) Le contrôle général économique et financier

382 Ce contrôle descend historiquement du contrôle d'État institué en 1944 (et principalement régi par Décr. 26 mai 1955). Exercé par de hauts fonctionnaires dépendant exclusivement du ministre des Finances, il relève désormais, depuis 2005, du corps du contrôle général économique et financier.

Ce corps de contrôle est le fruit de la fusion de quatre corps de contrôle ou d'inspection (notamment les contrôleurs financiers et les contrôleurs d'État).

Institué par trois décrets et deux arrêtés du 9 mai 2005, ce Contrôle général intègre les contrôleurs financiers, les contrôleurs d'État, l'Inspection générale de l'industrie et du commerce, l'Inspection générale des postes et télécommunications. Il s'agit d'un service placé sous l'autorité directe du (ou des) ministre(s) des Finances, et dirigé par un chef de service et doté d'un comité stratégique.

Chargés d'un poste de contrôle ou regroupés en missions de contrôle (une dizaine) dirigées par un chef de mission, ces contrôleurs sont placés auprès de la plupart des établissements publics nationaux à caractère industriel ou commercial et, plus généralement, des entreprises publiques nationales, même constituées sous forme de sociétés (certains autres organismes étant également soumis à ce contrôle qui peut parfois être confié à un contrôleur financier ou à un directeur des finances publiques). Le caractère marchand du secteur concerné explique que, sans exclure un contrôle de régularité, la surveillance des contrôleurs (coordonnée par un comité d'orientation réunissant les principaux directeurs du ministère des Finances) porte principalement sur la gestion économique et financière et conduise, sauf exceptions, à des avis simples, parfois donné *a posteriori* (le contrôleur pouvant, par ailleurs, recevoir délégation du ministre pour approuver certains actes). Le décret de 2005 a élargi le champ des activités du contrôle général économique et financier, puisque, au-delà du contrôle hérité du décret de 1955, ces contrôleurs peuvent assurer une mission de contrôle et d'inspection dans les domaines économique et financier, d'audit, d'évaluation, d'étude et de conseil en vue de l'amélioration de la gestion publique. À ce titre, ils peuvent aussi assister le contrôle budgétaire et comptable. Ils peuvent enfin devenir prestataires, sur autorisation, et sur demande, des collectivités territoriales, de gouvernements étrangers ou d'organisations internationales.

Dans les entreprises publiques, cette tutelle économique et financière émanant du ministère des Finances est doublée d'une tutelle technique, exercée par un commissaire du gouvernement représentant le ministère de rattachement.

2. Le contrôle par les administrations dépensières

383 Les administrations dépensières, selon l'expression classique qui les oppose à l'administration des Finances, exercent également un contrôle qui, sans être toujours spécifiquement financier, peut avoir un objet financier. Ces contrôles peuvent être spécifiques à l'administration concernée (**a**) ou relever d'une démarche interministérielle (**b**).

a. Des procédures internes de contrôle

384 Toutes les administrations ministérielles ont des procédures internes de contrôle (à commencer par celles mises en œuvre par les services financiers) et les administrations ministérielles les plus importantes ont possédé leurs propres corps d'inspection (jusqu'à une vingtaine). Le mouvement de regroupement et de fusion des corps de la haute fonction publique a conduit à une réduction du nombre de ces inspections à effectifs parfois très réduits.

La compétence de ces derniers se limite généralement au ministère (voire à une partie du ministère) à laquelle ils appartiennent, ainsi qu'aux organismes qui lui sont rattachés ou/et qu'il finance.

Ainsi l'Inspection générale de l'administration de l'Éducation nationale (une centaine de membres) (à ne pas confondre avec l'inspection générale compétente en matière pédagogique), l'Inspection générale de l'agriculture, compétente à l'égard des offices d'intervention agricoles, le Conseil général de l'industrie, de l'énergie et des technologies (CGIET) a succédé au Conseil général des mines et au Conseil général des technologies de l'information ; pour sa part, le Conseil général des ponts et chaussées après plus de 200 ans d'activités a fusionné avec l'Inspection générale de l'environnement – créée en 2000 – pour donner naissance au Conseil général de l'environnement et du développement durable (Décr. 9 juill. 2008) ; c'est encore le corps de l'Inspection de l'action sanitaire et sociale ou encore l'Inspection générale de l'administration culturelle.

385 Trois d'entre eux ont un poids particulier. Il s'agit, d'abord, du **Contrôle général des armées**, issu en 1964 de la fusion des contrôles propres à chacune des trois armes, qui a une place à part en raison de l'importance du ministère concerné et de l'originalité de son organisation.

Il comprend un conseil de contrôle, quatre groupes de contrôle (forces et organismes de soutien/services et industries d'armement/personnel, réglementation, budget/inspection) placés chacun sous la responsabilité d'un contrôleur général, des commissions de synthèse, des services de régulation, de soutien et de documentation.

386 Il s'agit, ensuite, de l'**Inspection générale des affaires sociales**, dont l'importance s'accroît en même temps que celle des finances sociales et qui a reçu, notamment en 1996, une vocation interministérielle, accompagnée de pouvoirs très larges de contrôle et d'évaluation, se traduisant en particulier par la remise d'un rapport annuel du chef de l'Inspection générale aux pouvoirs publics. L'IGAS « exerce une mission générale de contrôle, d'audit, d'étude, de conseil et d'évaluation en matière administrative et sociale ». De plus, l'IGAS peut être autorisée (sur le plan ministériel) à effectuer des missions « à la demande d'autres autorités nationales, d'organismes publics, de collectivités territoriales ou de leurs groupements, de fondations ou d'associations, d'États étrangers, d'organisations internationales ou de l'Union européenne » (v. ss. 273).

Ses pouvoirs aujourd'hui codifiés (Code de l'action sociale et des familles, Code de la Sécurité sociale, Code de la santé publique) lui donnent notamment un droit d'accès à toutes les administrations publiques sanitaires, sociales, aux organismes bénéficiant de concours financiers de ces administrations ou des administrations communautaires, ainsi qu'aux organismes financés par des cotisations obligatoires ou faisant appel à la générosité publique (sur cette dernière catégorie, v. Décr. 97-864 du 23 sept. 1997) ; même les commissaires aux comptes sont déliés du secret professionnel à son égard. Les institutions de retraite complémentaire et fédérations d'institutions de retraite complémentaire relèvent aussi de son contrôle (CSS, art. L. 922-14).

387 Il s'agit, enfin, mais à un degré jusqu'à présent moindre, de **l'Inspection générale de l'administration**, relevant du ministère de l'Intérieur mais à laquelle les textes permettent de confier (avec l'accord des ministres intéressés ou sur décision du Premier ministre) des missions interministérielles ou extra-ministérielles (à la demande, notamment, des collectivités locales).

Ces missions ont été élargies par un décret du 9 juillet 2007.

Existent, par ailleurs, au sein du ministère de l'Intérieur, deux corps d'inspection propres, l'un à la police nationale, l'autre à la préfecture de police de Paris.

388 On relèvera que, conformément à la tendance générale, la fonction de l'ensemble de ces corps d'inspection consiste de moins en moins en un contrôle de régularité et de plus en plus en une évaluation de l'action et de l'organisation des services.

389 Par ailleurs, le contrôle sur les organismes privés bénéficiaires de prélèvements obligatoires ou de concours financiers d'origine publique (nationale ou communautaire) a été renforcé par la loi 96-314 du 12 avril 1996 (art. 43), qui les a explicitement fait entrer dans le champ de compétence des principales instances de contrôle (inspections générales des finances, de l'administration, des affaires sociales, de l'industrie et du commerce, de l'agriculture, comptables supérieurs) et prévu, outre une amende (de 15 000 €) en cas d'obstacle au contrôle, la restitution des concours financiers dont l'emploi ne serait pas justifié ou conforme à ce qui était prévu ; le contrôle, effectué sur pièces et sur place, porte, ou bien sur le seul compte d'emploi du concours (si ce dernier ne dépasse pas la moitié des ressources de l'organisme), ou bien sur l'ensemble des comptes et de la gestion (si le concours représente la majorité des ressources ou si les justifications d'emploi ne sont pas fournies).

b. Des instances interministérielles

390 Celles-ci ont aussi été constituées mais elles ont généralement un objet plus spécifique, qui apparaît le plus souvent dans leur dénomination même. La plus notable est la commission interministérielle de coordination des contrôles portant sur les opérations cofinancées par les fonds européens, présentée ss 656.

On peut également citer la mission interministérielle d'inspection du logement social créée en 1993, la mission interministérielle d'enquête sur les marchés publics et les délégations de service public (instituée en 1991 et modifiée en 1993), le Service central de prévention de la corruption (institué en 1993).

Le Comité d'enquête sur le coût et le rendement des services publics, institué en 1946 et placé traditionnellement auprès du Premier ministre, ne relève plus de cette dimension puisqu'un décret du président de la République du 20 mai 2010 a placé ce comité auprès du premier président de la Cour des comptes (v. ss 402).

C. Le contrôle par la juridiction financière

391 Pour faire contrepoids au contrôle « interne » exercé par l'administration et fournir aux autorités constitutionnelles l'appui technique indispensable à l'exercice de leurs prérogatives financières, un contrôle « externe » des finances publiques est nécessaire. Dans certains pays, cette fonction est confiée à une Institution supérieure de contrôle indépendante, généralement rattachée au Parlement ; ainsi, aux États-Unis (*General Accounting Office*) ou au Royaume-Uni (*National Audit Office*). Dans la plupart des pays ce contrôle est exercé par des juridictions financières dont certaines (Allemagne, Union européenne) n'ont cependant pas d'attributions juridictionnelles (elles ont uniquement une fonction de contrôle) alors que d'autres (Espagne, Italie) ont, en revanche, « plénitude de compétences » ; en France, il s'agit de la Cour des comptes (**1**) et des chambres régionales et territoriales des comptes (**2**), qui, depuis 1994 (pour la partie législative) et 2000 (pour la partie réglementaire), sont régies par un Code des juridictions financières (CJF), rassemblant les dispositions qui leur sont applicables.

Sur la Cour des comptes européenne, v. ss. 274 s.

La présentation qui suit met en avant les différentes réformes qui ont marqué ces dernières années le fonctionnement des juridictions financières en France (procédures, responsabilité, etc.). La démarche réformatrice annoncée par le président de la République M. Sarkozy lors de la cérémonie du Bicentenaire de la Cour des comptes le 5 novembre 2007 devait conduire, sous l'impulsion du premier président de la Cour des comptes d'alors, Philippe Séguin, à une réforme en profondeur de l'organisation et du fonctionnement de l'ensemble des juridictions financières autour de la Cour des comptes et à une révision en profondeur de la responsabilité des gestionnaires des finances publiques dépassant la distinction classique ordonnateurs-comptables.

Celle-ci s'est révélée plus difficile à mener à bien que prévu à l'origine. Déposé sur le bureau de l'Assemblée nationale en 2009, le projet de loi portant réforme des juridictions financières (accompagné de deux projets d'ordonnance) parut enterré au Parlement à raison des deux axes majeurs précités. Cependant, si l'on suit attentivement la production législative, on découvre que par petits « morceaux » cette réforme a été partiellement prise en compte. C'est le cas s'agissant de l'évaluation des politiques publiques, du rapport public annuel, de la certification des comptes des administrations publiques, des relations avec les commissaires aux comptes...

Cependant, certains des axes majeurs de la réforme liés à la responsabilité des gestionnaires publics et intégrant la responsabilité ministérielle (qui n'était pas si explicite que cela dans le projet initial), la suppression de la Cour de discipline budgétaire et financière, mais aussi le renforcement du rôle de la Cour des comptes par rapport aux chambres régionales des comptes... qui étaient réapparus à l'occasion de la discussion du projet de loi relatif à la répartition des contentieux et à l'allégement de certaines procédures juridictionnelles, au travers d'amendements parlementaires reprenant une partie significative du texte initial, ne furent finalement pas adoptés, faute d'un vote du Sénat après que la Commission mixte paritaire eut échoué sur l'adoption d'un texte commun. Ces amendements importants, déposés en cours de procédure, se sont clairement heurtés à l'opposition gouvernementale et à celle du Sénat. Ce dernier aura eu le sentiment d'avoir été quelque peu dépossédé d'un vrai débat parlementaire sur ce sujet. De fait, c'est un *statu quo* institutionnel et fonctionnel qui s'est imposé.

La Cour des comptes, dans le cadre de son approche fédératrice des instances de contrôle, a adopté fin 2014 un ensemble de normes professionnelles applicables aussi bien aux magistrats de la Cour qu'à ceux des Chambres régionales et territoriales de comptes dans le cadre des différentes fonctions dévolues à ces instances, tout comme aux magistrats siégeant au sein de la Cour de discipline budgétaire et financière. Il en résulte un recueil des normes professionnelles qui s'accompagne d'une charte de déontologie (le premier président, M. Didier Migaud, se référant « aux règles internationales qui s'imposent aux institutions supérieures de contrôle des finances publiques », dernière formulation qui, à l'instar des normes du FMI, pourrait être juridiquement discutée, V. ss 55).

1. La Cour des comptes

392 Héritière des chambres des comptes de l'Ancien Régime créées à partir du XIVe siècle et supprimées en 1791, la Cour de comptes a été instituée en 1807. Son rôle, initialement limité, s'est, depuis, considérablement développé au point d'être consacré par la Constitution du 27 octobre 1946 (art. 18) puis celle du 4 octobre 1958 (art. 47). Elle est actuellement (et principalement) régie par le livre Ier du Code des juridictions financières.

Une loi du 13 décembre 2011 relative à la répartition des contentieux et à l'allégement de certaines procédures juridictionnelles a concrétisé certaines réformes envisagées tant en ce qui concerne les prérogatives de la Cour des comptes et de ses agents, que dans ses rapports avec les chambres régionales des comptes ou encore concernant les procédures et l'apurement administratif (art. 38 s.).

Il convient d'en examiner l'organisation (**a**) et les attributions (**b**).

a. Son organisation

393 Elle est assez largement calquée sur celle des juridictions judiciaires. Elle comprend un ensemble de personnels et obéit à des principes de fonctionnement se rapprochant de ceux d'une juridiction « classique ».

1) Les personnels de la Cour

394 On peut distinguer quatre catégories de personnels (685 personnels en 2008, 710 en 2011, 725 en 2014).

Il s'agit d'abord de **magistrats** inamovibles nommés par décret du président de la République (les plus importants en Conseil des ministres) et qui sont, dans l'ordre de carrière, des auditeurs (issus de l'ENA), des conseillers référendaires (dont un quart nommés au tour extérieur) et des conseillers maîtres (dont un tiers nommés au tour extérieur) (le recrutement au tour extérieur étant essentiellement effectué dans la fonction publique). La Cour est dirigée par huit présidents de chambre choisis parmi les conseillers maîtres.

Sept sont affectées à une chambre ; le huitième est le rapporteur du comité général du rapport public. Le premier président est librement choisi par le gouvernement (en Conseil des ministres).

Il est ordonnateur principal des dépenses et des recettes de la Cour des comptes. Il conclut les contrats relatifs à la gestion de la cour et les marchés afférents.

Les magistrats prêtent serment « de bien et fidèlement remplir (leurs) fonctions, de garder le secret des délibérations et de se comporter en tout comme un digne et loyal magistrat » (L. 1er juill. 2006, art. 3).

Il s'agit ensuite d'un **Parquet** général dirigé par un procureur général, librement nommé et révocable par le gouvernement (en Conseil des ministres), assisté d'un premier avocat général, d'avocats généraux (choisis parmi les conseillers référendaires) et de substituts généraux. Il exerce le ministère public en contrôlant les travaux de la Cour (dont il est juridiquement distinct), en veillant au bon déroulement des procédures et en dirigeant l'action des parquets près les Chambres régionales des comptes.

Il s'agit encore de **personnels de contrôle**, hormis les magistrats eux-mêmes, participant aux travaux mais sans pouvoir délibérant, notamment sans fonction juridictionnelle : conseillers maîtres en service extraordinaire (nommés pour quatre ans), rapporteurs extérieurs à temps plein (détachés ou mis à disposition) ou à temps partiel (mis à disposition ou contractuels) et vérificateurs des juridictions financières (qui doivent prêter serment), experts.

Il s'agit enfin du **personnel administratif** dirigé par un secrétariat général et des secrétaires généraux adjoints (tous désignés parmi les conseillers référendaires).

La Cour des comptes et les autres juridictions financières relèvent d'une mission « Conseil et contrôle de l'État » au travers du programme « Cour des comptes et autres juridictions financières », doté en 2014 de 206 M € de crédits de paiement.

2) Le fonctionnement de la Cour

395 Plusieurs dimensions institutionnelles et fonctionnelles doivent être présentées.

Le Conseil supérieur de la Cour des comptes est le fruit de la loi 2006-769 du 1er juillet 2006. Il se substitue à une commission consultative officialisée par la loi du 21 décembre 2001. Le Conseil est placé sous la présidence du premier président sauf en matière disciplinaire (CJF, art. L. 123-5). Il est investi de fonctions consultatives sur les mesures individuelles concernant la situation et l'avancement des magistrats, les principes de nomination, les questions déontologiques, l'organisation et le fonctionnement de la cour ; il occupe une place plus particulière en matière disciplinaire puisqu'il propose les sanctions disciplinaires.

Les magistrats de la Cour siègent en plusieurs **formations**. Les formations de base sont constituées par sept chambres (éventuellement divisées en sections) contrôlant chacune un secteur déterminé de l'administration, selon une répartition faite par le premier président ; en dehors de l'audience solennelle, essentiellement protocolaire, les autres formations délibérantes ne réunissent que des présidents et des conseillers maîtres et sont constituées par la chambre du conseil, qui assure la juridiction disciplinaire et statue sur les documents administratifs (rapports) les plus importants, laquelle peut désormais (Décr. 21 mars 2012) se réunir soit en formation plénière (compétente pour le rapport public annuel, les rapports prévus par la LOLF ou ceux sur l'application des lois de financement de la Sécurité sociale, la certification des comptes) soit en formation ordinaire (autres rapports), et les chambres réunies convoquées par le premier président qui peuvent siéger soit en formation plénière pour des questions de droit, soit en formation restreinte notamment pour des affaires renvoyées devant la cour après cassation. S'y ajoutent souvent des formations interchambres et différentes formations (« comités ») consultatives.

Les travaux de la Cour présentent trois caractères généraux.

Le premier est le **caractère « inquisitorial »** des pouvoirs d'investigation de la Cour : sauf cas particuliers (vérification limitée à l'emploi d'une ressource), la Cour a, s'agissant des organismes relevant de sa compétence, tout pouvoir d'investigation sur pièces et sur place (le délit d'obstacle à l'exercice de ses pouvoirs, institué en 1993, est puni d'une amende de 15 000 €) ; on ne peut, en particulier, lui opposer le secret bancaire, fiscal ou militaire, mais à charge pour elle de préserver ledit secret ; elle peut, par ailleurs, recourir à des experts.

Depuis 2000, elle dispose d'un traitement automatisé d'informations nominatives pour contrôler les rémunérations versées aux personnels de l'État et de ses établissements publics.

Le deuxième trait essentiel est le **caractère collégial** des décisions de la Cour : l'instruction des affaires, tant administratives que juridictionnelles, est confiée (dans le cadre de programmes prédéterminés) à une équipe dirigée par un rapporteur (auditeur ou conseiller référendaire) dont le rapport (qui propose les suites à donner) est soumis à un contre-rapporteur (conseiller maître) et au parquet, puis à une formation délibérante qui statue.

Le troisième trait marquant est la recherche du **caractère équitable** de la procédure, qui revêt des aspects différents selon la nature des compétences exercées.

Pour les attributions non juridictionnelles (v. ss 398) le problème relève uniquement du droit interne. L'évolution générale, surtout sensible dans les CRC, a tendu à renforcer le caractère contradictoire des procédures mais à en restreindre la publicité en ne permettant cette dernière que pour les avis définitifs.

S'agissant, en revanche, des attributions juridictionnelles, elles étaient traditionnellement exercées selon une procédure contradictoire mais exclusivement écrite (« règle du double arrêt » supprimée en 2008) et non publique, ce qui avait posé, lors de l'entrée en vigueur de la Convention européenne des droits de l'homme en France (et encore plus précisément des stipulations permettant le recours individuel), le problème de la compatibilité de la procédure traditionnelle avec ladite Convention, notamment son article 6-1, qui exige, entre autres, oralité (le droit d'être « entendu ») et publicité.

Le Conseil d'État avait jugé que cette Convention était inapplicable, aussi bien pour le jugement des comptables en titre (CE 19 juin 1991, *Ville d'Annecy*) que pour celui des comptables de fait (v. ss 198) (CE 6 janv. 1995, *Nucci, Gouazé et Oltra*). Mais des textes réglementaires puis législatifs (notamment L. 21 déc. 2001) vinrent introduire pour les comptables de fait (et toutes les amendes) des éléments largement inspirés de la Convention (notamment l'oralité et la publicité des audiences, ainsi que l'exclusion du rapporteur du délibéré). Surtout, la Cour européenne des droits de l'homme déclara la Convention applicable, non seulement au jugement des comptables de fait (CEDH 7 oct. 2003, *Richard-Dubarry c/ France*, sur lequel s'aligna le Conseil d'État : CE 28 nov. 2003, *Beausoleil et Richard*) mais encore à celui des comptables en titre (CEDH 13 janv. 2004 et 12 avr. 2006, *Affaire Martinie c/ France*) ce qui avait obligé les pouvoirs publics français à mettre à l'étude des textes prévoyant oralité et publicité – les juridictions financières ayant, dès 2006, anticipé ces textes.

Une instruction du premier président de la Cour des comptes, en date du 16 mai 2006, décida, à titre conservatoire, d'appliquer ces règles « à la mise en débet de tous les comptables, en première instance comme en appel » : obligation d'instituer une audience publique avant toute mise en débet, possibilité (mais non obligation) pour le comptable d'y assister, rapport du rapporteur et conclusions du ministère public communicables aux parties avant l'audience, exclusion du délibéré du rapporteur et du représentant du ministère public (on rappellera que, pour les juridictions administratives de droit commun, la Cour européenne avait condamné la participation du commissaire du gouvernement au délibéré).

Le Conseil d'État a, de son côté, avalisé cette démarche en censurant un arrêt rendu par la Cour des comptes sans que le comptable ait disposé du droit de solliciter une audience publique (CE 30 mai 2007, *Garnier*).

Par ailleurs, aux dispositions directement imposées par la Convention s'ajoutent, en France, certains principes imposés par le Conseil d'État, notamment une interprétation sévère du **principe d'impartialité** : en particulier, une juridiction financière ne peut juger une affaire qu'elle avait précédemment dénoncée dans des observations publiques (CE ass. 23 févr. 2000, *Sté Labor Métal*), cette « disqualification structurelle » pouvant même obliger la Cour des comptes (ou la Cour de discipline budgétaire et financière : v. ss 423) à se déclarer incompétente et à transmettre l'affaire au Conseil d'État « afin que celui-ci, dans le cadre de ses pouvoirs généraux de régulation de l'ordre juridictionnel administratif, donne à cette transmission les suites qui conviennent et, le cas échéant, se prononce lui-même » (CE 17 oct. 2003, *Dugoin* ; CE 4 févr. 2005, *Ministère public près la Cour de discipline budgétaire et financière*).

Le législateur en est finalement venu à remettre en cause les procédures traditionnelles et notamment celle du double-arrêt au travers de la loi du 28 octobre 2008 relative à la Cour des comptes et aux chambres régionales des comptes. Celle-ci a clairement énoncé le caractère contradictoire de la procédure, posé le principe du débat en audience publique, le délibéré des juges étant secret, le magistrat chargé de l'instruction et le représentant du ministère public n'y assistant pas (COJ, art. L. 142-1-III, art. L. 272-52-III).

b. Les attributions de la Cour des comptes

396 Elles étaient, à l'origine, des attributions juridictionnelles, mais se sont progressivement ajoutées, notamment pendant les années 1930, des attributions administratives qui absorbent désormais la majeure partie des activités de la Cour.

1) Les attributions juridictionnelles

397 Elles permettent de juger les comptes des comptables publics. Ce **contrôle juridictionnel** débouche sur un arrêt qui peut faire l'objet d'un recours en cassation devant le Conseil d'État, ce qui a conduit la majorité de la doctrine à ranger la Cour parmi les tribunaux de l'ordre administratif ; cette solution a été expressément confirmée par le Conseil constitutionnel, qui a rappelé que l'indépendance de la Cour, notamment vis-à-vis des pouvoirs exécutif et législatif, avait, de ce fait, valeur constitutionnelle et précisé que cette indépendance était garantie même en matière non juridictionnelle (25 juill. 2001, 448 DC).

Si certaines des missions de la Cour, « notamment de vérification des comptes et de la gestion, ne revêtent pas un caractère juridictionnel, elles peuvent révéler des irrégularités appelant la mise en œuvre d'une procédure juridictionnelle » et doivent donc bénéficier d'une indépendance découlant, comme pour toutes les juridictions administratives, d'un principe fondamental reconnu par les lois de la République (depuis L. 24 mai 1872). Le Rapport public 2015 de la Cour fait état de 1 485 organismes relevant de son contrôle juridictionnel.

La Cour n'a pas juridiction sur les ordonnateurs, sauf ceux qu'elle a déclarés comptables de fait (v. ss 414). En revanche, sa juridiction s'exerce de plein droit sur les comptes des comptables en titre (ou comptables patents), dont le régime particulier de responsabilité appelle un contrôle à la fois rigoureux et impartial. Les modalités (qui sont décrites ss 399 et 432) varient selon les catégories de comptables intéressés. S'agissant de l'État et des établissements publics nationaux (dotés d'un agent comptable), les comptes - environ un millier - des comptables principaux (qui ont intégré dans leurs opérations celles des comptables secondaires) sont jugés directement par la Cour, sous réserve des comptes de certains établissements (établissements d'enseignement supérieur, lycées et collèges restés nationaux, chambres consulaires, CROUS et autres centres régionaux dépendant de l'Éducation nationale, etc.) pour lesquels le jugement (comme le contrôle de gestion) peut être délégué (de façon différenciée et pour trois à cinq ans) par le premier président de la Cour aux chambres régionales des comptes (CJF, art. L. 111-9 et R. 111-1 s.) et d'établissements situés à l'étranger (ou dans une collectivité d'outre-mer dépourvue de chambre des comptes), qui peuvent faire l'objet d'un apurement administratif par les comptables supérieurs du Trésor (CJF, art. L. 131-5 et D. 131-27 s.). En revanche, les comptes des collectivités territoriales et des établissements publics locaux ne sont plus, depuis 1982, jugés que sur appel des jugements rendus, en premier ressort, par les CRTC (v. ss 407).

Les groupements d'intérêt public sont soumis aux règles de droit privé, sauf choix de la gestion publique par les parties contractantes ou si des personnes morales de droit public soumises à la comptabilité publique constituent exclusivement le GIP (L. 17 mai 2011 de simplification et d'amélioration de la qualité du droit, art. 112). Les comptes de leur comptable sont soumis à la juridiction de la Cour (CJF, art. L. 133-1 s.) ou des chambres régionales (CJF, art. L. 211-9). Ils peuvent d'ailleurs aussi être soumis, si l'État en est membre ou si un organisme relevant de son contrôle économique et financier en est membre, au contrôle économique et financier de l'État.

2) Les attributions administratives

398 Elles ne se traduisent par aucune décision juridictionnelle (mais peuvent entraîner ultérieurement le jugement des responsables, ainsi que l'a, notamment, relevé le Conseil constitutionnel dans sa décision du 25 juill. 2001 : v. ss 397). Très variées, elles peuvent être ramenées à deux fonctions : le contrôle de gestion et l'assistance aux pouvoirs publics.

• ***Le contrôle de la gestion des fonds publics***

399 Il consiste à vérifier la régularité des opérations financières et le « bon emploi des crédits, fonds et valeurs » (CJF, art. L. 111-3). Il peut entraîner des observations de la Cour qui, dans certains cas d'irrégularités, peut procéder à une déclaration de gestion de fait (attribution juridictionnelle décrite ss 414) ou saisir la Cour de discipline budgétaire et financière (v. ss 419) voire, dans les hypothèses les plus graves, le garde des Sceaux pour poursuites pénales. Depuis la création des chambres régionales des comptes, ce contrôle concerne principalement le secteur public national.

La Cour des comptes contrôle ainsi la comptabilité des ordonnateurs des **administrations publiques nationales (État, établissements publics nationaux, groupements d'intérêt public)** sous réserve de délégations de compétence que le premier président de la Cour des comptes peut, depuis la réforme de 2001-2002, accorder aux chambres régionales des comptes pour certaines catégories d'établissements nationaux (le régime est le même que celui indiqué ss 397 pour le jugement des comptes). La Cour effectue le contrôle grâce aux pièces justificatives des recettes et dépenses qui lui sont périodiquement transmises, éventuellement complétées par des contrôles sur place. Cette surveillance débouche sur des observations (éventuellement provisoires puis définitives) aux responsables (lettres du parquet ou d'un président de chambre) et, dans les cas les plus graves, sur un référé du premier président au ministre, qui doit répondre dans les trois mois, délai à l'issue duquel l'ensemble est transmis aux commissions des Finances (et sur leur demande aux commissions d'enquête) du Parlement – la Cour pouvant, par ailleurs transmettre spontanément d'autres observations (CJF, art. L. 135-5).

La Cour contrôle aussi les **entreprises publiques nationales** depuis 1976, date à laquelle elle a succédé à une Commission de vérification des comptes créée en 1948, qui associait membres de la Cour (majoritaires) et représentants du ministère des Finances. Elle contrôle automatiquement les entreprises de premier rang (une centaine : établissements publics industriels et commerciaux, sociétés dans lesquelles l'État détient la majorité du capital) et elle peut décider de contrôler les entreprises de second rang (filiales), y compris les organismes dans lesquels la puissance publique « a un pouvoir prépondérant de décision ou de gestion » (CJF, art. L. 133-2-d), ce qui soumet potentiellement plusieurs milliers d'organismes à son contrôle. Ce dernier s'exerce selon une procédure contradictoire qui fait intervenir dirigeants de l'entreprise et autorités de tutelle, et débouche sur des rapports particuliers remis aux ministres de tutelle, mis à la disposition des commissions des Finances du Parlement mais tenus secrets (seules des observations générales sont formulées dans le rapport public annuel).

La Cour contrôle également les **organismes de Sécurité sociale (CJF, art. L. 154-1)**, qu'il s'agisse des caisses nationales (établissements publics administratifs, soumis par ailleurs au contrôle juridictionnel) ou des caisses primaires ou régionales (plus d'un millier d'organismes soumis au Code de la mutualité). Sont ainsi soumis à son contrôle tous les organismes de droit privé jouissant de la personnalité civile et de l'autonomie financière qui assurent en tout ou partie la gestion d'un régime légalement obligatoire d'assurance couvrant la maladie, la maternité, la vieillesse, l'invalidité, le décès, les accidents du travail et les maladies professionnelles, de prestations familiales ainsi que les unions et fédérations de ces organismes (CSS, art. L. 134-1). Le contrôle sur les caisses locales est effectué par l'intermédiaire de comités régionaux ou départementaux d'examen des comptes (CSS, art. L. 134-2) présidés par les directeurs des finances publiques mais placés sous la surveillance de la Cour (auprès de laquelle est institué un « comité de pilotage » et qui pourrait au besoin contrôler elle-même). Des rapports (qui serviront de base à un rapport général) sont remis au ministre de tutelle, qui approuve les comptes et met éventuellement en jeu les responsabilités. Dans le cadre de sa mission de contrôle de l'application des lois de financement de la Sécurité sociale, la Cour est, depuis la loi de financement pour 2003, également habilitée à contrôler la gestion des centres hospitaliers généraux (dont les contrôles juridictionnel et budgétaire restent cependant confiés aux chambres régionales : v. CJF, art. L. 132-3-1) (v. 812 ss.)

Par ailleurs, le premier président de la Cour de comptes peut décider de faire contrôler par la Cour tout organisme (sauf un parti politique) **qui reçoit** de l'État (ou d'un autre organisme soumis au contrôle de la Cour, ou encore de l'Union européenne) **un concours financier** (subvention, aide en nature, prélèvements obligatoires de toute nature, etc.). Selon que ce concours dépasse ou ne dépasse pas la moitié des ressources de l'organisme, le contrôle porte sur l'ensemble des comptes ou sur le seul compte d'emploi du concours.

Enfin, depuis 1991, **les organismes faisant appel à la générosité publique** doivent tenir un compte d'emploi des fonds collectés, soumis au contrôle de la Cour qui peut vérifier (y compris, depuis 1996, auprès des instances financées par ces organismes) le caractère caritatif de l'emploi des fonds (CJF, art. L. 111-8).

Par ailleurs, la Cour assure diverses activités extérieures (par exemple un commissariat aux comptes dans le cadre de l'ONU) et ses membres participent à divers comités de contrôle et d'évaluation (y compris la Commission pour la transparence financière de la vie politique instituée en 1988).

Les relations entre les magistrats de la Cour et, en particulier, les commissaires aux comptes ont été précisées par la loi n° 2010-1594 du 20 décembre 2010 (CJF, art. L. 141-3). Ces magistrats peuvent demander tous renseignements sur les sociétés qu'ils contrôlent. Ces renseignements ont pour objet « d'apporter à la Cour... l'assurance raisonnable que les éléments de comptes... ne comportent pas d'anomalie significative ». Ils sont couverts par le secret des investigations de la Cour (CJF, art. L. 141-7).

La loi de finances rectificative de juillet 2011 a, en outre, précisé que les commissaires aux comptes étaient déliés du secret professionnel à l'égard du comptable public d'un organisme public lorsqu'ils sont chargés de la certification des comptes de cet organisme (C. com., art. L. 823-16-1).

En revanche, la Cour n'est pas compétente pour contrôler l'application du Code de la Sécurité sociale en matière de recouvrement des cotisations et contributions sociales aux organismes juridictionnels mentionnés dans la Constitution, ce qui inclue le Conseil constitutionnel (Cons. const. 15 déc. 2011, 642 DC, cons. 6).

Par ailleurs, la Cour dispose d'un attribut particulier qui repose sur l'usage du référé du premier président de la Cour à l'attention des ministres et/ou du Premier ministre (art. R.143-1 CJF), procédure particulière donnant lieu elle aussi à un suivi des suites données à un ensemble d'observations tenant à la gestion publique concernée. À la suite d'une enquête menée par les services de la Cour et souvent de CRC, le premier président fait ainsi usage de ce référé qui lui permet d'attirer l'attention d'une autorité gouvernementale sur une politique, une institution et de formuler des recommandations, l'autorité saisie ayant deux mois pour y répondre, les instances parlementaires compétentes étant simultanément informées du référé en question. Cette procédure est largement utilisée sur des thématiques diverses : *La défiscalisation dans le secteur du logement social en outre-mer, l'institut du monde arabe, les établissements pour personnes âgées dépendantes et adultes handicapés, la Fédération française de ski et l'École nationale des sports de montagne*... jusqu'à *la garde républicaine.*

- ***L'assistance aux pouvoirs publics***

400 Il s'agit d'une mission plus générale confiée à la Cour.

S'agissant des pouvoirs publics nationaux, elle est désormais (révision constitutionnelle de juill. 2008) prévue par l'article 47-2 de la Constitution de 1958, qui dispose que la Cour des comptes « assiste le Parlement dans le contrôle de l'action du gouvernement. Elle assiste le Parlement et le gouvernement dans le contrôle de l'exécution des lois de finances et de l'application des lois de financement de la Sécurité sociale ainsi que dans l'évaluation des politiques publiques. Par ses rapports publics, elle contribue à l'information des citoyens ». Le Conseil constitutionnel a précisé, d'une part que cette assistance ne saurait être assimilée à une dépendance (le Conseil a ainsi annulé une disposition législative organique qui soumettait le programme de travail de la Cour au contrôle des chambres), d'autre part que la Cour devait maintenir un équilibre entre Parlement et gouvernement (25 juill. 2001, 448 DC). La manifestation traditionnelle de cette fonction en est le **Rapport public annuel** présenté au chef de l'État (depuis 1807), communiqué au Parlement (depuis 1832) et publié au *Journal officiel* (depuis 1938). Trouvant son origine lointaine dans les remontrances au Roi des anciennes chambres des comptes, il synthétise les principales observations de la Cour et des chambres régionales des comptes, et comporte les réponses des administrations mises en cause.

Philippe Séguin avait introduit dans ce Rapport annuel le principe du suivi des recommandations formulées par la Cour dans le rapport de l'année précédente.

La loi de finances rectificative de juillet 2011 a généralisé cette exigence à l'ensemble des observations définitives des juridictions financières par la publication des suites données à celles-ci par les destinataires sur la base de comptes rendus que les destinataires ont l'obligation de fournir à la Cour des comptes (CJF, art. L. 136-6).

Depuis 1991, ce Rapport est prolongé par des rapports publics, sans périodicité régulière, sur des thèmes particuliers. Par ailleurs, la Cour établit annuellement (depuis les années 1950) un rapport spécial sur la loi de règlement, auquel est notamment jointe, à partir du budget 2006, une certification des comptes de l'État, depuis 1995, un rapport sur la Sécurité sociale, tous deux destinés au Parlement, auquel la Cour apporte d'autres collaborations, notamment un rapport pour le débat annuel d'orientation budgétaire. Enfin, dernière nouveauté, la Cour publie depuis 2013 un **rapport annuel sur les finances publiques locales.**

Le rapport public annuel a été publié successivement au printemps (jusqu'en 1993), à l'automne (jusqu'en 1997) et en début d'année (à partir de janvier 1999 pour les rapports 1998 et suivants).

On notera en 2006 le rapport relatif à la formation continue dans les universités et, en 2012, ceux sur « Sciences Po, une forte ambition, une gestion défaillante », « La filière et la formation en droit dans l'enseignement supérieur », la « Gestion de l'École polytechnique ».

De plus, depuis la loi organique du 2 août 2005, la Cour des comptes assure la certification des comptes des organismes nationaux du régime général de Sécurité sociale et des comptes combinés de chaque branche et de l'activité de recouvrement du régime général relatif au dernier exercice clos.

Cette **certification des comptes** est devenue une fonction importante, sans pour autant que la Cour des comptes en ait obtenu le monopole, dont la réforme constitutionnelle de 2008 a énoncé les bases essentielles au travers de l'article 47-2C : « les comptes des administrations publiques sont réguliers et sincères. Ils donnent une image fidèle du résultat de leur gestion, de leur patrimoine et de leur situation financière ». Cette disposition constitutionnelle trouve son prolongement à l'article L. 111-3-1-A du CJF qui confie une sorte de mission générale en ce domaine à la Cour ; elle doit s'assurer de la conformité de ces comptes aux principes précités soit en assurant elle-même cette certification soit en rendant compte au Parlement de « la qualité des comptes des administrations publiques dont elle n'assure pas la certification » (LFR juill. 2011). Dans le cadre de cette fonction générale, il apparaît que les rapports de certification des comptes précités sont transmis (obligatoirement et sans délai) à la Cour. Elle doit en réaliser la synthèse, émettre un avis sur la qualité de ces comptes, avis transmis à la fois au Premier ministre, au ministre chargé du Budget et aux présidents des Assemblées parlementaires (CJF, art. L. 132-6).

La Cour indique dans son Rapport public 2015 que pour l'exercice 2013, 75 % des 1 514 Mds € « de charges brutes globales des administrations publiques ont été auditées, soit par la Cour (829 Mds € de charges brutes) soit par un commissaire aux comptes (302 Mds €) ». C'est en 2014 que la Cour a été amenée pour la première fois à certifier les comptes 2013 de l'Assemblée nationale et du Sénat.

On notera que le gouvernement indique dans l'exposé des motifs du projet de loi de règlement de l'armée 2014 que « la France est le seul État de la zone euro dont les comptes sont certifiés », ce qui peut laisser quelque interrogation sur cette « dynamique » particulière de certification.

Les fonctions d'assistance de la Cour se sont en outre développées au travers de textes législatifs relativement divers.

Une loi du 3 février 2011 (modifiant l'Ord. 17 nov. 1958 relative au fonctionnement des assemblées parlementaires) permet ainsi aux présidents de l'Assemblée nationale et du Sénat, soit sur leur initiative, soit sur proposition de différentes instances parlementaires, de saisir la Cour pour procéder à l'évaluation de politiques publiques, à l'exclusion du suivi et de l'exécution des lois financières ou de toute question relative aux finances publiques ou aux finances de la Sécurité sociale. Cette assistance donnera lieu, là aussi, à un rapport qui devra être rendu dans un délai maximum de 12 mois à compter de la saisine, rapport qui pourra être rendu public à l'initiative de l'auteur de la saisine.

Une loi du 13 décembre 2011 permet à présent au Premier ministre de demander à la Cour toute enquête concernant l'exécution des lois de finances, des lois de financement de la Sécurité sociale ou sur la gestion de services ou organismes soumis à son contrôle ou à celui des chambres régionales des comptes (CJF, art. L.132-5-1).

C'est sur le fondement de cette nouvelle disposition que le Premier ministre, Jean-Marc Ayrault, a demandé en mai 2012 à la Cour un audit (traditionnel à l'occasion d'un changement de majorité) de la situation des finances publiques (et les risques afférents en 2012 et 2013), audit rendu et inséré dans le rapport annuel de la Cour sur la situation et les perspectives des finances publiques (LOLF, art. 58-3°) en juillet 2012.

S'agissant des pouvoirs publics de l'Union, la Cour des comptes fournit une assistance à la Cour des comptes européenne, dont elle est le correspondant français en application du traité sur le fonctionnement de l'Union européenne (art. 287-3), qui prévoit une coopération entre la juridiction européenne et les institutions nationales de contrôle.

On notera enfin qu'elle a pris l'initiative de se soumettre à une évaluation externe dénommée « revue par les pairs » (réalisée par le Tribunal des comptes portugais, le Bureau national d'audit de Finlande, le Contrôle fédéral des finances de Suisse).

Ce travail de la Cour des comptes est désormais prolongé par celui de trois instances :

401 Le **Conseil des prélèvements obligatoires**. Créée par la loi du 20 avril 2005 (CJF, art. L. 351-1 s.), cette instance a succédé au Conseil des impôts (créé en 1971) en raison de la nécessité d'appréhender désormais non plus la seule matière fiscale mais les prélèvements obligatoires dans leur globalité et plus particulièrement les prélèvements sociaux.

Organisme associé de la Cour des comptes, ce conseil est présidé par le premier président de la Cour des comptes et a pour fonction « d'apprécier l'évolution et l'impact économique, social et budgétaire de l'ensemble des prélèvements obligatoires, ainsi que de formuler des recommandations sur toute question relative aux prélèvements obligatoires ». Ce conseil remet chaque année un rapport au président de la République et au Parlement. Il peut en outre être chargé de réaliser des études en ce domaine à la demande du Premier ministre ou des commissions des finances ou des affaires sociales des deux Assemblées. Composé de dix-sept membres dont huit hauts fonctionnaires (dont un membre de l'IGF et un autre de l'IGAS) et de huit personnalités qualifiées (dont quatre désignées par les présidents des deux Assemblées parlementaires, et un membre désigné par le président du Conseil constitutionnel). Son premier rapport annuel a porté sur « La fraude aux prélèvements obligatoires et son contrôle », rendu public en 2007, celui de 2008 était consacré à la « répartition et l'équité des prélèvements obligatoires entre générations » ; en 2009 il établissait deux rapports, l'un portant sur le « patrimoine des ménages », l'autre sur « Les prélèvements obligatoires des entreprises dans une économie globalisée ». En mai 2011, sur demande des deux commissions des finances il publie un rapport « Prélèvements obligatoires sur les ménages : progressivité et effets redistributifs ». En 2013, il a notamment publié le rapport sur « Les prélèvements obligatoires et les entreprises du secteur financier ».

402 Le **Comité central d'enquête sur le coût et le rendement des services publics** (CJF, art. D. 320-1 s.). Depuis un décret présidentiel de 2010, il est placé auprès du premier président de la Cour qui en assure la présidence.

Citons ici certains de ses rapports récents. *La réorganisation territoriale et la protection judiciaire de la jeunesse* (2009), *La satisfaction des usagers* (2009), *Les engagements, les objectifs et les indicateurs du développement durable* (2009).

403 Le **Haut conseil des finances publiques.** Créé par la loi organique du 17 décembre 2012 relative à la programmation et à la gouvernance des finances publiques (art.11 s.), il est placé auprès de la Cour des comptes.

Défini comme un organisme indépendant, il est présidé par le premier président de la Cour des comptes et composé, en sus du premier président, de dix autres membres, à savoir quatre magistrats issus de la Cour des comptes, désignés par le premier président, quatre membres (« *en raison de leurs compétences dans le domaine des prévisions macroéconomiques et des finances publiques* ») désignés respectivement par chacun des présidents des assemblées (Assemblée nationale et Sénat) et par les présidents de chacune des commissions des finances de ces deux assemblées et ce après audition publique conjointe de la commission des finances et de la commission des affaires sociales de l'assemblée concernée, enfin deux autres membres rajoutés lors de la discussion parlementaire, à savoir le directeur général de l'INSEE et un représentant du Conseil économique, social et environnemental – CESE – (avec le même fondement de compétences que s'agissant des personnes nommées au titre des assemblées) désigné par son président. L'une des particularités de cette instance est de reposer sur une exigence de parité hommes-femmes qui s'impose pour les personnes nommées au titre de la Cour et des deux assemblées, avec en outre un tirage au sort (effectué par le premier président) pour savoir si en liaison avec la personne nommée au titre du CESE, la constitution initiale de ce Haut conseil, le dit membre est un homme ou une femme (Décr. 18 févr. 2013, n° 2013-144, relatif à la constitution initiale du Haut conseil des finances publiques). La durée de leur mandat est de cinq années, avec pour la constitution initiale de ce Haut conseil un renouvellement partiel au terme de trente mois (non renouvelable). Ses membres sont tenus à une déclaration d'intérêts. Ce Haut conseil a un rôle essentiellement consultatif dans le cadre des procédures législatives « financières » et en particulier s'agissant du respect des engagements pris en matière de solde structurel (ses avis sont joints aux projets de loi de programmation des finances publiques, de loi de finances de l'année, de loi finances rectificative, de loi de financement rectificative). La liste des membres a été rendue publique en mars 2013.

2. Les chambres régionales et territoriales des comptes

404 Les chambres régionales et territoriales des comptes ont été instituées par la loi du 2 mars 1982 (art. 84 s.) et deux lois du 10 juillet 1982 dont les dispositions ont été reprises au Livre II du Code des juridictions financières. Il y en avait vingt-sept en 2011 avec le changement de statut de Mayotte qui avait emporté transformation de sa chambre territoriale en chambre régionale (auxquelles s'ajoutaient cinq chambres territoriales des comptes, de Nouvelle-Calédonie, de Polynésie française, Saint-Barthélemy, Saint-Martin, Saint-Pierre-et-Miquelon). Menacées dans leurs fondements et leurs spécificités par le projet de réforme des juridictions financières, elles ont résisté et gardé leurs fonctions essentielles. En revanche, la loi du 13 décembre 2011 a conduit à supprimer un certain nombre de « petites » chambres (l'article 46 de ce texte précisant que leur nombre ne peut excéder vingt), pour une approche interrégionale.

Il existe désormais vingt-cinq entités, à savoir vingt CRC dont quinze CRC pour la métropole (par exemple la CRC Auvergne, Rhône-Alpes) et cinq CRC relatives aux « départements » d'outre-mer (Décr. 23 févr. 2012), auxquelles il faut adjoindre les cinq chambres territoriales des comptes, deux territoires, Wallis-et-Futuna et les Terres australes et antarctiques Françaises (TAAF), relevant de la Cour des comptes.

Seront successivement examinées les modalités de leur organisation (**a**) et leurs attributions (**b**).

a. Leur organisation

405 Elle est inspirée de celle de la Cour des comptes.

On peut distinguer quatre catégories de personnels (un total de 1 122 en 2008, 1 104 en 2011, 1 050 en 2014).

Il s'agit d'abord de **magistrats** inamovibles, les conseillers, premiers conseillers et présidents de section de chambre régionale des comptes nommés par décret au travers de recrutements par l'ENA ou au tour extérieur (les chambres pouvant également comprendre des magistrats détachés) et par concours complémentaire. Un Conseil supérieur des chambres régionales des comptes, présidé par le premier président de la Cour des comptes et majoritairement composé de magistrats élus, assure la promotion interne (trois grades) et la discipline (décisions juridictionnelles pouvant faire l'objet d'un recours en cassation devant le Conseil d'État). Chaque chambre est dirigée par d'éventuels présidents de section (une quarantaine en tout), choisis parmi les premiers conseillers de la chambre, et par un président, qui appartient nécessairement à la Cour des comptes.

Il s'agit d'un conseiller-maître ou d'un conseiller référendaire, détaché, pour une durée de sept ans non renouvelable dans la même chambre, par décret du président de la République sur proposition du premier président de la Cour des comptes après avis du Conseil supérieur et de la commission consultative de la Cour des comptes.

Il s'agit ensuite d'un **Parquet** avec un **procureur financier**, composé d'un ou plusieurs représentants du ministère public qui sont des magistrats de la chambre délégués dans ces fonctions, lesquelles peuvent leur être retirées (les décisions étant prises par décret sur proposition du premier président et du procureur général de la Cour des comptes).

Correspondants du procureur général près la Cour des comptes (v. ss 168), ils veillent, comme ce dernier, à l'application de la loi et au bon déroulement des procédures (en fournissant à la chambre avis, conclusions et réquisitions).

Il s'agit encore de rapporteurs à temps plein ou à temps partiel et surtout de vérificateurs des juridictions financières (qui doivent prêter serment), fonctionnaires détachés ou mis à la disposition des chambres, mais qui ne peuvent exercer aucun pouvoir délibérant, notamment aucune fonction juridictionnelle.

Il s'agit enfin du personnel administratif (greffe, service des archives, service de documentation...), dirigé par un secrétaire général.

C'est le président de la Chambre régionale des comptes qui est ordonnateur pour sa chambre.

Le nombre de magistrats d'une chambre varie de quelques unités (la loi fixe un minimum de trois) à quelques dizaines. Les chambres les plus importantes sont divisées en sections. En dehors de l'audience solennelle, cérémonie protocolaire réunissant tous les magistrats, les chambres et les **sections** siègent, selon la compétence exercée, en **formations de jugement** ou **formations d'avis.**

Il peut s'agir d'une formation plénière ou restreinte de la chambre et, dans les chambres comprenant des sections, d'une formation en sections réunies.

Les travaux des chambres obéissent désormais à un régime semblable à celui en vigueur à la Cour des comptes (v. ss 397) et présentent donc les mêmes traits essentiels : caractère « inquisitorial » des pouvoirs d'investigation (le délit d'obstacle à l'exercice des pouvoirs étant également puni d'une amende de 15 000 € : v. CJF, art. L. 241-1 et Crim. 20 juin 2002, *T. et a.*), caractère collégial des décisions, y compris des actes non juridictionnels (prises après intervention d'un rapporteur, d'un contre-rapporteur et du parquet), caractère « équitable » de la procédure, contradictoire, publique...

b. Leurs attributions

406 Elles comprennent, comme celles de la Cour des comptes, des attributions juridictionnelles et des attributions administratives mais une partie de ces dernières, relatives au contrôle budgétaire, n'ont pas d'équivalent au niveau de la Cour des comptes.

1) Les attributions juridictionnelles (contrôle juridictionnel)

407 Elles permettent de juger en premier ressort (appel devant la Cour des comptes) les comptes des comptables publics locaux, qu'il s'agisse des comptables en titre (ou comptables patents) ou de personnes (notamment d'ordonnateurs) que la chambre a déclarées comptables de fait (v. ss 414). Jusqu'en 1982, les comptes les plus importants relevaient directement de la Cour des comptes tandis que les autres avaient été arrêtés successivement, sous le contrôle de la Cour, par l'autorité préfectorale (jusqu'en 1823), les conseils de préfecture (jusqu'en 1935) et les comptables supérieurs du Trésor (qui procédaient à un apurement administratif de ces comptes). Depuis 1982, tous les comptes des collectivités territoriales et établissements publics locaux – ainsi que ceux de certains établissements publics nationaux (v. ss 397) – relèvent, en premier

ressort, de la compétence juridictionnelle des chambres régionales (ou territoriales) des comptes, sous réserve du pouvoir restitué en 1988 aux autorités compétentes de l'État (directeur général des finances publiques) de procéder à l'**apurement administratif** des comptes de gestion des petites collectivités (un pouvoir semblable étant exercé à l'égard de certains organismes situés dans les collectivités d'outre-mer ou à l'étranger : v. ss 397). Mais cet apurement est exercé sous le contrôle des chambres régionales.

Le Rapport public 2015 de la Cour des comptes fait état de 17 105 organismes (dont 2 390 communes) relevant de leur contrôle juridictionnel.

Le Conseil d'État a écarté une question prioritaire de constitutionnalité mettant en cause la procédure en question qui relèverait du domaine de la loi ; pour le Conseil d'État, « la procédure de contrôle des comptes d'un comptable public a seulement pour objet de recenser des éléments de faits relatifs à la régularité des comptes et de la gestion de la collectivité ou de l'établissement contrôlé, en vue de l'éventuelle ouverture d'une procédure contentieuse » ; en ce sens, « les règles relatives à la notification de l'engagement de cette procédure administrative ne relèvent pas du domaine de la loi » (CE 20 déc. 2012, *Chambre régionale des comptes de Nord-Pas-de-Calais*).

Ses modalités sont exposées ss 485.

2) Les attributions administratives des chambres

408 Elles ne se traduisent par aucune décision juridictionnelle (mais peuvent avoir des suites juridictionnelles), sont de deux ordres : le contrôle de gestion et le contrôle budgétaire.

- ***Le contrôle de la gestion des fonds publics locaux***

409 Il est de même nature que celui exercé au niveau national (et au niveau local jusqu'en 1982) par la Cour des comptes, bien que la formule employée par le législateur ait varié.

À l'origine, la Chambre régionale était chargée, comme la Cour des comptes, de vérifier le « bon emploi des crédits, fonds et valeurs ». La loi du 5 janvier 1988, provoquée par l'excès de zèle de certaines chambres, est venue préciser, de façon apparemment plus restrictive, que la chambre « s'assure de l'emploi régulier » des fonds, mais en précisant aussi qu'elle « examine la gestion » des collectivités locales.

Depuis la loi du 21 décembre 2001, le CJF (art. L. 211-8) dispose que « l'examen de la gestion porte sur la régularité des actes de gestion, sur l'économie des moyens mis en œuvre et sur l'évaluation des résultats atteints par rapport aux objectifs fixés par l'assemblée délibérante ou l'organe délibérant. L'opportunité de ces objectifs ne peut faire l'objet d'observations ».

Cette interdiction d'appréciation de l'opportunité, conforme à la définition et à la pratique habituelle du contrôle de gestion, vise, comme en 1988, à prévenir la tentation de certaines chambres ou magistrats de chambre de déborder le cadre de leur mission légale.

Cet examen, dont la définition rejoint la notion, d'expression plus moderne, de bonne gestion financière (v. ss 54 s.) est exercé sur l'ensemble des administrateurs locaux. Il peut entraîner d'importantes suites à la fois politiques (notamment par la place qu'on peut lui faire tenir dans le débat électoral) et juridiques (gestion de fait, poursuites pénales), ce qui explique qu'il ait été entouré d'un nombre croissant de garanties et largement « juridictionnalisé ».

Dans le cadre des procédures administratives, notamment d'examen de gestion, celles-ci ont intégré le contradictoire et l'oralité mais n'ont pas la même publicité en particulier au niveau des observations dans le cadre du contrôle de la gestion, procédure qui a un impact important dans le milieu local (v. ss 661).

- ***Le contrôle budgétaire***

410 Il s'agit d'un mécanisme nouveau, institué par la loi du 2 mars 1982. Il est original à plus d'un titre.

En premier lieu, il n'a pas d'équivalent au niveau de la Cour des comptes, ce qui explique que cette dernière n'exerce, en ce domaine, aucune « tutelle » sur les chambres régionales.

En deuxième lieu, ce contrôle s'exerce, non pas sur l'exécution et les agents d'exécution du budget, mais sur le budget lui-même et les conseils délibérants ; destiné à remplacer la tutelle financière exercée jusqu'en 1982 par l'autorité ministérielle ou préfectorale, il conduit à l'établissement ou à la rectification d'office des budgets des collectivités locales qui ne respectent pas certains principes financiers essentiels imposés par le législateur (adoption d'un budget et d'un compte administratif, équilibre budgétaire, dépenses obligatoires) – un régime particulier étant applicable aux établissements d'enseignement et de santé.

En troisième lieu, ce contrôle n'est pas exercé par la seule chambre régionale mais associe cette dernière au préfet, seul habilité à prendre, sur proposition des chambres, les mesures de redressement nécessaires, selon un mécanisme qui fait ainsi participer une juridiction financière à la décision administrative.

Le volume d'activité de ces institutions est significatif mais inégal pour ce qui est des CRC, 551 rapports d'observations définitives en 2014 contre 661 en 2013, mais 202 jugements de débet en 2014 contre 162 en 2013, 2 404 ordonnances en 2014 contre 2 014 en 2013, 79 arrêts de débet en 2014 contre 37 en 2013, 79 ordonnances en 2014 contre 111 en 2013, 36 rapports particuliers en 2014 contre 25 en 2013 pour la Cour des comptes.

§ 3. La protection des Finances publiques

411 Si le recouvrement des ressources publiques est garanti par un ensemble de dispositifs « coercitifs » à disposition des administrations fiscales et sociales, jusqu'à la mise en œuvre de procédures relevant du droit pénal fiscal, douanier, social... la gestion même des finances publiques est, sans doute de façon inégale, et au-delà des contrôles précités, soumise à un ensemble diversifié de dispositifs à vocation soit générale, soit spécialisée, pouvant viser tout administrateur, toute personne gestionnaire (**A**) ou de façon plus spécifique certains acteurs de cette gestion comme les comptables publics (**B**).

Pour autant, le Conseil d'État a, de jurisprudence constante, pu estimer que l'usage de son pouvoir de modulation dans le temps des effets d'une décision d'annulation ne pouvait être limité par une incidence négative pour les finances publiques, ce seul argument ne pouvant suffire à « caractériser une situation de nature à justifier » que le juge fasse usage d'un tel pouvoir (CE 11 mai 2004, *Assoc. pour l'emploi, l'information et la solidarité des chômeurs et travailleurs précaires (APEIS)* ; CE 17 juin 2011, *Sté Canal+ Distribution*).

A. Des régimes généraux de responsabilité

412 La responsabilité des ordonnateurs et, plus généralement, des administrateurs envers les organismes publics (il ne s'agit pas ici de la responsabilité à l'égard des administrés) a toujours été plus difficile à organiser que celle des comptables. D'une part, certains de ces agents sont titulaires d'un mandat politique, traditionnellement présenté comme excluant, sauf cas extrême, une responsabilité non politique. La responsabilité politique est très peu organisée par les textes (s'agissant de la responsabilité *individuelle*) ; elle peut cependant conduire parfois à sanctionner des mauvaises gestions, mais rarement des irrégularités financières. D'autre part, tous ont un rôle actif qui ne se réduit pas, comme celui du comptable, à l'exercice d'une compétence liée de contrôle précisément délimitée par les textes mais implique un pouvoir discrétionnaire de décision, difficile à enserrer dans des règles précises. C'est sans doute l'axe majeur de la réforme initiée en 2009 qui n'a pas abouti. La **responsabilité disciplinaire** est, pour les fonctionnaires et autres agents publics, susceptible d'être mise en jeu - et couplée, au besoin, avec la responsabilité pécuniaire de droit commun résultant de la jurisprudence *Laruelle* (CE 28 juill. 1951) et *Jeannier* (CE 22 mars 1957). Il s'agit même d'une obligation pour les irrégularités signalées par la Cour des comptes mais il arrive souvent que le supérieur couvre les actes de ses subordonnés, par principe ou parce qu'il a ordonné, inspiré ou toléré de tels actes. Une **responsabilité civile** spéciale, prévue dès 1817, encourue par les ministres (L. 18 mai 1850) et les autres ordonnateurs de l'État (L. 10 août 1922), qui pouvaient se voir réclamer personnellement le montant des dépassements de crédits qu'ils auraient ordonnés (ou de certifications qu'ils auraient inexactement établies) paraît n'avoir jamais été mise en jeu car elle aurait porté sur des sommes trop importantes, au surplus dépensées dans un intérêt public. Celle-ci paraît demeurer (sans grande précision) au travers de l'article 12 du RGBCP : « à raison de l'exercice de leurs attributions et en particulier des certifications qu'ils délivrent, les ordonnateurs encourent une responsabilité dans les conditions fixées par la loi », conditions peu identifiées. Les textes

ont tendance à faire endosser cette responsabilité civile à la collectivité publique concernée. Aussi, le droit positif, sous la réserve de la jurisprudence de la CEDH et du Conseil constitutionnel s'agissant du cumul des sanctions (en ce sens : 453/454 QPC et 462 QPC du 18 mars 2015, *M. John et a.*) connaît un ensemble de dispositifs destinés à sanctionner pénalement certains comportements (**1**) et peut aussi réprimer certaines irrégularités par la voie de la gestion de fait, sanctionnée par le juge des comptes (**2**) et, de façon plus aléatoire, devant la Cour de discipline budgétaire et financière (**3**), la question de la responsabilité des gestionnaires, au sens quasi « lolfien » du terme, méritant d'être soulevée (**4**).

1. Un droit pénal de la gestion publique

413 Le législateur a organisé un ensemble de dispositifs (v. aussi ss. 416) destinés à réprimer les « atteintes » à l'administration publique commises par des personnes exerçant une fonction publique et en particulier le manquement au devoir de probité. L'essentiel se retrouve au Code pénal sous une section intitulée « Des manquements au devoir de probité » (C. pén., art. 432-10 s.). Ainsi, une responsabilité pénale est-elle encourue par les auteurs de certaines infractions comme la concussion (perceptions ou exonérations indues), la corruption passive et le trafic d'influence, la prise illégale d'intérêts (ancienne ingérence) qui vise à la fois la prise d'intérêt dans une entreprise ou opération que la personne en cause est chargée de surveiller, d'administrer de liquider ou de payer (comme le fait de confier à une société dirigée par des membres de sa famille, des prestations effectuées pour le compte d'un organisme investi d'une mission de service public, ce qui caractérise l'immixtion dans une entreprise ou une opération, dont on a au moment de l'acte la charge, Cass. crim. 3 avr. 2007, n° 06-82801), mais aussi de prendre, recevoir une participation « par travail, conseil ou capitaux » (avant l'expiration d'un délai de trois ans) dans une entreprise privée que l'on doit surveiller, administrer... avec laquelle des contrats doivent être conclus ou prises des décisions (qui se prescrit, sauf dissimulation, à compter du jour où la participation a pris fin, Cass. crim., 16 déc. 2014, n° 14-82939), l'atteinte aux règles des marchés publics et des délégations de service public, la soustraction ou le détournement de biens, toutes infractions actuellement poursuivies devant les tribunaux correctionnels ou, pour les ministres, devant la Cour de justice de la République (depuis la loi organique du 23 nov. 1993). Ces différentes formes de responsabilité permettent de mettre en cause des personnes dépositaires de l'autorité publique ou chargées d'une mission de service public, le champ des mis en cause pouvant être plus ou moins élargi, distinct selon l'infraction concernée. La prise illégale d'intérêts tout comme l'atteinte à la liberté d'accès et à l'égalité des candidats dans le cadre de la commande publique et la corruption passive et le trafic d'influence s'appliquent aussi aux personnes titulaires d'un mandat électif public ; la prise illégale d'intérêts vise aussi plus explicitement les fonctionnaires ou agents d'une administration publique (il faut alors rechercher la nature des fonctions effectivement exercées par l'intéressé, Cass. crim. 27 juin 2012, n° 11-86920, *Synd. Sud Caisse d'épargne et a.*)... Cette responsabilité est inégalement mise en jeu, ne serait-ce parfois qu'en raison de la sévérité des peines (l'ancien Code pénal punissait de dégradation civique le dépassement volontaire de crédits...). Pour autant, une jurisprudence criminelle significative permet de cerner les conditions de mise en œuvre de ces incriminations en particulier s'agissant de l'avantage politique, matériel, de l'intérêt personnel dont aurait pu ou non bénéficier l'auteur de l'une de ces infractions (Cass. crim., 22 juil. 2014, n° 13-82.193, *Gaston X.*).

2. La gestion de fait (la responsabilité devant le juge des comptes)

414 La gestion de fait ne concerne pas seulement les administrateurs, mais peut toucher toute personne, physique ou morale (association, société, et même, ce qui est déjà arrivé, personne morale de droit public). Cependant, elle concerne principalement les administrateurs, qui peuvent ainsi être soumis au juge des comptes, par exception au principe selon lequel Cour et les CRTC n'ont pas juridiction sur les ordonnateurs. Cette exception, introduite de manière jurisprudentielle dans notre droit (C. comptes 23 août 1834, *Ville de Roubaix*), est actuellement régie par l'article 60-XI modifié de la loi de finances du 23 février 1963,

qui détermine à la fois les éléments constitutifs (**a**) et les conséquences de la gestion de fait (**b**) (et dont une illustration a été fournie dans les arrêts CE 6 janv. 1995, *Nucci*, *Gouaze* et *Oltra*, v. *RFFP* 1995, n° 52, p. 207, concl. B. du Marais).

a. Les éléments constitutifs de la comptabilité de fait

415 Si l'on néglige la condition tenant à l'existence de deniers publics (des fonds purement privés ne sauraient entraîner une gestion de fait), la Cour des comptes a cependant rappelé que « la qualité publique ou privée des fonds concernés ne tient pas à la nature publique ou privée de la personne qui verse le concours financier mais à l'intention de cette personne de gratifier une collectivité publique » (C. comptes 23 juill. 2012, *Univ. Savoie*), **les éléments constitutifs de la comptabilité de fait** sont au nombre de deux.

L'**absence de titre légal à manier des fonds publics** (ou des fonds confiés aux organismes publics : « deniers privés réglementés ») qui constitue le premier élément, est susceptible de degrés.

Il s'agit généralement d'un **défaut de titre** : une personne qui n'est ni comptable public (ou placée sous l'autorité d'un comptable public), ni régisseur d'avances ou de recettes manie des fonds ; ainsi le maire ou le secrétaire de mairie d'une commune qui encaisserait lui-même les recettes d'une manifestation.

Mais il peut aussi s'agir d'un **excès de titre** : un comptable ou un régisseur qui effectuerait des opérations pour lesquelles il n'a pas compétence ou qui permettrait une gestion de fait pourrait (ce qui est déjà arrivé) être déclaré comptable de fait (ainsi, la Cour des comptes pourrait juger en premier et dernier ressort un comptable public local qui serait comptable de fait des deniers de l'État : CE 4 oct. 2000, *Pair*).

La **détention ou le maniement de fonds publics**, second élément constitutif, est une notion qui permet d'attraire devant le juge des comptes un nombre considérable de personnes.

D'abord parce que la simple détention suffit, en vertu de l'adage classique qui veut que les deniers publics « brûlent les doigts » de ceux qui les détiennent.

Ensuite parce que le maniement est une notion très largement interprétée. D'une part, il ne s'agit pas seulement d'un maniement matériel (dont l'exemple caricatural est le maniement de numéraire) mais il s'agit aussi de toute opération consistant à extraire irrégulièrement des fonds de caisses publiques ou empêcher qu'entrent dans ces caisses des fonds qui leur sont normalement destinés. D'autre part, le maniement n'est pas uniquement un maniement direct (« de brève main ») mais peut consister en un maniement « de longue main » par des intermédiaires. L'exemple devenu le plus classique de ces deux situations est constitué par l'association, généralement contrôlée par des administrateurs (« association transparente ») qui la subventionnent (quelquefois en déguisant l'objet réel de ces « subventions fictives ») ou la chargent d'encaisser puis d'utiliser certaines recettes normalement destinées à la collectivité publique, opérations qui peuvent entraîner pour l'ensemble des intéressés de sérieuses conséquences.

b. Les conséquences de la gestion de fait

416 Hormis les cas mineurs (opérations ponctuelles que le comptable en titre accepte d'intégrer dans ses écritures), les conséquences de la gestion de fait peuvent être redoutables, puisque le gestionnaire de fait encourt, en principe, la même responsabilité que les comptables en titre et peut, en plus, se voir condamner par le juge des comptes à une amende (jusqu'à L. 21 déc. 2001, il était même inéligible aux mandats publics locaux), tous éléments qui expliquent que la procédure ait été entourée d'un nombre croissant de garanties dont l'aboutissement est la loi précitée du 28 octobre 2008 et le décret n° 2008-1398 du 19 décembre 2008 portant réforme des procédures juridictionnelles devant la Cour des comptes, les chambres régionales des comptes et la chambre territoriale des comptes de Nouvelle-Calédonie.

La procédure est contradictoire, l'audience est publique, sauf circonstances particulières, toute partie à l'instance pouvant formuler, soit en personne, soit par un avocat des observations précisant celles fournies par écrit sur l'affaire qui la concerne (Décr. n° 1397, art. 23 et 58). Le délibéré est secret. Le magistrat chargé de l'instruction et le représentant du ministère public n'y assistent pas.

C'est à l'occasion des gestions de fait que le Conseil d'État a prononcé la plupart des arrêts (et cassations) notables du droit financier public de ces dernières années (6 janv. 1995, *Nucci, Gouaze et Oltra* – trois espèces ; 16 nov. 1998, *SARL*

Deltana et Perrin ; 23 févr. 2000, *Sté Labor Métal* ; 27 oct. 2000, *Michaux-Chevry* ; 6 avr. 2001, *Entreprise Razel* ; 14 déc. 2001, *Sté RMR* ; 28 nov. 2003, *Beausoleil et Richard c/ Cne Noisy-le-Grand*) ; Les solutions avancées ont, pour la plupart, été reprises par le législateur. Elles ont été confortées (ou imposées) par la Cour européenne des droits de l'homme (7 oct. 2003, *Richard-Dubarry c/ France*).

1) La responsabilité encourue

417 Elle est, en principe, la même que celle des comptables patents ; cependant la prescription demeure spécifique ; en effet, si pour le comptable patent celle-ci est passée à cinq ans, elle demeure (depuis L. 31 déc. 2001) de dix ans pour l'action en déclaration de gestion de fait (CJF, art. L. 131-2 et L. 231-3).

La procédure fut profondément réformée en 2008. La Cour des comptes ou, pour les finances publiques locales, la Chambre régionale des comptes (en premier ressort), rend une décision déclarant les intéressés gestionnaires de fait, la juridiction pouvant cependant renoncer à prononcer la gestion de fait lorsque les sommes indûment maniées ont été intégralement reversées dans la caisse du comptable public (CE 23 févr. 2000, *Ministre de l'Économie, des Finances et de l'Industrie*) et se voyant même interdire, au nom du principe d'impartialité et de respect des droits de la défense, de déclarer une gestion de fait dans une affaire qu'elle aurait auparavant publiquement dénoncée (CE ass. 23 févr. 2000, *Sté Labor Métal*). La déclaration de gestion de fait impartit aux intéressés un délai pour rendre des comptes. Il est reconnu au juge des comptes le pouvoir, hors les cas de mauvaise foi ou d'infidélité du comptable de fait, de suppléer par des considérations d'équité à l'insuffisance des justifications produites. La juridiction peut ensuite juger la gestion irrégulière et prononcer, la plupart du temps contre plusieurs personnes prises solidairement, une décision de débet (pour lequel la décharge ou la remise gracieuse par l'autorité administrative est possible). Elle peut aussi juger la gestion régulière (d'autant qu'elle est souvent effectuée de bonne foi) mais pour donner aux intéressés quitus de cette gestion elle exige, lorsque des dépenses sont en cause, que l'utilité publique de ces dépenses ait été préalablement reconnue par l'autorité budgétaire, c'est-à-dire, selon les cas, le Parlement (dans la loi de règlement des comptes et rapport de gestion) ou le conseil délibérant (dont une délibération ne saurait cependant couvrir une dépense irrégulière : CE 15 avr. 1996, *Ville de Nice* et qui, s'agissant d'une collectivité locale, doit, depuis la loi du 21 décembre 2001, se prononcer dès la séance suivant la demande en ce sens transmise par le parquet de la chambre, faute de quoi cette dernière pourrait statuer).

2) Les sanctions de la gestion de fait

418 Elles sont seulement éventuelles.

Des **sanctions pénales** pourraient être prononcées sur le fondement de l'article 433-12 du Code pénal, punissant de trois ans d'emprisonnement et de 45 000 € d'amende « le fait, par toute personne agissant sans titre, de s'immiscer dans l'exercice d'une fonction publique ». Mais elles sont peu appliquées.

Lorsqu'une poursuite pénale n'est pas exercée, le juge des comptes peut (depuis 1935) condamner les intéressés à une **amende pour gestion de fait**, qui peut aller jusqu'au montant des sommes indûment maniées (CJF, art. L. 131-11 et 231-11). Cette amende (qui n'est pas cumulable avec celle prononcée par la Cour de discipline budgétaire et financière) n'est en général prononcée qu'avec modération par le juge.

Elle peut être prononcée du seul fait de l'immixtion, même en cas de déclaration d'utilité publique (CE 27 juill. 2005, n° 261819). Elle se doit de tenir compte de l'importance et de la durée de la détention ou du maniement des deniers, des circonstances dans lesquelles l'immixtion dans la fonction de comptable public s'est produite et du comportement et de la situation matérielle du comptable de fait (L. 28 oct. 2008).

Un président du conseil d'une collectivité locale ou un maire qui aurait été déclaré comptable de fait est, en plus, suspendu de sa qualité d'ordonnateur (et remplacé par un vice-président ou un adjoint désigné par le conseil) jusqu'à ce qu'il ait reçu quitus de sa gestion.

Jusqu'à la loi du 21 décembre 2001, qui a introduit cette disposition, une personne déclarée comptable de fait était inéligible au conseil de la collectivité locale (v. C. élect., art. L. 195, 205, 231, 236, 340 et 341, dans leur rédaction antérieure à la réforme de 2001). L'inéligibilité reste cependant une peine complémentaire que pourrait prononcer le juge pénal s'il était saisi de faits délictueux.

3. La responsabilité devant la Cour de discipline budgétaire et financière

419 Cette Cour, instituée par la loi du 25 septembre 1948 (intégrée en 1995 au Livre III du Code des juridictions financières, en tant qu'institution associée à la Cour des comptes) en réaction aux nombreuses irrégularités qui s'étaient produites pendant la Seconde Guerre mondiale et que les responsabilités traditionnelles ne permettaient pas de sanctionner efficacement a été qualifiée d'ordre juridictionnel au sens de l'article 34 de la Constitution par le Conseil constitutionnel, la « mission essentielle » de cette Cour étant de sanctionner « les manquements des ordonnateurs aux règles de la comptabilité publique », ses règles constitutives relevant de ce fait du législateur (Cons. const. 3 mars 2005, 198 L, cons. 2). Sa suppression a été proposée en 2009 avec l'intégration de ses fonctions dans le champ de la Cour des comptes. À défaut d'adoption d'un texte précisant cela, elle demeure. Il s'agit d'en présenter l'organisation (**a**), ses compétences (b) et ses règles de fonctionnement (**c**).

a. Son organisation

420 Elle repose (depuis l'origine) sur un principe de parité ; la Cour, qui comporte depuis 2005 douze titulaires (et six suppléants), associe, en effet, des magistrats de la Cour des comptes (dont le premier président, qui préside la Cour de discipline) et des magistrats du Conseil d'État (dont le président de la section des finances, qui est vice-président de la Cour de discipline), désignés (sauf les président et vice-président) par décret en Conseil des ministres, pour cinq ans. Le ministère public près la Cour de discipline (laquelle siège à la Cour des comptes, dont elle utilise les services) est exercé par le procureur général près la Cour des comptes et l'instruction des affaires confiée à des rapporteurs membres du Conseil d'État, de la Cour des comptes, des juridictions administratives et financières.

Quant aux commissaires du gouvernement ils sont choisis, pour leur part, parmi les magistrats de l'ensemble des juridictions financières ou judiciaires mais désormais par le Premier ministre, tout comme pour les rapporteurs, conséquence du rattachement budgétaire à celui-ci de la Cour des comptes et non plus au ministre chargé du Budget.

b. Ses compétences

421 Malgré son caractère paritaire, la Cour est généralement présentée comme une émanation de la Cour des comptes, dont elle dépend très largement en pratique (et qui, dans les pays étrangers possédant une Cour des comptes, exerce elle-même les attributions relatives à la discipline financière). La compétence de la Cour est limitée à certaines personnes et à certaines infractions.

1) Quant aux personnes

422 On a souvent souligné le contraste entre l'étendue de la compétence de la Cour et l'immunité des principaux responsables. En effet, la Cour est compétente à l'égard de tout agent qui, en droit ou en fait (« administrateur de fait ») exerce des fonctions dans un organisme soumis au contrôle administratif de la Cour ou des Chambres régionales des comptes (v. ss 398 et 408), ce qui permet d'attraire devant la Cour de discipline un nombre considérable de personnes (incluant, par exemple, les membres des cabinets ministériels, les comptables de fait, les praticiens hospitaliers, les agents de la Sécurité sociale, les entreprises bénéficiaires de concours financiers publics ou les gestionnaires d'une société civile immobilière filiale d'une institution de Sécurité sociale..., et même le président et le secrétaire général du Conseil économique et social et environnemental ; CDBF, 23 avr. 2012, *Conseil économique et social*). Cependant, ces personnes ne sont passibles d'aucune sanction si elles peuvent exciper d'un ordre écrit de l'autorité supérieure (dûment informée sur l'affaire), dont la responsabilité se substitue alors à la leur, du moins quand elle existe. En effet, la Cour n'est pas compétente (pour les actes de leur fonction principale ou qui sont l'accessoire obligé de leur fonction principale) à l'égard de trois catégories de personnes : les présidents et administrateurs bénévoles des organismes de Sécurité sociale et des organismes de bienfaisance ; les membres du gouvernement ; les exécutifs des collectivités territoriales et de leurs groupements, sauf, depuis la loi du 29 janvier 1993 (art. 78), s'ils entravent l'exécution d'une décision de justice ou s'ils exercent une réquisition de paiement en vue de procurer à autrui un avantage injustifié (CJF, art. L. 312-2).

2) Les infractions punissables

423 Elles sont, pour l'essentiel, les infractions à la légalité financière (engagements irréguliers, dépassements de crédits, etc.), certains dysfonctionnements administratifs (non-respect des décisions de justice, comportements entraînant la condamnation de l'administration à une astreinte, non-respect des règles de la commande publique et relatives à l'engagement des dépenses publiques) et certains cas de malhonnêteté (procurer ou tenter de procurer à autrui – mais non à soi-même… – un avantage injustifié). En règle générale, la Cour de discipline ne peut donc, sinon indirectement, sanctionner les mauvaises gestions (un projet en ce sens avait été déposé en 1990) mais, depuis une loi du 29 novembre 1995 (relative au Crédit lyonnais et au Comptoir des entrepreneurs), elle peut sanctionner les négligences et fautes graves de gestion des dirigeants des entreprises publiques.

Est ainsi visé tout dirigeant d'organisme (entreprise publique) « qui aura causé un préjudice grave à cet organisme par des agissements manifestement incompatibles avec les intérêts de celui-ci, par des carences graves dans les contrôles qui lui incombaient ou des négligences répétées dans son rôle de direction » (CJF, art. L. 317-7-1).

Les sanctions que la Cour peut prononcer sont des amendes qui, suivant les cas, peuvent aller de 300 € à deux fois le traitement ou salaire brut annuel, ce qui rend le système souple et crédible ; ces amendes, qui ont théoriquement un caractère personnel (mais peuvent être dues par les héritiers) ne font obstacle, ni à des sanctions disciplinaires (que la Cour peut demander), ni à des sanctions pénales (le parquet près la Cour peut saisir le procureur de la République) mais ne peuvent être cumulées avec une amende pour gestion de fait (v. ss 418), qui est « de même nature juridique », sans que cette nature soit explicitement précisée. En effet, le Conseil d'État, confirmant certains éléments antérieurs, a précisé, en matière d'amendes, que celles-ci n'ont pas le caractère d'une sanction pénale ni disciplinaire (au sens des lois d'amnistie de 1995 et 2002), les poursuites engagées devant la Cour étant autonomes par rapport à celles relevant de l'action pénale ou d'une sanction disciplinaire pour les mêmes faits (15 nov. 2006, *Gallet*).

Le principe de légalité des délits et des peines ne fait pas obstacle à ce que les infractions soient définies par référence aux obligations auxquelles est soumise une personne en raison de l'activité qu'elle exerce, de la profession à laquelle elle appartient ou de l'institution dont elle relève (CE 16 janv. 2008, *Haberer, Henin*). En outre, il appartient à la CDBF d'apprécier les circonstances ayant conduit à la commission des actes incriminés et elle peut atténuer la responsabilité de la personne en cause (ex. CDBF, 21 mars 2013, *Secrétariat d'État chargé des sports*, prise en compte des « fortes dissensions » entre ministres et services administratifs ou encore l'absence de conseil ou de mise en garde en temps utile de la part de certains services « face aux initiatives du cabinet » !).

c. Son fonctionnement

424 Il peut être envisagé sous deux aspects : la procédure et son activité.

1) La procédure

425 Elle commence par une saisine effectuée, dans les cinq ans de l'infraction, par une des plus hautes autorités financières de l'État : présidents des assemblées parlementaires, ministres (dont le Premier), Cour et chambres régionales des comptes, procureur général près la Cour des comptes (ce qui équivaut largement à une auto-saisine).

La majorité des saisines émane de ces deux dernières autorités et des bénéficiaires de certaines décisions de justice condamnant l'administration qui, lorsqu'ils demeurent impayés, peuvent aussi saisir la Cour de discipline (v. CJF, art. L. 313-12 et L. 314-1). Cette saisine est effectuée par l'intermédiaire du parquet qui est totalement maître des poursuites puisqu'il peut classer l'affaire aux trois stades de la procédure (après saisine, après instruction, après avis des autorités hiérarchiques). Cette procédure offre à l'agent poursuivi les garanties normalement afférentes aux droits de la défense (à commencer par l'assistance d'un conseil et la comparution personnelle, le droit à la communication dans des délais raisonnables des documents revêtant un caractère substantiel – CE 31 mars 2008, *Conze et Grossi*), y compris, depuis 1996, la publicité des audiences a, en conséquence, été admise par les juridictions françaises, d'abord sur demande des intéressés (CDBF, 20 mars 1996, *Institut national de promotion supérieure agricole*, faisant suite à : CE 14 févr. 1996, *Maubleu*), puis de manière pure et simple (CE 30 oct. 1998, *Lorenzi*) puis introduite au code des juridictions financières (art. R. 314-2) ; de plus, le rapporteur ne participe plus au délibéré (CJF, art. L. 314-12), l'arrêt est lu en audience publique (CJF, art. R. 314-3). On rappellera en outre la jurisprudence du Conseil d'État dite de la « disqualification structurelle » (CE 23 févr. 2000, *Sté Labor Métal*) selon laquelle le juge financier ne peut juger une affaire qu'il avait précédemment dénoncée dans des observations publiques, ce qui oblige notamment la Cour de discipline budgétaire et financière à se déclarer incompétente (CDBF, 15 juin 2004, *CHS de Villejuif*) et à saisir le Conseil d'État. L'arrêt de la Cour est rendu en section de jugement. Elle peut statuer en formation plénière sur renvoi du président de la Cour ou d'un président de section, ou si le président de la Cour décide d'une inscription en formation plénière peut faire l'objet d'un recours en révision (devant la Cour de discipline elle-même en cas d'éléments nouveaux, faits ou documents découverts de nature à établir la non-responsabilité de l'intéressé). Un recours en cassation est possible, par l'intéressé ou le procureur général, devant le Conseil d'État (ce qui conduit à classer la Cour de discipline parmi les juridictions de l'ordre administratif) ; les arrêts de condamnation devenus définitifs peuvent, sur décision de la Cour, être publiés, en tout ou partie, au *Journal officiel*.

2) L'activité de la Cour de discipline

426 Elle aurait été « relancée » depuis quelques années et notamment depuis le décret du 17 juin 2005 portant réforme de la CDBF.

En attestent les diverses activités de la Cour constatées, la relance du rapport annuel qui était tombé en désuétude jusqu'en 1992 puis annexé, depuis 1995, au rapport public de la Cour des comptes et qui a retrouvé une ampleur significative, la réforme du mode de fonctionnement de la Cour, son implication plus directe dans les travaux internationaux relatifs à la protection des finances publiques, etc.

Depuis sa création, la Cour a rendu 196 arrêts – fin 2014 – (les trois quarts au cours des vingt dernières années), entraînant la condamnation d'un peu plus de cent soixante personnes à des amendes allant généralement de 150 à 10 000 € (mais 100 000 et 59 000 € dans l'affaire Altus Finance à l'égard de dirigeants d'une filiale d'entreprise publique) pour défaillances graves de vigilance et avantages injustifiés à différents opérateurs (CDBF, 24 févr. 2006, n° 152-402, II, *Sté Altus Finance*, confirmé par deux arrêts du 16 janv. 2008, n° 292790, *Haberer*, et n° 292806, *Hénin*). Bien que le nombre d'arrêts ne soit pas un critère pleinement significatif (la simple saisine ou menace de saisine de la Cour suffit parfois à dénouer une affaire), cette activité apparaît réduite (avec un maximum de 7 arrêts en 2011 et 2012, mais 4 en 2013 et 5 en 2014), eu égard notamment aux dizaines d'affaires de gestion de fait examinées annuellement par le juge des comptes (qui reste le principal juge des administrateurs). Cette situation s'explique à la fois par des causes propres à la Cour, notamment son caractère « quasi-pénal » (elle n'est conçue que pour les irrégularités les plus graves), ainsi que l'immunité des principaux responsables (qui, par ailleurs, empêche, juridiquement ou moralement, la condamnation des subordonnés) et par la difficulté, plus générale, à trouver un régime de responsabilité adapté aux administrateurs (v. ss 427) – régime qu'il faudra bien cependant trouver avec la mise en œuvre, notamment par la LOLF, du principe de bonne gestion financière.

La Cour s'est elle-même engagée dans la démarche de « performance » en énonçant des objectifs et des indicateurs de performance.

En tout état de cause, le Conseil constitutionnel a déclaré, dans un contentieux « marquant », conformes à la Constitution les différentes dispositions tenant à la composition de la Cour, ses procédures mais aussi sur les sanctions qu'elle est amenée à prononcer, en admettant que celles-ci puissent se cumuler avec d'autres « lorsque des faits peuvent recevoir plusieurs qualifications ayant un objet ou une finalité différents », sous la réserve du respect du principe de proportionnalité :

« lorsque plusieurs sanctions prononcées pour un même fait sont susceptibles de se cumuler, le principe de proportionnalité implique qu'en tout état de cause, le montant global des sanctions éventuellement prononcées ne dépasse pas le montant le plus élevé de l'une des sanctions encourues ; il appartient donc aux autorités juridictionnelles et disciplinaires compétentes de veiller au respect de cette exigence et de tenir compte, lorsqu'elles se prononcent, des sanctions de même nature antérieurement infligées » (Cons. const., 24 oct. 2014, 423 QPC, *M. Stéphane Richard et autres*).

4. Une responsabilité des administrateurs inefficace ou inadaptée

427 Cette inefficacité ou peut-être davantage inadaptation constitue un trait marquant de la responsabilité des administrateurs. Cette situation tient d'abord à l'imperfection de certains mécanismes de responsabilité. Elle s'explique ensuite par le conflit, fréquent, entre la régularité, imposée par des règles qui ne paraissent pas toujours adaptées, et l'efficacité qu'exigent de plus en plus les administrés et les pouvoirs publics (voire les autorités de contrôle elles-mêmes) et que, en conséquence, tentent souvent de faire prévaloir les administrateurs. Cette situation trouve enfin sa cause dans la difficulté à circonscrire et sanctionner les mauvaises gestions : difficulté à déterminer les responsabilités dans toute opération de quelque ampleur, difficulté à évaluer la qualité d'une gestion, difficulté à sanctionner toute faute de gestion, sauf à inhiber toute initiative.

Il faudra bien, pourtant, s'attacher à dégager les contours et le régime d'une **« responsabilité managériale »** qu'impose la LOLF et qui doit faire la part entre ce qui devrait relever des juridictions (irrégularités et négligences graves) et ce qui devrait relever de mesures internes à l'administration (promotions, responsabilités gestionnaires, rémunérations « au mérite », sanctions disciplinaires, etc.)

La responsabilisation pécuniaire est l'un des instruments apparus ces dernières années. Un décret du 11 août 2006 a institué une indemnité de performance en faveur des directeurs d'administrations centrales « destinée à prendre en compte les résultats obtenus par les personnes qui exercent les fonctions d'administration centrale et des fonctions équivalentes », indemnité attribuée dans le cadre d'une évaluation individuelle. À noter, par ailleurs, que certains États comme le Royaume-Uni n'ont pas hésité à recourir à des formules de contrats à durée déterminée pour des « manageurs » recrutés dans la haute fonction publique britannique non régalienne sur la base de contrats d'objectifs. On ne peut non plus passer sous silence la réforme de la notation dans la fonction publique et de son individualisation qui a été organisée par le décret du 29 avril 2002.

Toutes conditions qui sont, elles-mêmes, subordonnées à une définition très claire des responsabilités imposées à chacun, ce qui n'est pas toujours le cas.

Le RGBCP de 2012 a identifié et organisé la structure administrative de cette gestion avec l'émergence d'un responsable financier du ministère se superposant aux responsables de programmes, de budgets opérationnels de programmes et d'unités opérationnelles (v. ss 546), sans pour autant que l'on puisse encore identifier clairement la responsabilité particulière et spécifique applicable aux gestionnaires concernés.

B. La responsabilité des comptables publics

428 Les comptables publics encourent, comme tout citoyen, une responsabilité pénale et, comme tout fonctionnaire, une responsabilité disciplinaire (qui doit cependant préserver leur indépendance). Ils encourent aussi une responsabilité pécuniaire qui, elle, est dérogatoire au droit commun de la fonction publique car elle concerne des agents qui manient les deniers publics et sont chargés de contrôler la régularité de leur emploi. Cette responsabilité, traditionnelle, est régie par l'article 60 de la loi de finances du 23 février 1963 qui a été modifié à plusieurs reprises. Cette responsabilité est étendue (**1**) et donne lieu à la mise en œuvre de mécanismes originaux (et compliqués) (**2**).

1. L'étendue de la responsabilité des comptables publics

429 À la différence de la généralité des agents publics dont la responsabilité vis-à-vis de l'administration est limitée, les comptables publics encourent, vis-à-vis des personnes morales de droit public auprès desquelles ils sont placés, une responsabilité personnelle et pécuniaire étendue qui (sans distinguer, notamment, entre faute personnelle et faute de service) se trouve engagée, c'est-à-dire susceptible d'être mise en jeu, dès que sont « objectivement » constatés certains faits (**a**), que ces derniers relèvent du comptable lui-même ou des personnes dont il est responsable (**b**).

a. Quant aux faits

430 La responsabilité se trouve engagée « dès lors » qu'est constaté un déficit ou un manque de monnaie ou en valeurs (« déficit de caisse »), qu'une dépense a été irrégulièrement payée (sauf réquisi-

tion régulière par l'ordonnateur) ou qu'une recette n'a pas été recouvrée ; dans ce dernier cas, cependant, le comptable est responsable du recouvrement mais n'est pas responsable (sauf mauvaise foi) des erreurs de calcul commises par les services d'assiette ; dans les collectivités publiques secondaires (collectivités locales, établissements publics), il est toutefois tenu (depuis 1803) à une obligation de vigilance et de diligences qui l'astreint à prendre toute initiative pour conserver et faire recouvrer les créances (dont il est dépositaire) de l'organisme intéressé.

La responsabilité se trouve également engagée si, « par le fait » du comptable public, l'organisme public a dû procéder à l'indemnisation d'un autre organisme de droit public ou d'un tiers ou a dû rétribuer un commis d'office pour produire des comptes (L. fin. 23 févr. 1963, art. 60-1). Mais cette responsabilité, qui n'a été que rarement et récemment mise en jeu (par certaines chambres régionales des comptes) suppose, elle, un comportement répréhensible qui se rapproche de la notion de « faute » (terme qui était d'ailleurs utilisé dans la rédaction antérieure à la réforme de 2006, réforme qui a, par ailleurs, ajouté le cas dans lequel le comptable n'a pas rendu des comptes, obligeant alors à nommer un commis d'office pour le faire à la place du comptable défaillant).

Par ailleurs, la « comptabilité matière », c'est-à-dire portant sur des objets mobiliers (marchandises, denrées...) n'engage la responsabilité spéciale du comptable que si les textes permettent de définir avec précision la valeur des biens en cause (CE 4 déc. 1995, *Maymard*).

b. Quant aux personnes

431 On peut distinguer trois types de responsables.

En premier lieu, les comptables sont, de plein droit, responsables, non seulement de leur fait personnel (qui engage les héritiers), mais aussi du fait des personnes (y compris d'autres comptables publics) placées sous leur autorité.

En deuxième lieu, les comptables sont responsables, « dans la limite des contrôles qu'ils sont tenus d'exercer » pour les « opérations des comptables publics et des correspondants centralisés dans leur comptabilité » et pour « les actes des comptables de fait s'ils ont eu connaissance de ces actes et ne les ont pas signalés à leur supérieur hiérarchique ».

Par ailleurs, les comptables sont, en principe, responsables des régisseurs (d'avances et/ou de recettes) qui leur sont rattachés mais ces régisseurs étant, de leur côté, soumis à un régime de responsabilité spécifique proche de celui des comptables et organisé par un décret du 16 novembre 1968 modifié, la responsabilité du comptable n'est engagée que de manière subsidiaire et conditionnelle (il faut « une faute ou une négligence caractérisée commise par le comptable public à l'occasion de son contrôle sur pièces ou sur place »).

Le caractère subsidiaire et conditionnel de cette responsabilité a été imposé par voie réglementaire (Décr. 21 juill. 2004) puis législative (LFR 30 déc. 2006) au Conseil d'État qui, lui, rendait le comptable de plein droit responsable des actes du régisseur, même lorsque celui-ci avait obtenu remise gracieuse ou décharge de responsabilité (CE 6 nov. 1981, *Rispail* ; 18 févr. 1997, *Blémont* ; 20 mars 2002, *Thonis*).

Par ailleurs, les agents chargés de tenir la comptabilité spéciale de matières, valeurs et titres sont soumis aux mêmes obligations et responsabilités que les comptables publics tout comme les régisseurs chargés pour le compte des comptables publics dépositaires d'encaissement et de paiement, ainsi que les gestionnaires et comptables de fait par rapport aux comptables patents.

En troisième lieu, les comptables sont responsables des actes de leurs prédécesseurs s'ils n'ont pas émis de réserves sur ces actes dans les six mois de leur prise de fonction (CE 23 juin 1989, *Vêque*).

2. La mise en jeu de la responsabilité des comptables publics

432 Bien qu'« engagée », la responsabilité d'un comptable public n'est pas « mise en jeu » dans deux hypothèses.

La première concerne les cas dans lesquels il y a prescription, dont la durée est, depuis 2008, calculée sur la base de cinq ans (L. 28 oct. 2008).

« Le premier acte de la mise en jeu de la responsabilité ne peut plus intervenir au-delà du 31 décembre de la cinquième année suivant celle au cours de laquelle le comptable a produit ses comptes au juge des comptes ou, lorsqu'il n'est pas tenu à cette obligation, celle au cours de laquelle il a produit les justifications de ses opérations » (art. 60-IV de la loi de finances de 1963). La durée, qui était initialement de trente ans, avait d'abord été ramenée à 10 ans en 2001 (L. 28 déc.) puis à six ans en 2004 (L. 30 déc. 2004, art. 125).

La seconde constitue une importante innovation apportée par la loi du 30 décembre 2006, dont l'article 146 dispose que « lorsque le ministre dont relève le comptable public, le ministre du Budget ou le juge des comptes constate l'existence de circonstances constitutives de la **force majeure**, il ne met pas en jeu la responsabilité personnelle et pécuniaire du comptable public » (en ce sens, CGI, art. 430 s.). La survenance d'événements extérieurs, imprévisibles et irrésistibles (qu'il convient, naturellement, d'apprécier) peut donc amener, non seulement à exonérer (en tout ou partie) le comptable de sa responsabilité, mais encore à renoncer, y compris de la part du juge à toute procédure préalable de mise en jeu de la responsabilité (alors qu'auparavant le juge ne pouvait constater cette force majeure dont l'appréciation ne pouvait, en principe, être faite, sous le contrôle du juge administratif, que par le ministre, saisi d'une demande de décharge de responsabilité après le jugement du compte par la juridiction financière).

La décharge est financièrement supportée, selon les cas, par l'État ou par l'organisme public concerné (Décr. 5 mars 2008, n° 2008-228, art. 11). L'État est alors subrogé dans tous les droits des organismes publics à concurrence des sommes qu'il a prises en charge.

S'agissant des comptables des organismes non étatiques, notamment des collectivités locales, le décret du 5 mars 2008 relatif à la constatation et à l'apurement des débets des comptables publics et assimilés qui régit la matière, prévoit un avis « de l'organisme public et du ministère intéressé » (art. 9), ce qui suppose un avis simple de son conseil, alors que les instructions ministérielles prévoient un « avis conforme » de l'ordonnateur, ce qui paraît doublement illégal (l'ordonnateur est substitué au conseil, un droit à décharge est conditionné par un avis conforme...).

Sous ces réserves, la responsabilité pécuniaire du comptable peut être mise en jeu par l'autorité ministérielle (ministre dont relève le comptable, ministre du Budget, qui peuvent déléguer cette compétence, notamment aux directeurs des finances publiques, directeurs régionaux, recteurs...) (**a**) et par le juge des comptes (**b**), la procédure induisant une appréciation de la situation du comptable (**c**) et le recouvrement des débets (**d**).

Le comptable dont la responsabilité est mise en jeu a l'obligation de s'acquitter immédiatement des sommes manquantes, sauf s'il obtient du ministre des Finances (ou, parfois, du directeur des finances publiques) un **sursis de versement**, mesure conservatoire qui, en principe, ne préjuge pas du fond. S'il n'a pas versé la somme en question, il peut être constitué en débet par l'émission d'un titre ayant force exécutoire (art. 60-I-4e, L. fin. pour 1963 modifiée par L. 28 oct. 2008).

Par ailleurs, lorsque le ministère public près le juge des comptes requiert l'instruction d'une charge à l'égard du comptable public, ce dernier peut verser immédiatement sur ses deniers personnels une somme égale au montant de la perte de recette subie, de la dépense irrégulièrement payée, de l'indemnité versée de son fait à un autre organisme public ou à un tiers, d'un commis d'office par l'organisme public intéressé, soit dans le cas où il tient la comptabilité matière à la valeur du bien manquant (art. 60-2-b, L. fin. pour 1963, modifiée).

a. L'intervention de l'administration avant le jugement des comptes

433 Celle-ci n'est pas automatique mais, assez fréquente, peut jouer dans deux sens opposés.

L'admission en non-valeur (parfois appelée admission en surséance) permet à différentes autorités administratives de l'État (variables selon les recettes) ou au conseil délibérant des organismes publics secondaires de dispenser le comptable qui le demande de verser, comme il le devrait, les recettes qu'il n'a pu recouvrer pour des raisons indépendantes de sa volonté (insolvabilité ou disparition du débiteur). Mais cette mesure de faveur, non susceptible de recours contentieux (et que ne pourrait invoquer le débiteur), ne lie pas le juge des comptes (v. par ex. CE 23 févr. 2000, *Barthélémy*).

En matière fiscale, les admissions sont prononcées par le comptable principal, le directeur des finances publiques ou le directeur régional des douanes selon qu'il s'agit de comptables de la DGFiP ou des douanes (v. ss 37 s.) (après avis conforme des assemblées locales lorsqu'il s'agit de taxes d'urbanisme ou d'impositions recouvrées sous la responsabilité d'une collectivité locale).

L'arrêté de débet (mise en débet administrative) permet, en sens inverse, à l'autorité ministérielle de constituer immédiatement débiteur un comptable dont on découvrirait les irrégularités ; mais, ici aussi, cette mesure ne lie pas le juge des comptes.

b. Le jugement des comptes

434 Assuré par la Cour ou les chambres régionales des comptes, il intervient de manière systématique (et sans saisine préalable, ce qui constitue une différence avec les procédures habituelles de mise en jeu des responsabilités), sous réserve des cas d'apurement

administratif (v. ss 397 et 407 s.) et du fait que la juridiction financière ne connaît en principe directement que des comptes des comptables principaux, qui ont préalablement intégré dans leurs écritures celles des comptables secondaires (qui ne sont pas nécessairement leurs subordonnés ; sur les modalités de production des comptes : CJF, art. R.131-2, D.131-8 s., RGBCP, art. 147 s.), ce qui permet de réduire le nombre de décisions. Mais la règle connaît des atténuations ; depuis 1977, la Cour des comptes peut adresser directement des injonctions et condamner directement les comptables des administrations financières, comptables secondaires dont les comptes sont annexés à ceux du responsable des finances publiques, faisant fonction de comptable principal de l'État (qui n'est cependant pas leur supérieur hiérarchique).

Ce jugement était traditionnellement marqué par deux règles essentielles.

Il s'agit, d'une part, du **caractère objectif du jugement**. En vertu de l'adage **classique selon lequel** la juridiction financière « juge les comptes et non pas les comptables » le juge n'était pas autorisé à prendre en considération le comportement personnel du comptable, qui pouvait ainsi être mis en débet même s'il n'avait pas connu ou pu empêcher l'irrégularité (C. comptes 23 janv. 1906, et CE 12 juill. 1907, *Nicolle*. V. également CE *Rispail* et *Vêque*, cités sous 430). Pour autant, les réformes de 2008, fruit notamment de la loi du 28 octobre 2008, nous rapprochent de plus en plus d'un jugement du comptable.

Mais la portée de ce principe a toujours été relative, notamment en matière de recettes, pour lesquelles le juge doit apprécier si le comptable « a exercé dans des délais appropriés toutes diligences requises pour le recouvrement » (CE ass. 27 oct. 2000, *Desvigne*) (le juge pouvant, par ailleurs, et en tout domaine, prononcer dcs amendes : v. ss 428). Elle l'est devenue encore plus depuis que le juge peut renoncer à mettre en jeu la responsabilité du comptable lorsqu'il y a eu force majeure (v. ss 432). Les diligences précitées soumises à l'appréciation du juge des comptes doivent être « rapides, complètes et adéquates », le juge des comptes n'étant pas lié par l'admission en non-valeur, décision administrative qui « apure dans la comptabilité la créance non recouvrée » (C. comptes 30 mars 2011, *DDFiP Eure-et-Loir, SIE de Nogent-le-Rotrou*).

Il s'agissait, d'autre part, de la règle du double arrêt (ou, pour les chambres régionales, du double jugement), qui fut longtemps le seul moyen d'assurer un minimum de caractère contradictoire à une procédure qui était écrite et non publique.

Mais cette procédure a dû faire place aux éléments d'oralité et de publicité imposés par la Convention européenne des droits de l'homme (v. ss 395).

Ce dispositif particulier, en deux temps, a été abandonné par la loi du 28 octobre 2008 précitée, sous l'influence du juge européen des droits de l'homme.

Des **voies de recours** sont ouvertes contre les décisions juridictionnelles définitives.

435 Un **appel** des jugements des CRC est possible devant la Cour des comptes. Suspensif (Décr. n° 2008-1397, art. 9) en cas de débet ou de prononcé d'une amende (il peut l'être aussi sur décision de la Cour sur requête motivée de l'appelant dans les autres cas), il peut être interjeté, dans les deux mois de la notification, par le comptable (ou ses ayants droit), la collectivité ou établissement public intéressé et le parquet (près la Chambre ou la Cour).

La Cour peut annuler le jugement entrepris (pour vice substantiel, notamment de forme ou de procédure) et, alors, renvoyer aux premiers juges ou évoquer l'affaire au fond (avec règle du double arrêt). Elle peut réformer le jugement (pour erreur de droit ou de fait) mais ne peut alors, sauf si cela lui a été demandé par une partie (notamment le parquet), aggraver la situation de l'appelant (CE 6 janv. 1995, *Gouazé*).

436 **Un recours en cassation** contre les arrêts ou ordonnances de la Cour des comptes est possible devant le Conseil d'État (pour incompétence, vice de forme ou violation de la loi, L. 28 oct. 2008, art. 30). Non suspensif (et non dispensé d'avocat), il doit être introduit dans les deux mois à compter de la notification de l'arrêt ou de l'ordonnance, par le comptable ou ses ayants droit, le ministre chargé du Budget, les ministres intéressés, les représentants légaux des collectivités et des établissements publics intéressés – L. 28 oct. 2008, art. 30. Si le Conseil d'État prononce la cassation, l'affaire est renvoyée devant les chambres réunies de la Cour des comptes (v. ss 395), qui doivent s'incliner.

Longtemps rares, les pourvois en cassation et, encore plus, les cassations ont eu tendance à se multiplier depuis une trentaine d'années, sous l'effet principal des activités des chambres régionales des comptes et du principe du « procès équitable » résultant de la Conv. EDH et de la jurisprudence du Conseil d'État (v. ss 661), qui ont souvent bousculé la jurisprudence traditionnelle de la Cour des comptes. Sur les trente dernières années on dénombre plus d'une centaine de pourvois dont environ un quart a abouti (totalement ou partiellement).

437 Un **recours en révision** des arrêts ou jugements (passés en force de chose jugée) de la juridiction financière peut être effectué par le comptable (qui aurait retrouvé les pièces) ou ses ayants droit ou (pour erreur, omission, faux ou double emploi) par la juridiction elle-même ou son parquet (qui peut, notamment, être saisi par le ministre chargé du Budget, les ministres intéressés, les représentants légaux des collectivités et des établissements concernés). Il est effectué devant la juridiction même qui a rendu l'arrêt ou le jugement initial (et qui rend un arrêt ou un jugement susceptible de recours).

Les recours sont peu fréquents, car, en particulier, ils ne sont admis que si le comptable possédait les pièces avant la décision juridictionnelle attaquée et n'a pu les produire pour des raisons de force majeure (C. comptes 21 mars 1985, *Rassel*, et CE 20 mars 2002, *Michelin*).

438 Par ailleurs, le développement de la jurisprudence dite de la **disqualification structurelle** a conduit à provoquer l'émergence d'une voie de procédure particulière avec une « obligation » de dessaisissement de la juridiction financière normalement compétente au profit d'une autre juridiction, en dernier lieu du Conseil d'État (v. ss 661).

c. L'appréciation de la situation du comptable

439 Elle est effectuée par l'autorité administrative après le jugement des comptes. Le comptable a longtemps pu solliciter, pour tout motif, une **remise gracieuse de débet**, largement accordée et qui limitait fortement l'effectivité de la responsabilité du comptable public.

La remise gracieuse est actuellement prévue par l'article 60-IX, alinéa 1, de la loi n° 63-156 du 23 février 1963, modifié à plusieurs reprises. La remise gracieuse pour les amendes fut supprimée en 2008 ; la réforme de 2011 porte sur les sommes mises à la charge des comptables publics.

Cette dernière réforme a profondément remanié le régime de la remise gracieuse accordée par le ministre du Budget ou une autorité administrative sur délégation, en différenciant les situations et en « protégeant » les cas de mise en jeu de la responsabilité du comptable par le juge des comptes tout en introduisant cependant une forme de sanction minimale que l'on pourrait assimiler à une sorte de sanction du non-respect d'un « devoir de vigilance » du comptable.

440 Désormais quatre situations régissent le régime de la remise gracieuse :

– en cas de manquement n'ayant pas causé de préjudice financier à l'organisme public concerné, il n'y a pas de remise gracieuse des sommes mises à leur charge (définies réglementairement) ; le juge des comptes pourra laisser à la charge du comptable public concerné une somme limitée par un plafond ;

– en cas de manquement ayant causé un préjudice financier à l'organisme public concerné ou si l'organisme public a dû procéder à l'indemnisation d'un autre organisme public ou d'un tiers ou a dû rétribuer un commis d'office pour produire les comptes, la remise gracieuse des sommes mises à la charge du comptable est possible ;

– en cas de mise en jeu de la responsabilité personnelle et pécuniaire par le juge des comptes, la remise gracieuse totale par le ministre n'est pas possible (« le ministre étant dans l'obligation de laisser à la charge »), et se trouve limitée par une somme plancher « au moins égale au double de la somme » fixée par décret en Conseil d'État en fonction du niveau des garanties ;

– une remise totale est possible en cas de mise en jeu de la responsabilité par le juge des comptes dans deux cas : en cas de décès du comptable ou de respect par celui-ci, sous l'appréciation du juge des comptes, des règles de contrôle sélectif des dépenses.

Le décret n° 2012-1386 du 10 décembre 2012 a précisé le montant maximal de la somme pouvant être mise à la charge du comptable dans le cas où aucun préjudice n'a été causé à l'organisme concerné : il est fonction du cautionnement prévu pour le poste comptable considéré et a été fixé à un millième et demi de ce montant (art. 1).

C'est un arrêté du 23 novembre 2012 qui a fixé les règles actualisées relatives aux cautionnements à constituer par les comptables de la DGFiP en tenant compte des catégories de comptables (21, nonobstant les conservateurs des hypothèques en voie de disparition) et par un jeu de coefficients fondés sur le montant du traitement annuel attaché à l'indice le plus élevé afférent à la catégorie des comptables (ex. comptable placé à la tête d'une DRFiP de 1re catégorie : coefficient 11).

Les conditions de la procédure ont été fixées par le décret du 5 mars 2008 (art. 8 s.)

Aux termes de l'article 8 dudit décret, « le comptable public peut demander au ministre chargé du Budget la remise gracieuse des sommes mises à sa charge, intérêts compris », le dossier étant instruit par la DGFiP. C'est le ministre chargé du Budget qui « statue sur la demande en remise gracieuse » (art. 9-I) mais après avoir pris un certain nombre d'avis, parfois décisifs. Outre « l'avis du supérieur hiérarchique », le ministre doit prendre l'avis de « l'organisme public et du ministre intéressé » (art. 9-I). Par « organisme public », il faut entendre, s'agissant des collectivités locales, non l'ordonnateur de la collectivité locale, mais le conseil délibérant de ladite collectivité (TA Nice 7 avr. 2000, n° 983436 et 99492).

Tout projet de remise gracieuse dont le montant excédait une limite fixée par arrêté du ministre chargé du Budget était soumis à l'avis de la Cour des comptes. Le ministre n'était pas tenu de suivre cet avis mais s'il décidait de s'en écarter, il devait motiver sa décision et en informer la Cour des comptes (ancien art. 14).

Ce seuil avait été fixé par un arrêté du 5 mars 2008 ; il était de 10 000 € pour ce qui est du montant en principal de la remise gracieuse pour un débet prononcé par la Cour des comptes ou par les chambres régionales des comptes et de 20 000 € lorsque le débet est prononcé par le ministre dont relève le comptable public.

Le décret n° 2012-1387 du 10 décembre 2012 a mis fin à ce dispositif en limitant ce rôle consultatif de la Cour des comptes à tout projet de décision de remise gracieuse consécutif à un premier acte de mise en jeu de la responsabilité antérieur au 1er juillet 2012.

La décision est prise après accord du conseil (et non de l'ordonnateur, comme l'indiquent illégalement les instructions ministérielles) de l'organisme public secondaire intéressé si c'est ce dernier qui doit supporter financièrement la remise, ce qui est le cas s'il a un comptable ou un régisseur propre ou si son ordonnateur a établi ou visé des pièces irrégulières (Décr. 5 mars 2008 relatif à la constatation et à l'apurement des débets des comptables publics et assimilés, art. 9). La décision relative à la remise n'est pas susceptible de recours contentieux (ce qui a été critiqué).

En pratique, les remises furent accordées dans la très grande majorité des cas. Dans ce cas, les débets sont supportés par le budget de l'organisme intéressé (cas et conditions fixés par décret, art. 146, LFR pour 2006), l'État prenant en charge ces débets et étant subrogé dans ce cas dans tous les droits des organismes publics à concurrence des sommes prises en charge.

Il reste à voir comment ce nouveau régime va être mis en œuvre en particulier sur le terrain de la qualification du préjudice financier.

441 La Cour des comptes a estimé qu'« en cas de pluralité de charges, le juge des comptes a la faculté d'arrêter plusieurs sommes non rémissibles sur un même exercice contrôlé et que leur montant cumulé n'est pas affecté par le niveau de plafonnement prévu par le législateur » (C. comptes, 29 janv. 2013, *Cons. de l'espace littoral et des rivages lacustres*). En outre, elle devait rappeler s'agissant du préjudice causé que l'annulation d'un titre compromet définitivement toute chance de recouvrement ultérieur alors qu'une éventuelle admission en non-valeur préserve le caractère exécutoire d'un titre et permet la poursuite de l'action en recouvrement en cas « de retour à meilleure fortune » ; ainsi le paiement d'un mandat d'annulation conduit à un appauvrissement définitif constitutif d'un préjudice financier (C. comptes, 13 mars 2014, *Mme Coppée, comptable de la commune de Rivière-Pilote*).

D'après le rapport public annuel 2015 de la Cour des comptes, près de 74 M € de débets ont été prononcés par la Cour et les CRC en 2014, dans le cadre de 281 jugements et arrêts.

d. Le recouvrement des débets

442 Il est poursuivi lorsque le comptable n'a pas obtenu de remise gracieuse. Il est garanti par une caution ou une association de cautionnement dont le comptable a dû justifier avant son entrée en fonction.

Pour pouvoir entrer en fonction, ce comptable a dû verser un important cautionnement (de la moitié à douze fois le traitement annuel) ou adhérer, moyennant une cotisation annuelle (1‰ du cautionnement) à une association de cautionnement mutuel créée en 1908 pour démocratiser l'accès à la fonction.

Le montant du cautionnement, révisé tous les trois ans (Décr. 26 sept. 2006, art. 2) est, depuis 2006, de 10 000 € (pour un huissier du Trésor public) de

103 000 € à 818 000 € (pour le directeur régional des finances publiques pour la région Île-de-France).

L'association verse tout ou partie de la caution à l'État mais, n'étant pas une assurance, elle est remboursée par prélèvements (mensuels) sur le traitement (ou la pension) du comptable (dont les biens sont par ailleurs grevés d'hypothèque et privilège au profit du Trésor).

Mais ces garanties ne dispensent pas le comptable de la charge finale du paiement. Aussi, le comptable peut-il prendre une assurance (généralement partielle) ; par ailleurs, il bénéficie de certaines indemnités de risques et peut poursuivre, à titre personnel, le recouvrement des sommes auprès de toute personne qui serait à l'origine du débet.

Dans le cadre du décret 2008-228 du 5 mars 2008 modifié relatif à la constatation et à l'apurement des débets des comptables publics et assimilés, un arrêté du 12 février 2015 a précisé les conditions de la gestion déconcentrée des actes relatifs à la constatation et à l'apurement des débets des comptables publics et régisseurs.

Section 2
Des contraintes communes

443 La démarche de « gouvernance » financière conduit à chercher à identifier, affirmer, voire tenter d'imposer des normes financières communes aux différentes administrations publiques (**§ 1**), tout en maintenant un ensemble de règles comptables qui intéresseront plus spécifiquement les finances de l'État et des collectivités locales (**§ 2**).

§ 1. Des normes financières

444 Celles-ci relèvent d'un double dispositif législatif : la loi organique du 17 décembre 2012 (LOPGFP) (**A**) et les lois de programmation des finances publiques (**B**).

A. L'apport de la loi organique du 17 décembre 2012

445 La volonté de maîtriser les finances publiques, dans une perspective toujours éloignée d'équilibre des comptes publics, a été marquée ces dernières années par un échec constitutionnel à savoir celui du projet de loi constitutionnelle relatif à l'équilibre des finances publiques qui avait été initié en 2011 et qui aurait dû conduire à la mise en œuvre de lois-cadres d'équilibre des finances publiques, lois-cadres à statut de loi organique. Adopté dans les mêmes termes par les deux assemblées en juillet 2011, ce projet fut abandonné faute de majorité suffisante en vue du congrès.

446 L'adhésion de la France au TSCG en 2012 a conduit les autorités françaises à faire le choix non pas d'une révision constitutionnelle comme pouvait l'y inviter le dit traité mais celui d'une loi organique (v. ss. 305 s.), Il en est résulté la loi organique n° 2012-1403 du 17 décembre 2012 relative à la programmation et à la gouvernance des finances publiques (LOPGFP) qui a intégré des objectifs budgétaires et financiers en reprenant la définition du **solde structurel** qui est établi comme étant « le solde annuel corrigé des variations conjoncturelles, déduction faite des mesures ponctuelles et temporaires » (art. 1) et le seuil des 0,5 % sur une année, tout en rajoutant une alternative de 0,25 % par an en moyenne sur deux années consécutives (art. 23-III), exigence dont le respect est placé sous la surveillance du Haut conseil des finances publiques créé par la loi organique (v. ss 348, 403).

B. Une pluriannualité renforcée

447 La volonté française de développer une démarche pluriannuelle a trouvé une première concrétisation en 1994 avec l'adoption de la loi d'orientation quinquennale du 24 janvier 1994 sur la maîtrise des finances publiques, qui préparait la réduction du déficit – et qui a été (momentanément) suivie d'effet. Il s'agissait d'un exercice de cadrage pluriannuel relativement nouveau, alors qu'il était devenu courant dans d'autres pays (notamment l'Allemagne, les États-Unis, le Japon, le Royaume-Uni). Ce texte fut rapidement oublié et partiellement abrogé par la loi de finances pour 2006.

C'est la réforme constitutionnelle du 23 juillet 2008 qui a traduit la volonté politique nationale de donner à la pluriannualité des finances publiques une autorité plus affirmée. L'introduction à l'article 34 d'un avant-dernier alinéa concrétise cette démarche. Ainsi, les orientations pluriannuelles des finances publiques sont définies par des lois de programmation. Celles-ci s'inscrivent dans l'objectif d'équilibre des comptes des administrations publiques.

448 La LOPGFP de 2012 a précisé et renforcé le contenu des lois de programmation en rappelant en particulier qu'elles s'inscrivent dans le cadre de l'objectif à moyen terme (OMT) des administrations publiques mentionné au TSCG, en énonçant les trajectoires de soldes structurels et effectifs annuels, les méthodes mêmes de calcul pour le passage d'un solde à un autre, « le solde structurel (étant) le solde corrigé des variations conjoncturelles, déduction faite des mesures ponctuelles et temporaires » (LOPGFP, art. 1).

Cette approche induit à la fois un rapport annexé au projet de loi de programmation qui doit être approuvé par le Parlement, mais aussi que le Haut conseil des finances publiques examine les prévisions macroéconomiques gouvernementales et l'estimation du PIB fondant le projet de loi, cet avis étant, là aussi, joint au projet de loi lors de sa transmission au Conseil d'État. Il se doit d'être présenté de façon sincère (LOPGFP, art. 6).

Après de nombreuses hésitations, et il est vrai dans des circonstances économiques et financières peu favorables pour établir des prévisions financières assurées sur une longue période, c'est-à-dire l'automne 2008, et alors même que fut mise en œuvre la procédure d'urgence, la première loi de programmation des finances publiques ne fut adoptée qu'au début de l'année 2009 au travers de la loi de programmation des finances publiques pour les années 2009-2012 (L. 9 févr. 2009). Une deuxième loi de programmation a été adoptée pour les années 2011-2014 (L. 28 déc. 2010), suivie, d'une troisième loi de programmation pour les années 2012-2017 (L. 31 déc. 2012), puis d'une quatrième loi pour les années 2014 à 2019 (L. 29 déc. 2014) avec une évidente et constante interrogation quant à l'autorité juridique de ce type de texte notamment au regard des lois de finances.

La loi de programmation 2012-2017, renforcée par la LOPGFP, s'inscrit dans le processus organisé par le TSCG et comporte des orientations importantes qui sont désormais une constante d'une loi à une autre. Elle affirme la volonté de voir baisser la dépense publique, de stabiliser le taux de prélèvements obligatoires avec quelques baisses limitées sur la fin de la période tout comme de réduire la dette des administrations publiques, l'encadrement des transferts financiers en faveur des collectivités territoriales, mais en passant d'une stabilisation en valeur, à périmètre constant, des prélèvements sur recettes de l'État au profit des collectivités territoriales (hors FCTVA) à une réduction programmée de certaines dotations en 2014 et 2015 ; ceci est foncièrement novateur dans les relations État-collectivités locales. Autres orientations notables : la mise en réserve d'une masse de crédits (la réserve que certains ont pu qualifier de « performance » et qui est fixée par la loi).

Au-delà de ces constantes, la loi de programmation 2012-2017 confirmait d'abord la fin de la baisse des effectifs de la fonction publique étatique, la forte augmentation des dépenses des régimes obligatoires de base de Sécurité sociale avec une mise en réserve en début d'exercice de dotations de l'assurance maladie (0,3 %), tout en affichant un résultat final équilibré en 2017 au niveau du solde structurel mais avec encore un déficit lié au solde conjoncturel.

On notera que le « pari » reposait sur une situation « assainie » voire « excédentaire » au niveau des APUL et des Administrations de Sécurité sociale. Celui-ci supposait aussi un niveau de croissance économique qui dès 2013 ne parut pas correspondre à la réalité. En somme, la loi de programmation qui obéit elle aussi au principe de sincérité est contredite en permanence.

449 De plus, le gouvernement français a cherché à organiser sa politique budgétaire sur une base triennale (similaire à celle imposée par le pacte de stabilité) dont la traduction est le **budget pluriannuel de l'État.** Cette approche constitue un engagement politique destiné à traduire les décisions prises par la France tout en cherchant à donner une lecture à moyen terme de certains postes de dépense comme l'incidence des départs à la retraite et la charge de la dette.

Le document établi à cet effet intègre aussi les prélèvements sur recettes et fait état de la mise en place d'une « réserve de budgétisation... pour faire face aux aléas de la prévision sur les dépenses inéluctables ».

Faut-il encore une concordance entre ces différents textes en particulier en matière de prévisions économiques quand ils sont adoptés et présentés dans des périodes similaires ou proches (en ce sens, avis « critique » du HCFP 2015-01 du 13 avr. 2015 relatif aux prévisions macroéconomiques associées au projet de programme de stabilité pour les années 2015-2018).

On osera cette interrogation sans doute critiquable mais qui se pose à présent au plan européen : à quel moment la France a-t-elle effectivement respecté ses engagements financiers ?

L'évolution de la situation financière des administrations publiques françaises au travers des lois de programmation des finances publiques (Démarche prévisionnelle)

	nature	2008	2009	2010	2011	2012	2013	2014	2015	2016	2017	2018	2019
Loi du 9 févr. 2009	solde	-3,2	-4,4	-3,1	-2,3	-1,5							
	dette	67	69,9	70,5	70	68,6							
Loi du 28 déc. 2010	solde		-7,5	-7,7	-6	-4,9	-3	-2					
	dette		78,1	82,9	86,2	87,4	86,8	85,3					
Loi du 31 déc. 2012	solde					-4,5	-3	-2,2	-1,3	-0,6	-0,3		
	dette					87,4	88,4	87,3	85,4	82,9	80,1		
Loi du 29 déc. 2014	solde						-4,1	-4,4	-4,1	-3,6	-2,7	-1,7	-0,7
	dette						92,2	95,2	97,1	97,7	97	95,1	92,4
INSEE	solde	-3,3	-7,5	-7,1	-5,3	-4,8	-4,1	-4					
	dette	68,2	79,2	82,4	85,8	90,2	93,5	95					

Unité : % du PIB ; source : INSEE et lois de programmation ; solde public effectif et dette des administrations publiques.

§ 2. Les règles comptables

450 Les règles comptables ont pour objet de décrire et d'encadrer l'exécution des budgets et, plus généralement, des opérations financières publiques. Cette comptabilité publique **repose à présent sur le décret du 7 novembre 2012 relatif à la gestion budgétaire et comptable publique (RGBCP)** qui a remplacé le décret du 29 décembre 1962 portant règlement général sur la comptabilité publique (RGCP). Elle est plus spécifique aux finances de l'État et de ses établissements publics. C'est sur des fondements législatifs que les principes généraux de la comptabilité publique ont été mise en œuvre en ce qui concerne les collectivités locales (sur les finances sociales v. ss.798). Il existe en France des institutions spécifiques à la comptabilité qu'il convient de rappeler (**A**). En outre, la France connaît des règles particulières qui expliquent l'originalité des agents qui mettent en œuvre la comptabilité publique (**B**) et des opérations qu'elle organise (**C**).

A. Les institutions de la comptabilité (publique)

451 Dans un souci de refonte voire d'unification institutionnelle en ce domaine, la création en 2009 de l'**Autorité des normes comptables** (Ord. 22 janv. 2009) permet d'établir, sous forme de règlements, les prescriptions comptables générales et sectorielles que doivent respecter les personnes physiques ou morales soumises à l'obligation légale d'établir des documents comptables conformes aux normes de la comptabilité privée (art. 1er). Dans le prolongement de cette création, un arrêté du 29 avril 2009 a institué un **Conseil de normalisation des comptes publics** chargé notamment d'émettre des avis préalables sur tous les projets de normes comptables que contiennent les textes législatifs et réglementaires applicables aux personnes publiques et privées exerçant une activité non marchande et financées majoritairement par des ressources publiques et notamment des prélèvements obligatoires (Arr. du 28 mai 2015, art. 1er) ; ce conseil a été substitué en 2013 au Haut conseil interministériel de la comptabilité des organismes de Sécurité sociale (Décr. 29 janv. 2013). Le CNOCP comprend notamment le premier président de la Cour des comptes ou encore le président du comité des finances locales. Sa structuration interne comporte trois espaces différents, État et organismes dépendants, collectivités territoriales et établissements publics locaux, Sécurité sociale et organismes assimilés.

On notera avec intérêt la consultation nationale lancée en décembre 2014 par le CNOCP en vue de l'établissement d'un cadre conceptuel des comptes publics, « document de principes qui concerne l'ensemble des administrations publiques pour lesquelles le CNOCP est compétent », ce cadre étant défini par le CNOCP comme « un ensemble cohérent de concepts utilisés dans les normes comptables relatives aux états financiers que produisent les entités concernées. Ces concepts qui prennent en compte les principales spécificités de l'action publique en ce qu'elles sont susceptibles d'avoir des conséquences comptables, on trait : aux opérations, aux événements et circonstances dont il convient de tenir compte pour établir les états financiers, aux critères de comptabilisation, au choix des méthodes d'évaluation, aux orientations devant guider la présentation des états financiers » (CNOCP, *Cadre conceptuel des comptes publics, Document soumis à consultation*, Déc. 2014).

B. Les agents de la comptabilité publique (la séparation des ordonnateurs et des comptables)

452 Une des originalités essentielles de la comptabilité publique française est de faire intervenir dans les opérations financières deux catégories d'agents indépendants et séparés : les ordonnateurs (**1**) et les comptables (**2**) qui obéissent à un principe de séparation (**3**).

1. Les ordonnateurs publics

453 Il s'agit des administrateurs qui ont qualité pour ordonner les dépenses (et, en principe, les recettes mais, en ce domaine, leur rôle est moins important). Ce sont donc eux qui ont le rôle principal (mais pas toujours exclusif) dans la décision d'utilisation des crédits ouverts au budget, ce qui explique que cette qualité soit réservée aux plus hautes autorités administratives. On distingue ainsi les **ordonnateurs principaux** (ministres, exécutifs des collectivités locales et établissements publics), auxquels l'autorité budgétaire ouvre directement les crédits, et les **ordonnateurs secondaires** (notamment les préfets et les autorités de certains établissements publics) qui reçoivent des délégations de crédits des ordonnateurs principaux (ils n'existent pas dans les collectivités locales). Ordonnateurs principaux et secondaires peuvent déléguer leur signature à des **ordonnateurs délégués** (ou, en cas d'empêchement, voir leurs fonctions exercées par des ordonnateurs suppléants).

2. Les comptables publics

454 Ceux-ci constituent des agents publics soumis, à raison de leurs fonctions, à un statut financier spécifique assurant leur responsabilité personnelle et pécuniaire (v. ss 428 s.). C'est le ministre chargé du Budget (sauf exception pour certaines personnes morales) qui les nomme, les agrée ou contresigne les textes réglementant leur nomination. Le RGBCP les présente comme ayant la charge « exclusive de manier les fonds et de tenir les comptes

des personnes morales mentionnées à l'article 1er » du décret du 7 novembre 2012. Ils sont identifiés en deux catégories : les comptables principaux qui rendent directement leurs comptes au juge des comptes, et les comptables secondaires dont les opérations sont centralisées par un comptable principal.

Les **réseaux de comptables** relèvent tous de l'État et sont utilisés par les autres collectivités publiques ; ils dépendent du ministère des Finances ou du ministère de la Défense (v. ss 547) ; les autres administrations (notamment les établissements publics) possèdent parfois leurs propres **agents comptables** (cependant refusés aux collectivités territoriales locales) mais ces agents ne forment pas un réseau spécifique et proviennent de l'administration intéressée (notamment dans une partie des établissements d'enseignement) ou de la DGFiP.

Le **rôle des comptables publics** est double.

D'une part, ils sont tenus, sous leur responsabilité personnelle et pécuniaire, de contrôler la régularité financière des ordres de dépense (et, en principe, de recette) qui leur sont adressés par les ordonnateurs, et de refuser d'obéir aux ordres irréguliers. Ce rôle, parfois appelé « rôle de payeur » (du nom de l'agent qui l'a jadis exercé ou l'exerce parfois encore), constitue l'originalité essentielle et le principe central du système français de comptabilité publique.

D'autre part, les comptables sont, en principe, seuls habilités à détenir et à manier (par eux-mêmes ou par leurs préposés) les deniers publics (rôle dit parfois de « caissier »). Toute autre personne, notamment tout ordonnateur, qui s'immiscerait dans cette fonction risquerait de se voir appliquer le régime, sévère, de la gestion de fait (v. ss 414).

L'article 18 du RGBCP, applicable aux comptables de tous les organismes de droit public, décrit de façon exhaustive leur rôle en énonçant que « dans le poste comptable qu'il dirige, le comptable public est seul chargé :

- de la tenue de la comptabilité générale ;

- de la tenue de la comptabilité budgétaire, sous réserve des compétences de l'ordonnateur ;

- de la comptabilisation des valeurs inactives ;

- de la prise en charge des ordres de recouvrer et de payer qui lui sont remis par les ordonnateurs ;

- du recouvrement des ordres de recouvrer et des créances constatées par un contrat, un titre de propriété ou tout autre titre exécutoire ;

- de l'encaissement des droits au comptant et des recettes liées à l'exécution des ordres de recouvrer ;

- du paiement des dépenses, soit sur ordre émanant des ordonnateurs, soit au vu des titres présentés par les créanciers, soit de leur propre initiative ;

- de la suite à donner aux oppositions à paiement et autres significations ;

- de la garde et de la conservation des fonds et valeurs appartenant ou confiés aux personnes morales mentionnées à l'article 1er (du décret, organismes publics) ;

- du maniement des fonds et des mouvements de comptes de disponibilités ;

- de la conservation des pièces justificatives des opérations transmises par les ordonnateurs et des documents de comptabilité. »

Cette exclusivité connaît cependant une atténuation fréquente avec les **régisseurs d'avances (dépenses) et/ou de recettes.** Il s'agit d'agents qui sont nommés, avec l'accord du comptable, par l'ordonnateur (qui ne peut lui-même être régisseur) et font généralement partie de ses services (mais certaines personnes physiques privées peuvent avoir cette qualité). Le régisseur est habilité, sous certaines limites, à encaisser certaines recettes (non fiscales, sauf dérogation autorisée par le ministre des Finances ou régie à l'étranger) et/ou à effectuer certaines dépenses à partir d'avances de fonds faites par le comptable. Mais cette activité se déroule sous le contrôle et la responsabilité de principe du comptable (v. ss 429), auquel le régisseur doit reverser les recettes et rendre des comptes (le renouvellement de l'autorisation de recette ou de l'avance de fonds étant subordonnée à un titre de régularisation émis par l'ordonnateur). Ce procédé constitue plus une atténuation à l'exclusivité du maniement des fonds par le comptable qu'une atteinte véritable au principe de séparation des ordonnateurs et des comptables (ce qui explique que son extension soit périodiquement préconisée par les pouvoirs publics).

Longtemps fixé par un texte unique (Décr. 28 mai 1964), le régime de ces règles, dont les modalités varient selon les catégories de collectivité publique (en ce qui concerne, notamment, les règles de création), est actuellement fixé par un décret du 20 juillet 1992 pour l'État, les établissements publics nationaux et les établissements publics locaux d'enseignement et par les décrets du 29 décembre 1997 et du 19 décembre 2005 pour les collectivités territoriales locales et la généralité des établissements publics locaux (v. ss 649). C'est un décret du 5 mars 2008, modifié, qui définit le régime de la responsabilité personnelle et pécuniaire des régisseurs.

3. La séparation des ordonnateurs et des comptables

455 Règle fondamentale, elle est formulée dès l'origine de la comptabilité publique française moderne.

Le principe tient en deux éléments essentiels. Il s'agit d'une part de **l'incompatibilité des fonctions** d'ordonnateur et de comptable ; formulée dès 1822 (Ord. 14 sept.) pour les dépenses (dès la fin du XVIIIe siècle pour les recettes), elle a même été étendue en 1962 aux conjoints, qui ne peuvent exercer l'une et l'autre fonction auprès du même organisme public. Il s'agit d'autre part de **l'indépendance du comptable**, qui constitue une originalité essentielle dans le droit public ; cette indépendance n'est pas nécessairement statutaire, car il arrive que le comptable soit administrativement placé sous l'autorité ou l'influence de l'ordonnateur qu'il contrôle (établissements publics, armée...) ou dont il relève statutairement (ministère de rattachement) ; cette indépendance est essentiellement fonctionnelle et tient au fait que la loi oblige le comptable à vérifier la régularité des opérations et le rend personnellement et pécuniairement responsable de toute irrégularité et de tout déficit de caisse, ce qui, sauf ordre d'un comptable supérieur (qui en endosse alors la responsabilité), le délivre, si nécessaire, du devoir d'obéissance hiérarchique habituel à la fonction publique (CE 6 avr. 1962, *Sté technique des appareils centrifuges industriels*, et CAA Paris 2 avr. 2002, *Renée Baudon*).

Les **dérogations au principe** sont de portée limitée et parfois plus apparentes que réelles.

D'une part, le comptable exerce parfois certaines fonctions habituellement dévolues à l'ordonnateur. Ainsi, dans certains cas, il liquide et paie des dépenses sans ordre, ou sans ordre préalable, de l'ordonnateur (v. ss 105, les procédures spéciales de dépense) ; de même, dans les établissements publics (où existe la plupart de temps un compte financier commun à l'ordonnateur et au comptable), il lui arrive fréquemment de diriger les services financiers de l'ordonnateur et de faire ainsi acte d'administrateur ; mais les fonctions exercées ne paraissent pas inhérentes à la qualité d'ordonnateur et ne remettent en tout cas pas en cause le pouvoir de décision de l'ordonnateur. Il n'y a qu'en matière de recettes, essentiellement de recouvrement des impôts indirects (dont les produits douaniers) que le comptable – ou son supérieur direct – se substitue vraiment à l'ordonnateur (en émettant et rendant exécutoires des ordres de recette) mais le principe de séparation des ordonnateurs et des comptables n'est pas, à vrai dire, conçu pour les recettes (v. ss 462).

D'autre part, l'ordonnateur est parfois habilité à manier les fonds. Les seuls maniements importants concernent certaines opérations, essentiellement militaires, de l'État (v. ss 547). Les autres cas sont de portée limitée ou se réduisent à des maniements indirects, placés sous le contrôle immédiat du comptable (régies d'avances et de recettes : v. ss 454) ; c'est d'ailleurs leur faible importance qui explique la constitution, apparemment fréquente, de « caisses noires » par le biais d'associations ou autres organismes de droit privé.

La **valeur du principe** est, en effet, de plus en plus discutée, moins pour la fonction de « caissier » du comptable (mais ne faudrait-il pas, alors, comme dans certaines grandes entreprises privées, séparer les fonctions de « caissier » de celles de « teneur de comptes » ?) que pour le rôle de « payeur » (v. ss 458). D'une part, d'un point de vue organique, ce rôle confère au contrôleur et, la plupart du temps, à son ministère de rattachement (essentiellement celui chargé des Finances), un « droit de veto », au moins provisoire, et, corrélativement, un certain pouvoir de tutelle (mais il ne s'agit encore essentiellement que d'un problème de rattachement administratif des comptables). D'autre part, et surtout, cette organisation fait, sur le plan fonctionnel, prévaloir un contrôle qui, pour des raisons de seule régularité financière (qui ne se confondent au demeurant pas avec la « légalité ordinaire » : v. ss 67), empêche des opérations que l'ordonnateur a, cependant, pu parfois engager, ce qui n'encourage, évidemment, ni l'efficacité, ni la responsabilisation, ni la transparence de la gestion publique. De fait, il semble que ce principe, bien adapté aux sociétés en voie de développement (ce qu'était la France à la naissance des règles actuelles de sa comptabilité publique), ne convienne plus vraiment, ou plus totalement, aux systèmes fondés sur la performance (et l'informatique), ainsi que l'indiquait, notamment, l'ancien règlement financier de 2002 des Communautés européennes (repris en 2012 par un nouveau règlement financier), qui a supprimé les contrôles préalables sur les ordonnateurs pour responsabiliser davantage ces derniers (v. ss 265).

C. Les opérations comptables publiques

456 Les opérations comptables publiques obéissent toutes à une réglementation minutieuse (« chaîne de dépense ») dont, cependant, les modalités techniques sont profondément renouvelées par le développement de l'informatique, qui permet de plus en plus une dématérialisation des opérations et l'usage de matériels communs à l'ordonnateur (qui fournit les données) et au comptable (qui contrôle et valide les opérations). Cette réglementation varie selon qu'il s'agit de dépense (**1**), de recette (**2**) ou de trésorerie (**3**).

1. La dépense publique

457 Celle-ci se déroule selon un schéma relativement uniforme qui a pour objectif principal d'assurer la régularité des opérations. On distingue ainsi une procédure habituelle (**a**) et des procédures spéciales (**b**) dans le cadre d'un régime juridique marqué par un régime spécial de prescription (**c**).

a. La procédure habituelle

458 Celle-ci met classiquement en œuvre le principe de séparation des ordonnateurs et des comptables.

La phase administrative relève des services de l'ordonnateur ou autres administrateurs et comporte trois étapes :

– l'**engagement** consiste à rendre (au moins potentiellement) l'administration débitrice (**engagement juridique**) et à bloquer les crédits en vue de la dépense (**engagement comptable**) ; quand l'engagement juridique est volontaire (ex. bon de commande), il doit être précédé de l'engagement comptable ; il constitue l'étape la plus importante car une dépense juridiquement engagée crée une obligation dont il sera généralement impossible de se délier ; ceci explique qu'il fasse souvent l'objet d'un contrôle particulier (v. ss 379, 545 s. et 563) ;

– la **liquidation** consiste à calculer le montant exact de la dépense après constatation du **service fait** car la règle est que, sauf cas expressément autorisés (notamment les avances) ou admis par le juge (comp. CE 7 avr. 1933, *Deberles*, et 29 avr. 1994, *Colombani*), l'administration ne peut payer sans un service préalablement fait (même si l'absence de service n'est pas fautive) et même sans un service « bien fait » (il faut s'être conformé aux instructions de l'administration), des modalités différenciées de retenue sur traitement existant, notamment, pour faits de grève (trentième indivisible pour l'État, proportionnalité pour les fonctions publiques territoriale et hospitalière, forfaits de L. 19 oct. 1982 pour les entreprises chargées d'un service public…) ;

Peuvent, en particulier, donner lieu à paiement avant service fait les avances en matière de marchés publics (les acomptes étant, eux, des paiements partiels après service fait), les avances en matière de dépenses courantes (notamment pour frais de déplacement) et de subventions, les abonnements et autres souscriptions à la commande, le traitement des fonctionnaires suspendus.

– **l'ordonnancement** (ministre) ou **mandatement** (autres ordonnateurs) est l'ordre de payer donné par l'ordonnateur (ici seul compétent) au comptable assignataire (auprès duquel il est accrédité) ; cet ordre est accompagné des pièces justificatives dont la liste (nomenclature) est parfois fixée de manière limitative pour éviter tout pouvoir d'appréciation du comptable (ainsi pour les collectivités locales depuis 1983 et pour l'État depuis 1995) ; ce système de support papier est appelé à être progressivement remplacé, notamment lorsque les conditions d'un contrôle rigoureux des comptes seront remplies, par un système de supports magnétiques ou, surtout, un système d'échanges de données informatisées (EDI) entre ordinateurs.

La phase comptable (**le paiement**), comporte, selon les cas, deux ou trois étapes :

– le **contrôle de la régularité** de l'ordre de paiement par le comptable (« rôle de payeur ») est l'étape essentielle. Ce contrôle ne saurait être un contrôle d'opportunité. Il ne peut non plus constituer, comme le souhaiterait le ministère des « Finances », un contrôle de légalité interne (en particulier de l'acte sur lequel se fonde la dépense) car cela reviendrait à substituer le comptable au juge de la légalité (CE 5 févr. 1971, *Balme* ; C. comptes 28 mai 1952, *Marillier* ; CGCT, art. L. 1617-2). Il s'agit d'un contrôle de légalité externe qui porte sur la régularité budgétaire (compétence de l'ordonnateur, disponibilité des crédits, imputation de la dépense), la validité de la créance (le comptable vérifie sur pièces les calculs de liquidation, le service fait, les règles de prescription...), le caractère libératoire du règlement (paiement au véritable créancier, absence d'opposition...) et, pour les collectivités secondaires, l'existence de fonds disponibles.

La distinction entre contrôle de légalité interne (interdit) et contrôle de légalité externe (obligatoire) n'est pas toujours aisée (et suscite parfois des divergences au sein même des juridictions) ; par exemple, le comptable doit refuser de payer des indemnités prévues par des délibérations (municipales) mais contraires aux textes réglementaires (CE 8 nov. 2000, *Kammerer*, confirmant un arrêt de la Cour des comptes) mais ne peut refuser de payer des indemnités prévues par une délibération (de commission hospitalière) en contradiction apparente avec le décret auquel elle se réfère (CE 8 sept. 1997, *Ministre de l'Économie et des Finances*, cassant un arrêt de la Cour des comptes). On notera également que les comptables locaux ont été déchargés du soin de vérifier le respect par les ordonnateurs des seuils des marchés publics.

Ce contrôle de régularité, pour lequel aucun délai n'était réglementairement fixé avant 2002, débouche sur un visa (« vu, bon à payer ») du comptable ou, en cas d'irrégularité, sur une suspension de paiement, notifiée à l'ordonnateur ;

– la **réquisition de paiement**, prévue en cas de refus de visa, permet à l'ordonnateur d'envoyer un ordre de réquisition au comptable, qui doit aussitôt payer car sa responsabilité est alors dégagée. Mais cet ordre, dont sont avertis le ministre des Finances et la juridiction financière, engage la « responsabilité propre » des ordonnateurs (dont certains sont alors passibles de la Cour de discipline budgétaire et financière : v. ss 201). Surtout, la réquisition de paiement (au demeurant assez peu fréquente) est impossible dans les cas les plus graves, dont la liste varie selon les collectivités publiques et qui comprennent notamment l'absence de crédits (sauf nécessité de défense pour les personnels militaires), de service fait, de caractère libératoire du règlement et, pour les collectivités secondaires, de fonds disponibles (le refus de visa semblant alors susceptible d'un recours contentieux, ce qui n'est pas le cas lorsque la réquisition de paiement est possible, le refus de l'exercer étant, alors, seul attaquable) ;

– le **décaissement**, effectué sous la responsabilité d'un comptable (« rôle de caissier ») est la remise de fonds au créancier. Il est de plus en plus effectué par virement. Les moyens de règlement des dépenses publiques ont été précisés (ou rappelés) par un arrêté du ministre chargé du Budget du 24 décembre 2012 qui met l'accent d'abord sur le virement bancaire mais énonce une gamme relativement diversifiée de formes de paiement même si la pratique administrative tend plutôt à favoriser le virement ; l'arrêté prévoit ainsi la faculté de recourir à d'autres voies comme le prélèvement bancaire, le télérèglement, la carte bancaire, la carte d'achat voire en espèces (par le comptable public, le trésorier militaire, le régisseur), le mandat postal, par chèque sur le Trésor ou encore chèque emploi-service universel etc. jusqu'à indiquer que les dépenses résultant des marchés soumis au code des marchés publics peuvent être assurées par lettre de change-relevé sur autorisation de l'ordonnateur.

Depuis le 1er mai 2013, la phase administrative et la phase comptable de la dépense sont, en matière de marchés publics, enserrées dans un délai global de paiement qui est, en principe, de 30 jours (50 jours en matière de services publics de santé et 60 jours pour les pouvoirs adjudicateurs qualifiés d'entreprises publiques), faute de quoi des intérêts moratoires sont dus, de plein droit, au créancier.

En application d'une directive du 16 février 2011 concernant la lutte contre le retard de paiement dans les transactions commerciales et d'une loi de transposition du 28 janvier 2013, un décret du 29 mars 2013 a réorganisé l'ensemble du régime des délais de paiement en matière de commande publique (Décr. n° 2013-269 relatif à la lutte contre les retards de paiement dans les contrats de la commande publique). Le délai – qui peut être réduit par accord entre contractants, court, selon les cas, de la réception de la demande de paiement, de l'acceptation du décompte ou de l'exécution des prestations, et peut être suspendu par l'ordonnateur ou le comptable pour certaines raisons ne dépendant pas de l'administration (justifications complémentaires, accord d'un administrateur judiciaire, opposition…) – inclut la remise des fonds, à défaut de laquelle des intérêts moratoires, en principe courant à compter du jour suivant l'échéance prévue au contrat (puis, au bout de 30 jours, des intérêts moratoires complémentaires), doivent être mandatés au profit du créancier (titulaire du marché ou sous-traitant) ; une indemnité forfaitaire pour frais de recouvrement (40 €) doit être versée dans les 45 jours suivant la mise en paiement du principal. Ceci impose donc une collaboration étroite entre l'ordonnateur et le comptable, qui peuvent, notamment, convenir d'un délai de règlement conventionnel ; le délai d'intervention du comptable (qui est suspendu, mais sans que cela soit opposable au créancier, lorsque la dépense ne paraît pas régulière : v. ss 458) est au maximum de quinze jours lorsque le comptable ne relève pas de la même personne morale que l'ordonnateur, ce qui est, notamment, le cas pour la grande majorité des collectivités locales. Celles-ci étant (sauf exceptions) dotées d'un comptable d'État (v. ss 648), le directeur régional ou départemental des finances publiques doit, par ailleurs, « procéder au paiement des sommes en cause dans les deux mois qui suivent la demande de paiement présentée par l'ordonnateur ou, en cas de conflit sur le partage de responsabilité entre l'ordonnateur et le comptable, dans les deux mois qui suivent le règlement de ce litige » (art. 16). Le différend sur l'imputabilité de la responsabilité peut être soumis à une réunion de conciliation organisée par le représentant de l'État.

b. Les procédures spéciales de dépense

459 Ces procédures aménagent le principe de séparation des ordonnateurs et des comptables, en particulier en amoindrissant le rôle de l'ordonnancement (mandatement).

Les **paiements sans ordonnancement**, suppriment, au moins en la forme, l'ordre de paiement en lui substituant la fourniture d'éléments de liquidation par l'ordonnateur ou même en supprimant l'intervention de ce dernier. Ces paiements, portent sur des sommes importantes et, compte tenu du développement de l'informatique, préfigurent certainement la dépense publique de demain

(V. Arr. du 16 févr. 2015 fixant les dépenses des collectivités territoriales, de leurs établtissements publics et des établissements publics de santé pouvant être payées sans ordonnancement, sans ordonnancement préalable ou avant service fait)

Les **paiements avant ordonnancement** consistent, pour un comptable ou un régisseur d'avances, à remettre des fonds avant que l'ordonnateur n'émette un ordre de régularisation. Ils sont logiquement beaucoup plus limités et concernent certaines dépenses courantes ou urgentes (« paiements sur avances » de trésorerie) et certaines décisions (et frais) de justice.

c. Un régime spécial de prescription

460 On notera, que les dettes des organismes publics sont soumises à un régime spécial de **prescription (« déchéance quadriennale »)** institué en 1831 au profit de l'État puis étendu aux collectivités locales (1934) et aux établissements publics (dotés d'un comptable public) (1945), avant d'être refondu et adouci par une loi du 31 décembre 1968 (modifiée, en ses dispositions de nature réglementaire, par des Décr. 11 févr. 1998 et 8 févr. 1999). Ces dettes (y compris à l'égard des autres organismes publics) sont prescrites au bout d'un délai calculé sur la base de quatre ans (il expire le 31 déc. de la quatrième année qui suit la naissance de la dette) mais la loi prévoit des causes de suspension (ignorance du créancier) et d'interruption (action du créancier ou de l'administration), ainsi que la possibilité de payer une dette prescrite à un créancier digne d'intérêt (par décision du conseil délibérant ou, pour l'État, décision conjointe du ministre ordonnateur et du ministre des Finances ou, pour les dettes de faible importance, décision de l'ordonnateur intéressé après avis du comptable) ; seul l'ordonnateur de la dépense peut opposer la prescription qui, en cas de contentieux (administratif ou judiciaire), ne peut être invoquée qu'en début de procès et ne peut faire obstacle à une décision passée en force de chose jugée (sur le contentieux de la prescription quadriennale, CE 15 nov. 2012, *Cne Cavalaire-sur-Mer*).

Le Conseil constitutionnel a déclaré conforme à la Constitution le dispositif afférent de la loi de 1968, estimant qu'« aucune exigence constitutionnelle n'impose que les créances sur les personnes publiques soient soumises aux mêmes règles que les créances civiles » (18 juin 2012, *Boualem M.*, 256 QPC).

461 On rappellera, enfin, que l'administration ne peut être contrainte à payer ses dettes par les voies d'exécution du droit commun puisqu'elle dispose du monopole de la force publique et que les biens des personnes morales de droit public sont insaisissables (principe général du droit rappelé dans : Civ. 1re, 21 déc. 1987, *BRGM*). Mais les personnes publiques secondaires sont soumises aux « voies d'exécution administratives » (inscription d'office des crédits et mandatement d'office par les autorités étatiques) et l'État lui-même a été soumis aux « voies d'exécution juridiction-

nelles », en particulier par la loi du 8 février 1995 relative à l'organisation des juridictions et à la procédure civile, pénale et administrative et celle du 16 juillet 1980 sur les astreintes et l'exécution des décisions de justice, qui, depuis sa modification par la loi du 12 avril 2000 (art. 17) impose notamment d'ordonnancer dans un délai de deux mois (ou de quatre mois s'il faut ouvrir des crédits complémentaires) les dépenses fixées par une décision de justice passée en force de chose jugée, faute de quoi le comptable doit procéder au paiement sur présentation de ladite décision (l'ordonnateur étant alors soumis, s'il n'existe pas déjà, à un contrôle financier préalable et ne pouvant engager de nouvelles dépenses avant d'avoir régularisé) (v. également CJF, art. L. 313-12, et CJA, L. 911-1 s. et R. 911-1 s.). L'obligation pour les personnes publiques de respecter les décisions de justice est également consacrée par la Cour européenne des droits de l'homme (19 mars 1997, *Hornby c/ Grèce*).

2. La recette publique

462 La recette publique n'est pas, sur le plan des procédures, symétrique de la dépense. D'une part, le pouvoir d'appréciation de l'administration est, ici, faible car celle-ci ne peut percevoir une recette sans texte (ce que vérifie le comptable) et doit en principe percevoir toutes les recettes prévues (en détail) par les textes. L'article 432-10 du Code pénal érige en délit de **concussion** le fait, pour une autorité publique, d'accorder sans texte une exonération ou, au contraire, de percevoir sans texte une créance (v. par exemple, Crim. 16 mai 2001, *Cupillard* : perception par une collectivité locale d'une somme sur chaque logement construit) ou d'accorder une exonération ou une franchise des droits, contributions et impôts ou taxes en violation des textes légaux ou réglementaires (v. par ex., Crim. 10 oct. 2012, n° 11-85.914 : non-recouvrement volontaire du prix de la cession d'un terrain communal).

Aussi l'objectif de la réglementation est-il moins d'assurer le contrôle de la régularité (le débiteur doit s'en charger) que de permettre le recouvrement. D'autre part, les procédures sont plus variées et, dans leur détail, adaptées à chaque type de recette.

De même, le régime de prescription des créances publiques varie, non seulement selon la nature de la créance – seules les « créances ordinaires » (non fiscales) sont, en principe, soumises à la prescription trentenaire (ainsi les trop-perçus sur rémunération ou les dettes des comptables publics) –, mais encore à l'intérieur même des créances fiscales (v. ss 131). Une même variété se retrouve dans le régime des remises gracieuses qui, selon le cas, sont possibles (la généralité des hypothèses) ou ne le sont pas (sanctions prononcées par les autorités administratives indépendantes, astreintes d'urbanisme liquidées par le maire – à la différence de celles liquidées par le préfet...), l'autorité habilitée à les accorder étant elle-même variable. On rappellera, par ailleurs, que le recours par les personnes publiques à l'arbitrage et à la transaction est limité (v. les enseignements de droit administratif), avec cette difficulté d'interprétation s'agissant des filiales de droit privé d'établissements administratifs et d'EPIC lorsque la loi ne l'autorise pas expressément (v. C. comptes, 1re ch., 12 nov. 2010, *Défaisance du Crédit Lyonnais* (CDR et EPFR), réf. n° 59571). On notera, enfin, un cas, celui des pensions alimentaires, dans lequel les procédures publiques de recouvrement sont, depuis une loi du 11 juillet 1975, mises directement au service d'intérêts privés (on peut également se poser la question pour la rémunération de prestations d'ingénierie publique fournies par certains services techniques de l'État).

Il convient ici de rappeler qu'il existe deux acteurs administratifs essentiels dans la collecte des impôts : la DGFiP et la DGDDI. Les cotisations sociales (mais aussi l'essentiel de la CSG, la CRDS...) relèvent d'un autre acteur, les Urssaf, ce qui amène à s'interroger sur une possible unification organique de la collecte des prélèvements obligatoires.

On peut, schématiquement, distinguer deux types de perception, selon le système des droits constatés (**a**) et la perception au comptant (**b**).

a. La perception selon le système des droits constatés

463 Celle-ci réalise une distinction entre deux phases successives.

L'**assiette** consiste à constater et calculer (liquider) la créance puis à adresser au débiteur un ordre de recette. C'est la règle pour l'impôt sur le revenu et les impôts directs locaux, qui sont calculés par les services d'assiette et de contrôle de la DGFiP et font l'objet d'un rôle, titre collectif rendu exécutoire par le préfet (ou son délégué) et dont est extrait l'avis d'imposition adressé à chaque redevable. C'est aussi le principe pour les recettes non fiscales, calculées par les services de l'ordonnateur et qui font ensuite l'objet de titres exécutoires à l'appellation très variable (mais qui doivent tous indiquer ou rappeler les bases de la liquidation).

Les titres exécutoires peuvent être émis par l'État, les collectivités territoriales, les établissements publics dotés d'un comptable public (L. 31 déc. 1992, art. 98), et, le cas échéant, les personnes morales de droit privé chargées d'une mission de service public (Cons. const. 23 juill. 1999, 99-416 DC). Ils ne peuvent faire l'objet d'une mesure d'exécution forcée s'ils n'ont pas été préalablement notifiés au débiteur (Civ. 2e, 1er juill. 1999, *ENIM*). Le Conseil d'État admet implicitement qu'ils puissent être émis contre une autre personne publique (CE 29 févr. 1980, *Cne St-Jean-Pied-de-Port*), ce qui peut être discuté car le propre d'un titre exécutoire est d'être susceptible d'exécution forcée.

Depuis la loi du 31 décembre 1992 (art. 98), l'émission d'un titre exécutoire a pour effet, à la fois, de constater l'exigibilité d'une créance (ce que faisait auparavant un ordre de recette, préalable au titre exécutoire) et d'en permettre (sans recours au juge) le recouvrement forcé. En principe, l'opposition formée par le débiteur (selon les cas, devant l'administration pour l'État ou devant le juge pour les autres personnes publiques) empêche le recouvrement forcé mais ne suspend pas l'exigibilité, donc les majorations éventuelles (CE 15 mars 2002, *Office des migrations internationales*) ; la loi prévoit que, dans certains cas, l'exigibilité est également suspendue (en matière fiscale : v. ss 144), voire supprimée (en matière d'amendes forfaitaires de police : v. ss 391).

Le **recouvrement** est, sauf disposition contraire, confié à un comptable public qui contrôle l'existence d'un texte et d'une autorisation de recette et prend en charge les titres de recette, ce qui le rend personnellement responsable du recouvrement (il est également habilité à émettre les ordres de paiement des acomptes).

Les moyens de paiement des recettes publiques ont été précisés par l'arrêté du 24 décembre 2012 précité, à savoir le prélèvement bancaire, le télérèglement, le chèque, la carte bancaire, le mandat postal... le RGBCP ayant prévu (art. 25) que le règlement des sommes dues pouvait en fait se faire par tout mode de paiement prévu au code monétaire et financier mais aussi par d'autres voies plus particulières comme la dation en paiement, la remise de valeurs, de timbres, voire même par l'exécution de prestations en nature, ce qui rappelle de vieilles et anciennes formes de règlement de la dette fiscale.

Le législateur tend cependant à vouloir imposer certaines formes de paiement des impôts comme le téléréglement (v. en particulier CGI, art. 1681 septies, à propos notamment des impôts des entreprises).

La loi n° 2010-1658 du 29 décembre 2010 (art. 55) modifiée en 2012, a, par ailleurs, unifié les procédures en matière de recouvrement.

Désormais, à défaut de paiement d'une somme mentionnée sur un avis d'imposition ou un avis de mise en recouvrement et sauf réclamation (assortie d'une demande de sursis de paiement) le comptable public adresse au contribuable une mise en demeure de payer (qui peut être mise en œuvre dès l'exigibilité de l'impôt en matière d'impôt sur le revenu, de contributions sociales assimilées, de taxe d'habitation, de taxes foncières et autres impositions assimilées, en cas de déménagement du contribuable ou de cession ou de cessation d'entreprise, d'une profession non commerciale ou même du décès de l'exploitant ou du contribuable). Si celle-ci est sans effet ou n'a pas fait l'objet d'une demande de sursis de paiement, le comptable peut engager des poursuites à l'expiration d'un délai de 30 jours suivant sa notification. Cette mise en demeure de payer interrompt la prescription et peut être contestée. Elle est précédée d'une lettre de relance sauf en cas de rectification ou d'imposition d'office lorsque la créance dépasse 15 000 €.

Dans les autres cas, la procédure prévue permet une nouvelle mise en demeure de payer avec la possibilité d'un engagement de poursuites à l'expiration d'un délai de huit jours suivant sa notification.

Le comptable met alors en œuvre (après éventuelle compensation de dettes) le recouvrement forcé par la voie des procédures civiles d'exécution de droit commun (saisie, vente), par la voie d'un huissier de justice ou un agent de l'administration habilité, et de procédures plus spécifiques : avis à tiers détenteur, opposition à tiers détenteur, opposition administrative ou même parfois contrainte judiciaire.

– L'avis à tiers détenteur s'adresse à des tiers, dépositaires, détenteurs ou débiteurs de sommes appartenant ou devant revenir aux redevables d'impôts, de pénalités et de frais accessoires dont le recouvrement est garanti par le privilège du Trésor (LPF, art. L. 262) ;

– L'opposition à tiers détenteur (instituée par LFR du 30 déc. 2004), s'adresse là aussi à des tiers qui détiennent des fonds pour le compte de redevables, pour le recouvrement de créances non soumises au Code général des impôts devant revenir à une collectivité locale ou un établissement public local (CGCT, art. 1617-5),

– L'opposition administrative, pour sa part, fruit de la même loi de 2004 (art. 124), permet au comptable public d'assurer le recouvrement forcé d'une créance ou d'une condamnation pécuniaire. Ce type de recouvrement par le Trésor public (amendes, condamnation pécuniaire) s'adresse toujours à des tiers, personnes physiques ou morales, qui détiennent des fonds pour le compte du redevable, qui ont une dette envers lui ou qui lui versent une rémunération.

On relèvera que la compensation, par laquelle l'administration déduit d'une dette la créance qu'elle a sur la même personne, est un mode particulièrement énergique de recouvrement puisque, ainsi que l'a confirmé la jurisprudence, il dispense de l'émission d'un titre de recette (le comptable est tenu d'opérer la compensation sans attendre un titre), ce qui jette d'ailleurs le doute sur sa pleine conformité aux principes généraux des droits de la défense (d'autant que les personnes privées ne sont pas, elles, symétriquement habilitées à l'opérer vis-à-vis de l'administration, au motif principal que cela porterait atteinte à l'insaisissabilité du patrimoine public) ; le Conseil d'État en a d'ailleurs limité le champ d'application (elle ne peut jouer qu'au sein d'un même ministère ou d'un même organisme public secondaire, et entre créances et dettes de même nature). On notera, par ailleurs, que, dans le cadre des procédures de redressement judiciaire, le juge peut imposer au Trésor public des délais de recouvrement

Certaines sommes (minima sociaux, pensions alimentaires, allocations familiales, quotités du salaire, allocation temporaire d'attente) sont insaisissables ; une somme égale à une mensualité du RSA doit être mise (sur demande) à la disposition immédiate de toute personne dont le compte a été saisi (et présente un solde créditeur suffisant).

Les créances fiscales et certaines autres créances (décisions de justice, dettes des comptables publics) peuvent, par ailleurs, être garanties par des sûretés personnelles (débiteurs autres que le débiteur principal) et des sûretés réelles (privilèges, hypothèques ;

v. Décr. 17 avr. 2007 relatif aux modalités de mise en œuvre du privilège du Trésor pour les créanciers) qui, parfois complétées par des accords internationaux d'assistance fiscale (v. ss 130), facilitent le recouvrement en faisant des organismes publics des créanciers privilégiés.

b. La perception au comptant

464 Cette opération supprime, pour l'administration, la phase préliminaire d'assiette et confie au comptable (ou au régisseur de recettes) le soin d'encaisser la recette sans ordre préalable.

Ce système concerne notamment la plus grande part des recettes de l'État puisque l'impôt sur les sociétés, la taxe sur les salaires et les impôts indirects ou produits assimilés (TVA, enregistrement, droits indirects, douane, produits du domaine) (versés aux comptables des administrations financières) sont généralement calculés par le redevable qui les paye au comptable en même temps qu'il effectue sa déclaration.

Mais ce système demeure juridiquement exceptionnel car, en cas d'incident (irrégularité, absence de paiement spontané), on met en œuvre une procédure de droits constatés en émettant un titre de recette rendu exécutoire, ou bien par l'ordonnateur (impôt sur les sociétés, produits des Douanes, créances non fiscales) ou bien par le comptable ou son supérieur immédiat (avis de mise en recouvrement des receveurs des finances publiques et des receveurs des douanes) et adressé au redevable ; les comptables intéressés, notamment ceux des administrations financières, en assurent alors le recouvrement selon les modalités décrites ci-dessus.

3. La trésorerie publique

465 Elle est constituée des fonds et valeurs appartenant aux organismes publics (**deniers publics**) ou confiés aux organismes publics (**deniers privés réglementés**, tels que les fonds des personnes admises dans les hôpitaux et hospices publics, soumis, en principe, au même régime que les deniers publics).

La **protection de la trésorerie** est assurée par un régime spécial : les deniers publics, comme l'ensemble des biens des personnes morales de droit public, sont insaisissables ; leur détention et leur maniement sont réservés aux comptables (et régisseurs) publics, sous peine de sanctions pénales ou d'application du régime de la gestion de fait (v. ss 414), et entraînent un régime spécial de responsabilité personnelle et pécuniaire (v. ss 425) ; leur restitution obéit à la procédure, énergique, de l'arrêté de débet dont le contentieux est, quant au fond, réservé au juge administratif, devant lequel le recours n'est pas suspensif (la validité formelle des poursuites relevant, elle, du juge judiciaire devant lequel le recours est, en revanche, suspensif).

L'**unité de caisse** signifie, d'une part que chaque poste comptable ne dispose que d'une seule caisse, ce qui facilite les contrôles, d'autre part que les fonds de cette caisse doivent être indistinctement utilisés au fur et à mesure des besoins, certains fonds ne pouvant être réservés à certaines dépenses, ce qui favoriserait gaspillage et particularismes (C. comptes, 3e ch., 22 avr. 1891, *Bourlot*).

L'**unité de trésorerie** signifiait traditionnellement que, sauf dérogation autorisée par le ministre des Finances, tous les organismes publics devaient déposer leurs fonds au Trésor. Depuis la LOLF, cependant, cette unité ne concerne plus (législativement) que les fonds de l'État et des collectivités locales et les dérogations sont autorisées par la loi de finances (v. ss 150).

CHAPITRE 2

Les finances de l'État

466 Longtemps assimilées à l'ensemble des finances publiques, les finances de l'État n'en constituent plus qu'une part minoritaire mais continuent d'y jouer le rôle le plus important.

Ainsi qu'exposé en première partie (v. ss 13 s.), elles obéissent à un régime né avec le parlementarisme mais qui, réformé par la IVe République (Décr.-L. 19 juin 1956) puis par la Ve République, est actuellement, et principalement, fixé par trois séries de dispositions.

Il s'agit, en premier lieu, de dispositions constitutionnelles figurant dans la **Constitution du 4 octobre 1958** (notamment art. 34, 39, 40, 47) et dans les textes auxquels elle renvoie, en particulier la **Déclaration du 26 août 1789** (notamment art. 13 et 14) ; ces textes sont **désignés dans cette deuxième partie par les lettres Const. ou DDH.**

Il s'agit, en deuxième lieu, de la **loi organique** (n° 2001-692) **du 1er août 2001** relative aux lois de finances (LOLF) qui a pris progressivement la place de l'ordonnance (n° 59-2) du 2 janvier 1959 portant loi organique relative aux lois de finances (OLO), totalement abrogée en 2005.

L'ordonnance de 1959 avait fait l'objet de 35 propositions de modifications mais n'avait été modifiée que deux fois, et sur des points mineurs (computation des délais d'examen de la loi de finances annuelle, date d'exigibilité d'un rapport gouvernemental annuel sur l'évolution de l'économie et des finances) par les lois organiques des 22 juin 1971 et 16 décembre 1995.

La LOLF résulte d'une proposition déposée à l'Assemblée nationale, le 11 juillet 2000, par le député Didier Migaud (rapporteur général du budget, avec l'appui de M. Laurent Fabius, ministre des Finances et auparavant président de l'Assemblée). Le texte, d'abord modifié par une commission spéciale de l'Assemblée nationale (présidée par M. Alain Forni, président de l'Assemblée), puis rapporté, à l'Assemblée par M. Didier Migaud et au Sénat par M. Alain Lambert (président de la Commission des finances – devenu ministre délégué au Budget de 2002 à 2004) a, en dépit de majorités politiques alors différentes, été adopté, et sans difficultés particulières, au bout de deux lectures par l'Assemblée (7 et 8 févr. puis 21 juin 2001) et le Sénat (7, 12 et 13 juin puis 28 juin 2001) – la question demeurant donc de savoir si l'accord du Sénat était juridiquement obligatoire (comme l'avait, notamment, indiqué un avis du 21 déc. 2000 du Conseil d'État, estimant que la loi organique était « relative au Sénat »).

Les articles 61 et suivants de la loi ont organisé son entrée en vigueur progressive de 2002 à 2005. En 2005, l'ordonnance de 1959 fut abrogée et la loi de finances pour 2006 totalement régie par la nouvelle loi organique.

À la différence de l'ordonnance organique de 1959, cette loi organique (dont les caractères généraux sont exposés au ss 24) a été soumise au Conseil constitutionnel qui a, notamment, admis qu'elle puisse adapter (voire déroger à) certaines dispositions de la Constitution pour tenir compte des spécificités des lois de finances.

Dans sa décision 448 DC du 25 juillet 2001 rendue (obligatoirement) sur la loi organique, le Conseil a admis certaines « adaptations » du texte constitutionnel (compétence obligatoire des commissions des finances, délais supplémentaires résultant des lois de règlement, nouveau régime des irrecevabilités...) au motif que la Constitution prévoit que les lois de finances déterminent les ressources et les charges de l'État « *dans les conditions et sous les réserves* » prévues par une loi organique (Const., art. 34) et sont votées par le Parlement « *dans les conditions* » prévues par une loi organique (Const., art. 47), ce qui donne une certaine marge de manœuvre au législateur organique pour tenir compte des « particularités des lois de finances » (cons. 92) ; en revanche, le Conseil a censuré une disposition interdisant la promulgation de lois non accompagnées d'annexes financières (cons. 63) et imposant à la Cour des comptes de transmettre pour avis aux instances parlementaires son programme de travail (cons. 104).

On relèvera que le Conseil constitutionnel a refusé (15 janv. 1960, 6 DC) de contrôler la conformité à la Constitution des ordonnances organiques prises sur le fondement de l'art. 92-C habilitant le gouvernement à mettre en place les institutions, parmi lesquelles l'ordonnance du 2 janvier 1959 sur les lois de finances, qui a ainsi pu contenir des dispositions peu conformes à la Constitution (en particulier en matière de taxes parafiscales et d'irrecevabilités financières).

La LOLF a par ailleurs été modifiée et complétée par la loi organique (2005-779) du 12 juillet 2005 et celle (2012-1403) du 17 décembre 2012 relative à la programmation et à la gouvernance des finances publiques (LPGFP).

Les modifications de 2005 ont été considérées par le Conseil constitutionnel comme contribuant à améliorer la gestion des finances de l'État et à renforcer l'information et le contrôle du Parlement (Décis. 7 juill. 2005, 517 DC).

Il s'agit, en troisième lieu, du décret **du 7 novembre 2012 relatif à la gestion budgétaire et comptable publique (RGBCP)** qui a remplacé le décret du 29 décembre 1962 portant règlement général sur la comptabilité publique (RGCP).

467 Il résulte de ces différents textes que, comme les autres organismes publics, l'État doit élaborer un budget, qui, aux termes de l'article 6 LO, « décrit, pour une année, l'ensemble des recettes et des dépenses budgétaires » (par opposition aux ressources et charges de trésorerie, ce qui, s'agissant de l'État, fait du budget un acte, descriptif, de prévision).

L'acte de décision et d'autorisation est constitué par les **lois de finances** qui, aux termes de l'article 1er LO, « déterminent, pour un exercice, la nature, le montant et l'affectation des ressources et des charges de l'État, ainsi que l'équilibre budgétaire et financier qui en résulte ».

La loi de finances doit ainsi être nettement distinguée du budget en ce qu'elle a une vocation sensiblement plus large en tant qu'acte d'autorisation de perception de ressources et de couverture des charges. Elle est amenée à prendre en compte les opérations de trésorerie (v. ss 608), alors que le budget se « contente » d'assumer annuellement la charge de la dette, c'est-à-dire le paiement des intérêts ; de la même façon, la loi de finances, très traditionnellement, autorise la perception, certes des ressources de l'État, mais aussi des impositions de toute nature affectées à une personne autre que l'État, à l'instar des collectivités territoriales. C'est aussi dans la loi de finances que figurent les prélèvements sur recettes à destination du budget de l'Union européenne et des collectivités territoriales ; c'est encore dans la loi de finances que l'on trouve un ensemble de dispositions fiscales, celle-ci pouvant comporter « toutes dispositions relatives à l'assiette, au taux et aux modalités de recouvrement des impositions de toute nature qui n'affectent pas l'équilibre budgétaire », etc.

La principale de ces lois de finances est la **loi de finances de l'année**. Cette loi de finances initiale peut être modifiée en cours d'année par des **lois de finances rectificatives** qui déterminent le budget final (budget après modifications), dont l'exécution est retracée dans la **loi de règlement du budget et d'approbation des comptes.**

Selon l'article 1er LO, ont également le caractère de loi de finances les lois d'urgence budgétaire (v. ss 534 et art. 45 LO). Mentionnons, par ailleurs, l'ordonnance spéciale permettant, dans certaines conditions, au gouvernement de mettre en vigueur son projet (v. ss 533 et Const., art. 47).

468 Comme les autres budgets publics, le budget qui résulte de ces différents textes doit obéir à un certain nombre de principes (SECTION 1) qui régissent sa préparation (SECTION 2), son adoption (SECTION 3) et son exécution (SECTION 4). Il met aussi en œuvre certaines techniques financières (SECTION 5) d'autant plus nécessaires qu'elles régissent des opérations financières importantes et complexes (SECTION 6).

SECTION 1
LES PRINCIPES BUDGÉTAIRES DE L'ÉTAT

469 Le budget de l'État doit obéir à certains principes élaborés au XIXe siècle pour permettre un contrôle du Parlement sur l'exécutif puis réaménagés aux XXe et XXIe siècles pour permettre également, et plus largement, un contrôle de l'autorité politique sur l'administration (v. ss 26 et 28) ; il s'agit des principes d'annualité (**§ 1**), de globalité (unité, universalité, sincérité) (**§ 2**) et de spécialité (**§ 3**) ; en revanche, le principe d'équilibre budgétaire n'est pas, lui, directement applicable à l'État.

Dans sa décis. 25 juill. 2001, 448 DC (cons. 16), le Conseil constitutionnel a précisé que « les principes de l'annualité, de l'universalité et de l'unité répondent au double impératif d'assurer la clarté des comptes de l'État et de permettre un contrôle efficace par le Parlement ».

§ 1. L'annualité du budget de l'État

470 Le principe d'annualité budgétaire, dont les caractéristiques générales sont exposées en première partie (v. ss 71), a été posé, pour les finances de l'État, dès l'époque révolutionnaire, et il est actuellement réaffirmé par la loi organique de 2001 (art. 1, 6, 34, 39, 41, 44), qui précise, en plus, que « l'exercice s'étend sur une année civile » (art. 1er, al. 2). Mais ce principe connaît d'inévitables aménagements (**A**) et des dérogations, de droit et de fait, qui tiennent à l'existence de crédits pluriannuels (**B**) et au développement d'un cadre pluriannuel (**C**) dans lequel s'insère le budget annuel.

A. Les aménagements du cadre annuel

471 Même appliqué avec zèle, le principe d'annualité ne peut conduire à rigidifier (en tout cas totalement) la vie financière, ce qui, s'agissant de l'État, a amené à trois aménagements, à savoir l'ouverture annuelle de crédits (**1**), le prolongement de l'exécution du budget (**2**), les engagements par anticipation (**3**).

1. L'ouverture annuelle des crédits

472 Celle-ci est, en effet, la règle, d'autant mieux assise que, depuis l'avènement de la Ve République, et à la différence de la plupart des autres collectivités publiques, l'État respecte le plus souvent le principe d'antériorité en adoptant son budget avant le début de l'exercice (v. ss 533), ce qui n'était pas le cas auparavant et entraînait des ouvertures provisoires et fractionnées de crédits (douzièmes provisoires, parfois budgets trimestriels ou semestriels).

Mais les difficultés (réelles ou supposées) de la prévision rendent, sinon toujours souhaitable, en tout cas inévitable (surtout lorsque la loi de finances a été adoptée tôt) le vote, en cours d'année, de **lois de finances rectificatives** (traditionnellement appelées « collectifs budgétaires » car elles collectent les demandes de modification émanant des différents ministères). Ces lois (prévues par les articles 1er et 35 LO) sont considérées, non seulement comme un procédé normal mais encore comme un texte parfois obligatoire, puisque le Conseil constitutionnel a estimé que l'exécutif devait déposer un projet de loi de finances rectificative si l'exécution du budget s'écartait « sensiblement » des grandes lignes de l'équilibre prévu dans la loi de finances initiale (24 juill. 1991, 298 DC ; 27 déc. 2001, 456 DC ; 27 déc. 2002, 464 DC). Ces lois ont également vocation à ratifier les décrets d'avance pris par l'exécutif. Leur présentation est calquée, en tout ou partie, sur celle des lois de finances annuelles (v. ss 575) mais elles doivent être accompagnées d'annexes spécifiques (v. ss 576).

Dans la pratique, ces lois rectificatives (il y en a eu jusqu'à quatre) sont en général de deux sortes. Les unes interviennent parfois en cours d'année pour traduire (comme en 1981, 1986, 1993, 1995, 2002, 2012) un changement de politique. Les autres interviennent en fin d'année (et même après le vote de la loi de finances pour l'année suivante) pour opérer les ajustements imposés par l'évolution annuelle et ratifier certaines initiatives gouvernementales (décrets d'avance, annulations de crédits...), ce qui, inévitable dans le principe, a cependant été critiqué (notamment par la Cour des comptes) lorsque le « collectif » devient, en réalité, un véritable « budget *bis* » ; le Conseil constitutionnel a d'ailleurs estimé (Décis. 29 déc. 1998, 406 DC) que l'ouverture de crédits en fin d'exercice, qui appelle presque nécessairement report de crédits sur l'année suivante, ne peut concerner qu'un montant limité, faute de quoi serait portée atteinte à l'annualité et à la sincérité du budget (ainsi qu'au caractère prévisionnel du budget). En revanche, le Conseil a pu considérer que « l'absence de dépôt d'une loi de finances rectificative en temps utile... si critiquable soit-elle » est sans effet sur la constitutionnalité de la loi déférée (29 déc. 2003, 488 DC).

2. Le prolongement de l'exécution du budget

473 Le deuxième aménagement du cadre annuel concerne, lui, l'exécution du budget, qui n'est pas arrêtée au 31 décembre, comme le voudrait une application stricte de la règle d'annualité, mais qui

peut être poursuivie pendant une période complémentaire (v. ss 72). Cette période, que le progrès technique permettrait à terme de supprimer, a été progressivement raccourcie et ses possibilités d'utilisation restreintes, en particulier par la LOLF (art. 28) qui précise qu'elle ne peut excéder vingt jours et doit permettre, notamment, l'exécution d'une loi de finances rectificative adoptée en décembre et le rattachement définitif des opérations (qui peut avoir une incidence sensible sur le solde d'exécution de l'exercice, ce qui a, en particulier, amené la loi organique à imposer une annexe spéciale pour les opérations n'ayant pas reçu d'imputation définitive).

Un décret 2007-687 du 4 mai 2007 dispose que la comptabilisation des recettes et des dépenses au cours de cette période, dont la durée ne peut excéder 20 jours et qui peut être réduite par le ministre du Budget, n'était autorisée désormais que pour les mandats et ordonnances de paiement émis au cours du dernier trimestre de l'année écoulée (entre le 1er oct. et le 31 déc.), de la même façon pour les titres de perception de recettes autres que fiscales qui doivent être émis au cours du dernier trimestre de l'année écoulée. En outre, les comptables publics peuvent procéder durant cette période à différentes opérations de régularisation.

En pratique, l'État paraît avoir abandonné ce mécanisme de la période complémentaire pour ce qui le concerne.

3. Les engagements par anticipation

474 Le troisième aménagement se rattache à la fois à l'ouverture et à l'exécution des crédits puisqu'il concerne les engagements par anticipation, c'est-à-dire l'utilisation de crédits qui ne seront ouverts que... l'année suivante. Traditionnellement, les textes permettent de telles pratiques (en particulier dans le domaine militaire) mais, depuis la LOLF (art. 9), les conditions en sont (totalement) définies par une disposition de la loi de finances.

B. Les crédits pluriannuels

475 Pour les raisons générales exposées en première partie (v. ss 73 s.), l'État a développé, à défaut d'un budget pluriannuel, trop lourd, un système de crédits pluriannuels en utilisant, cependant, la technique des « crédits dissociés » (v. ss 73) qui distingue les crédits d'engagement, pluriannuels, des crédits de paiement, annuels,

avec, pour les uns et les autres, la possibilité de reporter les crédits inutilisés en fin d'année.

La technique, parfois utilisée sous les IIIe et IVe Républiques, des budgets de reconduction (on reconduit sur l'année nouvelle le budget de l'année écoulée) et celle, en vigueur sous la Ve République (mais devenue exceptionnelle avec la loi organique de 2001), des services votés (v. ss 534), conduisent également à une pluriannualité, mais de fait.

Le principe posé par l'article 8 LO est, en effet, que « les crédits ouverts sont constitués d'autorisations d'engagement (**1**) et de crédits de paiement (**2**) », mais il est possible d'assurer des reports de crédits (**3**).

1. Les autorisations d'engagement (AE)

476 Elles constituent la limite supérieure des dépenses pouvant être engagées (LO, art. 8, al. 2), c'est-à-dire faire l'objet d'un acte rendant l'État débiteur (v. ss 635). Cet engagement pouvant être pris pour plusieurs années (dans la limite des crédits d'engagement ouverts), l'administration dispose ainsi d'un instrument sûr de planification de son action financière, ce qui devrait entraîner plus de cohérence et de meilleures conditions, juridiques, économiques et financières pour l'utilisation des deniers publics.

La LOLF a étendu cette possibilité à toutes les catégories de dépenses (à l'exception, de fait, des crédits de personnel, qui restent annuels parce que les programmes pluriannuels d'action, qui constituent le fondement de la nouvelle gestion budgétaire, concernent désormais toutes les dépenses, et que les crédits qui leur sont ouverts sont fongibles, ce qui ne permet pas de les cantonner par avance à des dépenses d'investissement).

La pluriannualité des crédits paraît particulièrement souhaitable, d'une part dans le domaine contractuel (contrats pluriannuels passés par l'État), d'autre part dans celui des dépenses inéluctables, ce qui permet de mieux cerner les marges (ou l'absence de marges) de manœuvre budgétaires.

Le risque de cette extension est, évidemment, celui d'une rigidité excessive (surtout en période de rigueur) de la dépense publique puisque les engagements juridiquement pris devront être honorés, ce qui, l'expérience le prouve, peut contrarier l'action conjoncturelle, la régulation budgétaire et les efforts d'économies budgétaires.

Cruel a, en particulier, été le souvenir laissé au ministère des Finances par les décrets-lois programmes décidés en 1954-1955 dans certains secteurs prioritaires du (IIe) Plan, qui avaient ouvert des crédits pour plusieurs années mais creusé les déficits, notamment en 1957.

Aussi la LOLF s'est-elle efforcée d'atténuer ce risque puisqu'elle ne prévoit plus, comme l'ordonnance de 1959, que les autorisations d'engagement sont valables sans limitation de durée (ce qui avait entraîné une accumulation d'autorisations non utilisées, contre laquelle le gouvernement avait cherché à réagir à partir de 1995) ; désormais, les autorisations doivent, en principe, être utilisées (pour des engagements pluriannuels) pendant l'année et le report à l'année suivante d'autorisations non utilisées en fin d'année n'est plus automatique (v. ss 478).

Par ailleurs, la LOLF précise que, lorsqu'il s'agit d'une opération d'investissement, « l'autorisation d'engagement couvre un ensemble cohérent et de nature à être mis en service sans adjonction ». Cette disposition a pour but d'éviter qu'en faisant porter l'autorisation sur des éléments partiels, l'administration ne « force la main » à l'autorité politique, contrainte de voter par la suite de nouveaux crédits pour rendre l'opération viable.

2. Les crédits de paiement (CP)

477 Il s'agit de « la limite supérieure des dépenses pouvant être ordonnancées ou payées pendant l'année pour la couverture des engagements contractés dans le cadre des autorisations d'engagement » (LO, art. 8, al. 3). En effet, l'autorisation d'engagement ne permet pas d'ordonnancer puis de payer la dépense car il est inutile de faire financer des opérations pluriannuelles (décidées dans le cadre des crédits d'engagement) par le contribuable d'un seul exercice. Le paiement est donc échelonné, modulé et autorisé annuellement en fonction de l'état de réalisation des programmes et engagements.

L'article 51 LO prévoit qu'un échéancier des crédits de paiement est associé aux autorisations d'engagement mais cet échéancier est purement indicatif.

Mais la souplesse des modalités ne saurait, évidemment, masquer la rigueur du principe, juridique et pratique, qui veut que les crédits de paiement dépendent nécessairement des engagements pris, ce qui explique que la politique budgétaire doive désormais être « pilotée » à partir des crédits d'engagement et que, pour la catégorie, particulière et sensible, des dépenses de personnel, la loi organique (art. 8, al. 4) ait décidé que « le montant des autorisations d'engagement ouvertes est égal au montant des crédits de paiement », ce qui revient à dire qu'en ce domaine les crédits restent (juridiquement) strictement annuels.

3. Les reports de crédits

478 Les reports de crédits inutilisés en fin d'exercice ont également vu leur régime modifié (par LO, art. 15). Le principe, traditionnel et réaffirmé par la loi organique, est que « les crédits ouverts et les plafonds des autorisations d'emplois fixés au titre d'une année ne créent aucun droit au titre des années suivantes ». Mais une annulation pure et simple des crédits inutilisés aurait des effets pervers (impossibilité d'une gestion pluriannuelle, surconsommation des crédits en fin d'année, constitution de réserves parallèles, pénalisation des investissements). Aussi l'ordonnance de 1959 avait-elle permis d'assez larges reports, en particulier pour les crédits d'investissement (qui pouvaient être intégralement reportés par le ministre des Finances).

Sous l'empire de la LOLF, les crédits disponibles en fin d'année peuvent également être reportés, c'est-à-dire ajoutés aux crédits de l'année suivante, mais par arrêté conjoint du ministre des Finances et du ministre intéressé, à publier avant le 31 mars – ce qui évite les reports parfois tardifs (jusqu'à fin octobre...) auparavant pratiqués – et dans des limites désormais plus étroites. Les autorisations d'engagement qui n'auraient pas été utilisées au cours d'un exercice peuvent être reportées, mais, à défaut de report, elles deviennent caduques, alors qu'auparavant elles étaient valables sans limitation de durée (v. ss 476).

Le report peut être fait sur le même programme ou, à défaut, un programme poursuivant le même objectif, sans, cependant, que cela puisse conduire à majorer des dépenses de personnel.

À la lueur des lois de finances depuis 2006, ce dispositif est systématiquement utilisé pour certains programmes comme l'équipement des forces armées ou la gendarmerie nationale, ce que l'on pouvait concevoir. Il paraît cependant s'être élargi à un ensemble relativement diversifié de domaines : territoires, administration de l'État, sécurité civile, ville, logement, culture, économie... et même conseil et contrôle de l'État (notamment en faveur de la Cour des comptes et des juridictions financières).

Quant aux crédits de paiement qui restent disponibles, ils peuvent être reportés dans la limite de 3 % des crédits initiaux, cette limite pouvant être relevée par le Parlement, sauf pour les dépenses de personnel.

Un titre de personnel figurant dans un programme ne peut bénéficier d'un report excédant 3 % des crédits initiaux du titre de personnel à partir duquel est effectué le report (et figurant dans le même programme ou un programme d'objectif semblable).

Les titres autres que de personnel figurant dans un programme ne peuvent, pour leur ensemble, sauf autorisation du Parlement, bénéficier d'un report excédant 3 % de l'ensemble des crédits initiaux des titres autres que de personnel à partir desquels est effectué le report (et figurant dans le même programme ou un programme d'objectif semblable).

Ce seuil de 3 % (admis par le Conseil constitutionnel : 25 juill. 2001, 448 DC, cons. 37) est inférieur au pourcentage des reports (de l'ordre de 4 à 5 %) pratiqués au cours de la dernière décennie.

Il ne s'applique pas au reliquat des crédits ouverts sur fonds de concours, qui peut être reporté à concurrence de la différence entre les recettes et les dépenses constatées (LO, art. 15-III).

C. Le cadre pluriannuel

479 Même s'il reste formellement annuel, le budget de l'État est replacé dans un cadre pluriannuel qui tend à devenir de plus en plus prégnant.

Avant la LOLF, ce cadre, en effet, était extérieur au budget et n'avait en principe, que valeur indicative au travers d'un effort de programmation pluriannuelle des crédits (**1**) longtemps marqué par le recours à des lois de programmation (**2**), dont les perspectives ont été renouvelées par la LOLF (**3**), conduisant au renforcement de la pluriannualité. Il s'est longtemps agi du Plan (national) de développement économique et social qui, dans la trentaine d'années suivant la Seconde Guerre mondiale, a constitué l'essentiel du cadre de référence. Il concernait l'ensemble de l'économie, mais, à partir des années 1960, on s'est efforcé d'y inscrire une programmation (indicative) relative aux finances publiques.

1. Une démarche pluriannuelle

480 Cette programmation a pris la forme, d'abord d'enveloppes de dépenses d'équipement puis de programmes prioritaires impliquant des financements budgétaires (programmes finalisés du VIe Plan, programmes d'action prioritaire du VIIe Plan, programmes prioritaires d'exécution du IXe Plan).

La concrétisation budgétaire en a été très relative car il est difficile de faire du budget, qui subit des contraintes conjoncturelles et structurelles très fortes, un bon serviteur du plan (surtout lorsque celui-ci est rigide et parfois peu réaliste). Puis la planification nationale a quasiment abandonné (avec le Xe Plan 1989-1992) toute programmation chiffrée avant de disparaître, en tout cas sous sa forme traditionnelle (le XIe Plan 1993-1997 n'a pas été adopté), car toute gestion publique moderne a besoin de schémas pluriannuels de référence.

2. Des lois de programme aux lois de programmation

481 Les lois de programme étaient prévues par la Constitution (art. 34) et l'ordonnance de 1959 (art. 1er) ou les formes, non prévues par les textes, qui en sont dérivées (lois de programmation, lois d'orientation...) ; elles ont également constitué un instrument de référence, mais sectoriel et propre à l'État.

Aux termes de l'article 34 Const., les lois de programme déterminaient les objectifs de l'action économique et sociale de l'État, et selon le Conseil constitutionnel (25-26 juin 1986, 207 DC), elles « comportent des prévisions de dépenses chiffrées ».

Sous les IIIe et IVe Républiques, elles avaient valeur budgétaire et avaient permis, à partir des années 1920, des engagements (massifs ou échelonnés) dans des secteurs stratégiques (dont la ligne Maginot) ou des secteurs prioritaires du IIe Plan (décrets-lois programmes de 1955), ce qui avait accentué la rigidité budgétaire et... l'hostilité du ministère des Finances. Aussi l'ordonnance de 1959 leur avait-elle refusé toute valeur (seules les autorisations de programme ouvertes dans une loi de finances permettant d'engager des dépenses).

Le Conseil constitutionnel (29 août 2002, 461 DC) a confirmé ce caractère purement indicatif à propos des lois de programmation (en l'espèce, L. 9 sept. 2002 sur la justice).

En effet, la révision constitutionnelle de juillet 2008 a modifié l'article 34 Const. en recourant désormais au concept de « lois de programmation » dont l'objet est de déterminer « les objectifs de l'action de l'État ».

L'utilisation des lois de programme fut variable sous l'empire de l'ordonnance de 1959 ; le domaine le plus pérenne est celui de la défense, pour laquelle se sont succédé douze lois de programmation militaire (L. 18 déc. 2013 couvrant la période 2014-2019).

Très nombreuses au début de la Ve République, les lois de programme ont ensuite eu tendance à s'effacer devant le plan, sauf dans les secteurs non couverts par ce dernier (notamment dans le domaine militaire). Depuis le déclin de la planification générale, elles avaient connu un net regain, en particulier depuis les années 1990, puis plus récemment ; citons : la loi du 9 septembre 2002 d'orientation et de programmation pour la justice, la loi du 29 août 2002 d'orientation et de programmation pour la sécurité intérieure. Depuis 2008, les lois de programmation, hormis en matière financière et de défense, ont été peu nombreuses : on notera la loi du 3 août 2009 relative à la mise en œuvre du Grenelle de l'environnement, la loi du 14 mars 2011 d'orientation et de programmation pour la performance de la sécurité intérieure, celle du 27 mars 2012 relative à l'exécution des peines, la loi du 21 février 2014 pour la ville et la cohésion urbaine ou encore celle du 7 juillet 2014 d'orientation et de programmation relative à la politique de développement et de solidarité internationale.

3. Un renouvellement des perspectives avec la LOLF

482 La LOLF impose désormais certains documents, globaux et pluriannuels, d'information sur les finances publiques et leur contexte et, surtout, mentionne (discrètement) les « engagements européens de la France » (art. 48-2° et 50), « ainsi que, le cas échéant, des recommandations adressées à elle sur le fondement du traité instituant la Communauté européenne » (art. 50) : allusion prudente mais, en réalité, décisive au programme triennal de stabilité et de croissance que doit, depuis 1998, remettre annuellement la France aux autorités européennes en application du Pacte européen de stabilité et de croissance (v. ss 301) et qui, par les suites qu'il peut occasionner (v. ss 301), devient, plus que les lois

internes antérieures, un document obligé et essentiel de la préparation et de la décision budgétaires.

D'autre part, et surtout, la LOLF incorpore aussi au budget le cadre pluriannuel puisque les **programmes budgétaires** sur lesquels se fonde désormais l'organisation financière de l'État ne peuvent, sauf exception, reposer que sur des bases pluriannuelles, qu'il s'agisse de la prévision (justifications pluriannuelles : v. ss 515, 574) ou de l'exécution (engagements pluriannuels : v. ss 476). L'année ne paraît donc plus être qu'un cadre de traduction budgétaire de choix pluriannuels, mais, force essentielle du principe d'annualité, elle demeure l'occasion, indispensable sur le plan financier et politique, d'adopter ou d'infléchir les choix pluriannuels.

Bien que non mentionnées explicitement par la LOLF, les lois de programme et de programmation s'étaient multipliées dans les années 2000 : loi du 21 juillet 2003 de programme pour l'outre-mer, loi du 18 janvier 2005 de programmation pour la cohésion sociale, loi du 13 juillet 2005 de programme fixant les orientations de la politique énergétique, loi du 18 avril 2006 de programme sur la recherche, ou encore, la loi du 28 juin 2006 de programme relative à la gestion durable des matières et déchets radioactifs.

§ 2. La globalité (unité, universalité, sincérité) du budget de l'État

483 Le principe de globalité (terme inusité), dont les caractéristiques générales sont exposées en première partie (v. ss 78), est, s'agissant du budget de l'État, presque tout entier traduit par l'article 32 de la LOLF qui, consacrant le principe de sincérité, auparavant affirmé par le Conseil constitutionnel, impose que « les lois de finances présentent de façon sincère l'ensemble des ressources et des charges de l'État ».

Invoquée depuis longtemps dans les lettres de saisine du Conseil constitutionnel, la sincérité est une notion que ce dernier a fini par consacrer, essentiellement à partir de sa décis. 29 déc. 1994, 351 DC (v. également, avec une portée plus limitée, 29 déc. 1983, 164 DC ; 21 juin 1993, 320 DC, et 29 déc. 1993, 336 DC) pour apprécier la constitutionnalité, aussi bien des lois de finances que des lois de financement de la Sécurité sociale (21 déc. 1999, 422 DC).

La LOLF lui consacre un chapitre (art. 32-33), intitulé « du principe de sincérité » mais qui, en réalité, ne concerne que la sincérité budgétaire, la sincérité comptable étant affirmée à l'article 31. Ces articles sont applicables depuis 2002.

Cette exigence concerne aussi bien le contenu (**A**) que la présentation (**B**) du budget.

A. Le contenu du budget

484 Le contenu du budget doit obéir à deux des trois aspects du principe de sincérité (v. ss 80) : la sincérité des évaluations (**1**), la sincérité du périmètre budgétaire (**2**).

1. La sincérité des évaluations portées au budget et des informations qui les soutiennent

485 Ceci concerne principalement les évaluations de recettes et le solde prévisionnel qui en résulte, mais peut aussi porter sur l'évaluation des charges et les éléments permettant de les établir. Non seulement elles ne doivent pas être sous-estimées (ou dissimulées) au moment du vote du budget annuel, mais les évolutions annuelles doivent être prises en compte : d'une part le Conseil constitutionnel impose le dépôt d'un projet de loi de finances rectificative au cas où l'exécution prévue, notamment en matière de recettes, s'écarterait sensiblement de l'équilibre initialement fixé (v. ss 472) ; d'autre part, l'article 33 LO impose de prendre en compte dans l'année les conséquences financières de dispositions législatives ou réglementaires.

Art. 33 LO : « Lorsque des dispositions d'ordre législatif ou réglementaire sont susceptibles d'affecter les ressources ou les charges de l'État dans le courant de l'année, les conséquences de chacune d'elles sur les composantes de l'équilibre financier doivent être évaluées et autorisées dans la plus prochaine loi de finances afférente à cette année ». Le premier alinéa de cet article 33, tel qu'adopté par le Parlement, allait même plus loin puisqu'il interdisait la publication de toute loi ou de tout décret qui ne comporterait pas une annexe financière précisant ses conséquences pour l'exercice en cours et l'année suivante ; mais le Conseil constitutionnel a censuré cette disposition, qui, selon lui, portait atteinte au pouvoir de promulgation des lois réservé par l'article 10-C au président de la République (25 juill. 2001, 448 DC, cons. 63 à 66).

Un dispositif encore plus strict figurait dans l'article 1er OLO, qui interdisait l'adoption d'une loi ou d'un décret dont les conséquences n'auraient pas été auparavant prévues, évaluées et autorisées par les lois de finances. Mais, inapplicable – et attentatoire au pouvoir législatif du Parlement –, cette disposition avait été assouplie par le Conseil constitutionnel qui, permettant (voire imposant) l'adoption préalable du texte, imposait simplement d'en traduire, dans la mesure où elles pouvaient être déterminées, les conséquences dans la loi de finances, pour préserver le « principe fondamental » qui veut que l'équilibre économique et financier soit déterminé par la loi de finances (27 juill. 1995, 365 DC ; 21 déc. 1999, 422 DC ; 29 déc. 1999, 424 DC ; 13 janv. 2000, 423 DC ; 27 déc. 2001, 456 DC).

Mais le budget étant un acte de prévision, la sincérité ici requise est, à la différence de celle exigée des documents comptables (et de la loi de règlement), une sincérité subjective, ainsi que le précisent à la fois l'article 32 de la LOLF, qui indique que la sincérité des lois de finances « s'apprécie compte tenu des informations disponibles et des prévisions qui peuvent raisonnablement en découler », et le Conseil constitutionnel, qui estime qu'ici « la sincérité se caractérise par l'absence d'intention de fausser les grandes lignes de l'équilibre déterminé par les lois de finances » (25 juill. 2001, 448 DC ; 27 déc. 2002, 464 DC, cons. 3).

Il a maintenu cette position fin 2012, alors même que le gouvernement introduisait dans un projet de loi de finances rectificative un nouveau dispositif d'aide aux entreprises (crédit d'impôt compétitivité) dont les conséquences pour la loi de finances de l'année 2013 n'avaient sans doute pas été intégrées, se retranchant derrière l'analyse du législateur selon lequel ce crédit d'impôt n'affectait pas l'équilibre budgétaire de l'année 2013, un projet de loi de finances rectificative pouvant toutefois ultérieurement prendre en compte les modifications des grandes lignes de l'équilibre budgétaire, s'il y a lieu (29 déc. 2012, 662 DC).

Ceci explique que le Conseil ne s'attache qu'aux « erreurs manifestes d'appréciation » et que, jusqu'à présent, il n'ait pas censuré de dispositions sur ce fondement. Mais la menace, parfois à peine voilée, existe et joue un rôle dissuasif important.

On relèvera, notamment, la formule suggestive contenue dans la décision (441 DC) du 28 décembre 2000 qui, à propos d'une loi de finances rectificative, indique « qu'il ne ressort pas des éléments fournis au Conseil [...] que les évaluations prises en compte dans l'article d'équilibre soient, eu égard au montant de la sous-estimation alléguée rapporté aux masses budgétaires, entachée d'une erreur manifeste » ; le Conseil prend de plus en plus la précaution d'indiquer qu'il se prononce « compte tenu des éléments dont (il) dispose » (28 déc. 2000, 442 DC) Le Conseil se prononce le plus souvent en matière d'évaluation de recettes (28 déc. 1995, 369 DC ; 29 déc. 1999, 424 DC ; 28 déc. 2000, 441 et 442 DC ; 27 déc. 2002, 464 DC), tout en tenant compte de circonstances particulières comme « les aléas inhérents à leur évaluation et des incertitudes particulières relatives à l'évolution de l'économie en 2010 » (29 déc. 2009, 599 DC, cons 5) Il a également jugé que serait irrégulière l'ouverture en fin d'année d'importants crédits destinés, en réalité, à être reportés à l'année suivante (29 déc. 1998, 406 DC : v. ss 478) ou la non-prise en compte des conséquences financières de décisions déjà acquises.

De plus, le Parlement doit être clairement informé des motifs des dispositions fiscales, afin d'y consentir (21 déc. 1999, 422 DC) et doit, lorsqu'il se prononce sur les crédits des ministères, être renseigné avec précision sur les effectifs permanents de l'État, ainsi que sur les dotations afférentes à leur rémunération (29 déc. 1999, 424 DC). Le Conseil constitutionnel paraît avoir admis la soumission des indicateurs de performance à ce principe même s'il ne fut pas conduit à censurer la loi de finances 2006 : « si quelque retard ou déficiences ont pu être constatés et devront être corrigés à l'avenir, ils ne sont, ni par leur nombre, ni par leur ampleur de nature à remettre en cause la régularité d'ensemble de la procédure législative » (29 déc. 2005, 530 DC).

2. La sincérité du périmètre budgétaire

486 Par application de la règle de totalité, elle impose de porter au budget toutes les recettes et toutes les dépenses de l'État... Ou plutôt imposerait car, ici, le principe (que ne respecte d'ailleurs pas la Grande-Bretagne, pourtant mère du parlementarisme) connaît trois séries de dérogations ou atténuations.

Les opérations de trésorerie sont des opérations de l'État qui ne figurent pas au budget, ainsi que l'indique sans ambages l'article 2 LO qui dispose que « les ressources et les charges de l'État comprennent les ressources et les charges budgétaires ainsi que les ressources et les charges de trésorerie », l'article 6 LO en tirant la conséquence en indiquant que « le budget décrit, pour une année, l'ensemble des recettes et des dépenses budgétaires de l'État », c'est-à-dire une partie seulement des opérations.

La liste de ces opérations est actuellement fixée par l'article 25 LO, qui y inclut non seulement des opérations de caisse et des opérations à vue ou à court terme (mouvements de disponibilités, escompte et encaissement d'effets, gestion de fonds déposés par les correspondants...) mais encore « l'émission, la conversion, la gestion et le remboursement des emprunts et autres dettes de l'État », ce qui procède alors d'une conception particulièrement extensive des opérations de trésorerie, seul le paiement des intérêts des emprunts figurant au budget.

Cette situation, qui pouvait surtout se justifier lorsque l'emprunt à court terme était essentiellement infra-annuel (v. ss 612) et l'emprunt à long terme essentiellement un emprunt perpétuel, dont seuls les intérêts, inscrits au budget, importaient véritablement (v. ss 610) – ou, à la rigueur, lorsque l'amortissement de la dette était (entièrement) confié à une caisse spéciale (209 DC, v. ss 160) – avait été maintenue par l'article 15 OLO, confirmée par le Conseil constitutionnel (3 juill. 1986, 209 DC, et 29 déc. 1993, 330 DC) mais parfois vivement critiquée.

Le souci de laisser à l'exécutif un minimum de marge de manœuvre l'a cependant emporté dans l'article 25 LO, qui confirme, par ailleurs, que ce régime concerne, non seulement « les emprunts » mais également les « autres dettes de l'État », ce qui inclut, en particulier, les reprises par l'État de dettes d'autres organismes.

La formule de l'article 25 LO est inspirée de celle figurant à l'article 113 du RGCP. Le Conseil constitutionnel a, par exemple, considéré que le transfert à l'État de la dette de l'Agence centrale des organismes de Sécurité sociale envers la Caisse des dépôts était une opération de trésorerie (29 déc. 1993, 330 DC).

Si ces opérations ne figurent donc pas au budget, elles n'en échappent pas pour autant totalement au contrôle du Parlement. À cet égard, la loi organique a accru les prérogatives des chambres (ce qui a été admis par le Conseil constitutionnel). En particulier, elle a non seulement soumis le lancement, la conversion et la gestion des emprunts « aux autorisations annuelles, générales ou particulières données par la loi de finances de l'année » (LO, art. 26, étendant le principe déjà posé par OLO, art. 15), mais encore prévu (LO, art. 34) que la première partie de la loi de finances comporte à la fois un tableau de financement présentant les ressources et les charges de trésorerie (une disposition semblable de l'OLO n'avait pas été appliquée) et, nouveauté principale, une disposition permettant au Parlement de fixer un plafond (en fin d'année budgétaire) à la dette à moyen et long terme de l'État.

Plus exactement, l'article 34-9° LO indique que la loi de finances de l'année « fixe le plafond de la variation nette, appréciée en fin d'année, de la dette négociable de l'État supérieure à un an ».

L'article 31 OLO prévoyait une évaluation, dans la loi de finances, des ressources d'emprunt et de trésorerie mais il avait été négligé et le Conseil constitutionnel avait avalisé cette pratique, estimant que le Parlement était suffisamment informé par ailleurs (28 déc. 2000, 442 DC).

En Allemagne et au Japon le Parlement autorise et fixe le montant annuel des emprunts du gouvernement central (qui en détermine les modalités). Aux États-Unis, le Congrès fixe le plafond de la dette fédérale (le Trésor fixant les modalités d'emprunt).

De plus, la LOLF (art. 43, al. 2) prévoit que, dans la seconde partie de la loi de finances, « les évaluations de ressources et de charges de trésorerie font l'objet d'un vote (unique) ».

Il est, par ailleurs, bien entendu (mais ce fut longtemps mal entendu) que les opérations de l'État qui ne sont pas ou ne doivent pas être des opérations de trésorerie doivent être portées au budget, ce qui explique que la Cour des comptes, par ses critiques répétées, puis le Conseil constitutionnel, par ses menaces de censure de la loi de finances (30 déc. 1997, 395 DC, et 29 déc. 1998, 405 DC), aient obtenu, dans les années 1990, la réintégration au budget d'opérations « extrabudgétaires » ou « parabudgétaires » plus ou moins occultes... ; à moins que ces opérations n'aient été transférées à des budgets autonomes.

Certains ministères (Agriculture, Équipement et surtout, bien paradoxalement, Finances) ont longtemps connu des opérations permettant, grâce à des prélèvements d'origines diverses (rémunération de services rendus, remises et commissions sur opérations, produits d'opérations...), d'abonder, hors budget (et régulation budgétaire), les dépenses de fonctionnement et les émoluments des agents de certains services, ou bien sous forme de fonds de concours (v. en particulier ss 496, les « crédits d'articles » profitant aux services fiscaux) ou bien par comptes de trésorerie (comptes de tiers ou de transfert, permettant notamment de rémunérer les prestations d'« ingénierie publique » des agents de l'Équipement et de l'Agriculture, les agents de la direction générale des Impôts chargés du cadastre et des hypothèques, les agents du Trésor chargés d'activités d'épargne ou la « Masse des Douanes », chargée de pourvoir au logement des agents).

Ces opérations, qui reposaient sur des bases juridiques souvent anciennes et incertaines mais atteignaient plusieurs milliards de francs, ont été à la fois dénoncées par la Cour des comptes, condamnées (au moins en partie) par le Conseil constitutionnel et, pour la plupart, supprimées en application (avec un décalage de quelques années) de l'article 110 de la loi de finances pour 1996, aux termes duquel « à compter du projet de loi de finances pour 1997, les recettes et dépenses extrabudgétaires de toutes les administrations d'État sont réintégrées au sein du budget général ».

Les opérations des budgets autonomes sont, en effet, celles d'organismes qui ont une personnalité morale distincte de celle de l'État et qui, en toute orthodoxie juridique, n'ont donc pas à figurer dans le budget de l'État et à être soumis aux principes de la loi organique, ainsi que l'a rappelé à plusieurs reprises le Conseil constitutionnel (v. par ex. 29 juill. 1998, 403 DC, et 27 déc. 2001, 456 DC).

Mais certains de ces organismes (notamment certains établissements publics et associations) sont principalement, voire exclusivement, financés sur crédits de l'État et constituent des « **démembrements de l'administration** », certainement appelés à croître avec le développement des « agences » à la française que sont les établissements publics ou organismes assimilables (v. sur les opérateurs de l'État, ss 553 s.).

D'autres sont principalement ou substantiellement (ou simultanément) financés par des prélèvements obligatoires qui leur sont affectés, ce qui constitue une autre forme de « démembrement », certes admise par le Conseil constitutionnel (16 janv. 1982, 132 DC ; 28 juin 1982, 140 DC ; 29 déc. 1998, 405 DC) mais qui a fini par prendre une importance considérable.

On notera aussi les importants transferts aux collectivités et les subventions aux opérateurs de l'État.

Tous permettent, en tout cas, d'atténuer la signification des opérations inscrites annuellement au budget de l'État en facilitant les **budgétisations** et **débudgétisations** qui modifient périodiquement le contenu des budgets annuels et rendent donc bien relative leur comparaison.

Les débudgétisations ont surtout été opérées par les gouvernements néolibéraux de la période 1965-1975 et les gouvernements socialistes de la période 1981-1986 (v. rapport de la Genière, 1986). Même justifiées par des considérations économiques, elles sont traditionnellement dénoncées comme un camouflage des déficits, de même que sont, à l'inverse, présentées comme des « opérations vérité » les budgétisations, porteraient-elles sur des recettes.

Les débudgétisations sont également, et régulièrement, utilisées de façon plus ponctuelle : par exemple, la Masse des Douanes, mécanisme « parabudgétaire » (v. ss 486), a été transformée en établissement public administratif (art. 112 de la loi de finances pour 1998 et Décr. 97-1181 du 24 déc. 1997) et les subsistances militaires, compte spécial du Trésor, ont été confiées à l'Économat des Armées, établissement public industriel et commercial (LFR 30 déc. 2002, art. 63). La Cour des comptes dénonce régulièrement ce genre de pratique. Ainsi, dans son rapport sur le résultat budgétaire 2008, elle a perçu un tel phénomène au travers de l'affectation de taxes à l'Agence de l'environnement et de la maîtrise de l'énergie (ADEME) – au statut d'EPIC –, en lieu et place de subventions d'État.

Dans leur principe, ces pratiques ne peuvent être empêchées, car elles peuvent être l'expression de choix politiques, économiques ou sociaux, parfois fondamentaux, et le Conseil constitutionnel a estimé que, « nonobstant les effets de toute débudgétisation du point de vue du contrôle parlementaire », elles ne portaient, par elles-mêmes, atteinte, ni au principe de sincérité, ni à aucune autre exigence de valeur constitutionnelle (29 déc. 1999, 424 DC, et 27 déc. 2001, 456 DC).

Mais elles ont été encadrées d'au moins trois façons.

En premier lieu, le Conseil constitutionnel a estimé que les dépenses présentant « par nature un caractère permanent » pour l'État (notamment les charges de personnel) ne peuvent être débudgétisées (29 déc. 1994, 351 DC), ce qui porte un coup d'arrêt à certaines pratiques – mais pose le problème, redoutable bien que connu, du critère des activités publiques (et même étatiques) « par nature... ».

Le Conseil s'est ainsi opposé à la débudgétisation de rémunérations des agents de l'État (29 déc. 1994, 351 DC, et 18 déc. 2001, 453 DC) et de certaines opérations du budget annexe des prestations sociales agricoles (28 déc. 1995, 369 DC) mais a estimé que ne devaient pas, par nature, figurer au budget de l'État certaines dépenses de sauvegarde de la santé publique, transférées à la Sécurité sociale (422 DC, 21 déc. 1999) ou certaines ressources constituées de contributions sociales (21 déc. 1999, 422 DC, et 29 déc. 1999, 424 DC).

En deuxième lieu, la LOLF (art. 51-2) impose une « charte de budgétisation » qui (pratiquée depuis le projet de loi de finances pour 2001) consiste en une annexe analysant les changements de présentation budgétaire d'un exercice à l'autre, de façon à permettre une appréciation du budget à périmètre constant et de mesurer les modifications d'une année sur l'autre.

En troisième lieu, la LOLF a supprimé les taxes parafiscales, qui étaient affectées à certains organismes privés ou certains établissements publics industriels et commerciaux, étant précisé que « les impositions de toute nature ne peuvent être directement affectées à un tiers qu'à raison des missions de service public conférées à lui » (LO, art. 2) et a soumis la perception de ces impositions (retracée dans une annexe explicative au projet de loi de finances) à l'autorisation annuelle du Parlement qui est, en outre, seul habilité à décider de l'affectation à un tiers d'une ressource établie au profit de l'État (v. art. 34-I-1°, 36 et 51-1° LO).

Le Parlement doit, par ailleurs, se voir remettre annuellement (pour l'examen de la loi de finances et de la loi de financement de la Sécurité sociale), un rapport retraçant l'état et l'évolution des prélèvements obligatoires (LO, art. 52) qui, ajouté notamment aux comptes de l'ensemble des administrations publiques figurant dans le rapport économique et financier (LO, art. 50), lui permet, en plus, d'avoir une vue d'ensemble.

On rappellera que, jusqu'en 1892, un « budget sur ressources spéciales » annexé au budget de l'État et approuvé par le Parlement retraçait (sauf sur certains points) les finances des collectivités locales.

Les prélèvements sur recettes constituent, eux, un cas particulier car « à cheval » sur la limite séparant le budget des opérations extrabudgétaires. Ils consistent, en effet, pour l'État, à verser à certains organismes des recettes qu'il a perçues sans les faire figurer dans les dépenses de son budget, mais en les mentionnant, en déduction des prévisions de recettes, dans un état annexé à la loi de finances.

Le procédé, inauguré en 1969, s'est considérablement développé puisqu'il porte en 2015 sur plus de 71 Mds € destinés, d'une part (près de 51 Mds) à certaines dotations et compensations aux collectivités locales (à commencer par la dotation globale de fonctionnement), ce qui a été critiqué car, prélevés sur les ressources propres de l'État, ces versements pourraient (devraient ?) tout aussi bien figurer en dépenses budgétaires, d'autre part (près de

20 Mds) à la contribution de la France au budget de l'Union européenne (v. ss 234 s. ; il s'agit (depuis 1970) de sommes qui n'appartiennent pas à l'État, mais constituent des ressources propres de l'Union). (v. ss. 269).

Ces prélèvements sur recettes représentent les deux tiers des concours financiers de l'État aux collectivités locales. Outre la DGF réformée et instrument essentiel de ce transfert financier (près de 37 Mds €), le Fonds de compensation pour la TVA (près de 6 Mds) et différentes compensations d'exonérations fiscales. En revanche, les dotations de décentralisation et d'équipement figurent en dépenses du budget.

Cette pratique, non prévue par l'ordonnance de 1959, avait, malgré les critiques, été admise (sous réserve de justifications claires et appropriées) par le Conseil constitutionnel (29 déc. 1982, 154 DC, et 29 déc. 1998, 405 DC). Elle a été consacrée par la LOLF (art. 6), qui en a cependant limité les bénéficiaires (collectivités territoriales et « communautés européennes », à l'exclusion, notamment, de la Sécurité sociale, qui en avait bénéficié un moment) et l'objet (participation à des charges, compensations) ; de plus, la LOLF a imposé que ces charges (évaluées dans la première partie de la loi de finances, LO, art. 34-I-4°) soient précisément déterminées (LO, art. 6), le Conseil constitutionnel ayant ajouté que, pour assurer la clarté des comptes et l'efficacité du contrôle parlementaire, il fallait une annexe budgétaire analysant chaque prélèvement et que les documents les concernant « devront comporter des justifications aussi précises qu'en matière de recettes et de dépenses » (25 juill. 2001, 448 DC, cons. 19). En somme, des opérations « quasi budgétaires ».

Mais ces opérations échappent, en principe, au mécanisme d'irrecevabilités financières posé par l'article 40 Const. (v. ss 538), ce qui, d'ailleurs, tendrait à favoriser l'initiative parlementaire.

Le texte de l'article 6, al. 4 LO est le suivant : « Un montant déterminé de recettes de l'État peut être rétrocédé directement au profit des collectivités territoriales ou des communautés européennes en vue de couvrir des charges incombant à ces bénéficiaires et de compenser des exonérations, des réductions ou des plafonnements d'impôts établis au profit des collectivités territoriales. Ces prélèvements sur les recettes de l'État sont, dans leur destination et leur montant, définis et évalués de façon précise et distincte ».

B. La présentation du budget

487 Les opérations qui figurent au budget obéissent, en principe (et sous réserve des dérogations à la totalité : v. ss 486 s.), aux règles classiques, exposées en première partie (v. ss 66 s.), d'unité et d'universalité, rappelées, s'agissant de l'État, par l'article 6 LO, qui dispose notamment qu'« il est fait recette du montant intégral des produits, sans contraction entre les recettes et les dépenses » (principe de non-compensation, qui vise à assurer la sincérité de la présentation, troisième élément du principe de sincérité : v. ss 80) et que « l'ensemble des recettes assurant l'exécution de l'ensemble des dépenses, toutes les recettes et toutes les dépenses sont retracées sur un compte unique intitulé "budget général" » (principe de non-affectation).

Au moment de leur formulation au début du XIXe siècle (v. ss 17), ces principes paraissaient particulièrement justifiés par les affectations (assignations), compensations et démembrements de tous ordres qu'avait connus l'Ancien Régime et qui avaient fini par empêcher toute maîtrise sur les finances du Royaume.

Cependant, pour des raisons générales exposées en première partie (v. ss 66 s.), les pouvoirs publics ne peuvent ou ne veulent pas toujours respecter ces « règles fondamentales » (Cons. const. 29 déc. 1994, 351 DC) ; la LOLF (art. 16) prévoit donc, comme auparavant l'ordonnance de 1959 (art. 18), des dérogations ou aménagements qui, prenant la forme de budgets annexes (**1**), de comptes spéciaux (**2**) ou de procédures comptables particulières (**3**), permettent d'affecter certaines recettes à certaines dépenses, parfois même de compenser recettes et dépenses, et concernent près d'un tiers des opérations budgétaires.

Les articles 18-I et 19 LO réservent à la loi de finances la création d'un budget annexe ou d'un compte spécial. Par ailleurs, une affectation non prévue par la LOLF serait, même si elle était organisée par une loi ordinaire, illicite (Cons. const. 8 janv. 1991, 90-283 DC ; 16 déc. 1993, 93-328 DC).

On rappellera que les actes budgétaires rectificatifs adoptés en cours d'année par le Parlement et l'exécutif constituent – comme jadis les budgets extraordinaires adoptés séparément pour des opérations de guerre ou d'investissement – autant d'atténuations à l'unité de la loi de finances annuelle (et, lorsqu'il s'agit d'actes gouvernementaux, au pouvoir de décision du Parlement). Par ailleurs, l'unicité de la loi de finances annuelle n'existe que depuis le décret du 19 juin

1956. Auparavant, avaient toujours existé au moins deux lois (recettes/dépenses) et le plus souvent plusieurs (une par ministère pendant une partie du XIXe siècle et de 1948 à 1956, quatre aux débuts de la IVe République).

1. Les budgets annexes (LO, art. 18)

488 Ils figurent dans la loi de finances (qui les crée ou les supprime) et font donc l'objet d'un contrôle parlementaire, mais sont présentés à côté du budget général de façon à réaliser une **affectation de recettes** au profit de certains services de l'État (donc **dénués de personnalité morale** propre), qui ont, « à titre principal (...) une activité de production de biens ou de prestation de services donnant lieu au paiement de redevances » (LO, art. 20) et qui ont donc besoin d'individualiser leurs opérations et de les gérer en partie selon les règles de la comptabilité commerciale. L'article 18 LO précise que les budgets annexes sont présentés selon les normes du plan comptable général, en deux sections : opérations courantes et opérations en capital (investissement et variation de l'endettement). Mais, pour le reste, les opérations « sont prévues, autorisées et exécutées dans les mêmes conditions que celles du budget général », ce qui implique, notamment, des crédits limitatifs et les règles de la comptabilité publique. Chaque budget annexe constitue une « mission » et se voit assigner un plafond d'emplois (v. ss 574). La loi organique ne fait plus référence, comme l'ordonnance de 1959, aux « fonds d'approvisionnement, de réserve et de provision ».

Ces budgets annexes constituent une technique classique que la proposition initiale de loi organique envisageait cependant de ne pas reconduire et qui n'a finalement été maintenue que moyennant des conditions plus strictes que sous l'empire de l'ordonnance de 1959.

Ils ne concernent plus que les services rémunérés par des « redevances » et non plus, comme l'indiquait l'ordonnance de 1959 (art. 20), par des « prix », ce qui paraît désormais exclure (v. ss 107) les services proprement industriels et commerciaux qui semblent devoir emprunter la technique du compte de commerce (v. ss 493) ou du budget autonome (v. ss 486).

En sens inverse, et paradoxalement, les services dotés d'un budget annexe ont, apparemment, une autonomie et une responsabilité plus grandes. D'une part, ils doivent s'autofinancer, en principe sans recours à l'impôt ou à l'aide du budget général mais, comme auparavant, par appel éventuel à l'emprunt (qui est, ici, budgétisé).

Le Conseil constitutionnel a estimé que, « pour l'essentiel », les budgets annexes devaient être financés par des redevances (30 déc. 1997, 395 DC). La loi organique (art. 18) précise qu'aucun virement ou transfert de crédits ne peut être effectué entre le budget général et un budget annexe et que, dans un budget annexe, seuls les crédits pour amortissement de la dette peuvent être majorés (par arrêté conjoint du ministre des Finances et du ministre intéressé) si, en cours d'année, les recettes s'avèrent supérieures aux prévisions (mais des décrets d'avance restent possibles : v. ss 507). Quant au recours à l'emprunt, il est impliqué par la référence que fait l'article 18 LO aux « variations de l'endettement ».

D'autre part, et inversement, un excédent éventuel ne semble plus devoir être absorbé par le budget général, ce qui éviterait que ce dernier, normalement alimenté par l'impôt, ne « ponctionne » le budget annexe, normalement alimenté par la redevance, et fasse payer à l'usager ce qui doit être payé par le contribuable.

Sous l'empire de l'ordonnance de 1959, cette opération de défiscalisation, pratiquée à l'égard des PTT, avait été admise par le Conseil constitutionnel (29 déc. 1984, 184 DC) et le Conseil d'État (17 sept. 1986, *François-Poncet*).

Par ailleurs, le Conseil constitutionnel avait précisé (25 juill. 2001, 448 DC, cons. 49) qu'au plus tard en 2006 devraient être supprimés les trois budgets annexes qui, bien que ne répondant pas aux critères posés par l'ordonnance de 1959, avaient cependant été consacrés par la pratique et tolérés par le Conseil constitutionnel (30 déc. 1991, 320 DC).

Il s'agissait, d'une part, du budget annexe des prestations sociales agricoles – BAPSA – qui avait été institué (en 1949 et réformé en 1959) pour des raisons de clarté comptable (et qui, avec 16 Mds €, accomplissait en 2003, près de 90 % des opérations financières des budgets annexes). Il s'agissait, d'autre part, des budgets de la Légion d'honneur et de l'Ordre de la Libération qui furent institués pour des raisons honorifiques et concernaient, par ailleurs, des services dotés de la personnalité morale.

De sorte que les budgets annexes, qui étaient en 2003 au nombre de six et qui avaient déjà subi une amputation notable avec la disparition en 1990 du budget des PTT (créé en 1923) étaient appelés à ne jouer qu'un rôle restreint dans les futurs budgets de l'État. Le BAPSA fut supprimé et remplacé par un fonds alimenté par des impositions affectées : le Fonds de financement de la protection sociale des non-salariés agricoles (FIPSA), lequel a disparu à son tour en 2009.

Il ne reste plus depuis 2009 que deux budgets annexes : le budget annexe Contrôle et exploitation aériens (pour environ 2,1 Mds € en 2015) et le budget annexe Publications officielles et information administrative (0,2 Mds € en 2015) fruit de la disparition et de la fusion du budget annexe publications officielles et du compte de commerce « Documentation administrative ».

On notera à leur sujet une recommandation formulée par la Cour des comptes : « Recommandation 20 : Conformément au principe d'unité budgétaire, exclure toute prise en charge par les budgets annexes de dépenses relevant des activités régaliennes de l'État » (C. comptes, *Résultats et gestion budgétaire de l'État, Exercice 2010*, mai 2011).

2. Les comptes spéciaux (LO, art. 19 à 24)

489 Appelés comptes spéciaux du Trésor jusqu'à la LOLF, ce sont des écritures qui rapprochent certaines recettes de certaines dépenses de façon à suivre certaines opérations pendant tout leur déroulement – ce qui explique notamment que, sauf exceptions, le résultat annuel d'exécution (qu'il ne faut pas confondre avec un éventuel reliquat de crédits) soit reporté d'année en année jusqu'à la clôture du compte (LO, art. 20). À l'origine, ces comptes étaient ouverts hors budget, mais leur multiplication à partir de la Première Guerre mondiale (près de quatre cents à « l'inventaire Schuman » de 1947) avait fini par entraîner abus, complexité et manque de sincérité des budgets. Depuis les années 1950, ils sont, en revanche, inclus dans la loi de finances, qui les crée et les supprime (ils ne doivent donc pas être confondus avec les comptes de trésorerie), mais y figurent à côté du budget général et des budgets annexes. Leur nombre (dépassant 70 au début des années 1960 et 1970), a été réduit au fil des années pour devenir inférieur à 40 depuis 2000. Leur régime, qui découlait de l'ordonnance de 1959 (art. 23 à 29) a été remanié par la LOLF mais ils peuvent toujours être classés en deux groupes en fonction des exceptions qu'ils apportent aux principes budgétaires.

L'article 20 LO précise qu'« il est interdit d'imputer directement à un compte spécial des dépenses résultant du paiement de traitements, salaires, indemnités et allocations de toutes natures ».

490 Certains réalisent uniquement une **affectation de recettes à des dépenses** et sont donc dotés de prévisions de recettes et de crédits (« **comptes à crédits** »), car ils n'ont « ni pour objet, ni pour effet, de faire échapper des dépenses et des recettes de l'État à l'approbation du Parlement » (Cons. const. 30 déc. 1997, 395 DC).

Chaque compte constitue une mission et les crédits sont spécialisés par programme (v. ss 502 s.) ; aucun virement ou transfert (v. ss 505 et 506) ne peut être effectué entre eux et le budget général (LO, art. 20-II). Une mission comprenant un ensemble de programmes, au sens de l'article 7 alinéa 1 de la loi organique de 2001, celle-ci ne saurait comporter un programme unique, ce qui priverait les parlementaires de leur pouvoir d'amendement des programmes et dotations (Cons. const. 29 déc. 2005, 530 DC).

Ils comprennent deux catégories : les comptes d'affectation spéciale, qui permettent de financer certaines opérations par des recettes particulières et les comptes de concours financiers, qui retracent les prêts et avances de l'État.

491 **Les comptes d'affectation spéciale** (LO, art. 21) constituent, en quelque sorte, la catégorie de droit commun, puisqu'ils concernent des « opérations budgétaires financées au moyen de recettes particulières » qui, précise de façon nouvelle la loi organique, « sont, par nature, en relation directe avec les opérations concernées », ce qui parut condamner certains des comptes ouverts sous le régime de l'ordonnance de 1959, représentant des fonds de soutien à certaines activités (cinéma et audiovisuel, sport, hippisme, vie associative...) ou d'aide à l'aménagement du territoire (eau, infrastructures, DOM/TOM...) ou d'emploi de certaines recettes particulières (notamment la redevance de l'audiovisuel, l'indemnisation des porteurs d'emprunts russes...). Pour autant, au fur et à mesure des lois de finances, le nombre de ces comptes paraît devoir s'accroître.

Ces recettes peuvent être complétées, mais minoritairement, par des versements du budget général (maximum de 10 % des crédits initiaux, sauf pour les deux comptes ci-dessous), mais, inversement, ne peuvent, sauf dérogation expresse d'une loi de finances, alimenter (par des versements à partir du compte d'affectation spéciale) un autre poste du budget. Ces recettes conditionnent les dépenses qui, en cours d'année, ne peuvent être supérieures aux recettes constatées, les crédits (limitatifs) pouvant, en sens inverse, être majorés par le ministre des Finances si un surplus de recettes est constaté, les reports de crédits d'une année sur l'autre ne pouvant, par ailleurs, excéder le solde constaté. L'article 21-I LO a créé d'office deux comptes : l'un, qui prend la suite d'un compte déjà existant, dénommé « participations financières de l'État » à l'exclusion de toute opération de gestion courante ; l'autre permet de centraliser, à partir de versements d'autres postes du budget (et, éventuellement, de recettes spécifiques) les « Pensions » et avantages accessoires des agents de l'État, ce qui permet une meilleure vue d'ensemble en ce domaine.

Ce compte « Pensions » mérite d'être plus explicitement présenté car il traduit un élément majeur de la politique de l'État s'agissant de ses dépenses de « personnel ».

La croissance progressive de ce compte est en soi un facteur déterminant de cette politique.

Loi de finances	2008	2009	2010	2011	2012	2013	2014	2015
Montant fin.	47,99	50,13	51,12	52,6	54,21	56,10	56,6	57,5

Unité : Md €.

D'autres comptes d'affectation spéciale sont recensés en 2015 : Gestion et valorisation des ressources tirées de l'utilisation du spectre hertzien et des infrastructures de télécommunication de l'État, Contrôle de la circulation et du stationnement routiers, Développement agricole et rural, Financement des aides aux collectivités pour l'électrification rurale, Gestion du patrimoine immobilier de l'État, Services nationaux de transport conventionnés de voyageurs, Aide à l'acquisition de véhicules propres, Financement national du développement et de la modernisation de l'apprentissage, Participations financières de l'État mais aussi Participation financière de la France au désendettement de la Grèce (inscription d'une contribution spéciale de la Banque de France sur le fondement d'une convention conclue avec l'État le 3 mai 2012, pour un montant de 309 M €). Le compte d'affectation « Cinéma, audiovisuel et expression radiophonique locale » fut clôturé par la loi de finances pour 2009 avec un transfert de ses opérations au Centre national du cinéma. On note aussi la disparition du compte « Engagements en faveur de la forêt dans le cadre de la lutte contre le changement climatique ».

Le Conseil constitutionnel a adopté une approche restrictive de ce que doit être désormais un compte d'affectation spéciale en censurant les conditions d'utilisation du Compte « Contrôle et sanction automatisés des infractions au code de la route » en ce que les recettes de ces comptes n'étaient pas, par nature, en relation directe avec la dépense induite par la décision des pouvoirs publics de verser aux établissements de crédit une compensation au titre des prêts souscrits en vue de faciliter le financement de la préparation au permis de conduire (29 déc. 2005, 530 DC).

492 **Les comptes de concours financiers** (LO, art. 24) sont destinés à retracer les prêts et avances consentis par l'État (et qui, sous l'ordonnance de 1959, constituaient deux catégories distinctes de comptes). Ils sont dotés de crédits limitatifs, sauf en ce qui concerne les comptes ouverts aux États et banques centrales liés à la France par un accord monétaire international, essentiellement les partenaires de la zone franc qui, ne pouvant plus bénéficier d'un découvert sur leur compte au Trésor, peuvent, en contrepartie, recevoir sans limitation (budgétaire) des concours financiers (v. ss 300). Un compte distinct, par débiteur ou catégorie de débiteurs, retrace les concours financiers et leur amortissement. L'essentiel des sommes, considérables (au total 113 Mds €), concerne les « avances » d'impôts directs aux collectivités territoriales qui pour 2015 ont été évaluées à près de 101 Mds € (v. ss 279).

On note l'existence d'un compte plus particulier lié à la crise économique actuelle, à savoir le compte de prêts à la filière automobile (0 €), mais aussi la perpétuation du compte de prêts pour le développement économique et social.

D'autres comptes réalisent à la fois une **affectation** et une **compensation** puisque l'autorisation parlementaire ne porte que sur un **découvert maximum** à ne pas dépasser en cours d'année (les prévisions de recettes et de dépenses ont un caractère simplement indicatif – mais le détail de l'exécution est ultérieurement fourni avec la loi de règlement). Traditionnellement classés (comme les comptes de prêts et d'avances et certaines opérations des comptes d'affectation spéciale) dans les opérations à caractère temporaire (bien que ce soit, en réalité, leur découvert qui présente le plus souvent ce caractère), ces « **comptes à découvert** » (assortis d'un signe négatif lorsqu'ils prévoient un... excédent) comportent également deux catégories : les comptes de commerce, qui retracent les opérations industrielles et commerciales effectuées (à titre accessoire) par les services de l'État non dotés de budgets annexes (v. ss 488), et les comptes d'opérations monétaires.

La LOLF a supprimé la catégorie des comptes de règlement avec les gouvernements étrangers (LO, art. 27) qui, retraçant l'exécution de certains accords internationaux (par exemple pour le soutien de certains produits de base), étaient quasiment tombés en désuétude (un seul compte en 2003) et sont remplacés, selon les cas, par un compte d'affectation spéciale ou des opérations dans le budget général.

493 **Les comptes de commerce** (LO, art. 22), retracent des opérations à caractère industriel ou commercial effectuées à titre accessoire, et selon les règles du plan comptable général, par des services de

l'État non dotés de budgets annexes ce qui, compte tenu de la nouvelle définition de ces derniers, paraît contraindre les autorités à personnaliser les services véritablement industriels et commerciaux, c'est-à-dire tirant l'essentiel de leurs ressources d'un prix (v. ss 107). Ils sont au nombre de 10 en 2015 dont en particulier celui relatif à la gestion de la dette et de la trésorerie de l'État (19,2 Mds € sur un total de 19,8) et celui relatif à la cantine et au travail des détenus dans le cadre pénitentiaire. De plus, l'article 22-II LO a consacré et élargi un compte qui, créé en 2000, est destiné à retracer la gestion de la dette et de la trésorerie de l'État, à l'exclusion, cependant, de toute opération de gestion courante (frais de bourse, commissions, etc.). Par ailleurs, l'article 22-I précise que, pour tous les comptes de commerce, il est interdit d'exécuter des opérations d'investissement financier, de prêts, d'avances ou d'emprunts, « sauf dérogation expresse prévue par une loi de finances », qui peut ainsi budgétiser certains emprunts.

494 « **Les comptes d'opérations monétaires** retracent les recettes et les dépenses de caractère monétaire », selon la lumineuse formule de l'article 23 LO (reprise OLO, art. 27), appliqué aux pertes et bénéfices de change – 0,4 Mds € en 2015 – (ainsi pour les garanties de change aux États de la zone franc), aux opérations avec le Fonds monétaire international (v. ss 333) et aux émissions de monnaies métalliques (qui, en particulier, comporte en recettes la valeur faciale des pièces mises en circulation et en dépenses celle des pièces retirées de la circulation).

3. Les procédures comptables particulières

495 Elles permettent certaines affectations (et, parfois, certaines compensations) à l'intérieur du budget général, d'un budget annexe ou même d'un compte spécial (LO, art. 16 et 17).

La LOLF, qui en a remanié le régime, en a prévu trois catégories.

496 Les **fonds de concours** (LO, art. 17-II) sont d'une part des participations volontaires (non fiscales) à des dépenses d'intérêt public (par exemple à des travaux) versés à l'État (par une personne physique ou morale, publique ou privée), d'autre part des legs et donations attribués à l'État sous forme de numéraire grevé de

charges ou conditions et dont l'emploi doit donc être « conforme à l'intention de la partie versante » ; en conséquence, la recette est portée au budget et, corrélativement, le ministre des Finances ouvre un crédit de même montant.

Chaque fonds de concours pour dépenses d'intérêt public donne lieu à l'émission d'un titre de perception par l'ordonnateur principal ou secondaire intéressé. L'émission de ce titre vaut acceptation par l'État du concours de la partie versante. Les crédits correspondants sont ouverts, par arrêté du ministre chargé du Budget, au programme ou à la dotation du budget général ou au programme du budget annexe ou du compte spécial dont l'objet correspond à l'emploi indiqué par la partie versante. L'ouverture est réalisée en autorisations d'engagement et en crédits de paiement après l'encaissement des fonds. Il y a cependant ouverture d'une autorisation d'engagement pour les dépenses d'investissement et par opération dès l'émission d'un titre de perception (Décr. 11 janv. 2007, n° 2007-44).

Depuis la LOLF, la loi de finances doit inclure ces fonds dans les évaluations de recettes et plafonds de dépenses (ce qui majore les masses, mais non le solde, du budget) mais le Conseil constitutionnel a précisé que si, en cours d'année, les recettes versées venaient à dépasser le plafond, il faudrait que le Parlement ouvre les crédits supplémentaires nécessaires pour respecter l'intention de la partie versante, faute de quoi il serait porté atteinte au droit de propriété garanti par la Déclaration de 1789 (25 juill. 2001, 448 DC, cons. 47).

Ceci explique aussi que les crédits inutilisés en fin d'année soient, par dérogation au droit commun des reports (v. ss 478), intégralement reportés à l'année suivante (art. 15-III LO). Cette situation a aussi amené l'État à s'engager dès 2013 dans la voie de la suppression et du regroupement (en tenant compte de l'origine géographique des recettes) des fonds inactifs.

497 **Les attributions de produits** (art. 17-III LO) permettent d'affecter (par décret) à un service les recettes (par exemple les redevances de photocopie) qu'il tire de prestations qu'il fournit (« régulièrement » précise la LO), ce qui ne serait pas possible sans texte le permettant (les recettes devraient être reversées dans la caisse commune). Cette procédure, formellement nouvelle, succède, en réalité, mais avec un régime plus restrictif, à la procédure, utilisée avant la loi organique, des fonds de concours « par assimilation », qui permettait à un décret d'assimiler à un fonds de concours

toute recette non fiscale, ce qui avait donné lieu à des abus. Désormais, le procédé est mieux délimité et il est budgétisé puisque les règles applicables aux attributions de produits sont, pour le reste, celles des fonds de concours « par nature », décrits ci-dessus (v. ss 496).

La procédure des fonds de concours « par assimilation » avait été conçue de façon à la fois extensive et, parfois, abusive. S'élevant à près de 600 au milieu des années 1990, ces fonds étaient, pour près des deux tiers (40 Mds F sur 70 Mds F), des fonds « par assimilation » et non « par nature », l'ensemble échappant, par ailleurs, très largement au contrôle du Parlement puisque les fonds n'apparaissaient pas dans la loi de finances (sauf, depuis 1985, sous forme d'annexe rétrospective puis, à partir de 1994, d'annexe prévisionnelle) et n'y étaient intégrés qu'au moment de la loi de règlement. De plus, une partie d'entre eux étaient irréguliers puisqu'ils concernaient des ressources fiscales (ou finançant du personnel) : ainsi les « crédits d'articles » (près de 120 Mds F) permettant au ministère des... Finances (services financiers) d'affecter à la rémunération de ses agents une partie (un dixième maximum) du produit attendu des redressements fiscaux (article 5 de la loi 48-1263 du 17 août 1948) et le prélèvement pour frais d'assiette et de recouvrement des impôts directs locaux (L. 49-1034, 31 juill. 1949, art. 6, v. ss 704 s.). Ces opérations, critiquées par la Cour des comptes, ont été rebudgétisées en 1999 et 2000, sous l'effet des menaces de censure de la part du Conseil constitutionnel (30 déc. 1997, 395 DC, et 29 déc. 1998, 405 DC).

498 **Les rétablissements de crédits** (LO art. 17-IV) sont des reversements à un service de l'État de sommes qu'il avait indûment ou provisoirement payées et qui lui sont donc affectées, sous forme d'un rétablissement de crédits initialement consommés (qui occulte l'opération initiale et revient donc à une compensation). Cette technique peut également permettre d'affecter à un service le produit de la cession, à un autre service de l'État, de biens qui lui appartenaient, de façon à l'inciter à s'en défaire.

Cette procédure est utilisée dans les conditions fixées par arrêté du ministre des Finances. La LOLF a supprimé la possibilité, ouverte par l'ordonnance organique de substituer la technique du fonds de concours à celle du rétablissement de crédits.

§ 3. La spécialité du budget de l'État

499 S'agissant du budget de l'État, le principe de spécialité, dont les caractéristiques générales sont exposées en première partie (v. ss 87), repose, depuis le budget 2006, sur la règle de spécialisation des crédits par programme (**A**), en application de la loi organique de 2001, qui a, par ailleurs, maintenu des procédures réglementaires permettant de modifier la portée de l'autorisation parlementaire (**B**).

A. Le principe de spécialisation par programme

500 Le principe de spécialisation des crédits par programme constitue l'innovation majeure apportée par la LOLF puisque, depuis 1831, le principe était que les crédits étaient ouverts, c'est-à-dire spécialisés, par chapitre, même si, depuis 1934, ils n'étaient plus, en droit ou en fait, votés par chapitre (v. ss 23 s.) ; sous l'empire de l'ordonnance de 1959 les crédits étaient votés globalement (en bloc pour les services votés, par titre et ministère pour les mesures nouvelles) mais demeuraient ouverts (par des décrets de répartition) par chapitre, c'est-à-dire une subdivision qui, pour l'essentiel, regroupait les crédits par nature.

La LOLF (modifiée) a apporté en ce domaine une triple révolution.

D'une part, elle a supprimé le chapitre qui, malgré des efforts importants de réduction (4 000 dans les années 1950, 1 200 en 1996, moins de 1 000 au moment du vote de la loi organique), a paru constituer une globalisation insuffisante des crédits.

D'autre part, et surtout, elle a cherché à substituer au traditionnel budget de moyens, regroupant les crédits par nature, un budget de résultats, ou de performance, regroupant les crédits par objectifs. À cet effet, les crédits sont juridiquement étagés en trois niveaux.

Enfin, une modification législative opérée en 2005 prévoit la possibilité d'une mise en réserve de crédits destinée à faire face à une détérioration éventuelle de l'équilibre budgétaire, ce que le Conseil constitutionnel devait admettre dès lors que cette réserve ne portait que « sur une faible fraction des crédits ouverts », qu'il ne s'agissait pas d'une obligation et que cette disposition ne portait pas atteinte aux prérogatives gouvernementales en matière d'exécution des lois de finances (cons.7, 517 DC du 7 juil. 2005).

Pour les aspects techniques, v. ss 526 et 573.

1. Un vote des crédits par mission

501 La mission correspond à « un ensemble de programmes concourant à une politique publique définie » et « relevant d'un ou plusieurs services d'un ou plusieurs ministères » (LO art. 7-I). Les missions n'ont guère varié quantitativement depuis 2006, entre 32 et 35 selon les années ; la loi de finances pour 2015 en comporte 31 au titre du budget général, 2 pour les Budgets annexes et 14 pour les comptes spéciaux, soit un total de 47 ; elles sont conçues comme des regroupements fonctionnels (et non comme des cadres de gestion), qui peuvent avoir un caractère interministériel et qui visent des objectifs généraux ou ministériels (en 2013 sur les 31 missions du budget général, 22 sont ministérielles et 9 sont interministérielles).

Il est à noter que la mission n'était pas initialement prévue lors de la préparation de la LOLF et qu'elle est formellement présentée (et conçue ?) comme un regroupement de programmes (v. LO, art. 7-2 ci-dessus). Par la suite, la création de missions exclusivement interministérielles fut discutée. Cette perspective ne fut pas retenue, la dimension « dynamique » des politiques publiques ne se situant pas réellement à ce niveau ; cette structuration apparaît plus comme un facteur de réorganisation des services. La création en cours d'année 2009 d'une mission supplémentaire spécifique « plan de relance » traduisit bien la malléabilité de ce cadre, cette mission étant animée par un ministre ayant de ce fait une vocation transversale.

Chaque budget annexe (LO, art. 18-II) et chaque compte spécial à crédits (LO, art. 20-II) constituent une mission. La mission correspondant à une « charge publique », « seule une disposition de loi de finances d'initiative gouvernementale peut créer une mission » (LO, art. 7-I), ce qui permet de respecter l'article 40 Const. sur les irrecevabilités financières (v. ss 538) et, plus largement, les articles 20 et 21 C réservant à l'exécutif le soin de déterminer la politique, donc les missions, de la Nation. « Il appartient au gouvernement de définir les périmètres des différentes missions en fonction des politiques publiques mises en œuvre ; il est également de sa compétence de choisir de constituer ces missions à partir des crédits d'un seul ou de plusieurs ministères ; les critères sur lesquels repose la délimitation des missions mises en cause ne sont entachés d'aucune erreur manifeste » (29 déc. 2005, 530 DC).

Font cependant exception à cette définition deux missions qui, rappelait le Conseil constitutionnel (25 juill. 2001, 448 DC, cons. 25), « ne peuvent donner lieu à la définition d'objectifs » : l'une présente les crédits globaux (v. ss 506), l'autre regroupe les dotations des pouvoirs publics (constitutionnels) qui ont toujours été soumises à un régime (parfois fort) dérogatoire. Elles sont présentées sous l'appellation « Dotations ».

Ainsi que le rappelait le Conseil constitutionnel, la règle selon laquelle « les pouvoirs publics constitutionnels déterminent eux-mêmes les crédits nécessaires à leur fonctionnement (...) est (...) inhérente au principe de leur autonomie financière qui garantit la séparation des pouvoirs » (27 déc. 2001, 456 DC), de sorte que le dispositif choisi dans la loi organique « assure la sauvegarde du principe d'autonomie financière des pouvoirs publics concernés, lequel relève du respect de la séparation des pouvoirs » (25 juill. 2001, 448 DC). Ces crédits relèvent de la mission spécifique « Pouvoirs publics » qui comprend en 2015 la présidence de la République, l'Assemblée nationale, le Sénat, la Chaîne parlementaire, le Conseil constitutionnel, la Haute Cour de justice, la Cour de justice de la République, et les indemnités des représentants français au Parlement européen. Cette mission est rattachée au ministère des Finances. S'agissant du Conseil d'État et des juridictions administratives, du Conseil économique et social et environnemental, de la Cour des comptes et des autres juridictions financières, ces institutions relèvent de la mission « Conseil et contrôle de l'État » rattachée au Premier ministre. La justice judiciaire, pour sa part, relève de la mission « Justice » qui est rattachée au ministère de la Justice.

De façon générale, les crédits alloués aux pouvoirs publics constitutionnels ne sont pas (ou pas vraiment) spécialisés et obéissent à des règles particulières d'octroi et d'utilisation, échappant notamment aux principes habituels du droit budgétaire et de la comptabilité publique.

S'agissant des Fonds spéciaux dont le principe remonte certainement à des temps immémoriaux, leur régime, datant d'une loi du 27 avril 1946 (art. 42) fut en partie réformé par, ou à l'occasion de, la loi de finances pour 2002 (art. 154). Les crédits, auparavant affectés à de nombreux usages, parfois sans rapport avec la raison d'État, sont, en principe, désormais réservés à des actions de sécurité nationale (direction générale de la Sécurité extérieure et autres services poursuivant des objectifs similaires), ce que vérifie une commission majoritairement composée de parlementaires (deux députés, deux sénateurs, deux membres de la Cour des comptes) – mais qui ne peut intervenir avant ou en cours d'opération (Cons. const. 27 déc. 2001, 456 DC) – et qui fait rapport (secret) au chef de l'État, au Premier ministre et aux présidents et rapporteurs généraux des commissions des finances du Parlement. Sur le plan pratique, les fonds correspondant aux crédits sont versés à un compte bancaire (ou assimilé) et librement utilisés par le Premier ministre.

2. Une ouverture et une spécialisation par programme

502 Les crédits sont ouverts et spécialisés par programme (ou dotation), chaque programme regroupant « les crédits destinés à mettre en œuvre une action ou un ensemble cohérent d'actions relevant d'un même ministère et auquel sont associés des objectifs précis, définis en fonction de finalités d'intérêt général, ainsi que des résultats attendus et faisant l'objet d'une évaluation » (LO, art. 7-I). Les programmes sont, en 2015, au nombre de 172 : 122 au titre du budget général, 5 au titre des budgets annexes, 45 programmes pour les comptes spéciaux à crédits ; ils ont un caractère à la fois ministériel (ils doivent relever d'un même ministre) et opérationnel (les crédits ne sont plus regroupés par nature mais par objectifs assortis d'indicateurs, ce qui constitue toute la difficulté de l'entreprise : v. ss 526).

La LOLF est considérée comme permettant au travers d'un programme de regrouper « de manière cohérente » l'ensemble des crédits relatifs à un organisme dont le législateur organique avait consacré l'autonomie budgétaire (à propos du Conseil supérieur de la magistrature, 19 juill. 2010, 611 DC, cons. 13).

Par un mécanisme semblable à celui appliqué aux chapitres dans l'ordonnance de 1959, les programmes figurent dans les annexes explicatives à la loi de finances ; après le vote de cette dernière, ils sont ouverts par un décret de répartition, qui doit respecter lesdites annexes, éventuellement modifiées par le Parlement (LO, art. 7-II et Cons. const. 25 juill. 2001, 448 DC, cons. 26).

3. Une subdivision en titres

503 Les programmes (ou dotations) sont subdivisés en titres (sept) qui classent les crédits selon leur nature économique (v. ss 579). Mais, caractéristique essentielle, le principe est que « la présentation des crédits par titre est indicative » (LO, art. 7-II), ce qui constitue une véritable révolution dans le droit budgétaire et comptable français puisque le gestionnaire disposera de crédits globalisés au niveau du programme et fongibles, car, à l'intérieur de ce programme, il pourra librement modifier la nature des dépenses prévues (y compris entre dépenses de fonctionnement et d'investissement, ce qui n'était pas le cas dans les expériences antérieures de globalisation) et, en conséquence, dépasser les crédits initialement prévus

pour certains titres (le plafond ne s'appliquant qu'au niveau du programme et la liberté d'action étant accrue par la possibilité de reports de crédits de l'année précédente : v. ss 478).

Ce principe connaît cependant une exception pour le titre des dépenses de personnel qui (dans chaque programme) constitue le plafond des dépenses : il ne peut donc être majoré par les crédits des autres titres sauf ceux provenant de la dotation globale pour mesures générales (v. ss 506) ; mais, en vertu du mécanisme dit de « **fongibilité asymétrique** », il peut, en revanche, être utilisé pour majorer les crédits des autres titres. Mécanisme peut-être excessif (car contraire à l'esprit d'intéressement et de responsabilisation nécessaire pour une nouvelle gestion publique) mais mécanisme qui découle d'un parti pris de maîtrise des effectifs, renforcé par le fait que chaque ministère se voit assigner annuellement un **plafond d'autorisations d'emplois** (LO, art. 7-III), c'est-à-dire un nombre maximum d'emplois qu'il est autorisé à financer (la répartition entre programmes de ce ministère étant, elle, indicative) (v. ss 574). S'agissant des autorisations d'engagement en matière de dépenses de personnel, il faut noter que leur montant est égal à celui des crédits de paiement (v. ss 477).

B. La portée de la spécialisation par programme

504 Conformément à la logique du crédit budgétaire (v. ss 69), ce dernier est ouvert à un bénéficiaire (**1**), pour un objet (**2**), un montant et une durée déterminés (**3**) qui, en principe, ne peuvent plus être modifiés que par une loi de finances mais qui, « à titre exceptionnel », précise la LOLF (art. 7-IV), peuvent faire l'objet de modifications par voie réglementaire (admises par le Conseil constitutionnel : 25 juill. 2001, 448 DC, cons. 25).

Pour la durée, v. ss 478, les reports de crédits.

1. Le bénéficiaire

505 Il s'agit, en principe, du ministre, mais ce dernier ne dispose pas d'une attribution irrévocable.

Le **principe** est, en effet, que « les crédits ouverts sont mis à la disposition des ministres » (LO, art. 7-IV) par décret de répartition intervenant après la promulgation de la loi de finances et qui, en respectant la ventilation fournie dans les annexes explicatives, éventuellement modifiées par le Parlement (v. ss 574), ouvre les crédits par programme (ou dotation) (LO, art. 44).

Le ministre les sous-répartit ensuite librement (par des arrêtés de sous-répartition), d'une part entre les différentes subdivisions du programme, d'autre part entre les services centraux et les services déconcentrés (ordonnateurs secondaires, bénéficiaires de délégations de crédits : v. ss 545).

Sur le plan juridique, le fait que les crédits soient « mis à disposition » du ministre implique, traditionnellement, et comme le confirme le Conseil constitutionnel (27 déc. 2002, 464 DC), que le ministre ne soit pas obligé d'utiliser l'intégralité des crédits, même si la logique, politique et technique, du budget par programme, impose au ministre d'atteindre les objectifs et résultats justifiant les crédits du programme.

La mise à disposition des crédits n'est cependant pas absolue puisque le Premier ministre peut, par décret (pris sur rapport du ministre des Finances et après information des commissions du Parlement), sans que soit expressément exigé l'accord du ministre intéressé (qui semble devoir toutefois contresigner le texte...), effectuer deux types d'opérations.

Il s'agit, d'une part, de décrets de **transfert de crédits** qui, sans changer l'objet de la dépense, modifient la répartition des crédits (et, éventuellement, des emplois) entre programmes de ministères distincts (LO, art. 12-II).

Il s'agit, d'autre part, et surtout, de décrets d'**annulation de crédits** (LO, art. 14), qui peuvent intervenir quand « un crédit est devenu sans objet » (formule déjà employée par l'ordonnance de 1959) ou, surtout, « afin de prévenir une détérioration de l'équilibre budgétaire défini par la loi de finances » de l'exercice. La LOLF consacre ainsi la **régulation budgétaire** par voie réglementaire (v. ss 190), qui, sous l'empire de l'ordonnance de 1959, avait été critiquée, parfois vivement, par la Cour des comptes et les services gestionnaires, à la fois parce qu'elle reposait sur une base juridique incertaine, modifiait, parfois substantiellement, le budget voté par le Parlement et déstabilisait la gestion des services.

Inspirée de l'*impoundment* américain, cette technique reposait juridiquement sur l'article 13 OLO, disposant que « tout crédit qui devient sans objet en cours d'année peut être annulé par arrêté du ministre des Finances après accord du ministre intéressé ».

Pour tenir compte de certaines de ces critiques, la LOLF a prévu que les annulations par décret (décret d'annulation ou décret d'avance « gagé » : v. ss 507) ne peuvent dépasser 1,5 % des crédits ouverts pour l'année et que les commissions des Finances des assemblées doivent être préalablement informées. Mais cette restriction ne concerne que les annulations (qui, par ailleurs, peuvent être librement décidées par une loi de finances rectificative).

Les crédits dont l'annulation est proposée dans une loi de finances rectificative ne peuvent plus être utilisés (engagement ou mandatement) à partir du dépôt du projet (LO, art. 14-II).

Elle ne concerne pas les autres formes de régulation, notamment les gels de crédits, auxquels fait allusion la loi organique (art. 14 III) imposant la communication aux commissions des Finances de « tout acte, quelle qu'en soit la nature, ayant pour objet ou pour effet de rendre des crédits indisponibles ».

Parmi eux, une forme était apparue en 1999, celle des « contrats de gestion » passés entre le ministère des Finances et le ministère dépensier, concernant notamment des crédits à mettre en réserve, à annuler ou à ne pas reporter dans le ministère intéressé.

Aux yeux du Conseil constitutionnel, la réserve dite de précaution est acceptable dès lors qu'elle a pour objectif « de prévenir une détérioration éventuelle de l'équilibre budgétaire » même en début d'exercice, dès lors que le Parlement en est informé (29 déc. 2004, 511 DC). Le Conseil en avait admis la pratique seulement pour une « faible fraction des crédits ouverts ». Un décret du 27 janvier 2005 (2005-54) a organisé le régime de la réserve de crédits dans le cadre du contrôle financier rattaché au sein des administrations de l'État (art. 5).

Cette disposition ne préjuge certes pas de la licéité de certains de ces actes mais le Conseil constitutionnel semble en admettre le principe en considérant que le crédit n'est pas une obligation de dépense et qu'il ne saurait donc « faire obstacle aux pouvoirs que le gouvernement tient de l'article 20 de la Constitution en matière d'exécution de la loi de finances » (27 déc. 2002,464 DC).

2. L'objet de chaque programme

506 Cet objet est, en principe, déterminé et, en conséquence, les crédits ne peuvent être utilisés à d'autres fins (v. ss 545).

Mais, depuis la LOLF, cet objet a été largement dilué par la globalisation des crédits et le passage du chapitre au programme. De plus, cette spécialisation de principe connaît elle-même deux séries d'atténuation.

En premier lieu, existent des **crédits globaux**, dont la répartition par programme n'est pas arrêtée au moment de l'entrée en vigueur du budget. La loi organique en prévoit deux catégories.

Sous forme de deux dotations, regroupées dans une mission particulière, venant elle-même s'ajouter aux dotations des pouvoirs publics constitutionnels qui, eux aussi, sont ouverts de manière globale (v. ss 574).

Il s'agit d'une part, d'une « **dotation pour dépenses accidentelles**, destinée à faire face à des calamités, et pour **dépenses imprévisibles** » (LO, art. 7-I-1°) qui, en tant que de besoin, est répartie par programme par décret (sur rapport du ministre des Finances).

Il s'agit, d'autre part, d'une dotation pour **mesures générales en matière de rémunérations** « *dont la répartition par programme ne peut être déterminée avec précision au moment du vote des crédits* » (LO, art. 7-I-2°), et qui, en cours d'année, est répartie entre programmes (titres de personnel) par arrêté du ministre des Finances.

En second lieu, l'objet du crédit peut parfois être modifié par des **virements de crédits**, entre programmes d'un même ministère, par décret (sur rapport du ministre des Finances). Mais, ce procédé portant substantiellement atteinte à la règle de spécialité, il ne peut concerner, au cours d'une même année, plus de 2 % des crédits de chaque programme intéressé et se trouve placé sous la surveillance du Parlement (information préalable des commissions puis compte rendu spécial d'utilisation par le ministre bénéficiaire dans le cadre du rapport annuel de performances : v. ss 526) (LO, art. 12).

Par ailleurs, les titres de personnel ne peuvent, en application du principe de fongibilité asymétrique (v. ss 503), bénéficier de virements en provenance de titres autres que de personnel et aucun virement (ou transfert : v. ss 505) ne peut être effectué au profit de programmes non prévus par la loi de finances.

3. Le montant des crédits ouverts à un programme

507 Celui-ci ne peut, en principe, être dépassé, la règle étant que les **crédits** (de même que les plafonds d'autorisations d'emplois) sont **limitatifs** (LO, art. 9). Mais ce principe fondamental connaît deux limites

... auxquelles s'ajoutent les comptes spéciaux « à découvert », qui permettent de dépenser librement dans la limite d'un montant maximum de découvert (v. ss 492). On rappellera, par ailleurs, que le montant de crédits peut être réduit par décret (v. ss 505 s.).

En premier lieu, existent des **crédits évaluatifs**, qui peuvent être librement dépassés parce qu'ils correspondent à certaines dépenses obligatoires (charges de la dette, remboursements, restitutions et dégrèvements, mise en jeu de garanties accordées par l'État, comptes ouverts aux États et banques centrales de la zone franc). Ces dépenses sont (limitativement) énumérées dans la loi organique (art. 10 et 24), qui a, en ce domaine, simplifié le régime applicable en vertu de l'ordonnance de 1959 et affermi le contrôle du Parlement puisque le ministre des Finances doit, en cours d'année, expliquer aux commissions des Finances les dépassements réalisés.

Par ailleurs, les dépassements doivent être « régularisés » par ouverture de crédits complémentaires dans une loi rectificative ou la loi de règlement.

Sous l'empire de l'ordonnance organique, les dépenses faisant l'objet de crédits évaluatifs étaient fixées, non seulement par l'ordonnance elle-même (art. 9), mais également par un état F annexé annuellement à la loi de finances ; par ailleurs, existait, en plus, la catégorie hybride des « crédits provisionnels » qui correspondaient également à certaines dépenses obligatoires, mais qui ne pouvaient être dépassés que sous certaines limites (prélèvement sur un crédit global, décret d'avance).

La loi organique a supprimé cette seconde catégorie et réintégré ou laissé dans les crédits limitatifs (éventuellement abondés à partir d'un crédit global : v. ss 506) les dépenses obligatoires qui (à l'instar des pensions) peuvent faire l'objet d'une prévision suffisamment précise.

En second lieu, le gouvernement peut parfois s'ouvrir (et s'ouvre, en pratique, presque tous les ans) des crédits supplémentaires par **décrets d'avance**. Ces décrets, qui dérogent au principe, essentiel, selon lequel seule une loi de finances peut ouvrir de nouveaux crédits (LO, art. 7-IV) (mais qui, dans la pratique, ont été mis en œuvre dès l'origine du droit budgétaire) sont, de ce fait, soumis à des conditions restrictives (LO, art. 13).

Ils ne peuvent, en principe, intervenir qu'en cas d'urgence (condition qui, dans la pratique, n'a pas été jusqu'à présent respectée), après avis du Conseil d'État et, depuis la loi organique de 2001, des commissions des Finances du Parlement (qui doivent se prononcer dans les sept jours) ; par ailleurs, les crédits supplémentaires ne peuvent excéder (en montant cumulé) 1 % du total des crédits ouverts par la loi de finances de l'année et ne doivent pas affecter l'équilibre budgétaire, ce qui implique qu'ils soient gagés par des annulations d'autres crédits ou/et par des recettes supplémentaires. La ratification des décrets doit, par ailleurs, être demandée dans la plus prochaine loi de finances (rectificative ou de règlement).

« En cas d'urgence et de nécessité impérieuse d'intérêt national » (LO, art. 13, al. 4), ces décrets peuvent cependant modifier l'équilibre financier mais ils doivent alors être ouverts (après simple « information » des commissions des Finances du Parlement) par décret en Conseil des ministres (après avis du Conseil d'État) et faire l'objet au plus vite d'une demande de ratification par le Parlement (saisi immédiatement ou à l'ouverture de la plus prochaine session).

Ces deux procédures sont, dans leurs modalités principales, conformes à celles qui étaient en vigueur sous l'empire de l'ordonnance de 1959.

S'y ajoutent les possibilités données au ministre des Finances (agissant, selon les cas, seul ou conjointement) de majorer les crédits au titre des procédures comptables particulières (v. ss 495) et des comptes d'affectation spéciale (v. ss 491).

Par ailleurs, un programme déterminé peut, en outre, bénéficier d'une majoration de crédits par voie de transfert (v. ss 505), virement (v. ss 507) ou répartition de crédit global (v. ss 506), sans oublier les reports de crédits (v. ss 478).

On s'aperçoit donc que, sous le régime de la LOLF, les possibilités de modifications de crédits par voie réglementaire demeurent relativement importantes malgré la globalisation des crédits par programme. Elles ont cependant été davantage encadrées par la LOLF (à laquelle le Conseil constitutionnel a reconnu cette possibilité : 25 juill. 2001, 448 DC, cons. 35-37) et placées sous une surveillance accrue du Parlement.

Section 2
La préparation du budget de l'État

508 La préparation de la loi de finances est, dans les faits, une phase essentielle de la vie financière de l'État, l'expérience prouvant que seule une très faible part des opérations inscrites au projet de budget est ensuite modifiée à l'occasion de la discussion et du vote. Pourtant, cette phase n'est pas publique (dans certains pays anglo-saxons elle doit même rester secrète) et, juridiquement réputée secondaire (car simplement préparatoire), elle est peu réglementée par les textes, qu'il s'agisse des procédures (**§ 1**) ou des techniques (**§ 2**) de préparation.

§ 1. Les procédures de préparation

509 La préparation est effectuée sous la responsabilité des autorités gouvernementales (**A**), en fonction d'un calendrier qui s'étale au moins sur trois saisons (**B**).

A. Les autorités responsables de la préparation

510 Aux termes de l'article 38 LO, qui est l'une des seules dispositions applicables en la matière, « sous l'autorité du Premier ministre, le ministre chargé des Finances prépare les projets de loi de finances qui sont délibérés en Conseil des ministres ». Cette préparation est donc une compétence exclusive du gouvernement (**1**), marquée par une prépondérance traditionnelle du ministère des Finances (**2**), lequel est désormais explicitement en situation de subordination (**3**).

Cette formulation, qui reprend, à deux nuances près, celle de l'article 37 OLO, constitue une « incursion » de la LOLF dans l'organisation du travail gouvernemental ; elle a été admise par le Conseil constitutionnel, qui a considéré qu'elle se bornait à tirer les conséquences du texte constitutionnel (art. 13, 20, 21 et 139 ; 25 juill. 2001, 448 DC, cons. 72).

1. Une compétence exclusive du gouvernement

511 Il y a là d'abord affirmation de la **compétence exclusive attribuée au gouvernement** pour préparer les « projets » de loi de finances, ce qui exclut toute « proposition » de loi de finances émanant de parlementaires (v. également Const., art. 39 et 47). On sait que cette interprétation particulière de la séparation des pouvoirs correspond à une tendance générale des régimes politiques contemporains (y compris aux États-Unis) et qu'elle a paru, en France, particulièrement nécessaire pour réagir contre les empiétements de la Commission des finances de la première chambre du Parlement sous les IIIe et IVe Républiques. Aussi les parlementaires n'ont-ils pendant longtemps été que très exceptionnellement associés à la préparation du budget.

Ainsi, à partir de 1994, les parlementaires ont été associés, principalement jusqu'en 1997, à la révision des services votés.

Un cas particulier est constitué par le budget des assemblées parlementaires, dont le Conseil constitutionnel a rappelé (v. ss 501) qu'il devait être laissé à la discrétion des chambres.

On a pu préconiser parfois de laisser également plus d'autonomie à la bonne quarantaine d'autorités administratives indépendantes existant actuellement, car ces autorités, qui ont un statut très variable (allant parfois jusqu'à la personnalité juridique), ont, en général, une certaine marge de manœuvre dans l'exécution (v. ss 545) mais pas dans l'établissement de leur budget.

Depuis la décennie 1990, cependant, est organisé, au printemps, un **débat d'orientation budgétaire** (DOB) permettant au gouvernement de présenter et de faire discuter (sans vote) les grandes lignes dans lesquelles s'inscrira le budget de l'année suivante.

Expérimenté en 1990, ce débat a été repris en 1996 et il est devenu annuel depuis 1998 (la dissolution de l'Assemblée ayant empêché sa tenue en 1997).

La possibilité d'un tel débat a été consacrée par la LOLF (art. 48 et 58), qui indique que « peut donner lieu à un débat à l'Assemblée nationale et au Sénat », un rapport que le gouvernement doit déposer, « au cours du dernier trimestre de la session ordinaire », « en vue de l'examen et du vote du projet de loi de finances de l'année suivante par le Parlement » et portant « sur l'évolution de l'économie nationale et sur les orientations des finances publiques ». Le débat est notamment éclairé par les résultats d'exécution du budget de l'année précédente qui figurent dans le projet de loi de règlement à déposer avant le 1er juin (LO, art. 46), ce qui renoue ainsi avec un « chaînage vertueux » qu'avaient, seules, connu les premières années du parlementarisme en France (v. ss 568), renforcé par la nécessité de présenter aux instances européennes et en particulier la Commission le projet de loi de finances.

La LOLF maintient les prérogatives de l'exécutif puisque l'initiative reste gouvernementale, le débat reste à la discrétion du Premier ministre et le vote semble exclu (en tout cas en l'absence de demande du Premier ministre).

Le premier débat selon la « nouvelle formule » a eu lieu en juin 2003.

2. Une prépondérance traditionnelle du ministre des Finances

512 L'article 38 LO confirme la prépondérance traditionnelle du ministère des Finances, notamment de sa direction du Budget, dans la préparation du projet de loi de finances ; mais, depuis la LOLF, cette préparation se déroule selon des modalités et un calendrier qui conduisent à un plus grand dialogue et à une collaboration plus approfondie avec les ministères « dépensiers », selon un calendrier et des modalités marqués par des étapes clés (v. ss 515).

3. Une subordination affirmée du ministre des Finances

513 À la différence des textes antérieurs (notamment Décr. 1956, art. 49), l'ordonnance de 1959 puis la LOLF, mettant en œuvre la hiérarchie instaurée par la Constitution de 1958 (v. ss 21 s.), affirment en effet clairement la subordination juridique du ministre des Finances. D'une part, celui-ci est expressément placé sous « l'autorité du Premier ministre » et, en conséquence, les dossiers litigieux sont soumis aux **arbitrages budgétaires** du chef du gouvernement, ainsi amené à trancher les différends.

D'autre part, le projet de loi est « délibéré » « en Conseil des ministres », placé sous la présidence du président de la République, dont le rôle a souvent été essentiel mais dépend des rapports avec le gouvernement, dont la collégialité varie elle-même selon les circonstances.

B. Le calendrier de la préparation

514 Ce calendrier a été réformé à de nombreuses reprises pour tenter à la fois de provoquer des économies (de temps et d'argent), de mieux associer à la procédure l'ensemble des autorités intéressées et de tenir compte, à partir de 1996, des engagements européens de la France (v. ss 291). Depuis 2002, de nouvelles exigences ont été posées par la LOLF. Enfin, la volonté de conférer à cette préparation une rationalité pluriannuelle renforcée a conduit à l'adoption d'un calendrier sensiblement réformé marqué par différentes étapes (**1**), le contrôle parlementaire n'étant pas totalement absent de ce processus (**2**).

1. Les étapes de la décision

515 Celles-ci doivent certes tenir compte du **programme triennal de stabilité** de la France qui a été remis, à la Commission européenne (et aux commissions des Finances du Parlement) et qui précise le contenu de la programmation pluriannuelle des finances publiques (associée au projet de loi de finances de l'année précédente), éventuellement modifiée pour intégrer des recommandations ou décisions des instances européennes (v. ss 301) mais aussi, de la mise en œuvre du budget pluriannuel et de la loi de programmation des finances publiques. Le calendrier de préparation repose chaque année d'abord sur une **lettre de cadrage** initiale adressée aux ministres et aux directeurs des affaires financières, procédure articulée autour de la direction du Budget.

Cette préparation s'échelonne entre janvier et septembre de l'année qui précède celle de l'exécution budgétaire. Celle-ci repose sur une double démarche : le calendrier budgétaire traditionnel, d'une part, et, le calendrier dit « performance » d'autre part, ces deux démarches devant se rejoindre au cours de l'été.

La loi organique du 17 décembre 2012 dite LOPGFP impose (sans que le texte soit très précis sur le calendrier) que le gouvernement saisisse le Haut conseil des finances publiques des prévisions macroéconomiques sur lesquelles repose le projet de loi de finances (art. 12).

C'est en mai-juin que le Premier ministre établit des **lettres-plafonds** fondées sur les axes retenus par la loi de programmation et qui permettent de définir les plafonds de crédits par mission et d'appréhender ceux-ci sous l'angle des programmes (en autorisations d'engagement et crédits de paiements).

Le mois de juin est dès lors tourné vers la réunion de la **conférence de répartition** des crédits et des emplois par programme dont on peut penser qu'elle obéit toujours aux exigences initiales posées en matière d'octroi des crédits (« au premier euro ») pour l'année suivante. Cette phase est structurée en deux temps : la première quinzaine de juin permet d'assurer cette répartition ; la seconde quinzaine permet d'opérer les arbitrages (toujours difficiles et sous l'autorité du Premier ministre) avec deux dossiers : l'un de répartition par mission au regard du plafond posé pour l'année à venir, l'autre par ministère pour définir les plafonds de personnel et d'effectifs. Une double exigence est énoncée pour cette répartition : d'une part celle de la sincérité pour chaque programme et, d'autre part, concept de plus en plus systématisé mais redoutable en terme prévisionnel, la soutenabilité de la dite répartition.

L'ensemble de ce travail est centré sur le débat d'orientation budgétaire fixé à la fin du printemps.

Parallèlement, et au terme de ces différentes phases, la démarche « performance », passant par des conférences de performance tenues au printemps, doit déboucher sur l'élaboration des projets annuels de performance (PAP) de juillet à août.

Dans un tel processus, on ne voit cependant pas comment le gouvernement pourrait ne pas intégrer des ajustements terminaux au vu des dernières prévisions économiques et des décisions fiscales du gouvernement qui déterminent le solde prévisionnel du projet de loi de finances. Le texte du projet de loi est ensuite envoyé à l'imprimerie nationale.

Ce texte doit être transmis d'abord au Haut conseil des finances publiques au plus tard une semaine avant que le projet de loi de finances soit soumis au Conseil d'État pour avis (pour ses aspects juridiques).

Cette transmission au Haut conseil des finances publiques conduit celui-ci à apprécier la cohérence de l'article liminaire du projet de loi au regard des orientations pluriannuelles de solde structurel définies dans la loi de programmation des finances publiques. Cet avis, qui porte à la fois sur les prévisions macroéconomiques et le solde structurel, est joint au projet de loi lors de sa transmission au Conseil d'État.

Au Conseil d'État, le projet est examiné successivement, et en urgence, par deux rapporteurs (volet fiscal/volet budgétaire), la section des finances et l'assemblée générale (sauf pour les articles récapitulatifs – dont l'article d'équilibre – dont le gouvernement souhaite se réserver l'annonce médiatique et qui sont donc examinés à huis clos par la commission permanente).

Le projet de loi de finances de l'année est arrêté, généralement mi-septembre, par le Conseil des ministres, présenté par le ministre du Budget aux commissions des Finances du Parlement et à la presse, puis déposé, en principe au plus tard le premier mardi d'octobre, sur le bureau de l'Assemblée nationale (LO, art. 39).

L'avis du Haut conseil des finances publiques est aussi joint au projet de loi lors de son dépôt sur le bureau de l'Assemblée nationale. Il est alors rendu public.

La LOLF (art. 39) précise que la date limite du premier mardi d'octobre s'applique également aux annexes explicatives (v. ss 574) qui doivent accompagner le projet et que chaque annexe générale (v. ss 574) doit être déposée au moins cinq jours avant l'examen, en première lecture, par l'Assemblée nationale, des recettes et des crédits auxquels elle se rapporte. Mais, conformément à sa jurisprudence antérieure (29 déc. 1982, 154 DC, et 30 déc. 1997, 395 DC), le Conseil constitutionnel a estimé, en substance, qu'un retard dans le dépôt d'une annexe (explicative ou générale) ne saurait empêcher l'examen du projet et ne vicierait la procédure que s'il en altérait la sincérité, compte tenu, au surplus, des exigences de continuité de la vie nationale (25 juill. 2001, 448 DC, cons. 75, 79, 80 et 89).

2. Le contrôle parlementaire de la préparation

516 Ce contrôle s'est développé en dépit de l'exclusivité de principe reconnue au gouvernement (v. ss 511) et se manifeste de deux façons principales : d'une part le débat d'orientation budgétaire prévu par les textes qui se déroule généralement à la fin du printemps (v. ss 511) ; d'autre part la faculté pour les rapporteurs (spéciaux et par avis) du Parlement (v. ss 530) d'adresser, avant le 10 juillet des **questionnaires budgétaires** au gouvernement, qui doit y répondre par écrit au plus tard le 10 octobre (LO, art. 49).

La liste des missions et programmes (accompagnés des objectifs et indicateurs de performance) arrêtée par le Premier ministre, en tenant compte notamment des recommandations du Comité interministériel d'audit des programmes, est transmise au Parlement au moment de ce débat.

§ 2. Les techniques de la préparation

517 Jadis relativement simples, les techniques de préparation se sont beaucoup compliquées avec l'amplification des budgets et de l'interventionnisme public. La tâche est, certes, largement facilitée par le développement, considérable, de l'informatique, qui a notamment permis de mettre en œuvre des modèles au nom généralement charmant (Pandore, Elfe, Sérénade, Arpège, Triennales, Farandole...). Mais elle ne dispense pas d'intégrer une multitude de données qui imposent de prendre en compte le contexte budgétaire (**A**), d'affiner les évaluations budgétaires (**B**) et d'effectuer, si possible, des choix budgétaires (**C**).

A. Le contexte budgétaire

518 Il est, en effet, de plus en plus nécessaire (mais aussi le plus difficile, en raison de l'ouverture sur l'extérieur) de prendre en compte le cadre dans lequel s'insère le budget, qu'il s'agisse du contexte économique (**1**) ou du contexte financier (**2**) (pour lesquels les évaluations nationales sont confrontées à celles de la Commission européenne).

1. La prévision économique

519 Devenue primordiale dans la préparation du budget dès lors que ce dernier est largement tributaire et moteur de l'activité économique (l'article 1er LO impose, d'ailleurs, que les lois de finances « tiennent compte d'un équilibre économique défini »). Des « **budgets économiques** », qui sont en réalité des prévisions sur l'activité des agents économiques (pour l'année en cours et l'année budgétaire), sont donc désormais établis par la direction générale du Trésor (v. ss 363) et, révisés en cours d'année, permettent d'éclairer à la fois la politique économique et financière (notamment l'impact économique de l'ensemble des administrations publiques) et la préparation budgétaire (notamment l'impact financier de la conjoncture). Ces prévisions sont soumises à la Commission économique de la Nation, qui a remplacé, en 1999 (Décr. 26 mai, 99-416 modifié), la Commission des comptes et budgets économiques de la Nation (créée en 1952) et qui, composée d'experts économiques français et étrangers, examine, notamment, la pertinence des prévisions servant de base au budget et jointes au Rapport économique, social et financier annexé au projet de loi de finances (v. ss 574).

2. La prévision financière publique

520 Elle a eu pendant longtemps moins d'ampleur en France que dans la plupart des grands pays industrialisés. Ce retard a cependant été largement résorbé avec le développement des projections financières pluriannuelles amorcées par la loi d'orientation quinquennale du 24 janvier 1994 puis des programmes triennaux de stabilité que doit remettre annuellement la France à la Commission européenne (v. ss 303) et qui comprennent, notamment, des projections à moyen terme sur les finances publiques (souvent démenties par la réalité).

Cette vision (ou « tentative » de vision) à moyen terme a été généralisée et rendue juridiquement obligatoire par la LOLF (et les textes européens) qui impose plusieurs documents d'information à caractère pluriannuel, destinés à éclairer le processus budgétaire tout au long de l'année.

Ainsi, le gouvernement doit, notamment, présenter :

au moment du débat d'orientation budgétaire de printemps, une évaluation à moyen terme des ressources et des charges (ventilées par grandes fonctions) de l'État (LO, art. 48) ;

à l'ouverture de la session ordinaire, un rapport, rétrospectif et prospectif sur l'ensemble des prélèvements obligatoires, pour éclairer le vote de la loi de finances et de la loi de financement de la Sécurité sociale (LO, art. 52) ;

en annexe au projet de loi de finances de l'année, un rapport présentant, pour au moins les quatre années à venir, les recettes, les dépenses et le solde des administrations publiques (LO, art. 50, qui a conduit à inclure, depuis le budget 2003, les projections à moyen terme sur les finances publiques dans le rapport économique, social et financier).

B. L'évaluation budgétaire

521 Cette évaluation budgétaire n'est évidemment pas de même nature selon qu'elle concerne des recettes (**1**) ou des dépenses (**2**).

1. L'évaluation des recettes

522 Cette évaluation que l'on s'efforçait jadis d'effectuer sur des bases forfaitaires – se référant notamment aux produits de la pénultième année – est effectuée directement à partir de modèles informatiques détaillés permettant de mesurer l'incidence, à la fois de mesures envisagées (qui donnent lieu à de nombreuses simulations) et de l'activité économique. En ce domaine, l'aspect technique est crucial en raison de la sensibilité de certaines recettes budgétaires (TVA et autres impôts sur la dépense, impôt sur les sociétés) à la conjoncture (un point de variation du PIB peut représenter plus de trois Mds € de recettes) et au type d'activité (l'investissement et l'exportation procurent peu de TVA, à la différence de la consommation) ; aussi les erreurs peuvent-elles entraîner des différences considérables (jusqu'à une dizaine de milliards d'euros) par rapport aux prévisions initiales, qu'il s'agisse de plus-values, comme à la fin des années 1980 et 1990, ou, plus dangereusement, de moins-values, comme au début des années 1990, au cours duquel le déficit (sinon la moins-value de recette) a parfois dépassé de plus de 21 (1992) ou même de près de 23 (1993) Mds € le chiffre initialement prévu. Le problème n'est évidemment pas simplifié lorsqu'à l'aspect technique s'ajoute, comme probablement, un aspect politique conduisant parfois, et selon les cas, à

minorer (pour garder un volant de manœuvre en cours d'année) ou à majorer (pour diminuer le déficit prévisionnel) les chiffres destinés à être portés au budget.

Ainsi, les recettes de l'exercice 1999 ont été sous-évaluées de plus de 7,5 Mds € (entraînant, selon l'expression de l'époque, une « cagnotte fiscale »), celles de l'exercice 2002 surévaluées de plus de 10 Mds, celles de 2008 surévaluées de 12 Mds € essentiellement en raison de la forte augmentation des remboursements et dégrèvements d'impôts ; elles se sont effondrées en 2009, induisant un solde déficitaire de 138 Mds € contre une prévision de 67 Mds.

2. L'évaluation des dépenses

523 En toute logique, elle est appelée à évoluer profondément. Traditionnellement, en effet, elle était effectuée à partir des crédits précédemment ouverts ce qui se traduisait, dans le projet de budget, par la distinction, imposée par l'ordonnance de 1959, entre les services votés, représentant (approximativement) le budget de l'année précédente et les mesures nouvelles.

Cette distinction a fait l'objet de critiques, parfois vives, lui reprochant de consacrer et d'amplifier la tendance (déjà bien naturelle...) à se référer au passé pour justifier les crédits demandés, accentuant ainsi l'inertie des masses budgétaires (l'expérience prouve qu'il est très difficile, pour un chef de service, de déclarer des besoins en baisse...).

Aussi un des leitmotive de la « chasse aux économies budgétaires » était-il devenu la révision des services votés, sans cesse promise et périodiquement tentée, sous des formes et avec des fortunes diverses, depuis de nombreuses décennies.

La LOLF a, en quelque sorte, tranché dans le vif en supprimant (sauf en cas d'urgence : v. ss 534) la référence aux services votés et en instaurant un système qui, fondé sur la notion de programme (v. ss 504 s.) repose sur le principe du « **budget base zéro** » (BBZ) ou de la « **budgétisation au premier euro** », préconisé et expérimenté (notamment en France) au cours des dernières décennies.

La « méthode BBZ », utilisée aux États-Unis par l'administration Carter, avait été expérimentée par certaines collectivités locales françaises et essayée, au niveau de l'État, à la fin des années 1980 pour les dépenses d'intervention et d'investissement.

Il s'agit, en substance, d'effacer toute référence aux crédits de l'année précédente et de justifier chaque année l'ensemble des crédits nécessités par un programme.

Les crédits de chaque programme devraient être établis sur la base de la comptabilité analytique associée à ce programme, par référence aux produits et/ou aux charges de l'activité en cause.

Mais la concrétisation a été difficile sur le plan technique et décevante sur le plan financier car les services votés n'étaient peut-être que de « faux coupables » (pour reprendre l'expression utilisée en 1989 par A. Duplessis).

D'une part, on est bien obligé de traduire dans le budget annuel les conséquences des choix antérieurs, notamment les crédits de paiement nécessaires pour tenir les engagements pluriannuels pris antérieurement ; la « budgétisation au premier euro » ne peut, semble-t-il, concerner véritablement que les programmes nouveaux (et nécessite un temps de préparation que ne permet peut-être pas le rythme annuel).

D'autre part, la « mise à plat » des besoins peut révéler des rigidités très fortes, voire des besoins accrus..., qui sont la véritable cause de l'inertie des masses budgétaires.

Ce sentiment est d'ailleurs apparu dès le vote de la loi de finances pour 2007, les parlementaires s'étonnant du manque de marge de manœuvre financière créée par la mise en place de ces mécanismes pour la deuxième loi de finances régie par la LOLF.

Aux causes générales de cette inertie, s'ajoutent, s'agissant de l'État, la particulière rigidité des dépenses (principalement constituées de dépenses de rémunérations et de dépenses d'aides sociales ou à l'emploi) la mentalité politique générale, qui juge la réussite d'un ministre à son aptitude à obtenir des moyens, et des causes juridiques diverses, parmi lesquels on a pu relever le régime des irrecevabilités financières qui interdit aux parlementaires de « redéployer » librement recettes et dépenses (v. ss 538).

Si la démarche a le grand avantage d'obliger à rechercher une telle « mise à plat » et à mettre en évidence les éléments des choix à effectuer, elle se heurte encore à bien des aléas prévisionnels comme ce fut le cas ces dernières années.

C. Les choix budgétaires

524 Les sollicitations considérables dont les pouvoirs publics font actuellement l'objet impliquent, en effet, et à l'évidence, des choix, tant au niveau gouvernemental (**1**) que ministériel (**2**).

1. Les choix gouvernementaux

525 Ceux-ci sont susceptibles de se manifester d'au moins deux manières.

La première, la plus traditionnelle, et la seule vraiment pratiquée jusqu'à la mise en œuvre de la LOLF, consiste à procéder empiriquement par plafonnement et contingentement. La tendance la plus récente, essentiellement apparue avec la crise des années 1970 puis accentuée par les engagements européens des années 1990, consiste, en effet, à fixer un plafond à la fois aux prélèvements obligatoires (contrairement à la théorie classique qui veut que « l'État dépense d'abord ») et au déficit (désormais limité par l'Union européenne). Il en résulte nécessairement un plafonnement, au moins approximatif, des dépenses, qui, après choix des priorités gouvernementales, se traduit de manière beaucoup plus précise par les lettres-plafonds qui, adressées aux ministères (v. ss 515) les contraignent à des réaménagements globalement indispensables mais nécessairement approximatifs (voire mécaniques) et, en tout cas, peu prisés des administrations comme des administrés.

La seconde méthode, souvent présentée comme la plus rationnelle, consisterait à présenter et voter le budget, non plus par grandes catégories de moyens mis à disposition des ministères (« **budget de moyens** ») mais par grandes fonctions collectives (éducation, action sociale, logement...) de façon à opérer en toute clarté les arbitrages nécessaires. Cette idée de budget fonctionnel, fort débattue au cours des années 1960 et 1970, a été reprise de façon plus souple et réaliste par la LOLF, qui impose la présentation et le vote du budget par mission, c'est-à-dire par unité correspondant, en principe, à une politique publique déterminée, éventuellement interministérielle (v. ss 501). La mission ayant un caractère plus concret et plus évolutif que la fonction, qui est une notion beaucoup plus statique, voire statistique, elle est susceptible de fournir la base à de véritables choix budgétaires à caractère « macrofinancier », ce que n'avait jamais pu faire le budget fonctionnel. Mais la mission est difficile à définir et, surtout, à organiser car elle doit osciller entre deux écueils : d'une part, n'être qu'un regroupement de programmes (comme le suggère, de manière peut-être imprudente, l'article 7-I LO : v. ss 501), ce qui lui enlèverait alors toute spécificité, toute finalité et tout « caractère moteur » propres (c'est une solution de facilité vers laquelle la pratique tend tout naturellement) ; d'autre part, n'être qu'un concept général, sans portée opératoire, qui la ferait retomber dans les défauts du budget fonctionnel.

Le budget de l'État n'avait jamais été préparé et voté par fonction, les pouvoirs publics se contentant d'établir (de 1950 à 1965 puis de 1973 à 1989) une annexe budgétaire (« jaune ») récapitulant par fonctions (dix) les crédits ouverts par la loi de finances.

Une annexe de ce type est à nouveau prévue par l'article 48 LO qui indique que le rapport établi par le gouvernement à l'occasion du débat budgétaire comporte, notamment, une évaluation à moyen terme des charges de l'État « ventilées par grandes fonctions ».

2. Des choix ministériels encadrés

526 Ils sont effectués à l'intérieur des enveloppes de crédits alloués à chaque ministère (et qui, bien que concernant des dépenses de l'État, sont donc administrativement assimilés à des « recettes » par les services auxquels ils permettent des dépenses). Ils sont, à l'évidence, tributaires de nombreux paramètres (juridiques, financiers, politiques...) mais se sont vus souvent reprocher le manque de pluriannualité et de rationalité.

Aussi les pouvoirs publics avaient-ils tenté, au cours des années 1960 et 1970, de promouvoir une « rationalisation des choix budgétaires » (RCB) se traduisant, notamment, par des « budgets de programmes », documents d'information présentant de façon pluriannuelle, rationnelle et chiffrée les programmes d'action des ministères. Mais ce fut un échec.

La **rationalisation des choix budgétaires (RCB)** fut, au cours des années 1960 et 1970, le thème dominant en matière de gestion et de programmation budgétaires. La méthode, expérimentée au début des années 1960 aux États-Unis sous le sigle PPBS (*planning, programming and budgeting system*), préconisait une approche scientifique (et, si possible, mathématique) consistant successivement à déterminer des objectifs (planning), à établir les programmes permettant d'atteindre lesdits objectifs (programming) et à en traduire annuellement le coût dans le budget (*budgeting*) (puis à évaluer, par des indicateurs, l'exécution de façon à rétroagir, si nécessaire, sur les objectifs ou les programmes).

Les **« blancs budgétaires » ou « budgets de programmes »** furent, en France, le principal résultat de l'application de cette méthode (par ailleurs mise en œuvre avec profit dans certains ministères, notamment la Défense et l'Équipement). Expérimentés à partir de 1973, ils furent étendus en 1978 à tous les départements ministériels. Ils déterminaient des « domaines d'action » et, pour chacun d'eux, des « structures de programmes » dont ils faisaient, notamment, apparaître le coût annuel rétrospectif (sur trois ans) et différentes catégories d'indicateurs permettant de mesurer les réalisations. Mais ces documents, qui n'étaient que de simples instruments d'information (au surplus facultatifs), ne connurent guère le succès : les budgets ministériels ne furent, ni préparés (comme on l'a parfois essayé), ni votés (comme on l'a parfois proposé) par programme, et les blancs budgétaires ne suscitèrent l'enthousiasme, ni des chambres, attachées à un mode traditionnel de contrôle des administrations, ni des ministères dépensiers, méfiants à l'égard d'un « modèle technocratique » tout droit venu du ministère des Finances et générateur de servitudes supplémentaires ; aussi tombèrent-ils largement en désuétude (quatre en 1995), au profit des « bleus budgétaires » (v. ss 574). Ils ne serviront alors plus qu'à décrire annuellement la nomenclature budgétaire d'exécution de chaque ministère.

L'idée de **budgets ministériels par programme** a donc été reprise à la fin des années 1990, à la faveur, notamment, de la pluriannualité et de la rationalité imposées par les engagements européens de la France et les nécessités de la rigueur budgétaire. Elle a ensuite été consacrée par la loi organique de 2001, et de façon éclatante, puisque, désormais, le budget devra être préparé et exécuté par programme.

Pour chaque ministère, il s'agit, rappelons-le (v. ss 502 et art. 7-I LO) d'agencer chacune de ses séries d'actions autour d'un objectif précis dont le coût, les résultats et les indicateurs doivent, pour chaque programme, être présentés dans un **« projet annuel de performances »** (PAP) fourni à l'appui du projet de budget pour justifier les crédits demandés (LO, art. 51-5°), puis faire l'objet d'un compte rendu d'exécution dans un **« rapport annuel de performances »** (RAP) annexé au projet de loi de règlement (LO, art. 54-4°), normalement appelé à être discuté avant le projet de loi de finances de l'année suivante.

Sur le plan théorique, l'idée est d'autant plus séduisante que les programmes sont ministériels, ce qui permet de ne pas dissocier le contrôle politique classique (sur les moyens alloués à une administration) du contrôle sur la gestion – car une des causes fondamentales de l'échec du budget « fonctionnel » est d'avoir oublié que le budget n'est pas seulement un instrument rationnel de gestion mais est également et fondamentalement (v. ss 69) un instrument politique de contrôle sur le gouvernement et l'administration.

Sur le plan pratique, cependant, la tâche est délicate (comme le montre, par exemple, l'expérience britannique des « cibles de résultats », inspirée d'une démarche voisine) et les programmes ne reflètent pas toujours la définition de la loi organique car un budget étatique se prête parfois mal à des programmes finalisés et comporte, en réalité, un secteur « programmable » et un secteur « non programmable ».

Pour certaines administrations ou pour certaines missions d'une administration, il n'est pas toujours facile de définir par avance de véritables objectifs (et de déterminer des chefs de programme), ce qui devrait conduire, par la force des choses, à confondre parfois objectifs et moyens. Il est, par ailleurs, malaisé de déterminer certains coûts et certains résultats car le critère qualitatif est parfois le propre d'un service public ; cette difficulté est d'autant plus grande que les activités proprement marchandes sont de moins en moins incluses dans le budget. Il est tout autant délicat de ventiler entre programmes certains frais généraux et certains services polyvalents, ce qui conduit alors à centrer le programme, non sur les objectifs, mais sur les services, le programme se contentant alors d'épouser l'organisation administrative. Les programmes sont, enfin, territorialisés en combinant l'aspect fonctionnel (seul envisagé dans la loi organique) et le découpage entre services centraux et services déconcentrés (v. ss 573).

Mais la démarche a l'avantage d'inciter, sinon toujours à une « rationalisation » du moins à une « hiérarchisation » des choix (improprement appelés « budgétaires ») et de faciliter (en particulier par la responsabilité des chefs de programme) la réforme de l'État.

SECTION 3

L'ADOPTION DU BUDGET DE L'ÉTAT

527 À la différence de la préparation, l'adoption du budget de l'État, qui constitue la phase juridiquement décisive, est largement réglementée par les textes. Ceux-ci s'appliquent à la fois aux lois de finances initiales (principalement envisagées ci-dessous) et, en principe, aux lois rectificatives (Cons. const. 3 juill. 1986, 209 DC, et 9 juin 1992, 309 DC). Inspirée par la volonté de réagir contre les abus du parlementarisme sous les IIIe et IVe Républiques et de restaurer une certaine orthodoxie financière (v. ss 22), cette réglementation, ultérieurement précisée et complétée par une abondante jurisprudence du Conseil constitutionnel puis assouplie par la LOLF, a profondément réformé les modalités d'adoption (**§ 1**) et, plus généralement, les conditions d'adoption (**§ 2**) de la loi de finances, et ce, dans un cadre constitutionnel révisé en 2008, qui laisse persister pour les textes financiers des spécificités de procédures qui s'appliquaient jusqu'alors à l'ensemble des textes législatifs.

§ 1. Les modalités d'adoption de la loi de finances

528 Une fois déposé sur le bureau de l'Assemblée nationale, le projet de loi de finances est examiné selon des modalités qui relèvent successivement de chaque assemblée (**A**) puis des deux Assemblées (**B**).

A. L'examen par chaque assemblée

529 Le projet est examiné par chaque assemblée selon une procédure qui est désormais spécifique aux lois budgétaires depuis la révision constitutionnelle du 23 juillet 2008 (**1**), avec un ordre d'examen imposé (**2**).

1. La procédure d'examen

530 Elle comporte, comme pour toute loi, un examen en commission puis en séance publique.

L'**examen en commission** relève principalement de la **Commission des finances** (depuis la LOLF) qui est l'instance obligatoirement saisie au fond (LO, art. 39) et qui désigne, d'une part un **rapporteur général** chargé de la coordination et de la synthèse (il examine également les recettes), d'autre part des **rapporteurs spéciaux** généralement chargés chacun d'une mission. Parallèlement, les sept **autres commissions** permanentes désignent, pour les aspects les concernant, des **rapporteurs pour avis**.

Des premiers enseignements tirés de cette organisation, le bilan doit être nuancé : d'après le rapporteur général du budget au Sénat, il semblerait que (le mode LOLF) ait permis d'élargir les discussions budgétaires... au-delà des seules dépenses nouvelles, jusqu'à s'interroger sur la reconduction de certaines dépenses « naguère qualifiées d'obligatoires » correspondant aux services votés, ainsi que sur la sincérité de l'information budgétaire... À cette fin, les rapporteurs spéciaux ont présenté des amendements de réduction des crédits... Il en est résulté des rapports spéciaux plus courts et plus percutants, car orientés vers la préparation du débat budgétaire en séance publique : le nombre de pages de rapports législatifs relatifs au projet de loi de finances pour 2006 a diminué de 44 % par rapport à l'année précédente.

En réservant aux commissions des Finances l'examen au fond des projets de loi de finances, l'article 39 LO exclut la possibilité d'une commission spéciale, pourtant prévue par l'article 43 Const. ; le Conseil constitutionnel a cependant admis cette « dérogation limitée (qui) trouve sa justification dans les particularités des lois de finances » (25 juill. 2001, 448 DC, cons. 92).

Sur la base de questionnaires envoyés (avant le 10 juillet) aux ministères (qui ont à répondre à plusieurs milliers de questions), des travaux des rapporteurs et de l'audition des ministres, la Commission des finances conclut au rejet, à l'adoption ou à la modification des dispositions proposées mais, à la différence de ce qui se passait sous les Républiques précédentes, c'est le texte du gouvernement (et non celui remanié par la commission) qui sert de base à la première discussion en séance publique (art. 42 Const.).

L'**examen en séance publique** ne peut, en principe, être entamé avant que la chambre ait émis (en première lecture) un vote (positif ou négatif) sur le projet de loi de règlement de l'année précédente (LO, art. 41 : v. ss 568), mais le Conseil constitutionnel a estimé que cette condition (qui peut influer sur les délais constitutionnellement prévus pour l'examen du projet) n'est pas absolue, les circonstances (notamment les nécessités de continuité de la vie nationale) pouvant justifier que cette règle ne soit pas respectée (25 juill. 2001, 448 DC, cons. 89).

S'agissant de la procédure, le gouvernement a la possibilité de demander une deuxième délibération (pour revenir sur un vote), de s'opposer à tout amendement-surprise (Const., art. 42, rarement utilisé), d'exiger le vote bloqué sur tout ou partie du texte (Const., art. 44-3, souvent utilisé) et, devant l'Assemblée nationale, d'engager sa responsabilité sur le texte (Const., art. 49-3, utilisé fréquemment, la réforme constitutionnelle de 2008 réservant désormais ce dispositif aux textes financiers – et à un texte de loi par session) ; par ailleurs, l'examen de la première partie et de certains articles de la seconde partie obéit à un débat de type classique, dans lequel c'est, en principe, le ministre chargé du Budget qui représente le gouvernement. En revanche, l'examen par mission obéit à une procédure particulière qui a été renouvelée depuis 2005 par chacune des assemblées au travers du calendrier budgétaire défini par la conférence des présidents de chacune des deux Assemblées.

2. Un ordre d'examen imposé

531 Cet ordre a en effet été conçu pour imposer une démarche cohérente qui a été complétée ou adaptée par la LOPGFP.

En effet, ce texte impose désormais que le projet de loi de finances, comme tous les autres projets de loi financiers, comprenne dans l'exposé des motifs une analyse relative aux hypothèses permettant le calcul du solde structurel en liaison avec l'année concernée et la loi de programmation, mais aussi et surtout un article liminaire présentant un tableau de synthèse retraçant à la fois (pour l'année en question) l'état des prévisions de solde structurel et de solde effectif de l'ensemble des administrations publiques, y compris en indiquant les calculs ayant conduit « le passage de l'un à l'autre » (art. 7) mais aussi un état des prévisions des soldes structurels et effectifs de toutes les administrations publiques « résultant de la dernière année écoulée et des prévisions d'exécution de l'année en cours ».

L'adoption de la **première partie** de la loi de finances doit intervenir en premier (LO, art. 42), ce qui signifie qu'un rejet de cette partie vaut rejet du budget et empêche la discussion de la seconde partie ; ainsi le Conseil constitutionnel a annulé, le 24 décembre 1979 (110 DC), une loi de finances pour 1980 que venait d'adopter le Parlement en méconnaissance (par l'Assemblée nationale) de cette règle.

Cette décision a tranché un problème d'interprétation de l'article 40 OLO, alors applicable, interdisant la discussion de la seconde partie avant le « vote de la première partie », ce qui avait laissé planer un doute (formellement « vote » ne signifie pas « adoption ») ; l'article 42 LO interdit, lui, une mise en discussion de la seconde partie avant « l'adoption » de la première partie.

Celle-ci s'explique par le fait que la première partie fixe les grandes lignes du budget, notamment les plafonds des grandes catégories de dépense, qui doivent lier les parlementaires lorsqu'ils votent ensuite, dans la seconde partie, le détail des crédits (un système d'inspiration analogue avait échoué sous la IVe République, les parlementaires ayant pu voter des lois de développement avant les lois de maxima qui devaient fixer les plafonds). Mais le Conseil constitutionnel admet que les parlementaires puissent, en votant la seconde partie, revenir sur certaines dispositions de la première, à condition de ne pas modifier « les grandes lignes de l'équilibre » (29 déc. 1982, 154 DC).

Ceci explique, notamment, que les évaluations de recettes fassent l'objet d'un vote d'ensemble (qui n'exclut pas les amendements habituellement permis) rattachés à l'« article d'équilibre » de la première partie ; à partir du budget pour 2006, s'y est ajouté, dans les mêmes conditions, un vote d'ensemble (séparé) sur les ressources (et charges) de trésorerie (LO, art. 43).

Par ailleurs, la première partie fixe également un plafond (global) d'autorisations d'emplois rémunérés par l'État (LO, art. 34-I-6°), qu'il faut respecter au moment de la ventilation par ministère en seconde partie (LO, art. 34-II-2°).

Le Conseil constitutionnel a aussi admis l'insertion à tort, « pour regrettable qu'elle soit », de certaines dispositions dans la première partie de la loi de finances, dès lors que cette insertion n'a pas eu pour effet de porter une atteinte inconstitutionnelle à la clarté et à la sincérité des débats relatifs à l'adoption de(s) articles en question... (28 déc. 2010, 622 DC, cons. 5).

Le **vote de la seconde partie** de la loi de finances obéit, en principe, aux procédures habituelles lorsqu'il s'agit de dispositions législatives de droit commun.

Sous l'empire de l'ordonnance de 1959, on distinguait les services votés (les crédits de l'année précédente modifiés par les mesures acquises en cours d'année), les mesures nouvelles (positives ou négatives) qui faisaient l'objet, en pratique, d'un vote par ministère (ou section de ministère) et par titre (grande subdivision par nature). Ce système évitait ainsi de recourir au vote par chapitre, tout en conservant, au moins juridiquement, un pouvoir de contrôle étendu du Parlement (qui pouvait, notamment, réduire les services votés et diminuer, par amendement, les crédits des chapitres dont le détail devait lui être fourni).

Les **services votés** faisaient l'objet d'un **vote global** (un pour le budget général et un par budget annexe et catégorie de comptes spéciaux du Trésor). Les parlementaires avaient la possibilité juridique d'adopter des « mesures nouvelles » négatives. Ces mesures diminuaient le montant des services votés et, contrairement à certaines affirmations, laissaient juridiquement intact le droit de regard du Parlement sur cette masse considérable de crédits ; d'ailleurs, dans la pratique, et contrairement à ce que suggéraient les textes, les mesures nouvelles étaient adoptées avant les services votés, ce qui marquait bien le caractère résiduel de ces derniers.

Les mesures nouvelles devaient être votées par titre et par ministère ce qui, compte tenu de la nature des titres, aurait dû privilégier une approche économique de la loi de finances. Dans la pratique ces mesures étaient votées **par ministère et par titre** (en distinguant, quand il y avait lieu, autorisations de programmes et crédits de paiement), ce qui a permis de renouer dès 1959 avec l'approche traditionnelle, administrative, politique et parcellaire du budget. Les chambres n'étaient pas privées d'un droit de regard sur les chapitres ; ceux-ci étaient retracés dans les « bleus » annexés au projet de loi et pouvaient faire l'objet d'amendements parlementaires diminuant ou supprimant leur dotation (une proposition d'augmentation étant en revanche irrecevable) ; les crédits étaient ensuite ouverts conformément aux chapitres ainsi modifiés.

Sous le régime de la LOLF (art. 43) les crédits sont **votés par mission** (v. ss 501) et examinés « au premier euro » (la distinction entre services votés et mesures nouvelles est supprimée), ce qui doit, en principe, permettre une approche plus homogène et plus fonctionnelle du budget (les missions peuvent, en particulier, être interministérielles), tout en réduisant le nombre de votes mais en maintenant le contrôle du Parlement sur les programmes remplaçant les anciens chapitres (v. ss 502 s.) ; ces programmes (comme auparavant les chapitres) doivent, en effet, figurer dans les annexes budgétaires et peuvent faire l'objet d'amendements parlementaires, à respecter, ensuite, dans le décret ouvrant les crédits par programme (v. ss 574 s.).

Dans le budget général, le vote a lieu par mission et porte à la fois sur les autorisations d'engagement et les crédits de paiement. Les crédits des budgets annexes et les crédits ou les découverts des comptes spéciaux sont votés par budget annexe et par compte spécial (et non plus catégorie de comptes spéciaux), chacune de ces entités constituant une mission. Sauf à faire coïncider une mission et un ministère, les crédits ne sont plus votés par ministère – seuls sont (globalement) votés par ministère les plafonds d'autorisations d'emplois (LO, art. 43, al. 4) – ce qui rompt avec la tradition budgétaire (française et étrangère) et a amené à une pratique maintenant, d'une façon ou d'une autre (la plus simple étant le regroupement par missions ministérielles), un examen (sinon un vote) par ministère car, ainsi qu'indiqué ci-dessus, le vote du budget n'est pas seulement un acte de gestion mais demeure, pour le Parlement, un moyen, fondamental, de contrôle sur les ministères.

B. L'examen par les deux Assemblées

532 L'examen par les deux Assemblées obéit à des dispositions qui, en réaction aux pratiques des IIIe et IVe Républiques, ont pour objectif d'assurer, selon une expression fréquente du Conseil constitutionnel, « la continuité de la vie nationale » dès le début de l'année budgétaire. Il est donc effectué selon une procédure permanente (**1**), destinée à contraindre le Parlement à une décision rapide, éventuellement doublée de procédures d'urgence en cas de retard dans le dépôt du projet de loi de finances (**2**).

1. Une procédure permanente

533 Applicable quelles que soient les circonstances, elle combine deux contraintes essentielles à l'égard des chambres.

La première, qui est l'innovation financière majeure de la Ve République, est le **délai global de soixante-dix jours** imparti au Parlement pour se prononcer (Const., art. 47 et LO, art. 40). Si, à l'issue de ce délai, le Parlement « ne s'est pas prononcé » (ce qui exclut, est-il besoin de l'indiquer, un rejet du budget), les dispositions du projet « peuvent être mises en vigueur par **ordonnance spéciale** » (dite de Const., art. 47) qui, contrairement aux ordonnances habituelles (de Const., art. 38), n'ont pas à faire l'objet d'un projet de loi de ratification par le Parlement. La solution est donc radicale (et, semble-t-il, sans équivalent dans les démocraties contemporaines) mais elle n'est que facultative et laissée à la discrétion du gouvernement et, peut-être, du chef de l'État (qui devrait signer l'ordonnance, délibérée en Conseil des ministres).

Par ailleurs, le délai est décompté selon des modalités destinées à préserver le contrôle du Parlement : il ne court qu'à partir du moment où sont déposés à la fois le projet de loi de finances et les annexes explicatives ; il est suspendu si les chambres ne sont pas en session ou si le gouvernement engage sa responsabilité ; il est interrompu (et repart donc à zéro) en cas de dissolution de l'Assemblée nationale ou de demande de seconde délibération émanant du chef de l'État.

Cette procédure n'a, à ce jour, jamais été employée mais, à l'instar de certaines « armes lourdes » du droit constitutionnel (notamment le droit de dissolution), elle vaut peut-être surtout par son effet dissuasif, qui n'est probablement pas étranger à la célérité nouvelle dont, depuis la Ve République, fait preuve le Parlement en matière budgétaire.

Les règles du **bicaméralisme** constituent le **second facteur explicatif.**

La **priorité d'examen par l'Assemblée nationale** est le reliquat de l'époque où le principe du consentement à l'impôt paraissait imposer la prééminence financière de la chambre basse qui, à la différence de la chambre haute, aristocratique, assurait une représentation des contribuables. Cette prééminence, qui entraînait encore sous les Républiques précédentes l'attribution à la première chambre de pouvoirs budgétaires supérieurs à ceux de la seconde, ne se traduit plus, sous la Ve République, que par l'obligation de déposer le projet de loi de finances (mais non les autres textes fiscaux ou financiers) en premier lieu devant l'Assemblée nationale (Const., art. 39) et par l'interdiction jurisprudentielle (faite, semble-t-il, au gouvernement mais non aux sénateurs) d'y introduire, au cours de sa discussion au Sénat, des mesures

« entièrement nouvelles » – dont la détermination, malaisée, a d'ailleurs varié.

V. Cons. const. 28 déc. 1976, 73 DC ; 29 déc. 1989, 268 DC ; 26 juin 1993, 320 DC ; 28 déc. 1995, 369 DC ; et 27 déc. 2003, 464 DC.

La **navette** entre les deux chambres est, elle, tributaire de plusieurs facteurs (Const., art. 45 et 47 ; LO, art. 40). À dater du dépôt du projet et de ses annexes, l'**Assemblée nationale a un délai de quarante jours** pour se prononcer en première lecture, faute de quoi le texte initial (éventuellement amendé selon les vœux du gouvernement) peut être transmis au Sénat par le gouvernement (qui peut cependant accepter un retard à condition que le Sénat conserve un délai minimum de quinze jours). À partir de la transmission qui lui est faite (du texte gouvernemental ou du texte adopté par l'Assemblée), le **Sénat** a, pour l'examen en première lecture, **un délai de quinze ou vingt jours** (vingt jours, depuis 1971, si l'Assemblée s'est prononcée dans le délai imparti). En cas de désaccord entre l'Assemblée et le Sénat, le Premier ministre peut laisser la navette se poursuivre jusqu'à l'expiration du délai global de soixante-dix jours et, si le désaccord persiste, faire mettre le projet en vigueur par ordonnance. Mais le Premier ministre peut aussi convoquer, comme il l'a toujours fait jusqu'à présent, la commission mixte paritaire (sept députés, sept sénateurs) de l'article 45-C, qui se réunit alors après une seule lecture dans chaque chambre (car, en matière budgétaire, la procédure d'urgence est de droit) et qui se voit soumettre les dispositions « restant en discussion ». Si la commission mixte (où les deux présidents de Commission des finances et les deux rapporteurs généraux ont, en fait, un rôle prépondérant) trouve un compromis ayant l'agrément du gouvernement, ce dernier transmet le compromis aux chambres. Si un compromis n'est pas trouvé, ou s'il n'a pas l'agrément du gouvernement (qui peut refuser de le transmettre aux chambres) ou si le texte proposé est refusé par une assemblée, le Premier ministre a de nouveau le choix. Il peut laisser les choses en l'état jusqu'à l'expiration du délai global de soixante-dix jours puis, en l'absence d'accord entre les chambres, faire mettre le projet en vigueur par ordonnance. Il peut aussi, après une nouvelle lecture par chaque chambre, donner le dernier mot à l'Assemblée nationale (ce qui, à certaines périodes, a été assez fréquent).

On rappellera qu'aux termes de la jurisprudence constitutionnelle le texte issu de la commission mixte paritaire ne peut en principe faire l'objet d'adjonctions (qui apporteraient des mesures nouvelles échappant à la procédure législative habituelle), seuls étant autorisés des amendements en relation directe avec une disposition restant en discussion ou visant à rendre le texte constitutionnel ou compatible avec d'autres textes en discussion ou tendant à rectifier une erreur matérielle (25 juin 1998, 402 DC ; 29 juill. 1998, 403 DC ; 23 juill. 2000, 434 DC ; 7 déc. 2000, 435 DC ; 18 déc. 2001, 453 DC ; 27 déc. 2001, 457 DC) ; doivent être regardées comme adoptées « selon une procédure irrégulière les adjonctions ou modifications apportées à un projet ou à une proposition de loi dans les conditions autres que celles précisées ci-dessus », 19 janv. 2006, 532 DC ; dans le même sens avec l'exigence d'un lien de l'amendement avec le texte de loi, 16 mars 2006, 533 DC.

La combinaison ainsi réalisée des règles habituelles du bicaméralisme avec les délais spécifiques aux lois de finances, tout particulièrement le délai fatidique de soixante-dix jours, explique dès lors aisément que, situation quasi-unique dans les États démocratiques contemporains, la promulgation de la loi de finances avant le début de l'exercice soit la règle sous la Ve République ; seuls deux budgets n'ont pu, en effet, être promulgués à temps, entraînant alors la mise en œuvre de procédures spéciales.

2. Les procédures d'urgence (Const., art. 47 et LO, art. 45)

534 Elles sont prévues pour les cas de retard dans le dépôt du projet de loi de finances. Ce retard n'exclut pas l'application de la procédure permanente, notamment la possibilité d'une ordonnance spéciale à l'issue du délai global de soixante-dix jours. Mais ce délai expirant après le 31 décembre, il convient de prendre, pour le début de l'exercice, des mesures provisoires en attendant l'adoption de la loi de finances. Jusqu'en 1956, on avait la plupart du temps appliqué le système des douzièmes provisoires, par lequel le Parlement reconduisait, parfois pour plusieurs mois, des fractions mensuelles du budget précédent. Cette technique, très critiquée en raison du désordre et du gaspillage qu'elle entraînait, a été remplacée par une procédure à deux branches.

Avant le 11 décembre (dix jours au moins avant la clôture de la session ordinaire jusqu'en 1995) le gouvernement « peut demander » (LO, art. 45) à l'Assemblée puis, selon la procédure d'urgence, au Sénat d'adopter **la première partie de la loi de finances** qui, contenant notamment l'autorisation de percevoir les impôts, est aussitôt promulguée, ce qui permet alors au gouvernement d'ouvrir par décret les crédits relatifs aux services votés (Const., art. 47 et LO, art. 45) en attendant l'adoption de la seconde partie de la loi de finances. Ainsi a-t-on procédé à la fin de 1962 pour le budget de 1963 (L. 22 déc. 1962, L. 23 févr. 1963) car la dissolution de l'Assemblée nationale en octobre avait entraîné un dépôt tardif du projet.

Si la première procédure n'a pas été utilisée ou n'a pas abouti, le gouvernement « dépose » (LO, art. 45), **avant le 19 décembre** ou dépose « immédiatement » un **projet de loi spécial** qui, discuté selon la procédure d'urgence, l'autorise à continuer la perception des impôts existants et dont la promulgation lui permet d'ouvrir par décret les crédits relatifs aux services votés en attendant l'adoption de la loi de finances.

Cette seconde procédure, conçue en 1959 pour le seul retard, a été étendue à l'hypothèse de l'inconstitutionnalité d'une loi de finances votée dans les délais ; ainsi, le Conseil constitutionnel ayant invalidé la loi de finances prévue pour 1980 (24 déc. 1979, 110 DC), la loi d'urgence budgétaire du 30 décembre 1979, votée (en session extraordinaire) et validée par le Conseil constitutionnel (30 déc. 1979, 111 DC) avait autorisé la perception des impôts (et taxes parafiscales), en attendant le vote de la loi de finances (du 18 janv. 1980).

On remarquera que, dans ces hypothèses, la LOLF maintient la notion de services votés (visés à l'art. 47 Const. mais désormais supprimés pour la préparation, la présentation et le vote du budget).

L'article 45 LO définit les **services votés** comme « le minimum de crédits que le gouvernement juge indispensable pour poursuivre l'exécution des services publics dans les conditions qui ont été approuvées l'année précédente par le Parlement », ce qui reprend la définition antérieurement donnée par l'article 33 OLO, mais, à la différence de ce dernier texte, précise que ces services « ne peuvent excéder le montant des crédits ouverts par la dernière loi de finances de l'année ».

§ 2. Les conditions d'adoption de la loi de finances

535 Le cadre d'adoption de la loi de finances a été profondément réformé en 1958-1959, dans le sens bien connu d'une restriction de la compétence financière du Parlement qui a cependant été élargie par la LOLF (**A**), comme dans celui, moins souvent souligné, d'une discipline financière imposée à l'ensemble des pouvoirs publics et qui, elle, a été maintenue par le texte de 2001 (**B**).

A. La compétence financière du Parlement

536 L'élargissement, par la loi organique de 2001, de la compétence financière des chambres a concerné aussi bien le domaine d'intervention du Parlement (**1**) que le droit d'initiative des parlementaires (**2**).

1. L'élargissement (ou l'affermissement) du domaine d'intervention du Parlement

537 Celui-ci s'est manifesté dans trois directions.

À titre liminaire, on relèvera que la loi ne peut contenir d'injonctions qui porteraient atteinte, en matière financière, au monopole d'initiative ou au domaine réservé du gouvernement (par exemple en matière d'annulations ou virements de crédits : 30 mai 2000, 249 DC).

Les trois directions identifiées sont les suivantes.

Il s'agit, en premier lieu, de la suppression des taxes parafiscales qui, sous l'empire de l'ordonnance de 1959, relevaient, sur le plan normatif, de la compétence gouvernementale et qui, sous l'empire de la LOLF, ont été remplacées (s'il y a lieu…) par des impositions affectées (mais aux seules « missions de service public »), des régimes fiscaux de faveur ou des subventions, toutes formes qui relèvent de la compétence législative – mais les cotisations sociales continuent d'échapper (pour encore combien de temps ?) à une pleine compétence du Parlement (dont les prérogatives ont cependant été étendues par la jurisprudence).

On rappellera, par ailleurs, qu'existe un domaine réglementaire en matière fiscale.

Il s'agit, en deuxième lieu, de certaines ressources de l'État. Le Parlement acquiert, en effet, le droit d'autoriser le pouvoir réglementaire à percevoir au-delà du 31 décembre les redevances (qu'il est seul habilité à pouvoir instituer par décret).

L'article 4 LO indique que « la rémunération des services rendus par l'État peut être établie et perçue sur la base de décrets en Conseil d'État [...]. Ces décrets deviennent caducs en l'absence d'une ratification dans la plus prochaine loi de finances ». Le Conseil constitutionnel a cependant estimé (25 juill. 2001, 448 DC, cons. 15) que cette exigence ne devait concerner que le décret constitutif de base (à l'exclusion donc des textes d'application) et ne visait qu'à autoriser la perception au-delà du 31 décembre (comme pour les taxes parafiscales de l'ordonnance de 1959) ; de plus, le Conseil a exclu du champ d'application de ce texte les produits du domaine et les revenus courants des activités industrielles et commerciales (27 déc. 2001, 456 DC).

De plus, l'affectation (totale ou partielle) à une autre personne morale (publique ou privée, notamment un organisme de Sécurité sociale) d'une ressource établie au profit de l'État ne peut (même si cette ressource relève du pouvoir réglementaire) résulter que d'une disposition d'une loi de finances (LO, art. 36).

Enfin, c'est désormais le Parlement qui, succédant au ministre des Finances, autorise les dérogations à l'obligation de dépôt des fonds des collectivités locales dans les caisses de l'État (LO, art. 25-3° : v. ss 151).

Il s'agit, en troisième lieu, des engagements de l'État. D'une part, le Parlement fixe désormais un plafond (en fin d'année budgétaire) à la dette à moyen et long terme de l'État (et approuve un tableau présentant les opérations de trésorerie) (v. ss 486). Par ailleurs, en matière d'emprunts (dont, rappelons-le, le produit et le remboursement ne figurent pas au budget où seuls apparaissent les intérêts : v. ss 486), le Parlement conserve le pouvoir d'accorder, selon les cas, une autorisation générale et annuelle d'emprunter (figurant traditionnellement dans l'« article d'équilibre » de la loi de finances) ou des autorisations spéciales lorsque l'emprunt présente certaines caractéristiques particulières pour lesquelles la loi organique (art. 26) exige une « disposition expresse d'une loi de finances ».

Aux termes de l'article 26-4° LO qui succède (en 2004), sans modification notable, à l'article 15 OLO, « l'émission, la conversion et la gestion des emprunts sont effectuées conformément aux autorisations annuelles générales ou particulières données par la loi de finances de l'année. Sauf disposition expresse d'une loi de finances, les emprunts émis par l'État sont libellés en euros. Ils ne peuvent prévoir d'exonération fiscale. Les emprunts émis par l'État ou toute autre personne morale de droit public ne peuvent être utilisés comme moyens de paiement d'une dépense publique. Les remboursements d'emprunts sont exécutés conformément au contrat d'émission ».

On notera que l'indexation d'un emprunt n'est pas incluse dans cette liste et que la notion de « paiement d'une dépense publique » a parfois posé problème (v. Cons. const. 16 janv. 1982, 132 DC, et 21 juin 1993, 320 DC).

D'autre part, c'est la loi de finances (seconde partie) qui, non seulement autorise les garanties et autres engagements unilatéraux (prise en charge ou reconnaissance de dette) de l'État, mais encore en fixe le régime.

2. Un assouplissement du régime des irrecevabilités financières

538 La loi LOLF a également assoupli le régime des irrecevabilités financières qui constituait (et constitue encore à plusieurs égards) une limitation majeure au droit d'initiative des parlementaires – qui, on le sait, peut prendre la forme d'amendements aux projets de loi (notamment de finances) ou de propositions de loi ordinaire.

Le **sens de ces irrecevabilités** ne doit pas être perdu de vue. Les parlementaires peuvent, en effet, voter toute mesure financière proposée par le gouvernement (par voie de projet, de lettre rectificative à un projet ou, depuis la fin de certaines hésitations jurisprudentielles, par voie d'amendement). De même, pour d'évidentes raisons conduisant à une autolimitation, les parlementaires ont toujours été et demeurent libres (à condition, toutefois, que l'usage de ce droit ne soit pas « manifestement excessif » : Cons. const. 30 déc. 1995, 370 DC) de prendre l'initiative de mesures améliorant la situation des finances publiques (augmentation de ressources, diminution de charges), ce qui interdit donc, en tout cas juridiquement, de faire état d'une suppression de l'initiative parlementaire. S'agissant, cependant, des initiatives parlementaires détériorant la situation des finances publiques (augmentation de charge, diminution des ressources), elles ont paru devoir faire l'objet de limitations car les chambres, au départ instituées pour limiter les dépenses royales, étaient par la suite devenues, au contraire, des assemblées dépensières (mais un mouvement inverse n'est-il pas en train de se dessiner ?) ; aussi, après certaines tentatives effectuées dès la IIIe République, la Ve République les a-t-elle radicalement limitées.

Les **textes applicables aux irrecevabilités** sont principalement au nombre de deux.

Le premier est l'article 40 de la Constitution.

Il dispose : « Les propositions et amendements formulés par les membres du Parlement ne sont pas recevables lorsque leur adoption aurait pour conséquence soit une diminution des ressources publiques, soit la création ou l'aggravation d'une charge publique ».

Ce texte est applicable aux « dispositions ordinaires » (dispositions autres que celles qui fixent des crédits), qu'elles figurent dans une loi ordinaire ou dans une loi de finances (il s'agit, en particulier, des dispositions fiscales : Cons. const. 29 déc. 1983, 164 DC, et 4 juin 1984, 170 DC). Il interdit aux parlementaires de proposer la détérioration, non seulement des finances de l'État, mais encore des autres finances publiques, ce qui accroît sa sévérité (et pose le problème de la définition des finances publiques : v. ss 1). Mais sa rédaction, qui interdit une diminution « des » (et non d'une) ressources publiques permet des **« amendements compensés »**, compensant la diminution d'une ressource par l'augmentation d'une autre ressource (à condition que ce soit immédiat, effectif et au profit d'un même organisme : Cons. const. 2 juin 1976, 64 DC, et 9 nov. 1999, 419 DC).

Par ailleurs, les parlementaires peuvent réduire ou supprimer une augmentation de recette proposée par le gouvernement.

Mais la compensation entre une ressource et une charge est interdite, de même qu'était interdite, jusqu'à la loi organique de 2001, la compensation entre charges puisque l'article 40 Const. prohibe la création ou l'aggravation d'« une » (et non pas des) charge(s) publique(s).

L'article 47 de la LOLF, qui constitue la seconde disposition en la matière est, cependant, venu permettre aux parlementaires de proposer, par amendement à un projet de loi de finances, une compensation entre crédits, à condition que cette compensation s'applique à l'intérieur d'une même mission.

art. 47 LO : « Au sens des articles 34 et 40 de la Constitution, la charge s'entend, s'agissant des amendements s'appliquant aux crédits, de la mission. Tout amendement doit être motivé et accompagné des développements des moyens qui le justifient. Les amendements non conformes aux dispositions de la présente loi organique sont irrecevables. »

Cette disposition, on le voit, ne concerne que les « crédits » (et non les autres articles susceptibles d'entraîner des charges). Elle ne peut aboutir à créer une nouvelle mission (l'initiative en est réservée au gouvernement par l'article 7 LO) et, naturellement, à augmenter le volume global des crédits de la mission.

Cette « adaptation » de l'article 40 Const., audacieuse mais admise par le Conseil constitutionnel (25 juill. 2001, 448 DC, cons. 45 et 97), pourrait avoir, au moins en théorie, une portée pratique d'autant plus considérable que la « mission » est (ou peut être) une subdivision particulièrement vaste, à l'intérieur de laquelle figurent les programmes (v. ss 501), entre lesquels les crédits peuvent faire l'objet de propositions parlementaires de redéploiement. À cet égard, il convient de rappeler que les missions doivent comprendre « un ensemble » de programmes (et non un seul programme : Cons. const. 29 déc. 2005, 530 DC), ce qui préserve la liberté d'amendement et de modification par voie parlementaire de la répartition des crédits entre programmes à l'intérieur d'une même mission.

Les premiers travaux parlementaires, notamment du Sénat, ont fait apparaître qu'il y eut de nombreux amendements parlementaires destinés à aménager la nomenclature budgétaire au sein des programmes, mais sans grand succès, le projet de loi de finances pour 2006 n'ayant connu qu'une seule véritable adaptation qui était d'ailleurs d'origine gouvernementale avec la création d'un programme « Audiovisuel extérieur » dans la mission « Action extérieure de l'État ».

Cette disposition succède à l'article 42 de l'ordonnance organique de 1959, qui était encore plus sévère pour l'initiative parlementaire que l'article 40 Const. mais dont la portée avait été partiellement atténuée par le Conseil constitutionnel.

Cet article disposait en son alinéa 1 : « Aucun article additionnel, aucun amendement à un projet de loi de finances ne peut être présenté, sauf s'il tend à supprimer ou à réduire effectivement une dépense, à créer ou à accroître une recette ou à assurer le contrôle des dépenses publiques ».

Applicable pendant la discussion de la loi de finances, il a longtemps fait figure d'épouvantail car, à la lettre, il interdisait tout ce qu'il ne permettait pas, prohibant notamment tout amendement rédactionnel, toute réduction indicative (symbolique) de crédit et tout amendement compensé, même en matière de recettes (de plus, il fut un moment déclaré applicable aux amendements présentés par le gouvernement lui-même). Mais il a, par la suite, été largement « vidé de son venin ». D'une part, le Conseil constitutionnel a jugé qu'il ne s'appliquait pas aux dispositions relatives aux ressources, notamment fiscales, même incluses dans une loi de finances ; l'article 42 LO s'appliquait donc, pour l'essentiel, aux dispositions des lois de finances relatives aux dépenses. D'autre part, les interdictions concernant ces dépenses ont été interprétées avec une certaine souplesse par les autorités parlementaires. De sorte que la portée de l'article 42 Const. ne différait plus substantiellement de celle de l'article 40 Const. ; bien plus, l'article 42 Const. permettait aux parlementaires de prendre l'initiative, non prévue à l'article 40 Const., de mesures tendant « à assurer le contrôle des dépenses publiques », ce qui, étendu à l'ensemble des « finances publiques » (en vertu de LO, art. 1er), pouvait avoir une portée non négligeable.

Elle est complétée par la pratique, informelle mais traditionnelle, de la « **réserve parlementaire** » consistant, pour le gouvernement, à préciser ou amender son propre projet pour tenir compte (dans des proportions quantitativement modestes : moins de 1 % du budget) des desiderata, le plus souvent d'intérêt local ou ponctuel, formulés (via la Commission des finances, notamment son président et le rapporteur général du budget) par les parlementaires (apparemment de tous bords politiques...). Chaque parlementaire peut ainsi obtenir un soutien financier en faveur de projets ponctuels d'intérêt local dans sa circonscription ou son département.

Cette « réserve » est très discutée. Désormais celle-ci est précisée dans son emploi dans le cadre de la loi de règlement. C'est le président de l'Assemblée nationale, Monsieur Bartolone, qui s'est engagé le premier dans une démarche de transparence en vue de rendre public l'usage qui en est fait, avant que, peut-être, un jour il n'y soit mis fin. C'est en fait à l'initiative d'une association que le tribunal administratif de Paris, par un jugement du 23 avril 2013, devait enjoindre au ministre de l'Intérieur la publication d'un document administratif précisant les conditions d'emploi de cette réserve, ce qui fut fait.

Cette « pratique » financière a trouvé du côté de l'exécutif une forme similaire avec une « **réserve ministérielle** » inscrite au projet de loi de finances (normalement au titre du ministre de l'Intérieur) et qui, un temps, fut même un instrument d'intervention locale de la Présidence de la République.

Le contrôle des irrecevabilités est d'abord effectué, selon des modalités variables, par les **autorités de chaque assemblée** (essentiellement le bureau pour les propositions et la Commission des finances ou son président pour les amendements), qui procèdent (sauf au Sénat pour les amendements) à un examen systématique au moment du dépôt (une irrecevabilité entraînant refus d'impression) et, éventuellement, à un examen sur exception d'irrecevabilité soulevée en cours de procédure. Puis le **Conseil constitutionnel** peut être saisi, dans les conditions du droit commun (20 janv. 1961, 11 DC), de la loi éventuellement adoptée mais il n'accepte de statuer sur une question d'irrecevabilité que si la décision des autorités parlementaires a été contestée au cours des débats (20 juill. 1977, 82 DC ; 19 déc. 1996, 384 DC ; 9 nov. 1999, 419 DC ; et 27 déc. 2002, 464 DC).

La portée des irrecevabilités a ainsi pu être précisée car les premières années de la Ve République avaient été marquées par une attitude fort sévère des autorités parlementaires, qui avaient déclaré irrecevables de très nombreux textes (102 propositions de loi en 1959) susceptibles d'avoir des incidences financières néfastes (un texte contre la prostitution aurait ainsi augmenté les dépenses de police). Par la suite, une interprétation plus raisonnable, confirmée par le Conseil constitutionnel (23 juill. 1975, 57 DC et 9 nov. 1999, 419 DC) a consisté à ne censurer que les initiatives détériorant de manière certaine les finances publiques.

La loi de finances ne saurait en tout état de cause permettre par son contenu de porter atteinte au principe de séparation des pouvoirs et à la garantie des droits (29 déc. 2005, 531 DC) ou comporter des dispositions qui, à titre principal, ne contribuent pas à la détermination des ressources et des charges de l'État, ne relèvent pas des opérations de trésorerie, ou ne sont pas destinées à organiser l'information et le contrôle du Parlement sur la gestion des finances publiques ou à imposer aux agents des services publics des responsabilités pécuniaires, ou n'entraînent pas des créations ou des transformations d'emplois ou qui ne sont pas d'ordre fiscal (à propos de la création alors censurée par le Conseil constitutionnel du Conseil des prélèvements obligatoires, 29 déc. 2004, 511 DC).

Mais la marge de manœuvre ainsi rendue aux chambres, et sensiblement accentuée par la loi organique de 2001 (v. ss 538), ne doit évidemment pas faire oublier que la maîtrise de l'ordre du jour, le vote bloqué et l'engagement de responsabilité permettent très largement au gouvernement, au moins dans les circonstances les plus graves, de supprimer l'initiative parlementaire.

B. La discipline financière des pouvoirs publics

539 La Ve République ne s'est pas contentée, comme parfois indiqué, de restreindre la compétence du Parlement. Elle a aussi soumis l'ensemble des pouvoirs publics à une discipline financière en délimitant le domaine des lois de finances (**1**) et en instaurant un contrôle du Conseil constitutionnel (**2**).

1. Un domaine précisé des lois de finances

540 Ce domaine a été précisé de trois façons.

La loi de finances a, en premier lieu, **l'exclusivité de certaines dispositions financières.**

Ces dispositions (que seule une loi organique peut déterminer : 27 juill. 2000, 433 DC) ne peuvent figurer, ni dans une autre catégorie de loi (y compris une loi organique), ni dans une ordonnance de l'article 38 Const., à laquelle il est impossible, d'après le Conseil constitutionnel, de recourir en ce domaine (30 déc. 1995, 370 DC ; 16 déc. 1999, 421 DC ; et 26 juin 2003, 473 DC).

Par ailleurs, une loi ordinaire ne peut prévoir une application anticipée de la loi organique (22 août 2002, 460 DC, cons. 24).

Depuis la LOLF (art. 34 et 35) ces dispositions sont réparties en deux domaines.

Le « **domaine obligatoire** » impose de faire figurer dans la loi de finances de l'année certaines dispositions qui lui sont réservées, notamment l'autorisation de perception des impositions et des ressources (budgétaires et non budgétaires) de l'État, l'évaluation des ressources (budgétaires et non budgétaires) de l'État, la fixation des crédits et des plafonds des autorisations d'emplois.

Le « **domaine exclusif** » concerne les dispositions qui ne peuvent figurer que dans une loi de finances mais qui n'y figurent pas systématiquement : ainsi les garanties et autres engagements de l'État (v. ss 537), les affectations de recettes (v. ss 487) ou les dérogations à l'obligation de dépôt au Trésor des fonds des collectivités locales (v. ss 151 s.).

Aux termes de l'article 34-II LO, la seconde partie de la loi de finances « autorise l'octroi des garanties de l'État et fixe leur régime » (5°) et « autorise l'État à prendre en charge les dettes de tiers, à constituer tout autre engagement correspondant à une reconnaissance unilatérale de dette, et fixe le régime de cette prise en charge ou de cet engagement » (6°).

Selon le Conseil constitutionnel, « Ne peuvent figurer dans les lois de finances que des dispositions qui concernent la détermination des ressources et des charges de l'État, qui ont trait à des opérations de trésorerie, qui sont destinées à organiser l'information et le contrôle du Parlement sur la gestion des finances publiques ou à imposer aux agents des services publics des responsabilités pécuniaires, qui entraînent des créations ou des transformations d'emplois ou qui sont d'ordre fiscal » (29 déc. 2004, 511 DC, cons 45).

« Le 3° du I de son article 34, de la loi organique du 1er août 2001, à laquelle renvoie l'article 34 de la Constitution, réserve à un texte de loi de finances l'édiction de toutes dispositions relatives aux affectations de recettes au sein du budget de l'État » (3 mars 2009, 577 DC, cons. 33).

En deuxième lieu a été instauré un « **domaine partagé** », permettant que certaines dispositions puissent indifféremment figurer dans une loi de finances ou une loi ordinaire.

Traditionnellement, il s'agit des dispositions fiscales, car, ainsi que l'a rappelé le Conseil constitutionnel (4 juin 1984, 170 DC, et 27 juill. 1995, 365 DC), les parlementaires doivent pouvoir déposer des propositions de loi en matière fiscale (Const., art. 34, 39 et 40), ce qui serait impossible si la loi de finances, d'initiative gouvernementale, avait l'exclusivité de ces dispositions. S'y ajoutent, le plus généralement, les dispositions législatives « ordinaires », même si elles entraînent des charges pour l'État (par exemple l'approbation de conventions financières). Mais on rappellera que le principe de sincérité impose de prendre en compte dans une loi de finances l'incidence de dispositions fiscales ou financières nouvelles (LO, art. 33 : v. ss 485).

Depuis la LOLF, il s'agit également de deux types de dispositions que l'ordonnance de 1959 réservait aux lois de finances et qui peuvent désormais figurer dans une loi de finances (initiale ou rectificative), une loi de règlement ou une loi ordinaire. Il s'agit, d'une part, du « régime de la responsabilité pécuniaire des agents des services publics », notamment des comptables publics.

Les articles 34-II, 7°, f et 37-V LO visent également « toutes dispositions relatives à la comptabilité de l'État » mais ce ne peut être que sous réserve de la répartition des compétences législative et réglementaire en ce domaine.

Il s'agit, d'autre part, de « toutes dispositions relatives à l'information et au contrôle du Parlement sur la gestion des finances publiques », ce qui étend encore (mais non sans problèmes juridiques) la « clause générale » du contrôle parlementaire (v. ss 541).

En troisième lieu, enfin, existe, en quelque sorte un « **domaine interdit** » : doivent être exclus de la loi de finances les **cavaliers budgétaires**, c'est-à-dire des dispositions sans caractère financier mais qui, « à cheval » sur le budget, pourraient ainsi bénéficier des règles spéciales d'adoption de ce dernier. Cette pratique célèbre (qui engendra notamment l'art. 65 L. 22 avr. 1905 imposant la communication de leur dossier aux fonctionnaires) fait l'objet, depuis la IIIe République, d'une interdiction de principe qui, reprise en 1959, ne fut cependant pas toujours respectée (notamment par les lois de finances rectificatives) faute de sanction effective. Depuis les années 1970, en revanche, le Conseil constitutionnel, beaucoup plus fréquemment saisi, les censure (presque) systématiquement.

D'autant que certains étaient parfois introduits systématiquement (comme, un moment, par le ministère de l'Éducation) ou peu glorieusement (ainsi pour tourner le refus de la CNIL d'autoriser l'accès du service de la redevance aux fichiers de Canal+ : Cons. const. 30 déc. 1991, 302 DC).

Le principe est celui d'une censure des dispositions qui n'ont pas d'incidence directe et immédiate sur les ressources et les charges de l'État – ou qui ne figurent pas dans les autres domaines assignés aux lois de finances par les textes organiques (30 déc. 1997, 397 DC) par exemple l'information du Parlement ou la responsabilité financière des agents publics. Mais l'appréciation concrète de cette incidence est, comme pour les irrecevabilités (v. ss 538), parfois difficile, d'autant que le Conseil admet des mesures connexes (par exemple des dispositions visant à améliorer la sincérité des déclarations fiscales) ; de sorte que la frontière avec les cavaliers budgétaires est parfois (très) ténue et son tracé manifeste, ici comme ailleurs, le rôle désormais déterminant joué par le Conseil constitutionnel.

On notera que par une circulaire du 4 juin 2010 relative à l'édiction de mesures fiscales et de mesures affectant les recettes de la Sécurité sociale, le Premier ministre, François Fillon, avait cherché à maîtriser une tentation ou tendance ministérielle consistant à insérer des dispositions fiscales dans les projets de lois ordinaires. Cette tentative pour imposer un nouveau domaine exclusif au profit des lois de finances et des lois de financement de la Sécurité sociale se voulait annonciatrice d'une révision constitutionnelle dans le prolongement de la conférence sur le déficit et ce en vue d'une réforme « de la gouvernance des finances publiques ».

Le projet de loi constitutionnelle de 2011 relatif à l'équilibre des finances publiques ne s'était ainsi pas limité à la possible introduction de nouvelles règles en ce domaine au travers d'une loi-cadre à valeur organique, mais comportait aussi un volet centré sur le domaine des lois de finances et des lois de financement de la Sécurité sociale en supprimant à l'article 34-1° de la Constitution la formulation traditionnelle conférant à la loi le soin de fixer les règles concernant « l'assiette, le taux et les modalités de recouvrement des impositions de toutes natures » et en transférant aux lois de finances et aux lois de financement de la Sécurité sociale cette compétence pour ce qui est des « impositions de toute nature » (disparition du pluriel) au travers d'un vingtième alinéa à l'article 34.

Cette évolution aurait eu un impact considérable sur le travail parlementaire en créant un nouveau domaine exclusif au profit de ces textes. Or, lors des discussions parlementaires liées à l'adoption du projet de loi, le gouvernement de l'époque a abandonné en juillet 2011 cette dimension exclusive sur l'autel de la recherche d'un compromis avec sa majorité mais aussi, pourquoi pas, avec l'opposition ou une partie d'entre elle. Il devait, par l'intermédiaire de Mme Pécresse, nouveau ministre du Budget, s'en tenir à un compromis selon lequel le gouvernement s'imposerait à lui-même la discipline en question à l'égard des projets de loi. Cette démarche parut devoir être poursuivie par le gouvernement né de la majorité de 2012 (circ. Premier ministre, 14 janvier 2013, « les mesures fiscales ou relatives aux recettes sociales décidées à l'initiative du gouvernement ne pourront trouver leur place que dans une loi de finances ou de financement de la Sécurité sociale »).

2. Le contrôle du Conseil constitutionnel

541 Celui-ci est, en effet, le second facteur fondamental de discipline car, à la différence essentielle des régimes précédents, il assure, sous la Ve République, l'effectivité des règles financières.

Le **développement de la jurisprudence** du Conseil s'est, on le sait, produit principalement à partir de la réforme constitutionnelle du 29 octobre 1974 qui, en élargissant le droit de saisine, a permis au Conseil de se prononcer sur la quasi-totalité des lois de finances initiales (seules les lois définitives pour 1980, 1989, 1993 et 2007 ne lui ont pas été soumises depuis 1974) et, depuis 1981, sur la majorité (plus des deux tiers) des lois rectificatives (ainsi que sur certaines lois de règlement). Dans des conditions parfois spectaculaires (annulation de tout un budget la veille de Noël 1979), et, parfois, au prix d'une extension prétorienne de ses compétences (notamment pour le contrôle des irrecevabilités), le Conseil a ainsi pu assurer le respect du nouveau bloc de constitutionnalité – environ quatre-vingts dispositions, un budget et une loi de règlement (v. ss 568) ont ainsi été censurés, le Conseil menaçant, par ailleurs, de déclarer l'inconstitutionnalité de certaines lois de finances (v. ss 497) – il a aussi pu assurer l'interprétation et, parfois, la réécriture de l'ordonnance de 1959, dont certaines dispositions étaient obscures, inapplicables à la lettre ou peu conformes, en raison de leur sévérité plus grande, à la Constitution. À partir des années 1980, le Conseil a d'ailleurs rétabli la hiérarchie des textes en faisant plutôt prévaloir, en cas de contradiction, le texte de la Constitution (en particulier en matière de ressources publiques). À partir du milieu des années 1990 il a dû, par ailleurs, assurer la conciliation entre lois de finances et lois de financement de la Sécurité sociale (v. ss 760). Le début des années 2000 a, enfin, constitué l'occasion de donner sa pleine mesure à l'influence du Conseil car ce dernier a pu se prononcer, ce qu'il n'avait pu faire en 1959, sur l'ensemble de la nouvelle loi organique relative aux lois de finances (25 juill. 2001, 448 DC) qui a, par ailleurs, largement repris les éléments de sa jurisprudence. L'avènement, au travers de l'article 61-1-C fruit de la révision constitutionnelle de 2008, de la QPC offre un nouveau champ de contrôle largement « dynamisé » depuis la mise en œuvre effective de ce nouveau contrôle portant sur les droits et libertés garantis par la Constitution permettant ainsi, le cas échéant, de contester des lois de finances qui n'auraient pas été mises en cause sur le fondement de l'article 61 Const.

Les **grandes lignes de la jurisprudence** financière du Conseil peuvent, très approximativement, être ramenées à trois (il est à souligner que le Conseil n'a pas été saisi par l'opposition des lois de finances pour 2007, 2008 et 2009 et de différentes lois de finances rectificatives).

La première, essentielle, est la confirmation de la nouvelle philosophie issue de la réforme constitutionnelle de 1958 (v. ss 23) qui impartit principalement au Parlement une « mission de contrôle » (30 déc. 1980, 126 DC) mais impose, dès lors, de lui ouvrir un droit général à l'information en matière financière (18 déc. 1964, 27 DC).

La deuxième est, malgré tout, le maintien d'une certaine tradition parlementariste qui, adoucissant les dispositions orthopédiques de 1958-1959, a conduit à certaines interprétations favorables aux chambres (à commencer par la matière fiscale) et à la tolérance envers certaines pratiques anciennes (notamment en matière de vote des crédits). C'est, en ce domaine que la LOLF a le plus prolongé la jurisprudence du Conseil, en rétablissant très largement les prérogatives des chambres, à la faveur d'une appréciation parfois très bienveillante de certaines de ses dispositions par le Conseil.

La troisième ligne directrice a été la limitation du phénomène majoritaire car de nombreuses censures prononcées par le Conseil ne visent pas, en réalité, l'institution parlementaire mais tendent, au contraire, à limiter les pouvoirs du gouvernement et du ministère des Finances et à préserver à la fois les prérogatives du Parlement (notamment par la sincérité du budget et l'interdiction de lois d'habilitation dans le domaine exclusif des lois de finances) et les droits du contribuable (parfois oubliés par les pouvoirs publics).

Section 4

L'exécution du budget de l'État

542 L'exécution du budget de l'État, comme celle de la plupart des budgets publics, suit les modalités imposées par les règles de comptabilité publique (**§ 1**), dans un contexte marqué par une dissociation gestionnaire entre l'État et ses opérateurs (**§ 2**) et une incidence financière inhérente à ses participations au capital d'entreprises (**§ 3**) ; cette exécution se trouve soumise aux différents contrôles prévus en matière de finances publiques (**§ 4**).

§ 1. Les modalités d'exécution du budget de l'État

543 Les modalités, qui découlent notamment du règlement relatif à la gestion budgétaire et comptable publique (GBCP), concernent à la fois les agents (**A**) et les opérations (**B**) d'exécution.

A. Les agents d'exécution

544 Les agents d'exécution, ordonnateurs (**1**) et comptables (**3**), répondent au principe, traditionnel, de séparation des ordonnateurs et des comptables (**4**). On doit cependant noter qu'avec la LOLF est apparu un nouvel acteur gestionnaire, le responsable de programme qu'il faut cependant présenter de façon plus globale au travers des responsables de la gestion (**2**).

On notera que cette organisation, très particulière (mise en œuvre aussi pour les finances locales), ne se retrouve pas nécessairement à l'étranger et que par ailleurs, fut longtemps évoquée une évolution des fonctions dévolues à l'ordonnateur et au comptable ce dernier pouvant aussi voir son rôle se limiter à celui de caissier, les autres fonctions étant dévolues unitairement à l'ordonnateur.

1. Les ordonnateurs (RGBCP, art. 74 s.)

545 Les ordonnateurs en titre et, en conséquence, les ordonnateurs délégués ou suppléants qui leur sont éventuellement rattachés en vertu du règlement de comptabilité de chaque ministère, comprennent en droit deux et en fait trois catégories.

Les **ordonnateurs principaux** sont les ministres. Ils émettent, selon les cas, des « ordonnances de paiement » (lorsqu'ils ordonnent aux comptables le paiement d'une dépense) ou des « ordonnances de délégation » (lorsqu'ils délèguent des crédits aux ordonnateurs secondaires).

Les **ordonnateurs secondaires** (qui émettent des « mandats de paiement ») ont vu leur nombre réduit.

Le principe posé en 1982, repris par un décret du 29 avril 2004 modifié relatif aux pouvoirs des préfets, à l'organisation et à l'action des services de l'État dans les régions et les départements (avec une organisation particulière pour l'Île-de-France ; Décr. 24 juin 2010) et confirmé par le RGBCP, est que **le préfet** (ou le préfet de région) « est l'ordonnateur secondaire des services déconcentrés des administrations civiles de l'État » (RGBCP, art. 75). La déconcentration, renforcée depuis 1992 (« loi ATR » 6 févr., « charte de la déconcentration » résultant du décr. 1er juill.), investit donc le préfet d'un pouvoir considérable qui, s'exerçant même à l'égard d'autorités traditionnellement autonomes (notamment le recteur et les inspecteurs d'académie), lui attribue (sur conseil du directeur régional des finances publiques) la responsabilité de tous les actes financiers importants, qu'il se réserve de prendre lui-même (réquisitions de paiement, « passer outre »...), de viser ou d'évoquer. Mais la préfecture ne pouvant tout faire, le préfet peut déléguer sa signature à ses principaux collaborateurs. Le préfet de région est désormais chargé de la répartition de dotations et se retrouve avec une réelle autorité régionale ; en ce sens, il peut « constituer un service support partagé intervenant pour le compte de tout ou partie des ordonnateurs secondaires délégués... », dans le cadre des orientations nationales (art. 20).

Par ailleurs, existent **d'autres ordonnateurs secondaires**. Ainsi, les ordonnateurs (et sous-ordonnateurs) militaires (responsables des commissariats aux armées, certains administrateurs des services déconcentrés de la Défense, tels les directeurs régionaux du génie, sans oublier les... préfets qui ont reçu progressivement cette qualité) et, parmi les ordonnateurs civils, ceux implantés en administration centrale (certains hauts fonctionnaires), dans certains services à compétence nationale (catégorie nouvelle créée par décrets du 9 mai 1997 et comprenant, par exemple, le directeur général de l'Agence nationale des fréquences) ou à l'étranger (ambassadeurs) ; c'est encore le cas à la Direction générale de la concurrence, de la consommation et de la répression des fraudes (Arr. 2 avr. 2007), et même, selon le décret du 29 avril 2004 (art. 33-III), les agents chargés, au niveau déconcentré, de « l'exécution des décisions directement liées à l'assiette et au recouvrement des impôts et recettes publiques » (services financiers et fiscaux).

Le ministère de la Défense relève d'une organisation qui fut longtemps très particulière (sur son organisation : Décr. 5 oct. 2009, n° 2009-1178, portant organisation centrale du ministère de la Défense), sous l'autorité du ministre, ordonnateur principal, existe un secrétaire général pour l'administration, ordonnateur principal délégué qui s'appuie en particulier sur une direction des Affaires financières, elle-même comprenant notamment une sous-direction de la fonction financière et comptable. La qualité d'ordonnateur secondaire est reconnue à un nombre significatif de responsables militaires sur des fonctions territorialisées. Leurs ordres de recettes sont pris en charge par les comptables publics compétents en matière de dépense, dans le cadre d'un processus de rapprochement évident avec le ministère du Budget et la DGFiP tenant compte en outre de la restructuration territoriale des armées.

Existent, enfin, une série d'ordonnateurs particuliers qui, dotés d'un statut financier variable (et parfois incertain), sont placés en dehors de la hiérarchie administrative et ont, pour cette raison, une grande indépendance, de droit ou de fait (ainsi les pouvoirs publics constitutionnels (v. ss 574) ou les présidents d'autorités administratives indépendantes, ces derniers ayant un statut d'ordonnateur secondaire, sauf disposition législative contraire...).

S'agissant des juridictions administratives de droit commun, l'ordonnateur principal est le vice-président du Conseil d'État et les ordonnateurs secondaires des dépenses de fonctionnement sont les présidents, chefs de juridiction de cour administrative d'appel ou de tribunal administratif (avec, dans tous les cas, possibilité d'ordonnateurs délégués), (CJA, art. R. 222-12). Pour les juridictions judiciaires, l'ordonnateur principal est le ministre de la Justice et les ordonnateurs secondaires des dépenses et recettes des juridictions de leur ressort relatives au personnel, au fonctionnement et aux interventions sont le premier président de la cour d'appel et le procureur général près la cour (COJ, art. D. 312-66). Ils sont ordonnateurs secondaires pour les dépenses et les recettes se rapportant aux opérations mobilières, et, en matière immobilière, à celles se rapportant aux opérations d'investissement dont le montant est inférieur à un certain seuil fixé par arrêté interministériel. Ceux-ci peuvent déléguer conjointement leur signature, sous leur responsabilité, aux magistrats ou agents en fonction dans le ressort de la cour d'appel.

2. Du responsable de programme aux responsables de la gestion (RGBCP, art. 69 et s.)

546 Un nouvel acteur était en effet apparu avec la LOLF, à savoir le **responsable de programme.**

C'est une nouvelle articulation administrativo-budgétaire qui a été mise en place au travers des responsables de la gestion qui soulève, sans que la question ait été totalement traitée, le problème de la place du ministre et de son statut, en particulier en qualité d'ordonnateur.

Le décret du 7 novembre 2012 relatif à la gestion budgétaire et comptable publique a en effet précisé le cadre de la « gestion budgétaire » (art.63 s.) et les « acteurs » de la gestion.

Ce texte décline l'ensemble des fonctions de la structuration administrative et ministérielle de l'État, sous la réserve des compétences dévolues aux autorités déconcentrées, c'est-à-dire aux préfets.

Le responsable de programme, désigné par le ministre, actuellement parmi les hauts responsables administratifs (directeurs ou secrétaires généraux d'administration centrale), a la responsabilité d'un ou de plusieurs programmes. La déclinaison territoriale de chaque programme est assurée par des **budgets opérationnels de programme** (BOP) (généralement régionaux ou départementaux) dont le responsable s'engage lui-même, vis-à-vis du responsable de programme, sur des objectifs déterminés et dispose, corrélativement de moyens alloués par le responsable national. Chaque BOP est, de son côté, structuré en **unités opérationnelles** (UO), dont les responsables agissent sur instruction du responsable du BOP. Cette organisation est complexe ; elle appelle à un « dialogue de gestion » entre les différents responsables et une coordination territoriale entre les différents BOP, assurée, en principe par le préfet. On pouvait estimer que les responsables du programme et de BOP devraient être normalement ordonnateurs délégués.

Or, si le décret du 7 novembre 2012, en son article 73, va dans ce sens, en précisant que ce responsable, ainsi que les trois autres responsables indiqués (développements suivants), doivent avoir la qualité d'ordonnateur ou être bénéficiaires de la délégation de signature d'un ordonnateur principal ou secondaire, il apporte une dimension nouvelle par l'introduction d'un acteur connu dans d'autres systèmes étatiques, le responsable financier ministériel.

Il existe ainsi au sein de chaque ministère quatre types de responsables de la gestion :

Un responsable de la fonction financière ministérielle, désigné par le ministre qui coordonne, présente et exécute le budget.

Un responsable pour chaque programme, désigné par le ministre concerné.

Le responsable du programme assume un ensemble précis de fonctions :

- Établir le Projet annuel de performance (PAP) (orientations stratégiques et objectifs du programme, justification des crédits et des autorisations d'emplois demandés) ;

- Définir le périmètre des BOP et des unités opérationnelles dont il désigne les responsables ;

- Établir le Rapport annuel de performance (RAP) ;

- Dans le cadre du « dialogue de gestion », en liaison avec les responsables de BOP du programme, il établit la programmation, décline les objectifs de performance au niveau du BOP, détermine les crédits et, le cas échéant, les autorisations d'emplois qu'il met à disposition des responsables (en tenant compte des compétences des préfets).

Un responsable du BOP qui propose au responsable du programme la programmation des crédits et des emplois du BOP. Il « arrête » la répartition des crédits des BOP entre les unités opérationnelles et met ces crédits à disposition de leurs responsables (là aussi sous la réserve des dispositions relatives aux compétences des préfets). Il rend compte au responsable de programme de l'exécution du BOP et des résultats obtenus.

Le responsable de l'unité opérationnelle prescrit l'exécution des recettes et des dépenses de celle-ci et en rend compte au responsable du BOP (sous réserve là aussi des compétences dévolues aux préfets).

Au sein de chaque programme, il doit y avoir une programmation qui a pour objet de mettre « en adéquation l'activité prévisionnelle des services avec les crédits et les emplois notifiés et attendus » tout en établissant une prévision des principaux actes de gestion de l'année. Cette programmation est « déclinée » au sein des BOP. Il s'agit de décliner les objectifs et les résultats attendus d'un programme (selon un critère fonctionnel ou géographique) (Décr. 7 nov. 2012, art. 64).

Une condition générale est posée pour cette gestion : la « soutenabilité » au regard de l'autorisation budgétaire annuelle et des prescriptions des lois de programmation des finances publiques (caractère soumis à l'avis du contrôleur budgétaire, décr. 7 nov. 2012, art. 94, disposition qui définit les éléments constitutifs y afférents : couverture des dépenses obligatoires et inéluctables, cohérence entre le montant des crédits, les emplois et la programmation, conséquences budgétaires sur les années ultérieures ; tant que cet avis n'est pas rendu, le responsable, sauf autorisation expresse du contrôleur, ne peut consommer plus de 25 % des montants des autorisations d'engagement et des crédits de paiement prévus par le document de répartition initiale des crédits).

Il existe par ministère un document de répartition initiale des crédits et des emplois présentant la répartition par BOP (nets de la réserve), le montant prévisionnel des crédits dont l'ouverture est attendue dans l'année, le cas échéant, la répartition du plafond d'autorisation d'emplois entre les programmes.

Le schéma institué s'est rapidement concrétisé dans l'organisation de certains ministères.

Ainsi, le ministre des Affaires étrangères a désigné, début 2013, ses responsables budgétaires comme suit :

Responsable de la fonction financière ministérielle, le directeur des affaires financières ;

Responsables de programmes :

- Programme 105 « Action de la France en Europe et dans le monde », le directeur général des affaires politique et de la sécurité ;

- Programme 185 « Diplomatie culturelle et d'influence », le directeur général de la mondialisation, du développement et des partenariats ;

- Programme 209 « Solidarité à l'égard des pays en développement », le directeur général de la mondialisation, du développement et des partenariats ;

- Programme 151 « Français à l'étranger et affaires consulaires », le directeur des Français à l'étranger et des affaires consulaires.

(Arr. 11 févr. 2013).

Il est à noter qu'une circulaire du Premier ministre, adressée aux ministres, en date du 14 janvier 2013 et relative aux règles pour une gestion responsable des dépenses publiques, a mis l'accent sur trois principes destinés à la maîtrise de la dépense publique : celui de « l'auto-assurance » qui implique de respecter les plafonds pluriannuels des programmes en compensant des dépenses imprévues par des « moindres » dépenses sur certains postes – le Premier ministre énonçant clairement que les crédits de paiement mis en réserve « ne seront pas disponibles » –, celui du financement de toute nouvelle dépense par une économie en dépense et ce dans une approche large, puisque prenant en compte aussi bien les dépenses de l'État que de ses agences ou celles de la Sécurité sociale ; enfin, celui d'une certaine réserve dans l'utilisation de la dépense fiscale qui ne doit pas venir en substitution d'une dépense budgétaire, une dépense fiscale nouvelle devant être compensée par la diminution d'une autre.

3. Les comptables (RGBCP, art. 77 s.)

547 Ils n'appartiennent, eux, qu'à quelques ministères.

Les principaux réseaux relèvent du ministère des Finances.

Le plus important était celui des **comptables publics**. Ces agents ayant une compétence de principe en matière financière effectuaient notamment, la plupart des dépenses publiques, une partie des recettes ainsi que les opérations de trésorerie et de tenue de la comptabilité de l'État (et des collectivités locales). Rattachés désormais à la DGFiP (la DGDDI conservant ses comptables publics), ils connaissent les effets de la fusion de cette direction avec la direction générale des Impôts au sein de la DGFiP et se trouvent marqués par une réorganisation complète de l'implantation territoriale des services financiers de l'État, leurs activités et compétences en matière de comptes étant reprises par la dite DGFiP.

Le RGBCP précise que les comptables publics principaux « centralisent les opérations faites pour le compte de l'État par les autres comptables publics, les régisseurs et les correspondants locaux du Trésor ainsi que les opérations faites pour leur compte par d'autres comptables publics ».

Il identifie six types de comptables publics de l'État, à savoir les contrôleurs budgétaires et comptables ministériels, les comptables des services déconcentrés de la DGFiP et de la DGDDI, les comptables des budgets annexes, des comptes spéciaux, les comptables spéciaux définis par des dispositions réglementaires spécifiques et, enfin, les comptables centralisateurs des comptes de l'État (art. 79 s.) (v. ss 356).

Les **comptables des administrations financières** n'effectuaient, eux, que des recettes (impôts indirects, impôt sur les sociétés et taxe sur les salaires) ; ils sont désormais rattachés, d'une part à la DGFiP, d'autre part à la DGDDI.

Certains comptables de la DGDDI sont également comptables de la Masse des Douanes, érigée en établissement public.

Les comptables spéciaux du Trésor étaient, pour leur part, chargés par décret d'effectuer certaines opérations particulières et ont disparu pour l'essentiel.

La Trésorerie générale pour l'étranger, la Trésorerie générale de l'Assistance publique - Hôpitaux de Paris, la Trésorerie générale des créances spéciales du Trésor, les Trésoreries et postes comptes dans les collectivités d'outre-mer et en Nouvelle-Calédonie ont aussi disparu au 31 décembre 2012 ; cette disparition conduit à la création de directions spécialisées ; ainsi, la trésorerie générale des créances spéciales du Trésor a été remplacée en 2010 par la direction des créances spéciales du Trésor. D'autres ont changé de dénomination en vue d'en « clarifier » l'identité et les fonctions comme l'agent judiciaire du Trésor devenu en 2012 l'agent judiciaire de l'État.

On notera le cas particulier des régisseurs des greffes des juridictions judiciaires, qui manient d'importantes sommes au titre du paiement des frais de justice (COJ, art. R. 123-20 s.) et des régisseurs des établissements publics nationaux exerçant des activités bancaires et financières, qui peuvent se voir confier le maniement et la conservation de titres et de valeurs (Décr. 19 mai 2000, 2000-424).

De son côté, le ministère de la Défense possède des comptables propres, de façon à permettre, si nécessaire, un fonctionnement autonome et permanent de l'institution militaire. Certains forment un réseau, **la trésorerie aux armées** (payeur général, payeurs principaux ou particuliers), qui ne fonctionne cependant qu'en cas de crise ou d'opérations militaires. Le trésorier et le sous-trésorier militaires sont personnellement et pécuniairement responsables de l'encaissement des recettes et dépense qui relèvent d'eux, de la garde et de la conservation de fonds et valeurs et de leur maniement, de la tenue de la comptabilité des opérations et de la conservation des pièces justificatives et comptables y afférentes (C. défense, art. L. 5221-1.1). D'autres sont de simples agents comptables chargés de suivre certaines opérations, essentiellement des **comptes de commerce militaires** (v. ss 493) (ainsi que, jusqu'en 1992, les traites de la marine) : le plus important d'entre eux est l'agent comptable des services industriels de l'armement. C'est un décret du 30 décembre 2010 qui régit les trésoreries militaires. Une décision du 10 février 2011 a conduit à la création de trésoreries et sous-trésoreries militaires de la gendarmerie nationale (ex. : unité dotée d'une sous-trésorerie : la Garde républicaine).

Le payeur général aux armées est désigné par décret. Les membres de la trésorerie aux armées, désignés à l'avance, par accord des ministres des Finances et de la Défense, parmi des fonctionnaires volontaires relevant du ministère du Budget, la fonction de payeur général aux armées étant assumée par un directeur départemental des finances publiques (jusqu'en 1999 il s'agissait d'agents de la Paierie générale de France en Allemagne, supprimée en 2000) sont, en tant que de besoin, convoqués par le ministre de la Défense.

Les autres ministères ne possèdent plus de réseaux propres de comptables, mais uniquement, et en tant que de besoin, certains **agents comptables (civils)**, chargés de suivre les opérations des **budgets annexes** ou de certains établissements publics (essentiellement d'enseignement).

4. La séparation des ordonnateurs et des comptables

548 Cette séparation obéit en France à un schéma classique dans son principe, qui se traduit notamment par une comptabilité administrative, tenue par l'ordonnateur, et un compte de gestion, rendu par le comptable. Ses modalités connaissent, cependant, trois séries d'infléchissements. Elle est explicitement rappelée à l'article 9 du RGBCP : « Les fonctions d'ordonnateur et de comptable public sont incompatibles ».

En premier lieu, le principe réservant au comptable (ou à ses préposés) le maniement des fonds publics connaît des atténuations parfois sensibles.

Il s'agit d'une part des traditionnelles **régies de recettes et/ou d'avances** (v. ss 454), en voie d'extension.

Depuis leur réforme en 1992, elles sont, pour ce qui concerne l'État, instituées par ou dans les conditions fixées par un arrêté conjoint du ministre du Budget et du ministre intéressé, qui confie fréquemment ce pouvoir au ministre ordonnateur ou au préfet (sur avis du directeur des finances publiques). Les pouvoirs publics ont décidé de favoriser ce procédé déjà répandu pour éviter les inconvénients et dérives engendrées par les règles de comptabilité publique.

Il s'agit d'autre part, et plus spécifiquement, de **fonds à statut particulier** maniés par certaines autorités civiles (fonds spéciaux du Premier ministre, fonds alloués aux autorités constitutionnelles : v. ss 501) ; les administrations militaires ont longtemps pu bénéficier de ce type de mécanisme financier pour un fonctionnement autonome des corps de troupe.

Les administrations militaires ont ainsi relevé d'un fonctionnement particulier autonome des corps de troupe (avec des dénominations particulières comme les *masses militaires*, dépenses d'entretien de casernement...). Une réforme envisagée depuis plusieurs années a abouti avec le décret du 30 décembre 2010 (n° 2010-1690) relatif aux procédures financières et comptables spécifiques des forces armées, décret modifié par le décret du 7 novembre 2012 relatif à la gestion budgétaire et comptable publique ; en outre, la loi du 31 juillet 2012 de règlement des comptes et rapport de gestion pour l'année 2011 a abrogé le cadre législatif relatif aux masses et aux systèmes d'avances remplacés par des avances de trésorerie et de fait en amenant ce ministère aux règles de droit commun en matière budgétaire et comptable ; ces procédures sont présentées explicitement comme dérogatoires au décret du 7 novembre 2012 et mises en œuvre par les trésoreries militaires. Ce dispositif repose sur une réserve de trésorerie dénommée « réserve centralisée des armées » mise à disposition d'un trésorier militaire par un comptable public unique (le comptable public dispose d'un droit d'évocation des pièces justificatives et des documents de tenue de comptabilité). Cette réserve constitue un mécanisme d'avance financière (aucune dépense ne pouvant être effectuée à partir de cette réserve) en faveur de trois instruments financiers à savoir : avance de trésorerie opérations, avance de trésorerie activité des forces, avance de trésorerie solde. Le premier dispositif est lié aux opérations intérieures et extérieures des armées et relève de la décision du chef d'état-major des armées ; le deuxième relève nettement plus des dépenses de fonctionnement (y compris, dit le texte, les « dépenses d'alimentation des militaires isolés ou détachements isolés relevant du ministère de la Défense ») obéit à deux régimes (restreint et élargi) et peut aller jusqu'au paiement de soldes ; le troisième dispositif relève d'une charge nettement plus identifiée, la solde, lorsque celle-ci ne peut être assurée par l'opérateur national de paye (mais v. ss 586). Les montants prévisionnels des dépenses relevant de ces avances sont déterminés soit par arrêté conjoint des ministres du Budget et du ministre intéressé, soit par arrêté du ministre chargé du Budget sur proposition du ministre intéressé. Les fonds en question sont déposés sur des comptes de dépôt de fonds du Trésor distincts ou même simplement sur des comptes bancaires ou encore versés en numéraire au trésorier militaire « lorsque le besoin opérationnel ne permet pas le recours à ce type de compte ».

On notera, par ailleurs, le cas, particulier, des agents chargés des matériels de la Défense et composés d'« ordonnateurs-répartiteurs » (ministre et, surtout, ordonnateurs secondaires et délégués), de « détenteurs de matériels » (dépositaires ou usagers) et de « comptables de matériels » (qui peuvent aussi être détenteurs), dont le statut, l'organisation et la responsabilité obéissent à un régime spécifique.

En deuxième lieu, le progrès technique permet de développer des outils informatiques communs à l'ordonnateur et au comptable et de confier au comptable certaines tâches matérielles traditionnellement exercées par les gestionnaires, ce qui modifie parfois sensiblement les opérations d'exécution du budget.

En troisième lieu, la LOLF a instauré pour l'État un système budgétaire qui, fondé sur la globalisation des crédits et la responsabilité des gestionnaires de programmes, est nécessairement appelé à accroître le pouvoir des ordonnateurs et à diminuer le rôle de « payeur » des comptables. Le développement de responsables de la gestion (financier, de programme...) ne résout pas cette question. En contrepartie, la LOLF indique que les comptables de l'État sont, non seulement des caissiers et des teneurs de comptes (art. 28 et 31), mais également les agents chargés de veiller au respect des principes comptables, notamment à « la sincérité des enregistrements comptables et au respect des procédures » (LO, art. 31), ce qui les oriente davantage vers un rôle d'expertise comptable, essentiellement en matière de comptabilité générale.

B. Les opérations d'exécution

549 Les opérations d'exécution sont marquées par l'ampleur de l'appareil financier d'État, qui impose qu'une partie des crédits initialement ouverts aux ministres soit mis à disposition des autres gestionnaires (**1**) avant que ne soient effectuées les différentes dépenses (**2**) et recettes (**3**) (pour la trésorerie, v. ss 608 s.).

1. La mise à disposition des crédits

550 Elle revêt une importance grandissante, à la mesure du vaste mouvement actuel de déconcentration qui tend à confier aux préfets ou à leurs délégués le pouvoir financier de droit commun.

Dans un premier temps, le gouvernement assure l'ouverture des crédits par programme. Ils sont mis à disposition des ministres (ou d'autres ordonnateurs principaux). Dans un second temps, une partie de ces crédits doit bénéficier aux services déconcentrés des administrations civiles de l'État. Ils sont mis à disposition du préfet ou, s'ils ont été désignés, des ordonnateurs secondaires délégués. Les autres crédits sont utilisés au niveau central par les responsables de programmes.

Cette mise à disposition concerne les deux grandes catégories de dépenses appelées cependant à évoluer eu égard au principe de fongibilité des crédits introduit par la LOLF.

Les crédits d'investissement peuvent être mis en œuvre au niveau national ou au niveau déconcentré.

Les investissements d'intérêt national dont la liste a, s'agissant des investissements civils, été fixée (par fonction) dans un décret (99-1139) du 21 décembre 1999, sont gérés par les ordonnateurs principaux qui les individualisent, c'est-à-dire décident de l'opération pour laquelle ils servent et les affectent (imputation en comptabilité) avant d'engager la dépense (engagement). Le préfet de région est tenu informé des programmes et des projets d'investissements publics concernés ayant un impact régional pour lesquels des crédits de paiement sont affectés par un ordonnateur principal et les décisions lui sont notifiées (tout comme au préfet de département ou aux départements, le cas échéant). Le comité de l'administration régionale (CAR, instance comprenant les préfets de département, le ou les recteurs d'académie, les directeurs régionaux de services de l'État, le Secrétaire général aux affaires régionales... le directeur régional des finances publiques et en tant que de besoin d'autres responsables) formule un avis et le préfet de région peut présenter ses observations aux ministres intéressés. Les autorisations d'engagement et les crédits de paiement relatifs à ce type d'investissement peuvent être délégués au préfet de région ou au préfet de département. Après avis des chefs de service déconcentrés concernés et présentation au CAR, le préfet de région arrête la répartition des crédits mis à sa disposition à l'intérieur d'un même programme.

Lorsque le ministre « abandonne » l'engagement à un ordonnateur secondaire celui-ci reçoit une notification d'autorisation de programme affectée – NAPA –, ou « abandonne » engagement et affectation à un ordonnateur secondaire d'administration centrale il reçoit une délégation d'autorisation de programme individualisée – DAPI – ou globale – DAPG.

Les crédits pour dépenses ordinaires (fonctionnement, interventions) ne font pas (sinon par voie de circulaires) l'objet de procédures officielles de déconcentration. La tendance, amorcée à l'occasion de la création, à partir de 1990, de « centres de responsabilité » est cependant à la **globalisation des crédits** délégués, destinée à faire bénéficier les services déconcentrés d'une certaine souplesse de gestion, accrue par la transposition à ces services des techniques d'abondement de crédits (fonds de concours, rétablissement de crédits : v. ss 496 à 498) ; le tout accompagné, si possible, d'une diminution des instructions d'utilisation qui, traditionnellement (et y compris pour les investissements) viennent restreindre en fait l'autonomie accordée en droit. Actuellement, la moitié environ des crédits de fonctionnement courant sont déconcentrés. En revanche, les dépenses de personnel demeurent faiblement déconcentrées.

2. La dépense de l'État (RGBCP, art. 125 s.)

551 Celle-ci suit deux types de procédures.

La procédure générale obéit au schéma traditionnel de la dépense publique (v. ss 458). La phase administrative se clôt donc par un ordre de paiement de l'ordonnateur accompagné de pièces justificatives dont une nomenclature a été établie à partir de 1995 et dont l'ampleur avait alors justifié en 1994 quelques aménagements techniques.

Les « liasses » ne sont plus reclassées annuellement par la direction générale des Finances publiques mais sont immédiatement reclassées puis tenues à la disposition de la Cour des comptes.

Il convient cependant de noter que la loi n° 2000-321 du 12 avril 2000 a imposé notamment à l'État (comme aux autres personnes publiques ou privées assurant une mission de service public) le recours à la convention pour tout financement à destination de personnes privées dépassant un certain seuil financier, celui-ci ayant été fixé réglementairement à 23 000 €.

Le paiement par le comptable intervient ensuite après contrôle de régularité et, éventuellement, réquisition de paiement.

Cette réquisition est cependant impossible en cas d'absence de justification du service fait, de caractère non libératoire du règlement, d'absence de visa du contrôleur budgétaire, d'indisponibilité des crédits (RGBCP, art. 136). En cas de refus de la réquisition, le comptable rend immédiatement compte au ministre chargé du Budget (qui transmet l'ordre de réquisition au juge des comptes) lequel se concerte avec le ministre intéressé et décide du passer-outre au refus de visa.

Le contrôle de la disponibilité des crédits est opéré par le directeur de l'opérateur national de paye.

Les procédures spéciales sont, s'agissant de l'État, particulièrement développées.

Les paiements sans ordonnancement, qui constituent pour l'instant une spécificité de l'État, recouvrent eux-mêmes deux séries d'hypothèses :

– la première, traditionnelle, concerne les **paiements sans intervention de l'ordonnateur**, effectués (sur crédits évaluatifs ou opérations de trésorerie) par le comptable au vu d'un **droit**

permanent reconnu au créancier par le législateur ou l'autorité administrative : ainsi le service des emprunts (intérêts, remboursement), les restitutions de TVA ou le paiement des pensions (« dette viagère », suivie par le Service des retraites de l'État, qui « concède » la pension puis en autorise le paiement) ;

– la seconde, plus moderne car permise par le progrès technique, concerne, au contraire, des **paiements sous contrôle de l'ordonnateur** qui, en particulier, indique (par l'intermédiaire du service gestionnaire) les éléments de liquidation aux services du comptable, qui calculent et paient sans ordre formel de paiement, ce qui allège les formalités et les coûts (sans pour autant empiéter sur les prérogatives de l'ordonnateur) ; ces **paiements dits « sans ordonnancement préalable »** concernent tout particulièrement, depuis 1965, les traitements des agents civils de l'État, mensuellement mis en paiement par les centres informatiques de la DGFiP et pour le calcul desquels « l'ordinateur remplace l'ordonnateur ».

V. arr. 18 avr. 2013 pris pour l'application de l'article 233 du RGBCP fixant l'assignation comptable des rémunérations des personnels de l'État, services sans ordonnancement préalable ainsi que des titres de perception émis à l'encontre des personnels et relatifs aux indus de rémunération, aux validations de services auxiliaires et aux rachats d'années d'études.

Les paiements avant ordonnancement correspondent, eux, aux hypothèses, communes aux organismes publics, d'avances de trésorerie faites par le comptable aux créanciers ou aux régisseurs de dépenses, puis budgétisées après ordre de régularisation émis par l'ordonnateur.

Les paiements spéciaux, enfin, concernent les fonds soumis à statut particulier (v. ss 501 s.).

3. La recette de l'État (RGBCP, art. 107 s.)

552 Celle-ci est effectuée selon les mécanismes généraux de la recette publique (v. ss 463), dont les modalités d'application aux ressources d'État, sensiblement réformées ces dernières années, sont très variées mais peuvent être regroupées en deux grandes catégories.

Les **recettes fiscales** sont recouvrées selon les règles du (ou inspirées du) Livre des procédures fiscales ou du Code des douanes

(v. ss 127 s.) tandis que **les recettes domaniales** le sont selon celles du Code général de la propriété des personnes publiques.

Les produits du domaine de l'État sont recouvrés par les comptables de la DGFiP et bénéficient des procédures indiquées dans le Code général de la propriété des personnes publiques (art. L. 2323-4 s.), un régime spécifique, prévu au Code forestier, s'appliquant aux produits forestiers (recouvrés par les comptables de la DGFiP ou l'agent comptable de l'Office national des forêts, C. for., art. R. 123-10 s.).

Notons que la gestion financière domaniale s'était transformée, la mission domaniale relevant au plan central du service France domaine avec l'appui de la Direction nationale d'interventions domaniales (DNID). L'ensemble relève désormais de la DGFiP. On rappellera que le patrimoine de l'État (foncier et constructions en service) est recensé par un Tableau général des propriétés publiques (TGPE).

Les recettes ordinaires (non fiscales) ont vu leurs régimes de recouvrement partiellement réformés en 1992 (Décr. 29 déc. 1992, n° 92-1369 et 1370).

Le régime de droit commun prévoit l'émission par l'ordonnateur intéressé (ou l'Agent judiciaire de l'État – le directeur des affaires juridiques – sur délégation du ministre du Budget) d'un ordre de recette appelé « **titre de perception** » (ancien « état exécutoire »), qu'il rend immédiatement exécutoire et qui est généralement recouvré par un comptable public.

Ce comptable (ou celui d'un budget annexe) est en principe celui de la résidence du débiteur (sauf s'il s'agit de mettre en œuvre une compensation de dettes). Il prend en charge le titre et en assure le recouvrement amiable puis, éventuellement, forcé suivant les formes prévues pour les impôts directs. Cependant le débiteur peut (sauf s'il y a eu compensation), après réclamation préalable (obligatoire) au comptable, faire un recours suspensif en formulant une opposition à exécution devant le juge (administratif ou judiciaire) de la créance (s'il conteste l'existence, le montant ou l'exigibilité de la créance) ou une opposition à poursuites devant le juge judiciaire de l'exécution (s'il conteste la validité formelle des poursuites). La transaction et la remise gracieuse sont possibles (et consenties, selon les cas, par le comptable, l'Agent judiciaire ou le ministre, après éventuel avis d'un comité du contentieux).

Les régimes exceptionnels concernent, pour l'essentiel, les créances à l'égard de détenteurs de deniers publics ou de personnes ayant fait l'objet de condamnations pécuniaires par des juridictions ; ils sont alors moins favorables aux débiteurs.

Les détenteurs de deniers publics (comptables, titulaires de marchés publics, bénéficiaires d'avances ou de recettes destinées à un organisme public) font l'objet d'un ordre de recette appelé arrêté de débet, rendu exécutoire par le ministre intéressé et pris en charge par la direction des créances spéciales du Trésor, direction spécialisée de la DGFiP (v. ss 357). Cet arrêté peut faire l'objet d'un recours (de plein contentieux) non suspensif devant le juge administratif. Depuis 1992, la validité formelle des actes de poursuites peut également être contestée par voie d'opposition, suspensive, devant le juge de l'exécution.

Les condamnations pécuniaires prononcées par les tribunaux (amendes, dommages et intérêts, etc. : v. RGBCP, art. 108 s.) sont, en règle générale, recouvrées, au nom du procureur de la République, par les comptables de la DGFiP (parfois intéressés aux résultats : v. C. pr. pén., art. D. 322) ; leur régime varie selon les cas. Ainsi, les contraventions en matière de circulation routière font l'objet d'une procédure d'amende forfaitaire régie par un décret (64-1333) du 22 décembre 1964, les articles 529 s. et R. 49 s. du Code de procédure pénale et deux arrêtés des 14 et 15 mai 1990.

§ 2. L'État et ses opérateurs

553 Depuis près d'une vingtaine d'années, l'État, tout en se réorganisant, décentralisant et déconcentrant, a développé un processus de conduite et de gestion des politiques publiques marqué par une dualité croissante entre son appareil ministériel, territorial, et un ensemble d'acteurs, qualifiés d'opérateurs, aux statuts diversifiés de droit public ou de droit privé (EPA, EPIC, GIP, associations, sociétés anonymes, etc.) et sous des dénominations tout aussi diverses (agences, centres, etc.) conduisant à la fois à s'interroger sur le devenir et le destin de l'établissement public et sur l'autonomie de ces opérateurs. En somme, transparaît au travers de ce processus l'émergence d'un paysage institutionnel gestionnaire dit de « gouvernance » ressemblant à d'autres modèles de gestion publique néolibéraux comme au Royaume-Uni.

L'ensemble des rapports afférents à ce phénomène a permis d'identifier à la fois que la croissance des effectifs administratifs de l'État était d'abord due au « gonflement » des effectifs de ces opérateurs, alors que les effectifs des ministères stagnaient voire se réduisaient (mais aussi sous l'effet des transferts liés à la décentralisation), et que, second phénomène, ces opérateurs jouaient un rôle de plus en plus significatif dans la mise en œuvre des politiques de l'État et donc des financements issus, non exclusivement, du budget de l'État.

Le rapport de la Cour des comptes consacré à l'exercice budgétaire 2008 soulignait que la baisse des effectifs payés directement par l'État devait être appréciée en prenant aussi en compte le fait que ces opérateurs rémunéraient en 2008 « près de 240 000 agents (Équivalent temps plein travaillé – ETPT) » auxquels il fallait ajouter les agents des opérateurs payés sur le budget de l'État (160 000 ETPT) (même analyse de la Cour des comptes dans un rapport publié en décembre 2009 : *Les effectifs de l'État, 1980-2008. Un état des lieux*). Le rapport présenté en mars 2012 par l'IGF et relatif à « l'État et ses agences » vint utilement compléter une analyse générale sur les formes d'organisation et d'action de l'État, l'IGF notant que le critère de la personnalité juridique « n'était plus suffisant pour caractériser » l'ensemble des entités relevant de l'État et assurant des missions de service public non marchand.

Or, ces opérateurs demeurent soumis à un ensemble de règles budgétaires, comptables, financières, établies par l'État ainsi qu'aux politiques définies par celui-ci, tout en devant intégrer la méthodologie et les principes imposés par la LOLF au travers des programmes (nomenclature par destination, mission, programmes, actions) et de la démarche de performance (PAP et RAP), tout comme ils paraissent désormais « visés » par la RGPP et sa démarche en termes d'emplois. En ce sens, une circulaire du Premier ministre relative au pilotage stratégique des opérateurs de l'État, en date du 26 mars 2010, et adressée à l'ensemble du gouvernement parut à la fois renforcer l'emprise gouvernementale (en définissant une dimension « stratégique » de la tutelle) sur les dits opérateurs et en imposant les mêmes normes budgétaires et gestionnaires qu'aux administrations elles-mêmes dans un souci de « maîtrise des finances publiques ». En outre, le RGBCP a introduit pour un ensemble d'entités publiques et privées un dispositif de contrôle interne budgétaire et comptable. Une analyse générale de ces opérateurs tels qu'identifiés dans la perspective de la loi de finances méritait d'être assurée (**A**) ; dans ce cadre, la question des universités justifiait qu'une analyse plus spécifique leur soit consacrée (**B**).

A. L'identification des opérateurs de l'État

554 Il est difficile de saisir le périmètre de ces opérateurs. Est en effet posée la question de la définition même de l'opérateur de l'État, nonobstant les évolutions notables en ce domaine marquées par de nombreux regroupements d'organismes. Le ministère du Budget s'est fondé (sous le contrôle de la Cour des comptes) sur trois critères cumulatifs pour définir ce type d'organisme, critères qui ont été complétés en 2012, donnant une nouvelle lecture de ce type d'acteur (**1**), tout en cherchant à assurer une maîtrise croissante sur leur gestion afin d'imposer un plus grand respect des décisions prises par l'État (**2**).

1. Un ensemble de trois critères complétés

555 Les critères en question ont permis d'identifier les opérateurs relevant de cette typologie. Le ministère du Budget a opéré en faisant usage de trois critères présentés comme suit :

– une activité de service public se rattachant « explicitement » à la mise en œuvre d'une politique définie par l'État ;

– un financement assuré « majoritairement » (donc non exclusivement) par l'État, le ministère admettant à la fois la subvention directe ou la ressource, même fiscale, affectée (mais aussi l'autofinancement par l'activité commerciale) ;

– un contrôle direct par l'État formulé de la façon suivante : « qui ne se limite pas à un contrôle économique ou financier mais doit relever de l'exercice d'une tutelle ayant capacité à orienter les décisions stratégiques, que cette faculté s'accompagne ou non de la participation ou non au conseil d'administration ».

Au vu de ces trois critères, la qualification d'opérateur, sur le plan financier, ne repose pas sur le statut juridique de l'entité mais sur le maintien ou non d'une dépendance politique et financière vis-à-vis de l'État.

Cette approche a été mise en œuvre jusqu'en 2012.

Toutefois, le Conseil de normalisation des comptes publics avait, par un avis du 15 mars 2011, proposé la suppression de la notion d'opérateur des politiques de l'État et ce au sein des normes comptables de l'État tout en énonçant un ensemble plus complexe de critères permettant d'identifier le contrôle direct et indirect de l'État sur des entités ayant une personnalité juridique et morale distincte de celle de l'État.

Cet avis précise les critères généraux de ce contrôle et propose une alternativité en cas d'inadéquation de ces critères au travers d'indicateurs de contrôle.

Une circulaire ministérielle du 9 août 2012 relative au cadre budgétaire et comptable des opérateurs de l'État et des établissements publics nationaux pour 2013 a repris cette approche dans la perspective de la « construction » du projet de loi de finances pour 2013. Cette évolution repose sur l'analyse suivante : « La définition comptable de la notion d'opérateur ne permettait pas d'intégrer pleinement les enjeux de pilotage budgétaire relatifs à ces entités ». Le ministère du Budget rappelle que cette qualification repose désormais sur un faisceau d'indices et que toute entrée ou sortie du périmètre doit reposer sur une proposition ministérielle motivée (fiche de qualification soumise pour avis au directeur du budget).

Les trois critères précités demeurent et si une entité les respecte elle relève de la liste des opérateurs.

Toutefois, la liste peut être élargie en intégrant d'autres entités qui pourraient obéir à certains « indices ».

Est ainsi identifiée comme opérateur de l'État toute entité qui relève de l'un au moins des critères suivants :

- au niveau du pouvoir de contrôle : la détention par l'État de la majorité des droits de vote dans l'organe délibérant de l'entité, le pouvoir de nommer ou révoquer la majorité des membres de l'organe délibérant de l'entité, le pouvoir de réunir la majorité des droits de vote lors des réunions de l'organe dirigeant (présomption à partir de plus de 40 % des droits de vote, sauf participation tierce supérieure), ou encore un contrôle en vertu de dispositions explicites ;

- au niveau des avantages et risques assumés par l'État : l'État doit avoir le pouvoir de faire cesser l'activité de l'entité, d'en obtenir un niveau significatif d'avantages économiques résiduels ou d'en supporter un niveau significatif d'obligations, ou avoir le pouvoir d'imposer des transferts d'actifs de l'entité à son profit et/ou détenir la responsabilité de certaines obligations de l'entité concernée ;

- à défaut, des indicateurs de contrôle (« pris individuellement ou globalement ») furent suggérés : contrôle du budget de fonctionnement ou d'investissement, capacité de rejeter, annuler ou modifier les décisions de l'organe dirigeant, d'approuver le recrutement, le changement d'affectation ou la révocation de dirigeants, une mission de l'entité établie et limitée par la loi, la détention par l'État d'une action spécifique lui conférant un droit de veto sur l'évolution du capital, la cession d'actifs ou d'autres droits de ce type, ainsi que des indicateurs liés à l'avantage retiré de l'activité et aux risques assumés par l'État (la détention d'un droit sur l'actif ou le passif net, la capacité d'imposer une coopération destinée à permettre l'atteinte des objectifs de l'État, la responsabilité de l'État à l'égard du passif résiduel de l'entité).

2. Un traitement spécifique et intégré

556 Les opérateurs de l'État relèvent d'un « spectre » administratif relativement large.

Ces opérateurs obéissent budgétairement à une double démarche :

– une intégration budgétaire (en AE et CP) par programme ce qui induit à la fois une exécution par actions avec des objectifs définis par les programmes, la mise en œuvre du budget base zéro et une soumission à une démarche de performance ;

– un financement fondé sur des subventions pour charges de service public (relevant du titre 3), dotations (titre 7) et transferts (titre 6), ce qui exclut des dépenses relevant du titre 2.

Par ailleurs, ces opérateurs se trouvent (depuis 2009) soumis aux impératifs de politiques publiques en termes de plafonds d'autorisation d'emplois (dont on pouvait percevoir une dissociation entre les emplois sur financement étatique et ceux hors plafonds sur financement propre), de masse salariale et de limitation voire réduction dans les impositions affectées (compte tenu semble-t-il de leur « dynamisme » financier).

En outre, les opérateurs et autres établissements publics nationaux qui relèvent de la catégorie des organismes divers d'administration centrale (ODAC) se sont vus interdire par la loi de programmation des finances publiques de 2010 de contracter tout emprunt d'une durée supérieure à douze mois auprès d'un établissement de crédit ou d'émettre un titre de créance dont le terme excède cette durée, interdit que n'a fait que confirmer la loi de programmation des finances publiques pour les années 2014 à 2019 (V. arrêté du 28 sept. 2011, modifié, fixant la liste des organismes concernés).

Les recensements opérés chaque année montrent la fluctuation du périmètre de ces opérateurs avec le retrait de la liste d'un ensemble d'organismes ne répondant pas ou plus aux critères d'identification précités, la disparition de différents organismes et l'apparition de nouvelles entités, comme la Société du Grand Paris, (IUFM intégrés dans les universités, ou même fusion d'universités, offices agricoles disparus à la suite d'une fusion, des organismes dissous comme l'ANPE, diverses associations, regroupement de la Cité des sciences et de l'industrie avec le Palais de la découverte pour créer Universcience, fusion de l'Agence nationale de recherches sur le sida et les hépatites virales au sein de l'Institut national de la santé et de la recherche médicale – INSERM –) etc. Le jaune budgétaire annexé au PLF 2015 fait état de 550 opérateurs recensés classés en 18 catégories (universités, agences régionales d'hospitalisation, théâtres nationaux) relevant d'une dizaine de statuts différents avec une prédominance des EPA (59 % de l'ensemble).

Cette incertitude justifie sans doute les réserves de la Cour des comptes en ce domaine, dans sa fonction de certification des comptes de l'État.

Pour autant, cette identification des opérateurs de l'État n'en demeure pas moins sujette à discussion. Relèvent-ils tous de la même logique et sont-ils tous soumis à la même « mécanique » directive de l'État ? Ce n'est pas certain. On peut très clairement identifier deux types d'opérateurs qui ne relèvent pas de la même logique fonctionnelle et politique : d'une part, les opérateurs qui s'inscrivent d'une démarche « corporative » et sont dotés d'instances élues agissant dans le cadre d'une reconnaissance par l'État d'une réelle autonomie décisionnelle, financière, et qui ne devraient pas relever du schéma « lolfien » ou du type RGPP ou MAP et, d'autre part, les opérateurs de type « fondatif » assimilables à des agences exécutives de l'État et qui s'inscrivent dans cette logique directrice. Au regard, de cette classification il est évident que les universités soulèvent un réel problème d'identification : il s'agit d'opérateurs de l'État de type « lolfien » pour les ministères du Budget et de l'Enseignement supérieur et de la Recherche, et pourtant, l'autonomie proclamée des universités françaises, devrait les conduire à échapper à cette logique, sauf à énoncer qu'elles ne sont pas, en fait, des entités disposant d'une réelle autonomie « politique ».

B. Les universités et l'État

557 Les universités relèvent de la dénomination d'opérateurs de l'État, même si elles paraissent être engagées depuis 2007 dans un processus dit « d'autonomie ». Le cadre et les conditions de leurs activités ont ainsi été modifiés (**1**). Pour autant, en limitant l'analyse aux dimensions financières de la réforme, leur dépendance demeure, le ministère du Budget continuant à les qualifier et à les intégrer parmi les opérateurs de l'État, au sens des critères précités (**2**).

1. Une apparente autonomie

558 La loi Libertés et responsabilités des universités (LRU) du 10 août 2007 a paru renforcer l'autonomie des universités. Leurs missions ont été réaffirmées et précisées par la loi (C. éduc., art. L. 123-3), ce qui est, d'ailleurs, l'une des conditions pour demeurer un opérateur de l'État.

Dans ce cadre, elles peuvent demander à bénéficier des responsabilités et compétences élargies en matière budgétaire et de ressources humaines. De plus, elles peuvent aussi demander le transfert par l'État de la pleine propriété des biens mobiliers et immobiliers appartenant à celui-ci, biens qui leur sont affectés ou mis à disposition. Enfin, leurs comptes doivent être certifiés chaque année par un commissaire aux comptes (et non la Cour des comptes).

Leur lien avec l'État repose sur un **contrat pluriannuel** qui prévoit le montant global des dotations de l'État (masse salariale, crédits de fonctionnement, crédits d'investissement), ce qui n'est que la reprise du cadre précité s'agissant des opérateurs de l'État.

Leur régime budgétaire et comptable est désormais régi par le RGBCP.

De façon plus spécifique, des adaptations significatives ont été apportées au décret du 14 janvier 1994 régissant les règles budgétaires des universités. Trois décrets en date du 27 juin 2008 (2008-618, 619, 620) ont réalisé l'adaptation initiale souhaitée. Le décret 2008-618 est le plus général et concerne les établissements publics scientifiques et culturels (EPSC) bénéficiant des responsabilités et compétences élargies. Le décret 2008-619 vise la création de fondations, le décret 2008-620 est relatif aux participations et filiales.

Un décret 2014-604 du 6 juin 2014 relatif au budget et au régime financier des établissements publics d'enseignement supérieur et de recherche est venu unifier les règles afférentes à ces établissements. Ces dispositions se retrouvent à la partie réglementaire du code de l'éducation,

Par anticipation sur la publication du RGBCP, une circulaire du ministre chargé du Budget, du 9 août 2012, énonçait le nouveau cadre budgétaire et comptable applicable aux opérateurs de l'État en indiquant, par exemple, que le décret attendu imposait de nouveaux principes budgétaires avec deux comptabilités - budgétaire et générale - et la généralisation de documents prévisionnels de gestion des emplois et des crédits de personnel.

Est-ce à dire que ces textes confèrent une autonomie budgétaire et financière certaine aux universités ? On peut en douter.

2. Une qualification effective d'opérateur

559 L'objet n'est pas ici d'analyser les missions de service public dévolues aux universités mais d'examiner le degré d'autonomie financière de ces entités qui relèvent, à tout le moins sur le terrain des

missions, des orientations retenues par l'État (Décr. 2008-618, art. 5, avec soumission aux indicateurs relevant des projets annuels de performance qui doivent être établis en « cohérence avec ceux des programmes ministériels »).

Le contrat pluriannuel d'établissement conclu avec l'État (C. éduc., art. L. 712-9) intègre les trois distinctions financières visées (masse salariale, crédits de fonctionnement, crédits d'investissement) ; les sommes affectées à la masse salariale ont un caractère limitatif annuel et il existe un plafond d'emplois (y compris pour les recrutements contractuels), cette masse salariale ne pouvant dépasser pour les établissements à compétence élargie la dotation annuelle de masse salariale notifiée par l'État « majorée des ressources propres d'exploitation de l'établissement » ; les universités sont soumises à un système d'audit et tenues d'informer le ministère de l'Enseignement supérieur des résultats des évaluations effectuées ; par ailleurs, le recteur d'académie, chancelier des universités, assure le contrôle de la légalité des actes des universités ; de plus, il se voit communiquer le projet de budget avant sa présentation au conseil d'administration de l'établissement et peut décider (art. 16) que lors de la séance du conseil d'administration ce budget est soumis à son approbation, par exemple si le budget principal ne prévoit pas les crédits nécessaires au respect des obligations et des engagements de l'établissement, vaste champ d'une tutelle budgétaire redoutable. Le recteur peut refuser le budget, ce refus induisant une nouvelle délibération, elle-même à nouveau soumise à son approbation. Enfin, ce budget peut être arrêté par le recteur (faculté de substitution) s'il n'est pas exécutoire au 1er janvier. Il se voit transmettre le compte financier après approbation par le conseil d'administration.

Au-delà de cette dimension marquée par une véritable tutelle budgétaire de l'État, les universités sont soumises à une emprise budgétaire, financière et comptable peu novatrice. Ainsi, l'agent comptable de l'établissement assure les fonctions de chef du service de la comptabilité de l'établissement et relève du recteur et du ministre du Budget. Il a en charge les dépenses de l'établissement et le recouvrement de ses recettes dans le cadre du RGBCP. Par ailleurs, le recours à l'emprunt est soumis à l'approbation du recteur et du directeur régional des finances publiques ; les fonds de l'université doivent être déposés auprès du Trésor public (sauf pour les sommes en transit ou des libéralités qui peuvent être déposées en banques ou à la Caisse des dépôts) ; enfin, le plan comptable est celui qui est approuvé par le ministre de l'Enseignement supérieur et le ministre du Budget. L'université est par ailleurs tenue à une comptabilité analytique.

La tutelle financière ne s'arrête pas là puisque l'université doit transmettre au ministre son programme budgétaire (situation financière, engagements contractuels, masse salariale, etc.) ; les universités sont tenues, certes transitoirement mais pour cinq ans, de conclure une convention de prestation de service avec la direction régionale ou départementale des Finances publiques pour la mise en paiement des rémunérations mensuelles des personnels de l'établissement (et désormais de payer une prestation jusque-là gratuite assurée par ces mêmes services ; un décret du 20 août 2012 a repoussé au 31 décembre 2017 la période transitoire pendant laquelle un établissement doit conclure une telle convention). De plus, la délibération relative à une prise de participation ou à une création de filiale est soumise à l'approbation du recteur ou du directeur régional des finances publiques ou du ministre.

Si l'on adjoint à cela le fait que les logiciels afférents sont retenus au niveau central par le biais en particulier de l'Agence de mutualisation des Universités (ce sont les plans comptables d'entreprise qui sont ici imposés, sans nécessairement recevoir l'adaptation suggérée par la LOLF s'agissant des sujétions de service public), et que les universités ne disposent pas de la liberté « tarifaire » (droit d'inscriptions), il y a là lieu de s'interroger sur la réalité de l'autonomie financière des universités et de ne guère être surpris des difficultés « gestionnaires » qui sont le lot de la majorité des universités à présent.

L'apport du décret 2014-604 du 6 juin 2014 mérite d'être souligné en ce sens que, notamment, il intègre dans une dimension pluriannuelle les contrats financés par des tiers, encadre le système des contrats d'objectifs et de moyens conclus entre l'université et un institut ou une école interne, mais aussi impose un ensemble de règles régissant le cas où le compte de résultat de l'établissement révèle une perte avec l'introduction d'un plan de rétablissement de l'équilibre financier qui doit accompagner l'examen de tout projet de budget, le recteur ou le ministre concerné pouvant arrêter les budgets rectificatifs ou le budget initial lorsque le conseil d'administration de l'établissement n'a pas voté celui-ci conformément au plan.

La mutation des universités vers la qualité d'opérateurs de l'État apparaît clairement ; c'est ce qui transparaissait au travers du rapport général de présentation du projet de loi de finances pour 2009 (Assemblée nationale) qui énonçait s'agissant des effectifs de l'État, que « d'importants transferts bénéficient aux opérateurs de l'État. En particulier, la mise en œuvre de la loi [...] du 10 août 2007 [...] se traduit par une diminution du plafond d'emploi du ministère de la Recherche et de l'Enseignement supérieur d'environ 34 500 ETPT, correspondant à autant d'emplois transférés aux vingt universités accédant à l'autonomie en 2009 ». La réforme du statut des enseignants-chercheurs aurait pu ou dû parachever ce processus, jusqu'à voir peut-être, un jour, l'affirmation de ce que ceux-ci ne seraient plus des fonctionnaires de l'État mais des agents d'une université.

§ 3. L'État et la gestion de ses participations au capital d'entreprises

560 Au milieu des années 1980, qui a marqué son apogée, le secteur public représentait environ 3 000 entreprises produisant un cinquième de la valeur ajoutée nationale et plaçait la France au premier rang de la Communauté européenne. Son poids a diminué de plus de moitié puisqu'il comportait en 2005 moins de 1 200 entreprises (dont moins d'une centaine de premier rang) représentant moins de 10 % de l'économie nationale (compte non tenu d'environ un millier de participations minoritaires, parfois décisives, dans certaines entreprises privées), avec une relative stabilité depuis 2010, moins de 800 000 salariés soit 5,5 % des effectifs salariés en France, contre plus de 10 % en 1985.

Son « noyau dur » était traditionnellement constitué par le secteur, longtemps monopolistique (progressivement ouvert à la concurrence), des « grandes entreprises nationales » intervenant dans le domaine de l'énergie, des transports et des postes (EDF-GDF et la filière nucléaire AREVA, SNCF, Réseau ferré de France, RATP, La Poste, aéroports, ports...), qui fut touché par la libéralisation. Le secteur concurrentiel, fort important il y a vingt ans, fut laminé par les privatisations (ou les ouvertures de capital) effectuées notamment en application des lois des 2 juillet et 8 août 1986 puis du 19 juillet 1993 ; cette évolution a vu les entreprises publiques abandonner le statut d'EPIC pour celui de société anonyme, avec des « garde-fous » protecteurs apparents concernant la détention du capital par l'État et/ou ses alliés. Le mouvement s'est poursuivi pour Air France, France Telecom, EDF en 2004, la SNECMA en 2005, notamment dans le secteur énergie et en particulier au travers de la loi du 7 décembre 2006 conduisant à la privatisation de Gaz de France, et plus récemment encore avec La Poste (L. 9 févr. 2010). Désormais, c'est dans le secteur tertiaire que demeurent les entreprises publiques les plus implantées (80 % des effectifs).

L'Agence des participations de l'État faisait état dans son rapport 2014 d'un portefeuille de participations cotées de l'État à hauteur de 84,7 Mds € (avril 2014) revendiquant ses principales participations dans Aéroport de Paris (50,6 % contre 60,38 % du capital en 2009), EDF (84,5 %), Gaz de France-SUEZ (36,7 %), Orange (13,4 % contre 26,65 % en 2009), Safran (22,4 %), Thalès (26,6 %) ou encore Air France-KLM (15,9 %), Airbus group (11 %) et Renault (15 %), ces participations ayant pratiquement toutes été réduites (parfois sensiblement) au cours de ces dernières années ; le ministre de l'Économie avait annoncé en 2013 une politique de cession de titres aux fins de financer certains investissements dits stratégiques, solution conjoncturelle et non structurelle, au regard des besoins financiers de l'État (Mais l'État est aussi entré au capital de Peugeot !).

Il faut ici rappeler que sur la période 1996-2005 les cessions d'actifs de l'État s'étaient élevées à près 82 Mds € dont l'essentiel ne fut pas attribué au Fonds de réserve des retraites mais à la recapitalisation d'entreprises publiques. Les recettes de cession des participations sont inscrites depuis le 1er janvier 2006 au compte d'affectation spéciale « participations financières de l'État » avec deux programmes : 731 « opérations en capital intéressant les participations financières de l'État » et 732 « Désendettement de l'État ou d'établissements publics de l'État ».

En France, de 1986 à 2002, le total cumulé des dotations en capital versées aux entreprises publiques par l'État a dépassé 50 Mds € (soit, en moyenne, près de 3 Mds € par an, avec une « pointe » de 9 Mds en 1997, de près de 7 en 1998, le montant de 2002 étant de 2,5 Mds). De 1997 à 2001, les concours d'exploitation versés par l'État à la SNCF avaient atteint près de 21 Mds € (soit plus de 4 Mds par an) et les concours financiers versés par l'État à Réseau ferré de France ont dépassé 17 Mds €. (soit près de 3,5 Mds par an).

On soulignera enfin que l'APE met en avant la hausse de la dette des entreprises relevant du secteur public (près de 120 Mds €), le chiffre d'affaires combiné se situant en 2013 à 147 Mds €.

§ 4. Le contrôle de l'exécution du budget de l'État

561 Conformément aux règles générales qui régissent le contrôle des finances publiques (v. ss 373 s.), l'exécution du budget de l'État fait l'objet de vérifications à la fois par l'administration (**A**), les juridictions (**B**) et le Parlement (**C**).

A. Le contrôle par l'autorité administrative

562 Parmi les contrôles exercés par l'autorité administrative, seul le contrôle financier (1) appelle ici quelques précisions complémentaires, les autres ne méritant qu'un rappel (2).

1. Le contrôle budgétaire et comptable

563 Le **contrôle budgétaire et comptable** est décrit comme permettant d'apprécier « le caractère soutenable de la programmation [mise en adéquation de l'activité prévisionnelle des services avec les crédits et les emplois notifiés et attendus, des principaux actes de gestion], et de la gestion en cours, au regard des autorisations budgétaires, ainsi que la qualité de la comptabilité budgétaire. Il concourt, à ce titre, à l'identification et à la prévention des risques encourus, ainsi qu'à l'analyse des facteurs explicatifs de la dépense et du coût des politiques publiques ».

Ce contrôle est exercé à deux niveaux, central et déconcentré, lorsqu'il concerne l'État (v. ss 376 s.).

Le **contrôle central** (v. ss 379) est assuré par le département de contrôle budgétaire du service du contrôle budgétaire et comptable ministériel.

Ainsi, s'agissant du contrôleur placé auprès des ministères de l'Éducation nationale et de l'Enseignement supérieur et de la recherche, celui-ci est-il comptable assignataire pour ce qui est des ordres de payer des ministres, des autorités administratives indépendantes imputées sur les programmes de ces ministères, des dépenses sans ordonnancement liquidées par les ordonnateurs concernés, des ordres de recouvrer afférents (Arr. min. Budget, 24 janv. 2013).

Un contrôle interne budgétaire et comptable existe désormais dans chaque ministère et a pour vocation, au sens de l'article 170 du RGBCP, de maîtriser les « risques » avec une vocation générale centrée à la fois sur la comptabilité budgétaire et la programmation et sur la qualité des comptes.

Cette double démarche (de contrôle interne budgétaire et de contrôle interne comptable) induit une politique de programmation d'audits budgétaires et comptables qui est arrêtée par un comité ministériel d'audit interne, le contrôleur budgétaire et comptable ministériel étant membre de droit dudit comité et ayant une capacité de proposition, les rapports réalisés étant adressés au comptable centralisateur des comptes de l'État (v. ss 376 s. et ss 584).

(v. DGFiP, *Rapport sur le contrôle interne comptable et financier de l'État et de ses établissements publics*, 2013).

Cette démarche évaluatrice au travers de l'audit interne, prévue par un décret du 28 juin 2011, a été organisée entre les ministères économiques et financiers et le ministère de la réforme de l'État, de la décentralisation et de la fonction publique par un décret du 23 avril 2013 qui institue un dispositif de contrôle interne et d'audit interne commun placé sous l'orientation de la maîtrise des risques « liés à la gestion des politiques publiques » avec un comité d'audit interne présidé par le ministre chargé du Budget, comité qui définit la politique d'audit des ministères et est assisté d'une mission qui est directement rattachée à ce ministre. **Le contrôle budgétaire déconcentré**, est assuré, en principe, par le directeur régional des finances publiques ou ses délégués (v. ss 380).

Une délégation de signature est possible sauf pour les « refus de visa qui posent une question de principe ». Il contrôle, dans le cadre de la soumission à son visa ou à son avis préalable, « les projets d'actes au regard de l'imputation de la dépense, de la disponibilité des crédits et des emplois, de l'exactitude de l'évaluation et de leur impact sur les finances publiques... ».

2. Les autres contrôles

564 Ce sont d'abord des contrôles exercés en cours d'exécution des opérations, par les services gestionnaires intéressés puis par les comptables assignataires (v. ss 383, 454 et 458). Ils sont ensuite, et éventuellement, suivis de contrôles *a posteriori* exercés par les différentes instances d'inspection : Inspection générale des finances (v. ss 377), souvent suppléée par les comptables supérieurs (v. ss 381), inspections des principaux ministères (v. ss 384 s.), instances interministérielles (v. ss 390) ou européennes (v. ss 272-273, 390).

B. Le contrôle par la juridiction financière

565 Les opérations financières de l'État relèvent de la compétence de la Cour des comptes (v. ss 396 s.) qui exerce à la fois un contrôle de la gestion sur les ordonnateurs et un contrôle juridictionnel en premier et dernier ressort sur les comptes des comptables en titre et des comptables de fait des deniers de l'État. La Cour apporte, par ailleurs, une assistance multiforme aux pouvoirs publics (v. ss 400), notamment au Parlement (v. ss 567).

De son côté, la Cour de discipline budgétaire et financière (v. ss 419) a compétence à l'égard des administrateurs de l'État, à l'exception notable des membres du gouvernement.

C. Le contrôle par le Parlement

566 Pour contrôler l'exécution du budget de l'État, le Parlement dispose à la fois d'un droit d'information (**1**) et du droit de statuer sur les comptes en votant la loi de règlement (**2**), éléments d'un système plus général de contrôle dont la rénovation a constitué, à côté de la modernisation de la gestion publique, le second axe de la réforme opérée par la LOLF.

1. Le droit d'information

567 Il découle de l'article 47 Const. qui était formellement mentionné dans l'ordonnance de 1959 (art. 1er et 42), et a vu sa portée élargie, d'abord par la jurisprudence du Conseil constitutionnel, qui en a fait un droit général (18 déc. 1964, 27 DC, et 23 mai 1991, 292 DC : v. ss 541), puis par la LOLF, qui comporte, notamment un titre (V) qui traite « de l'information et du contrôle sur les finances publiques » (art. 48 s.), complété en 2009.

On rappellera que la LOLF permet à toute loi de comporter une disposition relative à l'information et au contrôle du Parlement sur la gestion des finances publiques (art. 34-II et 37-V).

Il comporte, en substance, le droit d'être informé, le droit de s'informer et, pour faciliter les deux, le droit à l'assistance de la Cour des comptes.

Le Parlement a d'abord le droit d'être informé.

La forme traditionnelle est constituée de multiples documents que le gouvernement est tenu de fournir à l'occasion des différents débats budgétaires, qu'il s'agisse de documents (« bleus ») énumérés par la LOLF (art. 48 à 55 : v. ss 574 et 579) ou des « annexes générales ("jaunes" et "oranges") prévues par les lois et règlements destinés à l'information et au contrôle du Parlement » (LO, art. 51-7°).

La liste de ces documents, en partie fixée par une ordonnance (58-1374) du 30 décembre 1958 (art. 164) a été fortement accrue et modifiée par des dispositions ultérieures, qu'il s'agisse de dispositions législatives (seules envisagées sous l'empire de l'ordonnance de 1959) comme encore au travers de la loi de finances pour 2006, de dispositions réglementaires (reconnues par la LOLF), ou de la loi organique 2009-403 du 15 avril 2009 (ayant introduit un 8° à l'art. 51 de la LOLF faisant état d'une évaluation préalable comportant un ensemble de documents visés à l'article 8 de ce même texte – le Conseil constitutionnel put à cet égard émettre une réserve en ce domaine précisant que, le cas échéant, le respect des dispositions de cet article serait apprécié par le dit Conseil au regard des exigences de la continuité de la vie de la nation –, Cons. const., 2009-579DC, 9 avr. 2009, cons. 17 et 29).

S'y ajoutent différents états périodiquement transmis et/ou publiés par le ministère du Budget (v. ss 576).

En plus des documents budgétaires et comptables qu'il établit, le ministère des Finances publie, de façon parfois aléatoire, *Budget infos* (lettre électronique de la direction du Budget), et aussi *La Lettre d'actualité juridique des ministères financiers* (tous les 15 jours).

De sorte que la masse d'informations est considérable, au point, peut-être, de noyer le contrôleur au bénéfice du contrôlé.

La LOLF a également prévu que la gestion, notamment la modification, des crédits par voie réglementaire (v. ss 504 s.), doit faire l'objet d'une information, parfois préalable (et même, dans un cas, d'un avis) des commissions du Parlement.

On rappellera qu'un avis des commissions des Finances est requis préalablement aux décrets d'avance pris en cas d'urgence simple (art. 13), qu'une information préalable des commissions parlementaires est requise pour les décrets de virement et de transfert (art. 12), les décrets d'avance pris en cas d'urgence aggravée (art. 13), des décrets d'annulation (art. 14) et qu'une information et/ou explication est due après coup aux commissions des Finances en cas de dépassement de crédits évaluatifs (art. 10) ou d'acte rendant des crédits indisponibles (art. 14).

Le Conseil constitutionnel (25 juill. 2001, 448 DC, cons. 31 à 34) en a admis la constitutionnalité par référence aux principes du consentement à l'impôt et du suivi de l'emploi des fonds publics posés par l'article 14 de la Déclaration de 1789 (v. ss 16), qui ont également amené la loi organique (art. 56) à indiquer que les décrets et arrêtés qu'elle prévoit doivent être publiés au *Journal officiel*, « de même que les rapports qui en présentent les motivations, sauf en ce qui concerne les sujets à caractère secret touchant à la défense nationale, à la sécurité intérieure ou extérieure de l'État ou aux affaires étrangères ».

Le Parlement a ensuite le droit de s'informer et possède, en conséquence, certains **pouvoirs d'investigation**.

Ces pouvoirs sont principalement exercés par les commissions des Finances (une par chambre) du Parlement, dont le statut et les pouvoirs ont été considérablement renforcés par la LOLF.

Celle-ci consacre très largement le « monopole » des commissions des Finances sur les questions financières (v. ss 530), étend les pouvoirs de ces commissions (ou plutôt de ses responsables) et confère, sur la plupart des points, valeur de loi organique à des dispositions qui, auparavant, avaient valeur de loi ordinaire (Ord. 31 déc. 1958 et dispositions de lois de finances, art. 164).

Aux termes de la LOLF (art. 57), ces commissions « suivent et contrôlent l'exécution des lois de finances et procèdent à l'évaluation de toute question relative aux finances publiques », ce qui confère un champ d'application particulièrement étendu à leur mission. Celle-ci est, cependant, canalisée puisqu'elle n'est confiée qu'à leur président, leur rapporteur général et, « dans leurs domaines d'attribution » aux rapporteurs spéciaux (v. ss 530). Ces dernières autorités « procèdent à toutes investigations sur pièces et sur place, à toutes auditions qu'ils jugent utiles. Tous les renseignements et documents d'ordre financier et administratif qu'ils demandent, y compris tout rapport établi par les organismes et services chargés du contrôle de l'administration (...) doivent leur être fournis » et les interlocuteurs sont « déliés du secret professionnel », à l'exception, traditionnelle, « des sujets à caractère secret concernant la défense nationale et la sécurité intérieure ou extérieure de l'État et le respect du secret de l'instruction et du secret médical (...). Les personnes dont l'audition est jugée nécessaire par le président et le rapporteur général de la commission (...) ont l'obligation de s'y soumettre ».

Le fait de ne pas répondre à la convocation ou de refuser de prêter serment devant une commission d'enquête est puni de 7 500 € d'amende (Ord. 58-1100 du 17 nov. 1958 relative au fonctionnement des assemblées parlementaires, art. 6-III).

De plus (LO, art. 59), si les renseignements demandés « dans le cadre d'une mission de contrôle et d'évaluation » ne peuvent être obtenus « au terme d'un délai raisonnable, apprécié au regard de la difficulté de les réunir », les présidents des commissions des Finances « peuvent demander à la juridiction compétente, statuant en référé, de faire cesser cette entrave sous astreinte ».

Le Conseil constitutionnel a estimé que cette procédure ne pouvait qu'aboutir à un référé permettant au juge administratif d'ordonner, sous astreinte, la communication des renseignements « à une personne morale investie de prérogatives de puissance publique » (25 juill. 2001, 448 DC, cons. 103).

Mais, s'agissant au moins des autres personnes intéressées, l'ordonnance modifiée du 30 décembre 1958 prévoit des sanctions pénales (15 000 € d'amende) en cas d'obstacle à l'exercice des pouvoirs d'investigation notamment des rapporteurs spéciaux des commissions des Finances, ce qui suppose une plainte au parquet de la juridiction judiciaire qui doit être déposée par le président de l'assemblée ou de la commission concernée.

Il est cependant à noter que la loi du 3 février 2011 tendant à renforcer les moyens du Parlement en matière de contrôle de l'action du gouvernement et d'évaluation des politiques publiques, a reconnu (art. 2) la faculté pour les personnes auditionnées par une commission d'enquête de prendre connaissance du compte rendu de leur audition et de formuler des observations.

Ces dispositions concernent, en particulier, la **mission d'évaluation et de contrôle (MEC)** créée, en 1999, au sein de la Commission des finances de l'Assemblée nationale, avec l'ambition de rénover les méthodes jusqu'alors utilisées par le Parlement.

Instituée pour la première fois en février 1999, la MEC est créée, en principe tous les ans, au sein de la Commission des finances ; elle est composée de deux représentants (et deux suppléants) par groupe politique et coprésidée par un membre de la majorité et un membre de l'opposition (ce qui est, effectivement, bien nouveau en France). Utilisant, en particulier, les rapporteurs de la Commission (ainsi, éventuellement, que, les rapporteurs pour avis des autres commissions) et, s'appuyant sur l'expertise technique de la Cour des comptes (étroitement associée aux travaux), elle procède, hors de la période budgétaire, à une série d'auditions (publiques mais préparées à huis clos) des responsables administratifs et politiques, qui lui ont permis de rendre, des conclusions sur l'utilisation des fonds publics dans certains secteurs (environ quatre par an, par exemple, la politique autoroutière, les aides à l'emploi, la gestion des universités, l'administration de la justice, les projets d'équipement naval militaire, etc.).

Cherchant à effacer l'échec des deux Offices parlementaires d'évaluation (de la législation/des politiques publiques) créés, sous forme de délégations parlementaires, par deux lois du 14 juin 1996, supprimées par la loi de finances pour 2001 (et complétant un Conseil national de l'évaluation interministérielle créé auprès du Premier ministre par Décr. 18 nov. 1998), l'expérience se réclame des exemples étrangers classiquement cités : *National Accounting Office* (NAO), créé en 1983 en Grande-Bretagne pour renforcer, sous l'autorité d'un *Comptroller and Auditor General* (nommé par le Premier ministre sur proposition de la Chambre des communes), le contrôle parlementaire sur l'utilisation des fonds publics, en liaison, notamment, avec le *Committee of Public Accounts* (Commission des comptes publics) qui est un des (quatorze) *Select Committees* (commissions permanentes) créés en 1978 pour contrôler en permanence les ministères ; *General Accounting Office* (GAO), agence du Congrès américain, dont l'action d'évaluation, souvent déterminante, est complétée par celle de trois agences spécialisées, dont le *Congressional Budget Office*, créé en 1974 pour la préparation du budget (l'exécutif pouvant, lui, s'appuyer sur l'*Office of Management and Budget*).

Sur un plan plus particulier, on notera que le Sénat n'hésite pas, de son côté, à solliciter l'expertise d'organismes indépendants, notamment pour vérifier les prévisions gouvernementales.

Ce type de mission connaît une équivalence avec les missions d'évaluation et de contrôle spécifiques aux lois de financement de la Sécurité sociale (v. ss 783).

Les autres instances parlementaires (autres commissions, permanentes ou spéciales, instances permanentes, commissions d'enquête, délégations parlementaires, missions d'information) peuvent être amenées à intervenir mais ce ne peut être qu'à titre exceptionnel et/ou subsidiaire.

En particulier, les commissions saisies pour avis de certains budgets voient, malgré des souhaits contraires régulièrement exprimés, leur rôle cantonné par l'article 57 LO à une analyse des crédits sans contrôle de leur utilisation.

La modification par l'Assemblée nationale de son règlement intérieur en 2009 a conduit à l'institution du Comité d'évaluation et de contrôle (CEC) (Cons. const. 25 juin 2009, 581 DC) qui peut assurer des fonctions d'évaluation des politiques publiques transversales, suivre les conclusions des missions d'information, formuler un avis sur les études d'impact associées aux projets de loi...

L'assistance de la Cour des comptes au Parlement prenait place à côté de l'assistance (que le Conseil constitutionnel exige équilibrée) au gouvernement en application de l'article 47 ; celle-ci s'était progressivement accrue car les assemblées délibérantes, traditionnellement peu portées au contrôle technique, ont besoin d'un « bras financier » extérieur aux administrations contrôlées. La LOLF (art. 58) en avait précisé les principaux éléments.

La loi constitutionnelle du 23 juillet 2008 a introduit un nouvel article 47-2 C. énonçant deux orientations pour l'action de la Cour : d'une part, celle-ci assiste le Parlement dans le contrôle de l'action publique et, d'autre part, elle assiste le Parlement et le gouvernement dans le contrôle de l'exécution des lois de finances et de l'application des lois de financement de la Sécurité sociale ainsi que dans l'évaluation des politiques publiques. Sur ce dernier point, on avait noté une nuance d'écriture par rapport au projet de loi initial qui prévoyait que la Cour contribuait à l'évaluation des politiques publiques (mais est-ce seulement une nuance ?). Sur ce dernier point, la loi du 3 février 2011 tendant à renforcer les moyens du Parlement en matière de contrôle de l'action du gouvernement et d'évaluation des politiques publiques a renforcé cette assistance de la Cour des comptes au Parlement en matière d'évaluation. Désormais, saisie par le président de l'Assemblée nationale ou du Sénat, à leur initiative ou sur proposition d'une commission permanente ou de toute instance compétente créée au sein de l'une des deux Assemblées, la Cour des comptes peut réaliser l'évaluation d'une politique publique (v. ss 400).

Au regard des seules dispositions de la LOLF :

D'une part, la Cour doit fournir un rapport (accompagné, « le cas échéant », des réponses des ministres concernés) sur les résultats d'exécution de l'exercice précédent pour le débat d'orientation budgétaire puis pour l'examen du projet de loi de règlement auquel est, en particulier, annexée une certification des comptes de l'État (v. ss 400).

À ces rapports, présentés ss 574, s'ajoute un rapport sur les mouvements de crédits opérés par la voie administrative (essentiellement les décrets d'avance : v. ss 507) à l'appui du projet de loi de finances en proposant la ratification.

D'autre part, elle est tenue de collaborer avec les commissions des Finances du Parlement puisqu'elle doit réaliser (dans les huit mois) toute enquête (dans le domaine de compétence de la Cour) qui lui serait demandée par ces commissions et doit répondre aux demandes d'assistance aux missions de contrôle et d'évaluation constituées par ces commissions.

Le Conseil constitutionnel a, en revanche, censuré une disposition de la loi organique (art. 58, al. 1er) obligeant la Cour à soumettre, pour avis, son programme de contrôle aux commissions des Finances.

L'assistance aux missions de contrôle et d'évaluation (que peuvent, seuls, demander les présidents et rapports généraux) existe déjà dans le cadre de la MEC.

Il n'y a d'ailleurs là que l'accentuation (par voie de loi organique) de certains éléments d'une collaboration plus vaste entreprise depuis une trentaine d'années entre la Cour et le Parlement.

Le Rapport public annuel de la Cour occasionne des rapports parlementaires et des débats au Sénat depuis 1976.

Le premier président de la Cour peut spontanément informer de certaines constatations les commissions parlementaires qui reçoivent même de droit les communications de la Cour auxquelles les ministres n'auraient pas répondu au fond dans les six mois (CJF, art. L. 135-5) et qui, par ailleurs, auditionnent régulièrement le premier président et des magistrats de la Cour, à l'occasion, notamment, du vote de la loi de règlement. De leur côté, elles pouvaient déjà demander (ce qu'elles ont d'ailleurs fait assez peu souvent) à la Cour d'effectuer certaines enquêtes (v. CJF, art. L. 132-4, et Ord. 17 nov. 1958, art. 6, relative au fonctionnement des assemblées parlementaires).

2. La loi de règlement (LO, art. 1er, 37, 41, 46 et 54)

568 Celle-ci est à présent dénommée par le gouvernement **loi de règlement du budget et d'approbation des comptes** et est classée par la LOLF parmi les lois de finances (LO, art. 1er) mais, en réalité, elle en diffère parfois sensiblement, ainsi qu'a dû à plusieurs reprises le constater le Conseil constitutionnel.

Elle s'en distingue d'abord par sa **nature juridique**, qui est particulière (v. LO, art. 37).

Son objet principal est, en effet, de **constater** des opérations qui ont eu lieu : recettes et dépenses du budget (et résultat corrélatif), ressources et charges de trésorerie (présentées dans un tableau de financement), compte de résultat de l'exercice découlant de la comptabilité générale (et non plus budgétaire) de l'État (v. ss 581 s.) et, après affectation de ce résultat, bilan de l'État :

toutes opérations dont la qualité première est la **sincérité** « objective », que **certifie la Cour des comptes** depuis le budget 2006 (v. ss 400) et qui est, en conséquence, différente de la sincérité « subjective » exigée des prévisions budgétaires ; ainsi que l'indiquait le Conseil constitutionnel, « la sincérité de la loi de règlement s'entend (...) comme imposant l'exactitude des comptes » (25 juill. 2001, 448 DC, cons. 61 ; 538 DC, 13 juill. 2006). Mais le Conseil constitutionnel ne peut dans son chef de compétences « procéder aux rectifications de la loi de règlement » (6 août 2009, 585 DC).

Ce n'est qu'accessoirement que les chambres exercent ensuite un certain pouvoir de décision qui lui-même se dédouble. Il s'agit, la plupart du temps, de ratifier ou de régulariser certaines opérations de l'exécutif, notamment certains dépassements de crédits « résultant de circonstances de force majeure dûment justifiées » (LO, art. 37-IV).

Il s'agit également de ratifier des décrets d'avance (v. ss 507), d'annuler « des crédits n'ayant été ni consommés ni reportés », de ratifier les dépassements d'autorisation de découvert de comptes spéciaux « à découvert » (v. ss 492), d'arrêter les soldes des comptes spéciaux non reportés sur l'exercice suivant (ce qui est une exception au principe de report automatique du solde à l'exercice suivant et d'arrêter les profits et pertes survenus sur chaque compte spécial).

Parmi ces régularisations, figure traditionnellement la reconnaissance de l'utilité publique des gestions de fait des deniers de l'État, nécessaire pour apurer ces dernières (v. ss 414) et qui, à l'instar des autres régularisations, est rarement refusée.

Ainsi, en 1833, le Parlement a refusé de ratifier les dépenses engagées en 1830 par le baron de Montbel pour combattre les révolutionnaires de Juillet. En 1976 ; il a refusé (provisoirement) certains dépassements de crédits. En 1983 (dans l'affaire dite des haras nationaux) et en 2001 (dans l'affaire du tribunal de commerce d'Antibes), il a refusé de « ratifier » une gestion de fait, non sans discussions tendant à savoir s'il était dans les pouvoirs ou, en tout cas, dans la tradition des chambres de refuser en ce domaine les propositions du gouvernement (en 2001 la décision de ratifier n'a été acquise qu'en laissant le dernier mot à l'Assemblée nationale).

Depuis la LOLF, il peut aussi s'agir pour les chambres de voter, dans la loi de règlement, « toutes dispositions relatives à l'information et au contrôle du Parlement sur la gestion des finances publiques, ainsi qu'à la comptabilité de l'État et au régime de la responsabilité pécuniaire des agents des services publics » (LO, art. 37-V).

Dans la loi de règlement, figurent traditionnellement certaines mesures de tempérament, essentiellement des remises de dettes au profit d'États étrangers.

Le **régime juridique** de la loi de règlement découle largement de son objet principal. Le projet ne peut, en effet, être établi qu'après l'exécution du budget de l'exercice qu'il règle. La LOLF (art. 46) a fixé cette date limite au 1er juin (30 juin pour les exercices 2001 à 2004 : LO, art. 64), ce qui permet d'éclairer, d'abord le débat d'orientation budgétaire de printemps (à la lumière, notamment, d'un rapport préliminaire de la Cour des comptes), puis le débat budgétaire d'automne (à la lumière, notamment, d'un rapport spécial de la Cour des comptes, établi depuis les années 1950 : v. ss 576), ce débat ne pouvant, en principe, et sous les réserves formulées par le Conseil constitutionnel (v. ss 530), s'engager devant chaque chambre avant un premier vote sur le projet de loi de règlement (LO, art. 41).

Pour la suite, et en l'absence d'urgence, ne sont cependant applicables, ni les délais d'adoption des lois de finances (Cons. const. 19 juill. 1983, 161 DC, écartant du même coup la possibilité d'une ordonnance spéciale), ni la procédure automatique d'urgence (Cons. const. 24 juill. 1985, 190 DC, annulant une loi de règlement pour laquelle le gouvernement avait, comme pour toute loi de finances, appliqué la procédure d'urgence sans déclarer l'urgence).

Depuis 1968 (règlement du budget de 1966), la loi avait généralement été adoptée avec un décalage de deux ans par rapport à l'année budgétaire, sauf annulation par le juge (règlement du budget de 1983), désaccord entre les chambres (règlement du budget de 1998) ou changement de majorité politique (règlement des budgets de 1979, 1984, 1986 et 1995) conduisant à retarder la décision (en général d'une année, mais le budget de 1995 a été réglé en 1999) ; l'application de la LOLF conduit à des délais plus courts.

Le **rôle politique** de la loi de règlement devrait, en toute logique, s'en trouver restauré. Tel n'est pas le cas.

Après son institution, en 1817-1818, la « loi des comptes » avait, en effet, joué un rôle non négligeable car, adoptée dans des délais relativement brefs (deux ou trois ans après l'année budgétaire), elle permettait aux chambres d'affermir leur contrôle sur l'exécutif dans un régime parlementaire à peine naissant. Mais, ayant acquis la puissance politique et financière (v. ss 17 s.), le Parlement négligea ensuite totalement la loi de règlement, adoptée dans l'indifférence générale et avec des retards parfois considérables (souvent supérieurs à dix ans, pour le budget 1913 réglé en 1927, voire à vingt pour le budget de 1915 réglé en 1936). La Ve République ayant restreint à la fois les délais de règlement du budget (v. ci-dessus) et les pouvoirs des chambres, celles-ci ont manifesté cependant, depuis 1974, un certain regain d'intérêt (il est vrai épisodique et parcellaire) pour ce contrôle *a posteriori*.

L'application de la LOLF a accru cet intérêt : d'une part, l'examen de la loi de règlement est désormais placé avant le débat d'orientation budgétaire (v. ss 530), de façon à ce que « le passé vienne porter sa lumière sur l'avenir » (selon la formule utilisée en... 1828 par Augustin Périer) ; d'autre part, les crédits étant désormais alloués au vu de programmes, il paraît logique d'accorder la plus grande attention à la réalisation de ces derniers, à la fois pour juger de la « crédibilité » des interlocuteurs ministériels (auxquels seront ensuite alloués des crédits...) et pour mesurer les résultats, puisque c'est une « culture de résultats » que s'efforcent dorénavant d'obtenir les pouvoirs publics, nationaux et européens.

Pour sa part, la Loi organique du 17 décembre 2012 (LOPGFP) a à la fois densifié ce texte et conforté son intérêt.

En effet, il se doit désormais d'être précédé d'un article liminaire, comme tous les textes financiers, et dans son exposé des motifs comporter une analyse sur les hypothèses relatives au calcul du solde structurel.

Avant le dépôt de ce projet de loi sur le bureau de l'Assemblée nationale, le Haut conseil des finances publiques est saisi pour un avis relatif aux écarts importants (au moins 0,5 % du PIB sur une année donnée ou au moins 0,25 % du PIB par an en moyenne sur deux années consécutives) qui peuvent apparaître dans les résultats d'exécution par rapport aux orientations de la loi de programmation concernée. Cet avis est joint au projet de loi et rendu public.

L'intéressant du processus est de voir le gouvernement être amené à expliquer devant chacune des assemblées les raisons de ces écarts et présenter les mesures de corrections envisagées. On peut sans doute regretter l'impact très limité de cette loi de règlement sur le débat politique.

SECTION 5
LES TECHNIQUES FINANCIÈRES DE L'ÉTAT

569 Pour concilier à la fois le respect des principes financiers, les nécessités de l'action administrative quotidienne et l'ampleur contemporaine des opérations publiques, l'État doit mettre en œuvre des techniques financières particulièrement affinées, qu'il s'agisse de techniques budgétaires (**§ 1**) ou de techniques comptables (**§ 2**), dont la mise en œuvre repose de plus en plus sur l'informatique budgétaire et comptable (**§ 3**).

§ 1. Les techniques budgétaires

570 Les techniques budgétaires ont été sensiblement modifiées car la LOLF a profondément réformé à la fois la nomenclature budgétaire (**A**) et les documents budgétaires (**B**).

A. La nomenclature budgétaire

571 Jusqu'à la réforme opérée par la LOLF, les crédits (du budget général) étaient classés, quel que soit le ministère, selon une nomenclature uniforme, principalement fondée sur la nature administrative des dépenses.

Ainsi qu'indiqué ci-dessus (ss 500 s.), la LOLF impose désormais une présentation principale par mission, programme et, à titre indicatif, titre et rubrique (les recettes étant, elles, traditionnellement présentées par ligne).

Les missions correspondent, rappelons-le, à une « politique publique définie » et peuvent revêtir un caractère interministériel (LO, art. 7).

Chaque mission est divisée en programmes qui, nécessairement ministériels, doivent, en principe, viser un objectif précis et évaluable. Il doit en principe, « mettre en œuvre une action ou un ensemble cohérent d'actions » (LO, art. 7) ; il est, normalement, destiné à être subdivisé en « actions » (et, éventuellement, en « sous-actions ») – système dont se rapprochaient, d'ailleurs, des « agrégats » du même type figurant, depuis 1997, dans les « bleus » budgétaires (v. ss 574).

Les crédits de chaque programme sont répartis à titre indicatif (sauf pour les dépenses de personnel), en sept titres, qui classent (sauf exception) les dépenses selon leur nature économique (pouvoirs publics/personnel/fonctionnement/dette de l'État/investissement/intervention/opérations financières) et qui sont eux-mêmes sous-répartis en dix-huit sous-titres (énumérés à l'article 5 LO) (v. ss 579 s.).

On remarquera que les programmes sont d'une extrême inégalité financière.

B. Les documents budgétaires

572 Les documents budgétaires, qui représentent à notre époque une masse considérable (plus d'une centaine de kilos par parlementaire), sont agencés selon un système qui s'efforce à la fois de distinguer le détail et la vue d'ensemble, de respecter les principes budgétaires, de préserver les compétences de chacune des autorités politiques en présence et, depuis la LOLF, d'améliorer l'efficacité de la dépense publique. Ce système conduit à distinguer, successivement, les documents qui préparent (**1**), établissent (**2**), modifient (**3**) puis constatent l'exécution du budget annuel (**4**).

1. Les documents d'orientation budgétaire

573 Ils sont déposés au printemps au Parlement pour un débat sur les grandes lignes du budget de l'année suivante et comprennent, sur le plan technique, un rapport gouvernemental d'orientation, dont le contenu a été sensiblement enrichi par la LOLF, et un rapport conjoint de la Cour des comptes sur les résultats de l'exercice antérieur.

Aux termes de l'article 48 LO, le rapport du gouvernement « sur l'évolution de l'économie nationale et sur les orientations des finances publiques » comprend, en substance, une analyse des évolutions économiques constatées, « une description des grandes orientations de sa politique économique et budgétaire au regard des engagements européens de la France », une évaluation à moyen terme des ressources et, par grandes fonctions, des charges de l'État, la liste des missions, programmes et indicateurs de performances envisagés pour le budget de l'année suivante.

Aux termes de l'article 58 LO, la Cour des comptes doit fournir conjointement un rapport préliminaire « relatif aux résultats de l'exécution de l'exercice antérieur et aux comptes associés », qui, en particulier, analyse par mission et programme l'exécution des crédits ; cet article officialise et amplifie la contribution apportée, depuis 1996, au débat d'orientation budgétaire.

2. Les documents établissant le budget annuel

574 Ces documents sont de trois catégories.

La **loi de finances de l'année** en constitue, évidemment, le document central. Elle comporte désormais (LO, art. 34), depuis la LOPGFP, un article liminaire, puis deux parties distinctes rédigées en articles et accompagnées d'états législatifs annexés, selon un agencement inspiré de l'ancienne distinction entre lois de maxima et lois de développement (v. ss 531).

La première partie fixe les **conditions générales de l'équilibre financier** et elle est donc loin de se réduire aux recettes. Elle a, en substance, un triple objet. Elle donne, en premier lieu, les autorisations nécessaires à la continuation de la vie financière : perception des impositions (y compris celles affectées à des personnes morales autres que l'État : Cons. const. 29 déc. 1999, 424 DC) et des ressources non fiscales de l'État, recours à l'emprunt par l'État. Elle fixe, en deuxième lieu, les dispositions (notamment fiscales), qui ont une incidence sur le budget de l'année (v. Cons. const. 28 déc. 1990, 285 DC) ou qui réalisent des affectations au sein du budget de l'État, l'article 34 de la Constitution réservant à un texte de loi de finances l'édiction de toutes les dispositions relatives aux affectations de recettes au sein du budget de l'État (v. Cons. const. 3 mars 2009, 577 DC). Elle détermine, en troisième lieu, par un « article d'équilibre », les données générales de l'équilibre budgétaire, présentées dans un « tableau d'équilibre » qui évalue les recettes (dont, depuis la LOLF, les fonds de concours) et les prélèvements sur recettes (v. ss 486 et 496), fixe les plafonds des dépenses (et les plafonds des autorisations d'emplois organisés autour de quatre domaines : emplois rémunérés par l'État, opérateurs de l'État, établissements à autonomie financière, autorités administratives indépendantes dotées de la personnalité morale ou dont les effectifs n'ont pas été pris en compte au titre de l'État) et détermine, en conséquence, un solde, en pratique un déficit ; les ressources de trésorerie nécessaires à la couverture de ce dernier (et aux autres charges de trésorerie, notamment le remboursement des emprunts) sont présentées dans un tableau de financement, au vu duquel le Parlement fixe le plafond de variation de la dette (négociable) de l'État à plus d'un an (ce plafond étant apprécié en fin d'année pour laisser au gouvernement une marge de manœuvre conjoncturelle).

Le tableau d'équilibre prévu par la LOLF diffère sur plusieurs points de celui élaboré sous l'empire de l'ordonnance de 1959 ; en particulier, il abandonne la distinction entre opérations définitives et opérations temporaires (qui avait amené à distinguer « budget au-dessus de la ligne » et « budget au-dessous de la ligne »), fixe un plafond global (et non plus par grandes catégories) aux dépenses du budget général (un plafond est, par ailleurs, prévu pour chaque budget annexe et chaque catégorie de comptes spéciaux) ; de plus, la première partie inclut désormais un plafond d'autorisations d'emplois, un tableau de financement, un plafond de variation de dette et, éventuellement, des dispositions autorisant les collectivités locales à ne pas déposer leurs fonds au Trésor. S'agissant de l'évaluation des ressources, elles incluent dorénavant les fonds de concours (gageant des crédits) ; depuis 1973, on distingue les « ressources brutes » (ressources totales dont sont déduits les prélèvements sur recettes) et les ressources nettes, obtenues après déduction des remboursements et dégrèvements d'impôts qui, constituant des « dépenses en atténuation de recettes », sont également déduits des « dépenses brutes » pour obtenir des « dépenses nettes ».

La seconde partie est principalement consacrée à l'**ouverture des crédits par mission** (en distinguant autorisations d'engagement et autorisations de paiement ou de découvert) et à la répartition des autorisations d'emplois par ministère, en respectant les plafonds fixés en première partie et au vu des programmes figurant dans les annexes explicatives (susceptibles d'amendement par le Parlement).

La grande innovation apportée par la LOLF est, évidemment, l'abandon de la distinction entre services votés, présentés globalement, et mesures nouvelles, présentées par titre et ministère (v. ss 503). Chaque budget annexe constitue une mission et se voit assigner un plafond d'autorisations d'emplois ; chaque compte spécial se voit ouvrir des crédits ou une autorisation de découvert (v. ss 489 s.). La seconde partie peut également autoriser, par programme, le dépassement de la limite (de 3 % des crédits initiaux) fixée pour les reports de crédits de paiement (v. ss 478). De façon progressive, presque au fur et à mesure de chaque loi de finances, une approche plus globale et précise des plafonds d'emplois a été intégrée dans chaque loi de finances, la plus usuelle s'inscrivant dans le schéma initial de la LOLF étant la loi de finances pour 2008, pour, à partir de 2009, intégrer les opérateurs de l'État, puis en 2010 les établissements publics à autonomie financière, pour ce qui est d'un type spécifique d'agent, avant d'en arriver en 2012 à l'identification spécifique des autorités publiques et administratives indépendantes qui ne relèvent pas, pour leur part, de cette dimension financière puisque les emplois en question ne sont pas rémunérés par l'État.

Il en résulte une lecture plus transparente de l'évolution de ces emplois mais aussi la possibilité de mieux appréhender les conséquences de la politique de l'emploi de l'État, même si celle-ci peut être modifiée au gré des changements de majorité comme en 2012 au travers d'une loi de finances rectificative qui a conduit à revoir à la hausse ce plafond pour ce qui est des emplois « ministériels » et ce en faveur de l'éducation nationale et de l'agriculture, pêche, ruralité et aménagement du territoire.

Évolution des plafonds des autorisations d'emplois

	2010	2012	2014	2015
Emplois rémunérés par l'État*	2 028 724	1 936 014	1 906 424	1 903 238
Opérateurs de l'État (équivalent temps plein)	339 423	373 518	391 874	397 664
Établissements à autonomie financière*	3 400	3 540	3 564	3 489
Autorités administratives indépendantes*	/	/	2 269	2 561
TOTAL	2 371 547	2 315 349	2 304 131	2 306 952

*Source : lois de finances ; * équivalent temps plein travaillé.*

S'agissant du plafond des autorisations d'emplois de l'État, la loi de finances pour 2015 a établi la répartition suivante :

Éducation nationale : 983 831 ; Défense : 265 846 ; Intérieur : 278 591 ; Finances et comptes publics : 139 504 ; Agriculture, agro-alimentaire et forêt : 31 035 ; Justice : 78 941.

Budgets annexes : 11 609 dont : Contrôle et exploitations aériens : 10 827.

Mais la seconde partie contient également, et traditionnellement, un ensemble, fort hétéroclite, de dispositions diverses (dont, pendant longtemps, des cavaliers budgétaires : v. ss 540), que l'on peut rattacher, selon les cas, à des ressources (ainsi des dispositions fiscales sans incidence sur le budget étatique de l'année et, relatives, par exemple, aux impôts locaux), à des charges (garanties ou autres engagements financiers de l'État, modalités des concours de l'État aux collectivités locales, articles législatifs rattachés à un crédit pour en fixer, par exemple, les règles d'utilisation), au droit de contrôle du Parlement ou au régime comptable de l'État (v. ss 540).

Les **états législatifs annexés**, qui font partie intégrante des lois de finances, en développent certains articles.

Leur nombre, en baisse sous le régime de la LOLF, est de cinq : État A : Voies et moyens ; État B : répartition, par mission et programme, des crédits du budget général ; État C : répartition, par mission et programme, des crédits des budgets annexes ; État D : répartition, par mission et programme, des crédits des comptes d'affectation spéciale et des comptes de concours financiers ; État E : répartition des autorisations de découvert (loi de finances pour 2011).

Les **documents d'accompagnement de la loi de finances** de l'année ont considérablement augmenté sous l'effet successif de l'amplification du budget puis de la LOLF qui, en contrepartie d'une globalisation et d'une fonctionnalisation des crédits, a exigé (au surplus, à un rythme annuel, probablement excessif) un nombre accru d'éclaircissements et de justifications qui (fixés aux articles 50, 51 et 52) peuvent être rangés en trois catégories. La loi organique du 15 avril 2009 relative à l'application des articles 34-1, 39 et 44 de la Constitution a encore accru quelque peu cette liste.

Il s'agit d'abord de ce qu'il est possible d'appeler des **documents de cadrage**. L'un d'entre eux est traditionnel : il s'agit de l'actuel Rapport économique, social et financier qui replace le projet de loi de finances dans son contexte national, européen et international, à titre, à la fois, rétrospectif, prospectif et, surtout depuis la LOLF, pluriannuel.

Ce rapport est issu du rapport économique et du rapport financier, institués en 1956 et fusionnés en 1959 dans un rapport unique qui est devenu également « social » en 1998. En vertu de l'article 50 LO, « est joint au projet de loi de finances de l'année un rapport sur la situation et les perspectives économiques, sociales et financières de la nation. Il comprend notamment la présentation des hypothèses, des méthodes et des résultats des projections sur la base desquelles est établi le projet de loi de finances de l'année. Il présente et explicite les perspectives d'évolution, pour au moins les quatre années suivant celles du dépôt du projet de loi de finances, des recettes, des dépenses et du solde de l'ensemble des administrations publiques détaillées par sous-secteurs et exprimées selon les conventions de la comptabilité nationale, au regard des engagements européens de la France, ainsi que, le cas échéant, des recommandations adressées à elle sur le fondement du traité instituant la Communauté européenne. »

« Sont joints à cette annexe les rapports sur les comptes de la nation qui comportent une présentation des comptes des années précédentes ».

Trois autres rapports, introduits par la LOLF, sont constitués, respectivement, d'un rapport sur l'évolution des prélèvements obligatoires, destiné à éclairer le vote, à la fois de la loi de finances et de la loi de financement de la Sécurité sociale (LO, art. 52), d'une présentation du budget en une section de fonctionnement et une section d'investissement (LO, art. 51-3°), destiné à permettre la comparaison avec les autres budgets publics et à fournir une analyse économique et financière, et d'un état fournissant une analyse des changements de la présentation budgétaire par rapport à l'année précédente (LO, art. 51-3°), « charte de budgétisation » destinée à permettre de mieux apprécier la sincérité du budget (v. ss 486).

La présentation officielle du budget en deux sections (fonctionnement/investissement), qui est retenue pour les budgets des collectivités locales et établissements publics, a été écartée pour le budget de l'État, car elle n'est pas en cohérence avec la fongibilité des crédits des programmes et n'est pas toujours aisée à établir. Elle présente cependant un intérêt au terme de l'exercice budgétaire au travers de la loi de règlement.

La distinction a pour avantage de permettre un minimum de comparaisons (en tout cas au niveau des réalisations) et de montrer « à quoi sert » l'emprunt :

cette présentation effectuée dans le cadre du projet de loi de finances pour 2015 fait clairement apparaître un déficit de la section de fonctionnement (près de 60 Mds €) qui selon la diversité des analyses peut aussi bien être imputé au coût général des services de l'État qu'au poids interventionniste de l'État, aux charges financières ou aux reversements sur recettes. La section d'investissement fait apparaître, pour sa part, la grande faiblesse de l'État en ce domaine, l'essentiel de cette section étant centré sur les opérations financières de l'État (dont des cessions d'immobilisations financières).

Il s'agit ensuite, des **annexes explicatives** qui, destinées à développer les dispositions prévues dans le projet, sont donc des documents qui, sous les réserves indiquées par le Conseil constitutionnel, doivent être déposés en même temps que ce projet. Leur liste était fixée de façon limitative par la LOLF (art. 51) et a été modifiée par la loi organique du 15 avril 2009.

Le projet proprement dit comporte, pour sa part, un exposé général des motifs, un exposé des motifs par article et des tableaux récapitulatifs.

Les annexes les plus connues sont les traditionnels « bleus budgétaires », qui fournissent le détail des crédits demandés et qui, susceptibles d'amendements par le Parlement (v. ss 531), acquièrent valeur législative liant ensuite le gouvernement pour les décrets de répartition des crédits.

Ces annexes fournissaient, sous l'empire de l'ordonnance de 1959, le détail par chapitre (et article) et fournissent, sous l'empire de la LOLF, le détail par programme (ou dotation) et par titre et sous-titre, avec rappel de la répartition de l'année précédente. Est incluse dans la présentation « une estimation des crédits susceptibles d'être ouverts par voie de fonds de concours » (v. ss 496).

Depuis la LOLF, ces bleus comprennent également des **projets annuels de performance** (PAP) qui, eux, ne sont, ni amendables, ni juridiquement impératifs, mais qui constituent, sur les plans politique et technique, l'originalité et la pièce essentielles du volet prévisionnel du budget, puisqu'ils servent de justification à chaque programme qui est au départ globalisé (les dotations en étant, elles, dépourvues).

Aux termes de l'article 51-5° LO, le PAP de chaque programme précise notamment et, en substance : 1° La structure du programme : actions envisagées, coûts associés, objectifs poursuivis, résultats obtenus et attendus « mesurés au moyen d'indicateurs précis dont le choix est justifié ». – 2° L'évaluation des dépenses fiscales impliquées par ce programme. – 3° La justification de l'évolution (rétrospective et prospective) des crédits concernés. – 4° L'échéancier des crédits de paiement associés aux autorisations d'engagement. – 5° La répartition prévisionnelle et l'évaluation (par catégorie, corps ou métier) des emplois. Ces documents, inspirés de plusieurs exemples étrangers (notamment nord-américains), développent les techniques de rationalisation des choix budgétaires, utilisées à partir des années 1970 pour l'élaboration des « blancs budgétaires » puis, à partir des années 1990, pour certaines parties des « bleus budgétaires » (présentés par « agrégats », structure fonctionnelle assortie d'indicateurs et de statistiques).

La question de la fiabilité des indicateurs de performance (et de leur nombre) a soulevé de nombreuses interrogations depuis 2006 avec de multiples modifications ou substitutions ou disparitions. En 2008, 1 276 indicateurs avaient été établis. Le ministère du Budget en recensait 1 150 pour 2009 (mais 1 165 selon le PLF 2009). Il notait que, si la mesure de la performance a progressé grâce à une amélioration de la qualité des indicateurs (80 % d'exploitables dans le RAP 2007 contre 50 % en 2006), il n'en demeurait pas moins qu'il souhaitait procéder à une « revue » des indicateurs présents dans les PAP annexés à la loi de finances pour 2009 pour en apprécier la fiabilité et le caractère opérationnel « dans la gestion des programmes » (*Lettre min.* 9 avr. 2009).

En tout état de cause, on a assisté à la réduction significative du nombre d'indicateurs tout comme de celui des objectifs, tout en développant des indicateurs de mission (Pour 2015, 98 dont 14 n'étant pas issus des programmes).

Évolution des objectifs et indicateurs de performance

	2010	2011	2012	2013	2014*	2015*
Nombre d'objectifs	499	487	490	484	475	393
Nombre d'indicateurs	1 030	1 008	1 012	999	967	780

Source : PLF ; pour l'ensemble du budget de l'État ; hors programmes d'investissement d'avenir.*

Aux « bleus » (qui, au sens strict, ne concernent que les dépenses) s'ajoutent deux annexes explicatives relatives aux ressources, qui concernent, l'une les ressources de l'État, l'autre les impositions affectées à d'autres personnes morales (notamment les collectivités locales).

La première, qui inclut les dépenses fiscales et les prélèvements sur recettes, correspond à l'actuel fascicule « voies et moyens ». La seconde, qui doit comporter « la liste et l'évaluation, par bénéficiaire ou catégorie de bénéficiaires », étend aux impôts locaux certaines parties, désormais présentées à part, de l'ancien fascicule « voies et moyens ».

Il s'agit, enfin, des **annexes générales**, qui étaient traditionnellement appelées « jaunes budgétaires » ; celles-ci se voient complétées par un second type d'annexes dites « oranges budgétaires » fruit de la loi de finances pour 2005 (art. 128).

Les annexes « jaunes » sont « prévues par les lois et règlements (et) destinées à l'information et au contrôle du Parlement » (LO, art. 51-7°) ; elles ne concernent pas nécessairement le budget mais doivent, sous les réserves formulées par le Conseil constitutionnel, être déposées au Parlement avant la discussion des opérations auxquelles elles se rattachent. Leur nombre, qui était devenu considérable (plus d'une trentaine au début des années 2000), fut progressivement réduit par inclusion de plusieurs éléments dans les annexes explicatives ; le projet de loi de finances pour 2015 s'accompagnait de 25 annexes jaunes.

Les plus connues ont concerné l'effort social de la Nation (document désormais annexé à la loi annuelle de financement de la Sécurité sociale et le « budget fonctionnel » de l'État, abandonné en 1989).

Les jaunes sont généralement des états récapitulant les efforts financiers en faveur (ou en provenance) de certains secteurs (les investissements d'avenir, politique énergétique, Union européenne, culture et communication, collectivités territoriales, PME, protection de la nature et de l'environnement, etc.) ou sur la gestion de certains organismes (Effort financier de l'État en faveur des associations, agences de l'eau, fonds de solidarité, etc.), ainsi que le bilan de certains secteurs d'activité (recherche et formations supérieures, formation professionnelle...), sans oublier l'administration (fonction publique, personnels affectés dans les cabinets ministériels, commissions et instances ministérielles consultatives ou délibératives placées directement auprès du Premier ministre ou des ministres) et des éléments importants de la gestion publique (l'État actionnaire, les opérateurs de l'État, bilan des relations financières entre l'État et la protection sociale, fonds de concours et attributions de produits). Modernisés depuis quelques années, ces jaunes s'efforcent de replacer les activités décrites dans un contexte pluriannuel et d'analyser les actions menées. Leur nombre s'était un temps réduit par souci de rationalité mais aussi sous l'effet de l'émergence des « oranges » qui ont une vocation transversale.

Les annexes « orange » ont été instituées par la loi de finances pour 2005. Il s'agit de documents qui « pour chaque politique concernée, développent la stratégie mise en œuvre, les crédits, les objectifs et indicateurs y concourant ». Ces documents dits de « politique transversale » (DPT) comportent un programme

« détaillé » de l'effort financier de l'État et les dispositifs mis en place. Leur objectif serait « d'améliorer la coordination par un ministre chef de file d'actions de l'État relevant de plusieurs ministères et de plusieurs programmes qui concourent à une politique interministérielle et de favoriser l'obtention des résultats socio-économiques communs » (circ. budgétaire, 29 mars 2007). Chaque « orange » doit comprendre trois parties : politique transversale (liste des programmes, politique transversale, présentation des programmes), présentation stratégique de la politique transversale, annexes.

Leur nombre a pu fluctuer au gré des lois de finances (12, 13, 14, 16, 17, 18...). Citons par exemple, les rapports relatifs à l'action extérieure de l'État, à la Sécurité civile, à la lutte contre le changement climatique ou encore à la Justice des mineurs.

Ces DPT ne peuvent être modifiés, puisqu'ils sont directement liés aux PAP (objectifs et indicateurs).

On notera que les deux types de documents additionnés forment un ensemble d'une quarantaine de documents annexes. La réduction quantitative souhaitée n'a donc guère été effective.

Les **documents d'application de la loi de finances**, édictés après que cette dernière ait été promulguée, prennent trois formes successives.

Le **décret de répartition** (LO, art. 44), publié au *Journal officiel* « dès la promulgation de la loi de finances » (le même jour ou quelques jours après), répartit les **crédits par programme ou dotation** (au niveau du budget général et par budget annexe et pour l'ensemble des comptes spéciaux du Trésor) en fixant, dans chaque programme (ou dotation), le montant des crédits (en autorisations d'engagement et en crédits de paiement) ; il distingue les dépenses de personnel (titre 2) et les autres dépenses. Le Premier ministre (agissant sur rapport et contreseing du seul ministre chargé du Budget) a une compétence totalement liée car il doit reprendre la répartition par programme indiquée dans les bleus budgétaires, éventuellement modifiés lors des votes au Parlement (LO, art. 44 ; Cons. const. 29 déc. 1983, 164 DC ; 29 déc. 1999, 424 DC ; et 25 juill. 2001, 448 DC, cons. 26) – ce qui rend inutile le vote d'une loi de développement ou l'accord des commissions des finances du Parlement, comme avant 1959.

Par ailleurs, en cas d'absence de loi de finances en fin d'exercice, le gouvernement, après avoir reçu l'autorisation du Parlement de continuer à percevoir les impôts, prend des décrets ouvrant les crédits applicables aux services votés (LO, art. 45 et ss 534).

Les arrêtés de sous-répartition (qui ne sont pas prévus par les textes) sont ensuite pris par chaque ministre et opèrent une ventilation des crédits à l'intérieur des programmes.

Les verts budgétaires (couverture verte) (qui, eux aussi, ne sont pas prévus par les textes) peuvent alors être élaborés pour décrire le « budget voté » de chaque ministère (ou subdivision équivalente) jusqu'au niveau le plus fin de la nomenclature budgétaire, assorti d'indications complémentaires. À usage principalement interne, ils ne sont pas publiés au *Journal officiel.*

3. Les documents modifiant la loi de finances

575 Ils sont de deux catégories.

Les **lois de finances rectificatives** « sont présentées en partie ou en totalité dans les mêmes formes que la loi de finances de l'année » (LO, art. 35), ce qui impose, notamment, un article liminaire et une présentation en deux parties, mais, en raison de la moindre ampleur des opérations, elles comprennent moins de documents d'accompagnement.

L'article 53 LO impose un rapport économique et budgétaire justifiant les modifications, une annexe explicative détaillant ces dernières et des tableaux récapitulant les mouvements de crédits opérés par voie réglementaire (les décrets d'avance sont normalement ratifiés, à la lumière d'un rapport de la Cour des comptes, dans une loi rectificative) et désormais pour les dispositions relevant du 2° du I et du 7° du II de l'article 34, une évaluation préalable comportant en ensemble de documents visés aux dix derniers alinéas de l'article 8 de la loi organique 2009-403 du 15 avril 2009. L'article 55 LO impose, par ailleurs, l'évaluation chiffrée de toute disposition affectant les ressources ou les charges de l'État.

Les textes réglementaires (essentiellement des décrets sous l'empire de la LOLF) modifiant le budget (et publiés au *JO*) sont, en général, précédés d'un exposé des motifs et présentés sous forme d'articles renvoyant, pour le détail, à des tableaux annexes joints.

4. Les documents relatifs à l'exécution du budget

576 Ces documents suivent inévitablement un ordre chronologique.

En cours d'année, le ministère des Finances établit et, pour les plus synthétiques d'entre eux, publie des documents retraçant l'état d'exécution du budget et, plus généralement, la situation de trésorerie de l'État (notamment la situation résumée des opérations du Trésor – SROT – créée en 1936 et enrichie depuis).

Cette situation, publiée (avec un décalage de quelques mois), au *JO* électronique, décrit d'une part l'état de l'actif et du passif financiers, d'autre part les opérations financières (budgétaires et de trésorerie), à la fois dans une optique d'exercice (toutes les opérations qui se rattachent à un budget et s'exécutent sur trois ans) et dans une optique de gestion (toutes les opérations qui se rattachent à une année et concernent trois budgets).

Chaque semaine, un « tableau de bord » d'information budgétaire et financière est remis au Premier ministre et au ministre du Budget et il est prévu que, tous les quinze jours, un état de la situation budgétaire soit transmis aux présidents et rapporteurs généraux des commissions des finances du Parlement.

Ce dernier reçoit, par ailleurs, des situations mensuelles sur les crédits (enregistrant notamment les modifications intervenues en cours d'année), les dépenses et les recettes, ainsi que les rapports des contrôleurs financiers centraux.

Après la clôture de l'exercice sont établis les documents relatifs aux résultats définitifs.

La **loi de règlement du budget et d'approbation des comptes** se présente elle-même sous la forme d'une série d'articles (dont l'article liminaire précité) développés par des tableaux annexes (faisant partie intégrante de la loi) conformément aux objets des lois de règlement, ils arrêtent les résultats, régularisent certaines situations et, le cas échéant, prescrivent toutes dispositions complémentaires.

La loi de règlement s'ouvre désormais en fin de compte par deux tableaux : celui dans un article liminaire relatif au solde structurel et au solde effectif des administrations publiques concernant l'année d'exécution puis un tableau général d'exécution (correspondant au tableau général d'équilibre de la loi de finances de l'année, auquel est, depuis 2006, joint un tableau de financement pour les opérations de trésorerie) ; elle constate ensuite les recettes, puis les grandes catégories de dépenses en effectuant, au besoin, les régularisations jugées nécessaires et les reports ou les affectations de résultats ; suivent les dispositions diverses.

Les **documents d'accompagnement de cette** loi ont, eux aussi, été augmentés et précisés par la loi organique, ce qui paraît logique dans un système qui se veut fondé sur une « culture de résultats ». Ces documents peuvent être présentés dans le même ordre que pour la loi de finances de l'année.

S'agissant de ce qu'on pourrait appeler les « documents de cadrage », ils émanent, ici, principalement de la Cour des comptes, car, en ce domaine, la « contre-expertise » est essentielle. D'une part, la Cour publie, depuis les années 1950, un **rapport spécial sur l'exécution du budget de l'État**, qui est conjoint au projet de loi de règlement.

L'article 58 LO précise qu'il est « relatif aux résultats de l'exercice antérieur et aux comptes associés » et « en particulier, analyse par mission et par programme l'exécution des crédits ».

D'autre part, la Cour produit, depuis le budget pour 2006, en annexe au projet de loi de règlement, une **certification des comptes** (attestant, selon l'article 28-5° LO, de « la régularité, de la sincérité et de la fidélité des comptes de l'État »). Ce document a succédé à la Déclaration générale de conformité, par laquelle la Cour certifiant la concordance entre les comptes de gestion des comptables et le Compte général de l'administration des Finances, et qui était un document exclusivement budgétaire.

À l'origine, sous la Restauration, il s'agissait de certifier la concordance entre les comptes de gestion des comptables et les comptes administratifs des ministres ordonnateurs, mais, par la suite, ces comptes administratifs sont devenus (sauf pour les budgets annexes) une simple annexe du Compte général de l'administration des Finances.

La certification des comptes porte, elle, sur l'ensemble des comptes de l'État, ce qui supposait à la fois une réforme préalable de la comptabilité générale de l'État (v. ss 581 s.) et une importante adaptation des activités et des méthodes de la Cour des comptes.

Celle-ci est amenée à exercer une activité un peu similaire à celle des commissaires aux comptes, dont la mission a été décrite en des termes à peu près identiques par la loi du 24 juillet 1966 sur les sociétés commerciales (art. 228). Il s'agit donc principalement de prendre acte des opérations d'un exercice (dont l'irrégularité juridique éventuelle ne peut donc, ni être constatée par le Conseil constitutionnel, ni entraîner celle de la loi de règlement : 16 janv. 1986, 202 DC).

La première certification des comptes de l'État opérée pour l'exercice 2006 n'avait pas permis à la Cour de certifier « sans réserve qu'au regard des règles et principes comptables qui lui sont applicables, le compte général de l'État dans tous ses aspects significatifs, soit régulier, sincère et donne une image fidèle de la situation financière et du patrimoine de l'État au 31 décembre 2006 ». La Cour va systématiquement certifier tout en émettant chaque année des réserves substantielles : 13 pour 2006, 12 pour 2007, 9 pour 2008, 8 pour 2009, 7 pour 2010, 7 pour 2011, 5 pour 2012, 5 pour 2013. On notera que la Cour émet chaque année une réserve substantielle à propos du système d'information financière et comptable de l'État (le coût du système CHORUS est rappelé par celle-ci, à savoir au moins 1 Md €).

Les **annexes explicatives** (LO, art. 54) sont, elles, étroitement, et logiquement, calquées sur celles accompagnant la loi de finances de l'année.

L'article 54-3° LO inclut cependant dans les annexes explicatives la présentation du budget exécuté en une section de fonctionnement et une section d'investissement, cette présentation devant, au surplus, expliquer pourquoi les crédits d'investissement n'auraient pas tous été utilisés.

Aux « bleus budgétaires » présentant les crédits correspondent les annexes comparant les crédits (définitivement) ouverts et les dépenses constatées (notamment pour les fonds de concours) ; aux projets annuels de performances (PAP), correspondent les **rapports annuels de performance** (RAP), présentant, selon la même structure, les réalisations, avec justification des écarts par rapport aux prévisions (s'y ajoute une annexe présentant les résultats d'une comptabilité analytique à appliquer à ces programmes : v. ss 582). Au « bleu » concernant les ressources de l'État, correspond un document développant les recettes effectivement encaissées.

Les Rapports annuels de performance (RAP) des programmes « doivent rendre compte de l'exécution des engagements pris dans les projets annuels de performances accompagnant la loi de finances pour 2006, tant en termes d'exécution des crédits que de compte rendu en matière de performance, d'activité des opérateurs de l'État et d'analyse des coûts et des charges » (Circ. budgétaire, 26 févr. 2007).

Le **compte général de l'État** remplace le Compte général de l'administration des Finances qui, principalement budgétaire, a évolué vers un document plus axé sur la comptabilité générale (v. ss 581).

§ 2. Les techniques comptables

577 Contrairement à l'ordonnance de 1959 qui (sauf sur un point : la comptabilisation des opérations budgétaires) renvoyait à des décrets en Conseil d'État (dont le RGCP de 1962) le soin de fixer les règles applicables aux techniques comptables, la LOLF consacre un chapitre entier aux « comptes de l'État », ce qui a été admis par le Conseil constitutionnel.

« Si ces articles contiennent certaines dispositions qui, par elles-mêmes, ne seraient pas de nature organique, ils constituent des éléments indivisibles d'un dispositif d'ensemble ayant pour objet d'assurer la sincérité et la clarté des comptes de l'État ; un tel dispositif, étroitement lié à la sincérité de la loi de règlement, est au nombre des règles qui relèvent de la loi organique » (25 juill. 2001, 448 DC, cons. 57).

Mais il faut ici souligner l'importance du nouvel article 47-2 Const. qui énonce que « les comptes des administrations publiques sont réguliers et sincères. Ils donnent une image fidèle du résultat de leur gestion, de leur patrimoine et de leur situation financière », ce qui s'applique, bien sûr, mais non exclusivement, aux comptes de l'État.

Ce dispositif confère aux principes comptables une dimension constitutionnelle, et non plus seulement organique, et de ce fait une autorité nouvelle.

En application de l'article 27 de la LOLF, l'État doit tenir une comptabilité budgétaire (**A**), une comptabilité générale (**B**) et une comptabilité analytique de coûts (**C**).

Ce qui n'exclut pas des comptabilités particulières, notamment la comptabilité, traditionnelle, des matières.

A. La comptabilité budgétaire

578 À la différence de la plupart des collectivités publique subordonnées, l'État utilise une comptabilité budgétaire très largement déconnectée de la comptabilité générale, qu'il s'agisse de la nomenclature (**1**) ou des méthodes de comptabilisation (**2**).

1. La nomenclature budgétaire

579 Elle est traditionnellement différente du plan comptable général (v. ss 582) car il s'agit, depuis l'origine, de présenter de manière « politique » et simplifiée les grandes catégories d'opérations permettant au Parlement d'ouvrir, par ministère, les crédits, la tendance ayant été accentuée par la LOLF qui fait de la mission et du programme des subdivisions fondamentales totalement inconnues de la comptabilité générale (v. ss 499 s.).

La comptabilité budgétaire ayant pour objet de suivre la façon dont le budget a été exécuté, elle utilise donc les subdivisions du budget et de ses documents d'application.

Elle se présente au travers de la LOLF sous deux formes :

- la comptabilité des engagements ;
- la comptabilité des encaissements et décaissements.

Deux présentations permettent d'établir la répartition des crédits : une répartition par destination qui explicite le domaine, l'axe de la dépense, et une répartition par nature qui met en avant l'objet de la dépense (personnel investissement, fonctionnement...).

Par destination, les dépenses sont présentées comme suit :

aux termes de l'article 7 de la LOLF, les charges budgétaires de l'État sont regroupées par mission relevant d'un ou plusieurs services d'un ou plusieurs ministères et spécialisées par programme ou dotation. Une mission spécifique regroupe les crédits des pouvoirs publics, chacun d'eux faisant l'objet d'une ou de plusieurs dotations. L'affectation des crédits est opérée au travers d'autorisations d'engagement et de crédits de paiement. La sous-structuration s'opère ensuite en actions et sous-actions (assorties d'objectifs et d'indicateurs, le cas échéant).

Ainsi, pour le budget 2015, on peut identifier la structuration suivante :

- Mission : **Politique des territoires**
- Programmes (3) :

1. **Impulsion et coordination de la politique d'aménagement du territoire** (Programme 112) - Actions (3)

- Attractivité économique et compétitivité des territoires
- Développement solidaire et équilibré des territoires
- Instruments de pilotage et d'étude

2. **Interventions territoriales de l'État** (Programme 162) - Actions (4)

- Eau - Agriculture en Bretagne
- Programme exceptionnel d'investissement en faveur de la Corse
- Plan gouvernemental sur le Marais Poitevin - Poitou Charentes
- Plan chlordécone en Martinique et en Guadeloupe.

3. **Politique de la ville** (Programme 147) – Actions (4)
- Actions territorialisées et dispositifs de la politique de la ville
- Revitalisation économique et emploi
- Stratégie, ressources et évaluation
- Rénovation urbaine et amélioration du cadre de vie

Structuration de la mission **Politique des territoires**

Programme 112 – Impulsion et coordination de la politique d'aménagement du territoire

Objectif 1 – Soutenir la compétitivité et l'attractivité des territoires (2 indicateurs)

Objectif 2 – Accompagner les mutations économiques et renforcer la cohésion sociale et territoriale (2 indicateurs)

Programme 162 – Interventions territoriales de l'État

Objectif 1 – Reconquérir la qualité de l'eau en Bretagne (1 indicateur)

Objectif 2 – Assurer la remise à niveau des équipements structurants de la Corse (1 indicateur)

Objectif 3 – Préserver la biodiversité, les habitats et le caractère de zone humide du Marais Poitevin (1 indicateur et 2 sous-indicateurs)

Objectif 4 – Réduire l'exposition des populations de Martinique et de Guadeloupe au chlordécone (1 indicateur et 2 sous-indicateurs).

Programme 147 – Politique de la ville

Objectif 1 – Renforcer la mixité fonctionnelle des territoires urbains prioritaires

Objectif 2 – Améliorer l'encadrement éducatif et les chances de réussite scolaire des élèves les plus en difficulté

Objectif 3 – Lutter contre les concentrations de pauvreté

Objectif 4 – Améliorer la qualité de l'habitat pour les habitants des quartiers concernés par le PNRU

Par nature, les dépenses sont présentées, selon l'article 5 de la LOLF, par titres et catégories, à savoir :

T1 – Dotations des pouvoirs publics

T2 – Dépenses de personnel
- les rémunérations d'activité
- les cotisations et contributions sociales
- les prestations sociales et allocations diverses

T3 – Dépenses de fonctionnement
- les dépenses de fonctionnement autres que celles de personnel
- les subventions pour charge de service public

T4 – Charges de la dette de l'État
- les intérêts de la dette financière négociable
- les intérêts de la dette financière non négociable
- les charges financières diverses

T5 – Dépenses d'investissement
– les dépenses pour immobilisations corporelles de l'État
– les dépenses pour immobilisations incorporelles de l'État
T6 – Dépenses d'intervention
– les transferts aux ménages
– les transferts aux collectivités territoriales
– les transferts aux autres collectivités
– les appels en garantie
T7 – Dépenses d'opérations financières
– les prêts et avances
– les dotations en fonds propres
– les dépenses de participations financières.

Très proche du plan comptable général (mais non totalement similaire au), cette présentation, sur un plan plus fin, repose sur une nomenclature des comptes fondée sur huit classes de comptes (v. ss 582).

2. Des méthodes différentes de comptabilisation de l'exécution budgétaire

580 Celles-ci sont également différentes de celle de la comptabilité générale puisque le principe devenu traditionnel est celui d'une **comptabilité de caisse** : ainsi que le confirme la LOLF (LO, art. 28), les recettes et les dépenses sont comptabilisées au moment où elles sont encaissées ou payées, quelle que soit l'origine de la créance ou de la dette, et elles sont imputées à l'année de l'encaissement ou du décaissement, sous réserve d'une période complémentaire, rendue facultative et raccourcie (à vingt jours maximum) par la LOLF, permettant d'effectuer en janvier certaines opérations rattachées à l'année précédente (v. ss 473).

Le système a l'avantage d'être simple (dans un ensemble étatique particulièrement complexe) et de refléter, ce qui est loin d'être négligeable, l'état de la trésorerie.

Il a, jusqu'à présent, l'inconvénient d'atténuer la sincérité des résultats (on ignore les dettes et créances réellement nées au titre d'un exercice et on pourrait décaler l'exécution des opérations d'une année sur l'autre), mais il doit désormais prendre place à côté de documents retraçant une « comptabilité d'exercice ».

B. La comptabilité générale

581 Jusqu'à la fin des années 1990, la comptabilité générale de l'État était négligée : tenue essentiellement en fin d'exercice (notamment par « réflexion » des opérations budgétaires), elle avait été en partie rapprochée de la comptabilité générale mais conservait de nombreuses particularités, spécialement des méthodes qui, s'attachant principalement aux opérations et aux dettes financières, ignorait très largement le patrimoine (non financier) et les risques encourus ; lacunes qui se reflétaient dans le Compte général de l'administration des Finances, remis annuellement au Parlement en annexe à la loi de règlement : retraçant de façon complète et sincère l'exécution du budget, les opérations de trésorerie et la dette financière, il ne donnait pas, pour le reste, une description fiable de la situation patrimoniale de l'État.

Il est constitué d'une balance générale des comptes (du budget général et des comptes spéciaux), du compte de résultat, du bilan et ses annexes dont la présentation du traitement comptable et une évaluation des engagements hors bilan de l'État (LO 12 juill. 2005, art. 11).

Amplifiant des efforts d'amélioration entrepris à partir de 1999, la LOLF (art. 27) avait déjà posé le principe selon lequel « les comptes de l'État doivent être réguliers, sincères et donner une image fidèle de son patrimoine et de sa situation financière », ce qui impliquait une réforme (voire une révolution), sous l'égide d'un Comité (consultatif) des normes de comptabilité publique, chargé de guider l'élaboration d'un nouveau « référentiel comptable » de l'État, qui a été largement établi par référence aux normes internationalement retenues pour le secteur public.

Prévu par l'article 30 LO, ce comité a été supprimé en 2009, ses activités étant reprises par le Conseil de normalisation des comptes publics (Sur l'élaboration internationale des normes comptables notamment publiques, v. ss 101).

Ce référentiel s'inspire lui-même du principe selon lequel « les règles applicables à la comptabilité générale de l'État ne se distinguent de celles applicables aux entreprises qu'en raison des spécificités de son action » (LO, art. 30), ce qui suppose une réforme de la nomenclature, des méthodes et des documents comptables.

On notera que le CNOCP a une fonction très globale s'agissant des comptes des administrations publiques. Il tend à initier un ensemble de Recueils de normes comptables tout en s'efforçant de déboucher sur un Cadre conceptuel des comptes publics destiné à assurer la « cohérence des normes et des états financiers » (consultation déc. 2014).

1. Le plan comptable de l'État

582 Celui-ci a déjà été rapproché, en 1969 puis en 1987 et, par référence aux normes comptables internationales, en 2004 au travers du Recueil des normes comptables de l'État, de la nomenclature applicable aux entreprises, pour tendre vers la règle, déjà posée en 1962. Les règles de comptabilité générale ne se distinguent ainsi de celles applicables aux entreprises « qu'en raison des spécificités de l'action de ces personnes morales » (RGBCP, art. 56).

Il conserve plusieurs particularités d'ailleurs reconnues par les normes internationales. Certaines opérations publiques n'ont, en effet, pas d'équivalent habituel dans le secteur privé, qui lui-même connaît certaines notions (par exemple le capital social) jusqu'ici inconnues des personnes morales de droit public.

Le rapprochement avec la nomenclature commerciale se retrouve dans les huit classes du plan des comptes de l'État, qui comprennent, comme le plan comptable général (désormais PCG 2014), des comptes de bilan, classe 1 « Situation nette, provisions pour risques et charges, emprunts et dettes assimilées », classe 2 « Comptes d'immobilisations », classe 3 « Stocks, encours et comptes de liaisons internes », classe 4 « Comptes de tiers », classe 5 « Comptes financiers », permettant de décrire l'évolution et l'état du patrimoine, des comptes de gestion ou de résultat (classes 6 « Charges » et 7 « Produits »), décrivant les charges et produits d'exploitation de l'exercice et les comptes hors bilan (classe 8 « Engagements hors bilan »), permettant notamment de retracer les garanties d'emprunt et les valeurs inactives c'est-à-dire les valeurs (autres que le numéraire) qui n'appartiennent pas à la collectivité (valeurs déposées par des tiers) ou qui n'entreront dans l'actif qu'au moment de leur mise en circulation (tickets d'entrée, de cantine...) mais qui, les unes et les autres, doivent évidemment faire l'objet d'un suivi particulier.

Plusieurs différences marquent cependant la présentation comptable de l'État, différences permettant de prendre en compte ses particularismes : ainsi, le plan de comptes de l'État comporte certaines subdivisions concernant notamment les recettes fiscales en classe 7 compte 77 « Produits régaliens » (avec un compte 771 « Produits fiscaux ») que ne comporte pas le plan comptable général, avec en classe 3 « Stocks, encours et comptes de liaisons internes » un compte 398. 8 « Recettes fiscales. Contributions directes perçues par voie de rôles » ; de la même façon dans les « comptes d'immobilisations » classe 2, existe un compte 217 « matériel militaire » qui intègre de façon spécifique, par exemple, un compte 217. 12 « Sous-marins » ou encore un compte 217. 16 « missiles stratégiques ». En outre c'est au sein du compte 218 « Autres immobilisations corporelles » que l'on trouve un compte 218. 6 « Tableaux, œuvres d'art et assimilés ».

Les règles applicables en ce domaine relèvent du Recueil des normes comptables de l'État. Celui-ci est régulièrement modifié par arrêté du ministre chargé du Budget à la suite d'un avis rendu par le Conseil de normalisation des comptes publics.

Ainsi un arrêté du 16 décembre 2011 a-t-il suivi un avis de ce conseil du 15 mars 2011 (n° 2011-02) conduisant à la suppression de la notion d'opérateur des politiques de l'État, avis dont les dispositions ont été applicables aux états financiers de l'État clos le 31 décembre 2012.

2. Les méthodes comptables

583 Ce sont celles qui ont appelé et continuent d'appeler les transformations les plus importantes.

Il s'agit, **en premier lieu**, de mettre en œuvre une **comptabilité d'exercice**, imposée par la LOLF, qui dispose que « les opérations sont prises en compte au titre de l'exercice auquel elles se rattachent, indépendamment de leur date de paiement ou d'encaissement » (art. 30). Ceci implique de comptabiliser, au moment où ils deviennent certains, des « droits constatés » (une créance acquise, un service fait créant une dette) en rattachant donc à l'exercice les produits non encore encaissés et les charges non encore payées et, symétriquement, en excluant les charges et les produits payés et encaissés d'avance (dette ou créance de l'exercice suivant), ce qui permet de donner une vue plus sincère des mouvements intervenus dans la situation financière.

Certains éléments ont déjà été introduits en ce sens depuis 1999, en matière, notamment, de dette et de TVA.

Il s'agit, **en deuxième lieu**, de donner une **image fidèle du patrimoine de l'État** : patrimoine financier (par exemple, les créances douteuses doivent faire l'objet de provisions) et, surtout, patrimoine physique, qu'il convient d'évaluer (ce qui n'est pas chose facile pour le domaine public naturel ou les biens « hors du commerce ») et, pour les biens perdant de leur valeur au cours du temps, d'amortir.

En ce domaine, également, des progrès notables ont été réalisés depuis quelques années : des provisions sont constituées pour les créances fiscales douteuses ; surtout, les immobilisations non financières (« corporelles ») ont été évaluées (au besoin de façon forfaitaire) et certaines d'entre elles (matériel, équipement, infrastructures) font l'objet d'un amortissement (linéaire) (les immeubles inscrits au Tableau général des propriétés de l'État n'étant pas, en principe, amortissables). Par ailleurs, il faudrait intégrer dans les comptes de l'État ceux des budgets annexes dont seule la trésorerie apparaît actuellement au bilan de l'État.

Le Recueil des normes comptables de l'État met en avant plusieurs méthodes d'évaluation, selon que l'on se situe au niveau d'une évaluation initiale (bilan d'ouverture) ou postérieure. Dans le premier cas s'appliquent, selon la nature du bien concerné, des règles générales ou particulières conduisant à prendre en compte le coût d'acquisition ou à défaut la valeur de marché ou à défaut le coût de remplacement, la valeur symbolique ou le coût de reproduction à l'identique. Dans le second cas, s'appliquent des règles générales liées à l'amortissement du bien, la valeur de marché annuelle ou le coût d'acquisition, à défaut des règles particulières comme la valeur symbolique ou le coût historique ou encore le coût de remplacement. Le même doute demeurera par exemple quant à la valeur d'un monument historique.

Il s'agit, **en troisième lieu**, d'évaluer les « **engagements hors bilan** » qui, pour l'État, créent une « dette invisible » (ou « implicite ») considérable, que le Compte général de l'État s'efforce de cerner et qui comporte, notamment, les garanties de tous ordres accordées, les engagements au titre de l'épargne - logement (que l'État aide financièrement) et, naturellement, les pensions de retraite à verser aux agents de l'État pendant les prochaines décennies.

3. Les documents comptables

584 Ces documents doivent être constitués d'un **compte général de l'État** (et d'un rapport de présentation) calqué sur les documents de fin d'exercice exigés dans le secteur privé.

Aux termes de l'article 54-7° LO, il « comprend la balance générale des comptes, le compte de résultat, le bilan et ses annexes, et une évaluation des engagements hors bilan de l'État. Il est accompagné d'un rapport de présentation, qui indique notamment les changements des méthodes et des règles comptables appliqués au cours de l'exercice ».

Selon l'article 86 du RGBCP, un **comptable centralisateur des comptes de l'État** est en charge de la centralisation et de l'enregistrement comptable des opérations de l'État, des budgets annexes et des comptes spéciaux. C'est à partir de l'enregistrement des opérations qu'il permet au ministre chargé du Budget d'arrêter le compte général de l'État. Il a aussi, notamment, en charge l'établissement des documents périodiques relatifs à la situation de l'exécution budgétaire de l'État, à sa trésorerie et sa situation patrimoniale. Toutefois, il ne dispose pas du statut de comptable principal ou secondaire.

Un arrêté du 28 février 2013 précise les attributions du comptable centralisateur des comptes de l'État. Outre les compétences déjà précisées par le RGBCP, il peut proposer des thèmes d'audit comptables « aux autorités compétentes » dont il sera destinataire. Ces fonctions sont attribuées au chef du service comptable de l'État de la DGFiP.

C. La comptabilité analytique des coûts

585 La loi organique de 2001 prévoit que l'État « met en œuvre une comptabilité destinée à analyser les coûts des différentes actions engagées dans le cadre des programmes » (LO, art. 27). Il s'agit de « mesurer les coûts d'une structure, d'une fonction, d'un projet, d'un bien produit ou d'une prestation, réalisée et, le cas échéant, des produits afférents en vue d'éclairer les décisions d'organisation et de gestion » (RGBCP, art. 59). De telles comptabilités sont tenues par les ordonnateurs (RGBCP, art. 165 et 166). Des comptes de charges furent institués à cet effet et dans chaque ministère, à la faveur du développement de l'informatique budgétaire et comptable. Il appartient au ministre du Budget et au ministre concerné de fixer par arrêté les règles afférentes, conditions et la liste des services de l'État ou des opérations soumis à une telle comptabilité. La LOLF précise que le projet de loi de finances initiale est accompagné d'un PAP par programme qui se doit de présenter notamment les coûts associés aux actions.

Cette analyse des coûts repose sur une démarche fondée sur la recherche d'une méthodologie, fruit – indique la direction du Budget – des projets annuels de performance. Dès 2009, le ministère du Budget a fait du service de contrôle budgétaire et comptable ministériel l'interlocuteur unique de chaque ministère et pour chaque responsable de programme au travers d'un dossier dit « CAC ». C'est une application dite « Farandole » qui permet la saisie des données (en passant –

indique une lettre de la direction du Budget en date du 28 juillet 2008 - le « jeton Farandole au contrôleur budgétaire »). L'approche se fait dans le cadre du programme au travers d'une analyse par action avec une ventilation des crédits. Les programmes font tous l'objet d'un suivi par un rattachement à un bureau sectoriel de la direction du Budget. Le processus est fondé sur un Guide analyse des coûts des actions et politiques publiques et un Guide de saisie de l'analyse des coûts des PAP dans Farandole. Il ne semble pas qu'il existe encore un outil intégré pour le recueil des données comptables. Par coût direct (approche coût direct/action), le ministère entend les coûts directement imputés à une action à partir des données de comptabilité générale traduisant des consommations de ressources. Pour mener à bien cette analyse, le ministère s'appuie sur deux outils : INDIA (charges classe 6) et ORCHIDEE (charges à payer). Sont prises en compte les données définitives de l'année écoulée.

§ 3. L'informatique budgétaire et comptable

586 L'informatique joue un rôle important dans la comptabilité (et la gestion, comme la systématisation de la dématérialisation, le développement de la facturation électronique...) de l'État en raison du nombre considérable et de la diversité des opérations financières effectuées et des services administratifs intéressés.

Son développement à partir des années 1960 a notamment permis d'accélérer et d'améliorer les opérations fiscales, d'assurer le paiement sans ordonnancement, par des centres informatiques régionaux du Trésor, des traitements et pensions de plusieurs millions d'ayants droit et d'établir depuis 1987 une situation quotidienne de trésorerie à partir d'informations transmises par les comptables supérieurs (centralisateurs) du Trésor.

Pour éviter les risques et les coûts d'un développement anarchique des systèmes, les pouvoirs publics ont cependant posé en 1981 le principe d'une organisation unifiée et centralisée des moyens tout en distinguant comptabilité générale, analytique et de gestion (Décr. 81-371 du 15 avr. 1981 mod.). Il en résulte que tout projet de système informatique doit être approuvé par le ministre du budget et le ou les ministres intéressés.

Ainsi, la comptabilité administrative d'un nombre croissant d'ordonnateurs principaux et de contrôleurs financiers centraux a été tenue sur la base de modules interministériels communs (système SIGMA).

Plus intégrée, la comptabilité des agents déconcentrés a été agencée à partir d'une base régionale de données commune à l'ordonnateur, qui l'alimente, et au comptable, qui vérifie et valide l'opération – système GEC (gestion comptable) mis en place dans les années 1980 et progressivement remplacé, au cours des années 1990, par le système NDL (nouvelle dépense locale).

Encore plus ambitieux fut le système ACCORD (Application Coordonnée de Comptabilisation, d'Ordonnancement et de Règlement de la Dépense de l'État) qui fut étendu à toutes les administrations fin 2005. Applicable aux administrations centrales, ce système, devait intégrer les opérations de tous les agents intéressés (ordonnateurs, gestionnaires de programmes, contrôleurs financiers centraux et comptables) et servir de base, à la fois, à la comptabilité budgétaire des dépenses (et des recettes étrangères à l'impôt et au domaine), à la comptabilité générale (comptabilité d'exercice et comptabilité patrimoniale) et à la comptabilité analytique ; ses réalisations ont notamment permis aux fournisseurs de « consulter par internet l'état de leur situation », et de voir le règlement de leur créance accéléré.

À défaut d'un programme ACCORD 2, abandonné en 2004 car trop coûteux, le ministère de Finances s'est orienté vers un programme interministériel dit « Palier 2006 » destiné à adapter le programme existant et à intégrer l'essentiel des dispositions de la LOLF (BOP, UO, responsables) et les « règles de gestion applicables aux crédits (notamment la globalisation, la fongibilité asymétrique et la gestion en autorisation d'engagement/crédit de paiement) ». À partir de 2009, a été progressivement mis en œuvre un nouveau système d'application informatisé dit CHORUS, applicable depuis le 1er janvier 2012 à l'ensemble des services de l'État tant au niveau central que déconcentré. Il permet de regrouper différentes fonctions (gestion, dépenses, recettes non fiscales) ainsi que de tenir simultanée des trois comptabilités visées par la

LOLF (art. 27) : la comptabilité budgétaire, la comptabilité générale, la comptabilité analytique des coûts.

La systématisation de la facturation électronique à compter du 1er janvier 2017 va se faire à partir d'un portail de facturation s'inspirant de « Chorus facture ».

La Cour des comptes a toujours souligné les difficultés inhérentes aux systèmes informatiques en vigueur de l'État (v. ss. 576). Elle fut conduite à qualifier cette situation de « limitation substantielle » à sa qualité d'organe certificateur ; elle notait que si de nouveaux systèmes sont annoncés, le système Chorus « est en cours d'élaboration », le système Copernic (compte fiscal simplifié) ne serait pas achevé avant 2010 ou 2011 et que l'Opérateur national de la paye (s'appliquant à tous les fonctionnaires de l'État) ne serait déployé qu'entre 2010 et 2014. En 2007, fut créé un service à compétence nationale à caractère interministériel « Opérateur national de paye » dont l'organisation fut établie en 2009. L'un des départements (Métier) avait pour fonction de maintenir « le corpus de règles de paye nécessaires à la liquidation de la paye des agents de l'État », tout en concourant à « la tenue et à l'établissement des comptes de l'État » et devant s'assurer de « la sincérité des enregistrements comptables et veiller au respect des procédures comptables de l'État » (art. 2).

La question du développement (et du coût inhérent) de tels systèmes informatiques souvent élaborés en interne doit ici être mise en avant. En effet, les vastes programmes lancés au plan national devant contribuer à d'importantes économies de fonctionnement, ne sont pas nécessairement une réussite. En attestent les abandons, en 2013, du logiciel de paye des soldes des militaires dénommé « Louvois », célèbre pour ses dysfonctionnements dans les paiements, et, en 2014, du logiciel de paie des fonctionnaires dans le cadre précité de l'Opérateur national de paye (ONP) sans doute en difficulté pour intégrer les quelques 1 850 formes de rémunération et d'indemnités des fonctionnaires de l'État. N'aurait-il pas été plus judicieux de commencer par la simplification de ces régimes ?

Section 6

Les opérations financières de l'État

587 Bien que leur part dans l'ensemble des opérations financières publiques ait sensiblement décru (v. ss 194 s.), les opérations financières de l'État, qui représentent environ 20 % du PIB (moins

de 10 % il y a un siècle), conservent une importance majeure, tant en ce qui concerne les dépenses (**§ 1**) que les recettes (**§ 2**), les ressources de trésorerie constituant à ce jour un élément majeur des opérations financières de l'État (**§ 3**).

§ 1. Les dépenses de l'État

588 Les dépenses peuvent faire l'objet d'une présentation économique (**A**), fonctionnelle (**B**) ou administrative (**C**).

A. La classification par nature

589 Cette classification repose sur une structuration précitée (ss 579) en sept titres qui peuvent être regroupés de façon économique pour présenter les grandes lignes de la dépense étatique. On peut ainsi distinguer les dépenses de fonctionnement (**1**), les dépenses d'intervention (**2**), et les dépenses d'investissement (**3**).

1. Les dépenses de fonctionnement de l'État

590 Elles constituent le domaine prédominant de son budget.

Au titre de l'année 2014, le ministère du Budget, s'appuyant sur la classification en titres des charges budgétaires (en excluant du total les dégrèvements et les crédits du compte d'affectation spéciale – pensions) a établi au niveau des comptes de l'État un volume de charges de fonctionnement nettes représentant 57,3 % de l'ensemble auxquelles il faut adjoindre des dépenses d'opérations financières nettes (titre 7) à hauteur de 1,8 %.

Le poids des dépenses de fonctionnement se trouve réparti entre le titre 2 « Dépenses de personnel », avec 39,9 % des dépenses budgétaires et le titre 3 « Dépenses de fonctionnement », 17,4 % ; on notera que la charge de la dette (titre 4) était pour sa part à 14,2 %.

2. Les dépenses d'intervention

591 Après avoir cru fortement, elles demeurent importantes dans les budgets de ces dernières années (23 %). Les activités de redistribution de l'État sont demeurées importantes mais celle-ci s'effectue d'abord sous la forme de transferts financiers massifs vers les col-

lectivités territoriales, qui restent à un niveau particulièrement élevé, ce qui tendait à obérer progressivement toute marge de manœuvre financière de l'État avec près de 60 % du total de ces dépenses ; la décision de geler en 2013 une partie de ces transferts sous forme de dotations puis de baisser certaines dotations à partir de 2014 comme prévu par les deux dernières lois de programmation est en soi une évolution majeure. Le transfert aux ménages demeure élevé (rappelons la création du RSA en lieu et place du RMI à partir de 2009), les entreprises demeurant à un niveau secondaire.

Le poids de la charge des intérêts de la dette est important mais relativement maîtrisé. Il bénéficie d'une période de très faibles taux d'intérêt sur les marchés financiers, mais il doit mécaniquement croître à nouveau durant les années à venir. Il se situait en 2014 à 14,2 % du budget, un budget qu'il fut difficile de maîtriser même si les dépenses de fonctionnement général paraissent devoir être stabilisées selon le ministère du Budget, opinion rarement partagée par la Cour des comptes ces dernières années.

3. Les dépenses d'investissement

592 Elles ont connu une régression importante. Le titre 5 « Dépenses d'investissement » est estimé pour 2014 à 3,7 % du budget.

Le constat premier est celui de la faiblesse des dépenses en capital de l'État ; de plus, ces dépenses d'investissement sont d'abord des dépenses militaires. Les investissements civils, qui dépassaient 20 % du budget au début de la Ve République, n'en constituent qu'une part minime dont au surplus les trois quarts sous forme de subventions d'investissement, l'investissement direct civil absorbant à peine plus de 1 % du budget ; en ce domaine, l'effort essentiel revient désormais aux collectivités locales, le budget de l'État ne fournissant plus qu'un volant, principalement conjoncturel ou ponctuel, d'ajustement. Le propos doit évidemment être nuancé dans la période présente, l'État ayant développé une politique de dépenses et donc d'investissement (et même « d'investissements d'avenir » !) fondée sur l'emprunt comme avec le plan de relance et le Grand emprunt. En 2014, l'État représentait 10 % du total des dépenses d'investissement des administrations publiques (20 % si l'on intègre les Organismes divers d'administration centrale – ODAC) contre 70 % pour les administrations publiques locales et 10 % pour ce qui est des administrations de Sécurité sociale, ces chiffres constituant une tendance moyenne pour ces dix dernières années.

Plus globalement, la Cour des comptes, dans son rapport relatif à la certification des comptes de l'État pour l'année 2013, a noté que les charges nettes supportées par l'État s'élevaient à 339,5 Mds €, le poste lié aux dépenses de personnel (paye et pensions) paraissant s'accroître (près de 40 % de l'ensemble), le second poste étant consécutif aux transferts financiers à destination des collectivités avec près de 24 % du total, soit près de 100 Mds € (dotations, subventions...), devant les transferts aux ménages, près de 11 %, puis les charges financières diverses (7,2 %)...

B. La classification fonctionnelle

593 La classification fonctionnelle des dépenses et des prélèvements sur recettes de l'État révèle les missions de la puissance publique au travers des dépenses de l'État-providence (**1**), de l'État-gendarme (**2**) et enfin les dépenses non fonctionnelles (**3**).

1. Les dépenses de l'État-Providence

594 Celles-ci ne constituaient qu'une faible part du budget au XIXe siècle, en représentent désormais la moitié environ. En particulier, les dépenses d'éducation, de formation et de recherche constituent, suivant les années et les décomptes, 20 à 25 % du budget (environ 1 % sous la Restauration, moins de 10 % en 1914, un peu plus de 10 % en 1958), tandis que les dépenses sanitaires, sociales et d'aide au logement (qu'il ne faut évidemment pas confondre avec les dépenses de la Sécurité sociale ou d'aide sociale des collectivités locales) en représentent de 10 à 15 % selon les décomptes et les années, les dépenses d'action économique (moins de 10 %) étant, par ailleurs, souvent consacrées à l'aide aux secteurs en difficulté.

2. Les dépenses de l'État-Gendarme

595 À l'inverse, elles ne représentent plus que **le quart** des opérations, dont environ 10 % au titre de la défense (hors gendarmerie...) et 10 % au titre des administrations d'autorité (justice, police, diplomatie...).

En France, les « dépenses de défense » (au sens, relativement extensif, que lui donnent l'OTAN et l'ONU), représentaient, sur la période 1985-1989 près de 3,7 % du PIB, et se situer à moins de 2 % en 2015 ; ce pourcentage était d'un peu plus de 3 % pour l'Allemagne en 1985-1989, pour tomber à près de 1 % en 2011 ; le Royaume-Uni était nettement plus élevé durant la première période puisque se situant alors à 4,5 % du PIB pour tomber à 2,4 % en 2000-2004 et remonter un peu alors que les États-Unis qui étaient à 6 % entre 1985-1989 étaient passés à 3,3 % entre 1990 et 1994 et sont remontés à 4,7 % en 2009 et connaissent une relative baisse de leur effort militaire en particulier depuis 2013 avec les « coupes budgétaires automatiques » mises en œuvre ; à prix constant, aucun État membre de l'OTAN, même les États-Unis, n'a consacré plus d'argent à son effort militaire en 2011 qu'en 1985. Il faut chercher hors de l'OTAN une forte croissance des dépenses militaires en direction de trois États dont on maîtrise parfois mal la réalité comptable de cet effort : l'Inde, la Russie et la Chine. Le Japon avait réduit ses efforts en ce domaine et paraît relancer ses efforts budgétaires militaires dans un contexte marqué par une volonté politique d'abandon de la simple démarche d'auto-défense qui lui avait été imposée à la fin de la Seconde Guerre mondiale. Globalement, sur le plan mondial, les dépenses militaires ont sensiblement progressé au cours de ces dix dernières années, pour se situer en 2014 à 1 776 Mds de dollars et relèvent de trois secteurs géographiques prédominants : Amérique du Nord (37,7 %), Europe (23,4 %), Asie (23,2 %), si l'on s'en tient aux statistiques réunies par le *Stockholm International Peace Research Institute* (SIPRI).

3. Les dépenses non fonctionnelles

596 Avec environ le quart des dépenses et prélèvements sur recettes, elles concernent d'une part les intérêts de la dette (de 10 % à 15 % selon les décomptes), d'autre part les transferts aux collectivités locales (qui représentent près de 95 Mds € en 2015) et à l'Union européenne (21 Mds €).

C. La classification administrative

597 Cette classification s'opérait traditionnellement sur des bases ministérielles et faisait apparaître le poids du ministère des Finances si l'on fédérait la gestion des « services financiers » et celle du budget des « charges communes ».

Cette répartition est plus difficile à opérer en raison à la fois de la disparition du budget « charges communes » et de l'instauration des missions. Cependant, chaque programme étant rattaché à un seul ministère, il est possible d'opérer un recoupement qui vient confirmer, en réalité, la grande stabilité des masses budgétaires et de leur destination finale, même si la configuration ministérielle est amenée à changer et à modifier la répartition des missions et des programmes, le changement de périmètre pouvant rendre plus difficile la comparaison dans le temps.

Si l'on s'efforce de maintenir une telle classification ministérielle par regroupement des programmes par ministère, la classification fait apparaître trois ministères prédominants.

En ce domaine l'introduction de la LOLF a sans doute conduit à une difficulté de lisibilité mais n'a pas bouleversé les grands équilibres de la dépense de l'État.

Le ministère des Finances, sous l'appellation actuelle de ministère de l'Économie et des Finances, demeure le premier acteur budgétaire de l'État. Ce ministère est concerné en 2015 par 49 programmes.

Le ministère de l'Éducation nationale et de l'Enseignement supérieur et de la Recherche gère, pour sa part, 9 programmes.

Le ministère de la Défense anime 8 programmes.

Le budget de la Défense sert de « variable d'ajustement » au profit d'autres budgets ministériels avec une baisse sensible de l'effort national en ce domaine, effort national qui de par sa nature, à la différence d'autres politiques publiques, ne pouvait trouver de relais financiers au travers en particulier des budgets publics locaux.

Les lois de finances permettent d'apprécier l'évolutivité des périmètres ministériels presque chaque année à l'instar de l'évolution des responsabilités ministérielles voire des remaniements.

§ 2. Les recettes de l'État

598 Les recettes perçues par l'État ne sont pas toutes des recettes pour l'État : d'une part, le Trésor perçoit la plupart des impôts locaux dont il fait, pour les plus importants d'entre eux, l'avance aux collectivités locales ; d'autre part, le produit des impôts d'État fait l'objet d'un prélèvement sur recettes au profit de l'Union européenne et des collectivités locales (v. ss 486).

Ces recettes sont marquées depuis plusieurs années par une tendance générale à la surestimation de leur montant lors de la préparation des projets de lois de finances.

L'évolution du produit financier des principaux impôts d'État (Lois de règlement)

Impôts	2006	2007	2008	2009	2010	2011	2012	2013	2014
IS	45	46	52	31	35	40	37	42	33,6
IR	53	49	51	46	47	51	60	65	70
TVA	127	129	131	127	129	132	136	138	139
Dts enrgt.	18	16	15	15	14	13	12	12	17
TIPP/ TICPE	21	18	16	13	14	13	13	15	12,5

Unité : Md €.

Ces impôts, directs (**A**) et indirects (**B**), constituent plus de 90 % des recettes budgétaires de l'État, mais à peine 15 % du PIB, ne laissant qu'une place secondaire aux recettes non fiscales (**C**).

A. Les impôts directs

599 La fiscalité directe (dont la définition est donnée ss 111), représente près de 40 % de la fiscalité d'État (selon les prévisions de recettes fiscales brutes 2013) ; elle est principalement constituée de deux impôts, l'impôt sur le revenu (**1**) et l'impôt sur les sociétés (**2**), d'autres impôts ayant un rendement nettement plus limité (**3**).

1. L'impôt sur le revenu

600 En 2015, cet impôt est estimé devant apporter une recette de près de 75 Mds €, ce qui représenterait près de 20 % des recettes fiscales brutes de l'État, soit encore 24 % des recettes fiscales nettes. Il n'est cependant pas, et de loin, le premier impôt sur le revenu en France puisque la CSG occupe cette place depuis de nombreuses années.

Instauré à partir de la Première Guerre mondiale (v. ss 209), il frappe le revenu des **personnes physiques** (particuliers, entrepreneurs individuels, associés des sociétés de personnes) mais l'imposition est effectuée par **foyer fiscal** (que peut d'ailleurs constituer à lui seul un célibataire ou, au bout de trois ans de vie commune, un couple sous le régime du PACS, mais non en concubinage) et tient compte, en particulier, des charges de famille par l'intermédiaire du **quotient familial.**

On additionne les revenus du foyer dont chaque membre a droit à une part ou une demi-part. On divise ce revenu total par le nombre de parts du foyer pour obtenir le quotient familial. C'est à ce dernier qu'on applique le barème progressif de l'impôt, ce qui permet de faire échapper les familles nombreuses aux tranches les plus élevées de ce barème. Puis on multiplie le résultat par le nombre de parts pour obtenir le montant de l'impôt (brut) dû par le foyer. L'avantage procuré par ce système aux familles à forts revenus a cependant été limité, par un jeu de plafonnements successifs. La suppression de ce mécanisme que ne connaissent pas les autres pays européens fut un temps envisagée en France et réapparaît ponctuellement au gré de certains programmes politiques ; d'autres pays privilégient plutôt l'imposition séparée des conjoints et tiennent (parfois) compte des charges de familles par des abattements (Espagne) ou des réductions d'impôt (Italie).

La décision du Conseil constitutionnel 662 DC du 29 décembre 2012 censurant la contribution exceptionnelle de solidarité sur les très hauts revenus d'activité parce qu'il n'était pas fait référence à l'existence du foyer fiscal, méconnaissant ainsi l'exigence de prise en compte des facultés contributives (cons. 73), montre aussi les difficultés d'appréhension de cet impôt et du foyer fiscal.

Il s'agit en principe d'un **impôt synthétique** qui frappe selon un barème unique le revenu global (net) du foyer tel qu'il résulte de l'addition des différentes catégories de revenus (« cédules »).

Mais le revenu imposable de chaque catégorie est déterminé de manière spécifique et parfois même imposé à un taux spécifique et proportionnel (plus-values, certains revenus de capitaux mobiliers).

Cet impôt repose sur des catégories de revenus (8) des foyers dont la plus importante est celle des **traitements et salaires, pensions et rentes**, les revenus de l'activité professionnelle non salariée étant classés dans la catégorie des **bénéfices industriels et commerciaux**, des **bénéfices non commerciaux** ou des **bénéfices agricoles** – (un système hétérogène étant appliqué aux revenus des dirigeants de société). Les revenus du patrimoine (moins de 10 % de l'ensemble) sont traités de manière distincte selon qu'ils proviennent du patrimoine immobilier **(revenus fonciers)**, du patrimoine mobilier (revenus de **capitaux mobiliers**) ou, selon des régimes spécifiques, des **plus-values**.

Les statistiques de la DGFiP, offrent une lecture plus approfondie de cette répartition ; on peut ainsi noter la très forte progression entre 2011 et 2013 du nombre d'avis d'imposition (2 millions de plus), ce qui est notamment la conséquence du gel des tranches (mais aussi de l'abaissement du plafond du quotient) décidée par le gouvernement Fillon et prolongé ensuite. Ainsi est-on passé de 17,2 millions d'avis d'imposition à 19,2 millions (11,6 millions d'avis de non-imposition), avant que le gouvernement ne décide en 2014 puis en 2015 de revoir cette politique aux conséquences multiples.

Il s'agit d'un **impôt progressif**, dont le taux augmente par tranches de revenus (dont le nombre a toujours varié, la tendance ayant été plutôt à la baisse), avec parfois des cotisations exceptionnelles complémentaires.

Ainsi le dispositif a-t-il été profondément revu par la loi de finances pour 2015, avec désormais quatre taux : 14 % (à partir de 9 690 €), puis 30 %, 41 % et 45 % pour la plus élevée (qui avait atteint 65 % en 1983) (CGI, art. 197).

Le mécanisme de quotient familial permettant de ne pas atteindre les tranches les plus élevées est conservé (mais avec un plafonnement qui baisse d'année en année) tout comme des exonérations ou atténuations pour les faibles revenus (« décote », non-recouvrement des petites sommes) ; en outre, depuis 2001, existe une « **prime pour l'emploi** » (près de 6,4 millions de bénéficiaires en 2013), un crédit d'impôt accordé aux foyers disposant de revenus professionnels (de façon à encourager l'emploi) mais de faible niveau, ce crédit pouvant aboutir à un « impôt négatif », c'est-à-dire à un paiement de sommes par le « Trésor », sa fusion avec le RSA « activité » devant conduire à la création en 2016 de la Prime d'activité.

Ajoutées aux déductions qui frappent les bases d'imposition, ces dispositions conduisent à sensiblement réduire le nombre de foyers fiscaux devant payer cet impôt.

Les 10 % de foyers les plus imposés représentent plus du tiers des revenus susceptibles d'être imposés et paient près de 70 % de l'impôt.

Cet impôt est établi la plupart du temps sur la base d'une **déclaration contrôlée**, qui est effectuée annuellement (possible par la voie de l'internet depuis 2002, sachant que la déclaration en ligne devrait être progressivement rendue obligatoire à compter de 2016) ; des régimes particuliers sont applicables aux petits revenus déterminés par forfait ou selon des formules simplifiées.

Il existe une possibilité de taxation forfaitaire d'après certains « signes extérieurs » de richesse (v. CGI, art. 168) et, pour les personnes n'ayant pas en France leur domicile fiscal (foyer, lieu de séjour principal, activité professionnelle ou « centre des intérêts économiques »), des régimes spéciaux qui, sauf stipulations différentes d'une convention internationale, imposent (en France) les seuls revenus de source française, ou, pour ceux disposant d'une habitation, une base forfaitaire (si elle est supérieure aux revenus de source française) égale à trois fois la valeur locative de cette habitation (mais existent, en réalité, des atténuations parfois importantes).

On notera à titre de comparaison que l'impôt sur le revenu aux États-Unis est auto-liquidé par le contribuable et est payé par retenue à la source (ex. salaires) ou par acomptes provisionnels (ex. : loyers, dividendes, plus-values...). L'obligation déclarative demeure relativement complexe, avec un ensemble d'annexes ; il existe un dispositif d'abattement à la base, une déduction de base, avec en outre des formes de crédit d'impôt (ex. pour enfant à charge...). Le barème 2014 est en fait fonction du statut de la personne et de ses choix avec un système d'impôt progressif en sept tranches de 0 à 39,6 %. Originalité administrative américaine : un étranger résidant aux États-Unis et quittant ce pays doit obtenir un quitus fiscal (régularité au regard de l'impôt)

Cet impôt est assis et recouvré par les services de la DGFiP et fait l'objet de deux acomptes (« tiers provisionnels ») ou, à titre facultatif, de dix prélèvements mensuels, le solde étant réglé à l'automne. Dans certains cas particuliers (par exemple le prélèvement libératoire sur certains revenus de capitaux mobiliers) il fait l'objet d'une retenue à la source (par l'employeur ou l'établissement bancaire), selon un système très largement pratiqué à l'étranger mais dont la généralisation a, pour l'instant, été écartée en France.

La généralisation en projet du système de retenue à la source (et annoncée pour les salaires en 2017-2018), pratiqué, en France, pour l'imposition de personnes domiciliées à l'étranger, des rémunérations des artistes et des sportifs, des indemnités des élus locaux (de même que pour la CSG et pour la CRDS), supposerait, notamment, le transfert à un « tiers payeur » (employeur, banque, caisse de retraite...) de la charge des opérations et la suppression du décalage d'un an entre la perception des revenus et le paiement de l'impôt. Cette évolution se heurte à des difficultés matérielles et pose la question de la nature même et du régime de la CSG, voire à terme de sa fusion avec l'impôt sur le revenu.

2. L'impôt sur les sociétés

601 En 2015, cet impôt (dont le produit financier s'est écroulé en 2009 et en 2014) devrait rapporter près de 57 Mds €, soit environ 18 % des recettes fiscales brutes de l'État mais aussi des recettes nettes ; son rendement financier stagne depuis 2007. Il a été institué, sous forme spécifique, en 1948. Sauf cas particuliers, il est payé, de façon d'ailleurs inégale, par les sociétés de capitaux (et certaines autres personnes morales, privées ou publiques, à but ou activité lucratifs).

Sur plus de 3,5 millions d'entreprises industrielles et commerciales, près de 1,9 million sont imposables à l'IS mais plus des deux tiers du produit sont acquittés par 2 % des sociétés.

Cet impôt frappe le « bénéfice » qui, en réalité, est l'enrichissement de l'entreprise tel qu'il apparaît par comparaison des bilans (actif net) en début et en fin d'exercice annuel (**théorie du bilan fiscal**). Son **taux, proportionnel,** est sauf cas particuliers (concernant notamment les collectivités sans but lucratif), de 33 1/3 % depuis 1993 (24 % en 1948, 50 % en 1968). Il se révèle lui aussi d'une profonde inégalité en frappant effectivement plus lourdement les PME que les grandes entreprises.

Cet impôt connaît aussi, ce qui devient une constante en France, des majorations spéciales comme la contribution exceptionnelle sur l'impôt sur les sociétés (CGI, art. 235 *ter* ZAA, que le Conseil constitutionnel a déclarée conforme à la

Constitution, Déc. 2014-456 QPC du 6 mars 2015, *Soc. Nextradio TV*), la contribution sociale sur l'impôt sur les sociétés (CGI, art. 235 ter ZC, 3,3 % de l'IS), la contribution additionnelle à l'impôt sur les sociétés au titre des montants distribués (CGI, art. 235 *ter* ZCA), ce qui rend quelque peu vaine la comparaison avec d'autres pays en ce qui concerne la « valeur » faciale de l'imposition des bénéfices des entreprises au travers du seul impôt sur les sociétés.

Pour les PME, certains bénéfices sont soumis à un taux réduit de 15 %. Les établissements publics, associations et collectivités publiques sans but lucratif connaissent un régime particulier avec pour certains « revenus » des taux d'imposition de 24 % ou de 10 %.

Il ne faut pas non, plus oublier d'autres et nombreuses formes de taxation des entreprises dont, notamment, la taxe sur les véhicules de sociétés. En revanche, certains impôts ont disparu comme l'Impôt forfaitaire annuel (IFA) supprimé au 1er janvier 2014 (suppression progressive aussi de la contribution sociale de solidarité des sociétés, ou C3S).

Cet impôt repose sur une déclaration annuelle, mais il est normalement calculé par la société, qui verse quatre acomptes trimestriels calculés sur la base des résultats du dernier exercice clos puis le solde (aux comptables de la DGFiP).

Le paiement lui-même a été revu avec un dernier acompte (du 15 décembre) renforcé pour les entreprises dont le chiffre d'affaires est d'au moins 250 M €, ce qui peut améliorer les rentrées financières pour l'État mais peut se révéler désastreux pour celui-ci en cas de baisse significative des bénéfices des entreprises comme ce fut le cas en 2008-2009, le législateur ayant en outre prévu que si les acomptes versés sont supérieurs à l'impôt dû, l'excédent est restitué dans les trente jours de la date de dépôt du relevé de solde (CGI, art. 1668).

3. Le produit des autres impôts directs (moins de 10 % des recettes)

602 Celui-ci est fourni par la **taxe sur les salaires** créée en 1948 (12 Mds € en 2013 et qui trouve place désormais dans le « panier » fiscal permettant de compenser le coût pour la Sécurité sociale des exonérations générales) ; payée par les employeurs non assujettis à la TVA (les universités en sont à présent exonérées), et, dans la mesure où l'on peut l'assimiler à un impôt direct (ce que font les documents budgétaires, mais non le Code général des impôts en raison d'un régime proche de celui des droits d'enregistrement), **l'impôt de solidarité sur la fortune (ISF)**, impôt symbolique mais au rendement limité (5,2 Mds € de recettes en 2014 contre 4,3 Mds € en 2011, avec une prévision de 5,6 pour 2015) qui touche chaque année environ 300 000 contribuables.

Institué en 1982 sous l'appellation d'impôt sur les grandes fortunes, supprimé en 1986, « rétabli » en 1988, l'ISF frappe les personnes physiques (foyers fiscaux) pour la partie de leur patrimoine (net) privé (hors biens professionnels et certains autres biens) qui, après déduction (sous certaines conditions) du passif, a une valeur égale (valeur nette taxable) à un certain seuil financier. Son taux a été revu, la majorité de 2012 ayant introduit avec la loi de finances pour 2013 un barème plus progressif (avec cinq tranches, de 0,50 % à 1,50 % par fraction de la valeur nette taxable (CGI, art. 885-U) seuil financier de 1 300 000 € et plafonnement à 75 % du total des revenus). En outre, le « bouclier fiscal » précité intégrait l'ISF dans les impôts directs servant de calcul. La décision prise en 2011 de supprimer le bouclier fiscal ne s'est pas accompagnée de la suppression de l'ISF mais de sa réformation, le droit à restitution, conséquence de l'application du bouclier fiscal, étant lui supprimé.

Le Conseil constitutionnel avait admis le bouclier fiscal estimant que la modification du barème de l'ISF « a entendu éviter que la suppression concomitante du plafonnement [...] et du droit à restitution [...] aboutisse à faire peser sur une catégorie de contribuables une charge excessive au regard de leurs facultés contributives » (28 juill. 2011, *Loi de finances rectificative pour 2011*, 638 DC, cons. 18). Le Conseil constitutionnel ne remit pas en cause l'essentiel de cette réforme en rappelant que l'ISF ne figurait pas au nombre des impositions sur le revenu mais permettait de « frapper la capacité contributive que confère la détention d'un ensemble de biens et de droits », le système de plafonnement de cet impôt à 75 % du total des revenus ne pouvant cependant intégrer dans les revenus de référence des sommes « qui ne correspondent pas à des bénéfices ou revenus que le contribuable a réalisés ou dont il a disposé au cours de la même année », sauf à méconnaître l'exigence de prise en compte « des facultés contributives » du contribuable, tout comme il ne pouvait intégrer dans la détermination du patrimoine non professionnel des contribuables des biens qui ne sont pas à la disposition du contribuable et sans lien avec les facultés contributives (29 déc. 2012, *loi de finances pour 2013*, 662 DC).

Les régimes successifs de l'ISF ont préservé certains dispositifs de dépense fiscale prenant appui sur cet impôt (ISF-PME, ISF innovation) qui rendent d'ailleurs à présent difficile la suppression de l'ISF.

Cet impôt est considéré comme ayant, avec les droits de succession et la taxation des plus-values, amené certains contribuables à « l'exil fiscal », ce qui a conduit à l'introduction de nouveaux dispositifs comme l'élargissement des mécanismes d' « *exit tax* » ou la réforme du concept même de résidence, comme avait été aussi évoqué durant la campagne des présidentielles de 2012 un assujettissement sur la base de la nationalité.

B. Les impôts indirects

603 La fiscalité indirecte (dont la définition est donnée ss 111) représente environ entre 50 et 55 % de la fiscalité d'État (environ 55 % des recettes du budget général). Elle comprend, elle aussi, deux impôts principaux, la TVA (**1**) et la taxe intérieure sur les produits pétroliers (**2**), d'autres impôts indirects complétant cette fiscalité indirecte prédominante traditionnellement en France au niveau de l'État (**3**).

1. La taxe sur la valeur ajoutée (TVA)

604 Impôt majeur, elle fournit à elle seule près de 50 % des recettes fiscales nettes. Elle a été instaurée, à l'instigation de Maurice Lauré, à partir de 1954 (v. ss 111 s.). Il s'agit de la principale **taxe sur le chiffre d'affaires** qui frappe donc les **recettes** (et non les bénéfices) des entreprises et s'applique en principe à toute activité économique non salariée.

Il existe des exonérations, motivées par des considérations socio-économiques (par exemple les soins médicaux) ou par l'existence d'impositions spécifiques (principales activités d'assurance et de banque), mais l'exonération n'étant pas toujours un avantage (elle empêche de déduire la TVA ayant grevé ses achats : v. ci-dessous) certaines activités peuvent être assujetties sur option (par exemple les services d'eau, d'assainissement et de déchets des collectivités locales). Existent, par ailleurs, des régimes spéciaux ou particuliers, à caractère géographique (Corse, DOM) ou sectoriel (agriculture, presse, biens d'occasion, agences de voyages, œuvres d'art, etc.).

Il s'agit, symétriquement, du principal **impôt sur la dépense**, supporté par le consommateur final de biens et services puisque, à chaque stade de production et de commercialisation (le **paiement** étant ainsi **fractionné**), l'entreprise assujettie facture la TVA à ses clients et la reverse aux services fiscaux mais en **déduisant la TVA qu'elle a elle-même payée** à ses fournisseurs (ce qui peut aller jusqu'à obtenir un remboursement de TVA par le Trésor si la TVA payée sur les achats a été supérieure à la TVA encaissée sur les ventes) ; de sorte que seule la valeur ajoutée par l'entreprise (principalement les rémunérations versées et les profits bruts) est en réalité imposée (mais **la taxe n'est pas assise sur la valeur ajoutée**). Cet impôt relève d'un régime déclaratif (télédéclaration).

Impôt proportionnel, la TVA a cependant vu ses **taux différenciés** en fonction de la catégorie d'opérations taxées (allant jusqu'à comprendre une douzaine de taux effectifs, dont un taux majoré de 33 1/3 % sur les produits réputés de luxe). Mais l'harmonisation européenne, qui a déjà été largement réalisée en matière d'assiette et a débouché sur deux taux (au minimum 5 % et 15 %), a conduit à réduire le nombre et le niveau des taux français, avant que les difficultés financières de ces dernières années et de nouvelles réflexions relatives aux prélèvements pesant sur les entreprises ne viennent modifier quelque peu cette tendance. En effet, plusieurs réformes successives ont conduit à modifier les tarifs applicables, tant en ce qui concerne le taux réduit que le taux normal avec parfois des calendriers de mise en œuvre décalés dans le temps (à l'instar de la réforme initiée par l'ancien président de la République et qui devait sous le vocable de « TVA sociale » amener à remplacer une partie des cotisations « famille » pesant sur les entreprises par un rehaussement du taux normal de TVA mais à effet en octobre 2012 !).

Le principe actuel est celui d'un taux normal (20 % CGI, art. 278), applicable en l'absence de soumission expresse à un taux réduit de 10 % (CGI, art. 279), sous réserve du taux à 5,5 % qui demeure pour certains produits et services que l'on n'osera guère qualifier de première nécessité pour certains d'entre eux (comme le caviar, le chocolat, la confiserie...), et d'un taux « super-réduit » à 2,10 % pour certaines activités culturelles, agricoles, pharmaceutiques... mais existent, en réalité, aussi des taux ou régimes particuliers à caractère sectoriel ou géographique (Corse, départements d'outre-mer), qui aboutissent, en fait, à une dizaine de taux.

Dans les principaux pays de l'Union européenne, le taux a progressé pour faire face aux difficultés budgétaires des différents États ; ainsi, le taux normal est passé à 19 % en Allemagne depuis le 1er janvier 2007, à 21 % en Espagne, à 20 % au Royaume-Uni, 23 % en Pologne et au Portugal, et même 27 % en Hongrie, 24 des 28 États membres ayant atteint les 20 % et plus.

Par ailleurs, en vertu du **principe de territorialité**, toute importation (ou toute livraison en provenance d'un pays de l'Union européenne) est taxée tandis que toute exportation (ou toute livraison à un pays de l'Union européenne) est détaxée (l'exportateur appliquant un taux zéro qui lui permet de récupérer la taxe ayant grevé ses achats). Le produit exporté ne supporte donc que la taxe du pays de destination mais ce principe connaît, depuis l'instauration de la TVA intracommunautaire en 1993 (loi française du 12 juill. 1992 prise en application de la directive communautaire du 16 déc. 1991), une dérogation dans le cadre de l'Union européenne pour la plupart des achats des particuliers qui, à l'exception notable des automobiles neuves, paient la taxe du pays où a été effectué l'achat ; ce principe du pays d'origine aurait dû, normalement, être étendu, à l'intérieur de l'Union européenne, à tous les agents économiques à l'issue d'une période transitoire qui devait expirer fin 1996 mais qui a été prorogée. La Commission européenne a renoncé à passer à un régime nouveau fondé sur le principe de l'origine.

La TVA est assise et recouvrée par les services de la DGFiP (TVA intérieure et intracommunautaire, représentant près de 90 % du produit) ou de la DGDDI (échanges avec les pays extérieurs à l'Union européenne).

2. La taxe intérieure de consommation sur les produits énergétiques (TICPE)

605 Avec près de 3,5 % des recettes fiscales prévues et 14 Mds € prévus pour 2015, cette taxation (C. douanes, art. 265), héritière de l'ancienne TIPP, taxe intérieure sur les produits pétroliers (en déclin dans son rendement financier), communément appelée « taxe sur l'essence », est le fruit d'une transposition d'une directive 2003/96 du 27 octobre 2003 et correspond de fait à une réelle harmonisation au sein de l'Union européenne de ce type de fiscalité avec une approche élargie et s'applique aux carburants et combustibles de chauffage Elle frappe ainsi les différents produits issus du pétrole (en fonction de leur volume ou de leur poids) au moment de leur mise en consommation sur le marché intérieur (les produits n'étant pas taxés tant qu'ils sont en entrepôt ou s'ils sont exportés). Elle est perçue, en même temps que la « TVA pétrolière » (calculée sur une valeur forfaitaire) et que divers autres prélèvements, par la Direction générale des douanes et droits indirects.

On notera à la fois le développement de diverses formes de taxation des produits énergétiques, comme la taxe intérieure de consommation sur le gaz naturel (TIGCN), la taxe sur les houilles, lignites et cokes dite « taxe charbon » (TICC)..., et le fait que la TICPE est partiellement régionalisée avec désormais deux systèmes de tranches.

3. Les autres impôts indirects

606 Ils sont nombreux mais d'un rapport modeste (moins de 10 % des recettes). Ils comprennent deux catégories principales de prélèvements.

Il s'agit d'une part des **« contributions indirectes »** ou **« accises »** (autres que la TICPE) qui ont longtemps fourni l'essentiel de la fiscalité indirecte mais qui, depuis le développement de la TVA, n'ont plus qu'un rôle complémentaire, permettant de surveiller certaines activités et de moduler la charge fiscale pesant sur la consommation de certains produits. Il en existe une vingtaine, frappant essentiellement les produits agricoles et quelques autres produits de consommation (notamment le tabac et l'alcool) selon un régime qui n'a été qu'en partie harmonisé dans le cadre de l'Union européenne. Depuis 1993, ils relèvent de la compétence de la Direction générale des douanes et droits indirects.

Il s'agit d'autre part des **droits de timbre et d'enregistrement,** établis et perçus par la DGFiP sur certains actes, notamment la taxe sur les conventions d'assurance ou les droits de mutation, qu'il s'agisse de mutations à titre onéreux (par exemple la vente d'un fonds de commerce) ou à titre gratuit (donations, successions), l'ensemble étant prévu à 20,8 Mds € pour 2015, contre 19,6 Mds € en 2009 ; la crise économique a eu une incidence très forte en particulier en matière de transactions immobilières, sur les recettes publiques tout en notant que ces droits bénéficient à la fois à l'État et aux collectivités territoriales, ces dernières ayant été les principales victimes de ce recul important. En dépit d'une amélioration partielle de ce marché, certains départements ont connu une perte sensible de certaines recettes dont celle-ci ; cela explique la création pour l'État de fonds de secours en faveur de ces collectivités.

Sous réserve de régimes particuliers, plus favorables, applicables à certaines opérations (notamment les transmissions d'entreprises et l'assurance-vie) ou à certaines personnes (certains défunts ou certains organismes bénéficiaires, comme les associations), les **droits de succession** frappaient, avant la réforme de 2007, la part (nette de dettes et de certains autres éléments) revenant à chaque bénéficiaire, après déduction, pour chacun de ces bénéficiaires, d'un abattement forfaitaire. On tient compte des donations dont aurait pu bénéficier l'intéressé depuis moins de dix ans (les donations opérées dans les dix années précédant l'entrée en vigueur de loi de finances rectificative de juillet 2011 connaissent un régime d'abattement de 10 à 40 % selon le délai de passation de la donation). Le taux est progressif en ligne directe et entre époux et partenaires liés par un pacte civil de solidarité (sept tranches de 5 % à 40 %), et frères et sœurs (deux tranches à 35 % et 45 %). Le taux est proportionnel dans les autres cas (55 % ou 60 % selon le degré de proximité). Le règlement peut parfois être effectué par « dation en paiement ». La réforme de 2007 qui avait conduit au fort relèvement de l'abattement par part a été remise en cause partiellement par la majorité de 2012 avec un abattement ramené à 100 000 € sur la part de chacun des ascendants et sur la part de chacun des enfants vivants ou représentés (CGI, art. 779).

C. Les ressources non fiscales

607 Mis à part les emprunts qui, sauf exceptions, ne sont pas budgétisés (v. ss 486), les ressources non fiscales ont, pour l'État, une importance limitée (moins de 4 % des recettes brutes mais moins de 5 % en recettes nettes). Elles sont principalement constituées des revenus du patrimoine (produits du domaine, intérêts et remboursements de prêts), de produits d'exploitation (redevances pour services rendus ou garanties accordées, versements d'entreprises publiques ou d'organismes financiers) et des retenues pour pensions sur les traitements des agents publics sans oublier les fonds de concours (v. ss 496).

S'y ajoutent exceptionnellement les recettes des privatisations.

Trois années majeures peuvent être mises en avant : 1987, 2005, 2006, avec des cessions supérieures à 10 Mds €. Le produit de ces recettes a eu des destinations peu homogènes, en ce sens qu'il n'a pas eu une destination unique à laquelle on aurait pu penser de prime abord comme le désendettement. Le compte spécial d'affectation des produits de privatisations initial (n° 902-27) fut transformé en 1997 en « Compte d'affectation des produits de cessions de titres, parts et droits de sociétés », devenu en 2006 un CAS « Participations financières de l'État » au rang de mission (au sens LOLF). La loi de finances pour 2006 a défini les destinations de ce compte : dépenses en capital, désendettement (notamment au profit de la caisse de la dette publique), dotations au Fonds de réserve des retraites, au sein des programmes 731 « Opérations en capital intéressant les participations financières de l'État » et 732 « Désendettement de l'État et d'établissements publics de l'État ». Les recettes réalisées ont pu aussi conduire à des augmentations de capital, des apports de dotations en fonds propres, à des achats de titres ou même des investissements « financiers de nature patrimoniale ».

L'effondrement des recettes fiscales (mais en y rajoutant aussi l'impact financier du plan de relance) a été pour l'essentiel à l'origine du solde déficitaire de l'année 2009, la loi de finances initiale 2009 ayant prévu un déficit de 67 Mds € pour un résultat final de 138 Mds. La situation fut différente en 2010, année où les recettes fiscales se sont un peu redressées sans pour autant revenir au niveau de 2008, le solde final étant en réalité aggravé (notamment) par l'effet de l'emprunt national destiné à favoriser les investissements innovants, la recherche, etc., ce solde déficitaire étant passé d'une prévision de 117 Mds € à une réalisation de près de 149 Mds €. La situation de l'État s'est quelque peu redressée depuis, mais avec des comptes aggravés, selon la Cour des comptes, et une situation « négative importante qui résulte de l'insuffisance des actifs au regard des passifs ».

§ 3. Les ressources de trésorerie (les emprunts)

608 Si le XXe siècle a été marqué par des emprunts particuliers de l'État auxquels leur initiateur laissera un nom en raison du régime même de l'emprunt en question voire des avantages procurés aux épargnants (emprunt Pinay en 1952, emprunt Giscard d'Estaing en 1973, voire emprunt Balladur en 1993, pour ne citer que ceux de l'après-guerre), l'ampleur des besoins financiers de l'État a conduit à mettre en œuvre une véritable technologie financière sous l'impulsion de la Direction du trésor et ce dans un cadre juridique marqué par le déclin des interventions de la banque centrale nationale soumise à un encadrement européen particulièrement strict, avec l'intervention de l'Agence France Trésor, en relation avec la Caisse de la dette publique (CDP), qui s'appuie sur un réseau de « spécialistes en valeur du Trésor » (SVT).

Leur nombre et origine ont évolué dans le temps ; ils sont au nombre de 19 (dont 4 Français et 15 non-résidents, et notamment 6 Nord-Américains), regroupés dans une Association des marchés de taux en euro (ils adhèrent à une « charte » des SVT). On remarquera que cette liste présente peu d'originalité par rapport à celle établie par d'autres États. Ainsi, pour l'Italie, la liste des spécialistes en emprunts d'État établie par le département du Trésor fait état de 20 organismes bancaires dont 16 figurent sur la liste française. Pour la Belgique, l'Agence de la dette a dressé une liste de 14 « Primary Dealers en valeurs du Trésor du Royaume de Belgique », 12 figurant sur la liste française. En somme, il y a une douzaine d'organismes bancaires qui sont devenus les opérateurs « marché » des États.

Ont existé, de 1994 à 1996, des « spécialistes de la pension sur valeurs du Trésor » et, jusqu'en 1998, des « correspondants en valeurs du Trésor », catégories fusionnées avec les spécialistes en valeurs du Trésor. Ces derniers disposent, en contrepartie de leur collaboration, de deux avantages particuliers ; ils peuvent présenter des « offres non compétitives » lors des appels du Trésor et peuvent démembrer ou remembrer les obligations assimilables du Trésor (v. ss 285). Les plus actifs d'entre eux participent à un « comité de marché » auprès de France Trésor (par ailleurs, doté d'un « comité stratégique » composé de diverses personnalités françaises et étrangères). L'AFT opère un classement général des SVT les plus actifs, classement gagné en 2014 par la BNP devant la Société générale, le Crédit Agricole, Barclays... (Présence sur les marchés, qualité des services).

La **CDP** est administrée par un conseil comprenant un membre de l'Inspection générale des finances, un membre du Conseil d'État, un membre de la Cour des comptes et deux représentants désignés par la ministre des Finances, représentants parmi lesquels doit être choisi le président, qui dirige et représente la Caisse. Celle-ci est soumise aux règles comptables des établissements publics industriels et commerciaux (mais selon les règles applicables aux institutions financières), avec un agent comptable de la DGFiP. Le décret du 31 janvier 2003 relatif à cet organisme indique que France Trésor « est mis, en tant que de besoin, à la disposition de la caisse » (inversion des rôles ?). Depuis un décret du 23 décembre 2006, la CDP voit sa comptabilité de caisse être tenue selon les règles applicables aux entreprises relevant du comité de réglementation bancaire et financière. L'agent comptable est le contrôleur budgétaire et comptable ministériel auprès du ministère de l'Économie, des Finances et de l'Industrie (art. 5).

Cet établissement peut « effectuer sur les marchés financiers toutes les opérations concourant à la qualité de la signature de l'État » (car, dans un contexte de concurrence, de libre circulation des capitaux et de... besoins financiers publics, la confiance – « le crédit public » selon l'expression consacrée – est, politiquement et financièrement essentielle). Il peut, « acheter des titres émis par l'État, garantis par lui ou émis par des établissements ou des entreprises publics, en vue de leur conservation, de leur annulation ou de leur cession », « se voir attribuer tout titre de dette publique négociable émis par l'État » et se voir... accorder par l'État « des dotations, des prêts ou avances, et des avances de trésorerie ».

La Caisse a « hérité » de la CADEP la possibilité d'annuler les titres acquis et du Fonds de soutien des rentes les possibilités d'intervention sur le marché secondaire. Les techniques d'intervention (de la Caisse et/ou de l'Agence France Trésor) sont très variées. Il peut s'agir de *rachats de titres* pour « lisser » les échéances ou profiter d'une décote, le rachat pouvant être direct ou sur adjudication dite « à l'envers » (car inverse de l'adjudication « traditionnelle ») ; l'avantage d'un rachat par la Caisse et non par le Trésor est qu'il ne conduit pas nécessairement à l'annulation du titre, par application de l'article 1300 du Code civil qui éteint créance et dette lorsque la même personne est à la fois créancier et débiteur. Il peut également s'agir de *pensions* portant sur des titres que le Trésor met en pension (ce qui lui permet d'acquérir des liquidités) ou prend en pension (ce qui lui permet de placer temporairement des liquidités – ce placement pouvant également résulter, depuis 2003, d'avances à la Caisse). Il peut encore s'agir de dépôts du Trésor sur le marché interbancaire de la zone euro ou auprès d'États de cette zone ou d'opérations sur *produits dérivés* : contrats d'échange (swaps) de devises ou de taux, achat et/ou vente d'options ou de contrats à terme sur titre d'État. Par ailleurs, la CDP peut recevoir des valeurs du Trésor qu'elle peut prêter (comme auparavant le Fonds de soutien des rentes depuis 1992) ou vendre pour répondre aux demandes du marché, dont elle facilite ainsi la liquidité.

Les ressources de trésorerie, qui ne figurent pas au budget, comprennent principalement les emprunts à long terme (**A**) ou à moyen et court terme (bons du Trésor) (**B**), complétés par les dépôts des correspondants du Trésor (**C**) et, pendant longtemps, par les aides de la Banque centrale (**D**), tous devant être replacés dans une vue d'ensemble de la structure de la dette (**E**).

A. Les emprunts à long terme

609 Juridiquement, les emprunts d'État à long terme (que l'on a longtemps appelés emprunts à moyen et long terme) sont ceux émis pour une durée initiale supérieure à cinq ans. Les formes d'emprunt ont sensiblement évolué dans le temps (**1**) pour déboucher sur la formule actuelle dominante de l'obligation assimilable du Trésor (**2**).

1. Une évolution sensible des formules d'emprunt

610 Jusqu'à la Première Guerre mondiale, il s'agissait principalement d'**emprunts perpétuels**, que l'État n'était pas tenu (et s'interdisait même pendant un certain temps) de rembourser mais qui entraînaient le paiement d'intérêts constitutifs d'une « rente perpétuelle » fort prisée des épargnants (et dont le cours fut longtemps un véritable baromètre de la vie politique et financière). L'instabilité monétaire apparue après la Première Guerre mondiale a conduit à abandonner (peut-être momentanément) la formule des titres perpétuels (les derniers furent lancés en 1949 et remboursés en 1987) au profit de « rentes **amortissables** », emprunts à très long terme (jusqu'à soixante-quinze ans...) inscrits (comme les rentes perpétuelles) au *Grand Livre de la dette publique* créé en 1793 (v. ss 216), puis au profit d'emprunts d'État plus courts (dix à quinze ans) qui, sans être inscrits au Grand Livre, demeuraient soumis, comme les rentes, à un régime juridique et comptable spécial assurant la sécurité des titres mais peu compatible, en raison de sa rigidité, avec la vie des affaires. Aussi le régime des emprunts à moyen et long terme de l'État fut-il aligné, à partir des années 1970, sur celui des obligations (dématérialisées, comme les autres valeurs mobilières, en 1984), tandis que les formules d'emprunt, qui s'étaient beaucoup diversifiées et compliquées avec la réapparition d'importants déficits budgétaires, furent simplifiées dans les années 1980, donnant naissance, d'abord à d'éphémères « obligations renouvelables du Trésor » (emprunts à six ans renouvelables au bout de trois ans, avec intérêt payable à l'échéance), puis à la formule actuelle.

2. La formule actuelle : l'OAT

611 Les obligations assimilables du Trésor (OAT) ont été instaurées en 1985 (Décr. 31 mai) ; elles présentent quatre caractéristiques principales.

L'assimilation en est la plus originale, sinon la plus inédite (elle était déjà pratiquée pour les fonds de rentes). En effet, l'OAT est un emprunt lancé par le ministre des Finances et rattaché à un précédent emprunt dont il épouse les caractéristiques (et lui-même lancé par le Premier ministre ou par le ministre des Finances qui a acquis en 1990 le pouvoir de créer la plupart des lignes d'OAT). Cette assimilation assure ainsi une grande simplification des opérations : plusieurs emprunts sont cotés et gérés sur une même ligne, et une forte capitalisation des titres : chaque ligne représente des sommes importantes, ce qui facilite la liquidité donc la sûreté des opérations et permet d'attirer les capitaux étrangers habitués à s'investir par gros blocs.

Cette liquidité est également améliorée par la possibilité, ouverte depuis 1991 au Trésor, de proposer des échanges de titres, permettant de remplacer des emprunts émis sur des lignes peu importantes par des titres rattachés à une ligne à forte capitalisation (ainsi, au printemps 1998, plus de 10 milliards d'ÉCU ont été échangés).

L'adjudication est la deuxième caractéristique principale, sauf pour certains emprunts particuliers, émis par syndication (un syndicat d'établissements place les emprunts moyennant commission versée par le Trésor) et pour un contingent d'OAT réservé, à des conditions préférentielles, aux spécialistes en valeurs du Trésor (v. ss 160) – et, jusqu'en 1993, aux banques centrales étrangères. Hormis ces cas, les OAT sont mises en adjudication par l'intermédiaire de la Banque de France et ce sont les soumissionnaires offrant au Trésor les meilleures conditions financières qui lui prêtent les sommes – aux conditions et montants qu'ils ont eux-mêmes proposés (« adjudication à prix demandé »). Ce système, générateur d'économies pour le Trésor, est donc principalement destiné aux gros investisseurs ; en 1994, un contingent de ces OAT était mis par les réseaux financiers à la disposition des personnes physiques ; ce système a disparu, les spécialistes en valeurs du Trésor s'étant engagés à faciliter l'accès des particuliers à ces valeurs.

On notera qu'existent, symétriquement, des adjudications à l'envers permettant au Trésor de procéder à des rachats de titres, les soumissionnaires étant invités à présenter, non plus un prix d'achat, mais un prix de vente (le Trésor pouvant, par ailleurs, procéder à des rachats de gré à gré).

La banalisation est, en troisième lieu, devenue un objectif essentiel depuis que les déficits massifs imposent un recours continu à l'emprunt. Aussi les OAT font-elles l'objet d'adjudications régulières (en principe mensuelles), annoncées par un calendrier annuel, ce qui permet de lever, paradoxalement en toute discrétion, des sommes parfois considérables (60 Mds F en mars-avr. 1986), cette « anesthésie financière » étant renforcée par l'alignement des conditions juridiques et fiscales sur le droit commun des obligations.

La sophistication est le dernier trait marquant des OAT, conçues pour satisfaire les besoins les plus variés. Émises depuis 1999 en euros (en francs ou en ÉCU auparavant), avec un nominal d'un euro, elles ont un terme qui s'étale de sept à cinquante ans, bénéficient, selon les cas, de taux fixes, de taux variables préfixés (OAT TEC 10 émises depuis 1996) ou d'une indexation sur l'inflation qu'il s'agisse de l'inflation en France (OATi, émises depuis 1998) ou de l'inflation dans la zone euro (OATei, émises depuis 2001) ; depuis 1991, elles peuvent même parfois être démembrées (en autant de titres qu'il y a de paiements d'intérêt et de remboursement de capital).

C'est en 2005 qu'ont été lancées les premières OAT à 50 ans (OAT 2055 qui a été lancée à quatre reprises en 2005 et 2006 - taux moyen de 4,1 %).

L'OAT TEC 10 permet de bénéficier d'un coupon (intérêts) versé tous les trimestres et prédéterminé par référence au « taux de l'échéance constante à 10 ans » (TEC 10, anciennement TME) qui est le taux (actuariel) que rapporterait, au moment du calcul (quotidien), une OAT fictive exactement égale à 10 ans.

L'OATi et l'OATei voient leur principal (montant des remboursements) indexé sur l'inflation (indice des prix à la consommation - IPC - hors tabac) (le remboursement du montant initialement prêté étant par ailleurs garanti) et le coupon, versé annuellement, est un pourcentage fixe du principal indexé.

Quant à l'OAT démembrée, inspirée de la technique américaine des *strips* (*Separate trading of registered interest and principal of securities*), elle permet de négocier séparément le remboursement et les différentes échéances d'intérêts.

On doit, par ailleurs, noter que l'Agence France Trésor a créé en décembre 2005, lancé en janvier 2006, un second marché à destination des particuliers.

B. Les emprunts à moyen et court terme (bons du Trésor)

612 Juridiquement, les emprunts à moyen et court terme (que l'on a longtemps appelés emprunts à court terme), qui sont la plupart du temps des bons du Trésor, sont émis pour une durée maximum de cinq ans. Il faut mettre en avant leur évolution (**1**) et les catégories actuelles (**2**).

1. L'évolution des bons du Trésor

613 Leur **création** date officiellement de 1824 (avec l'institution des bons royaux) mais le procédé de l'emprunt public à court terme est évidemment plus ancien et remonte au moins au XVIIe siècle. Par ailleurs, ces bons n'étaient, jusqu'au XXe siècle, qu'un moyen d'ajustement de la trésorerie publique, sous forme de grosses coupures qui, réservées aux financiers et à certaines compagnies

(notamment ferroviaires), étaient destinées à couvrir des besoins temporaires de caisse.

Leur ouverture au public a été réalisée en 1914, avec la création de bons de la défense nationale, petites coupures destinées à faire participer, financièrement et psychologiquement, la population à l'effort de guerre. Le succès et la multiplication de ces bons (moins de 2 Mds F d'encours en 1914, environ 60 Mds en 1921) mirent cependant le gouvernement Herriot à la merci de porteurs devenus méfiants (le « mur d'argent »...) et conduisirent le gouvernement Poincaré (bénéficiaire du « plébiscite des porteurs de bons ») à mener, à partir de 1926, une politique de consolidation (allongement) et d'amortissement de la dette. Mais le procédé reprit de plus belle à partir du milieu des années trente (près de 700 Mds F d'encours en 1945).

Leur systématisation fut donc décidée en 1945, afin d'opérer une « transformation des capitaux » permettant de concilier la préférence du public pour la liquidité avec les besoins financiers, considérables, de la reconstruction du pays. Depuis cette date, on distingue principalement deux catégories de bons.

Les bons sur formules, ainsi dénommés parce que matérialisés par un titre, ont été principalement destinés aux particuliers. Largement utilisés à partir de 1948, avec la création de bons à intérêt progressif (dont les modalités exactes ont, par ailleurs, beaucoup varié), ils ont constitué, sous la IVe République, une source importante de financement mais ont été progressivement délaissés par les pouvoirs publics sous la Ve République : leur fiscalité de faveur a été supprimée en 1966 et, depuis les années 1980, leurs encours, n'a cessé de décroître, au point que leur émission a été supprimée fin 1998 (Décr. 28 déc., 98-1206).

Réservés aux personnes physiques et aux organismes, publics ou privés, à but non lucratif (les entreprises devaient, depuis 1986, obtenir une autorisation spéciale), ils étaient émis à guichets ouverts (souscription possible à tout instant et sans limitation de montant) et étaient, en leur dernier état, constitués de bons à cinq ans, remboursables dès trois mois et à intérêt progressif, le taux (peu attractif) augmentant avec la durée de détention du bon.

Les bons en comptes courants, qui font simplement l'objet d'une inscription comptable à la Banque de France, ont, eux, été principalement destinés aux professionnels. Ils ont d'abord été conçus comme un instrument de réglage autoritaire de la liquidité de l'État et de l'économie, les banques devant, jusqu'en 1967, en souscrire un montant minimum (« plancher d'effets publics »). La régulation de la liquidité de l'économie ayant été transférée à la Banque de France (avec, notamment, la création en 1967 du système de réserves légales obligatoires imposées aux banques), ces bons, ont, par la suite, été exclusivement considérés comme l'instrument privilégié du financement à court terme du Trésor. Leur souscription, initialement réservée aux établissements de crédit et à certains organismes admis au marché monétaire - ainsi qu'à la Caisse des dépôts, mais par entente directe - fut donc étendue, à partir de 1985-1986, à tous les investisseurs - y compris les entreprises et, depuis 1990, les collectivités locales lorsqu'elles en ont la possibilité juridique et financière.

Le régime juridique des comptes courants de bons est fixé, notamment, par les articles L. 213-23 s. du Code monétaire et financier.

2. Les catégories actuelles de bons du Trésor

614 Elles se réduisent, pour l'essentiel, aux **bons en comptes courants** que sont les **bons du Trésor négociables** (BTN). Ces bons, réservés en fait aux gros investisseurs (leur nominal est d'un euro mais il faut prêter au moins 1 M €), ont un régime qui se rapproche sensiblement de celui des OAT (avec lesquelles ils forment les « valeurs du Trésor ») puisqu'en particulier ils sont généralement émis selon les techniques de l'assimilation et de l'adjudication et sont soumis (à quelques nuances près) au même régime fiscal. Ils en diffèrent par la nature juridique (ce sont des titres de créance négociables et non des obligations) et par le terme.

Les bons à taux fixe et à intérêts annuels (BTAN), emprunts à moyen terme, émis par adjudication mensuelle, pour des durées de 2 ou 5 ans sont devenus à compter du 1er janvier 2013 des **Obligations assimilables du Trésor** (OAT), à l'instar des titres dits de long terme (10 ans et plus) et complètent le financement « long » des besoins. Leur durée de vie moyenne était en janvier 2015 de 3 ans et 72 jours. Ils correspondraient en 2015 à un volume de 1 403,9 Mds €.

Les bons à taux fixe et à intérêts précomptés (payés d'avance) **(BTF)** sont des emprunts à court terme, émis par adjudication hebdomadaire (avec calendrier trimestriel), pour des durées de 3,6 ou 12 mois, et destinés, eux, à faire face aux besoins passagers de trésorerie. Certains sont dits « hors calendrier » pour des durées de 4 à 7 semaines. Leur volume est ainsi passé de près de 80 Mds € en 2007 à 163 Mds fin 2011 et 178 Mds € en mai 2015, pour une durée de vie moyenne de 172 jours en janvier 2015.

Ils sont complétés par les instruments de gestion active de la dette, exposés (v. ss 284 s.).

Une place particulière doit, par ailleurs, être faite aux **bons du Trésor détenus par les organismes internationaux**, qui, eux, représentent la contribution française à ces organismes sous forme d'une « dette » dont l'instance intéressée peut à tout moment exiger le versement.

Dans l'ensemble, le système français de valeurs du Trésor est assez largement calqué sur le système des États-Unis d'Amérique, où la dette fédérale est, pour l'essentiel, constituée de trois catégories de titres : les *Treasury Bonds* (T. Bonds), d'une durée supérieure à dix ans, les *Treasury Notes* (T. Notes), d'une durée de deux à dix ans, et les *Treasury Bills*, (T. Bills complétés par des *Cash Management Bills*), de durées inférieures à un an. Le système est celui de l'adjudication, matériellement organisée par la Réserve fédérale, et le Trésor dispose de l'aide de *primary dealers*, équivalents de nos spécialistes en valeurs du Trésor.

L'encours de la dette négociable de l'État s'élevait ainsi à 1 530 Mds € en fin janvier 2015 pour une durée de vie moyenne d'environ 7 ans. Elle est prévue comme pouvant se situer à près de 1 582 Mds € fin 2015.

C. Les dépôts des correspondants du Trésor

615 Les correspondants – qu'il ne faut pas confondre avec les alliés (v. ss 49) – du Trésor sont des particuliers ou des organismes, publics ou privés, qui déposent, volontairement ou obligatoire-

ment, tout ou partie de leurs liquidités disponibles au Trésor (44 536 comptes pour près de 78,5 Mds € en 2013).

Malgré l'expression parfois employée (« dette à vue »), il ne s'agit pas juridiquement d'emprunts mais de **dépôts à vue** que les déposants peuvent à tout moment retirer et qui doivent donc être distingués de la dette au sens strict. Mais ces sommes entrent bien dans la notion, plus large, d'endettement puisqu'elles sont à tout moment dues aux intéressés.

La catégorie la plus importante de déposants est constituée des **collectivités et établissements publics locaux** qui, en vertu du principe de l'unité de la trésorerie publique, doivent traditionnellement déposer gratuitement, mais moyennant d'autres contreparties, l'essentiel de leurs fonds au Trésor, ce qui a représenté, selon les périodes, d'un quart à un tiers des dépôts mais ce qui devrait bientôt approcher la moitié des liquidités compte tenu de la suppression récente de l'obligation de dépôt pour plusieurs organismes ; notamment La Poste, qui devait, jusqu'en 1999, déposer au Trésor les fonds des comptes chèques postaux (ils avaient parfois dépassé 50 % des dépôts) et des comptables publics qui devaient déposer les « fonds particuliers » (supprimés fin 2001).

Le transfert des fonds des CCP à La Poste, imposé par la loi de finances pour 1999 (art. 126, transposant la directive européenne du 15 déc. 1997 sur les services postaux) fut achevé fin 2003 – les CCP des comptables et régisseurs publics ayant été clos fin 2001.

Quant aux fonds particuliers, il s'agissait de comptes bancaires volontairement ouverts (depuis 1814), dans les conditions du droit commun, auprès des trésoriers-payeurs généraux et receveurs particuliers des finances qui agissaient alors en tant que banquiers et en étaient personnellement responsables (CE 23 févr. 2000, *Min. des Finances c. Ferrand*).

On notera, enfin, que, jusqu'aux années 1980, La Caisse des dépôts et consignations (v. ss 50) déposait au Trésor des sommes importantes, qu'elle obtenait, si nécessaire, en escomptant (par accord avec le ministère des Finances) une partie du portefeuille de titres (notamment d'obligations cautionnées) qu'elle possédait.

Les autres déposants sont généralement des organismes publics ou sous contrôle public, notamment les « établissements publics et semi-publics nationaux », pour reprendre l'expression officiellement employée, les banques et instituts d'émission étrangers, notamment de la zone franc (v. ss 300) et l'Union européenne, pour ses opérations en France. Il peut y avoir des déposants volontaires.

On rappellera que, sous l'empire de la LOLF, les établissements publics nationaux ne sont plus (législativement) astreints au dépôt, certains d'entre eux (caisses nationales de Sécurité sociale, Fonds de réserve pour les retraites...) devant même placer leur trésorerie ailleurs (Caisse des dépôts, marchés financiers...), que le compte au Trésor des instituts d'émission de la zone franc ne peut plus être débiteur, mais moyennant de nouvelles formes de facilités, ce qui prive d'objet l'obligation parfois faite aux bénéficiaires de déposer leurs fonds au Trésor.

D. Les aides de la banque centrale nationale

616 Les aides financières de la Banque de France (intégrée depuis 1999 dans le SEBC : v. ss 296) ont longtemps été à la fois directes (**1**) et indirectes (**2**).

1. Les aides directes

617 Consistant principalement en des **avances** de fonds de la part d'un institut d'émission de la monnaie, elles reviennent à faire fonctionner ouvertement la « planche à billets » sans contrepartie productive, ce qui explique que, depuis sa naissance officielle en 1848, ce procédé ait été sévèrement réglementé – du moins en temps normal car les périodes de guerre, et même de crise, ont occasionné des aides parfois très importantes, et complexes. Le système d'aides directes, réformées et simplifié en 1959 puis en 1973-1975, était, en son dernier état, fondé sur un montant maximum (plafond) de « concours au Trésor public », qui variait tous les semestres en fonction des résultats du Fonds de stabilisation des changes (de façon à en neutraliser les effets sur la trésorerie de l'État) et qui avait, de ce fait, oscillé entre 0 et près de 50 Mds F (le Trésor s'abstenant d'ailleurs de rembourser ces concours, devenus totalement gratuits en 1982). Mais cette aide a été supprimée par la loi du 4 août 1993 (C. mon. fin., art. L. 141-3), prise en application du traité de Maastricht qui interdit aux banques centrales « d'accorder des découverts ou tout autre type de crédit » aux administrations et entreprises publiques (TFUE, art. 123, au respect duquel la BCE est tout particulièrement attachée) ; en conséquence, des conventions entre l'État et la Banque de France (convention du 10 juin 1993 approuvée par une loi du 23 juillet 1993 puis convention du 31 mars 1999 passée en application de la loi du 12 mai 1998 sur la Banque de France), avaient prévu que les concours jusqu'alors accordés (ramenés à 24 Mds F en 1993 et rémunérés à 5 %) devaient être remboursés au plus tard à la fin 2003. Une nouvelle convention a été conclue le 1er mai 2002.

Le RGBCP énonce en outre, en son article 143, al.1, qu'aucun découvert ne peut être consenti aux correspondants du Trésor.

Par ailleurs, la Banque détient et gère désormais l'ensemble des réserves de change en or et en devises, sans passer, comme elle le faisait partiellement auparavant, par le Fonds de stabilisation des changes. Ce Fonds, compte spécial créé en 1936 et géré par la Banque de France pour le compte du Trésor, permettait, avec l'aide gratuite de l'Institut d'émission, d'intervenir avec discrétion sur les marchés des changes. Cette fonction lui a été retirée (sauf à être réactivée aux frais du Trésor) et le Fonds ne bénéficie plus d'avances gratuites de la Banque de France, sauf pour les créances sur le Fonds monétaire international, qui échappent à l'interdiction européenne d'aide aux administrations publiques et qu'il continue donc de gérer avec le concours de la Banque.

2. Des aides indirectes

618 Les aides du SEBC au Trésor restent cependant possibles et consistent essentiellement en une souscription indirecte de titres publics. En effet, la souscription directe de ces titres, qui reviendrait à tourner la réglementation sur les avances, est traditionnellement interdite (comme le rappellent le TFUE et le Code monétaire et financier). Mais, en intervenant sur les marchés pour en réguler la liquidité, le SEBC peut acheter ou prendre en pension des titres publics (v. ss 296), ce qui peut (de plusieurs façons) contribuer au succès des émissions de valeurs du Trésor. Cependant la Banque centrale nationale ne peut plus, comme elle l'avait parfois fait auparavant, accorder un régime de faveur à ces titres publics ou, plus généralement, au secteur public, puisque le traité sur le fonctionnement de l'Union européenne (art. 124) interdit désormais l'« accès privilégié » des administrations et entreprises publiques aux institutions financières (cette interdiction a d'ailleurs conduit à revoir ou à faire rémunérer certains avantages qu'accordait la Banque de France, notamment dans la tenue du compte courant ouvert auprès d'elle par le Trésor). Pour autant, on notera que la BCE a procédé à diverses opérations de rachat de titres qui peuvent être assimilées à de telles formes d'aides.

E. La structure de la dette de l'État

619 La structure de la dette publique (dont le montant et les formes juridiques sont exposées ci-dessous) a évolué de manière sensible, du moins en ce qui concerne l'État, car, malgré le développement récent de crédits de trésorerie, l'endettement des collectivités locales est, traditionnellement, un endettement à moyen et long terme (**1**), principalement contracté auprès d'établissements financiers, et marqué par deux catégories de dettes (**2**).

1. Le terme de la dette

620 La dette de l'État était, jusqu'à la Première Guerre mondiale, constituée à plus de 80 % d'emprunts perpétuels ou de rentes amortissables à très long terme. De la Première Guerre mondiale aux années 1970, cette dette a connu un raccourcissement constant avec la disparition de la dette perpétuelle après la Seconde Guerre mondiale, la raréfaction des emprunts à long terme (autour de 20 % de l'encours dès la fin des années 1940), l'essor considérable des bons du Trésor à court terme (moins de 2 % du total en 1914, un tiers dans les années 1920, plus de 40 % après la Seconde Guerre) et la part croissante prise sous la IVe République par les avances de la Banque de France (entre 15 % et 20 %), sous la Ve République par les dépôts des correspondants du Trésor (près de 40 % dans les années 1970, assurant l'essentiel de la trésorerie courante en période de faibles déficits et de forte croissance économique). En revanche, les vingt dernières années ont été marquées par un rééquilibrage de la structure d'ensemble. La volonté d'éviter un financement principalement monétaire du déficit budgétaire a conduit les pouvoirs publics à privilégier les emprunts à long terme (qui sont d'ailleurs loin d'exclure toute création de monnaie...), lesquels représentaient début 2015 près de 70 % de l'endettement (principalement sous forme d'obligations du Trésor) ; mais l'ampleur des déficits et la préférence longtemps manifestée par les prêteurs pour la liquidité en période

d'incertitude financière ont imposé le maintien, pour environ 40 %, d'un appel au financement à court terme ou à vue : dépôts des correspondants du Trésor (qui, en déclin, représentent moins de 10 % de l'endettement) et, surtout, bons du Trésor (près de 30 % de l'endettement) ; encore faudrait-il probablement distinguer, parmi ces bons du Trésor, ceux qui, couvrant des besoins, essentiellement infra-annuels, de trésorerie (principalement les BTF), relèvent réellement du court terme (environ 12 % de la dette négociable) et ceux qui, bien que juridiquement à court terme, sont émis pour des durées pouvant aller jusqu'à cinq ans (principalement les BTAN) et relèvent en réalité davantage du moyen terme (environ 18 % de la dette) ; cette présentation, à caractère plus économique et financier, conduirait alors à distinguer, d'une part l'endettement à moyen et long terme, effectué pour des besoins de nature budgétaire (environ 60 % de la dette), d'autre part l'endettement à court terme, contracté pour des besoins de trésorerie (environ 20 % de la dette, auxquels s'ajoutent 10 % de dépôts des correspondants du Trésor).

2. Deux catégories de dettes

621 Il convient ici de distinguer la dette intérieure de la dette extérieure.

La dette intérieure, c'est-à-dire provenant d'emprunts émis sur le marché intérieur, était, jusqu'aux années 1970, en majorité contractée auprès du grand public, souscripteur traditionnel des titres de rente puis, à partir de la Première Guerre mondiale, d'environ la moitié des bons du Trésor et de la quasi-totalité des emprunts à long terme. Depuis les années 1980, en revanche, la priorité est, sauf cas exceptionnels (« emprunt Balladur » de 1993) ou symboliques, donnée aux marchés financiers, qui souscrivent à la très grande majorité des emprunts à long terme (obligations du Trésor) et des bons du Trésor ; une des conséquences en est que la dette négociable sur ces marchés est passée du quart de l'endettement en 1970 à plus des trois quarts en 1990 et environ 90 % actuellement.

La dette extérieure, c'est-à-dire résultant d'emprunts émis sur les marchés extérieurs, n'est apparue qu'entre les deux guerres mondiales et a pris une importance sensible sous la IVe République (30 % de la dette en 1949, 20 % en 1959). Complètement remboursée dans les années 1960, en application de la politique d'indépendance nationale menée par le général de Gaulle, elle est réapparue en 1982-1983 avec deux gros emprunts (d'un montant total d'environ 70 Mds de francs français) destinés à renforcer les réserves de change (car les pouvoirs publics s'interdisent généralement d'en utiliser la contre-valeur en francs pour les besoins budgétaires internes). Mais le Trésor, qui préfère recourir à des intermédiaires (notamment des entreprises publiques) pour renforcer les réserves de change, a, dès la fin des années 1980, éteint totalement cette dette, du moins juridiquement, car, à la faveur de la libre circulation des capitaux, un dixième à plus d'un tiers, environ 35 % début 2003, puis plus des deux tiers fin 2008 pour atteindre un record en 2010 à 70,6 %, retomber en 2013 à 61,7 % et remonter depuis pour se situer à près de 64 % de la dette négociable des titres de la dette intérieure sont désormais détenus par des non-résidents (50 % actuellement pour la Belgique, à titre de comparaison), ce qui affaiblit beaucoup les distinctions (et contraint les pouvoirs publics nationaux à une vigilance particulière, car les souscriptions et demandes de remboursement dépendent de la confiance et de l'intérêt manifestés envers la politique financière française). En outre, la distinction dette intérieure/dette extérieure a pris fin en 2003, le Trésor lui ayant substitué la distinction, évidemment moins parlante entre dette en euros (très prédominante) et dette en devises.

V. arrêté du 11 décembre 2014 portant nomenclature des pièces justificatives des opérations de gestion de la dette négociable et de la trésorerie de l'État.

CHAPITRE 3

Les finances des collectivités locales

622 Les finances des collectivités locales, dont les caractéristiques générales sont présentées ss 42, ont acquis une réelle importance depuis les dernières décennies, en particulier avec la décentralisation des années 1980, puisque leur poids (près de 6 % du PIB au niveau des prélèvements obligatoires, un poids budgétaire dépassant les 10 % du PIB, plus de 20 % de la dépense publique, plus de 70 % de l'investissement public, et plus de 1,9 million d'agents) dépasse désormais plus de la moitié de celui des finances de l'État.

À la différence de ces dernières, elles sont mises en œuvre par une multiplicité de personnes publiques puisqu'on dénombre près de 37 000 collectivités territoriales (communes, départements, régions, collectivités d'outre-mer, collectivités à statut particulier) auxquelles s'ajoutent près de 15 500 groupements (syndicats et communautés) et quelque 50 000 établissements publics locaux (40 000 en déduisant les hôpitaux et établissements publics d'enseignement) ce qui, sans même prendre en compte les satellites de droit privé, porte à plus de 90 000 le nombre d'administrations publiques locales. Aussi n'est-il pas étonnant que les catégories de collectivités locales soient diversifiées et présentent chacune certaines caractéristiques propres, dont un aperçu est fourni à la fin de ce troisième chapitre (v. SECTION 4, ss 720 s.).

Il convient cependant de bien distinguer deux domaines financiers : les comptes des administrations publiques locales - APUL - (V. ss.3) qui sont plus importants car incluant de nombreux établissements publics, notamment nationaux à assise territoriale (comme les chambres de commerce et de l'industrie, les chambres d'agriculture, les chambres de métiers et de l'artisanat...), les comptes des collectivités locales qui font partie de cet ensemble et n'en sont qu'une partie, certes majoritaire mais non exclusive.

Les collectivités locales obéissent à des principes largement unifiés par la loi du 2 mars 1982 et les lois ultérieures.

Le régime a été codifié dans le Code des juridictions financières (publié en 1994 pour sa partie législative et 2000 pour sa partie réglementaire et **ci-après désigné par les lettres CJF**) puis le Code général des collectivités territoriales (publié en 1996 pour sa partie législative et 2000 pour sa partie réglementaire et **ci-après désigné par les lettres CGCT**).

Par ailleurs, les collectivités territoriales et leurs groupements ont été marqués depuis 1982 par un grand nombre de textes qui ont amplifié leurs compétences et souvent revu les formes d'organisation territoriale. On peut ainsi citer les lois des 5 janvier 1988 d'amélioration de la décentralisation, 6 février 1992 sur l'administration territoriale de la République, 12 juillet 1999 sur la coopération intercommunale, 13 décembre 2000 sur la solidarité et le renouvellement urbains, 27 février 2002 sur la démocratie de proximité... celle du 13 août 2004 relative aux libertés et responsabilités locales, ou des textes plus spécifiques comme la loi du 1er décembre 2008 généralisant le revenu de solidarité active et réformant la politique de réinsertion... la loi du 16 décembre 2010 de réforme des collectivités territoriales qui a pu amener à certaines transformations du paysage local avec notamment l'apparition de la métropole, du pôle métropolitain, de la commune nouvelle, mais encore la loi du 27 janvier 2014 de modernisation de l'action publique territoriale et d'affirmation des métropoles qui a conduit à une des évolutions majeures en métropole à savoir la création de la métropole de Lyon, fruit de la fusion d'une communauté urbaine et d'une fraction d'un département, etc.

Cet espace financier est lui aussi marqué par la création d'instances nationales spécifiques, le Comité des finances locales, (1979), le Comité national relatif à la fiabilité des comptes publics locaux (2010), le Conseil national d'évaluation des normes applicables aux collectivités territoriales et à leurs établissements publics (2013).

Sur le plan financier, plusieurs textes se sont succédé depuis les années 1990, dont la loi du 22 juin 1994 sur les dispositions budgétaires et comptables, la loi du 19 février 2003 portant réforme des règles budgétaires et comptables applicables aux départements, la loi organique du 29 juillet 2004 relative à l'autonomie financière des collectivités territoriales, l'ordonnance du 26 août 2005 relative à la simplification et à l'amélioration des règles budgétaires et comptables applicables aux collectivités territoriales, à leurs groupements et aux établissements publics locaux qui leur sont rattachés, la loi de finances pour 2010 à l'origine, notamment, de la suppression de la taxe professionnelle. Il en résulte l'émergence ou l'affirmation d'une certaine spécialisation de la fiscalité locale.

Pour leur part, les collectivités d'outre-mer ont connu un nombre significatif de textes réformateurs dans un long processus d'adaptation engagé depuis une trentaine d'années, par exemple avec la loi du 27 mai 2009 pour le développement économique des outre-mer, et marqué à la fois par la préoccupation d'une reconnaissance d'une plus grande autonomie locale, des évolutions institutionnelles importantes qui ont fait quelque peu « éclater » les schémas institutionnels de l'outre-mer français (par exemple la Nouvelle-Calédonie, la Polynésie française mais aussi s'agissant de Mayotte, Saint-Martin, Saint-Barthélemy, ou encore avec le passage à la collectivité unique de deux régions monodépartementales, la Martinique et la Guyane) et la recherche d'un développement économique plus spécifique.

Paradoxalement, c'est l'espace métropolitain qui a peu évolué avec les échecs « référendaires » en Corse et en Alsace, la seule grande originalité étant la création de la métropole de Lyon. Et peut-être (en est-ce une ?) la fusion de régions (13 en métropole désormais).

Ce sont les principes communs qui régissent les collectivités territoriales et leurs groupements qu'il convient principalement d'exposer ici, qu'il s'agisse du droit financier (Section 1), de la technique financière (Section 2) ou des opérations financières (Section 3).

SECTION 1
LE RÉGIME FINANCIER DES COLLECTIVITÉS LOCALES

623 Le régime financier des collectivités locales a été sensiblement libéralisé par la loi du 2 mars 1982 ; selon un décalage habituel dans notre histoire, il l'a cependant été moins que le régime administratif car l'action financière, qui présente une importance et des exigences particulières, fait traditionnellement l'objet d'une surveillance et d'un régime souvent dérogatoires au droit commun. Aussi, l'accroissement de l'autonomie de décision des collectivités locales n'a pas empêché le maintien, parfois sous des formes non déguisées, d'une série de contraintes qui ont été progressivement renforcées.

Ces contraintes se manifestent aussi bien dans les principes budgétaires (**§ 1**) que dans l'élaboration (**§ 2**), l'exécution (**§ 3**) et le contrôle (**§ 4**) du budget.

§ 1. Les principes budgétaires des collectivités locales

624 Le budget local a, à présent, une définition identique applicable aux communes, aux départements et aux régions. Il s'agit de « l'acte par lequel sont prévues et autorisées les recettes et dépenses annuelles » de la collectivité (CGCT, art. L. 2311-1, L. 3311-1 et L. 4311-1) (ce qui est d'ailleurs approximatif pour les recettes, principalement autorisées par la loi de finances). Cette même définition se retrouve aussi pour le budget des métropoles (Ord. 2014-1490 du 11 déc. 2014, CGCT, art. L.5217-10-1).

Comme l'État et les autres personnes publiques, les collectivités locales sont soumises aux principes d'annualité (**A**), de globalité (unité, universalité) (**B**) ainsi que de spécialité (**C**) ; mais à la différence de l'État, et à l'instar des autres collectivités publiques secondaires, elles doivent également respecter le principe d'équilibre (**D**).

A. L'annualité des budgets locaux

625 Le principe d'annualité budgétaire, dont les caractéristiques générales sont exposées en première partie (v. ss 71), a été, pour les finances locales, posé dès l'époque révolutionnaire et constamment réaffirmé depuis (ne serait-ce qu'en raison de la nécessité d'une autorisation parlementaire annuelle pour la perception des impôts locaux : v. ss 47). Il donne lieu à une application relativement souple (**1**) et parfois même à un certain dépassement (**2**).

1. Une application souple du principe

626 L'ouverture annuelle des crédits est réalisée par un **budget primitif** qui, à la différence de la loi de finances, est fréquemment adopté après le début de l'exercice (ce qui oblige à institutionnaliser un système de mesures provisoires : v. ss 644). Ce budget peut être, et se trouve toujours, modifié en cours d'année par des **décisions modificatives** (anciennes « délibérations spéciales »), qui sont possibles à tout moment (sous réserve de respecter, notamment, le principe d'équilibre) dont les plus importantes sont généralement rassemblées dans un **budget supplémentaire** qui, pour n'être plus obligatoire depuis 1982, continue d'être adopté, à l'automne, par la plupart des collectivités.

Depuis 1988, les textes (CGCT, art. L. 1 612-11 actuel) autorisent même, de manière à vrai dire peu orthodoxe, une modification des crédits (de fonctionnement) après la fin de l'exercice pour les porter (avant le 22 janv.) au niveau des... engagements effectués avant le 31 décembre de l'année précédente (en somme, régulariser les dépassements de crédits).

L'utilisation annuelle des crédits est également assouplie par deux procédés classiques du droit budgétaire et comptable.

Il s'agit d'une part de la **période complémentaire** (v. ss 72) qui, s'agissant des collectivités locales, permet jusqu'à la fin du mois de janvier (févr. jusqu'en 1980) d'achever et/ou (v. ss 72) de rattacher à l'année précédente des opérations de fonctionnement (mais non d'investissement) qui, au 31 décembre, étaient déjà engagées et pour lesquelles il y avait eu service fait (dépense) ou droit acquis (recette).

Il s'agit d'autre part des **reports** à l'exercice suivant des restes à réaliser, c'est-à-dire des recettes justifiées qui restent à recouvrer (titre de recette) et des crédits déjà engagés mais non encore mandatés (v. ss 458) ou rattachés à l'exercice qui se termine.

En effet, ce système des restes à réaliser a parfois permis, à la faveur d'une pratique quelque peu laxiste, de fausser la présentation des résultats d'un exercice. Il fait donc l'objet d'une surveillance accrue depuis la loi du 22 juin 1994 (qui permet expressément de vérifier leur sincérité) et, pour les grandes communes, a été profondément réformé à partir de 1997, puisque doivent désormais être rattachées à un exercice toutes les opérations de fonctionnement d'une certaine importance réalisées au cours de cet exercice (service fait pour les dépenses : dépenses engagées non mandatées, droit acquis pour les recettes : recettes certaines n'ayant pas donné lieu à l'émission d'un titre et non rattachées) même si elles n'ont encore pas été financièrement réglées (ordre de dépense ou de recette, paiement ou encaissement). Par ailleurs, il a été mis fin à la tolérance consistant à considérer comme restes à réaliser (donc reportables à l'année suivante ; CGCT, art. R. 3312-8, en section d'investissement, les restes à réaliser correspondent aux dépenses engagées non mandatées et aux recettes certaines n'ayant pas donné lieu à l'émission d'un titre) les crédits d'investissement non engagés à la fin de l'exercice. Tant au titre de la section de fonctionnement que de la section d'investissement, les restes à réaliser correspondent aux dépenses engagées non mandatées et aux recettes certaines n'ayant pas donné lieu à l'émission d'un titre.

Le **principe de continuité des exercices**, applicable aux collectivités locales comme à toutes les personnes publiques subordonnées soumises au principe d'équilibre budgétaire (v. ss 88), vient enfin atténuer encore la rigidité du cadre annuel en obligeant à reporter les résultats d'un exercice sur l'exercice suivant (ce **report de résultats** ne devant pas être confondu avec le report de crédits inutilisés).

Cette reprise des résultats à l'exercice suivant, dont le caractère obligatoire a été réaffirmé par la loi 99-1126 du 28 décembre 1999 et, depuis, systématiquement affirmé (CGCT, art. L. 2311-5 pour les communes, L. 3312-6 pour les départements et L. 4312-9 pour les régions). Il doit intervenir dès la plus proche décision budgétaire suivant le vote du compte administratif (v. ss 691 l'acte budgétaire de reprise étant généralement une décision modificative, souvent le budget supplémentaire) mais pouvant, dans certains cas (rapidité de clôture des comptes, procédure spéciale décrite ss 479), être le budget primitif (qui peut, par ailleurs, reprendre de manière anticipée les résultats, à charge de régularisation après l'arrêté définitif des comptes).

En principe, les résultats de la section de fonctionnement servent à financer en priorité un déficit de la section d'investissement, seul le solde étant, au choix du Conseil, reporté en section de fonctionnement ou capitalisé en section d'investissement. Les résultats de la section d'investissement se reportent en principe à la section d'investissement. Ils peuvent désormais être repris, pour certaines opérations, en section de fonctionnement si la section d'investissement n'est pas déficitaire.

Les articles L. 2311-6, L. 3312-7 et L. 4312-10 du CGCT permettent à l'organe délibérant de la collectivité, lorsque la section d'investissement présente un excédent après reprise des résultats, de reprendre les résultats correspondants en recette de fonctionnement (pour les produits de cessions d'une immobilisation reçue au titre de dons et legs, de placements budgétaires et de la dotation complémentaire en réserves, CGCT, art. D. 2311-14, D. 4312-9).

2. Le dépassement du principe d'annualité

627 Celui-ci a sensiblement évolué (sous l'effet, en particulier, de L. 19 févr. 2003 et de Ord. 26 août 2005).

Pour les communes et leurs établissements publics administratifs (CGCT, art. L. 2311-3), les départements et les régions (CGCT, art. L. 3312-4 et L. 4311-3) :

– les dotations budgétaires affectées aux dépenses d'investissement peuvent comprendre des autorisations de programmes et des crédits de paiement (v. ss 75), y compris pour les subventions d'investissement.

Les autorisations de programme constituent la limite supérieure des dépenses qui peuvent être engagées pour le financement des investissements. À caractère pluriannuel, elles demeurent valables sans limitations de durée, jusqu'à ce qu'il soit procédé à leur annulation. Les crédits de paiement constituent la limite supérieure des dépenses pouvant être mandatées pendant l'année pour la couverture des engagements contractés dans le cadre des autorisations de programmes correspondantes.

Les autorisations de programme correspondent à des dépenses se rapportant à une immobilisation ou à un ensemble d'immobilisations déterminées, acquises ou réalisées par la collectivité ou à des subventions d'équipement versées à des tiers (CGCT, art. R. 2311-9).

– les dotations affectées aux dépenses de fonctionnement peuvent comprendre des autorisations d'engagement et des crédits de paiement.

À caractère pluriannuel, les autorisations d'engagement constituent la limite supérieure des dépenses qui peuvent être engagées pour le financement des seules dépenses résultant de conventions, de délibérations ou de décisions, au titre desquelles la commune s'engage, au-delà d'un exercice budgétaire, à verser une subvention, une participation ou une rémunération à un tiers. Les crédits de paiement constituent la limite supérieure des dépenses pouvant être engagées pour le financement de ces dépenses. Elles demeurent valables sans limitation de durée jusqu'à ce qu'il soit procédé à leur annulation. Elles peuvent être révisées.

Cette approche comporte certaines limites outre le champ d'application précité. Cette technique ne s'applique pas aux frais de personnel et aux subventions versées aux organismes privés.

L'équilibre budgétaire s'apprécie uniquement en fonction des crédits de paiement.

S'agissant des départements et des régions, on notera une différence avec les communes en matière de dépenses de fonctionnement quant au champ d'application des autorisations d'engagement puisque, si les frais de personnel demeurent exclus explicitement de ce dispositif, il n'est pas fait état d'une interdiction concernant les subventions versées aux organismes privés qui peuvent de ce fait bénéficier de ce mécanisme pluriannuel.

En l'absence d'autorisations de programme (ou même pour encadrer ces dernières), les collectivités locales peuvent cependant voter des **délibérations de programme** qui sont des prévisions pluriannuelles d'investissement permettant de guider les choix budgétaires. Mais ces documents, purement indicatifs (et formellement prévus pour les seules communes), ne permettent pas, eux, d'engager des dépenses et sont peu utilisés, du moins sous cette forme, car les grandes collectivités locales ont, pour la plupart, été amenées à développer d'autres formes de programmation, souvent affinée, de leurs équipements.

B. La globalité (unité, universalité, sincérité) des budgets locaux

628 Appliqué aux finances locales, le principe de globalité (unité, universalité, sincérité) (v. ss 78 s.) connaît également d'assez fréquentes atténuations ou dérogations sous forme d'aménagements budgétaires (**1**) ou d'opérations hors budget (**2**).

1. Les aménagements budgétaires

629 Ceux-ci prennent trois formes.

En premier lieu, les budgets annexes (services à comptabilité distincte) permettent de présenter, à côté du budget principal, des opérations individualisées (v. ss 681).

Il peut s'agir de **budgets annexes obligatoires.** Ces derniers concernent surtout les services publics industriels et commerciaux (ou services assimilés pour l'application de la TVA) affermés ou concédés ou même exploités en principe en régie (régie directe ou régie non personnalisée avec conseil d'exploitation et directeur) et qui doivent néanmoins obéir aux règles de la gestion et de la comptabilité commerciales et, sauf exceptions (concernant notamment l'eau et l'assainissement dans les communes de moins de 3 000 habitants), être équilibrés par leurs propres ressources (CGCT, art. L. 2224-1 s. et L. 3241-4 s.) ; il en va de même pour les services sociaux et médico-sociaux à prix tarifé et les opérations d'aménagement - lotissements (ZAC) en régie, ce qui impose une présentation séparée (qui va, évidemment, de soi lorsqu'il y a gestion par une régie personnalisée ou une personne morale de droit privé). S'y ajoutent parfois les budgets de certains démembrements administratifs dotés d'un statut juridique hybride (sections de communes, arrondissements à Paris, Lyon et Marseille, certaines communes associées).

Il peut aussi s'agir de **budgets annexes facultatifs** qui, en principe, ne peuvent être créés que lorsqu'un texte le permet (CE 10 juill. 1987, *Région d'Île-de-France*) mais qui, depuis longtemps permis en matière sociale, médico-sociale et scolaire, ont été largement ouverts par les lois du 29 janvier 1993 et 12 juillet 1999 qui ont autorisé, à vrai dire assez bizarrement, l'institution en régies, c'est-à-dire en organismes conçus pour des opérations industrielles et commerciales, de certains services publics administratifs.

L'article L. 1412-2 du CGCT (issu L. 12 juill. 1999, art. 62) permet aux collectivités locales, leurs établissements publics ou aux EPCI et syndicats mixtes d'« individualiser la gestion d'un service public administratif relevant de leur compétence », à l'exclusion des « services qui, par leur nature ou par la loi, ne peuvent être assurés que par la collectivité locale elle-même » (CGCT, art. L. 2221-2, issu de L. 29 janv. 1993 et applicable aux seules communes (et syndicats), excluant, de son côté, les services pour lesquels un statut d'établissement public spécifique est imposé). Les modalités d'application ont été fixées par deux décrets de 2001 (CGCT, art. R. 2221-1 s.). Rappelons qu'une régie peut être personnalisée (établissement public) ou non personnalisée (budget annexe).

En deuxième lieu, les **affectations de recettes** sont nombreuses dans les budgets locaux. D'une part, certaines ressources (parfois appelées recettes réelles d'investissement) sont obligatoirement affectées (mais avec des nuances depuis les nouvelles comptabilités locales), aux dépenses d'investissement (ventes d'éléments du patrimoine, emprunts, fiscalité de l'urbanisme, subventions d'équipement...). D'autre part, certaines recettes spécifiques doivent être affectées à des dépenses prédéterminées (ou être isolées dans des budgets annexes). Pendant longtemps, ces recettes étaient fort nombreuses car l'affectation constituait un moyen de tutelle de l'État. Depuis l'allégement de cette dernière, à partir des années 1970, de nombreux prêts et subventions ont été globalisés, mais l'affectation subsiste, non seulement pour certains concours financiers (subventions et prêts spécifiques, fonds de concours), mais encore pour certains prélèvements (pour services rendus, pour charges particulières : taxes d'usage des abattoirs, des remontées mécaniques ou pistes de ski, taxes de séjour, produits des amendes de police...).

Aucun critère sûr ne permet de distinguer les prélèvements affectés de ceux de même nature qui ne le sont pas : ainsi le versement de transport doit être affecté aux dépenses pour le transport et les « participations » des constructeurs doivent être affectées à des travaux publics de stationnement et de desserte, mais la taxe d'enlèvement des ordures ménagères ou la participation pour dégradation des voies publiques ne sont pas affectées...

Il arrive, **en troisième lieu**, que certaines procédures comptables particulières permettent de compenser certaines opérations, dans le cadre notamment de rétablissements de crédits (v. ss 498) ; mais elles sont, elles, d'ampleur très limitée.

2. Les opérations hors budget

630 Ces opérations posent, ainsi que l'actualité le révèle depuis quelques années, des problèmes croissants.

Les **opérations de trésorerie** ont, certes, une ampleur moindre que pour l'État puisqu'à la différence de ce dernier les collectivités locales doivent faire figurer au budget (en section d'investissement) les emprunts et remboursements d'emprunts. Mais les avances de trésorerie, reçues en anticipation de recettes budgétaires, ainsi que leur remboursement, n'y figurent pas, alors que, dans les grandes collectivités, elles prennent une importance croissante depuis le développement, à côté des traditionnelles « avances du Trésor » (v. ss 155), de lignes de trésorerie et autres concours consentis par le secteur bancaire (v. ss 653).

Ceci explique d'ailleurs que l'autorité administrative se soit efforcée d'encadrer cette pratique, en imposant notamment une annexe budgétaire retraçant ces opérations.

Les budgets autonomes posent, eux, des problèmes d'une autre ampleur puisque leur multiplication (parfois à l'instigation du législateur) à partir des années 1980, sous forme de satellites de droit public (établissements publics, groupements) ou de droit privé (associations, SEM, SPL, SPLA, SEMPU) a eu souvent pour conséquence le fait que le budget et les comptes d'une collectivité locale ne donnent plus (ou plus suffisamment) une image fidèle de la situation financière de cette collectivité et ne permettent pas de comparaisons pertinentes. La loi du 6 février 1992, modifiée à plusieurs reprises, a imposé aux grandes collectivités locales (communes de 3 500 habitants et plus) la présentation d'annexes budgétaires retraçant, en particulier, les rapports sur (et la situation de) leurs satellites, de façon à favoriser une vue globale des comptes (v. CGCT, art. L. 2313-1 et R. 2313-1 s.), tout comme pour l'individualisation au niveau des régions à raison de certaines interventions, activités ou services (CGCT, art. L. 4311-1, Ord. 17 nov. 2009).

Cette globalisation est couramment appelée « **consolidation des comptes** », ce qui est techniquement inexact car il n'existe pas de présentation normalisée et agrégée des comptes – sauf pour les résultats du budget principal et des budgets annexes ou rattachés (centres d'action sociale, caisse des écoles). Une véritable consolidation, au sens comptable, ne pourrait valablement intervenir qu'après harmonisation des comptabilités publique et privée du secteur local. Elle laisserait d'ailleurs subsister toutes les difficultés inhérentes à ce type d'exercice (périmètre, objet et méthodes de la consolidation...), ainsi que l'ont d'ailleurs bien mis en évidence les expériences tentées en ce domaine par plusieurs collectivités.

C. La spécialité des budgets locaux

631 La règle de spécialité (1), commune à tous les organismes publics (v. ss 87) a, s'agissant des collectivités locales, une importance d'autant plus grande que sa portée dépend en partie (ce qui paraît parfois ignoré) de l'autorité délibérante (2) dans un schéma relativement distancié de celui de la LOLF (3).

1. Le principe, la spécialisation par chapitre et article

632 Ceci signifie d'abord que le budget doit être présenté par chapitres et articles qui sont, selon les cas, des subdivisions par nature ou par fonction – parfois constituées d'« opérations » d'équipement ou (pour les seuls articles) de bénéficiaires de subventions (v. ss 677 s.) – ces subdivisions étant, il n'est pas inutile de le remarquer, déterminées par le pouvoir réglementaire national.

Ceci signifie ensuite que les crédits sont ouverts par chapitre et, si le conseil le décide, par article ; mais, subtilité des textes, le simple fait de voter un crédit par article ne suffit pas à ouvrir les crédits par article ; il faut qu'en plus l'article ait été expressément spécialisé par l'autorité budgétaire (qui fixe une liste d'articles non modifiables).

Selon les dispositions des articles L. 2311-7, L. 3312-7 et L. 4311-2 du CGCT, l'organe délibérant peut, pour les subventions qui ne sont pas assorties de conditions d'octroi, soit individualiser au budget les crédits par bénéficiaire, soit établir dans un état annexé au budget, une liste des bénéficiaires avec, pour chacun d'eux, l'objet et le montant de la subvention. Cette individualisation vaut décision d'attribution des subventions en cause.

2. La portée de la spécialisation par chapitre et article

633 Celle-ci est triple.

En premier lieu, l'exécutif ne peut pas effectuer de **virements de crédits** d'un chapitre à l'autre (il doit demander une décision modificative au conseil). Dans les régions, le conseil peut autoriser le président de l'exécutif à virer de chapitre à chapitre à l'intérieur d'une même section dans la limite de 7,5 % des dépenses réelles de la section. En revanche, il peut effectuer des virements d'un article à l'autre à l'intérieur d'un même chapitre, sauf s'il s'agit d'articles spécialisés.

En deuxième lieu, les **crédits** ouverts à un chapitre ou, éventuellement, à un article spécialisé sont **limitatifs** : l'exécutif local ne peut pas en dépasser le montant car, à la différence de l'État, il n'existe pas (sauf exceptions très rares) de crédits évaluatifs (v. ss 507) dans les budgets locaux.

En troisième lieu, un **crédit pour dépenses imprévues** - un peu analogue à celui permettant d'alimenter les dépenses accidentelles et imprévisibles du budget de l'État (v. ss 506) - peut cependant être ouvert à chacune des sections du budget et être, si nécessaire, viré (automatiquement) lorsque l'exécutif mandate sur des comptes insuffisamment dotés. Mais son montant est limité (à 7,5 % des crédits de chaque section).

3. Un relatif éloignement des mécanismes de la LOLF

634 Les collectivités territoriales et leurs groupements sont en effet relativement éloignés des mécanismes introduits par la LOLF. Toutefois, différentes collectivités territoriales (Paris, Lyon, département de la Mayenne notamment) ont organisé une « transposition » partielle de la LOLF pour certains types de gestions en reprenant la structure mission/programme (v. ss 500 s.) avec fongibilité des crédits et le cas échéant évaluation de la performance, mais cette transposition est effectuée hors budget.

D. L'équilibre des budgets locaux

635 Ainsi qu'indiqué en première partie (ss 88), les collectivités locales doivent, comme les autres personnes publiques subordonnées et à la différence de l'État, respecter un principe juridique d'équilibre budgétaire. Cette exigence ancienne est traditionnellement justifiée par le souci de protéger à la fois la situation financière des collectivités locales et de l'État (spontanément appelé en garantie), et de réserver l'essentiel de l'action conjoncturelle (permise par le déficit) à l'État. Elle se traduit par l'obligation de présenter le budget - acte de prévision, faut-il le rappeler - en équilibre réel (**1**) et d'en résorber un éventuel déficit d'exécution (**2**).

1. L'équilibre réel du budget

636 Cet équilibre considéré par la jurisprudence comme une condition même de la légalité de ce dernier (CE 23 déc. 1988, *Dpt Tarn*), est une obligation qui s'impose, non seulement au budget primitif, mais encore au budget résultant de tout acte modificatif ultérieur (v. ss 626).

L'équilibre s'apprécie en tenant compte des résultats antérieurs (cumulés) ; ainsi, est légal un acte budgétaire comprenant moins de recettes que de dépenses mais qui peut être équilibré par prélèvement sur les excédents antérieurs (CAA Lyon, 2 avr. 2002, *Silvert*).

Cette **notion d'équilibre réel** n'a été précisée qu'à partir de la loi du 2 mars 1982 (CGCT, art. L. 1612-4, L. 1 612-6 et L. 1 612-7) et comporte trois éléments.

Il s'agit d'abord de la **sincérité de l'évaluation** des recettes (absence de surévaluation) et des dépenses (absence de sous-évaluation), ce qui, pour paraître évident, n'en est pas moins le plus difficile à contrôler (et à sanctionner) s'agissant d'un acte de prévision.

Il s'agit ensuite de la « **neutralisation des emprunts** ». À la différence de l'État, les collectivités locales peuvent, en effet, équilibrer leur budget par l'emprunt, qui est budgétisé. Elles ne sauraient cependant le faire indéfiniment car la règle d'équilibre deviendrait purement formelle et comptable. Aussi, non seulement le remboursement des emprunts est-il également budgétisé, mais encore la collectivité locale doit-elle être en mesure de rembourser le capital des emprunts arrivant à échéance dans l'année par des ressources définitives (qu'il s'agisse de ressources propres ou de subventions). Cette interdiction de « rembourser l'emprunt par l'emprunt » donne, évidemment, tout son sens à la règle d'équilibre.

L'autorité administrative et certaines chambres régionales des comptes estiment que ne peuvent être incluses dans les ressources définitives les subventions spécifiques (c'est-à-dire affectées à un équipement prédéterminé), ce qui paraît, ou bien insuffisant (il faudrait exclure toutes les subventions reçues) ou bien excessif (il faudrait inclure toutes les subventions, puisque le but du système est d'empêcher le recours à l'emprunt).

Il s'agit enfin de **l'équilibre par section**, chacune des deux sections du budget devant être équilibrée. Mais, d'une part, la section d'investissement peut être équilibrée par des prélèvements sur la section de fonctionnement, d'autre part, le terme « équilibre » signifie de plus en plus **absence de déficit**. En effet, l'excédent, que l'orthodoxie juridique et financière (manifestée par certaines décisions de jurisprudence) conduirait également à interdire (comme attentatoire aux règles d'annualité et de nécessité de l'impôt), est de plus en plus admis par le législateur.

La **sanction du déséquilibre** est, lorsque ce dernier est détecté en temps utile, constituée par le redressement d'office du budget décidé par le préfet sur proposition de la chambre régionale des comptes – ou, éventuellement, par une annulation du budget prononcée par la juridiction administrative (v. ss 643). À défaut, apparaîtrait un déficit d'exécution qu'il conviendrait de résorber.

2. La résorption du déficit d'exécution

637 La résorption de ce déficit tel qu'il apparaît au **compte administratif** est, en effet, une obligation qui découle de la règle d'équilibre, car cette dernière serait sans portée réelle si elle n'intervenait qu'au stade de la prévision.

La **notion de déficit d'exécution** est, cependant, quelque peu différente de celle de déficit prévisionnel.

Il s'agit d'une part d'un **déficit global**, qui compense les résultats des deux sections du compte administratif (et, semble-t-il, ceux du budget principal et des budgets annexes).

Il s'agit d'autre part d'un **déficit net**, établi « compte tenu des restes à réaliser », ce qui accroît l'importance de ces derniers et a conduit le législateur à prévoir un contrôle accru sur leur sincérité ou à organiser, dans certains cas, leur disparition (v. ss 626 et 672).

La sanction du déficit d'exécution varie cependant selon l'importance de ce dernier. Si le déficit est minime, il doit être résorbé l'année même de sa constatation (par intégration dans le budget de l'année en cours) mais sans procédure particulière. S'il est important (selon les collectivités, 5 % ou 10 % des recettes de fonctionnement) il doit être résorbé dans la ou les années suivant sa constatation, après mise en œuvre d'une procédure pouvant conduire à un redressement d'office par le préfet sur proposition de la chambre régionale des comptes (v. ss 660). Dans les deux cas, il rend inéluctable la règle de continuité des exercices (v. ss 626).

§ 2. L'élaboration du budget

638 Sauf lorsqu'il est réglé d'office (v. ss 660 s.), le budget local est préparé par l'exécutif (**A**) et adopté par le conseil (**B**).

A. La préparation du budget local

639 La préparation du budget local constitue en fait, comme dans tous les organismes publics, une phase particulièrement importante, dont les modalités varient cependant considérablement selon la taille des collectivités, qu'il s'agisse des instances (**1**) ou des méthodes de préparation (**2**).

1. Les instances chargées de la préparation

640 Elles relèvent toutes de l'**exécutif** (maire, président du conseil), seule autorité responsable en la matière. Mais, dans les grandes collectivités, cette préparation est éclairée par un **débat d'orientation budgétaire** (DOB) qui porte notamment sur les « engagements pluriannuels envisagés » mais sans qu'il soit obligatoire d'établir une liste des autorisations de programme et des autorisations d'engagement. Ce débat doit, à peine de nullité (prononcée par plusieurs tribunaux administratifs), être organisé au conseil dans les deux mois précédant l'examen du budget (primitif), sauf pour les régions, dix semaines. De plus, dans ces mêmes collectivités, l'exécutif dispose de **services financiers** généralement étoffés qui, le plus souvent dotés de moyens étendus et modernes, permettent une réelle autonomie dans la préparation. En revanche, dans les petites communes, les moyens humains et matériels font le plus souvent défaut et obligent généralement le maire et son secrétariat à recourir (moyennant une indemnité de conseil) à l'aide du comptable (receveur municipal), solution certes traditionnelle mais peu orthodoxe pour un ordonnateur.

2. Les méthodes de préparation

641 Elles sont, *a priori*, toutes tributaires de certaines **informations** indispensables que détiennent les services de l'État, notamment les bases d'imposition établies par la DGFiP et le montant de certaines dotations, en particulier la dotation globale de fonctionnement, versées par le Trésor (la liste de ces informations est fixée par CGCT, art. D. 1 612-1 s.) ; ces informations doivent être communiquées aux collectivités locales avant le 15 mars, faute de quoi la date limite d'adoption du budget local (v. ss 644) est repoussée (à quinze jours après cette communication). Mais les grandes collectivités ont, en fait, les moyens d'anticiper assez largement ces informations, ce qui est d'autant plus nécessaire que la préparation de leur budget est longue et complexe, se heurtant à des problèmes qui rappellent souvent ceux rencontrés par l'État (inertie des masses budgétaires, ici accrue par de nombreuses dépenses juridiquement obligatoires, rigidité des structures, problème de rationalisation des choix…) et qui sont probablement communs à toutes les grandes organisations. Ce n'est évidemment pas à des problèmes de ce type que sont confrontées les petites communes.

B. L'adoption du budget local

642 L'adoption du budget se distingue, elle, moins par sa procédure (**1**) que par son retard (**2**).

1. La procédure d'adoption

643 Elle comporte habituellement deux étapes.

Un **examen préliminaire du projet** est généralement effectué par une ou des commissions (facultativement) constituées par le conseil (la pratique étant très variable selon les collectivités) ; de plus, dans les régions, le texte est obligatoirement soumis à l'avis du conseil économique, social et environnemental régional ; dans les départements et les régions, le projet de budget et les « rapports correspondants » (établis par l'exécutif) doivent être communiqués aux membres du conseil au moins douze jours avant la première réunion budgétaire (les conseillers des grandes communes devant, eux, recevoir, au moins cinq jours avant, une « note explicative de synthèse »).

Tout ou partie du budget pourrait, par ailleurs, faire l'objet d'un « référendum municipal » dans les conditions du droit commun (CGCT, art. LO 1112-1 s. et R. 1112-1 s.) et être soumis à l'avis des commissions et comités extra-municipaux prévus par les textes.

On notera le développement dans certaines collectivités du phénomène des budgets participatifs (régions Poitou-Charentes, Nord-Pas-de-Calais, Paris)

Dans toutes les collectivités, les conseillers ont droit à une information complète (CGCT, art. L. 2121-13, L. 3121-19 et L. 4132-17), à laquelle le juge administratif attache une importance toute particulière en matière financière.

L'information est assurée par les moyens matériels jugés les plus appropriés et, le cas échéant, par voie électronique. Il existe cependant des différences selon les collectivités : au niveau communal, dans les communes de 3 500 habitants et plus, une note de synthèse accompagnera la convocation, tandis qu'au niveau départemental et régional il faudra adresser au moins 12 jours avant la réunion un rapport sur chacune des affaires soumises au conseil général et régional.

Le juge annule les délibérations budgétaires lorsque, par exemple, le maire a adressé aux conseillers une « note explicative de synthèse » par trop sommaire (CE 12 juill. 1995, *Cne Simiane-Collongue*) ou a refusé de communiquer à un élu les budgets des associations subventionnées par la commune (CE 2 févr. 1996, *Cne Istres*) ou les informations permettant d'apprécier les crédits concernant les indemnités versées au personnel communal (CE 20 nov. 1996, *Cne Chilly-Mazarin*), ou certains documents détaillés (CE 8 juin 1994, *Cne Fontenay-le-Fleury)*. Il ne le fait pas lorsque la note de synthèse annexée à la convocation, peut-être trop sommaire, est accompagnée de documents joints comme les données synthétiques sur la situation financière de la commune, le projet intégral du budget primitif divisé en chapitres et articles, par fonction, avec une présentation fonctionnelle... (CAA Marseille 8 déc. 2003, *Gérard X.)*.

La **discussion et le vote** ont ensuite lieu devant le conseil, qui, pour les régions, a juridiquement les plus larges pouvoirs pour repousser ou amender le projet (à charge, cependant, de respecter les principes budgétaires, notamment celui d'équilibre), le droit d'amendement ne pouvant, en particulier, se voir opposer, comme à l'égard des parlementaires (v. ss 538), certaines irrecevabilités (CE 31 juill. 1996, *Tête* ; CAA Paris, 12 févr. 1998, *Tavernier* ; CAA Nancy, 4 juin 1998, *Ville Metz*).

Le conseil ne peut, en revanche, déléguer ce pouvoir. En particulier, les conseils départementaux et régionaux ne peuvent, comme dans les matières non budgétaires, déléguer des pouvoirs à leur commission permanente (d'autant que les délibérations de cette dernière ne sont pas nécessairement publiques : CE 18 déc. 1996, *Région Centre*, et Cons. const. 14 janv. 1999, 407 DC). Celle-ci, d'après une interprétation administrative qui reste à confirmer pleinement par le juge, pourrait au plus se voir confier le soin de désigner les bénéficiaires de certaines catégories de subventions.

Le budget est (ou est censé être) adopté par chapitre et, si le conseil le décide, par article, mais, selon une pratique avalisée par la jurisprudence, il n'est pas nécessaire qu'il y ait formellement un vote sur chacun des chapitres et, éventuellement, des articles (CE 18 mars 1994, *Cne Cestas,* rendu sur conclusions contraires du commissaire du gouvernement, mais confirmé par CE 4 juill. 1997, *Région Rhône-Alpes*).

On rappellera, par ailleurs, que l'adoption par article ne suffit pas à spécialiser cet article, la spécialisation devant (sauf pour les articles de subvention) être expresse.

Un vote distinct est opéré concernant les autorisations de programme et les autorisations d'engagement (CGCT, art. R. 2311-9).

En effet, chaque autorisation comporte la répartition prévisionnelle par exercice des crédits de paiement correspondants. Celles-ci et leurs révisions éventuelles sont présentées par le chef de l'exécutif et votées par l'organe délibérant par délibération distincte lors de l'adoption du budget de l'exercice ou des décisions modificatives. Elles donnent lieu à un suivi spécial. Cependant, s'agissant des régions, lorsque celles-ci établissent un programme des dépenses d'investissement, ce programme est annexé au budget de la région. Le conseil régional vote les autorisations de programme et les crédits de paiement correspondants.

2. Le retard dans l'adoption

644 Celui-ci est traditionnel et n'est pas exclusivement imputable aux autorités locales car les informations nécessaires à l'élaboration du budget ne sont communiquées par les services de l'État qu'au cours du premier trimestre de l'année civile, après l'adoption de la loi de finances (v. ss 527). Aussi la loi du 2 mars 1982 (CGCT, actuels art. L. 1612-1 s.) a-t-elle à la fois institutionnalisé et limité ce retard.

La **date limite d'adoption du budget** primitif est désormais, pour la généralité des cas, fixée au 15 avril.

Cette limite est reportée au 30 avril l'année de renouvellement des conseils intéressés ou au 1er juin si le budget de l'année précédente a été redressé d'office (15 juin l'année de renouvellement des conseils) ou à l'expiration d'un délai de quinze jours après la transmission par l'État, au-delà du 31 mars, d'informations nécessaires au budget ou à l'expiration d'un délai de trois mois après la création d'une nouvelle collectivité.

Si, quinze jours après la date limite d'adoption, l'autorité préfectorale n'a pas reçu de budget primitif (ce qui, en pratique, donne un délai supplémentaire à la collectivité), elle met en œuvre une procédure d'établissement d'office du budget par le préfet sur proposition de la chambre régionale des comptes (v. ss 660).

Les **mesures provisoires** prévues dans l'attente du budget (CGCT, art. L. 1 612-1) ne laissent, à la différence du système applicable aux lois de finances, qu'une place restreinte à l'autorité délibérante.

À dater du 1er janvier, en effet, l'exécutif peut, sans autorisation du conseil, mettre en recouvrement les recettes et effectuer les dépenses de fonctionnement dans la limite du budget de l'année précédente (ce qui correspond largement à la notion de services votés du budget de l'État) et rembourser les emprunts qui arrivent à échéance.

Ce n'est donc que pour les crédits d'investissement (hors amortissement de la dette) de l'année (et, probablement, pour l'attribution de subventions) que l'autorisation du conseil (précisant le montant et l'affectation) est nécessaire, mais les dépenses ainsi autorisées ne peuvent dépasser le quart des crédits de l'année précédente – sauf, éventuellement, pour les crédits de paiement prévus pour l'exercice par les autorisations de programme ou d'engagement des années précédentes (ces crédits de paiement étant, dans les régions, limités à un tiers, par chapitre, des autorisations de programme ouvertes l'année précédente).

§ 3. L'exécution du budget

645 L'exécution du budget des collectivités locales obéit aux principes généraux de la comptabilité publique rappelés désormais par le RGBCP (v. ss 450) mais qui, en vertu de la Constitution (art. 34 et 72), n'ont pu parfois être imposés aux collectivités décentralisées que par voie législative (en particulier par la loi du 2 mars 1982). Par ailleurs, leur mise en œuvre obéit parfois à certaines modalités particulières, qui concernent aussi bien les agents (**A**) que les opérations (**B**) d'exécution.

A. Les agents d'exécution

646 Les agents d'exécution, les ordonnateurs (**1**) et les comptables (**2**), répondent à un principe, traditionnel, de séparation (**3**).

1. Les ordonnateurs

647 Les ordonnateurs qui émettent des « titres de recette » ou des « mandats de paiement », sont les **exécutifs** locaux (maire, président du conseil). Il s'agit d'**ordonnateurs principaux** et, juridiquement, uniques car les ordonnateurs secondaires n'existent pas dans le secteur public local ; existent, en revanche, des **ordonnateurs délégués** (de l'ordonnateur principal) (v. ss 453) qui sont les principaux responsables administratifs, bénéficiaires d'une délégation de signature classique, et certains élus (adjoints, vice-présidents), bénéficiaires d'une délégation (plus étendue) de fonctions.

De plus, depuis une loi du 21 décembre 2001, un **ordonnateur spécial**, désigné par le conseil délibérant, peut être amené à remplacer l'ordonnateur principal lorsque ce dernier a été déclaré comptable de fait (v. ss 418).

2. Les comptables

648 Ce sont, en tout cas pour les collectivités territoriales et leurs groupements, nécessairement des **comptables publics de l'État** à présent intégrés au sein de la DGFiP, nommés par le ministre chargé du Budget « après information préalable » de l'ordonnateur local (CGCT, art. L. 1617-1).

Le projet de loi de décentralisation de 1982 prévoyait l'accord de l'ordonnateur local.

Dans certains établissements publics locaux (régies personnalisées industrielles et commerciales, caisses des écoles à Paris, Lyon et Marseille...), le conseil peut cependant proposer au préfet la nomination d'un receveur spécial. Cette possibilité était également ouverte aux grandes communes jusqu'en 1941.

Dans les départements et les régions, ces agents doivent cependant, depuis 1982, se consacrer exclusivement à leurs fonctions de comptable local, ce qui explique qu'on ait dû instituer un « **payeur départemental** » et un « **payeur régional** », distincts du directeur des finances publiques (de département ou de région). En revanche, dans les communes, le « **receveur municipal** » continue d'exercer à la fois les fonctions de comptable d'État (« percepteur ») et de comptable local ; il est même fréquemment comptable de plusieurs communes et établissements publics locaux.

Ces comptables prêtent tous serment devant la Chambre régionale des comptes, à laquelle ils rendent des comptes en tant que comptable principal (v. ss 407) de la collectivité (mais ils continuent d'agir en tant que comptable d'État lorsqu'ils encaissent les principaux impôts locaux et manient la trésorerie locale). Mis gratuitement à la disposition des collectivités, ils perçoivent de ces dernières une (modique) indemnité de confection des documents et peuvent percevoir une indemnité de conseil qui est votée, ou non, par l'organe délibérant pour la durée du mandat (dont le montant maximum est fixé en fonction de la moyenne annuelle des dépenses budgétaires, arr. 12 juil. 1990).

3. La séparation des ordonnateurs et des comptables

649 Cette séparation demeure, en droit et en fait, particulièrement rigide, le comptable apparaissant parfois (est-ce toujours erroné ?) comme le représentant, et de la comptabilité publique, et de l'État.

Cette rigidité se traduit, par exemple, dans le fait que le comptable a, seul, « le pouvoir de poursuivre la rentrée de tous les revenus de la commune et de toutes les sommes qui lui sont dues », et de déclarer les créances de la commune dans une procédure de redressement judiciaire (Com. 12 juin 2001 et 29 avr. 2003, *Chatel-Louroze c/ Cne Taninges*).

Elle se traduit notamment par le maintien de la dualité entre un **compte administratif**, établi par l'ordonnateur, et un **compte de gestion**, rendu par le comptable.

Cependant, la technique du compte financier unique est utilisée dans certains établissements publics locaux (régies personnalisées, HLM...) ; elle est périodiquement proposée pour au moins les petites collectivités territoriales.

Cette rigidité se retrouve même dans l'assouplissement traditionnellement constitué par les **régies de recettes et/ou d'avances** (v. ss 431) puisque l'institution de la régie par le conseil (ou, sur délégation de ce dernier) est subordonnée à l'accord du comptable (alors qu'habituellement cet accord n'est requis que pour la désignation du régisseur).

Les régies des collectivités locales et établissements publics locaux (sauf ceux d'enseignement) sont actuellement réglementées par les décrets du 29 décembre 1997 et du 19 décembre 2005 (codifiés dans CGCT, art. R. 1617-1 s., qui ne sont cependant pas obligatoires pour les régies qui, créées avant 1998, peuvent continuer d'obéir au régime institué sous l'empire du décret du 28 mars 1964). Elles sont instituées, sur avis conforme du comptable, par le conseil délibérant (le directeur dans les établissements publics de santé) qui peut cependant déléguer ce pouvoir au maire (CGCT, art. L. 2122-22, 7°, et CE 6 janv. 1995, *Ville de Paris*) ou, dans les départements et les régions, à la commission permanente (l'exécutif pouvant probablement être chargé de préciser les modalités). Le régisseur, nommé par l'ordonnateur sur avis conforme du comptable, doit être une personne physique, mais qui n'est pas nécessairement un agent public (ce qui ouvre la voie à des collaborations extérieures, au besoin intéressées) et peut lui-même faire appel à des préposés (par exemple pour l'encaissement de recettes dans les bus, les cantines, les hôpitaux ou les HLM) qui agissent pour son compte (des sous-régies étant également possibles). Le régisseur ne peut être un agent ayant la qualité d'ordonnateur ou disposant d'une délégation à cet effet. Le régisseur est responsable personnellement et pécuniairement de la garde des fonds et valeurs recueillis ou avancés. Les régisseurs ne peuvent effectuer de dépenses d'investissement et, sauf dérogation accordée par le ministre du Budget, encaisser des ressources fiscales. Le produit des contraventions de police constatées par des agents municipaux est encaissé sur régie d'État (instituée par le préfet). Un régisseur intérimaire peut être nommé dans l'attente de la nomination d'un nouveau régisseur. Les régisseurs peuvent percevoir une indemnité de responsabilité.

Cette rigidité doit être appelée à s'atténuer avec la mise en œuvre de techniques de comptabilité patrimoniale et de nouvelles liaisons informatiques (v. ss 693) qui entraîneront nécessairement une collaboration accrue entre ordonnateur et comptable.

Notons que le gouvernement a confirmé le maintien, sous réserve d'adaptations, du système « budgétaro-comptable » régissant les comptes des collectivités locales, après un avis rendu par le comité national relatif à la fiabilité des comptes locaux (Rép. min. Q. n° 41515, JOAN, 7 janv. 2014).

B. Les opérations d'exécution

650 Les opérations d'exécution présentent également quelques particularités, qu'il s'agisse de dépense (**1**), de recette (**2**) ou de trésorerie (**3**).

1. La dépense

651 Elle se déroule, sauf procédures spéciales, selon les deux phases habituelles (v. ss 458 s.).

La phase administrative permet à l'ordonnateur local d'engager, de liquider et de mandater les sommes mais la comptabilité d'engagement, si importante pour la gestion, notamment en cas d'autorisations de programme, a longtemps été négligée (alors qu'elle était réglementairement obligatoire), ce qui a conduit la loi (du 6 févr. 1992) à l'imposer (les modalités ayant été fixées par un arrêté du 26 avr. 1996) ; de son côté la **liquidation** obéit parfois à des règles particulières (notamment en matière de service fait) ; quant au **mandatement** il doit être accompagné de pièces justificatives dont, depuis 1983 (Décr. 13 janv. modifié par Décr. 2 avr. 2003), la liste (CGCT, D. 1617-19, Ann. I) est limitativement fixée par décret (Décr. 25 mars 2007), de façon à diminuer le pouvoir d'appréciation du comptable (art. 1er : « Avant de procéder au paiement d'une dépense ne faisant pas l'objet d'un ordre de réquisition, les comptables publics des collectivités territoriales, des établissements publics locaux et des associations syndicales de propriétaires ne doivent exiger que les pièces justificatives prévues pour la dépense correspondante... »).

La phase comptable débute par le traditionnel **contrôle de régularité** qui, en matière de finances décentralisées, revêt une importance toute particulière car, effectué par un agent de l'État (v. ss 454), il pourrait devenir un moyen détourné de reconstituer une tutelle du pouvoir central sur les collectivités locales et d'exercer un contrôle de légalité sur les actes locaux, comme le souhaiterait le ministère du Budget (dont une circulaire du 18 juin

1990, retirée par la suite, prescrivait aux comptables un contrôle en ce sens). Aussi, reprenant la jurisprudence traditionnelle, la loi du 2 mars 1982 (CGCT, article L. 1617-2) a expressément exclu tout contrôle d'opportunité et limité, dans la plupart des cas, le contrôle des comptables aux aspects habituels de la légalité externe, interdisant notamment au comptable de refuser un mandat fondé sur une décision locale exécutoire.

Le Conseil d'État a pu rappeler que s'il appartenait à ces derniers « d'apprécier la validité des créances, de donner aux actes administratifs une interprétation conforme à la réglementation en vigueur, ils n'ont pas le pouvoir de se faire juges de leur légalité » (CE 13 juill. 2006, *Min. de l'économie, des finances et de l'industrie*).

Par ailleurs, la loi de 1982 a ouvert au maire (qui ne le possédait pas) et aux autres ordonnateurs locaux (succédant au préfet qui le possédait) le droit d'adresser un **ordre de réquisition** au comptable qui aurait refusé (par décision écrite motivée) le paiement (CGCT, art. L. 1617-3).

Mais la réquisition est impossible dans de nombreux cas, parfois révélateurs de la mission spéciale de surveillance malgré tout confiée au comptable.

La réquisition n'est pas seulement impossible dans les cas habituels : insuffisance de crédits ou de fonds, mauvaise imputation de la dépense, absence totale de justification de service fait (que l'ordonnateur peut cependant pallier par une attestation), absence de caractère libératoire du règlement. Le comptable doit également refuser le paiement et la réquisition en cas de crédits « irrégulièrement ouverts » et, depuis 1994, « d'absence de caractère exécutoire des actes ».

De plus, l'ordre de réquisition doit être transmis, d'une part à la chambre régionale des comptes, ce qui peut entraîner le mise en jeu de la « responsabilité propre » de l'ordonnateur (notamment, dans certains cas, devant la Cour de discipline budgétaire et financière : v. ss 419), d'autre part à l'autorité préfectorale, qui peut le déférer au juge administratif avec, éventuellement, demande de sursis à exécution.

Les **procédures spéciales de dépense** sont, elles, moins développées que dans le secteur étatique et, si on néglige les procédures de règlement d'office (v. ss 459), se réduisent à certains paiements avant ordonnancement effectués par le comptable (menues dépenses, prélèvements automatiques acceptés d'avance par la collectivité) ou par un régisseur d'avances (v. ss 431).

2. La recette

652 Elle obéit encore moins qu'ailleurs à un schéma homogène.

Les recettes relevant des autres personnes publiques peuvent elles-mêmes être classées en deux catégories.

Les recettes fiscales sont, pour la plupart, assises et recouvrées par l'administration d'État (agissant ès-qualités) qui, pour les plus importantes d'entre elles, en fait « l'avance » aux collectivités locales (v. ss 155).

Les principales contributions directes sont assises par la DGFiP (qui établit les bases d'imposition avec la collaboration de commissions locales) et recouvrées, sur le fondement d'un rôle, par les comptables publics (« percepteurs » ou « payeurs »). La fiscalité de l'urbanisme est établie par (ou au nom) des services de l'État et recouvrée, sur le fondement d'un titre exécutoire, par les comptables publics de l'État (depuis 1990). Les impôts indirects pris en charge par l'État (notamment les droits d'enregistrement) sont recouvrés et contrôlés par les services de la DGFiP. La DGDDI est aussi actrice du recouvrement de certaines taxes locales.

Les (importantes) recettes non fiscales ne peuvent faire l'objet d'un recouvrement forcé lorsqu'elles sont dues par l'État (qui est cependant soumis à des procédures juridictionnelles progressivement améliorées) mais, lorsqu'elles sont dues par des personnes publiques secondaires, la collectivité locale créancière peut mettre en œuvre les voies d'exécution administratives : inscription et mandatement d'office par le préfet et la chambre régionale des comptes ou par l'autorité de tutelle (établissements publics nationaux).

Les recettes dues par des personnes morales de droit privé peuvent, elles, faire l'objet d'un recouvrement forcé.

La procédure habituelle, applicable même aux créances domaniales, (en sachant que le nouveau code général de la propriété des personnes publiques a introduit en son article L. 2125-1 un principe, souffrant de peu d'exceptions, selon lequel toute occupation du domaine public d'une personne publique donne lieu au paiement d'une redevance), et aux créances fiscales non prises en charge par l'État, est, depuis la loi du 12 avril 1996 complétée par la loi de finances pour 2005 (art. 63, introduction de la voie d'opposition à tiers détenteur) celle d'un **titre de recette** (individuel ou collectif) exécutoire émis par l'ordonnateur et recouvré (dans un délai de quatre ans) par le comptable (dont les poursuites doivent être autorisées par l'ordonnateur : CGCT, art. R. 2342-4). Cependant le débiteur peut exercer, dans les deux mois (de la réception du titre ou d'un acte de poursuite), un recours suspensif, ou bien devant le juge de la créance s'il conteste le bien-fondé de cette dernière (un recours gracieux préalable devant l'ordonnateur étant possible), ou bien devant le juge (judiciaire) de l'exécution s'il conteste la régularité formelle d'un acte de poursuite (un recours préalable devant l'administrateur général des finances publiques étant possible en matière fiscale) (CGCT, art. L. 1617-5). Par ailleurs, le débiteur peut obtenir du Conseil une remise gracieuse.

Aussi des **procédures exceptionnelles** sont-elles parfois possibles, qui privent de caractère suspensif le recours du débiteur : ainsi pour les créances résultant de contrats notariés ou de décisions juridictionnelles (ou, indirectement, les créances recouvrées par compensation : v. CE 12 mars 1999, *Min. délégué au Budget*).

3. La trésorerie

653 Elle est marquée par l'obligation faite aux collectivités locales de déposer leurs fonds au Trésor (v. ss 151).

Les dérogations à ce principe étaient et demeurent limitées. Elles ont été marquées par la réforme de la loi de finances pour 2004 (art. 116) au travers de l'article L. 1618-2 du CGCT. Il est loisible aux collectivités territoriales et à leurs établissements publics (ou encore aux offices publics de l'habitat) de déroger à l'obligation de dépôt auprès de l'État pour un ensemble de fonds provenant : de libéralités, de l'aliénation d'un élément de leur patrimoine, d'emprunts, ou de recettes exceptionnelles (définies par Décr. 28 juin 2004, à savoir : indemnités d'assurance, sommes perçues à l'occasion d'un litige, recettes provenant de ventes de biens tirés de l'exploitation du domaine réalisées à la suite de catastrophes naturelles ou technologiques, dédits et pénalités reçus à l'issue de l'exécution d'un contrat). Les fonds peuvent être placés en titres émis ou garantis par les États membres de l'Union européenne ou les autres États parties à l'accord sur l'Espace économique européen, ou en parts ou actions d'organismes de placement collectif en valeurs mobilières gérant exclusivement des titres émis ou garantis dans les mêmes conditions, libellés en euros. Ces fonds disponibles peuvent aussi être déposés sur un compte à terme ouvert auprès de l'État... C'est l'organe délibérant de la collectivité qui en décide, sauf délégation ; enfin, il est aussi possible pour les collectivités territoriales (mais aussi syndicats intercommunaux de gestion forestière...) de déposer une part des ressources de ventes de bois sur un compte individualisé ouvert dans le Fonds d'épargne forestière tenu par un établissement de crédit agréé. Cette faculté a été ouverte plus récemment notamment aux collectivités territoriales.

Par ailleurs, si le juge administratif a confirmé l'illégalité des avances de pure trésorerie entre collectivités « car elles ne correspondent pas à une dérogation admise à la règle d'obligation de dépôt des fonds des collectivités locales au Trésor (TA Caen 9 sept. 1997, *Préfet de la Manche c/ Conseil général de la Manche*), il paraît avoir admis la faculté pour une collectivité » d'accorder des prêts et avances à d'autres collectivités, dès lors que ce n'est pas à titre habituel, qu'il s'agit d'une opération ponctuelle et exceptionnelle et que les sommes en questions sont inscrites au budget primitif de la collectivité qui les octroie (CAA Marseille 3 avr. 2001, *Préfet des Alpes de Haute-Provence*).

Les sommes déposées au « Trésor » n'étant pas rémunérées mais pouvant entraîner des frais (lorsqu'elles proviennent de l'emprunt), les collectivités locales les plus importantes se sont efforcées, à partir du milieu des années 1980, de réduire le montant de ces liquidités et d'atteindre la « trésorerie zéro » par des conventions passées avec le secteur bancaire et permettant d'effectuer immédiatement un tirage des sommes nécessaires et un remboursement des sommes excédentaires – « lignes de trésorerie » parfois englobées dans des montages plus vastes ouvrant des options multiples (MOFF – *Multiple option financing facility*).

§ 4. Le contrôle sur les finances des collectivités locales

654 Un certain contrôle sur les finances locales peut émaner des **administrés**, dont le droit d'accès aux documents budgétaires, qui existe en principe depuis fort longtemps (1837), a été élargi et facilité à plusieurs reprises ; les budgets et les comptes administratifs (accompagnés, dans les grandes collectivités, de nouvelles annexes exigées depuis 1992 : v. ss 680) doivent être mis à leur disposition, en en informant le public, dans les quinze jours de leur adoption et la copie du budget ou des comptes peut être obte-

nue aussi bien de la collectivité locale que des services de l'État (un registre des taxes d'urbanisme devant, par ailleurs, être tenu en mairie).

Ce droit à l'information dont bénéficie toute personne physique ou morale est organisé, au travers de plusieurs textes et en particulier les ordonnances du 6 juin 2005 et du 26 août 2005, aux articles L. 2121-26 et L. 2313-1 du CGCT, qui cherchent à promouvoir, parallèlement à la transparence administrative, une « transparence financière », à laquelle le juge contribue volontiers, en estimant, par exemple, que sont communicables un état de consommation des crédits (CE 13 nov. 1992, *Cne Louviers*) ou les mandats de paiement (CE 12 juill. 1995, *Domarchi*). Par ailleurs, que la loi du 12 avril 2000 a étendu aux contribuables des départements et des régions (CGCT, art. L. 3133-1 et L. 4143-1) la faculté, jusque-là reconnue aux seuls contribuables communaux (CGCT, art. L. 2132-5), d'exercer, avec l'autorisation du tribunal administratif, les actions que la collectivité négligerait de mener.

À l'instar de documents de l'État, il est sans doute prévisible qu'une démarche dite « d'open data » ne soit imposée par le Législateur pour les documents budgétaires des grandes collectivités locales.

L'essentiel du contrôle est cependant effectué par la collectivité elle-même (**A**), l'administration d'État (**B**) et la chambre régionale des comptes (**C**).

A. Le contrôle par la collectivité locale

655 Les contrôles effectués par la collectivité elle-même ne sont pas tous de même nature. Ils peuvent être internes (**1**) et par les organes délibérants (**2**).

1. Des contrôles internes

656 Internes aux services, ils sont organisés dans toutes les collectivités de quelque importance, sous forme d'un contrôle des engagements et, parfois, d'un contrôle de gestion ; mais les modalités en sont librement fixées par l'ordonnateur local et, facultatifs, ils n'existent pas, faute de services, dans les petites communes.

2. Le contrôle du conseil

657 Celui-ci peut s'exercer à l'occasion du vote des documents budgétaires modificatifs (v. ss 626) mais il se manifeste surtout à l'occasion de **l'arrêté des comptes** constitué par le vote du compte administratif, qui, depuis 1992, doit intervenir avant le 30 juin

(parfois même le 1er juin), sous peine de saisine de la chambre régionale des comptes (CGCT, art. L. 1 612-12).

Dès la clôture de l'exercice, le comptable doit transmettre à l'ordonnateur un **état de situation de l'exercice clos** (opérations effectuées ou restant à effectuer). Il établit un **compte de gestion** dont les résultats doivent être certifiés par le comptable supérieur public dont dépend le comptable local et qui est transmis à l'ordonnateur avant le 1er juin (le 1er mai si le budget de l'année précédente a été redressé d'office). L'ordonnateur établit le **compte administratif** qui, accompagné (à peine de nullité de la procédure) du compte de gestion, est transmis au conseil pour approbation avant le 30 juin (le 1er juin si le budget de l'année précédente a été redressé d'office, la limite étant reculée au 15 juin les années d'élection du conseil). Le conseil statue, d'une part sur le compte de gestion (qui est ensuite transmis, avant le 31 décembre, à la chambre régionale ou territoriale des comptes), d'autre part sur le compte administratif (sous la présidence d'une personne autre que l'ordonnateur, ce dernier devant se retirer au moment du vote). Le compte administratif est réputé arrêté si une majorité de voix ne s'est pas dégagée contre son adoption. Le compte administratif ainsi arrêté doit être transmis dans les quinze jours de la date limite à l'autorité préfectorale (qui saisirait, sinon, la chambre régionale de comptes : v. ss 660) ; avant 1992, la date limite était fixée au 1er octobre et sa méconnaissance n'entraînait aucune sanction directe. Un compte administratif rejeté mais conforme au compte de gestion du comptable peut, après avis de la chambre régionale des comptes (immédiatement saisie), servir de base de calcul à certaines contributions dues pour ou à la collectivité locale intéressée.

Dans les départements et les régions, ce contrôle est renforcé par la nécessité d'un rapport annuel du président du conseil sur l'état de la collectivité intéressée, et du préfet de région ou du préfet sur l'activité des services de l'État dans la circonscription territoriale intéressée.

B. Le contrôle par l'administration d'État

658 Les contrôles par l'administration d'État sont multiformes, ce qui ne paraît pas au demeurant constituer pour autant un gage d'efficacité.

Certains d'entre eux, en effet, ne peuvent être qu'épisodiques. Il en va ainsi des contrôles émanant des corps d'inspection ministériels (v. ss 377) et de l'Inspection générale des finances – dans la mesure du moins où leur compétence à l'égard des collectivités locales serait pleinement établie, ce qui ne paraît pas toujours le cas depuis 1982 – ou de ceux effectués par les instances de lutte contre la fraude (v. ss 390 s.) – dont la compétence est, elle, formellement et plus récemment établie.

D'autres contrôles sont, eux, systématiques. Sur le plan financier, le plus important est celui exercé par le comptable local (v. ss 458) lui-même placé sous la surveillance d'un comptable supérieur. S'y ajoute la surveillance exercée par l'autorité préfectorale : contrôle de légalité de droit commun, qui est exercé sur les actes à incidence financière (y compris, depuis 1994, les réquisitions de paiement : v. ss 458) et qui doit être combiné avec le contrôle budgétaire, exercé en collaboration avec la chambre régionale des comptes.

C. Le contrôle par la chambre régionale ou territoriale des comptes

659 La chambre régionale ou territoriale des comptes exerce à la fois un contrôle budgétaire sur les conseils (**1**), un contrôle de la gestion sur les ordonnateurs (**2**) et un contrôle juridictionnel sur les comptables des collectivités locales (**3**).

1. Le contrôle budgétaire

660 Celui-ci peut aboutir au **règlement d'office** du budget local. Il est exercé la plupart du temps sur saisine du préfet car, sauf exception, ce dernier ne peut agir que sur proposition de la chambre régionale, qui possède ainsi un « droit de veto », susceptible d'un recours devant le tribunal administratif ; mais le préfet est seul habilité à prendre la décision de règlement d'office et peut s'écarter des propositions de la chambre à condition d'assortir sa décision d'une motivation explicite (le conseil devant, par ailleurs, être tenu informé des avis de la chambre et arrêtés du préfet : CGCT, art. L. 1 612-19). On peut distinguer trois grands cas d'ouverture de ce contrôle budgétaire (qui occasionne annuellement plus d'un millier de saisines des chambres).

Le **retard dans l'adoption du budget primitif** (CGCT, art. L. 1 612-2, 3 et 8, R. 1 612-16 à 18) n'est sanctionné que depuis 1982. Si, quinze jours après la date limite d'adoption fixée par les textes, un budget primitif n'a pas été transmis au préfet, ce dernier « saisit sans délai » la chambre régionale qui rend (dans le délai d'un mois) un « avis public » formulant des propositions sur la base desquelles le préfet établit d'office le budget (dans un délai de vingt jours).

Cette hypothèse est la seule dans laquelle aucune proposition ou mise en demeure n'est préalablement adressée à la collectivité locale qui, par ailleurs, se trouve dessaisie de son pouvoir budgétaire durant la procédure.

En pratique, seule une très faible part des retards occasionne une saisine de la chambre régionale par le préfet, qui préfère une « solution amiable ».

Le déséquilibre correspond lui-même à deux hypothèses.

Il s'agit d'une part du **déficit du budget** (CGCT, art. L. 1612-5, 9 et 10, R. 1612-19 à 25). Si l'autorité préfectorale, à laquelle doit être transmis tout budget, estime que ce dernier n'est pas en équilibre réel (v. ss 636), elle saisit la chambre régionale.

Elle doit le faire dans le délai d'un mois faute de quoi tout intéressé pourrait, dans les deux mois, saisir le tribunal administratif pour faire annuler la délibération adoptant le budget en déséquilibre (CE 23 déc. 1988, *Dpt Tarn* ; 27 mai 1997, *Braun Ortega* ; 9 juill. 1997, *Cne Garges-lès-Gonesses*).

Si la chambre estime qu'il y a déséquilibre, elle adresse des propositions de redressement à la collectivité locale.

La collectivité locale, qui a (comme d'ailleurs la chambre) un mois pour se prononcer, retrouve ainsi exceptionnellement sa compétence budgétaire, par ailleurs suspendue par la procédure. Quant à l'exécution par l'ordonnateur du budget contesté, elle est limitée (au montant des crédits de fonctionnement de l'année précédente, au remboursement de la dette et à la moitié des investissements prévus au budget).

En cas de carence ou d'insuffisance constatée par la chambre, le préfet peut redresser d'office le budget, qui, au surplus, est alors placé sous surveillance spéciale.

Les actes modificatifs de ce budget doivent être transmis à la chambre régionale et le budget primitif de l'exercice suivant (dont la date limite d'adoption est alors repoussée au 1er ou 15 juin) devra intégrer les résultats d'exécution du budget redressé d'office et être transmis à la chambre régionale.

On notera que de nombreuses collectivités confrontées à des difficultés budgétaires ont souvent opté pour un vote volontairement déséquilibré. La démarche entreprise par différents départements destinée à mettre en avant des difficultés budgétaires sérieuses imputables aux yeux de leurs responsables à des transferts de charges non compensés en matière de RMI (RSA) a ainsi conduit certains d'entre eux à voter volontairement leur budget en déficit, comme l'a fait en 2010 le conseil général de Seine-Saint-Denis, pour ensuite engager un contentieux devant le juge administratif contre le refus du Premier ministre de leur allouer la compensation demandée et mettre en cause les dispositifs législatifs dans le cadre d'une QPC, QPC que le Conseil constitutionnel écartera par la suite (sous réserve que la libre administration des collectivités territoriales ne soit pas entravée Cons. const., Déc., 2011-143 QPC du 30 juin 2011, *Dépts de la Seine Saint Denis et de l'Hérault*).

Il s'agit d'autre part du **déficit du compte administratif** (CGCT, art. L. 1 612-10, 13 et 14, R. 1 612-26 à 31) arrêté par le conseil et transmis à l'autorité préfectorale.

Faute de transmission du compte dans le délai imparti, le préfet saisit la chambre régionale « du plus proche budget voté » qui, réputé insincère, pourrait éventuellement être redressé d'office. Par ailleurs, la chambre doit être immédiatement saisie d'un compte administratif rejeté par le conseil (art. L. 1 612-12). Enfin, la collectivité est tenue de reprendre dans l'exercice en cours les résultats d'exécution de l'exercice précédent (v. ss 626 et CGCT, art. L. 2311-5), faute de quoi toute décision budgétaire intervenant après le vote du compte administratif serait réputée insincère (et soumise à la procédure de redressement budgétaire, CGCT, art. L. 1612-5).

Sur ce point : CE 4 juin 2007, *Cne Saint-Palais-sur-Mer*.

Si, après vérification de la sincérité des inscriptions, le déficit net révélé par l'exécution du budget est important (5 % ou 10 % des recettes de fonctionnement selon qu'il s'agit de grandes collectivités ou de communes de moins de 20 000 habitants), le préfet saisit la chambre régionale.

Aucun délai n'est imparti au préfet pour saisir la chambre.

Celle-ci propose à la collectivité locale un plan, éventuellement pluriannuel, de redressement destiné à résorber le déficit. Au vu du ou des budgets suivants (qui doivent lui être transmis et dont l'exécution est, en attendant sa décision, limitée), elle propose, en tant que de besoin, au préfet de prendre d'office les mesures de redressement.

La loi prévoit expressément la possibilité pour le préfet de faire octroyer par l'État une subvention exceptionnelle d'équilibre. C'est une des raisons pour lesquelles le préfet peut s'écarter des propositions de la chambre (qui ne peut, elle, proposer un tel financement), à condition de motiver sa décision (sous le contrôle du juge : CE 17 nov. 1997, *Cne Fleury d'Aude*).

Les **dépenses obligatoires** ont été définies par la loi du 2 mars 1982 comme « les dépenses nécessaires à l'acquittement des dettes exigibles et les dépenses pour lesquelles la loi l'a expressément décidé » (la jurisprudence ayant précisé que les dettes doivent être précisément chiffrées, exigibles et non sérieusement contestées). Leur respect, auparavant imposé par le procédé de la tutelle est, depuis 1982, imposé par plusieurs mécanismes (qui représentent environ la moitié des saisines des chambres régionales au titre du contrôle budgétaire).

« La chambre régionale des comptes ne peut constater qu'une dépense est obligatoire pour une commune et mettre celle-ci en demeure de l'inscrire à son budget qu'en ce qui concerne les dettes échues, certaines, liquides et non contestées dans leur principe et dans leur montant, et découlant de la loi, d'un contrat, d'un délit, d'un quasi-délit ou de toute autre source d'obligations ; la chambre régionale des comptes est tenue, lorsque le principe ou le montant de la dette fait l'objet d'une contestation sérieuse, de rejeter la demande... » (CE 14 oct. 2005, *Cne Pagny-sur-Moselle*).

L'inscription d'office des crédits (CGCT, art. L. 1 612-15, R. 1 612-32 à 38) intervient en cas d'absence ou d'insuffisance des dotations nécessaires à une dépense obligatoire. Dans cette hypothèse, la chambre régionale peut être saisie (sans autre délai que celui de la prescription quadriennale : v. ss 108), non seulement par le préfet, mais encore par le « comptable public concerné » (formule qui soulève quelques difficultés) et par « toute personne y ayant intérêt », notamment le créancier, ce qui présente un intérêt procédural considérable (rapidité, gratuité), vite perçu par de nombreux créanciers (plus de la moitié des saisines des chambres concernent les dépenses obligatoires).

Si elle estime la demande recevable et fondée, la chambre régionale adresse (dans le mois) une mise en demeure à la collectivité locale qui a un mois pour inscrire les crédits, faute de quoi le préfet pourra, à la demande de la chambre, procéder à l'inscription d'office.

Si la chambre estime la demande irrecevable ou infondée (ou si elle ne saisit pas le préfet), sa décision lie le préfet (CE 4 nov. 1988, *Syndicat mixte du collège Val-de-Sarre*) mais peut faire l'objet d'un recours pour excès de pouvoir (CE 23 mars 1984, *OGEC de Couëron* ; 18 nov. 1998, *Assoc. d'éducation populaire*

Louis Flodrops c/ OGEC du Sacré-Cœur). Si elle propose le règlement d'office au préfet, celui-ci est tenu de prendre (dans les vingt jours) une décision (CE 26 juin 1987, *OGEC La Providence à Saint-Brieuc*) mais peut refuser l'inscription d'office (CE 10 juin 1988, *Cne Brives-Charensac*), sous réserve de motivation.

Le mandatement d'office (CGCT, art. L. 1612-16) intervient, lui, lorsque l'exécutif local refuse d'ordonner une dépense pour laquelle existent des crédits. Le mandatement est alors effectué, au besoin sur demande du créancier, par le préfet (après mise en demeure restée sans suite pendant un mois, ou deux mois si la dépense est égale ou supérieure à 5 % de la section de fonctionnement du budget primitif).

Le juge administratif peut, dans les conditions du droit commun (CJA, art. L. 521-1), suspendre l'exécution de l'arrêté de mandatement d'office (CE 29 juin 2001, *Compagnie nationale du Rhône*).

L'exécution des décisions de justice « passées en force de chose jugée » obéit à un régime particulier (auquel renvoie CGCT, art. L. 1612-17).

S'il s'agit d'une décision condamnant une collectivité locale à payer une somme d'argent fixée dans la décision elle-même, l'ordonnateur local doit mandater la dépense dans les deux mois faute de quoi ce sera le (seul) préfet qui, après mise en demeure (restée sans suite pendant un ou, exceptionnellement, deux mois), inscrira, si nécessaire, les crédits au budget et mandatera d'office.

S'il s'agit d'une décision qui n'est pas « passée en force de chose jugée » (décision non définitive si elle relève du contentieux administratif), c'est, en principe, le droit commun de l'inscription et du mandatement d'office qui est applicable. Cette dualité de régime pose parfois problème.

Ces mécanismes ont de moins en moins souvent à être appliqués en raison du respect croissant des décisions de justice par les collectivités locales.

En tout état de cause, l'ordonnance 2003-1212 du 18 décembre 2003 a complété l'article L. 1612-17 du CGCT en introduisant explicitement la référence à la loi du 16 juillet 1980 relative au régime des astreintes prononcées en matière administrative et à l'exécution des jugements par les personnes morales de droit public (CJA, art. L. 911-1 s.).

On notera la décision du Conseil d'État du 18 novembre 2005 (*Sté fermière de Campoloro et Sté de gestion du port de Campoloro*) par lequel celui-ci a précisé qu'en cas de carence d'une collectivité à assurer l'exécution d'une décision de justice passée en force de chose jugée condamnant une collectivité territoriale au paiement d'une somme d'argent, il appartenait au préfet de se substituer à ses organes pour précéder à la vente de biens lui appartenant, dès lors que ceux-ci ne sont pas indispensables au bon fonctionnement des services publics dont elle a la charge, permettant ainsi de dégager ou de créer les ressources suffisantes pour faire face à la décision de justice en cas d'insuffisance budgétaire de crédits. Cette même affaire a donné lieu à un arrêt de la Cour européenne des droits de l'homme du 6 décembre 2006 (57516/00). La France a été condamnée pour ne pas avoir assuré l'exécution des décisions de justice nationales en temps utile (violation de l'article 6 § 1 de la convention « s'agissant du droit à un tribunal » et du protocole n° 1 (art. 1)). Cette condamnation conduit à une substitution de l'État à la commune. Il doit verser les sommes dues en vertu d'un jugement du tribunal administratif de Bastia « y compris les intérêts, jusqu'au jour du prononcé de l'arrêt, plus tout montant pouvant être dû à titre d'impôt sur ces sommes ».

Le paiement des intérêts moratoires (et désormais d'une indemnité forfaitaire pour frais de recouvrement) dus par les collectivités locales pour retard dans le règlement des commandes publiques obéit, de son côté, à un régime particulier, réformé en 2013, destiné à faire mandater, au besoin d'office, ces intérêts en même temps que la dette principale, sans que les entrepreneurs aient à les réclamer, le comptable mettant en œuvre la procédure à leur place (v. CGCT, art. L. 1 612-18).

On notera que les régimes de contrôle budgétaire ci-dessus décrits comportent des particularités ou ne sont que partiellement applicables dans certaines parties du territoire (Alsace-Moselle, collectivités d'outre-mer) ou à l'égard de certains établissements publics locaux (enseignement, santé, habitation et construction).

Si une décision est rendue au bénéfice d'une collectivité locale, l'exécutif local est, depuis 1994, tenu d'ordonner dans les deux mois le versement de cette **recette obligatoire**, faute de quoi le préfet, après mise en demeure (restée sans suite pendant un mois), émet d'office le titre de recette et autorise, au besoin, le comptable à effectuer les poursuites.

2. Le contrôle de la gestion

661 Ce contrôle est exercé par les chambres régionales des comptes (v. ss 409) porte sur l'ensemble du secteur public local.

Il s'agit d'abord des **administrations publiques locales** (collectivités territoriales, établissements publics locaux), du moins celles dont la chambre « assure le jugement effectif des comptes du comptable » ; la chambre vérifie sur pièces et sur place les opérations de leurs ordonnateurs (ainsi que leurs marchés et délégations de service public à son initiative ou sur saisine du préfet : CGCT, art. L. 1411-18 et R. 1411-6 ; CJF, art. L. 211-8, L. 234-2 et R. 234-1 et 2).

Il s'agit ensuite des **entreprises publiques locales**, y compris les filiales et organismes dans lesquels les collectivités locales exercent un « pouvoir prépondérant de décision ou de gestion » (CJF, art. L. 211-4 et 5). Il s'agit principalement des sociétés locales d'économie mixte, contrôlées sur décision du président de la chambre régionale (ou, dans certains cas, sur saisine spécifique du préfet : CGCT, art. L. 1524-2 et CJF, art. R. 235-1) mais aussi des sociétés publiques locales d'aménagement nées avec une loi du 13 juillet 2006 soumises à ce contrôle en vertu de l'article 33 de la loi du 25 mars 2009 de mobilisation pour le logement et la lutte contre l'exclusion aux dispositions du CGCT relatives à l'administration et au contrôle des SEM locales (art. L. 1524-1 s.) et dont le champ d'intervention s'est singulièrement élargi au travers de la loi du 28 mai 2010 pour le développement des sociétés publiques locales (CGCT, art. L. 1531-1), lesquelles peuvent désormais intervenir certes encore dans le domaine de l'aménagement mais aussi en matière de construction, d'exploitation de services publics industriels et commerciaux ou autre activité d'intérêt général « relevant des compétences des collectivités territoriales et de leurs groupements ».

Il s'agit enfin des **organismes**, principalement les **associations et entreprises privées** – sociétés, groupements et organismes quel que soit le statut juridique – (CJF, art. L. 211-4) qui reçoivent des collectivités locales et des établissements publics locaux un **concours financier** (supérieur à 1 500 €). Le contrôle, décidé par le président de la chambre régionale, porte sur le seul compte d'emploi du concours (quand il ne dépasse pas la moitié des ressources de l'organisme) ou sur la totalité de l'activité bénéficiaire. Sont en particulier concernées les entités dans lesquelles les collectivités détiennent séparément ou conjointement plus de la moitié du capital ou des voix dans les organes délibérants, ou exercent un pouvoir prépondérant de décision ou de gestion.

Cet examen de la gestion, effectué à l'initiative de la chambre régionale ou sur demande du préfet ou de l'autorité territoriale, peut entraîner des observations, dont la teneur définitive est, depuis 1990, rendue publique (et soumise à débat au sein du conseil délibérant), ce qui les rend politiquement redoutables et ce qui explique que la procédure ait, en ce domaine, été de plus en plus encadrée et « juridictionnalisée » (même si le juge et le législateur ont jusqu'à présent refusé d'y voir des actes faisant grief, donc susceptibles d'un recours pour excès de pouvoir) ; en particulier, le rapport d'observations définitives est établi après une procédure contradictoire, écrite et orale, mais, ici, confidentielle, comporte les réponses écrites des personnes mises en cause, n'est pas divulgué pendant les trois mois précédant une élection dans la collectivité locale concernée et peut faire l'objet (dans un délai d'un an) d'une demande de rectification.

L'examen de la gestion (annoncé par une lettre du président de la chambre et couvert, jusqu'à la communication du rapport définitif, par le secret professionnel) comporte une instruction (éventuellement ponctuée par une audition d'instruction de la chambre) menée, sur pièces et sur place, par un magistrat rapporteur qui (outre les conversations informelles) doit, avant remise de son rapport, avoir un entretien avec l'ordonnateur (et, éventuellement, l'ancien ordonnateur) de la collectivité (cet entretien étant cependant facultatif pour les organismes de droit privé). Le rapport est soumis à la délibération collégiale (à laquelle participe le rapporteur) de la formation de la chambre, qui établit un rapport d'observations provisoires. Les personnes mises en cause, qui peuvent, à tous les stades de la procédure, se faire assister ou représenter par un avocat (ce qu'elles font souvent), peuvent, à la fois, apporter une réponse écrite (dans les deux mois) et exiger d'être entendues par la formation qui (selon les mêmes modalités que ci-dessus) arrêtera un rapport d'observations définitives (dont le nombre est en recul régulier). Ce dernier peut, lui-même, faire l'objet (dans le délai d'un mois) de réponses écrites (qui sont annexées au rapport) puis (sauf dans les trois mois précédant une élection dans la collectivité concernée) est communiqué aux intéressés (et, éventuellement, à la collectivité de rattachement ou à celle qui apporte un concours financier) ; il doit alors être soumis à la première réunion de l'assemblée délibérante ou de l'organe collégial de décision qui suit sa réception (et être joint à la convocation) et devient, dès cette première réunion, communicable aux tiers. Toute personne nominativement ou explicitement mise en cause peut, dans le délai d'un an, adresser à la chambre une demande de rectification qui, à son tour transmise à toute personne nominativement ou explicitement concernée par ladite demande (et qui peut présenter des observations écrites et orales), est ensuite soumise à la décision de la chambre régionale. Au cours des débats parlementaires sur la loi du 21 décembre 2001, les sénateurs avaient proposé, en vain, de permettre un recours pour excès de pouvoir contre les observations définitives (recours refusé par la jurisprudence du Conseil d'État : 8 déc. 1995, *Dpt La Réunion* et 8 févr. 1999, *Cne La Ciotat*). Ce rapport définitif est aussi communiqué au représentant de l'État et au directeur des finances publiques.

Ce contrôle peut aussi conduire à la mise en jeu de la responsabilité des administrateurs locaux, notamment à une déclaration de gestion de fait (v. ss 414) et, dans certains cas, à une saisine de la Cour de discipline budgétaire et financière (v. ss 419) ou du procureur de la République.

À cet égard, on notera que la CDBF tend parfois à atténuer les mises en jeu de responsabilité. Ainsi, par un arrêt du 30 juin 2006, *Syndicat intercommunal à vocation multiple de la région d'Étaples-sur-Mer*, la Cour a souligné l'existence « d'une carence du contrôle de légalité et du comptable public dans l'exercice de leurs obligations de contrôle » pour ne pas sanctionner un ordonnateur qui avait fait usage de son pouvoir de réquisition dans le cadre d'un marché public, alors même qu'elle avait constaté que les prestations concernées « n'avaient pas un fondement juridique régulier », cette situation n'établissant pas par elle-même l'existence d'un préjudice.

Dans le même sens : « considérant... que les services financiers du lycée... ont été affectés par le départ concomitant de plusieurs fonctionnaires expérimentés, lesquels ont été remplacés par des agents de moindre importance... que l'ordonnateur n'a pas exercé la vigilance qui lui incombait en matière de suivi administratif, budgétaire et financier des établissements concernés... » (CDBF, 4 avr. 2011, *P. Maugery*).

Il sert également de base au rapport sur les finances locales (v. ss 400), les chambres régionales n'étant pas habilitées à établir elles-mêmes un rapport public (mais on peut avoir connaissance de leurs rapports annuels d'activités sur le site commun de la Cour des comptes). De la même façon, la mise en œuvre d'une phase expérimentale de certification des comptes de grandes collectivités (au sens de Const., art. 47-2, al. 2), prévue par le projet de loi de développement des solidarités territoriales et de la démocratie locale relèverait de la compétence de la Cour des comptes.

3. Le contrôle juridictionnel

662 Il est (v. ss 407), lui, exercé par les chambres régionales ou territoriales sur les comptables publics locaux (CJF, art. L. 211-1, L.211-2, L. 231-1 s. ; et D. 231-18 s.), sous réserve, d'une part d'un appel devant la Cour des comptes (v. ss 397 et CJF, art. L. 243-1 à 3 et

R. 243-1 à 14), d'autre part d'un contrôle administratif exercé « en amont » par les autorités compétentes de l'État (directeur général des finances publiques) sur les comptes de gestion : des petites collectivités (communes de 3 500 habitants au plus pour l'exercice 2012 et 5 000 habitants pour les exercices suivants ou dont les recettes ordinaires figurant au dernier compte administratif n'excèdent pas 1 M € pour l'exercice 2012 et 3 M € pour les exercices suivants et établissements publics rattachés ; des EPCI regroupant jusqu'à 5 000 habitants au titre de l'exercice 2012 et 10 000 habitants pour les exercices suivants et dont le montant des recettes ordinaires est inférieur à 2 M € pour 2012 et 5 M € pour les exercices ultérieurs) ; cet **apurement administratif**, qui porte aussi sur les associations syndicales autorisées et les associations de remembrement, ainsi que sur les établissements publics locaux d'enseignement (à compter de l'exercice 2012 et si le montant des ressources de fonctionnement est inférieur à 3 M €) fut restauré en 1988 (v. ss 407) et modifié en 2001 puis en 2011 ; il permet en particulier de décharger les chambres régionales du jugement de nombreuses comptabilités, remplacé dans la plupart des cas par une décision d'autorités plus familières aux comptables locaux.

Les seuils ci-dessus, introduits par la loi du 21 décembre 2001 modifiée, sont réévalués tous les cinq ans, à compter de 2013, à partir de l'indice des prix à la consommation hors tabac.

La loi du 28 octobre 2008 a modifié la procédure afférente au jugement des comptes, une décharge s'opérant désormais par ordonnance.

Ces deux phénomènes expliquent la baisse très sensible du nombre de jugements (v. rapports publics annuels de la Cour des comptes et en particulier t. III, *Les activités*).

Mais les chambres régionales peuvent évoquer les comptes pour statuer elles-mêmes, réformer (sous certaines conditions de délai) les arrêtés de décharge pris par les autorités compétentes de l'État et sont seules habilitées à prononcer définitivement les débets (et amendes) et à juger les gestions de fait.

Ces autorités peuvent prendre des arrêtés de décharge (ou de quitus) provisoires puis définitifs ; ces derniers, transmis à la chambre régionale, peuvent faire l'objet, dans les six mois, d'un recours (par le préfet, les représentants des collectivités locales et les comptables) devant la chambre régionale qui, par ailleurs, peut, dans les six mois, évoquer elle-même et réformer les arrêtés de décharge. Passé le délai de six mois, seul un recours en révision (pour erreur, omission, faux ou double emploi) ou un recours dû à la découverte d'une gestion de fait peut être effectué devant la chambre. S'agissant des débets (et amendes), les autorités en question ne peuvent prendre que des arrêtés provisoires de charge, transmis pour suite à donner à la chambre (à laquelle doivent également être signalées les opérations susceptibles de constituer une gestion de fait – v. CJF, art. L. 211-2, L. 231-7, D. 231-18 à 31 et D. 244-1 à 5).

Pour le reste, la responsabilité des comptables locaux obéit aux règles générales et aux particularités (obligation de vigilance et de diligence, intervention éventuelle des autorités locales) exposées en première partie (v. ss 454, 457 s.).

SECTION 2
LES TECHNIQUES FINANCIÈRES DES COLLECTIVITÉS LOCALES

663 Les techniques financières des collectivités locales sont en pleine mutation en raison d'une profonde réforme qui en a été entreprise à partir du milieu des années 1980 de façon à les aligner, dans la mesure du possible, sur les nouvelles normes imposées aux agents économiques par le plan comptable général de 1982 (modifié en 1999) et à introduire dans le secteur public local des instruments permettant une gestion plus patrimoniale, une image plus fidèle de la situation financière et une meilleure comparaison avec le secteur privé.

Ce mouvement a conduit à une refonte, à la fin des années 1980, des textes applicables aux hôpitaux, ainsi qu'au secteur industriel et commercial des collectivités locales (instruction M. 4 et instructions dérivées, dont l'instruction M. 49 sur les services d'eau et d'assainissement, presque totalement alignées sur la comptabilité commerciale), puis à celle des textes concernant le secteur de l'habitat qui est marqué par la naissance en 2007 des offices publics de l'habitat (ord. 1er févr. 2007 ; une partie de ces offices est soumise à la comptabilité commerciale).

S'agissant du secteur administratif, c'est principalement l'**instruction M. 14** qui, est applicable, depuis 1997, à toutes les communes (pour leurs services à caractère administratif), à leurs groupements et, moyennant quelques adaptations, à leurs établissements publics administratifs (centres communaux ou intercommunaux d'action sociale et caisses des écoles).

La réforme a ensuite été étendue aux départements par une loi du 19 février 2003, qui sert de cadre, à partir de 2004, à l'**instruction M. 52**, systématisée au 1er janvier 2006. Les régions se voient appliquer l'**instruction M. 71** depuis 2005.

La M. 14 a connu, depuis l'exercice 1997, diverses corrections ; par exemple, les communes de moins de 500 habitants bénéficient d'une approche différenciée.

Elle est applicable (avec une version adaptée pour les centres d'action sociale et les caisses des écoles) à la généralité des communes et de leurs groupements. L'Instruction M. 4 rénovée, est applicable aux activités marchandes (aérodromes, pompes funèbres, distribution par câble) qui ne relèvent pas des Instructions spécifiques M. 41 (distribution d'énergies électriques et gazières), M. 42 (abattoirs), M. 43 (transports de personnes), M. 44 (établissements publics fonciers locaux) ou M. 49 (eau et assainissement). L'instruction M. 832 s'applique aux centres de gestion et l'instruction M. l-M. 5-M. 7 applicable aux associations syndicales autorisées disparut au 31 décembre 2013, ces organismes passant à la nomenclature abrégée M. 14 destinée aux communes de moins de 500 habitants. D'autres instructions méritent ici d'être mises en avant : l'instruction M. 61 pour les services départementaux d'incendie et de secours, l'instruction M. 31 pour les offices publics de l'habitat à comptabilité publique ou encore les instructions M. 21 pour les établissements publics de santé et M. 22 pour les établissements publics sociaux et médico-sociaux.

Les adaptations normatives en matière comptable sont réalisées après avis du Conseil de normalisation des comptes publics (v. ss 451). Ce fut ainsi le cas en ce qui concerne l'ensemble des comptes publics pour ce qui est de la prise en compte des dettes financières et des instruments dérivés, ou encore les biens historiques et culturels et plus particulièrement pour les collectivités locales sur les changements de méthodes comptables. Un suivi général est désormais assuré depuis 2012 par un **Comité national relatif à la fiabilité des comptes publics locaux** qui présente l'originalité de fédérer les juridictions financières, la DGFiP et la DGCL et les principales organisations de représentation des collectivités locales (AMF, ADF, ARF, ADCF, mais aussi des organisations plus thématiques comme Maires de grandes villes, Fédération des villes moyennes, etc.). Ce Comité est présenté comme diffusant et généralisant un ensemble de « bonnes pratiques » comptables sur l'ensemble du territoire national. Une Charte nationale a été conclue en 2014.

Les adaptations comptables peuvent relever de préoccupations différentes : prudentielles avec, par exemple, la prise en compte plus précise des emprunts obligataires et de leur amortissement et les mises en réserve budgétaires afférentes, d'actualisation, comme pour intégrer les financements liés aux emplois d'avenir, ou de nouveaux types d'imposition ou de prélèvement (comme la taxe nationale sur les véhicules de transport de marchandises, le Fonds de péréquation de la cotisation sur la valeur ajoutée des entreprises...).

De nouveaux dispositifs budgétaires et comptables ont été introduits (souvent par voie d'ordonnances) afin d'accompagner l'émergence de nouveau types de collectivités comme la Métropole de Lyon, les collectivités Martinique et Guyane, les métropoles...

Elle entraîne, non seulement une nouvelle comptabilité (**§ 1**), mais encore un nouveau budget (**§ 2**), et sa portée est amplifiée par la révolution informatique en cours (**§ 3**).

§ 1. La comptabilité

664 Selon un principe rappelé, à l'intention de tous les organismes publics, désormais par le RGBCP (art. 56), la comptabilité (générale) tenue exclusivement par le comptable local s'inspire du plan comptable général, de façon à permettre une certaine unification des comptes locaux, leur rapprochement avec les autres comptabilités (publiques et privées) et leur intégration en comptabilité nationale : « les règles de comptabilité générale applicables [...] ne se distinguent de celles applicables aux entreprises qu'en raison des spécificités de l'action de ces personnes morales », l'article 57 du RGBCP précisant que « la qualité des comptes des personnes morales [...] est assurée par le respect des principes comptables ».

665 Les comptabilités publiques locales ont donc été rapprochées, au cours des années 1950 et 1960, des plans comptables généraux de 1947 et 1957, puis, au cours des années 1980 et 1990, du plan comptable général de 1982 (à présent le PCG 2014). Pour l'essentiel, la réforme concrétisée dans les instructions M. 14, M. 52 et M. 71 (v. ss 663) a imposé à toutes les collectivités communales, départementales et régionales une nouvelle nomenclature comptable (**A**) et aux communes de 3 500 habitants et plus, ainsi qu'aux départements et aux régions, de nouveaux mécanismes comptables (**B**), selon une distinction qui a nécessairement des conséquences sur le contenu des documents comptables (**C**).

A. La nomenclature comptable

666 La nomenclature comptable issue des instructions M. 14, M. 52 et M. 71 est, pour les communes, départements et régions, alignée, en principe, sur celle du plan comptable général (avec un plan de comptes abrégé pour les communes de moins de 500 habitants qui ne souhaitent pas appliquer le plan développé), sous réserve d'adaptations imposées par le caractère public des collectivités concernées, qui conduit à inclure certains comptes inconnus en comptabilité privée (à commencer par ceux relatifs aux recettes fiscales), à exclure, à l'inverse, certaines subdivisions fort importantes pour les entreprises (à commencer par le capital social) et à déroger, dans certains cas, aux règles habituelles d'imputation comptable (il en est ainsi, particulièrement pour les subventions d'investissement versées qui demeurent imputées en section d'investissement). Il convient de distinguer les comptes de bilan (**1**), de résultat (**2**) et les comptes spéciaux (**3**).

1. Les comptes de bilan (classes 1 à 5)

667 Ceux-ci décrivent l'état et l'évolution du patrimoine. On peut, approximativement, les classer en deux catégories.

Les **comptes budgétaires** peuvent figurer à la fois dans la comptabilité du comptable (compte de gestion) et dans celle de l'ordonnateur (budget et compte administratif). Ce sont la plupart des comptes de capitaux (classe 1, à l'exception des comptes 11 et 12 de report à nouveau et de résultat de l'exercice), les comptes d'immobilisations (classe 2) et la plupart des comptes de stocks (classe 3, à l'exception des comptes 32, 37, 392 et 397). De plus, depuis la réforme de 2005, un grand nombre d'opérations d'ordre touchant le patrimoine (biens mis à disposition d'autres personnes, certaines provisions...) sont ou peuvent être, selon les cas, exclues du budget.

Les **comptes de trésorerie** impliquent un mouvement d'espèces et, en vertu du principe de séparation des ordonnateurs et des comptables, sont donc, pour la plupart d'entre eux, réservés au comptable et destinés à n'apparaître que dans le compte de gestion. Il s'agit des comptes de tiers (classe 4) et des comptes financiers (classe 5, notamment le compte – 515 – de la collectivité au Trésor). Depuis l'instruction M. 14, certains d'entre eux – relatifs aux opérations pour dépréciation de compte de tiers (454, 456 à 458), aux charges à répartir sur plusieurs exercices (481) et aux provisions pour dépréciation des comptes de tiers (49) ou pour dépréciation de comptes financiers (59) – peuvent cependant être budgétisés pour permettre un suivi particulier par les autorités locales ou une application correcte des nouveaux mécanismes comptables.

2. Les comptes de résultat

668 Ils décrivent les opérations de fonctionnement (d'exploitation) de l'exercice. Tous budgétaires, ils comprennent les comptes de charges (classe 6, incluant désormais les subventions de fonctionnement versées – 657 – et les subventions de fonctionnement exceptionnelles – 674 – et non plus les subventions d'équipement versées, auparavant comptabilisées en classe 1 puis dans cette classe 6 et qui passent à la classe 2 « comptes d'immobilisations ») et les comptes de produits (classe 7).

3. Les comptes spéciaux (classe 8)

669 Ils permettent de suivre les engagements hors bilan (tout particulièrement les garanties d'emprunt), les amortissements et provisions dont la constitution a été étalée dans le temps (v. ss 671) et les valeurs inactives (celles qui n'appartiennent pas à la collectivité ou qui n'entrent pas immédiatement dans son actif : fonds reçus en dépôt, tickets non encore vendus…). Cette classe 8 retraçait auparavant les résultats de fonctionnement de l'exercice. Ces résultats sont désormais constatés au compte 12 (résultat de l'exercice, découlant des classes 6 et 7) puis, en fonction de la situation et des décisions prises au titre de l'exercice suivant, sont, selon les cas, maintenus en fonctionnement par l'intermédiaire d'un report à nouveau de résultats positifs ou négatifs (compte 11) ou mis en réserve si les résultats sont positifs (compte 1068 : excédents de fonctionnement capitalisés).

B. Les mécanismes comptables

670 Les régions, départements et les communes de 3 500 habitants et plus sont tenus d'appliquer certains mécanismes comptables inspirés de la comptabilité commerciale, mais avec des précautions qui peuvent parfois rendre ces mécanismes aussi pédagogiques que véritablement opérationnels. Cependant, les collectivités qui le souhaitent peuvent, quelle que soit leur taille, aller au-delà du minimum imposé par les textes et se rapprocher ainsi d'une gestion véritablement patrimoniale. Ces collectivités obéissent ainsi à la fois à un principe de prudence (**1**) et au principe de sincérité (**2**).

1. Le principe de prudence

671 Ce principe a conduit à développer les mécanismes d'amortissement et de provisionnement qui, auparavant facultatifs (sauf cas très particuliers), avaient été très peu pratiqués (ou, parfois, prévus simplement pour ordre par le comptable), car ils étaient traditionnellement considérés comme inutiles au motif que les collectivités locales, comme les autres personnes publiques et à la différence des entreprises, disposent du pouvoir fiscal pour dégager en une seule fois les ressources nécessaires au maintien de leur patrimoine, et que leur situation ne repose donc pas sur un patrimoine mais sur le pouvoir de percevoir annuellement l'impôt (ou la possibilité d'obtenir des subventions financées par l'impôt) ; sans compter qu'amortissements et provisions sont, ici, sans intérêt fiscal (ils ne sont pas, comme pour les entreprises, déduits d'un bénéfice imposable) et constituent une limitation au pouvoir qu'ont les élus locaux de décider du montant de l'impôt annuel (puisqu'un minimum d'imposition annuelle en découle automatiquement). Mais les déboires financiers de certaines collectivités locales, ainsi que la volonté de limiter le recours à l'emprunt, ont conduit à imposer un dispositif minimum qui peut être librement complété par la collectivité intéressée.

Les amortissements sont, dans les grandes communes et les groupements de communes (3 500 habitants ou plus), obligatoires pour un certain nombre d'immobilisations, y compris celles reçues à disposition ou en affectation. Sont ainsi concernés : les biens meubles autres que les collections et œuvres d'art, les immeubles productifs de revenus mais aussi les immobilisations incorporelles autres que les frais d'études et d'insertion suivis de réalisation renouvelables. L'amortissement de certains biens – et de tous les biens amortissables des communes de moins de 3 500 habitants – est facultatif et, en pratique, conditionné par une évaluation correcte de la valeur de ces biens, car cette évaluation peut s'avérer difficile s'agissant de biens anciens ou/et hors du commerce (quelle est la valeur de l'Arc de Triomphe, de la Tour Eiffel ou du « pont d'Avignon » ?).

Pour les départements, l'amortissement est obligatoire pour toutes les immobilisations (corporelles ou incorporelles) acquises depuis 2004, y compris celles reçues à disposition ou en affectation, à l'exception de la voirie et des réseaux (pour lesquels il est facultatif). En sont exclues les immobilisations propriété du département qui sont remises en affectation ou à disposition, les terrains et aménagements de terrains, hormis les terrains de gisement, les collections et œuvres d'art.

Pour les régions, l'amortissement est obligatoire (Décr. 31 déc. 2009, n° 2009-1786) pour toutes les immobilisations incorporelles et corporelles avec les mêmes exceptions que pour les départements (voirie, réseaux) et les mêmes exclusions.

Les dotations aux amortissements sont pratiquées sur la base du « coût historique » (coût d'acquisition) ; pour ce qui est de la durée, les organes délibérants peuvent adopter un mode d'amortissement linéaire, dégressif ou variable (réel). Tout plan d'amortissement commencé doit être poursuivi jusqu'à son terme, sauf incidents comme la cession ou encore la mise à disposition... Il est aussi possible à l'assemblée de fixer un seuil unitaire en deçà duquel les immobilisations de peu de valeur ou dont la consommation est très rapide s'amortissent en un an. C'est l'assemblée délibérante qui fixe, pour chaque bien ou catégorie de biens, les durées d'amortissement avec la faculté, pour ce faire, de se référer à un barème fixé par arrêté du ministre chargé des Collectivités territoriales et du ministre chargé du Budget. Certains biens demeurent cependant régis par des durées imposées ; ainsi, pour les *communes*, les frais de recherche et de développement sont amortis au maximum sur cinq ans, les subventions d'équipement versées le sont sur un maximum de cinq ans lorsque le bénéficiaire est une personne de droit privé et d'un maximum de quinze ans lorsque le bénéficiaire est un organisme public, les frais relatifs aux documents d'urbanisme le sont sur un maximum de dix ans... (CGCT, art. R. 2321-1), pour les *départements*, les frais de recherche et de développement sont amortis sur une durée maximale de cinq ans en cas de réussite du projet et immédiatement pour leur totalité en cas d'échec, les subventions d'équipement obéissent au même régime que sur le plan communal... (CGCT, art. D. 3321-1) ; pour les régions, le régime est similaire aux départements en particulier pour les frais de recherche et de développement tout comme pour les subventions d'équipement (CGCT, art. D. 4321-1). Le régime de l'amortissement des subventions versées par les collectivités locales a connu des adaptations après avis du Conseil de normalisation des comptes publics (avis n° 2011-01, 15 mars 2011) qui les assimile à des immobilisations incorporelles, dans le sens d'un rapprochement de la durée d'amortissement de celle de la durée de vie du bien financé par la subvention avec une durée maximale de 5 ans pour des biens mobiliers et de 15 ans pour des biens immobiliers (Décr. 1951 et 1961 du 23 déc. 2011).

Le régime des **provisions** obéit à plusieurs mécanismes :

Il existe une provision de droit commun (pour risques et charges, pour dépréciation d'actif) qui doit être ouverte :

– par les régions dès lors qu'il y a apparition du risque et constatation de dépréciations (CGCT, art. D. 4321-2) ;

– par les départements dès lors qu'il y a apparition d'un risque, à hauteur du risque constaté (CGCT, art. D. 3321-2) ;

– par les communes dans trois cas : à l'ouverture d'une procédure collective pour les garanties d'emprunts, les prêts et créances, les avances de trésorerie et les participations en capital accordées par la commune à hauteur du risque estimé par la commune d'irrécouvrabilité ou de dépréciation de la créance ou de la participation, d'un contentieux en première instance contre la commune à hauteur du montant estimé par la commune de la charge qui pourrait en résulter en fonction du risque financier encouru, lorsque le recouvrement des restes à recouvrer sur compte de tiers est compromis malgré les diligences du comptable public à hauteur du risque d'irrécouvrabilité estimé par la commune à partir des éléments d'information communiqués par le comptable public (CGCT, art. R. 2321-2 s.).

D'autres provisions peuvent être réalisées « dès l'apparition d'un risque avéré ».

Pour les départements et les régions, les provisions sont portées en section investissement à des comptes non budgétaires (opération semi-budgétaire). C'est donc un autofinancement mais différé.

Les communes sont soumises à ce système semi-budgétaire, sauf si elles décident de tout budgétiser, mais peuvent constituer une provision sur plusieurs exercices précédant la réalisation du risque.

Cette provision est ajustée annuellement en fonction de l'évolution du risque. Il y a reprise lorsqu'il y a réalisation du risque ou lorsque celui-ci n'est plus susceptible de se réaliser. Un état des provisions retrace le montant de la provision, son évolution et son emploi.

On notera ainsi, pour ce qui est des départements, la création dans le plan de comptes d'un compte 152 « Provisions pour risques et charges sur emprunt ».

L'autofinancement des investissements des collectivités pratiquant ces mécanismes est donc appelé à être assuré pour une part croissante par les dotations aux amortissements et provisions.

D'un point de vue comptable, les dotations aux amortissements et provisions constituent des dépenses d'ordre de la section de fonctionnement (compte 68) qui ont pour contrepartie des recettes d'ordre dans la section d'investissement, aux comptes d'amortissements des immobilisations (28) ou de provisions (14, 15, 29, 39, 49 ou 59), sauf lorsque l'on se situe dans un cadre semi-budgétaire.

Ces dotations étant alimentées par des recettes de fonctionnement, notamment par l'impôt, les textes ont prévu des mécanismes permettant de prévenir une augmentation excessive de la charge fiscale annuelle qui pourrait en résulter.

La commune, le département et la région peuvent ou doivent (selon les cas) transférer, en section de fonctionnement, certaines de leurs recettes d'investissement (notamment la fiscalité de l'urbanisme et une partie des subventions d'équipement reçues). Ils peuvent aussi parfois « neutraliser » la charge de certains amortissements ou de certaines provisions.

2. Le principe de sincérité

672 Ce principe a été renforcé et conforté par la révision constitutionnelle du 23 juillet 2008 qui a donné une dimension constitutionnelle à un certain nombre de principes comptables. Les comptes des collectivités locales se doivent ainsi, comme ceux de l'État et des administrations de Sécurité sociale, d'être réguliers, sincères et doivent donner une image fidèle du résultat de leur gestion, de leur patrimoine et de leur situation financière (art. 47-2, al. 2). En pratique, ce principe avait déjà conduit à imposer aux communes de 3 500 habitants et plus et aux départements **le rattachement des charges et produits de fonctionnement** (ayant une « incidence significative » sur le résultat) **à l'exercice** au cours duquel il y a eu service fait (même si cette charge à payer n'a pas encore

été mandatée) ou droit acquis (même si ce produit à recevoir n'a pas encore fait l'objet d'un titre de recette), de façon à éviter que les résultats d'un exercice ne soient faussés par un retard (éventuellement volontaire) dans le mandatement des sommes dues (ou dans l'émission d'un titre de recette).

L'ordonnateur émet donc, en fin d'exercice (c'est-à-dire à l'issue de la période complémentaire : v. ss 626), un mandat ou un titre de rattachement à l'exercice qui se termine de l'opération « née » pendant cet exercice, les ajustements étant ensuite opérés pendant l'exercice suivant (dans lequel les opérations sont « contre-passées » avant d'être définitivement effectuées).

Symétriquement, sont exclus des résultats d'un exercice les charges et produits constatés d'avance (par exemple un loyer payé pour l'exercice suivant) et les charges à répartir sur plusieurs exercices (notamment les subventions d'équipement versées).

Le principe de sincérité a également conduit à modifier le mode de calcul et d'affectation des résultats du budget : v. ss 691 et 692.

C. Les documents comptables

673 Le principal document comptable est le **compte de gestion** (« sur chiffres ») qui, accompagné des pièces justificatives (« compte de gestion sur pièces ») est rendu annuellement par le comptable. Pour l'essentiel, il décrit l'exécution du budget et, dans la mesure permise par les techniques comptables, la situation financière de la collectivité.

Il comprend trois parties.

La première décrit l'exécution du budget (états sur la consommation des crédits, la réalisation des dépenses et des recettes, les résultats budgétaires de l'exercice, les résultats du budget principal et des budgets annexes, ainsi que, dans les communes de 3 500 habitants et plus et les départements, une présentation croisée par nature et par fonction : v. ss 675 et 682).

La deuxième retrace la situation financière résultant de la comptabilité générale : balance générale des comptes, compte de résultat (des opérations de fonctionnement de l'exercice en distinguant le résultat courant non financier, le résultat courant financier et le résultat exceptionnel) et bilan (actif et passif avec rappel des chiffres de l'exercice précédent), le caractère significatif de ce bilan dépendant cependant d'une évaluation complète et sincère du patrimoine.

La troisième partie du compte décrit la situation des valeurs inactives.

Il est accompagné des pièces justificatives des opérations budgétaires de l'exercice (produites par l'ordonnateur) et d'une douzaine de pièces générales (dont les états des restes à recouvrer et à payer, les états de développement des soldes des comptes de trésorerie et un état de l'actif établi chaque année à partir d'un fichier des immobilisations).

§ 2. Le budget

674 Le budget, établi par l'ordonnateur et ses agents, est, selon la taille et la volonté de la commune et du département, un budget par nature (**A**) ou un budget par fonction (**B**) dont l'exécution obéit à des règles renforcées de comptabilité budgétaire (**C**), la nomenclature de ces deux présentations étant fixée par voie réglementaire, qui ont accru l'importance de la chronologie budgétaire (**D**). De façon conséquente, l'État a cherché au fil des années à simplifier ces mécanismes notamment au travers d'une maquette budgétaire unique pour les communes.

A. Le budget par nature

675 Le budget voté par nature est obligatoire pour les communes de moins de 10 000 habitants et peut être choisi par les communes de 10 000 habitants et plus, les départements et les régions ; dans les communes de 3 500 habitants et plus, les départements et les régions qui l'appliquent, sa présentation par nature doit cependant être complétée, à titre d'information, par une présentation fonctionnelle. Il est organisé en deux sections (**1**), elles-mêmes structurées en chapitres (**2**), puis en articles (**3**), des tableaux contribuant à en synthétiser les opérations concernées (**4**), avec des informations budgétaires (**5**), les budgets annexes donnant lieu à une présentation distincte (**6**).

1. Une organisation en deux sections

676 Les opérations sont présentées dans une section de fonctionnement (ancienne « section ordinaire ») ou une section d'investissement (ancienne « section extraordinaire ») selon qu'elles n'ont pas ou qu'elles ont une incidence sur le patrimoine.

La distinction n'est cependant pas toujours aisée et obéit, parfois, à des critères conventionnels dont les plus marquants concernent, traditionnellement, les biens de faible valeur ou la distinction entre les grosses et les petites réparations, et, plus récemment, certaines subventions d'investissement.

Sauf preuve de leur durabilité, les biens corporels d'une valeur unitaire hors taxes inférieure à 800 € sont classés en fonctionnement ; par ailleurs les dépenses d'amélioration (grosses réparations, « réfection » d'une toiture, peintures extérieures d'un bâtiment, élargissement d'un carrefour) sont considérées comme des investissements alors que les dépenses d'entretien (petites réparations, « révision » d'une toiture, peintures intérieures d'un bâtiment, renouvellement de la couche de surface d'une voie) sont considérées comme des dépenses de fonctionnement, distinction qui a pu soulever certaines difficultés au regard, par exemple, du régime du FCTVA en ce qui concerne la voirie routière. Les subventions pour investissement qui furent inscrites en investissement, puis mises en fonctionnement sont depuis 2005, et pour l'ensemble des collectivités, désormais inscrites en section d'investissement (et rapportées à la durée d'amortissement du bien subventionné, dans la limite de 15 années).

Selon un principe traditionnel, et spécifique aux collectivités locales, qui interdit d'aliéner des éléments du patrimoine pour alimenter les dépenses de fonctionnement, les **mouvements entre ces sections** (qui sont des mouvements d'ordre : v. ss 679), sont principalement opérés de la section de fonctionnement vers la section d'investissement.

Il s'agit, pour l'essentiel, de porter en recette de la section d'investissement (par dépense en section de fonctionnement) les **dotations aux amortissements et provisions** lorsqu'elles sont budgétisées (v. ss 671) ; le produit **des cessions d'immobilisations**, pour sa part, est inscrit au chapitre 024 en section d'investissement dans le cadre des postes budgétaires ne donnant lieu qu'à des prévisions, l'exécution étant, elle, retracée au compte administratif en faisant apparaître une somme qui, initialement enregistrée en fonctionnement, est « restituée » à la section d'investissement car il est interdit aux collectivités locales de diminuer leur patrimoine pour des opérations de fonctionnement ; enfin, le **prélèvement sur la section de fonctionnement** (désormais appelé « virement (à) la section d'investissement ») n'est cependant plus suivi de réalisation depuis l'instruction M. 14 (v. ss 691).

Cependant, existent certaines possibilités (accrues depuis l'instruction M. 14) de mouvements financiers de la section d'investissement vers la section de fonctionnement.

Pour l'essentiel, il s'agit des reprises sur amortissements et provisions, du transfert en section de fonctionnement de certaines recettes d'investissement (notamment de la fiscalité de l'urbanisme et de certaines subventions d'équipement) et de la « restitution » à la section de fonctionnement de sommes qu'elle avait initialement exposées pour réaliser, grâce aux moyens de la commune, certaines immobilisations (travaux d'investissement en régie) ou pour faire face à des charges qui doivent être supportées par des exercices ultérieurs (et qui lui sont donc « restituées » par un compte d'investissement – 481 Charges à répartir sur plusieurs exercices – qui supporte provisoirement l'ensemble).

2. Une division des sections en chapitres

677 Chaque section est divisée en chapitres qui sont, en principe, des subdivisions à deux chiffres (exceptionnellement plus) du plan comptable (par nature) de la commune.

Ainsi, en fonctionnement, les charges financières (notamment les intérêts des emprunts) (66), les dotations aux amortissements et aux provisions (68), les impôts et taxes perçus (73) ou les dotations et participations reçues (74) ; de même, en investissement, les chapitres 10 (dotations, fonds divers et réserves) et 13 (subventions d'investissement reçues), qui retracent, en particulier, les transferts reçus au titre de l'investissement, le chapitre 16 Emprunts et dettes assimilées (en recette ou, pour l'amortissement, en dépense), ou les chapitres 21 (immobilisations corporelles) et 23 (immobilisations en cours), qui constituent l'essentiel des dépenses d'équipement (acquisitions et formation brute de capital fixe constituée des travaux neufs et grosses réparations), servant notamment de base de calcul pour le versement du FCTVA (v. ss 714) ; à noter également que l'ancien compte 481 Charges à répartir sur plusieurs exercices est désormais au chapitre 040, et le compte 656 des départements (frais des groupes d'élus).

Ce principe connaît cependant deux séries d'exceptions sous forme de chapitres (ou de lignes budgétaires) commençant par le chiffre 0.

Il s'agit, en premier lieu, de **chapitres globalisés** qui regroupent plusieurs comptes du plan comptable de façon à permettre une vue d'ensemble et une gestion plus souple.

À l'exception du compte 010 (Stocks pour les communes, RMI pour les départements), ils concernent la section de fonctionnement et regroupent les charges à caractère général (011), les charges de personnel et frais assimilés (012), les atténuations de produits (014, porté en dépense au budget mais en classe 7 en comptabilité générale) et les atténuations de charges (chapitre 013, porté en recettes au budget mais en classe 6 en comptabilité générale), ainsi que, pour les départements, les charges et recettes de fonctionnement au titre du RMI (015), l'APA (016), le RSA (017). Le chapitre 024 « produits des cessions d'immobilisations » est, pour sa part, présenté comme ne comportant que des prévisions sans exécution.

Il s'agit, en second lieu, des chapitres recouvrant des opérations qui n'ont pas d'équivalent (ou pas d'équivalent exact) dans le plan comptable, principalement parce qu'il s'agit de **chapitres de prévisions** qui ne peuvent être suivies de réalisations.

Le principal est celui des chapitres 021 Virement de la section de fonctionnement et 023 Virement à la section d'investissement, qui ne donnent ensuite lieu à aucune réalisation comptable. S'y ajoutent, notamment, les chapitres de dépenses imprévues (020 et 022), qui ne donnent lieu à aucun mandatement (mais à un simple virement au chapitre supportant la dépense) et les lignes de report des résultats de l'année antérieure (001 et 002), qui obéissent à une technique propre aux budgets. C'est encore le chapitre 024 « produits des cessions d'immobilisations » qui, dans le budget, est un simple chapitre de prévision, l'exécution empruntant des voies plus complexes.

Par ailleurs, dans la section d'investissement, un chapitre peut correspondre, si l'assemblée délibérante le décide, à une **opération** d'équipement, c'est-à-dire « à un ensemble d'acquisitions d'immobilisations, de travaux sur immobilisations et de frais d'études y afférents, aboutissant à la réalisation d'un ouvrage ou de plusieurs ouvrages de même nature » Depuis un décret du 27 décembre 2005, cette opération peut également comprendre des subventions d'équipements versées (CGCT, art. D. 2311-4 et instruction M. 52).

Le chapitre (détaillé dans une fiche d'opération) est alors identifié par un numéro qui lui est attribué par l'assemblée et qui permet de suivre l'opération jusqu'à son achèvement.

Cette possibilité de vote par opération est une innovation apportée par la réforme M. 14 qui permet ainsi d'assouplir et de clarifier la gestion ; on peut de la sorte rassembler dans un même chapitre les articles – logiquement non spécialisés – concernant l'acquisition d'un terrain, les travaux de construction d'un bâtiment sur ce terrain et l'acquisition de mobilier pour ce bâtiment, ainsi que les recettes (subvention, emprunt) spécifiques à cette opération. Cependant cette technique ne concerne que l'équipement (les opérations financières d'investissement ne peuvent donc en bénéficier) et n'est qu'une faculté (certaines opérations d'équipement ne sont donc pas individualisées).

3. Une subdivision des chapitres en articles

678 Les chapitres sont (sauf exceptions) subdivisés en articles qui correspondent à la subdivision la plus fine du plan comptable (par nature) ouverte dans le chapitre concerné. Pour les communes de moins de 3 500 habitants les chapitres se limitent à quatre chiffres.

Les subdivisions peuvent aller jusqu'à six chiffres, ce qui montre à quel point la spécialisation par article peut être contraignante pour l'exécutif.

4. Les opérations

679 Les opérations font, pour leur part, l'objet de différentes vues d'ensemble.

Le budget comporte notamment un tableau permettant, s'il y a lieu, de récapituler les résultats et de détailler les restes à réaliser de l'exercice précédent (pour reprise des résultats : v. ss 691), suivi d'un tableau d'équilibre financier qui vise à donner une présentation économique et patrimoniale du budget en faisant apparaître, par nature, les grandes catégories d'opérations de fonctionnement (courantes, financières, exceptionnelles) et d'investissement (dépenses financières, ou d'équipement, ressources propres, ressources externes définitives ou non définitives), les liens entre sections et entre exercices, les soldes et modalités de leur financement, sans oublier la distinction élémentaire entre les opérations réelles (qui affectent la trésorerie locale et mesurent seules le volume du budget) et les opérations d'ordre (simples écritures internes au budget), le total formant les opérations budgétaires. Les chapitres sont ensuite récapitulés dans une balance générale (distinguant sections et opérations réelles et d'ordre) et une vue d'ensemble au début de chaque section (avec rappel du budget précédent). Suit, dans les communes de 3 500 habitants et plus, les départements et les régions, une annexe consacrée à la présentation croisée par nature et fonction (v. ss 682), comprenant elle-même une présentation d'ensemble par grandes masses et fonctions, une présentation d'ensemble de chaque section par chapitres et fonctions puis une présentation détaillée, dans chaque section, de chaque fonction avec croisement entre chapitres et sous-fonctions ou rubriques. Les budgets de toutes les communes comportent, par ailleurs, une présentation consolidée du budget principal, des budgets annexes et des budgets du centre d'action sociale et de la caisse des écoles.

5. Une série d'informations budgétaires

680 Les unes figurent au budget lui-même et comprennent notamment des statistiques sur la collectivité, des indications sur la fiscalité (potentiel fiscal) et la spécialisation des crédits, ainsi que, à titre obligatoire pour les communes de 3 500 habitants et plus, les

départements et les régions, des ratios destinés à mesurer, depuis la loi du 6 février 1992, la situation financière de la collectivité (CGCT, art. L. 2313-1 et R. 2313-1 s.). Les autres figurent dans des **annexes budgétaires** dont le nombre et le contenu varient selon la taille de la collectivité.

Elles peuvent dépasser la vingtaine dans les plus grandes collectivités (mais certaines d'entre elles ne sont annexées qu'au compte administratif) et concernent notamment, même pour les petites communes l'état de la dette et des crédits de trésorerie, des emprunts garantis, des contrats de crédit-bail, du personnel, ainsi que les décisions en matière de taux des contributions directes sans oublier, pour les communes de 3 500 habitants et plus, les départements et les régions, les annexes relatives aux amortissements, provisions et charges étalées sur plusieurs exercices, et, pour toutes les communes, la page réservée aux signatures des membres du conseil.

La loi du 6 février 1992 et son décret d'application du 27 mars 1993, complété modifié en 2005 (CGCT, art. L. 2313-1 et R. 2313-1 s.) ont imposé aux communes de 3 500 habitants et plus, ainsi qu'aux départements et aux régions, outre l'élaboration de ratios financiers, la production d'annexes visant à globaliser les comptes de la collectivité et de ses satellites, notamment une synthèse des comptes des groupements auxquels appartient la collectivité, le bilan certifié conforme des organismes contrôlés (sur demande) ou bénéficiant d'une aide importante (subvention supérieure à 75 000 € ou représentant plus de 50 % du produit figurant au compte de résultat de l'organisme).

6. Les budgets annexes

681 Ceux-ci font, par définition, l'objet d'une présentation séparée qui revêt le plus souvent une structure propre puisqu'il s'agit, essentiellement, d'opérations et services assujettis à la TVA ou de budgets à caractère industriel et commercial (notamment l'eau et l'assainissement, régis par l'instruction M. 49) qui obéissent (totalement ou partiellement) aux règles de la comptabilité commerciale. Il s'agit aussi du secteur social et médico-social (Instr. M. 22), des lotissements et aménagements, et enfin des régies des services publics administratifs (v. ss 629).

Par ailleurs, le compte administratif, des communes de 3 500 habitants et plus doit être, depuis la loi du 6 février 1992, accompagné d'une présentation consolidée des résultats du budget principal et des budgets annexes (reprise et élargie dans les annexes de tous les budgets).

B. Le budget par fonction

682 Le budget par fonction est une option ouverte depuis 1997 aux communes de 10 000 habitants et plus, depuis 2004 aux départements, et depuis 2005 aux régions, le conseil pouvant modifier le choix au début de chaque mandat. Les collectivités qui optent pour le vote par fonction (jusqu'à présent les régions, 20 départements et 80 communes – *source L. Levoyer, in RFFP, n° 129* – sur les quelque neuf cents intéressées) doivent cependant, à titre d'information, compléter le budget par une présentation par nature.

Cette possibilité d'un vote par fonction, qui était auparavant une obligation n'a été maintenue qu'après de vives discussions et au prix de véritables novations qui ont totalement modifié la nomenclature fonctionnelle (**1**) et la structure du budget (la comptabilité générale étant tenue par nature) avec des chapitres fonctionnels (**2**), non fonctionnels (**3**), d'autres éléments d'information pouvant accompagner cette présentation (**4**).

1. La nomenclature retenue

683 Aussi bien dans le budget par fonction que pour la présentation complémentaire par fonction des budgets par nature (v. ss 675) elle diffère totalement de celle auparavant utilisée par les grandes collectivités locales puisqu'elle s'inspire de la **nomenclature des fonctions des administrations (NFA)** utilisée, dans un but d'information statistique et économique, par l'INSEE et les instances communautaires et internationales, pour agréger les opérations des différentes administrations publiques, ce qui, au moins *a priori,* n'est pas un gage de totale adaptation aux nécessités de la gestion locale, qui ont cependant été prises en compte dans la version plus récente.

La nomenclature distingue actuellement 10 **fonctions** (un chiffre) subdivisées en **sous-fonctions** (deux chiffres) et **rubriques** (subdivisions à trois chiffres n'existant pas dans toutes les sous-fonctions). Les fonctions sont les suivantes : 0 : Services généraux des administrations publiques locales (services généraux pour les départements et régions) / 1 : Sécurité et salubrité publiques (Sécurité pour les départements, formation professionnelle et apprentissage pour les régions) / 2 Enseignement-Formation (Enseignement pour les départements et les régions) / 3 : Culture (Culture, vie sociale, jeunesse, sports et loisirs pour les départements et les régions) / 4 : Sport et jeunesse (Prévention médico-sociale pour les départements, santé et action sociale pour les régions) / 5 : Interventions sociales et santé (Action sociale pour les départements, aménagement des territoires pour les régions) / 6 : Famille (réseaux et infrastructures pour les départements, fonction réservée pour les régions) / 7 : Logement (Aménagement et environnement pour les départements, environnement pour les régions) / 8 : Aménagement et services urbains, environnement (Transports pour les départements et les régions) / 9 : Action économique pour les communes et les régions (Développement pour les départements).

2. Des chapitres fonctionnels

684 Les opérations du budget qui peuvent être rattachées à une fonction sont incluses dans des **chapitres fonctionnels** qui se terminent par le numéro de la fonction correspondante mais en distinguant, pour une même fonction, les chapitres de fonctionnement et les chapitres d'investissement, car la **distinction fondamentale** (par nature) **entre sections**, et les conséquences qui en découlent, sont maintenues (v. ss 676).

Dans le budget par fonction (identifié par le chiffre 9) existent donc, pour les communes, en investissement, les chapitres 900 à 909 (groupe 90 : opérations d'équipement) et, en fonctionnement, les chapitres 920 à 929 (groupe 92 : services individualisés). On trouve, par exemple, au titre de la fonction 2 Enseignement, les chapitres 902 Enseignement (investissement) et 922 Enseignement (fonctionnement), qui permettent, par simple rapprochement, une vue d'ensemble de la fonction (ce que ne permettait pas le système antérieur, qui n'était pas fonctionnalisé en investissement). Dans les départements, la structure d'ensemble est la même, mais les opérations d'équipement sont scindées en deux groupes : 90 Équipements départementaux et 92 Équipements non départementaux. Pour les régions il existe une structure très similaire, du chapitre 900 à 909.

Ces chapitres sont subdivisés en **articles fonctionnels** qui correspondent à la subdivision fonctionnelle la plus fine (sous-fonction ou rubrique) ouverte dans la fonction correspondante (v. ss 683) (ou, pour les subventions, à chaque bénéficiaire).

Toutefois, dans la section d'investissement, un article (et non plus un chapitre comme dans le budget par nature) peut correspondre, si l'assemblée délibérante le décide, à une opération d'équipement, identifiée par un numéro propre porté à la suite du numéro du chapitre.

3. Des chapitres non fonctionnels

685 C'est une des faiblesses du budget par fonction – certaines opérations ne peuvent être rattachées à une fonction déterminée et doivent donc être incluses dans des **chapitres non fonctionnels** dont la liste (fixée dans les instructions M. 14, M. 52 et M. 71) obéit, pour l'essentiel, à une classification par nature, en respectant, ici aussi, la distinction entre sections d'investissement et de fonctionnement.

Dans le budget par fonction (identifié par le chiffre 9) on trouve, pour l'essentiel, deux groupes de chapitres non fonctionnels : en investissement, le groupe 91 Opérations non ventilées comprend les chapitres enregistrant, en dépenses comme en recettes (l'intitulé est parfois trompeur), les opérations patrimoniales (910), les dettes et autres opérations financières (911), les dotations, subventions et participations non affectées (912), les taxes non affectées (913) et les transferts entre sections (914) ; en fonctionnement, le groupe 93 Services communs non ventilés comprend les chapitres enregistrant, la plupart du temps en dépenses comme en recettes, les opérations financières (931), les dotations et participations non affectées (932), les impôts et taxes non affectés (933), les transferts entre sections (934) et les frais de fonctionnement des groupes d'élus (938, en dépenses seulement).

S'y ajoutent (outre les lignes budgétaires 001 et 002 de report entre exercices), d'une part les **chapitres de prévisions** (non suivies de réalisations) que sont les chapitres (918 et 938) de dépenses imprévues (v. ss 633) et les chapitres (919 et 939) enregistrant le virement prévisionnel de la section de fonctionnement vers la section d'investissement (v. ss 690), d'autre part des chapitres particuliers concernant les opérations d'équipement pour le compte de tiers (subdivisions des comptes 915 à 917).

Dans l'instruction M. 52 applicable aux départements, la numérotation est différente, les chapitres non ventilés étant une déclinaison des groupes 92 (en investissement) et 94 (en fonctionnement), les chapitres spéciaux relevant, eux, d'un groupe 95.

Au niveau de l'instruction M. 71 relative aux régions, la structure des chapitres est un peu différente : groupes 90 et 93 pour les opérations ventilées en investissement et fonctionnement ; groupes 92 et 94 pour les opérations non ventilées de même type et groupe 95 pour les Dépenses sans réalisation. Les chapitres vont de 900 à 909 au titre de l'investissement et de 930 à 946 pour le fonctionnement (953 pour les dépenses sans réalisation). La structure interne reflète les spécificités des régions en termes de compétences : 900 Services généraux, 901 Formations professionnelles et apprentissage, 902 Enseignement, 903 Culture, sports et loisirs, 904 Santé et action sociale, 905 Aménagement des territoires, 906 « Fonction réservée », 907 Environnement, 908 Transports, 909 Action économique.

Ces chapitres sont, sauf exceptions, subdivisés en **articles par nature** qui correspondent à la subdivision la plus fine du plan comptable ouverte dans le chapitre concerné (ce qui peut aller jusqu'à sept chiffres).

L'instruction M. 14 a abandonné la technique des « dépenses et recettes indirectes » qui, en vigueur sous l'empire des instructions M. 12 et M. 51, ne se contentait pas de comptabiliser à part (dans certains chapitres) les frais généraux de fonctionnement mais s'efforçait de répartir ces frais entre les autres chapitres, fonctionnels ceux-là, de la section de fonctionnement de façon à en dégager le coût exact ; séduisante sur le papier, cette technique, source de grande complexité, n'avait pu être appliquée de façon satisfaisante, faute notamment de méthodes suffisamment fidèles de répartition des frais généraux.

4. Les autres éléments du budget

686 Ces autres éléments, y compris, bien sûr, la présentation croisée nature/fonction, sont pour l'essentiel ceux exposés pour les grandes communes votant leur budget par nature (v. ss 675 s.), seules différant certaines vues d'ensemble, appelées à tenir compte du vote par fonction.

Ainsi, existe une vue d'ensemble par fonctions et groupes de chapitres tandis que le tableau d'équilibre financier (comme les vues d'ensemble par section) est présenté par chapitres fonctionnels (en distinguant opérations réelles et opérations d'ordre, opérations de l'exercice et résultats antérieurs), Mais toutes respectent le classement par nature économique entre fonctionnement et investissement, et la balance générale est établie par nature (comptes du plan comptable communal).

C. La comptabilité budgétaire

687 La comptabilité d'exécution du budget, appelée « comptabilité budgétaire » ou « comptabilité administrative » car tenue (en partie simple) par l'ordonnateur, doit retracer les principales phases de la dépense (et, plus sommairement, de la recette) publique (v. ss. 67).

Une **comptabilité des engagements** de dépense doit permettre de « bloquer » par un engagement comptable les crédits nécessaires au paiement des engagements juridiques pris par la collectivité, de façon à connaître approximativement à chaque instant les crédits réellement disponibles (en déduisant les engagements des crédits ouverts au budget).

Cette comptabilité, pourtant essentielle à la gestion budgétaire, a longtemps été négligée. Son caractère obligatoire (anc. C. communes, art. R. 241-11 devenu CGCT, art. D. 2342-10) a été rappelé par la loi du 6 février 1992 (CGCT, art. L. 2342-2, L. 3341-1 et L. 4341-1) et elle a été organisée par un arrêté du 26 avril 1996, qui prévoit notamment que les autorités de contrôle budgétaire peuvent demander à la collectivité un état des dépenses engagées.

Par ailleurs, le système de rattachement des charges et produits à l'exercice imposé aux grandes collectivités (v. ss 626) conduit ces dernières à recenser, pour les principales opérations de fonctionnement, les dépenses engagées et non mandatées pour lesquelles il y a eu service fait, ainsi que les recettes pour lesquelles il y a droit acquis malgré l'absence de titre de recette.

Une **comptabilité des mandatements et des titres de recette** permet de recenser, par ordre chronologique et par article, les ordres de décaissement et de recouvrement adressés par l'ordonnateur au comptable.

Ces mandats et titres comportent trois zones d'identification de l'opération (par nature, par opération, par fonction), ce qui permet notamment au receveur de traduire dans sa comptabilité par nature des ordres émis à partir d'un budget par fonction.

Cette comptabilité débouche sur le compte administratif (v. ss 691).

D. La chronologie budgétaire

688 La chronologie budgétaire, dont l'importance a été accrue par l'instruction M. 14, comporte, en substance, quatre étapes, sachant que celles-ci sont désormais obligatoirement précédées pour les communes de 3 500 habitants et plus, les départements et les régions d'un débat sur les orientations générales du budget de l'exercice ainsi que sur les engagements pluriannuels envisagés, et ce dans un délai de deux mois précédant l'examen du budget. Ces quatre étapes sont les suivantes : le budget primitif (**1**), les budgets modificatifs (**2**), le compte administratif (**3**) et la reprise des résultats (**4**).

1. Le budget primitif

689 Adopté en premier, indique (en colonne) les votes du conseil en les faisant précéder des propositions nouvelles de l'exécutif (incluant éventuellement, en investissement, les reports – restes à réaliser –

de l'exercice précédent) et les chiffres du budget (primitif) précédent (ou, en section d'investissement des petites communes, les reports – restes à réaliser – de l'exercice précédent).

2. Les budgets modificatifs

690 Les budgets supplémentaires ou décisions modificatives en tenant lieu (v. ss 626), ne reprennent que les comptes qu'il s'agit de modifier, en leur appliquant la même structure (en colonne) que pour les budgets primitifs, mais en remplaçant le rappel du budget de l'exercice précédent par celui du budget à modifier. Leur importance vient principalement du fait que ce sont eux qui, la plupart du temps, intègrent à l'exercice en cours les résultats et restes à réaliser (reports) de l'exercice précédent.

3. Le compte administratif

691 Il est établi par l'ordonnateur à la clôture de l'exercice et a, en substance, un quadruple objet.

Il rappelle (sous l'intitulé « crédits ouverts/prévisions ») les prévisions de recettes et de dépenses inscrites au budget (final), ce qui impose, en particulier, des subdivisions analogues à celles du budget (accompagnées des mêmes informations, mais en fin d'exercice, et d'annexes encore plus nombreuses).

Il récapitule les **réalisations** de l'exercice, c'est-à-dire les mandats de paiements et les titres de recettes émis (ainsi que, dans la section de fonctionnement des grandes communes, les dépenses et recettes rattachées à l'exercice qui a été clos).

Ces réalisations déterminent, pour chaque section (et en tenant compte des déficits ou excédents reportés de l'exercice précédent), un **résultat d'exécution** (déficit ou excédent) qui devra être repris à l'exercice suivant après délibération du conseil (v. ss 692).

Ces **réalisations ne prennent pas en compte** les chapitres budgétaires de prévision et, tout particulièrement, depuis les instructions M. 14 et M. 52, **le virement prévisionnel de la section de fonctionnement vers la section d'investissement** (ancien prélèvement sur recettes ordinaires – PRO) qui, bien qu'inscrit au budget (pour l'équilibrer) n'est pas comptabilisé dans l'exécution, de sorte que **les résultats de chaque section apparaissent abstraction faite du virement** (simplement rappelé pour mémoire) ce qui, dans la situation la plus normale, entraîne un excédent d'exécution de la section de fonctionnement et un déficit (besoin de financement) d'exécution de la section d'investissement, appelés à se compenser mais dans... l'exercice suivant (v. ss 692).

Auparavant, le prélèvement sur recettes ordinaires prévu au budget était suivi de réalisation comptable (titre de dépense en fonctionnement et de recette en investissement) de sorte qu'il était réalisé même si la section de fonctionnement ne dégageait pas, en fin de compte, un excédent suffisant pour l'alimenter, ce qui faussait l'appréciation des résultats.

Il décrit les **restes à réaliser**, c'est-à-dire les dépenses engagées non mandatées (ou non rattachées à l'exercice) et les recettes justifiées qui n'ont pas fait l'objet d'un titre de perception (ou n'ont pas été rattachées à l'exercice).

Ces restes à réaliser feront l'objet d'un report au budget de l'exercice suivant (dans une colonne prévue à cet effet).

C'est la somme des restes à réaliser et des réalisations (formant les « crédits employés ou à employer ») qui permet, en particulier, de déterminer le déficit (global) susceptible de déclencher l'intervention de l'autorité de contrôle budgétaire. Ceci explique que ces restes à réaliser fassent l'objet, depuis quelques années, d'une surveillance plus stricte car leur sincérité (que peut vérifier le préfet depuis 1994) était parfois douteuse et leur conception quelque peu laxiste ; en particulier, on considère désormais qu'un crédit de paiement ouvert mais non engagé en fin d'exercice n'est plus (même en investissement) un reste à réaliser mais doit être annulé, ce qui explique que le compte administratif comporte une colonne supplémentaire retraçant les annulations de crédits (qui, ajoutées aux restes à réaliser, forment les « crédits ouverts non employés »).

Il constitue un instrument d'information des élus communaux par les documents joints et notamment : la liste des concours sous forme de prestation en nature ou de subvention, la liste des organismes pour lesquels la commune détient une part du capital, a garanti un emprunt, a versé une subvention supérieure à 75 000 € ou représentant plus de 50 % du produit figurant au compte de résultat de l'organisme, la liste des délégataires de service public, pour toute commune sa situation patrimoniale et financière ainsi que sur ses différents engagements... ou sur toute cession d'immeubles ou de droits réels immobiliers de la collectivité (bilan annexé au compte administratif du département, CGCT, art. L. 3213-2 ; tableau récapitulatif annexé au compte administratif de la région, CGCT, L. 4221-4).

4. La reprise des résultats

692 Cette reprise dans l'exercice suivant est imposée par la règle de continuité des exercices (v. ss 626) ; elle intervient en principe après l'arrêté du compte administratif (v. ss 691) (mais une reprise anticipée est admise, sous réserve des résultats définitifs par CGCT, art. L. 2311-5).

La reprise après vote du compte administratif est retracée dans le tableau qui, en début de budget, rappelle les résultats de l'exercice précédent, alors que la reprise anticipée l'est uniquement dans une annexe au budget.

Une fois le compte administratif voté, le conseil délibère (lorsque la situation financière le permet) sur l'**affectation des résultats** (v. ss 691), plus précisément de l'excédent qui apparaît normalement en section de fonctionnement (puisque n'y a pas été comptabilisé le virement prévisionnel en direction de la section d'investissement : v. ss 691) ; cet excédent est, en tout ou partie, « capitalisé » à la section d'investissement de *l'exercice suivant* (en recette du compte 1 068) où il comble normalement le déficit apparu à la section d'investissement du compte administratif (qui n'a pas comptabilisé le virement prévisionnel en provenance de la section de fonctionnement : v. ss 691) et reporté à la section d'investissement de l'exercice suivant ; le surplus éventuel d'excédent de fonctionnement est, au gré du conseil, également capitalisé en section d'investissement de l'exercice suivant ou maintenu en section de fonctionnement de l'exercice suivant.

S'il n'y a pas besoin de financement en section investissement, le résultat de la section de fonctionnement constaté au compte administratif est repris à la section investissement sauf décision contraire du conseil (v. ss 627).

La reprise de l'ensemble de ces résultats (de même que les reports des restes à réaliser : v. ss 691) est, selon les cas, effectuée au budget primitif ou à un budget modificatif de l'exercice suivant (ces budgets intégrant donc à l'exercice en cours les résultats et les restes à réaliser de l'exercice précédent : v. ss 691).

§ 3. L'informatique

693 L'informatique budgétaire et comptable des collectivités locales s'est considérablement développée au cours des deux dernières décennies, tant du côté des ordonnateurs, notamment des grandes collectivités (dont, en particulier, la comptabilité budgétaire a pu être profondément réorganisée), que du côté des postes comptables dotés, selon leur taille, de micro-informatique ou d'un système de télétraitement par les centres informatiques régionaux du Trésor, une unification étant réalisée sur la base du programme HELIOS.

« La vocation de ce traitement automatisé est d'assurer la gestion financière et comptable des collectivités locales, de leurs établissements publics locaux, y compris les établissements publics de santé, les établissements publics sociaux et médico-sociaux et les offices publics de l'habitat. Il doit permettre de suivre en temps réel l'ordonnancement et l'exécution des dépenses et des recettes des collectivités locales dont ils ont la charge... L'application HELIOS gère notamment le budget, la comptabilité, le recouvrement des recettes, le paiement des dépenses, le suivi de l'actif, la gestion de la dette et des comptes de tiers... » (Arr. 3 août 2005 portant création d'un traitement de données à caractère personnel dénommé HELIOS, art. 1er).

La mise en vigueur de la M. 14 a, en particulier, constitué l'occasion de développer, non seulement l'informatique des uns et des autres, mais encore les échanges informatisés entre les uns et les autres par l'intermédiaire d'un système permettant à l'ordonnateur de fournir des informations (sur le budget, les titres de recette, les mandats de paiement) au comptable (« Protocole INDIGO » : Interface d'échanges d'informations de gestion ordonnateur/comptable) et, au comptable, de fournir, en retour, à l'ordonnateur des informations « enrichies » (en particulier sur les comptes de tiers et la trésorerie) (« Protocole OCRE » : ordonnateur comptable retour, dont une version simplifiée sur disquette est constituée, à l'usage des petites collectivités, par le protocole « RIO » : retour d'information ordonnateur).

Ces différents protocoles ont été progressivement remplacés, à partir de 2006, par le Protocole d'échanges standard (PES) qui permet d'assurer un véritable échange et suivi entre ordonnateur et comptable public, le système HELIOS remplaçant l'ensemble des protocoles.

Les conditions et modalités de la dématérialisation des opérations en comptabilité publique ont été précisées par un arrêté du 27 juin 2007.

La systématisation depuis 2009 du PES version 2 (arrêté du 3 août 2011), obligatoire pour les collectivités publiques depuis le 1er janvier 2015 (ce qui a été un facteur de coût pour les collectivités qui ont dû investir dans des matériels informatiques notamment), conduit à faciliter les échanges des pièces comptables et justificatives entre ordonnateurs et comptables améliorant (selon le ministère dess finances), « la performance de la chaîne budgétaire et comptable » et conduisant à la dématérialisation des pièces et actes comptables à l'instar de ce qui s'est passé avec le programme ACTES (Aide au Contrôle Dématérialisé) en matière de télétransmission des actes de ces collectivités soumis au contrôle de légalité.

Section 3

Les opérations financières des collectivités locales

694 Les opérations financières des collectivités locales sont marquées par l'importance des dépenses (**§ 1**), qui souligne de plus en plus l'inadaptation des ressources (**§ 2**), dont la complexité est accrue par une série de mécanismes de péréquation (**§ 3**).

La situation financière des collectivités locales est, en particulier, placée sous la surveillance du Comité des finances locales composé d'une quarantaine de membres (dont près d'une trentaine d'élus locaux, une dizaine de représentants de l'État et quelques parlementaires). Présidé par un élu local, il a une fonction générale d'étude (notamment par son Observatoire des finances locales) et de conseil (obligatoire pour les projets de décrets financiers concernant les collectivités locales) et une fonction particulière de surveillance (et même, parfois, de décision) pour la dotation globale de fonctionnement (CGCT, art. L. 1211-1 s. et R. 1211-1 s.). Depuis la loi du 13 août 2004, il siégeait aussi en formation restreinte (dénommée « commission consultative sur l'évaluation des charges ») destinée à une évaluation des charges engendrées par chaque transfert de compétences et une appréciation des moyens financiers afférents affectés par l'État. Cette instance a été supprimée et remplacée par un Conseil national d'évaluation des normes, de 36 membres, présidé par un élu (loi 2013-921 du 17 oct. 2013).

Cette situation financière, et plus généralement les questions financières, font épisodiquement l'objet de rapports dont le « Rapport Delafosse » (1995), le « Rapport Bourdin » (1997), le « Rapport Mauroy » (2000), le « Rapport Mercier » (2000), l'étude effectuée en 2002 par le ministère de l'Intérieur (DGCL) en vue de la réforme des finances locales, les rapports « Fouquet » et « Pébéreau » (2005), « Richard » et « Valletoux » (2006), « Lafon » (2007), « Balladur » (2010).

La réflexion en ce domaine est de fait étroitement dépendante des compétences dévolues aux collectivités. En ce domaine, les lois du 16 décembre 2010 et du 27 janvier 2014 n'ont pas bouleversé la répartition opérée au travers des nombreux textes législatifs qui se sont succédé depuis 1982. L'article L. 1111-4 du CGCT énonce que « chaque domaine de compétences ainsi que les ressources correspondantes soient affectés en totalité soit à l'État, soit aux communes, soit aux départements, soit aux régions » mais aussi que les collectivités « financent par priorité les projets relevant des domaines de compétences qui leur ont été dévolus par la loi », ce qui n'interdit donc pas à l'heure actuelle l'attribution d'aides financières à d'autres collectivités.

§ 1. Les dépenses des collectivités locales

695 Les dépenses locales peuvent être calculées de manière différente selon qu'on s'attache aux « administrations publiques locales » de la comptabilité économique (qui exclut notamment les transferts entre collectivités et les remboursements de dettes mais inclut divers organismes, dont les chambres consulaires) ou aux « collectivités locales » de la comptabilité publique (qui ne consolide pas les opérations, inclut les dettes mais exclut les organismes qui ne sont pas juridiquement locaux).

Dans le SEC 95, et à présent SEC 2010 (v. ss 3), les administrations publiques locales (APUL) incluent certains établissements publics nationaux (chambres consulaires, agences de l'eau) et les organismes financés de manière prédominante par les collectivités locales (notamment les associations culturelles) mais excluent (outre les hôpitaux) les organismes exerçant des activités de service public économique (abattoirs, eau, pompes funèbres, etc.) ou social (crèches, organismes ayant un prix de journée...), ce qui conduit notamment à écarter les régies industrielles et commerciales et une partie des groupements et organismes médico-sociaux (inclus dans le secteur des sociétés non financières). Par ailleurs, certaines taxes (sur les ordures ménagères, sur les pylônes, de balayage...) ne sont pas considérées comme des prélèvements obligatoires (mais comme des prestations de services) et la DGF n'est plus considérée comme un transfert fiscal (en raison des impôts qu'elle a remplacés mais comme un transfert courant).

Mais ces divergences sont sans conséquence majeure sur la tendance générale, qui est à un accroissement des dépenses locales puisque ces dernières, qui sont actuellement de l'ordre de la moitié des dépenses budgétaires de l'État, sont passées en une cinquantaine d'années de 5 % à plus de 11 % du PIB.

696 Cela explique la volonté nationale de maîtriser cette évolution de la dépense publique locale dans un cadre constitutionnel peu propice.

Un élément novateur doit être noté, à savoir l'intégration dans l'actuelle loi du 29 décembre 2014 de programmation des finances publiques pour les années 2014 à 2019 d'un **objectif d'évolution de la dépense publique locale** (à l'image de la sécurité sociale) qui est définie comme étant « la somme des dépenses réelles en comptabilité générale des sections de fonctionnement et d'investissement, nettes des amortissements d'emprunts ». Il est déterminé avec l'avis du Comité des finances locales. La difficulté est sans doute plutôt d'ordre juridique : comment donner à cet indicateur une autorité particulière (la baisse des dotations et notamment de la DGF n'est pas nécessairement l'instrument décisif sur ce point).

Taux d'évolution de la dépense locale en valeur (%)

	2014	2015	2016	2017
Objectif	1,2	0,5	1,9	2
Dont évolution de la dépense de fonctionnement	2,8	2	2,2	1,9

On notera que cet objectif met l'accent sur des dépenses de fonctionnement évoluant assez vite par rapport à l'inflation actuelle ; la baisse globale est donc sans doute plus marquée pour les dépenses d'investissement.

Ce ratio de la dépense publique locale dans les finances publiques nationales laisse toujours aux collectivités françaises une place modeste dans les pays de l'Union européenne (en compagnie des collectivités allemandes, pourrait-on arguer si l'on exclut les Länder des administrations locales) mais aussi par rapport à d'autres États non européens (ex. le Japon où les dépenses publiques locales représentent près de 60 % de la dépense publique) ; mais ce pourcentage global, qui reflète encore la traditionnelle faiblesse des dépenses locales d'administration, traduit mal la réalité économique.

Les approches comparatives sont difficiles à assurer compte tenu des fortes différences d'organisation administratives, institutionnelles des États. Les États fédéraux doivent recevoir une présentation différenciée. En outre, nombre d'États ont connu et connaissent encore des évolutions structurelles importantes au niveau de leur administration locale et de la gestion locale, comme ce fut le cas pour la Belgique, ou encore le Royaume-Uni, le Danemark, l'Allemagne (qui a vu l'autonomie de ses Länder renforcée en 2007).

En 2013, au sein de l'Union européenne, avec un pourcentage global de dépenses publiques de 11,9 % du PIB, les collectivités locales françaises se situent à un niveau assez élevé par rapport à la situation des collectivités dans d'autres États. Si l'on exclut les États fédérés (parmi les pays comparables), ont un pourcentage supérieur à la moyenne de l'Union qui était de 11,4 % du PIB, l'Italie, les Pays-Bas (près de 14 %), le Royaume-Uni à 11,6 %. Il était de 23,9 % en Finlande, de 25,3 % en Suède et de 36,3 % au Danemark. Étaient à un niveau assez inférieur, l'Irlande (4,1 %), le Portugal (6,7 %), le Luxembourg (5,2 %) ; notons les niveaux très bas de la Grèce (3,5 %), Chypre (1,5 %) et Malte (0,7 %). Les États fédéraux posent toujours un problème de comparaison ; selon Eurostat, quatre États de l'Union relèvent de cette typologie : la Belgique, l'Autriche, l'Allemagne et l'Espagne. Il en résulte que les administrations locales en tant que telles étaient à 7,2 % en Belgique, 7,6 % en Allemagne, 5,8 % en Espagne, 8,5 % en Autriche.

Trois classifications de ces dépenses peuvent être établies : économique (**A**), fonctionnelle (**B**) et administrative (**C**).

A. La classification économique

697 La classification économique des dépenses, de fonctionnement (**1**) et d'investissement (**2**) met, en effet, en évidence le rôle essentiel joué par les investissements locaux (**3**).

1. Les dépenses de la section de fonctionnement

698 Ces dépenses qu'on peut rapprocher des dépenses ordinaires (en tout cas civiles) de l'État représentent, en effet, moins des deux tiers des budgets locaux (ce qui est une des parts les plus faibles en Europe) et comprennent deux catégories d'importance comparable.

Il s'agit, d'une part, des **dépenses de fonctionnement proprement dites** (près de 68 % des dépenses des collectivités locales) consacrées à l'achat de biens et services (près de 20 % des dépenses de fonctionnement) et aux frais de personnel (près de 36 %, mais ce pourcentage masque d'importantes disparités catégorielles et ce poids va s'accroissant avec le transfert de personnels d'État).

Il convient de noter que le poids du secteur local en matière d'emploi s'accroît pour se rapprocher à présent de celui de l'État (cette dernière période a été marquée par de nombreux transferts de personnels d'État vers les collectivités locales en particulier depuis la loi du 13 août 2004, transferts ayant représenté près de 50 % du volume d'accroissement des effectifs territoriaux), le niveau le plus « modeste » demeurant de très loin les régions puis les départements, le « bloc communal » restant largement prépondérant.

Évolution des effectifs des collectivités locales (hors Mayotte)

Au 31 décembre	2004	2006	2008	2010	2012
Communes et établissements communaux	1 076,2	1 111,8	1 132,6	1 184,4	1 193,7
EPCI (à fisc. propre)	109,7	130,7	149	177,1	195,8
Total bloc communal	1 186	1 302,5	1 344,4	1 428,1	1 458,6
Régions	13,9	22,1	75,3	80	82,1
Départements (y compris org. départementaux divers)	248,5	206	277,1	361,4	365,3
Total général	1 524,9	1 667,9	1 807	1 881,8	1 912,8

Unité : millier d'emplois ; chiffres arrondis. Source : Rapports Observatoire des finances locales.

On notera que les personnels des collectivités locales sont essentiellement localisés dans le bloc communal et relèvent à près de 76 % de la catégorie C.

Il s'agit, d'autre part, des **dépenses de transfert**, près de 41 % des dépenses de fonctionnement, en raison du poids croissant des allocations, subventions et participations, les aides sociales atteignant globalement les 23 % des dépenses de fonctionnement, la part, variable, des intérêts des emprunts étant actuellement inférieure à 3 %.

2. Les dépenses de la section d'investissement

699 Depuis 2007, la tendance générale est à une baisse de l'excédent de fonctionnement, ce qui réduit l'apport financier de la section de fonctionnement à la section d'investissement (d'où d'ailleurs l'importance des subventions d'investissements des régions et départements au profit d'autres collectivités). La baisse des dépenses d'investissement fut modérée en 2009 grâce au plan de relance, s'est accentuée depuis pour se situer en 2013 à 58,4 Mds €. C'est le « bloc communal » qui représente la grande majorité de ces dépenses (plus de 60 %). Il faut enfin rappeler le poids déterminant des collectivités locales dans la formation brute de capital fixe avec près de 70 % des investissements publics soit 11 % de la FBCF.

Les investissements directs (équipement brut), c'est-à-dire les acquisitions et la formation brute de capital fixe (FBCF : travaux neufs, grosses réparations) représentent, à eux seuls, près de 20 % du budget total ; en baisse jusqu'en 2002, ils se sont accrus à partir de 2003 et font des collectivités locales françaises les principaux investisseurs publics, non seulement en France, mais dans l'Union européenne.

Les investissements indirects représentent, quant à eux, près de 14 % environ des budgets et sont principalement composés du remboursement des emprunts qu'il convient d'ajouter aux intérêts figurant en section de fonctionnement pour obtenir l'annuité de la dette (près de 7 % en 2013).

Les collectivités locales peuvent imputer directement en section d'investissement les subventions d'équipement versées à des tiers.

3. Les dépenses totales (hors remboursement de dette)

700 Elles sont consacrées en 2013 pour 39,6 % aux dépenses de fonctionnement et aux intérêts de la dette, 18,9 % à l'investissement (direct) et 35,8 % aux subventions, aides et prestations sociales.

B. La classification fonctionnelle

701 Une présentation fonctionnelle de l'ensemble des dépenses locales est, jusqu'à présent, très difficile à faire car seules les grandes collectivités locales ont ou auront un budget présenté ou codé de manière fonctionnelle (v. ss 682 s.). De plus, le classement fonctionnel parfois établi pour certaines dépenses (notamment d'investissement) masque, encore plus qu'ailleurs, des disparités considérables entre collectivités. Aussi la classification fonctionnelle n'est-elle présentée, lorsqu'elle est possible, que par catégorie de collectivité locale (v. ss 720 s.)

C. La classification administrative

702 La classification administrative met, elle, en évidence, la part prépondérante (et stable) des dépenses des communes accrue par le fait que l'essentiel des dépenses des groupements est effectué par des établissements de coopération intercommunale notamment à fiscalité propre conduisant à identifier un « bloc communal » représentant près de 56,4 % des dépenses publiques des collectivités locales (hors remboursement de dette) dont 64 % des dépenses d'investissement. Les dépenses des départements représentent environ 31 %, et celles des régions plus de 12 %, de l'ensemble (qui inclut, pour moins de 5 %, les dépenses des établissements publics non territoriaux mais exclut, par convention, les dépenses des hôpitaux et offices d'habitation).

§ 2. Les ressources des collectivités locales

703 Les ressources des collectivités locales forment un ensemble particulièrement complexe qui, du point de vue de l'autonomie financière constitutionnellement garantie aux collectivités locales (v. ss 42), peut cependant être scindé en deux catégories : les ressources propres, qui doivent constituer une « part déterminante » des recettes de chaque catégorie de collectivités (qui a été fixée à un niveau minimum égal à celui réalisé en 2003), et les ressources externes.

La loi organique relative à l'autonomie financière des collectivités locales du 29 juillet 2004 a défini les ressources propres ; au sens de l'article 72-2 C, ce sont les ressources définitives constituées des impositions de toutes natures, des redevances pour services rendus, des produits du domaine, des produits financiers, des dons et legs (en tenant compte, pour les communes, des ressources propres des EPCI auxquels elles appartiennent).

Le texte répartit les collectivités territoriales en trois catégories (communes, départements et collectivités assimilées, régions et collectivités assimilées) et, pour chacune d'entre elles, prévoit de rapporter ces ressources propres à la totalité des ressources (hors emprunts).

La part constatée de ces catégories en 2003 est un minimum, en deçà duquel on considérerait que la libre administration des collectivités territoriales serait entravée, ce qui entraînerait l'obligation de rétablir le minimum dans les deux ans. Le Conseil constitutionnel dans sa décision du 29 juillet 2004 y afférente a explicité le sens à donner aux recettes fiscales par rapport aux ressources propres en considérant qu'elles s'entendent du produit des impositions de toutes natures lorsque la loi en détermine, par collectivité, non seulement le taux mais aussi une part locale d'assiette (dans le même sens : à propos de la réforme de la taxe professionnelle qui a mené à la création de la contribution économique territoriale avec la cotisation foncière de l'entreprise (CFE) et la cotisation sur la valeur ajoutée des entreprises (CVAE), cette dernière relevant d'une tarification fixée nationalement, Cons. const. 29 déc. 2009, 599 DC, cons. 61).

Les ratios d'autonomie financière des collectivités territoriales

	2003	2006	2008	2009	2010	2011	2012
Communes et groupements	60,80	61,8	62,5	62,3	64,7	64,9	65,5
Départements	58,60	65,50	66,4	65,5	68,1	67,4	67,7
Régions	41,70	48,10	55,7	54	55,6	54,3	54,2

Unité : % ; source : Observatoire des finances locales.

Sur un plan global, les ressources propres, représentées par la fiscalité (**A**) et, pour l'essentiel, les recettes marchandes (**B**), constituent actuellement environ 60 % des ressources totales, contre environ 40 %, aux ressources externes, que sont les transferts reçus (**C**) et les emprunts (**D**).

A. La fiscalité

704 La fiscalité représente moins de la moitié des ressources, se situant cependant à un niveau supérieur à celui de la plupart des collectivités locales européennes mais nettement inférieur à celui de l'État.

Le processus constaté depuis une quinzaine d'années à ce propos est quelque peu confus ; il est d'abord marqué par une suppression par l'État d'un certain nombre de taxes locales (« vignette » automobile, part régionale de la taxe d'habitation, taxe professionnelle, taxe de trottoir, de pavage...) mais aussi par la création d'autres taxes ou impôts comme la taxe sur les déchets réceptionnés, la contribution économique territoriale, l'imposition forfaitaire des entreprises de réseau (IFER), ou encore le transfert partiel ou total de certains impôts d'État (TICPE, taxe sur les conventions d'assurance, taxe sur les surfaces commerciales) et par une abondance de mesures destinées à modérer le poids de l'impôt local au profit des entreprises (plafonnement valeur ajoutée de la contribution économique territoriale, exonération partielle de la taxe sur le foncier non bâti pour les exploitants agricoles) ou des particuliers (comme à propos de la taxe d'habitation).

Par ailleurs, même si la chose était déjà perceptible antérieurement, la réforme de la fiscalité locale des entreprises a aussi conduit au renforcement (volontaire) d'une certaine (mais pas nécessairement toujours évidente) spécialisation de la fiscalité locale par niveau d'administration locale.

Cette fiscalité locale (près de 100 Mds € en 2013) est d'abord et historiquement une fiscalité directe qui prédomine encore, même si les transferts fiscaux opérés par l'État ont conduit à un renforcement du poids de la fiscalité indirecte (dans un rapport désormais proche de 80 % / 20 %).

Cette fiscalité directe repose sur plusieurs impôts directs « obligatoires », (**1**) et une quarantaine d'autres impositions (**2**).

1. La prépondérance de la fiscalité directe

705 Née à l'époque révolutionnaire, la fiscalité locale reposait, sur des contributions communes (patentes, foncière, personnelle mobilière - 1790-1791 -, des portes et fenêtres - 1798 -, dénommées les « quatre vieilles ») à l'État et aux collectivités locales, ces dernières votant, selon leurs besoins, des « centimes (centièmes) additionnels » aux impôts d'État. La « réforme Caillaux » (1914-1917), mit fin par une loi du 31 juillet 1917 à ces contributions en tant qu'impôts d'État ; elles demeurèrent au niveau local puisque l'on continua à les calculer fictivement pour permettre aux conseils locaux de voter leurs centimes. La contribution des portes et fenêtres fut totalement supprimée au 1er janvier 1926. Le système des « principaux fictifs » ne fut supprimé qu'une soixantaine d'années plus tard, avec l'instauration des impôts suivants : la taxe professionnelle qui avait succédé en 1975 à la patente et a été remplacée en 2010 par la **contribution économique territoriale**, la **taxe d'habitation** (qui a succédé en 1973 à la contribution mobilière) et les **taxes foncières sur les propriétés bâties et non bâties** (qui ont succédé en 1973 aux contributions du même nom).

Elles représentent près de 35 % des budgets locaux mais près des trois quarts de la fiscalité.

Les bases d'imposition de ces taxes sont déterminantes, non seulement pour l'impôt lui-même, mais encore pour la plupart des subventions reçues de l'État.

Ces subventions prennent la plupart du temps en compte deux éléments : le potentiel fiscal et le potentiel financier (CGCT, art. L. 2334-4). Le potentiel fiscal relève de l'application aux bases communales des quatre taxes directes locales du taux moyen national d'imposition de chacune de ces taxes. Il connaît une dissociation entre les trois impôts que sont les impôts fonciers et la taxe d'habitation qui sont soumis à des bases brutes de la dernière année dont les résultats sont connus avec des taux moyens, les taux étant ceux constatés lors de la dernière année dont les résultats sont connus. S'agissant de la taxe professionnelle disparue les bases et taux moyen étaient ceux utilisés pour le potentiel fiscal. À compter de 2012, ce potentiel résulte de l'application aux bases communales du taux moyen national d'imposition de chacune de ces impositions. Ces bases reposent sur les bases brutes de la dernière année dont les résultats sont connus servant à l'assiette des impositions communales. Ce potentiel a donné lieu à des adaptations et corrections. Le potentiel financier, pour sa part, introduit en 2005 comprend lui-même le potentiel fiscal par habitant et le montant de la dotation forfaitaire perçu par la commune l'année précédente, avec certaines adaptations et un traitement particulier pour la commune de Paris. De fait, le potentiel financier par habitant n'est que la division de ce potentiel par le nombre d'habitants constituant la commune.

La taxe d'habitation et les taxes foncières (les « impôts sur les ménages ») sont exclusivement assises à partir de la **valeur locative** des biens, c'est-à-dire le loyer annuel que rapporteraient ces biens dans les conditions habituelles du marché. Il s'agit d'un loyer supposé, estimé forfaitairement (par catégorie rattachée à un bien de référence) par l'administration fiscale, sur la base d'évaluations qui remontent aux années 1960 (propriétés non bâties) et 1970 (actualisées en 1980) (propriétés bâties) et que sont censés actualiser des coefficients annuels d'évolution. Le législateur a initié (art. 74 LFR pour 2013, n° 2013-1279) une phase expérimentale de révision de ces valeurs déterminées en fonction de l'état du marché locatif. La valeur (prix au m2 sur la base de catégories de biens) tient compte de la nature, de la situation et de la consistance de la propriété ou de la fraction de propriété considérée. Toutefois, le législateur a spécifié que cette révision s'effectuait à produit fiscal constant, ce qui peut induire de forts transferts à l'intérieur d'une même collectivité. En 2015, cinq départements font l'objet de cette expérimentation : Orne, Charente-Maritime, Val-de-Marne, Nord, Paris. Le projet est de généraliser cette révision en 2016 pour une mise en œuvre des nouvelles valeurs en 2018.

Les taxes foncières sont dues par les propriétaires (en 2013, 30,4 millions d'avis d'imposition), sous réserve d'exonérations ou de dégrèvements (ou, exceptionnellement, de majorations), obligatoires (personnes âgées à faibles ressources) ou facultatifs (aides aux entreprises).

La taxe d'habitation est due par les occupants (29,1 millions d'avis d'imposition en 2013), sous réserve d'abattements décidés ou modulés par le conseil (charges de famille, abattement général, abattement spécial) et de dégrèvements totaux (personnes sans ressources allocataires du RSA) ou partiels (personnes à revenus modestes).

Exonérations et dégrèvements de ces « impôts ménages » sont, depuis 1997, déterminés par rapport à un « revenu de référence », excluant, notamment, les revenus exceptionnels ou différés.

Depuis le 1er janvier 2010, **la contribution économique territoriale** (CET) a remplacé la taxe professionnelle. Elle repose sur deux « assiettes » différentes : la cotisation foncière des entreprises (CFE) qui est en fait la reprise de la partie foncière de l'assiette de la taxe professionnelle et se trouve due par l'exploitant des locaux et, élément le plus novateur, sur la cotisation sur la valeur ajoutée des entreprises (CVAE) qui est une intégration de l'ancienne cotisation minimale de la taxe professionnelle (la valeur ajoutée est définie, ce qui est nouveau, dans CGI, art. 1586 sexies I), avec une nuance importante : si la CFE donne encore lieu à un vote local du taux d'imposition, il n'en va pas de même pour la CVAE qui obéit à un barème unique national (dispositif validé par le Cons. const. 29 déc. 2009, 599 DC, cons. 61 s.). Cette réforme devait conduire à une diminution du poids de l'impôt pour la majorité des entreprises et en particulier du secteur industriel. La CET est plafonnée à 3 % de la valeur ajoutée.

La CET est due pour l'essentiel par les mêmes personnes assujetties anciennement à la taxe professionnelle pour toute activité professionnelle indépendante sauf celle exercée par les salariés et quelques autres professions (agriculteurs, artistes, artisans individuels...), sous réserve d'exonérations temporaires dans le cadre de l'aménagement du territoire et de l'aide aux entreprises, instituées à l'initiative ou à défaut d'opposition des collectivités locales, et variables, en particulier, selon les zones de développement régional. La taxe professionnelle concernait plus de 3 millions d'entreprises mais 1 % d'entre elles en payaient environ les deux tiers. En 1997, dans son quinzième rapport, le Conseil des impôts avait proposé que la taxe professionnelle soit perçue au plan national sur la base d'un taux unique voté par le Parlement puis reversée aux collectivités locales sous forme de dotations. La CFE et les taxes connexes concernent près de 4,7 millions d'entreprises. La CVAE est d'un rendement d'environ 14 Mds € en 2013, la CFE et les taxes annexes et l'IFER de 9,8 Mds € en 2013. L'ensemble ne donne pas le sentiment d'une forte baisse du poids de la fiscalité locale sur les entreprises.

Une loi du 30 juillet 1990 avait prescrit une révision générale des valeurs cadastrales, ce qui ne fut finalement jamais mis en œuvre. Cette loi fut abrogée par la loi du 29 décembre 2010 de finances rectificative pour 2010 (art. 34), laquelle a prescrit une révision partielle et expérimentale portant sur la révision des valeurs locatives des propriétés bâties à usage économique (CGI, art. 1498 et 92) à la date du 1er janvier 2012.

Le principe posé est là aussi celui d'une valeur locative « déterminée en fonction de l'état du marché locatif ou, par défaut, en référence à d'autres critères ». Cette révision progressive, étalée sur plusieurs années, a connu, en 2011, une approche expérimentale dans cinq départements (Hérault, Bas-Rhin, Pas-de-Calais, Paris, Haute-Vienne). C'est à partir de 2016 que cette actualisation doit être généralisée conduisant à de forts impacts fiscaux selon les types d'activités.

Les **bénéficiaires** de ces taxes sont, à des degrés variables, les collectivités territoriales (avec un régime particulier pour la région Île-de-France) et les groupements à fiscalité propre (v. ss 723) (ainsi que, selon des modalités spéciales, les chambres consulaires).

Le principe de cet « empilage des taux » a été parfois critiqué, au motif qu'il n'établissait pas clairement les responsabilités de chaque catégorie de collectivité locale dans le prélèvement fiscal (mais le contribuable peut l'établir à partir de son avis unique d'imposition) et qu'il faudrait le remplacer par une spécialisation des taxes.

En dépit de ces préconisations il n'y avait pas de totale spécialisation des impôts directs locaux.

Cette fiscalité est encore très inégalement répartie et bénéficie d'abord à l'échelon communal et intercommunal (près de 50 %), les régions demeurant des « nains » fiscaux.

Le législateur a amorcé une différenciation en décidant que les départements ne bénéficieraient plus (à partir de 1996) de la taxe foncière sur les terrains agricoles et que les régions ne bénéficieraient plus de la taxe foncière sur les terrains agricoles (depuis 1993) et de la taxe d'habitation (depuis 2000).

Les pouvoirs publics ont envisagé une spécialisation conduisant à attribuer la « fiscalité de l'énergie » (électricité, gaz, produits pétroliers) à la région (conformément, d'ailleurs, à des propositions déjà faites il y a une vingtaine d'années), les taxes foncières au département, la taxe d'habitation aux communes et la taxe professionnelle à l'intercommunalité (moyennant, bien sûr, transitions et ajustements). Il y a une vingtaine d'années, le législateur avait prévu le remplacement de la taxe d'habitation sur les résidences principales perçue au profit du département par une taxe départementale (proportionnelle) sur le revenu des personnes physiques (TDR). Il a en revanche créé une taxe annuelle sur les logements vacants puis une taxe d'habitation majorée destinée à frapper les résidences secondaires dans les zones dites « tendues »...

Depuis 1980 (L. 10 janv.), le principe était que le conseil délibérant de chaque collectivité votait séparément le taux (et, éventuellement, les abattements) de chacune des taxes auxquelles il a droit (alors qu'auparavant, il ne votait qu'un produit global, qu'il n'était pas libre de répartir entre les taxes). Cependant, le législateur avait maintenu des liens (assouplis) entre les taux des différentes taxes, pour éviter de trop fortes discriminations entre catégories de contribuables, et des taux plafonds, pour éviter de trop grosses distorsions entre collectivités. La réforme relative à la suppression de la taxe professionnelle et son remplacement par la contribution économique territoriale n'a pas bouleversé cette approche. (CGI, art. 1636-B sexies s.).

Désormais, dans les communes et les EPCI à fiscalité propre, les taux des deux taxes foncières, de la cotisation foncière des entreprises (CFE) et de la taxe d'habitation peuvent soit varier dans une même proportion, soit varier librement entre eux selon des mécanismes particuliers avec cependant une limite générale consistant à imposer un lien progressif entre les deux taxes foncières et la taxe d'habitation « jusqu'à la date de la prochaine révision ». En tout état de cause, les variations des taux de ces trois impôts sont cantonnées par un plafond de 2,5 fois celle du taux moyen constaté l'année précédente pour la même taxe dans l'ensemble des communes du département ou du taux moyen constaté au niveau national s'il est plus élevé. Concernant la CFE, le taux voté par la commune, le département et la région ne peut varier de plus de 2 fois par rapport au taux moyen constaté l'année précédente au niveau national soit pour l'ensemble des communes soit pour l'ensemble des collectivités de même nature. Enfin, la taxe foncière sur les propriétés bâties dont bénéficient aussi les départements relève de ce même plafonnement concernant le CFE. Ces dispositifs concernent nécessairement des adaptations s'agissant des différentes formes intercommunales. Par ailleurs, le taux de la cotisation sur la valeur ajoutée des entreprises relève d'un barème fixé nationalement (jusqu'à 1,5 % pour les entreprises dépassant 50 M € de chiffre d'affaires avec un plafonnement de l'assiette à 80 ou 85 % si le chiffre d'affaires est inférieur ou supérieur à 7,6 M €).

L'impôt est ensuite calculé et recouvré désormais par les services de la DGFiP.

On applique à la base nette d'imposition de chaque contribuable le taux voté par la collectivité (ou décidé par le préfet en cas de règlement d'office), le produit étant ensuite majoré au profit de l'État d'un prélèvement pour frais. Ce prélèvement a longtemps été dénoncé comme particulièrement élevé : 4,4 % ou 8 % avec prélèvement supplémentaire, de 0,2 % à 1,7 % pour les locaux à forte valeur locative. Ces frais comprenaient les frais de dégrèvements et de non-valeurs (3,6 %) et les frais d'assiette et de non-recouvrement (4,40 % pour les collectivités et 5,4 % pour les taxes perçues au profit d'autres établissements publics et organismes divers). La réforme portant suppression de la taxe professionnelle s'est accompagnée d'une compensation financière pour « manque à gagner » qui a reposé pour partie sur ces frais et a conduit l'État, à compter du 1er janvier 2011, à abaisser ces taux : 2 % au lieu de 3,6 % et 1 % au lieu de 4,4 %. Les contribuables importants paient un acompte de CET et tous les contribuables peuvent choisir un paiement mensuel, remplaçant le traditionnel paiement en fin d'année.

Le produit voté par le conseil est garanti à la collectivité par le système des avances du Trésor.

Les contribuables ne sont cependant pas toujours ceux de la collectivité bénéficiaire car, à défaut de réforme fiscale d'ensemble (promise, de manière récurrente, depuis la Première Guerre mondiale), le législateur a prévu une série de dispositions qui ont pour objectif de rendre le système socialement et économiquement supportable et pour effet de transférer la charge de plus du quart de l'impôt à des contribuables d'autres collectivités locales (environ 5 %) et, surtout, au contribuable national ; l'État fut et pourrait rester, en effet, le premier « contribuable local » puisqu'il a longtemps pris en charge plus de 25 % des impôts directs locaux.

Rappelons ici que les concours financiers de l'État au titre de la fiscalité transférée se situaient en 2014 à 29,9 Mds € soit 29,6 % des concours financiers de l'État (alors estimés au total à près de 101 Mds €). Les transferts financiers de l'État vers les collectivités locales demeurent ainsi massifs, même après les réformes fiscales précédemment décrites. Ils sont, selon les cas, organisés par une prise en charge directe des sommes ou par l'intermédiaire de fonds ou dotations de péréquation (qui sont, par ailleurs, des chefs-d'œuvre de complexité).

La prise en charge par l'État peut être faite par vote de dégrèvements, payés à la place du contribuable (ce qui est avantageux pour la collectivité locale, dont les bases d'imposition et la possibilité de modulation des taux restent intactes) ou, surtout depuis 1992, par voie de compensations versées aux collectivités locales en contrepartie de plafonnements ou d'exonérations (dont les collectivités n'ont alors plus la maîtrise et qui diminuent les bases d'imposition et les produits, d'autant que la tendance est à les déconnecter des décisions locales).

Quant aux fonds et dotations de péréquation, ils sont également alimentés par les contribuables d'autres collectivités (locales ou non) ; les principaux d'entre eux sont décrits ss 719 s.

2. La « fiscalité accessoire »

706 Elle a crû en raison, pour l'essentiel, du transfert par l'État d'un certain nombre de taxes, transfert décidé dans le prolongement notamment de la loi du 13 août 2004 mais aussi de la réforme de la fiscalité locale. L'expression « accessoire » est une expression commode pour désigner la trentaine de taxes fiscales locales s'ajoutant aux « grands » impôts directs locaux, mais sa pertinence est toute relative car le produit de cette fiscalité, qui était effectivement devenu bien faible au cours des années 1960, s'est, depuis, développé jusqu'à atteindre une part sensible de la fiscalité locale (environ 20 %). La réforme de la fiscalité locale n'a d'ailleurs pas seulement concerné que la taxe professionnelle puisqu'a été aussi opérée une refonte générale de la fiscalité de l'urbanisme. En outre, la création difficile et délicate à mettre en œuvre de l'imposition forfaitaire des entreprises de réseau (IFER), imposition partagée entre le bloc communal, les départements et les régions (frappant les entreprises de transport ferroviaire, de distribution d'électricité...), n'a pas conduit à une absolue clarification du paysage fiscal local.

Ainsi, l'IFER se retrouve partagée entre ces trois niveaux d'administration locale, mais ce partage est lui-même différent selon le type d'équipement, d'installation concerné ; ex. : sur les installations électriques, 100 % pour le bloc communal, sur les hydroliennes, 50 % pour le bloc communal et 50 % pour les départements...

Si le vote des taux désormais partiel des contributions directes, intervient normalement avec le vote du budget (en principe avant le 15 avril), les délibérations en matière d'impôts locaux doivent, en règle générale, intervenir avant le 1er octobre (1er juill. jusqu'en 2002) pour entrer en vigueur le 1er janvier suivant.

La fiscalité indirecte a longtemps constitué une ressource très importante, sous la forme des droits d'octroi, rétablis par le Directoire, puis de la taxe locale sur le chiffre d'affaires qui leur a progressivement succédé à partir de 1941. Mais cette taxe en cascade, incompatible avec la TVA (et génératrice d'inégalités que corrigeait peu un fonds de péréquation), a été supprimée en 1968 et remplacée par des dotations de l'État (v. ss 710). Cette fiscalité a repris une place significative dans les recettes fiscales locales au cours de ces dernières années.

La fiscalité indirecte s'est donc un moment réduite à une « **fiscalité traditionnelle** » maintenue dans certains secteurs : taxe sur les jeux, taxe de séjour, fiscalité la publicité extérieure, fiscalité de la consommation (tout particulièrement la taxe sur la consommation d'électricité domestique, relativement productive et perçue, au profit des communes et départements qui l'ont instituée, par EDF). Les droits de mutation à titre onéreux (DMO) dont le plafond a été majoré sont une recette significative pour les départements.

Une recette très particulière demeure aussi bénéficiant aux départements d'outre-mer, à savoir l'octroi de mer dont le maintien a été autorisé par une Décision du Conseil du 17 déc. 2014 (n° 940/2014/UE).

En 1972 et, surtout, en 1983, l'ensemble s'est enrichi d'une importante **fiscalité transférée** par l'État qui était en déclin depuis la suppression de la « vignette » automobile due (aux départements) par les particuliers et les entreprises. Cette fiscalité, près de 20 % des recettes fiscales locales, s'est à nouveau accrue. Elle concerne pour l'essentiel, l'imposition de l'automobile, principalement attribuée aux régions (taxes sur les cartes grises et les permis de conduire...) et une partie de la taxe intérieure sur la consommation des produits énergétiques (TICPE), ancienne TIPP, dont le taux peut être partiellement modulé par la région... (marquant l'émergence d'une fiscalité d'État partagée), la fiscalité des transactions, essentiellement transférée aux départements (taxe départementale de publicité foncière et droit départemental d'enregistrement sur les mutations immobilières, dont les taux ont été législativement baissés en 2001), ou encore en 2005, au profit des départements, la taxe sur les conventions d'assurance et, plus récemment, la taxe sur les surfaces commerciales.

La **fiscalité directe** ou assimilable (autre que les « quatre vieilles ») a, elle aussi, connu un certain essor.

La « **fiscalité traditionnelle** » est constituée, d'une part des taxes liées à la voirie, notamment la taxe d'enlèvement des ordures ménagères en forte croissance (qui peut être remplacée par une redevance calculée en fonction du service rendu), d'autre part de taxes de substitution, remplaçant la taxe professionnelle (redevance communale et départementale des mines), la taxe foncière (taxe sur les pylônes électriques à haute tension) ou même parfois les « quatre vieilles » (taxes spéciales d'équipement au profit de la région Île-de-France ou de certains établissements publics fonciers), plusieurs taxes ayant été progressivement supprimées : de pavage, de trottoir...

La taxe d'enlèvement des ordures ménagères, instituée dans la grande majorité des communes est additionnelle à la taxe foncière sur les propriétés bâties mais peut être modulée selon les zones desservies (avec des exonérations spéciales concernant notamment les usines). La redevance d'enlèvement des ordures ménagères a été instituée dans une minorité de communes. Les autres communes et groupements, mais il en reste bien peu dans ce cas, n'ont institué ni taxe, ni redevance et financent ce service sur leur budget général. Ce service est de plus en plus géré à un niveau intercommunal (2/3 des cas). Notons aussi la création en 2006 de la taxe sur les déchets réceptionnés qui bénéficie aux communes et aux EPCI.

Mais une **fiscalité de l'interventionnisme** (ou prélèvements assimilables) s'est également développée de manière sensible, principalement sous la forme de fiscalité (de nature juridique particulière) de la construction et de l'urbanisme. Celle-ci a fait l'objet d'une réforme générale opérée par la loi de finances rectificative pour 2010 et qui voit une taxe d'aménagement (C. urb., art. L. 331-1) et un versement pour sous-densité (C. urb. art. L. 331-35) se substituer à un ensemble important de taxes d'urbanisme ; demeurent préservées la redevance pour création de bureaux en Île-de-France et la redevance d'archéologie préventive, tandis qu'ont disparu un certain nombre de « participations » à des aménagements (raccordement à l'égout, non-réalisation d'aires de stationnement, pour voirie et réseaux...) avec le maintien, notamment, de la participation pour le financement d'équipements publics exceptionnels (C. urb., art. L. 332-8), et même du transport (versement de transport, effectué, sous certaines conditions, par les entreprises dans les grandes agglomérations).

Le versement, qui est remboursé lorsque les entreprises assurent elles-mêmes certaines prestations, est juridiquement considéré comme une contribution additionnelle aux cotisations sociales, payée aux Urssaf ; son contentieux relève des tribunaux des affaires de Sécurité sociale (ou, pour son remboursement, des tribunaux administratifs).

Un effort d'« identification de la spécialisation » de cette fiscalité locale (mais avec des mécanismes importants de substitution des intercommunalités en lieu et place des communes) peut être identifié (CGCT, art. L. 2331-1, L. 2331-3, L. 3332-1, L. 4331-2), sous la réserve d'une nouvelle répartition tenant compte de celle des compétences revue en 2015 :

Niveau d'administration locale	Type d'imposition
Bloc communal	Taxe foncière sur les propriétés bâties, taxe foncière sur les propriétés non bâties, taxe d'habitation, cotisation foncière des entreprises (CFE), IFER (50 % ou 2/3), CVAE (26,5 %), Taxe d'enlèvement des ordures ménagères, taxe sur les surfaces commerciales, taxe sur les éoliennes maritimes, taxe sur l'électricité, impôt sur les cercles et maisons de jeux, versement aux transports en commun, taxe sur les remontées mécaniques, imposition forfaitaire sur les pylônes électriques, taxe de séjour, surtaxe sur les eaux minérales, taxe d'aménagement, taxe pour la gestion des milieux aquatiques et la prévention des inondations...
Départements	Taxe foncière sur les propriétés bâties, CVAE (48,5 %), IFER (50 % et 1/3), redevance des mines, droit d'enregistrement, taxe de séjour, taxe sur l'électricité...
Régions	CVAE (25 %), IFER, taxe sur les permis de conduire, taxe sur les certificats d'immatriculation des véhicules, taxe d'apprentissage, taxe sur le transport public aérien et maritime, taxe d'aménagement (Île-de-France)...

B. Les recettes marchandes

707 Les recettes marchandes représentent, en moyenne, environ 10 % des produits locaux mais leur importance et leur nature varient beaucoup d'une collectivité à l'autre. Elles relèvent de trois catégories (**1**), et sont inscrites à la section de fonctionnement (**2**).

1. Trois catégories

708 La présentation qui en est traditionnellement faite dans la section de fonctionnement des budgets permet d'en distinguer trois catégories.

Les **produits d'exploitation** sont perçus, en contrepartie d'un service rendu, sur les usagers des services publics et équipements locaux (cantines, bibliothèques, piscines, transports, assainissement, accès sites nordiques, etc.). Leur importance est, en particulier, fonction de la politique des tarifs (du moins quand ceux-ci ne sont pas bloqués), par arbitrage entre usagers et contribuables, et du mode de gestion des services et équipements (seule la gestion directe procurant ces produits).

On soulignera ainsi les interrogations liées à l'évolution tarifaire et à son sens précis au regard du concept de prix. Ainsi, la mise en œuvre d'une démarche expérimentale (sur demande) de « tarification sociale de l'eau » (loi du 15 avr. 2013, décr. du 14 avr. 2015) conduit à s'interroger sur la nature même de la redevance et sur les conditions et modalités d'équilibre des comptes des SPIC locaux.

Les **produits du domaine** sont constitués par les revenus du patrimoine immobilier, notamment de la propriété forestière (certaines communes des Ardennes, de l'Auvergne ou du Jura ont pu longtemps se dispenser de percevoir les « quatre vieilles ») et des immeubles ruraux ou urbains (loyers, droits de place, droit de port, etc.).

Les **produits financiers** dépendent, eux aussi, du mode de gestion des services et équipements (redevances versées par les délégataires) et des possibilités (restreintes) de prêts et de placement des fonds disponibles (intérêts).

Le rapport 2014 de l'Observatoire des finances locales fait apparaître un produit financier relativement conséquent, pour une quarantaine de redevances identifiées, essentiellement au niveau du bloc communal. Le produit financier de ces redevances était estimé en 2013 à près de 4,7 Mds €.

2. En section d'investissement

709 Les recettes marchandes sont essentiellement représentées par la contrepartie du produit de **la vente d'éléments du patrimoine** qui, pour les grandes collectivités, peut procurer une marge de manœuvre non négligeable.

C. Les transferts

710 Les transferts reçus représentent une part essentielle (environ 30 %) des budgets locaux (**1**), qu'ils proviennent de l'État ou même, dans certains cas, des autres collectivités publiques, qu'il s'agisse des collectivités locales (**2**) ou de l'Union européenne (**3**).

1. Un poids financier important pour l'État

711 Globalement, pour 2015, la loi de finances faisait apparaître une affectation d'environ 99 Mds € à partir des ressources d'État au profit des collectivités territoriales et de leurs groupements.

Ces transferts proviennent dans leur majorité (v. ss 486) des prélèvements sur recettes (environ 50,7 Mds € en 2015). Le reliquat est porté au crédit du budget. Les finances locales sont concernées par deux missions ; il s'agit, d'une part, de la mission « Relations avec les collectivités territoriales », structurée en deux programmes (pour 2015) : concours financiers aux collectivités territoriales et à leurs groupements, concours spécifiques et administration ; la mission « Remboursements et dégrèvements » (d'un montant de 99,4 Mds € en 2015 contre 96 Mds € en 2013) organisée en deux programmes dont un à destination des finances locales, le programme « Remboursements et dégrèvement d'impôts locaux » qui atteint de son côté les 11,6 Mds €.

Ces transferts ont vu leur importance s'accroître à un point tel que l'État avait institué le « pacte de stabilité financière » (pour les années 1996 à 1998) puis un « contrat de croissance et de solidarité » (pour les années 1999 à 2002, renouvelé jusqu'en 2007), en 2008 un « contrat de stabilité » qui, pour respecter les engagements européens de la France et ménager les intérêts financiers de l'État, avait limité globalement l'augmentation des principales dotations. La loi de programmation des finances publiques 2009-2012 avait limité la croissance des concours financiers (à périmètre constant) à l'évolution des prix à la consommation. À partir de 2009, le contrat de stabilité s'efface. Dans un contexte marqué encore par une évolution limitée à l'inflation de certaines dotations, certaines dotations ont connu en 2010 un « gel » dans leur évolution : DGD, DGE, DDR... Les dotations de l'État sont pour l'essentiel gelées de 2011 à 2013, puis amenées à être réduites à partir de 2014 et 2015.

La loi de programmation des finances publiques 2014-2019 a accentué le phénomène en établissant « à périmètre constant » une baisse majeure des concours financiers de l'État.

2014	2015	2016	2017
56,87	53,45	49,79	46,12

Unité : Md €

La loi de finances pour 2015 a ainsi prévu un prélèvement sur recettes de l'État à hauteur de 50,7 Mds €, crédits auxquels il faut adjoindre 2,8 Mds € (CP) au titre de la Mission Relations avec les collectivités territoriales.

Le « paysage » des concours financiers de l'État, d'une grande complexité, a en outre été profondément réformé ces dernières années. Il demeure cependant centré autour d'une dotation majeure, la dotation globale de fonctionnement (DGF) avec, en 2015, 36,6 Mds € mais qui est toujours relativement complexe et marqué par des régimes particuliers, par exemple s'agissant de l'Île-de-France.

Un décret n° 2011-514 du 10 mai 2011 relatif aux dotations de l'État aux collectivités territoriales et à la péréquation des ressources fiscales des départements en a défini différentes modalités, en particulier sur le terrain du régime des subventions et de la péréquation des ressources fiscales.

a. Les dotations et subventions de fonctionnement

712 Elles représentent plus du tiers de l'ensemble, doivent leur importance à la suppression, à effet de 1968, de la taxe locale sur le chiffre d'affaires, remplacée pendant un an par la taxe sur les salaires (créée en 1948 mais transférée par l'État aux collectivités locales en 1968) puis par des dotations de l'État : versement représentatif de la taxe sur les salaires supprimée, pour la plupart des entreprises, fin 1968 (VRTS), indexé sur les salaires mais qui, devenu d'un produit aléatoire en raison du chômage, fut remplacé en 1979 par la **dotation globale de fonctionnement (DGF)**, elle-

même réformée à plusieurs reprises et qui est l'instrument financier majeur des transferts financiers de l'État en direction des collectivités locales. De fait, il n'est pas anormal de voir l'État, dans sa stratégie nouvelle de réduction de ses dépenses, mettre d'abord l'accent sur cette dotation qui après s'être stabilisée dans son montant en 2013 a été réduite en 2014 puis en 2015, de façon conséquente, même si le Conseil constitutionnel a pu estimer que cette réduction ne représentait qu'une baisse de 1,9 % des recettes des collectivités territoriales (le projet de loi de finances faisait référence aux recettes réelles de fonctionnement des collectivités) et qu'elle n'est « pas d'une ampleur telle qu'elle entraverait la libre administration des collectivités territoriales » (707 DC du 29 déc. 2014, cons. 23).

L'évolution du prélèvement sur recettes de l'État en faveur de la DGF

2012	2013	2014	2015
41,38	41,5	40,12	36,6

Unité : Md € ; Source : Lois de finances.

La réforme de la loi de finances pour 2004 a permis à la DGF d'absorber le fonds de correction des déséquilibres régionaux, l'essentiel de la dotation générale de décentralisation des départements (95 %), outre la suppression des contingents communaux d'aide sociale (CCAS).

Cette DGF (CGCT, art. L. 1613-1 s. et L. 2334-1 s.) est un prélèvement sur les recettes de l'État, dont le montant global fut, sur le plan national, indexé jusqu'en 1990 sur le produit de la TVA puis, en raison des difficultés budgétaires de l'État, sur les prix (à la consommation hors tabac) et une partie (50 % depuis 1996) de la croissance du PIB (les seuls prix en 1994 et 1995).

Elle devait évoluer en fonction d'un indice égal à la somme du taux prévisionnel d'évolution de la moyenne des prix à la consommation des ménages hors tabac de l'année de versement et de la moitié du taux d'évolution du PIB en volume de l'année en cours (s'il est positif). La DGF a servi clairement de réceptacle aux différentes réformes touchant notamment la fiscalité locale.

La part majeure de cette DGF était à l'origine réservée aux communes et à leurs groupements à fiscalité propre La DGF bénéficie aussi aux départements, aux régions et à présent aux communes nouvelles (CGCT, art. L. 2113-20).

La DGF des communes et groupement obéissait depuis 1994 à deux composantes que les lois de finances successives et des lois plus particulières ont quelque peu compliquées. La DGF des communes est organisée en deux dotations : une dotation forfaitaire, prédominante, une dotation d'aménagement bénéficiant aux EPCI, et son solde au titre de dotations de péréquation communale.

La dotation forfaitaire comprend elle-même cinq dotations : une dotation de base, une dotation dite de superficie, un complément de garantie, une part « compensations », et depuis 2006, une part « parcs nationaux » et naturels marins bénéficiant aux communes présentes au sein d'un tel parc.

La dotation d'aménagement bénéficiant aux EPCI est divisée en deux éléments majeurs : une dotation de compensation et une dotation d'intercommunalité.

Le solde est affecté à une péréquation communale sur la base de trois dispositifs : la **dotation de solidarité urbaine et de cohésion sociale** (DSU réformée par la loi de finances pour 2009 et marquée en 2009 par la première mise en œuvre du recensement rénové, CGCT, art. L. 2334-15 s.), **la dotation de solidarité rurale** (DSR) (CGCT, art. L. 2334-20 s.), **la dotation nationale de péréquation** (DNP) (CGCT, art. L. 2334-14-1 s.).

La loi de finances pour 2009 avait, par ailleurs, créé la dotation dite **« de développement urbain »** (DDU) devant bénéficier aux communes percevant la DSU et « qui se retrouvent confrontées à des charges particulièrement lourdes au regard de la politique de la ville », seules les 100 premières communes classées étant éligibles à cette nouvelle dotation. Elle a été transformée en dotation politique de la ville (en liaison avec les contrats de ville ; LF 2015, art. 107 ; cf. note d'information du 8 juin 2015 NOR : INTB1507982N).

La DGF est, sauf exception, versée mensuellement ; elle est complétée par une **dotation spéciale pour le logement des instituteurs** (DSI, CGCT, art. L. 2334-26), versée aux communes ou aux intéressés et diverses **subventions spécifiques** versées par les ministères.

Le montant de la DSI a décliné en raison de l'intégration progressive des instituteurs dans le corps des professeurs des écoles.

On signalera aussi la création d'une **dotation relative à l'enregistrement des demandes et à la remise de titres sécurisés** (CGCT, art. L. 2335-16) destinée à faire face au coût annuel imposé aux communes qui se sont équipées de stations d'enregistrement pour des demandes de passeport et de cartes nationales d'identité (5 030 € par an et par station), création qui parut répondre aux demandes de nombre de communes dont certaines n'avaient pas hésité dans un passé récent à engager un contentieux devant le juge administratif contre l'État – et d'ailleurs à la gagner au regard des règles régissant les dépenses obligatoires – en raison de la non-compensation dénoncée d'un transfert de charge au titre de cette prestation, mais aussi devant le juge constitutionnel (contestations rejetées par ce dernier : Cons. const. 22 sept. 2010, *Cne Besançon et a.*, 29/37 QPC ; 6 oct. 2010, *Cne Bron*, 59 QPC – Instruction CNI et passeports).

On notera par ailleurs le cas de la (modique) « **dotation élu local** », créée en 1992, réformée par la loi de finances pour 2006, indexée sur la DGF et versée aux petites communes rurales en fonction d'une part de leur population totale – moins de 1 000 habitants – et du faible potentiel financier par habitant, pour contribuer aux dépenses de formation et d'indemnisation des élus.

Par ailleurs, le législateur paraît avoir voulu répondre progressivement aux attentes de collectivités en situation financière difficile, soit en raison de facteurs qui leur sont propres soit en raison des conséquences de choix opérés par l'État dans sa réorganisation territoriale ; les instruments de soutien se sont multipliés ces dernières années.

Un soutien exceptionnel par des aides au fonctionnement (sur dossier) prend à présent plusieurs formes :

- au travers des **subventions exceptionnelles d'équilibre** (l'adjectif est fondé) versées « à des communes dans lesquelles des circonstances anormales entraînent des difficultés financières particulières » (CGCT, art. L. 2335-2 et D. 2335-3), à la condition que les difficultés ne proviennent pas d'une participation au capital d'une société d'économie mixte ou de la garantie accordée aux emprunts contractés par ce type de société (CGCT, art. L. 1524-4) ;

- par un instrument financier créé par la loi 2008-1425 du 27 décembre 2008, le **Fonds de soutien aux communes touchées par le redéploiement territorial des armées** (FSCT) (CGCT, art. L. 2335-2-1) dont l'une des originalités était de pouvoir bénéficier à des SPIC communaux pour compenser les « effets sur leur exploitation du redéploiement territorial des armées ».

Le premier dispositif, le plus traditionnel, conduit l'État à soutenir essentiellement des communes pour des montants demeurant limités. Le second dispositif, plus conséquent, organise des aides exceptionnelles qui sont prévues dans le cadre de la mission « Relations avec les collectivités territoriales » et figurent au sein du Programme 122 « Concours spécifiques et administration » (avec un indicateur de performance : le rétablissement rapide de la situation de la collectivité dans un délai inférieur à trois ans à compter de la date d'ouverture des crédits).

Ce fut aussi, sur le fondement de la loi de finances rectificative du 29 décembre 2010 (art. 83), le **fonds de soutien aux départements en difficulté** alimenté à la fois par un prélèvement exceptionnel sur les ressources de la Caisse nationale de solidarité pour l'autonomie (section 1) et des subventions exceptionnelles attribuées à des départements connaissant des difficultés financières particulières « appréciées notamment au regard des perspectives d'une situation de déficit » – au sens des articles L. 1612-4 et L. 1612-14 du CGCT – section 2 (pouvant être versées en section de fonctionnement). Un décret du 10 mai 2011 en définit les critères de répartition des crédits (potentiel financier, revenu moyen, nombre de personnes âgées de plus de 75 ans).

C'est, toujours, sinon enfin, un **fonds de soutien aux collectivités territoriales et à leurs groupements ayant contracté des emprunts structurés** (LF pour 2014, art. 92) que d'aucuns ont pu qualifier d'emprunts « toxiques » qui atteint 3 Mds € (financement partagé Banques et État avec un plafond de 45 % des montants dus, sauf pour les collectivités « les plus fragilisées »).

b. Les dotations et subventions d'équipement

713 Elles représentent environ le dixième des transferts de l'État mais ont un impact financier ou psychologique non négligeable.

Certaines sont des aides véritables. Traditionnellement, l'État les accordait sous forme de subventions spécifiques que le législateur, soucieux de « supprimer les tutelles », a cependant tenté de faire disparaître en 1983 en les globalisant dans une **dotation globale d'équipement (DGE)** ; cette dernière, dont le montant est (était ?) indexé sur les investissements (FBCF) des administrations publiques, devait être répartie entre toutes les collectivités locales réalisant des investissements ; mais, du coup, le montant attribué à chaque collectivité ne pouvait être que minime, ce qui conduisit en 1985 à réserver cette formule aux départements et aux grandes communes (les régions n'en ayant jamais bénéficié) puis, en 1996, aux seuls départements.

Cette DGE des départements a été réformée par la loi de finances pour 2006. Inscrite à la section d'investissement, elle est désormais répartie en trois fractions : première fraction, la plus importante, au prorata des dépenses d'aménagement foncier effectuées et des subventions versées pour la réalisation de travaux d'équipement rural (76 %), une deuxième fraction destinée à majorer les attributions versées aux départements au titre de leurs dépenses d'aménagement foncier du dernier exercice connu (9 %, à affecter à des travaux d'équipement rural et foncier), enfin, la dernière fraction au profit d'une majoration pour les départements dont le potentiel fiscal par habitant est inférieur à certains seuils (15 %).

Depuis différentes réformes, cette DGE avait bénéficié aux communes (et groupements de communes) de 20 000 habitants au plus (sauf les communes de plus de 2000 habitants ayant un fort potentiel financier) (et aux groupements de communes de plus de 20 000 habitants dont toutes les communes sont éligibles à la DGE).

La loi de finances pour 2011 a fait disparaître la DGE communale pour une intégration au sein d'une nouvelle dotation.

La **dotation d'équipement des territoires ruraux** (DETR), fruit de la fusion à partir de 2011 de la DGE communale et de la dotation de développement rural (DDR), bénéficie aux petites communes (un maximum de 2 000 habitants en métropole et de 3 500 dans les DOM) et aux EPCI (à fiscalité propre ou non, syndicats mixtes, de 2 000 à 20 000 habitants en métropole et de 3 500 à 35 000 habitants dans les DOM ou aux EPCI dont la population est supérieure à 20 000 habitants en métropole et 35 000 dans les DOM sans dépasser 60 000 habitants), ainsi que, à compter de 2012, aux EPCI à fiscalité propre ne formant pas un ensemble de plus de 50 000 habitants d'un seul tenant et sans enclave autour d'une ou plusieurs communes centre de plus de 15 000 habitants (LFR juill. 2011).

Les enveloppes financières sont réparties par département sachant qu'il existe là aussi des mécanismes particuliers tenant compte du potentiel financier moyen pour ce qui est des communes et du potentiel fiscal moyen pour ce qui est des EPCI. Les critères de répartition se font en tenant compte de la population et des potentiels financier et fiscal. Le mécanisme retenu par le législateur est relativement flou ou très large en termes d'éligibilité puisqu'il permet au travers d'une subvention d'appuyer une opération d'investissement, des projets dans presque tous les domaines (économique, social, environnemental, touristique) ou encore le développement ou le maintien des services publics en milieu rural, sans pour autant pouvoir constituer de subventions de fonctionnement destinées à des financements de rémunérations d'agents, de dépenses d'entretien...

Cette aide n'est pas cumulable avec d'autres subventions d'investissement de l'État. On notera en l'espèce qu'une circulaire ministérielle du 7 février 2011 relative à cette dotation avait énoncé que les crédits de paiement susceptibles d'être disponibles en fin d'année devront être restitués à l'administration centrale avant le 15 novembre 2011 au plus tard en vue de leur redéploiement, le ministère précisant qu'« aucun crédit sans emploi ne doit être rendu en fin d'année ».

On remarquera, par ailleurs, que l'État a institué à partir de 2008 un **Fonds de solidarité en faveur des collectivités territoriales et de leurs groupements touchés par des catastrophes naturelles** (CGCT, art. L. 1613-16) qui peut bénéficier aux communes, départements et régions de métropole pour faire face aux dégâts causés « à leurs biens par des événements climatiques ou géologiques graves ». Ce fonds reposait sur un prélèvement opéré annuellement sur une dotation de compensation organisée par la loi de finances pour 1987 consécutive de pertes de recettes pour les collectivités locales et leurs groupements. À partir de

2011, il aurait dû être « abondé » par un prélèvement sur recettes fixé par la loi de finances. Originalité ou pronostic de la démarche, ce fonds n'a pas été « abondé ».

Enfin, ou de plus, ont été maintenues une quarantaine **de subventions spécifiques** hors DGE (dont le montant dépasse celui des DGE et dont le régime juridique a été réformé par Décr. 16 déc. 1999) et une subvention particulière représentant le **produit des amendes de police** (CGCT, art. L. 2334-24, réparti par le comité des finances locales en vue de financer des opérations destinées à améliorer les transports en commun et la circulation). Le produit financier des amendes donne lieu parfois à quelques prélèvements...

Depuis le décret du 16 décembre 1999, qui remplace deux décrets du 10 mars 1972, les subventions (spécifiques) d'équipement accordées par l'État tiennent compte de l'ensemble des aides publiques directes accordées à un projet dont, sauf exceptions, au moins 20 % doivent être financés par la collectivité demanderesse. Les travaux peuvent éventuellement commencer avant l'attribution de la subvention (mais un refus de subvention ne pourrait alors faire l'objet d'un réexamen). Des avances pour le démarrage des travaux (sauf exception, 5 % maximum de la subvention) et des acomptes au fur et à mesure des travaux (sauf exception, 80 % maximum de la subvention) sont possibles. Le taux de subvention initialement arrêté est fixe (des coûts moins importants entraîneraient donc une subvention moins importante) et, sauf exception, le montant de la subvention est plafonné (au montant initialement calculé). Le silence de l'autorité attribuant la subvention pendant six mois (après le dépôt d'un dossier complet) vaut, sauf exceptions, rejet. Une série de décrets d'application ont fixé les équipements susceptibles de bénéficier de dérogations aux règles ci-dessus.

Le produit des amendes de police en matière de circulation routière est reversé, au prorata du nombre de contraventions constatées, ou bien à chaque commune ou groupement intéressé dès lors qu'ils comprennent au moins 10 000 habitants, ou bien au département qui le répartit entre communes ou groupements de moins de 10 000 habitants ayant à faire face à des travaux d'amélioration des transports en commun et de la circulation (CGCT, art. L. 2334-24 et 25, R. 2334-10 à 12). Le produit financier des radars automatiques relève d'abord d'un compte d'affectation spéciale « Contrôle et sanctions automatisés des infractions au code de la route » ; seul le solde éventuel des recettes peut être affecté aux collectivités territoriales selon des modalités similaires au produit habituel des amendes.

714 **Le Fonds de compensation pour la TVA** (FCTVA), qui représente environ 60 % de l'aide à l'équipement (et près de 6 Mds € en 2015) a été institué à partir de 1975 (sous l'appellation initiale de

Fonds d'équipement des collectivités locales) pour « restituer » la TVA que les collectivités locales paient à l'État à l'occasion de leurs investissements (supportant effectivement la taxe). Le versement (qui bénéficie aussi aux régions), est effectué au vu des investissements effectivement réalisés.

Ce « remboursement » (qui, juridiquement, n'en est pas un) intervient avec un décalage de deux ans, sauf cas dérogatoire : intercommunalité, travaux exceptionnels liés à des catastrophes, plan de relance de l'économie.

2. Les dotations de compensation (autres que le FCTVA)

715 Elles dépassent, elles, la moitié des transferts de l'État, en conséquence de deux phénomènes principaux.

Il s'agit d'abord de compenser les contraintes fiscales imposées par l'État aux collectivités locales.

La compensation concerne, d'une part, les « **exonérations et dégrèvements législatifs** » que l'État accorde à certains contribuables locaux, en conséquence, pourrait-on dire, de l'absence de véritable réforme de la fiscalité locale ; elle est d'autant plus coûteuse pour l'État que, mis à part la dotation de compensation de la taxe professionnelle, elle n'entrait pas dans le champ d'application du « contrat de solidarité et de croissance » qui limitait l'engagement financier de l'État. Comme d'autres éléments financiers de ce type, l'État intègre de plus en plus de dispositifs de ce type dans l'enveloppe normée dont l'évolution est globalement maîtrisée. Mais, le processus conduit toujours à terme à voir disparaître au gré des lois de finances ces mécanismes spécifiques au profit d'une approche beaucoup plus intégrée.

La compensation concernait, d'autre part, les **éléments de « réforme fiscale »** représentés principalement par la suppression progressive de la part « salaires » de la taxe professionnelle et, plus accessoirement, par la suppression ou la diminution de certaines impositions locales et régionales.

La compensation en matière de taxe professionnelle dépassait 9 Mds € en 2003, près de 11 Mds en 2007 ; sa suppression en 2010 fut intégralement compensée par l'État sur cette année-là induisant un coût pour le budget de l'État supérieur à 30 Mds € ; les autres compensations concernent la région (suppression de la taxe d'habitation et de la taxe additionnelle aux droits d'enregistrement) et le département (baisse des droits de mutation et suppression de la vignette pour les particuliers).

Il s'agit ensuite de compenser les transferts (directs) de charges entraînés par la décentralisation des années 1980. Cette compensation a été réalisée par le transfert aux départements et aux régions de certains impôts et pour le solde par des dotations de décentralisation. La principale fut la **dotation générale de décentralisation** (DGD) qui, indexée sur la DGF (mais « figée » par la décision de non-indexation), est versée tous les ans au budget (section de fonctionnement) des collectivités y ayant droit, parfois selon des modalités particulières : ainsi, la formation professionnelle et l'apprentissage ont fait l'objet d'une attribution spécifique aux régions. La loi de finances pour 2004 a intégré l'essentiel de la DGD dans la DGF. La DGD n'est désormais plus qu'un solde budgétaire (5 % des crédits restants après transferts à la DGF) pour des ajustements ponctuels ; elle est cependant encore régulièrement remaniée avec la fusion de concours particuliers relatifs aux transferts de compétences en matière d'urbanisme s'agissant des communes et de leurs groupements. Elle est confortée par le **Fonds de compensation de la fiscalité transférée** (FCTF) qui repose sur un écrêtement de la fiscalité transférée à certains départements (lorsque celle-ci est supérieure au droit à compensation), son produit financier étant reversé aux départements qui sont dans la situation inverse (trois départements furent « écrêtés »). Existent aussi des **dotations spéciales d'équipement scolaire**, versées aux régions (pour les lycées) et aux départements (pour les collèges) (et indexées sur la dotation globale d'équipement).

Si le produit de la fiscalité transférée dépasse le montant des transferts de charges, les collectivités « surfiscalisées » (certains départements), non seulement ne perçoivent pas de DGD, mais, par l'effet d'une « DGD » négative, voient leurs ressources amputées (prélèvements mensuels) du solde excédentaire, versé, depuis 1997, à un fonds de compensation de la fiscalité transférée. La nature des ressources fiscales à prélever (droits d'enregistrement et taxe de publicité foncière transférés et, si nécessaire, avances sur impôts directs locaux) est déterminée par le président du conseil général en accord avec le directeur des finances publiques, d'après les instructions ministérielles. Il faut enfin noter que lorsque des exonérations de taxe foncière sur les propriétés bâties conduisent pour les communes à « une perte de recettes substantielle », celles-ci « ont droit à une compensation par l'État » (CGCT, art. L. 2335-3).

3. Les transferts entre collectivités locales

716 Elles n'apparaissent pas toujours dans les statistiques car celles-ci sont parfois consolidées (par élimination des opérations entre administrations). Ils sont pourtant bien réels.

Certains, obligatoires, ont pris la forme de « **participations et contingents** », le plus souvent versés par les communes aux syndicats auxquels elles appartiennent. La question sans doute la plus discutée ces dernières années aura certainement été celle de la contribution (qualifiée de dépense obligatoire) des communes, des EPCI et des départements au budget du service départemental de lutte contre l'incendie et de secours (SDIS, v. CGCT, art. L. 1424-35 s.) ; existent également des participations intercommunales, interdépartementales ou interrégionales, aux charges des écoles ou établissements d'enseignement secondaire.

Les participations obligatoires des communes aux dépenses départementales des collèges ont été supprimées dans les années 1990, comme ont été supprimés, par la loi du 27 juillet 1999 portant création d'une couverture maladie universelle, les contingents communaux d'aide sociale, jusqu'alors versés aux départements.

D'autres transferts sont facultatifs et consistent principalement en des **subventions** versées par les régions et, encore plus, les départements aux communes, particulièrement aux collectivités rurales pour lesquelles les subventions d'équipement reçues (parfois sous forme globalisée) dépassent quelques fois celles allouées par l'État.

Cependant, la réforme issue de la loi du 16 décembre 2010 induit ici une certaine remise en cause de ce processus relativement libre de transfert financier, sous réserve de l'intérêt local, qui primait jusqu'alors ; en effet, désormais, les collectivités territoriales doivent financer par priorité les projets relevant de leur champ de compétences. Elles peuvent toutefois apporter leur appui à des opérations dont elles n'ont pas la maîtrise d'ouvrage : le département au profit des communes et de leurs groupements, la région au profit de départements, communes et leurs groupements et à des groupements d'intérêt public. Le législateur a imposé des exigences d'intérêt, ce qui n'est pas fondamentalement nouveau, et imposé en matière d'opération d'investissement un « autofinancement » du maître d'ouvrage d'au moins 20 % du montant total des financements apportés par des personnes publiques à un projet, sauf dérogation accordée par le représentant de l'État et à l'exception aussi des projets retenus dans le cadre d'un contrat de projet État-régions.

On notera aussi que le législateur a imposé qu'un état récapitulatif des subventions attribuées sur un même projet par les collectivités territoriales accompagne la délibération d'une collectivité attribuant une subvention au dit projet.

Par ailleurs, il est possible pour une collectivité de transférer à une autre collectivité d'une autre catégorie ou un EPCI une compétence lui revenant (sous réserve d'une convention en fixant les modalités, CGCT, art. L. 1111-8).

4. Les transferts en provenance de l'Union européenne

717 Ceux-ci complètent parfois le financement externe des collectivités locales, au titre, notamment, des fonds européens (v. ss 239, 241 s.) mais, transitant souvent par l'État, ils n'apparaissent pas toujours dans les statistiques.

D. Les emprunts

718 Les emprunts constituent un mode traditionnel de financement des investissements locaux (auxquels ils sont, en principe, exclusivement affectés), dont l'importance quantitative (environ 10 % des ressources totales) traduit mal le caractère essentiel : ils sont souvent le moyen de boucler le budget et financent, selon les cas et les années, d'un à deux tiers des équipements nouveaux.

Ils constituent aussi un procédé financièrement dangereux, que déjà… Colbert s'efforçait de restreindre et qui, jusqu'aux années 1980, faisaient donc l'objet d'un encadrement juridique (les emprunts auprès du secteur privé nécessitèrent longtemps autorisation) et, surtout, pratique, car l'essentiel des prêts émanait des caisses publiques : Crédit foncier puis, après la Seconde Guerre mondiale, le groupe composé de la Caisse des dépôts et consignations, des caisses d'épargne et de la Caisse d'aide à l'équipement des collectivités locales (CAECL) (établissement public administratif créé en 1966) ; les taux préférentiels que seules pouvaient consentir ces caisses (la plupart du temps à partir des ressources défiscalisées des Livrets A de caisse d'épargne) assuraient, en effet, à ces caisses un monopole de fait permettant une tutelle sur les investissements locaux (atténuée, à partir du milieu des années 1970, par la globalisation de ces prêts).

Cette situation a disparu dans les années 1980 en raison de la décentralisation de 1982, qui a entraîné la suppression de la plupart des autorisations préalables (y compris, depuis L. 28 déc.

1999, pour les émissions obligataires à l'étranger) et de la libéralisation des marchés financiers, qui a, notamment, conduit à réserver les taux publics préférentiels au logement social et à aligner sur le marché les conditions des prêts aux collectivités locales, ainsi ouverts à la concurrence (d'autant plus vive que la désinflation conduit les collectivités locales à « renégocier » et à modérer leur dette).

En théorie restent, cependant, soumis à autorisation préalable du ministre des Finances les emprunts obligataires émis par voie de souscription publique, pour plus de 76 000 € (CGCT, art. L. 1611-3 et L. 23 déc. 1946, art. 82). Cette disposition aurait été supprimée par le décret n° 89-154 du 9 mars 1989. Ne resteraient soumis à cette autorisation que les appels publics émanant de pays étrangers à la CE. Les collectivités demeurent soumises aux dispositions fixées en la matière par l'Autorité des marchés financiers (AMF).

Cette banalisation a entraîné une diversification considérable des formules d'emprunt (qui incluent, depuis 2001, les titres de créance négociables TCN), au point de rendre parfois très relatives certaines notions traditionnelles.

Ainsi, la notion d'annuité de la dette perd une partie de sa signification quand la collectivité débitrice peut différer le remboursement. De même la notion d'opération de trésorerie perd son caractère traditionnellement limité avec le développement des lignes de trésorerie.

La diversification a cependant été moins accentuée s'agissant des prêteurs, puisque le marché reste assez largement dominé par quelques établissements, au premier rang desquels DEXIA-Crédit local de France (qui a succédé en 1987 à la CAECL, sous forme de société publique, privatisée en 1993). La crise financière majeure qui a touché DEXIA a conduit à une sorte de démantèlement progressif de cette institution, la dernière évolution étant la création en 2013 de la Caisse française de financement local, fruit de la transformation d'une holding, *Dexia Municipal Agency.*

DEXIA affirmait avoir assuré en 2005 sur le marché français près de 40 % des prêts aux collectivités locales ; ce chiffre passait à 12,6 % en 2011.

Les autres établissements prêteurs sont en particulier la Caisse des dépôts et Consignations, les Caisses d'épargne, le Crédit Agricole, le Crédit Mutuel, la Société Générale, BNP Paribas mais aussi la Banque européenne d'investissement, une part sensible étant cependant tenue par le secteur bancaire dans les départements et les régions. Par ailleurs, les collectivités locales ont eu recours à la souscription publique par la voie d'obligations lancées individuellement (grandes collectivités) ou collectivement (emprunts groupés), ce financement obligataire ayant atteint près de 8 % des prêts en 2011.

La crise financière n'a, en outre, pas épargné certaines collectivités locales qui ont parfois décidé de se retourner contre l'État à raison de l'excès de liberté qu'il aurait laissé aux dites collectivités dans la souscription de certains emprunts dits « pourris », et de voir ces collectivités plaider pour un retour du contrôle étatique en ce domaine voire se retourner contre lui à raison d'une défaillance dans son contrôle ! Par ailleurs, différentes collectivités locales ont créé en 2013 l'Agence France Locale destinée à permettre l'émission d'emprunts dits sécurisés sur une base mutualisée, Agence agréée par l'Autorité de contrôle prudentiel et de Résolution début 2015.

§ 3. La péréquation entre collectivités locales

719 La situation financière des collectivités locales étant marquée par de fortes inégalités, que toute augmentation de l'autonomie locale tend à accroître, le législateur a développé plusieurs mécanismes de péréquation, dont le principe est désormais imposé par l'article 72-2-C qui, issu de la révision constitutionnelle du 28 mars 2003, indique que « la loi prévoit des dispositifs de péréquation destinés à favoriser l'égalité entre les collectivités territoriales ».

Une telle démarche de « solidarité territoriale » n'est pas une particularité française et se retrouve dans nombre d'États (Allemagne, Suisse, Espagne, Italie...) ; elle est souvent affirmée dans un cadre constitutionnel, comme dans la Constitution italienne, l'art. 119 prévoyant un fonds de péréquation établi par l'État « sans obligation d'affectation à une destination déterminée, pour les territoires ayant une capacité fiscale inférieure par habitant ».

Actuellement, ces mécanismes existent en France à la fois au niveau national, au niveau régional et au niveau local.

Pour le Conseil constitutionnel la méconnaissance de mécanismes de péréquation financière « ne peut, en elle-même, être invoquée à l'appui d'une question prioritaire de constitutionnalité sur le fondement de l'article 61-1 de la Constitution » (22 sept. 2010, *Cne Besançon et a.*, 29/37 QPC, cons. 5).Cette péréquation revêt une double dimension : verticale et supportée par l'État dans les transferts financiers opérés notamment au travers des dotations, et horizontale entre collectivités territoriales, le plus souvent sous la forme de fonds de péréquation.

La réforme de la fiscalité locale marquée notamment par la suppression de la taxe professionnelle a aussi amené le législateur à revoir de façon progressive les mécanismes de la péréquation avec l'introduction de nouveaux dispositifs financiers et ce à tous les échelons de l'administration locale. Cette péréquation conserve sa double dimension mais se trouve renforcée sur le terrain de la solidarité entre collectivités au travers de nouveaux fonds de péréquation, tout en se recentrant sur les territoires les plus défavorisés.

Ainsi, un décret du 26 avril 2013 relatif aux dotations de l'État aux collectivités territoriales et à la péréquation des ressources fiscales a opéré certaines adaptations relatives à sept dotations et fonds dont le Fonds national de péréquation de la contribution sur la valeur ajoutée, ou encore le Fonds national de péréquation des droits de mutation à titre onéreux. Il a été suivi, sinon complété, par un décret du 19 mai 2014 relatif à six fonds et dotations et définissant les notions de recettes réelles de fonctionnement, de recettes totales, de revenu de référence, de potentiel fiscal...

À partir de 2011, au niveau des départements, est entré en vigueur un Fonds de péréquation des droits de mutation à titre onéreux – FPDMO – (qui prend en compte à la fois le montant des droits perçus au cours d'une année, la population, le potentiel financier... CGCT, art. R. 3334-23). Ce dispositif a été complété par le Fonds de péréquation des recettes de cotisations sur la valeur ajoutée.

Au niveau du bloc « communal » a été mis en place le Fonds de péréquation des recettes fiscales communales et intercommunales (FPIC).

Les travaux de l'Observatoire des finances locales (rapport 2014) font état de 8 dotations ou fonds participant de la péréquation verticale (prédominante) et 6 de la péréquation horizontale (très minoritaire mais en nette progression) pour un total de plus de 9 Mds € concernés, la dotation la plus « péréquée » étant la dotation d'intercommunalité devant la DSU et la DSR.

S'agissant du niveau national, certains mécanismes de péréquation sont inclus dans l'attribution, opérée par le Comité des finances locales, de la dotation globale de fonctionnement (**dotation d'aménagement, dotation de solidarité urbaine et de cohésion sociale, dotation de solidarité rurale,** dotation « potentiel financier » de la dotation de péréquation des départements) ; ces mécanismes représentent environ 15 % des crédits. D'autres ont pris la forme de fonds nationaux de péréquation.

La loi de finances pour 2004 a profondément remanié ces mécanismes péréquateurs en instituant notamment une **DGF des régions** qui comprend à la fois une *dotation forfaitaire* et une *dotation de péréquation* ; cette dernière est établie au profit, d'une part, des régions de métropole et de la Corse (à partir d'un indicateur de ressources fiscales et du PIB par habitant) et d'autre part des régions d'outre-mer qui bénéficient d'une quote-part de la dotation, le comité des finances locales pouvant majorer les ressources affectées.

La dotation dite de péréquation des régions métropolitaines est répartie en deux parts égales et connaît un régime transitoire de 2013 à 2015 (pas d'attribution inférieure à 90 % du montant perçu l'année précédente) revu à partir de 2016 (pas d'attribution inférieure à 70 % du montant perçu en 2011) (CGCT, art. L. 4332-8).

La **DGF des départements** comporte une dotation de péréquation qui est spécifique.

La péréquation départementale s'opère au travers de deux mécanismes : d'une part, une *dotation de péréquation urbaine* (DPU) (une trentaine de départements) destinée aux départements urbains obéissant à certaines caractéristiques : potentiel financier inférieur ou égal au double du potentiel financier moyen de l'ensemble des départements urbains ; elle est répartie en fonction notamment du revenu par habitant, de la proportion de bénéficiaires du RMI..., d'autre part, une *dotation de fonctionnement minimale* (DFM) à destination des départements « non urbains » (répartie en fonction notamment de la longueur de la voirie...) (CGCT, art. L. 3334-4 s.).

La **dotation nationale de péréquation** (DNP), qui trouve sa place au sein de la DGF, s'est, par ailleurs, substituée au Fonds national de péréquation.

Celle-ci est, après que les collectivités d'outre-mer aient bénéficié d'un prélèvement spécifique majoré, répartie en deux éléments : une *part principale* attribuée aux communes de métropole qui obéissent certaines conditions (tenant compte du potentiel financier par habitant, de l'effort fiscal) et qui est répartie d'abord, et sous réserve de certaines dispositions, en proportion de « l'écart relatif entre le potentiel financier moyen par habitant de l'ensemble des communes appartenant au même groupe démographique et le potentiel financier par habitant de la commune ». Le second élément de cette dotation est constitué par *une majoration* répartie entre certains types de communes éligibles qui est répartie entre les communes éligibles de moins de 200 000 habitants dont le potentiel fiscal par habitant est inférieur de 15 % au potentiel fiscal par habitant du même groupe démographique. Là aussi, le législateur a modéré dans le temps l'impact de la mise en œuvre de ces dispositifs en fixant des planchers et plafonds dans l'attribution de cette dotation de 2012 à 2013 et à partir de 2014 (CGCT, art. L. 2334-14-1).

Une quote-part de cette dotation est destinée aux communes des DOM et des autres collectivités d'outre-mer.

L'emploi de ces dotations n'est pas toujours libre pour les collectivités territoriales et leurs groupements et se trouve parfois « fléché » par l'État de façon explicite ou implicite. La DSU est apparemment libre dans son emploi mais son objet est de « contribuer à l'amélioration des conditions de vie dans les communes urbaines confrontées à l'insuffisance de leurs ressources au regard de leurs chargées élevées » (CGCT, art. L. 2334-15). De ce fait, le maire est censé présenter un rapport à son conseil municipal à ce sujet (CGCT, art. L. 2334-19).

Au niveau régional existe un **Fonds de solidarité des communes de la région Île-de-France** (FSRIF) créé en 1991 pour opérer, en l'absence de coopération intercommunale accentuée, une péréquation entre communes de cette région (CGCT, art. L. 2531-12 s.).

Il est désormais alimenté uniquement à partir d'un prélèvement sur les ressources fiscales des communes concernées prenant en compte l'écart entre le potentiel financier par habitant de la commune et le potentiel financier moyen des communes de la région, les communes situées au-dessus de ce potentiel moyen étant contributrices à ce fonds (avec un plafonnement), ce qui écarte les EPCI de son bénéfice (ils peuvent bénéficier du FPIC).

C'est aussi, créé par la LF 2014 le **Fonds de péréquation des ressources des régions et de la collectivité territoriale de Corse**.

Au niveau local, la péréquation empruntait officiellement la voie des fonds départementaux (ou interdépartementaux) de péréquation de la taxe professionnelle, alimentés par écrêtement des bases de taxe professionnelle des établissements exceptionnels et gérés par le conseil général (ou un comité interdépartemental). La réforme de la taxe professionnelle a maintenu ce mécanisme.

De façon générale, cependant, l'effet péréquateur des mécanismes mis en place paraissait encore limité (beaucoup plus limité que dans des pays tels que l'Allemagne, le Danemark et la Suède) parce que le système de transferts a poursuivi plusieurs objectifs, parfois difficilement conciliables, puisqu'il s'agit à la fois d'assurer des ressources aux collectivités locales (en vertu de critères objectifs et dans une enveloppe limitée...), de compenser les charges et autres sujétions qui leur sont imposées, de favoriser certaines structures (notamment l'intercommunalité à fiscalité propre) et d'opérer une péréquation.

La satisfaction de tels objectifs, à supposer qu'elle soit pleinement possible, passait par une redistribution, plus large, des rôles à assigner, d'une part au système fiscal local (qui devrait, par lui-même, assurer ressources et bien répartir les profits fiscaux), d'autre part au système de transferts (qui devrait être principalement axé sur la péréquation et, plus occasionnellement, la compensation).

Certaines dotations s'inscrivent dans le cadre des mécanismes de la LOLF et font l'objet d'une évaluation au travers d'indicateurs de performance. Par ailleurs, il est possible de pratiquer une fongibilité des crédits entre certaines dotations.

Le jaune budgétaire « Effort financier de l'État en faveur des collectivités territoriales » (PLF 2015) a fait apparaître que le pourcentage de la part péréquée dans la DGF avait progressé (certes modestement) de façon continue au fil des années.

Les nombreux dispositifs sont-ils suffisants ? À l'évidence non. Mais quel en est l'objectif précis même au sens de l'article 72-2 C de la Constitution ?

SECTION 4
LES CATÉGORIES DE FINANCES LOCALES

720 Les finances locales sont très diversifiées, ce qui justifie que soient brièvement indiquées quelques spécificités des principales catégories de collectivités locales tout en prenant en compte le développement d'un espace spécifique que l'on dénommera le « bloc communal » : (**§ 1**), départements (**§ 2**), régions (**§ 3**), démembrements (**§ 4**).

Désormais, il faut, sur le plan financier, de plus en plus rapprocher communes et groupements de communes qui sont marqués par un réel processus d'intégration fiscale et financière.

On négligera ici les territoires et collectivités à statut particulier d'outre-mer, ainsi que la Corse, marqués chacun par un fort particularisme.

§ 1. Les finances du bloc communal

721 Si les communes demeurent l'entité de base de l'organisation administrative de la France, avec une « montée en puissance de la commune nouvelle », l'intercommunalité à fiscalité propre systématisée sur le territoire national conduit aujourd'hui à identifier tant sur le plan des compétences que des finances un espace particulier marqué par une interdépendance croissante entre les communes (**A**) et les groupements en question (**B**).

A. Les finances communales

722 Le régime financier des communes (36 767 en 2014 dont 36 552 en métropole) est principalement fixé par les deux premières parties (législatives et réglementaires) du Code général des collectivités territoriales qui a succédé, en 1996 et 2000, au Code des communes (lui-même successeur, en 1977, du Code de l'administration communale), et qui complète et adapte les dispositions et principes communs à tous les organismes publics (v. ss 60 s.).

Globalement, les communes sont dans une situation financière relativement favorable avec près de 60 % de ressources propres.

Ainsi que plusieurs fois constaté, les textes consacrent de plus en plus un régime « à deux vitesses », séparant les communes de moins de 3 500 habitants (32 781 en 2014, soit près de 89 % du total des communes françaises, abritant environ 30 % de la population) de celles de 3 500 habitants et plus (2 987 en 2014, mais comprenant près de 70 % des habitants).

La loi du 16 décembre 2010 a tenté à nouveau d'inciter à la fusion communale en créant la commune nouvelle (réminiscence de la commune associée des années 1970 ?), elle-même pouvant être constituée de communes déléguées disposant d'un budget en propre (système calqué sur celui issu de la loi Paris-Marseille-Lyon) dont la fonction n'est pas seulement de conduire à la fusion de plusieurs communes mais aussi, le cas échéant, à l'absorption de structures intercommunales. Il y aurait, au 1er janvier 2015, 22 communes nouvelles fusionnant 63 communes (leur régime a été complété et renforcé par une loi 2015-279 du 16 mars 2015).

La dualité précitée se retrouve dans les **techniques financières**, qui, pour le budget, séparent les communes de moins de 10 000 habitants (34 815 en 2014, 55 % de la population, 40 % de dépenses) de celles de 10 000 habitants et plus (953 en 2014, mais 45 % de la population et 60 % des dépenses) – le seuil étant, depuis 1997, abaissé à 3 500 habitants pour la comptabilité.

De leur côté, les **opérations financières** révèlent à la fois l'ancienneté, la diversité et l'importance des finances de ce qui est désormais présenté comme le « bloc communal » qui représentent environ 56 % des opérations (et de la dette) des collectivités locales.

Les **dépenses** traduisent assez bien (pour autant que l'approche fonctionnelle soit possible) la fonction de proximité de la collectivité communale dont le budget, à vocation inévitablement polyvalente, est très **diversifié** et ne dégage pas de secteur d'intervention dominant ; elles montrent aussi, selon une approche économique, que la commune, « très peu prêteuse » comme la fourmi de la fable, a un **budget de réalisation** : elle subventionne relativement peu (les transferts versés, la plupart du temps à titre obligatoire, représentent, hors service de la dette, moins de 15 % des budgets) mais réalise en général elle-même les opérations qu'elle finance, ce qui se traduit en particulier par l'importance des dépenses de personnel (près de 50 % des dépenses réelles de fonctionnement et plus du tiers du budget) et des dépenses d'équipement (qui, additionnées au remboursement des emprunts qui les ont permis, représentent près du tiers du budget, le phénomène étant encore plus accentué si on inclut les groupements : plus des deux tiers des investissements publics).

Les **recettes** ont toujours traduit, elles, la dépendance générale vis-à-vis des transferts reçus (près de 30 % du budget) et la variété des ressources fiscales, car la commune percevait la majorité des impôts « accessoires ». La fiscalité directe fut largement prédominante au travers des quatre « vieilles » puisqu'elle a pu représenter près de 45 % de l'ensemble des ressources des communes, contre moins de 10 % pour la fiscalité indirecte. Globalement, les ressources fiscales (en incluant la fiscalité transférée) représentent près de 60 % de l'ensemble des produits de fonctionnement des communes. La réforme 2010-2011 induit un renforcement de la dimension fiscale du pôle « communal » (communes-intercommunalité) avec l'affection de la taxe sur les surfaces commerciales, les taxes foncières, la taxe d'habitation, la cotisation foncière des entreprises (CFE) et une fraction de l'imposition forfaitaire sur les entreprises de réseaux (IFER), de la cotisation sur la valeur ajoutée des entreprises (CVAE) (v. tableau ss 706). Ces collectivités peuvent aussi bénéficier de l'appui, le cas échéant, du fonds national de garantie individuelle de ressources (FNGIR).

Le vote des taux par les conseils municipaux et les conseils communautaires est organisé par les articles 1636 B sexies et suivants du CGI. Le lien entre les différents taux des impôts demeure maintenu en particulier entre la taxe d'habitation, la CFE et les deux taxes foncières.

Dans le cadre de la réforme relative à la taxe professionnelle avait été pris un engagement de compensation intégrale des pertes de recettes au travers de deux approches : la compensation intégrale et un plancher de ressources. Cette compensation prend la forme d'une dotation. C'est la loi de finances rectificative de juillet 2011 (art. 7 *quater*) qui a institué un prélèvement sur les recettes de l'État qui bénéficie du « label » de dotation avec la création de la **dotation de compensation de la réforme de la taxe professionnelle**, dotation provisoire et s'éteignant progressivement jusqu'en 2015. Cette dotation repose sur la contribution versée par les communes en 2009 à un syndicat de communes et qui était fiscalisée sur le fondement de l'article L. 5212-20 du CGCT, au regard du produit de la taxe professionnelle et du taux syndicat additionnel de cette taxe, cette dotation représentant, en 2012, 100 % du montant du produit calculé, puis 67 % en 2013 et 33 % en 2014.

Une analyse des **catégories de communes** conduit cependant à nuancer les appréciations précédentes car l'histoire et la géographie ont entraîné une extrême diversité. Il s'agit d'une part de la **diversité des situations financières**, lesquelles peuvent varier considérablement selon qu'il s'agit de grandes ou de petites communes ; celles-ci sont assez souvent placées sous « assistance financière » (et moindre prélèvement fiscal), ce qui n'empêche d'ailleurs pas que, sur le plan global, elles réalisent environ la moitié des équipements locaux et que certaines d'entre elles bénéficient d'importantes rentes de situation (propriétés forestières, bases exceptionnelles de taxe professionnelle...). Il s'agit d'autre part de la **diversité des statuts financiers**, souvent hérités de l'histoire ou de contingences locales et qui se manifestent par de nombreux particularismes, dont n'ont le monopole, ni les zones rurales (sections de communes), ni les zones périphériques (communes d'Alsace-Moselle, communes d'outre-mer), ni même les communes « historiques » (communes sans population, communes d'exemption de fiscalité directe comme Molène, Sein, Suzan) ; le particularisme atteint en effet les grandes agglomérations (états spéciaux d'arrondissement à Paris, Marseille et Lyon), à commencer par la principale d'entre elles, Paris, sans compter désormais le développement des communes nouvelles.

Pour des raisons à la fois politiques et financières (son budget est de l'ordre de 9 Mds € dont près de 70 % au profit des dépenses dites de « solidarité », les dépenses d'investissement représentant près de 19 % du budget primitif 2015), Paris a toujours connu un régime spécifique, caractérisé par une tutelle plus stricte du pouvoir central et par des techniques financières souvent analogues à celles de l'État (les autorisations de programme y sont connues depuis plusieurs décennies). Malgré l'alignement de principe sur le droit commun opéré par la loi du 31 décembre 1975, la ville connaît encore plus d'une particularité, notamment l'existence de trois budgets (département, commune, préfecture de police), et le régime des conseils d'arrondissement prévu, comme pour Lyon et Marseille, par la loi du 31 décembre 1982 (CGCT, art. L. 2511-3 et R. 2511-3 s.).

B. Les finances des groupements

723 Le **régime financier** et la **technique financière** des groupements sont, selon les cas, ceux de la région (groupements interrégionaux), du département (groupements interdépartementaux ou mixtes) ou de la commune (établissements publics de coopération intercommunale – EPCI –, dont le régime budgétaire est aligné sur celui de la principale commune en faisant partie, le régime comptable dépendant, lui, de la population du groupement). La loi du 16 décembre 2010 a défini la catégorie des établissements publics de coopération intercommunale comme comprenant les syndicats de communes, les communautés de communes, les communautés urbaines, les communautés d'agglomération, les syndicats d'agglomération nouvelle et les métropoles (CGCT, art. L. 5210-1-1), avec les adaptations fruit de la loi du 27 janvier 2014.

Il y a lieu de continuer à différencier les groupements à fiscalité propre qui après avoir connu une forte croissance en effectifs tendent à se réduire en raison d'une phase nouvelle de regroupement et de réorganisation de la carte territoriale avec un fort développement des communautés d'agglomération et un recul des communautés de communes (fusion dissolution, absorption), des syndicats, historiquement plus anciens, dont les effectifs tendent à se stabiliser après avoir sensiblement décru du fait du développement des groupements précités, l'objectif affiché nationalement étant une couverture intégrale du territoire national par des groupements à fiscalité propre.

En tout état de cause, le Conseil constitutionnel, au travers d'une série de QPC, a déclaré conformes les dispositions législatives régissant les rapports entre communes et EPCI et entre EPCI, faisant prévaloir « les buts d'intérêt général de renforcement et de rationalisation de la carte intercommunale » sur la libre administration (26 avr. 2013, 303/304 et 315 QPC).

L'évolution des groupements à fiscalité propre

	2002	2004	2006	2008	2010	2013	2014	2015
Métropoles	/	/	/	/	/	1	1	11
Ctés urbaines	14	14	14	14	16	15	15	9
Ctés d'agglo.	120	155	164	171	181	213	222	226
Ctés de communes	2 032	2 286	2 389	2 393	2 387	2 223	1 903	1 884
Synd. d'aggl. nouvelle	8	6	6	5	5	4	4	3
Total	2 174	2 461	2 573	2 583	2 601	2 456	2 145	2 133

Source : DGCL.

L'ensemble financier de l'intercommunalité a été profondément touché par les différentes réformes opérées depuis quelques années. Il est désormais quasi indispensable d'avoir une approche unifiée, consolidée et intégrée sur le plan financier entre les communes et les intercommunalités au sein de ce qui apparaît comme le « bloc communal » (prenant notamment appui sur le coefficient d'intégration fiscale). Les groupements bénéficient, outre de recettes fiscales, de dotations spécifiques issues en particulier de la DGF.

Cette approche doit se faire sous deux angles : fiscal et financier.

Sur le plan fiscal, la fin de la taxe professionnelle a conduit à la substitution de la Contribution économique territoriale (CET) avec ses deux éléments constitutifs que sont la cotisation foncière des entreprises (CFE) et la cotisation sur la valeur ajoutée des entreprises (CVAE, 26,5 %). La faiblesse des recettes induites par cette substitution ne compensant pas l'apport financier de la taxe professionnelle, le législateur a en outre créé l'impôt forfaitaire sur les entreprises de réseaux (IFER). Dans ce cadre, depuis 2011, les communes et les EPCI bénéficient d'une affectation prédominante des impôts locaux : taxe d'habitation, taxes foncières, CFE, une partie du produit de la CVAE (26,5 %), l'IFER, la taxe sur les surfaces commerciales (Tascom), ou, encore la réattribution d'une partie des frais de gestion de l'État...

Le législateur a organisé à l'article 1379-0 *bis* du CGI les conditions de perception des impôts et taxes en organisant à la fois différentes catégories d'organismes intercommunaux percepteurs des impôts et des facultés de substitution offertes à certaines structures intercommunales pour telle ou telle imposition.

Sur le premier point, pour certaines communautés urbaines, les métropoles, les communautés d'agglomération, certaines communautés de communes (issues de communautés de villes, de districts d'une population ou égale ou supérieure à 500 000 habitants), les communautés ou syndicats d'agglomération nouvelle, il y a perception de l'essentiel des impôts locaux (CFE, CVAE, IFER, TFPB, TFPNB, taxe additionnelle TFPNB, TH) ; une seconde typologie est organisée : certaines communautés urbaines, les communautés de communes de 500 000 habitants maximum perçoivent les deux impôts fonciers, la CFE, la taxe d'habitation, la CVAE. Enfin, une faculté de perception de la CFE et de la CVAE est offerte à certaines communautés urbaines et certains types de communautés de communes.

Au-delà de ces trois dispositifs, des facultés optionnelles sont offertes pour les deux dernières catégories d'EPCI en faveur de la première catégorie.

Par ailleurs, une substitution est possible vis-à-vis des communes s'agissant de la perception de l'imposition forfaitaire sur les pylônes, l'IFER, la taxe additionnelle à la taxe foncière sur les propriétés non bâties.

On notera enfin, ce que l'on peut considérer comme une substitution de plein droit, la perception de 50 % de certains éléments de l'IFER par les EPCI à fiscalité propre, celle de la taxe d'enlèvement des ordures ménagères par les communautés urbaines et les métropoles. C'est une faculté en ce domaine pour les autres structures intercommunales tout se voyant reconnaître le possible recours à la redevance, c'est aussi une faculté de substitution au bénéfice des communautés d'agglomération s'agissant de la taxe communale sur la consommation finale d'électricité, de la taxe sur les fournitures d'électricité et de la taxe de séjour (pour ce qui est des communes membres d'une taille inférieure ou égale à 2 000 habitants).

En définitive, ce paysage fiscal éclaté induit une véritable intégration fiscale par le phénomène intercommunal.

Sur le plan financier, cette réforme s'est accompagnée de la création de fonds nationaux de garantie individuelle des ressources et de péréquation.

Dans le cadre des dotations spécifiques, les groupements bénéficient aussi en particulier de la dotation globale de fonctionnement (DGF), laquelle est organisée en deux éléments : d'une part, une dotation d'intercommunalité qui comprend une dotation de base et une dotation de péréquation, et, d'autre part, une dotation de compensation (qui a vu s'intégrer en 2011 les prélèvements France Télécom mais est réduite en raison du transfert de la Tascom perçue désormais directement par le bloc communal).

La dotation d'intercommunalité (2,7 Mds € en 2013) est répartie en tenant compte du niveau d'intégration fiscale (coefficient d'intégration fiscale), du type d'intercommunalité et de la baisse des dotations, ce qui conduit en 2015 a une relative incompréhension de ce mode de répartition. La création d'un coefficient de mutualisation des services (art. L.5211-4-1 du CGCT) attend encore son dispositif réglementaire de mise en œuvre.

Au sein des EPCI à fiscalité propre une relation financière entre communes et groupements a été instaurée avec la nécessaire mise en œuvre d'une attribution de compensation et d'une dotation de solidarité communautaire.

Les **opérations financières**, principalement effectuées par les établissements publics de coopération intercommunale, représentent près de 15 % de l'ensemble des finances locales.

Une part importante de ces opérations (un peu moins de 50 %) restait encore effectuée, par des groupements **sans fiscalité propre** (syndicats de communes, groupements interrégionaux, interdépartementaux ou mixtes) qui reçoivent, en conséquence, une contribution des collectivités membres ; ce type d'intercommunalité, en net recul depuis quelques années sous l'effet de l'intercommunalité à fiscalité propre, paraît désormais se maintenir.

Encore nombreux (en 2014) : 8 971 syndicats à vocation unique – SIVU –, 1 235 syndicats à vocation multiple – SIVOM –, ces groupements ont cependant un volume unitaire d'opérations limité. Ils connaissent une forte proportion de dépenses d'investissement (près de la moitié du budget) et peu de dépenses de personnel (moins de 10 %). La part des recettes marchandes, perçues en contrepartie des équipements et services gérés, est parfois importante (elle peut représenter jusqu'au quart des ressources).

On notera par ailleurs, le succès de la formule du syndicat mixte au cours de ces dernières années (3 187), le pôle métropolitain s'appuyant sur ce dispositif juridique.

Les groupements à fiscalité propre ont une **fiscalité propre** qui est importante (environ la moitié des recettes) et qui leur donne par ailleurs droit à l'attribution (ou à la majoration) de certains concours de l'État (en particulier la DGF, la DGE et le FCTVA : v. ss 533 s.). Depuis la loi du 12 juillet 1999 sur la coopération intercommunale (qui a, notamment, condamné à la disparition les communautés de ville, les districts et à terme des syndicats d'agglomération nouvelle), complétée par celle du 16 décembre 2010 de réforme des collectivités territoriales, on pourrait encore distinguer deux grandes formules.

La première, retenue pour le milieu urbain (métropoles, communautés urbaines, communautés d'agglomération, certaines communautés de communes) repose sur une fiscalité professionnelle unique (FPU).

La seconde, conçue pour le milieu rural (la majorité des communautés de communes) fut celle de la fiscalité additionnelle aux quatre vieilles contributions directes perçues par les communes membres mais avec possibilité d'instituer, dans certaines zones d'activité économique, une taxe professionnelle de zone (TPZ) perçue par la communauté à la place des communes (l'option pour la TPU, étant, par ailleurs, possible). On avait en outre perçu ces dernières années une tendance au développement de la fiscalité additionnelle.

Le schéma intercommunal est profondément marqué par les conséquences de la réforme de la taxe professionnelle, des administrations publiques locales et des textes financiers précités qui conduisent à la création d'un paysage financier intercommunal quelque peu plus complexe, même si l'on va encore retrouver une fiscalité additionnelle, une fiscalité professionnelle unique, une fiscalité professionnelle de zone...

Les groupements à fiscalité propre concernent actuellement près de 90 % de la population française ; au 1er janvier 2015, ils regroupaient 36 658 communes et près de 63 millions d'habitants (seules 70 communes restant « isolées »).

La loi du 16 décembre 2010 tend à la systématisation de l'intercommunalité à fiscalité propre et à la réduction du nombre des syndicats. Le processus repose sur un découpage élaboré par les préfets avec l'appui d'une commission départementale de la coopération intercommunale et un schéma départemental de coopération intercommunale.

On note qu'une fois de plus l'Île-de-France fut traitée à part, puisque quatre départements – Paris, Hauts-de-Seine, Seine-Saint-Denis et Val-de-Marne – restent en dehors de cette démarche. Par ailleurs, une loi spécifique du 3 juin 2010 relative au Grand Paris, loi mettant en avant un « projet urbain, social et économique d'intérêt national qui unit les grands territoires stratégiques de la région d'Île-de-France, au premier rang desquels Paris et le cœur de l'agglomération parisienne », a donné naissance à un EPIC dénommé « Société du Grand Paris » œuvrant en matière de transports publics et à un autre EPIC « Établissement public de Paris-Saclay » destiné à la création d'un pôle « scientifique et technologique sur le plateau de Saclay ».

Or, dès le début de ce processus parisien, le législateur est revenu sur l'une des sources de financement de l'EPIC Grand Paris prévue par la loi du 3 juin 2010, en affectant une partie du produit financier de la taxe locale sur les locaux à usage de bureaux, les locaux commerciaux et les locaux de stockage à la région Île-de-France, certes à titre exceptionnel (LFR juill. 2011, art. 124 *quater*), mais...

Les caractéristiques financières des groupements à fiscalité propre sont elles-mêmes très variées. Encore proches (à la fiscalité près) de celles des syndicats dans certaines communautés rurales, elles se rapprochent de celles des communes dans les grandes agglomérations.

Les dépenses des groupements à fiscalité propre ont profondément évolué. Longtemps dominées par les communautés de communes, elles relèvent d'abord, désormais, des communautés d'agglomération. Elles furent effectuées pour environ 45 % par les communautés de communes et ne le sont plus que pour moins d'un tiers (tant globalement qu'en investissement), contre environ 45 % par les communautés d'agglomérations (à un niveau de 40 % pour les dépenses d'investissement) et enfin par les communautés urbaines (plus de 20 % de l'ensemble des dépenses dont près de 27 % pour l'investissement).

La loi du 13 août 2004 (art. 186 ; CGCT, art. L. 5214-16, L. 52116-5, L. 5215-26) a, par ailleurs, permis aux différents EPCI à fiscalité propre de financer, au travers des « fonds de concours », la « réalisation ou le fonctionnement d'un équipement » et ce au profit des communes membres, qu'il s'agisse de verser des subventions d'équipement ou de fonctionnement (la subvention d'équipement est retracée en section investissement avec application des règles d'amortissement, v. Ord. 26 août 2005).

§ 2. Les finances départementales

724 Longtemps déterminé par la loi du 10 août 1871 modifiée (notamment par L. 2 mars 1982), le régime financier des 101 départements (avec l'accession à ce statut de Mayotte, cinquième département d'outre-mer), mais à terme 99 avec la fusion en une collectivité unique des départements et régions d'outre-mer (Martinique et Guyane) est actuellement et principalement fixé par les première et troisième parties (législatives et réglementaires) du CGCT, – auxquelles s'ajoutent les dispositions et principes communs à tous les organismes publics (v. ss 60 s.). Il est largement semblable à celui des grandes communes et des régions, cette similitude se retrouvant dans les techniques financières.

Les **opérations financières** des départements, qui représentent environ le tiers des finances locales, ont, en revanche, une physionomie bien différente de celle du secteur communal.

Les **dépenses** sont, en effet, concentrées sur quelques fonctions essentielles, même si la « politique de présence » menée par la plupart des départements jusqu'au début des années 1990 a conduit, un moment, à une certaine diversification.

Prédominent à présent les dépenses dites de « fonctionnement » pour près de 81,5 % des dépenses des départements (hors remboursement de dette) contre 17,1 % au titre de leurs dépenses d'investissement.

Le budget départemental est traditionnellement présenté comme un « **budget d'aide et de vicinalité** » car il est, depuis longtemps, largement consacré à la voirie et, encore plus, à l'action sanitaire et sociale. Ce phénomène a été accentué par le transfert, dans les années 2000 du RMI, du RMA, de l'APA, du RSA, d'une partie non négligeable des équipements publics (ports, aéroports) et en particulier de la voirie routière.

Au regard des rapports de l'Observatoire des finances locales, les dépenses inscrites aux budgets primitifs des départements sont à forte dominante sociale ; pour 2013, si l'on additionne l'Action sociale, l'APA le RSA, la PCH (prestation de compensation de handicap) et la prévention médico-sociale, cela représente plus de 50 % du total des dépenses prévisionnelles inscrites (et quelques fois près de deux tiers de la section de fonctionnement de certains départements), devant le poste réseaux et infrastructures pour près de 10 %. En ce domaine, les inégalités demeurent cependant importantes.

Certains départements sont en difficulté financière en raison du poids de ces dépenses, nonobstant les dépenses sociales facultatives qu'ils ont pu aussi instituer. Des départements ruraux sont marqués par un fort vieillissement de leur population et des coûts supplémentaires importants comme l'APA, des départements plus urbains sont marqués par le coût du RSA dont la couverture financière par l'État n'a cessé de reculer.

Les transferts de compétences de 1983 ont également conduit à l'émergence d'un « **budget de scolarité** » car consacré, pour une part non négligeable (près de 10 % en 2013), aux collèges et transports scolaires. Par ailleurs, une approche économique révèle que le budget des départements est, pour près de 50 % (près de 60 % en incluant les charges de la dette) consacré aux dépenses de compte administratif exclu). Si, le 20 mars (ou le 30 avr. l'année de renouvellement des conseils), le projet de budget avait été rejeté, le président du conseil régional pouvait, après approbation du bureau, présenter (dans les dix jours) un nouveau projet inspiré du budget initial et, éventuellement, d'amendements soutenus lors de la discussion ; ce projet était considéré comme adopté sauf si la majorité absolue des membres du conseil présentait puis votait une motion de renvoi comportant à la fois un nouveau projet de budget (qui était alors adopté) et un nouveau président du conseil (qui aurait remplacé alors immédiatement le précédent) (CGCT, art. L. 4311-1-1, applicable également à deux autres délibérations budgétaires de l'exercice, compte administratif exclu). Inspirées des articles 44-3 et 49-3 de la Constitution, et motivées par les blocages politiques et financiers, consécutifs aux élections régionales de 1998, ces dispositions furent admises par le Conseil constitutionnel (6 mars 1998, 397 DC, et 14 janv. 1999,407 DC), moins pour leur caractère transitoire que parce qu'elles permettent d'assurer la continuité de la vie financière et, aux yeux du Conseil, la... libre administration (sinon la libre démocratie) des collectivités locales (car elles évitaient un règlement d'office par l'État). Elles ont eu l'occasion de s'appliquer (mais parfois avec des difficultés : v. TA Orléans 9 juill. 1998, *Région Centre*).

On rappellera, par ailleurs, que le conseil économique et social et environnemental régional doit se prononcer sur les « orientations générales » du projet de budget et peut même désigner un rapporteur chargé d'exposer son avis aux commissions du conseil régional ; mais le Conseil d'État a estimé (contrairement aux premiers juges : v. TA Lyon 5 juill. 1994, *Tardy et cne Lorette)* qu'un projet sensiblement modifié après l'avis du conseil économique et social n'a pas à être à nouveau présenté à ce dernier (4 juill. 1997, *Région Rhône-Alpes).*

Les techniques financières sont, elles, assises sur l'instruction M. 71 : v. ss 602.

Les **opérations financières** ont connu un accroissement spectaculaire (environ 1 Md F en 1972, 15 Mds € en 2003) et stagnent en fait depuis 2009 : 28 Mds en 2009, 28,7 en 2013 ; mais elles ne représentent encore qu'une part minime (12,2 %) des finances locales, sans commune mesure avec celle tenue par les collectivités étrangères auxquelles sont parfois comparées les régions (le seul Land de Bade-Würtemberg a un budget trois fois plus important que celui de toutes les régions françaises...).

Ces dépenses sont plus équilibrées entre fonctionnement et investissement par rapport aux autres types de collectivités territoriales : 64 % en fonctionnement (hors remboursement de la dette), près de 34 % en investissement (en 2013).

Les **dépenses**, longtemps diversifiées (la région avait un budget « stratégique » permettant d'orienter et d'accompagner l'action économique), sont, depuis les lois de décentralisation, absorbées pour près de 42 % par les fonctions **éducation** (notamment les lycées) et **formation professionnelle** auxquelles s'ajoute la fonction **transports ferroviaires** (progressivement décentralisés depuis 1997), pour près de 15 % des budgets régionaux, ce qui obère largement la marge de manœuvre originelle. Par ailleurs, l'approche économique révèle que le budget de la région, comme celui du département, est pour près des deux tiers (près des trois quarts en incluant les charges de la dette) consacré aux dépenses de transfert, ce qui, ici encore moins qu'ailleurs, n'exclut nullement un important effort pour l'investissement car la région n'était pas initialement conçue comme une instance de gestion ; l'action économique *stricto sensu* se limite à 8 % du total des dépenses ; mais les dépenses de fonctionnement, initialement faibles (près de 12 % des budgets), se sont fortement développées à la suite de la décentralisation ; ces dépenses comprenaient cependant peu de frais de personnel qui ont progressivement augmenté avec les transferts d'agents de l'État dans le secteur éducatif en particulier (plus de 11,7 % des dépenses totales hors remboursement de la dette en 2013). Elles sont principalement consacrées à des transferts, comme les dépenses de la section d'investissement qui comportent peu d'investissements directs (10,5 % des dépenses totales, hors remboursement de la dette) et sont surtout consacrées à des subventions d'investissement (près de 22 % du budget, hors remboursement de la dette). Les intérêts de la dette et son remboursement représentent près de 10 % des dépenses totales régionales en 2013. Ce rôle de **redistribution** est, comme pour les départements, accru par l'importance des transferts reçus (plus de la moitié du budget).

La loi du 13 août 2004 a permis de confier aux régions l'attribution des aides économiques, la gestion des fonds structurels européens, la prise en charge d'infrastructures (aéroports, canaux, ponts...) qui ne sont pas d'intérêt national, une partie du financement de l'investissement hospitalier et diverses fonctions (elles, peu coûteuses) de planification et programmation. Celle du 27 janvier 2014 reprend l'idée du transfert de la gestion des fonds européens aux régions.

Le **système de recettes** a également évolué. La fiscalité (dont le produit était plafonné jusqu'en 1986), qui représentait (paradoxalement) près des trois quarts des recettes à l'origine et encore environ la moitié dans les années 1990, était répartie, à parts comparables (mais variables en fonction de la conjoncture) entre une fiscalité indirecte transférée en 1972 et 1983, longtemps prépondérante (taxes sur les « cartes grises » et les permis de conduire et, jusqu'en 1998, taxes additionnelles aux droits départementaux d'enregistrement) et une fiscalité directe alignée sur le droit commun en 1989 (auparavant, la région votait un produit réparti entre les « quatre vieilles »), qui était devenue prépondérante (environ 60 % du produit fiscal en 1998). Mais cette fiscalité directe a été progressivement amputée (taxe d'habitation, part « salaires » de la taxe professionnelle...) et à la suite de la réforme de 2010 occupe une place réduite dans les recettes des régions. Les impôts dits locaux ne représentent plus en 2013 que 20,9 % des recettes de fonctionnement, les autres recettes « fiscales » se situent à 34 %, les concours de l'État à 40,6 %.

On notera que depuis la loi de finances pour 2004, les régions bénéficient d'une DGF forfaitaire complétée d'une dotation de péréquation (CGCT, art. L. 4332-4 s.).

En fait, le législateur a affecté dès 2006 une partie de la TIPP aux régions qui ont pu en moduler le taux depuis janvier 2007 (devenue la TICPE), puis une fraction de la taxe sur les contrats d'assurance. En outre, depuis 2005, les régions perçoivent une contribution additionnelle à la taxe d'apprentissage.

La réforme de la fiscalité locale de 2010 concernant en particulier la taxe professionnelle a induit une sensible adaptation de la fiscalité régionale avec l'affectation d'une fraction de la CVAE – 25 % – (en tenant compte de la population régionale, de la superficie, des effectifs scolarisés en lycée et établissements de formation professionnelle), de l'imposition forfaitaire sur les entreprises de réseau (IFER) sur les matériels roulants ferroviaires et les répartiteurs principaux.

L'analyse des catégories de régions révèle à la fois le poids de l'Île-de-France (environ un cinquième des finances régionales) et la grande disparité des situations financières. Elle révèle aussi les particularités du statut financier des régions (monodépartementales) d'outre-mer et de la région parisienne.

Dans les régions monodépartementales d'outre-mer existe notamment l'octroi de mer, ancienne taxe à l'importation dans les DOM étendue en 1992 à certains produits fabriqués sur place, réformée en 2004, autorisée jusqu'en 2014. Elle représente, selon les régions entre 15 et 55 % des recettes de la collectivité.

La région Île-de-France, héritière en 1976 du district de la région parisienne, bénéficie de ressources spécifiques (taxe spéciale d'équipement remplaçant les « quatre vieilles » et modulée par catégories de propriétés et par zones, une partie du produit de la taxe spéciale sur les locaux commerciaux installés dans la région, le produit de la taxe complémentaire de 1 % à la taxe d'aménagement) consacre environ 25 % de son budget aux transports de voyageurs (coordonnés par le Syndicat des transports d'Île-de-France, établissement public) ; notons l'existence à l'égard des communes de cette région d'un instrument financier particulier, le Fonds de solidarité des communes d'Île-de-France créé en 1991, dont le préfet de la région Île-de-France a la compétence pour sa répartition. Cette région demeure clairement traitée à part.

§ 4. Les finances des démembrements

726 Les collectivités locales connaissent deux grandes catégories de démembrements.

La première est constituée par les démembrements de droit public qui, lorsqu'ils sont personnalisés, sont représentés par les **établissements publics locaux**, du moins ceux dépendant véritablement d'une collectivité locale.

On peut intégrer dans cette catégorie des organismes particulièrement divers comme les centres de gestion de la fonction publique territoriale, les centres communaux d'action sociale, les caisses des écoles… L'observatoire des finances locales intègre aussi dans cette typologie les syndicats.

Les établissements publics de santé (hôpitaux) ne sont pas véritablement rattachés aux collectivités locales et sont soumis à un régime autonome, qui ne fait qu'exceptionnellement appel aux droits et techniques des collectivités locales.

De même, font l'objet d'un rattachement essentiellement formel (et, surtout, financier) les établissements publics locaux d'enseignement (qui relèvent d'une instruction codificatrice M9.6 sur le plan de la réglementation budgétaire, financière et comptable, conséquence de la réforme des EPLE, Décr. 26 oct. 2012, n° 2012-1193) et les offices publics de l'habitat (Ord. 1er févr. 2007), qui sont soumis à un régime spécifique (v. Code de la construction et de l'habitation), relèvent, sur délibération du conseil d'administration, soit des règles de la comptabilité publique soit des règles de la comptabilité commerciale.

Les établissements publics administratifs, dont le nombre se réduit significativement (27 259 centres communaux ou intercommunaux d'action sociale en 2012, 1 863 caisses des écoles, 96 centres de gestion de la fonction publique territoriale, 97 services départementaux d'incendie et de secours...) ont un statut financier généralement proche de celui de la collectivité de rattachement et dépendent financièrement des collectivités territoriales ou des organismes de Sécurité sociale. Les établissements publics industriels et commerciaux (essentiellement les quelque 682 régies personnalisées contre 619 en 2010, ce qu'il faut souligner) doivent, sauf exceptions (établissements publics fonciers), tirer leurs ressources de leurs activités marchandes et bénéficient, en contrepartie, de certaines règles de la gestion commerciale (allant, concession suprême, jusqu'à la possibilité de comptables spéciaux et de gestion de trésorerie). Les syndicats sont particulièrement diversifiés : eau, assainissement, ordures ménagères, transport, tourisme, énergie, ramassage scolaire, activités culturelles, sportives... et ont été comptabilisés en 2012 au nombre de près de 13 534, pour un volume de dépenses de près de 12 Mds €.

Tous ont une activité financière non négligeable, s'élevant (hors hôpitaux et offices d'habitation mais y compris les services départementaux d'incendie et de secours et les associations syndicales de propriétaires) à près de 5 % des opérations du secteur public local.

Les dépenses des CCAS, Caisses des écoles, régies, SDIS, centre de gestion dépassent les 10 Mds € dont environ 2,7 Mds pour les CCAS (alimentés pour les deux tiers par des transferts reçus, principalement des communes), près de 0,6 Md pour les caisses des écoles (alimentés à 70 % par des transferts reçus, principalement des communes), 1,5 Md pour les régies (alimentés, pour les deux tiers, par la vente de biens et services), 4,4 Mds pour les SDIS (alimentés, pour environ 97 % par les versements des collectivités locales) et près de 0,5 Mds pour les centres de gestion de la fonction publique territoriale (alimentés pour les deux tiers par des transferts reçus des collectivités) ; s'y ajoutent, par convention, environ 0,2 Md pour les 10 537 associations syndicales de propriétaires (dont 0,14 en ressources propres) (associations syndicales autorisées, associations foncières de remembrement, associations foncières urbaines) qui, juridiquement, ne sont pas rattachées aux collectivités locales, mais sont des établissements publics, consacrant près de 80 % de leur budget à des travaux d'aménagement agricoles, forestiers ou hydrauliques (à cette catégorie hybride s'ajoutent, depuis 2002, les établissements publics de coopération culturelle, qui n'ont pas de collectivité de rattachement, peuvent être administratifs ou industriels et commerciaux et sont régis par le... CGCT).

La seconde catégorie de démembrements est constituée par les satellites de droit privé : **sociétés locales d'économie mixte, sociétés publiques locales d'aménagement**, créées en 2006 (au statut de SA, C. urb., art. L. 327-1), **sociétés publiques locales** nées en 2010 (CGCT, art. L. 1531-1 ; statut de SA), plus récemment encore la SEM à opération unique (Loi du 1er juil. 2014, CGCT, art. L.1541-1-1) **et associations** (probablement plus d'une centaine de milliers sur le million d'associations déclarées en France), qui prolongent l'action financière des collectivités locales. Leur statut financier est, sauf exception (mandat de gestion) ou dysfonctionnement (gestion de fait), celui des organismes privés, mais leur financement principalement, voire exclusivement public, a conduit à les soumettre à des obligations et contrôles accrus, faisant une place de plus en plus grande au droit financier public (sur le régime juridique des SPL et des SPLA, v. Cir. min. délégué auprès du min. de l'Intérieur, DGCL, 29 avr. 2011).

Les SEML réalisent une capitalisation importante, dont plus des deux tiers détenus par les collectivités locales et plus de la moitié par les communes ; elles ont un chiffre d'affaires supérieur à 15 Mds €, emploient plusieurs dizaines de milliers salariés et, schématiquement, interviennent pour moitié dans le secteur des services (stationnement, transports, remontées mécaniques, etc.), pour le quart dans l'immobilier et pour le quart dans l'aménagement. La FNSEM, transformée en Fédération des entreprises publiques locales (FEPL), dénomination offrant de nouvelles perspectives fédératrices mais qui soulève bien, par cette appellation, la question du rapprochement de l'économie mixte d'avec l'économie tout court et de la perpétuation de ses spécificités, a revendiqué en 2014 « la représentation » des 1 214 SEM et SPL françaises, faisant référence à son affiliation au Réseau européen de 25 000 entreprises publiques locales représenté par le Centre européen des entreprises à participation publique.

Il faut aussi souligner l'importance du phénomène associatif ; des statistiques établies au milieu des années 1990 et le Rapport public 2000 du Conseil d'État, faisaient état d'un mouvement associatif composé d'environ 800 000 associations et employant près de 1,2 million de personnes, gérant près de 50 Mds € provenant de dons (moins de 10 %), de ressources tarifaires (plus du tiers) et, pour environ 60 %, de subventions publiques (65 % en Allemagne, moins de 50 % au Royaume-Uni, environ le tiers aux États-Unis, en Espagne et au Japon), dont environ 30 % de l'État, 5 % des organismes de Sécurité sociale et 25 %, (soit environ 12,5 Mds €) des collectivités locales (communes pour plus de la moitié, départements pour près d'un tiers, régions pour moins de 15 %). D'autres études plus récentes ont confirmé l'importance économique et sociale du mouvement associatif. En 2007 on dénombrait près de 1,1 million d'associations dont 170 000 « employeurs » et 1,9 million de salariés, pour un budget cumulé de près de 59 Mds € dont 50,7 % à partir de financements publics (près de 67 % dans le domaine social), financements d'origine d'abord communale, puis étatique, départementale... (Min. de la Santé, de la Jeunesse, des Sports et de la Vie associative, *Les chiffres-clés de la Vie associative*, 2007). En 2013, il y avait 165 000 associations employant au moins un salarié, l'ensemble représentant près de 1,8 million de salariés (stable), pour une masse salariale de près de 37 Mds €.

Au sein de ce paysage local, ce que l'on peut présenter aujourd'hui comme le secteur de l'économie sociale et solidaire (associations, coopératives, fondations, mutuelles), est ainsi d'un apport décisif à l'économie et à l'emploi (près de 12 % des emplois en France). Il n'était donc pas surprenant de voir le législateur définir et mettre en œuvre un cadre plus global en ce domaine avec la loi du 31 juillet 2014 relative à l'économie sociale et solidaire qui s'adresse notamment aux coopératives, mutuelles, associations... et qui a défini cette économie comme un « mode d'entreprendre et de développement économique adapté dans tous les domaines de l'activité humaine auquel adhèrent des personnes morales de droit privé » remplissant certaines conditions et notamment ou en particulier la poursuite d'un but autre que le seul partage des bénéfices, une gouvernance démocratique, une gestion conforme à certains principes (art. 1-I).

CHAPITRE 4

Les finances de la Sécurité sociale

727 La création d'une protection sociale à l'initiative de la puissance publique est un fait particulièrement ancien dans la société française. Il est habituel de mettre en avant l'ordonnance du 7 janvier 1407 du roi Charles VI assurant une pension à ceux qui « bien et longuement l'auraient servi ». Des régimes spéciaux seront créés à différentes époques, certains régimes perdurant à ce jour au travers d'institutions spécifiques comme l'Établissement national des invalides de la Marine (ENIM) créé en 1673. D'autres régimes tout aussi anciens ont disparu au cours de ces dernières années. La préoccupation sociale essentiellement centrée sur la retraite, conduira le législateur à organiser des régimes pour les fonctionnaires, les militaires, les salariés des chemins de fer, la Banque de France, l'Opéra, la Comédie française, les mineurs, etc., avec en outre en 1910 la création (loi du 5 avril 1910) d'un premier système de retraite pour les salariés. La retraite à 60 ans est possible dès 1912 ; cette période est alors présentée comme reposant sur deux systèmes, d'assurance et d'assistance.

La question longuement débattue du modèle d'assurance sociale adopté en France à la Libération qui tient du modèle dit bismarckien a pu être influencée par un « accident » historique :

le retour de l'Alsace-Lorraine dans l'espace de la République française. En effet, ce territoire connaissait un dispositif fondé sur ce modèle d'assurance sociale (reposant sur les cotisations sur les salaires), avec un système d'« assurances sociales » fondé sur des cotisations versées dans un cadre professionnel (donc basé sur le travail) et qui, géré par les partenaires intéressés, ne bénéficiait, à proportion de leur contribution (« système contributif ») qu'aux professionnels (et à leurs ayants droit) (modèle dit bismarckien car appliqué, en premier, par Bismarck à la fin du XIXe siècle). Ce modèle va inspirer les législateurs de la IIIe République de l'après-guerre qui seront amenés à adopter un texte majeur pour les salariés, à savoir la loi du 5 avril 1928 sur les assurances sociales, complétée et amendée par une loi du 30 avril 1930.

728 Il en résulte que « les assurances sociales couvrent les risques maladie, invalidité prématurée, vieillesse, décès et comportent une participation aux charges de la famille et de maternité dans les conditions déterminées par la présente loi » (art. 1). Toutefois, ce dispositif ne concernait que les travailleurs du secteur privé dont la rémunération totale annuelle « à l'exclusion des allocations familiales » ne dépassait pas un certain seuil, à l'époque 15 000 F, mais avec deux adaptations conduisant à son relèvement : pour les salariés vivant dans les villes de plus de 200 000 habitants et dans des circonscriptions industrielles, et les salariés ayant des charges de famille.

Cette nouvelle approche induisait aussi une réforme institutionnelle puisqu'existaient déjà des caisses d'assurances et autres sociétés de secours. La gestion des assurances sociales était ainsi confiée (sauf exception) à des caisses primaires organisées sur le plan départemental voire interdépartemental (agréées) reposant juridiquement sur la loi du 1er avril 1898 sur les sociétés de secours mutuels, les entités existantes pouvant créer entre elles un tel type de caisse (et notamment les caisses mutualistes de retraites ouvrières créées par la loi du 5 avril 1910).

Sur le plan financier, ces assurances sociales disposaient de ressources provenant des caisses de l'État et de versements à part égale des assurés avec retenue sur la paye et à la charge de l'employeur. Enfin, il était prévu que les caisses versent les sommes dépassant une certaine encaisse soit à la Caisse des dépôts et consignations (CDC) soit à la Banque de France, la CDC ayant en charge le versement « au crédit des caisses primaires, pour chacun des adhérents à ces caisses, la portion de cotisation afférente aux risques qu'elles sont autorisées à couvrir ». On notera d'ailleurs que d'autres textes vont venir compléter ces dispositifs, comme le décret-loi du 28 octobre 1935 relatif au Régime des assurances sociales applicable aux assurés du commerce et de l'industrie, ou encore celui du 30 octobre 1935 relatif aux assurances agricoles et au régime des assurances sociales agricoles.

L'impulsion – sinon l'emprise – étatique sur les assurances sociales n'est donc pas un phénomène nouveau.

729 L'originalité du système actuel tient d'abord à l'abandon du système de la capitalisation, qui prédominait jusque-là, en particulier en matière de vieillesse, presque dès l'origine de ce type d'assurance, et au passage au principe de la répartition, passage établi, autre circonstance historique imprévue, sous le régime de l'État français (loi du 14 mars 1941) en raison notamment de la crise financière que connaissaient les caisses à raison du régime de capitalisation : « Les retraites et pensions de vieillesse des assurances sociales sont constituées sous le régime de la répartition » (art. 9). La solidarité intergénérationnelle était ainsi affirmée ; le programme du Conseil National de la Résistance de 1944 n'est pas fondamentalement différent de cette approche puisque sur le plan social l'une des mesures à appliquer « dès la Libération du territoire » consistait en l'établissement d'un « plan complet de sécurité sociale, visant à assurer à tous les citoyens des moyens d'existence, dans tous les cas où ils sont incapables de se les procurer par le travail, avec gestion appartenant aux représentants des intéressés et de l'État ».

730 Si l'Allemagne va maintenir son système social historique, le Royaume-Uni va mettre en place en 1945 une sorte de contre-modèle inspiré des travaux de l'économiste William Beveridge qui avait présenté un rapport en 1942 destiné à réformer le *National Insurance Act* de 1911 et suggérant certes un système universel mais unifié et fondé sur l'impôt (ce sera le *National Insurance Act* de 1946 centré sur la santé – avec le service national de la santé

NHS – et les prestations familiales, la retraite restant de l'ordre de l'assurantiel, considéré comme à la base d'un *Welfare state* britannique) ; ce système est géré par la puissance publique car profitant à tous en fonction des besoins. Pour leur part, les États-Unis avaient créé une première forme de sécurité sociale en particulier à destination notamment des personnes âgées pauvres, des chômeurs... au travers du *Social Security Act* du 14 août 1935 (financé par le budget fédéral et géré par un Conseil de la Sécurité sociale, section 701 et s.).

En France, l'Ordonnance du 4 octobre 1945 portant organisation de la Sécurité sociale va s'inscrire dans le schéma « bismarckien » c'est-à-dire fondé sur l'assurantiel dans le cadre du travail, avec une protection obligatoire, et reposant financièrement sur un prélèvement obligatoire particulier, la cotisation sociale, mais en maintenant un système différencié selon les risques avec plusieurs caisses et non une seule et l'affirmation d'une gestion paritaire. Par ailleurs, peu après, et manifestement à raison de certaines carences ministérielles en matière de contrôle, le législateur a étendu dès 1950 le contrôle de la Cour des comptes aux organismes de sécurité sociale (loi du 31 déc. 1949), ce contrôle demeurant à ce jour organisé de façon spécifique (v. ss 812).

Ce régime français est sur le plan financier devenu ou redevenu dual avec une prédominance des cotisations sociales mais une part importante dévolue à la fiscalité (CSG...), tout en échappant encore aux mécanismes habituels de la comptabilité publique.

En Europe, le système inspiré de Beveridge est le plus développé dans les pays scandinaves (Danemark, Finlande, Suède) où le système de protection sociale, principalement financé par l'impôt, donne lieu, de droit, à d'importantes prestations (augmentées de quelques prestations complémentaires à caractère professionnel), qui réduisent à peu de chose l'assistance ; le système est, paradoxalement, moins développé au Royaume-Uni (et en Irlande) où, à côté du service national de santé, à caractère universel, demeure un assez large secteur contributif (les régimes de protection complémentaire, financés par les entreprises et/ou les assurances, jouant un grand rôle pour pallier la faiblesse des prestations de base). Le système de Bismarck inspire encore l'Allemagne, le Benelux, la France, la péninsule ibérique, la Grèce et l'Italie, mais la part de l'impôt et de couvertures universelles y progresse (l'Espagne et l'Italie ayant même institué un système national de santé). Certains observateurs ont noté que ces deux systèmes tendaient à se rapprocher.

731 Le système français de Sécurité sociale, contesté à de nombreuses reprises en particulier en raison de son régime obligatoire de cotisation, a été conforté dans ses fondements par la Cour de Justice des communautés européennes dans sa décision du 17 février 1993 (C-159/91 et C-160/91, *Ch. Poucet et Assurances générales de France et Caisse mutuelle régionale du Languedoc-Roussillon et D. Pistre et Caisse nationale de compensation de l'assurance vieillesse des artisans (CANCAVA))* : «... les caisses de maladie ou les organismes qui concourent à la gestion du service public de la sécurité sociale remplissent une fonction de caractère exclusivement social. Cette activité est, en effet, fondée sur le principe de la solidarité nationale et dépourvue de tout but lucratif. Les prestations versées sont des prestations légales et indépendantes du montant des cotisations». Le Conseil constitutionnel a, plus récemment, rappelé, en ce qui concerne le régime d'assurance des résidents français travaillant en Suisse et pouvant s'assurer de façon privée, que l'atteinte aux conventions légalement conclues par ceux-ci est justifiée par le motif d'intérêt général qui s'attache à la mutualisation des risques dans le cadre d'un régime de sécurité sociale fondé sur le principe de solidarité nationale (l'objectif du législateur étant d'offrir une couverture d'assurance maladie de base aux personnes résidant en France, Cons. const., 460 QPC du 26 mars 2015, *Cté des travailleurs frontaliers du Haut-Rhin et a.*).

Bien qu'elles soient, au moins pour partie, considérées par le Conseil constitutionnel comme des finances publiques (20 janv. 1961, 60-11 DC) et incluses par la comptabilité économique dans les opérations des administrations publiques (v. ss 3), les finances de la Sécurité sociale connaissent un régime spécifique et hybride, essentiellement contenu dans le Code de la Sécurité sociale (**ci-après désigné par les lettres CSS**) et, de façon plus sectorielle, dans le Code de la santé publique (**ci-après désigné par les lettres CSP**), le Code rural et de la pêche maritime (pour la Mutualité sociale agricole) et le Code de l'action sociale et des familles (**ci-après désigné par les lettres CASF**) (pour les institutions sociales et médico-sociales). Ces finances relèvent du champ de compétences de la Cour des comptes au travers du Code des juridictions financières (ci-après désigné CJF). Il en résulte un système dual, fondé sur l'assurantiel avec une dimension solidaire, et avec des dimensions financières contributives et non contributives. Le Conseil constitutionnel joue ici un rôle essentiel dans la « protection » de ces différentes dimensions afin d'éviter une confusion des mécanismes et des politiques financières que cherche à impulser l'État, sauf à dénaturer les mécanismes mêmes de la sécurité sociale.

732 Cette situation particulière des finances sociales (marquées par une forte et historique intrusion de l'État) est due à la fois à une extrême complexité, ce que traduisent de nombreux rapports (par exemple celui de l'IGF et de l'IGAS rendu public fin 2014 et relatif aux *coûts de gestion de l'assurance maladie)*, mais aussi les différents agrégats des politiques de protection sociale, et au fait qu'elles sont pour une grande part maniées par des personnes morales de droit privé (mais « chargées de l'exécution d'un service public » : CE 13 mai 1938, *Caisse primaire « Aide et protection »*). L'importance et le déséquilibre croissant de leurs opérations financières (SECTION 1) ont cependant fini par entraîner l'institution de lois de financement de la Sécurité sociale (SECTION 2) et une réforme du statut financier des organismes de Sécurité sociale (SECTION 3).

SECTION 1
LES OPÉRATIONS FINANCIÈRES DE LA SÉCURITÉ SOCIALE

733 Les opérations financières de la Sécurité sociale ont été marquées par un décalage croissant entre dépenses (**§ 1**) et recettes (**§ 2**), qui a fini par entraîner d'importants déséquilibres financiers (**§ 3**).

§ 1. Les dépenses de la Sécurité sociale

734 L'ampleur et/ou l'objet des dépenses dites de Sécurité sociale varient sensiblement (ce qui crée plus d'une équivoque) selon qu'on s'attache aux comptes de la Sécurité sociale (**A**), aux comptes des administrations de Sécurité sociale (**B**) ou aux comptes de la protection sociale (**C**).

Les subdivisions de ces comptes ne se recoupent pas toujours et leurs montants respectifs ne peuvent être purement et simplement additionnés en raison, notamment, de transferts réciproques.

A. Les comptes de la Sécurité sociale

735 Les comptes de la Sécurité sociale (ou des « régimes de Sécurité sociale ») sont publiés tous les ans par la Commission des comptes du même nom.

Il s'agit d'un organisme d'une cinquantaine de membres représentant les différentes autorités publiques et organismes professionnels intéressés. Présidée par le ministre chargé de la Sécurité sociale, elle se réunit au moins deux fois par an et établit notamment, sous l'égide d'un secrétaire général nommé par le premier président de la Cour des comptes, un rapport transmis au gouvernement en vue de sa présentation au Parlement (CSS, art. L. 114-1 et D. 114-1).

La masse qu'ils représentent est loin d'être homogène.

Il convient de distinguer les régimes obligatoires de base (**1**) et les régimes complémentaires de retraite des salariés (**2**).

1. Les régimes obligatoires de base

736 Ceux-ci (dont les dépenses – près de 463 Mds € en 2013 – sont sensiblement plus élevées que celles du budget de l'État), en constituent l'élément essentiel (qui, en particulier, est seul soumis aux lois de financement de la Sécurité sociale) mais sont eux-mêmes nombreux et très inégaux. Il convient de mettre en avant le régime général (**a**), les régimes particuliers et spéciaux (**b**) et, enfin, les régimes autonomes (**c**).

a. Le régime général

737 Il constitue le noyau dur. Il fut créé en 1945 pour généraliser et unifier la protection sociale obligatoire instituée, à l'intention principale des salariés (de condition modeste) du secteur privé,

pendant les trois premières décennies du XXe siècle (afin de remplacer le système d'entraide volontaire mis en place au cours du XIXe siècle). L'objectif n'a pas été pleinement atteint mais le régime général n'en est pas moins, et de loin, le plus important des régimes de base et qu'il assure, non seulement la couverture générale des salariés du secteur privé du commerce et de l'industrie, mais encore une partie de la couverture des autres régimes de base.

Depuis 1994, il comporte quatre **branches** : la branche **maladie, maternité, invalidité et décès** (qui étend sa protection aux fonctionnaires civils de l'État et des collectivités locales – ainsi qu'à EDF-GDF). La branche **maladie** assure, avec près de 168 Mds € en 2013, 86 % des dépenses de la Sécurité sociale en ce domaine, la branche **accidents du travail et maladies professionnelles** (environ 11,3 Mds € en 2013) la branche **vieillesse et veuvage** (près de 114 Mds € en 2013) et la branche **famille** (près de 58 Mds € en 2013) complètent cet ensemble.

Or, ces différentes branches connaissent à présent des situations le plus souvent déficitaires (à l'exception de la branche AT/MP en 2013).

Cet ensemble est géré par des caisses de base, qui sont des organismes mutualistes de droit privé, héritiers de l'organisation antérieure à 1945, mais qui, depuis cette date, sont coiffés par une caisse nationale scindée, depuis 1967, en quatre établissements publics administratifs nationaux : la **Caisse nationale de l'assurance maladie des travailleurs salariés** (CNAMTS, 59,2 millions de bénéficiaires en 2013), qui gère les deux branches « maladie » et « accidents du travail » et coiffe les caisses primaires d'assurance maladie (CPAM) et les caisses d'assurance retraite et de la santé au travail (CARSAT) ayant perdu la compétence politique sanitaire et médico-sociale en 2010 passée aux Agences régionales de la Santé (ARS) ; la **Caisse nationale d'assurance vieillesse des travailleurs salariés** (CNAVTS, 13,5 millions de retraités à ce titre en 2013) ; la **Caisse nationale des allocations familiales** (CNAF, 12 millions d'allocataires en 2013), qui coiffe des caisses d'allocations familiales (CAF) ; **l'Agence centrale des organismes de Sécurité sociale** (ACOSS), qui coiffe les Unions de recouvrement des cotisations de Sécurité sociale et d'allocations familiales (Urssaf). Les caisses nationales et le ministre chargé de la Santé délèguent certains pouvoirs administratifs à une Union des caisses nationales de Sécurité sociale (UNCASS). L'organisation de base est simplifiée dans les départements d'outre-mer avec 4 Caisses générales de la Sécurité sociale et une Caisse pour Mayotte.

À cet ensemble, a été adjointe la **Caisse nationale de solidarité pour l'autonomie** (CNSA) créée par la loi du 30 juin 2004 (art. 8), au statut d'établissement public national à caractère administratif, et qui contribue au financement de la perte d'autonomie des personnes âgées et des personnes handicapées (21,7 Mds € de budget en 2014). L'idée de la création d'une cinquième branche « dépendance », annoncée en 2007, n'a toujours pas été concrétisée en 2015.

b. Les régimes particuliers et spéciaux

738 Au nombre d'une centaine, ils concernent en majorité les agents du secteur public, qui n'ont pas été affiliés au régime général pour les branches (tout particulièrement les retraites) où ils bénéficient de prestations plus importantes et parfois plus anciennes que celles du régime général.

Ainsi les fonctionnaires de l'État, dont les pensions de retraite sont directement servies par le budget de l'État, les fonctionnaires territoriaux, dont les retraites (tout comme celles des hospitaliers) sont gérées par la Caisse nationale de retraite des agents des collectivités locales (CNRACL) – caisse elle-même gérée par la Caisse des dépôts et consignations ou les grandes entreprises publiques (EDF-GDF, SNCF-à laquelle est substituée (Décr. 7 mai 2007) une caisse nationale qualifiée « d'organisme de Sécurité sociale doté de la personnalité morale chargée d'une mission de service public »), sans oublier les « historiques » que sont l'Établissement national des invalides de la Marine (ENIM, dont l'origine remonte à Colbert), la Caisse nationale militaire de Sécurité sociale, créée en 1948, dont le régime de retraite remonte à la monarchie de Juillet, ou le régime minier qui est désormais gérée par la Caisse autonome nationale qui assure le régime spécial de Sécurité sociale des mineurs (Décr. 30 août 2011), la Direction des retraites de la Caisse des dépôts gère depuis le 1er janvier 2005 le recouvrement des cotisations et la gestion du risque vieillesse-invalidité des anciens mineurs et de leurs ayants droit (une convention d'objectifs et de gestion précise les engagements ministériels et de la CDC). Au-delà du nombre des bénéficiaires de ce régime par rapport au nombre d'actifs quasi infime, c'est le poids des recettes tirées des cotisations qui est révélateur : 2 %, contre 50 % au titre des transferts de régime et donc de la solidarité, 30 % de contributions publiques et 5 % de taxes et impôts ; l'attention ne manque pas, par ailleurs, d'être attirée par l'énigmatique FSPOEIE, créée en 1928, ce qui signifie, bien sûr, Fonds spécial des pensions des ouvriers des établissements industriels de l'État (géré par la Caisse des dépôts). Ces régimes concernent parfois des secteurs particuliers et/ou à faibles effectifs (théâtres nationaux, chambre de commerce et d'industrie de Paris – CCIP –, assemblées parlementaires) – et dont certains (clercs et employés de notaire, Banque de France, chambre de commerce de Roubaix, cultes – CAVIMAC –...) et ont été assez largement intégrés au régime général.

Cet ensemble a été souvent remanié afin de simplifier le « paysage » de ces organismes et de donner une plus grande lisibilité à certains d'entre eux qui demeurent au travers d'une sorte de dimension identitaire alors même que les prestations maladie, par exemple, sont généralement similaires et que l'on pourrait aller vers un système largement unifié. Parmi ces réformes, on peut citer celle opérée par la loi du 2 août 2005 concernant la Chambre de commerce et d'industrie de Paris conduisant à l'application du régime général pour les assurances vieillesse et invalidité, le régime spécial demeurant pour la maladie ; l'une des plus importantes réformes fut réalisée par la loi du 9 août 2004 relative au service public de l'électricité et du gaz et aux entreprises électriques et gazières qui conduisit à la création de la Caisse nationale des industries électriques et gazières qui a en charge, depuis le 1er janvier 2005, le fonctionnement du régime d'assurance vieillesse, invalidité, décès, accidents du travail et maladies professionnelles des entreprises électriques et gazières.

Les régimes spéciaux sont regroupés au sein de l'Union nationale des régimes spéciaux.

Pour autant, la réforme des régimes spéciaux avait conservé son actualité en particulier sur le plan des retraites. À cet égard, le rapport d'évaluation établi par le Conseil d'orientation des retraites et remis au Premier ministre en janvier 2007 se voulait alarmiste, globalement, sur le devenir des retraites, et suggérait, sur le terrain des régimes spéciaux (EDF-GDF, SNCF, RATP, marins, mineurs, notaires, Banque de France), un allongement des durées d'activité et d'assurance, d'autant que les principaux régimes concernés étaient déjà (ENIM, SNCF) ou seront à terme (EDF, RATP) marqués par un nombre de retraités très supérieur à celui des actifs cotisants.

La réforme des régimes spéciaux de 2007 avait comme objectif leur alignement sur le régime des autres actifs (de la fonction publique), en particulier s'agissant des règles touchant à la retraite de leurs ressortissants, réforme adaptée par la suite à raison de la réforme générale des retraites opérée en 2010 et conduisant à un allongement général des durées de cotisation et à un alignement progressif du poids des cotisations sur le régime général.

Début 2008 ont été mises en œuvre les réformes relatives aux régimes spéciaux : personnels de la SNCF, personnels de l'Opéra national de Paris, personnels de la Comédie française, personnel des industries électriques et gazières, personnel de la RATP (l'adossement à la CNAVTS remonte à 2005 mais la Commission européenne n'avait accepté l'aide de l'État – subvention d'équilibre – à ce régime qu'en juill. 2009), mais aussi régime de retraite des clercs et employés de notaires. Il n'est pas certain que, au terme des négociations ayant précédé ces textes, le coût financier de ces régimes ait été profondément revu (à la baisse). On peut même estimer que c'est l'inverse, si l'on s'en tient aux analyses de la Cour des comptes en ce domaine.

c. Vers la fin des régimes autonomes

739 Ils concernent, pour l'essentiel, les professions qui n'ont accepté qu'après 1945 d'être intégrées à un système de Sécurité sociale mais dans le cadre d'une organisation propre, avec des prestations

généralement moindres que dans les autres régimes. Ces régimes sont progressivement intégrés dans le régime général, même si persiste une dimension institutionnelle « identitaire ».

Les régimes des **non-salariés (non agricoles)** gèrent le risque maladie et la retraite de l'industrie, du commerce, de l'artisanat et des professions libérales. Ce secteur a été profondément réformé en 2005 (Ord. 8 déc. 2005) avec l'institution du **régime social des indépendants** (RSI), lequel couvre désormais (CSS, art. L. 611-1) l'assurance maladie et maternité des personnes mentionnées à l'article L. 613-1 du CSS, l'assurance vieillesse, l'invalidité-décès, l'assurance vieillesse complémentaire obligatoire des personnes appartenant aux groupes des professions artisanales et des professions industrielles et commerciales (au sens de CSS, art. L. 621-3). Ce régime est très critiqué (avec de nombreux indépendants cherchant à se soustraire aux obligations de cotisation, se présentant sous des dénominations originales, « les libérés », les « tondus » !) ; le RSI n'en demeure pas moins être un organisme de sécurité sociale qui ne relève pas du code de la mutualité mais de celui de la sécurité sociale, (CA Limoges, 23 mars 2015, n° 102, *X. c/ Caisse RSI Aquitaine*) ; organisé en trois branches : assurance maladie et maternité, assurance vieillesse des professions artisanales, et assurance vieillesse des professions industrielles et commerciales il gère, de plus, les régimes complémentaires obligatoires précités. Il est structuré en une caisse nationale et des caisses de base.

Le RSI est présenté comme étant l'interlocuteur social unique des professions concernées, depuis le 1er janvier 2008. Un régime complémentaire des indépendants a été créé en 2013 (avec en outre une baisse des cotisations en 2015 et la fin de la C3S créée en 1970).

Le RSI est désormais intégré financièrement au régime général de sécurité sociale (v. Décr. 2015-420 du 14 avr. 2015 relatif aux relations financières entre le régime général et les autres régimes), la CNAM et la CNAV assurant le comblement des déficits de régime.

Quelques chiffres illustrent la problématique de ce régime : 6,1 millions de ressortissants, 2,8 millions de cotisants, 2,1 millions de pensionnés, 4,2 millions de bénéficiaires au titre de la maladie en 2014 (source RSI), les deux branches, maladie et vieillesse correspondant à des prestations financières s'élevant à 16,3 Mds €.

La gestion du risque maladie était, pour l'essentiel, unifiée autour d'une Caisse nationale d'assurance maladie et maternité des travailleurs non-salariés (CANAM) qui a coiffé des caisses régionales et des organismes conventionnés locaux.

Celle des retraites était, en revanche, éclatée entre l'industrie et le commerce (caisses de base coiffées par une Caisse de compensation de l'organisation autonome nationale du commerce et de l'industrie – ORGANIC), l'artisanat (caisses de base coiffées par une Caisse nationale de compensation de l'assurance vieillesse des artisans – CANCAVA) et les professions libérales (Caisse nationale d'assurance vieillesse des professions libérales – CANVPL), qui fédéraient plus d'une dizaine de caisses autonomes – « sections » – et dont s'est séparée la Caisse nationale des barreaux français.

On notera que les comptes de ce régime donnent rarement lieu à une certification par les commissaires aux comptes.

Les **régimes agricoles** (qui relèvent du Code rural et sont placés sous la tutelle du ministère de l'Agriculture) sont de deux types : d'une part ceux des exploitants (ses opérations étaient principalement retracées dans le budget annexe des prestations sociales agricoles qui fut remplacé par le Fonds de financement des prestations sociales des non-salariés agricoles – FFIPSA – supprimé en 2009) et, d'autre part, ceux des salariés, et qui sont gérés (y compris pour les prestations familiales) par la Mutualité sociale agricole.

Cet organisme de droit privé constitue un guichet unique pour les deux régimes et comporte, à l'échelon national, une Caisse centrale de mutualité sociale agricole (CCMSA), et qui est associée, dans une Union des caisses centrales de mutualité agricole (UCCMA), aux assurances mutuelles agricoles (Groupama) et aux organismes de retraite complémentaire des salariés agricoles (OAMARCA et CCPMA).

2. Les régimes complémentaires de retraite des salariés (non agricoles)

740 Ils ont, pour leur plus grande part, été rendus obligatoires (en 1972) pour les personnes affiliées à l'assurance vieillesse du régime général, dont les prestations étaient insuffisantes ; mais les principaux d'entre eux sont des régimes de droit privé, gérés, dans le cadre de conventions collectives, par les partenaires sociaux et dont l'état financier est étroitement dépendant des réformes concernant la retraite.

Existent ainsi plusieurs dizaines d'institutions coordonnées par l'Association générale des institutions de retraite des cadres créée en 1947 (AGIRC) ou, pour les salariés non cadres, par l'Association des régimes de retraite complémentaire créée en 1961 (ARRCO), régimes à la situation financière à présent difficile ; s'y ajoute l'Institution de retraite complémentaire des agents non titulaires des collectivités publiques (IRCANTEC) (gérée par la Caisse des dépôts et la Caisse nationale de Prévoyance, tout en fédérant 75 000 organismes) et diverses institutions de prévoyance ou de retraite supplémentaire.

On doit, enfin, noter la création par la loi du 21 août 2003 portant réforme des retraites (art. 76), avec effet au 1er janvier 2005 et sans rétroactivité, du Régime de Retraite Additionnelle de la Fonction Publique (RRAFP).

Les comptes 2013 de l'ARCCO faisaient apparaître des charges nettes supérieures aux produits nets, près de 52 Mds € contre 51,5, situation qui doit perdurer voire s'aggraver ; la situation de l'AGIRC est similaire avec 24 Mds € de charges contre 22,9 de produits nets ; même si ces organismes ont pu disposer d'excédents financiers il est clair que ces déficits récurrents conduisent inévitablement à une réflexion sur le montant des cotisations ou sur les prestations assurées.

L'IRCANTEC connaît pour sa part une situation encore excédentaire.

Le RRAFP s'applique aux trois fonctions publiques ; ce régime est obligatoire (par répartition provisionnée et par points) ; les cotisations (1,8 Mds € en 2013) sont assises sur la part de rémunération qui n'ouvrait pas droit à retraite – primes et rémunérations accessoires – dans la limite de 20 % du traitement indiciaire brut annuel perçu (taux global de cotisation 10 %, 5 % à la charge des employeurs – près de 44 000 –) et 5 % à la charge des fonctionnaires bénéficiaires ; ce régime est géré par l'Établissement de Retraite additionnelle de la Fonction Publique (ERAFP), la CDC en assurant, là aussi, la gestion administrative. La Cour des comptes a adressé, en 2013, au ministre de l'Économie et des Finances (notamment) un référé à propos de la RRAFP et de sa gestion. On note à l'occasion de ce référé que la Cour souligne le fait que « les rentes viagères ne devraient améliorer significativement, quoique modestement, les revenus des agents ayant cessé leur activité qu'à l'horizon 2045-2050, toutes choses égales par ailleurs » ! On notera aussi que ce régime, présenté par certains comme un fonds souverain, a vu ses règles d'investissement modifiées pour favoriser une gestion plus « dynamique » de ses fonds « afin d'accroître sa contribution au financement des entreprises et améliorer son espérance de rendement » (Décr. 2015-117 du 3 Févr. 2015).

B. Les comptes des administrations de Sécurité sociale

741 Les comptes des administrations de Sécurité sociale (S1314) sont, eux, utilisés dans la comptabilité économique (v. ss 3), en particulier dans les comptes de la Nation publiés annuellement par l'INSEE.

Leur masse (562,9 Mds € – en dépenses – en 2013 et près de 26,6 % du PIB – Eurostat) est du même ordre que celle des comptes de la Sécurité sociale (v. ss 735). Deux éléments permettent de traduire la croissance très forte de cette dépense : les dépenses de santé sont passées de 138,7 Mds € en 2007 à 164 en 2013, celles de protection sociale de 317,8 à 392,4, soit au total près de 100 Mds € de plus en 7 ans.

Leur structure n'est pas la même puisqu'ils effectuent certains retranchements ou, au contraire, certains ajouts aux comptes de la Sécurité sociale et neutralisent certaines opérations internes aux administrations de Sécurité sociale. Ils comprennent, en substance, deux séries d'opérations : l'intégration des régimes obligatoires (**1**) et des organismes dépendant des assurances sociales (**2**).

1. L'intégration de tous les régimes obligatoires d'assurance sociale

742 Ceux-ci peuvent eux-mêmes être scindés en trois éléments.

Les régimes obligatoires de base sont ceux pris en considération dans les comptes de la Sécurité sociale (v. ss 736), à l'exception, cependant, de ceux relatifs aux fonctionnaires et agents assimilés (qui sont imputés aux autres administrations publiques).

Les régimes complémentaires obligatoires peuvent eux-mêmes être scindés en deux.

Les régimes complémentaires de retraite (des salariés non agricoles), sont ceux pris en considération dans les comptes de la Sécurité sociale (v. ss 735).

Les régimes complémentaires d'assurance maladie concernent, eux, principalement la couverture maladie universelle – complémentaire et le régime (particulier) applicable en Alsace-Moselle.

Les prestations liées à l'emploi ont représenté en 2012 près de 40 Mds € de prestations (2 % du PIB) et se sont fortement accrues, la Drees notant une croissance de 6 % en un an des prestations au titre du chômage. Il est à noter que les régimes d'indemnisation du chômage n'ont été, contrairement à d'autres pays, institués que de manière marginale et tardive (à partir de 1959), ce qui explique leur place à part dans les comptes. Encore excédentaires en 2008, ces régimes sont revenus au déficit depuis.

Dans son rapport *Le marché du travail : face à un chômage élevé, mieux cibler les politiques*, publié en janvier 2013, la Cour notait que le régime d'assurance chômage était fragilisé à plusieurs titres et que sa situation financière s'était fortement dégradée depuis 2009, voyant son endettement passer de 9 Mds € en 2009 à 18,5 en 2013 (perspective), soulignant, si ce n'est plus, le fait que cette évolution est notamment imputable au régime d'indemnisation des intermittents du spectacle « dont le déficit s'élève à 1 Md € au profit de 3 % seulement des demandeurs d'emploi » !

Une organisation de droit privé unifiée – les associations (locales) pour l'emploi dans l'industrie et le commerce (Assedic) fédérées dans une Union nationale (Unédic) – gérait ces régimes avec, depuis 1984, deux régimes : l'assurance chômage proprement dite (financée par des cotisations des entreprises et des salariés dans le cadre de conventions pluriannuelles entre partenaires sociaux) et, pour le compte de l'État, un régime de solidarité financé par le Fonds de solidarité. En 2008 a été opérée la réforme de l'organisation du service public de l'emploi avec la fusion de deux entités aux fonctions distinctes, l'ANPE et les Assedic avec la création de Pôle Emploi.

2. Les organismes dépendant des assurances sociales

743 Il s'agit essentiellement des œuvres sociales des organismes de Sécurité sociale et, surtout, les **établissements publics de santé (hôpitaux)** (et les établissements privés participant au service public hospitalier) puisque leurs dépenses (la consommation de soins et de biens médicaux atteignait en 2013 les 186,7 Mds €, soit près de 9 % du PIB (base 2010) dont 86,7 au titre des soins hospitaliers, plus de 66,8 pour le seul secteur public hospitalier) étaient, pour près de 76 %, assurées par les caisses d'assurance maladie (source : DREES, *Comptes nationaux de la santé*, 2013). Ces établissements sont appelés à participer à l'effort de maîtrise de la dépense publique avec une réduction demandée de près de 3 Mds € sur les 10 attendus en ce domaine. À cela il convient

d'adjoindre l'évolution de la tarification à l'activité qui connaît pour la première fois en 2015 une baisse des tarifs tant pour le secteur public que privé.

C. Les comptes de la protection sociale

744 Les comptes de la protection sociale sont des comptes satellites de la comptabilité économique, plus larges que ceux des administrations de Sécurité sociale puisqu'en substance ils leur **ajoutent** les prestations sociales consenties par les **autres personnes publiques ou privées.**

Aux termes de l'article 2 de ce règlement, il convient d'entendre par protection sociale : « toutes les interventions d'organismes publics ou privés destinées à soulager les ménages et les individus de la charge d'un ensemble défini de risques et de besoins, à condition qu'il n'y ait ni arrangement réciproque simultané ni arrangement individuel en cause ». Le champ d'application serait le suivant : maladie et/ou santé, invalidité, vieillesse, survivant, famille/enfant, logement et exclusion sociale par ailleurs. Enfin, par régime de protection sociale est visé un « ensemble distinct de règles, maintenu par une ou plusieurs unités institutionnelles, régissant la fourniture de prestations de protection sociale et leur financement ».

Ils comprennent schématiquement trois grandes catégories de dépenses : les dépenses des assurances sociales (**1**), les régimes d'intervention sociale des pouvoirs publics (**2**), l'effort du secteur privé (**3**).

1. Les dépenses des assurances sociales

745 Il s'agit des dépenses des régimes de Sécurité sociale, y compris retraites complémentaires et régimes d'indemnisation du chômage versées par les administrations de Sécurité sociale (en y incluant, notamment, le versement de la Sécurité sociale aux hôpitaux et les retraites des agents du secteur public).

Les pensions (de retraite et d'invalidité) versées par l'État (directement ou par transferts à des organismes de Sécurité sociale) sont financées à environ 15 % par les cotisations des fonctionnaires, environ 15 % par diverses contributions, et le reste par l'État.

2. Les régimes d'intervention sociale des pouvoirs publics

746 Représentant près de 11 % des dépenses de protection sociale, il s'agit des **prestations** à caractère social (ou familial, ou fiscal) assurées, en propre, par les (autres) **personnes publiques** (État, collectivités locales, établissements publics hors Sécurité sociale).

La partie traditionnelle de ces prestations est constituée par l'aide sociale apportée par les communes et, surtout, les départements, destinés, principalement, à l'enfance, aux handicapés et aux personnes âgées par l'intermédiaire, notamment, de l'allocation personnalisée d'autonomie – APA – créée en 2001 et d'un coût croissant avec près de 1,2 million de bénéficiaires ; elle est caractérisée, en dépit de son cofinancement initial (50 % État et 50 % départements), par une charge croissante nette pour les départements (dans un rapport désormais 30 % État, 70 % départements) (source : Rapport Sénat 5 déc. 2012, n° 183, *Rapport visant à autoriser le recouvrement sur succession des sommes versées au titre de l'allocation personnalisée d'autonomie pour les successions supérieures à 150 000 €*, M. Ronan Kerdraon). L'action du département est relayée, dans certains secteurs, par les institutions sociales et médico-sociales, organismes publics ou privés financés par les différentes collectivités publiques. On notera que selon l'INSEE le taux de dépendance est de 36 % au-delà de 85 ans et que la France était en 2012 en 13e position au sein de l'Union européenne s'agissant de la proportion de personnes âgées de 60 ans ou plus, l'Italie et l'Allemagne arrivant en tête (26,8 % et 26,6 % contre 23,4 % pour la France).

Depuis une vingtaine d'années se développent des prestations, principalement financées par l'État et les départements, tendant à « universaliser » la protection en développant des « minima sociaux ». Ainsi le revenu minimum d'insertion (RMI), institué par une loi du 1er décembre 1988 et versé à plus de 1 million de personnes fut, à partir de 2004, totalement « piloté » par les départements (et complété par un « revenu minimum d'activité » – RMA). Il fut remplacé à partir de 2009 par **le revenu de solidarité active** (RSA), lequel a été soutenu financièrement par la création d'une taxe additionnelle de 1,1 % sur les revenus du capital. Le RSA est fondé sur deux dispositifs : le RSA « socle » qui a remplacé le RMI et l'allocation de parent isolé (API) et le RSA « activité » qui est un complément pour atteindre un minimum garanti et ne s'adresse qu'aux travailleurs pauvres, dispositif qu'il faut lier à la prime pour l'emploi ; le RSA concernait en juin 2014 près de 2,3 millions de foyers allocataires et pour un coût de plus de 9 Mds €. La fusion de la PPE et du RSA est annoncée pour 2016. Depuis 1998, la **couverture maladie universelle (CMU)** garantit à tous l'affiliation à un régime de base d'assurance maladie (donc géré par les organismes habituels de Sécurité sociale) et aux plus démunis une protection sociale complémentaire (prise en charge par un « fonds de financement », établissement public national auquel sont affectées des dotations de l'État et des organismes de protection complémentaire). Le Fonds de financement de la protection complémentaire de la CMU, créé en 1999, atteint les 2,4 Mds €

en 2013, pour près de 5 millions de bénéficiaires. À cette catégorie de prestations, on peut rattacher, les aides destinées aux handicapés comme l'allocation pour adulte handicapé – AAH –, l'Allocation d'éducation de l'enfant handicapé (Aeeh) ou encore l'Allocation supplémentaire d'invalidité (ASI), les aides versées aux établissements et services médico-sociaux, aux centres d'aide par le travail (CAT)... ou encore l'aide au logement. En 2011, l'APA et l'Aide sociale à l'hébergement (ASH) concernaient plus de 500 000 personnes en établissement pour un coût pour les départements de 4,2 Mds € (source : Drees, mars 2015). Par ailleurs, l'Aide personnalisée au logement (APL), jusque-là co-financée (État / Sécurité sociale) est transférée intégralement à l'État en 2015.

En outre, sont également à considérer les « prestations de services sociaux » (services collectifs gratuits ou à prix modique) et les « prestations fiscales » (faveurs fiscales souvent appelées « dépenses fiscales » à comparer avec les « niches sociales ») qui, en matière sociale, approchent les 30 Mds €, dont à peu près la moitié au titre du « quotient familial » (v. ss 600).

L'ensemble de l'effort public consenti par les administrations de Sécurité sociale et les (autres) personnes morales de droit public se retrouve, avec quelques différences et sous une autre forme, dans **l'effort (ou le budget) social de la Nation**, qui est un ancien « jaune » budgétaire, que le gouvernement doit annuellement annexer à la loi de financement de la Sécurité sociale.

3. L'effort propre accompli par le secteur privé

747 Il peut s'agir de prestations que la loi n'impose pas mais qui sont versées par les entreprises (« régimes d'employeurs »), pour 2 % des dépenses de protection sociale.

Il peut s'agir aussi de prestations servies par les « administrations privées », essentiellement les œuvres caritatives et, surtout, les mutuelles, pour 5 % des dépenses de protection sociale.

Les mutuelles ne se contentent toujours pas de compléter la protection sociale mais la gèrent dans certains cas (notamment celui des enseignants et des étudiants), par délégation des caisses primaires (les compagnies d'assurance jouant parfois un rôle analogue pour les non-salariés). S'y ajoutent une centaine d'institutions de prévoyance (gérés paritairement dans le cadre d'accords collectifs d'entreprises) et une centaine d'institutions de retraite supplémentaires (qui s'ajoutent donc aux régimes complémentaires : v. ss 740).

Le secteur est marqué par une concentration accélérée, en particulier dans le domaine des mutuelles-santé, celles-ci passant selon certaines analyses de quelques milliers à quelques centaines en une vingtaine d'années.

Selon la Direction de la recherche des études, de l'évaluation et des statistiques (DREES), le chiffre global de la protection sociale atteignait en 2012 les 653 Mds €, (près de 31,2 % du PIB).

Le taux des prélèvements sociaux en 2013 (cotisations sociales + impôts et taxes affectés/PIB) s'élevait à plus de 30 % du PIB. Ce chiffre se situait à 25,1 % en 1990.

Les travaux de la DREES font apparaître au sein même de l'Union européenne une triple tendance :

– un accroissement général des dépenses de protection sociale supérieure à celui du PIB ;

– la permanence d'une très grande inégalité de situation entre des États comme le Danemark, la France, la Suède (au-dessus de 30 % du PIB) et d'autres États situés à un niveau inférieur à 20 % (Pologne, Estonie, Slovaquie, Roumanie, Bulgarie...) ;

– les risques couverts sont relativement similaires, vieillesse et de santé-incapacité.

En France, les prestations servies couvraient en 2013, pour près 90 %, le risque **vieillesse-survie** (près de 49 % des prestations servies au niveau des régimes de base – contre 33 % en 1960, mais 40 % dès 1970) et le risque **santé** (40,5 % des prestations). Les autres prestations sont principalement consacrées à la famille-maternité (9 %), à l'emploi (6,9 %), à l'invalidité-accident du travail (6,8 %), au logement (2,6 %) et à la lutte contre la pauvreté et l'exclusion sociale (2,4 %).

§ 2. Les recettes de la Sécurité sociale

748 En France, malgré la réforme de 1945, le principe reste encore celui d'un financement par des cotisations (**A**), mais le décalage croissant entre cette assiette professionnelle et des bénéficiaires de plus en plus nombreux a accru progressivement le poids de la fiscalité (**B**) et des contributions publiques (**C**) qui acheminent vers un modèle mixte, pratiqué, en fait, par la plupart des pays, avec une croissance des impositions et taxes affectés (ITAF).

A. Les cotisations

749 Les cotisations de Sécurité sociale tiennent, en France, une place originale, même si celle-ci tend à s'atténuer face à la place croissante de la fiscalité affectée. Il convient d'en assurer la définition (**1**) et d'en préciser l'importance (**2**).

1. Leur définition

750 Cette originalité est d'abord due à ce que ces cotisations sont définies par la jurisprudence comme des prélèvements obligatoires ouvrant droit à des prestations (Cons. const. 29 juill. 1992, 311 DC, et 13 août 1993, 325 DC) mais ne sont pas considérées comme des « impositions de toutes natures » au sens de l'article 34 de la Constitution et ne relèvent donc pas de plein droit de la compétence parlementaire ; il en résulte, selon une décision plus récente, qu'il n'est pas possible non plus d'introduire un dispositif destiné à « augmenter le pouvoir d'achat des salariés dont la rémunération est modeste » en instituant une réduction dégressive des cotisations pour une partie des salariés tout en maintenant inchangés « pour tous les salariés, l'assiette de ces cotisations ainsi que les prestations et avantages auxquels ces cotisations ouvrent droit » ; cette différence de traitement voulue par le législateur ne repose pas à ses yeux sur une différence de situation entre les assurés d'un même régime de sécurité sociale, et est sans rapport avec l'objet des cotisations, (6 août 2014, 698 DC).

Leur régime, mixte, relève donc, selon les cas, de la loi qui, au titre des principes fondamentaux de la Sécurité sociale, fixe les principaux éléments d'assiette (et les assujettis), ou du pouvoir réglementaire qui (sous le contrôle du juge administratif) fixe, en particulier, les taux (sauf dans certains régimes conventionnels comme celui de l'assurance chômage).

Le Conseil constitutionnel a précisé que, dans la fixation des taux, le pouvoir réglementaire ne pouvait « créer de rupture caractérisée de l'égalité entre catégories socioprofessionnelles » (18 déc. 1997, 393 DC) et le Conseil d'État a estimé notamment que relevaient des principes fondamentaux de la Sécurité sociale, donc de la loi, la détermination des éléments de l'assiette des cotisations (CE, as., 10 juill. 1996, *Urssaf de la Haute-Garonne*) et l'affectation d'une partie des cotisations à des dépenses autres que des prestations (CE 27 avr. 1998, *Synd. des médecins libéraux* ; v. également Cons. const. 25 janv. 1995, 357 DC, et 20 mars 1997, 388 DC), ces principes étant également applicables à l'aide sociale (12 juin 1998, *Féd. aveugles handicapés visuels de France*).

Ces cotisations sont supportées par les personnes physiques actives mais aussi par les employeurs. Cette autre dualité fait ainsi apparaître deux catégories de contributeurs qui relèvent de deux logiques différentes puisque les entreprises ne bénéficient pas a priori de contreparties du régime de sécurité sociale, ce qui fonde d'ailleurs, une jurisprudence constitutionnelle différenciée ; en ce sens, Cons. const., 6 août 2014, 698 DC, cons. 12 et 13, sur la situation des salariés.

Les modalités des cotisations varient, notamment, selon qu'il s'agit de salariés ou de non-salariés, la tendance étant, après quelques années, à un allégement important de l'assiette en particulier pour les bas salaires et des taux (la cotisation d'assurance maladie des salariés étant devenue minime, largement remplacée qu'elle a été par la CSG : v. ss 753). Le rendement financier est étroitement dépendant de la masse salariale et de son évolution.

Dans les régimes de salariés (et assimilés), ces cotisations sont à la charge de l'employeur et du salarié (sauf pour les allocations familiales et les accidents du travail, qui n'impliquent que l'employeur). L'assiette est constituée par le revenu professionnel brut (ou, avec des modalités spéciales, les pensions de retraite). Les taux varient selon les risques (et les catégories de cotisants).

Dans les régimes de non-salariés, les cotisations, dues par l'intéressé, sont assises sur le revenu professionnel net retenu pour l'impôt sur le revenu (qui varie donc selon le régime fiscal), selon un taux unique (prestations familiales, maladie des exploitants agricoles) ou atténué au-delà d'un plafond.

Les cotisations totales représentaient en 2013 près de 58 % des recettes du régime général de la Sécurité sociale contre 65,9 % en 2000.

Le législateur a pu introduire des contributions additionnelles à ces cotisations. Tel fut le cas pour le financement de la caisse nationale de solidarité pour l'autonomie (Décr. 22 déc. 2004) avec 3 contributions additionnelles dont l'une, au taux de 0,3 % à l'origine, est supportée par les employeurs publics et privés et a la même assiette que les cotisations patronales d'assurance maladie et obéit aux mêmes modalités de recouvrement. A contrario, la politique étatique conduite depuis 2013 conduit après une augmentation des prélèvements, à un allégement de ceux-ci pour les entreprises au travers dès 2014 du Crédit impôt compétitivité emploi (CICE) d'un coût estimé à 20 Mds € en 2015 puis à partir du 1er janvier 2015 du Pacte de responsabilité et de solidarité qui conduit à ce qu'un employeur n'ait plus à supporter de cotisations pour toute personne employée au SMIC mais aussi se traduit par un abaissement des cotisations jusqu'à 3 fois et demi le SMIC ; cette réforme s'accompagne aussi d'une remise en cause partielle de la fiscalité affectée (et d'un engagement d'un abaissement du taux de l'impôt sur les sociétés à 28 % en 2020).

Pour sa part, la réforme des retraites a été marquée par une augmentation du taux de cotisation des fonctionnaires pour un alignement progressif sur celui des salariés du régime général. En outre, le législateur a progressivement cherché à assujettir aux prélèvements sociaux certains revenus ou éléments patrimoniaux relevant de la gestion des entreprises (régime social des *carried interest*...).

On notera que les élus des collectivités territoriales sont désormais soumis aux cotisations sociales pour leurs indemnités de fonctions v. Décr. 26 avr. 2013 ; en matière d'accident du travail et de maladies professionnelles, le taux de la cotisation est celui applicable aux agents non titulaires des collectivités.

Le recouvrement en est effectué selon des procédures mixtes faisant appel, mais de manière nuancée, à des prérogatives de puissance publique.

S'agissant des cotisations sociales proprement dites, en application du système au comptant (v. ss 464), le non-salarié ou l'employeur (y compris pour les cotisations du salarié, précomptées sur la rémunération) doit, tous les mois ou tous les trimestres, et sous peine de majoration, adresser une déclaration accompagnée du paiement à l'Urssaf (pour le régime général et les prestations familiales) ou à la caisse chargée du recouvrement (en particulier la MSA).

L'Urssaf (organisée à compter du 1er janvier 2014 sur la base de 22 Urssaf régionales en lieu et place de 88 Urssaf départementales) et dont l'ACOSS est la caisse nationale, collecte aussi les cotisations revenant au RSI, à l'Unédic, à l'AGS, soit au total en 2013 près de 459 Mds € (dont près de 94 pour « les partenaires hors régime général ») ce qui conduit à vouloir mettre en place une sorte « d'interlocuteur social unique », à l'image de l'interlocuteur fiscal unique avec la DGFiP. Certains ont pu se demander si, dans une démarche plus globale, la collecte des impôts et cotisations sociales ne pourrait à terme être unifiée au sein d'une seule administration ou agence exécutive fiscale nationale.

Ces organismes disposent d'un droit (et d'un corps) de contrôle sur pièces et sur place, qui peut déboucher sur un redressement contradictoire, sous réserve des délais de prescription (trois ans en matière d'assiette, cinq ans en matière de recouvrement – CSS, art. L. 244-3 et 11 –, contre un an seulement pour réclamer la restitution d'une cotisation indûment versée).

Le recouvrement forcé est normalement ordonné, après mise en demeure, par le directeur de l'organisme chargé du recouvrement, qui peut depuis 1951 décerner une « contrainte » (CSS, art. L 244-9) mais le débiteur peut (après saisine d'une commission de recours amiable s'il conteste dès la mise en demeure) saisir, avec effet suspensif si opposition, le tribunal des affaires de Sécurité sociale dont le jugement peut ensuite faire l'objet (mais avec des risques de majoration) d'un appel devant la cour d'appel (sauf pour les créances de faible montant ne concernant pas la CSG ou la CRDS) et d'un pourvoi (exigeant, lui, un avocat) devant la Cour de cassation (CSS, art. L. 142-2, sauf exceptions mentionnées à CSS, art. L. 143-2, L. 244-2 et R. 133-3, 142-1 et 144-6). La loi de financement de la Sécurité sociale pour 2009 a généralisé ce système de contrainte à l'ensemble des organismes de Sécurité sociale.

Pour le recouvrement, l'organisme dispose d'un privilège général sur les biens meubles et immeubles du débiteur et peut, notamment, pratiquer une saisie-attribution (L. 31 juill. 1991, art. 42 s.), à laquelle s'ajoute, pour le régime des non-salariés, une « opposition à tiers détenteur », qui se rapproche de l'avis à tiers détenteur en matière fiscale et qui peut faire l'objet d'un recours (suspensif) devant le juge de l'exécution (CSS, art. L. 242-11, L. 652-3 et R. 652-2 ; C. rur., art. L. 725-12 et R. 725-12 s., et Décr. 99-1166 du 29 déc. 1999). Le pouvoir de remise gracieuse appartient aux caisses, et non au juge.

Cependant, le directeur régional des affaires sociales (fonctionnaire d'État) peut, après avertissement, déclencher une procédure dite sommaire qui, sauf réclamation admise ou recours au tribunal des affaires de Sécurité sociale, permet au préfet de rendre exécutoire un état, confié aux comptables publics pour recouvrement « comme en matière de contributions directes », l'ensemble assorti de demandes de poursuites pénales devant le tribunal de police (CSS, art. L. 244-1 et R. 133-2, C. rur., art. L. 725-3 et s et R. 725-9 s.).

S'agissant des Assedic, elles n'avaient reçu le pouvoir de contrainte qu'en 1992 (L. 31 déc.), les autres organismes devant recourir aux procédures de droit commun. Pour certains régimes particuliers (Caisse des barreaux), le recouvrement forcé exige, faute de texte de renvoi à une procédure de droit commun, l'intervention du premier président de la Cour d'appel pour rendre exécutoire le titre (Soc. 6 févr. 2003, *Gautreau c/ CN BF*).

Face à une certaine hostilité à l'égard de ces mécanismes (par exemple chez les commerçants et artisans) et à des tentatives pour développer des assurances individuelles de base auprès d'assureurs privés étrangers, le législateur a introduit un nouveau régime de sanctions (CSS, art. L. 114-18, emprisonnement de 6 mois et/ou amende de 15 000 €), à l'encontre de toute personne qui invite les assujettis à refuser de se conformer aux prescriptions de la législation de Sécurité sociale et notamment de s'affilier ou de payer ses cotisations ou contributions.

2. Leur importance

751 L'originalité des cotisations sociales (dont le poids économique est examiné ss 204) provient également de leur importance, qui diminue cependant avec le temps (en raison du développement de la fiscalité affectée comme la CSG), mais qui constitue une part encore relativement forte parmi les pays de l'Union européenne. Cette part est supérieure à 60 % dans nombre d'États comme l'Estonie, la République tchèque, la Belgique, l'Allemagne, l'Espagne, la Grèce, les Pays-Bas, mais descend sous les 50 % au Royaume-Uni et en Irlande, les autres pays se situant à un niveau intermédiaire, voire, particulièrement bas, comme au Danemark (v. 204 ss.).

Au titre du régime général, ce pourcentage tend à décliner même si l'on intègre les cotisations prises en charge par l'État, signe d'une « fiscalisation » croissante de ce régime au travers notamment de la CSG. Il existe, selon les régimes, d'importantes disparités puisque la part des cotisations dans les recettes y oscille de moins de 15 % (mines, marine, agriculture), à près de 100 % (collectivités locales).

D'un point de vue technique, il convient, par ailleurs, de distinguer les « cotisations effectives », payées par les assurés et les employeurs ou prises en charge par d'autres, et les « cotisations fictives », correspondant aux cas dans lesquels l'employeur fournit directement certaines prestations (ainsi les pensions des fonctionnaires de l'État et de certains régimes spéciaux : v. ss 738).

À défaut de développement d'un système vraiment général, cette situation a conduit le législateur à instituer (depuis les années 1960) des compensations entre régimes pour atténuer le handicap constitué par la faible population (ou la faible capacité contributive) de certains de ces régimes.

Cette option a conduit à une « surcompensation » entre régimes spéciaux de retraite (essentiellement au travers de la CNARCL et du régime des fonctionnaires civils) et ce au profit des régimes de la SNCF (L. 21 août 2003).

B. La fiscalité

752 La fiscalité affectée aux régimes sociaux (plus de 141 Mds € pour 2013 au profit du régime général et du FSV), inaugurée en 1949 avec le budget annexe des prestations sociales agricoles, aujourd'hui disparu, s'est fortement développée, à partir de 1980, tout particulièrement avec la création (en 1991) puis l'extension (en 1998) de la contribution sociale généralisée (**1**), qui a porté la part des ressources fiscales au dixième puis, depuis 1998, au quart des ressources totales, cette part étant même plus importante dans certains secteurs (essentiellement l'assurance maladie, dans laquelle les cotisations salariales sont, depuis 1998, largement remplacées par la CSG et, plus traditionnellement, le régime des exploitants agricoles). Ce pourcentage a diminué en 2004 notamment avec la disparition du Fonds de financement de la réforme des cotisations patronales de Sécurité sociale (FOREC) (v. ss 759). Le périmètre de la fiscalité affectée à la sécurité sociale n'a cessé d'être modifié au fil des années comme en 2013 avec la fin des

TVA brutes sectorielles remplacées par une fraction de la TVA. Ce poids fiscal s'accroît fortement, différentes ressources complémentaires s'étant progressivement greffées à la CSG (**2**).

1. La contribution sociale généralisée (CSG)

753 Instituée en 1991 (L. 29 déc. 1990, n° 90-1168), elle représente actuellement environ les deux tiers de la fiscalité affectée (près de 94 Mds € en 2015) et près de 20 % des recettes du régime général de sécurité sociale.

Il s'agit d'une **imposition affectée aux régimes sociaux**, ce qui explique que le juge européen l'assimile, dans certains cas, à une cotisation sociale, alors que le juge français y voit un impôt, car, contrairement à la cotisation sociale, son versement n'a aucune incidence sur les droits aux prestations de celui qui la paye.

Cette position, affirmée par le Conseil constitutionnel (28 déc. 1990, 285 DC, et 19 déc. 1996, 384 DC), et qui est également valable pour la CRDS, a été appliquée par le Conseil d'État (4 nov. 1996, *Assoc. de secours des soc. de courses des hippodromes de province* ; 6 oct. 1999, *CNAM des professions indépendantes*) et la Cour de cassation (Soc. 25 mars 1998, *CRCAM Sud Alliance c/ Tallagnon*).

Mais la CJCE (15 févr. 2000, *Commission contre France*) a estimé que la CSG et la CRDS entraient dans le champ d'application des dispositions communautaires interdisant, dans le cadre de la libre circulation des travailleurs, les doubles cotisations de Sécurité sociale, et ne pouvaient donc être perçues, comme le faisait la France, sur les revenus acquis hors de France par les travailleurs transfrontaliers.

Cependant, cette même CJCE a, rendu un arrêt en date du 16 janvier 2007 (*José Perez Naranjo c/ Caisse régionale d'assurance maladie Nord-Pas-de-Calais*, C.265/05) nuançant l'analyse précédente en estimant que le caractère contributif ou non contributif de l'allocation dépendait de l'existence d'un lien suffisamment identifiable entre la CSG et la prestation en cause, ce qui n'est pas apparu au cas d'espèce, même si la CSG finance une partie de l'allocation. Elle a cependant confirmé plus récemment son analyse par un arrêt du 26 février 2015 (*Min. de l'Éco. et des Fin. c/ Gérard de Ruyter*, C-623/13) relatif à l'assujettissement à la CSG, au CRDS, au Prélèvement social... concernant les revenus du patrimoine.

La CSG est affectée (pour l'essentiel) aux régimes d'assurance maladie (allant essentiellement au régime général, ce qui représente plus du tiers des recettes de l'assurance maladie), à la Caisse nationale d'allocations familiales, au Fonds de solidarité vieillesse, mais s'est vue aussi affectée depuis 2009 à la CADES.

Il s'agit d'une imposition à assiette élargie qui, à la différence des cotisations de Sécurité sociale (et, en partie, de l'impôt sur le revenu), ne frappe pas seulement (ou principalement) les revenus d'activité mais toutes les formes de revenus (et toutes les personnes physiques fiscalement domiciliées en France). Mais, pour des raisons d'efficacité (éviter de créer de nouveaux services, permettre la retenue à la source ou le paiement spontané de plus de 95 % du produit) – et, peut-être, pour éviter le reproche juridique d'une rupture d'égalité devant l'impôt – la CSG a été scindée en plusieurs contributions juridiquement distinctes (dont l'assiette a été élargie en 1997 pour la faire concorder – sauf pour les revenus de remplacement – avec la contribution au remboursement de la dette sociale – CRDS : v. ss 760 s.).

La question d'une possible fusion entre l'impôt sur le revenu et la CSG, objet de plusieurs propositions politiques, fut débattue et même envisagée à l'occasion de la dernière élection présidentielle. Cette perspective pourrait aussi conduire à s'interroger sur la pertinence du maintien de deux « budgets nationaux », celui de l'État et ce que l'on pourrait appeler le budget social de la nation.

La contribution sur les **revenus d'activité et de remplacement** (à laquelle s'ajoute la CRDS : v. ss 760), recouvrée comme les cotisations de Sécurité sociale (v. ss 760), frappe, d'une part les revenus d'activité, selon une assiette plus large que celle de l'impôt sur le revenu (dont elle exclut la plupart des abattements) et même que celle des cotisations sociales (en incluant certaines primes), d'autre part les revenus de remplacement (pensions, allocations de chômage, indemnités journalières de la Sécurité sociale...), mais sous réserve de certaines exonérations (ou de la garantie de minima sociaux) en faveur de certains revenus (bourses, remboursements en maladie...) et/ou de certaines personnes (invalides ou non redevables d'impôt sur le revenu), qui sont d'ailleurs parfois assujettis à la CRDS (allocations de logement, principales prestations familiales...).

Les contributions sur les revenus de la propriété (auxquelles s'ajoutent la CRDS et un « prélèvement social ») sont, d'une part la contribution sociale sur les **revenus du patrimoine** (notamment les revenus et plus-values fonciers), recouvrée comme en matière d'impôt sur le revenu et assise sur une base plus large (depuis 1997) que l'impôt sur le revenu, d'autre part la contribution sociale sur les **produits de placement**, perçue en même temps que le prélèvement libératoire sur ces produits et qui, depuis 1997, frappe toute l'épargne jusque-là défiscalisée (sauf le Livret A de Caisse d'épargne ou produits assimilés et certaines plus-values) (existent par ailleurs, des modalités particulières pour le produit des jeux). C'est encore le prélèvement additionnel au prélèvement social sur les revenus du capital affecté au RSA.

Puisque l'imposition séparée de plusieurs catégories de revenus (plusieurs « cédules ») se prête très mal à une personnalisation, la CSG est une imposition proportionnelle qui pourrait devenir (comme la « taxe proportionnelle » de 1948 à 1959) l'impôt direct de base à assiette large et à taux faible que n'a pas pu devenir l'impôt sur le revenu (qui, à l'instar de la « surtaxe progressive » de 1948 à 1959, compléterait le système en personnalisant l'imposition).

Le taux de la CSG, initialement fixé à 1,1 %, a été porté successivement à 2,4 % (1993), 3,4 % (1997) et 7,5 % (1998) ; depuis le 1er janvier 2005 les revenus du capital sont taxés à 8,2 % (patrimoine et produits de placement) et 9,5 % (jeux) (art. L. 136-6 et L. 137-7, L. 136-7-1) ; s'y ajoutent un prélèvement de 0,5 % au titre de remboursement de la dette sociale et un « prélèvement social » de 2 % sur les revenus de la propriété institué en 1998 et affecté depuis 2001 à l'assurance vieillesse. Ce régime est parfois adapté à certaines situations : 7,5 % pour les revenus d'activité, 6,2 % pour l'allocation chômage et les indemnités journalières de Sécurité sociale, 6,6 % au titre des pensions retraite, invalidité et préretraite (la proposition de la Cour des comptes en faveur d'un alignement sur le régime applicable aux revenus d'activité ne paraît pas avoir été retenue, mais en « contrepartie » le législateur a créé avec effet au 1er avril 2013 une contribution additionnelle de solidarité pour l'autonomie sur les avantages de retraite et d'invalidité au taux de 0,3 %) ; exonération de la CSG et de la CRDS pour certaines personnes dont le revenu fiscal n'excède pas un certain seuil avec prise en compte de l'existence ou non de personnes à charge ; taux réduit de CSG à 3,8 % (mais CRDS normale) pour les personnes dont le revenu fiscal excède les seuils mais dont l'impôt sur le revenu dû est lui-même inférieur au seuil de mise en recouvrement.

L'ensemble montre que les revenus des placements financiers sont particulièrement frappés fiscalement.

« L'anormalité » de cet impôt, est de n'être que partiellement déductible au regard de l'impôt sur le revenu, situation aggravée par la loi de finances pour 2013 qui a abaissé le taux de la CSG déductible de 5,8 % à 5,1 %. Or, il est apparu que certains responsables nationaux s'interrogeaient sur la non-déductibilité totale de la CSG, ce qui en soi serait un facteur d'augmentation brutale de l'impôt sur le revenu.

La CSG est une **imposition productive**, qui rapporte désormais nettement plus que l'impôt sur le revenu (v. ss 600), à la faveur, non seulement d'une assiette particulièrement large, mais encore de techniques de recouvrement qui, pour la quasi-totalité des sommes, sont particulièrement efficaces puisqu'indolores et rapides. Ceci explique sans doute les propositions tendant à rapprocher voire fusionner la CSG et l'impôt sur le revenu.

À l'exception des revenus du patrimoine, les sommes sont précomptées, sans décalage dans le temps, par environ 4,5 millions d'organismes pour le compte d'environ 21 millions de contribuables. La CSG repose très largement sur les revenus d'activité.

2. Les autres impositions affectées

754 Sans être aussi productives que la CSG, les autres impositions affectées, en forte croissance en particulier s'agissant des impositions frappant la consommation aux régimes sociaux (plus de 10 % des recettes de la Sécurité sociale), s'étaient multipliées au cours des deux dernières décennies. La disparition du FOREC (v. ss 759) en avait sensiblement réduit le nombre et le produit. Elles sont principalement affectées au régime général et aux régimes agricoles. Dès lors qu'il s'agit d'impositions au sens de l'article 34 de la Constitution, même sous la dénomination de cotisation, il n'appartient pas au pouvoir réglementaire d'en fixer le taux (Cons. const., 18 déc. 2014, 706 DC, cons.41 et 42).

Elle pouvait jusqu'à présent être identifiée sous deux angles.

Il s'agit, **en premier lieu**, de « contributions de solidarité » prélevées principalement sur les sociétés.

Ainsi la contribution de solidarité des sociétés (C3S) instituée en 1970 (assise sur le chiffre d'affaires) et qui a été complétée en 2005 par une contribution additionnelle, attribuée aux régimes de retraite des non-salariés – dans le cadre désormais du régime social des indépendants – (en même temps qu'une taxe spéciale sur les grandes surfaces) ; elle bénéficie aussi au Fonds de solidarité vieillesse et au Fonds de réserve pour les retraites. On notera aussi la création de la contribution sociale sur les bénéfices. C'est encore la création d'un prélèvement de solidarité sur les revenus du patrimoine et les produits de placement... Or, la LFSS rectificative 2014 a prévu la suppression progressive de ces deux contributions.

Il s'agit, **en second lieu**, de taxes (ou fractions de taxes) symboliquement affectées parce qu'elles frappent des produits, services ou entreprises ayant un impact direct sur les dépenses de Sécurité sociale (tabacs, alcools, médicaments, industries pharmaceutiques, prélèvement social, produits alimentaires, taxe sur les prémix, conventions d'assurance, etc.) mais on trouve aussi dans cet ensemble la taxe sur les véhicules de sociétés, la contribution exceptionnelle des organismes complémentaires...

Le rendement financier de ces différentes recettes fiscales passerait de 47,7 Mds € en 2012 à 59,4 en 2015.

Le développement de cette fiscalité affectée conduit à une forme de systématisation du contentieux en particulier au travers des QPC. Ainsi, le Conseil a-t-il censuré la taxe sur les boissons énergisantes dite taxe « Red Bull » parce que les différences instituées avec d'autres boissons ayant le même taux de caféine entraînaient une différence de traitement sans rapport avec l'objet de l'imposition, ce qui, pris a contrario, invitait le gouvernement à généraliser cette taxe (Cons. const., 417 QPC, 19 sept. 2014, *Soc. Red Bull On Premise et a.*). Cette même affaire, conduisit de son côté le Conseil d'État à annuler la circulaire de mise en œuvre du dispositif législatif en se fondant cette fois sur la CEDH et son premier protocole additionnel, mettant ainsi en cause du coup les effets dans le temps de la décision du Conseil constitutionnel (CE, 10 avr. 2015, *Soc. Red Bull et Soc. Red Bull off Premise*).

Deux phénomènes méritent ici d'être mis en avant :

En premier lieu, et nonobstant un effort continu de réforme des assiettes des cotisations sociales, c'est le développement progressif des prélèvements affectés ; comme le forfait social (CSS, art. L.137-15 s.), créé en 2009 et qui porte sur les rémunérations et gains assujettis à la CSG (mais sont exclus de l'assiette de cotisations de Sécurité sociale), voit ses taux fortement augmenter et passer de 2 % en 2009 à 8 % en 2012 puis en 2013 deux niveaux de taux, 8 et 20 % (avec en particulier l'assujettissement des indemnités versées à l'occasion d'une rupture conventionnelle du contrat de travail) ; c'est encore la taxe sur les salaires qui relève d'un barème progressif (4 taux en France métropolitaine) avec un taux à 20 % pour la fraction du salaire brut annuel supérieure à 151 208 €, prélèvements qui connaissent, au gré des LFSS, comme la taxe sur les salaires (10,6 Mds € prévus en 2015) une pluralité d'affectation (53,5 % en faveur de la branche vieillesse et veuvage, 18 % pour la branche famille, 28,5 % pour le Fonds de solidarité vieillesse, en 2015 CSS, art. L.131-8). En second lieu, une volonté de clarification par l'État de ses « relations financières » avec la Sécurité sociale. À tout le moins, c'est ce que l'on peut percevoir dans l'analyse établie à l'Annexe 10 Fiches d'évaluation préalable des articles du projet de loi qui avait accompagné le projet de LFSS pour 2013. Celle-ci met en avant une volonté d'affectation à la Sécurité sociale des taxes dites « comportementales » bénéficiant jusque-là à l'État, parce qu'elles « présentent une complémentarité forte avec les dépenses engagées par la Sécurité sociale, et contribuent à la politique de santé publique qu'entend mener le gouvernement », ce qui l'a conduit à affecter un ensemble de recettes comme la taxe sur les boissons contenant des édulcorants, les fractions non affectées jusque-là de la taxe sur les boissons à sucre ajouté, des droits de consommation sur les tabacs...

C. Les contributions publiques

755 Les « contributions publiques » (État, collectivités locales, établissements publics) aux budgets sociaux reçues par les régimes de base, sont, au sens strict, peu importantes, se sont fortement accrues puis ont stagné (en 2005, de l'ordre de 14 % des recettes des organismes de Sécurité sociale, en 2007 près de 10,3 %, 10,2 % en 2009, près de 10 % en 2013) au travers des mécanismes de remboursement d'exonérations de cotisations mais elles ne sont que l'un des éléments d'un effort, beaucoup plus vaste assuré par les collectivités publiques en matière de protection sociale et particulièrement dans les domaines de la pauvreté et de l'exclusion sociale, du logement, de l'insertion professionnelle.

Elles ne constituent qu'une fraction des transferts financiers de l'État à la Sécurité sociale qui s'élèvent en fait à 87 Mds € (v. Annexe au PLF 2015, *Bilan des relations financières entre l'État et la protection sociale*) et peuvent être classées en deux catégories.

Les montants ont évolué au cours de ces dernières années avec la disparition du FOREC dont l'État a repris la mission.

La première (environ 51,6 Mds € en 2015) représente **l'État employeur**, qui assure directement le paiement des pensions de retraite, d'invalidité, la maladie, paie (comme les autres collectivités) les cotisations patronales de Sécurité sociale et participe aux mécanismes de compensation entre régimes sociaux.

L'État paie les cotisations d'assurance maladie et d'aide au logement. Il sert directement aux agents les prestations familiales et ne verse à la CNAF que la différence entre les cotisations et les prestations servies.

En matière de retraite, le taux de contribution employeur progresse tant pour les fonctionnaires civils que pour les militaires tout comme corrélativement le taux de cotisation salariale dans le cadre de la politique de rapprochement et d'alignement sur le régime général. L'État aurait une dette à l'égard de la Sécurité sociale de près de 202 M € au 31 déc. 2013.

La seconde catégorie de transferts concerne **l'État puissance publique**, qui, notamment, accorde des subventions d'équilibre aux régimes spéciaux en déficit (près de 6,3 Mds € en 2015, 5,9 Mds € en 2011), compense (ou verse directement) tout ou partie des exonérations de charges sociales qu'il a décidées (environ 4 Mds €), et ce nonobstant les garanties financières que l'État peut accorder à certains organismes (encours des garanties au 31 déc. 2013 : 14,8 Mds €). La politique d'exonération se retrouve dans le cadre des politiques de l'emploi, des territoires, en particulier en faveur de certaines zones géographiques (par exemple : les zones franches urbaines, les zones de restructuration défense, les exonérations dans les DOM...), les mécanismes d'exonération n'étant cependant pas pérennes.

Les prestations remboursées par l'État (essentiellement à la CNAF et à la MSA) concernent, pour l'essentiel, les allocations de parent isolé, aux adultes handicapés, et la protection complémentaire au titre de la CMU.

Cet ensemble majeur de prestations, allocations, aides, doit être pris dans sa globalité avec le RSA, la PPE... et soulève sans doute la question de l'unification de ces différents dispositifs autour du concept de revenu minimum dont pourrait disposer toute personne travaillant.

Les subventions d'équilibre versées concernent principalement en 2015 la SNCF (3,2 Mds €), la RATP (0,6 Md €), les invalides de la marine (0,9 Md €), les mines (1,4 Md €), la SEITA (0,2 Md €), et plus secondairement, les Régies ferroviaires d'outre-mer, l'Opéra de Paris, la Comédie française, le secteur électrique et gazier, l'outre-mer (Saint Pierre et Miquelon, Wallis et Futuna).

En ce qui concerne les compensations financières de mesures d'exonération de charges sociales, la loi du 13 août 2004 relative à l'assurance maladie paraissait avoir posé, en son article 70, un principe de compensation générale par l'État à la fois à l'égard de toute mesure de réduction ou d'exonération de contribution mais aussi de tout transfert de charges entre l'État et les régimes et organismes concernés : « à compter de la date de publication de la loi... tout transfert de charges opéré entre l'État et les régimes et organismes mentionnés au 1° donne lieu à compensation intégrale entre les dits régimes ou organismes et le budget de l'État ». Sur ce dernier point, ce « principe » ne sera pas systématiquement respecté, et ce très rapidement. En ce sens, le Conseil, par sa décision 508 DC du 16 décembre 2004 relative à la loi de financement de la Sécurité sociale pour 2005, ne devait pas retenir cette disposition codifiée à l'article L. 131-7 du CSS, en indiquant que le législateur a « expressément écarté l'application aux contrats d'avenir des dispositions de l'article L. 131-7 », l'intention du gouvernement de ne pas compenser les exonérations de cotisations sociales accompagnant les contrats d'avenir ayant été, en outre, formulée avant que ne débute l'examen en première lecture « tant de la loi de programmation pour la cohésion sociale que de la loi de financement de la Sécurité sociale » ; en somme, ce principe de la compensation intégrale n'a qu'une valeur législative, valeur qu'une autre loi peut écarter explicitement. La question de cette compensation intégrale par l'État demeure un sujet d'actualité et de controverses, l'ACOSS ayant attiré régulièrement l'attention publique sur « la dette de l'État à l'égard du régime général ». Dans le prolongement de cette réflexion, le Conseil a aussi censuré une disposition, l'article 115 de la loi de financement de la Sécurité sociale pour 2007, en assimilant celui-ci à un « cavalier social » (v. ss 780), alors qu'il imposait à l'État « de prendre en charge l'intégralité des pensions versées, au titre des services accomplis sous le statut de la fonction publique de l'État, aux fonctionnaires demandant leur intégration dans la fonction publique territoriale » (Cons. const. 1640, 21 déc. 2006). Selon l'article 56 de la loi de finances pour 2006, une modification opérée en 2006 du champ ou des modalités de calcul des mesures d'allégement général de cotisations sociales « donnera lieu, si besoin, à un ajustement de la liste des impôts et taxes affectés ». En ce sens, ce ne seraient plus des dotations budgétaires qui serviraient à compenser les mesures d'allégement de cotisations décidées par l'État mais de nouvelles recettes fiscales.

Le législateur a organisé un mécanisme de compensation des allégements de charges sociales en recourant à des recettes fiscales affectées considérées comme constitutives d'un « panier fiscal » et qui a profondément évolué dans le temps. Le **panier fiscal** reposait en 2010 sur 10 contributions, puis 3 en 2011 et enfin 1 en 2015, à savoir une fraction de la TVA nette (0,14 %).

On notera enfin que si les nécessités de la maîtrise de la dépense sociale ont conduit au développement de mesures de non-remboursement, au développement de la franchise médicale, le législateur est allé jusqu'à instaurer de nouveaux mécanismes financiers fondés sur le système de la franchise. C'est le cas avec la LFSS pour 2008 qui a organisé à des fins de financement de plans d'action spécifiques la mise à la charge des assurés sociaux d'une franchise plafonnée nouvelle forfaitaire sur différents actes (paramédicaux, transports sanitaires, boîtes de médicaments, etc.) la CNAM percevant les franchises sur les actes pour ensuite affecter les sommes collectées aux politiques concernées.

Le Conseil constitutionnel a admis ce dispositif estimant qu'il était loisible au législateur de laisser à la charge des assurés sociaux une telle franchise « afin de satisfaire à l'exigence de valeur constitutionnelle qui s'attache à l'équilibre financier de la Sécurité sociale » (Cons. const. 13 déc. 2007, 2007-558 DC) précisant que « si, en règle générale, le principe d'égalité impose de traiter de la même façon des personnes qui se trouvent dans la même situation, il n'en résulte pas pour autant qu'il oblige à traiter différemment des personnes se trouvant dans des situations différentes ».

§ 3. Les déséquilibres financiers de la Sécurité sociale

756 Les déséquilibres financiers de la Sécurité sociale sont, d'une part des déséquilibres sectoriels des régimes sociaux (**A**), d'autre part des déséquilibres globaux qui ont entraîné déficits et dette de la Sécurité sociale (**B**).

A. Les déséquilibres sectoriels

757 Le système de Sécurité sociale français constituant un ensemble hétérogène et complexe, il entraîne à la fois d'importants transferts financiers entre ses composantes (**1**) et l'instauration de plus en plus fréquente de « fonds sociaux » de solidarité et/ou de prévoyance financières, destinés à combattre certains déséquilibres (**2**).

1. Les transferts financiers entre régimes sociaux

758 Ceux-ci sont de deux ordres.

Les **premiers**, que l'on pourrait appeler les « transferts internes », sont la conséquence, importante, de la complexité de l'organisation de la Sécurité sociale. Ils sont constitués de remboursements de prestations effectuées par un régime pour le compte de l'autre ou du versement par un régime d'une participation aux charges d'un autre régime.

Par exemple, la Caisse nationale d'allocations familiales verse à la Caisse nationale d'assurance vieillesse certaines cotisations d'assurance vieillesse (des parents au foyer) mises à sa charge par le législateur (en 1972), ou les régimes d'assurance maladie autres que le régime général versent à ce dernier une participation au financement de la Sécurité sociale des étudiants.

Les **seconds** sont des transferts de compensation qui, eux, cherchent à réaliser une certaine égalité devant les régimes sociaux pour atténuer le handicap constitué par la faible population, la faible capacité contributive (ou la faible volonté, au moins initiale, de contribution) de certains régimes. Les mécanismes de mise en œuvre sont particulièrement complexes.

Existent ainsi deux compensations entre tous les régimes de salariés (maladie, vieillesse), une compensation entre régimes spéciaux de salariés (vieillesse) et une compensation entre salariés et non-salariés (maladie, vieillesse). Ces systèmes (fondés sur le calcul d'un régime fictif de référence auquel est ensuite comparé chaque régime) entraînent d'importants transferts entre régimes principalement versés par le régime général, les collectivités locales et l'État employeur aux régimes agricoles, miniers et ferroviaires, processus amené à cesser.

2. Les fonds sociaux

759 Ils ont, eux, un objet plus particulier puisqu'ils se proposent d'isoler (et, parfois, de débudgétiser) certaines opérations de façon à en suivre la réalisation et, la plupart du temps, de les faire bénéficier de plusieurs sources de financement. Les plus importants d'entre eux ont été érigés en établissements publics administratifs nationaux (dominés par l'État). Leur destin demeure cependant très inégal et incertain au regard de la mission initiale qui leur est affectée.

S'y ajoutent divers « fonds » sans personnalité juridique, principalement mais non exclusivement destinés à apporter une aide financière aux milieux médicaux : Rénovation et modernisation de la médecine libérale (1996), Cessation anticipée d'activité des travailleurs de l'amiante (1999), Aide à la qualité des soins de ville (1999), Promotion de l'information médicale et médico-économique (2001), Fonds d'intervention de la qualité et la coordination des soins (2007). On peut aussi ranger dans ces mécanismes sans personnalité juridique le Fonds national des solidarités actives, créé en 2009, géré par la Caisse des dépôts et consignations, et qui bénéficie d'une taxe sur les revenus du capital.

Le **Fonds de solidarité vieillesse** (FSV), établissement public administratif institué en 1993, finance notamment les prestations vieillesse relevant de la solidarité nationale, essentiellement à partir de ressources fiscales affectées, principalement une partie de la CSG mais sensiblement réformées dans le cadre du Pacte de responsabilité et de solidarité (suppression progressive de la C3S et de la C3S additionnelle).

Avec 21,5 Mds € de recettes en 2013, il est en déficit de 2,8 Mds €, situation continue depuis 2003 ; ses charges sont réparties à hauteur d'environ 55 % au titre de validations, pour la retraite, des périodes de chômage, le reste se répartissant en particulier entre allocation minimum vieillesse pour les personnes âgées et majoration de pensions pour enfant et conjoint à charge. Les régimes complémentaires de retraite en bénéficient depuis 2001. La CSG a fourni en 2013 environ

75 % des ressources et un versement de la Caisse nationale d'allocations familiales environ 15,5 %, le reste provenant du prélèvement social (qui n'est plus affecté au FSV à compter de 2014), de la contribution de solidarité sociale des sociétés, du forfait social, de la taxe sur les salaires... Depuis 2006 est entrée en vigueur l'allocation de solidarité aux personnes âgées (ASPA) qui s'est substituée à diverses prestations. Ne pouvant emprunter pour assurer la couverture du poids financier des missions qui lui sont confiées par le gouvernement, le FSV se trouve dans l'obligation de constater, dans son rapport 2005, que « depuis 2003... le fonds n'est plus en mesure de financer dans des délais normaux les dépenses mises à sa charge ». Or, il demeure appelé à financer certains régimes comme l'ARCCO et l'AGIRC sur la base d'une convention conclue entre ces deux organismes et l'État (en 2015 près de 290 M € pour l'ARCCO et de 35 M € pour l'AGIRC). De plus, il voit ponctuellement ses charges s'alourdir. Ainsi, la décision prise en 2008 par le président de la République d'un versement exceptionnel aux titulaires du minimum vieillesse (près de 550 000 personnes) fut mise à la charge du FSV. Sa dette est transférée avec celle du régime général à la CADES.

Le **Fonds de réserve pour les retraites** (FRR), érigé en établissement public autonome à partir de 2002, était à sa création chargé d'accumuler (jusqu'en 2020), à partir de ressources très (trop ?) diverses – et peu renouvelées depuis – les sommes destinées (de 2020 à 2040) à aider financièrement les régimes de retraite par répartition.

Ce fonds, institué par la LFSS pour 1999, fut d'abord géré par le Fonds de solidarité vieillesse puis érigé, par une loi du 17 juillet 2001, en établissement public autonome (géré, sous l'autorité d'un directoire et d'un conseil de surveillance, par la Caisse des dépôts et consignations).

Les ressources qui lui ont été affectées ont reposé sur un prélèvement social de 2 % sur les revenus du patrimoine et de placement, une partie des ressources de privatisation et ventes d'actifs (notamment des caisses d'épargne), le produit des licences de téléphones mobiles (UMTS), certains excédents de la Caisse nationale vieillesse et du Fonds de solidarité vieillesse (très virtuel à l'heure actuelle) ; l'ensemble étant accru par le produit des placements des fonds mis en réserve.

Le produit financier de cet ensemble, inégal selon les années, conduisit à un ensemble d'actifs de près de 35 Mds € fin 2007 pour se situer à près de 36,3 Mds fin 2013. L'objectif fixé au moment de l'institution du fonds étant de 150 Mds € en 2020, Ses recettes furent détournées dès 2003 ; le fonds n'a plus de recette depuis 2011. Le FRR se voit désormais affecter comme mission de contribuer au financement de la CADES au travers d'un versement annuel de 2,1 Mds € entre 2011 et 2024. Il est de ce fait amené à disparaître progressivement et n'a donc pas rempli sa mission initiale.

Le Fonds de financement de la réforme des cotisations patronales (FOREC), établissement public, institué en 2000, a été supprimé au 1er janvier 2004 avec l'affectation des impôts et taxes concernés au budget de l'État qui assume désormais directement les allégements de charges sociales sur les bas salaires et les aides à la réduction du temps de travail. L'ensemble des exonérations remboursées par l'État au régime général atteignait 18,6 Mds € en 2003 pour se situer, avec l'intégration des activités du FOREC, à près de 23 Mds € en 2006.

Le Fonds de financement de la protection sociale des non-salariés agricoles (FFIPSA) – créé en remplacement du Budget annexe des prestations sociales agricoles (BAPSA) par la loi de finances pour 2004 (art. 40) – connaissait un déficit structurel important avec un déficit cumulé depuis sa création de plus de 6 Mds €, en dépit de la reprise d'une partie du déficit par l'État. Il a été supprimé à partir de 2009, sa dette cumulée étant reprise (encore une fois !) par l'État et avec une intégration de la branche maladie dans le régime général de la Sécurité sociale, la MSA assurant la prise en charge financière de la branche vieillesse avec une autorisation d'emprunt.

Le fonds transitoire en faveur des artistes du cinéma, de l'audiovisuel et du spectacle vivant créé en 2005 pour prendre en charge, dans l'attente d'un nouveau régime les artistes et techniciens qui ne peuvent justifier d'un certain volume d'heures d'activité était géré par les Assedic ce fonds était financé par l'État. À partir de 2007, c'est le Pôle Emploi qui a pris le relais de ce soutien financier (en gérant une contribution du Fonds de solidarité), sachant que l'État a créé un nouveau **Fonds de professionnalisation et de solidarité des artistes et techniciens du spectacle** pour aider les personnes ne relevant plus du dispositif géré par le Pôle Emploi et se trouvant de ce fait en situation de vulnérabilité.

Le **Fonds de financement de la protection complémentaire de la couverture maladie universelle (CMU)** est un établissement public chargé de rembourser aux organismes intéressés, non pas la protection de base de la CMU (à la charge des divers régimes d'assurance maladie dont la contribution a été accrue), mais la protection complémentaire assurée aux plus démunis, à partir, principalement, d'une subvention de l'État. Il est à noter que la CMU se voit compléter pour les personnes non bénéficiaires mais relevant d'un niveau de revenu à peine supérieur aux bénéficiaires (dans une marge de 20 %) d'une aide au paiement d'une assurance complémentaire de santé (ACM).

D'un montant de près de 1,7 Md € en 2013 (CMU-C) pour près de 5 millions de bénéficiaires, chiffre en augmentation, ce fonds fut d'abord alimenté à près de 70 % par l'État et environ 28 % par les organismes de protection complémentaire. et n'était plus alimenté par une dotation de l'État. Il bénéficia de taxes sur les alcools, le tabac, puis d'une contribution exclusive des organismes complémentaires reversée par l'ACOSS, puis d'une taxe de solidarité additionnelle (TSA) (CSS, art. L. 862-4).

La géographie des bénéficiaires de ce fonds est très inégale sur le territoire métropolitain avec une prédominance de cinq régions : Languedoc-Roussillon, PACA, Nord-Pas-de-Calais, Picardie et Île-de-France.

On peut sans doute s'interroger sur le développement de fonds personnalisés destinés à répondre à des « sinistres » humains traduisant une forme de responsabilité collective ; on peut ici mettre en avant :

Le Fonds d'indemnisation des victimes de l'amiante (FIVA), institué par la loi de financement de la Sécurité sociale pour 2001, dont les opérations se sont accrues rapidement sont financées de façon très prédominante par la branche accidents du travail.

La LFSS pour 2013 a ainsi été amenée à « imposer » à la branche Accidents du travail deux contributions liées à l'amiante (au total pour près de 1 Md €) l'une pour le fonds d'indemnisation des victimes et l'autre pour le fonds de cessation anticipée d'activité des travailleurs de l'amiante.

Le FIVA indique avoir affecté une enveloppe indemnisation de près de 548 M € en 2013 (392 en 2011) et versé près de 3,9 Mds € depuis sa création. Il se trouvait en 2013 avec un résultat net négatif de -316 M € et pour la première fois depuis 2002 avec un résultat cumulé négatif.

Le Conseil constitutionnel a censuré une disposition de la loi de financement de la Sécurité sociale pour 2007 qui prévoyait une augmentation de la dotation de l'État à ce fonds, l'assimilant à un « cavalier social » (14 déc. 2006, 544 DC).

Le **Fonds de garantie** qui fédère en fait le Fonds de garantie des assurances obligatoires de dommages et le Fonds de garantie des victimes des actes de terrorisme et d'autres (près de 413 M € de versés en 2013).

En outre, l'**Office national d'indemnisation des accidents médicaux** (ONIAM) est amené à gérer un certain nombre de systèmes d'indemnisation (indemnisation des personnes victimes de l'hépatite C dans le cadre d'infections liées à la transfusion sanguine, des victimes d'accidents des vaccinations obligatoires, contre la grippe H1N1, la contamination par le VIH, le VHC, les maladies nosocomiales, la maladie de Creutzfeldt-Jakob et aussi, dans le cadre de l'affaire du Médiator, en ce qui concerne les victimes du Benfluorex). Le poste indemnisation s'est élevé en 2013 à près de 162 M €.

B. Les déséquilibres globaux

760 Le poids croissant des dépenses de la Sécurité sociale (dû à la fois à la généralisation de la protection sociale, au vieillissement de la population et au développement, dans les sociétés économiquement avancées, des dépenses de santé) et le maintien de ressources principalement assises sur des bases professionnelles (donc relativement étroites et particulièrement sensibles à la conjoncture) ont fini par entraîner un **déficit** qui, apparu au début des années 1990, a atteint près de 1 % du PIB au milieu de la décennie ; ce déficit a pu être résorbé à la fin de ladite décennie, grâce, en particulier, à une fiscalisation accrue des ressources de la Sécurité sociale (v. ss 752 s.) mais il est réapparu depuis 2002, principalement sous l'effet du chômage et des dépenses de santé et à présent des retraites.

Le déficit du régime général (v. ss 737), qui représentait moins de 3 Mds € en 1991-1992, a atteint près de 10,7 Mds € en 1995 (résultant, à parts égales, de la branche maladie et de la branche famille) avant de disparaître en fin de décennie puis de réapparaître à partir de 2002 (3,4 Mds €) sous l'effet, cette fois exclusif, de la branche maladie, dont le déficit n'a jamais pu être résorbé, atteignant, en 2002, 6,1 Mds €, soit 0,4 % du PIB. Le déficit de l'ensemble des administrations de Sécurité sociale (v. ss 741), qui avait atteint près de 15 Mds € en 1993, a également disparu en fin de décennie avant de réapparaître à partir de 2002 (environ 4,5 Mds € soit 0,3 % du PIB), ajoutant au déficit du régime général celui des régimes d'indemnisation du chômage (Unédic : v. ss 742). Sa situation financière est désormais marquée par un déficit chronique imputable en particulier à la branche assurance maladie et à la branche vieillesse ; le déficit du régime général de la Sécurité sociale s'est élevé à 17,4 Mds € en 2011 (0,9 % du PIB) et à 13,3 Mds € en 2012, 12,5 Mds en 2013 et se réduire à 9,7 Mds en 2014, ce qui en comparaison de celui de l'État est relativement réduit. Le régime général n'a ainsi connu au cours de ces vingt dernières années que trois années d'excédent, de 1999 à 2001.

Ce déficit – qui avait été précédé et qui demeure doublé d'importants besoins (temporaires) de trésorerie, désormais encadrés par la loi de financement de la Sécurité sociale – a entraîné la constitution d'une **dette**, qui a été transférée (37,6 Mds € à l'origine) à la **Caisse d'amortissement de la dette sociale (CADES)**, établissement public administratif institué en 1996 (dont la durée de vie a été prolongée de cinq ans en 1998) chargé de la gérer et de l'amortir, sur une période de dix-huit ans (et un mois...). Selon la CADES, la dette reprise depuis l'origine s'élève à près de 227 Mds €, la dette amortie au 31 déc. 2014 étant de 96,7 Mds €.

La CADES, instituée par une ordonnance du 24 janvier 1996 et un décret du 24 avril 1996, pour une durée de treize ans (et un mois), portée par la loi de financement de la Sécurité sociale pour 1998, à dix-huit ans et un mois à dater du 1er janvier 1996 (le terme étant donc le 31 janv. 2014) a vu sa durée de vie prolongée jusqu'à 2025 (pour le moment) ; la loi de financement de la Sécurité sociale 2011 a modifié ses missions en lui attribuant une mission nouvelle, à savoir celle de l'équilibre du financement de la réforme des retraites (reprise de dette de 2012 à 2018), la CRDS demeurant jusqu'à extinction des missions prévues de la caisse. Elle est placée sous l'étroit contrôle des ministères chargé du Budget et des Affaires sociales et ses opérations font l'objet d'un rapport annuel accompagné d'un avis de la Cour des comptes.

L'adjonction de la dette précitée, l'évolution des missions de la CADES et la réforme de son organisation, l'accroissement de la durée de la mission de cette caisse, les évolutions des recettes affectées, ont été réalisés dans le cadre d'un texte spécifique et novateur, la loi organique n° 2010-1380 du 13 novembre 2010 relative à la gestion de la dette sociale dont une disposition avait été censurée par le Conseil constitutionnel (10 nov. 2010, *Loi organique relative à la gestion de la dette sociale*, 616 DC).

Les ressources de cette caisse pour 2015 seraient de 16,4 Mds €. et sont principalement constituées par une **contribution au remboursement de la dette sociale (CRDS** – au taux de 0,5 % sur différents revenus avec une assiette élargie passée de 95 % à 97 % puis à 98,25 %).

Cette assiette est spécifique par rapport à la CSG mais assez similaire.

Elle est assise sur différents types de revenus, à savoir de façon prédominante sur des revenus d'activité mais aussi sur des revenus de remplacement, de placement, du patrimoine ou encore sur des ventes d'objets précieux. Son montant 2015 était de près de 6,8 Mds €.

La Caisse s'est vue progressivement attribuer d'autres ressources.

D'autres ressources définitives, notamment le produit de la cession du patrimoine immobilier privé des caisses nationales du régime général (le patrimoine non vendu devant être cédé à la CADES au plus tard fin 1999 et vendu au plus tard fin 2008) et les produits financiers (car, par dérogation à la règle d'unité de la trésorerie publique – v. ss 149 s. –, les fonds de la Caisse peuvent être placés) ont ainsi pu s'ajouter à ces recettes. Une petite fraction de la CSG est venue compléter ce dispositif à partir de 2009. Enfin, la loi organique de 2010 relative à la gestion de la dette sociale a marqué ce processus par de nouvelles affectations de ressources.

La Caisse tire ainsi ses ressources à près de 53 % des revenus d'activité, 16 % des revenus du patrimoine et des placements, 17,6 % des revenus de remplacement, 0,9 % des jeux et bijoux et enfin du FRR, 13,1 %..., la CRDS représentant, en 2015, 41,4 % de l'ensemble devant la CSG, 36,9 %, le versement FRR, 13,1 %, le prélèvement sur le revenu du capital, 8,6 %.

La Caisse peut également (avec l'accord du ministre des Finances) recourir à l'emprunt, ce qui peut paraître paradoxal pour une caisse d'amortissement mais ce qui a été imposé par la structure de la dette héritée par la CADES.

On notera que la loi de finances pour 2006 a précisé, en son article 73, que, à compter du 1er janvier 2006, et de façon dérogatoire, le ministre chargé du Budget est autorisé à procéder, pour le compte de la CADES, à des emprunts à long et court termes, à des conversions facultatives, à des opérations de prises en pension sur titres d'État, à des opérations de dépôts de liquidités sur le marché interbancaire de la zone euro, à des rachats, à des échanges d'emprunts, de devises ou de taux d'intérêt, à l'achat ou à la vente d'options, de contrats à terme ou d'autres instruments financiers à terme, « conformément aux obligations et à la mission de l'établissement ». Ainsi, en 2014, la CADES a émis pour près de 18 Mds € d'emprunts, emprunts placés sur les marchés financiers et souscrits d'abord par des banques mais aussi par des banques centrales. De plus, l'État a été amené à accorder des garanties financières pour les emprunts de certains organismes comme l'Unédic.

La CADES doit se voir transférer en 2015 près de 10 Mds € de nouveaux déficits de la Sécurité sociale.

S'agissant de la reprise de déficits 2009, 2010, 2011, le Conseil constitutionnel a admis le processus au vu des recettes nouvelles conférées (CSG, versement annuel du fonds de réserve pour les retraites...), tout en notant que les LFSS « ne peuvent pas conduire, par un transfert sans compensation au profit de ladite caisse d'amortissement de recettes affectées aux régimes de Sécurité sociale et aux organismes concourant à leur financement à une dégradation des conditions générales de l'équilibre financier de la Sécurité sociale de l'année à venir » (16 déc. 2010, 620 DC).

Le caractère productif des ressources définitives (CRDS) allouées à la Caisse a permis aux pouvoirs publics de mettre à la charge de la CADES des dépenses sans rapport avec la dette sociale.

Ainsi, la loi de financement de la Sécurité sociale pour 2003 a imposé (en principe de façon ponctuelle) à la CADES de contribuer (pour un peu plus d'1 Md €) aux charges du FOREC, auquel incombait le financement des exonérations de charges sociales patronales (v. ss 759). Ceci revenait, d'ailleurs, à tourner, d'une certaine manière, la jurisprudence (il est vrai, équivoque) du Conseil constitutionnel estimant que la CRDS n'a pas sa place dans une loi de financement de la Sécurité sociale car la CADES, qu'elle alimente, n'est pas un organisme créé pour concourir au financement des régimes obligatoires de base de la Sécurité sociale (19 déc. 2000, 437 DC, intervenant après une décision 393 DC du 18 déc. 1997 admettant, elle, que la CADES peut faire l'objet de dispositions d'une loi de financement de la Sécurité sociale) ; ceci explique, d'ailleurs, que la CADES a pu être rangée, non pas dans les administrations de Sécurité sociale mais dans les administrations publiques centrales. La nouvelle présentation des comptes nationaux pour 2010 (mise en œuvre dans le cadre de la base 2005) a conduit à classer la CADES et le FRR parmi les administrations de Sécurité sociale, ce qui peut, somme toute, être quelque peu discuté.

Section 2
Les lois de financement de la Sécurité sociale

761 Les lois de financement de la Sécurité sociale ont été instituées à la fois pour résorber les déséquilibres financiers des régimes sociaux et pour accroître, en matière de finances sociales, la compétence du Parlement. Cette dernière, en effet, était limitée aux principes fondamentaux de la Sécurité sociale (interprétés, il est vrai, de façon relativement extensive par la jurisprudence :

v. ss 752), aux impositions affectées à la Sécurité sociale (qui n'incluent pas les cotisations sociales, dont le Parlement, ni ne fixe le taux, ni n'autorise la perception) et aux crédits de la loi de finances affectés à des régimes sociaux. Mais, si l'information du Parlement avait été progressivement améliorée, son pouvoir général de décision avait, malgré de nombreuses propositions et tentatives, été mis en échec, y compris par le Conseil constitutionnel.

En 1987, le Parlement avait adopté une proposition de loi organique qui prétendait compléter le domaine de la loi (conformément au dernier alinéa de l'article 34 Const.) et prévoyait le vote annuel par les assemblées d'une loi de finances sociales portant « approbation d'un rapport sur les comptes prévisionnels des régimes obligatoires de base de Sécurité sociale » ; mais le texte avait été déclaré inconstitutionnel au motif qu'il s'agissait d'une loi de procédure et non d'un texte complétant le domaine législatif (7 janv. 1988, 134 DC).

Quelques années auparavant, les assemblées avaient également voté l'article 2 (resté lettre morte) de la loi de finances pour 1980, prévoyant que le Parlement « se prononce chaque année sur l'évolution des recettes et des dépenses constituant l'effort social de la Nation ».

Le législateur n'a pas hésité à intégrer au sein du Code de la Sécurité sociale l'affirmation solennelle suivante : « La Nation affirme son attachement au caractère universel, obligatoire et solidaire de l'assurance maladie » (L. 13 août 2004, art. 1er), complétant ainsi l'article L. 1110-1 du CSP, selon lequel la protection de la santé est un droit fondamental.

Aussi a-t-il fallu la loi constitutionnelle (1996-138) du 22 février 1996 (complétant les art. 34 et 39 Const. et introduisant un nouvel article 47-1 Const.), complétée par la loi organique (1996-466) du 22 juillet 1996 (CSS, art. LO 111-3 s.) pour que soit instituée la catégorie, nouvelle, des lois de financement de la Sécurité sociale (dont la première a été L. 27 déc. 1996 pour 1997). Une nouvelle loi organique (2005-881) en date du 2 août 2005 relative aux lois de financement de la Sécurité sociale a, par la suite, sensiblement modifié et complété les dispositions introduites dans le Code de la Sécurité sociale par la loi de 1996. Il convient d'en étudier la spécificité (**§ 1**), l'élaboration (**§ 2**) et la mise en œuvre (**§ 3**).

§ 1. La spécificité des lois de financement

762 La spécificité des lois de financement de la Sécurité sociale découle, à la fois, de leur objet (**A**) et, par voie de conséquence, des principes qui lui sont applicables (**B**)

A. L'objet des lois de financement

763 Aux termes de l'article 34 de la Constitution, « les lois de financement de la Sécurité sociale déterminent les conditions générales de son équilibre financier et, compte tenu de leurs prévisions de recettes, fixent ses objectifs de dépenses ». Cette disposition, précisée par la loi organique (CSS, art. LO 111-3) et la jurisprudence du Conseil constitutionnel, aboutit à identifier quatre domaines des lois de financement : un domaine spécifique (**1**), un domaine exclusif complémentaire (**2**), un domaine partagé (**3**) et un domaine interdit (**4**).

1. Un domaine spécifique

764 Ce domaine est délimité depuis la loi organique de 1996.

La loi de financement de la Sécurité sociale fixe, originalité essentielle, des **objectifs et sous-objectifs de dépenses** qui, à la différence des crédits budgétaires (v. ss 69), ne sont, ni des autorisations de dépense (car on a voulu maintenir une certaine autonomie des organismes de Sécurité sociale vis-à-vis du Parlement), ni des limites de dépense (car, en l'état actuel de notre « système de guichet », les assurés tiennent leurs droits des textes et ne pourraient pas se voir opposer l'insuffisance des crédits), mais qui sont loin d'avoir une portée négligeable car ils seront opposables aux professionnels, notamment aux prescripteurs de soins qui, en ce domaine, sont les véritables ordonnateurs.

Selon l'excellente formulation du commissaire du gouvernement Christine Maugüé, la réforme de 1996 « a institué une responsabilité économique des médecins en tant qu'ordonnateurs de dépense publique » (concl. ss CE, ass., 3 juill. 1998, *Syndicat des médecins de l'Ain*).

Il s'agit, en premier lieu, **d'objectifs de dépenses par branche** pour les **grands régimes obligatoires de base** (v. ss 736).

Ne sont ici concernés que les régimes comptant plus de 20 000 cotisants, soit une vingtaine de régimes sur 150 (mais représentant 95 % des dépenses des régimes obligatoires de base), de façon, notamment, à « épargner » le plus grand nombre de petits régimes déficitaires.

Sont ainsi distinguées quatre branches : Maladie, maternité, invalidité, décès / Vieillesse, veuvage / Accidents du travail et maladies professionnelles / Famille.

Il s'agit, en second lieu, car ce risque fait l'objet d'une surveillance particulière, d'un **objectif national de dépenses d'assurance maladie** (ONDAM), qui, concernant, lui, l'ensemble des régimes obligatoires de base (v. ss 736), servira, notamment, de fondement à la régulation des dépenses de soins. La loi de programmation des finances publiques pour les années 2014-2019 a introduit une nouveauté calquée sur le modèle étatique avec l'introduction d'une réserve prudentielle qui représente au moins 0,3 % du montant de l'ONDAM (V. Décr. 2015-224 du 26 févr. 2015), réserve qui va être « déclinée » territorialement, chaque directeur d'ARS fixant son montant par établissement.

Elle fixe les **plafonds d'avances de trésorerie** auxquels peuvent recourir les grands régimes obligatoires de base (v. ss 736 et ci-dessus) et qui, eux, sont impératifs (la loi de financement précisant par ailleurs que les grands régimes auxquels elle ne fixe pas de plafond « ne sont pas autorisés à recourir à des ressources non permanentes »).

Ont jusqu'à présent bénéficié de telles autorisations le régime général, le régime des exploitants agricoles, la CNRACL, la caisse autonome de Sécurité sociale dans les mines et le FSPOEIE (v. ss 738)

Cependant le gouvernement peut, en principe en cas d'urgence, relever les plafonds par décret (en Conseil des ministres après avis du Conseil d'État) à faire ratifier dans la plus prochaine loi de financement (CSS, art. LO 111-5 ; l'art. 8 de la loi de financement pour 1997 ayant ajouté l'exigence d'un rapport justificatif dans les quinze jours de décret).

2. Un domaine exclusif complémentaire

765 Celui-ci a été constitué, depuis la loi organique de 2005, au profit des lois de financement de la Sécurité sociale qui peuvent seules prononcer l'affectation des recettes exclusives de la Sécurité sociale.

Ainsi, seules ces lois peuvent décider de l'affectation, totale ou partielle d'une recette exclusive des régimes obligatoires de base de Sécurité sociale à l'amortissement de leur dette ou à la mise en réserve de recettes à leur profit ou des organismes finançant et gérant des dépenses relevant de l'ONDAM – à toute autre personne morale ; par ailleurs, seules les lois de financement peuvent créer ou modifier des mesures de réduction ou d'exonération de cotisations de Sécurité sociale non compensées aux régimes obligatoires de base (réduction, exonération de cotisation, réduction ou abattements d'assiette...).

3. Un domaine partagé

766 Il concerne, d'une part des dispositions « améliorant le **contrôle du Parlement** sur l'application des lois de financement de la Sécurité sociale » (qui peuvent probablement figurer également en loi de finances), d'autre part des « dispositions **affectant directement l'équilibre financier** des régimes obligatoires de base » ou, pour reprendre l'expression du Conseil constitutionnel, ayant une incidence « significative » (au surplus directe et, au moins en partie, immédiate) sur l'équilibre financier de la Sécurité sociale (18 déc. 1998, 404 DC, et 21 déc. 1999, 422 DC).

L'expression est habile car elle laisse une marge d'appréciation au juge chargé de déterminer si l'incidence est ou non « significative » et de faire ainsi le tri dans les dispositions des lois de financement (v. ss 540).

Le Conseil constitutionnel a été conduit à censurer une disposition de la loi organique du 10 novembre 2010 relative à la gestion de la dette sociale : « en subordonnant "à des incidences sur l'équilibre financier" des régimes obligatoires et des organismes concourant à leur financement l'extension du champ facultatif des lois de financement relatif aux dépenses, le législateur organique a méconnu le dix-neuvième alinéa de l'article 34 de la Constitution » (10 nov. 2010, 616 DC, cons. 9).

4. Un domaine interdit

767 Il concerne les dispositions qui, n'appartenant pas à l'une des catégories ci-dessus, constitueraient, par parallélisme avec les cavaliers budgétaires (v. ss 540), des « **cavaliers sociaux** », interdits pour éviter (ou tenter d'éviter) de transformer les lois de financement en lois portant diverses dispositions d'ordre social, bénéficiant indûment d'une procédure particulièrement favorable d'adoption, ce qui conduit aujourd'hui le Conseil constitutionnel à opérer des censures portant de façon prédominante sur ce type de disposition (par. ex. 18 articles annulés intégralement et 1 par-

tiellement à propos de la loi de financement de la Sécurité sociale pour 2011, 16 déc. 2010, 2010-620 DC)

Ce n'est qu'à partir des décisions 437 DC du 19 décembre 2000 et 453 DC du 18 décembre 2001, censurant d'assez nombreux cavaliers sociaux, que le Conseil constitutionnel applique avec une certaine rigueur le principe d'exclusion des dispositions non prévues (à commencer par celles concernant des secteurs qui, tels l'aide sociale, sont placés hors du périmètre des lois de financement). Mais le résultat peut, malgré de logiques justifications, paraître curieux : ainsi, la CSG est (comme d'autres impositions) « éligible » aux lois de financement (19 déc. 1996, 384 DC) (et peut également figurer dans une loi de finances ou une loi ordinaire), tandis que la CRDS, perçue, pourtant, selon les mêmes règles et en même temps que la CSG (v. ss 760), ne peut faire l'objet de dispositions de la loi de financement (19 déc. 2000, 437 DC), au moins directement car certaines dispositions relatives à la CADES, attributaire exclusif du CRDS, peuvent, elles, figurer dans une loi de financement (18 déc. 1997, 393 DC). Par ailleurs, la frontière entre cavaliers et non-cavaliers est ténue, notamment entre dispositions qui améliorent ou n'améliorent pas de façon « significative » l'équilibre financier de la Sécurité sociale, ou n'ont pas d'effet ou ont un effet trop indirect sur les recettes des régimes obligatoires de base ou des organismes concourant à leur financement (comme les conditions de vente des médicaments non consommés en France et susceptibles d'être vendus en dehors du territoire national, 22 déc. 2009, 596 DC, la mise en place d'un dépistage des troubles de l'audition chez le nouveau-né, 15 déc. 2011, 642 DC, l'autorisation d'une expérimentation du tiers payant pour le versement du complément de mode de garde, 13 déc. 2012, 659 DC, le recours contre des tiers par les organismes d'assurance maladie complémentaire, 18 déc. 2014, 706 DC), surtout lorsque sont admises des dispositions qui, en elles-mêmes, ne devraient pas être admises mais sont l'accessoire obligé de mesures admises (12 déc. 2003, 463 DC, cons. 40)..., ou des dispositions permettant d'éviter des irrégularités (18 déc. 2001, 453 DC, cons. 76), ou des dispositions non financières sur l'organisation des caisses (18 déc. 2001, 453 DC, cons. 75). En outre, le Conseil constitutionnel a, avec la réforme de 2005, rendu une décision tenant compte de la spécificité de chacune des quatre parties d'une loi de financement. La décision 544 DC du 14 décembre 2006 a illustré la censure du Conseil à l'égard de mesures « figurant dans la partie de la loi de financement de la Sécurité sociale comprenant les dispositions relatives aux dépenses pour l'année à venir... » dénuées d'effet sur les dépenses de l'année des régimes obligatoires de base... aucune d'entre elles ne constituant une règle relative à la gestion des risques ayant pour objet ou pour effet de modifier les conditions générales de l'équilibre financier de la Sécurité sociale (v. ss 772). Pour autant, le Conseil constitutionnel, constatant une telle anomalie n'a pas toujours été conduit à la censure ; tel fut le cas à propos de l'obligation faite à la Sécurité sociale de contribuer à un fonds de concours destiné à alimenter un fonds national créé par l'État (lutte contre les menaces sanitaires), la protection sanitaire de la population « étant un intérêt général de valeur constitutionnel justifiant la poursuite de cette participation jusqu'à la fin 2006 » (15 déc. 2005, 528 DC).

En revanche, une LFSS ne saurait comporter des dispositions devant relever d'une loi organique fixant le contenu de la loi de financement de la Sécurité sociale, comme un bilan financier comparatif, par branche, le contenu du programme de qualité et d'efficience prévu pour la branche maladie, la fixation annuelle du montant de la dotation nationale de financement des missions d'intérêt général et d'aide à la contractualisation d'établissements de santé... (16 déc. 2010, 620 DC). En outre, les dispositions relatives à la trésorerie et à la comptabilité des centres hospitaliers régionaux n'ont pas leur place dans une LFSS (Cons. const. 13 déc. 2012, 659 DC, cons. 73).

B. Les principes applicables aux lois de financement

768 Il résulte de l'objet et du contenu des lois de financement que ces dernières ne sont pas comparables aux lois de finances puisqu'elles ne concernent pas un organisme unique, mais un ensemble (complexe) d'organismes particuliers, et ne sont ni n'approuvent un budget (v. ss 67 s.) ; elles constituent, certes, un acte de prévision, mais ne sont que partiellement et indirectement un acte d'autorisation, puisque, en particulier, elles n'ouvrent pas (directement) de crédits (v. ss 774). Aussi les principes qui lui sont applicables ne peuvent-ils toujours être ceux qui concernent les budgets publics (v. ss 67 s.), notamment le budget de l'État. Il convient d'examiner successivement le principe d'annualité (**1**), le concept ou principe de « globalité » (**2**), le principe de spécialité (**3**) et le principe d'équilibre (**4**).

1. Le principe d'annualité

769 Ce principe lui est applicable puisqu'existe au moins une loi de financement par an.

Il connaît cependant des aménagements qui se rapprochent de ceux applicables aux lois de finances (v. ss 472) puisque des **lois de financement rectificatives** peuvent intervenir en cours d'année (CSS, art. LO 111-3), le Conseil constitutionnel ayant admis (avant que la loi organique de 2005 ne le fasse) que la loi de financement pour l'année suivante puisse tenir lieu de loi rectificative pour l'année en cours. Sous réserve des décrets augmentant les plafonds d'avances de trésorerie, seuls ces actes rectificatifs peuvent modifier la loi de financement initiale : ni une loi ordinaire – ou une ordonnance de l'article 38-C (Cons. const. 16 déc. 1999, 421 DC) – ni, *a fortiori*, une disposition réglementaire ne peuvent intervenir en ce domaine, car, rappelle le Conseil constitutionnel, il faut éviter que les conditions de l'équilibre financier définies par les lois de financement ne soient compromises par des textes non pris en compte par lesdites lois (20 mars 1997, 338 DC ; 10 juin 1998, 401 DC ; et 28 déc. 2000, 441 DC). Comme pour les lois de finances rectificatives, ces actes rectificatifs sont même obligatoires s'il apparaît en cours d'année (comme en 2002) que les conditions générales de l'équilibre financier des régimes (de base) de Sécurité sociale ont été remises en cause (19 déc. 2000, 437 DC ; 18 déc. 2001, 453 DC, cons. 6).

Par ailleurs, les lois de financement annuelles (ou infra-annuelles) sont de plus en plus replacées dans un cadre pluriannuel, ou bien par les annexes aux lois annuelles ou bien par des lois de programmation et trouvent désormais place dans le cadre de la démarche prévisionnelle qui repose sur les lois de programmation des finances publiques.

2. Les éléments constitutifs du principe de globalité (unité, universalité, sincérité)

770 Ces éléments sont inégalement appliqués.

Le principe d'**unité**, compris dans une acception formelle (v. ss 79), est et doit être respecté pour permettre un contrôle global du Parlement : la loi de financement constitue un ensemble unique de documents (v. ss 774).

Le principe d'**universalité** (v. ss 80 s.), lui, n'est que partiellement appliqué.

Le principe de **sincérité** (v. ss 80), imposé par la jurisprudence du Conseil constitutionnel (21 déc. 1999, 422 DC), concerne ici principalement la sincérité des évaluations : un peu comme pour l'État, le Conseil constitutionnel censurerait (ce qu'il n'a jamais fait jusqu'à présent) une erreur manifeste d'appréciation dans les prévisions (reconnues aléatoires) de recettes et objectifs de dépenses (18 déc. 2001, 453 DC, et 12 déc. 2002, 463 DC) et impose d'adopter un acte rectificatif en cas de modifications en cours d'année.

La sincérité de la présentation se réduit, elle, principalement, à une exigence de clarté des comptes car le principe de non-compensation n'est, pour des raisons tenant à l'objet des lois de financement (déterminer un équilibre), guère respecté puisque les opérations retenues par les lois de financement sont présentées nettes de transferts internes à la Sécurité sociale. Le Conseil s'attache à l'absence d'intention de fausser les grandes lignes de cet équilibre, et ce au regard des informations disponibles, par la prise en compte par le gouvernement des données dont il a connaissance, la loi de financement de la Sécurité sociale étant constituée de prévisions « inévitablement affectées des aléas inhérents à de telles situations » (16 déc. 2004, 508 DC... 13 déc. 2012, 659 DC). À cet égard, dans sa décision du 15 décembre 2005 relative à la loi de financement, le Conseil a noté que le gouvernement se fondait « sur les dernières informations conjoncturelles disponibles pour l'ensemble des régimes... », l'Objectif national de dépenses d'assurance maladie étant conforme « aux conclusions de la Commission des comptes de la Sécurité sociale avant la délibération du Conseil des ministres » (15 déc. 2006, 528 DC). Il devait aussi, plus récemment, considérer que si survenaient « des circonstances de droit ou de fait de nature à remettre en cause les conditions générales de l'équilibre financier des régimes obligatoires de base de la Sécurité sociale », il appartiendrait au gouvernement d'informer le Parlement et « de corriger les prévisions initiales » (15 déc. 2011, 642 DC).

Quant à la sincérité du périmètre, elle doit être conforme à ce que prévoient les textes mais ces derniers ont été plus d'une fois contestés puisque le champ d'application des lois de financement ou de certaines de ses dispositions est inférieur, non seulement aux comptes de la protection sociale (v. ss 744) et des administrations de Sécurité sociale (v. ss 741), mais encore aux comptes de la Sécurité sociale (v. ss 735), ce qui, excluant, notamment l'assurance chômage et les retraites complémentaires, à la fois, empêche d'avoir une vue complète de la situation et, sur le plan de la méthode et de la clarté, crée des distorsions nuisibles à l'analyse et au débat.

Rappelons que les prévisions de recettes ne prennent pas en compte l'assurance chômage et les régimes complémentaires et que les objectifs de dépenses ne prennent pas en compte, sauf pour la branche maladie, les régimes obligatoires comprenant moins de 20 000 cotisants (v. ss 736).

S'agissant de la règle de non-affectation (v. ss 80), elle ne peut, en l'état, être envisagée, non seulement parce qu'il n'existe pas dans la loi du financement, de dépenses auxquelles affecter des recettes, mais encore, et surtout, parce que le système de Sécurité sociale est fondé sur une série de mécanismes d'affectation de recettes (auxquels contribuent largement les lois de financement).

3. Le principe de spécialité

771 Ce principe (v. ss 87) n'a pas, non plus, lieu de s'appliquer à des crédits, que la loi de financement ne comporte pas. Mais certaines autorisations, relatives à la trésorerie, sont spécialisées par régime, de même que les objectifs de dépenses fixés par branche (v. ss 785).

4. Le principe d'équilibre

772 Ce n'est pas, ici, une règle budgétaire et comptable : la loi de financement n'a pas à équilibrer un budget comportant recettes et dépenses, et les organismes figurant dans son périmètre n'ont pas eux-mêmes l'obligation d'équilibrer recettes et dépenses. Mais, un peu à l'instar de l'équilibre général des finances publiques requis par les textes de l'Union européenne (v. ss 301), il constitue un objectif : un équilibre financier global (ou, plutôt, une viabilité financière globale) d'un ensemble de régimes sociaux dont les lois de financement doivent fixer les éléments (v. ss 761). Le Conseil constitutionnel a, ainsi, pu souligner « l'exigence de valeur constitutionnelle qui s'attache à l'équilibre financier de la Sécurité sociale » (21 déc. 1999, 422 DC) qu'il convient, par ailleurs, de combiner avec l'autonomie, nécessaire, de chaque branche.

Le Conseil constitutionnel estime que « l'exigence constitutionnelle qui s'attache à l'équilibre financier de la Sécurité sociale n'impose pas que cet équilibre soit strictement réalisé pour chaque branche et pour chaque régime au cours de chaque exercice » (18 déc. 2001, 453 DC, cons. 20) mais que, « si l'autonomie financière des branches ne constitue pas, par elle-même, un principe de valeur constitutionnelle, le législateur ne saurait pour autant procéder à des transferts de ressources et de charges entre branches tels qu'ils compromettraient manifestement la réalisation de leurs objectifs et remettraient ainsi en cause tant l'existence des branches que les exigences constitutionnelles qui s'attachent à leurs missions » (18 déc. 2001, 453 DC, cons. 64, et 12 déc. 2002, 463 DC, cons. 27).

C. La structure des lois de financement

773 Il faut ici distinguer deux types de lois de financement : la loi de financement de l'année (**1**) et la loi de financement rectificative (**2**).

1. La présentation des lois de financement de l'année

774 Contrairement à celle des lois de finances (nécessairement bipartites : v. ss 531) elle n'obéit pas à une structure imposée et a varié : quatre titres pour 1997, trois de 1998 à 2001, quatre en 2002, sept en 2003, quatre parties depuis la loi organique du 2 août 2005. Le **domaine spécifique** est celui qui fait l'originalité des lois de financement : conformément à l'objet fixé par l'article 34 de la Constitution (v. ss 761), la loi de financement assure, ici, le **cadrage du financement de la Sécurité sociale**, en pratique par quatre séries de dispositions.

Elle comprend une **première partie** qui est constituée par « **les dispositions relatives au dernier exercice clos** ». La loi de financement, ici, « approuve » trois éléments : en premier lieu, « les tableaux d'équilibre par branche du dernier exercice clos des régimes obligatoires de base de Sécurité sociale, du régime général et des organismes concourant au financement de ces régimes, ainsi que les dépenses relevant du champ de l'objectif national de dépenses d'assurance maladie constatées lors de cet exercice » ; en deuxième lieu, les « montants correspondant aux recettes affectées aux organismes chargés de la mise en réserve de recettes au profit des régimes obligatoires de base de Sécurité sociale et ceux correspondant à l'amortissement de la dette », et, enfin un rapport « décrivant les mesures prévues pour l'affectation des excédents ou la couverture des déficits constatés à l'occasion de l'approbation des tableaux d'équilibre précités. En outre, c'est aussi dans cette première partie que, le cas échéant, sont déterminées les mesures législatives relatives aux modalités d'emploi des excédents ou de couverture des déficits du dernier exercice clos.

Une **deuxième partie** est consacrée « **aux dispositions relatives à l'année en cours** ». Elle consiste en un ensemble de rectifications des prévisions des recettes, tableaux d'équilibre, des objectifs de dépenses par branche, de l'ONDAM, et de l'objectif assigné aux organismes chargés de l'amortissement de la dette des régimes obligatoires de bases et des prévisions de recettes affectées aux fins de mise en réserve à leur profit.

Une **troisième partie** intitulée « **dispositions relatives aux recettes et à l'équilibre général pour l'année à venir** » comporte d'abord une approbation, celle du rapport décrivant les prévisions de recettes et les objectifs de dépenses par branche des régimes obligatoires de base et du régime général, les prévisions de recettes et de dépenses des organismes concourant au financement de ces régimes ainsi que l'ONDAM pour les quatre années à venir. Elle permet, ensuite, de déterminer « de manière sincère » les conditions générales de l'équilibre financier de la Sécurité sociale, « compte tenu notamment des conditions économiques générales et de leur évolution prévisible ». Elle prévoit, par branche, les recettes de l'ensemble des régimes obligatoires de base et de manière spécifique, celles du régime général, ainsi que les recettes des organismes concourant à leur financement, l'objectif d'amortissement annuel des organismes chargés de l'amortissement de la dette de ces régimes, et, par catégorie, les recettes affectées aux organismes chargés de la mise en réserve de recettes à leur profit. Elle retrace l'équilibre financier de la Sécurité sociale dans des tableaux d'équilibre et, enfin, arrête la liste des régimes obligatoires de base et des organismes concourant à leur financement habilités à recourir à des ressources non permanentes.

Ces organismes comprennent le FSV (v. ss 759) mais excluent la CADES (v. ss 760) et le fonds CMU (v. ss 759).

La **quatrième** et dernière **partie**, dénommée « **Dispositions relatives aux dépenses pour l'année à venir** » fixe les charges prévisionnelles des organismes concourant au financement des régimes obligatoires de base, par branche, les objectifs de dépenses de l'ensemble des régimes obligatoires de base et ceux du régime général avec la faculté de faire apparaître des sous-objectifs, ainsi que l'Objectif national d'assurance maladie (ONDAM) de l'ensemble des régimes obligatoires de base et ses sous-objectifs (v. ss 786).

On signalera enfin que la LFSS initiale est accompagnée d'un rapport annexé faisant état des prévisions pluriannuelles des recettes et dépenses des différents régimes, document annexé qui s'inscrit notamment dans le cadre des lois de programmation des finances publiques.

2. Les lois de financement rectificatives

775 Elles ont, pour leur part, une structure différente de la loi de financement de l'année puisqu'elles sont composées de deux parties distinctes : une première partie concernant l'application de la partie relative à la loi de financement de l'année comprenant les disposant intéressant les recettes et l'équilibre général de l'année en cours, et, une deuxième partie relative à la partie de la loi de financement de l'année comprenant les dispositions relatives aux dépenses, avec comme pour la LFSS initiale un rapport annexé faisant état de l'évolution pluriannuelle des prévisions de recettes et de dépenses des branches.

La LOPGFP a, là aussi, imposé un article liminaire dans ce type de loi, à l'instar des autres textes législatifs financiers, article « présentant un tableau de synthèse retraçant, pour l'année sur laquelle elles portent, l'état des prévisions de solde structurel et de solde effectif de l'ensemble des administrations publiques, avec l'indication des calculs permettant d'établir le passage de l'un à l'autre » (art. 7), le législateur organique précisant à la fois le contenu de ce tableau s'agissant des soldes et d'autres éléments tenant à l'exposé des motifs du projet de loi.

On devait longtemps souligner l'absence de recours à ce type de texte. La première loi de financement rectificative de la Sécurité sociale fut adoptée en 2011 pour intégrer les conséquences de la création d'une prime pour les salariés et corriger les tableaux d'équilibre et les statistiques en termes de recettes fiscales et non fiscales en 2011. Plus évidente est la loi de financement rectificative du 8 août 2014 qui a mis en œuvre le pacte responsabilité et de solidarité annoncé par le président de la République, M. François Hollande, et qui s'est accompagné en particulier d'une baisse des cotisations patronales (par exemple, sur les cotisations d'allocations familiales), d'autres dispositions se retrouvant notamment au titre de l'impôt sur le revenu dans les lois de finances, ce qui traduit parfaitement une forme de confusion progressive voire d'unification des politiques économiques et sociales et l'association des instruments financiers pour les mener à bien.

§ 2. L'élaboration des lois de financement

776 Les lois de financement comprennent nécessairement une loi de financement de l'année et, éventuellement, des lois de financement rectificatives (v. ss 769), lesquelles n'ont pas à être accompagnées des annexes prévues pour la loi de financement de l'année mais obéissent aux mêmes délais d'examen et, plus généralement, aux mêmes principes (mais avec modalités allégées) en ce qui concerne la préparation (**A**), l'adoption (**B**) et le contrôle du Parlement (**C**).

A. La préparation des lois de financement

777 Comme la loi de finances (v. ss 511), la loi de financement est d'**initiative exclusivement gouvernementale** puisqu'elle ne fait l'objet que de « projets » (art. 39 et 47-1 C) et jamais de « propositions ».

Les autorités responsables de la préparation étaient à l'origine le ministre chargé des **Affaires sociales** (sous l'autorité du Premier ministre) et, sur le plan administratif, la **direction de la Sécurité sociale** du ministère, ce qui imposait, comme l'a rappelé le Conseil constitutionnel (30 déc. 1997, 395 DC), une bonne coordination avec le ministre des Finances et la direction du Budget en raison des interférences avec la loi de finances (en ce qui concerne, notamment, les hypothèses économiques servant de bases de calcul et les impositions affectées à la Sécurité sociale).

Mais le découpage des compétences ministérielles opéré en 2007 a conduit à une évolution importante en ce domaine avec le renforcement des compétences de Bercy puisque le décret du 31 mai 2007 fit du ministre chargé du Budget, des Comptes publics et de la Fonction publique le responsable de la préparation de la loi de financement de la Sécurité sociale, en liaison notamment avec le ministre du Travail, des Relations sociales et de la Solidarité ; de même, Bercy est chargé du suivi de son exécution.

La majorité issue des élections de 2012 a maintenu cette approche.

Le décret du 24 mai 2012 relatif aux attributions du ministre de l'Économie et des Finances conserve cette répartition des compétences puisque celui-ci est chargé, certes en liaison avec le ministre des Affaires sociales... de la préparation de la loi de financement de la Sécurité sociale et d'en suivre l'exécution. Il est en outre responsable de l'équilibre général des comptes sociaux et des mesures de financement de la protection sociale. Il a une autorité conjointe sur la direction de la Sécurité sociale et sur la Direction de la recherche, des études, de l'évaluation et des statistiques (Drees).

Les lois de programmation des finances publiques contiennent des objectifs d'évolution (par exemple pour 2014-2019 s'agissant de l'évolution des dépenses des régimes obligatoires de base, de l'ONDAM) pour les administrations de Sécurité sociale, et les données économiques et financières retenues dans le rapport économique, social et financier sont utilisées pour la préparation du projet de loi de financement. La coordination entre les deux textes, eu égard notamment aux amendements proposés, est désormais assurée par un seul ministère (y compris le volet fiscal qui relève du ministère de l'Économie et des Finances).

Le **calendrier de la préparation** est beaucoup plus resserré puisque le projet est préparé en fin d'été, impose la consultation de plusieurs partenaires sociaux (et du Conseil d'État) et doit être déposé, accompagné de ses rapports et annexes, **au plus tard le 15 octobre** (ou, en cas de jour férié, le premier jour ouvrable qui suit) **sur le bureau de l'Assemblée nationale**.

Pour ce faire, les organismes gestionnaires d'un régime obligatoire doivent transmettre en temps utile au ministre de la Sécurité sociale un ensemble de données (recettes et dépenses, dernier exercice clos, année en cours, perspective d'évolution au titre des quatre années à venir).

Le projet est rédigé sur la base des dernières hypothèses économiques (connues vers le 15 sept.) et des travaux de la Commission des comptes de la Sécurité sociale (v. ss 735). Il est nécessaire, en particulier, de consulter les caisses nationales du régime général (CSS, art. L. 200-3) et de tenir compte du rapport de la Conférence nationale de santé qui reçoit elle-même un rapport du Haut conseil de santé publique, et enfin de la Haute autorité de santé (créée en 2004, CSP, art. L. 161-37 et 37 *bis*). Sont également pris en compte les avis de la Conférence nationale de la famille. Chaque caisse nationale d'assurance maladie doit transmettre avant le 30 juin au ministre chargé de la Sécurité sociale et au Parlement des propositions relatives à l'évolution de ses charges et de ses produits au titre de l'année suivante et aux mesures nécessaires pour atteindre l'équilibre prévu par le cadrage financier pluriannuel des dépenses d'assurance maladie.

Comme pour les lois de finances, le Conseil constitutionnel admet un retard mineur dans le dépôt des documents (18 déc. 1997, 393 DC), d'autant que les commissions parlementaires disposent, en fait, de l'essentiel des éléments avant le dépôt officiel.

La LOPGFP impose aussi désormais, comme pour les projets de lois de finances, que le Haut conseil des finances publiques soit saisi par le gouvernement et informé des prévisions macroéconomiques qu'il retient pour l'élaboration de son projet. Cette saisine obéit à des modalités similaires à celles relatives aux projets de loi de finances.

Par ailleurs, le Haut conseil des finances publiques doit être saisi par le gouvernement des prévisions macroéconomiques qu'il retient pour l'élaboration du projet de loi de financement rectificative de la Sécurité sociale (LOPGFP, art. 15).

B. L'adoption des lois de financement

778 Dans le dernier trimestre de la session ordinaire (printemps), le gouvernement doit présenter un rapport sur les orientations des finances sociales, rapport explicitant les grandes orientations de sa politique de Sécurité sociale à l'égard des engagements européens de la France, et opérant une évaluation pluriannuelle de l'évolution des recettes et dépenses des administrations de Sécurité sociale et de l'ONDAM (et le cas échéant des sous-objectifs).

Les règles applicables à l'adoption des lois de financement **(1)** ont été, dans toute la mesure du possible, calquées sur celles applicables aux lois de finances (v. ss 535 s.). La réforme constitutionnelle de juillet 2008 permet au gouvernement de recourir encore à l'article 49, alinéa 3, devant l'Assemblée nationale pour obtenir l'adoption de ces lois comme pour ce qui est des lois de finances. On retrouve ici aussi un régime des irrecevabilités (**2**).

1. Les modalités d'adoption

779 Celles-ci ne peuvent être strictement identiques.

L'examen par chaque assemblée débute par une étude en commission au cours de laquelle c'est la commission des Affaires sociales (et ses rapporteurs) qui est, ici, saisie au fond, la Commission des finances (comme, éventuellement, les autres commissions) ne désignant qu'un rapporteur pour avis. De même, l'examen en séance publique obéit à la procédure des lois ordinaires, le projet y étant soutenu par le ministre concerné ou son délégué.

La commission des Affaires sociales ne connaît pas, comme celle des Finances, la distinction entre rapporteur général et rapporteurs spéciaux, mais elle y arrive, en partie, en sectionnant l'examen entre un rapporteur chargé des recettes et de l'équilibre général et des rapporteurs par secteurs (maladie, vieillesse, famille...).

L'examen par les deux Assemblées révèle des analogies plus grandes.

Le Parlement se voit, en effet, assigner un **délai global de cinquante jours** (Const., art. 47-1). Si, à l'issue de ce délai, « le Parlement ne s'est pas prononcé » (ce qui ne concerne évidemment pas un rejet), « les dispositions du projet peuvent être mises en vigueur par **ordonnance spéciale** (art. 47-1), dans les mêmes conditions et sous les mêmes réserves que pour la loi de finances » (v. ss 533).

Cette analogie a, au demeurant, été discutée, car, malgré certaines affirmations, l'absence de lois de financement avant le début de l'exercice n'emporte pas, pour la continuité de la vie financière nationale, les mêmes risques que l'absence de loi de finances initiale ; une des preuves en est, d'ailleurs, **l'absence de procédure d'urgence** pour le cas où le projet serait déposé trop tard pour être adopté avant le début de l'année d'application.

Les règles du bicaméralisme consacrent également une **priorité d'examen par l'Assemblée nationale** (Const., art. 39, et CSS, art. LO 111-6) et des délais d'examen en première lecture de **vingt**

jours pour l'Assemblée puis quinze jours pour le Sénat (Const., art. 47-1, et CSS, art. LO 111-7) ; si le Sénat ne s'est pas prononcé dans ce délai, le gouvernement saisit à nouveau l'Assemblée nationale du texte, éventuellement avec les amendements du Sénat acceptés par le gouvernement, en cas de désaccord entre les deux Assemblées, le Premier ministre peut alors laisser se poursuivre la navette ou convoquer, selon la procédure d'urgence, la commission mixte paritaire, avec, dans le cadre d'un délai global de cinquante jours, les mêmes issues que celles exposées (ss 533) pour les lois de finances. Par ailleurs, le Conseil constitutionnel a pu affirmer que « les amendements du gouvernement introduisant des mesures nouvelles dans une loi de financement de la Sécurité sociale doivent en premier lieu être soumis à l'Assemblée nationale » (14 déc. 2006, 544 DC).

La loi organique du 2 août 2005 a précisé les conditions de la procédure législative devant le Parlement (CSS, art. LO 111-7-1). Ainsi, la deuxième partie de la loi ne peut être mise en discussion devant une assemblée avant le vote par celle-ci de la première partie du texte relative au dernier exercice clos. Il en va de même pour les troisième et quatrième parties qui ne peuvent être mises en discussion avant la précédente.

Le fait que le Sénat ait disposé d'un jour de plus que prévu ne vicie pas la procédure si cela n'a pas eu d'incidence sur les délais en deuxième lecture (Cons. const. 21 déc. 1999, 422 DC).

2. Des irrecevabilités

780 Celles-ci frappent les « cavaliers sociaux » intervenant dans le domaine interdit aux lois de financement (v. ss 767) et les dispositions qui même proposées dans les lois de financement, seraient contraires à l'article 40 de la Constitution (Cons. const. 16 juill. 1996, 379 DC) ou ne seraient pas « accompagnées des justifications qui en permettent la mise en œuvre » (CSS, art. LO 111-3).

Aux termes de la loi organique du 2 août 2005, « au sens de l'article 40 de la Constitution, la charge s'entend, s'agissant des amendements aux projets de loi de financement de la Sécurité sociale s'appliquant aux objectifs de dépenses, de chaque objectif de dépenses par branche ou de, l'objectif national de dépenses d'assurance maladie ». Tout amendement doit être motivé et accompagné des justifications qui en permettent la mise en œuvre. « Les amendements non conformes aux dispositions du présent chapitre sont irrecevables » (art. 7).

Le contrôle et la sanction de ces irrecevabilités sont effectués dans des conditions analogues à celles mises en œuvre pour les lois de finances (v. ss 538), y compris le refus du Conseil constitutionnel de trancher si la décision des autorités parlementaires, appelées à statuer en premier, n'a pas été contestée au cours des débats (19 déc. 1996, 384 DC ; 18 déc. 1997, 393 DC ; et 18 déc. 1998, 404 DC) ; la question doit avoir été soulevée devant la première chambre qui en a été saisie pour que le Conseil puisse examiner la conformité à l'article 40.

Mais faut-il encore qu'existe au sein de l'assemblée « une procédure permettant la mise en œuvre d'un contrôle de recevabilité effectif et systématique au moment du dépôt de tels amendements », ce qui n'était pas le cas du Sénat en 2006 (14 déc. 2006, 544 DC).

C. Le contrôle du Parlement sur les lois de financement

781 Pour contrôler les lois de financement, le Parlement dispose à la fois de documents d'information (**1**) et de moyens d'information (**2**).

1. Les documents d'information

782 Ces documents sont de deux ordres. **Il s'agit d'abord d'annexes.**

Les **annexes au projet de loi de financement de l'année** sont énumérées, de façon limitative (Cons. const. 18 déc. 1998, 404 DC), par la loi organique relative aux lois de financement (CSS, art. LO 111-4). Volumineuses, elles comprennent onze catégories (ou types) de documents (et une annexe triennale sur les régimes obligatoires de base et leurs caractéristiques – nombre de cotisants et retraités titulaires de droits propres –), à caractère descriptif, prospectif ou rétrospectif, notamment une annexe décrivant, pour les trois années précédentes, l'effort social de la Nation (v. ss 746) et présentant les comptes de la protection sociale.

Les annexes, mentionnées à l'article LO 111-4 du CSS, concernent : les programmes de qualité et d'efficience relatifs aux dépenses et aux recettes de chaque branche de la Sécurité sociale (1), les objectifs pluriannuels de gestion et les moyens de fonctionnement dont les organismes des régimes obligatoires de base disposent pour les atteindre (2), sur la mise en œuvre des dispositions de la loi de financement de la Sécurité sociale de l'année en cours et les mesures de simplification en matière de recouvrement des recettes et de gestion des prestations (3), par catégorie et branche, la liste et l'évaluation des recettes de l'ensemble des régimes obligatoires de base et des différents régimes de façon spécifique (4), énumérant l'ensemble des mesures de réduction ou d'exonération de cotisations ou de contributions de Sécurité sociale affectées aux régimes obligatoires de base et aux organismes concourant à leur financement et de réduction de l'assiette ou d'abattement sur l'assiette de ces cotisations et contributions (5), les mesures ayant affecté les champs respectifs d'intervention de la Sécurité sociale, de l'État et des autres collectivités publiques et l'effet de ces mesures sur les recettes, les dépenses et les tableaux d'équilibre de l'année des régimes obligatoires de base de Sécurité sociale, du régime général et des organismes concourant au financement de ces régimes (6), le périmètre de l'ONDAM et sa décomposition en sous-objectifs et l'évolution des soins financés au titre de cet objectif (7), le compte définitif pour le dernier exercice clos et les comptes prévisionnels pour l'année en cours et l'année suivante (8), les besoins de trésorerie et l'effet des mesures du projet de loi de financement de l'année et les mesures réglementaires ou conventionnelles prises en compte par ce projet sur les comptes des différents régimes et sur l'ONDAM (9), les documents visés à l'article 8 modifié de la loi organique du 15 avril 2009, à savoir sur ceux constitutifs d'étude d'impact du projet de loi et devant exposer notamment l'articulation du projet de loi avec le droit européen et son impact sur l'ordre juridique interne... (10), le rapport analysant les mesures de correction envisagées en cas d'écart important au niveau du solde structurel entre exécution et prévisions (11).

Ces documents sont éclairés par le **Rapport annuel de la Cour des comptes au Parlement sur la Sécurité sociale** (CJF, art. LO 132-3) qui, institué par la loi du 25 juillet 1994 (modifiée en 1996), analyse (avec réponse des organismes en cause) l'application des lois de financement, les comptes des organismes de Sécurité sociale et les rapports de contrôle sur ces organismes (émanant notamment des comités d'examen : v. ss 812) et par un rapport sur les vérifications opérées (CJF, art. LO 111-3).

Des **annexes budgétaires** viennent compléter l'information et, parmi elles, un rapport (institué par la loi organique de 2001 sur les lois de finances, art. 52) sur l'évolution des prélèvements obligatoires et servant à ces dernières et aux lois de financement (v. ss 752).

Il s'agit ensuite d'autres documents de contrôle qu'à défaut de pouvoir faire annexer, le Parlement peut exiger au titre de son pouvoir de contrôle sur l'application des lois de financement. Les chambres ont ainsi été amenées à voter plusieurs dispositions législatives ordinaires en ce sens.

Ainsi pour la communication des rapports de la Commission des comptes de la Sécurité sociale (v. ss 735) (CSS, art. L. 114-1), la justification par le gouvernement du relèvement des plafonds d'avances de trésorerie (CSS, art. L. 111-10), les rapports annuels du gouvernement sur les suites aux observations de la Cour des comptes, l'amiante et l'évolution de l'ONDAM (L. de finances pour 2003, art. 4 à 7) et le rapport quinquennal sur les exonérations de cotisations sociales (L. pour 2003, art. 9).

2. Les moyens d'information

783 Ces moyens sont également de plusieurs ordres. S'y ajoute la participation de parlementaires à certaines instances de surveillance des organismes de Sécurité sociale.

Les **commissions des Affaires sociales** des assemblées (et éventuellement les autres commissions concernées) adressent (avant le 10 juill.) des questionnaires au gouvernement (qui doit y répondre au plus tard le 8 oct.) sur l'application des lois de financement (CSS, art. LO 111-8) – certains de leurs membres étant, par ailleurs, spontanément associés à la préparation du projet. De plus les commissions ont le droit de demander une enquête à la Cour des comptes (CJF, art. L. 132-3-1) ou d'enquêter elles-mêmes (par l'intermédiaire de leurs rapporteurs) auprès « des administrations de l'État des organismes de Sécurité sociale, de tout autre organisme privé gérant un régime de base de Sécurité sociale légalement obligatoire et des établissements publics compétents » (réserve faite du secret médical et du secret de la défense nationale et la sécurité intérieure ou extérieure de l'État, du respect de l'instruction) (CSS, art. LO. 111-9).

Un Office parlementaire d'évaluation des politiques de santé avait été institué par la loi de financement pour 2003. Il s'agissait d'une délégation parlementaire à caractère paritaire Sénat/Assemblée nationale associant les commissions des Affaires sociales et une représentation des différents groupes politiques de l'Assemblée et du Sénat, assistée d'un conseil d'experts. Elle a rendu différents rapports dont en juin 2006 : « Prévenir les infections nosocomiales : une exigence de qualité des soins hospitaliers » (n° 421, 2005-2006, Alain Vasselle, 22 juin 2006). Cette délégation a été supprimée (tout comme l'office parlementaire d'évaluation de la législation et la délégation parlementaire à l'aménagement et au développement durable) à la suite de la réforme constitutionnelle de 2008 et ce par la loi du 15 juin 2009 tendant à modifier l'ordonnance n° 58-110 du 17 nov. 1958 relative au fonctionnement des assemblées parlementaires. Ses missions relèveraient désormais des commissions des affaires sociales des deux Assemblées.

Un Haut conseil de la santé publique a été institué par la loi du 13 août 2004 relative à l'assurance maladie (CSP, art. L. 1411-4).

Il est chargé de contribuer à la définition des objectifs pluriannuels de santé publique, de fournir des expertises dans le cadre de la gestion des risques sanitaires, des réflexions prospectives et des conseils sur les questions de santé publique... Il peut être consulté à la fois par les ministres intéressés et les présidents des commissions compétentes du Parlement sur toute question relative à la prévention, à la sécurité sanitaire ou à la performance du système de santé.

Enfin, la loi du 13 août 2004 relative à l'assurance maladie, reprise pour certaines dispositions par la loi organique du 2 août 2005 relative aux lois de financement de la Sécurité sociale, avait aussi prévu la possible création au sein de la commission de chaque assemblée saisie au fond des projets de loi de financement de la Sécurité sociale une mission d'évaluation et de contrôle chargée de l'évaluation permanente de ces lois (art. 38 ; CSS, art. LO 111-10). L'Assemblée nationale a ainsi créé en 2007 une **mission d'évaluation et de contrôle des lois de financement de la Sécurité sociale** (MECSS), composée d'une vingtaine de parlementaires issus de tous les groupes et actuellement coprésidée par deux députés, l'un de la majorité et l'autre de l'opposition. Au-delà de l'analyse des projets de lois de financement, cette mission a orienté ses travaux sur des thèmes plus spécifiques comme : *La lutte contre la fraude sociale, Le fonctionnement de l'hôpital, Les affections de longue durée, Les arrêts de travail et les indemnités journalières, Le financement de la branche famille...* Pour sa part, le Sénat a fait de même en créant en 2006 au sein de la Commission des affaires sociales, la **mission d'évaluation et de contrôle de la Sécurité sociale** (MECSS), composée d'une douzaine de membres et dont le président est le rapporteur général de la Commission des affaires sociales (rapports sur : *Les retraites en Allemagne, des enseignements à tirer, En attendant la convergence tarifaire, Refonder la tarification hospitalière au service du patient, Régime social des indépendants. 8 ans après la réforme, restaurer la confiance...*)

§ 3. La mise en œuvre des lois de financement

784 La mise en œuvre des lois de financement découle d'un dispositif, complexe, dont le principe remonte aux ordonnances (96-344 à 346) du 24 avril 1996, prises en application du « plan Juppé-Barrot », mais dont les modalités ont été plusieurs fois modifiées, notamment par la loi de financement de la Sécurité sociale pour

2004 sur l'assurance maladie. Ce dispositif vise à l'encadrement des dépenses de Sécurité sociale par la fixation d'objectifs de dépenses (**A**), qui trouvent leur application principale en matière d'assurance maladie, qu'il s'agisse du secteur hospitalier (**B**), du secteur médico-social (**C**) ou de la médecine de ville (**D**).

A. Les objectifs de dépenses

785 Il convient effectivement d'en dresser les objectifs et leur suivi (**1**) dans un processus de plus en plus étatisé (**2**).

1. La fixation des objectifs et leur suivi

786 Le Parlement vote annuellement dans la loi de financement de la Sécurité sociale des objectifs de dépenses qui, à défaut de pouvoir être des crédits, c'est-à-dire des autorisations limitatives de dépense, servent de référence aux versements par les caisses de Sécurité sociale de leurs contributions aux dépenses sociales.

Ces objectifs concernent toutes les branches.

Dans toutes les branches (à l'exception de celle des accidents du travail), chaque caisse nationale (y compris l'ACOSS et les caisses des régimes autonomes) conclut avec l'État (qui, en contrepartie, allège alors sa tutelle) une convention pluriannuelle (trois ans minimum) d'objectifs et de gestion qui détermine les perspectives, les programmes d'action et les engagements réciproques « dans le respect des lois de financement », en particulier des objectifs de dépenses qu'elles contiennent. Dans la branche maladie, qui fait l'objet d'une surveillance particulière, cette convention pluriannuelle doit être complétée par un avenant annuel (au besoin imposé aux caisses nationales intéressées) pour tenir compte de l'évolution de l'objectif national de dépenses.

Mais le plus important d'entre eux est l'objectif national de dépenses d'assurance maladie (ONDAM) qui concerne un secteur à fort déficit, nécessitant donc une surveillance particulière et un dispositif spécial.

Depuis la loi du 13 août 2004 réformant l'assurance maladie existe un double mécanisme institutionnel. Au plan national a été créé un Comité d'alerte sur l'évolution des dépenses de l'assurance maladie (comprenant notamment le directeur général de l'INSEE) chargé de rendre (avant le 1er juin) un avis sur le respect de l'ONDAM pour l'exercice en cours. Il peut alerter (par une notification) le Parlement, le gouvernement, les Caisses nationales d'assurance maladie et l'union nationale des organismes d'assurance maladie complémentaire en cas d'évolution (risque sérieux) des dépenses d'assurance maladie incompatible avec le respect de l'ONDAM voté par le Parlement (CSS, art. L. 114-4-1), avec une ampleur supérieure à un seuil fixé par décret qui ne peut excéder 1 %.

Les caisses peuvent proposer des mesures de redressement ; elles sont soumises pour avis au comité tout comme celles de l'État (s'il entend prendre une part à ces mesures de redressement). En outre, le comité va rendre un autre avis au plus tard le 15 octobre par lequel il va contrôler les éléments ayant permis l'élaboration de l'ONDAM envisagé pour l'année à venir et peut formuler des réserves au regard du risque de non-respect de l'ONDAM, compte tenu de l'évolution prévisionnelle des dépenses d'assurance maladie.

Au plan régional existe désormais une conférence régionale de la santé et de l'autonomie qui rend des avis participant à la définition des objectifs et des actions de l'Agence régionale de la santé (ARS) dans ses domaines de compétences (v. ss 787).

Ce dispositif spécial a lui-même été réformé pour essayer de mieux contenir la progression des dépenses d'assurance maladie (pour sa part financée par la Sécurité sociale) et de faire respecter l'objectif national de dépenses annuellement fixé par le Parlement (mais régulièrement dépassé dans la réalisation).

Depuis la loi organique du 2 août 2005, le Parlement est appelé à voter, non seulement un objectif national (ONDAM) mais aussi des sous-objectifs (au moins cinq) (CSS, art. LO 113-3-D).

Ces sous-objectifs sont d'initiative gouvernementale mais avec consultation des commissions parlementaires chargées des Affaires sociales.

En 2015, il y en a sept, qui, totalisant environ 182,3 Mds €, peuvent être regroupés en trois pôles : les établissements de santé (environ 42 %), les établissements sociaux et médico-sociaux (près de 10 %) et la médecine de ville (près de 46 %).

Existe aussi un objectif minime (moins de 1 %) regroupant les dépenses diverses, concernant notamment les ressortissants français à l'étranger, l'aide au développement des réseaux de soins et certains soins spécifiques (par exemple les centres de cure en alcoologie). Par ailleurs existent des financements placés hors enveloppe (hors ONDAM), notamment l'aide à l'assurance maladie à la modernisation des établissements publics et privés de santé (aides en capital versées par un Fonds de modernisation).

2. Une mise en œuvre de plus en plus étatisée et coordonnée sur le plan local

787 La loi du 21 juillet 2009 portant réforme de l'hôpital et relative aux patients, à la santé et aux territoires a accentué les principes et modalités de gestion initiés depuis les années 2000 en conférant à des agences régionales de la santé (ARS) qui remplacent les agences régionales de l'hospitalisation (ARH) un ensemble particulièrement vaste de compétences relevant de la politique de la santé au sens large (réforme pour l'essentiel validée par le Conseil constitutionnel dans sa décis. 16 juill. 2009, 584 DC).

En outre, un autre acteur a été créé, cette fois national, l'Agence d'appui à la performance des établissements de santé et médico-sociaux constituée sous forme de GIP entre l'État, l'Union des caisses d'assurance-maladie, la Caisse nationale de solidarité pour l'autonomie et les fédérations représentatives des établissements de santé et médico-sociaux (appui à la modernisation de la gestion, audit de gestion, etc.).

Les ARH étaient juridiquement des groupements d'intérêt public (en réalité des établissements publics) ; instituées par une ordonnance du 24 avril 1996 et renforcées par une ordonnance du 4 septembre 2003, elles regroupaient, dans chaque région (ou, exceptionnellement, au niveau interrégional), et sous l'autorité de l'État, les moyens d'action des services de l'État et des organismes d'assurance maladie en matière de maîtrise des dépenses hospitalières.

Ces agences avaient une mission (et un pouvoir) très large (leur directeur a parfois été qualifié de « préfet sanitaire ») qui leur permet, en particulier, de planifier et de rationaliser les structures et équipements (schéma régional d'organisation sanitaire, coopération entre établissements...), par le biais, notamment, d'un contrat pluriannuel (trois à cinq ans) d'objectifs et de moyens passé avec chaque établissement (public ou privé) et qui en détermine les orientations stratégiques et financières.

Sur le plan financier, en effet, l'agence avait, notamment, pour mission, de « déterminer les ressources » des établissements de santé publics et privés mais dans le cadre de la régulation décidée au plan national.

Or, en 2004, le législateur avait, en outre, prévu, sur la base du volontariat, la possibilité pour les ministres chargés de la Santé et de la Sécurité sociale de créer dans certaines régions une **agence régionale de santé** (GIP) qui fédère les organismes d'assurance maladie, la région et l'État et ont pour vocation d'assurer à la fois les compétences dévolues à l'ARH concernée et à l'union régionale des caisses d'assurance maladie Il s'agissait du prolongement institutionnel des missions régionales de santé constituées entre ARH et union régionale qui a notamment pour fonction de déterminer « le programme annuel de gestion du risque, dont elle assure la conduite et le suivi, dans les domaines communs aux soins hospitaliers et ambulatoires » (CSS, art. L. 162-47).

Les agences régionales de la santé concrétisent les analyses précédentes en étant des établissements publics de l'État à caractère administratif organisées sur le plan régional (avec des délégations territoriales dans les départements) ; elles peuvent, elles aussi, connaître une organisation de type interrégional. Elles regroupent les moyens d'action des services de l'État, des organismes d'assurance maladie en matière de dépenses de santé et de la Caisse nationale de solidarité pour l'autonomie.

Instituées par décret, les ARS sont dotées de l'autonomie administrative et financière et placées sous la tutelle des ministres chargés de la Santé, de l'Assurance maladie, des Personnes âgées et des Personnes handicapées. Elles sont animées par un directeur général nommé par décret qui exerce ses compétences « au nom de l'État ». Il rend compte au Conseil de surveillance de l'agence ainsi qu'à la conférence régionale de la santé et de l'autonomie de la politique régionale de santé qui est menée (et de la gestion de l'agence au conseil de surveillance) (sur les compétences élargies : v. CSP, art. L. 1431-1 s.). La mission de ces agences est très large et renforcée par l'intégration de la dimension médico-sociale. Elles retrouvent les compétences précitées s'agissant des établissements de santé (le contrat pluriannuel ayant désormais une durée maximum de 5 années). L'agence peut résilier le contrat en cas de manquement grave. En outre, elle est amenée à fixer les principes de l'action sociale et médico-sociale.

Ces missions ont été élargies par la loi du 5 juillet 2011 relative aux droits et à la protection des personnes faisant l'objet de soins psychiatriques et aux modalités de leur prise en charge. Désormais, elles sont aussi chargées de veiller à la qualité et à la coordination des actions de soutien et d'accompagnement des familles et des aidants des personnes faisant l'objet de soins psychiatriques menés par les établissements de santé et les associations ayant une activité en ce domaine. Cela passe notamment par l'établissement, dans chaque territoire de santé, d'un dispositif de réponse aux urgences psychiatriques (CSP, art. L. 3221-4-1, L. 3222-1 s.).

Sur le plan financier, l'agence a retrouvé les compétences de l'ARH. Son directeur général peut aussi réduire les dotations, les moduler, etc. Les ARS sont dotées d'un ensemble de missions très diversifié : elles constituent un espace d'observation de la région en s'appuyant sur les observatoires régionaux de santé et doivent contribuer à l'organisation de la réponse aux urgences sanitaires et à l'ensemble des situations de crise sanitaire. Ces compétences s'exercent en tenant compte des spécificités de la région. Enfin, on signalera qu'elles contribuent à l'évaluation de la formation des professionnels de la santé, à la répartition territoriale de l'offre de soins, et doivent favoriser l'accès aux soins de santé et aux services psychosociaux des personnes en situation de précarité. Elles peuvent même désormais conclure avec un médecin spécialisé en médecine générale un contrat de praticien territorial lui permettant de percevoir une rémunération complémentaire s'il s'engage à exercer pendant une certaine durée la médecine générale dans une zone définie par l'ARS caractérisée par « une offre médicale insuffisante ou des difficultés dans l'accès aux soins » (LFSS 2013, art. 46). Ces très vastes domaines d'intervention conduisent inévitablement à la constitution d'une autorité régionale qui dépasse le simple cadre d'exécution d'une politique nationale et englobe clairement les trois types d'organisations en ce domaine pour fédérer finances de l'État, finances sociales et finances locales.

Elles disposent financièrement notamment, depuis 2012, du Fonds d'intervention régional (FIR) créé par la LFSS 2012 dont l'objectif initial a été de financer des actions et des expérimentations en matière de performance, de qualité ou de coordination des soins, de prévention de la santé... (sa gestion comptable et financière est confiée au plan national à la CNAMTS avec une gestion des crédits pouvant être déléguée en partie aux ARS). Ce fonds met en commun les dotations relatives aux soins ambulatoires et en établissement de santé, le Fonds d'intervention pour la qualité et la coordination des soins (Fiqcs) ou encore une partie du Fonds de modernisation des établissements de santé publics et privés (Fmespp)... Ce dernier, alimenté financièrement par les régimes obligatoires d'assurance maladie, se voyant réorienté (LFSS 2013, art. 73-VII), donc hors FIR, vers le financement de projets dits d'envergure nationale au profit des établissements de santé (en l'espèce, en 2013, en faveur de la réorganisation des SAMU).

Sur le plan de son régime financier, l'ARS est désormais soumise au RGBCP de 2012.

Un décret du 31 mars 2010 a défini l'organisation budgétaire de l'ARS, les modalités d'adoption du budget, le rôle et la place de l'agent comptable..., le contrôle financier étant exercé par le directeur régional des finances publiques et coordonné par le contrôleur budgétaire et comptable du ministère chargé de la Santé.

B. La mise en œuvre dans le secteur hospitalier

788 C'est dans le secteur hospitalier que l'impact de l'ONDAM est le plus direct, à la fois parce que les dotations de la Sécurité sociale sont versées à des institutions, et non à des particuliers, parce que ces dotations représentent près de 90 % des ressources hospitalières et parce que, sur le plan institutionnel, le secteur hospitalier est désormais placé sous la tutelle des **agences régionales de la santé (ARS)**. Il convient d'examiner l'évolution des principes du financement de ce secteur (**1**), les deux sous-objectifs sous-tendant ce financement (**2**) dans un espace sectoriel marqué par l'apparition des communautés hospitalières territoriales (**3**).

1. L'évolution des principes du financement

789 Jusqu'à la loi de financement pour 2004, le secteur public (établissements publics de santé et établissements privés à but non lucratif ayant choisi d'être soumis au même régime) était financé par une dotation globale (versées par les caisses d'assurance maladie) qui avait remplacé, en 1983, le système dit du prix de journée, jugé laxiste ; mais cette dotation globale n'avait, en pratique, que peu de liens avec l'activité médicale réelle des établissements. De leur côté, les « cliniques privées » se voyaient appliquer un système différent, fondé sur l'attribution d'un tarif à la journée et d'un forfait fixés, établissement par établissement, par le directeur de l'ARS sur la base d'un tarif national convenu entre l'État et la fédération des cliniques privées au vu d'un objectif quantifié national (OQN) fixé annuellement par l'autorité ministérielle à la suite de l'adoption de l'ONDAM (auquel la loi de financement ne fixait pas à l'époque de sous-objectifs).

La loi de financement pour 2004 a modifié le dispositif en posant deux principes qui, cependant, ne sont encore que des objectifs.

Le premier est celui de la « **tarification à l'activité** » **(T2A)** : le financement par la Sécurité sociale d'un établissement doit dépendre de son activité médicale réelle (mais un même service doit être financé au même niveau), de façon, notamment, à faire prévaloir des considérations de bonne gestion (en permettant notamment que les établissements qui offrent des tarifs moindres gardent la différence entre leurs coûts et la dotation allouée) ; mais cette tarification à l'activité n'est que partielle (elle ne concerne que certaines activités et certains établissements) et, dans les secteurs concernés, n'est mise en œuvre que de manière progressive ; en fait, l'objectif était une application totale en 2012 (avec un taux de 50 % dès 2007-2008) ; or, cette mise en œuvre fut très progressive avec des reports de délai ; la loi de financement de la Sécurité sociale pour 2013 a ainsi reporté au 1er mars 2015 cette mise en œuvre pour ce qui est des ex-hopitaux locaux mais tout en confirmant la nécessité de cet objectif.

Dans le prolongement de ce processus, la facturation directe et individuelle des actes et consultations externes et des séjours auprès de l'assurance maladie devrait être généralisée au plus tard le 1er mars 2016.

Le second principe était celui de l'**identité de traitement entre secteur public et secteur privé** pour les établissements ayant une activité médicale identique, de façon à faire prévaloir la neutralité du régime juridique et la collaboration entre les deux secteurs ; mais cette ***convergence*** « intersectorielle » était difficile à réaliser en raison des différences de situations et des modes actuels de calcul (les honoraires des praticiens exerçant en clinique privée sont, à la différence de ceux du secteur public, encore inclus dans l'enveloppe « soins de ville ») ; la mise en œuvre fut donc là aussi progressive – le principe étant là aussi une convergence totale en 2012 avec taux de 50 % en 2008 ; cette échéance fut reportée en 2009 par les autorités ministérielles compétentes à 2018 ; la LFSS pour 2013 y met fin au travers de son article 59 en supprimant les dispositions afférentes de la loi de financement de la Sécurité sociale pour 2004, pour ce qui est de la convergence en milieu hospitalier (ce qui laisse celle-ci subsister pour ce qui est des établissements médico-sociaux, des unités de soins de longue durée, des Ehpad).

Existe un troisième principe : celui de l'uniformisation des tarifs sur l'ensemble du territoire ; il peut, évidemment, être discuté compte tenu des différences de coût selon les zones géographiques. Or, cette uniformisation paraît pouvoir être remise en cause, non en raison de questions de coût, mais dans le souci du respect de l'ONDAM, puisque le législateur a introduit la possibilité d'une minoration des tarifs nationaux des prestations d'hospitalisation, et ce, selon un coefficient fondé sur la catégorie d'établissement, après avis du comité d'alerte sur l'évolution des dépenses d'assurance maladie, ce qui devrait permettre à l'État de constituer une sorte de réserve de précaution (LFSS 2013, art. 60). Le Conseil constitutionnel n'y a pas vu d'atteinte au principe d'égalité ni aux principes fondamentaux de la Sécurité sociale (Cons. const. 13 déc. 2012, 659 DC, cons. 68 et 69).

2. Deux sous-objectifs

790 Compte tenu de l'état actuel des principes et de leur réalisation, les modalités de financement conduisent, en matière hospitalière, à distinguer dans l'ONDAM deux sous-objectifs qui sont en 2015 équivalents aux niveaux de 2013, ce qui en soi traduit déjà un effort important de maîtrise des dépenses, sachant que les hôpitaux sont appelés à participer à l'effort de réduction de la dépense publique de 3 Mds € d'ici à 2017 (sur un total de 10 Mds imposés au secteur de la santé) et sont aussi victimes d'emprunts « toxiques » amenant, à l'instar des collectivités locales, à l'organisation par l'État d'un soutien particulier et à un encadrement juridique de leur faculté d'emprunter.

Le premier (près de 57 Mds € en 2015) est celui des « établissements de santé tarifés à l'activité » qui, en réalité, ne sont que partiellement soumis à la T2A, et ce pour deux raisons.

La première est que la tarification à l'activité ne concerne que certains secteurs qui sont, actuellement, la médecine, la chirurgie et l'obstétrique (MCO). Pour ces activités, est donc prévu un objectif de dépenses MCO (ODMCO) qui met en œuvre le « noyau dur » de la réforme en appliquant les critères de l'activité médicale.

Il s'agit principalement d'un tarif par séjour pour les courts séjours en MCO, établi à partir d'un Programme de médicalisation des systèmes d'information (PMSI), recueil d'informations administratives et médicales permettant de déterminer, au plan national, des groupes homogènes de malades (GHS) avec tarifs moyens et suppléments (avec ou sans hébergement). S'y ajoute le paiement d'un tarif pour les activités et actes qui n'impliquent pas de séjour (consultations externes, hospitalisation à domicile, une partie des urgences, etc.) et le paiement de certains médicaments et dispositifs médicaux spéciaux.

Le principe est que la tarification, établie au plan national, est désormais commune aux secteurs public et privé, mais compte tenu du caractère progressif de la réforme (v. ci-dessus), les modalités pratiques de financement varient.

Les établissements du secteur public perçoivent une dotation de financement directement versée en application des tarifs MCO, à laquelle s'ajoute provisoirement une dotation annuelle complémentaire calculée forfaitairement mais dégressive et destinée à s'éteindre en 2012 (date à laquelle demeureront certains forfaits annuels). Les établissements du secteur privé perçoivent une dotation calculée sur la base du tarif national MCO mais affectée de « coefficients correcteurs » (modulables par le directeur de l'ARS) tenant compte de la localisation géographique, de la période transitoire de la réforme et de la « haute technicité » de certaines activités (critère mis en voie d'extinction à partir de 2007).

Le Conseil constitutionnel a pu préciser dans sa décision 584 DC du 16 juillet 2009 « qu'aucune exigence constitutionnelle ne garantit l'autonomie de gestion des établissements publics de santé ». Par ailleurs, la loi du 21 juillet 2009 impose la certification des comptes de ces établissements. L'originalité est ici de pouvoir faire assurer cette prestation par un commissaire aux comptes ou la Cour des comptes ; toutefois, la disposition prévoyant que les modalités de cette certification feraient l'objet d'une coordination par la Cour des comptes a été censurée par le Conseil, le législateur ayant méconnu l'étendue de sa compétence en ne fixant pas « l'étendue et les limites de ce pouvoir ».

De la même façon, il a censuré l'article 16 d'une loi d'août 2011 modifiant la loi de 2009 s'agissant de dispositions complétant le Code des juridictions financières : d'une part, la certification des comptes confiée à la Cour qui aurait dû correspondre aux établissements dont le total des produits du compte de résultat principal serait supérieur à 700 M €, d'autre part, une possibilité de délégation de cette certification aux chambres régionales des comptes, ce qui aurait été un élément relativement nouveau, enfin, l'obligation qui aurait été imposée à la Cour des comptes d'établir un rapport annuel faisant état de l'ensemble de ses vérifications opérées en matière de certification avec de plus une synthèse des rapports de certification des comptes des autres établissements et *in fine* la formulation d'un avis sur la qualité d'ensemble des comptes des établissements publics de santé soumis à certification. Le Conseil constitutionnel a estimé « que ces dispositions qui », parmi d'autres, « ne présentent pas de lien avec les dispositions de la proposition de loi initiale ont été adoptées selon une procédure contraire à la Constitution » (4 août 2011, 640 DC, cons. 32) ; on notera que cette certification qui devait commencer à partir du premier exercice suivant un délai de 4 années à compter de la publication de la loi aurait dû voir cette échéance être repoussée et s'appliquer au plus tard sur les comptes de l'exercice 2015, précision censurée elle aussi.

La seconde raison est qu'indépendamment de l'activité médicale de chaque établissement, il faut tenir compte des charges de service public assurées par cet établissement. On prévoit donc une « enveloppe MIGAC » (missions d'intérêt général et d'aide à la contractualisation) qui dépasse 10 % de l'enveloppe consacrée aux « établissements de santé tarifés à l'activité » et qui, déconnectée de l'activité médicale, est principalement attribuée aux fonctions d'intérêt général (recherche, enseignement universitaire, activités d'urgence et de prévention, soins à certaines « populations spécifiques », etc. : la liste en est fixée par décret). Bien qu'elle puisse bénéficier aussi bien aux établissements publics qu'aux établissements privés, cette dotation concerne principalement (en tout cas pour l'instant) le secteur public et permet de moduler de façon éventuellement sensible le degré d'application de la T2A et de convergence entre les deux secteurs.

Cette enveloppe MIGAC est répartie en dotations régionales assorties de fléchages sectoriels puis répartie entre établissements par le directeur de l'ARH (devenant l'ARS).

Le second sous-objectif (de l'ONDAM) consacré aux hôpitaux (20 Mds € en 2015) concerne les « autres dépenses relatives aux établissements de santé » qui restent, elles, soumises au système antérieur à la réforme de 2004-2005. Certains services ou établissements du secteur public (soins de longue durée, psychiatrie, hôpitaux locaux, service de santé des armées, etc.) demeurent donc soumis au régime de la dotation globale.

Une dotation annuelle de financement est ventilée en enveloppes régionales limitatives puis répartie, sur le fondement de plusieurs critères, entre établissements par le directeur de l'ARS. Elle est destinée à des missions d'intérêt général (6,3 Mds € en 2015).

De même les cliniques privées restent, pour leurs activités hors T2A (soins de suite et de réadaptation, psychiatrie, etc.) sous le régime des tarifs (à la journée ou à la prestation) négociés (nationalement) sur la base d'un objectif quantifié national (OQN).

3. L'émergence des communautés hospitalières de territoire

791 L'un des apports importants à la politique de rationalisation de la gestion territoriale de la santé est à l'évidence l'émergence des communautés hospitalières de territoire (CSP, art. L. 6132-1 s.) ;

celles-ci peuvent être constituées sur la base d'une convention de communauté hospitalière de territoire entre des établissements publics de santé et permettent de gérer en commun un ensemble d'activités et de fonctions et opérer des transferts de compétences autour d'un projet médical de territoire. De plus, des établissements de santé privés d'intérêt collectif pourront conclure pour un ou plusieurs objectifs soit avec un établissement public de santé soit avec une communauté hospitalière des accords en vue de leur association et de la réalisation des missions de service public. Ces conventions doivent être approuvées par le directeur général de l'ARS après avis des représentants de l'État. Leur mise en place peut même être demandée par le directeur général de l'ARS. Elles étaient prioritairement soutenues sur le plan financier par une allocation des crédits du Fonds de modernisation des établissements de santé publics et privés ; celui-ci a été remplacé depuis 2012 au niveau local par le Fonds d'intervention régional (FIR), auquel la LFSS fixe un objectif 2015 de 3,1 Mds € (lequel est prévu pour la période 2013-2022). La convention de communauté hospitalière de territoire doit préciser les modalités d'établissement des comptes combinés de la dite communauté qui doivent être établis dans un délai qui ne peut être supérieur à trois ans suivant la création de la communauté, l'établissement « support » chargé de l'établissement de ces comptes, comptes devant comprendre un bilan combiné, un compte de résultat combiné et une annexe explicative (CSP, art. L. 6132-29 ; Décr. 23 févr. 2011, n° 2011-206).

Exemple : communauté hospitalière du Grand Clermont regroupant six établissements publics pour 3032 lits, fondée sur un projet médical de territoire et l'intégration, des systèmes d'information hospitaliers (2011).

C. La mise en œuvre dans le secteur médico-social

792 La part de l'ONDAM affectée aux « dépenses en établissements et services consacrés » au secteur médico-social (17,9 Mds € en 2015) est beaucoup plus faible que celle consacrée aux autres secteurs car le financement des services médico-sociaux est très largement

assuré par les collectivités locales et l'État, la Sécurité sociale (assurance maladie) ne lui apportant ici qu'une « contribution ».

Cette contribution est répartie en deux sous-objectifs de l'ONDAM (personnes âgées/personnes handicapées) qui sont transférés à la Caisse nationale de solidarité pour l'autonomie (établissement public créé par une loi du 30 juin 2004), qui lui ajoute sa propre part, l'ensemble constituant l'Objectif général des dépenses médico-sociales. Le tout est ensuite réparti en dotations régionales (limitatives) puis en dotations départementales ; les tarifs et dotations qui en résultent sont ensuite notifiés par le préfet de département aux services et établissements sociaux et médico-sociaux.

Les crédits de la CNSA (près de 22 Mds € en 2015) sont habituellement répartis entre le plan d'aide publique à l'investissement (PAI), les établissements sociaux ou médico-sociaux, les établissements accueillant principalement des personnes âgées et les maisons pour l'autonomie et l'intégration des malades d'Alzheimer, les personnes handicapées, etc. Certains crédits sont affectés aux ARS (ex. pour la prise en charge et l'accompagnement des personnes âgées ou handicapées). On notera que, le CNSA connaît un épuisement progressif de ses réserves, étant déficitaire depuis plusieurs années.

D. La mise en œuvre dans la médecine de ville

793 Deux sous-objectifs structurent cette mise en œuvre : les dépenses de soins de ville (**1**) et celui relatif aux soins de ville (**2**).

1. Le sous-objectif « dépenses de soins de ville »

794 Celui-ci est à la fois le plus important et toujours en croissance (83 Mds € en 2015) et, probablement, le plus délicat à mettre en œuvre en raison, à la fois, de la multiplicité et de la variété des personnels de santé concernés (à peu près 300 000 membres des professions médicales, près d'un million de membres des professions paramédicales), des principes résultant du système français de soins (notamment le libre choix par le patient du professionnel) et du fait que l'attributaire direct des financements est, ici, le patient (ou ses ayants droit), dont les droits sont directement fixés par la réglementation ; aussi la régulation du système nécessite-t-elle d'emprunter la « voie réglementaire » permettant de limiter les prescriptions de soins et les droits à remboursement de l'assuré à

partir d'enveloppes de dépenses estimées ; ajustement d'autant plus difficile à réaliser que l'on s'efforce d'assurer une maîtrise non pas ou pas exclusivement comptable mais si possible « médicalisée », c'est-à-dire prenant en compte, au moins pour partie, les exigences médicales, ce qui n'est guère compris par le corps médical confronté à certaines réformes gestionnaires (ex. généralisation du tiers payant)., alors même que des mécanismes de soutien ont été progressivement institués comme la Rémunération sur Objectifs de santé publique (ROSP), le contrat de praticien territorial de médecine générale.

Ce sous-objectif a connu une forte croissance au cours de ces dernières années essentiellement en raison de la forte augmentation des honoraires libéraux.

2. Le sous-objectif « soins de ville »

795 Ce sous-objectif est actuellement scindé en deux parts.

La première, concernant pour l'essentiel le remboursement des honoraires des professions de santé (dont ceux intervenant en clinique privée), et les transports sanitaires, est constitué d'un « objectif de dépenses déléguées » (ODD) à l'Union nationale des caisses d'assurance maladie (UNCAM) instituée par la loi du 13 avril 2004, réunissant les caisses nationales de la branche maladie (travailleurs salariés, travailleurs non-salariés, mutualité sociale agricole) et coiffant des unions régionales des caisses d'assurance maladie (URCAM), créées en 1996 pour coordonner l'action au niveau régional (existe également une Union nationale des organismes d'assurance maladie complémentaire). C'est à l'UNCAM que revient le soin de fixer la nomenclature et le tarif des actes remboursables ainsi que les « parcours de soins » requis (le ministre de la Santé n'ayant plus, depuis 2004, qu'un pouvoir d'opposition) ; la méthode applicable est la voie conventionnelle (accords à conclure avec les différentes catégories de professions de santé), qui a succédé (depuis la loi de financement pour 2000) à une méthode plus autoritaire, qui avait échoué.

Le système antérieur était fondé, notamment, sur une obligation de reversements d'honoraires, qui avait été (en partie) condamnée par le Conseil d'État (26 juin 1988, *Confédération des syndicats médicaux français* ; 3 juillet 1998,

Syndicat des médecins de l'Ain), puis par le Conseil constitutionnel (18 déc. 1998, 404 DC).

La seconde part, concernant notamment les médicaments et les indemnités journalières pour arrêt de travail, continue de relever directement de l'État en raison du poids des enjeux et des interlocuteurs.

Les réformes diverses adoptées ces dernières années (par exemple en cherchant à favoriser les médicaments génériques mais aussi par la réduction des taux de prise en charge, la baisse de certains tarifs...) ont conduit à une certaine maîtrise de ces postes des indemnités journalières notamment pour arrêt maladie.

Il est à signaler que les agences régionales de la santé doivent contribuer à la mise en œuvre d'un service unique d'aide à l'installation des professionnels de santé et doivent veiller à la répartition territoriale de l'offre de soins (sur la base des mesures énoncées à CSP, art. L. 1434-7).

SECTION 3
LE RÉGIME FINANCIER DES ORGANISMES DE SÉCURITÉ SOCIALE

796 Le régime financier des organismes de Sécurité sociale dépend de leur nature juridique. Certains d'entre eux, dont les caisses nationales du régime général sont des établissements publics administratifs nationaux soumis, en conséquence, à un régime de droit public, emportant notamment application du règlement général de comptabilité publique et contrôle juridictionnel de la Cour des comptes sur les comptes de l'agent comptable. Leur régime financier connaît cependant quelques particularités, tenant notamment à l'impossibilité d'établir un véritable budget pour les opérations correspondant aux risques gérés (qui font l'objet d'un simple état de prévisions) et à l'existence de nombreuses affectations : les caisses nationales gèrent, en effet, des « fonds », c'est-à-dire des individualisations financières et comptables, souvent subdivisées en « sections » (distinguant notamment les catégories de bénéficiaires), ces « fonds » ou « sections » constituant des « gestions »

(une quarantaine pour le régime général) qui obéissent à la règle d'affectation (de certaines recettes à certaines dépenses) et, lorsqu'il s'agit des risques gérés, au principe d'équilibre.

L'organisation administrative et budgétaire des caisses nationales du régime général a été modifiée en 1996. Elles sont administrées par un conseil d'administration (où la représentation des employeurs et des salariés n'est pas exclusive mais est redevenue paritaire), flanqué d'un conseil de surveillance, qui est présidé par un parlementaire (et examine notamment les conditions de mise en œuvre des conventions d'objectifs et de gestion). Le directeur est nommé par décret en Conseil des ministres. Si la caisse a signé avec l'État une convention d'objectifs et de gestion, les actes budgétaires ne sont plus soumis à approbation préalable mais deviennent exécutoires vingt jours après leur transmission aux ministres de tutelle (Finances/Sécurité sociale), sauf opposition motivée de l'un d'eux. Elle est soumise au contrôle économique et financier (v. ss 382), qui doit apposer un visa préalable sur les actes les plus importants, un désaccord persistant étant tranché par le ministre du Budget. Un décret du 7 avril 2009 a réformé le régime des comptes.

Cependant, la grande majorité des caisses de Sécurité sociale, en particulier toutes les caisses de base du régime général (v. ss 737), sont des organismes mutualistes de droit privé (dont les nouveaux modèles de statuts ont été fixés par des arrêtés du 28 nov. 1996). La mission de service public et les prérogatives de puissance publique dont elles sont investies, de même que leur rattachement fréquent à un établissement public national, ont cependant conduit à leur appliquer un régime très proche de celui du droit public, qu'il s'agisse de l'élaboration (**§ 1**), de l'exécution (**§ 2**) ou du contrôle (**§ 3**) des budgets.

§ 1. L'élaboration des budgets

797 Certaines opérations, celles qui correspondent aux risques gérés (maladie, accidents du travail, vieillesse, événements familiaux), ne peuvent faire l'objet d'un véritable budget, au sens d'acte d'autorisation préalable (v. ss 69), puisque les dépenses (ou les recettes pour l'Urssaf) dépendent d'événements ou de prescripteurs extérieurs ; elles font donc l'objet de simples **états de prévisions**.

En revanche, d'autres opérations font l'objet de véritables actes budgétaires qui n'obéissent cependant pas aux principes d'unité et d'universalité car existent plusieurs **budgets distincts** (gestion administrative, action sanitaire et sociale, prévention, contrôle médical, opérations en capital...) correspondant chacun à une « gestion » (fonds ou section de fonds) de la caisse nationale de rattachement.

L'ensemble est préparé annuellement par le directeur de la caisse dans le cadre du contrat pluriannuel de gestion passé avec la caisse nationale qui, responsable de la branche qu'elle gère, alloue les moyens et peut prescrire aux caisses de base les mesures nécessaires à l'équilibre.

Les budgets doivent être votés avant le 1er janvier par le conseil d'administration, faute de quoi il pourrait être établi d'office par l'autorité de tutelle (on appliquerait, en attendant, un système inspiré de celui des douzièmes provisoires : v. ss 262).

La composition du conseil d'administration a, s'agissant du régime général, été modifiée par l'ordonnance 96-344 du 24 avril 1996, qui y a rétabli la parité de représentation entre salariés et employeurs (s'y ajoutent des personnalités qualifiées et des représentants de la mutualité ou des associations familiales).

Ces budgets doivent être soumis à l'approbation de l'autorité de tutelle qui, pour la plupart des régimes (dont le régime général) est, depuis 1994, la caisse nationale, l'autorité ministérielle compétente n'intervenant qu'en cas de carence de ladite caisse nationale (ou pour certains régimes à caractère particulier).

L'autorité de tutelle peut, par ailleurs, inscrire d'office un crédit pour dépense obligatoire et ordonner d'office une dépense ou une recette obligatoires, sans préjudice de quelques procédures particulières permettant de s'opposer, provisoirement ou définitivement, à certains actes à incidence financière. Au sens de l'article L. 153-1 du CSS, l'autorité compétente de l'État est le préfet de région. S'agissant des budgets des établissements de santé gérés par les organismes de Sécurité sociale, il s'agit du directeur de l'agence régionale de la santé et, pour ce qui est des établissements sociaux et médico-sociaux, du préfet du département.

Le préfet de région peut ainsi suspendre, jusqu'à intervention de l'autorité de tutelle, un acte de nature à compromettre l'équilibre financier du risque géré ; il notifie la suspension à la caisse concernée qui, si elle maintient sa décision, saisit la Caisse nationale compétente ; l'autorité de tutelle peut, dans certains régimes autonomes, annuler les décisions qui entraînent un dépassement de crédits ou compromettent l'équilibre ; dans les régimes de base, l'autorité préfectorale ou ministérielle peut s'opposer à l'octroi d'un avantage financier à un organisme non soumis à la comptabilité publique (v. CSS, art. L. 151 s. ; L. 153-1 s. ; L. 281-2 ; R. 151-1 s. ; R. 153-1 s. ; R. 226-1 s. ; R. 281-1 ; R. 611-108 ; R. 633-55 s.).

§ 2. L'exécution des budgets

798 L'exécution des budgets obéit à des règles qui, rénovées à partir de 1993 ont été alors largement calquées sur les dispositions du règlement général de comptabilité publique de 1962, qu'il s'agisse des agents (**A**) ou des opérations (**B**) d'exécution.

V. CSS, art. L. 122-1, R. 122-1 s., R. 123-48 s., D. 253-1 s., D. 613-1 s. et D. 623-1 s.

A. Les agents d'exécution

799 Les caisses connaissent la distinction entre un ordonnateur (le directeur de la caisse, assisté d'un certain nombre d'agents de direction) et un agent comptable qui, tous deux, sont désignés par le conseil d'administration et agréés par l'autorité préfectorale ou ministérielle, qui peut ultérieurement retirer son agrément.

Dans la plupart des caisses, l'agrément est donné par le préfet de région (après avis du directeur départemental des finances publiques concerné pour l'agent comptable) et retiré par le ministre des Affaires sociales (conjointement avec le ministre du Budget pour l'agent comptable). Pour les caisses nationales (de statut privé), le ministre des Affaires sociales agrée et retire l'agrément des directeurs, et agit conjointement avec le ministre du Budget pour l'agent comptable. Le retrait d'agrément « entraîne de plein droit cessation des fonctions pour lesquelles l'agrément avait été accordé » et ne peut être prononcé qu'« après que l'intéressé et l'organisme qui l'emploie ont été, par la communication des motifs de la mesure envisagée, mis à même de présenter leurs observations » (CSS, art. R. 123-50). Pour toute la Mutualité sociale agricole, le ministre de l'Agriculture agit tantôt seul (pour les directeurs), tantôt conjointement avec le ministre du Budget (agent comptable). Un régime particulier est prévu pour les URCAM (CSS, art. L. 183-3).

Conformément au schéma classique, le directeur a, sous réserve de délégations de signature à des ordonnateurs délégués, seule compétence pour ordonner les dépenses et les recettes (ainsi que les poursuites), tandis que l'agent comptable, placé sous l'autorité du directeur, a pour mission, sous sa propre responsabilité, d'assurer l'ensemble des opérations financières de l'organisme (CSS, art. R. 122-4) et de contrôler la régularité des opérations et manier les fonds, sous réserve de l'existence d'agents agissant (au moins en partie) sous son contrôle et sous sa responsabilité.

Le comptable doit désigner des fondés de pouvoir (agréés par le conseil d'administration) et peut désigner des responsables de centres agréés (ainsi que des agents de vérification), agissant sur sa délégation, tandis que le directeur peut désigner, avec accord du comptable, des régisseurs d'avances et/ou de recettes, l'ensemble de ces agents agissant à la fois sous leur responsabilité personnelle et celle du comptable puisqu'ils doivent déposer un cautionnement et peuvent voir leur responsabilité propre engagée (v. ss 430).

Conformément à une situation fréquente dans les établissements publics, la séparation entre ces deux catégories d'agents est souple et n'assure pas toujours une pleine indépendance statutaire du comptable puisque ce dernier, salarié de la caisse, est placé « sous l'autorité administrative du directeur » et peut se voir confier par ce dernier « toute mission compatible avec ses attributions », en particulier pour un contrôle conjoint de la caisse (il établit, par ailleurs, un compte financier commun à l'ordonnateur et au comptable).

Mais l'indépendance fonctionnelle est tout aussi certaine puisque c'est sous sa responsabilité personnelle et pécuniaire que l'agent comptable est chargé d'accomplir les opérations.

B. Les opérations d'exécution

800 Les opérations d'exécution ne révèlent d'originalité véritable que pour la trésorerie ; seront successivement examinées les questions relatives à la dépense (**1**), à la recette (**2**), à la trésorerie (**3**), à la comptabilité (**4**) et à la lutte contre la fraude (**5**).

1. La dépense

801 Celle-ci est conforme au schéma habituel et comporte, sauf procédures spéciales de paiement avant mandatement pour les dépenses courantes, deux phases : la phase administrative débute par un engagement qui relève, en principe, de l'ordonnateur mais qui, pour les risques gérés, dépend, s'agissant de l'engagement juridique, de décisions ou d'événements extérieurs à la Sécurité sociale (tout particulièrement des prescriptions médicales) ; cette phase administrative se poursuit, plus classiquement, par la liquidation et le mandatement par l'ordonnateur. La phase comptable, avant d'aboutir au paiement, débute par le traditionnel contrôle de régularité (régularité budgétaire, validité de la créance, caractère libératoire du règlement) exercé par le comptable, et susceptible de déboucher sur une suspension de paiement, éventuellement suivie, sauf dans les cas les plus graves, d'un ordre de réquisition adressé au comptable par le directeur.

L'ordre de réquisition engage alors la responsabilité, personnelle et pécuniaire, du directeur devant le conseil d'administration (qui en est averti). La réquisition est impossible lorsqu'il y a eu opposition entre les mains du comptable, contestation de la validité de la créance, absence de service fait, insuffisance de crédits, suspension ou annulation par l'autorité de tutelle de la décision du conseil d'administration servant de base à la dépense (CSS, art. D. 122-5 s.).

On relèvera, par ailleurs, que, les caisses étant des organismes de droit privé, elles pourraient, au moins en principe, se voir appliquer les voies d'exécution de droit commun pour le paiement de leurs dettes.

2. La recette

802 Elle obéit, lorsqu'elle concerne les cotisations et les impositions perçues de façon similaire (CSG et CRDS sur les revenus d'activité et de remplacement : v. ss 753 s., le versement de transport collecté par l'Urssaf), à un régime particulier, et régalien (exposé ss 750). Pour les autres créances, le directeur a non seulement le pouvoir d'émettre un ordre de recette (ou un visa en tenant lieu), dont le contrôle et le recouvrement amiable incombent au comptable, mais est « seul chargé » du recouvrement contentieux, qui est effectué sur le fondement d'un titre exécutoire émis par lui mais poursuivi selon les règles du droit commun.

Comme dans toutes les collectivités publiques subordonnées, l'agent comptable est, par ailleurs, tenu à une obligation de vigilance et de diligences, l'obligeant à demander le recouvrement des titres de créance déposés auprès de lui.

Le régime du tiers payant a été réformé par la loi de financement de la Sécurité sociale pour 2007 (art. 25) au niveau du recours subrogatoire en rendant plus difficile sa mise en œuvre (demande par poste et ventilation par chefs de préjudice subis par la victime, priorité de la victime vis-à-vis du tiers responsable par rapport au tiers payeur, à l'exception, semble-t-il des accidents du travail et des maladies professionnelles, circ. min. justice 22 févr. 2007).

Par ailleurs, désormais c'est la CNAM qui est en charge de la gestion des créances et dettes internationales de sécurité sociale (Décr. 2015-223 du 26 févr. 2015).

3. La trésorerie

803 La trésorerie dont les opérations et la garde relèvent, dans chaque caisse, de la compétence du seul comptable, obéit, s'agissant du régime général de Sécurité sociale, à un statut spécial, dérogeant au principe d'unité de la trésorerie publique (Décr. 21 juill. 2009 relatif à la trésorerie des organismes de Sécurité sociale et des organismes en relation avec l'ACOSS, v. ss 737 et désormais le décret du 4 oct. 2012 relatif à la gestion commune de la trésorerie des organismes du régime général par l'Agence centrale des organismes de Sécurité sociale) et reposant sur deux piliers.

L'unité de la trésorerie sociale, réalisée de 1967 à 1987 (en supprimant la liberté de placement des fonds reconnue aux caisses de base depuis les années 1950), a conduit à placer la gestion de tous ces fonds sous l'autorité de l'ACOSS soumise à une convention d'objectifs conclue avec l'État impliquant une renégociation, avec la caisse des dépôts et consignations « pour l'adaptation aux nouveaux enjeux » afin de rechercher des sources de financement élargies (l'ACOSS peut s'appuyer sur l'Agence France Trésor pour l'émission d'emprunts dans le cadre de programmes d'*Euro commercial paper*) (qui a, notamment, pouvoir de donner des instructions et de contrôler les Urssaf : v. ss 737) et à les déposer à la Caisse des dépôts et consignations, auprès de laquelle l'ACOSS dispose d'un compte unique de disponibilités courantes (CDUC), un compte courant central, qui permet, selon les besoins, d'alimenter ou d'écrêter la trésorerie de chaque caisse de base.

Ainsi, l'ACOSS centralise chaque jour le produit des cotisations et contributions encaissé par les organismes chargés du recouvrement (et donc l'Urssaf), alimente en trésorerie ces organismes sur la base d'échéanciers, centralise les excédents et procède sur instruction au règlement des créances et dettes nées entre les organismes et de celles réciproques de ces organismes et des organismes tiers ; enfin, elle notifie le montant des recettes et des dépenses correspondantes aux gestions dont elle a la charge.

La **gestion de la trésorerie sociale** dont le régime est précisé aux articles R. 255-1 s. du Code de la Sécurité sociale, (gestion individualisée, depuis 1994, par branche) permet de faire rémunérer les disponibilités courantes (par la Caisse des dépôts ou, éventuellement, d'autres organismes) et de placer (par l'intermédiaire de la Caisse des dépôts) les « excédents durables » (CSS, art. R. 255-4). En sens inverse, elle peut conduire à recourir, dans la limite des plafonds désormais fixés par la loi de financement et par les conventions conclues avec les bailleurs de fonds, à des avances auprès de la Caisse des dépôts et, à titre complémentaire, du Trésor public. Les intérêts créditeurs et débiteurs fruit des soldes comptables journaliers, la rémunération des disponibilités déposées auprès de l'ACOSS par divers organismes concourant au financement des régimes obligatoires de base ou financés par eux, de fonds comptables ou d'organismes finançant et gérant des dépenses relevant de l'ONDAM et les intérêts issus de la gestion de trésorerie par l'ACOSS donnent lieu désormais à une inscription spécifique dans les comptes de l'ACOSS. Au terme de l'exercice, le solde afférent revient aux branches et constitue un produit financier pour celles-ci (CSS, art. R. 255-7). La CDC est tenue à une transmission quotidienne à l'ACOSS de la situation des opérations effectuées sur ses comptes.

Les relations de trésorerie entre l'ACOSS et la Caisse des dépôts étaient régies par une convention de 1980, puis de 2001, de 2006, elle-même modifiée par une convention du 16 juillet 2009...

Sur les modalités de mise en œuvre de cette gestion, v. CSS, art. D.225 s. ; les fonds des organismes peuvent être déposés sur des comptes détenus par la CDC ou ses préposés, la Banque de France, ou des établissements de crédit agréés.

Un plafond est défini par chaque LFSS s'agissant des facultés reconnues à l'ACOSS en matière de recherche de ressources.

4. La comptabilité

804 Elle est principalement marquée par trois traits.

D'une part **l'unification du cadre comptable**, concrétisée par l'adoption, à effet de l'année 2002, d'un plan comptable unique des organismes de Sécurité sociale.

Ce plan comptable unique a été approuvé par un arrêté du 30 novembre 2001, en application d'un principe posé par la loi de financement pour 2001 (CSS, art. L. 114-1-1, précisé par l'art. D. 114-1-1 du même code). Un décret du 19 sep-

1. Les contrôles internes

808 Les contrôles internes à chaque caisse sont placés sous la responsabilité du conseil d'administration, auquel le directeur doit soumettre plusieurs rapports et qui doit désigner une commission de contrôle chargée de vérifier (à l'improviste) les opérations du comptable (et de lui faire un rapport annuel).

Ces contrôles avaient été complétés par des contrôles émanant du directeur (y compris sur l'agent comptable), de l'agent comptable ou des deux, appelés de plus en plus à collaborer pour « optimiser et sécuriser » le système (selon les termes du Décr. 28 juin 2003 sur le contrôle interne dans la MSA) ; en particulier, un dispositif informatique commun fut institué en 1993 pour lutter contre la fraude.

Par ailleurs, les caisses doivent contrôler au moins une fois par an les associations ou autres organismes qu'elles financent (CSS, art. L. 177-1).

Par ailleurs, le directeur et l'agent comptable ont désormais l'obligation d'organiser en commun un contrôle interne destiné à maîtriser les risques financiers, directs et indirects (CSS, art. D. 122-7, réd. Décr. 18 oct. 2007).

2. Les contrôles de la caisse nationale sur les caisses de base

809 Initialement limités à certaines matières (opérations immobilières, informatique...), ils ont été (sauf en matière agricole) progressivement accrus puisque les caisses nationales ont été associées aux contrôles de l'État avant de se voir transférer la responsabilité et la tutelle des caisses de leur ressort. Ce contrôle s'exerce la plupart du temps sur pièces (à l'occasion, notamment, du budget et des comptes) mais il peut, à l'occasion, s'exercer sur place ; c'est dans le régime général qu'il est le plus accentué.

Par ailleurs, une autorité administrative indépendante, l'Autorité de contrôle prudentiel et de résolution a été substituée à la Commission de contrôle des mutuelles et des institutions de prévoyance dans sa mission de contrôle des organismes de protection sociale complémentaire.

B. Les contrôles de l'État

810 Outre la surveillance exercée par le Parlement (et exposée ss 781), les contrôles exercés par l'État émanent à la fois de l'autorité administrative (**1**) et de la Cour des comptes ou de ses délégués (**2**), dont les compétences se combinent pour aboutir à l'approbation des comptes (**3**).

On notera le cas particulier des Assedic et de l'Unédic qui, en raison de leurs origines, n'étaient pas intégrés dans un système public complet mais font l'objet de contrôles ponctuels de l'Inspection générale des finances et des comptables supérieurs du Trésor, ainsi que de la Cour des comptes (CJF, art. L. 111-7 et LO 132-2 s.), ce qui avait conduit à développer, à partir de 1988, un système de certification des comptes par des commissaires aux comptes privés. Les Assedic ont fusionné avec l'ANPE pour donner naissance à une institution nationale publique dotée de la personnalité morale et de l'autonomie financière (L. 13 févr. 2008) dénommée « Pôle Emploi » (Décr. 9 mars 2009).

1. Les contrôles par l'autorité administrative

811 Ceux-ci émanent principalement de deux ministères, qui constituent par ailleurs l'autorité de tutelle financière chargée de remplacer parfois les caisses nationales.

Les textes de référence sont le CSS (art. R. 153-9, R. 623-17, R. 611-119, 122 et 123, R. 723-28 et D. 256-1), Décr. 47-2100 du 22 oct. 1947 (art. 97) pour le régime ouvrier, le décret 61-295 du 31 mars 1961 modifié pour le régime agricole.

Le **ministère** chargé des **Affaires sociales** était l'autorité de contrôle de droit commun qui pouvait, notamment, exercer ce contrôle par l'intermédiaire de l'Inspection générale des affaires sociales, dotée d'une compétence particulièrement étendue (qui inclut jusqu'aux régimes complémentaires de retraite), et des services déconcentrés du ministère (directions régionales, placées sous l'autorité du préfet de région). La reconfiguration ministérielle opérée en 2007 prive en partie le ministère de cet attribut.

S'agissant des régimes agricoles, la compétence revient au ministère de l'Agriculture (dont l'Inspection des lois sociales en agriculture).

Le **ministère** chargé des **Finances** avait, lui, une compétence de principe plus réduite mais pouvait exercer son contrôle par l'Inspection générale des finances et, surtout, les comptables supérieurs, agissant directement ou par l'intermédiaire des comités d'examen (v. ss 812). Le redécoupage des compétences ministérielles opéré en 2007 conduit à une modification substantielle des compétences en ce domaine, le ministre chargé du Budget assumant la responsabilité de l'équilibre des comptes sociaux et des mesures de financement de la protection sociale (Décr. 31 mai 2007) et disposant à cet effet, pour l'exercice de ses attributions de l'Inspection générale des affaires sociales.

2. Le contrôle de la Cour des comptes

812 Celui-ci est, en raison du nombre d'organismes concernés (plus d'un millier), principalement exercé (depuis 1961) par l'intermédiaire de **comités d'examen** des comptes. Ces comités, initialement départementaux (CODEC) mais devenus régionaux (ou interrégionaux) en 1999, sont présidés par un administrateur général des finances publiques de région (ou un administrateur de département le représentant), comprennent des représentants des autres ministères concernés (Affaires sociales, Agriculture, Travail) et, placés sous la surveillance de la Cour des comptes, sont, en conséquence, coordonnées par un « comité (national) de pilotage » présidé par le président de la chambre de la Cour des comptes chargée du contrôle (et associant des représentants des ministères concernés). Chaque comité régional (CODER) a tout pouvoir de contrôle sur pièces et sur place (par l'intermédiaire de vérificateurs issus des ministères concernés) et examine la régularité et l'efficacité de la gestion, à partir notamment des comptes (et des rapports des commissions de contrôle désignées par les conseils d'administration) qui doivent lui être remis annuellement. D'une part, il établit un rapport annuel d'ensemble (incluant notamment les points particuliers que la Cour des comptes lui a demandé d'examiner), qui, ajoutés aux résultats des contrôles exercés par les ministres de tutelle (qui doivent être communiqués à la Cour), servira de base au Rapport annuel de la Cour des comptes au Parlement sur la Sécurité sociale (v. ss 400). D'autre part, le comité émet un avis motivé sur chaque compte en vue de son approbation.

Cette **approbation des comptes** de chaque caisse de base associe les principales instances de contrôle. Le compte financier de chaque organisme, établi par l'agent comptable après avoir pris connaissance des rapports de certification (pour ce qui est des comptes concernés), est arrêté par le directeur et puis présenté au conseil d'administration qui l'approuve (sauf vote contraire à la majorité des 2/3 des membres). Il est accompagné du rapport de la commission de contrôle et transmis (avant le 1er avr.) au comité régional d'examen qui, après une procédure contradictoire, émet un avis motivé et détaillé sur l'approbation du compte. Une seconde vérification peut ensuite être effectuée (sur demande ou de sa propre initiative) par la Cour des comptes, dont l'avis se substitue alors à celui du comité départemental. Sur ces bases, le directeur régional des affaires sanitaires et sociales ou, en cas de problème, le ministre chargé de la Sécurité sociale approuve les comptes, un refus d'approbation devant logiquement entraîner la mise en jeu des responsabilités.

Parallèlement à ces processus de contrôle, se déroule une procédure d'agrégation des comptes au niveau national.

Les organismes de base doivent arrêter leurs comptes annuels avant le 31 janvier et les transmettre à l'organisme national dont ils dépendent, qui doit lui-même arrêter les comptes de la branche ou du régime qu'il gère avant le 28 février et les transmettre à la mission comptable permanente, à caractère interministériel, instituée en 2001 pour coordonner l'harmonisation des comptes de la Sécurité sociale.

La LFSS pour 2011 a complété le code des juridictions financières en prévoyant que les membres de la Cour des comptes peuvent demander aux commissaires aux comptes des organismes et régimes de Sécurité sociale (CSS, art. L. 114-8 et L. 135-6) tous renseignements sur les entités dont ils assurent la certification des comptes (dossiers et documents établis en application des dispositions relatives à la profession et au statut des commissaires aux comptes), avec une réciprocité d'information pour ces derniers notamment sur les vérifications opérées (CJF, art. L. 141-3).

3. Le rôle renforcé de la Cour des comptes

813 La Cour a vu son rôle renforcé par plusieurs dispositifs législatifs échelonnés entre 1996 et 2005, notamment par la loi organique de 2005. Le statut désormais constitutionnel des comptes des administrations publiques – ce qui inclue la Sécurité sociale – doit en outre être souligné avec la réforme de 2008 qui a introduit un article 47-2 dans la Constitution aux termes duquel les comptes des administrations publiques sont réguliers et sincères, donnent une image fidèle du résultat de leur gestion, de leur patrimoine et de leur situation financière.

La Cour dispose d'un pouvoir d'enquête renforcé. Elle établit deux rapports annuels dont l'un est accompagné de la **certification des comptes.**

Il s'agit d'abord d'un rapport présentant le compte rendu des vérifications opérées par ses soins en vue de certifier la régularité, la sincérité et la fidélité des comptes des organismes nationaux du régime général et des comptes combinés de chaque branche et de l'activité de recouvrement du régime général relatifs au dernier exercice clos. Ce rapport est remis au Parlement et au gouvernement dès l'arrêt par la Cour, et au plus tard le 30 juin de l'année suivant celle afférente aux comptes concernés. Il s'agit ensuite d'un rapport sur l'application des lois de financement de la Sécurité sociale (CJF, art. LO 132-2-1 s.) qui doit être rendu public par la Cour en septembre. Sur les travaux de certification des comptes de l'État et de la Sécurité sociale (CJF, art. R. 137-1 s. ; Décr. 4 oct. 2007).

La certification des comptes du régime général de Sécurité sociale (compte général et comptes combinés) a été opérée avec soit des impossibilités de certifier (Branche AT/MP en 2012), soit des réserves (cas de tous les régimes en 2013) pouvant être substantielles, soit avec des refus partiels de certification, comme en 2008 (4 refus), 2011 (3 refus).

Sans préjudice de son pouvoir propre d'investigation, elle peut être saisie par les commissions des finances ou les commissions saisies au fond du projet de loi de financement et par les commissions d'enquête du Parlement et les organismes et entreprises qu'elle contrôle. Enfin, son activité habituelle repose sur le recueil d'informations envers les établissements mentionnés à l'article L. 6141-2 du CSP, et ce en liaison avec les chambres régionales des comptes, ainsi que sur un programme trisannuel de travaux établi en liaison avec ces CRC et devant porter, notamment, sur l'évaluation comparative des coûts et des modes de gestion des établissements financés par l'assurance maladie (élément qui sera intégré dans le rapport de la Cour qui accompagne chaque projet de loi de règlement).

Le contrôle de la Cour sur les comptes et la gestion des organismes relevant de l'article L. 134-1 du CJF se fait selon les modalités habituelles sous réserve, s'agissant des organismes de Sécurité sociale, de l'apparition (Décr. 15 mai 2008 et 11 juin 2008) d'un **comité de pilotage** présidé par le président de la chambre de la Cour des comptes compétente et qui associe différents représentants ministériels et qui a en charge à la fois d'animer et de coordonner les contrôles, d'approuver le programme annuel des contrôles de chaque administration et du suivi de l'exécution (inversion intéressante renforçant le rôle et l'autorité de la Cour) d'en arrêter les orientations, les méthodes et de définir les « indicateurs » ayant pour objet de détecter les organismes « dont les performances de gestion paraissent insuffisantes » (CJF, art. R. 134-5 s.). Sur les procédures et le suivi des contrôles : CJF, art. R. 134-8 s.

C. Les responsabilités

814 Les responsabilités financières varient selon les agents en cause. Il faut ici distinguer les instances de direction (1) et l'agent comptable (2).

1. Les instances de direction

815 Ces instances sont partiellement justiciables de la Cour de discipline budgétaire et financière (v. ss 419) qui est, notamment, compétente envers le directeur, les agents administratifs de la caisse et les administrateurs non élus.

En revanche, les administrateurs élus (au conseil d'administration) ne sont pas passibles de la Cour s'ils ne sont pas rémunérés, n'exercent, pas directement ou par délégation, les fonctions de président et agissent dans le cadre des dispositions législatives et réglementaires (CJF, art. L. 312-1).

Par ailleurs, le ministre a la possibilité, en cas d'irrégularités ou de mauvaise gestion ou de carence grave, de suspendre ou dissoudre le conseil d'administration ou de révoquer certains de ses membres (CSS, art. L. 281-3 et R. 281-2).

De son côté, le directeur peut être révoqué, à la fois par l'autorité ministérielle et le conseil d'administration.

2. L'agent comptable

816 Celui-ci est placé sous l'autorité administrative du directeur et encourt une responsabilité personnelle et pécuniaire qui a été, dans toute la mesure du possible, calquée sur celle des comptables des personnes morales de droit public (v. ss 454 s. et CSS, art. R. 122-4 et D. 253-69 s., Décr. 7 avr. 2009).

L'étendue de sa responsabilité est, dans ses grandes lignes, la même que celle des comptables publics mais elle est un peu moins étendue, à la fois quant aux faits, car le comptable n'a pas (sauf délégation du directeur) la charge de recouvrement forcé des recettes et quant aux personnes, car certains responsables financiers (fondés de pouvoir, responsables de centres agréés, régisseurs) ont une responsabilité propre, garantie par une caution, et mise en jeu en même temps et dans les mêmes formes que celles de l'agent comptable. Aucune sanction ne peut être prise contre ce dernier s'il justifie avoir agi en conformité avec les dispositions du décret.

La responsabilité des fondés de pouvoir et responsables de centres agréés est limitée au montant de leur cautionnement (le surplus étant supporté par l'agent comptable) sauf en cas de détournement ou de malversation (CSS, art. D. 253-83 et D. 253-82 ; Arr. 25 nov. 1993). La responsabilité des régisseurs (qui n'est limitée au montant du cautionnement que pour les éventuels régisseurs adjoints) a été calquée sur celle de l'agent comptable (D. 94-962, 2 nov. 1994).

La mise en jeu de la responsabilité est, en raison de l'absence de jugement des comptes, exclusivement administrative, les décisions finales étant prises par le conseil d'administration de la caisse et l'autorité de tutelle. Mais, pour le reste, elle obéit au même schéma et aboutit aux mêmes résultats que pour les comptables publics (v. ss 429 s.).

La procédure peut être déclenchée par plusieurs autorités (conseil d'administration, administrations de tutelle, Cour des comptes) et emporter, avant toute appréciation au fond, des mesures conservatoires (suspension du comptable, obligation de payer les sommes sauf sursis de versement) ou une admission en non-valeur (prononcée par le conseil d'administration après avis conforme du directeur départemental des finances publiques et du directeur régional des affaires sanitaires et sociales). Le conseil d'administration procède alors, sous le contrôle de l'autorité de tutelle, à l'appréciation du compte (débet ou décharge, mais un quitus ne peut être accordé avant approbation de tous les comptes) puis à l'appréciation du comportement du comptable, qui peut déboucher, en cas de force majeure sur une décharge de responsabilité, pour tout autre motif sur une remise gracieuse, ces deux décisions étant soumises à approbation de l'autorité de tutelle au-delà d'un certain montant et supportées par le budget de la caisse. Le paiement des sommes laissées à la charge du comptable est garanti par un cautionnement (dans le cadre d'un barème fixé par Arr. 25 nov. 1993, avec un dispositif pour les fondés de pouvoir et les responsables de centre), que peut remplacer l'adhésion à une association de cautionnement mutuel, qui, ici aussi, n'exclut, ni une assurance, ni le droit pour le comptable qui a couvert de ses deniers le montant du déficit « de poursuivre à titre personnel le recouvrement de la somme correspondante » (CSS, art. D. 253-81). Par ailleurs, on rappellera que l'agent comptable peut être révoqué par l'autorité ministérielle et, probablement, le conseil d'administration.

La Cour des comptes peut demander aux autorités de tutelle de mettre en jeu la responsabilité de l'agent comptable (CJF, art. L. 134-1) ; elle doit être informée de la position adoptée dans le mois de cette décision (CJF, art. R. 134-10).

Le 20 juin 2015

Bibliographie

§ 1. Bibliographie générale

A

Adam (François), Ferrand (Olivier), Rioux (Rémy), *Finances publiques*, 3e éd., Presses de Sciences Po et Dalloz, coll. « Amphi », 2010.

Allaire (Frédéric) (dir.), *Risque économique & Puissance publique. L'émergence de la prévoyance publique économique*, LGDJ-CMH, 2014.

Allix (Edgard), *Traité élaboré de science des finances et de la législation financière française*, Rouseau, 1931.

Arkwright (Edward), Courreges (Cécile), Godefroy (Stanislas), Maigne (Gautier), Vasquez (Manuel), *Les finances publiques*, Doc. fr., coll. Découverte de la vie publique, 7e éd., 2013.

Avril (Pierre), Gicquel (Jean), *Droit parlementaire*, 4e éd., Montchrestien, 2010.

B

Baudu (Aurélien), *Contribution à l'étude des pouvoirs budgétaires du Parlement en France. Éclairage historique et perspectives d'évolution*, thèse, Univ. Toulouse 1, 2008, Dalloz, coll. « Bibliothèque parlementaire et constitutionnelle », 2010.

Benetti (Julie), Groud (Hervé) (dir.), *Les finances publiques nationales et locales face à la crise*, L'Harmattan, 2012.

BEZES (Philippe), DESCAMPS (Florence), KOTT (Sébastien), TALLINEAU (Lucile) (dir.), *L'invention de la gestion des finances publiques. Élaborations et pratiques du droit budgétaire et comptable au XIX*e *siècle (1815-1914)*, Comité pour l'histoire économique et financière de la France, 2010.

BEZES (Philippe), SINE (Alexandre), *Gouverner les finances publiques*, Pr. Sc. Po., 2011.

BLÖNDAL (Jon R.), KRAAN (Dirk-Jan) et RUFFNER (Michael), *La budgétisation aux États-Unis*, OCDE, volume 3, no 2, 2003.

BODIN (Jean), *Les six livres de la République*, 1583.

BOTTIN (Michel), *Histoire des finances publiques*, Economica, coll. « Poche Finances publiques », 1997.

BOUDET (Jean-François), *Institutions financières publiques*, Larcier, 2013

BOUVIER (Michel) (dir.), *Réforme des finances publiques : la conduite du changement*, LGDJ, 2007.

BOUVIER (Michel) (dir.), *La nouvelle administration financière et fiscale*, LGDJ, 2011.

BOUVIER (Michel), ESCLASSAN (Marie-Christine) et LASSALE (Jean-Pierre), *Finances publiques*, 14e éd., LGDJ, 2015.

BUISSON (Jacques), *Finances publiques*, Mémentos Dalloz, 15e éd., 2012.

C

CABANNES (Xavier), *Le principe de l'unité de trésorerie en droit public financier*, LGDJ, coll. « Bibl. sc. fin. », t. 38, 2000.

CABANNES (Xavier), *Finances publiques*, 3e éd., Foucher, 2011.

CATTEAU (Damien), *Droit budgétaire et comptabilité publique*, Hachette, coll. Les Fondamentaux, 2e éd., 2015.

CAUDAL (Sylvie) (dir.), *Les principes en droit*, Economica, coll. « Études juridiques », 2008.

CHENON (Émile), *Histoire générale du droit français public et privé, des origines à 1815*, Sirey, 1926.

CHOUVEL (François), *Finances publiques*, 18e éd., Gualino, coll. « Mémento », 2015, sur le budget de l'État, la comptabilité publique et la loi de financement de la Sécurité sociale ; *L'essentiel des finances publiques*, 16e éd., Gualino, coll. « Les Carrés », 2015.

Comité d'histoire de la Cour des comptes, *Philippe Séguin à la Cour des comptes*, Doc. fr., 2012.

CONAC (Gérard), PRETOT (Xavier) et TEBOUL (Gérard), (dir.), *Le Préambule de la Constitution de 1946. Histoire, analyse et commentaires*, Dalloz, 2001.

CONAN (Mathieu), *La non-obligation de dépenser*, LGDJ, coll. « Bibliothèque de science financière », t. 43, 2004.

CONAN (Mathieu), MUZELLEC (Raymond), *Finances publiques*, 16e éd., Sirey, 2013

CONAN (Matthieu), DOYELLE (Alain), POUJADE (Bernard), RENOUARD (Louis), VACHIA (Jean-Philippe) et VALLERNAUD (Louis), *Code des juridictions financières. Annotations, commentaires, jurisprudence*, Le Moniteur, 3e éd., 2013.

D

DAMAREY (Stéphanie), *Le juge administratif, juge financier*, Dalloz, coll. « Nouvelle Bibliothèque de thèses », 2001.

DELON DESMOULIN (Corinne), DESMOULIN (Gil) (dir.), *La décision financière publique*, LGDJ, coll. « Systèmes », 2013.

DESRAMEAUX (Alexandre), *Finances publiques*, PUF, coll. « Major », 2013.

DJOULDEM (Mohamed), TELLIER (Geneviève), DE VISSCHER (Christian) (Dir.), *Les réformes des finances publiques. Enjeux politiques et gestionnaires*, Bruylant, coll. Finances publiques, 2014,

DUSSART (Vincent), *L'autonomie financière des pouvoirs publics constitutionnels*, éd. CNRS, 2000.

DUSSART (Vincent), mise à jour FOILLARD (Philippe), *Finances publiques*, 14e éd., Paradigme, 2014.

E

ECALLE (François), *Maîtriser les finances publiques*, Economica, 2005.

F

GAIA (Patrick), GHEVONTIAN (Richard), MELIN-SOUCRAMANIEN (Ferdinand), OLIVA (Eric), ROUX (André), PHILIP (Loïc), *Les grandes décisions du Conseil constitutionnel*, 17e éd., Dalloz, 2013.

FROMENT-MEURICE (Anne), BERTUCCI (Jean-Yves), MICHAUT (Christian), SITBON (Patrick) et GROPER (Nicolas), *Les grands arrêts de la jurisprudence financière*, 6e éd., Sirey, 2014.

G

GILLES (William), *Les principes budgétaires et comptables publics*, LGDJ, coll. « Systèmes », 2009.

GUGLIELMI (Gilles), ZOLLER (Elisabeth), *Transparence, démocratie et gouvernance citoyenne*, éd. Panthéon-Assas, Colloques, 2014.

GUIGUE (Alexandre), *Les origines et l'évolution du vote du budget de l'État en France et en Angleterre*, Univ. de Savoie, 2005.

GUINCHARD (Serge), DEBARD (THIERRY), *Lexique des termes juridiques*, 23e éd., Dalloz, 2015.

I

ISAIA (Henri) et SPINDLER (Jacques) (coordination), *Histoire du droit des finances publiques*, vol. 1 : *Les grands textes commentés du droit budgétaire et de la comptabilité publique*, Economica, 1986.

J

JEAN-ANTOINE (Benoît), *Les normes constitutionnelles financières en droit français de 1789 à nos jours*, thèse, LGDJ, coll. « Bibliothèque de finances publiques et de fiscalité », 2010.

JEZE (Gaston), *Cours élémentaire de science des finances et de législation financière française*, 1931, rééd. La Mémoire du droit, 2013.

L

LALUMIÈRE (Pierre), *Les finances publiques*, 8e éd., A. Colin, 1986, coll. « U ».

LASCOMBE (Michel), VANDENDRIESSCHE (Xavier), *Les finances publiques*, 8e éd., Dalloz, coll. « Connaissance du droit », 2013.

LEPOINTE (Gabriel), *Histoire des institutions du droit public français au XIXe siècle, 1789-1914*, 1953.

LEROY (Marc), *L'impôt, l'État et la société*, Economica, 2010.

LEROY (Marc), *Sociologie des finances publiques*, La Découverte, coll. « Repères », 2007.

LEROY (Marc), ORSONI (Gilbert) (dir.), *Le financement des politiques publiques*, Bruylant, coll. Finances publiques, 2014.

LEROY-BEAULIEU (Paul), *Traité de sciences des finances*, Guillaume, 2e éd., 1879.

LEVOYER (Loïc), *L'influence du droit communautaire sur le pouvoir financier du Parlement français*, LGDJ, coll. « Bibl. de sc. fin », t. 39, 2002.

LONG (Marceau) *et al.*, *Grands arrêts de la jurisprudence administrative*, Dalloz, 20e éd., 2015.

M

MAGNET (Jacques), *La Cour des comptes, les institutions associées et les chambres régionales des comptes*, 6e éd., Berger-Levrault, 2007.

MARION (Marcel), *Dictionnaire des institutions de la France. XVIIe-XVIIIe siècles*, Picard, rééd. 1999.

MARTINEZ (Jean-Claude) et DI MALTA (Pierre), *Droit budgétaire*, 3e éd., Litec, 1999

MODEEN (Tore) et SEPE (Onorato) (dir.), *La responsabilité des fonctionnaires chargés de la gestion des deniers publics*, Institut international des sciences administratives, Bruxelles, 1996 (Afrique du Sud/Allemagne/Belgique/États-Unis/Finlande/France/Italie/Royaume-Uni/Suisse/Union européenne).

MORDACQ (Franck), *Les finances publiques*, PUF, coll. « Que sais-je ? », 3e éd., no 3908, 2014.

O

ORSONI (Gilbert), *Science et législations financières*, Economica, coll. « Corpus droit public », 2005.

ORSONI (Gilbert) (dir.), *Les finances publiques en Europe*, Economica, 2007.

P

PANCRAZI (Laurent), *Le principe de sincérité budgétaire*, thèse, Univ. Paris 2 Panthéon-Assas, 2008, L'Harmattan, 2012.

PARK (Gene), *Spending Without Taxation. FILP and the Politics of Public Finance in Japan*, Walter H. Shorenstein Asia-Pacific Research Center, 2011.

PELLET (Rémi), *La Cour des comptes*, La Découverte, 1998.

PHILIP (Loïc), *Les fondements constitutionnels des finances publiques*, Economica, coll. « Poche Finances publiques », 1995.

PHILIP (Loïc) (dir.), *L'exercice du pouvoir financier du Parlement. Théorie, pratique et évolution*, PUAM/Economica, 1996.

PICARD (Jean-François), *Finances publiques*, 4e éd., Litec, 2009.

PIKETTY (Thomas), *Les hauts revenus en France au XXe siècle. Inégalités et redistributions, 1901-1998*, Grasset, 2001.

PIKETTY (Thomas), *Le capital au XXIe siècle*, Seuil, 2014.

R

RAINAUD (Philippe), *Le concept de transparence budgétaire : approche comparée des finances publiques des collectivités locales, de l'État et de l'Union européenne*, thèse, Univ. Poitiers, 2002.

ROSEN (Harvey), WEN (Jean-François), *Public Finance in Canada*, McGraw-Hill Ryerson Higher Education, 4e éd., 2012.

S

SINASSAMY (Christophe), *Finances publiques*, Bréal, 2014.

SINE (Alexandre), *L'ordre budgétaire. L'économie politique des dépenses de l'État*, Economica, coll. « Études politiques », 2006.

SCHWENGLER (Bernard), *Déficits publics. L'inertie française*, L'Harmattan, 2012

T

TALLINEAU (Lucile) (dir.), *L'équilibre budgétaire*, Economica, 1994

THEBAULT (Stéphane), *L'ordonnateur en droit public financier*, thèse, Univ. Paris 1, LGDJ, coll. « Bibliothèque finances publiques et fiscalité », t. 47, 2007.

TROTABAS (Louis), *Précis de science et législation financières*, Dalloz, 3e éd., 1933.

TROTABAS (Louis) et COTTERET (Jean-Marie), *Droit budgétaire et comptabilité publique*, 5e éd., Dalloz, coll. « Précis », 1995.

W

WASERMAN (Franck), *Les doctrines financières publiques en France au XIXe siècle, Emprunts économiques, empreinte juridique*, LGDJ, coll. Thèses, Tome 54, 2012.

§ 2. Bibliographies thématiques

A. Bibliographies disciplinaires

Comptabilité publique

AKHOUNE (Farhana), *Le statut du comptable en droit public financier*, LGDJ, coll. « Bibliothèque finances publiques et fiscalité », t. 49, 2008.

AKHOUNE (Farhana), *La réforme de la gestion budgétaire et comptable publique*, LGDJ, coll. « Systèmes », 2013.

BURCKEL (Valérie) et DE CREMIERS (Catherine), *Histoire de la comptabilité publique*, Economica, coll. « Poche/Finances publiques », 1997.

CHAN (James Lee), *American government accounting standards and their relevance to China*, éd. China financial & Economic publishing House, 2009.

GERMAIN (Jérôme), *Le Parlement et la Cour des comptes*, thèse, Toulouse 1, 2007.

MAGNET (Jacques), *Les comptables publics*, 4e éd., LGDJ, coll. « Systèmes », 2001.

MATTRET (Jean-Bernard), *La nouvelle comptabilité publique*, LGDJ, coll. « Systèmes », 2010.

MONTAGNIER (Gabriel), *Principes de comptabilité publique*, 2e éd., Dalloz, coll. « Précis », 1981.

Droit fiscal

A

AGRON (Laure), *Histoire du vocabulaire fiscal*, LGDJ, coll. « Bibl. sc. fin. », t. 36, 2000.

ALBERT (Jean-Luc), AGLAE (Marie-Joseph) (dir.), *Fiscalité et développement, Régulation juridique internationale, systèmes fiscaux et développement dans l'espace caraïbe*, Cujas, 2006.

ALBERT (Jean-Luc), PIERRE (Jean-Luc) et RICHER (Daniel), *Dictionnaire de droit fiscal et douanier*, Ellipses, 2007.

ALBERT (Jean-Luc), *Fiscalité et personnes publiques*, LGDJ, 2012.

ARDAND (Gabriel), *Théorie sociologique de l'impôt*, 2 vol., SEVPEN, 1965

ARDAND (Gabriel), *Histoire l'impôt*, Fayard, 1972.

AUGE (Philippe), *Droit fiscal général*, Ellipses, Universités/Droit, 2009.

AYRAULT (Ludovic), *Le contrôle juridictionnel de la régularité de la procédure d'imposition*, L'Harmattan, coll. « Finances publiques », 2004.

AYRAULT (Ludovic), GARNIER (Florent) (dir.), *Histoire du discours fiscal en Europe*, Bruylant, coll. Finances publiques, 2014.

B

BAS (Céline), *Le fait générateur de l'impôt*, L'Harmattan, coll. « Finances publiques », 2007.

BARILARI (André), *Le consentement à l'impôt*, Presses de Sciences Po, coll. « Bibl. du Citoyen », 2000.

BARONE (Laurent), *L'apport de la Cour européenne des droits de l'homme au droit fiscal français*, L'Harmattan, coll. « Finances publiques », 2000.

BAUDU (Aurélien), *Droit fiscal*, Mémentos LMD, 2014-2015, Gualino, 2014.

BAUDU (Aurélien), *L'essentiel du Droit des procédures fiscales 2014-2015*, Gualino, Les Carrés, 2014.

BAYLAC (Corinne), *Le formalisme en droit fiscal*, L'Harmattan, coll. « Finances publiques », 2002.

BELTRAME (Pierre) et MEHL (Lucien), *Techniques politiques et institutions fiscales comparées*, 2e éd., PUF, coll. « Thémis/Droit public », 1999.

BELTRAME (Pierre), *La fiscalité en France*, 20e éd., Hachette, 2014.

BELTRAME (Pierre), *Les systèmes fiscaux*, 3e éd., PUF, « Que sais-je ? », n° 1599, 1997.

BELTRAME (Pierre) et MEHL (Lucien), *Le système fiscal français*, 6e éd., PUF, « Que sais-je ? », n° 1840, 1997.

BETCH (Martine), *Le juge judiciaire et l'impôt*, Litec, 2010.

BIENVENU (Jean-Jacques) et LAMBERT (Thierry), *Droit fiscal*, 4e éd., PUF, 2010, coll. « Droit fondamental ».

BIN (Fabrice), *L'influence de la pensée chrétienne sur les systèmes fiscaux d'Europe occidentale*, L'Harmattan, 2007.

BOUDINE (Joël), *Le régime fiscal des collectivités d'outre-mer*, L'Harmattan, coll. « Sociétés et économies insulaires », 2006.

BOURGET (Renaud), *La science juridique et le droit financier et fiscal*, Dalloz, coll. « Nouvelle Bibliothèque de thèses », vol. 112, 2012.

BOUVIER (Michel), *Introduction au droit fiscal général et à la théorie de l'impôt*, LGDJ, 12e éd. Coll. « Systèmes », 2014.

BRACHET (Bernard), *Le système fiscal français*, 7e éd., LGDJ, 1997.

BRARD (Jean-Pierre), *Fraude et évasion fiscale : une intolérable atteinte à l'esprit citoyen*, Rapport d'information, Doc. Ass. nat., 1998, no 1105.

BRUNEAU (Philippe), *Le travail ne paie pas*, Denoël, 2007.

BUISSON (Jacques), *La sécurité fiscale*, L'Harmattan, 2011.

C

CASTAGNEDE (Bernard), *La politique fiscale*, PUF, coll. « Que sais-je ? », 2008, no 3797.

CASTAGNEDE (Bernard), *Précis de fiscalité internationale*, 4e éd., PUF, 2013.

Commission européenne, *Inventaire des impôts perçus dans les États membres de l'Union européenne*, Office de publication des Communautés. Accès sur base de données « Impôts en Europe ».

CAUDAL (Sylvie), *La fiscalité de l'environnement*, LGDJ, coll. Systèmes, 2014.

CHADEFAUX (Martial), DEBOISSY (Florence), DE LA MARDIÈRE (Christophe) (dir.), *Écrits de fiscalité des entreprises. Études à la mémoire du professeur Maurice Cozian*, Litec, 2009.

CHAUTARD (Agnès), *La mutabilité de l'instance fiscale et le droit à un procès équitable*, L'Harmattan, coll. « Finances publiques », 2003.

COLLET (Martin), *Droit fiscal*, 5e éd., PUF, coll. « Thémis », 2015.

COLLET (Martin) et COLLIN (Pierre), *Procédures fiscales. Contrôle, contentieux et recouvrements de l'impôt*, 2e éd., PUF, coll. « Thémis », 2014.

CONSEIL DES IMPÔTS, *Les relations entre les contribuables et l'administration fiscale*, 20e Rapport au président de la République, éd. des JO, 2002.

CONSEIL DES PRÉLÈVEMENTS OBLIGATOIRES, *La fraude fiscale*, 1er rapport, 2007.

COZIAN (Maurice), *Les grands principes de la fiscalité des entreprises*, 4e éd., Litec, 1999.

COZIAN (Maurice), DIBOUT (Patrick), PIERRE (Jean-Luc), *Droits et garanties du contribuable*, Litec, Colloques, 2008.

D

DAVID (Cyrille), FOUQUET (Olivier), PLAGNET (Bernard) et RACINE (Pierre-François), *Les grands arrêts de la jurisprudence fiscale*, 5e éd., Dalloz, 2009.

« La doctrine administrative en droit fiscal », *RFFP* 2001, n° 75.

DEBAT (Olivier), *La rétroactivité et le droit fiscal*, Defrénois, coll. Thèses, Tome 18, 2006.

DEBOISSY (Florence), COZIAN (Maurice), *Précis de fiscalité des entreprises*, LexisNexis, 38e éd., 2014.

DELALANDE (Nicolas), SPIRE (Alexis), *Histoire sociale de l'impôt*, La Découverte, 2010.

DI MALTA (Pierre), *Droit fiscal européen comparé*, PUF, coll. « Droit fondamental », 1995.

DIEFENBACHER (Michel), LAUNAY (Jean), « La fiscalité écologique », Rapport d'information, Doc. Ass. nat., 2009, n° 1935.

DJOUHRI (Medhi), *L'évolution du contrôle fiscal depuis 1945. Aspects juridiques et organisationnels*, Thèse, Paris 1, 2010.

DOUAY (Michel), *Le recouvrement de l'impôt*, LGJD, coll. « Systèmes », 2005.

DE LA MARDIÈRE (Christophe), *Droit fiscal général*, Flammarion, coll. « Champs université », 2012.

E

EURA-AUDIT international, *Les impôts en Europe*, 15e éd., Delmas, 2007.

G

GEFFROY (Jean-Baptiste), *Grands problèmes fiscaux contemporains*, PUF, coll. « Droit fondamental », 1993.

GOUR (Claude), MOLINIER (Joël) et TOURNIE (Gérard), *Les grandes décisions de la jurisprudence. Jurisprudence. Droit fiscal*, PUF, 1977.

GOUTHIERE (Bernard), *Les impôts dans les affaires internationales*, 9e éd., Francis Lefebvre, 2012.

GRASLIN (Jean-Joseph-Louis), *Essai analytique sur la richesse et sur l'impôt*, réédition du texte original de 1767 republié en 1911, L'Harmattan, coll. « Finances publiques », 2008 texte présenté et commenté par M. Djalel Maherzi.

GROSCLAUDE (Jacques), *La doctrine fiscale en France*, t. 1 (1987-1999), Litec, 2000, t. 2 (1999-2002), Litec, 2003.

GROSCLAUDE (Jacques) et MARCHESSOU (Philippe), *Droit fiscal général*, 10e éd., Dalloz, coll. « Cours », 2015.

GROSCLAUDE (Jacques) et MARCHESSOU (Philippe), *Procédures fiscales*, 7e éd., Dalloz, coll. « Cours », 2014.

GUEZ (Julien), *L'interprétation en droit fiscal*, thèse, droit, Paris 1, LGDJ, coll. « Bibliothèque de l'Institut André Tunc », 2007.

GUTMANN (Daniel), *Droit fiscal des affaires*, Montchrestien, 5e éd. 2014.

H

HECKLY (Christophe), *La politique fiscale dans les pays industrialisés*, Dunod, 1999

« Impôts et politiques fiscales », *Problèmes économiques*, n° 2644, 1999.

I

ISAIA (Henri) et SPINDLER (Jacques), *Histoire du droit des finances publiques*, vol. II : *Les grandes étapes de l'évolution de la fiscalité de l'État, textes à l'appui*, Economica, 1987 (études et documents sur l'histoire de la fiscalité française).

K

KRUGER (Hervé), *Les principes généraux de la fiscalité*, Ellipses, 2002.

KRUGER (Hervé), *Liberté de gestion et endettement des entreprises en droit fiscal*, LGDJ, coll. « Bibliothèque Finances publiques et fiscalité », t. 48, 2007.

L

LAMARQUE (Jean), NEGRIN (Olivier), AYRAULT (Ludovic), *Droit fiscal*, Litec, 3e éd., 2014.

LAMBERT (Thierry) (dir.), *Les chantiers fiscaux à engager*, L'Harmattan, coll. « Finances publiques », 2002.

LAMBERT (Thierry) (dir.), *Les sanctions pénales fiscales*, L'Harmattan, coll. « Finances publiques », 2007.

LAMBERT (Thierry), *Contentieux fiscal*, Hachette, coll. « Les fondamentaux », 2011.

LAMBERT (Thierry), *Procédures fiscales*, Montchrestien, coll. Domat, 2013.

LAMBERT (Thierry) (dir.), *Le contentieux fiscal en débats*, LGDJ, coll. Grands Colloques, 2014.

LANG (Jack), *Faire la révolution fiscale*, Plon, 2006.

LAURE (Maurice), *Science fiscale*, PUF, 1993.

LEROY (Marc), *La sociologie de l'impôt*, PUF, coll. « Que sais-je ? », 2002.

LEROY (Marc) (dir.), *Regards croisés sur le système fiscal, Allemagne, France, Italie, Russie*, L'Harmattan, coll. « Finances publiques », 2005.

LOPEZ (Christian) (dir.), *Les enquêtes fiscales*, (actes colloque Paris 2009), Montchrestien, 2010.

LOPEZ (Christian), *Droit pénal fiscal*, LGDJ, 2012.

M

MAITROT DE LA MOTTE (Alexandre), *Droit fiscal*, PUF, coll. « Licence », 2011.

MAITROT DE LA MOTTE (Alexandre), *Souveraineté fiscale et construction communautaire. Recherche sur les impôts directs*, LGDJ, coll. « Bilbio. sc. fin. », t. 44, 2005.

MANGIAVILLANO (Alexandre), *Le contribuable et l'État. L'impôt et la garantie constitutionnelle de la propriété (Allemagne-France)*, Dalloz, coll. « Nouvelle Bibliothèque de thèses », vol. 126, 2013.

MARINI (Philippe), *La concurrence fiscale en Europe*, Rapport d'information, Doc. Sénat, 1999, n° 483.

MARTINEZ (Jean-Claude) et DI MALTA (Pierre), *Droit fiscal contemporain*, Litec, 2 vol. 1986 et 1989.

MARTINEZ (Jean-Claude) (dir.), *Une constitution fiscale pour l'Europe*, Lettres du monde, 2004.

MARTINEZ-MEHUNGER (José), *Le recours pour excès de pouvoir en matière fiscale*, L'Harmattan, 2002.

MELOT (Nicolas), *Territorialité et mondialité de l'impôt*, Dalloz, coll. « Nouvelle Bibliothèque de thèses », 2004.

MERCIER (Jean-Yves) et PLAGNET (Bernard), *Traité de fiscalité*, éd. F. Lefebvre (annuel).

MIGAUD (Didier), *Les paradis fiscaux*, Rapport d'information, Assemblée nationale, 2009, n° 1902.

MESTRALLET (Gérard), TALY (Michel), SAMSON (Julien), *La réforme de la gouvernance fiscale*, LGDJ, coll. « Systèmes », 2005.

N

NEURISSE (André), *Histoire de la fiscalité en France*, Economica, coll. « Poche/Finances publiques », 1996 (du Xe siècle à nos jours).

P

PELLAS (Jean Raphaël), *La fiscalité du patrimoine culturel*, LGDJ, coll. « Systèmes », 2003.

PERIN-DUREAU (Ariane), *L'obligation fiscale à l'épreuve des droits et libertés fondamentaux*, Dalloz, Coll. Nouvelle Bibliothèque de thèses, vol. 136, 2014.

PHILIP (Loïc), *Droit fiscal constitutionnel*, Economica, coll. Finances publiques, 2014.

PHILIP (Patrick), *Les droits de la défense face à l'impôt*, Economica, 2002.

PIERRE (Jean-Luc), *Fiscalité de la recherche, de la propriété industrielle et des logiciels*, EFE, 2011.

Q

QUEROL (Francis) (coord.), *Variations sur le thème de l'équité fiscale. Recueil d'études en l'honneur du professeur Gérard Tournié*. Études de l'IRDEIC, Presses univ. de Toulouse 1 Capitole, VI/2010.

QUEROL (Francis) (dir.), *La réorientation européenne de la TVA. à la suite du renoncement au régime définitif*, LGDJ, 2014.

R

RAIMBAULT DE FONTAINE (dir.), *Doctrines fiscales : à la redécouverte de grands classiques*, L'Harmattan.

RAIMBAULT DE FONTAINE (Sophie) (dir.), *Doctrines fiscales : à la redécouverte de grands classiques*, L'Harmattan, coll. « Finances publiques », 2007.

RICHER (Daniel), *Les droits du contribuable dans le contentieux fiscal*, LGDJ, coll. « Systèmes », 1997.

ROBEZ-MASSON (Charles), *Jurisprudence fiscale*, Tissot, 2000, 187.

ROSA (Audrey), Solidarité et impôt. Recherche sur les fondements de l'impôt moderne. Dalloz, coll. Bibliothèque parlementaire et constitutionnelle, 2015.

S

SALIN (Pascal), *La tyrannie fiscale*, Odile Jacob, 2014.

SAUREL (Jacques), *Le sport face à la fiscalité*, Economica, 2011.

SCHMIDT (Jean), *Les principes fondamentaux du droit fiscal*, Dalloz, coll. « Connaissance du droit », 1992.

SERLOOTEN (Patrick), *Droit fiscal des affaires 2014-2015*, 13e éd., Dalloz, coll. « Précis », 2014.

T

TAUZIN (Emmanuel), *L'intérêt de l'entreprise et le droit fiscal*, L'Harmattan, 2011.

TIXIER (Gilbert), *Droit fiscal international*, PUF, coll. « Que sais-je ? », n° 2306, 2e éd., 1996.

TIXIER (Gilbert) et GEST (Guy), *Droit fiscal international*, PUF, coll. « Droit fondamental », 1990.

V

VALLEE (Annie), *Les systèmes fiscaux*, éd. du Seuil, 2000.

VILLEMOT (Dominique), *L'harmonisation fiscale européenne*, 2e éd., PUF, coll. « Que sais-je ? », n° 2618, 1995.

Droit douanier

ALBERT (Jean-Luc), PIERRE (Jean-Luc), RICHER (Daniel), *Dictionnaire de droit fiscal et douanier*, Paris, Ellipses, 2007, 598 p.

ALBERT (Jean-Luc), *Douane et droit douanier*, PUF, coll. « Questions judiciaires », 2013.

ALLIX (Edgard), LECERCLE (Marcel), *Les contributions indirectes. Traité théorique et pratique*, 3e éd., Paris, Librairie A. Rousseau, 1929, tome 2, 475 p.

ALLIX (Edgard), LECERCLE (Marcel), *Les droits de douane. Traité théorique et pratique de législation douanière*, Paris, Librairie A. Rousseau, 1932, tome 1 : 625 p., tome 2 : 428 p.

BERR (Claude J.), *Introduction au droit douanier*, Economica, nouvelle édition, 2008.

BERR (Claude J.) et TREMEAU (Henri), *Le droit douanier communautaire et national*, 7e éd., Economica, 2006.

CLINQUART (Jean), *L'administration des douanes en France de 1914 à 1940*, CHEFF, 2000, 482 p.

DE MORDANT DE MASSIAC (Brieuc), SOULARD (Christophe), *Code des Douanes national et communautaire*, 8e éd., Litec, commenté et annoté, 2014.

JEANNARD (Sébastien), *Les transformations de l'ordonnancement juridique douanier en France*, thèse, Paris 1, 2010, LGDJ, coll. « Bibliothèque Finances publiques et fiscalité », t. 52, 2011.

NATAREL (Elisabeth), *Le rôle de la douane dans les relations commerciales internationales*, Alger, ITCIS, 2007, 164 p.

PANNIER (Jean), *Recueil de jurisprudence douanière (1990-2010)*, Economica, 2010.

PASCAL (Lionel), *La privatisation des missions douanières en République centrafricaine (RCA) : une opportunité d'amélioration des finances publiques ?*, thèse, Bordeaux, 2014 publiée sous : *République centrafricaine : Douanes et corruption, cause de la déliquescence du pays ?*, L'Harmattan, 2015.

PONTES VIEIRA (Iure), *La valeur en droit fiscal et douanier*, Thèse, Paris 2, 2010, LGDJ, coll. « Bibliothèque Finances publiques et fiscalité », t. 56, 2012.

Économie-gestion

A

ABATE (Bernard), *La nouvelle gestion publique*, LGDJ, coll. « Systèmes/Finances publiques », 2000.

ALECIAN (Serge) et FOUCHER (Dominique), *Le management dans le secteur public*, 2e éd., éd. Organisation, 2002.

B

BEAUD (Michel) et DOSTALER (Gilles), *La pensée économique depuis Keynes*, éd. du Seuil, 1996.

BONNEY (Richard) (dir.), *Systèmes économiques et finances publiques*, PUF, 1996.

BRAUN (Gérard), *La réforme de l'État à l'étranger*, Rapport d'information au Sénat, n° 348, 2001.

C

CATTEAU (Damien), *La LOLF et la modernisation de la gestion publique*, Dalloz, Sénat, 2007.

CHEROT (Jean-Yves), *Droit public économique*, Economica, coll. « Corpus Droit public », 2007.

CLIQUET (Gérard) et ORANGE (Gérald) (dir.), *Organisations privées, organisations publiques, Mélanges Robert Le Duff*, Univ. de Rouen, 2002.

COLSON (Jean-Philippe) et IDOUX (Pascale), *Droit public économique*, 6e éd., LGDJ, 2012.

CLIQUENNOIS (Martine), *Droit public économique*, Ellipses, coll. « Universités/Droit », 2001.

D

DELION (André), *Le droit des entreprises et participations publiques*, LGDJ, coll. « Systèmes/Finances publiques », 2003.

DELORME (Robert) et ANDRÉ (Christine), *L'État et l'économie. Un essai d'explication de l'évolution des dépenses publiques en France (1870-1980)*, Le Seuil, 1983.

DEMEESTER (René), *Le contrôle de gestion dans le secteur public*, LGDJ, coll. « Systèmes », 2002.

E

EUZEBY (Alain) et HERSCHTEL (Marie-Louise), *Finances publiques – Une approche économique*, Dunod, 1990.

F

FERRANDON (Benoît) (dir.), *La politique économique et ses instruments*, Notices de la Doc. fr., 2004.

FOIRRY (Jean-Pierre), *Économie publique – Analyse économique des décisions publiques*, Hachette Supérieur, 1997.

G

GREFFE (Xavier), *Gestion publique*, Dalloz, 1999.

GRUBER (Jonathan), *Public Finance and Public Policy*, Worth Publishers, 4e, 2012.

GUILLAUME (Henri), DUREAU (Guillaume) et SILVENT (Franck), *La gestion publique : l'État et la performance*, Presses de Sciences Po/Dalloz, 2002.

H

HUART (FLORENCE), *Économie des finances publiques*, Dunod, 2012.

HYMAN (David N.), *Public Finance. A contemporary application of theory to policy*, Cengage Learning, 11e éd., 2013.

M

MANASSA (Simon), *Initiation à l'analyse économique*, Presses univ. de Rennes, 2001.

MARIS (Bernard) et COURET (Alain), *Les politiques économiques conjoncturelles*, PUF, coll. « Que sais-je ? », n° 2569, 1991.

MEHAIGNERIE (Pierre) et CARREZ (Gilles), *Contrôle des dépenses publiques et amélioration des performances de l'État*, Rapport d'information à l'Assemblée nationale, n° 765, 2003.

MIGAUD (Didier), *Rapports à l'Assemblée nationale sur la Mission d'évaluation et de contrôle* : n° 2599, 2000 (premier bilan) ; n° 3664, 2002 (trois ans après).

MONTEL-DUMONT (Olivia) (dir.), *La politique économique et ses instruments*, Doc. fr., Les Notices, 2010.

MORDACQ (Franck), *La réforme de l'État par l'audit*, LGDJ, coll. « Systèmes », 2009.

M'RAD (Hatem) (dir.), *Gouvernance et institutions publiques*, Presses de l'univ. Sc. sociales Toulouse, colloque Tunis, avril 2007, 2008.

MULLER (Pierre), *Les politiques publiques*, 6e éd., PUF, coll. « Que sais-je ? », n° 2534, 2006.

N

NEMERY (Jean-Claude) (dir.), *RGPP et réforme des collectivités territoriales*, GRALE, L'Harmattan, 2012.

NICINSKI (Sophie), *Droit public des affaires*, Montchrestien, Domat, 3e éd., 2012 (essentiel).

O

ORSONI (Gilbert), *L'interventionnisme fiscal*, PUF, 1995 ; *L'administration de l'économie*, LGDJ, coll. « Systèmes », 1995.

P

PELLET (Rémi) (dir.), *Finances publiques et redistribution sociale*, Economica, 2006 (colloque SFFP à Lille), 2005.

PERCEBOIS (Jacques), *Économie des finances publiques*, A. Colin, coll. « Cursus », 1991.

R

ROMI (Raphaël), LINOTTE (Didier), *Droit public économique*, LexisNexis, 7e éd., 2012.

RUBIN (Irene S.), *The Politics of Public Budgeting : Getting and Spending, Borrowing and Balancing*, CQ Press, 7e éd., 2013.

S

SAINT-ÉTIENNE (Christian), *Financement de l'économie et politique financière*, Hachette, 1990 (analyse des fondements du financement de l'économie).

SANTO (Viriato-Manuel) et VERRIER (Pierre-Éric), *Le management public*, PUF, coll. « Que sais-je ? », n° 2724, 1997.

SEMEDO (Gervasio), *Économie des Finances publiques*, Ellipses, coll. « Universités/Économie », 2001.

T

TEULON (Frédéric), *Le rôle de l'État dans l'économie*, Le Seuil, coll. « Mémo-Économie », 1997.

TEULON (Frédéric), *Initiation à la comptabilité nationale*, PUF, 2009.

TOULOUSE (Jean-Baptiste), DE LEUSSE (Jean-Frédéric), ROLLAND (Yves) et PILLOT (Xavier), *Finances publiques et politiques publiques*, Economica, 1987.

W

WEBER (Luc), *L'État, acteur économique*, 3e éd., Economica, 1997.

Emprunt-monnaie-dette-trésor

ADALID, (Sébastien), *La Banque centrale européenne et l'Eurosystème : exemple d'intégration verticale*, Thèse, Lyon 3, 2012.

AUDIT (Mathias) (dir.), *Insolvabilité des États et dettes souveraines*, LGDJ, 2011.

COLMANT (Bruno), NILLE (Jennifer), *Dettes publiques. Un piège infernal*, Larcier, 2014.

CONSEIL D'ANALYSE ÉCONOMIQUE, *La Banque centrale européenne*, Doc. fr., 2002.

DUCROS (Jean-Claude), *L'emprunt de l'État*, L'Harmattan, coll. « Logiques juridiques », 2008.

GIRAULT (André) et PISSALOUX (Jean-Luc), *Les trésoriers-payeurs généraux de la Ve République*, éd. du Trésor, 1996.

GODRON (Olivier), *Le Trésor et le financement de l'État*, Doc. fr., 1989, Notes et études documentaires n° 4882.

GOUIFFES (Pierre-François), *L'âge d'or des déficits. 40 ans de politique budgétaire française*, Doc. fr., 2013.

GOUSSEAU (Jean-Louis), *Les emprunts et la dette des collectivités locales*, Economica, coll. « Poche », 1997.

HOORENS (Dominique) et PERETTI (Marie-Pierre), *Les collectivités locales et l'emprunt*, LGDJ, coll. « Politiques », 1996.

JURGENSEN (Philippe) et LEBÈGUE (Daniel), *Le Trésor et la politique financière*, Montchrestien, 1988.

LAZZARATO (Maurizio), JORDAN (Joshua David – traducteur), *Governing by Debt*, Semiotext, 2015.

MINISTÈRE DE L'ÉCONOMIE ET DES FINANCES, *Les missions des trésoriers-payeurs généraux dans le domaine de l'action économique et financière*, éd. de Bercy, 1997

OLSZAK (Norbert), *Histoire des banques centrales*, PUF, coll. « Que sais-je ? », n° 3385, 1998.

PARK (Gene), *Deficits and Debt in Industrialized Democracies*, Eisaku Ide, 2015.

PEBEREAU (Pierre) (Commission présidée par), *Rompre avec la facilité de la dette publique*, Doc. fr., 2006.

PELLET (Rémi), *Droit financier public. Monnaies, Banques centrales, Dettes publiques*, PUF, Thémis, 2014.

PRATE (Alain), « L'endettement public », *rapport au Conseil économique et social*, 1996, *JO*, brochure n° 4305.

SALEN (Pierrick), L'emprunt des collectivités territoriales. Un paradoxe du droit public financier, LGDJ, coll. Bibl. de finances publiques et fiscalité, Tome 60, 2014.

SCHWENGLER (Bernard), *Déficits publics. L'inertie française*, L'Harmattan, 2012.

VASSELLE (Alain), CAZAL (Bernard), *La dette sociale*, Rapport au Sénat, n° 345, 2006.

ZERAH (Dov), *Économie financière internationale ; les interventions du Trésor*, Les études de la Doc. fr.

B. Bibliographies par administration publique

Finances de l'État

A

AMSELEK (Paul), *Le budget de l'État sous la Ve République*, t. V, LGDJ, 1967, coll. « Bibl. de sc. fin. ».

ARTHUIS (Jean), MARINI (Philippe), *La nouvelle architecture des lois de finances*, Rapport Sénat n° 289, 2003.

B

BARILARI (André), BOUVIER (Michel), *La LOLF et la nouvelle gouvernance financière de l'État*, 3e éd., LGDJ, coll. « Systèmes », 2010.

BASLE (Maurice), *Le budget de l'État*, 7e éd., La Découverte, 2012.

BOUDET (Jean-François), *La caisse des dépôts et consignations, histoire, statut, fonction*, L'Harmattan, 2006.

BOUVARD (Michel), MIGAUD (Didier), DE COURSON (Charles-A), BRARD (Jean-Pierre), *Une nouvelle architecture du budget de l'État*, Rapport Ass. Nat., n° 1554, 2004.

BOUVARD (Michel), MIGAUD (Didier), DE COURSON (Charles-A), BRARD (Jean-Pierre), *Rapport d'information sur la mise en œuvre de la loi organique n° 2001-692 du 1er août 2001 relative aux lois de finances (LOLF)*, Ass. Nat., n° 1058, 2008.

C

CAMBY (Jean-Pierre) (coord.), *La réforme du budget de l'État. La loi organique relative aux lois de finances*, 3e éd., LGDJ, coll. « Systèmes/Droit », 2011.

CATTEAU (Damien), *La LOLF et la modernisation de la gestion publique. La performance, fondement d'un droit public financier*, Vandendriesche (dir.), Univ. Lille 2 Droit et santé, 2005.

D

DAMAREY (Stéphanie), *La loi organique du 1er août 2001 relative aux lois de finances*, Ellipses, 2004.

DESMOULIN (Gil), *Les finances publiques de l'État*, Vuibert, 2008.

G

GIROD (Florence), *L'administrateur militaire*, thèse, Univ. Jean Moulin Lyon 3, 2009, L'Harmattan, 2012.

I

Institut français des sciences administratives, *Le budget de l'État*, Economica, 1988.

K

KOUEVI (Amavi), *Les comptes spéciaux du Trésor*, LGDJ, coll. « Bibl. sc. fin. », t. 35, 2000.

L

LAMBERT (Alain) et MARINI (Philippe), *En finir avec le mensonge budgétaire. Enquête sur la transparence très relative des comptes de l'État*, Doc. Sénat, n° 485, 29 juin 2000 (2 t.).

LAMBERT (Alain), *Doter la France de sa nouvelle constitution financière. Un préalable à la réforme de l'État*, Doc. Sénat, n° 37, 19 oct. 2000.

M

Mehaignerie (Pierre), « Article 40 de la Constitution. La recevabilité financière des initiatives parlementaires », *Rapport d'information à l'Assemblée nationale*, n° 3247, juill. 2006.

Mekhantar (Joël), *Finances publiques de l'État. La LOLF et le nouveau droit budgétaire de la France*, Hachette, coll. « Mémento », 2010.

Mordacq (Franck), (coord.), *La LOLF : Un nouveau cadre budgétaire pour réformer l'État*, LGDJ, coll. « Systèmes », 2006.

O

Orsoni (Gilbert), *L'exécution de la loi de finances*, Economica, coll. « Poche/Finances publiques », 1998.

P

Paul (Michel), *L'essentiel de la LOLF. La nouvelle constitution financière de la France*, 2e éd., Gualino, 2007.

S

Sinnassamy (Christophe), *Finances publiques de la défense, Objectifs budgétaires et gestion publique des politiques d'armement*, L'Harmattan, coll. « Droit de la sécurité et de la défense », 2004.

T

Trosa (Sylvie), *Le guide de la gestion par programmes : vers une culture de résultat*, éd. d'organisation, 2002.

W

Waline (Charles) (dir.), Desrousseaux (Pascal), Godefroy (Stanislas), *Le budget de l'État : nouvelles règles, nouvelles pratiques*, Doc. fr., coll. « Études », 2006.

Finances locales

A

Albert (Jean-Luc) et Pereau (Jean-Louis), *L'exécution des budgets locaux*, Economica, coll. « Poche/Finances publiques », 1997.

Albert (Jean-Luc), de Briant (Vincent), Fialaire (Jacques) avec le concours de Doare (Ronan), *L'intercommunalité et son coût*, L'Harmattan, coll. « GRALE », 2008.

Alvergne (Christel) et Musso (Pierre), *Les grands textes de l'aménagement du territoire et de la décentralisation*, Doc. fr., 2003 (extraits de textes et de sources depuis le XIIe siècle).

ANDL, *Liberté de gestion des collectivités territoriales : vérité ou illusion ?*, Economica, 1993.

ARTHUIS (Jean), *Fiscalité locale : quelles pistes pour la réforme ?*, Rapport d'information au Sénat, n° 289, 2003.

AESCHLIMANN (Manuel), *Rapport d'information sur l'efficacité péréquatrice des dotations versées aux collectivités territoriales.* Rapport présenté au nom de la Commission des lois constitutionnelles, de la législation et de l'administration générale de la République, n° 1784, 25 juin 2009.

AUBY (Jean-François), *La gestion des satellites locaux (régies, SEM, associations, délégataires de service public)*, Berger-Levrault, coll. « Administration locale », 2000.

B

BALLADUR (Édouard), *Rapport du Comité pour la réforme des collectivités locales au président de la République*, 5 mars 2009, *JO* 6 mars 2009, p. 4161 s.

BLANC (Jacques) et MARZIALS (Alain), *Les relations financières entre l'État et les collectivités locales*, LGDJ, coll. « Systèmes », 1993.

BLANC (Jacques), *Finances locales comparées*, LGDJ, coll. « Systèmes/Collectivités locales », 2002.

BLANC (Jacques), *Les péréquations dans les finances locales*, LGDJ, coll. « Systèmes », 1996.

BOURDIN (Joël), *Les finances communales et intercommunales*, Economica, coll. Finance, 2014.

BOUVIER (Michel), *Les finances locales*, 16e éd., LGDJ, coll. « Systèmes », 2015.

BROLLES (Roland), STRAUB (Bernadette), *Budget des communes et des EPCI*, éd. Berger-Levrault, 25e éd., 2015.

BRUNEL (Jean-Pierre), *L'avenir de l'autonomie financière des collectivités locales, Rapport au Conseil économique et social*, 2001, éd. JO, n° 2001-10.

C

CARREZ (GILLES), THÉNAULT (MICHEL), *Rapport du groupe de travail sur la maîtrise des dépenses locales*, Rapport remis au président de la République, 2010.

CHAUMET-RIFFAUD (Claude), *Les caisses des écoles*, éd. du Papyrus, 2000.

CONSEIL D'ÉTAT, *Les associations et la loi de 1901, cent ans après*, Rapport public 2000. – *Les associations reconnues d'utilité publique*, études du Conseil d'État, 2000.

CONSEIL DE L'EUROPE (avec la collaboration de Jean-François HUSSON), *Procédures et gestions budgétaires au niveau des collectivités locales*, 2002.

CONSEIL DE L'EUROPE, *Gouvernance locale en temps critiques : des politiques pour la crise, le redressement et l'avenir durable*, Textes du Conseil de l'Europe, édité par Kenneth Davey, 2012.

COUR DES COMPTES, Le*s communautés urbaines,* Rapport public particulier, novembre 2001.

CREUSOT (Sébastien), BENJAMIN (Olivier), *Le financement des nouvelles compétences des collectivités locales*, LGDJ/Dexia, coll. « Politique locale », 2007.

D

DAFFLON (Bernard), *La gestion des finances publiques locales*, 2e éd., Economica, 1998.

DELCAMP (Alain) et LOUGHLIN (John) (dir.), *La décentralisation dans les États de l'Union européenne*, les études de la Doc. fr., 2002.

DURAND (Guy), *Les sociétés d'économie mixte locales*, 2e éd., Berger-Levrault, Administration locale, 2002.

F

FIALAIRE (Jacques), DE MONTALIVET (Pierre) (dir.), *Coopération locale et territoires*, Litec, coll. « colloques », 2008.

G

GILBERT (Guy), *La péréquation financière entre les collectivités locales*, PUF, 1996 (France/Allemagne/Espagne/Suisse).

GRALE – *La décentralisation en mouvement*, travaux du centre d'études et de prospective/Ministère de l'Intérieur, Doc. fr., 2007.

GRALE, *L'enjeu de la dépense locale*, in Droit et gestion des Collectivités territoriales, Le Moniteur, 2011.

GUENGANT (Alain) et UHALDEBORDE (Alain), *Crise et réforme des finances locales*, PUF, 1989.

H

HUTEAU (Serge), *Le contrôle des associations subventionnées*, La lettre du cadre, Dossier d'experts, n° 214, 2002.

I

ISAIA (Henri) et SPINDLER (Jacques), *Histoire du droit des finances publiques, vol. III : Les grands thèmes des finances locales*, Economica, 1988.

J

JAMET (Pierre), *Rapport à Monsieur le Premier ministre sur les finances départementales*, avril 2010.

K

KLOPFER (Michel), *Gestion financière des collectivités locales*, éd. du Moniteur, 5e éd., 2010.

L

LABIE (François), *Finances locales*, Dalloz, coll. « Cours », 1995 (riche).

LAMARQUE (Danièle), *L'évaluation des politiques publiques locales*, LGDJ, coll. « Systèmes », 2004.

LANDBECK (Dominique), *Les principes budgétaires locaux*, Presses univ. d'Aix-Marseille, 2001.

LAURENT (Philippe) et BOYER (Bénédicte), *La stratégie financière des collectivités locales*, 2e éd., LGDJ, coll. « Systèmes », 1997.

M

MATTRET (Jean-Bernard), *Les finances locales*, préparation au concours d'attaché territorial, CNFPT, 2006.

MATTRET (Jean-Baptiste), *L'analyse financière des communes*, 3e éd., LGDJ, coll. « Systèmes », 2009.

MAUROY (Pierre), *Refonder l'action publique locale*, Doc. fr., 2000 (« Rapport Mauroy », président de la Commission pour l'avenir de la décentralisation, au Premier ministre).

MERCIER (Michel), *Pour une République territoriale. L'unité dans la diversité*, Rapport d'information au Sénat, n° 447, 28 juin 2000, 2 vol. portant bilan de la décentralisation et propositions de réforme (« Rapport Mercier »).

MEZARD (Jacques), POINTEREAU (Rémy), *Vers une dotation globale de péréquation ? À la recherche d'une solidarité territoriale*, Rapport d'information, Sénat, n° 309, 2010.

MOCHIDA (Nobuki), *Local Finance in Japan*, Japan International Cooperation Agency, 2006.

MOUZET (Pierre), *Finances locales*, 5e éd., Gualino, coll. « Mémentos », 2009.

MOUZET (Pierre), *L'essentiel des Finances locales*, 2014-2015, 9e éd., Gualino, coll. « Les Carrés », 2014.

MULTARI (Michael), et a., *Guide to Local Government Finance in California*, Solano Press Books, 2012.

MUZELLEC (Raymond), CONAN (Mathieu), *Finances locales,* coll. « Mémentos », Dalloz, 2011.

P

PAYSANT (André), *Finances locales*, PUF, coll. « Droit fondamental », 1993.

PORTAL (Éric), *La planification stratégique dans les collectivités territoriales françaises*, Dexia/LGDJ, coll. « Décentralisation et développement local », 2002. – *La programmation des équipements publics locaux*, Dexia/LGDJ, coll. « Politiques locales », 2003.

R

ROBERT (Fabrice), *Les finances locales*, Doc. fr., coll. « Les études », 2e éd., 2013.

S

SENNE (Sylvie) et FININDEV, *Les recettes annexes des communes*, Lettre du cadre, Dossier d'experts, 2000.

STECKEL-ASSOUERE (Marie-Christine) (dir.), *Regards croisés sur les mutations de l'intercommunalité*, GRALE, L'Harmattan, 2014.

W

WATHELET (Jean-Claude), *Budget, comptabilité et contrôle externe des collectivités territoriales*, L'Harmattan, 2000.

Finances sociales

B

BICHOT (Jacques), *Économie de la protection sociale*, A. Colin, 1992.

BONNICI (B.), *Politiques et protection sociales*, PUF, coll. « Que sais-je ? », 1997.

BONNICI (Éric), *L'hôpital : obligations de soins, contraintes budgétaires*, Doc. fr., 2007.

BOURG-BROC (Bruno) et MEHAIGNERIE (Pierre), *La Sécurité sociale en débat, JO*, Doc. Ass. nat., 1995, n° 2348.

BRIET (Raoul) (président), *Rapport du groupe de travail sur le pilotage des dépenses d'assurance-maladie*, 2010, Rapport remis au président de la République.

C

CHAUMET-RIFFAUD (Claude), *Les établissements hébergeant des personnes âgées dépendantes/Les établissements et les services publics sociaux et médico-sociaux* éd. Papyrus, Fonctions territoriales, 2002.

CHAUCHARD (Jean-Pierre), *Droit de la Sécurité sociale*, 5e éd., LGDJ, 2010.

CONSEIL D'ORIENTATION DES RETRAITES, *Retraites : renouveler le contrat social entre les générations. Orientation et débats*, Doc. fr., 2001 (premier rapport du Conseil, rapport annuel).

D

DESCOURS (Charles), MACHET (Jacques), VASSELLE (Alain), *Application de la loi de financement de la Sécurité sociale. Un bilan à mi-parcours*, Rapport d'information au Sénat, n° 356, 2000.

DESCOURS (Charles), LORRAIN (Jean-Louis), VASSELLE (Alain), *Les fonds sociaux. Une prolifération nuisible à la transparence du financement de la Sécurité sociale*, Rapport d'information du Sénat, n° 382, 2001.

DORION (Georges) et GUIONNET (André), *La Sécurité sociale*, PUF, coll. « Que sais-je ? », n° 294, 1997.

DANIEL (Christian) et PALIER (Bruno) (dir.), *La protection sociale en Europe. Le temps des réformes*, Doc. fr., 2001.

DELNATTE (Jean-Claude) et GROLIER (Jacques), *Comptabilité générale et budget des hôpitaux*, éd. École nationale de la santé publique, 1998.

DOUAT (Étienne) (coordinateur), *La maîtrise des dépenses de santé en Europe et en Amérique du Nord*, Bordeaux, éd. LCF, 1996.

DU CRAY (Pierre-Edouard), La compensation entre régimes de sécurité sociale : l'exemple de la branche vieillesse, LGDJ, coll. Bibl. de Finances publiques et fiscalité, Tome 58, 2014.

DUFOUR (Anne-Claire), *Les pouvoirs du Parlement sur les finances de la Sécurité sociale*, Dalloz, 2012, Bibliothèque parlementaire et constitutionnelle.

DUMONT (Jean-Pierre), *Les systèmes de protection sociale en Europe*, Economica, 1992.

DUPEYROUX (Jean-Jacques), BORGETTO (Michel), LAFORE (Robert) *Droit de la Sécurité sociale*, 17e éd., Dalloz, coll. « Précis », 2011.

DUPONT (Marc), BERGOIGNAN-ESPER (Claudine), *Droit hospitalier*, 9e éd., Dalloz, coll. « Cours », 2014.

DUPUIS (Jean-Marc), *Le financement de la protection sociale*, PUF, coll. « Que sais-je ? » no 2915, 1994.

DURAND (Paul), *La politique contemporaine de Sécurité sociale*, Dalloz, 2005.

E

ESF, 2002 – *L'aide sociale en France*, PUF, coll. « Que sais-je ? », no 1512, 2007.

F

FOUCAULD (Jean-Baptiste de), *Le financement de la protection sociale*, Doc. fr., 1996 (rapport au Premier ministre).

G

GRECIANO (Pierre-Alain), *Les retraites en France*, les études de la Doc. fr., 2002.

GROLIER (Jacques), GERARD (Yves) et VEYRET (Philippe), *La comptabilité analytique hospitalière*, éd. de l'École nationale de la santé publique, 2003.

I

IMBERT (Jean), *Les hôpitaux en France*, PUF, coll. « Que sais-je ? », no 795, 1994.

K

KESSLER (Francis), *Droit de la protection sociale*, 5e éd., Dalloz, coll. « Cours », 2014.

L

LACHEZE-PASQUET (Pierre) et STINGRE (Didier), *L'administration de l'hôpital*, 8e éd., Berger-Levrault, L'administration nouvelle, 1999.

LAROQUE (Michel) (dir.), *Contribution à l'histoire financière de la Sécurité sociale*, Doc. fr., 1999.

M

MATT (Jean-Luc), *La Sécurité sociale : organisation et financement*, LGDJ, coll. « Systèmes/Finances publiques », 2001.

MOLINIE (Éric), *L'hôpital public en France : bilan et perspectives*, Rapport au Conseil économique et social, 2005.

MONTALEMBERT (Marc de) (dir.), *La protection sociale en France*, 2e éd., Les notices de la Doc. fr., 1997.

P

PELJAK (Dominique), *Traité de finances publiques hospitalières*, Les Études hospitalières, 2011.

PELLET (Rémi), *Les finances sociales : économie, droit et politique*, LGDJ, coll. « Systèmes/Finances publiques », 2001.

PELLET (Rémi) (dir.), *Finances publiques et santé*, Dalloz, 2011.

PHILIP (Loïc) (dir.), *Les finances sociales : unité ou diversité ?*, Economica, 1995.

PRETOT (Xavier), *Droit de la Sécurité sociale*, 14e éd., Dalloz, coll. « Mémentos », 2015.

S

SOUBIE (Raymond), PORTOS (J.-C.), PRIEUR (C.), *Livre blanc sur le système de santé et d'assurance maladie*, Doc. fr., 1994 (rapport du Commissariat général du Plan au Premier ministre).

STINGRE (Didier), *Le service public hospitalier*, PUF, coll. « Que sais-je ? », n° 3049, 2004.

T

TERRASSE (Pascal), *Contribution à la réforme de la loi du 30 juin 1975 sur les établissements sociaux et médico-sociaux*, Doc. Ass. nat., n° 2249, 2000.

THEVENET (Amédée), *L'aide sociale aujourd'hui après la décentralisation*, 14e éd., ESF Éditeur, 2002.

V

VASSELLE (Alain), *La CADES : nouvel enjeu des finances sociales ?*, Rapport d'information au Sénat, n° 248, 2003.

VASSELLE (Alain), *La tarification à l'activité à l'hôpital*, Rapports du Sénat, n° 298, 2006.

La gouvernance de la Sécurité sociale, Doc. fr., coll. « Problèmes politiques et sociaux », n° 334, 2005.

La protection sociale, Documents de travail du Sénat, déc. 1995 (Allemagne / Danemark / Espagne / Pays-Bas / Royaume-Uni).

« La protection sociale demain », *Droit social*, n° spécial, 1995.

La protection sociale en France, Les notices de la Doc. fr., 1997.

Rapports parlementaires sur la loi du 2 janvier 2002 sur les institutions sociales et médico-sociales et sur la loi du 21 août 2003 réformant les retraites.

Mission d'évaluation et de contrôle des lois de financement de la Sécurité sociale (Assemblée nationale), Rapport d'information de Martine CARILLON-COUVREUR, (n° 3739, 2007), Paulette GUINCHARD et Pierre MORANDE (n° 3740, 2007).

MISSOC (système d'information communautaire sur la protection sociale), *La protection sociale dans les États membres de l'Union européenne, situation au 1er janvier*, Office des publications officielles des communautés européennes.

Finances de l'Union européenne

BEAUGENDRE (Joël) et FOLLIOT (Philippe), *La France sans fonds structurels ?*, Rapport d'information à l'Assemblée nationale, n° 701, 2003.

BOULOUIS (Jean), CHEVALLIER (René-Michel), FASQUELLE (Daniel), LANQUET (Marc), *Les grands arrêts de la jurisprudence communautaire*, Dalloz, 2 t.

Commission européenne (direction générale des Budgets), *Les finances publiques de l'Union européenne*, 4e éd., 2009 + annexes comportant les principaux textes.

BOZE (R.), *Rapport sur les défis politiques et les moyens budgétaires de l'Union élargie*, 2007-2013, Parlement européen, DO-AG 0153/2005, 19 mai 2005.

COUZINET (Jean-François) (coord.), *Les Agences de l'Union européenne. Recherche sur les organismes communautaires décentralisés*, Univ. Sc. sociales Toulouse, Études de l'IREDE, 2002.

DE CROUY-CHANEL (Imre) et PERRON (Christophe), *La Cour des comptes européenne. Bilan et perspectives*, PUF, coll. « Que sais-je ? », n° 3357, 1998.

DE LA LOYERE (Georges), *Les perspectives financières de l'Union européenne*, Rapport Conseil économique et social, 2003-2004, mai 2005, 189.

DELON DESMOULIN (Corinne), *Droit budgétaire de l'Union européenne*, LGDJ, coll. « Systèmes », 2011.

DUBOUIS (Louis) et GUEYDAN (Claude), *Les grands textes du droit de l'Union européenne*, Dalloz, 2010.

DUSSART (Vincent) (dir.), *Les finances communautaires à l'aube des perspectives financières 2007-2013*, Presses univ. Toulouse 1 Capitole, 2011.

GAILLARD (Yamen), SUTOUR (Simon), *Les perspectives d'évolution de la cohésion après 2006*, Sénat, Rapport d'information, Session 2003-2004, 5 février 2004, n° 204.

LECHANTRE (M.), SCHAJER (D.), *Le budget de l'Union européenne*, Doc. fr., coll. « Réflexe Europe », 2003.

PETIT (Yves), *Les finances de l'Union européenne*, Doc. fr. 2012.

PHILIP (Christian), *Les agences européennes : le hasard... et la nécessité*, Ass. nat., Délégation pour l'Union européenne, Rapport d'information, n° 3069, mai 2006.

PONCET (Jean-François), GOURAULT (Jacqueline), *Politique européenne pour 2007-2013 : les enjeux de la réforme des territoires*, Sénat, session 2005-2006, Délég. Sénat Aménagement du territoire, 6 mai 2006, n° 337.

POTTEAU (Aymeric), *Recherches sur l'autonomie financière de l'Union européenne*, Dalloz, coll. « Nouvelle Bibliothèque de thèses », 2004.

RAIMOND (Jean-Bernard), *Un nouvel élan pour le processus d'élargissement après Nice*, Rapport d'information, Doc. Ass. nat., n° 3103, 2001.

SAPIR (André) et a., *An Agenda for a Growing Europe*, Rapport au président de la Commission de la Commission européenne, Oxford university Press, 2004.

SAUREL (Stéphane), *Le budget de l'Union européenne*, Doc. fr, 2010.

STRASSER (Daniel), *Les finances de l'Europe*, LGDJ, 1990.

Finances internationales

BETTATI (Mario), *Le droit des organisations internationales*, PUF, Que sais-je ?, 1987.

CAMDESSUS (Michel), *Rapport sur la réforme du système monétaire international*, Rapport remis au président de la République, 2011.

DE LA CHAPELLE-BIZOT (Benoît), *La dette des pays en voie de développement (1982-2000), Vers une nouvelle gouvernance financière internationale ?*, Les études de la Doc. fr., 2001.

DIATTA (Mustapaha Lô), *Les unions monétaires en droit international*, PUF, 2007.

HENRY (Gérard Marie), *Le Fonds monétaire international*, Studyrama, 2006.

HENRY (Gérard Marie), *L'Organisation mondiale du commerce*, Studyrama, 2006.

LAGRANGE (Evelyne), SOREL (Jean-Marc), *Droit des organisations internationales*, LGDJ, 2013.

MARINI (Philippe), *Pour un nouvel ordre financier mondial : responsabilité, éthique, efficacité*, Rapport d'information au Sénat, n° 284, 2000.

TAVERNIER (Yves), *Fonds monétaire international, Banque mondiale : vers une nuit du 4 août ?*, Rapport d'information à l'Assemblée nationale, n° 2801, 2000.

Mélanges

Études de finances publiques, Mélanges P.-M. Gaudemet, Economica, 1984.

Mélanges Paul Amselek, Bruylant, 2005.

Réformes des finances publiques et Modernisation de l'Administration, Mélanges R. Hertzog, Economica, 2010.

Mélanges en l'honneur de Jean-Pierre Lassale, Gabriel Montagnier, Luc Saïdj, Figures lyonnaises des finances publiques, L'Harmattan, 2012.

Mélanges en l'honneur du professeur Joël Molinier, LGDJ, 2012.

Périodiques

Gestion & finances publiques (ancienne *Revue du Trésor*, créée en 1921) ; adresse de la revue : http://www.gestionfipu.com.

Revue de finance locale, anciennement *Mémorial des Percepteurs et Receveurs* (créée en 1813).

Revue de l'OCDE sur la gestion budgétaire (en anglais).

Revue européenne et internationale de droit fiscal (créée en 2015, en français et en anglais).

Revue française de finances publiques-RFFP (créée en 1983).

INDEX ALPHABÉTIQUE

Les chiffres renvoient aux numéros de paragraphes.

A

C

E

G

H

I

J

K

L

M

P

S

T

TABLE DES MATIÈRES

PHOTOCOMPOSITION NORD COMPO
59650 VILLENEUVE D'ASCQ